上海市志

开发区分志

1978—2010

上海市地方志编纂委员会　编

下

上海古籍出版社

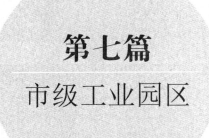

第七篇
市级工业园区

20 世纪 80 年代初期,上海市人民政府(以下简称市政府)颁布《上海市城市总体规划纲要》,有计划地调整改造中心城区,有步骤地开发长江口南岸和杭州湾北岸的"两翼"地带。1984 年 10 月,市政府批准筹建星火农场轻纺工业区,提出"城市工业向乡镇扩散,有利于国民经济的发展,是改造和振兴上海的一项实际措施",拉开了上海市区的传统产业向郊区转移扩散的序幕。1986 年,市政府明确星火轻纺工业区应建成以轻纺为主、综合发展的新型区域,把星火作为卫星城镇来建设,使其逐步成为杭州湾带型城市的组成部分。

20 世纪 90 年代,随着浦东开发开放政策实施,市政府围绕加快建设国际经济、金融、贸易、航运中心的国际大都市战略目标,上海工业布局调整步子加大,中心城区产业逐步向郊县工业区集中和转移,郊区形成设立工业园区的高潮。

1992 年之后,市政府先后批准建立嘉定工业区、康桥工业区、松江经济技术开发区、市北工业新区、金山嘴工业区等。1994 年,市政府新建南汇工业园区、上海奉浦工业区、宝山城市工业园区、上海崇明工业园区,同时批准嘉定工业区、康桥工业区、松江经济技术开发区、宝山城市工业区、金山嘴工业区为市级工业区。1995 年,申莘工业区和莘北工业区合并成立市级工业园区莘庄工业区,青浦西部工业园区更名为青浦工业园区并列为市级工业,上海奉浦工业区、宝山城市工业园区列为市级工业区。

为解决布局分散于城区的上海化工企业污染严重、周边居民反应强烈,与城市经济建设和功能定位不相匹配的现状,1996 年开始,市政府决定启动在漕泾地区新建化工区,以石油化工为龙头,发展石化后加工和深加工,走规模经济和绿色经济的"大化工"道路。

1996 年,崇明工业园区被列为市级工业区。1999 年,上海化学工业区列入市级工业区行列。2001 年,经上海市委、市政府批准,成立全市首家以民营企业为建设管理主体、以市场运作机制为主导的新兴科技园区——上海紫竹科学园区,这是上海开发区建设管理的全新模式。

2004 年,市政府下发《关于切实推进"三个集中",加快上海郊区发展的规划纲要》,明确提出了"人口向城镇集中、产业向园区集中、土地向规模经营集中"的战略,对提升上海城市发展形态,壮大开发区,提高土地集约利用水平和环境保护起到巨大的作用。

至 2010 年,上海市已有市级开发区 15 个。这些市级开发区,作为全市国家级开发区的补充和延伸,发挥各自优势,大力招商引资,形成了各具特色的主导产业,成为上海产业发展的重要载体,为中心城区提升了发展空间,促进了上海城市布局结构进一步优化,成为上海产业发展蓝图中不可或缺的重要组成部分。

第一章　上海化学工业区

上海化学工业区位于上海市南面、杭州湾北岸的金山区漕泾镇与奉贤区柘林镇之间，规划总面积 29.4 平方公里，是中国改革开放以来第一个以市场化机制运作开发、以多元化模式投资建设、以石油化工及其衍生产品制造为特点的特大型现代化产业基地，也是上海六大产业基地之一。上海化学工业区主要发展六大系列化工产品，包括：石油化工和天然气化工系列产品、光气衍生系列产品、精细化工系列产品、高分子材料加工产品、综合性深加工产品和高科技医药产品。

"九五"（1996—2000 年）期间，上海化学工业区经历了第一个五年的艰苦创业期，致力于破解土地、资金制约等难题，奠定大规模开发建设基础。

1996 年 8 月，市政府决定建设上海化学工业区，同时成立化学工业区领导小组。1998 年 4 月，化工区顺利完成 9.77 平方公里围海造地工程。

1999 年 1 月 3 日，市政府批复同意上海化工区列为市级工业区。1999 年 6 月，天原化工厂搬迁项目开工，标志着化工区经济建设进程启动。1999 年底，国家计划委员会和中国石油化工集团有限公司把原来 60 万吨乙烯工程的"四点布置"（上海石化、漕泾地区、高桥石化、浙江白沙湾）的 15 套装置全部集中到上海化工区，并扩大到 90 万吨乙烯的生产规模。围绕赛科 90 万吨乙烯工程，化工区以上下游产业链为导向，全面开启建设招商进程。

"十五"（2001—2005 年）期间，上海化学工业区进入第二个五年的开发建设期，全面开展公用设施建设，明确产业链发展路径。

2001 年 1 月 6 日，上海化学工业区举行开工仪式。3 月，化工区在化工区总体发展规划国家汇报会上，首次对"产品项目一体化、公用辅助一体化、物流运输一体化、环境保护一体化、管理服务一体化"的"五个一体化"开发理念进行了重点介绍。12 月 10 日，由中石化、上海石化和英国 BP 公司共同投资组建的上海赛科石油化工有限责任公司，在人民大会堂举行了成立仪式。

2002 年，《上海市化学工业区管理办法》颁布实施，《上海化工区总体发展规划》和《上海化工区区域开发环境影响报告书》获批。3 月，化工区龙头项目赛科 90 万吨乙烯工程开工。同年，拜耳一体化、巴斯夫聚氨酯、联合异氰酸酯等重大项目相继落户开工。

2003 年，上海化学工业区被中国—欧盟环境管理合作计划列为试点生态工业园区。2004 年，应急响应中心建成投用。2005 年，化工区乙烯、异氰酸酯和聚碳酸酯三个主体工程相继建成投产。步入新世纪后，化工区成为上海乃至全国投资规模最大的化学工业园区，并荣获"中国石油和化工园区特殊贡献奖""第一批国家循环经济试点单位""上海市先进制造业十大品牌"。

"十一五"（2006—2010 年）期间，上海化学工业区进入第三个五年的投产运营期，产业链不断延伸，经济规模持续增长，园区品牌日益响亮。

2006 年，联合异氰酸酯、拜耳聚碳酸酯等项目投产运营。2007 年，随着 26 个主要项目相继建成投产，上海化学工业区形成了以乙烯为龙头，异氰酸酯为中游，聚异氰酸酯和聚碳酸酯等精细化工中间体和涂料、胶粘剂等精细化工产品为终端的产业链，累计吸引项目投资总额 100.4 亿美元，引进投资企业 58 家，累计完成固定资产投资 608 亿元。

2008 年，上海化学工业区被评为"上海品牌园区"，11 月启动国家级经济技术开发区申报工作。

2009 年,金山分区、奉贤分区纳入化工区一体化管理范围。2010 年,化工区工业产值从 2005 年的 164.5 亿元增至 806.3 亿元,五年增长 490%;销售收入从 2005 年的 174.3 亿元增至 870.7 亿元,五年增长 499.5%;税收从 2005 年的 11.59 亿元增至 44.8 亿元,五年增长 386.5%。2010 年,化工区被评为"上海品牌园区""国家新型工业化产业示范基地""环境友好型城市动议示范项目"。

第一节　工业区创建

一、创建背景

上海是中国重要的化学工业基地,化学行业是全市国民经济中具有举足轻重地位的部门,上海化学工业生产体系门类比较齐全、品种大体配套、技术水平较高。但是,随着城市经济与建设的不断发展,全市化学工业无论在产品结构、技术水平或是区域布局上都难以满足社会和经济发展的需要,这不仅妨碍了化学工业自身的进一步发展,也与上海社会经济发展战略以及城市总体规划的要求存在差距。早在 20 世纪 70 年代,中共上海市委、市政府充分认识到开辟化工新区建设的重大战略意义,上海市化工局成立了漕泾开发办公室,提出在第五个"五年计划"(1975—1980 年)于杭州湾滩涂建设化工新区。1975 年 9 月,上海市化工局漕泾化工区筹建指挥部成立,1977 年 4 月缓建,同年 5 月撤销。

进入 20 世纪 80 年代,上海化学工业在产品结构与布局上的问题充分显现,为此,1987—1988 年,上海市计划委员会(以下简称市计委)、上海市科学技术委员会(以下简称市科委)组织开展《上海化学工业合理布局研究》,确定漕泾为化学工业发展的新基地。

20 世纪 90 年代,中共中央、国务院作出"尽快把上海建成国际经济、金融、贸易中心之一"的重大战略决策。布局分散于城区的上海化工企业因污染严重、周边居民反应强烈,与城市经济建设和功能定位不相匹配。1993 年,上海市经济委员会(以下简称市经委)又组织开展《上海重化工(化学工业)发展战略研究》课题,确定了上海市以石油化工为龙头,发展石化后加工和深加工,走"大化工"规模经济的道路,新的化工区拟建在漕泾地区。1993 年 12 月 7 日,上海化工局漕泾开发领导小组成立。1995 年 6 月,上海市规划委员会(以下简称市规划委)正式批复了《浦东临海工业区(漕泾—柘林)控制性详细规划》,明确在漕泾—柘林一带,沪杭公路以南范围内,开发以石油化工为主的综合性工业区。1995 年 11 月 2 日,上海天原化工厂决定与英国 ICI 合资建设 10 万吨/年异氰酸酯项目,年底天原化工厂搬迁,漕泾建设成为石化基地的方案正式立项。

二、发展历程

1996 年开始,上海化工区实质启动,此后经历了"九五"期间的创业期、"十五"期间的开发建设期和"十一五"期间的投产运营期三个阶段。

【创业期】

1996 年 4 月 29 日,上海化工控股(集团)公司(原上海化工局转制)漕泾工程筹备组成立,为上海化工控股(集团)公司授权开发和管理漕泾工程的主管机构。8 月 9 日化工区建设工程总指挥部批准成立。8 月 12 日,市政府决定正式开发建设"上海化学工业区",占地面积 20 平方公里,其中

10平方公里需围海造地;成立上海市化学工业园区领导小组,由副市长华建敏、蒋以任负责;上海化学控股(集团)公司牵头负责园区的开发建设。8月13日,市政府发文成立上海化学工业区开发领导小组。8月15日,上海化学工业区在浦东注册成立,享受浦东开发政策,投资主体为上海化工控股(集团)公司。8月30日,化工区发展有限公司批准成立。自此化工区开始了创业历程。

1996年9月28日,上海化学工业区首项一期围海造地工程正式启动。

1997年9月8日,上海化学工业区区域环评正式过审。10月16日,上海化工区开发领导小组办公室成立。1998年4月26日,一期9.77平方公里南区地块围海造地工程顺利竣工。9月15日,上海市城市规划管理局(以下简称市规划局)核发上海化学工业区一期工程建设用地规划许可证,实施土地空转模式,上海化学工业区发展有限公司(以下简称化工区发展公司)获得实收资本3~6亿元,解决了园区前期基础设施和公用工程的资金来源问题。

1999年1月3日,市政府批复同意上海化学工业区列为市级工业区,为争取大项目落户提供了有利条件。6月7日,《上海化学工业区控制性详细规划》批复下达。6月30日,天原化工厂搬迁项目在B3地块开工,标志着上海化学工业区项目建设启动。7月12日,上海市环境保护局(以下简称市环保局)批复同意《上海化学工业区环境保护规划》。12月28日,上海化学工业区发展有限公司正式揭牌。

2000年1月21日,市环保局批复同意《上海化学工业区环境影响报告书》。6月15日,国务院批准将原来60万吨乙烯工程的"四点布置"(上海石化、漕泾地区、高桥石化、浙江白沙湾)改为"一点布置",把15套装置全部集中到漕泾地区,并扩大到90万吨规模,该90万吨/年乙烯项目成为化工区开发建设的重大龙头项目。6月23日,市规划局批复同意《上海化学工业区总图设计方案》。7月8日,上海化学工业区区内市政基础配套工程正式启动。7月11、14日,异氰酸酯、聚碳酸酯项目建议书分别获得国家计划委员会批复,成为化工区的关键性重大项目。

【开发建设期】

2001年1月6日,上海化学工业区举行开工仪式,中共中央政治局委员、国务院副总理吴邦国为上海化工区开工发来贺信,中共中央政治局委员、中共上海市委书记黄菊为化工区开工启动按钮。5月23日,化工区发展公司与德国拜耳正式签署F3地块土地使用权转让合同,拜耳公司成为首家落户化工区的著名跨国企业,这标志着拜耳31亿美元投资的一体化化工项目进入实质性启动阶段,上海化工区的招商引资和公司的主营收入实现"零"的突破。7月,化工区大厦打桩开工,化工区第二批市政基础设施全部完工。9月和10月,化工区污水处理项目及自来水厂项目分别开工建设。11月12日,德国拜耳公司一体化聚合物项目开工奠基,国务院总理朱镕基、德国总理施罗德、中共上海市委书记黄菊、市长徐匡迪、国家计划委员会副主任张国宝和拜耳集团首席行政官施奈德等出席仪式。12月10日,上海赛科石油化工有限责任公司举行成立庆典,并于2002年1月与化工区发展公司签订土地使用权转让合同,2平方公里土地用于建设90万吨乙烯项目及配套工程。

2002年1月,《上海化工区管理办法》颁布实施。2月,《上海化工区总体发展规划》和《上海化工区区域开发环境影响报告书》先后获得国家计划委员会、国家环保总局批准,上海化工区正式纳入全国化工产业发展战略。3月28日,赛科90万吨乙烯项目全面开工建设,化工区在龙头项目的带动下进入主体项目建设高潮。6月13日,化工区发展公司与中石化股份公司上海高桥分公司(以下简称高化公司)签订土地使用权转让合同,实现中方投资主体项目招商引资"零"的突破,高化公司也由此成为首家取得化工区土地使用权的中资企业。在2002中,化工区共有82亿美元投资项目获批,3B(BP、巴斯夫、拜耳)项目同时落户,公用配套项目全部实现合资,首期10平方公里全面具备建设条件。

2003年1月17日,联合异氰酸酯项目正式签订合资合同和土地使用权转让合同。1月29日,由德国巴斯夫公司投资的、全球规模最大的聚四氢呋喃项目开工建设。至此,化工区内主体项目建设呈现出BP、巴斯夫、拜耳三大跨国公司同场施工、齐头并进的局面。3月25日,化工区管廊工程开工建设,是化工区"物流传输一体化"的重要象征。4月11日,拜耳涂料一期项目正式投产,成为化工区内第一个投产的外商独资化工主体项目。4月16日,化工区区内铁路工程开工,将与全国铁路并网。5月19日,化工区管理中心和"一门式"受理处正式启用,化工区开发建设进入了硬件打造和软件提升同步发展的快车道。7月10日,莘奉金高速公路与化工区目华路延伸段相连的专用匝道及出口工程竣工通车。28日,二期6平方公里滩涂围垦工程正式启动。8月28日,化工区公用辅助设施的重要组成部分工业气体项目开工,建成为中国乃至亚太地区最大的工业气体生产基地。

2004年3月2日,化工区国内规模最大的年产30万吨聚氯乙烯项目一期工程开工建设。3月16日,化工区应急响应中心启用。3月29日,联合异氰酸酯项目开工建设。

2005年1月5日,化工区二期6平方公里滩涂围垦工程竣工。7月23日,化工区余热发电项目开工建设,园区进一步加快创建上海市循环经济示范基地的步伐。9月9日,化工区与德固赛公司正式签署聚酯树脂项目土地使用权转让合同,世界著名精细化工集团投资建设的多用户大型生产基地正式落户化工区,实现了园区招商引资工作从基础化工向精细化工领域拓展的重大突破。11月18日,工业废弃物焚烧炉项目开工建设。12月18日,全球单线规模最大的ABS项目和国内最大的丁苯橡胶项目开工建设。12月28日,首列公铁两用车通行于浦东铁路化工区专用线,区内铁路与浦东铁路一期工程全线贯通,化工区物流传输体系融入国家沿海大通道。12月30日,90万吨乙烯工程建设完工,国内单体最大的化工主体项目转入全面调试和试生产阶段。2005年3月18日、6月30日、9月25日,化工区90万吨乙烯项目、异氰酸酯生产装置和聚碳酸酯工程三个主体项目相继建成投产,园区进入投产运营阶段。

【投产运营期】

2006年3月16日,上海化学工业区物流产业园揭牌成立。6月1日,化工区专用铁路线顺利开通运营。6月12日,德固赛特种化学(上海)有限公司聚酯树脂和色浆装置投产。7月28日,日本三井化学12万吨/年双酚A项目开工。8月17日,天原华胜公司烧碱和聚氯乙烯项目一期工程投入试运行。8月18日,上海联合异氰酸酯正式投入商业运营。9月5日,拜耳一体化基地10万吨/年聚碳酸酯、8万吨/年粗MDI投产。9月,国土资源部公告上海化工区29.4平方公里四至范围。

2007年1月18日,化工区热电联供项目达标投产。3月15日,拜耳一体化基地3万吨/年HDI生产装置正式投产。3月20日,巴斯夫8 000吨/年聚异氰酸酯BPI生产装置建成投产。3月28日,中石化上海石油化工研究院基础有机原料技术开发工程化基地开工建设。6月26日,上海电力漕泾电厂工程开工建设。6月28日,天原华胜公司15万吨烧碱技术改造项目开工和天原厂4万吨P-PVC项目正式投产运营。7月18日,化工区太古升达废料处理公司开业。11月23日,化工区一期围海大堤达标工程开工建设。至2017年12月,化工区产业链上下游配套基本完成,引进项目总投资累计突破100亿美元,引进投资企业58家,累计完成固定资产投资608亿元。

2008年5月15日,市政府召开化工区开发领导小组第九次会议,市长韩正提出:"要在'五个一体化'的前提下,把金山和奉贤两个分区统一纳入","进行管理模式的创新"。

2008年8月27日,《上海市杭州湾沿岸化工石化集中区区域环境影响报告书》获得环境保护部批准,对于国内其他化工石化集中区具有示范意义。9月16日,《上海化学工业区产业发展规划环境影响报告书》获得环境保护部批准。11月12日,上海化工区荣获"2008年度上海品牌园区"称号。11月17日,化工区启动国家级经济技术开发区申报工作。

2009年7月28日,化工区政府网站正式开通。2009年9月21日,市政府召开第57次常务会议,决定将金山、奉贤分区纳入化工区一体化管理。11月24日,赢创德固赛甲基丙烯酸酯一体化生产基地举行开工仪式。25日,金山分区、奉贤分区正式纳入上海化工区一体化管理。2010年3月,化工区管理面积由原29.4平方公里调整为36.1平方公里,其中金山分区2.9平方公里、奉贤分区3.8平方公里。

第二节　管理机制

上海化学工业区的开发管理机制,以市政府颁布的《上海化学工业区管理办法》作为指导规范化工区开发建设经营的纲领性文件,对化工区区域范围、发展方向和项目导向、管委会管理职责、工作机制、土地储备和前期开发管理、委托实施行政审批等事项作出了规定。管理体制由上海化学工业区开发建设领导小组及其办公室、上海化学工业区管理委员会,以及开发主体上海化学工业区发展有限公司构成。

一、管理机构

【领导小组及办公室】

1996年8月13日,上海化学工业区开发领导小组建立,下设办公室,办公室最初设在上海化工控股(集团)公司。9月25日,上海化学工业区开发领导小组召开第一次会议,对围海造地工程及资金问题作出指示。1997年9月7日,化工区领导小组举行第二次会议,对领导小组举行了调整,研究明确了开发机制模式、资本金缺口部分筹措等问题。1999年1月30日,化工区领导小组第三次会议再次对领导小组组成人员举行调整,研究明确了化工区规划编制、配套政策制定、外资大型项目引进等事项。12月28日,上海化学工业区领导小组办公室正式成立,挂靠市经委,由市计委、市经委、上海市城乡建设和管理委员会(以下简称市建委)、上海石油化工股份有限公司、上海华谊(集团)有限公司等派员组成,内设综合处、项目审批处、财税金融处、规划处、建设协调处等5个职能部门。

2000年2月23日,化工区领导小组第四次会议举行,会议讨论确定了开发规划、领导体制、财力分配等相关事项。10月16日,举行了化工区领导小组第五次会议,讨论研究确定了项目推进、项目报批、开发建设政策、开发规划等相关事项。2001年12月26日,举行了化工区领导小组第六次会议,研究确定管理体制、市政配套、公用工程配套、项目进度、总体规划优化、完善管理办法等相关事项。2004年5月28日,在化工区领导小组第七次会议中,研究确定了园区发展目标、工作思路、优惠政策、天然气价格、铁路工程等事项。

2005年6月23日,在化工区领导小组第八次会议上,讨论明确了关于加快推进新建100万吨乙烯和1 000万吨炼油项目、化工区上报国家级开发区、化工区口岸开放、化工区天然气供应等相关事项。2008年5月15日,化工区领导小组第九次会议讨论研究明确了关于上海化工区发展资金、上海化工区土地管理、增强上海化工区应急响应和安全生产管理力量、杭州湾东航道开通对浙江渔民的补偿商谈、将金山奉贤区两个3平方公里上海化工区配套区纳入上海化工区一体化管理等相关事项。

表7-1-1 1996—2010年上海化学工业园区开发建设领导小组组长一览表

任 职 时 间	姓 名
1996 年	华建敏
2004 年	韩 正

资料来源:上海化学工业园区提供

表7-1-2 1997—2010年上海化学工业园区开发建设领导小组办公室主任任职情况表

任 职 时 间	姓 名
1997—1999 年	张培璋
1999—2001 年	黄奇帆
2001—2004 年	江上舟
2004—2008 年	徐建国
2008 年—	周 波

资料来源:上海化学工业园区提供

【上海化学工业区管理委员会】

2001年8月22日,上海化学工业区管理委员会(以下简称化工区管委会)正式获批成立,作为市政府派出机构,机构级别定为正局级,具体负责管理化工区有关行政事务。化工区开发领导小组及其办公室予以保留,其日常事务转入化工区管委会。同时,建立中共上海化学工业区管理委员会党组,党的关系归口中共上海市工业工作委员会。化工区管委会内设4个职能处(室),即综合办公室(劳动人事处)、经济贸易处、规划建设处、计划财务处;行政编制暂定为40名,其中正、副处级领导职数11名。2003年5月,化工区开发领导小组办公室、化工区管委会正式迁入区内办公。2004年4月23日,规划建设处增挂安全生产监督处牌子。10月,化工区管委会增设安全生产监督处,并挂上海化学工业区应急响应中心牌子,规划建设处不再挂安全生产监督处牌子。调整后,化工区管委会内设机构为5个,正副处级领导职数为13名,行政编制数不变。2008年8月,经济贸易处更名为经济发展处;规划建设处更名为规划土地建设处,增挂环境保护办公室牌子;综合办公室(劳动人事处)更名为综合办公室(组织人事处、纪检监察室);安全生产监督处不再增挂上海化学工业区应急响应中心牌子。调整后,管委会内设机构仍为5个,正副处级领导职数、行政编制数不变。2010年12月,管委会成立上海化学工业区土地招拍挂办公室,办公室设在规划土地建设处。

表7-1-3 2001—2010年上海化工区管理委员会主任任职情况表

任 职 时 间	姓 名
2001 年 9 月—2007 年 9 月	阮延华
2007 年 9 月—	张耀伦

资料来源:上海化学工业园区提供

【其他行政管理职能部门】

消防支队　2002年1月31日,上海化学工业区消防站(一期)工程建设。2003年12月,化工区消防一中队正式投入使用。2005年6月,化工区公安消防支队正式进驻园区。至2010年,共设编制数313名。主要职责是:承担化工区、奉贤区部分区域的灭火救灾、抢险救援;对化工区内火灾事故的调查认定;对建筑工程项目的消防审核、验收等。

上海化工区公安分局　2002年8月,上海市公安局上海化学工业区分局批准成立。2003年7月1日,上海化工区公安分局正式挂牌。主要职责是:负责维护区内的社会政治安定和治安稳定;预防、制止和惩治违法犯罪活动;对特种行业、危险物品进行管理、处置各类事故和突发事件等。

上海海关驻化工区办事处　2003年10月,海关办公楼批准建设,11月保税仓库二期(危险品仓库)批准建设。2005年4月,上海海关驻化学工业区办事处设立,下设综合科、业务科,负责具体办理上海化学工业区内的海关业务。7月8日,办事处正式入驻化工区。至2010年,共设编制数21名。主要职责是:负责化工区内进出境货物的实际监管,办理通关手续,征收关税及其他税费;对化工区内保税工厂、保税仓库、监管场所、专用码头等实际监管等。

上海海事局驻化工区办事处　2004年6月22日,海事部门在化工区一门式管理大楼设立报港点。2007年10月22日,上海海事局正式成立上海海事局驻化学工业区办事处,与金山海事处实行一门二牌合署办公。2010年底,化工区海事处对现有大型执法车辆进行应急指挥功能的改造,并组建金山海事处岸基应急行动小组。至2010年,共设编制数28名。主要职责是:负责调查、处理辖区水上交通、船舶污染事故及违法案件;负责船舶办理进出口岸手续和现场监督检查工作等。

上海出入境边防检查站驻化工区办事处　2004年,化工区边检站成立。至2010年,共设编制140名。主要职责是:对辖区内出入境人员及其行李物品、交通运输工具及其载运的货物实施边防检查;按照国家有关规定对辖区内出入境交通运输工具进行监护等。

上海出入境检验检疫局驻化工区办事处　2008年9月26日,上海出入境检验检疫局化工区办事处成立。至2010年,共设编制50名。主要职责是:负责化工区及其口岸范围的出入境检验检疫和监督管理,出入境货物的报检受理、法定检验、抽查检验相关证单签等。

上海化工区应急响应中心　2004年,上海化学工业区应急响应中心正式成立,挂牌于管委会安全生产监督处。2007年5月,化工区应急管理指挥系统改扩建和应急平台立项建设。2009年10月,挂牌于建设工程安全质量监督站。至2010年,实际职工人数13名。主要职责是:承担园区各类突发事件的接处警工作,承担园区日常应急值守工作,承担园区各类突发事件情况、环境监测数据、开停车状况等信息收集和汇总,承担园区公用工程运行安全和生产物料平衡协调工作等。

建设工程质量安全监督站　2002年7月,化工区建设工程质量安全监督站建立,机构为事业性单位,编制人数为10人。行政关系隶属管委会,由规划建设处负责管理,业务接受市建设工程质量监督总站和市安全监督总站的委托和指导。2008年,上海化工区建设工程质量安全监督站增挂上海化工区应急响应中心牌子,人员编制维持不变。主要职责是:承担化工区及其联动发展区域的建设工程安全质量监督、竣工备案等管理工作等。

医疗(急救)中心　2004年6月7日,上海化学工业区医疗中心批准成立,隶属化工区管委会,是一所集急救、化学救援、医疗、劳动卫生和职业病防治、职业健康检查和预防保健服务、职业卫生技术等服务为一体的综合性非营利性医疗机构。2007年5月7日,建立上海化工区医疗急救站,由市医疗急救中心管理,机构为事业单位,人员编制为10名,驾驶员、担架员等辅助人员为4名。7月,市卫生局与管委会签订委托管理协议。至2010年,实际职工人数86名。

边防派出所 2009年8月,化工区边防派出所批准成立,2010年3月18日正式挂牌,编制上隶属于上海市边防总队边防支队,业务受化工区公安分局领导,下设所长、副所长、教导员各1名,配置官兵21人。主要职责是:保卫化工区内危险工业物品的安全,维护沿江沿海边境的稳定;承担上海化学工业区18公里海岸线的治安行政管理等。

人才交流中心 2003年6月,管委会联合市人才服务中心合作成立上海化工人才服务中心,建立和开通了化工人才网上服务平台,为区内企业提供人事代理、雇员派遣、档案保管、集体户口挂靠、商业保险、代缴社保等服务。

土地储备中心 2010年11月,上海化工区土地储备机构批准成立。12月,上海化学工业区建设工程安全质量监督站增挂上海化学工业区土地储备中心的牌子,工作人员实行聘用合同制。"土地储备中心"为具有独立的法人资格的、受政府相关行政主管部门和管委会委托或授权行使相关行政事务的全额拨款事业单位,负责对上海化工区规划范围内的土地资源实行统一规划、征收、前期开发等。

二、开发主体

1996年8月30日,上海化学工业区发展有限公司获批成立,是由上海化工控股(集团)公司全资组建的国有独资公司,隶属于上海化工控股(集团)公司领导,注册资金为5000万元。1997年1月21日,公司注册资金由5000万元调整至1.13亿元。2月4日,公司完成工商登记并取得营业执照,注册地址为浦东新区浦东南路1271—1289号,为国有独资有限责任公司。12月30日,公司由国有独资变更为国有合资,增加上海外滩房屋置换有限公司(股比为12.8%),注册资金扩大至3亿元。1999年2月25日,公司注册资金扩大至3.4亿元,股东方为上海华谊(集团)公司[其前身为上海化工控股(集团)公司]76.9%、上海外滩房屋置换有限公司11.3%、上海工业投资(集团)有限公司11.8%。8月,中共上海市委、市政府决定在化工区股权中引进中央企业,公司重组形成国有控股的多元投资企业,注册资金达23.7亿元。五家股东单位为:上海华谊(集团)公司占股比38.3%、上海石化股份有限公司(以下简称上海石化)占股比38.3%、上海高桥石油化工公司占股比11.7%、上海工业投资(集团)有限公司占股比10.1%、上海久事公司占股比1.6%。其中,中央企业和地方企业的出资比例为50:50,上海石化和华谊(集团)公司的出资数量相同。12月28日,上海化学工业区发展有限公司举行揭牌成立仪式。2000年6月,公司党政领导班子列入中共上海市委管理范围,党政隶属关系归口市工业党委、市经委管理。

2002年10月17日,上海工业投资(集团)有限公司将其名下6998.5万元的股权转让给上海国际股份有限公司,公司股东单位增至六家,分别为:上海石油化工股份有限公司出资90776.97万元,占注册资本的38.3%;上海华谊(集团)公司出资90776.97万元,占注册资本的38.3%;上海高桥石油化工公司出资27845万元,占注册资本的11.7%;上海工业投资(集团)有限公司出资17001.5万元,占注册资本7.2%;上海久事公司出资3845万元,占注册资本的1.6%;上海国际股份有限公司出资6998.5万元,占注册资本的3.0%。公司类型变更为外商投资企业(外资比例低于25%)。

根据公司章程,公司董事会由8名董事组成,其中2名由上海石化委派,2名由上海华谊集团委派,每家股东单位各委派1名,董事长由上海石化委派。公司本部内设7个职能部门,包括工程管理部、经营部、总师办公室、财务会计部、干部人事部、党群工作部/监察室、办公室(董事会办公室)。

表 7 - 1 - 4　1996—2010 年上海化工区发展有限公司董事长任职情况表

任 职 时 间	姓　名
1996 年 9 月—2000 年 3 月	俞德雄
2000 年 3 月—2008 年 7 月	陆益平
2008 年 7 月—	戎光道

资料来源：上海化学工业园区提供

表 7 - 1 - 5　1996—2010 年上海化工区发展有限公司总经理任职情况表

任 职 时 间	姓　名
1996 年 9 月—2000 年 6 月	张培璋
2000 年 6 月—2007 年 9 月	阮延华
2007 年 9 月—	张耀伦

资料来源：上海化学工业园区提供

三、管理办法

2002 年 1 月 18 日，市政府颁布《上海市化学工业区管理办法》。《上海化学工业区管理办法》是指导规范化工区开发建设经营的纲领性文件，对化工区区域范围、发展方向和项目导向、管委会管理职责、工作机制、土地储备和前期开发管理、委托实施行政审批等事项作出了规定。

2004 年 6 月 24 日，市政府修改并重新颁布《上海化学工业区管理办法》，主要在两个方面进行修改和完善：一是关于区域定位。重新划定化学工业区的规划区域为上海市南面、杭州湾北岸的金山区漕泾镇与奉贤区柘林镇之间，规划总面积为 29.4 平方公里。二是关于提供相关服务。增加"管委会应当将涉及审批事项的依据、内容、条件、程序、期限以及需要提交的全部材料的目录和申请书示范文本等在办公场所予以公示"。

第三节　规　划　与　建　设

1995 年 6 月 12 日，市规划委批复《浦东临海工业区（漕泾—柘林）控制性详细规划》，同意规划性质为以石油化工为主的综合工业区。1998 年 9 月 15 日，市规划局核发上海化学工业区一期工程建设用地规划许可证。11 月 2 日，市规划委办公室批准上海化学工业区外围配套工程规划。

一、园区规划

【上海化学工业区综合发展规划】

2000 年 12 月 26 日，《上海化学工业区综合发展规划》正式印发，明确上海化工区的开发目的、目标定位、开发意义、开发模式、开发体制、总体发展目标和开发计划等。

总体发展目标：一是化工区内由南向北，装置按反应型向加工型过渡，化工区外通过产品有机辐射和延伸带动地方经济,体现整体性、功能性和先进性,确保社会、经济、环境三个效益的有机统一。二是严格贯彻《外商投资产业指导目录》,提高利用外资水平;贯彻科、工、贸综合开发原则,营造生产与生态相平衡可持续发展的工业区。三是建设成为投资多元化、规模大型化、装置集约化、管理系统化、控制数字化、运作市场化的世界级大型石油化工生产基地。

总体开发计划是化工区由南向北分二期开发。其中,一期主要在"86"塘以南围海造地形成的10平方公里范围内进行。1996—1998年,围海造地形成生地,开始招商引资;1999—2001年,"五通一平"形成建设条件,立项成立合资公司;2002—2004年,动力、用水、仓储、运输等公用工程形成生产条件,部分项目竣工投产;2005—2010年,同步建设产品的衍生和辐射项目,促进化工区86塘以北地块和其他邻近区域的开发。二期由86塘向北推进至整个规划区范围,由中间向两翼展开,重点发展新材料、精细化工等石化后加工产品。

【上海化学工业区总体发展规划】

2000年,上海化工区发展公司向市规划局作了《关于上海化工区总体规划和大市政配套情况的汇报》。2001年2月,市政府向国务院上报《上海市人民政府关于请求批准上海化学工业区总体发展规划的请示》。2002年2月,《上海化学工业区总体发展规划》获国家批准同意,进一步明确了化工区发展规划原则、发展目标、规划区域、建设步骤、发展重点、建设模式等事项。

总体功能布局根据开发时序及工业类型进行规划,整个上海化学工业区可分为三大片区:南区——中央河以南为一期(在建)开发用地,其产业性质以三类工业重化工为主,主要发展以石油化工深加工为主体结合天然气化工系统产品,用地面积约10平方公里;北区——中央河以北为二期开发用地,其产业性质以一、二类工业为主,主要开发高分子制品,精细化工、合成材料综合性深加工产品及高科技高附加值产品的加工工业,用地面积约13.4平方公里;西区—西河以西至龙泉港的西部发展区用地,主要作为炼化一体化项目即1000万吨炼油及100万吨乙烯项目用地。同时规划布局大型的能源电力基地和港区,用地面积约6平方公里。园区的总图布局首选要满足生产工艺流程的要求,各类生产装置的布置要使生产作业线路保持短捷、顺畅。同时,各类公用供应点的位置要靠近负荷中心,以提高运输效率和保障交通安全。

上海化学工业区的规划用地布局原则围绕五个"一体化"的开发理念展开,规划总用地面积2 890.4公顷,其中工业用地1 942.8公顷,占总用地的67.1%;港区用地65.7公顷,占总用地的2.3%,仓储用地97.6公顷,占总用地的3.4%;公共设施用地22.7公顷,占总用地的0.8%;市政设施用地113.6公顷,占总用地的3.9%;绿化用地290.1公顷,占总用地的10.0%。另外位于沪杭公路以北的工业备用地112.0公顷(不包含在28.9平方公里)。

表7-1-6　2002年上海化学工业区规划用地平衡表

用 地 类 别	用地面积(公顷)	比例(%)
港区用地	65.7	2.3
工业用地	1 942.8	67.1
管廊综合用地	7.3	0.3

（续表）

用　地　类　别	用地面积（公顷）	比例（％）
高压线走廊用地	14.3	0.5
市政设施用地	113.6	3.9
办公用地	22.7	0.8
仓储用地	97.6	3.4
绿化用地	290.1	10.0
生态湿地	31.5	1.1
水域	97.4	3.4
道路用地	207.4	7.2
合　计	2 890.4	100

资料来源：上海化学工业园区提供

【上海化学工业区控制性详细规划】

1999 年 6 月 7 日，市规划局批复《上海化学工业区控制性详细规划》，同意规划范围、用地面积、功能定位、布局结构、规划原则与目标等事项，以及市政公用设施规划、对外交通组织及区内道路系统规划、绿地系统规划等内容。

上海化学工业区的规划范围北以沪杭公路为界，南至 1998 年竣工的新大堤，东邻南竹港出海段，西至九二塘，规划总面积为 23.4 平方公里。

规划化学工业区为以石油化工为主的综合工业区，规划以中央河为界，河南部主要为三类工业用地，河北部主要为一、二类用地，其中，北部靠近城镇的地带布置一类工业。

规化原则与目标是统一规划、分期实施、依托社会、滚动开发，建设一个布局结构合理、环境质量优美、交通组织便捷、市政设施齐全的化学工业区。规划以中央河为界，河南部为一期开发用地，河北部为二期开发用地。

【上海化学工业区西部发展区控制性详细规划】

2006 年 9 月 17 日，市规划局批复《上海化学工业区西部发展区控制性详细规划》，同意西部发展区的规划范围、功能分区、岸线控制宽度、用地规划布局、相关控制指标、绿化系统规划及绿化控制宽度、道路交通系统规划和道路规划红线、市政公用设施规划等事项。

化学区西部发展区范围东至上海化学工业区西河西路，南侧及西侧至现状大堤内侧，北至沪杭公路，总用地面积约 5.93 平方公里。上海化学工业区西部发展区分为三大功能区，东区为炼化一体化项目区，占用岸线 1.9 公里；中区为天然气电厂区，占用岸线 1.0 公里；西区为金山嘴物流港区及市政设施规划备用地，占用岸线 2.4 公里。

西部发展区 5.93 平方公里规划用地中，炼化一体化项目用地为 276.4 公顷，占总用地的 46.6％；天然气电厂用地为 71.2 公顷，占总用地的 12.0％；港区用地 80.3 公顷，占总用地的 13.5％；市政设施及其备用地 60.3 公顷，占总用地的 10.2％；道路用地 50.8 公顷，占总用地的 8.6％；高压走廊、管廊及绿化用地 36.8 公顷，占总用地的 6.2％。

表 7-1-7   至 2010 年上海化学工业区专项规划一览表

规 划 名 称	批复单位	批复时间	主 要 内 容
《上海化学工业区金山、奉贤分区基地选址规划》	市规划局	2001 年 12 月	规划上海化学工业区向北扩展 4 平方公里,作为金山、奉贤分区,沿沪杭公路北侧集中紧凑布局。规划金山、奉贤分区各 2 平方公里,以石油化工延伸产业等二类工业为主,不设置重化工项目。
《上海化学工业区西部发展区结构规划》	市规划局	2004 年 10 月	包括西部发展区规划范围、规划总体结构、用地布局和相关控制指标、绿化系统规划、道路系统规划、市政公用设施规划等内容。
《上海化学工业区外围配套工程规划》	市规划局	1998 年 11 月	规划外围配套工程规划涉及范围为:东到金汇港、南濒杭州湾、西至金山区城区、北临黄浦江。
《上海化学工业区 220 kV、110 kV、35 kV 和 10 kV 供电系统规划》	—	2000 年 7 月	规划园区用电负荷,220 千伏供电网规划,110 千伏、35 千伏和 10 千伏配电网等事项。
《上海化学工业区道路规划》	市规划局	2000 年 11 月	规划道路级别、对外道路交通组织和出入口设置、部分道路红线宽度及道路断面形式调整等事项。
《上海化学工业区绿地系统规划》	化工区管委会	2002 年 4 月	包括绿化系统的规划结构、功能布局、景观构思、绿化容量指标、树种选择和植物配置、景观要素的组织和景观节点的选择、分期建设安排等事项。
《上海化学工业区消防体系规划(调整版)》	上海市消防局	2006 年 9 月	明确实施范围、工作承担主体、三级消防力量体系、消防安全布局、消防供水和供电、消防安全保障体系、公安消防站和应急训练基地、工作体制、机制和消防建设用地、资金等事项。

资料来源:上海化学工业园区提供

二、开发理念

2001 年 1 月,通过对标世界先进化工园区,上海化工区正式引入"工地联合或一体化概念",这个概念包括生产、能源、基础设施、后勤、专业技能的一体化,以达到资源集约,并能加强世界范围的竞争力。2001 年 3 月,上海化学工业区的"五个一体化"发展理念在化工区总体发展规划国家汇报会上进行了重点介绍,即:上游、中游、下游产品链项目一体化,公用工程一体化,基础设施一体化,物流配送体系一体化,环保生态一体化。通过不断成熟完善,2002 年,化工区提出了产品项目、公用辅助、物流传输、环境保护和管理服务五个"一体化"开发理念,其特点和优势在于:可以实现原料和能源的充分利用,从而减少消耗,提高原料和能源的利用效率;可以降低投资和生产成本,从而提高区内产品的市场竞争力;可以确保化工区的安全和环境保护,实现可持续发展;可以营造良好的、符合国际惯例的投资环境,引进更多的世界一流的先进科技成果、生产技术和管理经验。2008 年,化工区"五个一体化"被纳入了中国石油化工联合会发布的《关于进一步提高化工园区发展水平的指导意见》。

【产品项目一体化】

2002 年 3 月,园区上游赛科乙烯工程全面建设。围绕该龙头项目,2001 年、2003 年、2004 年,化工区分别引进中游上海联合异氰酸酯、拜耳聚碳酸酯,下游赢创德固赛多用户基地、3M 胶粘剂等化工项目形成了较为完整的上中下游化工生产链,产品关联度达到80%以上,实现了区内资源的最佳配置和充分利用。同时还形成了产品链的延伸,以及副产品和废弃物的再利用。比如氯的两次利用,将氯碱、聚氨酯和乙烯裂解串连在一起,充分利用了资源;乙烯装置副产的氢氰酸被相邻的璐彩特公司用作生产MMA产品的原料,乙烯裂解所产生的废焦油用作炭黑项目的原料等。

【公用辅助一体化】

2000—2003年开发建设初期,园区通过引入拥有先进技术、科学管理和成熟经验的专业公用配套企业为合作伙伴,集中建设热电联供、工业气体、工业水厂、污水处理厂、工业废弃物焚烧炉等公用工程,先后于2001年11月建设荷兰孚宝码头和储罐项目,2001年10月建设法国苏伊士污水处理厂项目,2003年8月建设美国普莱克斯工业气体项目、2003年1月建设新加坡胜科热电联供项目、2003年8月建设法国液化空气工业气体项目。截至2010年底,化工区内蒸汽供应能力920吨/小时,工业和生活供水能力20万吨/日,污水处理能力3.75万吨/日,固废焚烧处理能力6万吨/年。

【物流传输一体化】

2000—2005年,上海化工区通过公用海运码头、公共仓储区和集中管道运输相结合的方式,先后于2001年2月启动建设公共管廊,2001年11月建设公用液体码头和公共储罐区,2005年11月贯通全长42.8公里的浦东铁路一期工程,并引进上海孚宝港务有限公司、中信物流、复兴船务等专业物流服务供应企业,形成了一体化的物流运输系统,提高了物流运输系统的工作效率,减少了各生产装置的运输运行成本,节约了能源的消耗使用。至2010年,化工区码头装卸能力9万吨,公共管廊达21公里,管道总长386公里。

【生态环保一体化】

2004年,化工区应急响应中心正式成立。2005年,园区建立了以化工区安全生产委员会为核心的安全管理体系,以及“每周例会、联合检查、综合演练、三级指挥网络”等工作机制,开展区域安全规划与风险评估、光气安全风险评价等工作,实行重化工生产区域的封闭式管理。2008年9月5日,《上海化学工业区产业发展规划环境影响报告书》获环境保护部批准。2001—2008年,化工区共有32个化工项目获得环评批准,项目环评的执行率达到100%。

【管理服务一体化】

2002—2010年,在园区服务方面,上海化工区通过设立公安、海关、海事、工商、税务、检验检疫等行政管理部门,建立“一门式”受理处、化工人才服务中心、化工品交易市场等公共服务平台,建立应急响应中心、医疗急救中心、消防特勤站等应急管理系统,形成了园区一体化的管理服务体系。在周边共建方面,2009年,组织开展“公众开放日”“好邻居,双结对”以及城乡党组织结对帮扶等活动,营造化工区与周边社区及居民友好共处、互惠共赢的良好局面。

三、开发建设

【土地开发利用】

1996年9月28日,围海造地一期工程开工;2003年7月28日,二期工程开工;2005年1月5

日竣工向西 5.7 公里区域；1998 年 4 月 26 日竣工的围海造地工程纪念碑朝东约 8.3 公里区域；至 2010 年，上海化学工业区围海大堤总长 14 公里，两期合计围海造地 13 余平方公里，与金山、奉贤历年围垦地块构成化工区 29.4 平方公里总规划面积。

围垦滩涂 1996 年 9 月 17 日，市计委同意市化工控股（集团）公司在杭州湾北岸漕泾—柘林一带围海造地。项目西起金山县漕泾围垦工程（九二塘）的东堤头部，东至奉贤县南竹港水闸外河西侧，在 1.0 米高程线上，利用滩涂进行围海造地。顺堤长 6.3 公里，围堤全长 8.14 公里，新围海造地 9.77 平方公里，批复总投资为 62 440 万元。1996 年 9 月 28 日，化工区围海造地工程开工典礼在漕泾举行。1996 年 10 月 30 日，该工程被列为"市重大工程项目"。1998 年 4 月 26 日，化工区围海造地工程项目完工，形成了 9.77 平方公里可供开发使用的土地。同年，市规划局核发了上海化学工业区一期工程建设用地规划许可证；市政府批准上海化学工业区发展有限公司建设上海化学工业区一期工程划拨使用国有土地。2003 年 9 月 2 日，经市政府批准，金山漕泾地区九二塘、九九塘以南，上海化学工业区西侧坝与杭州湾北岸龙泉港出海闸东侧之间的滩涂将作为上海化工区的规划用地。2003 年 10 月 21 日，管委会批复同意上海化学工业区西部围垦工程初步设计的内容，建设海塘大堤 5.737 公里（其中主堤 5.361 公里，侧堤 0.376 公里）、隔堤 1 055.7 米、龙口 3 只、排水口 6 座及围内吹填工程；圈围面积为 2.82 平方公里，围内吹填高程为 3.50 米，工程总投资 6.8 亿元。2005 年 3 月 28 日，围垦工程通过初步验收，并被评为优良工程。

有偿出让 1998 年，上海化学工业区开发领导小组办公室要求将上海化学工业区的土地实施空转，以增加上海化学工业区发展有限公司实收资本，增强融资能力。1999 年 5 月 10 日，市政府批准依法收回上述范围内国有土地 946.22 公顷的土地使用权，并由上海市房屋土地管理局（以下简称市房地资源局）实施出让；上海化学工业区发展有限公司按规定向市房地资源局办理出让手续。1999 年 5 月 13 日，上海化学工业区土地"空转"出让签字仪式举行，上海市财政局（以下简称市财政局）代表市政府把上海化学工业区的土地使用权出让金 9.46 亿元，作为对上海化学工业区发展有限公司的投资，参与上海化学工业区发展有限公司的盈利分配，由市政府支配。2008 年，因道路、河流和沪杭公路南侧防护林建设等需要，发展公司通过划拨方式获得 252 公顷土地使用权；又因项目建设需要，发展公司通过有偿出让方式获得 512 公顷的国有土地使用权。

征地动迁 2000 年至 2009 年 3 月，市政府依法及按现行政策共征收农村集体土地 370 公顷，其中奉贤区 282 公顷，金山区 88 公顷。收回国有土地 430 公顷，动迁居民 1 015 户，其中奉贤区 585 户、金山区 430 户；动迁单位 33 家，其中奉贤区 15 家、金山区 18 家。

项目用地 1999—2010 年，化工区项目用地开工建设情况具体见下表。

表 7 - 1 - 8 1999—2010 年上海化学工业区项目用地布局一览表

地块编号	开工时间	项目名称	占地面积
B3 地块	1999 年 6 月 30 日	天原化工厂搬迁项目	6.06 万平方米
C1 地块	2000 年	孚宝港务液体码头和储罐项目	49 万平方米
B3 地块	2001 年 1 月 6 日	高桥石化苯酚丙酮项目	6.30 万平方米
F7 地块	2001 年 4 月	净水厂工程	8.25 万平方米
F3 地块	2001 年 5 月 23 日	拜耳聚碳酸酯项目	60 万平方米
A1、A2、A3 和 B1 地块	2002 年 1 月 21 日	赛科乙烯项目	近 200 万平方米

（续表一）

地 块 编 号	开 工 时 间	项 目 名 称	占 地 面 积
E3 地块	2002 年 3 月 28 日	220 千伏漕二变电站工程	1.65 万平方米
D4、E4、F4 地块	2002 年 4 月 4 日	化工区发展公司	2.26 平方公里
E7 地块	2002 年 12 月 2 日	化工区消防特勤站项目	5 000 平方米
E1－1 地块	2003 年 1 月 29 日	巴斯夫聚四氢呋喃项目	25.18 万平方米
F2 地块	2003 年 3 月 26 日	拜耳异氰酸酯和聚醚项目	50 万平方米
E4 地块	2003 年 4 月 1 日	保税仓库保税仓储项目	148 271 平方米
C3－2 地块	2003 年 7 月 28 日	热电联供项目	89 567 平方米
D2－1－1 地块	2003 年 8 月 28 日	液化空气工业气体项目	5 000 平方米
A1－1 地块	2003 年 10 月 24 日	璐彩特 MMA 项目	41 185 平方米
D1 地块	2004 年 3 月 29 日	上海联合异氰酸酯项目	50 万平方米
D3 地块	2004 年 11 月 1 日	德固赛聚酯树脂项目	18 724 平方米
D2 地块	2004 年 11 月 18 日	太古升达工业废弃物焚烧炉项目	5.5 万平方米
E4－3 地块	2005 年 3 月 2 日	宁柏迪特种化学品项目	2.3 万平方米
D2 地块	2005 年 4 月 28 日	申星化工甲醛项目	3.5 万平方米
D4－1 地块	2005 年 7 月 18 日	爱富新材料公司聚偏氟乙烯（PVDF）项目和六氟丙酮（HFA）项目	48 252 平方米
B2 地块	2006 年 3 月 14 日	中石化三井双酚 A 项目	55 376 平方米
F6－2 地块	2006 年 6 月 9 日	华昌聚合物特种耐腐蚀树脂及其配套项目	8.4 万平方米
F6－1 地块	2007 年 3 月 28 日	中石化上海石油化工研究院基础有机原料技术开发工程化基地	166 666 平方米
C2 地块	2007 年 6 月 28 日	天原华胜烧碱技术改造项目	—
F4－3 地块	2007 年 7 月 19 日	3M 胶带、涂料等二期项目	125 071 平方米
B4 地块	2007 年 10 月 15 日	陶氏一体化基地环氧树脂和环氧氯丙烷等项目	41.55 万平方米
F4－2 地块	2008 年 3 月 19 日	布登海姆磷酸盐及无卤素阻燃剂项目	54 057 平方米
F6－3A 地块	2008 年 6 月 8 日	华明高技术超细粉末工程研究中心创新能力建设项目	6 666 平方米
C4 地块	2009 年 11 月 8 日	化四消防站	4 752 平方米
E3 地块	2009 年 12 月 8 日	菱优工程塑料聚碳酸酯项目	20.69 万平方米
D4 地块	2009 年 12 月 29 日	华谊聚合物本体 ABS 项目	150 810 平方米
E4－1 地块	2010 年 4 月 13 日	中法水务污水处理项目	89 072 平方米
E1 地块	2010 年 4 月 22 日	巴斯夫铂族贵金属催化剂（PGM）项目	10 990 平方米
F4－4A 地块	2010 年 5 月 26 日	星可生化高纯溶剂项目	4 万平方米

（续表二）

地 块 编 号	开 工 时 间	项 目 名 称	占 地 面 积
F4-6 地块	2010 年 5 月 26 日	奥普化工水性粘合剂项目	9 552 平方米
F4-7 地块	2010 年 9 月 8 日	彤程化学橡胶助剂研发中心及橡胶助剂项目	119 489 平方米
F4-5 地块	2010 年 9 月 17 日	日本昭和高纯气体项目	10 002 平方米
C4 地块	2010 年 10 月 17 日	西萨化工苯酚丙酮项目	12.7 万平方米
E5 地块	2010 年 12 月 21 日	舒驰容器工业包装项目	37 470 平方米
C3-1-4C 地块	2010 年 12 月 23 日	集惠环保的环保资源化回收与综合利用集中处置项目	39 547.8 平方米
F4-1 地块	—	明尼苏达胶粘剂项目	—
B2 地块	2010 年	优月仓储铁路装卸储罐项目	97 169 平方米

资料来源：上海化学工业园区提供

图 7-1-1 2010 年上海化学工业区地块布局图

资料来源：上海化学工业园区提供

　　土地利用水平 2008 年底,化工区供应国有建设用地为 1 815.58 公顷,其中已建成的建设用地 1 170.56 公顷,含工矿仓储用地 599.92 公顷,化工区发展有限公司已受让但未转让的土地面积约 512.89 公顷,主要是杭州湾历年围垦而成的非农业用地。主要集约性评价指标中,土地开发率为 78.2%,土地供应率为 82.5%,土地建成率为 64.5%,工业用地率 51.3%,工业项目综合容积率为 0.37,工业用地建筑密度 30.7%。2009 年 2 月 27 日,上海化学工业区土地集约利用评价成果通过验收。

表 7 - 1 - 9　2008 年上海化学工业区部分企业土地利用情况表

企 业 名 称	批准用地面积(公顷)	预留用地面积(公顷)	企业容积率
上海赛科石油化工有限责任公司	198.22	65.19	0.47
拜耳(上海)聚合物有限公司	38.48	12.13	0.26
拜耳(上海)聚氨酯有限公司	73.4	27.1	0.22
上海联恒异氰酸酯有限公司	8.7	1.15	0.46
上海巴斯夫聚氨酯有限公司	25.27	7.5	0.24
上海亨斯迈聚氨酯有限公司	15.76	11.44	0.31
巴斯夫化工有限公司	25.95	13.07	0.18
璐彩特国际有限公司	4.12	0.82	0.4
德固赛特种化学(上海)有限公司	25.53	2.12	0.24
上海天原(集团)华胜化工有限公司	24.63	1.94	0.26
中法水务发展有限公司	16.96	0.65	0.37
上海化学工业区工业气体有限公司	5.6	0.41	0.26

资料来源：上海化学工业园区提供

土地投资强度及产出　2005 年,上海化工区内一期项目的投资密度达到 13.8 亿美元/平方公里,单位土地产值为 80 亿元/平方公里。2008 年,上海化工区工业用地产出强度达到 83.4 亿元/平方公里,工业用地固定资产投入强度达到 116.4 亿元/平方公里。2010 年,上海化工区土地投资强度达到 158 亿元/平方公里,单位土地产值达到 124.2 亿元/平方公里,累计完成总投资 154.6 亿美元,完成固定资产投资 846.3 亿元。

表 7 - 1 - 10　2008 年上海化学工业区部分企业土地产出水平表　　单位：亿元/平方公里

企 业 名 称	土地产出率
上海赛科石油化工有限责任公司	113
拜耳涂料公司	392
拜耳(上海)聚合物有限公司	69
拜耳(上海)聚氨酯有限公司	26
上海联恒异氰酸酯有限公司	330
上海巴斯夫聚氨酯有限公司	193
上海亨斯迈聚氨酯有限公司	97
巴斯夫化工有限公司	44
璐彩特国际有限公司	294
德固赛特种化学(上海)有限公司	5.4
舒驰容器(上海)有限公司	96
上海天原(集团)华胜化工有限公司	80

（续表）

企 业 名 称	土地产出率
漕泾热点	137
中法水务发展有限公司	137
上海化学工业区工业气体有限公司	11

资料来源：上海化学工业园区提供

【基础设施】

海塘大堤　1996 年 9 月 28 日,化工区围海大堤一期工程开工,1998 年 4 月 26 日竣工,建成围海大堤 8.3 公里。1998 年,化工区工程建设总指挥部成立海塘管理联络小组,海塘管理和防汛防台在组织上落实并纳入金山区、奉贤县防汛通讯网络系统。1999 年,化工区率先在上海市海塘管理行业中实行海塘管理"管养分离"机制。2003 年 7 月 28 日,二期工程开工,2005 年 1 月 30 日竣工,建成围海大堤 5.7 公里。2004 年 12 月,建立化工区水文站。2005 年起,化工区开展一期海塘保滩达标研究,并分期实施先保滩后达标工程措施,以全面达到 200 年一遇的海塘防御标准。2005—2008 年,开展化工区海塘越浪研究。2008—2009 年,启动海塘安全预警系统的开发工作。2009年,改建增设水文测量设施。

供水排水　2000 年 12 月 27 日,市计委批复同意化工区内市政配套工程(一期)工业水及生活水管网工程可行性研究报告,工程投资估算为 17 107 万元,区域为新围垦滩地约 10 平方公里,建设区内工业水转输管道工程、工业水及生活水管网工程等设施。2005 年,化工区西部围垦二级排水工程开工建设,工程总投资 15 124.35 万元,工程设计范围北至沪杭公路,南至西部围垦新建大堤,东接化工区西侧堤,西至龙泉港出海闸的出水河,建设河道、泵站、涵洞等设施。

道路　2000 年 12 月 28 日,化工区区内市政配套工程(一期)道路工程批复实施,工程内容包括南北方向道路(西河路、舒华路、天华路、联合路、楚华路、目华路、东河路)及东西方向道路(南河路、神工路、州工路、南银河路、北银河路),道路总长度为 39.13 公里,工程总投资估算 35 630.28 万元。2002 年 11 月 18 日,A4 公路目华路立交及道路批准建设,工程范围自沪杭公路目华路交叉口,向北至 A4 公路,长约 3 公里,投资约 8 200 万元。

铁路　2005 年 3 月 23 日,化工区铁路工程区外线部分可行性研究报告经批复同意,工程范围自浦东铁路漕泾站(含接轨站)至沪杭公路(化工区区内线接口),区间线路长度 1.3 公里,占地 11.40 公顷,工程总投资 13 429 万元。

航道　2000 年 7 月 20 日,化工区内河配套航道整治工程可行性研究报告批复同意,工程总投资 4.24 亿元控制,主要建设内容为：整治、新开航段,新建、加固护岸,新建、改建桥梁,新建港监站、签证点、停泊区及其他港航管理设施等。12 月 14 日,化工区海运航道项目批复同意,投资总额为 10 090.2 万元,项目建设内容为：航道平面布置、航道设计、码头港池、航道疏浚、航标及导航设施、扫海与测量。2001 年 12 月 24 日,化工区海运航道、锚地开通。2004 年 3 月 1 日,化工区西航道和锚地正式开通。2005 年 4 月 25 日,化工区东航道和环形通道正式开通。

【公用配套设施】

污水处理厂　2001 年 9 月,由上海化学工业区发展有限公司、上海化学工业区投资实业有限公司和法国苏伊士集团下属香港中法水务共同投资的污水处理厂开工建设,总投资为3.98亿元。2003年1月一期开始接纳废水,至2010年底,污水处理能力为13.92万吨/日。

供水厂　2002年3月12日,由上海化学工业区发展公司、香港新世界集团和法国苏伊士集团合资的中法水务发展有限公司成立。工业水厂总投资为3.4亿元。项目设计能力为20万吨/日,于2001年10月开工建设,2002年12月部分供水,2004年4月竣工投用,同时运营7 000吨/日的生活水装置和3 600吨/日的脱盐水厂。至2010年底,工业和生活供水能力50.5万吨/日。

化工码头　2001年8月,上海港复兴船务公司、化工区发展公司与化工区奉贤分区发展公司正式签订化工区大件码头项目合资合同,化工区大件码头单件设备最大装卸能力为1 000吨。2001年11月,由上海化学工业区发展有限公司、上海化学工业区投资实业有限公司与荷兰VOPAK公司合资建设的化工液体码头和储罐区项目开工建设,总投资为2.1亿美元。2003年5月,3个5 000吨码头竣工投用,2004年10月,2个25 000吨码头竣工投用。2002年3月5日,上海孚宝港务有限公司设立,负责建设、管理和经营化学物品专业码头及其相关的贮存装运设施。2007年9月29日,孚宝码头、大件码头和天原华胜码头对外开通使用。2009年7月18日,孚宝码头W8泊位对外开通启用。至2010年底,化工区码头装卸能力9万吨。

工业气体　2003年8月,由SINOPAL公司出资的工业气体项目开工建设,总投资约1.2亿美元,2004年10月全部装置建成投产。2010年4月14日,化工区合成气装置二期扩建项目获批,项目新建一套合成气分离生产装置,形成氢气35 900标立方/小时、一氧化碳9 800标立方/小时、副产蒸汽22.5吨/小时的生产规模,项目总投资66 056万元。

热电联供　2003年1月,由上海市电力股份有限公司、申能股份有限公司、上海化学工业区发展有限公司以及新加坡胜科公用事业私人有限公司合资建设的热电联供项目开工建设,总投资28.1亿元,发电能力60万千瓦,供热量660吨/小时,制除盐水能力452吨/小时。项目实行"以热定电、热电联供"模式,可向区内用户集中供应工业用蒸汽和除盐水,所发出的电量被全部送入上海城市电网。2004年8月,快速启动锅炉启用。2005年6月,第一套燃气—蒸汽联合循环机组投产,10月2号机组并网。至2010年底,蒸汽供应能力965吨/小时。

焚烧炉　2004年9月,由上海化学工业区发展有限公司,上海化学工业区投资实业有限公司,法国苏伊士集团下属香港太古升达废料处理有限公司和香港新世界集团下属新创基建有限公司共同投资的焚烧炉项目开工建设,工程规模为6万吨/年,总投资约5.1亿港元,经工商登记成立上海化学工业区太古升达废料处理有限公司。2006年5月投入运营,焚烧废料年产24万吨余热蒸汽供给巴斯夫异氰酸酯的生产,尾气排放达到欧洲Ⅱ标准。

公共管廊　2001年2月20日,化工区管廊工程经批准实施,项目建设总投资9.13亿元。2003年3月28日,区内管廊项目一期一阶段开工,总投资2 980万美元,2004年6月完成建设,总长12公里,向区内用户提供专用的公共管廊设施和运输液气体管线。2004年6月21日,吴泾化工区至上海化工区长输管道工程批复同意,合成气管道自吴泾化工区至上海化工区,乙烯管道自上海化工区至吴泾化工区,工程总投资30 143.55万元。

消防站　2002年1月31日,特勤消防站和水陆两用消防站各一座批准建设,一期项目总投资6 165万元。2005年,社会性"E7消防特勤站"和"C1水陆两用站"建成投用。2009年3月19日,上海化学工业区消防站(二期)化三消防站项目批准实施。4月27日,上海化学工业区消防站(二期)化四消防站项目批准实施。

第四节　招　商　引　资

一、招商管理

1999年4月,上海化工区总体规划中对化工区关于招商引资的优惠待遇提出相关规定,主要包括对特殊项目的财政优惠,对项目所需设备和中间原材料的税收优惠、对投资企业的服务流程简化和税率优惠等。除此之外,化工区内税收优惠按国家有关规定执行。2000年11月,化工区制订《上海化学工业区开发建设若干政策意见》,实行土地使用权转让收入的税费优惠、设立化工区专项发展资金、化工区免缴有关水电气费用、排污费用返还使用等。2004年,原关于化工区专项发展资金的优惠政策实施期限由原来暂定的2005年延长至2008年。2009年2月,继续延长化工区用电价格优惠政策实施期限,由原定2008年延长至2010年。

2002年1月,在颁布的《上海市化学工业区管理办法》中明确,上海化学工业区招商原则上鼓励国内外投资者按照国家重点鼓励的产业、产品和技术目录以及外商投资产业有关指导目录的规定,在化学工业区投资各类化工项目;对经化工区开发领导小组审核认定的建设性、生产性、配套性项目给予适当补贴,鼓励投资产业链延伸配套项目,鼓励投资建设基础设施和公用配套项目。

表 7-1-11　2004年上海化学工业区主要产业导向说明表

类　别	主要产业导向
石油化工类	精炼成品油(清洁汽油、柴油、航空煤油、高档润滑油、全精石蜡); 大型乙烯及烯烃系列产品; 大型合成纤维及差别化合成纤维新品种; 大型合成树脂及合成树脂新工艺、新产品; 符合经济规模的基本有机化工原料
精细化工及有机化学新材料类	新型精细无机化工产品; 高速卷钢涂料、汽车涂料、重防腐涂料、特种涂料、粉末涂料、中高档民用涂料; 染料新品种(棉用活性染料、超细旦涤纤专用分散染料高级棉用还原染料,使用色素和色淀等); 新型试剂(生化试剂、仪器分析试剂、临床诊断试剂等); 新型助剂(纺织用助剂,油田助剂、造纸助剂,塑料助剂等); 新型生物化工产品(核酸衍生物、活性多肽类等); 新型信息化学品; 新型高效催化剂

资料来源:上海化学工业园区提供

二、招商活动

1996年来,化工区将招商引资作为发展的生命线,践行"一切服务于招商,招商促进科学发展"的工作理念,在人力、物力、财力上向招商工作倾斜,吸引了巴斯夫、拜耳、英国石油化工等国际化工巨头和荷兰孚宝、法国液化空气集团、美国普莱克斯等世界公用工程公司,以及中石化、上石化、高桥石化、华谊等国内大型化工骨干巨头企业落户园区。至2010年,含金山、奉贤分区的化工区共有企业176家,批准总投资168.9亿美元,历年累计完成固定资产投资915.3亿元。化工区共开展海内外招商活动7次。

表 7－1－12　至 2010 年上海化学工业区招商活动一览表

时　　间	地　　点
2001 年 11 月 23 日	上　海
2002 年 10 月 29 日	日本东京
2003 年 4 月 23 日	日本东京
2004 年 2 月 4 日	日本横滨
2004 年 4 月 1 日	澳大利亚墨尔本
2004 年 11 月 24 日	上　海
2006 年 5 月 26 日	上　海

资料来源：上海化学工业园区提供

三、招商成果

【固定资产投资】

截至 2010 年底,化工区累计完成固定资产投资 915.3 亿元,其中化工区规划区域历年累计完成固定资产投资 846.3 亿元,金山分区历年累计完成固定资产投资 29 亿元,奉贤分区历年累计完成固定资产投资 40 亿元。

表 7－1－13　至 2010 年上海化工区招商引资及固定资产投资一览表　　　　单位：亿元

年　份	2001年前	2001 年	2002 年	2003 年	2004 年	2005 年	2006 年	2007 年	2008 年	2009 年	2010 年
固定资产投资	12.4	3.8	14.5	82	168	192.4	72	62.7	90.1	94	66.2

说明：2001—2009 年相关数据统计范围为化工区规划区域 29.4 平方公里;2010 年统计范围为化工区管理区域(包括金山、奉贤分区)36.1 平方公里

资料来源：上海化学工业园区提供

【引进内外资】

至 2010 年,化工区含金山、奉贤分区的化工区共有企业 176 家,其中化工区规划区域注册企业 53 家,金山分区企业 50 家,奉贤分区企业 73 家。批准总投资 168.9 亿美元,其中化工区规划区域 154.6 亿美元,金山分区 5.3 亿美元,奉贤分区 9 亿美元。

表 7－1－14　至 2010 年上海化工区招商引资一览表　　　　单位：亿美元

年　份	2001前年	2001 年	2002 年	2003 年	2004 年	2005 年	2006 年	2007 年	2008 年	2009 年	2010 年
批准项目投资	3.9	34.7	37.3	4.4	5.5	4.1	3.7	6.5	37.43	10.9	7.1

说明：2001—2009 年相关数据统计范围为化工区规划区域 29.4 平方公里,2010 年统计范围为化工区管理区域(包括金山、奉贤分区)36.1 平方公里

资料来源：上海化学工业园区提供

表 7 - 1 - 15　1998—2010 年上海化学工业区招商引资企业投资额一览表　　　单位：万元

序　号	公 司 名 称	投 资 总 额
1	拜耳材料科技(中国)有限公司	2 479 396
2	上海赛科石油化工有限责任公司	2 429 233
3	上海联恒异氰酸酯有限公司(SLIC)	
4	上海巴斯夫聚氨酯有限公司(SBPC)	929 785 (三家独立合资公司合计投资额)
5	上海亨斯迈聚氨酯有限公司(HPS)	
6	上海上电漕泾发电有限公司	855 000
7	上海天原(集团)华胜化工有限公司	466 502
8	陶氏化学精细化工(上海)有限公司	335 871
9	巴斯夫化工有限公司	282 599
10	德固赛特种化学(上海)有限公司	208 528
11	菱优工程塑料(上海)有限公司	174 546
12	中石化高桥分公司	170 381
13	西萨化工(上海)有限公司	141 434
14	上海氯碱化工股份有限公司	107 803
15	上海中石化三井化工有限公司	92 032
16	璐彩特国际有限公司	90 429
17	上海高旭合成橡胶有限责任公司	64 015
18	上海燃料浦东有限公司	51 988
19	上海华谊聚合物有限公司	50 548
20	上海涂料有限公司	30 894
21	舒驰容器(上海)有限公司	21 949
22	中国石油化工股份有限公司催化剂分公司	21 473
23	明尼苏达矿业制造特殊材料(上海)有限公司	20 475
24	上海申星化工有限公司	14 774
25	伊立欧化学(上海)有限公司	12 480
26	华东理工大学华昌聚合物有限公司	12 010
27	洛德精细化学(上海)有限公司	11 700
28	上海杜邦农化有限公司	10 588
29	迪氏曼医药化学(上海)有限公司	10 000
30	沙提(上海)热熔胶有限公司	9 010
31	优尔稀聚合物(上海)有限公司	5 787
32	梯希爱(上海)化成工业发展有限公司	5 740
33	宁柏迪特种化学(上海)有限公司	3 255

（续表）

序　号	公　司　名　称	投　资　总　额
34	上海华凯酒店	3 000
35	布登海姆精细化工（上海）有限公司	2 570
36	上海化学工业区浦江特种气体有限公司	1 812
37	上海高桥石化工程建设公司	1 577

资料来源：上海化学工业园区提供

表7-1-16　1998—2010年上海化学工业区招商引资项目投资一览表　　　　　　单位：万元

年　份	公　司　名　称	项　目　名　称	投　资　金　额
1998年	上海天原（集团）华胜化工有限公司	天原化工厂三废搬迁项目	78 330
1999年	上海天原（集团）华胜化工有限公司	天原化工厂2万吨/年特种PVC装置三废迁建治理工程	15 753
2001年	上海天原（集团）华胜化工有限公司	上海烧碱及聚氯乙烯项目	369 808
2001年	上海赛科石油化工有限责任公司	90万吨/年乙烯工程项目	3 040 000
2001年	中国石油化工集团公司	上海高桥石化20万吨/年苯酚丙酮项目	62 644
2002年	拜耳（上海）聚合物有限公司	上海聚碳酸酯项目	467 048.5
2002年	拜耳（上海）聚氨酯有限公司	异氰酸酯和聚醚项目	2 346 416（2008年调整后）
2002年	上海巴斯夫聚氨酯有限公司	上海联合异氰酸酯项目	929 785
2002年	巴斯夫化工有限公司	上海聚四氢呋喃项目	249 829.4
2002年	上海华凯酒店	化工区管理中心区配套服务设施项目	3 000
2002年	中石化高桥分公司	上海90万吨/年乙烯工程石脑油管道工程	15 400
2002年	上海联恒异氰酸酯有限公司等	中外合资上海联合异氰酸酯（MDI/TDI）项目	929 785
2003年	璐彩特国际有限公司	甲基丙烯酸甲酯项目	90 429.6
2003年	舒驰容器（上海）有限公司	厂房建设项目	2 445
2003年	上海高旭合成橡胶有限责任公司	10万吨/年溶液丁苯橡胶项目	64 015
2004年	巴斯夫化工有限公司	巴斯夫聚异氰酸酯（BPI）项目	24 470
2004年	中石化高桥分公司	20万吨/年ABS项目	154 981
2005年	梯希爱（上海）化成工业发展有限公司	公司设立项目	5 740
2005年	宁柏迪特种化学（上海）有限公司	公司设立项目	3 255.4
2005年	上海中石化三井化工有限公司	12万吨/年双酚A项目	92 032
2005年	上海申星化工有限公司	8万吨/年甲醛装置项目	5 996
2005年	上海氯碱化工股份有限公司	4万吨/年PPVC技改项目	19 898

（续表一）

年 份	公 司 名 称	项 目 名 称	投 资 金 额
2005 年	上海化学工业区浦江特种气体有限公司	特种气体项目	1 812
2006 年	华东理工大学华昌聚合物有限公司	华东理工大学首批启动以产顶进树脂类产品中试、开发、产学研基地项目	12 010
2006 年	德固赛特种化学(上海)有限公司	有机过氧化物项目	8 304
2006 年	上海申星化工有限公司	15.6 万吨/年甲醛项目	8 778
2006 年	上海涂料有限公司	5 万吨/年顺酐项目	30 894
2006 年	上海华谊聚合物有限公司	20 万吨/年本体 ABS 工厂建设项目(一期 3.8 万吨/年)	50 548
2006 年	迪氏曼医药化学(上海)有限公司	公司设立项目	10 000
2007 年	上海高桥石化工程建设公司	漕泾基地(二期)项目	1 577
2007 年	德固赛特种化学(上海)有限公司	甲基丙烯酸酯一体化项目	200 224
2007 年	优尔稀聚合物(上海)有限公司	公司设立及胶粘剂项目	2 753.4
2007 年	明尼苏达矿业制造特殊材料(上海)有限公司	公司设立及黄山项目(胶粘剂)	20 475
2007 年	洛德精细化学(上海)有限公司	公司设立及胶粘剂项目	11 700
2007 年	伊立欧化学(上海)有限公司	公司设立项目	12 480
2007 年	上海燃料浦东有限公司	上海燃料浦东有限公司	51 988
2008 年	上海天原(集团)华胜化工有限公司	事故状态氯化氢吸收应急处理装置项目	2 611
2008 年	上海赛科石油化工有限责任公司	109 万吨/年乙烯装置分离改造项目	69 995
2008 年	上海赛科石油化工有限责任公司	产品结构调整及优化技改项目	56 226
2008 年	上海赛科石油化工有限责任公司	苯乙烯增量技术改造项目	58 428
2008 年	舒驰容器(上海)有限公司	扩建中型散装容器项目	19 504
2008 年	沙提(上海)热熔胶有限公司	热熔胶项目	9 010
2008 年	上海上电漕泾发电有限公司	上海漕泾电厂"上大压小"新建工程项目	855 000
2009 年	菱优工程塑料(上海)有限公司	8 万吨/年聚碳酸酯项目	174 546
2009 年	优尔稀聚合物(上海)有限公司	年产 8 000 吨表面活性剂项目	3 386.4
2009 年	陶氏化学精细化工(上海)有限公司	环氧氯丙烷、液体环氧树脂一体化项目	335 871
2009 年	布登海姆精细化工(上海)有限公司	年产 1 000 吨悬浮润滑剂和 2 000 吨粉体润滑剂项目	2 570
2009 年	上海杜邦农化有限公司	氯虫苯甲酰胺原药杀虫剂生产项目(一期)	10 588
2010 年	拜耳材料科技(中国)有限公司	德士模都 L 扩建至 4 万吨/年项目	4 850

（续表二）

年　份	公　司　名　称	项　目　名　称	投　资　金　额
2010 年	巴斯夫化工有限公司	上海铂族贵金属催化剂(PGM)项目	8 300
2010 年	上海氯碱化工股份有限公司	16 万吨/年氯三次循环利用技术改造项目	87 905
2010 年	西萨化工(上海)有限公司	25 万吨/年苯酚、15 万吨/年丙酮项目	141 434
2010 年	中国石油化工股份有限公司催化剂分公司	年产 1 500 吨甲醇制烯烃催化剂项目	21 473

说明：投资金额按当年汇率计算

资料来源：上海化学工业园区提供

四、重点项目

【上海赛科乙烯项目】

1996 年 10 月 21 日，中国石化、上海石化和英国 BP 公司决定合资建设上海赛科项目，三方签署了合资建设 65 万吨/年乙烯工程的意向书。1999 年 10 月，中共中央总书记江泽民率领代表团访问英国时，中国石化与英国 BP 公司签署了"联合开展项目可行性研究的协议"。12 月 10 日，上海石化 65 万吨乙烯工程领导小组第五次会议对原工程的规模、产品方案和厂址进行了优化，提出将建设规模调整为 80 万吨/年乙烯工程，并相应调整下游配套装置。厂址由原来的上海石化、上海化工区、高桥石化和浙江白沙湾的"四点布置"改为"一点布置"，所有装置全部集中到上海化学工业区内，此方案得到了国务院副总理吴邦国的支持和肯定。2001 年 1 月 22 日，上海石化 90 万吨/年乙烯工程领导小组第六次会议确定将乙烯裂解规模从原 65 万吨/年调整至 90 万吨/年，并要求热电联供项目、高桥到化工区和上海石化到化工区的管廊规划、码头和铁路等公用工程同步建设；此外，由于项目建成后供给 15 万吨乙烯至华谊集团的氯乙烯和聚氯乙烯装置，供应 7 万吨丙烯至高化的苯酚丙酮装置，与高化的丁苯橡胶和 ABS 项目也有物料互供关系，会议要求下游项目尽快配合开展相应工作。

2001 年 8 月，中外合资上海 90 万吨/年乙烯工程获国家计划委员会批准，确定该项目由中国石油化工股份有限公司(30%)、中国石化上海石油化工股份有限公司(20%)、BP 化工中国华东投资有限公司(50%)三方合资，组成"上海赛科石油化工有限责任公司"。项目总投资 2 244 584 万元，工程建设投资 1 979 709 万元，注册资本金 748 196 万元。项目含 90 万吨/年乙烯装置(含烯烃装置和裂解汽油加氢装置)、50 万吨/年芳烃抽提装置、9 万吨/年丁二烯抽提装置、50 万吨/年苯乙烯装置、30 万吨/年聚苯乙烯装置、60 万吨/年聚乙烯装置、26 万吨/年丙烯腈装置 25 万吨/年聚丙烯装置等，以及部分配套设施和公用工程。工程需要原料石脑油 277 万吨/年，其中 75%(208 万吨/年)石脑油由中国石油化工股份有限公司供应；其余 25%(69 万吨/年)石脑油，以及液氨等其他原材料和化学品均由合资企业在国内外市场采购解决。工程工艺技术的选择除聚乙烯、聚丙烯、聚苯乙烯、丙烯腈 4 套装置基本确定采用 BP 的专利技术外，其他装置的工艺技术均将通过进一步谈判择优选定。

2002 年 3 月 28 日，上海赛科 90 万吨/年乙烯项目正式开工。2004 年 12 月 30 日，工程提前完成工程建设任务,2005年3月18日,90万吨/年乙烯装置一次投料开车成功,经过10小时45分钟的运转,顺利产出了合格产品,宣告了上海赛科90万吨/年乙烯工程全面完成工程建设,进入生产试运行阶段。

2008年5月19日,市经委批复同意赛科109万吨/年乙烯装置分离改造项目,总投资为69 995.63万元,可增加19万吨乙烯的生产能力,使企业的总生产规模达到109万吨乙烯。5月30日,市经委批复同意赛科产品结构调整及优化技改项目,投资56 226万元,改造78万吨/年汽油加氢装置改造和60万吨/年芳烃抽提装置,新建16万吨/年烯烃转换-2装置。6月30日,市经委批复同意赛科苯乙烯增量技术改造项目,总投资58 428万元,扩建65万吨/年苯乙烯装置,新建3.5万吨/年C8馏分苯乙烯抽提装置。至2010年,项目具有年产乙烯119万吨、聚乙烯60万吨、苯乙烯65万吨、聚苯乙烯30万吨、芳烃62万吨、丙烯腈26万吨、聚丙烯25万吨和丁二烯10.5万吨的生产能力,每年可向国内外市场供应石化产品320余万吨。

【上海烧碱及聚氯乙烯项目】

1998年,上海天原有限公司天原化工厂三废搬迁项目获市经委批准。批复指出,天原化工厂作为中国第一家氯碱企业,随着城市建设的发展,位于天山路的厂区工业污染影响了周围环境。中共上海市委、市政府决定天原化工厂在2000年底前就地停产,尽快实施三废搬迁治理。批复要求2000年底在上海化学工业区建成10万吨/年离子膜烧碱装置,占地126 900平方米,新建建筑面积22 700平方米,项目投资59 731万元,其中外汇2 093万美元。1999年6月30日,天原化工厂搬迁4万吨/年PVC项目如期开工,这是上海化学工业区第一个开工建设的化工项目。2002年2月21日,上海烧碱及聚氯乙烯项目正式获国务院批准。批复意见提出,上海天原(集团)有限公司提出以中外合资上海90万吨/年乙烯工程所提供的乙烯为原料,建设大型聚氯乙烯生产装置,并配套建设大型的烧碱装置,以满足在上海化学工业区拟建的MDI、TDI装置对原料氯气的需要,同时解决MDI、TDI装置副产氯化氢的出路。该项目形成的25万吨烧碱能力,其中11万吨接替天原化工厂原有的烧碱能力,9万吨供化工区其他新建项目,只新增5万吨左右的烧碱产品面向市场销售。因此,该项目是上海化学工业区乙烯工程的主要子项目之一,也是上海化学工业区重要的上下游关联项目。

根据国务院批复,项目最终确定总投资为369 808万元(含外汇15 214万美元),其中:建设投资336 193万元,建设期利息24 058万元,铺底流动资金9 557万元。建设内容包括:建设25万吨/年烧碱、30万吨/年氯乙烯、30万吨/年聚氯乙烯等3套主要生产装置,并配套建设液氯、盐酸装置。工程实施后,每年可生产烧碱24.66万吨,提供MDI、TDI装置所需的氯气20.7万吨,生产聚氯乙烯30.56万吨,同时副产盐酸4.83万吨、次氯酸钠2万吨、氢气6 536万标准立方米。烧碱装置采用离子膜法,引进二次盐水精制、电解工序的工艺包以及关键设备、材料;氯乙烯装置采用不平衡氧氯化法,引进氧氯化反应和二氯乙烷裂解的工艺包和主要设备;聚氯乙烯装置采用悬浮法,主要引进聚合和汽提两个工序的工艺包和关键设备;其余工艺技术、工程设计和设备材料将立足于国内解决。

项目年需原料乙烯15万吨,由中外合资上海90万吨/年乙烯工程供应;氯化氢气体19.9万吨,由上海化学工业区拟建的MDI、TDI装置供应;氧气10.37万吨,由上海化学工业区供应;原盐44.4万吨,拟从河北、山东等盐场采购解决,年需燃料天然气3 024万标准立方米,拟由"西气东输"工程供应。

2008年，为防止该项目二氯乙烷装置受原材料供应不足、停车检维修和故障状态下无法吸收氯化氢的情况发生，从而避免氯产业链上相关装置发生连锁波动，管委会批复天原华胜建设氯化氢吸收应急处理装置，项目总投资为2 611.38万元，新增15.41吨/小时氯化氢吸收装置及4 000立方米盐酸罐区。2010年7月，上海市发展和改革委员会（以下简称市发展改革委）批复同意建设上海氯碱化股份有限公司16万吨/年氯三次循环利用技术改造项目，总投资为87 905万元，扩建一套18万吨/年离子膜烧碱装置，扩建一套36万吨/年二氯乙烷装置。

【拜耳一体化项目】

2001年，拜耳上海化工区一体化基地破土动工。2006年，拜耳上海化工区一体化基地聚碳酸酯、聚氨酯原材料以及涂料、粘合剂及特殊化学品业务部的生产装置全面投产。

拜耳聚碳酸酯项目　2001年6月24日，国务院批准同意"中外合资上海聚碳酸酯项目可行性研究报告"，确定该项目由上海氯碱化工股份有限公司与拜耳（中国）有限公司合资建设。合资比例为上海氯碱化工股份有限公司占10％，德国拜耳（中国）有限公司占90％。项目总投资为34 128万美元，建设内容为5万吨/年聚碳酸酯、10万吨/年双酚A和2万吨/年掺混料等三套生产装置及必要的辅助配套设施。项目双酚A装置采用拜耳公司离子交换树脂法技术，聚碳酸酯装置采用拜耳公司非光气化熔融缩聚法技术。2002年7月26日，国家计划委员会批复拜耳聚碳酸酯项目可行性研究调整方案，项目调整内容包括：将原来的5万吨/年聚碳酸酯生产线扩大到10万吨/年，同时增建一条10万吨/年聚碳酸酯生产线，使聚碳酸酯总生产能力达到20万吨/年；增建10万吨/年双酚A，使双酚A的总生产能力达到20万吨/年，增建2万吨/年掺混料，使掺混料的总生产能力达到4万吨/年；增建17.2万吨/年碳酸二苯酯生产线，相应扩大与之配套的辅助设施规模。项目总投资由原批准的34 128万美元调整到56 430万美元。2005年6月，拜耳聚碳酸酯项目的一期工程完工，年产能达4万吨的聚碳酸酯掺混料工厂试运营。2003年11月26日，拜耳一体化基地聚碳酸酯主体项目举行开工庆典。2005年6月30日，聚碳酸酯掺混装置正式投入运行。2006年9月，年产20万吨的聚碳酸酯生产线成功开车，成为拜耳在中国投产的第一个聚碳酸酯工厂。2007年，年产能为3万吨的HDI工厂与年产能5 000吨的玻璃纤维增强型聚碳酸酯生产线投入运营。

拜耳聚氨酯项目　2002年9月，国务院批复同意德国拜耳（上海）聚氨酯有限公司异氰酸酯和聚醚项目可行性研究报告，项目总投资129 002万美元，建设规模为年产MDI23万吨、TDI 15万吨、聚醚28万吨。2006年7月，年产能8万吨的MDI工厂投产运营，标志着拜耳MDI联合装置的一期工程的顺利竣工。2008年6月25日，国家发展和改革委员会批复同意拜耳聚氨酯有限公司调整异氰酸酯和聚醚项目的建设方案，其中MDI装置规模调整为35万吨/年、TDI装置规模调整为25万吨/年，项目投资调整为28.35亿美元。是年，年产量25万吨的聚氨酯原材料TDI工厂正式破土动工，年产能2万吨的聚氨水性酯分散体生产装置投产，产能达35万吨的MDI联合装置投产，成为世界上最大的单线MDI生产装置。2009年，16万吨/年TDI生产工厂也建成投产。

拜耳聚氨酯涂料项目　2001年5月，拜耳一体化基地启动聚异氰酸酯涂料项目，投资总额2 979万美元。2003年4月，拜耳聚异氰酸酯装置一期工程——年产能达11 500吨涂料原材料Desmodur® N系列产品（主要用于工业、汽车和塑料涂层领域）的工厂顺利投产，标志着公司业务首次在中国实现本地化生产。同时，拜耳也成为上海化工区首个投产的外资独资企业。2005年1月，年产能为1.1万吨的Desmodur® L装置投产，标志着聚异氰酸酯业务单元的二期工程顺利完工。2007年，Desmodur® L年产能增至20 500吨。2010年，管委会批复同意拜耳材料科技（中国）

有限公司德士模都 L 扩建至 4 万吨/年项目,投资 4 850 万元,新建 1 套精馏单元,并对现有生产线反应器单元进行相应改造。

【联合异氰酸酯项目】

1999 年,巴斯夫、亨斯迈、上海华谊、中石化上海高桥石化、上海氯碱等 5 家公司决定在上海建立联合异氰酸酯生产项目。2000 年该项目获得国家计划委员会的批准,2001 年项目的环境影响评价报告获得国家环保总局的批准,2002 年 9 月,项目可行性研究报告获国家计划委员会的批准,确定该项目由德国巴斯夫、美国亨斯迈与中国石化股份公司、中石化上海高桥石化、上海华谊(集团)公司、上海氯碱化工股份公司的"三国六方",组成三个即独立又密切联系的合资公司进行建设,外方股份之和为 70%,中方股份之和为 30%,总投资 929 785 万元。2003 年 3 月 7 日,上海联恒异氰酸酯有限公司(SLIC)、上海巴斯夫聚氨酯有限公司(SBPC)和上海亨斯迈聚氨酯有限公司(HPS)三家合资公司获得对外贸易经济合作部批准正式成立。同年,项目方案将联恒异氰酸酯的粗 MDI 生产能力从 16 万吨/年调整到 24 万吨/年,巴斯夫聚氨酯的 TDI 产能从 13 万吨增加到 16 万吨。2004 年 3 月 29 日,项目正式开工建设,2006 年上半年竣工,8 月 18 日正式投入商业运营,成为国内最大规模的异氰酸酯一体化项目。

在上海联合异氰酸酯项目中,各工厂之间是相互独立的经营管理模式,但又有着密不可分的生产联系。SLIC(一个年产 24 万吨粗 MDI 的制造工厂)向 HPS 提供粗 MDI、10%烧碱和循环水,向 SBPC(一个 MDI 精加工和年产 16 万吨 TDI 的工厂)提供粗 MDI 等生产所需的原料。同时,SLIC(一个 MDI 精加工和预聚合物厂)布置了 3 个工厂的联合消防水系统;SBPC 向 SLIC 提供硝酸和氯气供其生产硝基苯和光气。该项目在一个项目、三家公司中形成完整的产品链,这在化工区尚属首家,在世界其他化工区中也屈指可数。

【巴斯夫聚四氢呋喃项目】

2002 年 7 月 30 日,国务院正式批准德国巴斯夫公司外商独资建设聚四氢呋喃项目,该项目建成后可以满足国内对聚四氢呋喃、四氢呋喃等产品的需求,有利于提高中国氨纶弹性纤维、聚氨酯弹性体以及下游加工产品的市场竞争力,带动国内相关产业的发展。项目总投资 30 467 万美元,占地面积为 25.18 公顷,建设内容为 8 万吨/年四氢呋喃和 6 万吨/年聚四氢呋喃两套主要生产装置,配套建设 2 万标准立方米/小时的制氢装置。工程建成后,每年可生产 6 万吨聚四氢呋喃、8 万吨四氢呋喃产品,其中 6 万吨四氢呋喃自用生产聚四氢呋喃,其余在国内外市场销售。项目以正丁烷为原料,采用巴斯夫公司新开发的顺酐加氢技术生产四氢呋喃,并采用先进、成熟的固体/醋酐催化剂聚合法技术生产聚四氢呋喃。这一技术省去了生成 1,4 丁二醇的中间步骤,将副产品降到最低,从而提高了生产效率,保证了巴斯夫的成本领先地位。与传统工艺相比,这一新技术还具有节能的优点,有利于公司可持续发展。

2003 年 7 月 23 日,巴斯夫化工有限公司举办聚四氢呋喃一体化生产装置奠基典礼。2005 年项目正式投入运营,是巴斯夫公司成立以来在中国投资的第一个全资生产装置项目。该项目具有 6 万吨聚四氢呋喃的年生产能力和 8 万吨四氢呋喃的年生产能力,使化工区成为全球最大的聚四氢呋喃生产基地和全球第一家使用巴斯夫新开发的专利技术的生产基地。2010 年 2 月 26 日,管委会批复同意巴斯夫化工有限公司上海铂族贵金属催化剂(PGM)项目,投资 8 300 万元建一套贵金属催化剂生产装置,建成后形成的建设规模为:铂 A 化学品 8 900 公斤/年,硝酸铑 10 300 公斤/年,硝酸钯 68 400 公斤/年,精制钯 13 700 公斤/年。

【璐彩特甲基丙烯酸甲酯项目】

2002 年 6 月 21 日,国务院批准英国英力士集团公司在上海建设甲基丙烯酸甲酯项目,该项目以中外合资上海 90 万吨乙烯工程丙烯腈装置副产的氢氰酸为原料,配套建设年产 9 万吨 MMA 装置,并处理丙烯腈装置副产的废硫铵液。该项目建设有利于资源的综合利用和保护环境,生产国内市场紧缺的 MMA 产品,同时也有利于提高中国 MMA 下游产品的开发应用水平。项目总投资为 16 267 万美元,建设规模为年产 9 万吨 MMA 装置,包括 9 万吨丙酮氰醇单元、9 万吨 MMA 单元和 27.8 万吨废酸回收单元。工程建成投产后,可年产 8.63 万吨 MMA 产品,在国内外市场销售,其副产浓度为 98.5% 的浓硫酸 2.49 万吨,将全部返回给上海合资乙烯的丙烯腈装置利用。由于英力士压克力(英国)有限公司已正式更名为璐彩特国际有限公司,2003 年 3 月 20 日,国家计划委员会批复同意上海甲基丙烯酸甲酯项目可行性研究报告调整方案,同意对甲基丙烯酸甲酯项目投资方作相应更改,总投资由原批复的 16 267 万美元调整为 11 028 万美元。2005 年 10 月 25 日,璐彩特 MMA 项目正式投入商业运行。

【中石化三井化工双酚 A 项目】

2005 年 2 月 3 日,国家发展和改革委员会批准同意中外合资上海中石化三井化工有限公司 12 万吨/年双酚 A 项目,确定由中国石油化工股份有限公司(中方)与三井化学(外方)合资的上海中石化三井化工有限公司,引进外方先进的生产技术和关键设备,在上海化学工业区建设 12 万吨/年双酚 A 项目。项目总投资为 92 032 万元,生产所需主要原料苯酚、丙酮,由上海化学工业区内的中国石油化工股份有限公司高桥分公司 20 万吨/年苯酚丙酮装置供应。

【德固赛甲基丙烯酸酯一体化项目】

2007 年 4 月 2 日,国家发展改革批复同意德固赛特种化学(上海)有限公司甲基丙烯酸酯一体化项目。该项目总投资为 200 224 万元,主要建设内容为 10.5 万吨/年异丁烯生产(MTBE 裂解)装置、11.5/1.5 万吨/年甲基丙烯酸甲酯/甲基丙烯酸装置、2 万吨/年甲基丙烯酸丁酯装置、1 万吨/年甲基丙烯酸羟基酯装置、2.6 万吨/年二甲基丙烯酸 1,4 丁二醇酯及二甲基丙烯酸乙二醇酯装置、4 万吨/年聚甲基丙烯酸甲酯装置、聚甲基丙烯酸甲酯板材和热塑性树脂颗粒生产装置以及配套设施。

【优尔稀聚合物表面活性剂项目】

2009 年 11 月 4 日,化工区管委会批复同意稀聚合物(上海)有限公司建设年产 8 000 吨表面活性剂项目。该项目总投资为 3 387.2 万元,项目建设内容包含表面活性剂 Ⅰ、Ⅱ、Ⅲ 期工程,工程范围为建设一套年产 8 000 吨表面活性剂的生产装置。

【迪氏曼上海医药化学中间体项目】

2006 年 9 月 6 日,化工区管委会批复同意迪氏曼医药化学(上海)有限公司迪氏曼上海医药化学中间体项目。该项目总投资为 1 250 万美元,可年产医药中间体 450 吨,年产季盐化合物 3 100 吨。

第五节 产业发展

一、经济规模

2003—2010 年,上海化学工业区工业产值从 4.1 亿元增至 806.3 亿元,增长 196.6 倍;销售收入从 4.4 亿元增至 870.7 亿元,增长 197.9 倍;各类税收从 0.13 亿元增值 44.8 亿元,增长 344.6倍。至 2010 年,随着园区 26 个主要项目相继建成投产,化工区生产能力逐步增强,注册企业实现利润 65.7 亿元。经济发展水平位居全国同类园区前列。单位土地产值每平方公里达到 124.4 亿元,工业总产值占全市同行业的比重达到 25%。

表 7-1-17 2003—2010 年上海化学工业区主要经济指标情况表 单位:亿元

年 份	2003 年	2004 年	2005 年	2006 年	2007 年	2008 年	2009 年	2010 年
工业总产值	4.1	6.2	164.5	334.4	489.9	500	434	806.3
销售收入	4.4	17	174.3	344.4	511.4	515	449	870.7
企业利润总额	−0.4	−0.54	−15	−9.63	32.93	5	1.8	65.7
各类税收	0.13	0.97	11.59	18.09	28.55	24.4	25	44.8

说明:2003—2009 年相关数据统计范围为化工区规划区域 29.4 平方公里;2010 年统计范围为化工区管理区域(包括金山、奉贤分区)36.1 平方公里
资料来源:上海化学工业园区提供

表 7-1-18 2004—2010 年上海化学工业区口岸进出口总额情况表 单位:亿美元

年 份	2004 年	2005 年	2006 年	2007 年	2008 年	2009 年	2010 年
进出口总额	0.41	4.1	4.3	13.4	16.0	11.33	13.17
进口总额	0.21	2.8	1.8	7.7	10.1	10.41	12.3
出口总额	0.2	1.3	2.5	5.6	5.9	0.92	0.87

资料来源:上海化学工业园区提供

二、产业集聚

2001 年,拜耳一体化聚合物项目开工。2002 年,赛科 90 万吨乙烯项目开工。2003 年,巴斯夫聚四氢呋喃项目开工,拜耳涂料一期项目投产。2004 年,30 万吨聚氯乙烯项目一期工程开工,联合异氰酸酯项目开工。2005 年,ABS 项目和丁苯橡胶项目开工,90 万吨乙烯工程完工。2006 年,德固赛特种化学聚酯树脂和色浆装置投产,三井化学 12 万吨/年双酚 A 项目开工,天原华胜烧碱和聚氯乙烯项目一期工程试运行,联合异氰酸酯项目正式运营,拜耳一体化基地 10 万吨/年聚碳酸酯、8万吨/年粗 MDI 投产。2007 年,拜耳一体化基地 3 万吨/年 HDI 生产装置投产,巴斯夫 8 000 吨/年聚异氰酸酯 BPI 生产装置投产,天原华胜 15 万吨烧碱技术改造项目开工和天原厂 4 万吨 P-PVC项目投产。2009 年,赢创德固赛甲基丙烯酸酯项目开工。

截至 2010 年,上海化学工业区已建立形成了以乙烯为龙头,异氰酸酯为中游,聚异氰酸酯和聚

碳酸酯等精细化工中间体和涂料、胶黏剂等精细化工为终端的、较为完整的化工原料、中间体、产品和废弃物互供互享的产业链：一是以赛科公司乙烯项目为主的乙烯产品链。以石脑油为原料，生产乙烯、丙烯、丁二烯、苯类，再生产二氯乙烷、苯酚丙烷、丁苯橡胶、ABS等，继而生产双酚A、聚碳酸酯等；二是以天原华胜氯碱项目为核心的氯化工产业链。

表7-1-19　2010年上海化学工业区部分重点企业产品产能与产量情况表

序号	企业名称	产品名称	产能(万吨/年)	产量(万吨)
1	上海赛科石油化工有限责任公司	乙烯	109	129.43
		丙烯	60	74.07
		丁二烯	9	12.2
		苯乙烯	65	65.8
		聚乙烯	60	76.64
		聚丙烯	25	29.71
		聚苯乙烯	30	27.84
		丙烯腈	26	29.32
2	上海巴斯夫聚氨酯有限公司	MDI	10	17.4
		TDI	16	18.1
3	上海联恒异氰酸酯有限公司	粗MDI	24	28.31
4	上海亨斯迈聚氨酯有限公司	MDI分离衍生产品	18.2	14.1
5	巴斯夫化工有限公司	四氢呋喃	8	6.5
		聚四氢呋喃	6	7
6	赢创德固赛(上海)有限公司	树脂系列	0.9	0.5
		聚酰胺	0.33	0.184
		甲基丙烯酸酯系列	10.5	8.97
7	上海中石化三井化工有限公司	双酚A	12	12.69
8	上海氯碱化工股份有限公司	烧碱	54	53
		EDC	36	35
9	中石化股份公司上海高桥分公司	原油加工量	1 250	1 067
		化工产品	100	93
10	上海申星化工有限公司	甲醛	25	22.5
11	舒驰容器(上海)有限公司	IBC(方桶)	48(万只/年)	47.69(万只)
		Drum(圆桶)	48(万只/年)	47.19(万只)
12	优尔稀聚合物(上海)有限公司	胶粘剂	2	0.512

（续表）

序 号	企 业 名 称	产 品 名 称	产能(万吨/年)	产量(万吨)
13	洛德精细化学（上海）有限公司	CH205	0.4	0.16
		CH220	0.18	0.056
		CH6125	0.3	0.056
14	华东理工大学华昌聚合物有限公司	乙烯基不饱和树脂	1	0.5
		邻苯间苯不饱和树脂	0.5	0.4
		涂料	0.5	0.2
15	上海上电漕泾发电有限公司	电能	2 000(兆瓦)	88.20(亿千瓦时)
16	上海漕泾热电有限责任公司	电能	658(兆瓦)	23.2(亿千瓦时)
		蒸汽	806(兆瓦)	259(亿千瓦时)
17	中法水务发展有限公司	生活污水＋污染污水	785.55	720.70
		脱盐水	131.4	37.38
		工业水	7 300	4 455.31
		生活水	255.5	128.57
18	上海化学工业区工业气体有限公司	空气产品	495 164 (1 000立方米/年)	471 603 (1 000立方米)
		合成气产品	53 394 (1 000立方米/年)	53 394 (1 000立方米)
19	华谊天原	物流服务量	—	704
20	上海华林工业气体有限公司	CO	15.3	10.5
		H_2	2.4	1.4
21	上海化学工业区浦江特种气体有限公司	二氧化碳	0.5	0.4
		氩气	0.4	0.2
22	宁柏迪特种化学（上海）有限公司	各种助剂	0.6	0.39
23	沙提（上海）热熔胶有限公司	纺织用助剂和胶粘剂	0.4	0.29
24	优月仓储	中转客户的物料	中转量38万吨/年	—

资料来源：上海化学工业园区提供

三、重点企业

【上海赛科石油化工有限责任公司】

2001年11月，上海赛科石油化工有限责任公司正式成立，由中国石油化工股份有限公司、中国石化上海石油化工股份有限公司和BP华东投资有限公司分别按30％、20％、50％的比例出资组建,合资年限为50年,注册资本约9亿美元,总投资额约27亿美元。上海赛科是在中国政府加入WTO之际建立的世界级、高科技、有竞争力的大型石油化工联合企业,同时也是上海化工区一期开发建设的龙头项目。

2002年1月21日,化工区发展公司与上海赛科石油化工有限责任公司正式签订A1、A2、A3、B1地块的土地使用权转让合同。3月,赛科项目开工建设。2005年6月正式投入商业运行。2006年初,赛科被评为上海市"外商投资先进技术企业"。同年,赛科销售收入217.77亿元,利润总额27.08亿元,分别比2005年增长71.6%和462.0%。2007年6月26日,赛科决定以19.11亿元可分配利润作为股利,分配给各股东方。这是赛科第一次向股东方分配股利。2008年,赛科获得由上海市水务局、市经委命名为节水型企业,同时获市政府授予的2007年度上海市节能先进单位称号。2007年,赛科在国家统计局公布的2006年中国制造业500强中排名第67位,位列基础化学品制造业利润第一位。2009年5月25日,赛科与上海石化签署《乙烯产品供应合同》《丙烯产品供应合同》《碳五产品供应/采购原则协议》《2009年度产品互供框架协议》4份互供协议,标志着赛科与上海石化的合作进入新的一页。

经过2009年的扩能改造,赛科拥有年产乙烯119万吨、聚乙烯60万吨、苯乙烯65万吨、聚苯乙烯30万吨、芳烃62万吨、丙烯腈26万吨、聚丙烯25万吨和丁二烯10.5万吨的生产能力,其中,119万吨/年乙烯装置是截至2010年世界上单线产能最大的乙烯装置之一,其他装置也都达到世界级规模。赛科采用国际上先进的工艺技术,以石脑油为原料,生产乙烯、聚乙烯、苯乙烯、聚苯乙烯、丙烯、聚丙烯、丙烯腈、丁二烯、苯、甲苯及副产品等产品,每年可向市场提供石化产品320余万吨。

2010年,赛科销售总量348万吨,实现销售收入291.56亿元,利润28.24亿元。整体装置总利用率为97.2%,其中乙烯装置利用率为97.5%。同年,赛科获上海市商务委员会外商投资先进技术企业证书、中国人民银行上海分行资信等级为A级证书、获上海化学工业区颁发的2009年度上海化学工业区安全生产工作特别贡献奖和优胜单位,及2009年度统计工作暨第二次科技普查综合评比一等奖。

【拜耳材料科技有限公司】

2001年1月17日,化工区开发领导小组办公室、上海化工区发展有限公司、华谊(集团)公司和拜耳(中国)股份有限公司共同签署《关于拜耳公司在上海化学工业区投资建设一体化化工基地的谅解备忘录》。拜耳公司投资化工区一揽子化工项目总金额为31亿美元。5月,拜耳一体化基地首个项目——拜耳材料科技集团聚异氰酸酯生产基地开工建设,投资总额2 979万美元。8月8日,拜耳公司与上海氯碱化工股份有限公司签订聚碳酸酯项目合资合同,注资3.4亿美元的拜耳上海聚合物有限公司正式成立。公司将在化工区内投资建设世界级规模的聚碳酸酯项目,计划2003年11月开工,2005年建成投产。2003年1月,拜耳(上海)聚氨酯有限公司正式成立,主要生产聚氨酯原材料甲苯二异氰酸酯(TDI)和二苯甲烷二异氰酸酯(MDI)。2003年7月11日,德国拜耳公司总部——德国拜耳聚合物集团决定将在化工区内分二期建设年产3万吨～5万吨的HDI生产装置,计划2006年建成投产。2003年11月,拜耳一体化基地启动第二个大型项目——透明高科技塑料模克隆聚碳酸酯生产基地的建设,投资金额为4.5亿美元。2003年11月21日,拜耳技术服务(上海)有限公司开业典礼举行。2005年1月18日,拜耳公司年产能1.1万吨的德士模都L级工程投产,可生产木器和家具用高端聚氨酯涂料。2006年8月,拜耳公司初始年产能为3万吨的HDI生产基地顺利竣工,2008年生产能力达到5万吨。2008年,拜耳公司世界最大规模的35万吨/年

MDI单线生产装置投产。2009年,拜耳公司16万吨/年TDI生产工厂也建成投产。

2009年11月,拜耳(上海)聚氨酯有限公司吸收合并拜耳涂料系统上海有限公司、拜耳(上海)聚合物有限公司、拜耳材料科技贸易(上海)有限公司。合并后,拜耳(上海)聚氨酯有限公司更名为拜耳材料科技(中国)有限公司,投资总额36.4617亿美元,注册资本12.31亿美元。其中,拜耳(中国)有限公司持有6.98亿美元,占公司股本总额的54.6%;拜耳材料科技股份有限公司持有5.34亿美元,占公司股本总额的45.5%。拜耳一体化基地总投资达18亿美元,是拜耳当时在海外最大的投资项目,也是拜耳在亚太地区规模最大、技术最先进的生产基地。

拜耳坚持采用先进的生产设施、工艺和清洁生产技术,从源头减少污染废弃物的产生和排放。比如,由拜耳公司首创的德士模都L生产工艺,其产品的TDI游离单体的含量少于1%,比同类产品的含量8%降低了整整7个百分点,大幅降低了能耗和废物排放。又如,异氰酸酯项目中运用最新的瞬时光气反应法,在工厂中不储存光气,并且设置有事故收集罐,收集工艺装置可能泄漏的物料以防对现场环境造成污染,在光气反应的工艺区域周围设置氨气帘幕和安全环保连锁装置等三重保护系统,确保安全。

【氯碱天原华胜化工】

1996年1月30日,上海氯碱化工股份有限公司和上海天原化工厂国有资产重组,设立上海天原(集团)有限公司,并出资2400万元取得漕泾海滩153.33公顷土地开发权。1999年5月,市政府批复同意上海天原化工厂搬迁,1999年6月30日,上海天原化工厂搬迁工程开工奠基仪式在化学工业区启动,2000年3月28日是上海天原化工厂迁建工程的标志性节点,第一车设备进入化工区现场进行安装,为上海化工区的全面启动打开了局面,成为一片滩涂上的一座崭新的地标。2003年5月,天原集团和上海氯碱化工股份有限公司再次对上海天原(集团)天原化工股份有限公司资产和组织结构重组,上海天原(集团)天原化工股份有限公司改名为上海氯碱化工股份有限公司天原化工厂。

天原化工厂是上海氯碱化工股份公司在化工区的特种树脂生产基地,主要生产多种牌号的特种聚氯乙烯糊状树脂产品,拥有年生产能力2万吨的聚氯乙烯特种树脂生产装置一套,年生产能力分别为2万吨和4万吨的二套聚氯乙烯糊状树脂生产装置,以及300升/小时生产能力的脱盐水装置。

2003年5月29日,上海天原集团华胜化工有限公司成立揭牌仪式举行。该公司由天原集团、氯碱化工、上海焦化合资组建,主要承担烧碱/聚氯乙烯项目的建设。华胜化工厂总投资32.5亿元,占地面积36.6公顷,企业员工345人。华胜化工厂主要产品年生产能力烧碱72万吨、液氯65万吨、二氯乙烷72万吨。主要产品包括:32%烧碱、50%烧碱、20%烧碱、液氯、氢气、次氯酸钠、盐酸、二氯乙烷。主要化学品包括:乙烯、HCl、氧气、氯乙烯,"申峰牌"烧碱系列、聚氯乙烯系列均为上海市名牌产品。华胜厂是上海化工区的烧碱液氯生产商和供应商,与区内的赛科、巴斯夫、拜耳等国际化工巨头建立了物料循环利用的清洁生产制程,设计了"以氯的多次利用"为核心的工艺路线。公司接收赛科公司提供的乙烯,并向巴斯夫、拜耳等公司提供液氯和烧碱,同时又吸收这些公司返回的副产品氯化氢以生产二氯乙烷,实现了氯气资源产品的循环利用。

华胜厂采用氯碱行业的新技术、新工艺,生产成本大幅降低,产品竞争力大大提高。高50米直径可容纳六万吨工业盐的穹隆顶盐仓库和堆料机开创了中国氯碱行业先河;电解槽采用负极槽新工艺,不仅占地面积小,而且能耗低;在盐水处理上,采用先进的纳米膜技术,避免对环境的污染;氯气干燥塔从传统的三塔改为一塔,工艺更简练;采用先进工艺的氧氯化反应器是国内生产能力最大的 OC 反应器,而一次投资建设年产 36 万吨烧碱生产装置更是中国氯碱行业投资建设的大手笔。

【上海巴斯夫化工有限公司】

2003 年,巴斯夫化工有限公司是德国巴斯夫集团在中国上海投资的一家独资企业,注册资本 20 亿元,投资总额为 60 亿元。2005 年 3 月 17 日,巴斯夫 6 万吨/年聚四氢呋喃项目正式投产,总投资 3.3 亿美元,是全球最大的聚四氢呋喃项目。

【上海巴斯夫聚氨酯有限公司】

2003 年,上海巴斯夫聚氨酯有限公司成立,公司是一体化联合异氰酸酯项目的三家独立的合资公司之一,由巴斯夫及其合作伙伴上海华谊(集团)公司和中国石化集团资产经营管理有限公司共同投资建造。公司异氰酸酯项目于 2004 年 3 月举行动工仪式,2006 年 8 月投产,TDI 产能为 16 万吨/年,MDI 精加工产能 21 万吨/年。2007 年 5 月,公司被上海市外国投资工作委员会(以下简称市外资委)及上海市对外经济贸易委员会(以下简称市外经贸委)确认为外商投资先进技术企业。2008 年底,公司通过了 ISO 9001 质量管理体系,ISO 14001 环境管理体系及 OHSAS18001 职业健康安全管理体系的认证。

【上海亨斯迈聚氨酯有限公司】

2003 年 3 月 7 日,上海亨斯迈聚氨酯有限公司(HPS)成立,由美国亨斯迈集团和上海氯碱化工股份有限公司共同投资,投资总额达 1.8 亿美元,占地面积 157 587 平方米,主要生产和经营各种等级的聚合 MDI、纯 MDI 及其衍生物、TDI/MDI 混合物产品。截至 2010 年,MDI 分离衍生产品产能达到 18.2 万吨/年,2010 年实际产量 14.1 万吨,年产值 18.8 亿元,单位能耗 0.066 吨标煤/万元。

【上海联恒异氰酸酯有限公司】

2003 年,上海联恒异氰酸酯有限公司成立,由德国巴斯夫、美国亨斯迈、上海华谊(集团)公司、中石化上海高桥石油化工公司和上海氯碱化工股份有限公司共同投资建设,投资总额为 10 亿美元,占地约 50 公顷。公司与化工区内上海巴斯夫聚氨酯有限公司和上海亨斯迈聚氨酯有限公司组成上海联合异氰酸酯项目,于 2006 年 8 月投产。公司的主要产品是 24 万吨/年粗 MDI、配套 24 万吨/年硝基苯和 18 万吨/年苯胺,副产 13.95 万吨/年氯化氢。2009 年,通过换热器改造,热分解单元核定节省 1 100 吨标准煤/年的相关项目获上海市节能技改项目奖励。2010 年,利用苯胺进行溶剂萃取的环保技改项目荣获上海市节能技改项目奖励。

四、配套服务企业

【上海化学工业区中法水务发展有限公司】

2002 年 3 月,上海化学工业区中法水务发展有限公司成立,公司由中法水务(上海化学工业区)污水有限公司(由法国苏伊士环境集团及香港新创建集团合资)、上海化学工业区发展有限公司和上海化学工业区投资实业有限公司三方按 50∶40∶10 股比共同投资建设,项目总投资为 1.76 亿美元。公司设计水处理能力为 5 万立方米/日、CODcr 负荷 53 吨/日,设计供水能力为工业水 30 万立方米/日、生活水 7 000 立方米/日、脱盐水 6 700 立方米/日。公司业务范围囊括了从供水到污水处理完整的水循环管理,如工业水和生活水供应、脱盐水供给、管网运行以及世界领先的污水收集和处理服务。

【上海化学工业区工业气体有限公司】

2001 年 11 月 16 日,上海化学工业区工业气体有限公司成立,投资总额为 156.7 万美元,建有 1 000 Nm³/hr 氮气生产装置、200 Nm³/hr 氢气输送装备及与之配套的辅助设施。公司生产、加工、销售和输送氢气、一氧化碳、氧气、氮气、氩气和压缩空气,以管道或液体形式供应上海化学工业区内各客户。2003 年 3 月 10 日,公司投资总额从 156.747 万美元增至 10 550.91 万美元;注册资本从 100 万美元增至 3 517 万美元。公司经营范围调整为生产、加工、销售和输送氢气、一氧化碳、氧气、氮气、氩气和压缩空气(和副产蒸汽),气态产品通过管道供应区内用户,液态产品供应区内外用户;提供相关产品的技术咨询、研究和售后服务,销售自产产品。

【上海化学工业区公共管廊有限公司】

2003 年 4 月 3 日,上海化学工业区公共管廊有限公司成立,由上海化学工业区发展有限公司、上海化学工业区投资实业有限公司和上海化学工业区(香港)有限公司、上海贤农投资管理有限公司和上海漕泾村融实业发展有限公司合资组建,注册资本为 13 326 万元。管廊公司主营业务是在上海化学工业区投资建造、管理和营运公共管廊,向化工区内客户提供输油、输气和化学品管道及管廊服务。2003 年 3 月 25 日,公司启动苯酚丙酮管架建设,至 2010 年建设规模约 25 公里,形成三纵三横格局。

【上海孚宝港务有限公司】

上海孚宝港务有限公司由荷兰皇家孚宝公司与上海化工区发展有限公司以 50∶50 的股比合资组建,注册资金 1.12 亿美元,2002 年底在上海化工区内动工建设 13.6 万立方米的储罐区及码头一期工程,主要为化工区内企业提供化工原料及产品的仓储服务。公司建造并经营液体化学品码头(含有 5 万吨级泊位 2 个,2 万吨级泊位 1 个,5 000 吨级泊位 4 个)、罐区(56 个储罐,36.2 万立方米储容)、分装(13 条装桶线)、12 530 平方米的仓库及相关卡车装卸和装桶的配套设施,为区内赛科、拜耳、巴斯夫、亨斯迈、璐彩特、高桥石化等大型化工企业提供液体化工品仓储物流服务。孚宝公司投用的码头有 7 个,装卸作业品种达 40 多种,油类主要有石脑油、柴油、汽油和燃气油等,化学品以甲苯、苯乙烯、丙烯腈、苯酚、丙酮等为主。

第六节　社　会　责　任

一、环境保护

【环保水平】

2008 年,化工区工业固废综合利用率为 87.7%,高于国际平均的 80%;二氧化硫排放量为 566.99 吨,化学需氧量排放量为 490.9 吨。2009 年,化工区工业水重复利用率为 97%,工业固废综合利用率为 92.6%,高于国际平均水平的 80%,二氧化硫年排放量为 891.3 吨,化学需氧量年排放量为 369.1 吨。2010 年,化工区工业水重复利用率为 97%,工业固废综合利用率为 87.4%,二氧化硫年排放量为 628.6 吨,化学需氧量年排放量为 526.6 吨,能源产出率为 1.618 万元/吨标煤,万元产值能耗为 0.944 吨标煤/万元。化工区二氧化硫和化学需氧量年排放量连续三年远低于上海市确定的园区控制水平。

表 7‑1‑20 2005—2010 年上海化学工业区万元产值能耗一览表 单位:吨标煤

年 份	2005 年	2006 年	2007 年	2008 年	2009 年	2010 年
万元产值能耗	1.62	1.19	1.14	0.925	1.14	0.868

说明:2005—2009 年相关数据统计范围为化工区规划区域 29.4 平方公里;2010 年统计范围为化工区管理区域(包括金山、奉贤分区)36.1 平方公里

资料来源:上海化学工业园区提供

【园区环评】

1996 年 12 月,《上海化学工业区围海造地工程环境影响大纲》通过评审。2000 年 1 月 21 日,《上海化学工业区环境影响报告书》经市环保局批复同意。2002 年 2 月 22 日,《上海化工区区域开发环境影响报告书》经国家环境保护总局批复同意,使园区成为全国最早开展区域环评的园区之一。2003 年 8 月 27 日,《上海化学工业区西部促淤围垦工程项目环境影响报告书》经市环保局批复同意。2006 年 5 月 21 日,炼化一体化工程环境影响评价大纲技术咨询会召开。7 月 7 日,《上海化学工业区一期围海造地工程达标项目环境影响报告表》经市环保局批复同意。11 月 9 日,国家环境保护总局办公厅发文要求开展上海市杭州湾沿岸化工石化集中区区域环境影响评价。2008 年 8 月,《上海市杭州湾沿岸化工石化集中区区域环境影响报告书》通过了环保部评审,这是上海跨地区跨企业的第一个区域环评。9 月 5 日,《上海化学工业区产业发展规划环境影响报告书》获环境保护部批准。

【企业环评】

2001 年 7 月 13 日,《中外合资上海联合异氰酸酯项目环境影响报告书》经国家环境保护总局批复同意。2002 年 4 月 17 日,《拜耳(上海)聚氨酯有限公司异氰酸酯和聚醚项目环境影响报告书》经国家环境保护总局批复同意。6 月 6 日,《拜耳(上海)聚合物有限公司聚碳酸酯项目环境影响报告书》经国家环境保护总局批复同意。12 月 25 日,《上海化学工业区热电联供电厂工程环境影响报告书》经国家环境保护总局批复同意。2006 年 11 月 14 日,《德固赛特种化学(上海)有限公司德固赛甲基丙烯酸酯一体化项目环境影响报告书》经国家环境保护总局批复同意。11 月 14 日,《(筹)菱优工程塑料(上海)有限公司 8 万吨/年聚碳酸酯项目环境影响报告书》经国家环境保护总局批复同意。2008 年 3 月,《陶氏化学精细化工(上海)有限公司环氧氯丙烷、液体环氧树脂一体化项目环境影响报告书》经批复同意。12 月 18 日,《西萨化工上海有限公司年产 25 万吨苯酚 15 万吨丙酮项目环境影响报告书》经环境保护部批复同意。2009 年 5 月,优尔稀聚合物(上海)有限公司年产 8 000 吨表面活性剂项目环境影响报告书召开专家评审会。

【环境管理体系】

2005 年 8 月 24 日至 25 日,上海环科环境认证公司组织对化工区管委会 ISO 14001 环境管理

体系进行了认证审核,认为化工区管委会环境管理体系文件可以通过 ISO 14001 环境管理体系认证。2009 年 9 月 28 日,化工区管委会 ISO 14001 环境管理体系再次通过第三方审核,经过三年多的运行园区环境管理体系运作进入了稳定成熟期。

二、环保措施

【湿地水循环系统工程】

2005 年 7 月 25 日,上海化学工业区湿地水循环系统工程启动建设,项目总投资约 9 705 万元,由化工区管委会投资建设,委托化工区发展公司组织实施。2006 年 6 月 8 日,管委会对原批准的"上海化学工业区湿地水循环系统工程"进行优化调整,项目名称由"上海化学工业区湿地水循环系统工程"调整为"上海化学工业区生态湿地试验项目",项目调整内容包括:在原试验地块增设小型潜流试验湿地(约 100 平方米),缓建滴滤池,增加试验研究和科技攻关内容等。项目总投资由原批准的 9 705 万元调整为 7 663 万元。

【废弃物处理】

2006 年 11 月 10 日,上海化学工业区太古升达废料处理有限公司获得国家级危险物经营许可证。公司焚烧炉项目是当时亚洲最大、排放标准最高的工业危险废弃物焚烧装置,处理能力达 6 万吨/年。2007 年 7 月 18 日,装置正式投入运营。焚烧过程中年产 24 万吨余热蒸汽,全部提供给区内巴斯夫公司用于异氰酸酯的生产。在尾气处理上,通过 1 200℃高温炉窑、烟气急冷技术、活性炭吸附等多种先进处理方法联用,有效去除"二噁英"等有毒有害物质,确保最终尾气排放达到先进的欧洲Ⅱ标准。2010 年 12 月 10 日,上海集惠环保科技发展有限公司环保资源化回收与综合利用集中处置工程建设项目启动建设,项目总投资 7 500 万元。项目建设内容:包装桶清洗回收单元(200升包装桶 40 万个/年、立方桶 5 万个/年)、重金属污泥资源化处理利用单元(1 万吨/年)、废乳化液处理利用单元(2 万吨/年)、废矿物油再生利用单元(6 000 吨/年)。

【循环经济试点】

2005 年 10 月 27 日,国家发展和改革委员会会同国家环保总局等有关部门和省级人民政府认定上海化学工业区为国家循环经济试点单位(第一批)。2006 年 8 月 9 日,《上海化学工业区循环经济试点实施方案》通过中国国际工程咨询公司评估并报送国家发展和改革委员会。2010 年,总投资 800 万元的环境空气质量自动监测站建设工作启动。

【安全环保论坛】

2007 年起,上海化工区每年举办"园区安全论坛",内容涉及应急响应、危化品运输安全、工艺安全、承包商安全准入等多个方面。2007 年 10 月 30 日、31 日,化工区应急响应中心受邀参加"中国责任关怀促进大会——责任关怀之化学品安全监管"会议。2008 年 4 月 22 日,由中国石油和化学工业协会、法国苏伊士环境集团主办的 2008 年中国化工园区发展论坛暨化工园区环境治理一体化国际论坛在化工区举行。6 月 18 日,上海化工区管委会、上海化工区发展有限公司联合举办以"化工区低碳发展愿景与选择"为主题的嘉宾论坛。2010 年 6 月 11 日,化工区举行第四届安全论坛,该论坛的主题是"承包商安全管理"。6 月 23 日,第六届全国职业健康监护学术会议在上海化工区召开。

三、安全应急保障

2004年3月16日,上海化工区应急响应中心开始运转,对上接受市应急办和市应急联动中心的业务指导,对下负责区内各企业应急分中心的业务指导,是化工区应急系统的管理平台、应急力量的协调平台、应急处置的指挥平台、应急联动的信息平台。11月8日,化工区举行消防演习,演习地点为天原化工厂氯乙烯球罐。2005年1月25日,举行赛科90万吨乙烯工程烯烃装置裂解气压缩机区域大规模消防联合演习。

2006年1月25日,管委会正式颁布《上海化学工业区突发公共事件总体应急预案》。6月,举行危险化学品事故应急处置综合演习。自2006年起,化工区管委会每年与企业签订《安全生产工作责任书》,并对企业主要负责人进行年度履职考核,2006年签约15家,2007年签约25家,2008年签约34家,2009年签约43家。2008年1月21日,市安监局和化工区管委会达成《上海化学工业区管理委员会关于加强安全生产监督管理工作的若干意见》,明确了化工区管委会负责开展的日常安全监管工作事项及化工区管委会配合市安监局开展的安全监管工作事项等,进一步理顺了安全监管体系。8月21日,管委会发布《上海化学工业区安全生产管理实施细则》。

2009年,正式实施《上海化学工业区安全生产管理工作考核实施细则》。2月,开展氯气储罐灭火救援处置综合演习。4月16日,举行大型储罐灭火处置综合演习。6月1日,举行模拟万吨级油罐火灾事故应急综合演习。6月12日,由化工区投资实业公司牵头组建,孚宝港务、中法水务、太古升达、公共管廊等公司参与的公用工程安全生产促进小组正式成立。11月18日,举办模拟光气泄漏桌面演习。

2010年1月6日,管委会发布《关于进一步加强上海化学工业区安全生产工作的若干意见》。1月14日,开展"浦江5号"反恐演习。3月22日,区内40家单位被上海市公安局上海化学工业区分局确认为上海化学工业区消防安全重点单位。7月19日,化工区管委会启动开展危险化学品企业安全生产标准化工作。10月21日至22日,《化工区光气安全风险评价报告》和《化工区区域安全风险评价报告》论证通过。10月,化工区被中宣部、国家安监总局等7部委评为"2010年全国安全生产月活动优秀单位"。

四、应急响应系统

2003年10月,化工区应急响应系统项目取得可研批准,项目总投资概算为763.88万元。12月29日,化工区管委会成立化工区应急响应中心。2004年1月,完成应急主干光纤网络及综合布线工程,与市公安局110指挥中心实现网络连接。2月,完成应急响应中心全部装饰工程,完成化工区消防350 MHz无线集群通信基站建设。2月8日,完成综合接处警系统建设。2月16日,开通报警电话67120911,系统进入试运行,公安、消防在指挥中心24小时值班。3月16日,化工区应急响应系统进入正式运行。该中心集信息收集传输、区域安全监控、事故灾害预警、调度指挥处理等功能于一体,对区内发生公共安全、道路交通、防灾减灾、环境保护、卫生急救等方面的突发事件,可根据相关应急预案,协调公安、消防、防灾、环保、海事、急救等专业部门和企业进行有效处置,保障化工区开发、建设和生产的安全运营。5月,建成无线通信平台800 MHz数字集群基站。5月1日起,应急响应中心建立接处警周报制度。5月14日,建成大气环境质量监测站。5月下旬,化工区防汛办入驻指挥中心。6月1日与市防汛信息中心实现网络连接。7月,完成计算机网络子系统建设。7月初,建立起大气环境质量周报制度。7月底,通过公务网与市应急联动中心连通。9月24日,化工区350 M消防机站正式开通。12月28日,化工区应急管理指挥系统启动实施改扩建项目。

五、环境卫生保障

2007年1月24日,上海市卫生局下发《关于进一步做好上海化工区内突发化学事故现场医疗救援和员工日常院前急救工作的通知》,对园区内突发化学事故现场医疗救援工作、园区内员工日常的院前普通急救工作作了部署安排。6月1日,化工区医疗中心通过市卫生局"职业健康检查资质"认证专家评审。8月20日,上海市卫生局会同上海化工区管理委员会制订完成了"上海化学工业区职业卫生监督管理方案"。2009年4月29日,召开2009年职业病防治宣传周动员大会。2010年6月23日,召开第六届全国职业健康监护学术会议。12月6日,开展职业安全健康普查工作。

第二章　上海星火工业园区

上海星火工业园区位于杭州湾北岸的奉贤区境内,原属星火农场,由上海市人民代表大会(以下简称市人大)、市政府批准设立,并于 2006 年 3 月 6 日经国家发展和改革委员会核定的省级工业园区。

1984 年 10 月 16 日,市政府发文批准筹建"星火农场轻纺工业区"。园区在开发初期,作为调整全市工业布局,保护城市环境,发展轻纺工业的备用地,规划面积 8.78 平方公里,四至范围北起彭公塘、灵山路,东至海农公路(原农工商大道),南至人民塘东路(原国防路),西至金汇港。园区布局以明城路为界,西侧为工业生产区,东侧为居住生活区。园区工业用地约 498.81 公顷,工业生产区从东向西依次为一类工业、二类工业和三类工业用地,四类工业用地为在建项目,位于园区西南角。随着产业结构调整,原定进区的一批纺织、轻工工业项目纷纷缓建、停建。

1992 年以后,星火工业园区与浦东开发开放相呼应,打破轻纺工业备用地的功能定位,主动对外招商引资,产业导向由轻纺工业逐步拓展,化工、医药、纺织、造纸、建材、汽配等产业不断集聚,逐步形成了外向型综合工业开发区。

2006 年,国家发展和改革委员会在《关于认定上海国家生物产业基地的批复》中明确,作为国家生物产业基地,基地布局包括一个核心(张江高科技园区)和四个扩展区。星火工业园区作为四个扩展区之一,以化学原料药的生产和出口为主要特色。

2007 年,星火工业园区获得环境管理体系 ISO 14001 认证证书。2009 年,上海市规划和国土资源管理局(以下简称市规土局)在《关于〈上海市星火开发区功能提升研究报告〉的批复》中明确开发区的产业定位,形成以生物医药、精细化工、纺织化纤三个主导产业;积极发展医用仪器、医疗器械、医用设备、汽车配件等优势产业;延伸发展与主导产业相关的研发、物流、教育和培训等生产性服务业。

2010 年,星火工业园区荣获"上海市开发区企业服务优秀园区"和"上海市品牌建设优秀园区"称号。截至 2010 年底,星火工业园区共有实业型企业 79 家,其中工业企业 60 家。累计引进投资 200.9 亿元,其中外资 12.99 亿美元;累计引进项目 176 个,其中外资项目 69 个。园区土地投资强度 37.76 亿元/平方公里,单位土地产值 51.06 亿元/平方公里,单位土地税收 0.88 亿元/平方公里。园区累计完成工业总产值 1 247.5 亿元,完成工业增加值 213.57 亿元,完成工业销售收入 1 211 亿元,完成工业总利润额 22.4 亿元,完成固定资产投资 143.1 亿元,完成税收 46.99 亿元。

星火工业园区已初步形成以生物医药、精细化工、纺织化纤及新型都市产业为主导的产业体系。正努力建设成为符合上海市优先发展现代服务业和先进制造业的方向、满足地区经济发展和环境要求、适应杭州湾北岸海滨服务业的发展趋势、同时又能促进园区产业发展和功能提升的上海生物医药产业发展基地。

第一节　工业区创建

1982 年颁布的《上海市城市总体规划纲要》中提出,要有计划地建设和改造中心城,有步骤地开发长江口南岸和杭州湾北岸的"两翼"，在这"两翼"地带，为中心城的工业调整，特别是为原料化工、建筑材料、轻纺工业等工厂的改造和迁建提供条件。轻纺工业可在星火农场（钱桥一带）以及金山卫等卫星城规划建设。

1983年，上海市第七届人民代表大会第五次会议通过了筹建星火农场轻纺工业区规划，将其列入《上海市国民经济技术改造第六个五年计划》。

一、星火轻纺工业区

1984年10月16日，市政府发文批准筹建"星火农场轻纺工业区"。批文指出，"筹建星火农场轻纺工业区，有利于本市城市工业向乡镇扩散，有利于本市国民经济的发展，是改造和振兴上海的一项实际措施"。1985年5月29日，市计委召开关于开发星火轻纺工业区会议，会议明确由上海市轻工业局（以下简称市轻工局）、上海市纺织工业局和上海市农场管理局（以下简称市农场局）组建"上海市星火轻纺工业区领导小组"；领导小组下设市政建设开发公司，由市农场局负责，市轻工局、上海市纺织工业局协助。

1986年7月11日，副市长倪天增在星火轻纺工业区召开关于星火轻纺工业区开发建设专题会议，明确轻纺工业区应建成以轻纺为主、综合发展的新型区域，把星火作为卫星城镇来建设，完善必要的生活配套设施，吸引市区的职工来安居乐业，使其逐步成为杭州湾带型城市的组成部分。11月，上海市城乡建设规划委员会《关于星火开发区总体规划的批复》明确，开发区可以轻纺为主，也可适当安排化工等其他行业，建成以轻纺为主的综合性工业区。截至1992年，随着产业结构调整，原定进区的一批纺织、轻工工业项目纷纷缓建、停建。

二、星火开发区

1992年开始，与浦东开发开放相呼应，星火开发区打破作为轻纺工业发展备用地的功能定位，主动对外招商引资。1992年7月9日，经市农场局同意，上海市星火轻纺工业区开发公司更名为上海市星火工业区开发公司，并扩大经营范围。是年引进内资项目16个。

1992年11月12日，中共上海市委书记吴邦国视察开发区，对星火工业区招商引资的做法给予肯定和鼓励，提将"星火工业区"更名为"星火开发区"，并为星火开发区题词"前程似锦"。开发区的产业导向，由轻纺工业逐步转变为精细化工、生物医药、纺织化纤、纸业、建材、汽配等行业。

1993年1月6日，中共中央委员、上海市市长黄菊视察上海市星火开发区，指示要调整星火开发区的职能，使星火开发区变成出口加工区。是年9月，浦东新区人民政府（以下简称浦东新区政府）颁布《关于星火开发区纳入浦东新区的通知》，明确星火开发区区政管理和开发业务划归浦东新区领导，星火开发区与浦东新区接轨，全面享受浦东新区各项优惠政策。浦东新区工商局、税务局、浦东新区海关等单位在星火开发区设立办事机构，实行工商注册、税务、免关税等"一站式"服务。

2006年10月，经市政府批准，市发展改革委下发《关于调整星火开发区区政管理体制的批复》，同意将星火开发区由浦东新区管理的区政职能全部移交奉贤区管理。批复明确，星火开发区区政管理继续沿用政府委托授权管委会进行区政管理的模式；原由浦东新区政府管理的工商登记、项目立项、土地核准、规划审批等经济管理职能，按市、区两级政府的管理权限，移交至奉贤区人民政府（以下简称奉贤区政府）管理；原由浦东新区政府委托管委会管理或单独授权的区政管理职能，如公用事业所、环卫所、园林绿化所等,与奉贤区政府相关部门实施对接。原属奉贤区与管委会共同协管的社会管理职能,如安全生产(包含国家安全)、民政事务(居委会等)、预防保健、计划生育等,逐步完全属地,由星火开发区管委会通过确定联络员的方式,协助政府管理区内上述事务。至2007年初,相关移交工作基本完成;奉贤区政府任命星火开发区管委会领导班子。

第二节　管 理 机 制

一、管理机构

1984年10月,市政府下发《关于筹建星火农场轻纺工业区》的批文。星火开发区的筹建,业务上受市计委领导,计划单列。1985年5月29日,市计委召集相关局、规划设计单位、建设银行等召开"关于开发星火轻纺工业区会议",讨论星火轻纺工业区的总体规划和筹建领导班子等问题。会议明确由市轻工局、上海市纺织工业局和市农场局组成领导小组,上海市纺织工业局副局长丁力任组长,市轻工局副局长孙明良和市农场局副局长张文楷任副组长。领导小组下设市政建设开发公司,承担市政建设,由市农场局负责,市轻工局、上海市纺织工业局协助;市轻工局、上海市纺织工业局各自筹建成立指挥部,负责轻、纺工业项目的建设。

1992年5月,上海市星火工业区管理委员会成立。11月,更名为上海市星火开发区管理委员会。

1993年9月8日,星火开发区划入浦东新区,浦东新区管委会与市农场局签署《关于组建上海浦东星火开发区联合发展公司的协议》,组成星火开发区领导小组,由副市长赵启正任组长,浦东新区管委会副主任黄奇帆、市农场局局长罗大明任副组长,负责宏观决策和总体协调。在浦东新区工商、税务、商检等部门进区设立办事机构的同时,管委会同意浦东新区城建局提出的《关于授权星火开发区管理委员会进行建设和环境管理的意见》。

1994年9月,为加强星火开发区开发与行政管理,对开发区领导小组成员作相应充实,将浦东新区有关职能局的副局长和市农场局有关处的处长增补为领导小组成员。领导小组下设办公室,实行一个机构、两块牌子的模式:对内称浦东新区星火开发区领导小组办公室,对外称浦东新区管委会星火开发区办公室。在对外行政管理职能方面,作为浦东新区管委会的派出机构,对区域内的有关职能部门和企事业单位进行综合协调管理。1995年5月2日,浦东新区城建局授权星火开发区组建城建综合管理办公室。嗣后,经浦东新区城建局授权,相继组建星火开发区管委会下属的市政管理所、公用事业管理所、交通管理所、环卫市容管理所、园林绿化管理所、建设市场管理所、浦东新区建设工程监督总站第六分站和浦东新区市容监察支队星火开发区中队。1996年3月6日,经浦东新区机构编制办公室批准,组建浦东新区综合规划土地局星火规划土地管理所。1998年8月,经浦东新区综合规划土地局批准,组建成立星火开发区统计调查所。

此后,星火开发区的开发、建设和招商引资业务由浦东新区领导,即项目审批、工商、税务、海关、商检等业务由浦东新区有关部门管理;城建综合管理方面(即"六所一站一队")以及土地所、统计所等业务由浦东新区有关部门授权委托星火开发区管委会管理。规划、环保由市政府有关部门管理,委托奉贤环保部门进行日常监管;公、检、法、司、卫生、防疫、人民武装部由奉贤属地管辖;商业网点、医院、学校等物业依托星火农场(今海滨社区);上海星火开发区开发总公司的党政和人事关系挂靠上海市农工商(集团)总公司。

1999 年 11 月 4 日,浦东新区管委会下发《关于调整上海市星火开发区领导小组成员的通知》,浦东新区管委会副主任王安德担任组长,上海农工商(集团)总公司总经理徐麟为副组长;领导小组下设办公室,对外称管委会,主任为张平(兼)。

2006 年 10 月 12 日,经市政府同意,市发展改革委下发《关于调整星火开发区区政管理体制的批复》。批复指出,按照有利于星火开发区政策的连续性、管理的有效性、企业的稳定性和责权利一致的原则,同意星火开发区由浦东新区管理的区政职能全部移交奉贤区管理。根据"管委会机构完善、经济职能平移、区政职能对接、公共社区事务属地"的整体移交方案,开发区区政管理职能逐项由浦东新区向奉贤区移交。开发区区政管理继续沿用政府委托授权管委会进行区政管理的模式。11 月 27 日,奉贤区政府成立开发区区政管理体制调整工作领导小组,组长由副区长倪耀明担任。区政府办公室与星火开发区管委会建立双向联动机制,确保体制调整工作平稳、有序推进。2007 年年初,相关移交工作基本完成。

2007 年 4 月,开发区管委会对组织架构进行了调整、完善,调整后的管委会机构下设 11 部门,即:办公室、项目招商办公室、社会事业办公室、工商财税办公室、规划建设办公室、安全生产办公室、综合治理办公室、园林绿化管理所、市政管理所、市容环境卫生管理所和统计调查所。

二、开发主体

【上海市星火开发区开发总公司】

1985 年 6 月 7 日,经市计委批准,由市农场局组建星火轻纺工业开发公司。9 月 10 日,经市计委批准,星火轻纺工业开发公司属全民所有制性质的企业,实行独立核算,是具有法人资格的经济实体。11 月 26 日,由上海市工商行政管理局核发经营执照,注册资金 200 万元,专门从事工业区市政基础设施建设任务,隶属市农场局,办公地点在中山南二路 520 弄 29 号。

1992 年 7 月,经市农场局批准,星火轻纺工业开发公司更名为上海市星火工业区开发公司。1994 年 9 月 2 日,再次更名为上海市星火开发区开发总公司,企业经营业务范围适当扩大。1996 年 1 月,上海星火开发区开发总公司更名为农工商集团星火开发总公司。2000 年 5 月,该公司停止经营。

【上海浦东星火开发区联合发展有限公司】

1993 年 9 月 8 日,为了使星火开发区与浦东新区接轨,浦东新区管委会与市农场局签署协议,决定组建上海浦东星火开发区联合发展公司(以下简称星联公司)。11 月 25 日,上海浦东新区星火联合发展总公司成立大会暨新区工商、税务等进驻开发区揭牌仪式在开发区举行。中宣部副部长龚心瀚发来贺电,全国总工会副主席滕一龙、上海市副市长赵启正出席仪式。星联公司注册资金 5 亿元,由浦东新区国有资产投资管理公司(以下简称浦东国资公司)出资 2.5 亿元,农垦农工商联合企业总公司(以下简称农工商集团)出资 2.5 亿元,双方各占 50%。1994 年 12 月 23 日,星联公司召开董事会。会议决议同意将公司重组后改制为股份有限公司。

1995 年 4 月,经浦东国资公司、农工商集团和上海久事公司协商后,星联公司改为多元投资公司,上海久事公司对星联公司的 0.9 亿元贷款(包括利息)改为投资,各方投资比例调整为浦东国资公司 2.05 亿元,占 41%;农工商集团 2.05 亿元,占 41%;久事公司 0.9 亿元,占 18%。至此,星联公司成为 3 家公司联合投资组建的联营公司,全面负责开发区的开发建设、招商引资和经营管理。

星联公司成立后,星火工业区开发公司不再从事市政基础设施建设,转而从事房产、商业等第三产业经营。星联公司经营班子与星火工业区开发公司实现"二块牌子一套班子"模式。1999年6月27日,星联公司二届一次董事会决定,星联公司改制为有限责任公司。根据董事会的要求,经过一年多的清理整顿,星联公司与星火工业区开发公司从人、财、物彻底分开。

2004年12月,经上海市国有资产监督管理委员会(以下简称市国资委)批准核销不实资产0.89亿元后,星联公司注册资金调整为4.11亿元,各方的投资比例保持不变,其投资额分别调整为:浦东国资公司1.68亿元,农工商集团1.68亿元,久事公司0.74亿元。星联公司设董事会、监事会,董事长由浦东国资公司委派,总经理由农工商集团推荐,董事会聘任。星联公司党政关系挂靠市农场局。

2009年,为落实市政府关于星火开发区产业调整专题会议精神,根据市国资委有关开发区联合发展有限公司股权结构调整事宜的专题纪要,浦东国资公司所持41%股权无偿划转给奉贤区公有资产经营有限公司,股权划转后,浦东新区和奉贤区在产业合作、土地开发等方面继续深化区域合作,浦东新区继续支持星火开发区的发展。2010年3月,星联公司股东会通过决议,浦东国资公司41%的股份无偿转让给奉贤区公有资产经营有限公司。各方投资比例调整为:奉贤区公有资产经营有限公司1.68亿元,占41%;农工商集团1.68亿元,占41%;久事公司0.74亿元,占18%。

星联公司下设"八部一室",即项目招商部、房产开发部、计划财务部、工程规划部、投资发展部、劳动人事部、法律事务部、社区管理部和办公室。星联公司与星火开发区管委会采用"两块牌子、人员兼职、职责分设、费用单列"的运作方式。星联公司作为开发经营主体,负责开发区的土地开发、综合经营,主要从事土地转让、招商引资、基础设施建设和市政配套服务,开发区管委会作为政府委托授权机构进行区政管理。

表 7-2-1 1985—2010年星火工业园区开发管理机构主要领导任职情况表

姓　名	管理机构名称	职　务	任 职 时 间
丁　力	上海市星火轻纺工业区领导小组	组　长	1985年5月—1987年11月
张文楷	上海市星火轻纺工业区开发公司(后改为上海市星火工业区开发公司、上海市星火开发区开发总公司、上海农工商集团星火开发总公司)	总经理	1985年8月—1986年3月
陆美华		总经理	1986年3月—1990年10月
周晓民		总经理	1990年10月—1991年12月
孟庆胜		总经理	1991年12月—1996年1月
苗忠保		代总经理	1996年1月—1999年1月
张　平		总经理	1999年1月—1999年5月
陆　敏		总经理	1999年5月—2002年3月
孟庆胜	上海浦东星火开发区联合发展有限公司	总经理	1993年9月—1996年1月
苗忠保		代总经理	1996年1月—1999年1月
张　平		总经理	1999年1月—
祝均宇	上海市星火开发区管理委员会	主　任	1992年5月—1993年3月
李柏山		主　任	1993年3月—1994年1月
孟庆胜		主　任	1994年1月—1996年1月

（续表）

姓　名	管理机构名称	职　务	任 职 时 间
苗忠保	上海市星火开发区管理委员会	主　任	1996年1月—1999年1月
张　平		主　任	1999年1月—

资料来源：上海星火工业园区提供

第三节　规 划 与 建 设

一、园区规划

1986年，星火开发区建区总体规划批准实施。在遵循开发区总体规划原则的基础上，先后对开发区规划进行了几轮的修编，在用地规模、用地性质、产业结构、土地利用方面均进行了调整完善。星火开发区总体规划，已从原来的轻纺工业逐步转变成由多元化产业组合的、综合性强并具备现代化且相对独立的新型工业城镇。

《星火工业区总体规划（1986年）》　1985年5月29日，市计委召开关于开发星火轻纺工业区会议，委托上海市城市规划设计研究院编制《星火工业区总体规划》。1986年11月20日，《星火工业区总体规划》经上海市城乡建设规划委员会批复同意。总体规划指出：星火开发区是城市总体规划中杭州湾北岸的组成部分，规划建设成以轻纺工业为主、相对独立的综合性城镇；2000年按5万人口规模进行规划，城镇用地控制在7～10平方公里。

《星火开发区控制性详细规划（1993年）》　1993年起，星火开发区委托上海市城市规划设计研究院编制《星火开发区控制性详细规划》。1995年3月13日，《星火开发区控制性详细规划》经浦东新区综合规划土地局批复同意。规划总用地为646.1公顷，其中工业用地440.9公顷。区内分为仓储区、工业区、居住社区、果树园林休闲区、市政设施五大功能区。工业区土地分为一类、二类和三类用地，以一、二类工业为主，不宜设置三类工业，现有三类工业应采取措施，减少对环境影响。

《星火工业区控制性详细规划（调整）（2001年）》　2000年3月起，星火开发区再次委托上海市城市规划设计研究院编制"控制性详细规划"。2001年10月16日，"控制性详细规划（调整）"经市规划局批复同意。规划明确星火开发区功能定位：以上海化学工业区为依托，发展成为以轻纺工业、精细化工为基础，造纸、建材、制药等多种行业并重的现代工业园区。星火开发区用地范围和总体布局：总用地面积为8.78平方公里，其中建设用地约8.49平方公里。布局以明城路为界，西侧为工业生产区，东侧为居住生活区。工业用地为5.41平方公里，工业用地布局从东向西依次为一类工业、二类工业和三类工业，同类工业用地相对集中，严格控制重化工等污染严重行业进入，适当降低三类工业用地比例。

该规划对土地使用规划、地块性质、道路系统、绿化系统、市政公用设施规划等进行了调整。规划工业用地541.14公顷，其中一类工业52.83公顷、二类工业129.76公顷、三类工业358.55公顷。工业区东段近居住区以一类工业为主，中部以二类工业为主，西端以三类工业为主。仓储用地23.35公顷，在沿金汇港的南部保留少量仓储用地。市政设施总用地15.72公顷。市政公用设施已初步建成，市政用地主要集中在工业区白沙路东西两侧。规划新增供电（变电站）设施用地，并为市政管理设施发展留有余地。工业区的生活居住区明城新村位于明城路的东侧，规划充实完善明城新村的公共设施,形成相对完善的居住小区。明城新村规划总用地面积 53 公顷,其中居住用地 31.57 公顷。规划绿化总面积 101.76 公顷。主要分为防护绿地、集中公共绿地和生产绿地三大类。集中公共绿地主要是明城路西侧、居住区南边的公园,占地 30.29 公顷。

开发区规划建设以"面向世界、面向 21 世纪、面向现代化的综合性工业城"为目标,发展成为具有 15 万人口和 879 公顷用地规模的完整的工业区,以轻纺工业为依托,集化工、制药、生物工程等产业为一体,市政配套完备具有鲜明个性的开发区,建设成上海轻纺产业的主基地、轻化加工产品基地、生物制药基地等。

二、土地开发利用

1993 年以前,开发区土地供地主要为划拨方式。从 1993 年起,用地者与星联公司签署《国有土地使用权转让合同》,取得土地使用权后,支付出让金。自 2008 年 3 月起,根据《上海市土地交易市场管理办法》的规定,开发区建设用地使用权转让由协议转让调整为在上海市土地交易市场公开挂牌转让,用地者通过公开招拍挂方式取得。

截至 2010 年,星火开发区规划总用地面积 739.89 公顷,已供应面积 679.44 公顷。累计已建成城镇建设用地 534.61 公顷,占开发区土地总面积的 72.3%;未建成土地为 143 公顷,占开发区土地总面积的 19.4%;不可建设土地为 19 公顷,占开发区总面积的 2.6%。

截至 2010 年年底,在规划面积 527.11 公顷的工业、仓储用地中,已供应面积 490.06 公顷,尚未批租、转让面积 37.05 公顷;已建成面积 389.57 公顷,已供应未建成面积 100.49 公顷。规划面积 63.35 公顷的住宅与商服用地中,已供应面积 57.95 公顷,尚未批租、转让面积 5.4 公顷;已建成面积 15.03 公顷,已供应未建成面积 42.92 公顷。

三、基础设施

自 1984 年批准成立以来,开发区经过 20 多年的开发建设,区内主要城市道路及各项配套基础设施已建成。

1987 年 11 月 11 日,码头工程打下第一根定位桩,工业区市政基础进入施工建设阶段。至 1992 年上半年,总投资 3.8 亿元,开发区市政基础设施相继建成投入运行,基础设施达到"七通一平",实现集中供电、供水、供热和排污。

1989 年 7 月,开发区污水排放工程开工建设,总投资 9 168.56 万元;1994 年 8 月建成投入运行。污水排放实行清、浊水分流,雨水通过地下管道排入内河,通过区内设置的 1、2、3 号泵站,将各污水集中通过 4 号泵站排入深海。2008 年 12 月 8 日,开发区至奉贤东部污水处理厂污水管网工程启动建设,总投资 5 000 万元。2010 年 3 月,污水管网工程正式竣工。自此,开发区内生产、生活污水全部实现纳管,进行深度处理后排放。开发区排水管理中心负责污水排放管理。建有污水排放系统,设有 3 座污水中途泵站。污水外排总管的设计规模为 10 万立方米/日。

1989 年 7 月,开发区内道路开工建设,至 1991 年 3 月,建成道路 10.78 公里。区内主干道总投资 2 174 万元。至 2010 年,开发区内道路主要有白云路、白石路、白沙路等道路总计 13 条,总长 18.38 公里。开发区内桥梁 3 座。

1990 年 4 月,星火开发区自来水厂开工建设,总投资 4 400 万元。1992 年 11 月建成投产。

2002 年 1 月起,自来水公司改制成中法合作企业。规划设计日供水能力 30 万吨,一期日产水 10 万吨。供水管网贯通全区各地块,水质达到中国生活饮用水水质标准,管道压力为 0.28 兆帕。

1990 年 11 月,热电厂开工建设,总投资 2.35 亿元。1993 年 4 月建成投产。装机容量为 1.2 万千瓦,供热设备能力 75 吨/时锅炉三台,供气能力 200 吨/时,按 2.2 兆帕~2.4 兆帕、0.75 兆帕~1.25 兆帕两种不同蒸汽压力向用户供热,日常实际供应量约为 150 吨/小时,高峰时段供应量为 200 吨/小时。

1992 年,星火开发区住宅小区明城新村开工建设,由开发区开发总公司、上海制浆造纸厂和上海涤纶总厂等联合出资建造 907 套职工住宅房。1994 年,开发玫瑰园一期商品房 192 套;2004 年,开发玫瑰园二期商品房 438 套。1997 年,开发区进区企业远纺工业(上海)有限公司出资建造远纺生活园区职工住宅 396 套。2009 年 11 月,由上海联波房地产开发有限公司投资开发的明城新村玫瑰园三期破土动工。玫瑰园三期位于明城小区西北部,由高层和别墅组成。2010 年 8 月 28 日,由上海联波房地产开发有限公司开发建设的明城海湾新苑开盘,一期开盘 308 套,楼盘物业类型为小高层。

1992 年 6 月,开发区电信大楼开工建设,1993 年 12 月竣工建成,总投资 2 170 万元。装机容量 2 万门程控电话。

1994 年 9 月,开发区消防站开工建设,1995 年 12 月建成投入运行。消防站总投资 1 800 万元,按国家一级消防标准设计和建造,最大登高能力 36 米,建制为一个消防中队。消防站配备设施优良,服务于区内及周边地区。

2000 年 11 月,星济工业废物处理有限公司建成,负责开发区企业工业废料处理,总投资 1 620 万元,由上海市危险废物处理中心颁发"危险废物焚烧许可证",专业处理工业废弃物。焚烧站采用两室炉焚烧技术和窑炉结构形式,分别对固体和液体工业废料进行高温燃烧。焚烧以煤和柴油为主要燃料,设有降温和尾气处理装置。年处理工业废料 7 200 吨。

2006 年 6 月 8 日,浦东铁路海湾站(货运站)正式开站,可为区内企业代办铁路货运业务、道路货物运输、货物代理、船舶代理、仓储、货物装卸等。2010 年 9 月 15 日,浦东铁路星火开发区海湾客运站正式开通,上海南站与开发区海湾站间运行里程 63 公里。区内具备内河码头和金汇港奉新码头,航道可通行 500 吨船舶,为进区企业提供货物装卸、危险品货物起卸服务。内河码头位于开发区西侧,是内河运输的主航道,设有 300 吨级泊位 4 个,100 吨级泊位 2 个,年吞吐量为 60 万吨。内河码头有室外堆场 2 万平方米,室内仓库 1 200 平方米;奉新码头有堆场 7 000 平方米,可为进区企业提供堆场和仓储服务。

2008 年,开发区天然气道路管配套工程开工建设,总投资 800 余万元。工程道路管自浦星公路预留管接出,沿民乐路南侧向东,过明城路进居民小区,长度约 3.2 公里。2010 年 8 月,开发区天然气正式开通。

至 2010 年,开发区已建成市政公用设施。建成 20 千伏区域性降压站 1 座,装机容量为 $4\times$ 12.5 万千伏安。35 千伏变电所 1 座。

四、生态环境

【环境建设】

2005 年,根据市经委发布的工业区循环经济建设指南,开发区开展循环经济建设工作。2006

年,成立开发区循环经济领导小组,制订实施方案,设立循环经济建设专项基金。2006—2008年,管委会每年提取奖励基金100万元,资助区内企业实施技术改造,推行技术创新。2009年,对专项基金办法进行修订,专项基金由100万元/年调整到200万元/年。通过设立专项基金,以清洁生产和消除异味为抓手,有效推动区内企业建设资源节约型、环境友好型工业园区。至2010年末,循环经济建设专项基金共资助项目37项,资助总额253.7万元。

2006年,开发区开始实施ISO 14001环境质量管理体系认证工作,成立认证工作小组,确立环境管理方针。2006—2007年,编写涉及程序控制文件34项、作业指导书15项、环境因素112项、相关法律法规95项。2007年,通过上海环科环境认证有限公司审核,获得环境管理体系认证证书。2010年,通过环境管理体系认证复审。

2008年,开发区制定并实施"清洁生产三年行动计划",推动开发区企业节能降耗、节能减排工作。截至2010年末,共有18家区内企业开展清洁生产审核。开发区共投入清洁生产改造资金13 810万元,实现节水168.1万吨,节电3 950.1万千瓦时(折标煤15 958吨),节约蒸汽9.68万吨(折标煤9 156.3吨),减排废水212.5万吨,减少二氧化硫排放316吨,减少废弃物产生5 716吨,减少有害物质铬酐使用60公斤。

【绿化建设】

自2007年,开发区开展区、市绿化合格单位和上海市花园单位创建工作。2007—2010年,开发区连续四年荣获"奉贤区绿化白玉兰杯"。2009年,荣获"上海市绿化先进集体"称号。截至2010年底,开发区绿化总面积190.13万平方米,绿化覆盖率22%。其中公用绿地62.36万平方米,道路林带绿化31.18万平方米,区内企业等单位的绿化52.53万平方米,其他绿化44.06万平方米。区内绿化累计投资4 650万元。

第四节　招　商　引　资

一、招商管理

【招商机构】

1995年4月,负责招商的是轻纺工业区开发公司经济发展部。9月20日,开发总公司经济发展部更名为招商部,专职招商引资,不再负责工业管理。1999年,招商部更名为项目招商部,并在市中心区设招商办事处。招商部设经理、副经理等。1999年起,为调动专职招商引资工作人员积极性,星联公司对项目招商部实行招商任务指标承包责任制,制定招商引资奖励办法,采取工作业绩与奖励挂钩措施,奖励金额根据当年度引进项目批租土地面积按比例计提。1999—2004年,星联公司制定特殊津贴政策,对具有外语专长、高学历人才、高级专业技术职称且在招商工作中有突出实绩的人员,每月给予特殊津贴等。

【招商服务】

星火开发区成立之后,招商部门建立服务工作制度,实行服务质量监督考核机制,不断完善投资服务、政策服务、管理服务等体系建设。编印《星火开发区服务指南》,为投资者在项目申报审批、土地批租、工程建设等方面提供全方位服务。

开发区加强招商引资服务工作,制订"诚信为本、管理创新、服务热情、办事高效"的服务工作理念。提出服务承诺:接待项目做到详细介绍、耐心应答;考察项目做到态度热情、服务周到;签约项目做到资金到位、配套服务;开工项目做到建设进度、早出效益;进区项目做到定期回访、保持联系。

1999年,经浦东新区工联会批复同意,成立上海市浦东新区星火开发区工会联合会(以下简称开发区工联会),并帮助开发区内外资企业开展组建企业工会工作。截至2010年末,开发区工联会所属基层工会共计14家,其中外资企业10家,国有企业1家,民营企业3家,占开发区无上级主管部门应建会企业的88%,工会会员总数达到4 480多人。开发区工联会认真履行工会职能,创建和谐"职工之家",为促进开发区稳定发展贡献了力量。

2009年4月24日,上海市星火开发区企业协会举办成立仪式,同时召开一届一次会员大会。出席会议应到会员单位23家,实到会员单位21家。会议表决通过《上海市星火开发区企业协会章程》;选举亚东石化(上海)有限公司、帝斯曼维生素(上海)有限公司等五家企业为开发区企业协会第一届理事会理事单位。8月28日,召开企业协会一届一次理事会议,增补理事单位。是年,企业协会行业专家小组,建立协会活动制度。至2010年末,企业协会会员单位总计27家。

【招商政策】

1993年9月,星火开发区与浦东新区接轨,全面享受浦东新区各项优惠政策,开发区内企业享受浦东新区15%企业所得税税率政策。1993—2000年,星火开发区内企业除享受浦东新区各项优惠政策外,对进区企业实施财力补贴政策,凡开发区内企业由浦东新区财税机构征收入库的增值税、消费税、营业税、城市维护建设税和企业所得税,实行留区滚动发展的办法。1994—1995年,按100%返还;1996—1997年,按85%返还;1998—2000年,按70%返还。2001—2005年,开发区对进区企业继续实施财政补贴政策。

表7-2-2 "十五"期间星火开发区进区企业财力补贴办法一览表

财力补贴的对象	凡注册在星火开发区并其税收纳入市、区财政对星火开发区返回范围内的企业。
财力补贴的税种、基数及比例	1. 增值税地方部分、营业税和企业所得税地方部分的三项合计数的星火开发区实际留成部分。 2. 上述基数大于300万元(含300万元)的企业,按该基数的40%补贴给企业;基数大于150万元(含150万元)小于300万元的,按基数的30%补贴;小于150万元的,按基数的20%补贴。
财力补贴的时间	每年在星火开发区收到上级财政补贴后的一个月内完成。

资料来源:上海星火工业园区提供

2006年,开发区提出引进项目五条标准,即:"声誉品牌要亮、投资强度要大、科技含量要高、能耗污染要小、产出效益要好"。对入区的项目从国家及开发区的产业导向、行业要求、环保、能耗指标、投入产出等方面进行评估,认真地做好土地预审、项目立项预审及规划审批预审等工作。

2006—2010年,根据《星火开发区企业税收户管转移后续工作的通知》要求,因财税管理体制调整,开发区划归奉贤后,区内企业税收优惠政策按照"老企业老办法、新企业新办法"实施。同时,管委会决定,在2006—2010年对进区企业实施财力补贴政策。

表7-2-3　"十一五"期间星火开发区进区企业财力补贴办法一览表

财力补贴的对象	凡注册在星火开发区并其税收纳入市、区财政对星火开发区返回范围内的企业。
财力补贴的税种、基数及比例	1. 税种为：增值税、营业税和企业所得税。 2. 基数为：增值税、营业税和企业所得税的地方所得三项合计数的星火开发区实际留存部分。 3. 财力补贴比例： 　（1）一般企业按上述口径计算的基数的25％予以补贴； 　（2）高新技术等特殊企业的财力补贴比例专项审议。
其他财力扶持政策及专项基金	1. 财力扶持：经上报审核，符合管委会提出的循环经济建设要求的项目责任企业，在项目实施期内，管委会对其在原有25％的财力补贴基础上给予追加5％的财力补贴。 2. 专项基金：管委会在"十一五"期间，每年从开发区财力中提取100万元设立循环经济建设专项基金。
财力补贴的时间	一年一次。

资料来源：上海星火工业园区提供

2009年，管委会下发《关于调整区内企业财力补贴方式的通知》，对区内企业财力补贴方式进行调整，取消原来对进区企业"普惠制"的税收返还政策。此后，管委会设立循环经济建设、企业调整发展等专项基金，支持区内企业发展。

2010年3月，为加快标准厂房园区招商引资工作，扶植园区入驻企业发展，培育园区税源，管委会制订出台《星火开发区标准厂房园区企业发展扶植和奖励办法》，对标准厂房租赁企业予以一定的财力补贴。

二、招商活动

1993年3月12日，由台湾企业界知名人士组成"上海苏南经贸考察团"来开发区考察。12月17日，日本驻沪领事真田晃和日本金融界驻沪机构负责人赴开发区参观考察。

1994年1月15日，浦东新区经贸局、中国国际贸易促进委员会浦东分会和星联公司联合邀请20余家国际著名跨国公司及驻沪商务机构和首席代表赴开发区进行投资考察活动。1月25日，星联公司与中国国际经济咨询公司签署联合招商合作协议。上海市副市长沙麟、全国工商联主席经叔平出席签约仪式，市各委办局、浦东新区各有关单位的负责人以及日本、美国、澳大利亚驻沪领事出席该仪式。4月6日，日本国际贸易促进会、日本驻沪经贸促进会及部分新闻机构组团赴开发区考察。7月28日，以台凤股份有限公司总裁特别助理周年发为团长的台湾赴上海、苏南经贸考察团来开发区考察。

1996年4月，开发区参加由浦东新区管委会组织的招商团赴日本招商。1997年3月24日—4月8日，开发区参加由中国国际贸易促进会在新加坡组织的"97新加坡国际工商展"和由中国国际贸易促进会上海分会及浦东分会分别在澳大利亚悉尼、墨尔本组织的"97上海房地产交易洽谈会"。1998年9月4日，由市对外友好协会和东方国际集团对外经济技术合作有限公司共同组织的日本驻沪经贸机构负责人一行到开发区考察。

2001年4月9日，星火开发区与市纺织、轻工、医药控股集团在国际贵都大酒店签署了长期合作的协议。市经委常务副主任江上舟，市纺织、轻工、医药控股集团，浦东新区经贸局和开发区的领导以及企业代表出席签协仪式。2001年4月,应市外商投资企业协会邀请,开发区招商团队赴中国台湾进行经贸合作洽谈活动。是年8月31日—9月8日,开发区赴日本进行商务考察和招商。

2003年6月,开发区组团赴美国参加美国水务联合年会暨展览会,并进行商务考察和招商。2004年4月—5月,开发区组团赴澳大利亚进行商务考察。2005年9月12日—25日,在市经委、上海市对外经济贸易委员会的组织下,开发区招商团赴美国参加"第二届中美中小企业交流与合作大会",进行招商引资和企业经贸对口交流活动。

2006年,应中国台湾商品流通协会的邀请,开发区组团参加市工经联考察团赴中国台湾进行商务考察和招商引资。2006年7月—8月,应美国天普市商会、墨西哥中国华人商会及里约热内卢商业协会的邀请,开发区组团赴美国、墨西哥、巴西进行商务考察活动。2006年10月,应中国开发区协会与中国高新技术产业开发区协会的邀请,开发区组团赴澳大利亚、新西兰进行商务考察和招商引资。

2007年,开发区招商团先后赴俄罗斯、捷克、匈牙利、美国、加拿大进行商务考察和招商引资。2008年4月—5月,开发区组团赴南非进行商务考察和招商引资。2010年,开发区组团先后赴瑞士、德国、英国进行商务考察和招商引资。

三、招商成果

1990年,星火工业区首家企业星火制浆造纸厂入驻。

1992年,为推进招商引资,星火工业区对产业导向作出调整,由轻纺工业逐步转变为精细化工、生物医药、纺织化纤、纸业、建材、汽配等行业。是年,"星火工业区"更名为"星火开发区",当年引进内资项目16个,累计批租土地面积98万平方米。

1993年起,开发区抓住浦东开发开放的历史机遇,全面加快招商引资步伐。1993—2000年,来自美国、德国、瑞士、日本、中国台湾等一大批国内外知名的企业相继投资落户星火开发区。期间开发区累计引进项目50个,其中内资项目24个,外资项目26个;总投资658 641万元,协议吸引外资52 854万美元;累计批租土地面积200万平方米。其中,投资规模较大的项目有:1994年,首家中德合资企业——上海联吉合纤有限公司落户,总投资7 500万美元,占地26公顷,年产7万吨聚酯。上海东风汽车专用件有限公司,注册资金5 149万元,占地7.6公顷。美国科勒公司投资的上海科勒有限公司,总投资4 500万美元,占地10.09公顷,年产10万套卫生洁具。由上海东风汽车专用件有限公司同日本佐贺铁工所、日本神钢商事(株)合资组建的上海特强汽车紧固件有限公司,总投资2 500万美元,占地6公顷。由瑞士罗氏公司与上海三维制药公司、上海第六制药厂合资建设的罗氏三维(上海)维生素有限公司和罗氏泰山(上海)维生素制品有限公司,总投资4 700万美元,占地7.72公顷,建设维生素A和维生素E生产基地。台湾远东集团投资的远纺工业(上海)有限公司,总投资逾2亿美元,一期用地37.48公顷,二期保留用地21.2公顷,建设聚酯切片生产项目。

2001年,引进项目12个,其中内资项目9个,外资项目3个。开发区与上海医药(集团)总公司、上海纺织控股(集团)公司、上海轻工控股(集团)公司分别签订长期合作意向书。此后三大集团旗下多个项目先后入驻开发区。

2002年,引进项目10个,其中内资项目5个,外资项目5个。引进中国蓝星(集团)总公司上海溶剂厂,占地17.45公顷,总投资6.7亿元,建设年产2万吨聚甲醛项目。引进上海淮海制药厂,占地14.46公顷;上海医药(集团)总公司星火原料药基地正式启动。

2003年，引进项目11个，其中内资项目6个，外资项目5个；批租土地达161万平方米，为建区以来批租土地最多的一年。年内引进亚东石化（上海）有限公司，占地43.13公顷，总投资达3亿多美元，建设PTA项目。

2004年，引进项目11个，其中内资项目8个，外资项目3个。其中投资规模较大的项目有：上海西恩迪蓄电池有限公司，总投资1.96亿元，占地7.2公顷；上海天坛助剂有限公司，总投资1.20亿元，占地15.6公顷。

2005年，引进项目18个，其中内资项目8个，外资项目10个。投资规模较大的项目有：上海索玛格先锋药业有限公司，总投资9960万元，占地3.77公顷。上海森林特种钢门有限公司，总投资1.85亿元，占地7.83公顷。上海双凤骨明胶有限公司，总投资52540万元，占地23.33公顷。帝斯曼维生素（上海）有限公司增资扩产项目，总投资5亿元，占地6.33公顷。远纺工业（上海）有限公司二期扩建项目，占地26.67公顷。

2001—2005年，开发区累计引进项目62个，其中内资项目36个，外资项目26个；引进项目投资总额80亿元，其中合同外资6.2亿美元。

2006年，引进项目9个，其中内资项目5个，外资项目4个，批租工业用地17万平方米，协议投资9.53亿元，吸引合同外资5518万美元，内资5.1亿元。年内10个项目开工，6个项目竣工投产。

2007年，开发区大力推进园区的二次开发，推进腾笼换鸟和闲置土地盘活，提高开发区土地利用效率。抓好"招商选资"，在提升引资质量和盘活存量上下功夫。年内，引进项目9个，其中内资项目7个，外资项目2个，批租工业用地23万平方米，协议投资13.7亿元，吸引合同外资1106万美元，内资12.8亿元。引进上海中西药业股份有限公司，投资总额2301万元。引进冠生园（集团）有限公司，建设光明食品工业园区——冠生园生产基地项目，占地面积20.27公顷，总投资3.4亿元。2007年8月29日，冠生园生产基地项目开工，项目分三期，至2010年全部建成，冠生园蜂制品、大白兔奶糖、华佗酒等项目陆续移师星火开发区。年内，开发区6个项目开工，8个项目竣工投产。

2008年，开发区注重提高招商引资质量，从投资强度、科技含量、产出效益、环境保护等方面严格把关引进项目质量。年内引进项目11个，其中内资项目6个，外资项目5个，批租工业用地4.6万平方米，协议投资22亿元，吸引合同外资1.76亿美元，内资7.9亿元。引进世茂房地产控股有限公司，开发近20公顷房产项目。

2009年，开发区聚焦生物医药产业整合，加快推进生物医药产业集聚发展。按照上海市生物医药产业推进大会有关精神和开发区产业调整规划定位要求，星火开发区作为上海国家生物产业基地、国家科技兴贸创新基地（生物医药），为大力发展壮大生物医药产业，开发区制订《星火开发区生物医药产业提纲》和《星火开发区生物医药产业发展的初步意见》。年内，引进项目6个，其中内资项目3个，外资项目3个，批租工业用地20.5万平方米。协议投资3.47亿元，吸引合同外资1338万美元，内资2.56亿元。年内7个项目开工，13个项目建成投产。

2010年，开发区继续以项目为抓手，加快推进产业结构调整，促进产业能级提升。抓住国家和上海市重点发展生物医药产业和诸多政策出台的契机，充分发挥开发区现有生物医药产业优势，通过引进项目盘活存量、协助企业并购重组、"腾笼换鸟"提升能级等方式，加快推进生物医药产业发展。如上海华方医药集团整体收购索玛格药业公司，建设合成高端医药产品生产基地；浙江凯迪药业有限公司整体收购新华联制药厂；引进上海农乐生物制品有限公司，项目总投资约1.5亿元，实现生物医药产业整合,逐步形成了生物医药产业集聚效应。开发区年内引进项目 7 个,其中内资项目 4 个,外资项目 3 个,批租工业用地 4.7 万平方米。协议投资 6.47 亿元,吸引合同外资 1 798 万美元,内资 5.25 亿元。

2006—2010 年,开发区累计引进项目 42 个,其中内资项目 25 个,外资项目 17 个。累计批租土地面积 69.8 万平方米。引进项目投资总额 55.17 亿元,其中合同外资 2.74 亿美元。

截至 2010 年年底,开发区引进外资 12.99 亿美元。外资项目协议投资金额 155 564 万美元,合同外资 129 894 万美元。区内外商投资企业总计 25 家,其中外商独资企业 17 个,占比 68%;合资企业 7 个,占比 28%;合作企业 1 个,占比 4%。投资总额列入前五位分别是中国台湾、德国、荷兰、日本、瑞士,占比分别达 58.3%、11.9%、7.3%、6.3%、5.3%。开发区累计引进项目 170 个,其中内资项目 101 个,外资项目 69 个。累计投资 200.9 亿元。入驻开发区的实体型企业共 79 家,其中:工业企业 60 家(其中规模以上年主营业务收入 500 万元以上的工业企业 49 家,年主营业务收入 2 000 万元以上的工业企业 36 家),仓储物流类企业 2 家,建筑企业 2 家,房地产企业 5 家,服务类企业 9 家,商业类企业 1 家。开发区逐步建成以化工、医药、纺织、造纸、建材、汽配等产业为导向的外向型综合工业开发区。

表 7-2-4　至 2010 年星火开发区投资 10 强外资企业一览表　　　　单位:万元

序号	企 业 名 称	注册资本	资产总额	注册资本
1	远纺工业(上海)有限公司	24 280	394 719	188 040
2	亚东石化(上海)有限公司	19 731	364 295	150 187
3	帝斯曼维生素(上海)有限公司	3 590	134 736	29 870
4	宏远发展(上海)有限公司	3 000	43 525	23 349
5	上海特强汽车紧固件有限公司	2 500	36 499	20 778
6	上海西恩迪蓄电池有限公司	2 490	41 555	20 670
7	上海科勒有限公司	1 800	31 617	14 929
8	上海塞维斯玻璃有限公司	1 716	35 729	14 204
9	克莱门特捷联制冷设备(上海)有限公司	1 700	25 994	5 003
10	阿波制纸(上海)有限公司	1 250	10 137	9 576

资料来源:上海星火工业园区提供

第五节　产业发展

一、经济规模

自 1994 年星火开发区统计经济总量数据以来,至 2010 年末,社会经济总收入累计 1 310.23 亿元;工业总产值累计达 1 247.5 亿元;增加值累计达 213.57 亿元;开发区从业人员总计 11 282 人,人均国内生产总值达 22.18 万元/人。

1991—2010 年,开发区固定资产投资累计 1 431 097 万元,其中工业固定资产投资 1 337 932 万元,占总投资的 93.5％;基础设施投资达 85 647 万元。第一产业固定资产投资累计 329 万元,第二产业固定资产投资累计 1 337 932 万元,第三产业固定资产投资累计 92 836 万元。

1994—2010 年,开发区企业纳税累计 469 904 万元,其中进出口关税累计达 181 641 万元,增值税 194 803 万元,营业税 10 468 万元,所得税 45 146 万元。其中工业企业上缴税收累计 435 788 万元,占上缴总额的 92.7％;非工业企业上缴税收累计 34 116 万元。

二、产业发展

1992 年以前,市政府调整城市工业布局以适应技术改造、保护城市环境,将星火开发区定性为上海轻纺工业发展基地。1992 年以后,星火开发区与浦东开发开放相呼应,实施对外招商,产业导向由轻纺工业逐步转变,形成了以化工、医药、纺织、造纸、建材、汽配等产业为导向的外向型综合工业开发区。

【产业定位】

2001 年 10 月,市规划局《关于星火开发区控制性详细规划(调整)的批复》提出,星火开发区以上海化学工业区为依托,发展精纺工业、精细化工为基础,造纸、建材、制药等多种行业并重的现代工业园区。

2006 年,国家发展和改革委在《关于认定上海国家生物产业基地的批复》中明确,作为国家生物产业基地,基地布局包括一个核心(张江高科技园区)和四个扩展区。星火开发区作为四个扩展区之一,以化学原料药的生产和出口为主要特色。

2009 年,市规土局在《关于〈上海市星火开发区功能提升研究报告〉的批复》中明确,开发区的产业定位,即形成以生物医药、精细化工、纺织化纤三个主导产业;积极发展医用仪器、医疗器械、医用设备、汽车配件等优势产业;延伸发展与主导产业相关的研发、物流、教育和培训等生产性服务业。最终建设成为符合上海市优先发展现代服务业和先进制造业的方向、满足地区经济发展和环境要求、适应杭州湾北岸海滨服务业的发展趋势、同时又能促进星火开发区产业发展和功能提升的上海生物医药产业发展基地。

至 2010 年,星火开发区已发展成为有一定基础、主导行业较为突出的开发区,已形成生物医药、纺织化纤、精细化工三个产业为主导,新型建材、特种纸品、通用设备、食品制造等产业共同发展的产业集群。其中,化工、生物医药方面,在引进精细化工项目并在发展高新技术医药类产品的同时,发展医用类化学生物原料药和工业用化学品等产品;化学纤维方面,在引进先进技术和设备、开发新产品的同时,发展聚酯切片、涤纶长、短纤维及印染、服装加工;新型建材方面重点发展新型建筑材料制品及卫浴产品等。

【产业规模】

2010 年,开发区工业总产值达 183.83 亿元。三大主导产业生物医药、纺织化纤和精细化工实现产值 145.94 亿元,占星火开发区工业总量的 79.39％。其中,生物医药产值 20.58 亿元,占年工业总产值的 11.2％;精细化工产值 6.61 亿元,占年工业总产值的 3.6％;纺织化纤产值 118.75 亿元,占年工业总产值的 64.6％。

【产业结构调整】

星火开发区作为上海市最早成立的市级开发区之一。随着国家环评中加大杭州湾地区污染整治和控制,以及奉贤区新制定的规划,从 2008 年起,市政府立足长远,坚持以产业结构调整为主,坚持在调整和治理中发展。2008 年 4 月 18 日,市经委牵头成立星火开发区产业规划调整领导小组,委托上海投资咨询公司对星火开发区产业发展情况开展深入调研,编制形成《上海市星火开发区功能提升研究报告》。

2009 年,市规土局下发《关于〈上海市星火开发区功能提升研究报告〉的批复》,明确开发区产业定位作为产业调整的方向,即:"形成以生物医药、精细化工、纺织化纤三个主导产业;积极发展医用仪器、医疗器械、医用设备、汽车配件等优势产业;延伸发展与主导产业相关的研发、物流、教育和培训等生产性服务业。"年内,编制形成《星火开发区产业调整发展规划研究报告》,确定"11+4+3"家企业的调整方案,即:关停企业 11 家、适时调整企业 4 家、根据环评意见调整企业 3 家。

2010 年,星火开发区成立产业梳理调整领导小组,制订产业调整推进计划,在调整过程中坚持做到"四个结合",即与土地节约集约利用相结合,与引进高新技术项目相结合,与提高开发区产业能级相结合,与改善区域环境相结合。星火开发区产业结构调整工作按计划持续推进。

三、重点企业

至 2010 年,星火开发区已基本形成以生物医药、纺织化纤、精细化工为主导,新型建材、特种纸品、通用设备、食品制造等产业共同发展的产业集群。

【生物医药行业】

帝斯曼维生素(上海)有限公司 1995 年 12 月成立,总投资 8 060 万美元,是荷兰帝斯曼集团在中国的独资企业。该公司是专业生产各类医药级、食品级维生素单体、复合维生素和饲料级预混料企业,拥有世界领先的生产工艺和现代化的生产设备,在中国饲料行业率先通过国际认证机构 SGS 的 HACCP 认证。

上海乳胶厂 原厂 1959 年 1 月始建,是专业生产乳胶制品的国营中型企业,主要生产橡胶避孕套、医用手套、输血胶管等医用产品的定点企业之一。2007 年搬迁至开发区,占地面积 5.33 公顷。公司生产的橡胶医用手套,1988 年获得国家银质奖;1994 年被评为上海市名牌产品;2000—2006 年,连续被推荐为上海市名牌产品,产品质量通过欧盟 CE 认证;"金香"系列橡胶避孕套产品内外观质量均已达到国际同类产品水平,产品远销英、美、法、日等国家。

【纺织化纤行业】

远纺工业(上海)有限公司 1996 年投资创建,是由台湾远东集团以 PTA 和 EG 为原料,生产聚酯及其延伸产品的大型化工、化纤、纺织、染整联合企业,是世界纺织化纤产品的精品基地之一。总投资逾 2 亿美元,占地面积 37 万平方米。荣膺"2010 年度上海百强企业""2010 年上海制造业企业 50 强"。

亚东石化(上海)有限公司 2003 年 1 月成立,是由台湾远东集团投资,注册资金 1 亿美元,总投资额达 3.65 亿美元。2006 年 4 月投产营运。拥有生产基地 43 万平方米,年设计精对苯二甲酸 PTA 生产能力 45 万吨,实际产能达 60 万吨/年以上。2009—2010 年,荣膺上海百强企业和上海制造业企业 50 强。

【精细化工行业】

　　上海蓝星聚甲醛有限公司 2008年3月建成投产,由中国化工集团的旗舰企业——中国蓝星(集团)总公司、上海世博土地控股有限公司共同投资成立的一家合资公司。公司占地面积17万平方米,一期总投资12亿元,年产聚甲醛4万吨。

　　上海天坛助剂有限公司 其前身是1942年始创,中国历史最久、规模最大、品种最全、产能最大的助剂生产企业。由上海氯碱化工有限公司和江苏飞翔化工有限公司联合组建。2004年搬迁至开发区,占地15.6公顷,总投资1.2亿元,产能3万吨/年。专业生产十六大类二百多个品种的优质助剂和表面活性剂,广泛应用于中国纺织印染、造纸、皮革、塑料、建筑、涂料、化纤、农药等相关领域,被业内人士誉为中国助剂的摇篮。

【食品制造行业】

　　上海北连食品有限公司 1996年创立,是一家专业从事亲水胶体研发、生产和销售的生物科技企业。主要产品是卡拉胶、魔芋胶、琼脂及其复配产品。采用菲律宾、印度尼西亚洁净海域的优质海藻,通过先进的加工工艺、完善的萃取技术生产出品质优异的产品,产品质量全面达到国标、欧盟及其他国内外标准要求。产品在中国拥有很高的市场占有率和良好的口碑,产品还销售到美洲、欧洲、澳洲、非洲和东南亚等世界各地。卡拉胶产量占全国总量45%,是世界卡拉胶的主要供应商。

　　上海冠生园蜂制品有限公司 是国内领先的蜂蜜产品供应商,有着近60年的蜂制品生产经验。公司产品涵盖了以蜂蜜为代表的营养食品系列,以蜂胶软胶囊等健字号产品为代表的保健食品系列,以及以蜂蜜果蔬茶为代表的休闲食品系列,在行业内拥有极具竞争力的质量技术、品牌、渠道和原料网络优势。

【通用设备行业】

　　克莱门特捷联制冷设备(上海)有限公司 2003年7月成立,是意大利最大的中央空调生产厂家克莱门特公司在中国的独资企业。专业生产和销售空调、热泵、新风机、加热器、制冷设备及有关配套部件并提供配套服务。公司注册资本680万美元,投资总额930万美元,占地面积2万平方米,采用意大利母公司的管理和技术人员,产品面向中国,辐射亚洲,并销往欧洲。

　　上海东风汽车专用件有限公司 1994年4月成立,是由中日合资的东风汽车紧固件有限公司与星联公司联合投资,注册资金5 149万元,占地15 358平方米,年产40 00吨汽车紧固件,是国内紧固件行业技术和工艺设备先进企业之一。

　　上海特强汽车紧固件有限公司 1996年4月9日,是由日本(株)佐贺铁工所、东风汽车紧固件有限公司、日本(株)青山制作所、日本神钢商事(株)合资组建而成立。1997年开始投产,注册资金2 500万美元,占地面积60 142平方米,工业建筑面积24 359.8平方米。主要产品是汽车用高强度螺栓,年生产能力1.5万吨,是国内规模较大、具有国际先进技术和管理水平的专业生产汽车高强度螺栓企业。主要客户有广汽本田汽车、东风本田发动机、东风本田汽车、本田汽车(中国)、神龙汽车(标志&雪铁龙)、东风康明斯等。

【新型建材行业】

　　上海科勒有限公司 1997年成立,是美国科勒公司在中国投资的工厂,注册资金1 800万美元,投资总额4 500万美元。以生产铸铁、压克力浴缸及淋浴房、水斗为主要产品。其产品一半出口到美国及中国香港、日本、马来西亚、新加坡等亚太地区,一半在国内销售。

派丽德高(上海)建材有限公司 是法国PAREX集团在中国设立的全资企业。该公司是中国特种干砂浆行业的领导者之一,德高K11防水浆料、德高瓷砖填缝料、德高TTB瓷砖胶等产品以其可靠的品质,已成为中国市场的领导产品。2010年法国PAREX集团(上海)全球研发中心在上海成立,致力于重组和发展PAREX集团的防水和外墙外保温技术。

【其他行业】

上海西恩迪蓄电池有限公司(原上海江森蓄电池有限公司),是由美国C&D技术公司与上海输配电股份有限公司(原上海电器股份有限公司)共同投资组建的一家专业生产阀控铅酸免维护蓄电池的公司。公司主要生产LIBERTY(原DYNASTY大力神)MPS和UPS两大系列产品,是美国C&D公司这两大系列产品的全球唯一生产基地。

第三章 上海浦东康桥工业园区

上海浦东康桥工业园区创建于 1992 年 5 月,首期开发面积约 8 平方公里。成立初期,康桥工业区内产业主要为电器、机械、建材、服装等附加值低、技术含量不足的乡镇企业,为解决园区建设资金问题,康桥工业区引进一些房地产项目,建设生活社区。

1994 年 8 月,康桥工业区升级为市级工业开发区,园区规划面积调整为 26.88 平方公里。"十五"期间,康桥工业区确立以发展先进制造业为主的产业发展方针。至 2003 年,康桥工业区二产和三产增加值分别占工业区增加值的 77.9%和 20.5%,基本形成以二产为主,三产为辅的经济结构,初步形成汽车零部件、电子电器、新型建材三大主导产业体系。

"十一五"期间,康桥工业区主导产业开始从二产向三产转移,园区建设逐步向"产城融合"方向发展,一方面完善主导产业链、发展生产性服务业,另一方面建设大量学校、医院、商场等生活配套设施。2006 年,康桥工业区基本形成以华硕集团为代表的电子信息产业和以延锋江森汽车座椅有限公司为代表的汽车零部件行业的两大主导产业群。7 月,康桥工业区开发"上海总部湾"项目,全面启动生产性服务业集聚区建设。2008 年,康桥工业区生产性服务业集聚区被市经委认定为上海市生产性服务业集聚区。

2009 年,康桥工业区利用浦东新区核心位置的区位优势,主动接受迪士尼项目商业辐射,集中发展总部经济和现代服务业,同时引入高端学校、医疗机构、高端办公楼以及各类休闲娱乐生活设施等,建设宜居城市家园。

2010 年康桥工业区被纳入张江园区,享受张江的优惠政策,园区实施"二次开发",着力推进"三大主业"的发展,进一步强化园区品牌建设,同年康桥工业区实现工业总产值 998 亿元,综合发展指数列全市各大开发区第四,被评为上海市"双优园区"和"上海市品牌园区"。

第一节 工 业 区 创 建

康桥工业区,地处上海浦东新区康桥镇。1992 年 5 月 8 日,为接受浦东开发的辐射,推动区域经济建设,中共南汇县委决定辟建康桥工业区,面积 890 公顷。7 月 23 日,南汇县人民政府(以下简称南汇县政府)成立康桥工业区领导小组。8 月 4 日,制定《康桥开发的总体规划》。11 月,中共上海市委书记吴邦国视察建设中的工业区并题词"建设好浦东南大门"。

从 1993 年起,南汇县政府陆续投资 2 亿多元进行康桥工业区基础设施建设。1994 年 8 月 4日,市政府同意将南汇康桥工业区列为市级工业区,名称为"上海浦东康桥工业区",规划面积 2 688公顷。1995 年 10 月,市财政局、市税务局、市外资委及上海海关等部门联合发文,确定康桥工业区享受浦东新区政策。

康桥工业区成立初期,产业以电器、机械、建材、服装为主。为解决建设资金问题,工业区引进房地产项目,建设生活社区。至 2003 年,康桥工业区基本完成以第二产业为主、第三产业为辅的经济结构调整。至 2006 年,康桥工业区形成以华硕集团为代表的电子信息产业和以延锋江森汽车座椅有限公司为代表的汽车零部件行业两大主导产业群。

2006—2010 年,康桥工业区在完善主导产业链的同时,重点发展以物联网和生物医药为代表的战略性新兴产业和生产性服务业。2006 年 7 月,工业区启动"上海总部湾"项目建设。2008 年,康桥工业区生产性服务业集聚区被市经委认定为"上海市生产性服务业集聚区"。

至 2008 年,康桥工业区征用土地 2 000 余公顷,动迁农民 8 430 户,区域内所有农民户籍都实现"农转非",解决了非农就业问题,农民人均收入 8 年中增长 1.9 倍,成为南汇区唯一实现社会保障全覆盖的工业区。农民居住条件普遍改善,地区城市化率提高到 90%。

2009 年,上海市浦东新区和南汇区两区合并,康桥工业区利用地处浦东新区核心位置的区位优势,以迪士尼项目建设为契机,集中发展总部经济和现代服务业,引入高端学校、医疗机构、高端办公楼,建设各类休闲娱乐生活设施,促进区域"产城融合",建设宜居城市家园。

2010 年,康桥工业区纳入张江高科技园区,享受张江高科技园区优惠政策。工业区实施"二次开发",重点引进宏达通讯有限公司、森克房伯亚太总部和扬子江药业等项目,实现威宏电子等企业增资,加快工业区南区的开发建设。是年,康桥工业区工业总产值 998 亿元,连续三年增幅超过 30%;工业企业营业收入 1 036 亿元,成为上海市开发区中第 4 个工业总产值达 1 000 亿元的开发区;进出口总额 160.28 亿美元,在上海市开发区中名列第 3 位;税收 47.4 亿元,实现地方财力 5.6 亿元;工业用地固定资产投入强度为 5 329.19 万元/公顷,工业用地产出强度 20 022.76 万元/公顷;综合发展指数在上海市各开发区排名第四,被评为上海市"双优园区""上海市品牌园区"。

至 2010 年,康桥工业区累计吸引 33 个国家和地区 428 家企业,其中世界 500 强企业 16 家,吸引外资 472 407 万美元,聚集美国通用汽车、英国皮尔金顿、法国施耐德电器、德国大众汽车和瑞士ABB 集团等知名企业。

第二节　管理机制

一、管理机构

【康桥工业区领导小组】

1992 年 7 月 23 日,南汇县政府成立南汇县康桥工业区领导小组(以下简称领导小组)。南汇县县长陈文泉担任领导小组组长;中共南汇县委常委、南汇县常务副县长徐麟,南汇县工业副县长顾正明为副组长;组员包括康管委主任徐江以及南汇县规划、建设、土地、劳动等相关局机关的主要领导。领导小组代表县政府负责对工业区开发初期一系列重大问题的决策,对工业区开发建设的管理、监督,重大事项的协调。7—12 月,领导小组先后召开 4 次专题会,分别讨论和决定康桥工业区的项目布局、区域规划,推进基础设施建设、动迁安置等工作。

【康桥工业区管理委员会】

1992 年 5 月 8 日,中共南汇县委决定建立康管委。5 月 12 日,中共南汇县委、县政府联合发出成立康管委文件。5 月 15 日,第一任康管委 8 名专职委员和 5 名兼职委员到任;办公地点为原周西乡铝制品厂办公楼二楼。6 月 1 日,康管委设置规划处、项目处、综合处和办公室等工作机构。1993年 1 月,中共南汇县委明确康管委为南汇县政府派出机构,代表县政府全面负责康桥工业区的开发建设和管理;具体包括工业区规划、动拆迁、招商引资、企业服务、社会事业和精神文明建设等工作。

1994 年 9 月 6 日,南汇县康桥工业区管理委员会更名为"上海浦东康桥工业区管理委员会";管委会增设社会发展处、市政办，办公地点迁至沪南路 2502 号。

随着康桥工业区的开发需要，康管委设置机构逐年完善。1998 年增设市政处；1999 年财务科升格为财务处；2001 年增设招商中心；2006 年撤销综合处，设立生产性服务业集聚区筹建办公室。至 2008 年，康管委内设办事机构增至 9 个处室，即招商中心、项目处、规划土地处、市政管理处、社会发展处、财务处、党群工作部、办公室和生产性服务业集聚区筹建办公室。是年，上海浦东康桥工业园区管理委员会被商务部评选为"全国商务系统先进集体"。2009 年，浦东和南汇区合并，康管委撤销。

表 7-3-1　1992—2009 年康桥工业区管委会主任任职情况表

姓　　名	职　　务	任 职 期 间
徐　江	第一届管委会主任	1992—2003 年
邱学国	第二届管委会主任	2003—2004 年
井剑平	第三届管委会主任	2004—2008 年
张　龙	第四届管委会主任	2008—2009 年

资料来源：康桥工业园区提供

二、开发主体

1992 年，康桥工业区成立初期，康管委从县财政局借 100 万元启动工业区建设。为筹集资金，康管委组建南汇县第一个股份合作制企业——上海康桥实业总公司。6 月 18 日，康桥实业总公司成立。公司由上海工商银行、中国人民银行上海分行、中国农业银行上海信托投资公司，以及南汇县供销合作总社、南汇外贸公司等 13 家单位出资入股，注册资金为 1 000 万元。康桥实业总公司主要从事康桥工业区的市政公用基础设施建设、房地产经营、参与项目投资、兴办各种经济实体、建筑勘查设计施工及信息技术劳务输出的咨询代理等业务；发挥企业法人的投融资功能，为园区发展奠定基础。

康桥实业总公司成立后，开始组建子公司。1992 年 6 月，上海康桥投资有限公司成立，经营范围为开发基地、兴办实业、项目投资参股，组织投资洽谈咨询及代理业务。1993 年 8 月，上海周康房地产有限公司成立，从事配套商品房的开发、建设、安置和售后服务等业务。

1994 年 7 月 28 日，康桥实业总公司董事会将康桥实业总公司改制为上海浦东康桥（集团）公司（以下简称康桥集团公司）。康桥集团公司为全民所有制企业，注册资金 5 058 万元，下属 6 家全资企业，6 家契约型企业；主要从事招商引资、市政建设、房地产开发、物业管理等业务。1994—1995 年，康桥集团公司通过土地抵押贷款、土地承包、土地批租等形式，不断积累资金；至 1995 年，总资产为 3.6 亿元。

1998 年 6 月 29 日，上海浦东康桥（集团）公司改制为有限责任公司，名称变更为上海浦东康桥（集团）有限公司［以下简称康桥（集团）有限公司］，公司主营业务拓展为技术咨询、兴办经济实体、房地产开发、物业管理、货物及技术进出口等。11 月，康桥（集团）有限公司注册资本为 8 004 万元；2006 年 10 月，注册资本增至 4.75 亿元，其中上海市南汇区康桥资产经营管理有限公司占 79.8%，康管委占 18.3%，股东单位增至 5 家。2008 年 11 月，康桥（集团）有限公司注册资本增至 7.75 亿元，上海南汇区国资委占 79.8%，康管委占比 5.1%，股东单位增至 15 家。至 2009 年，康桥（集团）

有限公司的注册资本增至 9.45 亿元。

2009 年 4 月 8 日,康桥(集团)有限公司增设资产投资管理部,负责集团公司所属资产的管理。5 月 20 日,撤销"产学研基地筹建办公室",增设企业服务部。

2010 年 5 月 14 日,康桥(集团)有限公司的企业标志获得注册商标。以企业标志为基础,公司进行全套 VI 视觉识别系统的规范,统一康桥品牌形象。是年,为适应"二次创业"要求,康桥(集团)有限公司对公司机构进行较大幅度的调整,"处室"改为"部",10 个部门调整为"5+1"的设置;调整后机构设置为招商服务部、规划建设部、资产财务部、审计法务部、行政管理部和党群人事部。至2010 年,康桥(集团)有限公司共设有 15 家子公司,负责工业区各方面的开发和服务工作。

表 7 - 3 - 2 1992—2010 年康桥(集团)有限公司主要领导任职情况表

姓 名	职 务	任 职 期 间
徐 江	康桥实业总公司、康桥(集团)公司、康桥(集团)有限公司董事长	1992—2004 年
	康桥实业总公司、康桥(集团)公司、康桥(集团)有限公司总经理	1992—2002 年
邱学国	康桥(集团)有限公司总经理	2003—2004 年
井剑平	康桥(集团)有限公司董事长	2004—2008 年
	康桥(集团)有限公司总经理	2004—2008 年
张 龙	康桥(集团)有限公司董事长	2008—2010 年
	康桥(集团)有限公司总经理	2008—2010 年

资料来源:康桥工业园区提供

表 7 - 3 - 3 2010 年上海浦东康桥(集团)有限公司子公司情况表

序号	名 称	主 要 业 务	成 立 时 间	注册资本
1	上海周康房地产有限公司	配套商品房的开发建设、营销及售后服务等	1993 年 8 月	2 000 万元
2	上海康桥建设工程有限公司	市政工程建设、工业与民用建筑施工、机电设备安装等	1994 年	2 500 万元
3	上海康保实业有限公司	保安服务、安防技术设计、设备安装等	1994 年 12 月	200 万元
4	上海欣康物业经营管理合作公司	物业管理、绿化工程、市政服务等	1994 年 8 月 27 日	300 万元
5	上海汇康建设工程投资咨询有限公司	项目投资咨询、建筑装潢、园林工程、绿化养护等	2001 年 3 月	200 万元
6	上海巨硕投资管理有限公司	投资管理、设备安装、仓储、物业管理等	2005 年 3 月	2.1 亿元
7	上海欣卫清运保洁服务有限公司	垃圾清运、道路保洁、管道疏通等	2005 年 12 月 12 日	100 万元
8	上海周康绿地有限公司	园林工程施工、绿化养护	1994 年	200 万元
9	上海南康拆房工程有限公司	房屋拆迁、房屋维修、建筑材料等	1999 年 9 月	100 万元

（续表）

序号	名　称	主　要　业　务	成　立　时　间	注册资本
10	上海康桥投资有限公司	项目投资、咨询代理、开发基地、兴办实业	1992 年 6 月	1.5 亿元
11	上海周康拆迁有限公司	房屋拆迁、房屋修理等	2003 年 12 月 30 日	1 300 万元
12	上海恒康企业发展有限公司	金属材料、机械电气设备、民用建材经营,建筑装潢等	1994 年 12 月 6 日	100 万元
13	上海康桥先进制造技术创业园有限公司	为科技成果产业化、创新创业活动提供服务	2006 年 5 月 17 日	1.4 亿元
14	上海电信创世纪建设有限公司	房地产开发、经营,仓储服务,建材、机电设备经营等	2004 年 3 月 7 日	500 万元
15	上海康紫投资管理有限公司	投资管理、仓储、进出口业务、物业管理等	2009 年 2 月 20 日	9 000 万元

资料来源：康桥工业园区提供

第三节　规　划　与　建　设

一、园区规划

【上海浦东康桥工业区总体规划】

　　1992 年,康桥工业区启动开发的范围,位于南汇县与浦东新区的结合部,即上海城市外环线北侧的南汇县区域,涉及周西乡和横沔乡 10 个村,面积约 800 公顷。7 月,康桥工业区管理委员会领导小组确定工业区项目布局控制范围为：梓康河以西,杨南路(杨高南路)以东,二环线(外环线)以南,周南、周横公路以北地区。8 月,在县建设局的配合下,康桥工业区总体规划基本形成,获县政府批准。该规划工业区开发总面积为 1 200 公顷,包括康桥、和合、横沔三个工业小区和两个公建区。

　　随着上海市区大工业向外环线以外转迁,浦东铁路、上海第二国际航空港的开工建设,以及沪南公路浦东新区段的拓宽等,给康桥工业区带来新的发展机遇。1993 年起,康管委对 1992 年编制的康桥工业区规划作了较大的调整、充实和完善。1994 年 1 月 12 日,上海浦东康桥工业区管理委员会向南汇县政府申报调整后的《上海浦东康桥工业区总体规划》(以下简称《规划》)。《规划》明确康桥工业区的规划性质、园区分布、道路交通和环境保护四个方面内容。《规划》指出：康桥工业区地域开发总面积 2 688 公顷;通过 15 年左右的努力,康桥工业区将与周浦镇相衔接,形成总面积 3 400 公顷、人口 15 万～20 万人的外向型、多功能、城乡一体化的现代卫星城镇。工业区以发展能耗低、效益高、污染少的工业为重点,以集聚汽车配件、电子仪表、新型建材、通信设备、医药保健等产业、并辅以工业物资贸易等第三产业。工业区布局以城市外环线为东西轴、新世纪大道(即罗山路)为南北轴,划分为康桥工业园区、和合工商园区、北横沔工业园区、周浦商贸园区和规划发展用地。工业区开发分二期实施,第一期(1994—2000 年)重点开发康桥工业园区、和合工商园区、北横沔工业园区和周浦商贸园区。第二期(2000—2010 年)开发双秀工业园区、沿北科贸园区、南横沔工业园区、沔青工业园区。

【上海市浦东康桥工业开发区详细规划】

1994年4月25日，南汇县政府向上海市计委上报《关于将康桥工业区升级为市级工业开发区的请示》时，同时上报《上海市浦东康桥工业开发区详细规划》。6月，《上海市浦东康桥开发区详细规划》获得上海市主管部门论证通过。8月5日，市政府批准康桥工业区成为市级工业区。规划范围为北至浦东新区区界，南接周浦镇环城北路（今秀浦路），东至横沔港，西邻浦三路；规划面积达2 688公顷。

1997年5月7日，市规划局召开康桥工业区结构规划论证会，指出工业区应适当控制用地规模，坚持相对集中、分阶段开发的原则。为适应新的发展要求，康桥工业区重新编制了结构规划，将全区以上海城市外环线为界，分为两大区域、八个园区。区内道路框架主要为二横四竖：二横为城市外环线和周浦环城北路，四竖即浦三路、沪南公路、城市5号线和孙奉公路；还规划了梓康河及咸塘港等河道。9月，上海市规划局对康桥工业区结构规划批复，确定康桥工业区近期开发规划范围为：西至浦三路，东至新世纪大道，北至南汇县界，南至周浦镇环城北路，用地面积约1 645公顷；世纪大道以东1 043公顷作为规划发展备用地，总规划面积2 688公顷。

康桥工业区规划范围内约500公顷建设用地和规划发展备用地中的700公顷，因受磁浮列车、合流污水二期、高压走廊等重大市政项目和外环线建设的影响难以利用。康桥工业区实际可使用的1 145公顷基本完成建设后，为促进招商引资，满足项目用地的需要，2003年6月，康桥工业区向市规划局报送工业区调整规划控制范围的方案，计划将康桥工业区区域向南、向东拓展。在周浦镇东面（原瓦屑镇区域）规划1 160公顷土地，纳入康桥工业区的开发范围；近期开发其中560公顷区域面积，引进电子电器、汽车零部件、新型建材等污染少、投入产出比高的项目；同时结合现有瓦屑镇区发展，建设一些住宅配套产业。2005年6月22日，市规划局下发《关于上海浦东康桥工业区规划范围调整的批复》，同意康桥工业区规划范围调整方案；在保留现有康桥工业区产业用地基础上，将康桥工业区被控制或无法使用的1 200公顷工业区用地调整至秀浦路以南，罗南大道（即罗山路延伸段，又名S3公路）、申江路之间区域，由康桥工业区东区、医学园分区和南区三部分组成。调整后康桥工业区可用面积仍为2 688公顷。

2008年，南汇区经委牵头编制了南汇区"两规合一"方案，把市规划局批准的城市总体规划范围与上海市房屋土地管理局编制的土地利用总体规划中的工业区范围进行调整合并，同时并入申江路以东400米范围内的威宏、威上、神火铝箔，杰西博等项目。该方案解决了长期以来由于土地利用规划与城市总体规划之间的差异所造成的矛盾，对工业区的产业分布进行了梳理并重新安排。

2009年，上海市结合产业区块梳理和"两规合一"工作，加大产业空间布局和工业用地调查力度，划定康桥工业区规划面积为2 590.5公顷。调整后康桥工业区主导产业有电子信息、汽车零部件、医疗器械、生物医药、互联网和生产性服务业。

【产业发展专项规划】

2003年，康管委制定《康桥工业区2003—2010年产业发展规划》。规划明确工业区布局由西至东划分为杨高南路创业园区、制造业园区、综合服务园区、申江路IT园区、规划拓展园区等五个产业片区；提出以IT产业为第一支柱产业、重点发展第二产业，一体化、适度发展第三产业以及实施生态优先的发展战略。2004年5月19日，南汇县政府原则同意工业区产业发展规划。指出工业区的功能定位是以构建浦东金三角增长极重要基地、信息化带动工业化示范基地、南汇新一轮发展重要基地为目标,打造成为上海市级工业区的典范。

【工程项目规划】

2007 年 7 月 24 日,市规划局审定"威宏电子、宏达电子(上海)有限公司厂房建设工程项目规划选址",核定项目符合上海产业发展方向,原则同意威宏、宏达电子项目作为工业园区以外的零星工业项目,在取得市发展改革委项目立项认可及市房地局对土地利用审定的前提下,将该项目纳入正在编制的《南汇区区域规划纲要实施方案》。

【总部湾区域规划】

2007 年,康桥工业区为加快生产性服务生集聚区建设,完成《上海总部湾 B 区一期控制性详细规划》(以下简称为《总部湾控详规划》)、《"康桥智慧谷"概念性规划》编制工作,其中《总部湾控详规划》获区政府批准。是年,按照《总部湾控详规划》完成"上海总部湾"B 区一期上海港机项目的选址、规划等前期工作,以及"总部湾"服务中心大楼规划及建筑设计方案;还编制完成周康中心镇 01、02、04、05、10 单元控详调整方案,完成东区控制性详细规划的局部调整。

【南区详控规划】

2010 年 4 月 26 日,康桥(集团)有限公司召开《康桥工业区南区控制性详细规划》评审会。10 月,康桥工业区编制上报《康桥工业区南区控制性详细规划说明书》。康桥工业区南区东至申江南路、西至 S3 高速、南至下盐公路、北至机场南通道(S32 高速),规划面积 680.96 公顷,主要由原新场工业区、生物医药基地、"物联网"产业基地、先进制造业基地、生产性服务业功能区及相关生活配套区构成。

二、开发建设

【安置管理】

动迁安置　1992 年 6 月 22 日,康管委和周西乡人民政府联合成立动拆迁领导小组和工作小组;9 月,组建拆迁办公室;聘请闵行区闵华拆迁公司实施拆迁工作。9 月 10 日,南汇县政府颁布《康桥工业区房屋拆迁管理办法(试行)》。这是康桥工业区开发建设过程中,为实施房屋动迁,地方政府颁布的第一个文件。

1995 年 7 月,经市房屋土地管理局批准,康管委成立上海浦东康桥拆迁有限公司。2001 年,从上海浦东康桥拆迁有限公司分离拆房业务,由新成立的上海南康拆房工程合作公司承担。是年,康管委颁布《关于房屋拆迁安置实行市场化的试行办法》,增加货币化安置的政策内容。2003 年起,取消公拆自建为产权互换和市场化安置。

2003 年 12 月,根据市房地资源局要求,上海浦东康桥拆迁有限公司和上海汇周拆迁工程有限公司归并。2004 年 1 月,上海周康拆迁有限公司成立。12 月 2 日,成立动迁推进工作领导小组。2008 年,康桥地区的拆迁工作由周康拆迁有限公司康桥分公司和康桥镇动迁管理办公室协同实施,两单位合署办公。

2010 年 6 月 12 日,康桥工业区根据上海市公布的《关于房屋拆迁补偿安置结果公开的实施意见》推进"阳光拆迁",对 220 千伏高压输电线路、盐龙港、延康汽车等 6 个拆迁地块情况和补偿安置结果实行公开公布。

劳动力安置 1992 年 6 月,沪南公路沿线公建区第一期开始动迁,标志着康桥工业区动迁工作正式启动。1994 年 10 月,康桥工业区建立劳动服务管理中心。至 1994 年,工业区安置征地劳动力 755 人,自谋职业 449 人。

1995 年 9 月,康桥工业区设南汇县征地养老管理所康桥分所,负责区域内征地养老人员的管理。1996 年起,对征地农民工实施"社会保障与就业相分离"的安置新思路。1997 年 5 月 9 日,康桥工业区出台《关于康桥工业区征地劳动力安置的暂行办法》,确定征地劳动力的安置主要有:自谋职业、一次补偿两个保险、自找门路、就地安置、提前养老等五种方式。其中"一补二保"方式使征地劳动力享受一次性经济补偿和养老、医疗两种社会保险,保险费由征地单位全额缴纳,让失地人员老有所养、病有所医。

2003 年 10 月,市政府"镇保"政策出台后,工业区将以前自谋职业的 1 365 名征地农民纳入"镇保"范围,解决其后顾之忧。2004 年初,康桥工业区与康桥镇政府共同成立领导小组,着重解决征用、使用土地中的历史遗留问题。至 2004 年,康管委办理过去积累下的 3 251 人的小城镇保险手续,为人均土地不足 0.013 3 公顷且地区尚未开发的 5 500 名农民申办小城镇保险,累计农转非 6 315 人。2008 年,工业区共为 26 920 人落实了社会保障,其中镇保 12 280 人、小城镇保险 9 703 人;办理农保转接、镇保退休 220 人次;二保人员转出入、信息调整手续、死亡终止、退休 313 人次,对各村征地人员的独生费、幼托费进行结报,支付费用 134 780 元。此外还完成长平投资公司(二保)社会保险。

住房安置 为安置动拆迁农户,工业区规划建造动迁安置房。动迁安置房一种是由工业区统一建造,然后按政策分配和价格结算。另一种是按统一设计、管理,由动迁户建造,园区和当地政府配套建设,称为自建房小区。

1994 年,康桥工业区开始建造周康一村和建自建房康花新村。1998 年 5 月起建设汤巷中心村。汤巷中心村是工业区内规模最大、配套设施最健全的动拆迁农民安置房小区,占地面积 35 万平方米,总建筑面积 11.2 万平方米。小区绿化面积 12.2 万平方米,占小区总面积的 35%;建有图书馆、红十字服务站、超市、健身广场、社区活动中心等设施,被列为上海市五个农民动迁示范中心村之一。

1995—2000 年,居民住房安置方式主要是产权互换和放弃产权获得资金奖励自建新房两种形式。2000 年中期开始,除上述两种安置办法以外增加市场化安置办法,结算拆迁补偿款,拆迁户可以任意在市场上购买新房。2000 年,工业区出台《关于居民拆迁安置实现市场化办法》,统一动拆迁安置政策。2008 年,工业区共有 8 430 户拆迁户选择产权互换,有 999 户选择公拆自建,有 200 多户选择市场化安置。

至 2008 年,工业区建造农民动迁房 56 万多平方米,总住户达 6 100 多户。建造自建房小区 18 个,自建房 452 幢,2 000 多户动迁户入住。2010 年,康桥工业区完成 9 个安置项目、286 户(820 套)安置房交割入住手续,完成 207 户(440 套)安置配套商品房的办证手续;办理 367 户(937 套)配套商品房五联单手续。

【土地开发】

土地征用 康桥工业区开发初期,土地开发模式主要是土地批租、出让。2007 年 1 月,工业用地开始采用土地储备、招拍挂、出让的新模式。是年,康桥集团于被市政府批准为第一批53家有土地储备资格的园区开发类公司。

1992—2008年,康桥工业区征用土地约1 516.58公顷。因土地征用而撤销的生产队有142个,撤销村建制11个,动迁农民8 430户,拆迁面积151.7万平方米。2009、2010年分别征用土地54.99公顷、73.11公顷。1992—2010年,康桥工业区征用土地1 644.7公顷。

表7-3-4　1992—2010年康桥工业区土地征用使用情况表

年　份	征地情况(公顷)			用地分类		
	耕　地	非耕地	合　计	工　业	住　宅	综　合
1992年	29.18	7.46	36.64	36.64	0	0
1993年	26.80	11.17	37.98	0	5.40	32.58
1994年	18.65	7.57	26.23	9.39	7.44	9.39
1995年	58.66	49.80	108.46	87.53	16.71	4.22
1996年	29.67	13.54	43.21	0	43.21	0
1997年	2.34	5.42	7.76	0	0	7.76
1998年	57.61	31.35	88.95	31.76	14.79	42.41
1999年	71.83	44.94	116.77	3.68	23.91	89.17
2000年	127.41	84.26	211.67	127.91	70.30	13.46
2001年	5.21	2.27	7.49	0	7.49	0
2002年	113.78	58.80	172.59	0	92.38	80.20
2003年	131.46	75.82	207.28	66.94	115.54	24.79
2005年	192.21	94.99	287.20	143.79	98.14	45.27
2006年	62.02	28.88	90.90	64.51	26.39	0
2007年	17.11	8.48	25.58	20.59	0	5.0
2008年	30.81	17.08	47.89	47.89	0	0
2009年	26.84	28.15	54.99	34.71	0	20.28
2010年	42.31	30.80	73.11	73.11	0	0

资料来源:康桥工业园区提供

土地开发利用　1992年,康桥工业区启动基础设施建设。12月,征用土地2.67公顷,开始建造4.2万平方米标准厂房。1994年3月,开发康桥花园商品房,建筑面积9.88万平方米。1995年12月,由康桥实业总公司投资建设、建筑面积2 918平方米的康桥大酒店正式营业,成为工业区接待服务的窗口。是年,大规模的基础设施建设基本完成。

1999年10月,康管委规划辟建面积657 702平方米的高科技园区。2000年初,康桥高科技园区正式创建。

2002年,康桥工业区推进"三区两点"建设。三区:申江路IT配套园区、杨高南路高科创业园区、康桥半岛新独园住宅区(五期);两点:标准厂房(二期)建设以及和合小区的盘活启动。二期标准厂房共7万平方米,完成3.5万平方米,出租率100%。全年完成各类固定资产投资15亿元,其中市政设施投资 1.5 亿元,工业区内道路基本实现五纵四横的网格化框架。

至 2002 年,康桥工业区实际可用的 11.45 平方公里基本完成开发建设。2003 年,南汇区发展和改革委员会(以下简称南汇区发展改革委)牵头成立康桥工业区二期开发规划协调小组,7 月制定《上海浦东康桥工业区二期开发规划的基本方案》。2004 年,根据调整规划控制范围方案,工业区开始二期开发建设。12 月 7 日,工业区管委会申报建设康桥商务区项目,总占地面积 50 公顷;启动华硕电脑、中国电信两大项目;进行工业区东区、南区及中央商务区的选址,周康中心镇的规划设计等工作。

2005 年 4 月,华硕电脑项目开工;6 月,中国电信信息园核心功能区完成道路、水系和绿化建设,上海电信网管中心和中国电信网管中心等 7 个单体结构封顶;产学研总部基地规划方案选定美国太平洋建筑技术公司(PSA)的方案,完成基地控详规划设计和 B 区选址。

2006 年 5 月 26 日,康桥工业区上海先进制造技术专业孵化基地一期工程奠基,规划用地约 6.67 公顷,首期开发 3.33 公顷。至 2006 年,康桥工业区累计开发土地面积 2 036 公顷,土地开发率 75.7%;批租土地面积累计 912 公顷;建成企业土地面积 160 公顷,累计 550 公顷,土地建成率 60.3%。

至 2008 年,"上海总部湾"A 区孵化基地项目一、二期共计 7.4 万平方米基本建成。康月一期 2.4 万平方米商务楼建成并完成租售,二期、三期项目结构封顶。威宏电子一期、ABB 全球机器人事业部、纳铁福申江路厂竣工。

2009 年,上海港机总部大楼等在建项目 16 个,总投资 70.24 亿元,建筑面积 120.7 万平方米。3 月,康桥工业区为提高园区土地利用率,成立土地集约利用评价工作领导小组,开展园区土地利用评价工作,提出各行业用地投资强度和产出强度标准。

2009—2010 年,康桥工业区通过土地回收的方式,完成已出让土地的原价回收,其中有昌硕科技上海有限公司的 146.67 公顷、日月光集团的 53.33 公顷和德国园区的 100 公顷等土地。2010 年,康桥工业区开始推进南区建设。

2010 年,康桥工业区工业用地的产出强度为 200.22 亿元/平方公里,比上年提高 41 亿元/平方公里;工业用地的投资强度达 53.29 亿元/平方公里,比上年提高 1.29 亿元/平方公里;综合容积率 0.93,比上年提高 0.01。

【基础设施及配套设施】

道路 1992 年 9 月,康桥工业区投资 1.6 亿元,建设第一条主干道康桥路。康桥路四车道、水泥路面,全长 9.13 公里,东西横贯工业区。1993 年 11 月 5 日,康桥路竣工;南汇区人民政府(以下简称南汇区政府)举行康桥路通车仪式。1994—1999 年,康桥工业区相继完成康桥西路接通浦三路、康意路至康士路建设;完成康意路到康巴路等 8 条南北向道路建设,实施沪南公路、上南路拓宽;建成康花路、水产路,全长 2.2 公里。

2000 年,康桥工业区建成康溪路。2001 年,建成秀康路,全长 1.66 公里。9 月 18 日,秀沿路修建工程开工。秀沿路东起申江路,西至康沈路,全长 5.8 公里。2002 年,康桥工业区投入 1.5 亿元,完成秀沿路的盐船港至桂家港段、东西连接新老沪南公路段,秀浦路的新沪南路到康梧路等道路建设。是年,区内道路基本实现五纵(杨高南路、锦绣路、沪南路、罗南路、申江路)和四横(康桥路、外环线、秀沿路、秀浦路)的网格化框架。2004 年,康桥工业区建成秀浦路(西段)、秀龙路和御青路,全长 3.65 公里。2005 年,建成御山路。2006 年,建成御水路和叠桥路,全长 1.62 公里。2007 年,建成周园路和浦三路,全长 2.95 公里。2009 年,康桥工业区重点建设康梧路,同时对区内各大道路进行修整。

至 2010 年,康桥工业区建设并投入使用的道路达 29 条,总长 49.99 公里。工业区形成由康桥路、申江路、周邓公路、杨高南路和 A20(外环线)组成的"中"字形道路网格,通过"中"字形道路网格向外辐射,便捷地与沪宁、沪杭、沪嘉高速公路和 318、312 等国道相接。

桥梁 康桥工业区水系发达,桥梁建设很重要。1992 年 10 月,康桥工业区启动康桥路上的梓康河、咸塘港、桂家港桥建设工作。至 2008 年 12 月,康桥工业区共建造桥梁 26 座,所建桥梁均达汽—20 级及以上的标准。

供电设施 1994 年 11 月,康桥工业区第一座 220 千伏变电站投入运行,总投资 1 亿元,装机容量为 45 万千伏安。是年,35 千伏康开变电站(位于康桥路、康杉路交界处)正式启用,该站装机容量为 6 万千伏安。两座电站的投入使用,使工业区用电紧张状况得到缓解。

1995 年,随着康桥工业区用电量的上升,35 千伏横沔变电站投入运行,该站装机容量为 6 万千伏安。2000 年,35 千伏秀沿开关站投运,解决了西康地区的用电需求。

2003 年,随着入驻企业增多,35 千伏吴桥变电站开始投入运行,该站装机容量 9.45 万千伏安。同时 10 千伏秀浦开关站、立新开关站等陆续建设。2004 年,康桥工业区建设完成康桥半岛 35 千伏变电站、秀浦路 10 千伏开关站、秀浦路供电排管,解决了双秀家园、中科大项目的用电;基本完成秀沿路(尚德学校—申江路)路灯工程和营房南北小区、秀龙小区即康巴路自建房小区的路灯工程;开始建设和合 10 千伏开关站和 35 千伏南华变电站。

2005—2008 年,康桥工业区建设 35 千伏的南华站、沿南站和振康站 3 座变电站,10 千伏的和合、延锋 2 座开关站,规划建设 500 千伏三林变电站以及 110 千伏创立变电站,工业区的供电能力得到了增强。2008 年,110 千伏创立变电站土建工程完成。是年底,康桥工业区共建成 220 千伏变电站 1 座、35 千伏变电站 7 座。2010 年,康桥工业园区规划供电能力 1 200 兆伏安,实际供电能力 35 万千伏安。

给水设施 1992 年建设、1993 年投运的康桥水厂,为康桥工业区开发建设提供用水保障。1993 年,航头水厂投入运行。3 月,南汇县自来水公司投资 400 万元建设康桥泵站,工业区用水主要由航头水厂通过康桥泵站供给,日供水能力达 12 万吨。2004 年,随着南汇地区给水管网的开通,康桥地区部分用水由惠南水厂通过六灶泵站供给,康桥地区实际日供水能力约为 8 万吨。

排水设施 2000 年 3 月,南汇区与康管委联合实施康桥 1 号污水泵站建设,泵站位于 A20 北侧,康意路南端,于 3 月 8 日开工,10 月起投入运行,总投资额 782.17 万元;泵站所排污水纳入市污水处理二期工程。2004 年,南汇区批准建设工业区 2 号污水泵站,项目总投资 730 万元,泵站位于 A20 北侧,御水路南端。2006 年,康桥工业区完成秀浦路污水泵站。西康地区(沪南公路以西片)污水排放经秀浦泵站提升后排入康桥 1 号站,而东康地区(沪南公路至罗山路)排入康桥 2 号泵站,然后两站统一排入 A20 排污总管,最终排入白龙港污水处理厂。

2007 年,康桥工业区完成申江路(秀沿路—秀浦路)污水管铺设;完成沪南公路周康北段污水总管及各支路的纳管施工,工业区污水纳管率达 90%。至 2010 年,康桥工业园区内污水管道随着各道路建设逐步完善,管道全长达 52.27 公里。建雨水管道总长 51.33 公里,管径 DN450 至 DN1600 不等,能满足工业区排水需求。

天然气 1994 年起,康桥工业区天然气由浦东御桥调压站供给。1995—2000 年,康桥地区每年总用气量约 250 万立方米。2002 年,南汇周浦繁荣调压站开始供气。2000—2005 年,康桥地区日供气能力达 15 万立方米,工业区企业及居民实际年用气量约 950 万立方米。2005—2008 年,康桥地区日供气能力 20 万立方米,工业区企业及居民实际年用气量约 1 200 万立方米。

邮政电信 1992 年,随着康桥工业区成立,康桥邮电局正式启用。工业区主要由康桥邮政局、周浦邮政局、横沔邮政局提供邮政服务;由康桥电信局、周浦电信局、横沔机站提供电信服务。1993 年 3 月,康桥邮电支局建成,配备程控电话 15 万门。1995 年,康桥工业区 2 座万门程控电话竣工,使通讯实现程控化。2004 年,康桥工业区完成和合通信机房建设。2010 年,完成秀浦路—康月 4 期通信排管建设。

教育配套 1993 年,上海致达集团投资在园区兴办全日制普通高校——上海中侨职业技术学院。2000 年,上海建桥集团有限公司和上海建桥投资发展有限公司合资 6 亿元,在园区创办上海建桥学院(原上海建桥职业技术学院)。创建后,上海建桥学院连续三届被评为上海市文明单位。

1996 年 8 月,中国交通港湾工程学院迁至园区,位于沪南公路 2618 号,占地 1.73 公顷,学院主要为航务企业培养水工、机电、物资、财会等专业人才。

2001 年,康桥工业区创建成人业余教育学校——康桥镇成人文化技术学校,以及上海申花 SVA 足球学校。是年,上海市民办复旦附中康桥学校成立。2001 年 5 月,上海文学发展基金会儿童读物基金委员会资助在园区创办巴金儿童文学幼儿园,这是国内第一所以"儿童文学"命名的寄宿制、双语制幼儿园。2002 年 9 月,中国福利会幼儿园从浦东金桥搬迁至康桥工业区。幼儿园占地 3.33 公顷,建筑面积 1.4 万多平方米,开设班 22 个,在园幼儿 500 多人。

2003 年 9 月 1 日,上海市民办尚德实验学校开学。该校是一所小学、初中到高中的十二年寄宿制学校,占地 14.5 万平方米,建筑面积 13.6 万多平方米,分教学、运动、图书实验、学术研究、生活五大区域。

2004 年 7 月 30 日,中国科技大学上海研究院在工业区内成立,举行高等数理研究中心揭牌仪式。这是中国第一个按照普林斯顿高等研究院模式建立的高等研究院。2009 年 7 月 21 日,中国科学技术大学量子工程研究中心成立。至 2010 年,康桥工业区建有各类学校 24 所,其中公办学校 11 所。

商业配套 1992 年,康桥工业区所辖区域居民人口少,集镇规模较小,缺少规范商贸市场。1995 年,随着康桥花园商品房住宅区的建成,工业区第一家菜市场——康花河集贸市场建成投用。

2002 年 6 月 4 日,南汇区政府批建康桥半岛集贸市场,投资约 450 万元。2003 年 6 月 24 日,康管委批准在康桥镇太平村三队上南公路南侧建造泰盛集贸市场。首期建市场营业房 1 300 平方米,停车场 150 平方米;第二期扩建营业房 800 平方米。2005 年起,康桥工业区开始建设标准化菜市场,逐步建成康叶菜市场、周康菜管家菜市场、康楠菜场 3 个标准化菜市场,基本满足区内企业和居民的日常生活需求。

2008 年 8 月 5 日,周康房地产有限公司投资的康桥半岛集贸市场启动建设,2010 年元旦营业。1992—2010 年,康桥工业区累计新增商业建筑面积约 40.4 万平方米,逐步形成秀沿路、康沈路、康桥路等商业街和横沔新镇等主要商业区。

医疗卫生配套 1992 年康桥工业区建立后,工业区和所在乡镇每年都加大对卫生医疗事业的投入。1994—2000 年,先后投入资金 44 万元对横沔卫生院加层和添置医疗设施,卫生院占地面积 2 760 平方米。2001 年 1 月,横沔镇卫生院并入周浦医院。2006 年 4 月,根据基层卫生院体制设置的规定,横沔卫生院又从周浦医院中划分出来,并改名为康桥镇卫生服务中心。是年,康桥镇卫生服务中心占地面积扩至 4 779.21 平方米,开办了老年护理院,成为规范达标的一级甲等医院,上海市中医药服务社区示范点。工业区内村、居委会卫生服务站也都加强了投资建设。

至2010年，康桥工业区有16个卫生所(室)、6个社区卫生服务站，覆盖所辖的30个村、居民委员会。

【重点工程】

中国电信信息园(中国电信南方总部)　2002年12月10日，中国电信集团公司、上海市电信有限公司与南汇区政府签订《中国电信信息园区项目土地出让协议书》，在康桥工业区辟建中国电信工业园区，建设以信息通信、信息加工、信息存储、信息终端、信息服务等品牌为特色的信息产业集聚区。园区规划占地155公顷，建筑总面积约60万平方米；其中通信保障区占地约65公顷，信息产业区占地约43公顷，总投资规模约60亿元。信息园由国际著名的德国GMP国际建筑设计有限责任公司作为总体规划设计单位。

2003年6月19日，南汇区政府与中国电信上海有限公司合资成立招商引资公司，负责电信园区的开发。2003年底，成立中国电信信息园区开发建设部，启动中国信息园区建设。2004年4月，南汇区政府批准中国电信信息园控制性详规。2004年底，完成中国电信一期工程地块动迁。2005年，中国电信信息园核心功能区完成市政道路、水系、绿化建设，形成网格化格局；上海电信网管中心和中国电信网管中心等7个单体结构封顶。2006年2月28日，电信信息园进行A区地块土地储备和前期开发建设。是年，电信港、百曲湖治理工程完成；上海电信网管中心、传输中心、数据中心和通信机房配套工程竣工；中国电信网管及维护中心、干部培训中心结构封顶；上海电信总部行政管理中心、业务支撑中心、业务账务中心、通信运行指挥中心开工建设。年底，中国电信信息园区核心区初具规模。

2007—2008年，康桥工业区开发建设电信园区B区；建设国家计算机网络与信息安全管理中心上海分中心、上海电信行政管理中心、测试中心、客户化解决方案研究中心等项目。2008年5月，中国电信干部培训中心建成启用，该区域包括中心及单体14个项目，面积约13.5万平方米。是年，国家计算机网络与信息安全管理中心上海分中心、上海电信测试中心、上海电信客户化解决方案研究中心等3个中心结构封顶。

2008年6月，电信园区启动C区土地储备建设。至2010年，中国电信网管及维护中心建成，该中心由数据传输中心、网管备份及计费中心、网管维护及业务管理中心、IT维护及黄页信息中心等4个单体工程项目组成；并建有中国电信干部培训中心，上海电信的网管、数据、传输中心，后勤保障中心，行政管理中心，测试中心以及客户化解决方案研究中心等。项目总建筑面积55 106平方米，总投资32 457万元。

2010年底，中国电信股份有限公司通信业务研发中心、中国电信学院、中国电信股份公司IT部、中国电信股份公司号百公司、中国电信股份公司NOC，中国电信上海公司NOC、电信研究院、上海电信百事应公司，上海公司信息化部、信网部、集团网管中心，国家安全中心上海分中心、上海公司测试中心、10000号客服热线、上海易可智联信息科技有限责任公司、上海泽维信息技术有限公司、上海百夫长信息科技有限公司和华泰保险股份公司等入驻中国电信信息园。

上海总部湾　上海总部湾位于康桥工业区核心的罗南大道两侧，占地约140公顷，包含研发区和总部区。2006年5月，上海总部湾的上海市先进制造技术创业园孵化基地先期开工。2006年7月24日，南汇区发展改革委批准康桥生产性服务业集聚区总部湾服务中心大楼建设工程项目，"总部湾"A区约21公顷地块启动开发。

至 2010 年,康桥工业区上海总部湾发展为 A、B、C、D 四大区域。A 区占地约 37.3 公顷,已建成 15 万平方米的总部、研发楼宇,包括工业区与市科委合作的国家级"创业园孵化基地"项目,A 区重点发展研发产业;B 区占地约 61.3 公顷,重点发展总部经济,为国内外企业的总部机构进入上海提供平台;C 区为"商务绿洲",占地约 28.6 公顷,重点发展国际生活配套服务;D 区占地约 28.6 公顷,发展商务服务业,包括企业管理、法律、职业中介、贸易经纪与代理等服务。

产学研总部基地 2005 年,康桥工业区启动建设康桥产学研基地。11 月,康桥产学研基地 A 区内一期立项获批准,上报产学研基地项目规划选址方案。康桥产学研基地 A 区选址为:东至罗南大道,南至秀沿路,西至高压走廊,北至环城 500 米绿带,总占地面积约 50 公顷。2005 年底,完成控制性详细规划设计,正式定名为"产学研总部基地",功能定位为总部商务办公、高新企业研发孵化和商务配套服务。至年底,完成 A 区规划选址的前期工作,完成 B 区规划选址。参照浦东新区"十一五"规划期间的政策,康桥工业区形成"产学研总部基地扶持生产性现代服务业的优惠政策草案"。

2006 年,南汇区发展改革委先后批准产学研总部基地的 A 区研发楼一期、二期建设,B 区总部大楼项目建设建议书和可行性调研报告。2008 年 1 月 18 日,南汇区发展改革委批准同意 A 区研发厂房二期建设可行性研究报告,基地总面积 2.9 万平方米,建造研发用房和配套用房,总建筑面积 77 900 平方米。

2009—2010 年,大昂集团总部、良信电器有限公司总部、水利投资建设有限公司总部、浙大网新集团总部、泰汉能源科技发展有限公司总部、上海培润实业发展有限公司总部、天懋集团总部、琪域科技总部等入驻产学研总部基地。

【房地产开发】

商务设施和厂房 1992 年 7 月,海东房地产开发经营公司和南汇县建筑材料设备成套公司在工业区联合建造"海东大厦",高 12 层,建筑面积 5 000 平方米,是工业区内第一幢高层建筑、第一幢经营性写字楼。1992 年下半年,海东大厦建成。12 月,长江经济联合发展有限公司与上海康桥实业总公司投资开发标准厂房,占地 2.67 公顷,总投资 3 000 万元,建筑面积 4.2 万平方米。1995 年 12 月,由康桥(集团)公司投资建造的康桥大酒店竣工营业,建筑面积 2 918 平方米,是一家集餐饮、住宿、会务、娱乐为一体的二星级酒店。

2006 年,建设总部湾服务中心大楼。2007 年,继 10 万平方米巨硕标准厂房一期建成且租售率达 85%,巨硕标准厂房二期开工建设。

2009—2010 年,工业区重点建设东康地区楼宇;建设纳铁福传动轴厂房,威宏电子(上海)有限公司一期、康月一期研发楼,先进制造技术孵化器等楼宇。

商品房和居住区 1992 年,南汇县建设局下属中汇地产公司在上南路北侧建设南华城,这是康桥工业区首批商品房住宅区。1993 年,上钢十厂下属三川房地产公司投资 2 900 万元,在康花河以北征地 3.3 公顷建造 200 幢小型别墅。

1994 年 3 月,周康房地产有限公司、周浦房地产开发经营公司及海东房地产公司投资开发建设康桥花园,建筑面积 9.88 万平方米;又在附近区域建成康馨花园和康桥花园东园、北园、南园等。

1996 年后,越来越多的市区和外省市房地产公司进入康桥工业区,在沪南公路、康沈路、康桥路两侧等地陆续开发 10 多个商品房住宅小区,加快康桥地区城市化的进程。

至 2002 年,康桥工业区新建商品房面积达 120 万平方米,形成康桥半岛、绿宝园、康桥花园等在上海知名度较高的楼盘。其中,由上海康桥半岛房地产发展有限公司开发建设的康桥半岛新城,总占地 200 公顷,规划建筑 94 万平方米,约 4 500 户;小区内设有中福会幼儿园、公办康桥半岛幼儿园、英国国际学校。2002 年度获上海市"四高"优秀小区,建设部住宅建设创新奖。是年,工业区又有康桥半岛五期、绿宝园二期、罗山绿洲二期、绿洲康城等开工,建筑面积约 15 万平方米,总投资近 5.6 亿元。

2003 年 4 月,康桥半岛获上海市 2002 年度住宅预售面积排行第三名,预售金额第九名。是年,康桥半岛又推出第四期迈阿密水岸、新泽西风情、密苏里假日 3 个部分,总占地面积 34.80 公顷,建筑面积近 18.80 万平方米。

2006 年 4 月,总投资 5 亿元的亲和源养老社区在园区开工,2007 年竣工。社区建有 16 栋建筑,包括护理大楼、配餐中心、管理及活动中心等,配有智能化安全监控系统,绿化率达 51%。2006 年获科学技术数字化住宅奖、上海市生态型住宅小区、首届上海优秀人文住宅评选活动人文亲情金奖等多个奖项。

2008 年,康桥工业区房地产施工面积 116 万平方米,竣工面积 24.55 万平方米。康桥工业区开发建设的房地产项目有绿洲康城亲水湾、保利林语溪、绿地香颂、中海御景熙岸等 10 多个项目,总建筑面积约 100 万平方米。是年,康桥工业区完成房地产投资 19.84 亿元(含康桥镇),其中住宅类投资 17.08 亿元(普通住宅投资 10.54 亿元、别墅类投资 2.87 亿元、高档公寓类 3.67 亿元),商业用房投资 1.78 亿元,其他类投资 0.98 亿元。是年,康桥工业区上缴税收排名前 10 位的企业中,房地产公司占了 50%。

2009—2010 年,康桥工业区完成绿洲康城亲水湾东区、锦绣华都、绿宝园等小区开发,建设面积 3.5 万平方米。

【生态环境】

污染治理　康桥工业区建立初期,注重经济发展和环境保护并举。1994 年 12 月 12 日,康管委制定《康桥工业区环境保护规划》。

2003 年,周康地区创建"基本无燃煤区"。2004 年,康桥工业区开展工业区污水情况调查,制定康桥地区排污方案,委托编制工业区回顾性环评报告,并协助南汇区水务局编制成塘港整治方案。2005 年,工业区成立黑臭河道综合整治工作领导小组,累计投入 3 亿元,整治 24 条(段)、50 余公里河道。12 月,咸塘港整治一期工程开工。

2006 年 2 月,康桥工业区根据南汇区环保局《关于开展烟尘控制区全覆盖创建工作的通知》,成立创建工作领导小组,制定《工业区烟尘控制全覆盖创建工作实施意见》,要求各单位建立机构、配备人员,落实烟尘控制责任。是年,上海纳铁福传动轴有限公司投入 30 余万元资金,进行脱硫装置改造;上海中隆纸业有限公司开展烟道及除尘装置改造,保证烟尘达标排放。4 月 13 日,康桥工业区的区域环境影响评价报告,得到市环保局批准,报告对工业区环境保护发展提出框架性指导意见。是年,工业区推进浦安路、秀浦路、沪南路道路和御水路、康意路、经一路等支路的污水管网建设;配合区环保局、水务局等部门完成陆家浜、网船浜、梓康河、康花河等河道整治。

2007 年,康桥工业区配合区水务局开展黑臭河道整治。年底,完成咸塘港二期整治工程,完成沿船港、高新河整治 70% 以上的工程量。同时开展河道的督查和保障工作,确保区内河道保洁率 96% 以上。12 月,完成首次开展的污染源普查工作。

2008 年 6 月,在康桥工业区协助推进下,上海纳铁福传动轴有限公司、上海中隆纸业有限公司等企业通过市、国家污染源核查组的验收。2008年底,南汇区环境监测站检测结果显示,康桥工业区大气质量达二级标准,水质基本达Ⅴ类标准,声环境达二类区标准状况。

2010年,康桥工业区开展创建国家生态示范园区工作。为减少二氧化硫放量以及COD排放总量,开展土地"二次开发",淘汰一批高能耗、高污染企业,实现绿色招商;大力发展生产性服务业优化产业结构,改善园区环境。

表7-3-5 2010年康桥工业区节能降耗统计表

指标	节能降耗指数	综合能耗(吨标煤)	新鲜水耗(吨)	单位工业产值能耗(吨标煤/万元)			单位工业总值水耗(吨/万元)
				2010年	2009年	%	
指 数	986.67	434 460	12 423.57	0.04	0.04	-20	1.24
均 值	851.32	224 834	3 657 171	0.09	0.10	-7.27	1.52

资料来源:康桥工业园区提供

表7-3-6 2010年康桥工业区环境保护情况表

指标	环境保护指数	环保投入	环保投入比重	工业废气SO_2排放量	工业废水COD排放量	单位工业产值SO_2排放量	单位工业产值COD排放量	达标率
指数	932	5	6.6	135.48	192.94	0.14	0.19	100%
均值	722.97	1	6.02	148.78	212.46	0.62	0.88	76.4%

资料来源:康桥工业园区提供

生态绿化 1994年,工业区在刚通车的康桥路两侧种植绿化;同期对康意路、康安路、康杉路、康士路进行绿化建设。1997年,建成沪南路康桥路口和沪南路康花路口绿地,两块绿地面积约1.5万平方米。是年,康巴路建成,园区在路两侧种上直径10厘米以上的梧桐树。1998年,康凌路和康柳路建成通车后,分别种植水杉和珊瑚、乔木和灌木植物。1999年,随水产路和康花路建设同步,在公路两侧种植绿化。

2000年,园区完成康桥路、康沈路、康溪路和秀龙路等路段绿化工作。2002年,申江路绿化工程动工。2003年春,为配合文明城区创建,改建沪南路康桥路口绿化,依地形种植灌木、乔木和花卉,配置景石、雕塑等小景,形成开放式小游园。是年,开建康梧路绿化。2004—2007年,御青路、御山路、御水路、周园路相继建成,绿化主要以种植行道树为主,配以草坪和矮灌木。

2007年,工业区新建绿地9 800平方米,完成40万平方米的绿化养护,养护率在96%以上。2008年,建设秀浦路沿路近13万平方米绿化。2009—2010年,完成秀浦路等道路绿化达11.6万平方米。

"双优"管理体系 2004年,康桥工业区开展质量、环境管理体系"双认证"工作。3月,康桥工业区召开质量管理体系贯标动员大会,"双认证"贯标工作按组织培训、体系策划、文件编写、体系试运行、体系认证等五个阶段推进。9月6日,工业区质量、环境管理体系"双认证"开始体系试运行;12月5日,进行管理评审;12月7—8日,双优认证工作通过内部审核。2005年初,工业区完成"双认证"的外审验收。2006年,康桥工业区通过ISO 9000、ISO 14000质量和环境"双优"认证,成为上海市质量和环境管理体系双优认证的开发区。是年,康桥工业区推动区内企业开展"双优认证"工作。至2007年6月,工业区有5家企业通过ISO 14000环境认证。

2009 年 9 月 3—4 日,上海浦东康桥(集团)有限公司接受中环联合(北京)认证中心审核组审核,工业区双认证工作得到进一步肯定。这是康桥(集团)公司连续第 5 年通过 ISO 质量和环境体系的外审。

三、企业服务

1992 年,康桥工业区企业服务主体为康管委、康桥实业总公司以及园区内的金融、税务机构。5 月,南汇县税务局周浦第二税务所成立康桥小组。1993 年 10 月,南汇县税务局成立康桥税务所。1997 年 1 月 1 日,南汇县工商行政管理局决定成立周浦第二工商所,直接管理康桥工业区的工商业务。2001 年,该所更名为上海市工商行政管理局南汇分局周浦第二工商所。2003 年 4 月,南汇区国家税务局康桥税务所变更为第八税务所,所址搬迁至周浦镇年家浜路 442 号。

1997—2006 年,工业区招商部门对威上、威宏电子、昌硕科技及 ABB 等重大项目,都专门成立项目服务小组,在工商注册、税务登记、市政配套、农户拆迁、合同洽谈、项目立项、建成验收等方面,提供协助办理手续、联系市区职能部门等的对口服务;还召开项目例会,协调项目推进中需要解决的困难。

2002 年 10 月,康桥工业区开始筹建南汇区工商联合会康桥工业区分会,为入驻企业搭建服务平台。2003 年 4 月 16 日,南汇区工商联康桥工业区商会成立。大会选举产生会长和 4 位副会长,吸纳会员企业 48 家。商会成立后利用南汇的桃花节、鲜花港开园等机会组织会员企业联谊活动;举办专题讲座、论坛,为工业区内企业搭建相互学习、研讨的平台。11 月 9 日,康桥工业区商会举办以"人在康桥"为主题系列活动的"知识在康桥"企业家联谊会,为区内企业创造联系、交流的平台,区内 30 多家企业、100 余位高层经理人参加了活动。

2008 年,康桥工业区推出"一门式服务"制度,建立服务体系。招商部门根据投资人提供的基本资料,提供包括政策法规咨询、工商查名、银行开户验资、工商营业执照、组织机构代码、税务登记等在内的一站式服务,全部工商注册手续规定在 23 个工作日内完成。与此同时,工商、税务登记等对各项收费实行透明公开。

2009 年,是康桥工业区的"企业服务年"。园区为使企业应对国际金融危机侵袭,健全"规模以上重点企业联系制度""纳税大户联系制度""建立行业协会",完善"工业区商会"等企业服务四大平台。6 月 5 日,工业区成立"企业服务部",负责"四大平台"运作。9 月,康桥工业区走访企业,向企业发出"告企业书",征求企业对服务的意见建议,加强与企业沟通;举行"迎国庆、庆中秋"重点企业座谈会,协调解决企业在生产经营中所遇到的困难。

2010 年 3—12 月,康桥工业区开辟年检窗口,免费为企业提供换证、变更和年检服务。是年,工业区组织落户企业参加"康桥工业区归并张江后的行政办事流程""融资平台政策"和"企业管理"等相关培训;邀请区内重点企业围绕企业生产经营与园区环境问题进行座谈。工业区企业服务部建立企业服务台账制度,分门别类汇总企业服务及投诉处理情况;设立企业服务热线电话,建立企业信息库,梳理规模以上企业及税收大户的基本资料,关注企业经营发展的动态。工业区开展银企合作活动,为园区企业融资贷款搭建桥梁。

2010 年,康桥工业区被上海市开发区协会评为"上海市企业服务优秀园区",工业区内落户企业满意度调查显示,园区为企业服务的各项综合满意率达 90%,比 2009 年提高 4 个百分点。被调查的 119 家企业反馈的园区服务综合满意率达 90%,其中,服务态度和效率满意率更是达 96%。

至 2010 年,随着康桥工业区发展,建设银行、工商银行、中国银行、上海银行和华夏银行先后在工业区内设置营业机构。同时,浦东发展银行、深圳发展银行、交通银行、兴业银行、招商银行、民生银行、中信银行,及部分外资银行的各项业务,也逐步进入康桥工业区,为区内单位、企业提供金融服务。

第四节　招 商 引 资

一、招商管理

1992 年 6 月 1 日,康管委成立项目处,承担工业区招商及项目审批职能。1994 年 8 月 1 日,项目处迁至沪南路 2502 号康管委办公楼内。

1994 年,康管委出台《康桥工业区优惠政策》《康桥工业区鼓励外省投资的暂行办法》,明确在康桥工业区内登记注册的企业享受浦东新区优惠政策;明确外省市来工业区投资的行业、审批办法及优惠政策。1995 年 5 月 29 日,市政府批复《关于南汇县康桥工业区外环线以北地区享受浦东新区优惠政策的报告》,同意康桥工业区外环线浦东新区规划红线内以北地区约 8 平方公里区域内的外商投资企业享受浦东新区有关政策。是年,康管委成立康桥工业区招商引资领导小组,康管委主任担任组长。1999 年 11 月,康桥工业区在上海市外国投资促进中心设立办事处。2000 年,康桥工业区被南汇县政府评为年度招商引资(外资)先进单位。

2001 年 3 月 26 日,康管委把项目处分设为招商中心和项目处,招商引资由招商中心负责,项目处则负责落户企业的管理和统计等。招商中心有工作人员 15 人,分属 5 个招商小组。4 月,南汇县在娄山关路 83 号新虹桥中心大厦上海市外商投资促进中心设县对外招商窗口,康桥工业区为招商窗口成员单位。8 月,由于招商职能加强和招商人员的增多,招商中心迁至康桥东路 1 号新建大楼办公。

2005 年 3 月,招商中心设外资科、内资科、协调科 3 个科室。2007 年 8 月,招商中心下设实体招商科、注册企业服务科(含上海办事处)、生产性服务业招商科、规范税源科、外建税科。2007—2008 年,康桥工业区在大木桥路中小企业行业协会设立招商办事处。

二、招商活动

1994 年 9 月 25 日,康桥工业区首次参加在上海展览馆举办的海外华商投资洽谈会,接待客商190 人次。1995 年,康管委举办"康桥工业区'95 重点项目建设新闻发布会"。1998 年,康管委参加市外资委组织的赴日本招商活动。1999 年 2 月 25 日,康桥工业区招商团赴温州参加招商会,达成8 个项目合作意向书,2 个项目签订协议书。2005 年 12 月 12 日,工业区参加南汇区政府主办、上海外国投资促进中心协办的"两港南汇,迈向海洋——2005 南汇投资环境说明会",IT 知名企业华硕电脑在会上签订落户康桥工业区的意向书。

2006 年 4 月 11 日,瑞典驻上海总领事馆商务处引荐瑞典咖啡机项目进驻康桥工业区;11 月 1日,康桥工业区和南汇区外经委在江苏吴江主办"上海浦东康桥工业区电子信息产业投资环境说明会",10 家华硕电脑上下游企业表达到康桥工业区投资的意愿,宏仁集团表示计划追加 2.2 亿美元投资,建设电子极玻璃纤维布厂和玻璃纤维丝厂各一座;工业区在江苏依次登门拜访这些企业。

2007年1月23日,工业区举行"2007'上海浦东康桥工业区投资环境说明会",华硕电脑、宏仁集团、中国电信、上海港机等21家国内外知名企业与康桥集团公司签约,在园区投资项目金额达12.4亿美元和21亿元。3月29日,康桥工业区举办"上海桃花节暨康桥工业区成立15周年庆祝活动",提升工业区的知名度。

康桥工业区与外国驻沪使领馆商务处、各商会、投资咨询公司等建立联系,依靠中介机构获取招商信息,2008年4月11日,Cresa Partners为工业区推荐引进瑞士ABB项目;2009年又推荐引进USHMAN&WAKEFIELD、沙特Sabic项目。11月27日,康桥工业区参加"上海南汇·临港新城2008投资环境说明会",康桥生产服务业集聚区、钧硕电子科技、沙特基础工业公司上海全球研发中心、海特奇贝斯、上海电气森瑞克斯、浙大网新康桥科技园、星月集团、康桥现代金融服务集聚区等8个项目在会上签约,协议金额1.54亿美元和7.3亿元。

2009年9月8—11日,康桥工业区参加厦门第十三届中国国际投资贸易洽谈会,世纪华丰集团总部基地入驻康桥工业区正式签约。该项目总投资约5.6亿元,建设完成后,该集团旗下房产公司、基础投资公司和世纪控股公司都计划迁至康桥。12月,工业区参加浦东新区首届民营经济发展峰会,海航集团的大新华物流控股(集团)有限公司、潍柴动力股份有限公司分别与康桥集团公司签订建设"金海重工船舶研发中心""潍柴(上海)科技工业园"协议,项目投资金额约18亿元。

2010年,康桥工业区参加第十四届中国国际投资贸易洽谈会,上海龙软电子有限公司与康桥集团公司签订意向书,投资69 930万元创建康桥国际信息科技产业园项目。

三、招商成果

【引进外资】

1994年2月8日,康桥工业区引进第一家"三资"企业——意大利纺织服装公司与上海服装总公司合资组建的"圣人梦"服装有限公司。1998年,康桥工业区引进外资项目28个,协议投资15 184万美元,引进贸易公司113个,注册资金36 379万元。其中宏联、宏和电子项目总投资5 983万美元。1992—1999年,康桥工业区引进工业项目357个,协议总投资98.9亿元。其中"三资"项目14个,总投资9亿多美元。美国通用汽车公司、福特汽车公司、英国皮尔金顿公司、德国豪迈公司、意大利英杰拉米集团、澳大利亚必和必拓公司(BHP BILLITON)等世界跨国公司先后落户康桥工业区。

2002年,上海耀华皮尔金顿玻璃股份有限公司、上海施耐德配电电器有限公司等世界500强企业落户康桥工业区。2003年,康桥工业区接待10多个国家和地区800多批客商,洽谈项目430多个,引进企业203家。其中外资企业62家,总投资3.98亿美元,外资注册资本1.70亿美元,合同外资2.29亿美元。是年,引入总投资15亿美元的华硕电脑项目。2004年,康桥工业区落户企业16家,合同外资3.40亿美元,其中有投资20亿美元的日月光集团,英国JCB公司投资7 000万美元的杰西博工程机械(上海)有限公司。2005年8月15日,签订上海中豪纸品加工有限公司入驻工业区协议,总投资1.5亿美元。是年,康桥工业区引进46个外资项目,总投资5.39亿美元(其中增资项目24个,总增资额4.25亿美元),合同外资4.65亿美元,实到外资1.41亿美元。

2006年,康桥工业区引进外资项目33个,总投资4.02亿美元。2008年11月27日,"科技绿洲"、钧硕模具等8个重点项目签约,项目总金额1.54亿美元和7.3亿元。2009年6月,签订沙特基础工业公司项目。是年,康桥工业区引进外资项目45个,其中合同外资1.5亿美元,实到外资2.24亿美元。2010年,工业区引进宏达通讯有限公司、蒂森克虏伯亚太总部项目,已投资园区的威宏电子增资 4 500 万美元。

至 2010 年,康桥工业区引进 428 家企业,分别来自 33 个国家和地区,吸引外资 472 407 万美元;其中有美国通用汽车公司、英国皮尔金顿公司、法国施耐德电器公司、德国大众汽车公司、瑞士ABB 集团等世界 500 强投资企业 16 家。

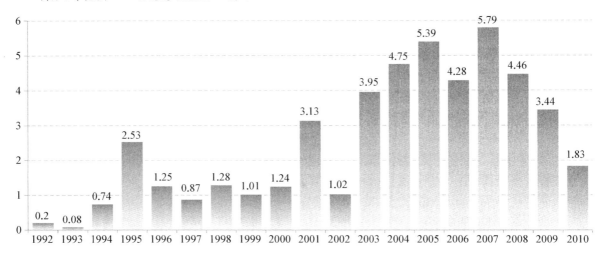

图 7 - 3 - 1　1992—2010 年康桥工业区吸引外商投资金额图　单位:亿美元

资料来源:康桥工业园区提供

【引进内资】

1993 年 2 月 19 日,第一家投资入驻工业区的内资企业是上钢十厂的三川房地产开发经营公司,投资 2 500 万元建设康馨花苑。1999 年,温州中国天正集团、红蜻蜓集团、中国均瑶集团等 6 家企业在康桥工业区落户,总投资 6.7 亿元。

2001 年,上海三枪集团、安徽天大集团等企业进驻工业区。2003 年,工业区引进内资企业 141家,注册资本 8.26 亿元。至 2004 年,康桥工业区引进内资实体项目 929 家,注册资本 42.46 亿元。2005 年,引进内资项目 63 个,总投资 41 344 万元,其中实体型企业 3 家,总投资 3 300 万元。2006年,引进内资项目 55 个,注册资金 8.09 亿元。2008 年,引进内资企业 92 家,其中注册资金超 1 亿元的 2 家,超 1 000 万的 8 家;上海港机增资 10 亿。

至 2008 年,康桥工业区共引进规模以上国有工业企业 5 家,产值 12.82 亿元;规模以上民营企业 95 家,产值 33.58 亿元。是年,工业区累计引进注册公司 1 700 多家,注册性工业企业实现产值约 130 亿元,税收约 8.5 亿元;2009 年工业区引进注册公司 19 个,注册企业实现税收 9.95 亿元;

2010 年,工业区引进扬子江药业项目,12 月 16 日,工业区与上海烟草集团签约,项目总投资达100 亿元以上。是年,工业区招商引税企业增至 427 家。

至 2010 年,工业区累计引进内资项目 2 946 个,总投资 172.83 亿元。

表 7 - 3 - 7　2003—2010 年康桥工业区引进内资情况表

年　份	落户内资企业数(个)	落户内资企业注册资本(亿元)
2003 年	141	8.26
2004 年	37	1.78

（续表）

年　　份	落户内资企业数(个)	落户内资企业注册资本(亿元)
2005 年	48	1.65
2006 年	55	6.49
2007 年	49	3.46
2008 年	92	0.97
2009 年	410	10.36
2010 年	951	18.20

资料来源：康桥工业园区提供

第五节　产　业　发　展

一、经济规模

“八五”至“九五”期间(1991—2000 年)，康桥工业区基础设施建设日益完善，促进了工业区经济的发展。1992 年，康桥工业区工业产值 6.3 亿元、生产总值 1.3 亿元，上缴税收 0.22 亿元。1996 年，康桥工业区上缴税收首次突破亿元关，达 1.11 亿元。然而工业区内企业产品外销比例较低，至 1996 年，工业区出口交货值 7.09 亿元，占当年工业总产值 27.8 亿元的 28.4％。1998 年，康桥工业区全区(包括 26 平方公里内全部企业)实现税收 2.1 亿元，经济总量占全县 1/5。1999 年，工业区出口交货值首次突破 10 亿元，为 12.44 亿元。2000 年，康桥工业区税收增长到 3.71 亿元，较 1992 年增长近 17 倍；出口交货值达 13.55 亿元。1996—2000 年，工业区累计出口交货值 51.52 亿元，年平均出口交货值 10.30 亿元。

“十五”期间(2001—2005 年)，康桥工业区以产业结构调整为抓手，促进经济发展。2001 年，康桥工业区工业产值 104.53 亿元，占南汇区比重从 1992 年的 9.26％上升到 35％；工业增加值从 1992 年的 1.3 亿元增长到 2001 年的 28.5 亿元；国内生产总值占全区从 1992 年的 5.5％上升到 2001 年的 25％。工业区上缴税收 5.45 亿元，比 2000 年增长 46.9％，经济总量占全区的 25％。至 2005 年，康桥工业区实现工业总产值 209.4 亿元，其中规模以上企业完成工业总产值 192 亿元，实现销售收入 208.50 亿元，完成出口拨交值 43.94 亿元。全年完成税收 17.45 亿元，比 2004 年增长 16.3％，占南汇区的 28％。2001—2005 年，工业区累计出口交货值 131.57 亿元，年平均出口交货值达 26.31 亿元。至 2005 年，出口交货值达 47.65 亿元，比 2004 年增长 48％。

“十一五”期间(2006—2010 年)，康桥工业区高速发展。2005—2007 年，康桥工业区工业总产值从 209.4 亿元增加到 499.6 亿元，超额完成“十一五”规划确定的产值“两年翻一番，五年超千亿”任务。2007 年，康桥工业区实现工业总产值 499.6 亿元，上缴税金 30.07 亿元，在上海市开发区中居第 7 位，累计引进内外资企业近 2 000 家，总投资 40 多亿美元。2008 年，受全球经济危机影响，工业区经济增长速度有所降低，实现工业总产值 587.77 亿元，比 2007 年增长 19.6％；增加值 95.5 亿元，比 2007 年增长 20％；实现税收 41.9 亿元，比 2007 年增长 39.3％。2009 年，康桥工业区企业实现利润 32 亿元，税收 39.5 亿元。2010 年，工业区实现税收 47.3 亿元。

2009—2010 年,康桥工业区产业结构不断优化,生产性服务业得到发展。工业总产值由 2006 年的 297.2 亿元增长到 2010 年的 741.81 亿元,年均增长 37.2%;累计完成固定资产投资 192.49 亿元,其中,工业固定资产投资达 96.86 亿元。

表 7 - 3 - 8　1992—2010 年康桥工业区主要经济指标表

年　　份	工业总产值			上缴税收(亿元)
	总产值(万元)	增长率(%)	三资产值(万元)	
1992 年	63 125	28.8	—	0.22
1993 年	95 156	50.7	4 111	0.45
1994 年	140 082	47.2	5 629	0.54
1995 年	188 284	34.4	21 410	0.70
1996 年	277 630	47.5	86 651	1.11
1997 年	526 568	89.7	209 689	1.60
1998 年	611 556	16.1	270 708	2.56
1999 年	747 200	22.2	378 027	3.20
2000 年	891 460	19.3	579 493	3.71
2001 年	1 045 300	17.3	717 252	5.45
2002 年	1 208 000	15.6	622 344	7.93
2003 年	1 579 300	30.7	908 604	12.01
2004 年	1 699 143	7.6	1 121 470	15.01
2005 年	2 094 300	23.3	1 506 500	17.45
2006 年	2 971 500	41.9	2 124 200	23.60
2007 年	4 996 300	68.1	4 122 900	30.08
2008 年	5 947 700	19.0	4 976 400	41.92
2009 年	7 418 150	24.7	6 527 273	39.48
2010 年	9 981 800	34.8	8 685 514	47.43

资料来源:康桥工业园区提供

二、产业集聚

康桥工业区成立前,康桥地区产业主要为服装、建筑和餐饮业。1992 年周西、横沔两乡的工业总产值 44 079 万元,为南汇县工业比较发达的乡镇。

1994 年 1 月,中共南汇县委提出康桥工业区以发展工业为重点,产业以集聚汽车工业、电子仪表、轻纺服装、通信设备、机械加工、医药保健等为主。2 月 8 日,意大利纺织服装公司与上海服装总公司投资组建的"圣人梦"服装有限公司入驻园区,开启工业区集聚外资企业的历程。至 1994 年,康桥工业区主要企业有纳铁福汽车传动轴厂、上海客车厂康桥分厂、中美合资南泰电子有限公司、上海齿科医疗器械二分厂、中美合作上海美康生物工程有限公司、上海秀丽丝绸厂、周康房地产公司等,涉及汽车配件、建材、电子、化工、纺织服装、房地产等产业。

1995—2000 年,康桥工业区内外来投资企业不多,乡镇工业所占比例较大。主要工业产业有电器、机械、建材、服装、轻工等,产品涉及日用化工、五金机械、建筑材料、服装、塑料制品等门类。1995 年,园区工业总产值 18.8 亿元;到 2000 年工业总产值增至 89.1 亿元,年均增长 36.5%。

20 世纪末,上海中心城区的建设改造步伐加快,有一部分市属国有制造业企业如上海钢球厂、上海针织九厂等迁至康桥工业区;外省市一些知名国有企业如中国第一汽车制造厂等为开辟上海市场,在康桥投资落户。至 2001 年,康桥工业区引进工业项目 500 多个,上海"三枪"集团、东风汽车集团、中国有色金属公司等国内大企业先后在工业区投资置业;引进"三资"项目 260 多个,其中有美国通用、福特汽车公司、英国皮尔金顿、澳大利亚 BHP 公司、法国施耐德集团和阿尔斯通公司、台湾宏仁集团等跨国公司。2003 年,康桥工业区第二产业实现增加值 30.27 亿元,占工业区增加值比重的 77.9%;第三产业实现增加值 7.99 亿元,占工业区增加值比重的 20.5%,工业区逐步形成第二产业为主,第三产业为辅的经济结构。华硕项目、中国电信项目的引入;以延锋江森为核心的汽车零部件产业产值超过 70 亿元,占园区工业产值的半壁江山,促进了工业区的产业结构调整。

2005 年,园区工业总产值增至 209.4 亿元,5 年增长 1.35 倍。随着外资投产企业的增多,康桥工业区汽车零部件、电子电器、新型建材三大产业集聚度不断提升。2006 年 5 月 26 日,由上海市科技创业中心、南汇区科技创业中心、上海浦东康桥(集团)有限公司共同筹建的上海康桥先进制造技术创业园孵化基地开工。是年,威盛电子、华硕电脑等电子信息企业陆续投产。

至 2008 年,以昌硕科技(上海)有限公司、威宏电子(上海)有限公司等为代表的电子信息产业,以上海延锋江森座椅有限公司、上海纳铁福传动轴有限公司等为代表的汽车及零部件产业,以施耐德配电电器有限公司等为代表的电器及线缆制造产业,以中隆纸业和杰西博工程机械为代表的造纸及机械制造产业,以美特斯·邦威为代表的服装产业和以夏特装饰材料为代表的新型建材产业陆续在康桥工业区形成。2008 年,工业区电子信息产业产值 271.181 亿元,汽车及零部件行业产值 117.5 亿元,电器及线缆制造行业产值 55.29 亿元,造纸及机械制造产业产值 33.74 亿元,服装产业产值 46.15 亿元,新型建材产业产值 15.86 亿元;以上六大产业产值合计为 539.7 亿元,占工业总产值 594.8 亿元的 90.7%。

2009 年,康桥工业区围绕主导产业,扩大规模,增加产出。是年电子信息产业产值 552.55 亿元,占园区总产业产值的 55.9%,汽车及零部件产业产值 146.11 亿元,占园区产值的 14.8%,两者合计达工业区产值的 70% 以上。

2010 年,康桥工业区引进宏达通讯有限公司,威宏电子(上海)有限公司增资 4 500 万美元;延锋江森进一步做大发泡厂规模;工业区主导产业规模扩大、集聚度提高,电子信息产业与汽车零部件产业两大主导产业工业产值为 877.89 亿元,主导产业集聚度 88.6%;两大产业产值在上海市开发区排名均位列第四。

是年,工业区还引进扬子江药业项目。扬子江药业集团有限公司连续十多年位列全国医药企业前五强,跻身中国最大企业集团 500 强和全国纳税 500 强,是浦东新区发展生物医药产业的三大核心项目之一。工业区落实 20 家重点生产性服务业企业落户,引进 500 强企业蒂森克虏伯亚太总部项目;与上海烟草集团签订总投资 100 亿元以上的合约。

表 7 - 3 - 9　2010 年康桥工业区引进外资项目的产业情况表

行 业 分 类		投 资 额		外资企业	
		万美元	比重(%)	个	比重(%)
工业	电子信息及电器	158 592	33.6	50	11.7
	造纸及机械制造产业	64 159	13.6	26	6.1
	汽车及零部件	52 935	11.2	34	7.9
	新型建材	32 294	6.8	24	5.6
	服装制造	4 849	1.0	22	5.1
	其　他	59 404	12.6	121	28.3
房　产		40 707	8.6	8	1.9
服务及贸易		27 915	5.9	109	25.5
建筑及其他		31 552	6.7	34	7.9
合　计		472 407	100	428	100

资料来源:康桥工业园区提供

三、主导产业

【制造业】

电子信息产业　康桥工业区电子信息产业起步较晚,发展较快。1995 年先后有智盈电子科技有限公司、波洛莱介质材料有限公司等生产经营电子产品的企业落户。90 年代后期,依托重点大中型项目,康桥工业区电子信息产业取得跨越式发展。1998 年 6 月,工业区引进上海联合投资有限公司、上海新泰新技术公司、英属维京群岛宏联工业有限公司合资创办的上海宏和电子材料有限公司和上海宏联电子材料有限公司,公司主要生产电子级玻璃纤维和电子级玻璃纤维布。是年,国内最大的电信企业——中国电信集团公司落户工业区。2005 年,康桥工业区引进世界 500 强企业华硕电脑股份有限公司项目,投产当年实现工业产值 34.95 亿元,占工业区总产值的 16.7%。2006 年,中国电信信息园初步建成。随着华硕电脑股份有限公司、日月光集团以及中国电信集团等众多电子信息产业领军企业的入驻,康桥工业区构建起电子信息产业链的基本框架。是年,全球第二大芯片组提供者威盛电子落户工业区,项目投资 2.25 亿美元。2007 年,康桥工业区电子信息产业区获"上海市重点特色产业示范区"称号。

2008 年,宏达电子落户工业区,公司的智能手机占全球市场 70% 份额;至是年 12 月,华硕集团设立了昌硕科技(上海)有限公司、恭硕电子科技(上海)有限公司、钧硕电子科技(上海)有限公司 3 家企业。

2010 年,康桥工业区引进台湾宏达国际投资的从事 HTC 手机生产的宏达通讯有限公司,威宏电子增资 4 500 万美元。是年,康桥工业区电子信息产业产值达 158 592 万美元,占工业区工业总产值的 33.6%,成为工业区内产值排名第一的主导产业。

汽车及零部件产业　1992 年,康桥地区有汽车零部件厂商上海通用机器厂(后改制为中德合资纳铁福传动轴有限公司)、横沔汽车修理厂、周西汽车修理厂等。1995 年,中国一汽集团在康桥工业区创办轿车组装厂;1996年,一汽集团组装的红旗牌轿车产值达4.02亿元。2007年,康桥工业区吸引美国福特汽车公司、法国施耐德电气股份有限公司、英国皮尔金顿公司、德国GKN公司等外商投资企业30多家。是年,康桥工业区汽车零部件产业园被列入"上海市重点特色产业示范区"。

至2008年,康桥工业区共引进汽车及零部件外资企业31家,投资总额5.19亿美元,占工业区外资投资额的12.4%。是年,汽车及零部件产业实现产值117.5亿元,占工业区工业产值的20%,成为康桥工业区仅次于电子信息产业的第二主导产业。

2010年,延锋百利(上海)汽车安全系统有限公司入驻康桥工业区并投产,上海杰华汽车研发中心开工建设,拥有全球最先进汽车转向器冷锻技术的蒂森克虏伯亚太总部项目入驻工业区;延锋江森座椅有限公司计划在康桥工业区设立研发、技术和职能总部。

电器电缆产业　电器电缆产业在康桥地区起步较早。20世纪70年代末,沔青大队综合厂创办线缆生产车间,后改名为沔青磁线厂,专业生产电线电缆。

1992年,康桥工业区陆续引进上海施耐德配电电器有限公司、德特威勒电缆系统(上海)有限公司、上海汉威康桥电线电缆有限公司、上海天正机电(集团)有限公司、特富麦克(上海)不中断供电系统磁性器件有限公司等电器电缆企业。至1999年,仅横沔镇就有电线电缆企业35家,实现总产值2.19亿元。2001年,上海天正机电(集团)有限公司年产值达46.5亿元,在全国民营企业500强中排名第10名。2008年,康桥工业区电器电缆产出总产值55.29亿元,占工业区工业总产值的9.3%。2010年,康桥工业区电器电缆产业代表性企业上海施耐德配电电器有限公司工业总产值达20.15亿元,出口交货值为4.2亿元。

机械制造及造纸业　20世纪60年代初,康桥地区横沔、周西两个公社都创办起农机修造厂,以后均改为机械厂。1993年11月,国内第一家专业生产轴承的企业——上海钢球厂落户康桥工业区。1994年,中芬合资上海菲曼特医疗器械有限公司在园区投资落户。1997年11月,正隆股份有限公司选址康桥工业区。2002年5月25日,中钞油墨有限公司投资的油墨生产项目与工业区签约。10月,台湾正隆股份有限公司在康桥工业区设立上海中隆纸品有限公司;公司引进欧美自动化设备,年生产高档纸板45万吨,彩印纸盒纸箱7.8万件。2005年8月15日,台湾正隆股份有限公司投资5 250万美元,在康桥工业区设立上海中豪纸品加工有限公司;公司引进欧美技术,生产瓦楞纸板纸箱、生活用纸等产品。11月,英国JCB公司在康桥工业区投资建立杰西博工程机械(上海)有限公司。

2008年,康桥工业区造纸及机械制造业实现产值33.74亿元,占工业区工业总产值5.7%。2009年10月21日,上海中隆纸业有限公司被评为上海市第一批清洁生产示范企业之一。至2010年,上海康桥工业区引进造纸及机械制造业26家外资企业,外资投资额度为64 159万美元。

新型建材业　20世纪80年代,上海汇丽集团在康桥地区投资建设新型建材制造产业,先后在康桥工业区创办汇丽涂料、地板、木门、地毯等各类建材公司,这些公司生产的20多个品种获上海市、农业部、冶金部、建材局科研成果奖或优秀产品称号。1994年11月,世界500强企业投资的澳大利亚布罗肯希尔建筑钢品(上海)有限公司(后改名为来实建筑钢品有限公司)在康桥工业区奠基。2002年10月,上海耀皮工程玻璃有限公司在工业区组建;德国夏特装饰材料股份公司投资的夏特装饰材料(上海)有限公司、上海绿太阳建筑五金有限公司等企业入驻园区。

至2010年,康桥工业区新型建材行业外资项目投资额32 294万美元,占全部外资项目投资额的6.8%,外资企业24家。

服装产业 1992年前,服装产业是康桥地区的主要产业。1994年2月,国际品牌意大利"圣人梦"服装入驻工业区,引进意大利最新生产流水线,专业生产经营高档西装和男式系列服装。1995年,德国海莎集团海莎纺织投资的海莎辅料(上海)有限公司落户工业区,这是集团在亚洲第一家独资子公司。2000年,生产针织内衣的大型企业上海三枪集团进驻工业区;2001年3月27日,日本四国缝纫株式会社投资在工业区成立四国时装(上海)有限公司;2004年6月,上海久华纱服饰有限公司落户康桥;生产经营休闲服装的美特斯·邦威公司、上海红蜻蜓鞋业有限公司等国内大品牌企业进驻康桥工业区。至2008年,康桥工业区服装制造业实现产值46.15亿元,占工业区工业产值的7.9%。2010年,康桥工业区有22家外资服装企业,外商投资额达4 849万美元。

【生产性服务业】

"十一五"期间(2006—2010年),康桥工业区规划、建设生产性服务业,促进工业区经济结构优化升级。2004年始,康管委规划在杨高南路西侧及A30公路两侧三个区域设立生产性服务业集聚区,规划总用地面积2.8平方公里,主要用以发展企业总部、引进研发机构。2006年5月26日,上海市先进制造技术创业园孵化基地在工业区开工建设。7月31日,康桥(集团)有限公司与星月集团上海投资有限公司签订联合开发康桥"上海总部湾"A区地块的项目合作协议书,工业区生产性服务业集聚区全面启动。2006年,康桥工业区成"上海总部湾"B区前期规划,收回尚德实验学校西侧14.13公顷地块,实施生产性现代服务业的规划发展。

2007年1月23日,在上海浦东康桥工业区"打造总部基地,发展服务经济"投资环境说明会上,康管委提出依托先进制造业,打造"康桥智慧谷"的设想。至2007年,康桥工业区累计引进包括通用、丰田、华硕等在内的企业总部和研发机构20多个,其中亚太区总部3个,中国区总部6个,市级以上研发机构5个,生产性服务业发展区域占地5.8平方公里。

2008年1月,市经委认定上海市8家生产性服务业集聚区,"康桥生产性服务业集聚区"名列其中。是年,康桥工业区建成了康桥国际广场、瑞景商务公寓等10万多平方米的办公楼宇和中国电信信息园南侧占地约40公顷的信息服务配套区;引进先声集团国际药物研发和营销中心等项目,区内的医疗器械产业基地列入国家火炬计划;康桥先进制造技术专业孵化基地、创研智造生产研发基地、上河商务园、医谷现代商务园等7个生产性服务业集聚区雏形初现;上海总部湾项目建设顺利,康桥先进制造技术专业孵化基地研发、科技型企业入住率25%。

"十一五"期间(2006—2010年),占地约200公顷的康桥生产性服务业集聚区取得阶段性成果:"上海总部湾""电信信息港"等规划区域的功能定位进一步明确;康桥先进制造技术创业园孵化基地项目、总部湾A区康月研发楼三期8万平方米完成建设,重点引进中小企业总部以及孵化高新技术企业。

至2010年,康桥工业区引进包括瑞士ABB集团、宏达国际电子股份有限公司、沙特基础工业公司、蒂森克虏伯集团等在内的企业总部和研发机构20多个;其中全球总部1个,亚太区总部3个,市级以上研发机构5个。

四、重点企业

【昌硕科技(上海)有限公司、恭硕电子科技(上海)有限公司】

位于秀沿路3768号。由台湾华硕集团先后于2004年9月、2006年3月在康桥工业区内投资设立,两公司占地 37 万平方米,总投资 6.2 亿美元。公司主要研发与制造笔记本电脑、手机等电子信息产品,是全球五大笔记本电脑生产企业之一。

2008 年,昌硕科技(上海)有限公司 24 万平方米厂房投产使用;是年,两公司出口 62 亿美元;其中昌硕科技来料加工出口 36 亿美元,恭硕电子 26 亿美元。2009 年 9 月,昌硕科技(上海)有限公司名列"2008 年中国出口 200 强企业",排名第 28 位;荣获上海市外商投资先进企业,进出口额排列上海市第 6 位。2010 年,昌硕科技(上海)有限公司工业总产值 4 615 226 万元,工业销售产值 4 709 303 万元。

【威宏电子(上海)有限公司】

位于新苗村 1000 号。1997 年,由宏达国际电子股份有限公司和威盛电子股份公司共同投资创建,宏达国际电子股份有限公司是全球最大智能型手机、掌上电脑研发和设计制造厂商,世界第一台以 Windows CE 为基础的掌上型计算机由公司研发。2009 年,威宏电子(上海)有限公司完成一期工程,开工二期项目建设,总投资 9 000 万美元。2010 年 7 月 31 日,宏达国际股份有限公司对威宏电子(上海)有限公司增资 4 500 万美元,从事 HTC 外销手机生产;同时出资 195 万美元,在康桥设立宏达通讯有限公司,专营 HTC 手机的生产和销售业务。

【上海延锋江森汽车座椅有限公司】

位于康安路 669 号。1997 年 12 月,落户康桥工业区。公司由上海延锋伟世通汽车饰件有限公司和美国江森自控国际有限公司合资建办,总投资 5 308 万美元。1999 年公司投产,主要产品为高档轿车座椅及部件,并提供座椅技术工程服务和非专营商品的收购出口业务;为上海大众汽车有限公司、上海通用汽车有限公司提供座椅。2000 年,销售收入进入上海工业企业销售收入前 100 位,被上海市外商投资委员会评为"先进技术企业",被客户评为"优秀供应商"及 A 级供应商称号。2001 年,公司销售收入 12.33 亿元,出口创汇 4 200 万美元。

2010 年,上海延锋江森座椅有限公司工业总产值 539 876 万元,工业销售产值 539 433 万元,出口交货值 85 376 万元,资产总计 302 357 万元,主营业务收入 628 845 万元,从业人员 4 542 人。

【延锋百利得(上海)汽车安全系统有限公司】

总部位于秀浦路 426 号。公司成立于 2004 年,由延锋伟世通汽车饰件系统有限公司和美国百利得安全系统公司合资创建。公司业务领域覆盖方向盘、安全气囊、安全带以及整个汽车制动安全系统,为上海及全国各主要汽车制造商及国际汽车制造商提供产品与服务。2010 年,公司工业总产值 123 105 万元,工业销售产值 102 321 万元,出口交货值 5 480 万元,资产总计 59 938 万元,主营业务收入 103 451 万元,从业人员 841 人。

【上海耀皮汽车玻璃有限公司】

位于康柳路 55 号。2002 年 2 月 27 日,由耀华皮尔顿股份有限公司、上海建筑材料(集团)公司和英国皮尔金顿公司投资成立,首期总投资 3 800 万美元。用地面积 15.3 万平方米,主要生产各种汽车玻璃。2003 年 2 月 18 日,举行开工典礼。2005 年 10 月 24 日,南汇区发展计划委员会批准上海耀皮康桥汽车玻璃有限公司研发中心建设工程项目。2007 年 11 月 19 日,公司厂房扩建。至 2010 年,上海耀皮汽车玻璃有限公司总产值达 5.13 亿元。

【上海 ABB 工程有限公司】

位于康新公路 4528 号。2007 年 11 月 21 日，瑞士 ABB 公司与康桥工业区签订合作意向书，在康桥工业区设立 ABB 区域总部、全球机器人事业部及机器人生产线。上海 ABB 工程有限公司是 ABB 在中国工业机器人及系统业务（离散自动化与运动控制）、仪器仪表（过程自动化）、变电站自动化系统（电力系统）和集成分析系统（过程自动化）的主要生产工程基地，2008 年起连续跻身"中国工业电气 100 强企业"之列。2008 年 1 月 18 日，ABB 项目动工。2009 年 3 月，上海 ABB 工程有限公司将 ABB 机器人全球总部、全球研发中心及机器人生产迁至康桥工业区。

至 2010 年，上海 ABB 工程有限公司总投资达 9 900 万美元，注册资本 4 000 万美元，占地面积达 10 万平方米，包括建筑面积约 7.6 万平方米的生产和办公区域，拥有约 2 000 名员工。

【沙特基础工业公司中国研发中心】

位于秀浦路 2550 号。2009 年 6 月 18 日，沙特基础工业公司（SABIC）中国研发中心项目落户康桥。沙特基础工业公司为世界 500 强企业，是中东地区最大、盈利最多的非石油公司，也是世界第五大石化产品制造商。沙特基础工业公司中国研发中心项目总投资 5 500 万美元，注册资本 4 300 万美元，占地 4.2 公顷。研发中心作为沙特基础全球重要研究机构之一，负责研究开发新材料、新能源及高附加值精细化工产品及其原材料，以满足汽车、建筑、石化、能源、电子、电气、医药、交通等领域的需求。2010 年 6 月 11 日，沙特基础工业公司就公司一期和二期用地建设，与康桥工业区签补充协议。

第四章　上海莘庄工业园区

上海莘庄工业园区成立于 1995 年 8 月,位于闵行区,前身为申莘工业区和莘北工业区。1997 年,莘庄工业区先后成立上海市莘庄工业区经济技术发展有限公司、中共上海市莘庄工业区委员会和上海市莘庄工业区管理委员会,启动园区开发建设。

2000 年,莘庄工业区基本完成市政基础设施建设。2001—2003 年,莘庄工业区先后通过 ISO 14001 环境管理体系认证、ISO 9001 质量管理体系认证、OHSAS18001 职业健康安全体系认证,成为上海市首家通过"三认证"的工业园区。2004 年,莘庄工业区成立上海闵行国际物流中心有限公司,率先试点自用型保税物流中心(A 型)。至 2005 年,全国第一个平板显示产业基地——上海平板显示产业基地在园区挂牌。工业区逐渐形成微电子通讯、机械和汽车零部件、新材料新能源及精细化工三大主导产业。2007 年,莘庄工业区实施园区二次创业,重点建设平板显示产业和航天新城,发展以保税物流中心为龙头的现代服务业。是年,园区被评为国家(上海)平板显示器件产业园。

至 2010 年,圣戈班精细陶瓷(上海)有限公司、上海阿尔斯通交通电气有限公司、罗地亚投资(中国)有限公司、上海巴斯夫涂料有限公司、上海申沃客车有限公司、大金空调(上海)有限公司等 350 家规模以上外资企业落户园区。莘庄工业区形成先进重大装备、电子信息制造、新能源汽车及关键零部件、新材料等四大高新技术产业集群,平板显示、航天研发两大产业高地,产业集聚度高达 80.1%;国际跨国公司总部、研发中心开始进入园区。莘庄工业区累计实现工业总产值 673.3 亿元,主营业务收入 669.8 亿元,出口交货值 210.9 亿元。

| 上海莘庄工业园区 | 莘庄工业区供热公司生产运行科司炉班 | 上海市文明班组 | 2009 年 4 月 |
| | 莘庄工业区工会被评为全国工会系统"五五"普法先进单位 | 全国工会系统"五五"普法先进单位 | 2010 年 12 月 |

第一节　工业区创建

莘庄工业区位于上海闵行区,2001 年工业区辖区面积 1 788 公顷;2005 年,工业区核定面积为 1 641 公顷。

莘庄工业区前身为申莘工业区和莘北工业区。1992 年 7 月,上海县先后在颛桥镇建立申莘工业区、在莘庄镇建立莘北工业区两家县级工业区。申莘工业区占地面积 1 146.71 公顷,由上海申莘工业投资开发总公司负责开发;莘北工业区占地面积 219 公顷,由上海莘北投资发展总公司负责开发。1995 年 3 月,"撤二建一"后的闵行区(即撤销上海县和闵行区,设立新的闵行区),决定以申莘、莘北两工业区为主体,规划建设莘庄工业区。8 月 5 日,市政府批复同意成立"上海市莘庄工业区"并列为市级工业区。工业区以申莘工业区和莘北工业区为基础,分成南块和北块。

1997年,莘庄工业区先后成立上海市莘庄工业区经济技术发展有限公司、中共上海市莘庄工业区委员会成立和上海市莘庄工业区管理委员会,共同承担工业区开发建设、社会事务和行政管理等职能。1998年起,工业区建立热供站对园区企业集中供热,有效控制排放,减少污染,提高企业能效。是年,莘庄工业区被评为第二批全国乡镇企业示范区。2000年,莘庄工业区基本完成市政基础设施建设,辟建天为经济城和莘闵园区两大园区;工业区拥有电子、精细化工、生物医药、工业模具等多样行业的产业基础。

进入21世纪,莘庄工业区制定总体规划,明确产业导向,完善招商策略,开展腾笼换鸟、土地回购。2001年起,莘庄工业区实现工业区污水全部纳管排放,日处理污水达7万吨;2002年创建为市级"基本无燃煤区"。2001—2003年,莘庄工业区先后通过ISO 14001环境管理体系认证、ISO 9001质量管理体系认证、OHSAS 18001职业健康安全体系认证,成为上海市首家通过"三认证"的工业园区。2004年,莘庄工业区成立上海闵行国际物流中心有限公司,率先试点自用型保税物流中心(A型)。至2005年,全国第一个平板显示产业基地——上海平板显示产业基地在园区挂牌。工业区逐渐形成微电子通讯、机械和汽车零部件、新材料新能源及精细化工三大主导产业。2006年,莘庄工业区土地动迁基本结束,开展城中村改造和拆违工作。

2007年,莘庄工业区实施园区二次创业,重点建设平板显示产业和航天新城;发展以保税物流中心为龙头的现代服务业;加快私民营经济发展步伐。是年工业区建成第一条5代TFT生产线,规格产品销量占国际市场40%的份额;园区被评为国家(上海)平板显示器件产业园;上海闵行国际物流中心公共型保税仓库投入使用。

2008—2009年,莘庄工业区与颛桥镇、莘庄镇签约,探索区域联动、合作共赢发展。2009年4月,工业区供热公司生产运行科司炉班被评为"上海市文明班组"。5月,工业区成立由失地农民自愿入股的上海开发区第一家社区股份合作社,失地农民通过长期收益机制的建立,共享工业区发展红利。2010年12月,莘庄工业区工会被评为全国工会系统"五五"普法先进单位。是年,工业区成为上海首家国家生态工业示范园区和国家第二批循环经济试点单位。

第二节 管理机制

一、管理机构

1997年2月3日,闵行区人民政府(以下简称闵行区政府)批准成立莘庄工业区管理委员会。莘庄工业区管委会是闵行区政府派出机构,行使工业区内的开发建设和社会行政事务等管理职能。闵行区分管工业副区长兼任管理委员会主任。莘庄工业区管委会下设办公室,与党工委办公室合署。

1997年8月1日,莘庄工业区管委会成立莘庄工业区医疗管理办公室,指导检查区内各基层单位医疗管理工作。12月5日,成立莘庄工业区合作医疗管理委员会。12月15日,成立社会保障委员会,下设社会保障事务所,负责辖区内城镇居民和农民的社会保障工作。1999年2月23日,成立莘庄工业区社会保障管理所。

2002年2月8日,撤销申莘和六磊地区行政管理机构,合并成立莘庄工业区社区管理中心。莘庄工业区社区管理中心是一个集行政管理、经济开发、物业服务于一体的综合型组织,辖区总面积约1 615公顷,涵盖6个行政村和4个居委会。2003年,成立莘庄工业区城市综合管理所。4月11

日,成立莘庄工业区规划管理办公室。7月17日,设立莘庄工业区研究发展部。是年底,莘庄工业区管理机构有党办/总经理办、招商部、工程技术部、计划财务部、研究发展部、商会秘书处、工会、武装部、安全生产办公室和监察审计室10个部门。

2009年,莘庄工业区撤销"社区管理中心",增设社区管理办公室、社会事业发展管理部(人口与计划生育办公室)、群众来信来访办公室和招商二部。2010年初,经济发展办公室增设信息管理科,筹备建立莘庄工业区"经济信息平台"。

表7-4-1　1995—2010年莘庄工业区管理委员会主任任职情况表

姓　　名	职　　务	时　　间
谢德宝	上海市莘庄工业区管理委员会主任	1997年2月—2000年9月
杨开平	上海市莘庄工业区管理委员会主任	2000年10月—2003年12月19日
张金弟	上海市莘庄工业区管理委员会主任	2004年2月—2008年4月30日
金慧明	上海市莘庄工业区管理委员会主任	2008年4月30日—2010年

资料来源：莘庄工业区提供

二、开发主体

1995年7月24日,中共闵行区委、区政府决定成立上海市莘庄工业区开发领导小组,建立上海市莘庄工业区开发总公司筹备组。1995年8月17日,闵行区政府批准成立上海市莘庄工业区经济技术发展有限公司(以下简称莘庄工业区发展公司),撤销原上海申莘工业区管理委员会、上海申莘工业区投资开发总公司、上海莘北投资发展总公司。莘庄工业区发展公司为区属国有独资公司,注册资金2亿元,负责莘庄工业区开发建设工作。原22个分公司撤并成10个分公司。

1995年8月29日,莘庄工业区发展公司成立董事会、监事会,人员由闵行区政府委派或更换;同时设立经济技术发展部、规土建设部、社会发展部、财务部、总经理办公室、党委办公室四部二室职能部门。

1999年2月2日,莘庄工业区发展公司调整机构设置,设三部、三室及股份公司,即:社会事务部、投资服务部、配套部、工业区办公室、党群办公室、财务室及股份公司。至2001年,莘庄工业区形成招商部、工程技术部、企业管理部、计划财务部、党政综合部、社区管理中心、企业服务部、培训中心、工会和天为实业发展公司10个部门。

2002年8月9日,闵行区政府撤销上海市莘庄工业区经济技术发展有限公司董事会、监事会。2004年2月19日,莘庄工业区成立上海市莘庄工业区政工部。2007年8月3日,莘庄工业区成立上海市莘庄工业区战略发展推进中心,推进中心下设三个组:国家战略产业推进组、国家生态园区创建组和国际标准认证建设组。

至2010年,莘庄工业区发展公司下设21个部门:组织人事部、宣传统战部(宣统部)、招商部、工程技术部、经济发展管理办公室、计划财务部、国有(集体)资产管理办公室、战略发展推进中心、商会秘书处、工会、安全生产办公室、武装部、监察审计室、司法所、纪工委办公室、综合治理办公室、社会事业发展管理部(人口与计划生育办公室)、群众来信来访办公室、社区管理办公室、党政办公室、总务部(隶属于党政办)。

表 7 - 4 - 2　1995—2010 年莘庄工业区发展公司主要领导任职情况表

姓　名	职　务	任　职　时　间
张金弟	董事长	1995 年 8 月—2009 年 9 月
王备军	董事长	2009 年 9 月—2010 年
谢德宝	总经理	1995 年 8 月—2000 年 10 月
杨开平	总经理	2000 年 10 月—2003 年 12 月 19 日
张金弟	总经理	2004 年 2 月—2008 年 4 月 30 日
金慧明	总经理	2008 年 4 月 30 日—2010 年

资料来源:莘庄工业区提供

2010 年,上海市莘庄工业区经济技术发展有限公司将 10 家子公司整体规划为经营型和管理型两类。

表 7 - 4 - 3　2010 年莘庄工业区发展公司子公司情况表　　　　　　　　　　单位:万元

类　型	名　称	成立时间	注册资金	公司主营业务
经营型公司	上海市莘庄工业区西区经济发展有限公司	2010 年	23 000	负责西区落后产能动迁、公用设施建设、招商和管理
	上海莘庄工业区企业发展有限公司	1994 年	5 000	承担园区国有资产保值增值,定制厂房及管理、服务
	上海莘庄工业区天为经济发展有限公司	1998 年	1 000	负责招商和企业服务
	莘闵公司	2000 年	4 500	承担企业招商、人才服务和科技孵化等业务
	上海市莘庄工业区社区股份合作社	2009 年	12 300	为工业区动迁农民提供服务
	上海闵行国际物流中心有限公司	2004 年	7 000	主营仓库、办公楼租赁,保税仓库服务
	上海颛元置业有限公司	2002 年	6 000	负责工业区房地产项目开发
管理型公司	上海鑫泽置业有限公司	2005 年	2 500	管理鑫泽阳光公寓
	上海莘工环卫综合服务有限公司	2006 年	500	负责工业区内道路清扫,企事业单位、居民小区、集贸市场垃圾处置,公厕保洁管理
	莘庄工业区物业管理有限公司	2000 年	100	为区内企事业单位提供物业管理服务及路灯维修保养

资料来源:莘庄工业区提供

三、社会管理

【社区管理】

1996 年,莘庄工业区开办农村社会养老保险工作,实施 9 个月,总计投保 15 197 人次,投缴保险金 54.94 万元。1997 年 11 月 24 日,上海市莘庄工业区管理委员会办公室发布《关于进一步规范莘庄工业区农村社会养老保险工作的通知》,规范农村社会养老保险管理,开展 1998 年度农村养老保险工作评比活动。1998 年 10 月 30 日,对 1996 年划入莘庄工业区的五个村每年提供教育经费,支持教育事业。2001 年,完成对申莘、六磊地区的重组工作,解决 4 000 多名征地人员农转非、劳动力安置、教育、卫生等社会事务。2004 年,开展区内人口、房屋租赁等情况进行综合调查,至 10 月,莘庄工业区有外来人口总数 32 112 人,房屋租赁 2 411 户、8 897 间。2005 年,莘庄工业区投入 100 多万元,建成社区学校,缓解社区群众教育资源不足问题。2006 年,莘庄工业区率先在闵行区先行试点工业企业网上直报工作,对直报企业进行全面梳理。2008 年 9 月至 2009 年 5 月,莘庄工业区进行第二次全国经济普查,共登记个体经营户 372 户,第二、三产业法人单位 1 133 个。至 2010 年,莘庄工业区辖区内有 9 个居民委员会,22 个居民小区,各类落户企业 400 余家,实有人口 54 383 人。

【村镇集体资产管理】
2006 年,莘庄工业区社区管理中心负责 6 个村的集体资产管理,涉及标准厂房 21 万多平方米,年租金收入 4 000 多万元。2006—2008 年,莘庄工业区土地批租基本完成,针对实施征地留用制度存在的困难,莘庄工业区开展村镇集体资产调查,探索通过征地农民入股获得稳定分红的路径。2008 年,莘庄工业区基本完成六个村的集体资产评估,在紫磊村先行实施集体资产分配试点。2009 年 5 月 31 日,莘庄工业区成立社区股份合作社,合作社由失地农民自愿入股成立,每位股民最多 4 股,每股 5 000 元。2009 年入股成员 7 655 人,股金 12 325.5 万元。莘庄工业区社区股份合作社是上海市第一家社区股份合作社,在紫磊村、申强村、新生村、联农村、新农村五个村通过统一改制、资产审计评估、农龄确认等基础上建立。2010 年 3 月 27 日,莘庄工业区社区股份合作社受让上海莘宇实业发展有限公司、上海光中实业有限公司、上海颢蒙实业发展有限公司、上海市天为实业发展有限公司、上海联隆实业公司五家村级公司全部股权。是年,莘庄工业区社区股份合作社股民红利分配为 13.2%,红利分配总额为 1 473.02 万元,股民实际每股(1 万元)分配为 1 100 元,比 2009 年增加 200 元。

第三节　规　划　与　建　设

一、园区规划

【总体规划】
上海市莘庄工业区控制性详细规划　1995 年 4 月 23 日,闵行区政府依据上海市总体规划和闵行区总体规划,制定《上海市莘庄工业区控制性详细规划(1993—2000 年)》,规划工业区以电子、生物工程产业为主要发展方向,兼收机械、食品、服装等产品有较大市场、上规模的企业。工业区开发分三个阶段进行:1993—1995 年为第一阶段,重点发展园区现有巴黎蒂日用化学有限公司、中国轴承厂、贝瑞制药厂等企业,到 1995 年形成 10 亿元工业产值的生产能力;1996—1997 年为第二阶段,洽谈引进日本日立有限公司、法国罗纳普朗克有限公司、美国惠普有限公司等精细化工和电子企业,到 1997 年,使区内工业企业达 50 个,形成 160 亿元的生产能力;1998—2000 年为第三阶段,重点抓好项目投产,使已建成的 50 个工业企业全部达设计生产能力。规划新建 2 座 35 千伏变电站,

1座日处理1.1万吨级的污水处理厂等市政配套设施。

莘庄工业区总体规划 2002年3月,莘庄工业区制定《上海市莘庄工业区总体规划》,将工业区以中春路为纵轴,以光华路为横轴,分为A、B、C、D、E、F、G七大组团,重点发展以C组团为中心的高新技术企业,借以带动整个工业区产业。规划以电子、生物等上海市六大支柱产业为主要发展方向,在华宁路以西、光华路以南区域内建设上海广电(SVA)平板显示产业基地,在北块光华路以北、华宁路东西两侧地块预留电子产业发展用地。

莘庄工业区国家生态工业示范园区建设规划纲要 2006年,莘庄工业区制定《上海市莘庄工业区国家生态工业示范园区建设规划纲要(2006—2020年)》(以下简称《纲要》)。《纲要》规划,2006—2020年在莘庄工业区建成六大组团区:东北角生态改造区、微电子通讯产业链建设区、平板显示产业链建设区、包装产业链深化区、产业配套居住区、航天新城建设区。

莘庄工业区2010—2012年产业发展规划 2009年9月3日,上海市莘庄工业区管委会制定《上海市莘庄工业区2010—2012年产业发展规划》。规划调整工业区产业结构、空间布局,明确工业区产业平板产业基地、上海航天新区、上海闵行国际物流中心的四至范围和空间布局,提出莘庄工业区重点发展新能源、新材料、生物医药和现代生产性服务业等产业。

【区块规划】

莘庄工业区北部发展受到严格控制,工业发展规划以南块为主。

南块 莘庄工业区南块位于沪闵路西侧。1995年10月,上海市闵行区规划设计所制定《上海市闵行区莘庄工业区(南块)控制性详细计划》。规划区内道路采用三横两竖布局:南北向7条,东西向6条;增建4座中途泵站、8座35千伏变电站和申莘电话局、集中供热站等;重点引进信息、电子、生物工程和先进制造技术等大型企业。

1996年1月19日,市规划局批准同意《上海市闵行区莘庄工业区(南块)控制性详细计划》,将南块土地按干道系统分为5个工业小区:A(一类工业)、B(二类工业)、C(服务及仓储用地)、D(工业仓储备用地)、E(一类工业),开发建设以一类工业为主。

2003年4月,上海市水务规划设计研究院编制《上海市莘庄工业区(南块)供水调整规划》,规划在中春路泵站建立4万立方米水库。2007年7月,莘庄工业区制定《莘庄工业区供水规划》《SVA平板基地排水系统专业规划暨莘庄工业区污水处理系统专业规划》。

北区 莘庄工业区北区位于七莘路西侧。1998年3月4日,上海市闵行区规划局下达《关于上海市莘庄工业区(北区)规划布局调整的批复》,对上海市莘庄工业区(北区)相关绿化用地进行适当调整。

二、开发建设

【政策制定】

1995年8月,莘庄工业区组建工业区规土建设部,负责园区土地管理和动迁安置工作。11月,莘庄工业区制定《上海市莘庄工业区关于农村私房拆迁管理工作的实施办法》,采用互换产权房、公房安置动迁旧房。是年,制订《上海市莘庄工业区征地农业人口安置实施办法》,确定社会发展部负责征地农业人口安置工作。1999年,莘庄工业区提出《工业区征地人员医疗管理制度》,以国家、企业、职工分担医疗费方式,对征地工及一名家属给予工业区医疗待遇和保障。

2002年,莘庄工业区动迁安置补偿从按人口因素补偿向市场价补偿转变。2003年,莘庄工业区提出《关于选择与货币补偿金额同等价值产权房屋调换的补充意见》,采用货币安置与房屋产权调换相结合的安置方式,动迁户可以从市场购买房源或选择工业区提供优惠房源。

2005年3月,莘庄工业区制订《上海市莘庄工业区房屋拆迁补偿安置标准实施办法的补充意见》,按动迁户旧房有效面积明确相应的补偿标准。2006年,莘庄工业区对动迁实施过程中遇到离婚、家庭不足面积等具体情况的动迁户的补偿问题制定规范操作细则。2006年8月,莘庄工业区管委会发布《莘庄工业区生产队土地补偿费兑现实施意见(试行)》。

【动迁拆违】

1995年,规土建设部完成申北路以南5条道路个人和集体财产调查和登记造册,工业区征地动迁工作启动。1995—2000年,莘庄工业区共动迁1 106户,拆除面积212 393平方米,安置面积166 880平方米。其中2000年,为高科技园区、紫江企业及轻轨等项目入驻实现农转用土地53.33公顷,平整土地40公顷;拆除旧房和新建动迁房各6万多平方米,建安置房面积4.7万平方米;支付动迁补偿金200万元。

2001年,莘庄工业区开发光华路以北约133.33公顷土地,动迁18个生产队共计501户、2 313人。2002年,为紫江企业、NEC、大霸等近10个项目、以及光华路、颛兴路、华宁路等市政工程建设用地,征用土地51.5公顷,撤销5个生产队建制;动迁群力、联农、紫磊,新生、申强5个行政村的22个生产队563家农户;其中233户住房安置、330户货币化安置,支付动迁补偿费13 589.45万元,拆除违章建筑237间共5 215平方米。2003年为颛元小区、锦虎、711所等项目用地,办理土地划拨137公顷、土地批租162.9公顷,签订土地包干266.3公顷;动迁4个行政村共15个生产队,撤销14个生产队建制。支付补偿费1.98亿元,拆除旧房8万余平方米。2004年对紫江集团、沪豪汽车零部件和新源路延伸等项目用地,动迁3个行政村40家农户,支付动迁补偿费1 800万元。2005年对9个生产队的405户农户动迁安置,共支付动迁补偿费近1 000万元,价值互换产权房800套。"十五"期间(2001—2005年),莘庄工业区共动迁1 959户,拆除面积389 964平方米,安置面积359 761平方米。2006年8月,莘庄工业区大规模土地动迁基本结束,撤队工作基本完成,莘庄工业区成立"工业区生产队土地补偿费兑现领导小组",负责区内生产队土地补偿处理。

2006年起,莘庄工业区将行动迁工作与拆违、"城中村"改造结合起来。是年,工业区建立"动拆迁"联席会议制度,加强与各部门、村的协调;办理了正珏科技、光显示基地和绿久苑、外来员工辅助用房等项目的拆迁许可证;为航天城、筑茂、正珏等项目用地动迁安置8个生产队共250余户农户,价值互换产权房500套;兑现6个行政村所属88个生产队的土地补偿费,补偿金额9 800多万元,为撤村、撤队及村级集体经济改革打下基础。2007年,工业区动拆迁农户400余户,拆除违章建筑28 643平方米。2008年,开展"城中村"整治工作。是年工业区与群力、紫江、新农、联农村100多户签订动迁安置协议,完成新生村3个生产队拆迁调查工作。2009年,组建新生村"城中村"改造动迁工作班子。经过多次协调工作,至年底动迁户签约率达91%以上。"十一五"期间(2006—2010年),莘庄工业区共动迁1 090户,拆除面积225 796平方米,安置面积247 158平方米。

1995—2010年,莘庄工业区累计动迁户数4 155户,拆除面积828 153平方米,安置面积773 799平方米。

【人员安置】

1995年底,莘庄工业区安置劳动力人口329人,养老人口1 001人。1996年,莘庄工业区采取分级管理、成立职业介绍所、征地劳动力统一建档等措施,安置征地人员。1997年,采用工业区、村、分公司共同分担的办法,安置征地农业人口1435人,其中征地人员农转非947人。1999年,莘庄工业区解决历史遗留下的1150名征地工农转居的户口问题。1995—2000年工业区安置吸劳2117人,养老1276人,安置劳动力2117人。

"十五"期间(2001—2005年),莘庄工业区逐步提高征地吸劳的费用支出。2002年,征地生活费、医疗费等支出达3200万元。2003年支出达5013.67万元。2004年,莘庄工业区筹措5.5亿元,推进城保镇保和解决历史遗留问题;新增就业岗位1750个,使工业区年末失业登记人数降至68名,低于区政府下达的指标数。1995—2004年,工业区为11136人办结农转非手续,参加城保和镇保;其中养老人员4181名,吸纳劳动力人口6955名。2005年3月,工业区征地农转非全部完成,累计安置征地农业人口10272人,其中安置劳动力4370人、养老3749人。

【土地开发】

1995年8月,莘庄工业区成立,规划土地面积1365公顷,实际开发面积1002公顷,其中南块850公顷规划分三期进行开发。一期沪闵路至中春路300公顷,二期中春路至华宁路300公顷,三期华宁路以西至松江边界250公顷。1996年,闵行区政府同意将颛桥镇紫江村、六磊村、联农村、群力村、新生村及莘庄镇东吴村、明星村行政建制划归莘庄工业区莘庄工业区下辖行政村由原来3个扩大到10个。1998年,闵行区政府将莘庄工业区北块(莘庄镇镇区以北的莘庄工业区部分)划归莘庄镇实施属地化管理。是年,莘庄工业区基本完成南块一、二期开发任务。1998年莘庄工业区规划建设天为经济城。2000年规划建设莘闵科技园。

2001年6月,闵行区政府决定莘庄工业区面积扩大423公顷(东沿沪闵路,南至北松路,西至北竹港、元江路、北沙港);工业区总管辖面积为1788公顷。

2002年,颛桥镇新农村行政建制划归莘庄工业区。2005年,开发区清理整顿后,莘庄工业区核定面积为1641公顷。2006年12月,莘庄工业区已开发的工业面积占土地总面积的68%,工业区单位土地产出为5683亿元/公顷。2007年,工业区大部分地块已开发建设,仅华宁路以西尚余少量空地,用以发展电子产业。5月31日,市政府批准上海市莘庄工业区经济发展有限公司为上海市第一批工业用地前期开发主体之一。

2008年,莘庄工业区企业净用地达870公顷,实际剩余土地184.3公顷,其中140公顷为平板显示产业基地保留用地,剩余空地44.3公顷,莘庄工业区初步形成工业区内东北角老工业区、(手机)信息产业建设区、平板显示产业区、包装产业区、配套居住区及航天新区等6个功能区。

【集约用地】

2001—2006年,莘庄工业区先后淘汰包括食品、纺织等低端劣势产业16家企业,以腾出的土地引进日本康奈可株式会社、美国ITW集团及奥特斯集团等高科技研发及高端制造业企业,带动工业区企业的升级换代。2003年,莘庄工业区实施"非占用资源性"招商模式,引进跨国公司、地区总部、销售中心、采购中心等入驻工业区。2004年,莘庄工业区高价回购3家劣势企业约2万平方米土地,提供给世界500强企业赢创德固赛公司,将其在中国投资的核心业务转至莘庄工业区。2009年,工业区收回鹏鹆、荒井空调器材有限公司、德丰等3家企业地块,并重新招商出让,盘活闲置土地,提高土地的集约节约利用。

【园中园建设】

天为经济小区　1998 年 4 月 10 日,根据闵行区政府发展民营经济的指示精神,莘庄工业区成立上海市莘庄工业区天为经济城,组建天为经济城管理委员会。1999 年 3 月 24 日,闵行区政府批准在莘庄工业区南块 1 200 公顷内(东至中春路、南至颛兴路、西至沙港、北至光华路)建立天为经济城,首期规划用地面积 33.3 公顷。5 月 7 日,上海市农业委员会(以下简称市农委)批准以紫磊村村级公司及上海天为实业发展有限公司为经济实体建立"上海天为经济小区"。

1999 年,天为经济小区入驻企业 150 家,累计吸纳资金 1.5 亿元,上缴税收 700 万元,净利润 200 万元。2000 年 3 月,天为经济小区建造的 7 幢 6 000 平方米标准厂房全部交付使用。2004 年,天为经济城开发完成 1 平方公里工业小区,注册企业达 1 198 家,实现税收 1.4 亿元。2005—2006 年,天为经济小区实现税收 4.5 亿元。2008 年,新增企业 167 户,新增注册资金 2.08 亿元,实现税收 4.5 亿元。2009 年起,天为经济小区承担莘庄工业区招商二部的职责,当年新增企业 165 户,新增注册资金 3.88 亿元。至 2010 年,天为经济小区注册落户企业超过 3 000 家,年纳税额超 4 亿元。

上海莘闵高科技创业园区　2000 年 7 月,闵行区政府批准兴建上海莘闵新技术暨回国留学生科技创业园(以下简称莘闵园区),规划面积 66.7 公顷。

莘闵园区是上海市人事局与闵行区政府共建的回国留学人员科技创业园和科技企业孵化器,是上海市科委认定的"科技产业基地"、上海市人力资源和社会保障局与闵行区政府共建的市级留学生创业园区。园区拥有近 4 万平方米创业孵化基地,先后被科学技术部认定为"国家高新技术创业服务中心",被科学技术部教育部命名为"春晖杯"中国留学人员创新创业大赛创业基地,获"YBC中国青年创业国际计划服务站"等多项资质。2005 年莘闵园区实现税收 7 000 万元,是年被评为国家级孵化器;2006 年实现税收 1.4 亿元。

2007 年 10 月 25 日,上海莘闵高新技术开发有限公司在莘闵园区的基础上规划建设莘闵园区浦江分园;分园是社会公益性的科技创业孵化基地,一期开发与管理采用"所有权、经营权、使用权分离"的运作模式,土地所有者享有孵化基地土地和房产所有权,莘闵园区公司享有经营权,入孵企业享受使用权。2009 年,莘闵孵化园引进留学人员创业企业 13 家,申报立项各级政府科技项目 50 项,申报专利 661 件,其中发明专利 219 件,获上海市科技孵化协会颁发的"最佳创新孵化环境奖"。

至 2010 年,莘闵园区引进内资 3.52 亿元,累计培育科技企业 500 多家,涉及电子信息、生物医药、新材料等多个领域,成功孕育出以思源电气为代表的一批优秀企业。

【西区开发】

2009 年,莘庄工业区为发展第三产业,提高工业区土地资源利用效益,成立上海市莘庄工业区生产性服务业集聚区领导小组,在工业区西北部规划建设生产性服务业集聚区,总面积 202 公顷(东至北竹港和嘉闵高速,南至颛兴路,西至北沙港,北至金都路),简称"西区"。

2010 年,莘庄工业区成立上海市莘庄工业区西区经济发展有限公司,负责西区开发建设。是年,工业区完成生产性服务业集聚区战略研究,规划重点发展"总部经济、营销中心、研发中心、高技孵化、专业服务、外包服务"等六大领域;制定西区城市设计、低碳市政与低碳建筑的标准以及低碳管理的方案;形成西区控制性详细规划,并经闵行区政府常务会议讨论通过。

2010 年 8 月 30 日,上海市莘庄工业区经济技术发展有限公司增资 2 亿元,专项用于西区开发启动资金。2011 年 2 月 14 日,成立西区动迁工作领导小组,启动西区开发建设。

【基础设施】

1992—1994 年，申莘工业区和莘北工业开发区投入资金 1.1 亿元进行市政设施建设；项目建设资金 3 亿元，全面开展道路、水、电、通信建设。至 1994 年，上海焦化厂供应闵行地区煤气的"上焦五线"途径工业区段竣工投产，供气能力为 1 万立方米/日。

1995 年，莘庄工业区完成主干道体系建设，总长 14 公里。完成 220 千伏莘庄变电站建设，新建 35 千伏变电站 2 座，莘庄变电站与华东电网联网；日处理 1.1 万吨级污水处理厂一期建设竣工并投入使用；完成装机容量 2 000 门的通信设施，市政基础设施建设初成格局。

1996—2000 年，莘庄工业区 30 公里长的道路贯通全区；建成 1 座 220 千伏、2 座 35 千伏变电站及春申站，建成 21 台变压器共 13 770 千伏安容量的供电设施；敷设自来水管线 14 480 米，煤气管线 11 460 米，形成申兴路、沪闵路、申强路至春东路煤气管和自来水管的环通工程。完成供热站一期供热设施建设，为入驻 12 家企业安装建设配电、通信工程，安装电话 100 门。至 2000 年，完成工业区内水、电、通信等管道敷设；管道煤气全部接通，日处理污水 3 万吨～5 万吨，蒸汽能力达每小时 70 吨。

2001—2005 年，莘庄工业区市政配套建设进一步完善，其间调整工业区供水和东区自来水规划；建设自来水配水管道 26 200 余米，初步完成元江路水库工程建设；完成企业 3 250 千伏安用电工程和用户 37 060 千伏安用电工程建设；规划建设申强、颛兴 35 千伏变电站；电信申兴局房 6 000 门工程建设和 4 000 门扩容工作竣工，完成电信装机容量 6 万门中春局房设备调试和 2 000 对线路增容，以及 9 400 米电信管道工程建设，引入 FTTP＋LAN 光缆宽带网络，形成工业区内小灵通网络。

2006—2010 年，莘庄工业区开展 SVA 光电子基地基础设施建设工作。工业区新修道路 3.7 公里；建成总长 50 公里的输水管线和约 6 500 米自来水配水管道工程建设，完成输水管道连通工程；针对 SVA 光电子基地用水需求开展区域水务规划工作，以及光电子基地自来水管道工程设计；完成 220 千伏闽北变电站建设，新源路 10 千伏开关站供电配套工程；总长 30 公里的天然气输送管线，联农路、申富路市政天然气管线铺设工作竣工；引进电信 IPTV 项目，推进电信 CDMA 网络基站工程和移动公司基站建设工作。至 2010 年，莘庄工业区基本完成"九通一平"的基础设施建设。

道路桥梁　1995 年，莘庄工业区完成白色路面 7.5 公里，占地面积 12 万平方米，修建的道路有申兴路、申旺路、申南路、光华路等；至 1995 年，一期道路网格基本形成，各主干道路口全部贯通。1996 年，申强路、春光路、申北路、春中路、春西路等道路先后竣工。1996—2000 年，完成申富路、春东路、光中路等道路的建设。

2006 年 6 月 9 日，申强路更名为金都路，申兴路更名为银都路，金都路向西延伸至华西路，银都路向西延伸至北竹港。是年，莘庄工业区改建申北路（沪闵路—中春路），道路全长 1 300 米，路幅 24 米；改建联农路（华宁路—沙港），全长 1 300 米，路幅 24 米；改建华西路（颛兴路—金都路），全长 1 400 米，路幅 24 米。2007 年，莘庄工业区内有 26 条道路，形成"两纵两横"主要干道和"四横一纵"次干道构成的基本格局。是年随着道路建设的完善，工业区内设有 1 条公交线路，东侧沪闵路上有 20 多条公交线和轨道交通 5 号线；园区还开通了连接工业区和地铁莘庄站的通勤车。

2008—2009 年，工业区新建华西路（金都路—光华路），路长 930.45 米，路宽 24 米；光中路（华西路—华宁路）；颛盛路（中春路—颛乐路），路长 336.04 米，路宽 20 米；颛盛路（中春路—丘泾港），路长 200 米，路宽 20 米。至 2010 年，上海市莘庄工业区主要道路有 41 条，道路总长度达 54.49 公里。

1995—1997 年，工业区建设邱泾河、竹港河上桥梁 7 座；2003—2004 年，莘庄工业区新建桥梁 4 座。2006 年，闵行区发展改革委批准工业区建设西八河桥梁，桥梁跨度 26 米，桥宽 9 米。2008—2009 年修建光中路老紫港桥，跨径 22 米、宽 24.6 米；2010 年华西路老紫港桥竣工，跨径 29 米，宽 24.6 米；规划丘泾港桥，跨径 10 米，宽 12.6 米。

至 2010 年，莘庄工业区主要桥梁 15 座，除联农路和申旺路（邱泾河桥）荷载标准为 15T 外，其余均为 20T。

给水供水设施　莘庄工业区自来水供水主要源于上海自来水公司闵行二厂。1995 年，工业区成立后，建设自来水管道约 4 公里，完成 23 公顷建设单位施工用水，自来水一期工程基本完工。1998 年，工业区 15 家入驻企业正式通水。2001 年，上海市莘庄工业区委托上海市自来水闵行有限公司实施申富路、春东路、春中路贴费排管。2003 年 10 月 24 日，委托上海昆水实业有限公司负责华宁路东、申富路北生产和消防用水的接水。2005 年，工业区委托上海市自来水闵行有限公司完成新源路（鑫都路—瓶北路）、鑫都路（新源路—瓶安路）、瓶北路（中春路—瓶安路）、莲花南路（向阳路—元江路）和华宁路（经二路—元江路）的 DN300 自来水管排管工程。2006 年 7 月，莘庄工业区平均日供水量约 4.17 万立方米/天。2007 年，工业区供水主要从中春路和沪闵路上 2 根 DN1400 管道接管引水，工业区内东西向的颛兴路、金都路、银都路上分别敷设有 DN500 给水管道，与东侧沪闵路、中春路接管，由东向西为地区供水；南北向的华宁路上也敷设有 DN500 给水管道，向南与北松公路管道相连，向北与金都路管道相连；其余道路上均敷设 DN300—DN500 给水管道，形成环网向地区供水。2008 年，莘庄工业区对申莘二村、锦绣人家、申莘三村、颛溪十村 4 个小区进行居民住宅二次供水设施改造工程。2009 年，莘庄工业区委托上海市自来水闵行有限公司实施华西路 DN300 排管工程（金都—光华）。2010 年，莘庄工业区建设申南路防汛应排涝泵站建设。

排污系统　1996 年前，莘庄工业区布设的污水系统以小管径（Φ400—Φ600）为主，主要布设在园区的东北部，2001 年开始，逐渐布设大管径（Φ1 200—Φ1 500）的污水管网。2002 年以来，新增骨干道路污水管网达 12 公里以上；已开发地区的污水收集率和处理率达 93%。

2003 年 4 月，莘庄工业区实施富春路污水管道工程、中春路污水工程，春元昆污水外排 1 号泵站建设工程（沁春路南中春路东）。2003 年 5 月 10 日，莘庄工业区华宁路污水泵站开工建设。至 2003 年，莘庄工业区完成 80% 落户企业的污水检测井建设。2005 年 3 月 1 日，工业区实施截污纳管工程，包含光华路（华宁路东侧）、华西路（六磊路—颛兴路）、六磊路（华宁路—华西路）、无为路（华宁路—华西路）、"新农小区"污水管（沪闵路—北庙泾—元江路）、申富路西侧（华宁路西侧），管径 Φ300，总长度 2 769 米。2007 年 9 月 10 日，莘庄工业区敷设元江路（华宁路—瓶安路）污水管道，新建污水提升泵站，污水管道管径 Φ1 000，污水提升泵站用地面积 1 134 平方米。2008 年，工业区实施新源路污水接入元江路污水总管工程、主路污水接入总管工程。至 2008 年，莘庄工业园区污水收集管网覆盖率达 85%，管网覆盖范围内水环境污染源截污纳管率达 100%。2010 年，莘庄工业区建成承担工业区污水收集任务的春申路、元江路系统的污水干管，建成位于颛桥路、华宁路口的 A♯泵站，为解决 SVA 平板基地排污问题奠定基础。

集中供热设施　1995—2000 年，莘庄工业区建设完成第一供热站，制定供热站管理制度，园区初步具备供热能力。1995 年 7 月，闵行区计划委员会批准新建申莘工业区热网管理站。1996 年 10 月，闵行区规划局颁发建设用地规划许可证，确定位于南块牛桥村 7 队新建热网管理站，占地 16 980 平方米。1997 年，莘庄工业区征地 17 310 平方米，热网管理站在申兴路建设，建设规模 4 939 平方米，围墙 688 米。11 月，安装一期工程 10 吨锅炉。1998 年 6 月，上海申海投资服务有限公司热供站与上赫克力士化工有限公司签署第一份供热合同,合同用热量 2 吨/小时。2000 年,供热用户增加到 2 家。

2001—2005 年,莘庄工业区向企业集中提供供热服务。2001 年,热供站更名为上海莘庄工业区企业发展有限公司热供站。2002 年 9 月,工业区规划新增 2 台 35 吨/小时锅炉,新建第二供热站。第二供热站拟在联农路以南、北竹港以西、华宁路以东、鑫都路以北,占地面积 13 288 平方米,总建筑面积 6 414 平方米。2003 年 9 月 25 日,组建上海莘庄工业区供热有限公司(以下简称工业区供热公司),注册资本 500 万元,原供热站、供热公司划归工业区供热公司。是年建造第二热供站。2004 年 10 月,工业区供热有限公司正式成立,下辖两个供热站;拥有 10 吨炉 1 台、20 吨炉 1 台、35 吨炉 3 台,总供汽能力为 135 吨/小时。2005 年,工业区供热公司供热用户增加到 16 家用户。

2006—2010 年,莘庄工业区强化集中供热服务,供热能力不断提升。2007 年,莘庄工业区形成一整套供热系统,供热系统由第一热供站、第二热供站、一站外管网和二站外管网四部分组成,均单一供蒸汽,同时工业区供热公司着手建设烟气监测与脱硫设施。2008 年 12 月,工业区供热公司完成二站 4 台脱硫设备验收。2009 年 1 月上海市莘庄工业区供热有限公司被评为"2008 年度清洁生产和污染减排先进单位"。2010 年,工业区供热公司两个供热站以集中供热的方式 24 小时不间断提供蒸汽,供汽压力达 0.7 兆帕～1.2 兆帕,温度为 200 摄氏度～280 摄氏度,供热半径达 5 公里。是年,工业区"炉排、蒸汽管网保护层及疏水器的技术改造项目"获闵行区经委节能奖励 12.54 万元。

【配套设施】

鑫泽阳光公寓 2004 年 5 月,莘庄工业区为解决区内落户企业外来务工人员居住问题,规划建造鑫泽阳光公寓。鑫泽阳光公寓地处新源路、瓶北路 479 弄,用地面积 38 948 平方米,建筑面积 60 338 平方米,项目分二期建设。

2005 年,莘庄工业区实业股份有限公司与上海莘闵房地产开发有限公司共同出资 500 万元,成立上海鑫泽置业有限公司,负责鑫泽阳光公寓的开发和管理。是年 5 月 26 日,鑫泽阳光公寓一期工程开工,工程占地 20 578 平方米。2007 年 3 月,鑫泽阳光公寓一期工程建设完成,总投资近 8 000 万元,建有经济型公寓 4 幢、小康型公寓 2 幢,其中经济型宿舍 338 间、小康型宿舍 96 间。公寓一期有上海广电(集团有限公司)、航天太阳能、赛博电子、上海实达精密不锈钢有限公司等企业的 2 900 余名员工入住,出租率达 95% 左右。

2008 年 1 月 30 日,莘庄工业区在阳光公寓举行新上海人学校暨莘庄工业区阳光公寓职工活动中心揭牌仪式。4 月 11 日,莘庄工业区党工委、文明办针对在鑫泽阳光公寓居住的外来建设者,开展了"迎奥运、讲文明、树新风"专场活动,向外来建设者普及奥运知识。是年,鑫泽阳光公寓成立闵行区首家流动人口俱乐部——"阳光驿站"计划生育工作站。

2009 年 5 月,总投资约 7 500 万元的鑫泽阳光公寓二期工程建设完成,建有 7 幢经济型公寓,其中 2 幢 5 层、3 幢 6 层、2 幢 8 层,共 785 间单元。11 月 24 日,闵行区中心医院鑫泽阳光公寓体检站开业。

2010 年,鑫泽阳光公寓二期开始接受入住。是年鑫泽阳光公寓建成综合楼文化活动中心,为外来建设者提供职业教育、继续教育、各类课程和岗位资格培训。此外,鑫泽阳光公寓建立"飞来凤"工作站,利用各种活动载体、丰富外来女员工的文化生活,提供法律咨询、帮困救助、技能培训等方面服务。

其他配套设施　莘庄工业区建有环卫设施、集贸市场、商品房、敬老院、老年活动场所、学校、体检站、消防站、文体事业发展中心等其他配套设施。1996 年 3 月,上海市莘庄工业区市政市容管理所成立。1998 年 9 月 25 日,闵行区政府同意在园区开设上海莘联贸易公司平吉一村集贸市场。2005 年,莘庄工业区市政市容管理所更名为上海市莘庄工业区城市综合管理所,从单一的市政市容管理所转变为城市综合管理。2006 年,莘庄工业区成立新的环卫公司——上海莘工环卫综合服务有限公司,负责工业区内市容环境建设。2008 年,莘庄工业区启动敬老院、申北路文化体育中心、鑫都城商业配套等实事项目,并在园区中开办一所公办幼儿园。2009 年 5 月 7 日,闵行区发展和改革委员会同意工业区新建鑫都小学项目,学校用地 1.7 万平方米,建筑面积 11 976 平方米,总投资 2 586 万元。2009 年 5 月 15 日,闵行区规划和土地管理局批准新建莘庄工业区敬老院(一期)。敬老院选址联农北路、邱泾港东侧,建设基地 5 061 平方米,建筑面积 3 987.6 平方米。2009 年 12 月,敬老院开工建设。是年申北路文化体育中心落成。2010 年 11 月 1 日,莘庄工业区新建光华消防站,用地面积 8 479 平方米。是月,莘庄工业区文化体育事业发展中心成立,莘庄工业区文化体育事业发展中心建有南北两个活动中心,南部位于瓶北路 483 号鑫泽阳光公寓,以外来务工人员为服务对象;北部位于申北路 425 号,主要为工业区企业员工和社区居民提供文化体育活动场所。至2010 年,莘庄工业区敬老院进入精装修阶段,宝铭苑老年活动场所装修完毕,文体中心基本完成装修。

第四节　招　商　引　资

一、招商机构

1995 年 8 月莘庄工业区成立之初,招商引资工作由上海莘庄工业区经济技术发展有限公司经济技术发展部负责。1999 年 2 月 2 日,莘庄工业区经济技术发展有限公司管理机构调整,设投资服务部负责工业区招商工作。是年 5 月 7 日,莘庄工业区成立天为实业发展公司,负责私营企业的招商引资及服务工作。

至 2001 年,莘庄工业区由独立的招商部、天为实业发展公司、社区管理中心负责招商工作。2002 年 2 月,社区管理中心下设招商一科和招商二科,招商一科负责村级公司的招商,招商二科负责天为经济小区的招商。是年 7 月 1 日,上海市莘庄工业区商会秘书处成立,兼有工业区招商引资和企业服务职能。

2004 年 8 月 13 日,莘庄工业区机构调整,在莘庄工业区企业服务中心设立莘庄工业区招商部,与社区管理中心、莘庄工业区商会(及商会秘书处)共同承担招商工作。莘庄工业区招商部下设招商科、办证科;莘庄工业区商会设企业服务科、公共关系科。

2009 年 9 月,莘庄工业区撤销社区管理中心,原招商二科改为莘庄工业区招商二部,下设项目招商科、办证科和综合服务科。

二、招商活动

【企业宣传活动】
1995 年 9—11 月,莘庄工业区先后在闵行区政府举办的海外企业联谊会、中日交流协会组织的各大企业家"中秋联谊会"上,发布莘庄工业区组建信息。9月21日,在广电大厦召开新闻发布会,国内各大新闻媒体32位记者和28位外国企业家代表出席会议;上海人民广播电台990千赫名人访谈节目,就莘庄工业区的投资工作进行介绍。11月18日,莘庄工业区成立后首次举行法国罗纳普朗克公司等16个项目签约仪和记者招待会。系列宣传活动使工业区在较短时间内提高了知名度,吸引日本荒井空调器材有限公司、台湾上海大霸绿色电池有限公司、德国哥德木业有限公司等外资企业来园区投资。

1996年,莘庄工业区举行5次经济信息发布会、4次组团外出访问,有近20个国家和地区的商务领事、商会代表、国际著名企业的驻沪代表等900多人听取工业区情况介绍。日本、德国、新加坡、中国香港等国家和地区的一些著名企业相继来到莘庄工业区考察、洽谈项目。是年,莘庄工业区接洽项目283个,接待来访3 500人次。

1999年1—10月,工业区分别在解放日报、新民晚报、新闻报、经济日报、人民日报、上海电视台等主流媒体刊登、播出16篇报道文章;还在闵行区99经济招商展示会,展出工业区近年建设成果,增进投资者对工业区的了解。2001—2006年,莘庄工业区在日本、德国、法国、荷兰、奥地利、瑞士、美国举行招商说明会,对重点项目SPP(和平电子广场)、FAG轴承有限公司跟踪洽谈,拜访落户园区的企业高层,提升莘庄工业区的知名度。

2008年开始的全球经济危机给招商引资工作带来影响,莘庄工业区前50位企业工业生产总值增幅滑坡,特别是排名一、二位的电气电站、广电NEC,增幅下降7.8%、26.6%。

2009年,莘庄工业区采取措施应对金融危机:一是走访企业120余家了解企业困难,推动西门子摩根项目增资3 000万美元,帮助施耐德项目扩建1万平方米定制厂房;二是走访华硕电脑(上海)有限公司、蓝星有机硅、芬美意香料(中国)有限公司、克莱思等企业,为其定制发展总部经济的个性化整合方案;三是跟踪推进已引进项目落地,使资金到位率达100%;四是引进亚申通项目、华电热电联供项目,探索新能源产业发展之路。至是年11月,工业区招商部共接待100余家客户,在谈项目45家、投产企业16家。

【专项活动】

科技主题活动 2004年11月17日,莘庄工业区举办首个科技主题活动。2005年5月17日,莘庄工业区首次举办"科技活动周",组织工业区内社区居民及申莘小学青少年参观生态示范楼及航天805研究所。2006年5月23日,莘庄工业区第二届"科技活动周"在太阳能科技有限公司举行,参观航天城建设指挥部。9月28日,莘庄工业区召开"知识产权交流会",对工业区知识产权工作进行动员和部署。2007年5月20日,在莘庄工业区锦峰苑小区举行莘庄工业区科技节活动,市科委领导为"节能技术成果应用小区"揭牌,锦峰苑小区成为闵行区推行"节能技术成果应用小区工程"第一个试点小区。

2008年10月9日,莘庄工业区成为首批获得"上海市知识产权试点园区"的单位。2009年4月11日,莘庄工业区启动"上海市专利工作者培训班",来自园区30多家企业参加课程,为上海市知识产权试点园区创建提供专业知识保障。是年5月21日,莘庄工业区科技活动节举办"2009节能减排国际论坛",邀请国内外专家、节能技术与产品生产企业及重点用能单位共商金融危机下的企业节能减排对策。2009年,莘庄工业区11家企业被市科委认定为高新技术企业;至此莘庄工业区有45家高新技术企业。2010年5月15日至6月10日,莘庄工业区科协围绕"城市、创新、世博——让生活更美好"主题,开展科普系列活动。

企业科技扶持　2008 年 5 月 16 日至 9 月 16 日,莘庄工业区分别与大金空调(上海)有限公司、亨特道格拉斯(中国)有限公司、亨特建材(上海)有限公司签订《科技扶持协议书》,对企业科技工作给予一定的资金扶持。2008 年 9 月 24 日,上海市莘庄工业区管理委员会颁布《莘庄工业区对科技型中小企业进行战略投资的管理办法(暂行)》,由莘庄股份有限公司在莘庄工业区内优选项目进行投资,通过参股融资,扶持科技型企业发展。

申报"高新技术产业园"　2010 年,莘庄工业区完成"上海市莘庄高新技术产业园"的申报工作。2010 年 3 月,在市科委、闵行区科委及张江高新区领导小组的推动下,莘庄工业区申请加入上海市张江高新区"1＋N"的扩区行列。4 月,莘庄工业区正式向闵行区政府报送相关申请材料,并由闵行区政府上报至市政府进行审批。9 月底,根据张江高新区领导小组要求,莘庄工业区进行 2010 年度专项资金的申报。10 月底至 11 月初,莘庄工业区参加闵行区和上海市两级政府的 2010 年"专项资金"专家评审会。此次专项资金莘庄工业区共申请市级专项资金支持 536.05 万元,其中莘闵孵化园申请市级专项资金 107 万元。

三、企业服务

莘庄工业区建立园区商会,开展银企合作,搭建融资平台,为区内企业服务。2002 年 4 月,莘庄工业区建立"一站式办公服务",形成"首问负责制""引导式服务"等企业服务制度。2010 年,莘庄工业区被评为上海市开发区首批"企业服务优秀园区"。

【上海市莘庄工业区商会】

2000 年,莘庄工业区成立闵行区工商联莘庄工业区分会,工作重点为私营经济城,第一批会员 35 个,其中私营、民营企业会员 32 个。2002 年随着工业区内三资企业不断增多,莘庄工业区党工委提出成立新商会的构想。是年 6 月 28 日,由三资企业组成的莘庄工业区"新商会"正式成立。7 月 1 日,建立上海市莘庄工业区商会秘书处。

2004 年 6 月,莘庄工业区商会与闵行区工商联莘庄工业区分会合并,成立闵行区工商联莘庄工业区商会。8 月,承担工业区党工委赋予的服务科技的职能。2004—2006 年,商会秘书处举办"消费品企业交流会""汽车产业链搭建活动",为区内企业搭建商贸平台。

2007—2010 年,莘庄工业区商会秘书处在工业区内形成"企业沙龙""外资企业年会""园区企业看——"等系列品牌活动。商会从 2008 年起连续 4 年被评为"上海市工商联优秀基层商会",获上海市开发区协会"企业服务明星"等荣誉称号。

【企业融资服务平台】

2008 年,莘庄工业区为解决中小企业资金缺口问题,制定《中小企业信用担保贷款操作细则》,建立融资平台;扩大中小企业信用担保范围,企业贷款金额由最高不超过 500 万元,增加到 1 000 万元。是年,工业区经济发展管理办公室制定《莘庄工业区对科技型中小企业进行战略投资的管理办法(暂行)》,利用资本市场,通过参股融资,扶持科技型企业发展。

2009 年 1 月 12 日,莘庄工业区与国家开发银行上海市分行、交通银行闵行支行分别签署中小企业融资业务合作协议书,建立银企合作平台,解决区内中小企业融资困难。2009 年 3 月 24 日,莘庄工业区制定《关于开展中小企业融资模式创新加强贷款审查监管工作的实施意见(试行)》,设立贷款评审委员会和贷款评审委员会办公室,负责对借款企业进行综合评估,将评估后的企业贷款项目提交银行。2009 年,莘庄工业区牵头民营企业筹建投资公司,从事战略投资、经营租赁和贷款担保工作。2009 年,莘庄工业区中小企业信用担保贷规模达 2 860 万元;2010 年工业区为工业区内 9 家中小企业提供 3 990 万元贷款担保,比 2009 年增长 39.5%。

四、招商成果

【引进外资】

1992—1994 年,上海申莘工业投资开发总公司与上海莘北投资发展总公司引进三资企业 12 家,协议吸收外资 9 034 万美元。

1995—2000 年,莘庄工业区引进合同外资分别为 9 636 万美元、5 559 万美元、1 321 万美元、1 889 万美元、4 728 万美元、6 713 万美元。

2001—2005 年,莘庄工业区招商引资向高科技研发企业及高端制造业企业靠拢。2001 年全年引进项目 34 个,引进外资企业 30 家、合同外资 2.84 亿元、利用区外资金 10 亿元;引进的项目数、合同外资金额创莘庄工业区的历史新高。2002 年,莘庄工业区引进外资项目 26 个。2003 年,莘庄工业区引进的外资企业中,1 000 万美元以上企业 11 家,超亿元美元项目 1 家,增资 34 家,注册资本 6.53 亿美元。2004 年,莘庄工业区引进 1 000 万美元以上企业 2 家,超亿元美元项目 1 家,增资 22 家,注册资本 1.45 亿美元。2005 年,莘庄工业区引进外资企业 44 家,其中 1 000 万美元以上企业 5 家,增资 34 家。是年,全球领先的塑料、橡胶和液态硅应用的高端注射成型机械的生产商——奥地利恩格尔机械(上海)有限公司入驻莘庄工业区,该项目注册资本 1 500 万美元,总投资 4 500 万美金,用地 3.47 公顷。

2006—2010 年,莘庄工业区自主规划招商和产业格局,重点推进主导产业相关企业入驻。2006 年 5 月,莘庄工业区引进电气硝子玻璃(上海)广电有限公司,带动电子信息产业的发展。2008 年,莘庄工业区新引进或追加总投资 1 000 万美元以上项目共 7 个,竣工投产外资项目 17 个,投资总额 4.9 亿美元。2009 年,共计引进合同外资 7 584 万美元,其中引进新项目 15 个,增资项目 20 个。

至 2010 年,莘庄工业区累计吸引外商投资总额 66.28 亿美元,引进外资企业 350 家,其中投资额超过 1 000 万美元以上的项目 94 个,世界 500 强企业 42 家。

表 7 - 4 - 4   1995—2010 年莘庄工业区引进外资情况表

年　份	落户企业数 (家)	投资总额 (亿美元)	注册资本 (亿美元)	合同外资 (亿美元)	到位资金 (亿美元)
1995 年	13	2.13	1.19	0.96	0.36
1996 年	17	1.13	0.79	0.56	0.47
1997 年	8	0.17	0.14	0.13	0.56
1998 年	10	0.35	0.19	0.19	0.57
1999 年	10	0.67	0.51	0.47	0.56
2000 年	18	1.05	0.73	0.67	0.44

（续表）

年　　份	落户企业数 （家）	投资总额 （亿美元）	注册资本 （亿美元）	合同外资 （亿美元）	到位资金 （亿美元）
2001 年	30	3.71	1.68	2.84	1.45
2002 年	24	6.06	2.46	5.57	1.38
2003 年	36	14.63	6.53	3.2	1.46
2004 年	21	3.19	1.45	1.4	1.81
2005 年	44	2.66	1.52	1.51	1.5
2006 年	33	8.8	4.33	3.14	1.58
2007 年	22	10.94	6.13	3.08	1.63
2008 年	20	2.86	1.41	1.43	2.27
2009 年	18	1.92	1.21	1.15	1.12
2010 年	26	6.01	2.91	2.54	1.78
累计	350	66.28	33.18	28.84	18.94

资料来源：上海市莘庄工业区管理委员会、上海市莘庄工业区经济技术发展有限公司

表 7 - 4 - 5　1995—2010 年莘庄工业区世界 500 强企业投资项目情况表

企　业　名　称	主　要　产　品	投资总额 （亿美元）	所属集团	国　　别
上海中航光电子有限公司	液晶显示屏	10 亿元	航天工业集团	中　国
上海电气电站设备有限公司	电站设备	3.71	西门子股份公司	德　国
上海广电富士光电材料有限公司	液晶显示屏用彩膜	2.67	日本富士集团	日　本
上海实达精密不锈钢有限公司	精密不锈钢	1.7	宝钢集团	中　国
大金空调（上海）有限公司	商用、家用空调和中央空调	0.99	大金公司	日　本
上海申沃客车有限公司	客车	0.97	沃尔沃集团	瑞　典
三菱电机上海机电电梯有限公司	高速电梯	0.9	三菱电机集团	日　本
萨克斯汽车零部件（上海）有限公司	减震器	0.49	采埃孚（ZF）集团	德　国
罗地亚投资（中国）有限公司	精细化工研发	0.49	罗地亚集团	法　国
上海汇众萨克斯减震器有限公司	减震器	0.47	采埃孚（ZF）集团	德　国
电气硝子玻璃（上海）广电有限公司	平板显示用玻璃	0.46	旭硝子株式会社	日　本
上海广电三井物贸有限公司	物贸	0.3	三井集团	日　本
阿文美驰（中国）投资有限公司	投资性公司	0.3	阿文美驰公司	美　国
上海 DIC 油墨化学品有限公司	油墨	0.27	大日本油墨化学公司	日　本
东芝机械（上海）有限公司	数控机床及精密成型机	0.25	东芝集团	日　本

（续表一）

企 业 名 称	主 要 产 品	投资总额（亿美元）	所属集团	国 别
罗地亚聚酰胺（上海）有限公司	工程塑料	0.22	罗地亚集团	法 国
摩根轧机（上海）有限公司	轧机制造	0.09	西门子股份公司	德 国
赢创德固赛（上海）有限公司	精细化学品	0.19	德固赛集团	德 国
上海赫克力士化工有限公司	丙纶短纤维	0.18	亚什兰集团	美 国
上海佳丽宝化妆品有限公司	化妆品	0.17	花王株式会社	日 本
上海巴斯夫涂料有限公司	汽车涂料	0.16	巴斯夫集团	德 国
上海理研塑料有限公司	塑料合金混合料	0.14	伊藤忠商事株式会社	日 本
松下电工信息仪器（上海）有限公司	新型电子及仪表元器件	0.13	松下电器产业株式会社	日 本
上海阿尔斯通交通电气有限公司	轨道车辆	0.1	阿尔斯通集团	法 国
华硕电脑（上海）有限公司	笔记本电脑	0.1	华硕电脑股份有限公司	中国台湾
大金氟涂料（上海）有限公司	涂料	0.09	大金公司	日 本
康奈可汽车科技（上海）有限公司（分公司）	汽车研发	0.06	日产汽车公司	日 本
泰而勒食品机械贸易（上海）有限公司	食品机械贸易	0.06	开利公司	美 国
汉胜工业设备（上海）有限公司	工业设备	0.034	UTC 集团	美 国
圣戈班精细陶瓷（上海）有限公司	抗磨损陶瓷	0.029	圣戈班集团	法 国
泰而勒食品设备制造（上海）有限公司	食品机械制造	0.028	开利公司	美 国
利孚德（上海）有限公司	机电产品	0.023	巴克莱银行	英 国
上海莘威运动品有限公司	体育用品	0.022	欧尚集团	法 国
丰田工业商贸（中国）有限公司	叉车、整车及叉车零配件	0.02	丰田汽车公司	日 本
艾默生传导系统（上海）有限公司	有线视产品	0.009 7	艾默生电气公司	美 国
法麦凯尼柯机械（上海）有限公司	卫生用品及包装设备	0.009	宝洁公司	美 国
伟诺和包装材料（上海）有限公司	包装材料	0.007	旭化成株式会社	日 本
上海新莘纺织机械有限公司	纺织机械	0.007	伊藤忠商事株式会社	日 本
博隆福斯船舶设备贸易（上海）有限公司	船舶设备贸易	0.002	蒂森克虏伯集团	德 国
德固赛（中国）投资有限公司上海分公司	投资性公司	—	莱茵集团	德 国
杜邦中国集团有限公司上海高性能涂料分公司	汽车涂料	—	杜邦公司	德 国

（续表二）

企 业 名 称	主 要 产 品	投资总额 （亿美元）	所 属 集 团	国 别
上海华电闵行能源有限公司	新能源	9.6亿元	华电集团	中　国
上海施耐德低压终端电器有限公司	低压终端电器	0.079	施耐德电气有限公司	法　国
电装（中国）投资有限公司上海技术中心	汽配	0	电装株式会社	日　本
上海极能客车动力系统有限公司	汽配	0.16	沃尔沃集团	瑞　典
波士胶（上海）管理有限公司	精细化工研发	0.12	道达尔公司	法　国
合计：46项				

资料来源：上海市莘庄工业区管理委员会、上海市莘庄工业区经济技术发展有限公司

【引进内资】

1993—1994年，上海申莘工业投资开发总公司与上海莘北投资发展总公司共引进4家内资企业，吸引资金1.65亿元。

1995—2005年，上海市莘庄工业区成立天为经济城，开展私、民营企业的招商服务工作。2002年，总投资超过4亿元的中国船舶重工集团公司第711研究所和总投资达1亿元的上海航天技术研究院811研究所太阳能电池项目签约落户工业区。2003年，中国船舶重工集团公司第701研究所签订项目意向书，研究所上海分部迁至莘庄工业区。是年，莘庄工业区天为经济城和莘闵高科技园共引进民营企业500户，内资注册资本10亿元。2005年，莘庄工业区引进内资企业1 200多户，内资注册资本21.5亿元以上。其中天为经济城新招注册企业501家，引进注册资金10.2亿元。

2006—2010年，莘庄工业区制定一系列财政扶持政策，吸引私、民营企业入驻。2006年1月6日，莘庄工业区《关于2006年工业区发展民营（内资）企业政策扶持的会议纪要》对入驻莘庄工业区的民营企业实行财税优惠政策，对引进企业的中介机构给予奖励。是年，莘庄工业区引进内资企业900多户，内资注册资本47.08亿元。其中天为经济城新招注册企业512户，企业增资15家，新增资金6 038万元。2008年9月24日，上海莘庄工业区管理委员会制定《莘庄工业区管委会对科技型中小企业进行战略投资的管理办法（暂行）》，由上海莘庄工业区实业股份有限公司对园区内注册资本500万元以上的中小企业进行选择性股权投资和股权管理。2010年，莘庄工业区引进内资企业318户，内资注册资本23.25亿元。共计引进内资26亿元，其中天为经济城引进3.98亿元，莘闵高科技园引进3.52亿元。

第五节　产业发展

一、经济规模

莘庄工业区自1995年8月成立以来，经过15年的开发建设，形成先进重大装备、电子信息制造、新能源汽车及关键零部件、新材料等四大高新技术产业集群，产业集聚度高达80.05％。至2010年，莘庄工业区落户企业460余家，其中，外资企业约350家，投资额超过1 000万美元的企业

94 家,世界 500 强企业 42 家,研发机构 53 个,投资型地区总部 4 个。

莘庄工业区工业总产值从 1998 年的 20.63 亿元,提高到 2010 年的 673.29 亿元,增加了 31.6 倍;主营业务收入从 1998 年的 18.81 亿元提高到 2010 年的 669.84 亿元,增加了 34.6 倍;出口交货值从 1998 年的 6.03 亿元提高到 2010 年的 210.90 亿元,增加了 34 倍;利润总额从 1998 年的 0.50 亿元提高到 2010 年的 75.31 亿元,增加了 149.6 倍;税金总额从 1998 年的 0.52 亿元提高到 2010 年的 17.47 亿元,增加了 32.6 倍。

集体企业工业总产值 2003—2004 年 2.40 亿元,2006—2010 年 12.16 亿元;主营业务收入 2003—2004 年 2.45 亿元,2006—2010 年 12.44 亿元;利润总额 2003—2004 年 761 万元,2006—2010 年 5 033 万元;税金总额 2003—2004 年 559 万元,2006—2010 年 1 009 万元。

表 7-4-6 1998—2010 年莘庄工业区主要经济指标表(一) 单位:亿元

年 份	工业总产值	主营业务收入	利润总额	税金总额	出口交货值
1998 年	20.63	18.81	0.50	0.52	6.03
1999 年	27.05	24.37	1.44	1.09	7.90
2000 年	37.20	38.68	2.19	1.68	12.11
2001 年	76.34	71.10	6.21	3.01	15.93
2002 年	127.05	127.68	10.69	3.90	32.92
2003 年	187.68	183.19	15.34	5.63	43.80
2004 年	235.81	259.01	21.43	5.03	61.78
2005 年	270.04	274.71	11.92	7.06	80.63
2006 年	329.42	317.61	10.64	6.99	118.59
2007 年	508.95	518.68	29.31	12.96	199.89
2008 年	536.32	532.30	17.29	11.65	203.41
2009 年	569.44	576.59	31.97	18.56	144.64
2010 年	673.29	669.84	75.31	17.47	210.90

资料来源:莘庄工业区提供

表 7-4-7 1998—2010 年莘庄工业区主要经济指标表(二) 单位:亿元

年 份	资产总计	流动资产平均余额	固定资产净值平均余额	从业人员(万人)
1998 年	29.74	11.80	11.55	1.26
1999 年	37.13	16.80	15.30	1.47
2000 年	46.58	23.46	15.48	1.45
2001 年	73.37	42.25	21.24	2.43
2002 年	158.50	101.46	28	3.57
2003 年	214.67	99.85	48.35	3.68
2004 年	303.84	171.64	63.11	4.42

（续表）

年　　份	资产总计	流动资产平均余额	固定资产净值平均余额	从业人员（万人）
2005 年	437.89	206.72	102.72	3.82
2006 年	352.89	175.90	126.09	3.87
2007 年	544.32	270.07	202.87	7.10
2008 年	546.26	297.78	—	7.13
2009 年	711.59	437.81	190.50	7.10
2010 年	696.41	—		7.05

说明：① 2003 年及以前为工业企业主要经济指标，2004 年及以后为规模以上工业企业主要经济指标；② 销售收入指标 2004 年起改为主营业务收入

资料来源：① 1998—2000 年数据来源于上海市统计局编著：《上海市国民经济和社会发展（1949—2000）历史统计资料·工业交通分册》第 182 页；② 2001—2003 年、2010 年数据来源于上海市统计局编著：《上海统计年鉴》；③ 2004—2009 年数据来源于上海市经济委员会、上海市统计局、上海市开发区协会编著：《上海市开发区统计手册》

表 7 - 4 - 8　2003—2010 年莘庄工业区主要经济指标表（三）　　　　单位：亿元

类型 \ 性质	工业总产值		主营业务收入		利润总额		税金总额	
	2003—2005 年	2006—2010 年	2003—2005 年	2006—2010 年	2003—2005 年	2006—2010 年	2003—2005 年	2006—2010 年
国有企业	4.39	20.63	4.16	3.62	0.12	0.19	0.17	0.24
股份合作企业	6.08	10.50	5.91	11.97	1.32	0.42	0.21	0.55
股份制企业	66.62	366.60	91.78	357.21	3.74	27.53	1.43	10.53
三资企业	604.62	2 210.04	602.80	2 217.04	42.95	134.76	15.57	56.31

资料来源：上海市经济委员会、上海市经济和信息化委员会、上海市统计局、上海市开发区协会《上海市开发区统计手册》

二、主导产业

【微电子通讯】

1993—1995 年，莘庄工业区成立前引进大霞实业有限公司、申邦电子门锁有限公司、福堂公司、盈福公司 4 家电子及通信设备公司，为微电子通讯产业的发展打下基础。

1996—2006 年，微电子通信产业领域引进了广电 NEC、奥特斯（中国）有限公司、莱尔德电子材料（上海）有限公司等高资金密度、高科技含量的大型项目，促进微电子产业群的形成。

2007 年，微电子通讯业工业产值占莘庄工业区的 60%，成为工业区的第一产业。其中可为无线通信设备配套的企业达 30 余家，初步形成产业链。主要企业包括以设计研发为主的开明信息科技股份有限公司，以生产手机关键配件为主的奥特斯公司和主营手机键盘的保利马公司，手机零部件生产商罗信精密零件（上海）有限公司，手机材料生产商山特维克、一山、日邦等公司。2008 年，莘庄工业区微电子通讯产业工业总产值为 62.6 亿元，占园区工业总产值比 12.1%。

至 2010 年，工业区微电子通讯引进外资 6.7 亿美元，占工业区引进外资总额的 11%，主要企业有 31 家，其中代表性企业有 6 家。

表 7 - 4 - 9　2010 年莘庄工业区微电子通讯主要企业情况一览表

序号	企 业 名 称	产业/行业	投资总额（万美元）	注册资本（万美元）
1	上海西格玛光机有限公司	光电子器件及其他电子器件	558	400
2	松下电工信息仪器(上海)有限公司	电子器件	1 250	625
3	东仁扭矩仪器(上海)有限公司	电子测量仪	64	45
4	山内精密电子(上海)有限公司	电工仪器仪表	70	50
5	奥特斯(中国)有限公司	电子、微电子技术	44 640	13 437.2
6	上海锦虎电子配件有限公司	IT、电子	2 998	1 830
7	芯发威达电子(上海)有限公司	电子	2 500	2 000
8	慧高精密电子(上海)有限公司	电子元器件	1 250	508
9	泰宇电子(上海)有限公司	电子元器件	1 200	710
10	东杰电气(上海)有限公司	电子	1 100	870
11	上海美高森美半导体有限公司	电子电工(半导体材料)	1 100	636
12	华捷联合信息(上海)有限公司	电子及通信设备制造业(电子计算机整机制造业)	1 000	810
13	通用电气时代微波电子(上海)有限公司	电子	800	400
14	上海华印电路板有限公司	电子元器件	670	410
15	科双电子元件(上海)有限公司	电子元器件	487	376
16	上海安费诺永亿通讯电子有限公司	通讯	400	300
17	罗信精密零件(上海)有限公司	电子元器件	348	250
18	依州电子零部件(上海)有限公司	电子	290.11	146.38
19	妙洁精密零件(上海)有限公司	通讯配件	204	144
20	莱尔德电子材料(上海)有限公司	电子元器件	180	126
21	爱德龙通讯系统(上海)有限公司	通讯、电信业	177	125
22	艾默生传导系统(上海)有限公司	电子元器件	96	86
23	上海思百吉仪器系统有限公司	仪器仪表及衡量器	142	100
24	上海劭泰电光源有限公司	电子	57	40
25	牛津仪器(上海)有限公司	仪器仪表	21.5	20
26	上海朗仕电子设备有限公司	电子	30	21
27	新控信息工程(上海)有限公司	电子	10	10
28	伟声贸易(上海)有限公司	电子设备零部件	15.4	21.8
29	天孚真空机器软管(上海)有限公司	电子真空器件	500	250
30	世平伟业国际贸易(上海)有限公司	贸易	245	245
31	保利马科技(上海)有限公司	其他塑料制品制造	4 500	2 000

资料来源：莘庄工业区提供

【机械及汽车零部件】

1995年,莘庄工业区有中国轴承厂、现代五金有限公司等机械制造企业;有上海易初日精有限公司、上海依工塑料五金有限公司等企业从事汽车、摩托车零配件制造和经营。

1996—2006年,东芝机械(上海)有限公司、盖米阀门(上海)有限公司、恩格尔机械(上海)有限公司、上海金旅汽车配件有限公司、山特维克传动系统(上海)有限公司、鹰革沃特华汽车皮革(中国)有限公司等国内外知名企业入驻工业区,推动了园区机械及汽车零部件产业的快速发展。

至2007年,莘庄工业区有整车、零部件制造和汽车服务等30余家企业,工业总产值占园区总额的16％。其中,整车制造厂家有申沃客车、申龙客车;汽车零部件制造企业有世界500强企业投资的萨克斯汽车零部件、汇众萨克斯、福伊特驱动技术系统(上海)有限公司等;汽车服务方面有上海大众、上海通用等汽车修配和销售(4S)公司。

2008年,莘庄工业区机械及汽车零部件行业的工业总产值为283亿元,占工业区工业总产值的54.7％。2009年9月,莘庄工业区机械及汽车零部件产业吸引外资总额8.3亿美元,占工业区外商投资总额的14％,主要企业83家,代表性企业有11家。

【新材料及精细化工】

1995年,世界一流氟类化学品制造企业日本大金工业株式会社入驻莘庄工业区。1996—2006年,莘庄工业区引进上海大阳日酸气体有限公司、四国化研(上海)有限公司、上海至正道化高分子材料股份有限公司、芬美意香料(中国)有限公司等重点企业,新材料及精细化工产业逐步在园区确立主导地位。

2007年,新材料及精细化工产业产值占莘庄工业区总产值的14％,成为工业区较成熟的行业,其中上海巴斯夫涂料有限公司、赢创德固赛(上海)有限公司、罗地亚聚酰胺(上海)有限公司、上海理研塑料有限公司、大金氟涂料(上海)有限公司、上海DIC油墨化学品有限公司、上海赫克力士化工有限公司、小松精炼纤维制品等均为世界500强投资的企业。

随着新材料企业的不断引进,产业中的研发企业在园区集聚度也日益提高。2006年6月,芬美意香料亚太研发中心在莘庄工业区成立。荷兰亨特集团于2001年在工业区投资设立亨特道格拉斯建筑产品(中国)有限公司,2008年10月亨特窗饰产品(上海)有限公司迁入工业区,2010年11月亨特总部项目落户莘庄工业区。

2008年,莘庄工业区新材料及精细化工产业产值为52.6亿元,占工业区全部工业总产值的10.2％。2009年9月,新材料及精细化工的外资投资总额4.4亿美元,占工业区全部外商投资总额的7.5％,其中代表性企业有10家。

三、产业集聚

1992—1994年,申莘工业区和莘北工业开发区引进的企业以电子、精细化工、生物医药、工业模具等行业为主。

1995年,莘庄工业区成立后,规划发展以电子、生物工程为主要方向的科技产业。1995—2000年,莘庄工业区初创时期,引进企业行业多样,产业集聚呈初始阶段。至2000年,莘庄工业区逐步形成电子信息、电器产品、汽车配件和生物医药为主的产业结构,工业区产业集聚度逐步提高。

2001年,引进外资企业30家。其中,日资保力马科技项目在工业区奠基,美国汉胜公司独资的汉胜工业设备公司成立,奥地利技术及系统技术公司独资设立的奥特斯(中国)有限公司落户工业区。2002年,日本东芝机械株式会社、日本松下电工株式会社、加冷松芝、三菱电机集团、德固赛集团等知名企业入驻工业区。是年,工业区与上海广电(集团)有限公司合作启动平板显示产业。6月20日至7月20日,711研究所和811研究所太阳能电池项目落户莘庄工业区。2003年,上海航天技术研究院与莘庄工业区签约,上海航天新区在园区动工。

2002—2004年,莘庄工业区引进日本康奈可株式会社、美国ITW集团及奥特斯集团等一批高端制造业企业,及有自主知识产权、核心技术的IT产业、电器机电和新材料项目,带动园区企业升级换代。2005年在莘庄工业区实现的工业产值中,居前4位的产业为:通信设备、计算机及其他电子设备制造业,占比39.25%;交通运输设备制造业,占比14.3%;而纺织服装、鞋、帽制造业,占比8.6%;塑料制品业,占比1.35%。其中电子设备、交运设备等先进制造业占莘庄工业区整个工业总产值的50%以上。至2006年,微电子通讯、机械及汽车零部件、新材料新能源及精细化工三大产业成为莘庄工业区园区的主导产业。

2007年,莘庄工业区落实措施,重点建设平板显示产业和航天新城,发展以保税物流中心为龙头的现代服务业;继续加快私民营经济发展步伐,实施园区二次创业,把工业区建设成为先进制造业和现代服务业的产业集聚地。2008年,工业区三大主导产业企业176家,占工业区落户企业63%;主导产业外商投资33.6亿美元,占外商投资总额58%;主导产业吸引资金15.8亿美元,占工业区吸引外资注册资金的54%。是年,园区工业总产值中,机械及汽车零部件业为283亿元,微电子行业为62.6亿元,平板显示业为61.6亿元,新材料及精细化工为52.6亿元,分别占工业区工业总产值的54.7%、12.1%、11.9%、10.2%。

2008年上海航天新区一期工程投入使用,二期工程启动建设。至2010年,莘庄工业区形成微电子通讯、机械及汽车零部件、新材料新能源及精细化工三大支柱产业,及平板显示、航天研发两大产业基地;其中机械和汽车零部件产业占工业区总产值45%,电子通信产业占20%,新材料新能源及精细化工占8%。是年,莘庄工业区完成在工业区西部建设生产性服务业集聚区规划和研究,实施发展总部经济配套政策,先后引进亨特道格拉斯总部、佳立研发、芯发威达研发3个总部经济项目,与10个总部经济项目洽谈;工业区第三产业发展正式起步。

【平板显示产业基地】

平板显示产业基地主要由上广电NEC项目及相关配套的上、下游企业组成。2002年4月18日,上海广电(集团)有限公司(SVA)所属广电光电子公司和日本电气株式会社(NEC)在上海签约成立合资公司,以批量生产、组装、销售TFT-LCD(薄膜晶体管液晶显示器)为主要业务。2002年7月25日,莘庄工业区与上海广电集团就TFT(SVA&NEC)项目达成合作意向。SVA-NEC项目总投资10亿美元,注册资金33亿元,总用地120万平方米,其中一、二期用地90万平方米,配套项目用地30万平方米。2003年11月,项目入驻莘庄工业区。

2004年,中国第一块具有自主知识产权的液晶显示器在莘庄工业区上线;2005年11月8日,全国第一个平板显示产业基地——上海平板显示产业基地在工业区挂牌成立。其后,随着上海广电NEC液晶显示器有限公司,上海中航光电子有限公司、电气硝子玻璃(上海)广电有限公司、上海广电富士光电材料有限公司、上海大阳日酸气体有限公司、上海伯恩世通光电股份有限公司等相关企业落户,工业区初步形成平板显示产业链。

2006年8月21日,莘庄工业区管委会申报平板显示产业基地国家级产业园。2007年5月31

日,经国家信息产业部认定,上海平板显示产业基地升格为国家级平板显示产业基地——国家(上海)平板显示器件产业园。至2007年,全国共5家国家信息产业园,莘庄工业区是上海市第一家。产业基地规划面积2.2平方公里,其中一期工程占地120万平方米,并划定向阳工业区范围内2.5平方公里作为预留用地。2007年8月27日下午,国家(上海)平板显示器件产业园在工业区揭牌。闵行区政府和上海广电(集团)有限公司签署《共同建设国家(上海)平板显示器件产业园的合作框架协议》,成立产业园区管理机构。2007年,平板显示产业基地销售产值达75亿元,占工业区总产值的18%。

2008年,莘庄工业区平板显示产业产值61.6亿元,占工业区全部工业总产值的11.9%。2009年9月,莘庄工业区平板显示产业外资投资总额14亿美元,占工业区全部外资投资总额的24%,主要企业有5家。

2010年,莘庄工业区管委会提出"创建国家级新型工业化电子信息产业(微电子通讯)示范基地工作方案",平板显示产业作为电子信息产业的重要组成部分。2010年7月,莘庄工业区被上海市经济和信息化委员会(市经济信息化委)列入上海市首批争创"国家新型工业化产业示范基地"活动名单并予公布。

表7-4-10　2010年莘庄工业区平板显示产业主要企业情况一览表

序号	企　业　名　称	主　要　产　品	产业/行业	投　资　总　额
1	上海广电(集团)有限公司	电子、电器产品及设备,实业投资,商业贸易	总部结构、投资	34.54亿元
2	上海广电NEC液晶显示器有限公司	15、17液晶显示屏	光电子器件及其他电子器件	104 233万美元
3	电气硝子玻璃(上海)广电有限公司	液晶平板玻璃		1 550万美元
4	上海大阳日酸气体有限公司	氮气、氧气、氩气	其他基础化学原料制造	1 950万美元
5	上海广电富士光电材料有限公司	大尺寸TFT-LCD用彩色滤光片		26 700万美元

资料来源:莘庄工业区提供

【上海航天新区】

上海航天研发新城系上海航天技术研究的所在地。2003年2月23日,上海航天技术研究院与莘庄工业区签订国有土地划拨补偿协议书,决定将上海航天局、研发中心及所属相关研究机构迁至莘庄工业区,项目总投资1.5亿元。是年12月起,上海航天新区动工建设。

2005年9月6日,上海航天新区建设工程在莘庄工业区元江路航天新区举行开工典礼。航天新区建筑面积30万平方米,规划设置航天局本部区、动力区、电子区、协作区等功能区域,通过产业、专业、组织、资源等的整合,组建5个专业研究所和6个专业工艺中心,提升航天新区的总体研发能力。新区分二期进行建设,一期建设工程实际总投资为5.6亿元。2006年,上海航天新区完成250户居民的动迁工作。2007年,上海航天新区完成一期工程,上海航天局本部、上海航天局研究所(805所)和上海航天信息研究所(807所)完成第一批军品研究所向航天新区的迁移。2008年2月1日,上海航天新区一期工程开始投入使用。二期工程主要调迁新的制导所、控制所,并新建一批生产中心。

【上海闵行国际物流保税中心】

上海闵行国际物流保税中心(以下简称物流中心)属 A 类保税物流中心,适用于跨国公司的物流总部。2004 年 2 月 13 日,海关总署审批同意在上海市闵行区设立全国第一家跨国公司地区总部保税物流中心——上海先锋(中国)保税物流中心,率先进行自用型保税物流中心(A 型)的试点工作。2004 年 3 月,上海莘庄工业区经济技术发展有限公司及上海市莘庄工业区实业股份有限公司共同出资 1 000 万元,成立上海闵行国际物流中心有限公司,负责筹备公共型保税物流中心(A 型)。国际保税物流中心总规划面积为 125.59 公顷,规划范围:东至莲花南路,南至南潮浜,西至淡水河和都会路,北至向阳河。物流中心由 4 部分构成:以仓库为主的仓储贸易区、以旷地堆场为主的堆场区、以服务为主的配套公建区、以适应物流中心可能发展需要的综合发展备用地。2005 年 7 月 15 日,上海闵行国际物流中心有限公司注册资本由原有 1 000 万元增加到 3 000 万元,其中上海市莘庄工业区经济技术发展有限公司出资 2 600 万元,占总股本的 86.7%,上海莘庄工业实业股份有限公司出资 400 万元,占 13.3%。

2006 年 1 月 22 日,上海海关批准在物流中心设立 9 600 平方米公共型保税仓库。是年 6 月 12 日,物流中心公共型保税仓库经上海海关验收合格后正式挂牌。2007 年,物流中心公共型保税仓库通过验收并投入使用,兼具保税仓储、简单加工和增值功能,融采购、销售、分拨、配送于一体,为上海市首创、全国试点。

2008 年,物流中心已建 7 幢仓库,总面积约 7 万平方米,同时配有综合办公楼和能源中心,设有商务中心和餐厅。是年,物流中心成功引进 7 家企业,分别为丰田工业商贸(中国)有限公司、雅诗兰黛(上海)商贸有限公司、中外运—敦豪国际航空快件有限公司(DHL)、上海贝业新兄弟物流有限公司、艾力高商贸(上海)有限公司、顺丰速运集团(上海)速运有限公司、基通物流(上海)有限公司。

2009 年 4 月 13 日,上海市莘庄工业区经济技术发展有限公司向闵行区国资委申请与吴泾镇政府合作,共同投资拓展物流业务。4 月 29 日,闵行区国资委批准上海市莘庄工业区经济技术发展有限公司对上海闵行国际物流中心有限公司追加投资 4 000 万元。2009 年,物流园区实现税收 3.5 亿元,比 2008 年增长 54%,其中雅诗兰黛和顺丰速运两家企业的税收分别达 3.2 亿元和 2 079 万元,比 2008 年分别增长 51%和 143%。

四、科技创新

2000 年 7 月,莘庄工业区成立莘闵孵化园,作为国家级高新技术创业服务中心和闵行区归国留学生创业平台。2005 年 9 月 26 日,莘庄工业区成立工业区促进科技工作领导小组,加强对工业区科技工作领导。12 月 23 日,莘庄工业区科学技术协会成立,上海广电 NEC、航天 805 研究所和太阳能科技等优秀科技企业成为第一批会员。2006 年 11 月 27 日,为推进莘庄工业区信息化工作,工业区成立信息化建设领导小组。2007 年 11 月 27 日,莘庄工业区成立"上海市莘庄工业区产学研合作促进中心"。"上海市莘庄工业区产学研合作促进中心"由大专院校、企业、园区管委会共同组成,旨在加强成员间科技信息交流和培训科研合作;上海交通大学、上海华东师范大学等高校、科研院所和 75 家落户企业出席成立大会。2007 年,莘闵孵化园被科学技术部认定为"国家高新技术创业服务中心"。2008年8月7日,莘庄工业区与上海航天电子所签订文明共建协议。11月2日,莘庄工业区科学技术协会携手华东师范大学在莘庄工业区内创办华东师大科普图书室,为莘庄工业区居民提供科普类书籍及影像资料无偿借阅服务。2009年11月23日,莘庄工业区成立推进高新技术产业化工作领导小组。

【专利申请】

1995—2000年莘庄工业区申请、授权专利各21项。2004年工业区党工委将科技服务职能赋予工业区商会,通过商会将政府各种扶持政策传递到企业。2005年工业区科学技术协会成立,协会每年组织"科技活动周",举办专利交流活动,工业区企业申请、授权专利不断增加。2003—2005年工业区申请专利605项、授权专利502项;2006—2010年工业区申请专利4 691项、授权专利3 450项,其中2010年申请专利1 602项、授权专利1 349项。

【高新企业】

至2004年,莘庄工业区企业申报科技项目22个,高新技术企业达17家。2005年,企业科技项目申报51个,高新技术企业达27家。2006年,工业区建立了企业项目申报提示机制,是年项目申报量超过90个,高新技术企业达33家,其中6家为知识和技术密集型的"双密"企业。

2007年,莘庄工业区内5家企业获批为闵行区科技小巨人培育企业,占全区比例的24%。2家企业入选上海市科技小巨人培育企业,1家企业入选上海市科技小巨人企业,6家企业被认定为上海市高新技术企业。

【科技项目】

2007年5月31日,信息产业部批准莘庄工业园区成为"国家(上海)平板显示器件产业园",给上海广电NEC液晶显示器有限公司产业整合带来发展空间,进一步强化窗体顶端上海作为国内平板产业发展龙头的优势。总投资500亿元。是年,建成第一条5代TFT生产线,规格产品销量占国际市场40%的份额。至2010年,建设上中下游配套的TFT LCD液晶显示器产业集群,形成1 000亿元产业链规模。

2010年,莘庄工业区完成国家创新基金项目4个,上海市创新资金项目19个,上海市市重点新产品10个,上海市火炬计划项目1个,上海市农业星火富民科技工程项目2个,上海市科技成果转化项目12个,入选高新技术成果转化项目自主创新十强1个,入选高新技术成果转化百佳5个,上海市科技进步奖2个。

2010年,莘庄工业区通过评审,成功创建为2009年度上海市科普示范社区,特色示范项目"城市园艺DIY示范推广"项目得到市科委员会批准并立项。8月13日,美国硅谷华源科技协会与上海莘闵高新技术暨回国留学生科技创业园区在莘庄工业区举行合作项目协议签约仪式。

五、重点企业

【上海中航光电子有限公司】

公司前身为上海广电NEC液晶显示器有限公司。2009年12月在莘庄工业区注册成立,注册资本16亿元,总投资25亿元。公司位于华宁路3388号,总占地面积约400 030平方米。中航光电子拥有一条第 5 代薄膜晶体管液晶显示器件生产线(玻璃基板 1 100 毫米×1 300 毫米,月产能 7.5 万张),自收购上海广电 NEC 后,公司对生产线进行了重新规划,通过设备改造和产品转型,产品市场从原有的监视器市场拓展到平板电脑、智能手机等移动终端消费类和车载、医疗、工控等专业显示类领域。公司的平板显示技术研发中心为上海市级企业技术中心,并承担国家 TFT‐LCD 工程实验室建设、高科技产业化项目、"863"计划等多部委研发项目。2010 年,公司主营业务收入为 178 152.8 万元,上缴税收总额为 916.31 万元。

【上海安费诺永亿通讯电子有限公司】

1999 年 11 月成立,位于申南路 689 号,主要生产高性能、小型化的移动终端所用天线类产品。2003 年,公司创建 SAR 测试中心。2006 年 8 月,公司投资总额从 200 万美元增加至 400 万美元,注册资本从 150 万美元增加至 300 万美元。2010 年公司主营业务收入 191 901.7 万元,利润总额 38 206.6 万元,上缴税金 7 215 万元。

【莱尔德电子材料(上海)有限公司】

2002 年 4 月成立,位于元电路 398 号,投资总额 480 万美元,注册资本 336 万美元,主要为客户提供防电磁波干扰解决方案。主要产品为手机电磁屏蔽元器件、手机电磁屏蔽接触件、电磁波金属屏蔽罩、弹片、高精密冲压件以及手机天线等。2010 年公司主营业务收入 56 675.9 万元,利润总额 7 990.8 万元,上缴税金总额 1 665.37 万元,从业人员数为 1 021 人,获"上海市外商投资先进企业和高新技术企业"称号。

【电气硝子玻璃(上海)有限公司】

2006 年 8 月成立,位于颛兴路 2009 号。公司由日本电气硝子株式会社(85%)、日本住友商事株式会社(12.5%)、住友商事(中国)有限公司(2.5%)共同投资的外商投资企业。公司经营范围为:TFT 液晶用玻璃基板加工及其加工技术研发。由日本电气硝子株式会社提供技术,生产加工 G5、G4.5 代及以下的 0.7t、0.5t、0.4t 等产品。2010 年,公司主营业务收入为 128 010.7 万元,利润总额为 7 977 万元,上缴税金总额为 256.7 万元。

【东芝机械(上海)有限公司】

2002 年 6 月 6 日入驻工业园区,位于金都路 4788 号,注册资本 1 000 万美元。公司由世界 500 强企业日本东芝机械株式会社全额投资,主要生产数控机床、精密成型机械、机械用电子部件、模具及其零配件。2002 年 12 月 4 日开工。2004 年,公司销售收入 1.66 亿元。2005 年 10 月 19 日,公司二期开工建设,占地面积 6 500 平方米。2010 年,主营业务收入 61 289.5 万元,利润总额 3 426.2 万元,上缴税金 1 022.0 万元。

【恩格尔机械(上海)有限公司】

2005 年 6 月入驻园区,投资总额 4 400 万美元,注册资本 1 500 万美元,位于工业区金都路 3688 号。公司由奥地利恩格尔控股有限公司全额投资,主营业务为开发、制造采用比例和伺服液压技术的塑料加工设备。2005 年 10 月启动建设,11 月 28 日举行开工典礼。2010 年,公司主营业务收入 29 983.4 万元,利润总额 4 206.7 万元,上缴税金 977.6 万元。

【山特维克贸易(上海)有限公司】

2005 年 7 月,山特维克公司与工业区签约。2006 年 4 月 7 日,由瑞典 SANDVIK AKTIEBOLAG 公司全额出资成立,注册资本 200 万美元。主要经营钢材、硬质合金和特种陶瓷制品,加工系统设备、电加热材料、电热元件和矿山、建筑机械及同类商品的批发、进出口。2010 年公司主营业务收入 146 548.8 万元,利润总额 8 196.8 万元,上缴税金 6 252.07 万元。

【上海申龙客车有限公司】

2001 年 4 月成立,2008 年迁址华宁路 2898 号,占地面积 20 万平方米。公司致力于客车整车研发、制造和销售,是国内为数不多的综合性客车制造企业。企业获得国家 3C 认证,形成 6 米～13.7 米、20 多类 200 多个品种的中高档客车的产品链。2009 年 4 月 9 日,上海申龙客车有限公司新厂区投产。2010 年,公司主营业务收入 83 717.3 万元,利润总额 674.3 万元,上缴税金 894.8 万元。

【上海依工塑料五金有限公司】

1995 年 12 月 13 日成立,位于春东路 327 号,占地面积 11 076 平方米。是美国 ITW 集团在中国设立的制造企业之一,国内首家通过美国 UL 认证机构的公司,主要从事汽车用金属、塑料紧固件生产。2010 年,公司主营业务收入 47 330 万元,利润总额 11 804.1 万元,上缴税金 4 273.4 万元。

第六节　生态园区建设

一、国家生态示范区创建

"九五"期间(1996—2000 年),莘庄工业区成立了上海莘北绿化园林公司,负责工业区绿化工作。1995 年投资 1 462 万元,完成银都路、光华路、申旺路、申南路绿化 216 488 平方米。1996 年,上海莘北绿化园林公司投资 80 万元,建成暖花房近 400 平方米,鲜花大棚 40 只,并完成工业区内部分道路和黎安二村、申光一村绿化建设。1998 年初,莘庄工业区完成七莘路、沪闵路、中春路、申强路等绿化实事工程,累计总面积 40 万平方米以上。1996—1998 年,投资 824 万元,完成春光路、金都路、春中路、春西路、春东路等道路绿化 122 229 平方米。1999 年,莘庄工业区绿化支出 500 多万元,总绿化面积达 27.6 万平方米。是年,莘庄工业区初步形成以道路为骨架(东西走向 8 条、南北走向 5 条),河道为特色(横泾、丘泾、竹港),公园为主体的网状要道生态林。是年,莘庄工业区创建成为"环境噪声达标区"和"大气污染物排放达标工业区"。2000 年,莘庄工业区公共绿地面积约 30.5 万平方米。

"十五"期间(2001—2005 年),莘庄工业区投入 326 万元,对光中路、元明路、元电路、元山路、元科路等道路建设和养护绿化 48 433 平方米。2001 年,莘庄工业区投资 6 000 万元,全线开通春元昆污水外排工程,实现工业区生活污水和生产废水全部纳管排放。是年,莘庄工业区整治园区内道路、河道,完成公共绿地 397 006 平方米。是年 8 月 27 日,工业区实施群力 8 队树木移植,丘泾港等绿化种植工程。2002 年,莘庄工业区创建为市级"基本无燃煤区"。2003 年,莘庄工业区成立"国家生态工业示范领导小组",全面开展创建国家生态示范园区工作。2004 年,工业区编制《上海市莘庄工业区国家生态工业示范园区建设规划》,确定了建设 10 个工业区生态亮点:集中供热、污水外排、绿化建设、太阳能利用、清洁能源使用、节能工程和生态办公楼、循环经和绿色采购、清洁生产和全过程管理、绿色小区创建和 ISO 14001 认证。是年,莘庄工业区投资 600 万元完成元江路污水截流工程建设,进一步完善污水收集系统。2005 年,莘庄工业区加强环境整治力度:一是聘请专业公司,对北丘泾港实行生物酶治理,消除黑臭;二是对工业区内的锅炉进行清洁能源改造,推进集中供热,安装降尘桶,对工业区环境空气质量实时监测;三是在居民区周边道路安装禁鸣标志和限速标志,确保给居民一个安静居住环境。11 月 24 日,莘庄工业区生态工业示范园区规划通过专家评审会。是年,莘庄工业区绿化面积 120 万平方米,绿化率达 32.6%。市环保局向国家环境保护局提出莘庄工业区创建国家生态工业示范园区申请。

"十一五"期间(2006—2010 年),莘庄工业区集中进行道路两侧和公共绿地绿化工程。2006 年 5 月 17 日,莘庄工业区管理委员会制定《莘庄工业区 2006—2008 年环境保护与生态建设三年行动计划》,提出 2006—2008 年创建生态工业园区的总体目标、重点任务、主要措施和保障措施。5 月 25 日,莘庄工业区成立市容环境综合建设和管理工作领导小组。11 月,莘庄工业区《上海市莘庄工业区国家生态工业示范园区建设规划》在北京通过国家环境保护总局的评审。是年,工业区批准新建颛兴路以南、元电路以北、北沙港以东、华宁路以西范围内的绿化景观工程,工程用地面积 23 万平方米。2007 年 1 月 19 日,国家环保总局批准同意莘庄工业区创建国家生态工业示范园区,是全国省级工业区首家创建单位,也是上海市第一家。是年,莘庄工业区完成《上海市莘庄工业区环境影响回顾性评价》,对建区以来的社会经济发展、大气、水、噪声等环境质量状况、污染排放状况、土地利用的生态适宜性等进行系统的分析和总结,提出工业区未来环境保护的措施和建议。是年 12 月 31 日,国家发展和改革委员会、国家环保总局、科学技术部、财政部、商务部联合发文,批准同意莘庄工业区为第二批国家循环经济试点单位。2008 年 2 月 22 日,莘庄工业区召开创建国家生态示范园区暨国家循环经济试点工作会议,提出 49 个示范工程和优先项目。3 月 24 日,莘庄工业区管理委员会成立莘庄工业区国家循环经济示范试点暨国家生态工业示范区创建工作领导小组。10 月 29 日,《上海市莘庄工业区国家循环经济试点实施方案》在北京通过专家评审。是年,莘庄工业园区制定《上海市莘庄工业区关于加强节能减排工作的实施意见》,与 36 家年耗能在 500 吨标准煤以上的企业签订《节能减排任务书》,并专门设立 500 万"节能减排专项资金"。是年,莘庄工业区完成紫江河西侧、光华路南北侧、元江路两侧及中间隔离带绿化搬迁工程,完成莘庄工业区道口、路口和隔离带等绿化工程项目。2008 年底,莘庄工业区单位工业增加值综合能耗下降到 0.19 吨标煤/万元,单位工业增加值综合水耗下降到 8.47 立方米/万元,单位 GDP 净碳排放量下降到 0.12 吨碳当量/万元,低于上海市同期单位 GDP 净碳排放量 0.60 吨碳当量/万元。2009 年 1 月 23 日,莘庄工业区管理委员会向国家发展和改革委员会员会提交《上海市莘庄工业区国家循环经济试点实施方案》。4 月中旬,莘庄工业区参加市发展改革委组织的"循环经济工作情况汇报会议"。9 月 14 日,莘庄工业区创建国家生态工业示范园区通过上海市验收。10 月 29 日,《上海市莘庄工业区国家循环经济试点实施方案》通过北京专家评审会审核。2010 年 4 月 25—26 日,国家生态工业示范园区建设协调领导小组办公室对莘庄工业区进行国家生态示范园区建设工作考核验收。4 月 26 日,莘庄工业区园区通过由中国工程院、国家环保总局、中国环境学院、中国人民大学等单位联合组成的专家验收团验收,成为全国第 7 家、上海首家通过验收的国家生态工业示范园区。是年,莘庄工业区综合能耗量为 348 742.3 吨标准煤,万元产值能耗为 0.10,比 2009 年下降 15.1%;闵行区绿化管理所对莘庄工业区 1.2 公顷公共绿地建设,给予 23.4 万元经费补贴奖励。至 2010 年,工业区市政道路绿化面积约 79 万平方米,达园区面积的 60% 以上。

二、三大认证体系建设

2001 年,莘庄工业区响应市政府在工业区内创建质量和环境"双优工业园区"的号召,将 2001 年定为"环保年",启动并通过 ISO 14001 环境管理体系认证。2002 年 11 月 19 日,莘庄工业区 ISO 9001 质量管理体系通过了上海 SAC 和美国 RAB 的国际认证。2003 年 8 月,莘庄工业区获市经委、市质量技术监督局、市环保局颁发的"上海市质量与环境双优工业园区"奖牌,成为上海第一个获此殊荣的市级工业园区。2003 年,莘庄工业区通过 OHSAS 180001 职业健康安全管理体认证,成为上海市首家通过三认证的工业区。2009 年 9 月 23—24 日,莘庄工业区 ISO 14001 环境、ISO 9001 质量和 OHSAS 18000 职业健康安全三大管理体系顺利通过外审。2010 年 9 月 14—15 日,莘庄工业区完成三大管理体系的换证审核工作。

第五章　上海嘉定工业园区

上海嘉定工业园区地处上海西北部,是在嘉定县(1992年10月改为嘉定区)的嘉西乡、朱家桥镇、娄塘镇地域以及嘉定镇部分地域上兴建起来的市级工业园区。园区中的上海张江高科技嘉定分区(上海嘉定高科技园区)、国家留学生嘉定创业园属国家级高新技术产业开发区。园区分为南区和北区两大区域。南区是在嘉西乡和嘉定镇的部分地域上开发的区域,于1992年3月启动开发。北区是将娄塘镇原沥江、虹桥、顾泾、娄西、三里、娄北6个整建制村和10个村民小组土地划归嘉定工业园区管辖后开发的区域,于2002年12月启动开发。南北两大区域园区核定开发面积57平方公里。截至2010年年底,嘉定工业园区直接管理的面积为78.05平方公里。

嘉定工业园区自1992年10月成立至2010年12月,在十多年的开发建设中,突出以先进制造业为支撑,以现代服务业为重点,以战略性新兴产业为引领的产业发展导向,按照"区块功能上各具特色,区位上互相融合,发展上互相促进"的战略部署,高起点长远规划,全力打造先进制造业的核心区、现代服务业的集聚区、科技创新的先行区、生态和谐的示范区四位一体的都市型生态工业园区,规模和品牌效应不断扩大。园区中的张江自主创新示范区嘉定园、中广国际广告创意产业基地、嘉定电子商务产业园、留学生创业园以及智能制造孵化器这些国家级的园区先后挂牌成立,累计吸引来自世界40多个国家和地区的1 000多家实体型企业入驻,其中世界500强企业16家。截至2010年年底,工业区共引进外资项目355个,合同外资23.6亿美元;引进民营和内资企业18 050户,注册资金284.5亿元。基本形成了汽车及其零部件、高端设备制造、总部经济、电子商务、文化创意、互联网及互联网金融、新能源新材料、国家重大战略产业化专项为主体的八大支柱产业集群。

2002年12月,嘉定高科技园区被授予全国十佳民营科技园区称号。此外,园区还先后获得"全国社区共建共享先进街道""上海市和谐社区建设示范单位""上海市平安社区""上海市文明社区""上海市社区建设模范街道""上海市民族团结进步优秀社区""上海市质量与环境双优园区""上海市品牌工业园区"等荣誉称号。

2007年7月5日上午,中共上海市委书记习近平和市委常委、市委秘书长丁薛祥,市委常委徐麟,副市长胡延照等考察了嘉定工业园区内上海大众动力总成有限公司和上海大众汽车制造有限公司。习近平一行分别来到两家公司的车间生产流水线,与一线工人亲切握手,勉励他们立足岗位,成为技术能手。习近平一行察看了国家机动车质量监督检验中心汽车碰撞试验室和上海汽车博物馆。在随后召开的座谈会上,习近平指出:"加快发展生产性服务业,是上海加快推进'四个率先'、加快建设'四个中心'和现代化国际大都市的迫切要求"。"嘉定区在发展生产性服务业方面有独特的优势,应该走在前列"。

2009年11月28日,中共中央政治局常委、国务院总理温家宝来到嘉定工业园区上海中科深江电动车辆有限公司、上海贯裕能源科技有限公司,考察新能源汽车产业的发展状况。全国政协副主席、科学技术部部长万钢,中共上海市委副书记、市长韩正,中国科学院(以下简称中科院)副院长江绵恒,嘉定区委书记金建忠,嘉定区委副书记、区长孙继伟等领导陪同考察。

1992年至2010年期间,中共上海市委和市政府领导吴邦国、陈至立、夏克强、俞正声等先后到工业区考察和调研。

第一节　工业区创建

一、创建背景

1991年,中共嘉定县委、嘉定县人民政府(以下简称嘉定县政府)制订了经济发展新目标:到"八五"期末(1995年),全县社会总产值要达到215亿元,人均国民生产总值达到12 800元。为了实现这一目标,决定采取大举措,建立嘉定工业开发区。

嘉定工业开发区建设是嘉定县有史以来建设规模最大的实事项目。工业区创立的指导思想是"面向上海、面向世界,向高新技术、向21世纪奋进"。目标是:借鉴国内外城市新区开发的成功经验,努力把嘉定工业开发区建设成为有合理的布局结构、先进的综合交通网络、完善的城市基础设施、便捷的通信信息系统和良好的自然生态环境的现代化开发区,为把嘉定建设成为上海市的现代化卫星城镇奠定基础。

二、发展历程

1991年3月,嘉定县第十届人民代表大会第二次会议决定,在嘉定南门地区建立嘉定经济开发区,引进外资发展高新技术产业,定名为"嘉定工业开发区"。7月2日,中共上海市委书记吴邦国为开发区题写园区名。

1992年6月26日,嘉定工业开发区管理委员会成立,县长王忠明、副县长陈龙法任正副主任。8月,嘉定工业开发区开发总公司成立,与嘉定工业开发区管理委员会合署办公,实行两块牌子一套班子。管委会主要职责是编制和实施发展规划、开展基础设施建设、管理居民生产生活,并为招商引资提供服务。总公司为具有法人资格的生产经营实体,实行自主经营、独立核算、自负盈亏、依法纳税。

1992年9月11日,嘉定工业开发区开发总公司正式挂牌营业。开发总公司由县财政局、建设局、邮电局和自来水公司、煤气公司、城市建设综合开发总公司、房产经营公司等股东单位组成董事会,副县长陈龙法兼任董事长,汤文华任总经理,注册资本3 000万元。

嘉定工业开发区初期规划区域总用地面积9.02平方公里。1992年9月28日,嘉定县政府召开开发区行政区划协调会,决定划出原规划中属于马陆乡众芳村的0.62平方公里面积,开发区面积调整为8.4平方公里。

1992年10月8日,嘉西乡政府和嘉定工业开发区正式签约,将原属嘉西乡的群裕、胜利、现龙、虬桥4个村和城南村第8、第9生产队,牌楼村的第9、第10生产队,计8.4平方公里的范围划归嘉定工业开发区管辖。东至横沥河,北靠沪宜公路至练祁河,西和南侧以新的204国道为界。

1992年10月30日,嘉定区召开嘉定工业开发区新闻发布会暨嘉定工业开发区开发总公司成立大会,中共上海市委、市政府有关领导孟建柱、冯国勤、陈祥麟、高占魁,嘉定区人民政府(以下简称嘉定区政府)各委、办、局领导和中外客商300余人出席会议。

1993年,嘉定工业开发区更名为嘉定工业区。嘉定工业开发区开发总公司更名为嘉定工业区开发总公司。1994年8月,嘉定工业区开发总公司改制为嘉定工业区开发(集团)总公司,董事会仍由原股东单位组成。

1994年9月8日,市政府将嘉定工业区列为市级工业区,命名为"上海市嘉定工业区"。园区规划控制面积扩展至24.8平方公里,除了嘉定工业区管辖的8.4平方公里外,还包括马陆镇的7.5平方公里、戬浜镇的5.75平方公里和方泰镇的3.15平方公里。

1994年10月6日,市经委、市农委和嘉定区政府联合举办嘉定工业区(市级)成立大会。同时举行为期2天的嘉定区投资环境展示洽谈会,共签订项目协议书和意向书57项,项目总投资7.56亿元,8 225万美元。

1995年12月,嘉定区政府决定扩大工业区开发区域,扩域后的嘉定工业开发区管理委员会更名为上海嘉定工业区管理委员会,受嘉定区政府委托,对工业区行使领导、管理、协调、监督等职能。管委会下设办公室、规划建设处、经济贸易处、农村社会发展处和财务处等内设机构,不再与嘉定工业区开发(集团)总公司合署办公。

2002年10月,市政府在《上海试点园区改善投资环境的实施意见》中,嘉定工业园区列为全市三个试点园区之一。12月5日,成立中共嘉定工业区北区开发建设指挥部委员会,陆云森任书记、谈亚芬任副书记。10日,嘉定工业区北区开发建设指挥部成立,陆云森任总指挥、谈亚芬、阮永康任副总指挥。12日,嘉定工业区与娄塘镇正式签订行政区划调整协议,将娄塘镇原沥江、虹桥、顾泾、娄西、三里、娄北6个整建制村和10个村民小组划归嘉定工业区管辖。北区开发启动。

2003年6月,经市政府批复同意,嘉定区政府决定,撤销娄塘镇建制,在该区域成立嘉定工业区街道筹备组,由嘉定工业区对该区域全面行使行政管理职能。是月,中共嘉定区委、区政府决定,撤销原上海嘉定工业区管理委员会、工业区北区指挥部。成立新的上海嘉定工业区和新的上海嘉定工业区管理委员会。工业区管理委员会为嘉定区政府的派出机构,全面负责工业区的行政管理、开发建设和招商引资工作。2004年4月22日,嘉定工业区成为首家通过质量、环境管理体系双认证(ISO 9001和ISO 14001)的市级工业园区。

2007年初,上海嘉定民营技术密集区发展总公司列入上海张江高科技园区,全称为上海张江高科技园区嘉定分区。同年5月,嘉定工业区收购上海嘉定民营技术密集区发展总公司90%的股份,并完成股权转让,成为嘉定工业区开发(集团)总公司的下属子公司。2009年4月,上海嘉定民营技术密集区发展总公司,恢复原名上海嘉定高科技园区发展总公司。

2008年,嘉定工业区被评为首批上海品牌园区。园区包括"一区六园":上海嘉定高科技园区(国家级张江高科技园区嘉定分区)、国家级出口加工区、国家级留学人员嘉定创业园、复华高新技术园、中科高科技工业园、上海大学科技园。

第二节　管理机制

嘉定工业区开发初期名为嘉定工业开发区,管理机构设嘉定工业开发区管理委员会、嘉定工业开发区开发总公司。后更名为上海嘉定工业区后,管理机构设上海嘉定工业区管理委员会、上海嘉定工业区开发(集团)总公司、上海嘉定出口加工区管理委员会。

一、管理机构

【管委会组成】

1992年6月26日,嘉定县政府决定成立嘉定工业开发区管理委员会。县长王忠明、副县长陈龙法分任正副主任。嘉定县政府规定其主要职责是编制和实施发展规划、开展基础设施建设、管理居民生产生活,并为招商引资提供服务。1994 年 6 月,嘉定区政府对嘉定工业开发区管理委员会组成人员进行了调整。区长王忠明任主任,副区长陈龙法任副主任。

1995 年 12 月,嘉定区政府决定扩大工业区开发区域,扩域后的嘉定工业开发区管理委员会更名为上海嘉定工业区管理委员会,受区政府委托,对工业区行使领导、管理、协调、监督等职能。

2002 年 12 月 10 日,嘉定工业区北区开发建设指挥部成立,领导和管理嘉定工业区北区的开发建设和地区工作,2003 年 6 月撤销;2003 年 7 月,嘉定工业区管委会重新成立,作为嘉定区政府的派出机构,全面负责嘉定工业区的行政管理、开发建设和招商引资工作。

表 7 - 5 - 1　1992—2010 年嘉定工业区管理委员会主任任职情况表

姓　　名	时　　间
王忠明	1992 年 6 月—1995 年 12 月
潘志纯	1996 年 1 月—1997 年 8 月
王荣华	1997 年 8 月—1999 年 7 月
金建忠	1999 年 7 月—2002 年 8 月
王益德	2002 年 8 月—2003 年 7 月
庄木弟	2003 年 7 月—2005 年 7 月
邵林初	2005 年 7 月—2007 年 2 月
费小妹	2007 年 2 月—

资料来源:嘉定工业区提供

【工作机构】

工业区管委会工作机构在工业区开发实践中不断调整完善。1996 年 1 月,管委会工作机构为:办公室、规划建设处、经济贸易处、农村社会发展处、财务处。1996 年 12 月,成立工业区教育委员会。1998 年 5 月,成立工业区精神文明建设委员会办公室。1999 年 12 月,成立工业区残疾人联合会。

2003 年 6 月,新的工业区管委会建立后,工作机构设置为:办公室、地区工作部、社会发展部、规划建设部、经济运营部、调研组、督导组、迁建组、社会治安综合治理办公室、海伦社区管理委员会等部门。工业区精神文明建设委员会办公室划归党工委宣传部。

2005 年 12 月,嘉定工业区重新明确了党工委、管委会、集团公司部门、科室的机构设置、人员编制配备。管委会设办公室、地区工作部、社会发展部、规划建设部、经济运行部、审计办公室及财政所等专业部门。管委会办公室增设后勤服务科;地区工作部增设民政科、社(地)区管理科、信访办。社会治安综合治理办公室划归地区工作部,负责社会治安综合治理和人口管理。2008 年 3 月,增设农村、农业工作办公室。信访办公室归口党工委、管委会。2010 年 3 月,地区工作部下设人口管理办公室,将综治办和人口办分设;社会发展部增设综合管理科、人口与计划生育办公室,将原工业区教育委员会划归社会发展部;规划建设部增设规划管理科(2008 年 3 月由规划土地科改称)、综合管理科、工程管理科、市政管理科；经济运营部增设统计科、综合经济科。

【下属行政组织】

工业区管委会在对工业区全面行使行政管理、开发建设和招商引资工作中，逐步建立了相关的站、所、队、中心和村民委员会、居民委员会、社区工作站。

嘉定工业区于1995年5月建立嘉定工业区财政所；1996年4月建立嘉定工业区土地管理所；1996年4月建立嘉定工业区劳动管理所；1996年10月成立嘉定工业开发区交通安全管理站；1998年11月成立嘉定工业区社会救助（保障）管理所；2000年4月建立嘉定工业区社会保障服务中心，与嘉定工业区劳动管理所实行一套班子、两块牌子办公；2003年10月，更名为嘉定工业区劳动保障事务所；2003年7月，建立嘉定工业区水务管理所、嘉定工业区市政市容监察队（2007年6月更名为嘉定区城市管理监察大队工业区中队）；同年11月，建立嘉定工业区安全生产监察站；2004年7月，建立嘉定工业区社工管理站；2005年12月，娄塘镇文化广播电视站改称嘉定工业区文化广播电视中心；2010年9月，嘉定工业区社会救助（保障）管理所更名为嘉定工业区社会救助事务所（嘉定工业区社区事务受理服务中心）。

村民委员会 1992年10月，虬桥村、胜利村、现龙村、群裕村等4个村民委员会和城南8组、9组由原嘉西乡划归嘉定工业开发区。1996年4月，建国村、辛勤村、牌楼村等3个村民委员会由原嘉定镇划归嘉定工业区。2002年12月，娄西村、三里村、竹桥村等3个村民委员会由原娄塘镇划归嘉定工业区北区。2003年1月，在原三里村和娄北村区域内建立新的娄北村，在原娄西村和顾泾村以及同时划入工业区管辖的10个村民小组（原娄南村3、4、8村民小组，潘家村5、6村民小组，朱桥村6、7、8、10、11村民小组）区域内建立新的娄西村。2003年6月，泾河村、赵厅村、娄塘村、娄东村、陆渡村、草庵村、人民村、白墙村、朱家桥村、黎明村、雨化村、旺泾村、灯塔村等13家村民委员会由原娄塘镇划归嘉定工业区。2009年1月，撤销虬桥村和建国村建制，合并建立新的虬桥村；撤销白墙村和人民村建制，合并建立新的白墙村；撤销竹桥村和娄西村建制，合并建立新的竹桥村。至2010年12月，嘉定工业区共有行政村20个和城南8组、城南9组两个村民组。

居民委员会 1994年8月，建立南苑一村、南苑二村居民委员会。1997年2月，建立南苑三村、五村、南苑六村、南苑七村居民委员会。1998年7月，建立南苑八村、南苑九村居民委员会。1998年9月，建立南苑四村居民委员会。1999年6月，建立民乐路居民委员会。2000年12月，南苑三村、五村居民委员会合并建立凤池居民委员会。2001年12月，建立横沥、新世纪公寓、永盛、福蕴4个居民委员会。2003年9月，撤销凤池居民委员会和南苑七村居民委员会，合并建立凤池社区居民委员会；撤销南苑一村居民委员会和南苑二村居民委员会，合并建立庆阳社区居民委员会；撤销南苑六村居民委员会、民乐路居民委员会和新世纪公寓居民委员会，合并建立民乐社区居民委员会；永盛居民委员会改称永盛社区居民委员会；横沥居民委员会改称横沥社区居民委员会；撤销南苑四村居民委员会、南苑八村居民委员会、南苑九村居民委员会和福蕴居民委员会，合并建立福蕴社区居民委员会。2003年9月，建立胜辛社区居民委员会。2003年6月，汇珠居民民委员会由原娄塘镇划归嘉定工业区，2004年8月，更名为汇珠社区居民委员会。2003年6月，娄塘居民委员会由原娄塘镇划归嘉定工业区，2004年8月，更名为娄塘社区居民委员会。2004年7月，建立海伦·威尼斯社区、海伦·罗浮社区、海伦·维也纳社区3个居民委员会筹备组；2005年10月，在海伦·威尼斯社区、海伦·罗浮社区、海伦·维也纳社区分别建立越华社区、天华社区、新宝社区3个居民委员会。2009年9月,建立裕民社区居民委员会。至2010年12月,工业区共有社区居民委员会共13个。

社区工作站、社区服务中心　2004年7月起,工业区管委会在13个社区居民委员会陆续建立了社区工作站。社区工作站作为工业区管委会派驻到社区的工作机构,承担政府及管委会在社区的各项工作和公共服务,在管委会、社区党组织领导和社区居民委员会的指导、监督下开展行政性服务、福利性服务、社会化服务等工作。2008年3月起,工业区管委会建立社区服务中心,开展承接公共服务,组织公益服务,指导各社区服务工作。

二、开发主体

【公司沿革】

嘉定工业区开发(集团)有限公司由嘉定区国有资产监督管理委员会出资,由工业区管委会归口管理,具有独立法人资格,全面负责嘉定工业区招商引资、开发建设、经营管理的国有独资公司。

1992年8月,嘉定工业开发区开发总公司成立,总公司为具有独立法人资格的生产经营实体。开发总公司全面负责工业开发区开发、建设和招商引资等工作,前期负责首期开发区域的社会管理工作,与嘉定工业开发区管理委员会在叶城路555号合署办公。

1992年9月,由嘉定县财政局、建设局、邮电局和自来水公司、煤气公司、城市建设综合开发总公司、房产经营公司等股东单位组成该公司董事会。注册资本3 000万元。9月11日,嘉定工业开发区开发总公司正式挂牌营业。

1993年,嘉定工业开发区更名为嘉定工业区,嘉定工业开发区开发总公司更名为嘉定工业区开发总公司。开发总公司下设7部:综合事务部、规划工程部、计划财务部、房产经营部、材料经营部、工贸发展部、地区工作部。年内,开发总公司又组建了叶城房产公司、叶城物业公司2家子公司。

1994年8月,嘉定工业区开发总公司改制为嘉定工业区开发(集团)总公司,董事会仍由原股东单位组成。1995年12月,扩域后的嘉定工业区管委会成立,嘉定工业区开发(集团)总公司不再与工业区管委会合署办公。

2003年1月,嘉定工业开发区开发总公司改制为国有独资有限公司,更名为上海嘉定工业区开发(集团)有限公司。2003年7月,上海嘉定工业区开发(集团)有限公司注册资本由3 000万元增加到3亿元。

【历任领导】

1992年10月,嘉定县副县长陈龙法兼任工业开发区开发总公司董事长。汤文华任工业开发区开发总公司总经理。1995年12月,区人大常委会副主任邵汉荣兼任嘉定工业区开发(集团)总公司董事长。

2002年3月,陆云森任工业开发区开发总公司总经理。2003年1月,陆云森任工业区开发(集团)有限公司总经理。2003年7月,陆云森任工业区开发(集团)有限公司董事长;刘骏任总经理。2004年12月,汪洁任工业区开发(集团)有限公司总经理。2005年6月,管委会常务副主任郁建华任工业区开发(集团)有限公司董事长。

表 7‑5‑2 1992—2010 年嘉定工业区开发总公司主要领导任职情况表

职 务	姓 名	时 间
董事长	陈龙法	1992 年 10 月—1995 年 12 月
董事长	邵汉荣	1995 年 12 月—2003 年 7 月
董事长	陆云森	2003 年 7 月—2005 年 6 月
董事长	郁建华	2005 年 6—
总经理	汤文华	1992 年 10 月—2002 年 3 月
总经理	陆云森	2002 年 3 月—2003 年 7 月
总经理	刘 骏	2003 年 7 月—2004 年 12 月
总经理	汪 洁	2004 年 12 月—2010 年 12 月

资料来源:嘉定工业区提供

【工作机构】

嘉定工业开发区开发总公司时期,开发总公司下设综合事务部、规划工程部、计划财务部、房产经营部、工贸发展部、政治工作部、地区工作部。1994 年 2 月,成立总工程师室。1997 年 12 月,成立总经理办公室。2002 年 6 月,工业开发区开发总公司对内部机构进行调整,设立 1 室 7 部:办公室、人事部、招商一部、招商二部、工程部、财务部、投资部、政工部等 8 个部门。

2003 年 1 月,公司进行改制,更名为上海嘉定工业区开发(集团)有限公司。7 月,工业区开发(集团)有限公司对工作机构进行调整,撤销人事部、投资部、政工部,增设投资服务中心、招商三部、招商四部、招商五部、投资审计部。2005 年 1 月,增设房产部,集团公司的工作机构增加到 11 个。

2005 年 12 月,集团公司对内部的机构、人事、工资制度进行全面改革,中层干部和员工实行公开竞聘上岗,能上能下。集团公司工作机构调整为 10 个,撤销工程部、房产部,增设资产经营管理部,并负责对下属子公司的管理。

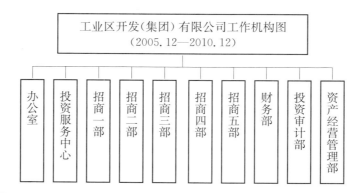

图 7‑5‑1 2005—2010 年嘉定工业区开发(集团)有限公司工作机构图
资料来源:上海嘉定工业园区提供

【下属单位】

嘉定工业区开发(集团)有限公司下属单位(子公司)有上海嘉定高科技园区发展总公司、上海嘉定工业区经济发展有限公司、上海嘉定出口加工区发展有限公司、上海嘉定工业区工业用房发展有限公司、上海嘉定工业区绿色经济发展有限公司、中广（国际）广告文化创意产业园、上海嘉朱物业管理有限公司、上海叶城绿化养护队、上海叶城物业管理有限公司、上海叶城物流公司、叶城环境卫生管理所（上海叶城保洁有限公司）、上海中科高科技工业园发展有限公司、上海胜辛集贸交易市场经营管理有限公司等 13 家子公司。原下属子公司上海叶城房地产公司成立于 1993 年 5 月，2004 年 12 月改制转让。

三、区域行政管理

1992 年 10 月，嘉定工业区成立初期，工业区管委会由区（县）政府的相关委办局负责人组成，下设办公室。办公室主任由开发总公司的总经理担任。管委会代行政府的部分行政职能，负责区域内的经济和社会行政事务，但不作为一级政府。

1992 年 10 月 8 日，嘉定工业开发区和嘉西乡政府签约，将嘉西乡群裕、胜利、现龙、虹桥 4 个整建制村，嘉定镇城南村第 8、9 村民小组和嘉西乡牌楼村第 9、10 村民小组划归工业开发区管辖。其中城南第 8、9 村民小组享有村民委员会行政事务职权，牌楼村第 9、10 村民小组由胜利村托管。工业区管辖南苑一村和南苑二村两个居委会。

1995 年 12 月，嘉定区政府决定扩大开发区域，将原开发区管理委员会更名为上海嘉定工业区管理委员会。1996 年 4 月 15 日，嘉定镇的建国、牌楼、辛勤 3 个村共 23 个生产队整建制划入嘉定工业区，总面积 5.56 平方公里，人口 3 224 人。嘉定工业区直接管辖面积由 8.4 平方公里增至 13.16 平方公里，统称为工业区南区。

1996 年 12 月，工业区管辖虹桥、建国、胜利、现龙、群裕、牌楼、辛勤等 7 个行政村，并管辖成立于 1994 年 8 月的南苑一村、南苑二村居民委员会。

1997 年 2 月，成立南苑 3 村、5 村、6 村、7 村居民委员会。1998 年 7 月建立南苑 8 村、南苑 9 村居民委员会。1998 年 9 月建立南苑 4 村居民委员会。1999 年 6 月建立民乐居委员会。2000 年 12 月，南苑 3 村、南苑 5 村、凤池居委会合并建立新的凤池居委员会。2001 年 12 月建立横沥、新世纪公寓、永盛、福蕴居委员会。

2001 年 7 月，撤销娄塘镇、朱家桥镇建制，建立新的娄塘镇。2002 年 12 月 12 日，嘉定工业区与娄塘镇正式签订行政区划调整协议，娄塘镇的沥江、虹桥、顾泾、娄西、三里、娄北等 6 个整建制村，娄南村的第 3、4、8 生产队，潘家村的第 5、6 生产队，朱桥村的第 6、7、8、10、11 生产队等 10 个生产队划归工业区作为北区开发基地。同时设立北区开发建设指挥部，主要领导和管理工业区北区的开发建设和地区工作。北区规划控制范围为：宝钱公路以北、沪苏交界线以南、沪嘉浏高速公路以东、横沥河以西，土地总面积 17.96 平方公里，涉及农户 2 819 户，人口 8 340 人。

2003 年 6 月，根据《上海市嘉定区人民政府关于调整娄塘镇行政区域管辖关系的通知》，娄塘镇与嘉定工业区"撤二建一"，由工业区管委会对该区域全面行使行政管理职能。原娄塘镇区域统称为工业区北区，面积为 64.89 平方公里。嘉定工业区管辖面积扩至 78.05 平方公里，其中耕地面积 44.87 平方公里。

2003 年 9 月，永盛居民委员会改称永盛社区居民委员会，横沥居民委员会改称横沥社区居民委员会。9 月，撤销凤池居民委员会和南苑 7 村居民委员会，合并建立凤池社区居民委员会；撤销南苑 1 村居民委员会和南苑 2 村居民委员会，合并建立庆阳社区居民委员会；撤销南苑 6 村居民委员会、民乐路居民委员会和新世纪公寓居民委员会，合并建立民乐社区居民委员会；撤销南苑 4 村居民委员会、南苑

8村居民委员会、南苑9村居民委员会和福蕴居民委员会，合并建立福蕴社区居民委员会。

2003年12月，工业区管辖虹桥、建国、辛勤、牌楼、胜利、群裕、现龙、娄塘、泾河、赵厅、娄东、草庵、陆渡等23个行政村，同时管辖庆阳、凤池、福蕴、民乐、永盛、横沥、胜辛、娄塘、汇珠等9个居民社区。2004年7月，工业区在海伦农民集中居住区分别建立海伦·威尼斯社区、海伦·罗浮社区、海伦·维也纳社区三个居民委员会筹备组。2005年10月，三个社区分别改名为越华、天华、新宝社区，并正式建立越华、天华、新宝社区居民委员会。工业区管辖的居民社区增加到12个。

2009年1月，撤销虹桥村和建国村建制，合并建立新的虹桥村；撤销白墙村和人民村建制，合并建立新的白墙村；撤销竹桥村和娄西村建制，合并建立新的竹桥村。2009年9月建立裕民社区居民委员会。工业区行政村由23个减至20个。

2010年底，工业区管理委员会直接管理的区域面积为78.05平方公里，管辖虹桥、胜利、现龙、群裕、辛勤、牌楼、泾河等20个村委会；管辖庆阳、民乐、凤池、福蕴、横沥等13个社区居委会。实有人口总数为149 688人。

第三节 规 划 与 建 设

一、园区规划

嘉定工业园区东与上海宝山、西与江苏昆山、南与嘉定新城、北与江苏太仓接壤。工业区初始开发以南区即原嘉西乡和嘉定镇的部分土地为基点，面积8.4平方公里，北至练祁河，东至戬浜镇，西至方泰镇，南至马陆镇。工业区北区即原朱家桥镇、娄塘镇的地域。北区开发后，嘉定工业区总管辖面积扩展至78平方公里，北至江苏太仓，南至嘉定新城，西至上海国际汽车城和江苏昆山，东至上海宝山。

按照2003年编制的《嘉定区发展战略规划纲要》，嘉定全区以功能定位划分为中、南、西、北"四大板块"，中部是嘉定新城板块，西部是上海国际汽车城板块，南部是现代物流中心板块，北部是先进制造业板块。上海嘉定工业区是嘉定区北部的先进制造业板块的重要组成部分，承担全区先进制造业板块的嘉定工业区，规划布局分为南区和北区两大块。南区规划起步于1992年，北区规划起步于2003年。

【南区规划】

1992年10月，中共嘉定县委、县政府决定，在嘉定工业开发区内规划建设高新科技工业区、普通工业区、仓储区、生活居住区等四个小区，即：高新科技工业区——叶城路以南到A30沿线，赵泾河以东至沪宜公路，建设以低层为主，体现21世纪风格的高新科技工厂建筑群。

普通工业区——赵泾河以西，练祁河以南兴建一批普通工业厂房；仓储区——赵泾河以西、沪宜公路、嘉安公路以北至练祁河建立物料中转仓库和保税仓库；生活居住区——叶城路以北，赵泾河以东，沪宜路西南地块，建设新型多样的住宅群。

区内道路采取棋盘式的网络布局，东西向主干道叶城路面宽40米，其余道路分别为24.20米，道路总长度34.6公里，密度为每平方公里5.2公里。对水、电、煤气、通讯、环保等大市政设施等均做出超前规划和安排。通过开发建设，工业开发区将逐步成为有合理的布局结构、先进的综合交通网络、完善的市政基础设施、便捷的信息系统和良好的自然生态环境，与嘉定老城区相依的且具有生产、工作、居住、交通、游憩等现代都市综合功能的新区。

　　1993年,多次邀请同济大学和上海城市规划设计院对南门生活居住区东北角原有规划进行多方案比较研究和调整,并请嘉定区计委、建设局、规划所、设计院和交通等部门进行论证,使代表开发区形象的南门入城口中心区,叶城路两侧等重要地段成为具有高质量公共空间的市民活动场所。对开发区内的各类公建配套和环境保护进行了详细规划,使开发区的规划更趋于合理、科学和现代化。1994年,在做好开发区大规划的基础上,重点抓了区域规划的细化工作,使工业区的各个区域都向"高起点、科学性、合理化"的要求迈进了一大步。

　　1996年,开展了工业区详细规划和环境保护规划的编制工作,进行了嘉定南门沪宜路入城口整治规划方案、葛家宅商住基地修建性规划方案的设计。

【北区规划】

　　2003年6月娄塘镇与嘉定工业区"撤二建一"后,嘉定工业区制订了《2003—2005年发展规划》。工业区北区按照以核心辐射全区的规划思想,以产业创新中心为核心启动地块规划布局。

　　2004年1月8日,市规划局批准嘉定工业区(试点园区北区)总体规划。规划范围:东至横沥

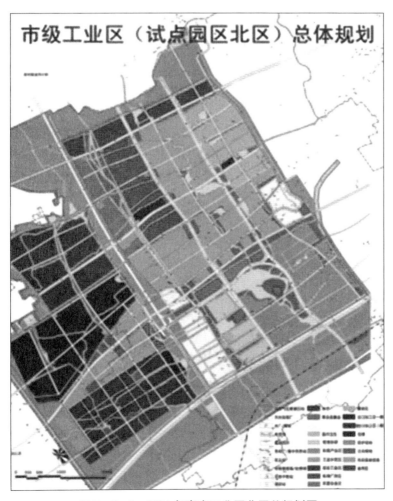

图7-5-2　2004年嘉定工业区北区总规划图

资料来源:上海嘉定工业园区提供

河,西至盐铁塘、嘉定区界,南至沪崇苏西线(规划控制线),北至霜竹公路,总面积约45平方公里。其中试点园区(北区)32.4平方公里核心区建成三大区域;宝钱公路以北为高科技产业区;宝钱公路以南为城市化生活配套区;沪嘉浏高速公路工业区北区段以西为出口加工区。

北区总体布局为:以"两条功能发展轴,四个发展象限"为基层格局。"两条功能发展轴",即沿宝钱公路方向为东西向发展主轴、沿沪嘉浏高速公路为南北向发展主轴。"四个发展象限",即宝钱公路和沪嘉浏高速公路将规划区划分成四个发展片区。

运营定位是以人为本,用运营现代城市的思维,发展一个融生产、生活、生态于一体的现代城市化工业园区;产业定位是发展汽车零部件、光电子信息、精密机械制造、出口加工等产业,培育新的产业高地,满足跨国生产与全球技术转移需求,形成产业发展的集聚效应;配套定位是以工业设计为主的2.5产业,衔接二、三产业,配备产业研究、物流配套、教学研究、国际认证机构等先进制造业服务体系,获得市场制高点及最高产品附加值;服务定位是以市场为依托推动市场发展服务体系,结合行业协会等民间服务体系,为区内入驻企业提供优质的商务配套服务。

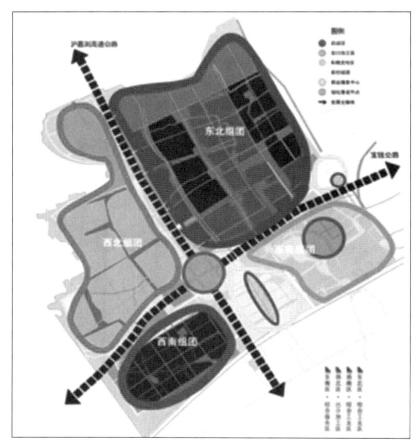

图7-5-3 2004年嘉定工业区北区总体布局图

资料来源:上海嘉定工业园区提供

东南组团——产业创新中心区 作为嘉定工业区(北区)启动的核心地块,是以核心技术开发、应用技术创新和产业研究为核心的产业聚集区。该区域根据功能主要划分为产业板块、总部经济办快、公共服务板块、政务管理板块等四大板块。具备产业研发、示范、总部经济、配套服务、政务管理等多种功能。产业创新中心区以基地中部南北中心轴为主线展开,以在建的政务大厦为核心,沿汇源路沿线为开发面,形成南北向上、中、下;东西向左、中、右的区域规划结构。

东北组团、西南组团——综合工业区　以汽车零部件、光电子、精密机械制造、出口加工等产业为主,是嘉定工业区(北区)的发展未来先进制造业的重要增长极。综合加工域产业创新中心的配套服务业形成完整的上、下游产业链,快速、集中、高效地形成产业集聚效应,推动整个园区经济的发展。综合工业区已有大批企业入驻,如上海凤凰光学仪器有限公司、上海小糸车灯有限公司、大众动力总成有限公司、兴森快捷电路科技有限公司、荣海(上海)模锻有限公司等企业建成;上海台振食品有限公司、宫后电子(上海)有限公司、韩华综化(上海)塑料有限公司等四十多个公司项目正在建设中。

西北组团——出口加工区　出口加工区享有保税、便捷通关等优惠政策,旨在拉动地方制造业,特别是加工制造业的发展,使"上海嘉定制造"的产品在国际上快速市场化、且独具竞争力。

随着上海郊区城市化进程的加快,嘉定区市级工业区(北区)迎来新一轮的发展机遇。根据上海市"1966"城镇体系规划结构,嘉定工业区(北区)确定为 60 个新市镇之一。经过几年的开发建设和出口加工区的批准设立,工业区内已有部分区域的发展与总体规划都有了较大变化,而且随着都市型工业园区的发展建设和新市镇的规划确定对该地区的发展建设提出了更高更广的要求。

2007 年 7 月 11 日,嘉定区政府批准了《嘉定工业区(朱桥)新市镇总体规划(2006—2020)》。嘉定工业区(朱桥)新市镇位于嘉定市级工业区(北区)内,该规划范围西至盐铁塘、东北至市级工业区(北区)行政区域边界、南至森林大道,总面积为 61.20 平方公里。从市级工业区(北区)园区范围上进行统筹考虑。

规划区域的功能定位是:充分依托市级工业园区,大力发展与先进制造业相关的配套服务业,将其建设成为长三角地区先进制造业的集聚高地和生态和谐、产城一体、以创业和创新为特色的市级工业区及其配套区以及服务于产业经济、服务于先进制造基地的现代小康型新市镇。规划形成"新市镇(居住社区)——中心村"二级村镇体系。规划至 2020 年朱桥新市镇将建成"一镇、一社区、三个中心村"的格局。一镇:由朱桥老镇区、海伦小区(已建成)共同组成新市镇镇区。一社区:为现位于横沥河两侧的娄塘老镇区,包括娄塘历史文化风貌区。三个中心村,即娄东中心村、草庵中心村、灯塔中心村。规划至 2020 年朱桥新市镇总人口 5.0 万人。

总体形成"三轴七区"的布局结构,即一个新市镇镇区、三个工业功能区、一个产学研功能区、一个独立居住社区、一个农用地片区。

一个新市镇镇区:朱桥新市镇镇区;三个工业功能区:出口加工区、综合工业区和外娄工业区。一个产学研功能区:由于三个工业组团均以制造业为主,规划胜辛北路以东、宝钱公路以南区域形成产学研功能区,完善工业区生产性服务配套设施。一个独立居住社区:以娄塘老镇为主体的居住社区,包括娄塘历史文化风貌区。一个农用地片区:规划陆兴路以北、横沥河以东区域为农用地。

三条轴线:东西向宝钱公路发展轴、南北向胜辛北路和城北路两条交通联系轴。宝钱公路发展轴由西向东串连起三个工业功能区、新市镇镇区、产学研功能区和娄塘老镇居住社区,形成一条集商务办公、展示、居住、科研等功能为一体的城区多功能发展轴,同时结合娄塘河形成一条多功能景观轴。胜辛北路和城北路交通联系轴加强规划区与主城区的联系,与周边的城市组团协同发展,带动地区的发展。

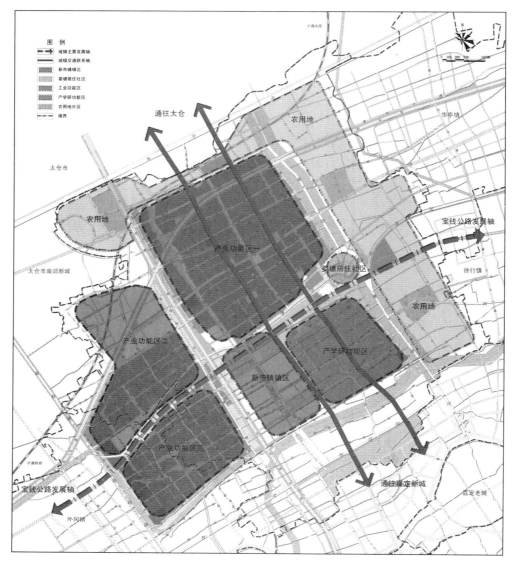

图7‑5‑4　2007年嘉定工业区(朱桥)新市镇空间结构规划图

资料来源:上海嘉定工业园区提供

二、基础设施

嘉定工业区创办以来,抓好园区的各项基础设施配套建设,不断优化投资环境,努力树立工业区的良好形象,筑巢引凤,为招商引资创造良好的条件。至2010年底,工业区开发区域内通路、供电、供水、煤气、排水、排污、通信等"七通一平"基础设施完善,绿化覆盖率达到30%。

【南区】

1992年3月16日,嘉定工业区南区主干道叶城路开工兴建,2003年上半年,新辟1平方公里的基础设施建设开工,包括4.7公里道路、6座桥梁、9万平方米绿化、3平方公里土地平整、6万平方米标准厂房。1993年投资2亿余元进行基础设施建设,1998年开工41个市政建设项目。至1998年,南区基础设施建设基本完善。工业区共投资5亿余元进行基础设施建设,其中主要实施的市政基础工程有:

1994年4月11日,工业区内的第一座35千伏群裕变电站,投入运行,完成35千伏、10千伏架空线5公里。生活区内安装电杆变压器15只。投资1 300万元的嘉定工业区煤气一期工程于1994年12月25日正式动工,1995年6月竣工,埋设道路煤气总管DN500管2 372米,DN300管5 800米,街坊管道4 500米。一期工业区和生活区内开始用上煤气。霍成桥、程家桥等7座桥梁于1994年竣工。

1995年,将沪宜路供水管路DN300管扩为DN500管,并与南门入城口总管并网,确保了生活区用水。同时,配合项目开工和道路建设,全年埋设DN300管4.2公里,DN500管0.9公里,保证了居民用水和开工企业用水。1997年共排设各种管径自来水管1 400米,完成马陆小区1.7公里的自来水管铺设。

至1998年,全长2.26公里的主干道叶城路建成通车。总长49公里的四环路便道全线贯通。胜辛路拓宽至21米。生活区内的富蕴路、裕民路、福海路、群裕路等主要道路完工。高科技园区和普通工业区域内的富蕴路、庆阳路、良舍路、永昌路、普惠路、招贤路、凤凰路等7条主道路总计浇筑沥青道路3.82公里,计4.8万平方米,完成砼石层道路2.9公里,计3万平方米。埋设雨污水总管3.29公里,完成第二污水泵站赵泾站的土建工程和设备安装。南门线务站DS—2000程控电话交换机安装完工,沪宜公路至赵泾河范围内埋设用户电缆4 800对公里,安装四次群数字传输设备1套。埋设街坊邮电管线4 500米。在霍城路、永昌路、招贤路、嘉黄路、叶城路等5条市政大道沿路埋设通讯导管约6 000米。

2006年,嘉定工业区南区实施南门地区旧小区综合改造工程。全部30万平方米旧小区综合改造工程于2010年全面完成。

至2010年底,南区完成3平方公里总长18公里的工业小区三纵六横9条道路,共修筑道路22.10公里,架设桥梁23座,埋设输电电缆53.03公里,安装变压器9座计182.7千瓦,埋设自来水管道17.68公里,埋设排水管道33.27公里,埋设通讯电缆15.47公里,完成叶城二街坊13万平方米的水、电、煤、电信等配套工程,道路绿化22.10公里面积220 970平方米。

【北区】

在嘉定工业区北区32.4平方公里核心开发区内,市政建设投入逐年加大,项目有序推进。2001年,北区全长24公里的宝钱公路建成通车。

2003年开工工程项目30余个,投入资金10亿元。2003年8月,北区的城中北路、胜辛北路、北和路3条主干道经过半年建设全面竣工通车,全长10.5公里。

2005年、2006年两年中基础设施建设投入30多亿元。在6平方公里工业小区内,完成五横七纵12条道路,总长37公里,形成环状贯通。建造万吨级污水泵站3座,新建改建桥梁39座,开通程控电话2 000门,安装路灯1 200盏。其中2006年,建成胜辛北路、城北路、共和路、新甸路等19条骨干道路,全长33公里,桥梁30余座。建成35千伏变电站2座、220千瓦变电站1座、兴文路和建工集团园区开关站2座。建成汇旺东路和出口加工区电信局房2座。

2008年,工业区加大了北区的基础设施投入,新修、新建道路10多条,架设桥梁近20座。52个重点建设项目在北区集中奠基。对涉及各村的68座危桥完成改建,修筑通村水泥路3.3万平方米,修筑通村桥梁 32 座。

2009 年,贯穿旺泾村、雨化村、灯塔村等 3 个村全长 4.3 公里的新农村大道建成通车,基本解决了工业区西北部各村出行难的问题。是年,北区 32.4 平方公里核心开发范围内,产业创新中心总长度为 15 公里的规划二路、三路、四路等六条道路及 12 座桥梁建成通车。区内道路纵横交错,绿化、桥梁、污水管敷设等一系列基础设施工程基本完工。核心区内的兴邦路、兴荣路、兴顺路、兴庆路等 6 条道路延伸总长度 4.3 公里,兴建桥梁 5 座。

至 2010 年底,工业区北区共修筑道路 75.31 公里,架设桥梁 86 座,埋设输电电缆 158.16 公里,安装变压器 11 座计 283.05 千瓦,埋设自来水管道 52.72 公里,埋设排水管道 122.34 公里,埋设通讯电缆 45.19 公里,道路绿化 75.31 公里,面积 753 130 平方米。

【交通及市政设施】

嘉定工业区致力打造融生产、生活、生态于一体的优势现代服务企业配套体系和现代城市化园区,区内道路、供电、供水、煤气、排水、排污、通信等"七通一平"基础设施良好,绿化覆盖率达到 30%。

供水:有供水管网从长江口直接取水,日供水能力为 45 万吨,出水水质达到世界卫生组织 1997 年标准。

排污:实行雨水、污水分流的排水体制。污水日处理能力 18 万吨,按 GB8979—1996 第二类三级标准排放。企业污水需经过处理达标后方可排入污水管网系统。雨水经雨水管汇集后就近排入水体。

供电:石洞口电厂和华东电网组成双路供电系统,可提供不间断供电。工业区内拥有 220 千伏变电站一座,35 千伏变电站 3 座,可供电量 20 万千伏安。

煤气:使用上海市人工管道煤气,区内有 5.4 万立方米煤气柜一座,确保生产、生活用气。

天然气:使用西部天然气,提供两种压力等级的天然气低压 0.4 兆帕;高压 1.6 兆帕。

通讯:通讯功能齐全,IDD 程控数据电话覆盖全区,提供 ISDN 数据专线,ADSL、FTTP 宽带传输服务。开通无线寻呼业务、移动通讯业务和数据图像通讯业务。

道路交通:铁路有沪宁线、沪杭外环线过境。公路交通形成网络,主要有 A5(G15 嘉金高速)公路、A11(沪宁高速)公路、A12(沪嘉浏高速)公路、A30(G1501 上海绕城高速)公路、沪宜公路(属 204 国道)、曹安公路(属 312 国道)和嘉安公路、宝安公路、嘉松北路等。沪嘉高速公路和 11 号轻轨过境。区内交通采用棋盘式网络道路系统,南区主要道路:东西有叶城路、福海路、招贤路、回城南路等,南北有霍城路、胜辛路、普惠路等;北区主要道路:东西有汇源路、汇荣路、汇发路、汇善路、汇旺路、绿意路、兴顺路、兴庆路、兴贤路、兴荣路、兴文路、兴邦路等,南北有胜辛北路、城北路、世盛路、新宝路、新冠路、新徕路、新培路、娄红路、嘉唐公路等。

水路交通:主要有越境的练祁河、横沥河、青冈河,其南段都与练祁河衔接,北端与新浏河相通。南北流向的横沥河与东西流向的娄塘河纵横交叉穿过工业区娄塘镇。

【社会事业】

嘉定工业区在开发建设中,同步推进教育、文化、体育、卫生等社会事业,创造了良好的投资环境。

嘉定工业区在开发建设过程中投入巨资,先后对南北区域中原有学校的校园、软硬件设施配备等进行大规模的升级改造。2010年,嘉定工业区共有集义务教育、学前教育、成人职业技术教育于一体的学校15所,各类学校共有教职工594人。其中,幼儿园5所(私立1所),在园幼儿1457人;中小学5所;成人职业技术学校1所;民工子弟学校4所,在校学生5743人(不含成人职业技术学校)。

嘉定工业区设有社区卫生服务中心和社区卫生服务中心富蕴社区卫生服务站。2007年6月,娄塘镇卫生院更名为嘉定工区社区卫生服务中心。

三、动迁安置

为配合工业区北部地区开发建设,2001年动迁北块小区内的农户266户,村办厂4家,合计动迁农房、厂房62万平方米。2002年,北区13个动迁基地共动迁农户573户,拆除房屋面积14万平方米,投入资金2.28亿元。2003年8月,北部地区开始动迁,在3个月里完成动迁农户3100余户,共涉及9个村,拆除有证建筑面积677800平方米,违建平房94720平方米,集体资产补偿3846万元,拆迁补偿款13.3亿元。至2010年底,共拆除农户4418户,建筑面积1153754平方米,补偿19.88亿元。

为配合嘉定区规划发展和嘉定新城建设需要,2001年,南区永盛路景观大道建设动迁农户563户。从2007年起,南部地区52家企业和单位向北区陆续动迁。2007年2月9日,世界500强日资企业神钢压缩机制造有限公司与工业区举行动迁签字仪式,是工业区南区企业向北区动迁的第一家企业。至2010年底,南区企业动迁工作全部完成。

四、功能性园区

嘉定工业区经过多年的开发建设,规模和品牌效应不断扩大,先后建立了上海张江高科技园区嘉定分区(上海嘉定高科技园区)、国家留学生嘉定创业园、上海中科高科技工业园、上海嘉定出口加工区、复旦复华高新技术园区、上海大学国家科技园等六个园区,简称"一区六园"。

【上海张江高科技园区嘉定分区(上海嘉定高科技园区)】

上海张江高科技嘉定分区(上海嘉定高科技园区)是国务院于1991年批准的上海高新技术开发区之一,园区规划面积2平方公里,已开发1.6平方公里,其中孵化楼1万平方米,创业楼2万平方米,同时配套了1600平方米的服务中心。

1993年12月29日,市科委和嘉定区政府共同出资,成立上海嘉定民营技术密集区发展总公司,该公司负责开发经营园区成立之初的33.3公顷占地,1994年总规划面积扩大至200公顷。1994年1月,园区更名为上海嘉定高科技园区。1994年,开始建立由嘉定高科技园区、复华高新技术园区、中科高科技工业园区组成的上海嘉定民营科技密集区。

1997年12月,园区成立嘉定高科技园区创业中心,建立上海出国留学人员嘉定创业园,总投资1000万元,这是第一批被国家人事部、科学技术部、教育部确立的国家级留学人员创业园。

1998年4月,园区被科学技术部正式批准为上海高新技术产业开发区组成部分,成为国家级高新技术园区。11月2日,市科委与嘉定区政府就上海嘉定高科技园区管理体制等事宜达成协议:成立上海嘉定民营科技密集区管委会,实行市科委和嘉定区政府双重领导,管委会由市科委领导任主任,区政府分管副区长任副主任。是年,上海嘉定民营科技密集区在继续完善基础设施建设和提供配套服务的基础上,进一步加大招商引资力度,加快科技产业化进程。全年引进外资 520 万元,内资 5 000 多万元;新增留学生企业 35 家,累计达 130 家,成为全国创办留学生企业最多的园区。嘉定高科技园区年内在东京、温哥华、洛杉矶、悉尼等四城市,开设了联络处。至 1998 年末,民营科技密集区实现年产值 5 亿元,创利税 1.2 亿。其中留学生企业产值 4 000 多万元,比上年增长 30%。

园区专门建立了高新技术创业服务中心,针对高新技术企业建立了各种优惠政策咨询服务平台、中介合作服务平台和投融资平台。

2002 年以来,园区先后被授予"全国十佳民营科技园""最具活力科技园区""全国先进科技产业园"等荣誉称号。凭借国家级高科技园区和留学生创业园二块品牌的积聚效应,园区成为引导企业自主创新、发挥孵化器功效的一个重要载体。

2005 年 9 月 5 日,嘉定区房屋土地管理局与嘉定高科技园区签订了 5 公顷土地的批租意向书,用于兴建高新技术研发及孵化基地和生产生活配套服务区,以此作为 33.33 公顷北园区建设起点。北园区划分为 4 个板块:打造面向头脑型、研发型和孵化型企业的"嘉定硅谷园",建成高新技术研发和科技孵化基地,占地 3.33 公顷;生产生活配套服务区,占地 1.67 公顷;智能化安全技术防范和物业管理的先进制造业生产加工区,占地约 6.7 公顷;吸引国内外著名高科技企业投资建厂的高新技术企业生产用地,占地 20 公顷。打造集研发与销售于一体的企业总部、研发中心和科技孵化基地。

2010 年 12 月,园区被认定为"上海市知识产权试点园",成为全市 12 家知识产权试点园区之一。至 2010 年底,园区入驻企业已达 600 多家。其中,归国留学人员创办企业 200 余家,高新技术企业 36 家。入驻企业中,有国家级企业技术中心 1 家、市级企业技术中心 5 家、博士后工作站 4 家。拥有各类专利和著作权 600 余件,其中发明专利累计申报授权数 125 件。累计专利申请、授权数逾 1 200 项。孵化培育比较成功的企业累计达 30 家。有 36 家被上海高新办认定为高新技术企业。

【国家留学生嘉定创业园】

国家留学人员嘉定创业园是 1996 年在嘉定高科技园区(上海张江高科技嘉定分区)内创设的园区,是第一批被国家人事部、科学技术部、教育部确立的国家级留学人员创业园,是上海国家高新技术产业开发区之一,也是全国留学生创业园中聚集留学生最多的园区之一。

园区占地面积 42.6 万平方米,拥有孵化楼、产业楼 3 万平方米,配套服务中心 1 600 平方米。2007 年嘉定高科技园区实现总产值 150 亿元,上交税收 5.2 亿元,其中留学生企业实现产值 5.4 亿元,上交税收 2 300 万元。截至 2010 年年底,园区内企业 600 余家,其中留学生企业 300 余家,归国留学人员 1 000 余名。在这些留学生企业中,有博士 100 多名、硕士 150 多名,成为各类现代企业创业精英,形成了一个人才高层次、知识密集型的创业群体。

国家留学生嘉定创业园高起点布局规划,以汽车零部件、电子、通讯、医疗设备、计算机网络设计、新材料、生物医药、环保、CI 设计及金融投资等现代制造业为产业导向,以标准的设计建设程序、产学研一体的创新制度、功能齐全的配套服务,为嘉定工业区不断聚集科技动力,已成为海外学子归国创业的摇篮,科技企业投资开发的热土。

【上海中科高科技工业园】

上海中科高科技工业园是中科院创办、经国务院批准设立的上海市高新技术产业开发区,于2005年启动30公顷土地开发,拥有各类标准厂房。是经科学技术部、对外贸易经济合作部和外交部批准认定的国家高新技术产品出口基地和向国际开放的中国亚太经合组织科技工业园区(APEC园区)。上海中科高科技工业园是中科院高科技产业化计划实施基地,凭借中科院多学科及其在沪众多研究所(院)和中试基地的综合优势,依托嘉定工业区雄厚的财政实力,主要发展光通讯、新材料、光机一体化等高新技术产业和高新技术成果项目的引进。截至2010年年底,已入驻有上海新傲科技股份有限公司、华瑞科学仪器(上海)有限公司、澳谱光通讯器件上海有限公司、上海芝浦电子有限公司、第一电子工业(上海)有限公司等国内外一流的企业。

【上海复华高新技术园区】

上海复华高新技术园区是复旦复华科技股份有限公司的下属产业之一,是经科学技术部批准的国家级高新技术园区。是国务院批准的上海张江高新技术产业开发区"一区八园"的组成部分。2008年,复旦复华在上海复华高新技术园区投资创建科技创新基地。

上海复华高新技术园区科技创新基地是国家级大学软件园(软件产业基地),位于嘉定工业区北区的人工生态景观湖——龙心湖南侧的城北路,距离市区35公里。园区东靠城北路,西临胜辛北路,南有汇旺路,北有汇善路。规划用地10公顷,其中规划建筑面积213 098平方米,包括一期用地2.87公顷,总建筑面积66 282平方米,于2008年8月29日开工建设,2010年底竣工。规划二、三期建筑面积146 816平方米。总规划建设用地51.53公顷。

上海复华高新技术园区科技创新基地致力于打造集成果转化、产业化、国际化为一体的高科技产业园区,以发展具有自主知识产权的软件产品、振兴民族软件产业和推动社会信息化进程为目的,建设有特色、有规模、有国际竞争力的软件研发、生产、出口基地和软件企业孵化基地及软件人才培训基地,是嘉定工业区和上海地区乃至国内外有影响的软件产业基地。

【上海大学国家大学科技园嘉定产业化基地】

上海大学国家大学科技园嘉定产业化基地是科学技术部、教育部命名的高新技术先进制造生产基地。园区依靠国家重点211工程的科研成果优势,实行政府、高校与民企(包括外资)"三结合"优势互补的全新运行模式,打造国家高新技术产业开发区先进生产制造业开发建设、具有自主知识产权和核心技术生产力的高新技术成果和产业投资的平台。该基地位于嘉定工业区城北路1555号,开发规划占地面积约34公顷。4万平方米的产业化大楼以及2万多平方米的新型标准化厂房。

该基地拥有孵化大楼、中试厂房和实验大楼等孵化面积7.3万平方米。企业2003年销售收入达到16亿元。2004年,在园孵科技企业198家,其中已认定为高新技术企业有19家,留学生企业28家;在园区内设立的各类研究开发机构11家,获有信息安全、法律咨询、环保、废水处理、建筑设计等资质;在孵企业获多项国家重点新产品计划、国家级火炬计划、国家科技型中小企业技术创新基金支持,获得具有知识产权的专利共有28件孵化。

第四节　招商引资

1992年,嘉定工业园区招商引资起步,通过实行优惠政策、提供优质服务、优化投资环境、加大工作力度等多项举措做好招商引资工作，园区注册企业和入驻企业数逐年大幅度增加。

一、招商政策

嘉定工业园区为促进和加快开发区建设，1992年5月制定《关于加快嘉定工业开发区建设的若干意见》。1992年10月颁布《嘉定工业开发区若干优惠、奖励政策的试行意见》。1994年5月17日，嘉定区政府下发《关于嘉定工业开发区若干优惠政策的通知》，决定在国家政策许可的范围内实行12项优惠政策。1998年9月3日，嘉定区政府下发《关于对嘉定工业区实行若干优惠政策的通知》，决定实行三年不变的10项优惠政策。2003年8月14日，嘉定区政府颁布《关于嘉定工业区入驻企业行政事业性收费项目的暂行意见》，决定9月1日起，对嘉定工业区范围内企业负担的133项行政事业性收费项目，停止103项收费，暂行保留30项收费，进一步降低商务成本，优化投资环境。2009年10月19日，嘉定区政府下发《关于印发嘉定区促进文化信息产业发展若干意见的通知》，对于在工业开发区园区注册开业、并经认定为区政府扶持的文化信息企业，区政府和开发区管委会给予优惠政策。

二、招商活动

嘉定工业园区在招商引资过程中，开展多种形式宣传、举办投资环境推介会、项目签约会、出国推介、请进来考察等活动。

【招商宣传】

1992年下半年起，嘉定工业开发区管委会广泛宣传，大力招商，编印2.5万份彩印简介、5 000份《嘉定工业开发区投资指南》，并运用新闻媒介大力宣传。1993年是嘉定工业区招商引资的起步之年，工业区采取多种形式加强宣传，扩大招商影响。在狠抓基础设施建设，优化投资环境的同时，花大力气进行招商引资。采用"请进来，走出去"加大宣传力度。一方面邀请各方知名人士和中外客商来开发区参观洽谈；另一方面利用到北京举办信息发布会和到新加坡、香港进行招商的机会，借助当地传播媒介广泛宣传。

1995年，嘉定工业园区在招商形势不容乐观的大环境中，分析原因，找突破口。一方面，利用进驻项目奠基、开工等庆典活动，不失时机地向社会各界发送信息；另一方面，同数十家境外和外商驻沪办事机构保持联系，通过他们在国际上展开宣传活动，提高国际知名度。

1996年，嘉定工业区管委会在资金十分紧缺的情况下，制作1：2 000的总体形态规划模型，编辑《嘉定工业区招商指南》，并通过新闻媒体多次报道嘉定工业区的信息，扩大工业区的影响。1997年，工业区将招商部制作开发总公司的网页，宣传介绍工业区，开展网上招商。2001年，工业区全年除了在《解放日报》《文汇报》等报纸报眼位置上定期不间断地连载工业区的环境、交通、设施、政策、服务等有关条件特点与优势外，还加大网上招商力度，不断更新工业区网站，滚动报道工业区最新开发建设情况，全方位、多角度、深层次地宣传工业区。另外，成功筹划几期境外报刊上的广告宣传，取得很好效果。

2002年7月17—18日，中科院上海分院与嘉定区政府联合举办"光电子产业发展和上海光电子科技产业园（嘉定）建设研讨会"。会议披露，一座具有国内乃至国际影响力的光谷——上海光电子产业园将在嘉定崛起。该园区规划面积 4.8 平方公里,首期开发 3 平方公里。主要吸纳显示光通信,光存储,特种光纤,激光加工和激光医疗等光电信息产业类项目,建成后将与张江、漕河泾三足鼎立,形成上海市"十五"重点培育和发展的新兴产业之一。

【投资推介】

1996 年,采取多种方法进行多渠道的招商。通过上门招商、招商会、以外引外、筑巢引凤、和咨询公司建立伙伴合作关系等方式,获得了一批有价值的项目信息。3 月 22 日,嘉定区政府在上海国际贵都大饭店举行"96 嘉定工业区暨 312 国道招商说明会",当场签订合作意向项目 26 项,其中外资项目 20 项。9 月 26 日,嘉定工业区管委会和嘉定区外经贸委在嘉定宾馆联合举行"96 上海嘉定工业区金秋招商说明会"。来自海内外大企业、著名商社和外资银行的驻沪办事机构代表近 40 人参加。

1998 年,工业区拓展各种招商渠道,积极参加各种招商活动,组团参加了 10 月 22 日在上海世博会议大酒店举行的全市九大市级工业区招商引资发布会,结识一批投资商和中介机构,学习其他区、县工业区的招商引资经验,中共上海市委副书记孟建柱、副市长蒋以任等领导到嘉定展馆参观并听取情况介绍,进一步扩大了嘉定工业区的知名度。

1999 年 3 月 16 日,"嘉定工业区发展研讨会"在上海汽车工业活动中心举行,中科院上海分院及其 15 个研究所和中科股份有限公司、中科高科技园区的领导、专家应邀出席。10 月 28 日,"99 嘉定工业区投资说明会"在嘉定区综合办公大楼举行。美国、日本、荷兰和波兰等驻沪领事馆商务领事及中外银行界、企业界等代表共 300 余人参加。会上,加拿大医疗器械集团、美国斯科茨曼、日本押谷、德国卡普奈克等 14 家企业与嘉定工业区签订总额 1.36 亿美元的投资协议。区委书记潘志纯、区长金建忠等出席会议。

2003 年 10 月 16 日,在上海国际会议中心举行了"2003 嘉定工业区招商说明会",来自海内外的 1 000 余名客商与嘉定工业区签下 50 多个项目,签约总额超过 12 亿美元。

2007 年,承办全国性的"中国广告论坛"活动,吸引来自国内外 600 多家企业来嘉定。通过活动的开展,促进了"中国广告产业总部基地"落户到工业区,并有 30 多家著名广告企业注册落户。

【走出去招商】

1995 年,嘉定工业园区有计划、有目的地组织出国招商,并借助进驻工业区的外商项目在国外的影响,组织各类招商活动。是年下半年组织赴日本考察招商,取得了很好的效果。

1997 年,嘉定工业园区改变"大呼隆"招商为快速反应的"小部队",多批次出境招商,年内先后组团分赴日本、以色列、德国、韩国、马来西亚等国家和地区进行有针对性的招商活动,洽谈了一批项目。7 月上旬,工业区组团,在嘉定区长王荣华带领下赴欧洲进行招商、经贸考察,与德国 EGO 等公司达成了意向。9 月,德国 EGO 公司来工业区正式签订了协议,投资 480 万美元建立益技欧电子器件(上海)有限公司,并计划于 1998 年初增资 1 500 万美元。至 1997 年底,有 27 个外资项目进驻落户,注册资本 3 494 万美元。还有待批项目 7 个,投资总额 3 898 万美元。是年,还通过海内外中介机构与工业区订立招商代理协议,形成利益互助的合作机制,达到招商目的。例如,通过德信有限公司招商德国东康高热制品有限公司成功后,又对德国依芝澳温控设备有限公司招商成功。

2001 年,工业区针对日本制造业大量迁到中国大陆的有利时机,组织精干招商人员赴日本开展"境外招商""上门招商"活动。许多日本公司在招商会后纷纷到工业区进行考察,达成了多个意向。

【请进来考察】

1992年7月至年底，嘉定工业开发区共接待中外客商73批、700余人次，签订合作协议13份，协议总面积15.3公顷，协议地价3342万元，意向预约用地87公顷。

1993年，前来工业区考察或洽谈项目的中外客商达400多批，其中外商占70%以上，涉及加拿大、美国、澳大利亚、丹麦、日本、韩国、新加坡、马来西亚、南非等十几个国家和港、澳、台地区。年内签订用地协议的有33家，协议投资总额1.8亿美元，协议总用地118.3公顷，到位项目土地款3664万元。年内开工项目8个，总投资8500万美元。7月30—31日，台湾华忆电子集团公司及各协作企业一行25人考察嘉定工业区，有13家公司同工业区签订了11份用地预约协议，计划用地6.5公顷，意向总投资1000万美元。

1996年5月18日，香港企业家代表团访问嘉定工业区。1997年，共有70多批投资考察团前来工业区参观考察。

三、企业服务

嘉定工业区在企业服务中坚持"服务讲品质、办事讲效率"，园区先后搭建了嘉定工业区投资服务中心、入驻企业协会、商会、劳动人事分会等服务平台，建立健全了企业日常经营走访制度、职能部门联席会议制度、项目建设跟踪制度、服务企业目标责任制度等一批工作机制，千方百计帮助企业解决困难，为入驻企业提供包括企业证照代办、项目审批协调、企业厂房代建、资金短缺设法解决等在内的"一条龙""全天候"优质服务。

1993年，为了使已签约项目尽早开工建设，一方面剔除了一部分签约而无力开工的项目；另一方面采取专人跟踪，一条龙服务的办法，加快各项手续办理速度，确保签约项目的开工。年内有9个项目相继进入施工阶段，总投资1.26亿美元。1995年，落实专人进行项目跟踪与服务，为外商提供良好的软环境。在具体手续办理中，办实事、求实效，加快了签约项目的开工。

2001年，工业区在加强"以外引外""中介招商""筑巢引凤""网上招商"等措施基础上，根据招商形势及投资动态，更新招商方式及方法，强化服务机制，主动服务，为入驻企业排忧解难，开展"以真诚吸引外商、以真心感动外商、以真情留住外商"的情感招商活动，为引进项目创造条件，促成入驻项目早开工、早投产、早见效。2003年6月，工业区成立招商一部、招商二部、招商三部、招商四部、招商五部和投资服务中心，招商引资服务上了新层级。

2008年，在工业区帮助下，上海万超汽车天窗有限公司申请到了贴息贷款；在工业区相关部门大力宣传和鼓励下，已有12家企业申报科技"小巨人"企业。是年，工业区有15家企业获得各级创新资金总计354万元，一批规模小、项目好、发展潜力大的公司得到资金扶持，继续走技术创新之路。工业区注重保护企业的知识产权，禹辉（上海）转印材料有限公司是从事热膜转印膜生产的企业，拥有核心技术产品，但疏于技术产权保护，在工业区的宣传和帮助下，申请了6项专利。

2009年，工业区树立"服务出生产力、服务出竞争力"的理念，加强对园区企业的帮助与跟踪。萨帕铝热传输（上海）有限公司的产品大部分出口，为了提高产品的流通速度，工业区多次与海关联系与沟通，帮助企业办理各类手续。2009年1月12日，萨帕铝热传输（上海）有限公司从嘉定海关获得了《中华人民共和国上海海关适用AA类管理决定书》。海关对"AA类企业"实行信任放行，其进出口的货物一般不予开箱查验。萨帕公司的副总经理张峻怀激动地说："感谢工业区的帮助，感谢海关的支持，有了这张'通行证'我们的产品出口将更加快捷，这真是'服务出生产力'呀！"大陆泰密克汽车系统(上海)有限公司是入驻工业区的一家汽车零部件生产企业。该公司项目工期短、要求高,在整个建设过程中,工业区的相关人员多次与建设单位协调,确保了研发大楼按时交付使用。公司所使用的机器设备因公司注册地和海关监管等问题无法及时到位。工业区相关部门又与海关协调,使问题迎刃而解。大陆泰密克汽车系统(上海)有限公司的德国总部被优质服务感动了,决定把全球首次研发生产的ABS最新一代技术的生产基地落户嘉定工业区。

2009年2月,工业区召开重大项目推进协调会,针对参加会议的52家企业在建设中遇到的问题,工业区组成由建设、规划、招商、服务等相关部门的"联合会诊小组",现场逐一加以解决,保证了52个项目3月底前全部开工。

2009年,工业区出台系列政策,在落实资金、促进自主创新、品牌建设等方面提供服务,助推企业被认定为科技小巨人企业等,获得创新资金。2009年3月7日,工业区举行2009年春季大型用工招聘会,59家用人单位共推出155个岗位,拟招聘523名员工,初步达成用工意向400人。针对金融危机导致外来务工人员就业难的局面,此次招聘会特意加大对适合外来务工人员的岗位搜集,近80%的岗位均以招聘外来务工人员为主。

【投资服务平台】

嘉定工业区在营造投资服务环境中坚持"服务讲品质、办事讲效率",完善招商工作机制,创新投资服务模式、提升投资服务效能,建立工业区投资服务中心等相关职能部门以及入驻企业协会、商会等。工业区所属的上海嘉定工业区经济发展有限公司、上海嘉定工业区绿色经济城、上海嘉定工业区高科技园区发展有限公司等子公司为主要的三个层次的投资服务平台。

嘉定工业区于2002年11月成立外商服务中心,以"一切为了企业,为了企业的一切"的服务理念为企业提供服务。于2002年6月设立了招商一部、招商二部。2003年7月在外商服务中心的基础上设立投资服务中心,在工业区管委会的领导下,对落户的相关企业提供相关服务,改善园区的投资环境。作为投资服务中心的分支机构,在上海市中心地区的延安西路1358号迎龙大厦设立了市区办事处,为投资工业区的企业提供公司注册、年检、专项审批、专利注册、商标注册等服务。嘉定工业区2003年7月增设招商三部、招商四部、招商五部。五个招商部主要负责办理招商引资事项。同时在北京海淀区中关村东路89号恒兴大厦和深圳市福田区车公庙财富广场设立了招商办事处。

工业区管委会各相关职能部门围绕招商引资中心工作积极做好服务工作。办公室主要办理综合协调事项,宣传部主要办理对外宣传事项,信访办主要办理来信来访事项,司法所主要办理法律事务事项,劳动保障所(南区、北区)主要办理劳动和社会保障事项。

【协会、商会平台】

嘉定工业区先后成立了入驻企业协会、商会。在充分发挥工业区投资服务中心、招商部门、管委会职能部门等专业团队作用的同时,注意发挥"两新"组织,即新经济组织和新社会组织,在服务入驻企业过程中的作用,与"两新"组织建立良好的服务合作关系。

2005年12月,由嘉定工业区非公有制经济企业自愿组成的嘉定区工商联嘉定工业区商会成立,成为党和政府联系工商界人士的桥梁和纽带。嘉定工业区商会围绕工业区中心工作,做好政府部门与会员企业之间的协调、联络工作。为会员企业提供信息服务、政策咨询、政策解读和培训,举办管理论坛进行交流,做好人才招聘、培训与服务、工商联谊、企业文体活动等服务会员工作等。

2006 年 3 月 28 日,嘉定工业区入驻企业协会成立,为入驻工业区的企业搭建了政府与企业、企业与企业之间的沟通、交流和合作的服务平台。入驻企业协会是由入驻工业区的内外商投资企业、科研单位、其他有关组织和社会人士联合组成的非营利性的民间组织,由上海大众动力总成有限公司等 51 家企业组成。工业区投资服务中心作为协会的秘书处处理日常业务,通过网站、信息刊物等载体为会员企业提供各类政策、法规信息服务,反映企业情况,帮助企业解决问题,提高服务企业的水平。还不定期地为会员企业举办如出口加工区政策法规讲座、高尔夫球比赛、工业区投资机会介绍等各类活动。

【子公司服务平台】

嘉定工业区所属的上海嘉定高科技园区发展总公司成立于 1993 年 12 月 29 日;嘉定工业区经济发展有限公司成立于 1996 年 7 月 10 日;嘉定工业区绿色经济发展有限公司成立于 2005 年 8 月 19 日。三家全资子公司在做好招商引资工作的同时,多渠道、多角度地与入驻企业沟通交流,为入驻企业提供招商落地的支持和保障等服务。

四、招商成果

工业区开发起步的 1992 年,招商的注册企业 84 家,其中内资企业 38 家,注册资本 5.85 亿元;私营企业 38 家,注册资本 2.13 亿元;外资企业 8 家,注册资本 2.69 亿美元。

1993 年,33 家企业和工业区签订用地协议,协议总用地为 118.33 公顷,协议投资总额为 1.8亿美元,项目土地款到位 3 664 万元。11 月 22 日,由新加坡亚洲家俬私人有限公司和嘉定工业区开发总公司共同投资的上海亚洲家俬有限公司举行开工典礼,该公司总投资 280 万美元;12 月 22日,中日合资上海小糸车灯有限公司举行开工奠基典礼,总投资 4 600 万美元,为桑塔纳、奥迪、捷达等小型车以及其他各种轻型车、摩托车提供配套系列灯具。

1994 年,工业区招商引资出现项目投资大,知名度高,洽谈成功率高的"一大二高"特点。全年共签订项目协议 10 个,协议总投资为 2.05 亿美元。一些国际知名公司如富士通株式会社、伊藤忠商事株式会社,美国开利公司,德国 ZF 公司等纷纷进驻。在招商引资过程中,工业区注重特色,形成主导行业,充分利用嘉定的科技优势和安亭汽车城辐射优势,形成了以上海采埃孚转向器有限公司、上海小糸车灯有限公司、上海汽车制动系统有限公司等组成的汽车配套行业和以富士通将军公司、胜狮冷冻货柜有限公司和美国开利冷冻运输公司等组成的冷冻器具行业。此外,为了鼓励多种经营,繁荣区域经济,年内分别成立了民营密集区和私营经济园区。

1995 年,工业区新批外资项目 6 个,总投资 2 550 万美元;有 4 个项目增资,增资额为 1.13 亿美元。7 月 1 日,上海制动系统有限公司开业,成为工业区第一个正式投产的企业。

1996 年,协议引资 68.97 亿元,其中外资 5.98 亿美元、内资 19.3 亿元。批准外资项目 15 项,总投资 4 043 万美元。协议引进新项目 4 个,另有 3 个项目增资,总投资额为 6 328 万美元(含增资),投资额在 500 万美元以上的有 3 项。外商投资主要来自日本、美国、中国台湾和中国香港等国家和地区。注册企业 241 家,其中外资企业 120 家、内资企业 121 家。

1997 年,工业区协议引进项目 11 个,引进外资总额 2 752 万美元。吸引私营、集体企业 67 家,注册资金 1 亿元。全年共上交税收及管理费达 813 万元。招商引资主体逐步趋同多元化。

1998 年,引进外资项目 14 个,投资总额 3 288.1 万美元,外资增资项目 5 个,增资总额 2 882 万美元,合计吸引外资 6 170.1 万美元,比上年减少 66%。吸引内资项目 11 个,投资总额 1.09 亿元。注册个体私营企业 583 家,注册资本 7.96 亿元。引进了上海艾普泰壳信息有限公司、上海雅典娜建筑装潢有限公司、上海三九凯生医用材料制品有限公司、捷敏电子(上海)有限公司等 6 个外资项目,投资总额达 1 758 万美元。上海小糸车灯有限公司、上海 ZF 转向器有限公司、上海汽车制动系统有限公司等 5 家进驻外资企业,增资总额达 4 680 万美元。注册各类私营集体企业 249 家,注册资本 479 亿元。

1999 年,引进外资 4 375 万美元,其中引进外资项目 10 个、增资项目 2 个。年内有 3 家市管企业增资 4 000 万美元。引进内资企业 141 家,注册资金总额 1.83 亿元。1999 年 2 月 25 日,富士通将军(上海)有限公司第 50 万台空调器下线,标志该公司的空调器生产跃上了新台阶。3 月,英属维尔京群岛美杰·罗尔国际公司下属上海瑞尔美电子有限公司落户嘉定工业区,首期投资 100 万美元,主要生产各种磁性材料及其机械电子配件等。同月,总投资 1 000 万美元的上海开利运输冷气设备有限公司投产,主要生产绿色汽车空调。

2000 年,引进外资 17 540 万美元,合同外资 15 615 万美元,注册资本 9 069 万美元。富士通将军(上海)有限公司增资 8 500 万美元,以投资总额 1.5 亿美元位居全区外资企业投资排行榜第二名。8 月 1 日,首期投资 1 000 万美元的美国光联通讯技术有限公司落户嘉定工业区。全年新注册私营集体企业 109 家,注册资金 1.82 亿元,累计注册企业及注册资金分别达到 323 家和 6.64 亿元。

2001 年,工业区突出引进高科技、高附加值和出口导向型产业为重点的外资项目,特别是要着力加速形成光电子、光电通讯类产业的产业链,逐步提高工业区的科技含量及工业现代化程度。当年引进外资总额 1.07 亿美元,其中外资项目 20 个,投资额 8 843 万美元;增资项目 6 个,增资额 1 757 万美元。新注册集体企业 84 家,注册资金 4.31 亿元,比上年增长 306.6%,新注册私营企业 110 家,注册资金 4.94 亿元,比上年增长 521.7%。

2002 年,在 12 月北区开发启动后,园区招商引资取得重大突破。当年引进外资项目 39 个,增资项目 10 个,吸引外资 1.88 亿美元,到位外资 4 725 万美元;外贸出口 2.71 亿美元。全年新增私营企业 67 家,累计注册 439 户,新增注册资本 2.8 亿元,累计注册资本 14.9 亿元。11 月,香港胜忆科技股份有限公司投资建办纮炜集成电路(上海)有限公司,落户嘉定工业区,该公司注册资本 2 980 万美元,首期投资 3.5 亿美元,从事 8 英寸集成电路晶圆加工。

2003 年,完成合同外资 4.11 亿美元,比上年增 118.2%。引进外资项目 52 个,其中 1 000 万美元以上项目 11 个。投资 3 亿欧元的汽车发动机项目,投资 3 000 万美元的凤凰光学项目,以及小糸车灯、复旦软件学院、上海师范大学天华学院等 10 余个项目落户北区。6 月 20 日,注册资本 6 500 万元的上海航天电子有限公司揭牌。9 月 30 日,上汽集团与德国大众合资的上海大众发动机公司在工业区北区举行奠基仪式,副市长周禹鹏、唐登杰等参加奠基仪式。双方共投资 3 亿欧元,是国内第一个具有国际先进水平的汽车发动机厂。10 月 16 日,在上海国际会议中心举行的“2003 年嘉定工业区招商说明会”上,来自海内外的 1 000 余名客商与工业区签下 50 余个项目,签约总额超过 12 亿美元。11 月 16 日,上海凤凰光学仪器有限公司在工业区北区举行奠基典礼,总投资 3 000 万美元,该公司为世界多个跨国公司加工镜头、镜片。

2004 年,工业区共完成合同外资 11.9 亿美元,比上年增长 190.3%。新批外资项目 64 个,增资项目 35 个,其中 1 000 万美元以上项目有 42 个,北区招商取得重大突破。4 月 13 日,由日本好侍食品与味之素株式会社、三菱商事株式会社共同出资建立的上海好侍食品有限公司开工兴建,总投资2500万美元,占地3.1万平方米。4月28日,上海五丰上食食品有限公司、众爱食品(上海)有限公司和上海立山商业设备有限公司举行开工奠基仪式。上海五丰上食食品有限公司由香港五丰行有限公司和原新亚集团有限公司共同投资兴建,总投资3.6亿元。5月20日,投资1亿美元,占地12公顷的上海小糸车灯有限公司新工厂在工业区北区举行奠基仪式。该公司由上海汽车工业总公司与日本小糸制作所和丰田通商株式会社共同出资建立,主要生产为新车型配套的灯具及其他各类车用灯具。5月26日,由瑞典萨帕集团独资建立的萨帕铝型材(上海)有限公司在工业区北区落户。9月4日,在嘉定区"拥抱F1·上海嘉定投资环境说明会"上,工业区共有10个外资项目和1个内资项目签订土地批租意向书,投资总额达3.45亿美元。另有3个内资项目签订投资意向书,投资总额为8亿元。2005年,引进合同外资3.7亿美元,其中新项目3.12亿美元。实现到位资金1.86亿美元,比上年增长14.2%。完成外贸出口12.2亿美元。在外资引进取得较好成绩的同时,私营经济也取得快速增长,全年新增注册企业5248家,增长118.12%,其中高科技园区151家;新增注册资本40.20亿元,增长70.34%,其中高科技园区1.30亿元。是年,外资招商项目质量明显提高,引进的规模以上项目有27个,其中包括投资2.79亿美元的上海大众动力总成有限公司、投资9980万美元的上海依格瑞节能技术有限公司、投资8000万美元的杜邦高性能涂料有限公司等企业。招商新项目明显增多,在引进的项目中,增资部分达到10%,新项目所占的比重明显增加。外资到位率上升,实现到位外资1.86亿美元。

2005年1月,投资1250万美元的上海民弛摩擦材料有限公司在工业区北区开工。2月28日,由全球最大的活性乳酸菌饮品制造商——日本Yakult集团在中国市场上的第一个全额投资子公司上海益力多乳品有限公司在工业区南区举行开工仪式,投资总额为7950万美元,产品"养乐多"供应上海及周边城市。3月28日,上海好侍食品有限公司在工业区举行开业典礼。4月26日,投资2020万美元的亿森模具(上海)有限公司和投资6500万美元的荣海(上海)模锻有限公司分别在工业区北区奠基开工。10月25日,工业区北区举行重大工业项目集中开工建设启动仪式,共有25家企业举行集中开工仪式,其中外资企业有16家,一期投资总额近5亿美元。内资企业共有9家,一期投资总额为16亿元。其中有投资8000万美元的杜邦高性能涂料(上海)有限公司、投资9030万美元的上海台振食品有限公司等,主要涉及科技电子、生物化工、汽车配件、食品医药、精密机械等产业。9月21日,伟翔环保科技发展(上海)有限公司开工投产,该公司是上海首家专业电子废弃物处理厂,由新加坡TEC Envirororp旗下的外商投资1500万美元建成,它以高科技手段变废为宝,针对电子产品及衍生废弃物进行回收及循环再生利用,年综合利用和处置电子废弃物能力达1万吨。11月23日,增资2000万美元的宫后电子(上海)有限公司北区厂房开工建设,主要生产精冲模、模具标准件、超大容量电子存储器件、电子读写器等新型电子元器件。

2006年3月,投资总额1250万美元的韩国独资企业——维友食品(上海)有限公司在工业区开工兴建;项目投资1500万美元,占地4公顷的上海虞富电器制品有限公司开工建设。5月,总投资3亿元的上海鸿荃香精香料有限公司开工建设;投资总额1250万美元的中日合资企业——上海奥城汽车配件有限公司在北区开工建设;投资总额6000万美元的乔山健身器材(上海)有限公司在上海嘉定工业区出口加工区开工建设。6月,投资1628万美元的日本独资企业——上海埃斯凯变压器有限公司在北区开工建设。9月,投资总额2000万美元的豪门印刷(上海)有限公司在北区开工建设。11月,注册资本3亿元的上海爱普植物科技有限公司开工建设。是年,完成合同外资4.02亿美元,新批外资项目101个,增资项目34个,其中1000万美元以上项目有12个。新增私营企业注册户数2846户,新增注册资本18亿元。共实现外资到位资金1.3亿美元,外贸直接出口

12.7亿美元。在引进的项目中,高新技术企业、汽车零部件、科技电子、精密机械、新材料等主导产业的项目占80％以上,其中,投资1000万美元以上的大项目达到了20个,占引进外资项目总量的三分之二,招商引资的质量有了进一步提高。

2007年,工业区完成合同外资3.3亿美元,外资到位1.57亿美元。实现外贸直接出口16亿美元。新批外资项目38个,增资项目17个。有20个项目投资超过1000万美元以上,其中有9个项目超过2000万美元以上。其中4家是世界排名500强的企业,还有一批国际著名的品牌企业,项目的投资密度平均在每公顷750万美元以上。现代服务业招商有了新突破。在引进的外资中,现代服务业项目占合同外资的55％。引进一批著名的现代服务型企业,比如法国彼欧集团、意大利的菲亚特汽车公司、美国新蛋集团、德国的大陆集团、宝马公司等一批企业总部和研发销售中心入驻工业区。民营招商取得新发展,全年新增注册户数1085户,其中高科技园区新增注册企业39家。新增注册资本10亿元,引进内资投资总额10亿元。12月,菲亚特动力科技上海研发中心开始建设,位于工业区北区,是菲亚特动力科技在亚洲的第一个研发中心,总投资2200万欧元,建筑面积1.7万平方米,主要致力于基础性和前瞻性的科研及开发。

2008年,工业区完成合同外资2.6亿美元,新批外资项目30个,增资项目22个。有15个项目投资额超过1000万美元以上,其中7个项目超过2000万美元。重要投资项目有:瑞典山特维克公司,属矿山机械制造行业,总投资8480万美元,是年注册并开工建设;德国曼·胡默尔公司,属汽车滤清器行业,总投资4000万欧元;瑞典萨帕集团,总投资6700万美元等。私营经济招商取得较大进展。全年新增企业注册1173家。3月18日上午,宝马上海培训中心举行奠基仪式。位于嘉定工业区产业创新中心12号地块的宝马上海培训中心是宝马继北京之后在中国大陆建立的第二个培训中心,总占地面积约1万平方米。中心分两期规划,宝马先期投资约1亿元建设运营第一期。11月13日,菲亚特动力科技上海研发中心举行工程竣工典礼。

2008年底,全球金融危机汹涌来袭,企业生产开工不足,外商投资意愿锐减。嘉定工业区52个重大项目于11月20日上午举行集中开工仪式,其中外资项目有38家,内资项目有14家,总投资达96亿元。这是工业区按照"在特殊时期发扬特殊精神,作出特殊努力,采取特殊政策"的要求,采取有效举措促项目落地、促项目开工、促项目投产,着力突破制约项目建设的瓶颈,积极应对全球金融危机、确保经济平稳较快增长。中共中央政治局委员、中共上海市委书记俞正声出席仪式,并启动项目开工按钮。中共上海市委副书记、市长韩正在仪式上讲话。

2009年,工业区引进合同外资2.3亿美元,新批外资项目46个,增资项目18个。有18个项目投资超过1000万美元,其中7个项目超过2000万美元。汽车产业集聚度提高,上汽集团下属企业整体迁往北区,采埃孚变速器公司增资5200万美元,德国曼·胡默尔公司属汽车滤清器行业,设立管理性地区总部。现代服务业发展取得突破,3月26日,工业区举行现代服务业新项目集中签约仪式。注册资金960万美元的捷亮贸易(上海)有限公司、注册资金500万美元的布鲁斯亚洲投资有限公司等10家现代服务业企业与嘉定工业区签订了投资协议,为嘉定工业区的现代服务业发展再添重要砝码。中科院上海光机所下属春园光电科技有限公司研发中心成立,总投资2400万美元。优错绿色能源研发中心入驻,总投资2800万美元。华宝香精地区性总部入驻。8月6日,中科院上海技术物理研究所与嘉定区签署"院地合作"框架协议。

2010年,工业区引进项目的投资规模、质量进一步提高,产业优势特点明显,特别是在引进了吉利沃尔沃等一批先进制造业项目的基础上,进一步加大对科技创新型新能源、新材料、文化创意、电子信息产业等一批现代服务业以及战略性新兴产业的引进,卡耐新能源、联影科技、我友网络、凡客诚品等一批新的优质项目先后入驻园区。全年完成引进外资投资总额5亿美元,引进合同外资2亿美元,外资到位资金1亿美元。新增注册企业2541家。新增民营和内资注册资本113亿元,比2009年增长437%。新批外资项目35个,增资项目32个,有5个项目投资超过1000万美元,其中3个项目超过2000万美元。汽车产业能级不断提升,上海大众动力总成有限公司增资5300万美元,建设第三条发动机生产流水线。现代服务业发展取得进展,熙可食品科技(上海)有限公司研发型地区总部增资2400万美元。三樱企业管理(上海)有限公司地区性总部注册成立。电子商务产业集聚度提高,京东商城华东区总部、凡客诚品华东区总部及全球设计研发中心、上海我友网络科技有限公司落户。8月8日,中科院电动汽车研发中心成立揭牌仪式在嘉定工业区举行。9月9日,上汽马瑞利动力总成有限公司在嘉定工业区开工建设。9月17日,山特维克矿山工程机械(中国)有限公司举行新工厂开业典礼。10月28日,上海皮尔博格有色零部件有限公司新厂区举行奠基仪式。11月9日,嘉定工业区与江苏省盐城市建湖县开发区合作开发的嘉定工业区建湖科技工业园揭牌。一期总投资10亿元,占地72公顷,已引进投资项目22个。

至2010年年底,工业区注册企业总数达到9737家,其中内资企业281家,注册资本101.83亿元;私营企业8985家,注册资本281.16亿元;外资企业471家,注册资本29.87亿美元。

第五节 产 业 发 展

嘉定工业区从创立之初起,按照园区产业规划,重点引进科技含量高,符合嘉定产业导向的外资项目。到2010年底,园区内基本形成了汽车及其零部件、高端设备制造、总部经济、电子商务、文化创意、互联网及互联网金融、新能源新材料、国家重大战略产业化专项的八大主导产业集群。

一、经济规模

嘉定工业区从初期开发建设、招商引资期间,资产成倍增长,固定资产从1993年的139.53万元,发展到2010年底,拥有固定资产2.5亿元,流动资产53.4亿元,实现利润总额1.11亿元,上缴主营业务税金及附加565.37万元。

1996年,全年外资企业工业总产值1.497亿元,工业销售产值5612万元,出口交货值4856万元。企业工业产值20亿元。工业区开发集团总公司固定资产678.46万元,利润总额103.94万元。

1997年,实现工业总产值95.33亿元,其中内资企业33.09亿元、三资企业41.3亿元、私营企业20.94亿元,分别占工业区工业总产值的34.7%、43.3%和22%。属地外资企业工业总产值4.38亿元,工业销售产值4.36亿元,外贸产品出口解交额3.86亿元。在地企业工业总产值33亿元。

是年,工业区开发总公司首期开发区8.42平方公里内,有工业企业267家,其中内资企业179家、三资企业88家,共有职工7200人。全年实现工业总产值15.9亿元,占区域工业总产值16.7%,其中内资企业2.3亿元、三资企业13.6亿元。工业区开发总公司固定资产694.59万元,营业收入5146.27万元,利润总额2249.89万元,上缴主营业务税金及附加0.39万元。

1998年,实现工业总产值108.83亿元,其中内资企业32.93亿元、三资企业50.39亿元、私营企业25.51亿元,分别占工业区总产值的30.3%、46.3%和23.4%。实现工业利润2.49亿元,上缴税金 1.51 亿元,其中内资企业 0.49 亿元、三资企业 0.49 亿元、私营企业 0.53 亿元。工业区开发集团总公司固定资产 741.55 万元,流动资产 13 701.95 万元,营业收入 3 436.27 万元,利润总额 340.45 万元,上缴主营业务税金及附加 180.40 万元。

首期开发区属地经济快速增长。其中工业企业完成产值 9.31 亿元,工业销售产值实现 8.7 亿元,外贸出口产品解交额完成 5.66 亿元。增加值实现 2.8 亿元,其中第三产业增加值为 1.2 亿元,财政收入(镇级)4 400 万元。

1999 年,工业区开发集团总公司固定资产 724.20 万元,营业收入 3 770.73 万元,利润总额 458.97 万元,上缴主营业务税金及附加 197.96 万元。工业区集团公司完成工业产值 21.29 亿元,工业销售产值 17.74 亿元,外贸出口解交额 9.47 亿元;实现增加值 4.45 亿元,其中第三产业增加值 1.4 亿元;村级工业总产值 1.44 亿元,利润 1 900 万元;实现财政收入(镇级)6 561 万元。

2000 年 1—11 月,工业区 24.8 平方公里内完成工业总产值 132 亿元;外贸产品出口拨交额完成 35 亿元。区域经济中各部分都有大幅度增长,各项指标全部超额完成了全年目标。13 平方公里首期开发区 1—11 月份共完成工业总产值 85 亿元。其中属地工业(工业区集团公司)产值 26.91 亿元;工业销售产值完成 20.9 亿元;工业增加值 4.18 亿元;外贸产品出口拨交额 9.95 亿元;第三产业增加值 2 亿元。税收总额完成 17 250 万元。工业区开发集团总公司固定资产 935.72 万元,营业收入 26.51 万元,利润总额 7 439.27 万元。

2001 年,工业区完成工业产值 92 亿元。其中属地工业产值完成 41.2 亿元,完成工业销售产值 32.49 亿元,完成增加值 10 亿元,完成外贸产品出口额 1.95 亿美元,完成国家税收 2.99 亿元,实现地方财政收入 2.44 亿元%。工业区开发集团总公司固定资产 1 768.71 万元,营业收入 199.96 万元,利润总额 4 039.36 万元。村级经济全年完成工业产值 1.89 亿元,完成销售收入 1.85 亿元,实现利税 2 531 万元。

2002 年,工业区开发集团总公司固定资产 1 780.42 万元,营业收入 193.99 万元,利润总额 3 024.38 万元,主营业务税金及附加 3.27 万元。私营企业税收 1.03 亿元。工业区集团公司全年完成工业产值 43 亿元;完成工业销售产值 42 亿元;完成增加值 11 亿元,其中工业增加值 7.7 亿元,第三产业增加值 3.5 亿元。完成出口 2.7 亿美元,完成税收 3.41 亿元,实现地方财政收入 1.7 亿元。

2003 年,工业区完成工业总产值 91.4 亿元,社会消费品零售额 4.07 亿元。工业产品销售收入 86.59 亿元,工业利税总额 49.53 亿元,出口 7.1 亿美元,实现税收 6 亿元,地方财政收入 2.2 亿元。实现增加值 27.61 亿元,其中第一产业 6 175 万元,第二产业 21.1 亿元,第三产业 5.89 亿元。工业区集团公司实现农业总产值 2.53 亿元,24 个村完成工业总产值 17 亿元,实现工业利润 1.5 亿元。工业区开发集团公司固定资产 4 258.58 万元,营业收入 15 894.68 万元,利润总额 2 135.32 万元,上缴主营业务税金及附加 825.99 万元。

2004 年,工业区完成工业总产值 126.3 亿元,工业利润总额 5.21 亿元,完成税收 9.6 亿元,地方财政收入 3.88 亿元。全年实现增加值 37.21 亿元。其中第一产业 7 410 万元,第二产业 28.90 亿元,第三产业 7.58 亿元。工业区 24 个村完成工业总产值 20.2 亿元,占工业区总额的 16%;实现工业利润 1.88 亿元,占工业区总额的 36%,增长 17.6%。工业区开发集团公司固定资产 11 751.35 万元,营业收入 4 180.05 万元,营业支出 2 682.95 万元,利润总额 1 551.85 万元,上缴主营业务税金及附加 214.11 万元。

2005 年,工业区完成工业总产值 185.32 亿元,完成税收 11.80 亿元,工业利润总额 7.54 亿元,实现地方财政收入近 6 亿元。全年实现增加值 53.80 亿元。地方财政收入 5.93 亿元。工业区 24

个村完成工业总产值 22.4 亿元,占工业区总额的 12%。工业区开发集团公司固定资产 12 235.84 万元,营业收入 16 127.9 万元,利润总额 1 447.42 万元,上缴主营业务税金及附加 5 450.02 万元。

2006 年,工业区完成工业总产值 230.6 亿元,实现增加值 67.7 亿元,实现税收 13.8 亿元,实现地方财政收入 3.71 亿元,实现工业利润 10.3 亿元,完成私营税收 7.9 亿元。工业区开发集团公司固定资产 18 094.22 万元,营业收入 3 528.14 万元,利润总额 1 738.08 万元,上缴主营业务税金及附加 183.46 万元。

2007 年,工业区完成工业总产值 292.69 亿元。实现增加值 67.9 亿元,实现税收 18.6 亿元。实现地方财政收入 4.08 亿元。私营企业完成私营税额 9.4 亿元。工业区开发集团公司固定资产 21 401.1 万元,营业收入 1 310.72 万元,利润总额 210.07 万元,上缴主营业务税金及附加 206.12 万元。

2008 年,工业区完成工业总产值 345.62 亿元。实现增加值 81.3 亿元。实现税收 22.85 亿元。镇级财政收入 4.93 亿元;私营企业新增注册资本 36 亿元,完成私营税额 12.2 亿元。有规模以上工业企业 263 家,工业总产值 376.84 亿元。工业区开发集团公司固定资产 18 214.06 万元,营业收入 24 286.22 万元,利润总额 9 645.95 万元,上缴主营业务税金及附加 1 278.74 万元。

2009 年,工业区工农业总产值 452.79 亿元,其中工业总产值 450.12 亿元、农业总产值 2.67 亿元。规模以上工业企业 248 家,工业总产值 403.09 亿元,利润 30.8 亿元。工业区完成增加值 96.5 亿元,完成镇级地方财政收入 6.1 亿元。全年完成新增私营企业注册资本 25 亿元,完成私营税额 14.8 亿元。工业区开发集团公司固定资产 25 049.39 万元,营业收入 7 705.61 万元,利润总额 6 872.21 万元,上缴主营业务税金及附加 397.46 万元。

2010 年,工业区规模以上工业企业 257 家,从业人数 56 134 人。工业区完成工业总产值 642.43 亿元,规模以上工业企业总产值 555.36 亿元;税收入库 36.7 亿元;地方财政收入 8.3 亿元。GDP 年增长值为 121.39 亿元。其中第一产业 0.87 亿元、第二产业 103.65 亿元、第三产业 16.87 亿元。农业总产值 2.6 亿元。完成私营企业税额 20.1 亿元。外贸出口 20.47 亿元。新增私营企业注册资本 118.5 亿元,完成私营企业税额 20.1 亿元。工业区固定资产合计 1 232 034 万元,营业收入 5 807 534 万元,是年应交增值税 69 261 万元,利润总额 497 550 万元,上缴主营业务税金及附加 1 823 万元。工业区开发集团公司固定资产 25 438.5 万元,营业收入 10 771.27 万元,利润总额 11 085.70 万元,上缴主营业务税金及附加 565.37 万元。

二、主导产业

嘉定工业区在园区开发招商中重点引进科技含量高、符合国家产业导向、规模效益好、创新能力强、技术水平高的项目,努力推动产业在集聚中调整,在调整中优化升级。突出龙头企业引领,着力构建"以先进制造业为支撑、现代服务业为重点、战略性新兴产业为引领"的产业体系,推动产业结构战略性调整。至 2010 年底,园区基本形成了结构合理、优势明显的汽车及其零部件、高端设备制造、总部经济、电子商务、文化创意、互联网及互联网金融、新能源新材料、国家重大战略产业化专项为主体的八大主导产业集群。

【汽车及其零部件产业】

嘉定工业区依托嘉定区汽车制造业的优势,大力发展相关的汽车及其零部件产业,至 2010 年,形成以上海大众动力总成有限公司、上海小糸车灯有限公司、大陆泰密克汽车系统(上海)有限公司、上海采埃孚转向机有限公司、上海汽车变速器有限公司、曼胡默尔滤清器（上海）有限公司等企业为代表的汽车及其零部件产业集聚效应。

【高端设备制造业】

园区在高端医疗器械方面，重点发展以高端医疗仪器设备、专用设备及器械制造医疗等为主的装备制造业；在航天装备零部件制造方面，推进航电、机电、环控以及相关系统等核心零部件的制造和加工产业集群化、规模化发展；在工程及精密机械装备方面，重点发展工业用高功率激光设备、安全监测仪器等各类试验设备及有色金属冶炼、矿山机械制造等装备零配件制造。

【总部经济】

嘉定工业区从2007年开始，大力发展以管理性总部、投资性总部、研发设计中心、销售采购中心等为主体的总部经济，实现了二产支撑三产、三产服务二产的良好格局，形成了以沃尔沃汽车中国总部及技术中心、菲亚特研发中心、奥托立夫管理性总部、华宝国际控股有限公司等为代表的总部经济产业。其中，瑞典奥托立夫公司、德国曼·胡默尔集团、华宝国际控股有限公司等不仅将地区总部落户在工业园区，同时也在园区建设生产制造基地。

【电子商务产业】

2007年，首个电子商务项目新蛋网入驻嘉定工业区，促进了园区的电子商务产业大发展。工业区管委会领导根据电子商务未来爆发式的发展势头以及物流仓储用地一直是电商企业的一大难题的契机，利用郊区土地资源相对宽裕，以及嘉定工业园区地处长三角中心物流配送十分便利的良好条件，积极引进电子商务企业，通过完善政策措施、加大引进和培育力度，吸引了一批国内外优质电子商务企业，形成了以新蛋贸易（中国）有限公司、京东商城华东区总部及订单处理中心、凡客诚品华东总部为引领的电子商务产业。截至2010年年底，园区内有100多家电子商务企业入驻。

随着电子商务产业形成一定的集聚效应，2010年，工业区开始规划嘉定电子商务产业园，总体规划园区面积约200公顷。产业园以工业区产业创新中心为依托，特别设立了"孵化及公共服务平台"，落户在新规划的嘉定高科技园区内，分为四期滚动开发。

【文化信息产业】

2007年，中广国际广告创意产业园区在工业区创立，位于汇源路55号，以广告创意、设计制作、总部研发、电子商务、软件开发、信息科技集聚地为目标，是创意科技产业的集聚中心、打造亚太创意科技的高地和全球创意科技的交流平台，由中国广告协会和上海嘉定工业区携手打造的一个中国广告产业总部的集聚地，成为嘉定区现代服务业发展重点扶持项目。

园区面积47 975平方米，由中广国际广告创意产业基地有限公司管理。2010年度园区营业总收入45亿，文化企业营业总收入近35亿。产业园打造了产业支持平台，以培训、交流、展示和孵化等几大功能为产业提供支持；创意交流平台作为上海最大的广告创意产业园，每年参与举办中广国际广告节、世界级广告大会等，帮助广告创意类企业的交流与发展和公共服务平台，为园区广告产业链上中下游企业提供支持。产业园区规划用地约200公顷，分三期建设，滚动开发。

上海圆迈贸易有限公司（京东-360b uy）、百度在线网络技术（北京）有限公司上海软件技术分公司、上海木火升明广告有限公司、安传广告（上海）有限公司、上海道名广告有限公司、上海吉广文化传播有限公司、上海恺达广告有限公司、上海魄力广告传媒有限公司、新蛋信息技术(上海)有限公司等企业先后入驻园区,文化信息产业形成迅速聚集和快速增长之势。

截至 2010 年年底,中广国际广告创意产业园区引进文化信息产业类企业近 1 000 家,其中包括广告创意、设计制作、总部研发、电子商务、软件开发、信息科技等产业的诸多国内外知名企业。

【互联网及互联网金融产业】

嘉定工业区把握上海金融中心建设的历史机遇,加快产业结构调整步伐,大力发展新型金融服务产业,从 2010 年起在园区内着力打造以金融服务外包产业为基础的上海金融谷基地,为嘉定工业园区发展互联网及互联网金融产业奠定基础。

上海金融谷基地位于嘉定工业区城北路与汇善路沿线,规划用地 66.67 公顷,建筑面积 120 万平方米,投资规模 60 亿元。上海金融谷基地以新一代信息技术(互联网金融、移动互联网等)为核心,以金融服务为纽带,以资本投融资为杠杆,建设创新型、智慧型、生态型服务新城,规划将基地建设成为技术密集、人才密集和资本密集型的全新金融服务供应链生态聚集区,实现金融产业和服务外包聚集发展。建成后将带来相关产业产值约 100 亿元,带动金融及高新技术人才约 2 万人就业。规划中的上海金融谷是上海国际金融中心的重要组成部分,与陆家嘴联动共同构成前中后台一体化金融服务体系。产业集群直接服务上海和长三角地区,辐射国内各大经济区域乃至亚太经济圈,是实现上海国际金融中心整体规划"一城(陆家嘴金融城)、一带(外滩金融聚集带)、一谷(上海金融谷)"中的组成部分。

上海金融谷的目标是对接金融外包市场、打造服务外包品牌;发展互联网金融,打造创新的普惠金融品牌。上海金融谷不仅可以理财、融资,还能够创业,将成为投融资的天堂,创业的沃土。主要包括:打造一体化的互联网金融综合运营平台、上海市级互联网金融孵化基地和一站式的投融资交易综合服务中心。

入驻的代表企业有上海卡友信息服务有限公司(卡友支付服务有限公司),前身为中国银联控股子公司,是一家专业的金融支付服务企业。公司在 2009 年进行了股份改制,注册资本 1 亿元。经营范围:银行卡收单,计算机软、硬件的开发、设计、制作、销售(除计算机信息系统安全专用产品),系统集成并提供相关的技术咨询和技术服务等。主要产品:信付通支付终端(迷你付)、信付通支付终端(电话打印一体)、信付通支付终端(手机)、信付通支付终端(刷卡电话)、信付通支付终端(便捷式)。截至 2010 年 12 月,已与 20 多家商业银行建立良好的合作关系。

【新能源产业】

嘉定工业区依托嘉定区汽车产业雄厚的基础优势,贯彻落实市、区各项促进新能源汽车产业发展的相关措施,谋篇布局,加强纯电动汽车、燃料电池汽车等相关技术标准的建设,积极创造条件引入国内外行业领军人物和技术团队,逐步形成了以内资企业上海中科深江电动车辆有限公司、上海贯裕能源科技有限公司、上海卡耐新能源有限公司、上海新池能源科技有限公司以及外资企业菲亚特动力科技上海研发中心、大陆泰密克汽车系统(上海)有限公司等为代表的新能源以及新能源汽车产业集聚的发展态势。

【国家重大战略产业】

嘉定工业区在经济开发中加大战略性新兴产业引进培育力度,抢抓全球新一轮科技产业革命加速发展的新机遇,聚焦"四新经济"(新产业、新业态、新技术、新模式),不断壮大国家重大战略性新兴产业,集聚了以中科院上海光机所、上海新傲科技股份有限公司、上海世龙科技有限公司、上海明匠智能系统有限公司、上海君屹工业自动化股份有限公司等为主体的国家重大战略产业集群。

三、重点企业

至2010年年底,嘉定工业区注册企业总数9737家,其中外资471家、内资281家、私营8985家。入驻园区企业1437家,其中规模以上工业企业257家,世界500强企业16家,企业集团总部20家。

工业区注册外资企业471家中,入驻外资企业367家。入驻外资企业主要来自美国、日本、德国、英国、澳大利亚、韩国、新加坡、意大利、西班牙、瑞典、印度尼西亚等国家和中国港、澳、台等地区。入驻外资企业中,独资企业279家,合资合作企业88家。

入驻工业区的世界500强企业16家中,独资企业10家,分别是日本4家、德国2家、韩国1家、美国1家、意大利1家、中国台湾1家;合资企业6家,分别是中日2家、中德2家、中美1家、中国和中国香港1家。

表7-5-3　2010年嘉定工业区世界500强企业情况一览表　　　单位:万美元

序号	名　　称	类型	投资总额	国家/地区
1	上海好侍食品有限公司	独资	3 983.6	日　本
2	富士通将军(上海)有限公司	独资	15 000	日　本
3	上海中炼钢铁有限公司	合资	2 950	中　日
4	上海汽车制动系统有限公司	合资	4 850	中　美
5	上海小系车灯有限公司	合资	19 432.4	中　日
6	上海采埃孚转向机有限公司	合资	17 456	中　德
7	上海华藤金属加工有限公司	独资	3 660	中国台湾
8	上海吴羽化学有限公司	独资	1 877	日　本
9	上海宝菱塑料制品有限公司	独资	2 000	日　本
10	上海大众动力总成有限公司	合资	54 411	中　德
11	大陆泰密克汽车系统(上海)有限公司	独资	9 226.6	德　国
12	韩华综化(上海)塑料有限公司	独资	1 500	韩　国
13	杜邦高性能涂料(上海)有限公司	独资	——	美　国
14	中沪国际纸业包装(上海)有限公司	合资	1 000	中国香港
15	菲亚特动力科技中国区总部	独资	4 221.9	意大利
16	宝马(上海)培训中心	独资	——	德　国

资料来源:上海嘉定工业园区提供

【上海大众动力总成有限公司】

2005年4月29日成立,由德国大众汽车(中国)投资有限公司和上海汽车集团股份有限公司合资组建的发动机生产企业,是世界上加工工艺和技术水平最先进的发动机生产基地之一,位于嘉定工业区北区城北路3598号,员工约2300人。公司一期总投资18亿元,年产发动机33万台。2009年,公司启动二期项目,总投资追加到44亿元,年产能可提升至78万台。公司主要生产德国大众EA111系列1.4 L、1.6 L MPI链传动汽油发动机和1.4 L TSI(涡轮增压燃油直喷)发动机,主要配套上海大众汽车波罗、朗逸、途安、途观,斯柯达晶锐、明锐、昊锐等系列车型。

【迅达中国区总部/迅达(中国)电梯有限公司】

迅达集团1874年在瑞士创立,是世界第一大自动扶梯生产商,同时也是世界第二大电梯供应商。迅达中国区总部/迅达(中国)电梯有限公司是瑞士迅达集团的全资子公司,位于上海嘉定工业区兴顺路555号,包含亚太研发中心、测试塔、展示大楼、总部大楼、培训大楼及制造工厂。为客户提供全面的电梯和自动扶梯产品的研发、销售、服务和技术支持,满足客户对先进电梯的需求,以优质的产品和服务为中国的高层地标、商业地产、公共交通等建筑做贡献。

【上海联影医疗科技有限公司】

2010年10月,公司在嘉定工业区城北路2258号筹建,注册资本54 640.12万元,投资总额30亿元,是中国唯一自主研发、生产全线高端医疗设备,并提供医疗信息化、智能化解决方案的高新技术企业。公司在美国休斯敦、旧金山、克利夫兰和国内武汉、深圳、常州、贵州等地设立子公司及研发中心。经营范围:高端医疗影像设备。主要产品为计算机断层扫描仪等。该公司向市场推出了掌握完全自主知识产权的多款产品,包括112环数字光导PET‐CT、动态多极3.0T MR、搭载业界时空探测器的128层CT等一批世界首创和中国首创的产品,打破了外资数十年的市场垄断和技术封锁。联影产品用户多为三甲医院。联影提出"U＋互联网医疗"战略,以全线影像及放疗设备为基础,以联影智慧医疗云为桥梁,以医疗大数据为智慧,布局精准医疗生态系统。

【沃尔沃汽车中国总部及技术中心】

2010年8月2日,浙江吉利控股集团完成对福特汽车公司旗下沃尔沃轿车公司的全部股权收购。2010年8月19日,嘉定区政府门户网站披露,沃尔沃国产基地位于嘉定工业区嘉金高速朱桥出口西侧,占地80公顷,负责沃尔沃C30和V70两款车型的国产,产能达到30万辆。沃尔沃汽车中国总部及技术中心位于嘉定工业区绿意路同一地块,总面积20公顷,包括建筑面积6万平方米的总部大楼、汽车博物馆、设计造型中心、试制车间,以及中国研发中心后续将建成的其他实验室及其附属动力设施等。沃尔沃汽车亚太区总部总投资约17亿元。一期工程建筑面积3.5万平方米,投资约4.2亿元,由整车排放试验室、动力总成试验室、电子电器试验室、耐久性能试验室、主动安全与底盘试验室、车内空气质量试验室、色彩匹配实验室、材料检测实验室、盐雾腐蚀实验室、测试仪器开发实验室、试验准备车间、物流仓库、工程师办公区等部分组成。研发中心有工作人员近500名,其中包括沃尔沃瑞典总部的专家30人,海外归国高级专家15人,其中"国家千人计划"特聘专家2人,技术研发工程师400多人,其中拥有博士学位14人,硕士学位136人,本科学位229人。

2010年2月,由嘉定工业区与嘉定国资出资成立的上海嘉尔沃投资有限公司与吉利集团签订了《吉利沃尔沃上海项目框架协议》,"嘉尔沃"公司为吉利收购沃尔沃出资10亿元,并负责厂房建设等后续投资。8月,工业区在胜辛北路近兴贤路处为沃尔沃提供了1.6万平方米标准厂房,用作临时研发场所,有200名～300名研发人员进入工作。沃尔沃汽车中国总部及技术中心注册资金

81亿元。注册地在上海嘉定区的上海吉利兆圆国际投资公司是吉利收购沃尔沃轿车的主体,该公司向福特汽车支付了12亿美元。吉利兆圆的三方股东吉利集团、大庆国资委、上海嘉尔沃投资有限公司分别持有51％、37％和12％股份,而嘉尔沃公司由嘉定工业开发区和嘉定国资委持股60％和40％。

【京东商城(京东商城华东区总部及订单处理中心)】

2004年正式涉足电商业务的京东商城是自营式电商企业,在线销售家电、数码通信、电脑产品、家居百货等十大类逾30万种商品。2010年销售额突破100亿元,且连续五年保持年均300％以上的高速发展。京东投入巨资在北京、上海、广州、成都、武汉等地建立自动化电子商务物流中心,构建全国的现代化物流体系。2009年12月8日,京东商城与嘉定工业区正式签署投资协议,在当地建设京东商城华东大区总部,以及"亚洲一号"仓储中心。2010年6月,占地13.33公顷的京东商城华东区总部在嘉定工业区北区开工建设,以满足华东地区仓储、售后服务等需要。

【上海德梅柯汽车装备制造有限公司】

始创于2003年,位于嘉定工业区世盛路968号。公司提供汽车智能装备产品开发及设备制造、集成总包等工程技术服务,涉及机器人柔性集成研发、机器人视觉系统、自动化系统集成、智能输送装备系统等智能装备服务领域。公司在焊装夹具、输送机运、机器人仿真、机器人集成、机器人视觉、自动化系统、焊接工艺、包边工艺、加工制造、安装集成调试等方面具备强大的实施能力。

公司拥有四个生产基地,一个OFFICE,总厂房面积超过10万平方米。公司是上汽集团公司、上海通用汽车、北汽集团、长安福特、上海大众汽车、奔驰汽车、宝马、VOLVO、雷诺汽车、凯迪拉克、英菲尼迪汽车、萨博汽车、丰田汽车、日产汽车、本田汽车、马自达汽车、意大利COMAU、德国KUKA、德国EDAG等全球知名企业重要合作伙伴、优秀供应商。

【百度在线网络技术(北京)有限公司上海软件技术分公司】

2008年5月入驻嘉定工业区叶城路1288弄6号楼(上海嘉定高科技园区),2010年6月正式入驻嘉定工业区汇荣路500号。经营范围:计算机软硬件、电子产品、网络技术的技术开发、技术服务、技术转让、技术咨询,广告设计、制作、代理等。百度在线网络技术(北京)有限公司是全球最大的中文搜索引擎。百度在线网络技术(北京)有限公司上海软件技术分公司千人电话营销服务中心于2010年6月正式入驻嘉定工业区北区,拥有1 000多名专业、资深的推广顾问,可以为上海地区的中小型企业提供网络营销解决方案。2008—2010年,每年业绩以30％的平均速度增长。为了更好地巩固自身在行业内的领先地位并为客户提供更优质的服务,百度在嘉定工业区北区产学研中心新建了12 400平方米的新厂房,专门用于服务客户的专业呼叫中心系统,为企业客户提供更为快捷、专业和高效的一站式搜索营销服务。

【上海新傲科技股份有限公司】

其前身上海新傲科技有限公司成立于2001年7月,2009年6月整体改制为上海新傲科技股份有限公司,是一家致力于高端硅基材料研发与生产的高新技术企业,由中科院上海微系统所牵头,联合中外投资者设立。公司位于嘉定工业区普惠路200号(工业区南区),注册资金1.5亿元。2010年12月开业的新厂区位于嘉定工业区新徕路200号(工业区北区),注册资金3.15亿元。作为中国唯一的SOI产业化基地和具有世界先进水平的高端硅基材料研发平台,新傲公司自成立以来,先后承担了包括国家863计划微电子配套材料重大专项、信息产业部电子发展基金重大项目、上海市科教兴市重大产业科技攻关项目等多项重大政府研发课题和产业化项目。2005年,公司荣获上海市科学技术进步一等奖。2006年,公司的高端硅基SOI材料研究和产业化项目荣获国家科学技术进步一等奖。2007年,高端硅基SOI材料研究集体获得中科院杰出科技成就奖。2010年12月10日,落户于嘉定工业区的新傲科技股份有限公司新厂区落成开业。

第六章　上海青浦工业园区

1995 年,中共上海市委、市政府确定沿 318 国道形成"青浦经济走廊"的发展战略,青浦县委、县政府,抓住上海大工业扩散的机遇,促进产业结构调整,加快青浦二级市的建设步伐,决定在青浦新区的北侧,建设"上海西部工业园区"。1995 年 11 月 25 日,市政府批准,将"上海西部工业园区"列为市级工业区,定名为青浦工业园区。上海青浦工业园区北至北青公路,东至油墩港,西至西大盈港,南至上达河,总规划面积为 16.16 平方公里。工业园区的目标是发展成为以汽车配件、电子通信设备、家用电器、精密仪表机械、纺织服装、绿色食品加工行业等为主体的综合性园区。

2001 年 2 月,青浦区与中国华源集团达成资产重组协议,上海青浦工业园区全盘接收国家级高新技术开发区——中国纺织科技城(以下简称中纺科技城)。是年,市科委批准成立上海青浦工业园区高科技成果转化基地,是上海继张江高科技园区后又一家专门以高新技术产业为特色的产业基地。2002 年 3 月 18 日,市政府批准成立了上海台商工业园(青浦),总规划面积 10 平方公里,主要发展 IC 产业、光机电产业、精密机械产业等三大主导产业。3 月 28 日,以西部经济城、创业中心、招商中心三个经济小区为载体的西部创业园开工。西部创业园是青浦工业园区的功能性配套小区,首期规划面积 1.17 平方公里,主要面向中小型企业,特别为私营企业实现短平快的投入产出提供舞台。2002 年下半年,青浦工业园区将中纺科技城和青浦商城作为民营经济发展基地。至此,青浦工业园区形成了西部经济城、创业中心、招商中心、中纺科技城和青浦商城 5 个以发展民营经济为主的经济小区。

2003 年 3 月 10 日,国务院同意设立上海青浦出口加工区。上海青浦出口加工区是国家级综合性开发区,总规划面积 3 平方公里。区内以信息产业、新型建材、汽车零部件、精密机械等为主导产业,重点吸收一批高科技、高附加值的企业入驻。10 月 30 日,市规划局同意青浦试点工业园区总体规划,在原工业园区的基础上,整合赵巷镇、重固镇(包括原香花桥镇)及原赵屯镇的镇级工业区设立青浦试点工业园区,总用地面积扩至 56.2 平方公里。

2006 年 8 月,中共上海市委、市政府决定将国家级"上海高新技术产业开发区"更名为"上海张江高新技术产业开发区",青浦工业园区内的中纺科技城被列为"一区六园"之一。上海张江高新技术产业开发区青浦园区开发规划范围总面积约 25 平方公里,集中了中纺科技城、青浦科技园和原工业园区中高新产业相关资产,聚焦生物医药、新材料、电子信息、先进重大装备、软件和信息服务业等五大主导产业。

2010 年 6 月,中共青浦区委、区政府决定分拆青浦工业园区,形成"一园三区"("一园":青浦工业园区;"三区":青浦工业园区、青浦出口加工区、张江高新技术产业开发区青浦园区)格局,由新组建的上海青浦工业园区发展(集团)有限公司、上海张江高新技术产业开发区青浦区有限公司和上海出口加工区开发有限公司分别运作。青浦工业园区规划面积重新调整为 16.16 平方公里,围绕全区"一城两翼"的战略布局,打造集总部、商务、制造为一体的新型园区;上海张江高新技术产业开发区青浦园区开发总面积约 25 平方公里,分为南北两个区域,南区为中国纺织国际科技产业城开发区域,约 2 平方公里;调整后的青浦出口加工区由原来的 3 平方公里扩容为 16 平方公里。

2010 年,青浦工业园区上海淀山湖总部基地获得上海市总部经济促进中心认证,被授予"上海企业总部试点基地"称号,标志着青浦工业园区面向长三角的总部经济及生产性服务业基地建设进入高潮。

青浦工业园区自创立以来,特别是 2003 年到 2010 年的 8 年中,园区按照中共上海市委、市政府关于试点园区"高标准建设、高速度开发、高效益产出"的要求,产业集聚度提高,电子信息、精密机械、纺织新材料、印刷传媒、装备制造、信息服务等主导产业逐渐明晰,功能布局基本形成,总部经济和生产性服务业显现端倪。

第一节　工业区创建

一、创建背景

1988 年和 1993 年,市政府先后两次将外商投资项目的审批权限,有条件的下放到市政府各有关部门和区、县政府。青浦县人民政府(以下简称青浦县政府)为加快全县经济发展,多次制定并发布鼓励外商到青浦投资的优惠政策,注重吸引外商到青浦投资办企业。县、乡镇政府纷纷走出国门,举行招商会、洽谈会、新闻发布会,或通过在青浦办企业的外商"以外引外",通过各种方式宣传青浦的投资环境,招商引资。简化外商投资项目的审批手续,建立外商投资服务中心、青浦海关、外商投资企业协会等,为外商提供良好服务。还加强了区域基础设施建设,对外商投资项目在土地批租、地方所得税征收给予优惠,不断优化投资环境。招商引资取得很大成绩,外商及中国港澳台商投资规模日益扩大,投资领域逐步拓宽。

1992 年 7 月 25 日,青浦县蒸淀乡上海富民私营经济开发区创立,是青浦首个利用开发区模式推动区域开发开放、发展经济的开端,随后,赵巷、环城、赵屯、朱家角等乡镇,也相继建立私营经济开发区,全县各类开发区、私营经济区、工业园区纷纷涌现。

二、发展历程

按照中共上海市委、市政府确定的沿 318 国道形成"青浦经济走廊",抓住大工业扩散的机遇,加大招商引资力度,促进产业结构调整,加快青浦二级市建设步伐的发展战略。1995 年 7 月,中共青浦县委决定,建立中共青浦县西部工业园区工作委员会,陆建铭任中共西部工业园区工作党委书记。8 月,青浦县政府决定,建立西部工业园区管理委员会,陆建成任西部工业园区管理委员会主任。1995 年 10 月 30 日,青浦县政府向市政府请示:提出在青浦新区总体规划的北侧,规划 16.2平方公里为"上海西部工业园区",并请求批准"上海西部工业园区"为市级工业区。

1995 年 11 月 25 日,市政府批复同意将青浦西部工业园区列为市级工业区,并定名为"上海青浦工业园区"。批文要求青浦工业园区应发展成为以汽车配件、电子通信设备、家用电器、精密仪表机械、纺织服装、绿色食品加工行业等为主体的综合性园区,严禁发展污染型的工业项目。同时,要进一步深化环保、能源和给排水规划,并使工业园区绿地率不小于 25%。

20 世纪 90 年代为园区的初创时期,以规划蓝图为龙头,采取"开发一片、成熟一片"的滚动开发策略,探索市级工业园区开发建设的路径。从 1995 年至 2000 年共引进外资项目 70 多个、内资项目 50 多个,市级工业园区的集聚效应开始显现。

2001 年 2 月,青浦区与中国华源集团达成资产重组协议,上海青浦工业园区全盘接收国家级高新技术开发区——中纺科技城。中纺科技城是1992年,中国纺织总会在上海青浦县内建设的全国第一家具有行业代表性的国家级纺织高新技术园区,1994年2月,经科学技术部批准,中国纺织国际科技城在上海市青浦县成立,中国华源集团作为建设主体。中纺科技城引进内外资项目20家,美国杜邦公司、德国巴斯夫公司、赫斯特公司等跨国公司相继落户。国家级高新技术开发区的加入其品牌效应对工业园区发展具有重要影响。

2001年,市科委批准成立上海青浦工业园区高科技成果转化基地,它是上海继张江高科技园区后又一家专门以高新技术产业为特色的产业基地,分四期建设。2001年底,基地内已有22家高科技企业入驻,行业涉及纳米技术、生物科技、高新机械、电子产业等高新技术领域。

2002年3月18日,市政府批准成立了上海台商工业园(青浦),总规划面积10平方公里,主要发展IC产业、光机电产业、精密机械产业三大主导产业。

2002年3月28日,以西部经济城、创业中心、招商中心三个经济小区为载体的西部创业园开工。西部创业园是青浦工业园区的功能性配套小区,首期规划面积1.17平方公里,主要面向中小型企业,特别为私营企业实现短平快的投入产出提供舞台。2002年下半年,青浦工业园区将中纺科技城和青浦商城作为民营经济发展基地。至此,青浦工业园区形成了西部经济城、创业中心、招商中心、中纺科技城和青浦商城5个以发展民营经济为主的经济小区。

2003年3月10日,国务院办公厅下发《关于增设出口加工区的复函》,同意设立上海青浦出口加工区。上海青浦出口加工区是国家级综合性开发区,总规划面积3平方公里。区内企业均有进出口经营权,享受国家有关优惠政策。区内以信息产业、新型建材、汽车零部件、精密机械等为主导产业,重点吸收一批高科技、高附加值的企业入驻。

2003年,市政府作出决策,将嘉(定)、青(浦)、松(江)确定为降低商务成本试点工业园区,10月30日,市规划局同意青浦试点工业园区总体规划,在原工业园区的基础上,整合赵巷镇、重固镇(包括原香花桥镇)及原赵屯镇的镇级工业区设立青浦试点工业园区,总用地面积扩至56.2平方公里。总体规划的用地布局,包括三大综合服务区(大盈综合服务区、香花桥综合服务区和核心综合服务区)和五大产业区(生物医药产业区、精密机械及装备制造产业区、电子信息产业区、现代纺织及新材料产业区和出口加工区)。规划目的是将园区建成一个产业导向明,布局合理、服务设施完备、环境品质优良、可持续发展的现代工业园区。

2006年8月,中共上海市委、市政府决定将国家级"上海高新技术产业开发区"更名为"上海张江高新技术产业开发区",青浦工业园区内的中纺科技城被列为"一区六园"之一。2010年6月,为了加快工业园区建设,加快上海张江高新技术产业开发区"一区六园"之一的中国纺织国际科技城发展路径的战略性转变,中共青浦区委、区政府决定分拆青浦工业园区,分设"一园三区"("一园":青浦工业园区;"三区":青浦工业园区、青浦出口加工区、张江高新技术产业开发区青浦园区),由新组建的上海青浦工业园区发展(集团)有限公司(简称园区发展公司)、上海张江高新技术产业开发区青浦区有限公司和上海青浦出口加工区开发有限公司分别运作。新组建的3家公司拥有2个国家级开发区和1个市级开发区。青浦工业园区规划面积重新调整为16.16平方公里,围绕全区"一城两翼"的战略布局,打造集总部、商务、制造为一体的新型园区;上海张江高新技术产业开发区青浦园区开发总面积约25平方公里,分为南北两个区域,南区为中国纺织国际科技产业城开发区域,约2平方公里;调整后的青浦出口加工区由原来的3平方公里扩容为16平方公里。7月6日,三家分设公司举行揭牌仪式。至此,上海张江高新技术产业开发区青浦园区正式分设。园区由中国纺织国际科技城、青浦科技园和原青浦工业园区部分资源整合而成。

青浦工业园区从创立以来,特别是 2003—2010 年的 8 年中,按照中共上海市委、市政府关于试点园区"高标准建设、高速度开发、高效益产出"的要求,产业集聚度不断提高,电子信息、精密机械、纺织新材料、印刷传媒、装备制造、信息服务等主导产业逐渐明晰,功能布局基本形成,总部经济和生产性服务业显现端倪。

2010 年 7 月,为进一步深化区国资企业改革,加快青浦工业园区的发展,中共青浦区委、区政府批准青浦工业园区发展(集团)公司采取存续分设方式,分设为上海张江高新技术产业开发区青浦园区有限公司、上海青浦工业园区发展(集团)有限公司和上海青浦出口加工区开发有限公司,形成新型工业园区的竞合机制。

上海青浦工业园区发展(集团)有限公司开发面积调整为 16.1 平方公里,功能定位为推进"产城联动",着力推进"三个转变"。即:土地开发由浅度向深度开发转变,产业结构由制造业为主向制造业和生产性服务业相结合转变,经济发展方向由要素驱动向创新驱动转变。

上海张江高新技术产业开发区青浦园区有限公司开发规划总面积约 25 平方公里,分为南北两个区域。北区四至范围为:北青公路以北,同三国道以西,沪常高速以南,青赵公路以东,约 23 平方公里;南区为中国纺织国际科技产业城开发区域,约 2 平方公里。张江公司是顺应市政府关于张江开发区扩区要求的产物,依托区位条件、产业集聚、名牌效应、政策优势,聚集生物医药、新材料、电子信息、软件和信息服务等主导产业,把园区建成企业创新的先导区,集聚高新技术的功能区和可持续发展的生态区。

调整后的青浦出口加工区由原来的 3 平方公里扩容为 16 平方公里,东至通波塘,南至 318 国道,西至油墩港及绕城高速,北至章泾江及沪常高速。围绕上海确立的发展九大高新技术产业,加快以新能源、先进重大装备、电子信息制造为主导的先进制造业和以保税物流、软件和信息服务为重点的现代服务业,在打造智能化、生态型开发区的基础上,逐步向国家保税区方向发展。

2010 年 9 月 6 日,青浦工业园区上海淀山湖总部基地获得上海市总部经济促进中心认证,被授予"上海企业总部试点基地"称号。标志着青浦工业园区面向长三角的总部经济及生产性服务业基地建设进入高潮。

2010 年,青浦工业园区位列中国服务企业 500 强,列第 391 位;在连续 3 年获评上海服务企业百强的基础上,2010 年又荣登上海服务企业 50 强榜第 47 名。经市经济信息化委、市发展改革委、市开发区协会专家评审,园区获得 2010 年度上海市开发区"企业服务优秀园区""上海市品牌园区"称号。

第二节　管理机制

一、管理机构

【青浦工业园区管理委员会】

1995 年 8 月,建立青浦西部工业园区管理委会员。1995 年 8 月至 1996 年 1 月,陆建成担任管委会主任。

2003 年 6 月,根据市政府《关于青浦试点园区范围规划方案的批复》文件精神,青浦区人民政府(以下简称青浦区政府)决定组建上海青浦工业园区管理委员会、上海青浦工业园区发展(集团)有限公司、上海青浦工业园区社区管理委员会、上海青浦工业园区发展(集团)有限公司董事会、上海青浦工业园区发展(集团)有限公司监事会。并决定:杨劲松任上海青浦工业园区管理委员会主任,于海平、李明云、张品兴任上海青浦工业园区管理委员会副主任。2004 年 11 月 12 日,青浦区政府决定调整上海青浦工业园区管理委员会成员。于海平兼任上海青浦工业园区管理委员会主任。

青浦工业园区管理委员会作为区政府的派出机构,在青浦区委、区政府的领导下,在工业园区辖区内行使相应的政府职能,负责工业园区的开发建设管理及规划发展战略等涉及工业园区重大问题的协调推进,并对上海青浦工业园区发展(集团)有限公司(上海青浦工业园区开发有限公司)的开发、建设及管理活动实施监督。

表 7-6-1 2003—2010 年青浦工业园区管委会主任任职情况表

姓　　名	任　职　时　间
杨劲松	2003 年 4 月—2004 年 11 月
于海平	2004 年 11 月—

资料来源:上海青浦工业园区提供

【青浦工业园区农村工作委员会】

1997 年 4 月,青浦县政府决定建立青浦工业园区农村工作委员会,任命王继峰为青浦工业园区农村工作委员会常务副主任,任命陆根元、姚富荣为青浦工业园区农村工作委员会副主任。青浦工业园区农村工作委员会,对工业园区所属的农村工作进行直接管理,行使乡(镇)政府的职能。

【青浦工业园区社区管理委员会】

2003 年 6 月,青浦区政府决定青浦区政府决定撤销青浦工业园区农村工作委员会,组建青浦工业园区社区管理委员会。青浦工业园区社区管理委员会主要工作职能:一是负责动拆迁及动迁户的安置工作;二是办理养老、吸劳、医保、就业、扶贫帮困、社会救助、老年人和残疾人事业等工作;三是做好信访接待、综治、外管、司法调解、法律服务等工作;四是做好卫生、计划生育、教育、科技、文化体育等工作;五是负责村级组织建设、农业、水利(防汛)、村级资产管理、居委会等工作。

周亚军任上海青浦工业园区社区管理委员会主任。按照高效、精简原则,社区管理委员会设置八个工作部门。即:社会综治科、社会事业科、社区管理科、市政市容科、社会保障中心、动迁办、办公室及来信来访接待办公室。

2004 年 11 月 12 日,因工作需要,青浦区政府研究决定建立上海青浦工业园区领导小组,撤销上海青浦工业园区社区管理委员会。杨劲松任上海青浦工业园区领导小组组长;于海平任上海青浦工业园区领导小组副组长。

二、开发主体

1996 年 11 月,建立上海青浦西部工业园区开发总公司,设立董事会并任命了董事长、总经理。通过开发初期的实践和探索,1999 年底,园区总部共设五部一室:经济贸易部、规划建设部、经营管理部、社会事业部、党群工作部、党政办公室。由经济贸易部、规划建设部负责招商引资及配套服务。

2000年1月,随着招商引资工作的深入及情况的变化,园区领导决定对经济贸易部、规划建设部进行调整完善。在经济贸易部内,设五处一中心,即招商一处、二处、三处、上海办事处、对外协作处及商务中心,负责招商引资工作。规划建设部内设规划科、公用科、市政市容科、用地科、项目科、物业分公司、承包公司,为落户企业提供服务。因拓展招商工作的需要,园区管委会决定组建上海青浦工业园区商贸办公室,负责园区内商贸区的招商及服务工作。

依据建立现代企业制度的目标,2000年11月,经青浦区政府批准,上海青浦工业园区开发有限公司改制为上海青浦工业园区发展(集团)有限公司。由青浦工业园区管理委员会、上海浦西房地产开发中心共同出资组建。

2003年6月,市政府批准成立青浦工业园区,在组建青浦工业园区管委会的同时,青浦区政府决定正式建立青浦工业园区发展(集团)有限公司。杨劲松为上海青浦工业园区发展(集团)有限公司董事长,于海平为上海青浦工业园区发展(集团)有限公司总经理。

上海青浦工业园区发展(集团)有限公司是国有独资投资管理型企业,主要从事工业区开发、动拆迁、基础设施建设和招商活动。经过十年的开发建设,园区招商引资逐步向科学选资转变,推进了工业集中、土地集约、产业集聚的进程,呈现经济总量不断扩张、产业结构逐步优化、技术水平不断提高、经济效益快速发展的态势。

以精简、高效、便于管理、突出重点为原则,上海青浦工业园区发展(集团)公司下设十二个职能部门,分别是招商部、企业服务部、规划建设部、资源开发管理部、计划财务部、审计室、党群部(武装部)、党政办公室、人力资源部、财政所、安监办、经济运行部。2010年公司在职职工106人,其中高级职称3人,中级职称33人。

2003年,园区发展(集团)公司在市级工业园区中率先通过ISO 14001认证,并获得上海市"双优工业园区"的称号。从2005年起,连续3年被评为"上海市外资工作一等奖"。

2007—2009年,公司入围上海企业集团百强行列。2004—2010年,在区级"绿色青浦"年度考核中连续7年名列第一。2007年,园区集团公司被列为"市委党校研究型教学基地",获得"上海市企务公开民主管理先进单位"称号。2008—2010年,连续两届获评"上海市文明单位"。2010年,获得上海市开发区"企业服务优秀园区""上海市品牌园区"称号。

2010年7月,为进一步深化区国资企业改革,加快青浦工业园区发展(集团)公司的发展,中共青浦区委、区政府批准同意青浦工业园区发展(集团)公司采取存续分设方式,继续保留上海青浦工业园区发展(集团)有限公司和上海青浦出口加工区开发有限公司,分设上海张江高新技术产业开发区青浦园区有限公司。上海青浦工业园区发展(集团)有限公司开发面积调整为16.1平方公里,东至油墩港,南至上达河,西至青赵公路,北至北青公路。

表7-6-2 2003—2010年青浦工业园区发展(集团)公司主要领导任职情况表

职 务	姓 名	任 期
董事长	杨劲松	2003年6月—2004年3月
	李明云	2004年3月—2004年11月
	于海平	2004年11月—2010年12月
总经理	于海平	2003年6月—2010年6月

资料来源:上海青浦工业园区提供

【上海中纺科技产业城发展有限公司】

1994年4月,中国纺织科技城在青浦县城东侧奠基建设,首期规划面积为213公顷,分高新技术产业、经济文化管理、生活配套服务三个功能区。中国纺织总会、中国华源集团有限公司及青浦工业园区三方共同出资组建中国纺织科技产业城发展公司,注册资本1亿元。至1998年底,已投入开发建设资金累计2.8亿元。项目总投资6.01亿美元,批租土地72.9公顷,转让土地5.04公顷,自用土地27.35公顷。供电、供水、供气、排污、通信等基础设施以及银行、保险、进出口贸易、设备安装、机电维修、物业管理等一系列服务功能俱全。

2000年,中纺科技城有工业企业11户(国有企业1户,三资企业10户),从业人员1650人,完成工业产值13.03亿元,完成外贸出口拨交额0.13亿元。认定的高新技术企业有5家:杜邦纤维(中国)有限公司、巴斯夫—华源尼龙有限公司、佳斯迈威(上海)非织造布有限公司、英飞特地毯有限公司和博舍工业有限公司。

2001年2月,青浦区与华源集团就中国纺织科技城资产重组正式达成协议。中共青浦区委、青浦区政府决定,中国纺织科技城移交青浦区后交由上海青浦工业园区管理,更名为上海中纺科技产业城发展有限公司,并对公司董事会、监事会、经营班子进行调整、充实。

2006年8月,为贯彻落实国家科技大会精神,进一步整合上海高新园区的资源,中共上海市委、市政府决定,将原先一区多园格局的国家级"上海高新技术产业开发区"更名为"上海张江高新技术产业开发区",中纺科技城被列为"一区六园"之一。10月26日下午,副市长严隽琪、副秘书长姜平携市科委、市政府办公厅有关人员现场专题调研了中纺科技城的开发推进情况。副市长严隽琪指出:中纺科技城作为"一区六园"之一,要加强落户企业的自主创新,带动区域经济结构的提升;还要进一步集中资源,提升园区的服务水平,发挥高新区平台的服务性和公共性;更要注意高新区功能辐射作用并节约使用现有的土地。

2008年9月,中纺科技城与青浦区科技创业中心合资,共建中纺创业有限公司,是青浦第一个专业孵化器。2010年6月,中共青浦区委、区政府决定分拆青浦工业园区,设立上海张江高新技术产业开发区青浦园区有限公司。7月6日,分设揭牌仪式举行。上海张江高新技术产业开发区青浦园区正式成立,园区由中国纺织国际科技城、青浦科技园和原青浦工业园区部分资产、资源整合而成。

至2010年,园区完成外资项目总投资7 105.34万美元,注册资本4 339.5万美元,合同外资4 063.5万美元,到位资金1 713.7万美元;完成内资实体型企业注册资本3.36亿元,到位资金2.45亿元。已供地13个项目,涉及土地21.2公顷,实现内资总投资8.1亿元,合同外资3 205万美元。园区主要发展三大产业:一是以医疗器械、生物医学材料、生物制剂等为主的生物医药产业,二是以精密机械、汽车配件、高低压装配等为主导的装备制造产业,三是以新型建筑材料、纺织新材料、信息材料等为主的新材料产业。重点企业有:奎克化学(中国)有限公司、上海置信电气非晶有限公司、申雅密封件有限公司、上海科泰电源股份有限公司、上海辰光医疗科技股份有限公司等。

【上海高新技术转化基地开发有限公司】

2001年,为了推动和扶持高新技术产业的发展,市科委批准成立上海青浦工业园区高科技成果转化基地,它是继张江高科技园区后又一家专门以高新技术产业为特色的产业基地。位于青浦工业园区的中心地带,西靠外青松公路、北依北青松公路、东临同三国道,一次规划40公顷。

2001年3月,上海高新技术转化基地开发有限公司注册成立,注册资金1亿元。基地利用园区已有的基础设施和功能配套,建造适合高新技术发展要求的各类通用厂房,并注重服务功能的不断完善,创造良好的投资环境。首期开发地块规划总面积40公顷,其中自用工业用地28公顷,自建标准厂房27栋,建筑面积20万平方米。基地外另有定制厂房5.09万平方米,供海德堡、波拉、伯乐等跨国企业使用。至2001年年底,基地内已有22家高科技企业入驻,行业涉及纳米技术、生物科技、高新机械、电子产业等高新技术领域。

2010年,公司在册员工共18人,班子成员3名。公司下设党政办公室、计划财务部、工程管理部、综合开发部、经营管理部和物业管理部。

至2010年,累计吸引落户企业32家,其中外资企业22家。外商总投资9 553.2万美元,注册资金8 693.3万美元,实到外资7 955.6万美元。外资企业中,美资企业8家、日资企业8家、欧洲企业8家。日欧美企业占72.7%。

【上海青浦出口加工区有限公司】

2003年3月10日,国务院办公厅下发《关于增设出口加工区的复函》,批准设立上海青浦出口加工区。出口加工区总规划面积3平方公里,西依同三国道,东傍油墩港,南临北青路,北至秀横路,首期开发1.6平方公里,属于海关特殊监管区域(简称功能区)。功能区是国家级综合性开发区,区内企业均有进出口经营权,享受国家有关优惠政策。以信息产业、新型建材、汽车零部件、精密机械等为主导产业,重点吸收高科技、高附加值的企业入驻。

为加快青浦工业园区的开发建设,更好吸引外资,经青浦区政府同意,2003年5月,成立上海青浦出口加工区管理委员会与上海青浦出口加工区开发有限公司。上海青浦出口加工区管理委员会与上海青浦工业园区管理委员会合署办公。青浦出口加工区开发有限公司由青浦工业园区发展(集团)有限公司与上海西部市政工程有限公司共同出资,注册资金1亿元。

2003年6月,成立上海青浦出口加工区建设工程指挥部。按照高标准、高质量、高效率的建设要求,经过近半年的紧张施工,出口加工区已全部完成海关监管隔离设施范围内的动拆迁和"九通一平"。4 500平方米的综合大楼、卡口、查验平台、6 000平方米的验货场地以及5.5公里长的围网等各种配套设施均于2003年底前竣工,并投入使用。区内8.8公里长的六条道路、桥梁及各种监控设施都安装到位。出口加工区管委会、海关、出入境检验检疫局等部门还与区内各企业建立网络办公系统。加工区内企业实行"提前报关、实货放行"的快速通过模式,提供4小时通关服务,可大大提高货物通关效率。

2003年11月23日,由海关总署、国家发展和改革委员会、财政部、国家税务总局、工商总局等国家八部委组成的联合验收小组,对上海青浦出口加工区一期海关监管隔离设施进行了验收。经评审合格,可正式封关运作。海关总署副署长龚正和上海市副市长周禹鹏为出口加工区揭牌。

2003年6月,出口加工区实行扩区发展。在原3平方公里规划面积的基础上,向东南扩大13平方公里的非海关特殊监管区(简称产业区)。扩区后的青浦出口加工区,总体发展目标是:功能完善、布局合理、产业优化、环境优美的城郊战略性新兴产业发展转型的试验区、先行区。将功能区与产业区分别打造成富有竞争力的"特色加工区"与具有品牌辐射效应的"战略性新兴产业发展园区"。

2010年7月,青浦工业园区与所属的张江高新区青浦园、青浦出口加工区分设。上海青浦工业园区发展(集团)有限公司、上海张江高新技术产业开发区青浦区有限公司和上海出口加工区开发有限公司分别运作。调整后的青浦出口加工区由原来的 3 平方公里扩容为 16 平方公里,东至通波塘,南至 318 国道,西至油墩港及绕城高速,北至章泾江及沪常高速。

【上海商城实业有限公司】

上海青浦商城实业有限公司原为青浦招商市场筹建组,始建于 1991 年,建成后改称青浦鞋城。1995 年 11 月,划归上海青浦工业园区发展(集团)有限公司。根据园区发展规划要求,青浦商城转变经营思路,更名为上海青浦商城实业有限公司。公司注册资金 1 500 万元,占地面积 2.38 公顷,建筑面积 3.5 万平方米,广场面积 6 405 平方米。

公司设六个科室:招商部(分上海办事处与青浦招商处)、招商服务注册科、财税科、综合办公室、财务科、经理室。公司主要业务是招商引资和区域管理。2002 年起,青浦商城抓住新一轮的战略机遇期,利用市级工业园区的品牌优势,吸引全国各类科技型、实业型、商贸型、服务型企业前来投资创业、落户。

青浦商城共分为三个区域,一区主体大楼建筑面积 1 万平方米,原经营鞋帽,1998 年 5 月份租给上海市农工商开设大型超市。二区 1996 年开始改建,将原一层商业用房全部拆迁改建为三楼的商业用房。竣工后,将建筑面积 2 万平方米的 116 套三层商业房出售,扭转了公司亏损局面。三区办公楼一幢建筑面积约 5 000 平方米的办公楼作为公司办公及落户单位办公场所。2010 年,公司有员工 40 名,落户客户 137 家,全年税收收入 1.36 亿元,新增税收 939 万元。

【上海西部经济城有限公司】

1995 年成立,2010 年有职工 43 人,设一处一室四科:上海办事处、行政办公室、招商代理科、财税代理科、企业管理科、财务科。2002 年 3 月 28 日,更名为西部创业园,以 3 个经济小区(西部经济城、创业中心、招商中心)为载体的西部创业园是青浦工业园区的功能性配套小区,面向中小型企业,为私营企业实现短平快的投入产出提供舞台。曾先后荣获:"全国巾帼文明岗""上海市文明单位""上海市 500 强学习型班组""上海市'三八'红旗先进集体""上海市振兴中华读书活动优秀读书小组""上海市学习型企事业单位""上海市用户满意服务明星班组""上海市文明班组""上海市职工技协先进集体"等光荣称号。

【上海浦西房地产开发有限公司】

1995 年 10 月成立,原名上海浦西房地产开发中心,2000 年 6 月与园区下属另一房地产企业"上海民惠佳苑建设开发有限公司"合并,更名为上海浦西房地产开发有限公司。公司具备房地产开发二级资质,注册资金 3 亿元,主要从事房地产开发经营、租赁、物业管理等业务。2010 年公司在编干部职工 36 人,公司下设 6 个部门,分别为党政办公室、计划财务部、工程管理部、项目配套部、销售服务部及综合管理部。

公司先后开发建设了留水园别墅、诚中城两个商品房小区,计 12.9 万平方米;五个动迁房小区,计 122.5 万平方米;四个园区外代建项目计 38.9 万平方米;五个公益性项目:晨星、阳阳、朵朵幼儿园、博文学校、香花桥卫生院,计 4.7 万平方米,总建筑面积近 180 万平方米。累计纳税 7 800 多万元,销售收入 11.8 亿元。十多年来,公司先后获得"上海市住宅建设实事立功竞赛先进集体""上海市农口级文明单位"等荣誉称号。

【上海西部市政工程有限公司】

1995 年 9 月成立，注册资金 5 000 万元。公司下设工程部、质量部、安全部、计划经营部、养护部、总工室、财务室、党政办公室。公司具有市政公用工程施工总承包二级资质、城市园林绿化二级资质、房屋建筑工程施工总承包三级资质，并通过 ISO 9001－2008、GB/T50430－2007 版国际质量体系认证。经营范围：市政工程、装潢工程、建筑工程、水利工程、水电管道安装等。

公司成立初期，承担园区的基础设施建设，先后承建了园区"四纵四横"道路网络，以及配套设施污水管道和一座污水厂、三座污水提升泵站。2000 年以来，公司按照"立足园区，放眼市场"的发展思路，积极参与青浦工业园区、青浦新城区、青浦公路署、复旦大学新江湾校区、松江大学城、江苏省昆山市等跨区域、跨省市的市政公用设施建设，建造了一批有影响力的重点工程。如：上海世博会浦西出入口广场配套设施工程、复旦大学新江湾校区道路工程、松江大学城经三路道路工程、青浦区华青南路淀浦河大桥工程、盈港路西大盈港大桥工程、昆山大唐生态园三期扩展工程、上海市外环线道路绿化工程等。

2001—2002 年被评为"上海市农口级文明单位"；2003—2014 年，连续六届十二年被评为"上海市文明单位"；2009—2012 年，连续三年荣获全国"安康杯"竞赛（上海赛区）优胜单位称号。

【上海青浦工业园区创业投资有限公司】

1997 年 1 月成立，主要从事招商引资工作。公司下设办公室、财务室、招商科、税务科、工商科、办事处，2010 年有职工 30 人，公司连续蝉联五届"上海市文明单位"。作为连接企业、客商与相关职能部门的桥梁与纽带，公司担负着发展经济的使命和对外招商、服务、管理的职责，始终坚持"诚信为本、客户至上"的宗旨，脚踏实地，开拓进取，充分利用上海市级工业园区的品牌优势、政策优势、服务优势，为各种规模的实业型、服务型、科技型、贸易型等企业构筑良好的投资平台。

【上海青浦工业园区物业管理有限公司】

2002 年 1 月始建，注册资金 300 万元。主要职能为青浦工业园区后勤配套服务，承担保洁、保绿、物业管理。公司下设三个部：行政事业管理部、道路保洁业务部、职工家园管理部。公司保洁面积 230 万平方米，绿化保洁面积 9.8 万多平方米，绿化林带养护 67.87 公顷。公司还根据园区规划大物业的精神，为园区 56.2 平方公里的落户企业物业一条龙服务，曾先后获得"上海市优秀林业养护服务社""青浦区市政管理局先进单位"称号。

三、区域行政管理

随着青浦工业园区开发的不断推进，原有的规划区域已不能满足园区经济的进一步发展。经青浦区政府同意，原青浦镇属的胜利、盈中、石西三个行政村自 2002 年 5 月 27 日起，归口青浦工业园区管辖。三村占地面积约 400 公顷，人口 4 000 多。至此，青浦工业园区辖陈桥、杨元、袁家、七汇、胜利、盈中和石西等七个村。

2002 年 9 月，为进一步加快园区的开发建设，推进劳动力的规范管理，促进就业，园区成立上海青浦工业园区劳动保障中心。

青浦工业园区经市政府批准成为试点园区后，规划面积由 16.16 平方公里扩大到 56.2 平方公里。2003 年 8 月，成立社区管理委员会。其主要工作职能为负责动拆迁及动拆迁户的安置；办理养老、医保、就业、社会救助、残疾人事业;做好信访接待、综合治理、外来人口管理、司法调解;四是负责卫生、计划生育、教育、科技、文化体育;担负村级组织建设、农业、水利、村级资产管理、居委会等工作,以保障园区社会稳定,开发建设顺利进行。2003年8月,经青浦工业园区党工委提议:青浦工业园区管理委员会下设动拆迁办公室、社会事业科、社会保障中心、社会综合科、社区管理科及办公室。

按照青浦区政府办公室《关于降低商务成本试点区与相关镇若干问题的处理意见》的通知精神,青浦试点园区56.2平方公里规划区域内,16个村、2个居委会、1个待报批居委会委托青浦工业园区管理,与相关镇共同开发,共同发展。

根据青浦区政府《关于部分镇、街道行政区划调整的通知》精神,2004年10月,在青浦工业园区规划范围内新设立香花桥街道办事处。区域范围为:东至重固镇、赵巷镇,南至盈浦街道、夏阳街道、赵巷镇,西至白鹤镇、盈浦街道,北至白鹤镇。面积约65.84平方公里,总人口约8.28万人。下辖17个建制村、3个社区居委会、66个建制村村民(居民)小组。

按照青浦区政府《关于建立上海青浦工业园区领导小组及调整管委会、董事会,撤销社管委》的通知精神,2004年11月,成立上海青浦工业园区领导小组,调整上海青浦工业园区管理委员会、上海青浦工业园区发展(集团)有限公司董事会,撤销上海青浦工业园区社区管理委员会。青浦试点园区规划区域内的建置村、居委会划归所在地镇政府、街道管理。

第三节 规 划 与 建 设

一、园区规划

【土地规划】

1995年11月,市政府批复同意在青浦新区总体规划的北侧建立青浦工业园区,四至范围为:北至北青公路,东至油墩港,西至西大盈港,南至上达河,总规划面积16.16平方公里。

2003年10月,市规划局批文,同意青浦试点工业园区总体规划的规划范围,北起A15高速公路,西至青赵公路,东起油墩港、老通波塘,南抵上达河,沪青平公路与青浦新城相接,总用地面积为56.2平方公里。其中包括发展备用地7.2平方公里。园区总体规划的用地布局,包括三大综合服务区(大盈综合服务区、香花桥综合服务区和核心综合服务区)和五大产业区(生物医药产业区、精密机械及装备制造产业区、电子信息产业区、现代纺织及新材料产业区和出口加工区),发展备用地位于园区的西北和东北。

2010年7月,中共青浦区委、区政府为了加快工业园区建设,决定将青浦工业园区与所属的张江高新区青浦园、青浦出口加工区分设,形成工业园区"一园三区"的三足鼎立态势。

青浦工业园区规划面积重新调整为16.16平方公里,范围东至油墩港,南至上达河,西至青赵公路,北至北青公路。功能定位为推进"产城联动",着力推进"三个转变",即:土地开发由浅度向深度开发转变,产业结构由制造业为主向制造业和生产性服务业相结合转变,经济发展方向由要素驱动向创新驱动转变。

上海张江高新技术产业开发区青浦园区开发总面积约25平方公里,分为南北两个区域:北区四至范围为:北青公路以北,同三国道以西,沪常高速以南,青赵公路以东,约23平方公里;南区为中国纺织国际科技产业城开发区域,约2平方公里。张江青浦园区是顺应市政府关于张江开发区扩区要求的产物,依托区位条件、产业集聚、名牌效应、政策优势,聚集生物医药、新材料、电子信息、软件和信息服务等主导产业,把园区建成企业创新的先导区,集聚高新技术的功能区和可持续发展的生态区。

调整后的青浦出口加工区由原来的3平方公里扩容为16平方公里,东至通波塘,南至318国道,西至油墩港及绕城高速,北至章泾江及沪常高速。围绕上海确立的发展九大高新技术产业,加快以新能源、先进重大装备、电子信息制造为主导的先进制造业和以保税物流、软件和信息服务为重点的现代服务业,打造智能化、生态型开发区的基础上,逐步向国家保税区方向发展。

【发展规划】

2003年,市政府下发《关于松江、青浦、嘉定试点工业园区范围规划方案的批复》,同意青浦试点工业园区总体规划确定的规划目标,即建成一个产业导向明确、布局合理、服务设施完备、环境品质优良、可持续发展的现代工业园区。工业园区应发展成为以汽车配件、电子通信设备、家用电器、精密仪表机械、纺织服装、绿色食品加工行业等为主体的综合性园区,严禁发展污染型的工业项目。

批文原则同意青浦试点工业园一区总体规划中的道路及交通设施系统规划(为市域轨道交通R2线不同规划走向方案预留空间)、绿化系统规划(增加同三国道、西大盈港、油潋港及与新城交界的上达河的绿化控制宽度,其中油潋港两侧和同三国道两侧均不小于100米)、综合服务设施规划、市政公用设施规划和环境保护规划,实施中应结合实际情况,节约资源、保证环境品质。

功能区域规划为三大综合服务区(大盈综合服务区、香花桥综合服务区和核心综合服务区)和五大产业区(生物医药产业区、精密机械及装备制造产业区、电子信息产业区、现代纺织及新材料产业区和出口加工区),工业园区成为上海市先进制造业的重要基地,要向创导低碳、环保生产运作、绿化达标、环境舒适面向21世纪的示范性的工业园区目标迈进。

2009年开始,为调整优化工业园区产业结构,发展绿色低碳的现代服务业,工业园区规划建设生产性服务业功能区,开发淀山湖总部基地。淀山湖生产服务业功能区有着得天独厚的自然禀赋,坐落在62平方公里辽阔而美丽的淀山湖畔,位于江浙沪的交界处,具有承东启西的枢纽作用和对华东地区的辐射作用,可以形成产城融合的生态宜居湖滨新城特色,同时毗邻虹桥综合枢纽中心和大虹桥商务区,汇集了城市综合功能的多元要素。功能区总规划面积约133.33公顷,东至胜利路,南至崧泽大道,西至西大盈港,北至北青公路。功能区采用"园区引导、市场开发"的开发形式,重点引进国内外知名企业地区总部、为先进制造业配套的研发测试中心,以及软件和信息服务业企业。

青浦工业园区围绕"一芯两极"开展工作。一"芯",即做强、做优、做精新园区。高标准建设总部基地,转变发展方式。高质量推行企业服务,提升产业能级。高起点推进商务区开发,呼应产城联动。实现土地浅度开发向深度开发的转变,产业集聚由引资向"引智"的转变。积极探索闲置用地"两次开发"的有效途径,建立服务业的长效机制。两极,即以西部经济城为龙头,做大做强园区民营经济;以浦西房产为标杆,做大做强园区实体型经济。紧紧把握发展与服务两大主题,坚持走出去招商谋发展,坚持外资内资招商两手抓,坚持注册型和实体型企业招商不放松。积极参与新城开发,拓展经营市场,壮大各直属公司的经济实力,推动园区在新起点上,实现新发展。

二、土地开发利用

【审批程序】

为了更加合理地利用土地资源,积极有效地践行中共青浦县委、县政府"创型驱动、转型发展"

的理念,加快园区产业能级的提升,1995年经园区领导决定,结合《青浦区产业项目评审准入办法》的相关规定,对拟落户青浦工业园区的实体型项目实施"项目评审"制度。

评审内容主要是投资项目是否符合园区的产业定位;项目的投资规模、土地产出(产值、税收)是否合理;土地出让价格是否合理;选址地块基础设施配套建设与项目实际要求是否合理等。评审标准一是产业要求:项目须符合青浦区的产业导向,鼓励引进战略性新兴产业、高端制造业、总部型、生产性服务业等项目;二是投资规模:原则上不小于4500万元/公顷;三是产出要求:原则上产值不小于7500万元/公顷,税收不小于450万元/公顷。评审小组可根据不同地块区域、不同产业讨论确定。土地价格以青浦区土地使用领导小组会议确认为准。

【动迁安置】

2001年,为配合青浦工业园区的开发建设,动迁农民300户,安置劳力2000人。2002年9月,成立了上海青浦工业园区房屋动拆迁有限公司。2003年,完成动迁1800户,安置劳动力1200人,保证了项目和配套用地。

2006年7月22日上午,青浦工业园区动迁工作推进大会在园区召开。青浦区委副书记、区长蒋耀,副区长杨劲松出席会议,园区管委会、香花桥街道及园区集团公司党政班子成员,街道各村(居)支部书记、村主任、6个动迁小组成员以及街道各部门负责人出席会议。会议表彰了在上半年动迁工作先进集体和先进个人,并介绍了他们的主要事迹,3位获奖代表进行了交流发言。青浦区委副书记、区长蒋耀对下半年动迁工作提出了要求。9月,集团公司会同香花桥街道集中开展了"动迁月"活动,抓住"有效动迁、控增逼存"两大重点,明确目标、突出重点、扎实推进。

至2007年10月1日,在"动迁月"活动中共完成疑难户动迁27户,释放了近66.67公顷土地。盈中地区有6户动迁疑难户实现签约,办理了11张动迁许可证。10月19日,青浦工业园区召开管委会扩大会议暨动迁月总结大会,针对开展的"动迁月"工作进行了总结交流。会议听取了三个动迁工作组"动迁月"工作推进情况和成功经验的专题汇报。

2008年上半年,对盈中村的2户疑难户加大了动迁力度,并于7月底前完成签约和拆除工作,为园区淀山湖总部基地的连片开发铺平了道路。至2008年,为征地农民解决镇保24361人,养老7633人;提供就业岗位约10万人,其中沪籍新增就业岗位30688人。逐步实现了"工作有岗位,居住有改善,保障有覆盖",征地农民安居乐业、社会事业和谐发展的良好局面。园区还结合新农村建设,积极改扩建了一批危桥和道路,实施了"村村通"工程和大盈地区两个老集镇的污水纳管工程。

【土地集约利用】

在市区两级政府大力支持下,园区获取土地指标。2004年获用地指标382.73公顷;2005年用地指标367.2公顷;2006年有81个项目获土地批文,用地面积238.07公顷;2007年,有68个用地批文,总用地面积221.93公顷。新增用地指标逐年下降,对新项目的开工带来较大的影响。

在国家宏观调控、土地指标紧缺的情况下,青浦工业园区合理有效使用资源,突破土地对园区发展的瓶颈制约,加强管理,充分利用现有土地指标,推进落户企业开工建设。

用好"已批地",严把用地项目准入关,不断提高新批用地项目的规模和质量。2007年,青浦工业园区引进了日立电梯和东航-普惠等两个投资规模大、科技含量高的世界五百强项目落户园区。增资项目合同外资明显上升,2007年增资项目共43家,增资合同外资1.63亿美元,首次实现增资合同外资占全年累计合同外资的比例超过50%。

清理"未用地",盘活"闲置地"。为推进"腾笼换鸟"和鼓励二次开发,2006 年园区制定了有关企业的补偿(贴)政策。对以"腾笼换鸟"的方式落户园区的新企业、新项目,免除在办理改扩建过程中涉及所有园区征收的配套费。如增加厂房面积的,按厂房建设补贴政策给予补贴。同时给予新企业、新项目在办理营业执照后缴纳的税收、园区实得财力中予以 30% 的财政扶持。已落户投产的企业一次规划建设 2 000 平方米以上厂房(如多栋厂房则每栋不低于 1 500 平方米)的企业,按建成后实际建筑面积一次性补贴。针对园区确定要转移的企业实施异地合理安置,给予迁移企业搬迁前三年平均缴纳税收、园区实得财力为基数,一次性 50% 财政扶持,另外有关补偿费用,如设备搬迁、停工损失等,额度的多少采取"一事一议"方式确定。2006 年,园区范围内容积率低于 0.4 的有 7 家企业二期建设动工,新增建筑面积 54 378 平方米,容积率高于 0.4 的落户企业中,有 10 家企业开始二期扩建,新增建筑面积 82 449 平方米。还有 4 家企业完成了"腾笼换鸟",如 NEC 光电(上海)有限公司收购原保利厂房。2006 年全年,园区共盘活"闲置地"新增建筑面积 136 827 平方米。2007 年,园区对朝阳锅炉厂等 4 个项目 15.74 公顷土地,通过回购方式成功回收,满足了安信伟光等 8 个项目的用地需求。对 3 个项目 9.75 公顷土地指标进行平移,安排 5 个项目顺利落地,有效地缓解了园区的用地难问题。青浦工业园区还组建了资源开发办公室,加大对园区范围内闲置土地和标准厂房的梳理力度,有效利用园区现有的土地资源。2008 年,共盘活闲置土地 37.52 公顷,其中完成 5 个项目"腾笼换鸟",盘活土地 14.45 公顷,回购土地 14.67 公顷,清理空置标准厂房用于招商 4.2 万平方米,有效地缓解了园区土地指标紧张的情况。

开发后备地园区:根据规划部提供的后备地开发计划,积极做好后备地的开发和储备,搞好动迁。腾出熟地,做好土地的招、拍、挂工作。在利用好现有土地资源的基础上,积极争取新的用地指标,提高土地利用率。

土地资源二次开发是提升原有低效率使用土地的方式,针对现有土地用户不变的情况,通过提高产业发展等级、提升技术水平、增加容积量及投资强度等形式,提高土地使用率。2008 年以来,园区二次开发的土地计 81.6 公顷,有 25 个项目转型或落地,闲置土地总量呈逐年下降趋势。

【投资强度】

1995 年园区初创,固定资产投资 0.2 亿元,1996—2000 年,分别增长为 0.4 亿元、1.8 亿元、2 亿元、4.4 亿元、4.5 亿元。进入 21 世纪,青浦工业园区固定资产投资强度快速增长。2001—2010 年,分别达到 3.4 亿元、5.7 亿元、16 亿元、24 亿元、33 亿元、31 亿元、33 亿元、33 亿元、33 亿元、27 亿元。

2004 年的投资强度为 240 万美元/公顷。2005 年投资强度进一步加大,从 2004 年同期的每公顷投资 240 万美元,提高到每公顷 315 万美元。2006 年投资强度为 322.2 万美元/公顷,较 2004 年的 240 万美元/公顷和 2005 年的 315 万美元/公顷,分别增长 26.4% 和 19.9%。集约集聚开发建设,资源效应进一步放大。2010 年前后,青浦工业园区的土地建成率为 91.2%,单位工业用地产出率由 50 亿元/平方公里发展到 86.37 亿元/平方公里。税收产出强度 336 万元/公顷,其中引进的优质项目投资强度可达 1.2 亿元/公顷,在原有基础上提高了近 50%。

至 2009 年,青浦工业园区已建成工业土地面积 24.57 平方公里,工业投资总额 460.98 亿元,土地投资强度 18.76 亿元/平方公里(已建成工业土地面积包括国有工业用地面积和集体工业用地面积)。

至 2010 年,青浦工业园区在市政公共设施配套的投资,累计约 100 亿元,在工业园区发展集团公司 16.16 平方公里的区域里,市政公共设施配套的投资额累计超 60 亿元。园区社区社会服务设施建筑面积 60 万平方米,基础教育设施建筑面积 20 万平方米,公共服务设施建筑面积 200 万平方米,仓储建筑面积 50 万平方米,绿化面积达 5.36 平方公里。完成道路、供水、供电、工业用气、通讯、集中供热、污水处理及雨水处理等基础设施,开发建设具一定规模,生态环境通过了 ISO 14000 环境国际认证。

三、基础设施及配套设施

1995—2000 年,青浦工业园区累计用于基本建设资金 3.5 亿元,各种配套设施日臻完善。3.5 平方公里启动区域内,实现了"九通一平"即:通电、通水、通煤气、通路、通讯、通热蒸汽、通污水、通雨水、通宽带网、用地平整。

1998 年 6 月,青浦工业园区内第一条东西向的主干道——中央大道开工建设。该路全长 2 039 米、路面宽 40 米,设计为城市式四快二慢主干道,工程造价 113 万元。2000 年年底,投资 180 万完成了新创路、新达路的延伸段工程;投资 2 000 万元开工建设园区南北向主干道汇金路;完成落户项目填土工程 24.4 万立方米;完成园区绿化工程 350 万元。

"五路一桥"工程是青浦工业园区 2001 年的重点建设工程。金汇路北段全长 1.3 公里,投资额 1 484 万元,是沟通 318 国道与北青公路的区内主要干道。新区路西段和胜利路北段的拓宽将加快园区西部的 C 区与 E 区的开发建设。新区路西段全长 1.2 公里,胜利路北段拓宽工程全长 1.3 公里,总投资 1 593 万元。新业路延伸及新水路全长 1.4 公里,总投资 476 万元。横跨东大盈港的东大盈港桥,是连接新区路东段和西段的主要桥梁,桥全长 75 米,桥面宽 35 米,总投资 543 万元。上述路桥的建成,会进一步完善园区内形成的网络交通,有利于土地的高效利用。2001 年,完成了新区路、金汇路、胜利路等 4.8 公里道路、桥梁工程建设,完成了高转化基地 10 万平方米标准厂房建设,完成区内项目用地、污水等管线的配套建设。

2002 年 3—12 月,西部创业园共完成二横二纵 3.8 公里的道路建设,四座桥梁已竣工通车;首期 2.5 万平方米标准厂房竣工交付使用,同时配套管线敷设到位。是年,青浦工业园区完成新建道路 11 公里、桥梁 12 座,铺设管线 1.8 万米。

2003 年,园区用于基本建设的固定投资达 24.51 亿元,集中力量加快道路等基础设施及水电功能配套建设,确保国家级出口加工区、中纺科技城及台商工业园等重点区域的开发。加快标准厂房建设,在出口加工区、中纺科技城区共建设 6.5 万平方米标准厂房,有效地缓解了因宏观调控所带来的土地供需矛盾。商务大厦、水滨岛区等功能建设相继开工。17 万平方米的民乐佳苑一期动迁配套房基地和 6 万平方米标准厂房如期竣工。民惠佳苑社区一期 133.33 公顷连体别墅有效推进。

2003 年,出口加工区建立后,青浦工业园区重视出口加工区建设,专门成立了出口加工区建设指挥部。按高标准、高起点、高质量的要求,经过近半年的紧张施工,11 月,出口加工区完成海关监管隔离设施范围内的动拆迁和"九通一平"工作,4 500 平方米的综合大楼、卡口、查验平台、6 000 平方米的验货场地以及 5.5 公里长的围网等各种配套设施均全面竣工投入使用。区内 8.8 公里长的六条道路、桥梁以及各种监控设施均安装到位。一个设施先进、道路宽敞、河水清澈、绿树成荫、环境优美的综合开发区展现在世人面前。

2003 年,作为青浦工业园区建设工程的重点项目之一,外青松公路(园区段)经过紧张的前期筹备,5 月 26 日进入正式启动。该路是贯通园区南北的一条主干道,改建工程范围从盈港路口至北青路口,全长3.2公里。经过改建,外青松公路(园区段)将有原来的四快二慢(40米路幅)车道变为六快四慢(60米路幅)车道。同时还对沿线的水、电、通讯管网进行同步改造。是年,漕俞路、外青松公路、山周路等"四纵四横"道路全面竣工。

2003年11月8日,作为青浦试点园区重要的动迁配套基地,民惠佳苑基地经青浦区政府批准启动建设,其规划范围北至园区北边界,东至东大盈港,南至泾泾河,西至西大盈港,总面积472.67公顷。该基地四面环水,周边有三纵三横陆路交通主干道。并与现大盈集镇相距不足500米,出行十分方便。基地规划容纳总人口6万人。其中,安排动迁户8500户(29750人),另有落户企业入驻2万人,其中高级白领1万人。动迁住宅为三层连体别墅,以四联体为主。外来人员以多层、小高层为主,力求高起点、体现新风貌,配套齐全、绿意盎然,成为可持续发展的现代居住区。

2004年11月,为改善园区企业外来员工的居住条件,由青浦工业园区投资的"职工家园"竣工。"职工家园"占地32050平方米,总建筑面积50950平方米。共有801套职工宿舍,6282张床位。家园内有大型公共绿地,绿化率近40%。家园入住企业有上海美蓓亚精密机电公司、高田汽配有限公司、日立电梯有限公司等近40家落户企业。

2005年,青浦工业园区依据功能定位和产业布局的要求,围绕"合理收缩战线、集中集聚开发"的原则,集中力量对辖区内的"四横四纵"道路、污水管网等基础设施进行了完善,完成了原四镇1.8万米污水管网的疏通工作,新建四座桥梁和四座泵站。

2005年,在市、区电力等部门的支持下,继出口加工区35千伏变电站(汇金站)年内开工建设投入使用后,220千伏变电站(杨元站)也开工建设,于2007年6月投入运行。2006年在建的35千伏北盈站2007年2月前交付使用。另有天一等4座35千伏变电站正处于报批手续和方案设计评审阶段,于2007陆续开工建设。此外,青浦工业园区还与街道、电力、规划等部门积极配合、协同作战,做好市重大工程——220千伏高压线沿线架设保护性施工。2007年完成了59个塔基的建设和通线任务,为青浦段的贯通打下了良好的基础。

2005年,青浦区第一家标准化菜场——民乐菜场及幼儿园竣工并交付使用。11月16日,动迁配套住宅项目"民乐佳苑"三期工程试打桩开工,该项目列入青浦重点工程和上海市两个"1000万"工程项目。项目占地面积57351.30平方米,总建设面积68625.70平方米。其中,住宅面积62283.10平方米、公建配套设施面积2844.60平方米,共708套住宅,可安置约2500名动迁居民。"民乐佳苑"三期项目经过一年多时间的紧张施工,于2006年11月底完成建设任务并通过竣工验收,12月18日开始分房。该小区共建有25幢住宅楼和1幢小区会所以及地下车库、水泵房、配电房等公建配套设施用房,基本满足了居民的正常居住需求。为满足不同购买力群众的购房需要,共有五种户型供动迁群众选择。

2006年1月4日,园区"创业大厦"经过近两年的紧张施工建设,一座集会务(引进卫星电视、宽带入网、智能IC卡,更有智能化会议系统先进设施,共享语言、数据、图像)、商务办公(娱乐休闲、餐饮住宿、运动保健)、展示(园区开发建设立体展示)为一体的多功能大厦正式启用。8月1日,在青浦工业园区、香花桥街道与青浦区建交委等有关职能部门的多方协调沟通、共同努力下,青浦七线(青浦工业园区线)正式通车。9月10日开始,园区MIS系统即园区子公司网络专线正式进入试运行。集团公司内部发布的各类普发性申请、通知、简报、资料、传真等将通过网络传输,取消纸质印发。是年,青浦九号线通车,解决了沿线动拆迁居民出行困难和落户企业员工的上下班问题。是年,被列为市政府重大实事工程的青浦区香花桥街道社区服务中心以及民惠商业街当年开工,并于当年完工;民惠二期一、二标段及胜利路改建工程启动;民惠阳阳幼儿园正式交接;环城7号线公交线的开通,进一步完善了民惠社区的功能配套,集聚了人气。

至 2010 年,青浦工业园区内具备自动交换机容量 12 万门,其中程控交换率占 95%,汇接局与终端局均为光缆数字传输,开通 IDD/DDD 及数据通信。有 220 千伏变电所 1 座,110 千伏变电所 1 座,35 千伏变电所 10 座,35 千伏开关站 2 座,10 千伏开关站 9 座。日供水能力达到 28 万吨,日供水量 20 万吨的第二水厂建成。城市煤气:日制气能力 10 万立方米。污水处理:有日处理污水 1.5 万吨污水厂及日处理 15 万吨污水处理厂,各道路边缘地下铺设雨水接管,并汇集到污水管道网络中。供热系统有自建热电厂,可提供工业蒸汽 220 吨/小时。另有气体厂提供氧、氮、二氧化碳等工业气体。

经过 1995 年至 2010 年 15 年的建设发展,青浦工业园区基础设施配套完善,累计投入用于基础设施建设的资金达到 50 亿元。

四、生态园区建设

青浦工业园区围绕中共青浦区委、区政府提出的建设"三生"园区(符合国际惯例的集生产、生活、生态为一体的国际化社区)的发展目标,各项工作有序、有效推进。一方面加大投入力度,加快对部分区域污水管网建设;另一方面,积极推进清洁生产、节能降耗工作的深入开展,督促企业通过技术创新,达到生态园区减排降耗标准,并对重大排污企业实行监控。同时,在环境建设方面,着手建立长效机制,加快绿化带、厂区的环境整治工作,使整体环境再上新台阶。

园区引进企业时设置环保屏障,以一类工业企业为主,控制二类工业企业,拒绝三类工业企业。二类工业企业要求做到污染物零排放和资源化利用,以保证大气、水质等环保指标的达标。以新技术为导向,在能源应用、水资源保护利用、废弃物处置及材料应用上有所突破。新建筑有隔热保湿性能,符合工业节能设计标准。采用变频式中央空调等电气设备,利用太阳能清洁能源,建立和使用集中供热。供电系统方面,采用箱式变压器公配电和分时计价用电技术。开展屋顶雨水收集利用和废污水处理后回用,实行管道分质供水。实行管理智能化,宽带网络化。

青浦工业园区围绕推进绿色工业园,2002 年全面实施综合环境形象的整治及建设工作,以园区内水、电、气、路、河为主的基础设施为重点,为新一轮发展提供硬件平台。配合动迁及项目布置,并根据园区内水系调整的规划,对沿主干道两侧及有关地块内的坑、沟、河集中填土平整;实施茂矽项目 66.67 公顷绿化带建设及绿地广场建设,并在园区主干道两侧分层植树;在主干道两侧完善路灯建设,并逐步实施外青松公路、新区路、华青路等沿岸两侧落户企业灯光增亮工程;对水系规划中保留的河道,以村、队为单位,采用分段包干的办法,进行日常的清淤打捞。塑造既有时代特征,又具青浦特色,体现园区特点,合乎产业发展要求的环境形象和生态优势。

2003 年,园区获得了 ISO 9001 质量认证和 ISO 14001 环境认证,并荣膺"双优工业园区"称号,提升了管理水平和形象。

"十一五"期间(2006—2010 年),青浦工业园区加大了基本建设投入力度,构建约 120 公里的主干道路交通网络和沿线绿带,并加强了环境绿化和景观河道建设。原 16.16 平方公里核心区域及出口加工、创业园、电子信息园、高新成果转化基地、中纺科技城内部绿化带基本建成。

2006 年,青浦工业园区投入巨资,实施茂矽项目 66.67 公顷绿化带及园区内绿地广场建设,并在区内主干道两侧分层植树造绿,使园区生态环境再上一个台阶。

2009 年 9 月举行青浦工业园区热电节能减排示范区揭牌仪式,标志着园区节能减排工作将向目标明确、工作有序的标准化转型。示范区建设以热电有限公司为主体,以现有供热范围为区域,通过技术和管理手段,实施节能减排目标。

2010年5月18日,美国商务部长骆家辉率29家美国公司的46位高管参观了园区落户企业——上海普惠发动机维修有限公司,并与青浦区委常委、副区长李跃旗、东航工程技术公司总经理冯亮、联合技术公司副总裁戴尚德一同为公司获得"能源与环境设计先锋"(LEED)白金认证揭牌。上海普惠发动机维修有限公司是中国首个、美国以外地区第21个获得美国绿色建筑委员会颁发"能源与环境设计先锋"(LEED)白金认证的设施,可为CFM56发动机提供高效环保的维护、修理和大修服务,其设施完全遵循绿色环保、节能和可持续发展的设计方法,为其他企业树立了标杆。12月,由青浦工业园区投资,上海景观实业公司设计,上海西部市政工程公司施工的"沁园湖绿地广场"开工。该广场位于清河湾路、盈顺路、沁园湖畔。长400米,宽150米,湖岸线长795米。占地面积4.9万平方米,其中绿地面积33 871平方米,是一个集绿化、小品、园路为一体的综合性休闲绿地。其主要特色:有1 500米休闲跑道、健身广场、旱喷广场、篮球场、儿童休闲场以及沿湖200株日本早樱。

第四节 招 商 引 资

一、招商管理

【上海青浦工业园区招商中心】

1998年10月成立上海青浦工业园区招商中心。下设3个招商处:招商一处由投资中心组成,招商二处由上海办事处组成,招商三处由安康公司组成。招商中心系青浦工业园区的一个招商实体,是一个集科、工、贸、咨询及房地产开发为一体的多种经济成分并存的工业生产贸易基地,又是融国有、集体、民营为一体的综合性创业园区。中心下设一部二室三科:招商部(设三个上海办事处)、办公室、财务室、企业注册科、企业管理科、财税代理科。2010年完成招商户数97户,完成全年80户指标的121.3%;完成税收收入1.67亿元,完成全年1.8亿元指标的92.8%。

【上海高新技术转化基地开发有限公司】

2001年7月,因园区转型升级的需要,在中共青浦区委、区政府的支持下,经市科委同意,于青浦工业园区辟出40公顷土地,增设上海高新技术成果转化基地,由上海高新技术转化基地开发有限公司负责,分四期开发,总投资2亿元。有12.1万平方米的标准厂房,一期、二期工程建筑面积5.5万平方米,12幢配套齐全的标准厂房于2000年年底建成,投入使用,并开始招商引资。

二、招商政策

1995年,工业园区制定了一系列招商政策、审批程序等相关制度,鼓励投资,规范审批操作流程。

【土地批租规定】

青浦工业园区招商引资(引税)的每一个土地批租项目,从谈判、调研到法律技术文本(包括合同、协议）的签署，必须严格遵守国家的法律、法规、政策，严格按照园区所规定的各项标准操作。有关项目的协议、合同、技术文本的最终确定，必须规范化、合法化、制度化，并由总经理把关。条件成熟，由园区的法律顾问室全权代理执行。土地批租及相关项目的协议、合同、技术文本，签署后园区内部至少有三份。一份由招商部门保存，一份交财务部门，一份（原件）必须交园区档案室永久性保存。

土地批租价格，批租土地（50 年）凡低于 20 美元/平方米必须经总经理认可方可实施。客方相应承担的批租土地使用费为 1 元/平方米，一年支付一次。园区的厂房、场地属园区的固定资产。在租赁经营中必须考虑资产增值、保值。租赁厂房、场地价格，原则上与对外公开的园区广告样本所述口径一致。

税收：所得税："二免三减半"（税率为 15%），企业获利年度起二年全免，后三年减半。增值税：政府留于园区部分"二免"期内，园区全额返给企业；"三减半"期内，减半返给企业。（限于内资企业）政府所征收的企业污水增容费由园区缴纳。政府规定的绿化带征地价格，园区以优惠价提供业主。

招商中介：指为园区提供有效招商信息、并且该信息项目最终落户园区的公司、事务所、个人等。奖励标准：园区将根据落户项目的投资规模、产出、招商中介在落地过程中的贡献等标准综合评价，按照项目注册资本（以实际注册资本计算）的 1‰ 到 3‰ 进行奖励。

招商部要以对投资者负责的态度，由专人负责合同的跟踪服务。为各部门提供履行合同所需的基础资料，并负责跟踪合同执行情况。及时协调解决执行过程中出现的问题，为投资者提供优质服务。合同执行过程中，应积极履行园区承诺的责任和义务，对投资者遇到的困难，尽可能提供帮助，避免投诉事件的发生。

【项目评审】

1995 年，园区结合青浦县政府此前颁布的《青浦区产业项目评审准入办法》相关规定，对拟落户青浦工业园区的实体型项目实施"项目评审"制度。

招商人员掌握信息后应及时与客户沟通，填写《园区工业项目预评审表》，送园区评审小组初审。经初审同意，若需用地，由园区评审小组将评审结果报区土地使用工作领导小组会议审核。若批准该项目，则与客户签订《投资意向书》等。租赁项目由园区评审小组进行项目初评，通过后报青浦区产业项目准入评审。若批准，则通知企业办理公司注册。

评审通过的项目，招商人员在四周内按照评审会议精神，与客户洽谈合同条款，明确双方的权利和义务，最终形成合同草案。招商部门与客户形成的合同草案，经园区相关部门流转同意后，与客户签订相关《投资意向书》。

为了更好地推动园区的开发建设，更加合理地利用土地资源，积极有效地践行区委区政府"创新型驱动、转型发展"的发展新理念，加快园区产业能级的提升，园区结合《青浦区产业项目评审准入办法》的相关规定，对拟落户青浦工业园区的实体型项目实施"项目评审"制度。

评审内容主要是：投资项目是否符合园区的产业定位，项目的投资规模、土地产出是否符合园区的要求，土地出让价格是否合理，基础设施配套建设与项目实际要求是否合理。

评审标准：项目须符合青浦区的产业导向，鼓励引进战略性新兴产业、高端制造业、总部型、生产性服务业等项目。投资规模：原则上不小于 4 500 万元/公顷。产出要求：原则上产值不小于7 500 万元/公顷，税收不小于 450 万元/公顷。

评审流程：园区招商部对拟落户项目详细沟通了解后，按评审内容要求填写《项目评审表》，统一上报给园区。

同意后再由招商部与拟落户项目沟通，填写《青浦区产业项目准入评审申请表》向区经委申报。对于租赁厂房项目、改扩建项目等，在收到企业填写好的《青浦区产业项目准入评审申请表》后，由招商部、规建部等对项目进行会签评审。经会签评审通过的项目，报送区经委评审。

【关于鼓励实体型企业做大做强的奖励办法】

为打造先进制造业基地，积极培育"三高二低"（高科技、高效益、高产出、低污染、低能耗）产业，优化升级产业结构，集约节约利用要素资源，转变经济发展方式，促进青浦工业园区工业经济持续快速健康发展，园区领导按照相关规定精神，根据自身实际，经研究，制订了有关奖励办法。

在青浦工业园区注册、纳税并开展正常生产经营活动的工业企业，均属奖励范围。对地方财政贡献未出现负增长且当年对地方财政贡献 1000 万元以上的，给予一定的企业地方贡献奖。对当年工业销售产值 1 亿元以上的企业，工业销售产值、纳税总额同比增幅分别达到 30％、15％以上（含），给予企业经营团队一次性奖励 10 万元。年度企业税收增幅 15％以上，年度上缴税收 1000 万元以上企业，一次性奖励企业经营团队 10 万元。年度企业每公顷产税收 1500 万元以上，没有出现负增长，年度上缴税收 500 万元以上企业，一次性奖励企业经营团队 10 万元。年度企业成立结算中心或行使结算中心职能，引入分销企业税收对于超过基数部分，给予企业超出部分地方实得 30％～50％的企业增收鼓励奖。年度企业引入未投产税收，给予企业地方实得部分 30％～50％的奖励。对集团总部（结算中心总部）迁入园区的，给予企业经营团队 50 万元的企业设立总部奖。对实现上市并把总部设在园区，或实现买"壳"上市并把上市公司注册地迁至园区的企业，一次性给予企业及企业经营团队各 100 万元的企业上市奖。对新立项的技改项目，在获得青浦区技改财政资助后，该技改项目经验收合格后，园区给予 5 万元的企业工业投入奖。对主持或参与经 ISO 、IEC 认可的国际组织发布的标准。对在标准化活动中取得标准研制重大成果，成为国际第一起草单位或企业标准直接提升为国际标准的企业，对成为国家、行业标准、地方标准制修订主导单位或第一起草单位的，标准当年发布的，相应制（修）订项目分别一次性给予企业经营团队一定的奖励。

凡符合以上条款的企业，必须同时具备以下条件：当年未发生生产安全死亡事故或较大以上生产安全事故；当年未发生环境污染事故；当年万元工业产值综合能耗低于上年同期水平。

三、招商活动

1999 年，园区采取多种形式，积极开展招商引资活动。3 月，"99 上海青浦春季招商会"在青浦宾馆开幕，有近 100 家外国客商及外国驻沪机构前来参加。9 月，市经委和上海青浦工业园区在上海建国宾馆联合举办"企业集团与工业园区联动发展恳谈会"。市经委副主任江上舟等领导出席会议。年底，园区假座上海威斯汀太平洋大酒店，举行"共迎新世纪，同创新辉煌"投资说明会，上海市副市长冯国勤到会祝贺，市经委、市农委、市外经委、市协作办的领导，日本、新加坡、德国等驻沪领事馆代表 150 余人应邀出席会议。美国阿姆斯壮、德国 CEDO、韩国美浓、意大利意先等 6 家企业签订了落户投资协议，总金额 4110 万美元，内资 2.24 亿元。

2000 年 4 月，青浦区政府与青浦工业园区在浦东香格里拉酒店上海厅召开"中国纺织科技产业城落户企业总经理见面会"。会前，上海市副市长蒋以任会见了落户企业代表。10 月，由青浦区政府主办的中国亚洲龙舟节、中国上海旅游节暨青浦区秋季招商会,在古镇朱家角举行。招商期间工业园区共签约外资项目3家,投资总额7 420万美元,内资企业4家,投资金额1.35亿元。年底,由青浦工业园区为龙头,以朱家角、徐泾、重固、赵巷、练塘、华新等六个配套镇为辅,采取"政府推进,园区操作,集中开发,分头洽谈"的"2001年青浦工业园区(配套区)投资说明会"在青浦宾馆开幕。中共上海市委副秘书长范德官及有关委办局、控股集团公司的领导出席了会议。参加会议的还有世界各地客商400多人。有24家落户园区的企业签订了投资协议,投资总额:外资为6 030万美元,内资22 358万元。

2002年4月27日,中共青浦区委副书记、区长蒋耀率园区党工委书记于海平等一行,专赴浙江温州,对德力西集团总部进行考察。28日,园区集团公司总经理于海平与德力西集团董事局主席胡成中签订投资协议。10月17日,以打造"科技、绿色、人文"为主题的"上海青浦科学园区暨上海台商工业园区(青浦)推介会",在上海国际会议中心举行。会议由市经委、市台办、市外国投资促进中心和青浦区政府联合举办,上海市常务副市长蒋以任到会祝贺。共签约项目30个,其中外资项目20个,总投资4亿美元。内资项目10个,总投资10亿元。11月19日下午,青浦工业园区在上海扬子江大酒店举行"上海西部创业投资说明会"。市农委副主任严胜雄,各地在沪青年企业家联谊会代表、区各职能部门领导及落户企业代表近180人参加投资说明会。11月底,为展示园区新一轮投资环境,推出园区新一轮发展规划的青浦工业园区成立八周年暨投资说明会,在园区展示中心举行。日本株式会社日立制作所等12家企业,现场与园区签订了投资协议。市人大常委会副主任朱晓明、市外经贸委主任潘龙清等领导到会祝贺。区委副书记、区长蒋耀到会致辞,近300名中外来宾参加了说明会。

2004年10月20日,由青浦工业园区领衔,5家配套区共同参与打造的青浦制造业新高地投资环境信息发布会在青浦博物馆举行。来自美国、德国、瑞士、日本等海内外客商120余名出席,其中,12家企业签订了投资协议。外资企业10家,总投资2.9亿美元,注册资金1.1亿美元。内资2家,总投资10亿元,注册资金2亿元。

2006年4月25日,日中经济贸易中心谷井昭雄会长一行莅临青浦工业园区,实地考察园区的投资环境以及上海旭统精密电子公司。在听取了青浦区政府副区长杨劲松对园区投资环境的介绍后,谷井昭雄会长对该公司在上海开展的业务、肩负的任务及面临的问题与中方进行交流。谷井会长代表中日经济贸易中心与园区签订合作意向书。5月20日,由青浦区政府区长蒋耀率领,园区管委会主任于海平等六人组成的青浦区政府代表团赴德国、奥地利、瑞士等国进行招商活动。代表团接洽30余家企业和机构,拜访8家著名的跨国公司并分别在德国海德堡举行青浦投资说明会及德国中小企业投资说明会,与海德堡公司签订了投资意向书。6月24日,由杨劲松率领的青浦区政府代表团赴美国、韩国进行招商活动,与百利通、英威达、希悦尔等九家公司进行商务洽谈。

2007年6月10日—24日,由青浦区政府副区长张汪耀率领的青浦区政府代表团赴英国、法国、德国进行招商活动。代表团拜访了9家企业,就11个项目进行了经贸洽谈。了解已落户的5家企业总部情况,争取在青浦增资扩股;走访在谈项目的4家企业总部,以促成在青浦投资建厂的决策。经过努力,与3家企业签订了投资(增资)协议。8月16—29日,由蒋耀、于海平组成的青浦区经贸代表团,赴日本进行招商活动。与NEC光电株式会社、日立制作所、王子制纸株式会社、高田株式会社、尤妮佳株式会社等五家公司商务洽谈,取得了一定的成果。为了推动日本著名企业集团在青浦工业园区的投资建设进度,12月3—10日,张汪耀、于海平等组成的青浦区经济代表团访问了日本。代表团拜访了尤妮佳集团总部、王子奇能纸业,实地考察了尤妮佳香川工厂,并与旭东电气集团高层进行会谈。

2008年2月16—28日，青浦工业园区招商代表团赴美国进行项目考察和现场办公。代表团成员与美国普惠飞机制造公司高层在康涅狄格州基地，就该公司发动机维修项目在青浦出口加工区功能拓展及发挥加工区保税功能，进行会晤协调。还与美国西氏医药服务公司高层就包装项目在机器设备引进方面进行商务会谈和海关现场办公。

2009年4月10日，由市商务委、青浦区政府主办，上海市外国投资促进中心、青浦工业园区管理委员会承办的"2009上海青浦工业园区投资说明会"在上海环球金融中心举行。市政府副秘书长、市商务委主任沙海林到会祝贺，中共青浦区委书记、区人大常委会主任巢卫林及市发展改革委等市、区职能部门领导出席。会上，美国阿姆斯壮等12家跨国企业、中国电子集团21所等8家国内企业，分别与园区进行了项目签约，涉及电子、机械、新材料和印刷产业等领域，累计签约金额外资2亿美元、内资20亿元。

四、企业服务

【"马上办"办公室】

2001年工业园区提出了"人人都是投资环境"的口号，把提高园区的服务水平贯穿于园区工作的始终。继成立商务中心、24小时服务热线之后，4月12日推出"马上办"办公室。该办公室集园区职能部门于一体，包括经贸部、经营部、规建部、动迁办等部门，内设：项目一科、项目二科、办公室。至2001年，"马上办"办公室共受理企业投诉161人次，解决153件，办结率达到95％，企业满意率达87％。

【建设项目专项服务协调小组】

2001年，为了加强青浦工业园区建设项目的专项服务和管理，规范区内建设项目的税收管理，工业园区成立了建设项目专项服务协调小组，并下设办公室。配合有关职能部门实施园区建设项目的专项服务和扶持，对税收的缴纳工作进行协调、管理和服务。建设项目专项服务协调办公室设在园区发展公司规划建设部。在项目投资协议中承诺项目税收缴在青浦工业园区的企业，将按园区实得部分的20％给予专项扶持；中标建设单位是上海市范围内的施工企业，由青浦工业园区建议单位总承包、税收缴入园区的，分别给予投资企业、施工企业园区实得部分的15％专项扶持。

【投资企业服务中心】

2003年青浦工业园区优化组合，建立青浦工业园区投资企业服务中心。把"马上办"行政服务站划归服务中心。依托服务中心的沟通平台作用，推行"企业服务年"活动，切实帮助落户企业，特别是有困难落户企业排忧解难。2009年共收到企业信访件80件，办结率94％。

【企业服务部】

2003年，青浦工业园区将原来的企业服务协调办公室和投资企业服务中心，整合为企业服务部，协调解决落户企业诉求问题，构建企业与政府及相关部门的交流平台。对落户企业所涉及的各类咨询和投诉，如基本建设手续、公用设施配套、企业开工服务、企业用工、人才需求等，进行协调处理。做到事事有回应，桩桩有记录，件件有落实。2010年，园区共受理落户企业各类所求75件

（次），办结分流处理解决达 71 件（次），办结率 94.6％。

企业服务部设置服务热线电话和网络平台，了解落户企业的信息，接待企业的来信来访。通过上门拜访、企业调研，及时掌握落户企业的生产经营情况、面临的突出矛盾和困难和向政府及有关部门提出的要求和建议等，经认真梳理、归类、进行分析、研究，提出解决方案，及时向领导汇报。企业服务部负责协调、沟通并协助政府有关部门及园区发展集团公司相关部门，制订有效解决企业困难的实施方案，并协调督促实施与最终完成。

自 2010 年 8 月起，青浦工业园区开展百家落户企业服务结对子活动，由公司班子领导、部门负责人同百家落户企业"结对子"，当好"三个员"（宣传员、服务员、发展员）和开展"三个比"活动（比一比谁与落户企业的感情最融洽、比一比谁解决企业的问题最多、比一比谁对园区工作的推动最有力），并举行了中秋赏月活动和落户企业座谈会等。集团公司党政班子、各部门负责人共 25 人，与园区 100 家企业建立服务对子关系。对联系对象、走访次数、问题调处、服务考核，均作了明确规定。要求每名干部分别联系服务 4 家企业，每月走访不少于 1 次，并做好收集登记走访资料、沟通反馈等工作。全年共受理落户企业各类诉求 50 件（次），分流处理办结率 94％。经市经济信息化委、市发展改革委、市开发区协会专家评审通过，青浦工业园区获得 2010 年度上海市开发区"企业服务优秀园区""上海市品牌园区"称号。

五、招商成果

经过 1995—2010 年 15 年的开发建设，青浦工业园区的基础设施和功能配套日臻完善，经济发展和综合竞争能力不断提高，投资环境和品牌效应进一步显现，逐步建成电子信息、现代纺织新材料、生物医药、精密机械、现代传媒印刷等主导产业的生产基地。

1995 年到 2000 年为工业园区初创时期，园区以"开发一片，成熟一片"的滚动开发策略，一边完善配套设施建设，一边招商引资。至 2000 年，共引进外资项目 70 多个，总投资达 3.5 亿美元。吸引内资项目 50 多个，总投资达 12 亿元，市级工业园区的集聚效应开始显现。至 2000 年底，建成投产的企业 6 家，试生产 2 家，在建项目 8 家。引进内资实体项目 23 家，投资总额 9.15 亿元。2001 年，新批准外资项目 44 家，增资 8 家，累计吸引外资 3.03 亿美元；完成 15 家国内企业投资注册，累计吸引内资 3 亿元。是年，落户项目开工 25 家，开工面积 22 万平方米，竣工面积 13 万平方米。2002 年 3—12 月，西部创业园累计引进 13 家企业落户。是年，青浦工业园区新批外资企业 46 家，增资 18 家，共吸引外资 8.33 亿美元；新批内资企业 26 家，共吸引内资 3 亿元。

2003 年，青浦工业园区被批准为上海市降低商务成本试点园区，规划范围也由 16.16 平方公里扩大到 56.2 平方公里。面积的扩容，加上政策的聚焦，园区的开发建设由此进入提速阶段。

2004 年，园区以提升落户项目质量为突破，坚持"四个聚焦"的招商策略，招商引资的质量有了进一步的提高。一是主导产业的外资集聚度开始凸显。新引进的外资项目中，有近 70％属汽车零部件与精密机械、IT 产业和现代纺织新材料产业等主导产业。二是大中型项目比重进一步提高。全年投资总额 1 000 万美元以上的项目 46 个，占总项目数的 40％；投资额为 9.56 亿美元，占总投资额的 82％。三是单个项目质量进一步提升。全年共吸引外资批租土地项目 46 家，总投资 7.8 亿美元，平均项目投资额达 1 690 美元。四是世界 500 强企业纷纷落户园区。王子制纸株式会社、NEC 光电株式会社、三菱重工等六家世界 500 强企业在园区投资落户。

2005 年，新批外资 76 家，增资 41 家，总投资 9.06 亿美元，合同利用外资 4.46 亿美元，到位外资 2.3 亿美元。落户企业开工 62 家。内资实体企业落户园区 17 家,到位资金 7.2 亿元。全年共引进四大主导产业项目 48 个,占总数的 63.3％;投资总额 5.11 亿美元,占总数的 67％。全年实现项目开工 62 个,总用地面积 140.77 公顷。其中:外资项目 36 个,总投资 33 627 万美元,总用地面积 89.34 公顷。内资项目 26 个,总投资 49 780 万元,总用地面积 51.40 公顷;新建项目 44 个,二期建设项目 18 个。

2006 年,园区全年新批外资 58 家,增资 31 家,实现合同外资 4.52 美元,到位资金达 2.66 亿美元;内资企业 15 家,注册资金 7.5 亿元,落户企业开工 72 家。园区共有 72 家企业开工建设。特别是协同区各有关职能部门开辟"绿色通道",对西门子、发那科、伯禾、希悦尔、奎克化学、巴斯夫、科德堡、采埃孚中鼎等 8 个重大项目执行"VIP"式服务,大大加快了项目的审批速度,确保了 8 个重点项目的全面开工建设步伐。

2007 年,完成合同外资 3.03 亿美元,到位资金 2.57 亿美元;实现税收收入 24.37 亿元,比 2006 年增长 23.4％。完成地方收入 10.78 亿元,比 2006 年增长 17.8％;实现工业产值 395.9 亿元,比 2006 年增长 30.4％;落户企业开工 66 家。增资项目共 43 家,增资合同外资 1.63 亿美元,比 2006 年增长 70.1％,占比由 2006 年的 21.1％上升到 53.9％,首次实现增资合同外资占全年累计合同外资的比例超过 50％。全年引进租赁厂房项目 23 个,占新批项目数的 76.7％;共租赁标准厂房 89 896 平方米;平均投资规模为 380.14 万美元。

2008 年,青浦工业园区坚持科学选资,以项目评审制度确保项目质量,挖掘投资来源。在引进项目中,日欧美项目占 67％,四大主导产业项目占比超过 65％,招商引资工作呈现出良好的发展势头,投资项目的质量和结构逐步优化。重大优质项目推进有序。海德堡项目增资 2 000 万欧元收购了一、二期的土地厂房资产,并同时投资 5 000 万美元批租 6.67 公顷土地,进行三期和四期约 5 万平方米新厂房建设。是年,园区依托先进制造业基础,大力发展与生产制造相结合的应用型研发中心,有日立电梯研发中心、美国英威达研发中心、日本大昭和研发中心、日本高田汽车碰撞试验室等 4 个研发机构落户园区。

是年,园区充分利用落户的优质企业,认真做好服务工作,促进企业增资扩股。年内共有 17 家企业增资,合同外资 11 874 万美元。其中斯伦贝谢、罗门哈斯、晶盟硅材料 3 个项目增资额均超过 1 000 万美元。同时,除 17 家增资外,新批项目中阿姆斯壮、达芙妮服饰、速拍贸易等项目均属于由已落户项目扩大投资或引进的新投资项目。是年,园区大力推进注册型外资,共引进咨询、贸易、服务类等注册型外资项目 10 家,占新批项目的 45.5％,为园区全年招商引资探索了一条新路。园区切实贯彻落实中共青浦区委、区政府关于加快推进产业项目落地精神,着力推动园区产业大项目的落地。对东航—普惠、尤妮佳、英威达等 9 个被列为"绿色通道"的项目,积极办理各类前期手续,并于 12 月 16 日举行了 22 个项目集中开工仪式。至年底,在上报市经济信息化委申请列入绿色通道的 56 个项目中,有 55 个项目获得认定。

青浦工业园区经济小区亦同步发展,2006—2010 年,共计完成招商 3 825 户,平均每年招商 765 户。其中:2006 年招商 651 户,2007 年招商 442 户,2008 年招商 762 户,2009 年招商达 1 055 户,2010 年招商 925 户,为园区的发展奠定了坚实的基础。

从 2003 年到 2010 年的 8 年中,按照中共上海市委、市政府关于试点园区"高标准建设、高速度开发、高效益产出"的要求,青浦工业园区呈现出"86531"的良好态势,即:一年之中平均每 8 天有一家企业投产,每 6 天有一家企业开工建设,每天可产生 500 万元税收收入,每 3 天引进一家外资企业,每年提供 1 万个就业岗位。

表7－6－3　1995—2010年青浦工业园区招商引资(外资企业部分)表

年　份	引进企业数 (家)	投资总额 (万美元)	合同利用 外资 (万美元)	到位资金 (万美元)	增资企业 项目数 (个)	增资额 (万美元)
1995—1999年	61	—	100 855	—	—	—
2000年	20	13 257	8 400	—	4	2 544.5
2001年	44	30 300	9 000	—	8	1 915
2002年	46	83 300 (含增资)	55 000		—	18
2003年	—	205 300 (含增资)	169 400		—	
2004年	96	125 100 (含增资)	58 300	26 000	30	—
2005年	76	90 600	44 000	23 000	41	—
2006年	58	—	45 200	26 600	31	—
2007年	—	—	30 300	25 500	43	16 300
2008年	—	—	15 000	20 100	—	
2009年	—	—	23 000	19 000	—	
2010年	—	—	8 000	8 700	—	

资料来源：青浦工业园区统计所

表7－6－4　至2010年青浦工业园区招商引资的部分规模以上企业情况表

企　业　名　称	建筑面积 (平方米)	占地面积 (平方米)	2010年产值 (万元)
尤妮佳生活用品(中国)有限公司	52 785	124 838	374 034
高田(上海)汽配制造有限公司	24 334	75 708	333 659
日立电梯(上海)有限公司	119 320	185 413	118 806
上海德力西集团有限公司	152 164	268 577	240 329
妮维雅(上海)有限公司	19 083	49 040	140 233
上海美特幕墙有限公司	81 124	66 667	108 720
海德堡印刷设备(上海)有限公司	22 211	33 424	80 867
苛氯工程设备技术(上海)有限公司	18 098	18 098	46 946
好丽友食品(上海)有限公司	61 927	80 167	72 425
上海晨兴希姆通电子科技有限公司	30 186	66 830	51 275
上海索菲玛汽车滤清器有限公司	20 000	25 600	63 657
上海科大重工集团有限公司	45 000	75 200	39 319
上海当纳利印刷有限公司	22 126	66 378	64 626

（续表一）

企 业 名 称	建筑面积 （平方米）	占地面积 （平方米）	2010 年产值 （万元）
上海罗门哈斯化工有限公司	9 737	39 999	54 410
宏茂微电子（上海）有限公司	66 816	167 027	71 988
卓饰纺织品（上海）有限公司	14 728	15 000	42 964
特吕茨施勒纺织机械（上海）有限公司	22 508	41 463	28 336
上海英济电子塑胶有限公司	36 978	55 629	51 100
贝亲母婴用品（上海）有限公司	12 758	15 302	35 870
萨康电子（上海）有限公司	13 680	13 680	26 981
上海欧雅装饰材料有限公司	30 730	53 209	41 252
登福机械（上海）有限公司	10 322	90 811	17 000
英威达特种纤维（上海）有限公司	11 142	22 087	35 479
赫格纳斯（中国）有限公司	22 710	107 529	35 248
上海胜代机械有限公司	18 315	38 169	64 000
富祥塑胶制品（上海）有限公司	27 291	40 983	25 975
上海菱重增压器有限公司	14 445	12 000	18 240
康那香企业（上海）有限公司	35 063	52 683	55 322
邦飞利传动设备（上海）有限公司	10 209	10 209	75 434
亚士漆（上海）有限公司	37 000	42 045	23 860
巴克曼实验室化工（上海）有限公司	4 500	21 094	26 919
博凯机械（上海）有限公司	14 609	50 415	30 089
百隆家具配件（上海）有限公司	8 609	15 192	29 549
先尼科化工（上海）有限公司	9 988	16 952	25 338
上海协和氨基酸有限公司	24 394	91 095	37 047
上海大昭和有限公司	11 142	40 219	22 733
上海富臣化工有限公司	31 568	60 774	28 679
NEC 光电（上海）有限公司	10 538	10 538	50 374
伯曼机械制造（上海）有限公司	6 410	24 452	23 800
上海西电高压开关有限公司	19 817	20 066	29 010
上海浔兴拉链制造有限公司	47 642	135 996	26 805
三养工程塑料（上海）有限公司	5 197	21 316	22 501
福维克家用电器制造（上海）有限公司	500	500	8 674
福维克家电有限公司	4 441	10 107	24 780
上海昭和高分子有限公司	13 299	60 000	22 879

（续表二）

企　业　名　称	建筑面积 （平方米）	占地面积 （平方米）	2010 年产值 （万元）
安迈工程设备（上海）有限公司	9 071	23 017	21 765
上海骐鸿运动用品有限公司	11 850	23 045	29 979
上海一开电气集团有限公司	12 341	20 224	27 825
上海冠生园天厨调味品有限公司	9 293	20 000	16 580
上海安桥电子有限公司	11 999	15 433	17 741
上海村田机械制造有限公司	14 171	17 061	40 844
赛德家庭用品（上海）有限公司	11 092	20 766	24 598
上海烈光汽车配件有限公司	13 500	19 934	15 834
上海精翊电器有限公司	28 371	92 256	23 663
上海伯乐电子有限公司	23 085	19 139	26 582
上海日比野压铸有限公司	11 000	16 657	13 271
上海宝龙药业有限公司	24 000	35 877	11 177
意帝皮毛科技（上海）有限公司	9 938	19 731	6 905
上海河村电气有限公司	12 210	12 210	16 707
上海中华印刷有限公司	90 000	172 078	21 032
声科家居用品（上海）有限公司	11 700	21 817	12 738
铃鹿复合建材（上海）有限公司	6 258	11 941	3 907
上海十通储存设备有限公司	14 775	42 394	9 279
赛彼科（上海）特殊化学品有限公司	2 016	5 200	10 972
力赛佳管道支架技术（上海）有限公司	6 021	20 988	20 036
上海英宇塑料制品有限公司	2 850	3 000	5 395
上海青浦工业园区热电有限公司	17 432	52 500	13 651
金盘电气集团（上海）有限公司	73	71 015	13 856
青钢金属建材（上海）有限公司	18 183	63 808	16 322
上海韩盛化工涂料有限公司	7 186	12 561	17 324
丝路咖精机（上海）有限公司	5 122	7 551	10 819
施迈赛工业开关制造（上海）有限公司	2 727	5 918	10 576
古北雪夫氮（上海）工程塑料有限公司	11 160	20 921	9 875
克鲁勃润滑产品（上海）有限公司	13 000	33 000	12 395
万年青（上海）运动器材有限公司	115 565	79 950	9 155
纳路涂料（上海）有限公司	5 230	26 328	9 750
上海大众联翔汽车零部件有限公司	10 439	8 166	13 637

（续表三）

企 业 名 称	建筑面积 （平方米）	占地面积 （平方米）	2010 年产值 （万元）
上海群欣包装软管有限公司	24 087	23 629	7 787
上海精锐广用动力科技有限公司	7 294	8 977	10 058
上海同济堂药业有限公司	14 000	40 000	8 818
上海瑞昌亚克力工业有限公司	6 664	16 216	10 624
上海竹崴机电有限公司	3 754	8 649	10 257
正侑机械（上海）有限公司	10 497	42 495	11 353
上海肯益恩机电有限公司	1 200	2 100	8 791
上海德山塑料有限公司	7 869	24 460	6 312
上海达极水技术工程有限公司	5 047	19 889	4 020
上海华新顿阿姆斯壮金属制品有限公司	5 625	5 625	9 238
艾联（上海）汽车零部件有限公司	2 380	2 380	5 709
上海盈欣塑胶有限公司	3 750	3 750	8 638
上海青木精密机械有限公司	4 308	8 700	9 255
上海松川远亿机械设备有限公司	24 668	30 001	12 234
王子包装（上海）有限公司	10 305	30 000	6 097
上海新关电子有限公司	5 957	12 594	12 518
肯天化工（上海）有限公司	5 000	5 000	5 226
阪田油墨（上海）有限公司	21 665	31 667	6 062
上海东朋科技有限公司	5 000	12 000	5 897
河村机电（上海）有限公司	4 845	4 845	10 334
王子奇能纸业（上海）有限公司	6 761	64 690	3 642
裕亿纸业（上海）有限公司	10 000	15 000	6 795
温泽测量仪器（上海）有限公司	1 813	1 818	6 007
上海上骅涂装有限公司	6 923	10 997	7 211
瑞可达自动门（上海）有限公司	2 536	2 192	5 354
上海爱凯思机械刀片有限公司	13 853	30 896	6 700
喃嵘水产（上海）有限公司	7 599	28 452	3 281
李赛克玻璃机械（上海）有限公司	5 632	15 369	4 312
凯膜过滤技术（上海）有限公司	9 467	14 467	8 974
上海恒精机电设备有限公司	4 774	8 085	5 042
波拉印刷设备（上海）有限公司	5 771	12 845	3 943
上海梁氏食品有限公司	3 550	7 413	4 929

（续表四）

企　业　名　称	建筑面积 （平方米）	占地面积 （平方米）	2010 年产值 （万元）
倍世水技术（上海）有限公司	2 479	2 479	1 274
上海东色日化有限公司	8 063	11 811	3 712
上海集弘办公家具有限公司	17 281	12 214	3 840
昭和真空机械（上海）有限公司	4 047	12 155	1 235
凯昂万玲珑化工（上海）有限公司	2 502	3 252	5 095
旭广企业发展（上海）有限公司	22 192	33 527	3 466
河村电器（中国）有限公司	29 463	66 075	6 183
上海金鹏源辐照技术有限公司	12 225	18 598	3 535
远东绿色包装（上海）有限公司	23 904	34 089	1 506
上海长城药业有限公司	19 201	78 528	4 151
上海兴浦工艺品有限公司	6 000	10 043	5 523
李赛克玻璃技术（上海）有限公司	4 079	10 561	3 029
上海斯文森园艺设备有限公司	3 364	14 333	3 744
溯高美索克曼电气设备（上海）有限公司	4 928	4 928	3 300
胡默尔连接器系统（上海）有限公司	2 101	9 296	4 621
上海马龙铝业有限公司	4 490	8 617	4 699
上海华培胶带有限公司	2 883	4 800	3 720
上海东方磁卡工程有限公司	4 618	8 763	3 206
上海大立食品添加剂有限公司	1 500	2 000	5 197
道锌机械（上海）有限公司	10 877	16 129	3 168
上海英备精密模具有限公司	3 121	6 072	2 756
椿茂金属制品（上海）有限公司	12 066	48 800	3 483
上海温良昌平电器科技有限公司	2 000	3 000	2 021
上海鸿鸿表面处理有限公司	6 504	12 312	3 292
上海大宫新材料有限公司	4 789	7 325	3 056
上荣精工（上海）有限公司	9 895	18 554	4 424
美艾意（上海）机械有限公司	1 300	1 300	4 197
伊姆乐（上海）机械有限公司	5 408	6 103	4 408
山田尖端科技（上海）有限公司	6 896	28 436	6 165
骏源特种纸（上海）有限公司	10 975	27 348	3 093
上海致财电子有限公司	4 146	12 662	2 312
长岩机械（上海）有限公司	4 400	8 288	3 793

（续表五）

企 业 名 称	建筑面积 （平方米）	占地面积 （平方米）	2010 年产值 （万元）
斯宾菲德精密仪表(上海)有限公司	6 169	18 817	1 646
日新驰威高能电机(上海)有限公司	1 404	1 500	2 663

资料来源：青浦工业园区报

第五节　产 业 发 展

一、经济规模

1995—1997 年，青浦工业园区固定资产投资稳步、较快发展，从 0.2 亿元提高到 1.8 亿元。1997—2004 年，青浦工业园区税收收入稳步增长。2005 年，税收收入达 17 亿元。2006—2008 年，民营经济的税收收入同样呈稳步增长的态势，年增幅在 9％左右。至 2009 年，园区已征用土地面积 47.73 平方公里，上交税收总额 55.2 亿元，单位土地税收 1.16 亿元/平方公里。2010 年，青浦工业园区共上交税收 32 亿元，其中外资企业完成税收 18.16 亿元，占税收比 56.2％，内资企业完成税收 1.88 亿元，占税收比 5.6％。至 2010 年，园区固定资产投资达到 27 亿元。

表 7-6-5　1995—2010 年青浦工业园区投资税收情况表

年　份	工业总产值 （亿元）	固定资产投资 （亿元）	税收（亿元）	合同外资 （亿美元）	实到外资 （亿美元）
1995 年	—	0.2	—	0.025	
1996 年	—	0.4	—	0.06	
1997 年	2.2	1.8	0.5	0.1	
1998 年	5	2	1	0.3	
1999 年	12	4.4	1.9	0.6	
2000 年	23	4.5	2.2	0.84	
2001 年	33	3.4	3.3	0.9	
2002 年	37	5.7	4.3	5.5	
2003 年	108	16	6.3	16.9	
2004 年	166	24	8.8	5.8	2.6
2005 年	241	33	17	4	2.3
2006 年	304	31	20	4.5	2.66
2007 年	396	33	24	3.03	2.55
2008 年	500	33	31	1.5	2.01
2009 年	582	33	35	2.3	1.9
2010 年	383	27	32	0.8	0.87

资料来源：园区工业园区统计所

表 7 - 6 - 6　1995—2010 年青浦工业园区主要经济指标表

年　份	工业总产值（亿元）	固定资产投资（亿元）	税收（亿元）	合同外资（亿美元）	实到外资（亿美元）
1995 年	—	0.2	—	0.025	
1996 年	—	0.4	—	0.06	
1997 年	2.2	1.8	0.5	0.1	
1998 年	5	2	1	0.3	
1999 年	12	4.4	1.9	0.6	
2000 年	23	4.5	2.2	0.84	
2001 年	33	3.4	3.3	0.9	
2002 年	37	5.7	4.3	5.5	
2003 年	108	16	6.3	16.9	
2004 年	166	24	8.8	5.8	2.6
2005 年	241	33	17	4	2.3
2006 年	304	31	20	4.5	2.66
2007 年	396	33	24	3.03	2.55
2008 年	500	33	31	1.5	2.01
2009 年	582	33	35	2.3	1.9
2010 年	383	27	32	0.8	0.87

说明：1995—2002 年，园区规划面积为 16.1 平方公里，2003—2009 年为 56.2 平方公里
资料来源：青浦工业园区统计所

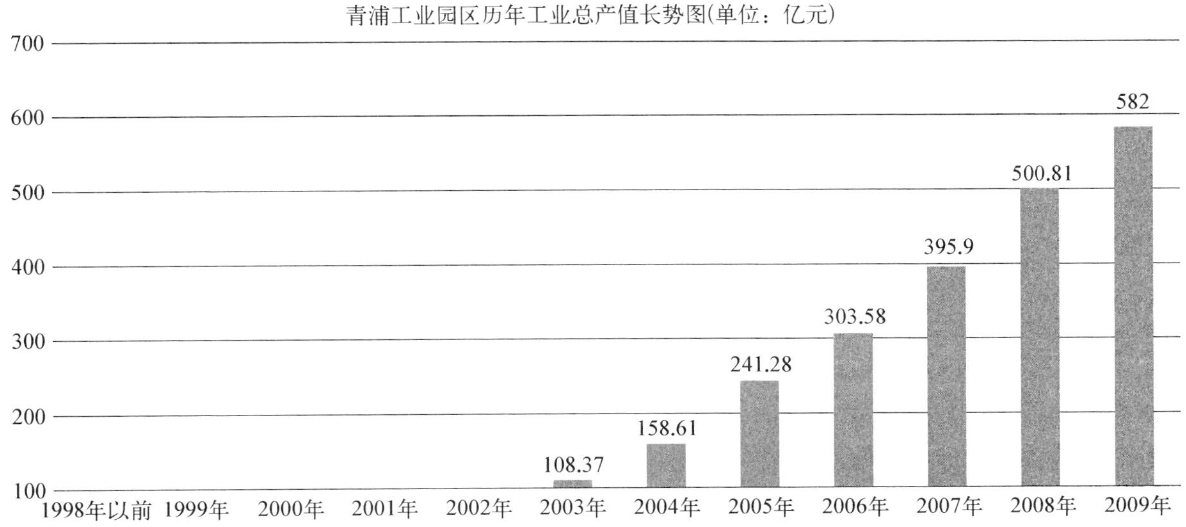

青浦工业园区历年工业总产值长势图(单位：亿元)

图 7 - 6 - 1　2003—2009 年青浦工业园区工业总产值图
资料来源：青浦工业园区报

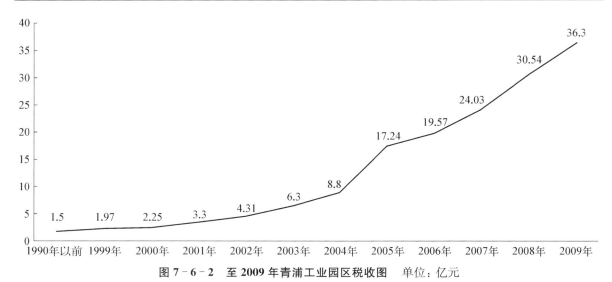

图 7 - 6 - 2　至 2009 年青浦工业园区税收图　单位：亿元

资料来源：上海青浦工业园区报

二、主导产业

青浦工业园区注重科学选资、绿色发展，加快产业升级，重点培育高新技术产业。对产业定位进行细化，着力发展智能制造、新型服务业，催生新技术、新产品、新业态，逐步形成电子信息、精密机械、印刷传媒等六大主导产业。

【电子信息产业】

根据市政府"一带两区"发展集成电路产业的规划，青浦工业园区以集成电路产业及关联产业为核心，高起点、高水准兴建电子信息城。积极发展芯片设计业、芯片制造业、封装业。广泛吸纳海外学子，组成产、学、研联合，中外合作的企业实体。

2002 年 3 月 27 日，青浦工业园区发展（集团）有限公司借用上海金茂凯悦大酒店举行"青浦工业园区发展（集团）有限公司与台湾茂矽微电子集团"落户协议签字仪式。6 月 17 日上午，宏茂微电子（上海）有限公司在青浦工业园区举行新工厂奠基仪式。该项目投资 1 亿美金，是台商园（青浦）第一个落户的台资企业。

2004 年 11 月 9 日，上海广电住金微电子有限公司在青浦工业园区开业。该公司是由上海广电电子股份公司和日本住友微电子合资成立的新公司。首期投资 2 700 万美元，建立具有较高水准的 PDP 与 TFT - LCD 驱动 PCB 模块的开发、设计和生产的生产线。

2006 年 3 月 16 日，美国伯乐电路项目正式签约。该项目由美国 PARLEX 集团投资，拥有先进的挠性电路产品生产技术。定制厂房 2.5 万平方米，作为其在中国投资的新型挠性联结线路产品生产基地，项目投资规模一期产值可达 10 亿元。3 月底，中德合资上海西门子低压断路器有限公司奠基。投资方西门子是全球较大的电气和电子公司之一，上海精益电器有限公司是中国著名的断路器生产企业，由双方共同投资的上海西门子低压断路器有限公司，注册资金 1.8 亿元，总投资 2.4 亿元，批租土地约 8.67 公顷，建设厂房 7 万平方米（一期 2.7 万平方米），专业生产制造低压断路器。5 月 22 日，NEC 光电（上海）有限公司与青浦工业园区签订了新一批厂房租赁合同，该公司是日商独资企业,主要生产液晶模块用光源冷阴极荧光管(CCFL)。租赁厂房7 863平方米,增资6亿日元,用于增加三条流水线,扩大生产规模。

2010年3月28日,上海豪港网络信息科技有限公司青浦工厂奠基。上海豪港网络信息科技有限公司专业生产通讯设备,该青浦工厂总投资1 000万美元。至2010年,青浦工业园区建成了以NEC光电(上海)有限公司、台湾茂矽微电子公司为代表的电子信息产业基地,以电子信息为主导,带动光、机、电产业发展。引进先进技术和设备,开发新产品,发展微型计算机、集成电路、通信设备、电子器件、传感器、民用电器等产业。

【精密机械产业】

青浦工业园区从初创阶段到2010年,逐步建成以北京发那科机电有限公司上海分公司、斯伦贝谢油田设备(上海)有限公司、日立电梯(上海)有限公司、天田机床公司为代表的精密机械产业。高新技术数控机械及数控加工中心、汽车零部件、汽车、叉车模具等产业也形成产业链,成为重要的支柱产业。

2005年11月29日,德国永恒力公司于青浦工业园区举行项目签约仪式。该集团在园区租赁厂房,建立一家专业制造叉车的生产型企业。2006年3月,日立海立汽车部件(上海)有限公司月产量首次突破10万台,并逐月递增,截至8月初,总产量突破100万台。8月8日,公司举行"100万台产量达成仪式"。主要产品为汽车起动机及其部件、汽车发动机及其部件。11月28日,北京发那科机电有限公司上海分公司落成启动。该公司是由北京机床研究所与日本FANUC公司于1992年组建的合资公司,专门从事机床数控装置的生产、销售与维修。此次在青浦工业园区投资8 000万元设立的上海分公司主要从事机床数控装置的销售、组装、售后服务和专业人员培训等业务。

2008年12月12日,以"青浦工业园区的实践与探索"为主题的上海郊区先进制造业论坛在兴国宾馆举行。全国政协副主席厉无畏出席论坛并作重要讲话;上海市政协副主席高小玫致贺词;中共上海市委副秘书长王战,区委书记、区人大常委会主任巢卫林等市区有关领导出席。专家认为青浦工业园区下一阶段要重点依托其工业园区,加快发展以精密机电为主体的装备制造业,以及印刷传媒、电子信息和新材料等主导的高新技术产业,扶持和培育实业型、规模型、科技型企业,引进和发展总部型、研发型、服务型企业,提升自主创新能力和培育自主品牌,进一步增强青浦工业园区在上海制造业结构优化和能级提升中的地位和作用。

2009年5月18日,上海拓璞精密五金有限公司开工奠基仪式在青浦工业园区举行。该公司注册资本800万美元,总投资1 500万美元,专业从事各种模具、五金冲压件、弹簧片、汽车零件等高科技产品的设计、开发和制造。开工奠基的一期厂房建设面积1.7万平方米。

2010年7月14日,日本天田株式会社(AMADA)与园区签订投资协议。天田株式会社在青浦工业园区的项目总投资3 000万美元,主要生产数控折弯机、数控剪板机、数控激光切割机等成套机械设备。7月16日,德国永恒力叉车股份公司落户青浦工业园区。永恒力青浦工厂是德国永恒力集团在亚洲地区唯一的生产工厂,占地面积约6.7公顷,总投资5 160万美元,主要生产各类托盘搬运车、托盘堆垛车等。

【纺织新材料产业】

2005年以来,青浦工业园区逐步引进以新材料产业为主导的企业,带动现代纺织包装及建材业发展。开发具有国际先进水平的建筑装潢材料和包装材料,发展特种化纤织物印染及后整理加工、工业特种纺织品,形成以克鲁勃润滑剂(上海)有限公司、尤妮佳生活用品(中国)有限公司为代表的纺织新材料产业。

2005年4月28日,日本王子制袋株式会社在青浦工业园区投资协议签约及奠基。王子包装(上海)有限公司主要生产工业用纸质包装袋、水泥袋、化学品袋、肥料袋等重型包装袋。一期投资13亿日元,批租土地3万平方米,建筑面积1.1万平方米。5月14日,青浦工业园区与德国科德宝集团签订了投资意向书。科德宝集团主要业务为纺织、家用品及特种化工行业。该集团总裁与青浦工业园区签订了特种润滑剂的研发生产基地的投资计划,项目分两期实施,总投资2500万美元,一期投资注册资本为1000万美元。5月18日,李赛克超大镀膜玻璃(上海)有限公司三期项目奠基。奥地利李赛克公司是世界上生产中空玻璃机械和玻璃的较大企业,此次投资的三期项目注册资本达1600万欧元。

2006年7月18日,经过一年的筹备期,古比雪夫氮(上海)工程塑料有限公司开工。该公司注册资金900万美元,批租土地20126平方米,建筑面积11650平方米,由俄罗斯百强企业之一——古比雪夫氮封闭式股份有限公司与两家中资企业合作设立的。古比雪夫氮封闭式股份有限公司生产的有机化学和无机化学产品在国际化工界享有很高的知名度,是第一家在上海地区进行投资的俄罗斯企业。7月25日,综合纤维和聚合物生产商英威达与青浦工业园区签订投资协议,投资6200万美元兴建一座大型生产基地,主要生产尼龙66纱线,为汽车安全气囊厂提供原材料。

2007年9月28日,尤妮佳生活用品(中国)有限公司增资扩建项目签约。日本尤妮佳株式会社投资成立的尤妮佳生活用品(中国)有限公司为了满足公司发展的需要,变更注册至青浦工业园区,并增加注册资金4000万美元,建立新的生产基地,占地面积约13.75公顷,建造厂房131892平方米。

2008年3月,克鲁勃润滑剂(上海)有限公司和肯天(上海)有限公司开业。克鲁勃和肯天是全球较大的脱模剂生产商——德国科德宝特种化工公司的下属公司。主要生产特种润滑剂和脱模剂。该项目投资1000万美元,新工厂是科德宝特种化工公司旗下最大的工厂之一,年产量最高可达1.3万吨润滑剂和脱模剂。

2010年4月,尤妮佳生活用品(中国)有限公司第三工厂开业,是尤妮佳集团在全球设立的最大规模旗舰生产基地,总投资2.3亿美元,建筑面积近14万平方米。中共青浦区委书记高亢出席开业典礼。尤妮佳项目从提出申请到开工仅146个工作日,创上海市外资审批项目的速度之最。

【印刷传媒产业】

2001年后,上海乃至全国领先的书报印刷企业上海文汇新民联合报业集团印刷基地、中华商务联合印刷(香港)有限公司、上海世纪出版股份公司等相继落户园区,成为国内外出版机构、大型零售商的印刷服务提供商及基地。

2001年10月10日,文汇新民联合报业集团青浦印刷基地项目投资签约仪式在青浦宾馆举行。文新集团投资10亿元、占地23.33公顷的报业印刷基地,将用五年时间,分三期实施。12月,上海当纳利印刷有限公司与园区签订投资协议,是由美国当纳利印刷有限公司与上海百汇投资有限公司分别出资成立的中外合资企业。公司总投资2951万美元,注册资金1270万美元。公司主要从事各种书刊杂志、电话黄页、商品说明书等印刷业务。该企业批租土地12公顷,一期厂房3万平方米。

2004年4月,中华商务联合印刷(香港)有限公司与青浦工业园区签署投资协议。该项目总投资 4.7 亿元,主要从事各类书刊、商业印刷业务。2005 年 5 月,德国海德堡印刷机械股份公司正式投资落户上海青浦工业园区。首期斥资 1 200 万欧元,注册资本 800 万欧元(约 1 050 万美元),分四期开发。第一期项目于 2006 年初投产,主要生产 PM52 多色胶印机。

2006 年 7 月,德国波拉公司在与青浦工业园区签订了投资协议。该公司此次投资园区的波拉印后设备(上海)有限公司主要从事印刷相关设备和零部件的生产、组装和加工,并开发相关高科技产品、销售自产产品、提供售后服务和相关技术服务,三年投资额为 479 万美元。9 月 28 日,海德堡印刷机械股份公司为其位于青浦工业园区的一期新厂落成,二期厂房开工。此次竣工的新工厂是海德堡在亚洲开设的第一个工厂。一期新厂建筑面积为 6 979 平方米,包括组装车间、办公区域、员工活动场所和设备展厅。新组装厂开工后,主要生产直接供应给中国用户的印刷品加工的折页设备。9 月 30 日,上海世纪出版股份有限公司青浦流转中心举行开工奠基仪式。项目总投资 3 亿元,建筑面积 8.1 万平方米。12 月 28 日,作为上海文化产业重点工程的文新青浦现代印刷中心,在青浦工业园区正式落成。文新青浦现代印刷中心由文汇新民联合报业集团和上海印刷集团共同兴建,投资总额 3 亿元。整个中心占地面积超过 12 万平方米,建筑面积 9.5 万平方米。其中,印刷厂房面积达 5.4 万平方米,将用于上海印刷集团与国际战略投资者合作组建印刷精品基地。

2008 年 7 月 11 日,中华商务联合印刷有限公司上海基地开业。上海中华商务联合印刷有限公司是由中华商务联合印刷(香港)有限公司在青浦工业园区投资成立的独资公司,注册资金 1 800 万美元,总投资 3 500 万美元,主要从事各类包装装潢印刷业务,是中华商务海外业务的主要生产基地。此次新落成的上海基地一期厂房总建筑面积 6.8 万平方米,由三个建筑单体组成,包括上海中华商务联合印刷有限公司厂房、上海安全印务有限公司厂房和综合楼。9 月,海德堡集团在青浦工业园区新建生产基地举行签约仪式。海德堡公司拟增加注册资本 2 000 万欧元,增加总投资 4 500 万欧元,用于购买一期和二期的土地和厂房;进行三期和四期约 5 万平方米新厂房建设,还将设立海德堡研发中心。9 月 20 日,海德堡印刷设备(上海)有限公司青浦组装工厂二期工程正式竣工,新厂房落成。海德堡上海青浦工厂的组装车间面积增加了 1.1 万平方米,海德堡中等幅面胶印机印霸 PM74 系列在青浦工厂正式投产。

2010 年 5 月 6 日,海德堡印刷设备(上海)有限公司厂房扩建开工仪式在青浦工业园区举行。此次开工的三、四期新厂房,建筑面积达 5 万平方米,总投资 14 615 万美元。9 月 28 日,海德堡印刷设备(上海)有限公司三、四期厂房竣工投产。

【装备制造产业】

2002 年 2 月 28 日,园区集团公司总经理于海平和德力西集团董事局主席胡成中签订了投资协议。德力西集团是一家生产低压电器的民营企业,在园区出资 21 亿元,创办五家联合企业,批租土地 66.67 公顷。

2004 年以来,落户青浦工业园区的先进装备制造产业中,不少都是所在行业的"领跑者"。1 月,日立海立汽车部件(上海)有限公司奠基。该项目总投资 6 000 万美元,一期投资 2 625 万美元,建设 11 500 万平方米标准厂房。主要产品为汽车启动电机,10 月进行试生产,2005 年 1 月投入批量生产,一期产值达 4.2 亿元。2004 年 8 月,高田(上海)汽配制造有限公司在青浦工业园区举行新厂房竣工落成典礼。高田(上海)汽配制造有限公司是由日本高田株式会社投资成立的独资公司,注册资金 2 200 万美元,总投资 6 000 万美元。第一期建造厂房面积约 2.3 万平方米,主要生产各类汽车安全气囊、汽车安全带、方向盘等。

2005年4月,库卡柔性系统制造(上海)有限公司开业。库卡是为自动化生产行业提供柔性生产系统、机器人、工具、模具及备件的供应商之一,库卡柔性除了做客户服务和销售之外,还是一家集工程部和大型装配车间为一体的生产型企业。库卡柔性系统制造公司投资仅70万美元,租赁园区2000平方米厂房,2005年的产值超过1亿元。10月,上海电气集团输配电生产制造基地举行落户青浦工业园区签约。此次投资4亿元在园区批租13.33公顷土地建设电器生产基地。11月10日,日本FANUC株式会社创始人稻叶清右卫门和社长稻叶善治到青浦工业园区考察并签订了投资协议。日本FANUC株式会社是专业生产数控加工中心系统和工业机器人、智能化设备的厂商,将在青浦工业园区内设立集研发、生产、销售、维修和培训五位一体的华东地区总部。

2007年5月,日立电梯(上海)有限公司举行开工奠基。投资成立的日立电梯(上海)有限公司注册资金4000万美元。达产能力为年产1万台,年产值约20亿元。9月19日,贝克真空科技(上海)有限公司开业。德国贝克公司是工业用真空泵和空压机供应商,开业的青浦工厂是贝克兄弟控股公司在德国以外的第一家生产型企业。

2010年7月27日,上海鸣禹佳实业有限公司(上海浪潮机器有限公司青浦工厂)在青浦工业园区奠基。该公司由香港三井机械有限公司和上海浪潮机器有限公司合资成立,该项目总建筑面积2.8万平方米,总投资1500万美元。

【软件信息服务业】
进入21世纪,软件和信息服务业在青浦园区汇集。青浦工业园区专门辟出土地,作为"淀山湖信息谷"核心区,现有信息服务企业30余家。2004年12月8日,合晶科技正式签约落户青浦出口加工区。项目总投资5000万美元,一期批租土地4.67万平方米,主要生产4~8英寸晶园片(单晶硅片)。

2006年10月16日,巴斯夫电子材料举行开业庆典,庆祝电子化学品新工厂的投产。新工厂投资400万欧元,生产集成电路及平面显示器产业专用的高纯度化学品。集成电路主要应用于台式电脑、笔记本电脑和手机等众多电子产品。

2009年6月26日,上海豪港网络信息科技有限公司与青浦工业园区投资签约。2010年9月16日,上海天玑科技股份有限公司正式落户青浦工业园区,天玑科技是IT基础设施解决方案提供商。核心业务包括:IT基础设施产品支持服务、IT基础设施专业服务和IT基础设施管理外包服务。该公司青浦基地用地约2公顷,用于建造公司的总部大楼、数据中心、研发中心及备件中心。

三、生产性服务业

2006年,园区有关企业向销售中心转化趋势明显。园区顺势而为,帮助有关企业申请增设分销业务。如美国奎克化学、德国福维克家电、尤妮佳、乐拍贸易、鞋柜商贸、哲观商贸、益观商贸等十多家外资企业相继增设了销售中心。

2009年开始,青浦工业园区筹划建设淀山湖生产性服务业功能区。该区位于青浦淀山湖畔,毗邻虹桥综合枢纽中心和大虹桥商务区,汇聚了城市综合功能的多元要素。旨在打造包含企业链、供需链和价值链的总部经济产业链。功能区总规划面积133.33公顷,规划总建筑面积约200万平方米。西至西大盈港,东至胜利路,北至北青公路,南至崧泽大道。采用"园区引导,市场开发"的模式,以优惠的招商政策和灵活的开发形式,重点引进国内外知名企业地区总部、为先进制造业配套的研发测试中心,以及软件和信息服务业企业。有尤妮佳生活用品公司(中国)有限公司等12家公司落户。

2010年8月23日,园区邀请市经济信息化委、区经委、区规土局有关领导及部分企业家代表共同参与完善总部基地初步方案的讨论。9月6日,上海淀山湖总部基地获得上海市总部经济促进中心认证,被授予"上海企业总部试点基地"称号,标志着建设面向长三角的总部经济及生产性服务业基地进入高潮。同时,生产性服务业功能区也正在市五部委流转审批中。

至2010年,落户园区的独立研发中心有:美国飞达士空气处理研发中心、香港亚泰消防研发中心;经过批准或认定的企业内部研发中心有:日立电梯、尤妮佳、英威达、大昭和、亚士漆、德力西、威盛亚等研发中心。园区根据实际情况,考虑交通状况和客户需求,已选择了部分世界知名的第三方物流公司和物流设备开发商。如美国的安同物流公司、国内有名的物流企业惠尔物流等入驻园区。另外,园区经过努力,已成功引进上海普惠飞机发动机维修有限公司,该项目由中国东方航空公司与美国普惠公司合资建立,是国内少数几家掌握航空引擎深度维修业务的企业之一。落户园区其他检测维修企业还有从事IC设备维修的日本山田尖端技术有限公司,从事机器人检测的日本发那科公司以及从事服装检测的日本科见公司等。

四、重大项目

2004年2月26日,上海绿谷生命园医药有限公司举行开工奠基仪式。该公司由上海绿谷集团投资兴建,总投资10亿元,占地近26.67公顷,分三期建设现代中药和天然药物提取中心、制剂中心、中试基地及企业培训中心等。承担绿谷集团每年50亿中药产品的提取、生产和加工业务,年提取规模可达万吨。

2008年6月,由新加坡SCT联合集团投资设立的国内首个环境健康工程研发基地——上海SCT环境健康工程研发基地在青浦工业园区正式揭牌落成。上海SCT环境健康工程研发基地由新加坡SCT联合集团投资8500万元设立,该基地将依托上海市各级政府对高科技项目的支持,在室内环境净化、环境健康治未病、中央空调净化型风管及附件、医院空气净化与消毒等领域研发多项工程与产品。

2009年4月15日下午,上海世纪出版物流中心举行开工典礼。此次竣工运营的二期物流基地是上海市文化建设重点项目,总投资达3.5亿元,占地面积约8万平方米,规划图书的年吞吐量为100亿码洋,是国际领先的现代化出版物流基地。年底,意大利法诗图集团总部正式从意大利迁移至青浦工业园区。法诗图集团将筹建一个集法诗图系列品种葡萄酒的俱乐部及葡萄酒展示中心、物流配送中心、电子商务平台并计划在长三角周边城市群,建设20个500平方米左右的葡萄酒分销中心,形成实体门店与网络销售相结合的商业模式。年底,惠尔现代物流生态园首期落成开业。该生态园以环保、高效、现代化作为发展主旨,在传统物流的管理基础上,大力推进并实际应用高端的各种物流自动化设备。惠尔现代物流生态园二、三期建设于2010年9月底完成,同年11月投入运营。

2010年1—4月,首台型号为CFM56-5B的飞机航空发动机维修在上海普惠飞机发动机维修有限公司成功下线,是上海普惠飞机发动机维修有限公司自2009年9月24日开业以来的首台飞机发动机翻修。中国东方航空公司与青浦出口加工区开发公司举行投资签约仪式,是继东航与美国普惠公司在青浦出口加工区内设立飞机发动机维修项目之后,东航再度投资10亿元设立技术研发应用中心。4月29日,上海哥大生命医药科技有限公司与园区顺利签订了投资意向书,在园区生物医药区内设立研发、生产基地,主要生产针对乳腺癌、前列腺癌等癌症的抗癌药物。项目一期注册资金1 000万美元,占地面积2.6公顷,达产后年产值规模超过10亿元。该公司以美国哥伦比亚大学、耶鲁大学、哈佛大学的研发能力为基础,在基因诊断、抗癌等方面具有权威的理论成果,在美国有多年的临床经验。7月6日,青浦首家"亚士创能科技院士专家企业工作室"在亚士漆(上海)有限公司揭牌成立。学者专家将进驻青浦工业园区产业基地,为产业健康发展培养人才,传道授业。中国工程院院士袁渭康被聘为亚士漆创能科技首席科学家。12月,日立电梯(中国)有限公司"15周年庆新闻发布会暨上海研发中心竣工庆典"在青浦工业园区举行。日立电梯上海研发中心试验塔共32层,塔高172.6米,可测试10米/秒的超高速电梯。

第七章　上海松江工业园区

20世纪80年代，上海改革开放步伐加快，为推动经济发展，先后成立了闵行、虹桥、漕河泾开发区，被国务院批准为首批国家级开发区。进入90年代，浦东开发开放进入高潮，长江三角洲经济圈出现了开发开放的强劲浪潮。

中共松江县委、松江县人民政府(以下简称松江县政府)抓住这个机遇，做出了接受浦东开发的辐射、进一步扩大对外开放、振兴松江经济的战略抉择，1992年5月，决定在松江镇东部建立松江经济技术开发区(亦称松江东部工业区)。中共上海市委、市政府十分重视开发区的筹建工作，中共上海市委书记吴邦国、市长黄菊两次到工业区考察指导，对工业区的开发、定位和发展作出了明确指示。1994年5月，市政府批准松江经济技术开发区为市郊首家市级工业区，更名为上海市松江工业区。从县级开发区到市级工业区，工业区的开发和招商引资迎来跨越式发展。2000年，上海首家出口加工区——松江出口加工区(A区)经国务院批准成立；2003年，国务院再次批准成立松江出口加工区B区。2007年4月，松江出口加工区被列入首批全国出口加工区功能拓展试点单位，形成以加工贸易功能为主，以保税物流、研发、检测、维修等业务为辅的特殊监管区。

随着松江区(县)经济发展，松江工业区的行政区划不断变化。由原先松江东部开发区规划开发面积20.56平方公里，至2010年，规划开发面积扩大到43.69平方公里。工业区管辖区域扩展为松江工业区(中部)、松江工业区东部新区、松江工业区西部科技园区(工业区西部新区)，以及松江出口加工区A、B区。区域位置北以G60(沪昆高速)公路为界，西邻中山街道和岳阳街道，南与车墩镇接壤，东与新桥镇、车墩镇相依。

2010年，松江工业区完成工业总产值2 671亿元，工业总利润额51.1亿，完成税收39.7亿元，吸纳产业员工近20万。工业区已成为上海市级开发区中产值规模最大、累计吸引外资最多的开发区。松江出口加工区封关运行以来，进出口总值在全国出口加工区中一直领先，2008年实现进出口总额385.92亿美元，其中出口280.72亿美元。是年，松江出口加工区已连续8年位列全国出口加工区进出口总额的榜首。

至2010年，松江工业区共引进外商投资企业675家，总投资102亿美元，注册资本45.4亿美元。在引进外资企业中，涉及欧、美、日及中国香港、台湾等39个国家和地区，其中世界500强企业、国际著名企业和跨国公司40余家。基本形成了以电子信息、现代装备、精细化工、新能源新材料、食品饮料等行业为主导的产业体系。园区集中度、土地集约度和产业集聚度明显提高，形成了较大的产业规模和经济总量。

经过十多年的发展，松江工业区依托上海，接轨浦东，已建成外向型、综合性的市级工业区，成为上海大都市工业扩散的腹地，上海先进制造业和出口创汇的重要基地；为上海实施产业结构、产业布局调整提供了发展空间，是在全国具有一定影响的工业开发区。

第一节　工　业　区　创　建

松江工业园区位于上海市西南部松江地域内，位置分布在松江城区的中部、东部(东部新区)和西部(西部新区),分三块独立的开发区域。松江工业区东西两翼距上海市中心40公里～45公里。园区既是经济开发区域,又是行政管理区域。规划面积43.69平方公里,属工业区管委会管辖的开发面积36.5平方公里。

1992年,中共上海市委、市政府提出东进(浦东)南下(杭州湾)的发展战略,成为松江新一轮发展的契机。这一时期,松江县(1998年2月,国务院批准松江撤县设区)党政领导酝酿良久的建立松江工业区发展松江经济的思路逐渐清晰并确立。

1992年5月,中共松江县委、县政府研究决定,在松江镇东部建立松江经济技术开发区,亦称松江东部工业区,为县级开发区。开发区定位是与浦东优势互补接受浦东开发开放的辐射。5月22日,松江开发区管理委员会成立;7月,开发区筹建正式启动,分三期建设。

1993年,开发区建设被列为松江县经济工作一号重点工程。5月20日,开发区内第一家外资企业上海东洋电装有限公司奠基。7月1日,中共中央政治局委员、中共上海市委书记吴邦国视察松江经济技术开发区并题词"一流基础建设,一流工业企业,一流生活设施,一流管理水平",为开发区建设提出了高起点、高标准的要求。

1994年5月13日,县委书记杜家毫向市政府报告,提议将松江开发区破例批准为市级工业区。经上海市市长黄菊、副市长徐匡迪同意,市政府正式批准松江工业区为上海历史上郊县首家市级工业区,定名为上海市松江工业区,规划面积20.56平方公里。其中,去除新桥镇、车墩镇、国际中小企业城的面积,实际属于松江工业区管理委员会管辖开发的面积为13.37平方公里。5月20日,松江工业区举行14家海内外著名企业联合开工典礼,副市长沙麟出席并代表市政府宣布松江工业区为市郊首家市级工业区,工业区进入黄金发展时期。1996年,工业区被中央编制办、国务院特区办确定为全国22个行政管理体制和机构改革的试点单位。

2000年4月,因建设出口加工区,松江工业区一期面积调整缩减为10.39平方公里。2001年,松江工业区东部新区开始开发,由松江工业区管理委员会、新桥镇人民政府、车墩镇人民政府联合开发。2002年9月底,松江区人民政府(以下简称松江区政府)决定,终止联合开发模式,区域划归松江工业区管理委员会,由松江工业区管理委员会统一开发。松江工业区东部重点发展传统产业。

表7-7-1　2010年松江工业区行政区划面积情况表　　　　　　　　单位:平方公里

区 域 位 置		占 地 面 积
中 部	总　计	20.56
	工业区	10.39
	出口加工区A区	2.98
	新桥镇	2.96
	车墩镇	3.56
	国际中小企业城	0.67
东部新区		6.15
西部科技园区		14.00
出口加工区B区		2.98
总面积	总　计	43.69
	属工业区开发	36.50

（续表）

区 域 位 置		占 地 面 积
总面积	属新桥镇	2.96
	属车墩镇	3.56
	属国际中小企业城	0.67

资料来源：上海松江工业园区提供

第二节　管　理　机　制

一、管理机构

1992年5月22日，松江县政府决定建立松江经济技术开发区（又称松江东部工业区），为县级开发区，同时成立松江经济技术开发区管理委员会，为县政府派出机构。由常务副县长李金生兼任管委会主任。管委会于5月22日正式挂牌，行使开发区建设的职能。

1993年5月6日，管委会内设办公室、项目开发部、社会发展部和规划建设部。1994年2月，保留办公室、社会发展部、规划建设部，增设劳动人事部、财务部、经济贸易部和政策研究室。5月13日，松江经济技术开发区管理委员会更名为上海市松江工业区管理委员会，其工作机构分为机关（部）、直属公司、居委会及直属行政村4个部分。

1994年5月13日，市政府批准设立上海市松江工业区后，上海市松江经济技术开发区管委会更名为上海市松江工业区管理委员会（简称管委会）。在区内行使统一的行政权，实行党、政、企合一的管理模式。1995年12月28日，经中央编制办和国务院特区办批准列为全国开发区行政管理体制和机构改革试点单位。

2000年7月5日，经松江区政府批准，成立松江出口加工区管理委员会，与上海市松江工业区管理委员会合署办公，实行两块牌子、一套班子的管理模式。2002年1月，设立出口加工区办公室。2003年3月，成立出口加工区B区。A、B区日常事务工作由办公室统一管理。2004年1月，出口加工区办公室更名为出口加工区管理部，为松江出口加工区管委会常设综合管理机构。

2010年，松江工业区管委会、松江出口加工区管委会所辖机关直属部门有8个，即党务行政部、项目开发部、规划建设部、企业服务部、财务资产部、社会事业部、出口加工区管理部、加工区招商部。

表7-7-2　1992—1993年松江经济技术开发区管理委员会主任任职情况表

姓　　名	任 职 时 间
李金生	1992年5月—1993年2月
孙　雷	1993年2月—1993年12月
吴红星	1993年12月—1994年5月

资料来源：上海松江工业园区提供

表 7 - 7 - 3　1994—2010 年上海市松江工业区管理委员会主任任职情况表

姓　　名	任　职　时　间
吴红星	1994 年 5 月—1998 年 3 月
钱智春	1998 年 4 月—2002 年 10 月
王文涛	2002 年 10 月—2003 年 4 月
朱永泉	2003 年 4 月—2005 年 3 月
吴建明	2005 年 3 月—2010 年 12 月

资料来源：上海松江工业园区提供

二、开发主体

1992 年 6 月 1 日,松江县政府决定,为开发和管理上海松江经济技术开发区,在成立开发区管委会的同时,成立上海松江经济技术开发区建设总公司(以下简称开发总公司),为松江县政府直属企业。开发总公司负责为松江经济技术开发区基础设施建设提供投资、管理、服务保障,行使工业区招商引资、开发建设和承担政府的投融资和部分管理职能。7 月 13 日,开发总公司进行工商注册登记,注册资金 6.69 亿元。

开发总公司下设办公室、工程部、投资部、开发部、计划科、政工科、设备材料科、财务部 8 个科、室、部。经松江县政府决定,松江高速公路工程承包公司与松江经济开发建设总公司合并,共同参与工业区开发建设。

1992 年 7 月,开发区建设启动,开发总公司向银行贷款 3 000 万元启动资金,充分利用老城区,滚动开发,展开基础设施建设,仅花一年时间,实现了工业区内 2.56 平方公里的"七通一平"。

1993 年 1 月,开发总公司投资成立上海市松江工业区房地产开发有限公司。8 月,投资部与县外经委外贸公司联合建办松江县外商投资服务中心。1994 年 2 月,撤销总公司工程部、投资部、区域开发部、计划科、政工科、财务科,成立上海市松江建设工程承包有限公司、上海市松江工业区社会事业发展公司、总公司对外贸易有限公司,同时管委会办公室与总公司办公室合二为一。4 月,开发总公司投资建办上海浦东新区进出口有限公司松江分公司。6 月,投资成立松江工业区劳动服务公司。

1999 年,由开发总公司和上海松江东部新区开发有限公司合作注资,成立东开置业合作公司(后更名为东开置业有限公司);松江县外商投资服务中心改为股份公司,更名为上海松江外商投资服务有限公司。2000 年 5 月,上海松江经济技术开发建设总公司与上海海欣集团股份有限公司合资组建上海松江工业区开发有限公司,并于 8 月更名为上海松江出口加工区海欣开发建设有限公司。6 月,开发总公司与上海新兴技术开发区联合发展有限公司在漕河泾开发区新桥工业园设立上海漕河泾开发区新经济园,发展民营经济。

2001 年,由松江工业区经济技术开发建设总公司、新桥镇经济联合公司、车墩镇工业区公司共同组建上海松江工业区东部开发建设有限公司。12 月,开发总公司与上海松港西部经济发展总公司合资建立松江工业区西部开发建设有限公司。2002 年 6 月,为配合台积电企业的投资项目,松江区政府成立上海松江科技投资开发有限公司,于 2003 年 5 月划归工业区管委会。

2003年12月,开发总公司投资成立松江工业区东开投资咨询有限公司,为漕河泾新经济园区松江工业区分部民营企业招商管理服务,公司于2005年更名为上海乐民经济发展有限公司。2004年,开发总公司变更为工业区直属企业(国有),开发总公司正、副职领导由松江县政府任免,为政企合一的管理机构。2009年3月,由开发总公司投资300万元成立上海茸缘建设工程有限公司。

表7-7-4　1992—2010年松江经济技术开发区建设总公司总经理任职情况表

姓　　　名	任　职　时　间
吴红星	1994年2月—1998年4月
钱智春	1998年4月—2002年10月
王文涛	2002年10月—2003年4月
朱永泉	2003年4月—2004年4月
吴建明	2005年4月—

资料来源:上海松江工业园区提供

三、区域行政管理

1992年—1995年4月,松江经济技术开发区所辖7个行政村,即通波村、新苗村、蟠龙村、汗泾村、三庄村、洞泾村、岸泾村。1996年10月—2002年4月,先后撤销7个行政村,建立蓝天1—5村居委会,为松江工业区管委会所辖。2003年6月,松江工业区管委会直辖10个村委会,即新泾村、新兴村、姚家浜、陆家村、东库村、民华村、沈楼村、何家村、徐庄村、打铁浜村。2005年3月,建立松江工业区晨星一村居委会,玉昆一村、二村居委会。2006年4月,玉昆一村、玉昆二村移交小昆山镇,晨星小区移交给新桥镇,实行行政属地化管理。2008年12月之后,先后撤销民华村、徐庄村、何家村、打铁浜村、沈楼村、新兴村、新泾村7个行政村建制,松江工业区管委会无村级工作机构。

四、其他机构

【财政】

1996年6月,松江县政府决定,在工业区松东路1号101室成立松江县财政局工业区分局,由县财政局领导,负责松江工业区的税收统计、财政收支及预算和资金的使用管理与监督。工业区下属的财务资产部是财政资金收支的职能机构,主要负责编报工业区年度预决算,各种补助及转移专项资金收取和发放。

1998年9月,县财政局工业区分局撤销,在区财政局建立"三区管理科",负责工业区、度假区、新城区的税收统计,财政分税制分成及资金收支管理和监督。

【税务】

松江工业区成立初期,企业缴纳税收由华阳桥税务所、五里塘税务所稽征。1992年6月,成立松江县对外税务所,负责松江县区所有外资企业税收稽征,办公地设在人民北路68号。1997年8月,县对外税务所搬迁至松江区洞泾路8号,负责松江区域所有的外资企业,以及松江工业区辖区内资企业(包括个体户)的税收征管工作。

2002年9月,松江对外税务所更名为松江税务局第三税务所。10月,税务所办公地点搬迁至林芝大厦,征收区域为松江工业区的内外资企业(包括个体户)和车墩镇、中山街道、岳阳街道、方松街道、叶榭镇、五库现代农业园区、泖港镇、新浜镇、石湖荡镇的内外资企业和出口内资企业。

【金融】

1994—2005年先后有建设银行、农业银行、交通银行、上海农村商业银行、上海浦东发展银行在工业区管理区域内设立支行或营业所。

表7-7-5 2010年松江工业区金融机构经营情况表

金融机构	成立时间	地　址	营业面积 (平方米)	营业人员 (名)	储蓄 (万元)	贷款 (万元)
建设银行	1994年	荣乐东路81号	500	15	38 718	18 940
农业银行	1994年	荣乐东路127号	306	12	31 986	47 939
交通银行	1996年	荣乐东路262号	490	13	32 030	31 350
工商银行	1998年	荣乐东路178号	370	12	29 145	75 414
农村商业银行	2005年	荣乐东路85号	383	8	15 352	40 675

资料来源:上海松江工业园区提供

【审计】

工业区管委会财务资产部下设审计科,负责工业区工程审计和财务内审。工程内审:1998年,审计科对在建的工程项目进行集中审计,核减3 000多万元的工程款。同时还参与200万元内的工程内部招投标工作,对有关建设工程实行跟踪检查等工作。财务内审:审计科每年对管委会直属公司财务收支情况、财务制度执行情况、年度经营业绩等情况半年审计一次,对每个行政村财务制度执行情况和全年经济运行情况,上、下半年各内审一次。每年年末,参与经济考核小组的审计员对管委会所属单位的有关经济指标完成情况进行检查,配合管委会有关部门对群众关注的问题进行核实等工作,并提出相应的建议。

【医疗】

1996年,农村卫生室改称为医疗站,基本上形成农村医疗卫生保健网。1997年11月25日,成立松江工业区农村合作医疗管理委员会。1998年,在工业区蓝天新村设医疗卫生站和医疗服务中心。1999年3月16日,工业区农村医疗保健委员会下设办公室。2003年,打铁浜村、徐庄村、何家村、民华村、新泾村、新兴村等7个医疗站划归工业区。每个行政村的医疗医疗站配置1名～3名乡村医生、保健员。按照创建甲级医疗站的工作要求,各村医疗站都配齐必需的医疗设备。2007年开始,由于撤村建社区并实行居民区属地化管理,各村医疗站陆续撤销,乡村医生和保健员转入城区医疗机构及社区服务工作站工作。

第三节　规　划　与　建　设

一、园区规划

【选址规划】

1991年开始，开发区就启动了一系列筹备工作，选址成为一项重要内容。论证工业区选址时，有提议放在县城西侧，有建议放在县城东侧。县工作班子对两个地方实地调查研究。经过反复比选论证，最终认为东侧的乡村工业基础比较好；距离上海闵行以及石油化工为主体的上海化学工业区近；具有参与打造产业链和接受产业带辐射的区位优势和资源优势；区内交通便捷，G60（沪昆高速）公路和省级公路相连，驱车可在最短时间内直抵浦东、虹桥机场，以及江苏、浙江等全国各地。工业园区最后选址定在县城东部的2 000公顷土地上。

【松江东部工业区控制性详细规划】

1992年5月，同济大学建设与规划学院和松江县规划管理所联合编制完成《松江东部工业区控制性详细规划》，并经松江县政府批准。

规划的原则是依托松江老城区的市政基础设施，创造滚动开发条件，形成工业区内的功能结构、布局形态、生态环境和市政设施。目标是充分体现大工业、市场化、现代化的综合功能，适应上海产业结构、布局战略性调整和上海多层次开发态势，使松江东部工业区逐步形成以电子信息、新型建材、精细化工、食品饮料、生物医药为支柱产业的格局。努力把工业区建设为高起点、外向型、综合型的工业开发区和出口加工区，成为上海市发展现代化大工业的主要基地。

松江工业区20.56平方公里土地分三期开发。一期工程规划用地2.55平方公里，重点发展以电子、生物医药为主的外资企业，同时建设工业区行政管理服务中心及生活服务配套区，相应发展金融、银行、物流等第三产业。二期工程规划用地7.51平方公里，重点发展轻纺、建材、化工、机电等中大型外资企业。三期工程规划面积为10.50平方公里，重点发展高新科技产业和出口加工类产业。

工业用地规划约130.59公顷，占规划总用地的63.5%，选择项目以无污染的一类工业为主，确保工业区环境质量和整体形象，建造一批标准厂房（前期约2万平方米～3万平方米）供外商租赁。住宅用地规划约300.45公顷，可容纳3万人～3.5万人。分别在一期、三期工程建设2个生活综合配套区。

基础设施规划中，一期规划：1992年，首先建设荣乐东路和联海桥，沟通工业区与老城区。同时新建方塔北路、洞泾路、美能达路等6条道路，新建桥梁3座。二期规划：新建洞泾港桥、江田东路桥，延伸荣乐东路，与新桥镇民益路沟通；修建江田东路、宝胜路等8条道路，建桥梁3座。三期规划：铁路沪杭线以南三期道路新建主干道南乐路，规划建造三庄路、东泖泾路等11条次干道，规划新建洞泾港桥、俞塘河桥。

市政公用设施规划中，给水工程：在荣乐东路敷设管道45公里，洞泾路、俞塘路等路段敷设给水管道总长38公里。在洞泾港、荣乐东路口新建自来水增压泵站。排水工程：规划建造污水泵站和污水提升泵站，将污水管道纳入松江污水处理厂。

建造储气罐400立方米，日供气量200立方米，满足工业区内燃气用户需求。规划新建江田35千伏变电站，总容量达到56 155千伏安；二期新建岸泾35千伏变电站，总容量达到52 525千伏安。

通信：规划在工业区新建邮政、电信分局、电话交换容量 1 万门模拟机,ISDN 端口容量 384 门。

【松江工业区东部新区控制性详细规划】

松江工业区东部新区位于沪杭铁路以南、北松公路以北、茜浦泾以西、铁路金山支线以东,规划面积 6.15 平方公里,属新桥镇和车墩镇区域范围。

2002 年 6 月,松江区规划管理局规划设计所编制完成《松江工业区东部新区控制性详细规划》。规划面积 6.15 平方公里,规划范围东至茜蒲泾、南靠老北松公路、西接铁路金山支线、北临沪杭铁路。规划工业用地 535.91 公顷,占城市建设用地 66.4%;居住用地 64.53 公顷,占城市建设用地 8.1%,市政公用设施用地 18.89 公顷,占城市建设用地 2.3%;规划绿化用地 58.91 公顷,占城市建设用地 7.3%。道路规划是通过连通、延伸和加密道路,区内形成"两纵三横"的路网骨架,三横分别为闵申路、松闵路和北松公路,两纵分别为新车公路和申港路。市政设施新增雨水泵站 1 座;结合地形适当布置有形绿化,美化、提高工业区的投资环境。

表 7 - 7 - 6   2002 年松江工业区东部规划用地平衡情况表

用 地 分 类	面积(公顷)	占工业园区总用地比例(%)
工业园区总用地	4 006.2	100.0
工业用地	2 738.7	68.4
配套服务用地	171.3	4.3
仓储物流用地	260.9	6.5
市政设施用地	39.0	1.0
公共绿地	120.4	3.0
城市道路用地	675.9	16.9

资料来源:上海松江工业园区提供

【松江工业区西部新区(科技园区)规划】

2001 年 12 月,市规划局批复同意松江科技园区的选址规划,同意松江新城以西姚家浜附近约 4.87 平方公里范围作为上海市级松江科技园区的规划选址用地。同时,松江区政府设立上海松江科技园区管理委员会负责开发。

2003 年 8 月,为了整合资源,更好地实施开发和服务落户企业,中共松江区委、区政府研究决定,将松江科技园区位于松江区 G60(沪昆高速)公路松江段以北、花辰公路以南、G1501(上海绕城高速)公路以东、油墩港以西的核心区划归松江工业区管理委员会开发,松江区规划委员会批准了上述区域的详控规划,确定名称为松江工业区西部科技园区,亦称松江工业区西部新区,区域面积为 14 平方公里。10 月,松江工业区西部新区(科技园区)总体规划面积 14 平方公里,东至油墩港,西至同三国道,南至铁路沪杭线,北至辰花路。整体规划由美国 IDC 公司设计。

规划西部新区(科技园区)采用组团布局结构,分为生活核心区、IC 工业区核心区、系统产业区、研发中心区、物流仓储区五大功能组团。以交通主轴为线索,以适应各企业开发建设的相对独立与分期实施的必然需求,各组团依托结构主轴加以有机串联,且相对独立布局。

规划目标是在未来的 20 年~30 年时间里,把园区开发建设成为世界级高科技工业园区。着重发展技术密集型企业，以 IT 产业为中心，发展软件、IT 系统产业、物流产业，建成与上海工业新高地配套的制造业和出口创汇基地。探索 21 世纪新兴工业园区的模式，形成管理体制科学合理、产业结构完善、环境质量优美的现代工业新区。

创建良好的投资环境。到 2010 年，建设完成生态走廊一、二期工程，总面积 180 公顷，其中一期 66.67 公顷，二期 113.33 公顷。

市政设施规划中，远期给水规模 12.14 万立方米/日，采取园区原有水厂扩容或与松江新城自来水厂管网连接，新城第二水厂每日供水；在沪杭高速公路南侧建松江第二污水处理厂；区内设置一座 220 千伏电源站和 14 座 35 千伏变电站；预计电话总需求量为 1.6 万对号线，规划在南部组团中增设模块局 1 座；在思贤路以北、同三国道东规划设置天然气调压站 1 座，向区域内提供 0.86 毫帕或 0.46 毫帕的天然气。

表 7-7-7　2003 年松江工业区西部规划用地平衡情况表

用 地 分 类	面积(公顷)	占工业园区总用地比例(%)
科技园区总用地	1 853.5	100.0
工业用地	1 246.7	67.3
科研用地	134.4	7.3
配套服务用地	54.1	2.9
仓储物流用地	51.7	2.7
市政设施用地	41.5	2.2
公共绿地	78.8	4.3
城市道路用地	246.3	13.3

资料来源：上海松江工业园区提供

二、基础设施

松江工业区坚持规划高起点，建设高标准。工业区建设启动时，中共上海市委书记吴邦国和市长黄菊到工业区视察，对工业区开发的要求是"一流的基础设施、一流的工业企业、一流的生活设施、一流的管理水平"。

工业区一期工程开发的 2.56 平方公里范围，实施的基础设施包括了建设 7.5 公里道路；建设 2 座大型排污泵站，敷设全部排污管道；设置 2 450 门国际国内程控电话；建设 35 千伏专用变电站，为工业区装备充足的电力；给水排水排污设施全面配套；还投入大量资金进行绿化环境建设。二期工程投入近 9 亿元进行市政基础设施建设，在 7.51 平方公里的土地上快速实现了"七通一平"。区内 60 公里长的棋盘式道路连接成网，主干道宽达 40 米，24 万千伏安的电力供应，2 万多门程控电话，15 万吨污水日处理能力，日供气 2 000 立方米。2010 年，工业区市政道路污水收集管网基本建成，管网覆盖率 86%。

【工业区中部】

道路桥梁：1993 年，建成通车通波塘至洞泾港段的荣乐东路，按城市主干道设计，全长 1 386

米。至 1994 年,一期工程道路设施基本建成,新建荣乐东路、方塔北路、美能达路、俞塘路、江田东路 5 条道路,改建松东路,道路总长 16 085 米;在沪杭铁路西侧分别设东西向的主干道各一条,1994 年底建成通车。期间建成方塔路育新河桥、荣乐东路洞泾港桥、荣乐中路联海桥、江天路洞泾港桥 4 座。二期工程新建洞泾路、繁华路、宝胜路等 8 条,于 1996 年 12 月建成通车,总长度 17 486 米;同时,新建松东路育新河桥、松胜路俞塘河桥、南乐路中心河桥 3 座。三期工程自 1997 年起,新建南乐路、开明路(沪松路—锦昔路)等 8 条道路,总长 24 039 米。2000—2002 年,道路延伸扩建,新建南乐路(外)、华铁等 4 条。并建南乐路北泖泾桥、南乐路俞塘河桥等 4 座桥梁。

排水系统:采用雨污水分流系统,雨水系统主要依靠沿各市政道路建设的雨水管就近向河道排放,各排放口都建有雨水管闸门。为增强工业区的防涝能力,新建了洞泾港雨水泵站、华新路雨水泵站、南乐路雨水泵站,解决了区域排水问题;建设雨水管道一期 17 086 米、二期 32 941 米、三期 28 153 米。上述雨污分流排水系统建设工程在 2003 年前全部完工投入使用。

污水处理系统:2001 年 9 月开工建设松江东部地区污水处理厂,2003 年 1 月竣工运行,总投资 2.35 亿元,管网长度 42 公里,中途泵站 4 座。服务范围为松江工业区中部、松江工业区东部新区、出口加工区、车墩镇、新桥镇共 96 平方公里。污水管道和雨水管道建设同时进行。

供水系统:中部和出口加工区 A 区给水水源均取自松江自来水厂,分阶段敷设自来水管道,至 1998 年年底,总计敷设各类口径管道近 38 公里,最大日供水量 5 万立方米(不含东部新区)。

燃气系统:工业区与县燃气公司共同投资 700 万,在工业区二期内新建(上海市松江工业区燃气经营有限公司)燃气储罐 2 个,共 400 立方米,日供气 2 000 立方米,1994 年底动工,1996 年下半年开始向外供气。输送石油液化气管道敷设 4.8 公里。

供电系统,一期工程:1993 年 8 月,启动江田变电站建设,1994 年年底投入使用,架设 17 条架空线。二期工程:1996 年下半年,35 千伏岸泾变电站动工,1997 年年底投入使用,建成 18 条架空线。

通讯系统:1995 年开始,松江邮电局在工业区新建工业区邮电分局,1996 年年底投入使用,并于 1998 年分设为邮政局和中国电信东开分局。至 2010 年,电话交换机容量 1 万门,ISDN 端口容量 384 门。

【东部新区】

2002 年 9 月 18 日,市政府同意松江区关于对松江工业区实施规划结构调整的意见,撤销原新桥、车墩和华阳三镇的镇级工业区,其用地调整到松江工业区东部新区。

道路桥梁:工业区东部新区内,道路主干路二条,一南一北平行设置,连接对外交通,设置两条次干道;区内道路框架基本成环,满足区内交通的互通性。2002 年 10 月开始立项建设。至 2007 年 5 月,共新建道路申港路、书海路等 15 条,道路总长度 25 132 米。2003—2008 年,新建桥梁 4 座,即沪杭铁路立交桥、闵申路茜浦泾桥、申港路俞塘河桥、闵申路河浦泾桥。

排水系统:用雨污分流系统,雨水系统充分利用地形条件和园区内河道,采用沿主、次干道设置雨水管道,经泵站提升后汇入管网及水体。共敷设雨水管道 22 595 米。

供水系统:东部新区的给水水源取自松江自来水厂,可向新区供水达 7.0 万立方米/天。

供气系统:根据松江区管道煤气公司的规划,从嘉金公路上以 Φ300 管径的煤气管道进行延伸,穿过铁路沪杭线,接入东部新区,服务于全区。

供电系统:2000 年 12 月,10 千伏书海开关站、松闵站建成运营。2008 年 1 月,110 千伏书惠变电站建成投运。

通讯系统：在新区商务配套用地内建设 1 座电信局房，容量为 2 万门。

【西部新区（科技园区）】

道路桥梁：工业区西部新区（科技园区）规划道路系统结构可概括为五横五纵。横向主轴由东至西分别为沈砖公路、花辰公路、文翔路、思贤路和松蒸公路。纵向次轴由西至东分别为联系工业区和生活区的南北向主干道、穿越居住区的昆港公路和 IC 核心工业区与研发区之间的南北向主干道。2002—2007 年间，共建成 8 条道路，即鼎源路、文俊路、鼎盛路、广富林路、鼎松路、文吉路、文翔路、文合路，道路总长度 17 934 米。新建桥梁 8 座。

供水系统：西部新区内给水总干管铺设在五横五纵的主干道上，敷设有市政给水引入管。生活给水管与室外消防给水管一并合用，工业用水管单独使用。

污水处理系统：2002 年 9 月，松江西部污水处理厂开工建设，2003 年 12 月建成并运行，总投资 3 亿元，管网长度 28 公里，中途泵站 6 座。服务范围：工业区西部新区、出口加工区 B 区、小昆山镇、佘山镇、石湖荡镇等区域。西部新区内有 2 条松江西部污水处理厂主干管和 1 个泵站。2010 年，主干管和泵站建成投入使用。

供气系统：西部新区在花辰公路以北、同三国道以东建设液化气储配站 1 座，依靠外来机动气源补充供给。在液化气储配站以北建设 16 米 8 门天然气门站 1 座、8 米 4 门站 3 座，形成双气源模式，共同对管网进行中压供气。燃气管网根据用气量及路网分布呈环状布置。

供电系统：2006 年 10 月，已建成投运鼎源 220 千伏变电站。是年 12 月，已建成硅谷 35 千伏变电站、110 千伏长兴变电站。

通讯系统：在现有小昆山镇电信分局 1 座万门程控电话局房的基础上，IC 工业核心区和研发区内规划 1 座 2 万电话模块局，沪杭高速以南仓储区和系统工业区内规划 1 座 1 万门电话模块局；在西北部规划 1 座 2 万门电话模块局。

三、动迁安置

1992 年 5 月 6 日，松江经济技术开发区管理委员会下设社会发展部开发动迁科负责动迁安置工作。1994 年 6 月 27 日，上海市松江工业区管理委员会成立，社会发展部开发动迁科划归规划建设部；1999 年 1 月 26 日，规划建设部下设动迁科；2001 年 2 月 5 日，规划建设部撤销动迁科，设动拆迁管理科。

松江工业区本部和出口加工区 A 区的动迁户，选址在方塔北路以东、荣乐东路以南、洞泾港以西、环城路以北的区域，规划用地约 33.33 公顷，先后建造了总建筑面积约 40 万平方米动迁安置房，安置动迁户近 4 000 户，建有蓝天一村、二村、三村、四村、五村，设置 5 个居委会。部分动迁户根据当时动迁政策选择了双结价办法，自行进行了安置。至 2002 年年底，已全部完成动迁房安置工作。

松江工业区东部新区的动迁户在铁路沪杭线控制带以南、新飞路以西、九号河以北、铁路金山支线控制带以东规划了约 33.33 公顷用地，建造建筑面积约 38 万平方米动迁安置房，全部用于安置东部新区内动迁户。2010 年晨星一期、二期、三期、晨星小别墅区已建成。西部新区与出口加工区 B 区内动迁户基本安置于松江区小昆山镇的玉昆小区玉昆一村、二村。

工业区（1—3 期）共有农户 1 161 户，出口加工区 A 区共有农户 1 071 户，于 2003 年全部完成动迁安置；东部新区共有农户 1 743 户，西部新区及出口加工区 B 区共有农户 3 477 户，截至 2010 年底,工业区(1—3 期)共动迁并安置农户 1 147 户,剩余 14 户未动迁;东部新区共动迁并安置农户 1 581 户,剩余 162 户待安置;西部新区及出口加工区 B 区共动迁并安置农户 3 404 户,剩余 73 户待安置,其中加工区 B 区全部完成动迁安置。

表 7 - 7 - 8　1993—2010 年松江工业区中部农民动迁安置情况表　　　　　　单位:户

区　　域	年　　份	动迁户数	安置房安置户数	说　　明
工业区中部	1993 年	68	68	由动迁户自行选择安置房安置或者货币化安置
	1994 年	207	207	
	1995 年	588	247	
	1996 年	148	220	
	1997 年	28	199	
	1998 年	32	32	
	1999 年	76	174	
	合　计	1 147	1 147	

资料来源:上海松江工业园区提供

表 7 - 7 - 9　2001—2003 年松江出口加工区(A 区)农民动迁安置情况表　　　　　　单位:户

区　　域	年　　份	动迁户数	安置房安置户数	货币化安置户数	说　　明
加工区 A 区	2001 年	347	1	0	由动迁户自行选择安置房安置或者货币化安置
	2002 年	712	302	0	
	2003 年	12	768	0	
	合　计	1 071	1 071	0	

资料来源:上海松江工业园区提供

表 7 - 7 - 10　2001—2010 年松江工业区东部新区农民动迁安置情况表　　　　　　单位:户

区　　域	年　　份	动迁户数	安置房安置户数	货币化安置户数	说　　明
东部新区	2001 年	14	14	0	由动迁户自行选择安置房安置或者货币化安置
	2002 年	94	94	26	
	2003 年	716	716	72	
	2004 年	64	64	0	
	2005 年	13	13	0	
	2006 年	259	259	0	
	2007 年	125	125	0	
	2008 年	26	26	0	
	2009 年	136	136	0	
	2010 年	49	49	0	
	合　计	1 496	1 496	98	

资料来源:上海松江工业园区提供

表7-7-11　2002—2010年松江工业区西部新区农民动迁安置情况表　　　　单位：户

区　域	年　份	动迁户数	安置房安置户数	货币化安置户数	说　明
西部新区及加工B区	2002年	355	355	0	由动迁户自行选择安置房安置或者货币化安置
	2003年	848	848	0	
	2004年	526	206	320	
	2005年	287	57	230	
	2006年	187	88	99	
	2007年	685	0	685	
	2008年	432	0	432	
	2009年	83	0	83	
	2010年	0	0	0	
	合　计	3 403	1 554	1 849	

资料来源：上海松江工业园区提供

表7-7-12　至2010年底松江工业区集体企业和私营企业动迁情况表　　　　单位：户

村　名	总户数	已动迁户数	未动迁户数
打铁浜村	83	83	0
民华村	76	76	0
何家村	10	9	1
沈娄村	27	31	6
徐庄村	25	25	0
新兴村	34	31	3
新泾村	86	37	49
合　计	341	282	59

资料来源：上海松江工业园区提供

四、土地开发利用

1992年，松江县政府决定，凡在工业区规划开发建设范围内，土地使用权统归县土地管理部门负责。松江工业区开发建设用地（土地开发）、土地使用（批租），均由工业区管委会规划建设部具体操办。

1992年起，根据《中华人民共和国土地管理法》《中华人民共和国土地法实施条例》等相关法律、法规，实施工业区规划区域土地的开发利用。工业区土地实行有偿使用制度，供地方式有批租、征用、租赁三种。

1995年4月，经松江县政府批准同意成立松江工业区土地管理所。1996年，成立松江县土地管理局工业区分局，工业区土地管理由工业区分局把关。1999年，撤销工业区分局。2007年6月，为加强对松江区地域内房屋土地的统一管理,经松江区机构编制委员会批复,成立松江区房屋土地管理局工业区所,级别为正科级。

2010年12月9日,松江区机构编制委员会通知,撤销松江区房屋土地管理局工业区所。重组区规划土地局工业区所,机构级别为正科级。管理松江工业区区域内的土地。其工作职责为编制工业区地域内的土地利用总体规划;完成上级下达的土地整理复垦计划;编制基本农田保护区规划;调查并管理辖区内的房地产权籍;巡查监察辖区内的土地使用状况;协助工业区拆迁单位做好征地动迁安置工作。

1992—2011年,松江工业区共批租土地440幅,总面积3885公顷,收取土地出让金322631万元。

五、生态环境

【环境卫生建设】

1993年,松江经济技术开发区管委会下设规划建设部,环境保护管理工作归规划建设部公共事业科负责,承担环保预审、宣传、协调联络等职能。2003年,环保工作由公共事业科归至企业服务部投资服务科承担,工作职能不变。

1993—1995年,工业区全面启动农村改厕工作,管委会成立改厕领导小组,各村建立粪管专管员24人。农户改厕费用由市、县两级补贴15%,工业区补贴15%,村民委员会补贴20%,村民自负50%。1994年,在工业区西部几个村,自筹资金办起小型自来水厂。之后,随着工业区建设发展,在工业区范围内建立自来水管网,工业生产生活用水都用自来水厂的优质自来水。是年,工业区爱卫办每年对所属居委会、行政村开始进行环境卫生检查评比,以80分以上为卫生达标村(居)委会。通过检查,达标率98%。1995年,工业区改厕工作完成1235户,完成县指标100%。2002年起,工业区农村开始新建农村公厕。

1996年5月,成立松江工业区管委会爱国卫生委员会,下设办公室。所属村民委员会都建立爱国卫生领导小组,由村书记(村主任)兼任组长。之后,工业区爱国卫生委员会成员曾多次调整。1998年之后,爱国卫生工作延伸到各企业,组织网络不断完善。

2000年,工业区蟠龙村、新泾村、新兴村被上海市爱卫会评为上海市卫生村。2001年,对小区保洁、垃圾清运、垃圾房管理落实专人负责。在每个村民小组建造生活垃圾桶(箱),由村组保洁员负责日常清运,并对蚊蝇孳生地定期喷药灭杀。2002年,把环境卫生列为"民心工程",工业区投资35万元,新建标准厕所5座,改造垃圾房6座,对71幢公房墙壁白化(把墙壁刷白),面积7.8万平方米。10月21日,经市爱卫办专家组来工业区检查验收,各项指标达到国家规定标准。

2003年,开展合格卫生城镇创建工作,对老洞泾臭水沟采取填土改造的方法,使一直没有解决的卫生死角得到根治。完成蓝天一村、二村、三村绿化改造。在荣乐东路、松东路安放果壳箱50只。2004年6月,组建社区卫生保洁服务社。工业区河道实行保洁专人管理,下设5支河道保洁队伍40人,保持河道洁净、畅通。

从2005年开始,管委会把节能减排工作列为环保的一项重要内容,专门成立工业区节能减排工作领导小组,企业服务部抓具体工作,从源头上控制污染排放,鼓励重点用能企业实施清洁生产,提高资源综合利用率。工业区的道康宁(上海)有限公司、箭牌糖类(上海)有限公司等19家企业列为清洁生产示范企业。2005年,园区先后出动8890余人次,取缔乱设摊1856起,清除生活和建筑垃圾250吨。此外,春、夏两季进行4次全覆盖、全方位的灭鼠、灭蝇活动。

2006—2008年,根据区卫生达标创建办、爱卫办工作部署和要求,对区域内的环境卫生,制定三年目标管理和工作计划,实行全新的环境卫生管理模式,把创建市卫生工业区列入工业区管委会精神文明建设的重要内容。2000—2010年,投资90万元,对晨星东区的设施、绿地进行改造和添加,对小区环境卫生进行彻底整治,使居住小区达到环境优美、卫生良好的花园式小区。

"十一五"期间,园区共调整劣势企业18家。2010年,工业区建立专业河道保洁队伍。工业区对所有落户企业实行项目环保预审和验收,无一危及环境质量项目落户工业区。

【绿化生态建设】

1993年开始,工业区对市、镇、村河道两岸进行河坡改造,对淤塞的村级河道进行疏浚,对河道两侧辟建10米～15米的绿化带,将广富林路鼎源路边的河道改造成景观河道。1992—2010年,对已建成的84条道路全部种植行道树,在主干道建1条～3条绿化隔离带,主干道两侧辟建4米～10米绿化带。2010年,工业区道路绿化总长度10.98万米,道路绿化面积105.56万平方米,公共绿地面积26.3万平方米。

建设鼎源路(河)绿化景观带,位于工业区西部新区内。生态走廊一期工程为思贤路至广富林路,绿化面积116 220平方米;二期工程广富林路至辰花公路,绿化面积28 367平方米,2010年5月完成。生态走廊内建长80米、宽4米的12座紫藤花架,总面积3 840平方米。设山石小品,花坛28处。生态走廊内草坪面积8 916平方米,花卉20多个品种。

2010年,开始规划总投资5 000万的工业区西部最大的开放式公园——昆秀湖工程,占地面积65.34公顷,其中昆秀湖面积16.67公顷,为高压输电线走廊带。建成后的昆秀湖,以长1 200多米、宽6米的花岗岩石中央景观大道为中轴线,两边种植花灌木林地。分别建成4个主题公园。由2009年6月工业区管委会成立的上海茸缘景观建设有限公司负责绿化和环境养护。

第四节　招　商　引　资

一、招商管理

1992年5月,松江经济技术开发区成立伊始,在首期开发加强基础设施建设的同时,就把招商引资放在突出位置。在松江公开招聘专职招商员和项目经理,根据业务发展需要,1993年5月,工业区管委会成立项目开发部,开展项目招商工作。随着工业区的扩展,2000年4月出口加工区成立后,组建了松江出口加工区招商部;2003年松江科技园区划归工业区后,成立了松江科技园区招商科,专门负责对口功能区域的招商引资工作。

1995年5月,为了发展民营企业,由松江工业区社会发展部成立上海都城工贸有限公司,从事经济小区工作,主要包括:内资企业的招商、办证、管理和服务。并在上海肇嘉浜路设立招商点。先后引进1 000多家注册型企业。2000年,根据松江区政府意见,该公司划归松江经委下属民营企业办公室。1998年,工业区设立驻沪招商办事处。2003年9月,根据区内民营企业发展迅猛和民营企业管理和服务的需要,工业区组建上海东开投资咨询有限公司,2005年7月更名为上海民乐经济发展有限公司。

招商部门加强注册企业工商、税务、经营等档案管理,配合工商部门管理企业合法经营,配合税务部门做好纳税征管,杜绝发生涉税案件。建立招商引资工作的考核制度,奖勤罚懒,加强招商部门的自身建设;建立较完善的工作制度,如首问负责制、责任追究制、服务承诺制、办证限时制等。配合工商部门组织内外资企业参加工商营业执照年检,1992—2010年,松江工业区年检率均达到92.1%,增值税一般纳税人企业年检率100%。

建立上海松江外商投资服务有限公司,为外资企业、民营企业调整经营范围、改变经营地址、更换法人代表、增资注册资本等提供服务。1999年开始,工业区提供私营企业代理记账服务。

二、招商政策

1992—1997年,松江工业区外资企业享受国家规定"两免三减半"税收优惠政策。1997年,松江县政府为鼓励外商投资颁布《关于继续鼓励招商引资的若干规定》,该规定除国家规定的优惠政策外,对符合产业导向(参照国家《指导外商投资行业与产品目录》)规定的外商投资企业,增加优惠政策:总投资在1000万美元以上(含1000万美元)的外商投资企业延长3年免征所得税;总投资在500万美元(含500万美元)至1000万美元的外商投资企业延长2年免征所得税;凡属国家鼓励类的外商投资企业延长2年免征所得税,其中属鼓励类高新技术的外商投资企业免税期再延长3年;企业所得税税率比照执行浦东新区政策;鼓励外商投资企业发展内资配套生产加工企业,内资配套企业缴纳的所得税,从投资之日起3年内全额返回外商投资企业。市属大工业、国内大企业来松江新办内资企业,免征企业所得税和地方所得税3年。对新办企业取消以下费用:住宅工程质量保证金、住宅优质奖励费、住宅竣工配套包干奖、申领设计免招标管理费、"三资"项目招标管理费、工程项目施工许可证工本费、外地施工企业进沪许可证工本费、市区改造管理费、工程预算审核费、市区县建筑管理机构上级管理费、劳力安置管理费、劳力安置不可预见费、规划监督检查牌照费、村镇规划建设管理费、移建人防工程费。免收以下费用:绿化保证金、竣工档案保证金、墙体专项基金、安全提留金、招(投)标管理费。减半收取以下费用:工商开业登记费、环保各项检测费、卫生防疫各项检验费、税务、审计验资费、资产评估费、各类咨询服务费。

1998年,对于重大投资项目实行税后退还部分土地批租金,税后退返进口设备关税。1999年5月,松江工业区管委会制定在工业区内新办企业实行土地受让金奖励的优惠政策,凡引进外商独资企业项目土地批租的,按土地出让金0.5%~1.0%给予奖励;引进中外合资项目,按外商实际到位资金0.1%~0.3%奖励。进一步完善招商引资包干奖励政策、行政费用包干政策、工作奖励政策。

三、招商活动

1992年8月,松江经济技术开发建设总公司首先开发洞泾港以西,紧靠松江城区的2.56平方公里的第一期工程。组建项目开发部,在松江招聘11名专职招商员和项目经理,加强对招商引资的组织协调,提高对外招商引资的竞争力。为吸引和鼓励外商投资,工业区管委会通过报纸、电台、电视台、户外广告等等媒体、媒介作宣传·举办信息发布会、招商洽谈会等活动,开展招商,加大对外招商引资的宣传力度,宣传工业区投资优势。

1993年9月18日,松江经济技术开发区管理委员会在松江红楼宾馆举行"1993松江东部工业区招商会",来自美国、日本、德国、荷兰、意大利、瑞典等国和中国香港、中国台湾的27家机构到会。会后有多家外资企业来区考察,洽谈投资,招商会议效果明显。是年,有美国、德国、意大利等国的6家外资企业落户工业区一期,总投资3240万美元,合同外资1775万美元。

1994年，松江工业区招商部门多次参加上海市有关组织的招商活动，颁布《松江工业区投资指南手册》，把工业区投资环境、政策等推介给国外投资者。工业区多次组团到日本招商，获得成功。

进入松江工业区的项目，一旦批准立项，就列入项目开发部门的跟踪服务范围，及时沟通，掌握情况，帮助协调解决项目进展中遇到的困难和问题。为此，受到重点服务的外资知名公司也为工业区招商引资作了很好的推介，引进了一批优秀企业项目。园区聘请国外著名公司在沪机构代表和上海大企业代表任工业区经济顾问，利用他们海外关系和信息网络优势，帮助介绍项目。通过这一举措，先后有上海日立电线有限公司、上海三井复合塑料有限公司、上海东洋油墨有限公司、日东电工(上海)有限公司、上海雀巢有限公司、上海建伍电子有限公司等一批大型企业落户工业区。

1995年，实施"巩固日本，拓展欧美，兼顾其他国家和地区"招商战略。6月12日，举办沪台经贸投资洽谈会，由市台办、中国国际贸易促进会上海分会及台湾20多家企业驻沪代表出席会议。10月24日，举办"1995上海科技节—松江工业区现代生物与医药产业发展学术报告会"，有50多家国内外企业与会。是年，由美国、德国、加拿大、法国、荷兰等8个欧美国家的独资企业落户工业区，总投资19 300.5万美元，合同外资9 392万美元。

1996年，受国家关税政策调整等因素影响，外资来华投资速度放缓。工业区转变招商策略，强化对外商投资企业的服务意识，做好为落户企业排忧解难工作。对开工建设中的大型企业，配备1~2名项目人员跟踪服务，以保障项目顺利投产。1997年，工业区把招商引资的重点从日本转向欧美，加强同各大咨询机构、国外大公司驻沪办事处、各大控股集团的联系，建立合作中介奖励机制；加大境外招商力度，走出国门，组团赴美、欧、日本招商，在美国芝加哥、纽约、旧金山、堪萨斯等地召开投资说明会。5月22日，在红楼宾馆召开松江工业区日资企业投资研讨会，市政府有关部门，新闻媒体，日本驻沪商务、金融机构代表180人与会。

1998年，招商引资重点吸引国际著名公司，以提高工业区入住企业层次。招商工作内外结合，在国外拓展招商代理机构，在全国建立招商网络。4月，工业区管委会制定《关于鼓励招商引资的若干暂行规定》，对招商人员实行费用包干，分成奖励政策。4月18日，工业区下发《关于全区干部带头招商引资的通知》，要求领导干部带头招商引资，宣传招商引资政策。6月13日，工业区与《中国对外经济贸易白皮书》编委会签署《招商引资合作商谈纪要》，编委会同意免费介绍松江工业区。

1993—1998年，中共松江县委、县政府和工业区共出境(国)招商考察12次，参加人员累计130人次，涉及18个国家以及香港、台湾地区，通过交流沟通，共促成8个大型投资项目在工业区落户。

2000年4月，经国务院批准，设立松江出口加工区，相应成立出口招商部，全方位宣传出口加工区的优惠政策和良好投资环境。2000年9月，成功引进了全球最大的笔记本代工商——台湾广达集团投资项目。广达集团不但在较短的时间内成立了全额投资的达丰、达功、达伟、达业、达福、达利、达人、达群8个项目，还带进了20多个为其配套的投资项目。工业区管委会为鼓励广达集团的大规模投资，制定了土地批租，税收奖励等方面的优惠政策。为满足广达电脑公司提出的快速投产的要求，工业区、出口加工区的全体员工奋战105天，建设2万平方米标准厂房，免费供广达集团临时使用。为满足笔记本电脑庞大产业链上其他企业入驻，松江出口加工区在短时间内建设完成了一批高质量的标准厂房。

2002年开始，工业区招商方式由粗放型转向集约型，坚持引外资与内资并举，发展高新技术产业和高附加值现代服务业并举的方针。为提高对外招商的竞争力，2004年，项目开发部组建了3个专业招商科,分别负责工业区东、中、西部和出口加工区的外资招商工作。在整个招商引资过程中,招商部门不断修订招商政策和激励措施,落实招商目标责任制考核,加强对落户企业的管理和服务。

2001—2004年,受广达集团投资成功影响,又有一批来自台湾地区及美国的电子通信业项目落户松江出口加工区。如国基电子(上海)有限公司、华微半导体(上海)有限公司等大型企业。2001年3月,为扩大松江工业区投资规模,开发东部新区。2003年8月,松江西部科技园区划归松江工业区,规划面积16.98平方公里,由于投资区域扩大,投资环境优越,政策优惠,招商引资进入一个全盛期。

2004—2006年,招商工作着重把好3个关,即预期效益关、土地价格关、项目投资密度关;突出3个重点,即以培育产业链为重点,以出口加工区为重点,以落户项目延伸发展为重点,努力扩大招商选资成果。招商引资实现三个转变,即以土地招商为主向以土地和厂房招商并重转变;以集中办企业为主向集中做产业链转变;以粗放型扩张向集约化经营转变,努力实现多方共赢。根据国家对土地资源的控制力度和工业区现有企业情况,提出加快标准厂房、物流基地、外来民工公寓、研发(总部)商务区4项建设,不断提高工业区招商引资综合实力。招商引资围绕有利于充分发挥区域优势,有利于形成产业群,有利于提升特色产业的要求,及时调整招商策略,招商引资向招商选资转变,由注重政策规模向注重质量效益转变。

四、招商成果

1992—1993年,为招商起步时期,共引进外资项目51个,吸引外商投资2.02亿美元。

1994年,园区列为市级工业区之后,招商工作渐入佳境。是年,吸引外资项目80个,总投资6亿美元,协议吸收外资4.80亿美元。引进项目呈现投资规模大、著名财团多、投资国家增多、产品档次高的特点。引进了日立电线有限公司、上海雀巢有限公司、上海美能达光学仪器有限公司、上海三井复合塑料有限公司等企业。

1995年,园区吸引外资项目51个,总投资6.20美元,协议外资5.74美元,引进项目平均投资额超过1 000万美元。1996年,受国家关税政策和宏观调控及产业导向影响,招商势头减弱,全年引进项目22个,投资额2.27亿美元。投资规模较大的有上海华明-户田磁性材料有限公司、上海帝人制机有限公司和上海松下电工有限公司。

1997—1999年,共引进外资项目57个,外商投资额4.83亿美元。投资国家和地区有美国,德国,英国,日本,新加坡,马来西亚,以及中国香港、中国台湾等20多个国家地区。期间引进的较大项目有:惠典(上海)包装有限公司、东陶机器(上海)有限公司、百事食品(中国)有限公司、上海广电液晶显示器有限公司、安弗施无线射频系统(上海)有限公司等。

2000年,全年引进外资项目42个,总投资5.57亿美元,其中松江出口加工区引进项目25个,落户企业绝大部分为电子信息制造企业。落户企业中,全球500强企业28家。投资规模较大的外资项目有:达丰(上海)电脑有限公司、达功(上海)电脑有限公司、箭牌糖类(上海)有限公司、卓得嘉薄膜(上海)有限公司等,投资额都在2 500万美元以上。2001年,引进外资项目49个,其中出口加工区引进36个,总投资7.73亿美元。全年共有22个项目增资,增资总额达30 718万美元,落户大部分属于电子信息产业。是年完成工业总产值68亿元,实现出口创汇3亿美元。

2002年,园区引资项目70个,总投资68 903万美元,批租土地196公顷,出口创汇11.4亿美元。总投资超过 2 000 万美元的落户企业有：国民淀粉工业(上海)有限公司、上海日本精机有限公司、上海恩梯恩精密机电有限公司、长飞光纤光缆(上海)有限公司等。2003 年，工业区吸引外资项目 74 个，总投资额 17.18 亿美元，合同外资 15.84 亿美元，其中增资类 35 项，增加总投资 1.38 亿美元。工业区全年完成产值 589 亿元，比 2002 年增长 307.54%；出口创汇 58 亿美元，比 2002 年增长 409%；完成税收 4.5 亿元。引进超过 2 000 万美元的企业有 8 家，其中有上海东洋油墨制造有限公司、上海凸版有限公司、国基电子(上海)有限公司等。

2004 年，园区引进外资项目 54 个，总投资额 13.56 亿美元，合同引资 5.56 亿美元，其中增资 47 个，总投资 7.6 亿美元。园区完成工业产值 902 亿元，比 2003 年增长 53.2%，出口创汇 94.6 亿美元，比 2003 年增长 62.1%；全年完成税收 8.1 亿元。2005 年，工业区批准新项目 42 个，增资 37 个，合计投资 6.27 亿美元，合同外资 2.82 亿美元。全年完成工业总产值 1 419 亿元，出口创汇 135 亿美元。落户较大的企业有：上海铭源数康芯片有限公司、明治制果食品工业(上海)有限公司、星科金朋集成电路(上海)有限公司。

2006 年，全年新批项目 28 个，增资 52 项，累计总投资 7.34 亿美元，合同外资 2.81 亿美元。全年工业区总产值 1 680 亿元，各类税收 12.23 亿元。2007 年，批准新项目 43 个，总投资 9.65 亿美元，合同外资 4.62 亿美元。全年工业区完成总产值 2 490 亿元，出口创汇 274 亿美元。引进项目中总投资超过 2 500 万美元的有：国宇电子(上海)有限公司、领地食品发展(上海)有限公司、尼西半导体科技(上海)有限公司、中电电气(上海)光伏有限公司等。2008 年，园区引进外资新项目 31 个，总投资 20 093 万美元。其中较大的企业有：东洋碳素(株)有限公司、上海高地环保工业有限公司、新宾(上海)仓储有限公司等。2009 年，园区引入项目 22 个，总投资 3.3 亿美元，合同外资 1.27 亿美元。投资超 2 500 万美元的企业有：庄信万丰雅佶隆(上海)环保技术有限公司、高迪环保科技(上海)有限公司、东良仓储(上海)有限公司等。

2010 年，园区引入外商总投资 3.3 亿美元，合同外资 1.7 亿美元，新批项目 25 个。园区完成总产值 2 958 亿元，增加值 209 亿元，利润总额 59.5 亿元，出口创汇 375.6 亿美元，税收 37.7 亿元。

表 7‑7‑13　1992—2010 年松江工业区落户项目、投资情况表

年　份	外商总投资额 (亿美元)	新批项目数 (个)	年　份	外商总投资额 (亿美元)	新批项目数 (个)
1992 年	0.87	26	2002 年	6.89	70
1993 年	1.15	25	2003 年	17.18	47
1994 年	6.00	80	2004 年	13.56	54
1995 年	6.20	51	2005 年	6.27	42
1996 年	2.73	22	2006 年	7.34	28
1997 年	0.97	13	2007 年	9.65	43
1998 年	1.35	19	2008 年	8.5	36
1999 年	2.80	25	2009 年	3.3	22
2000 年	5.57	25	2010 年	3.3	25
2001 年	7.73	49	合　计	94.18	676

资料来源：上海松江工业园区提供

表7-7-14　2005—2010年松江工业区主要招商情况表

年　份	企业总户数	其　中					注册资金（万元）	销售收入（万元）	缴纳税金（万元）
		工　业	建筑业	商　业	服务业	其　他			
2005 年	153	10	1	91	48	3	65 715	64 560	3 081
2006 年	234	53	0	104	74	3	183 740	126 811	5 467
2007 年	223	59	0	81	83	0	241 146	237 631	8 527
2008 年	250	70	0	86	94	0	253 993	312 633	14 626
2009 年	299	86	0	101	112	0	309 898	383 487	18 097
2010 年	350	98	0	124	128	0	368 707	506 026	21 410

资料来源：上海松江工业园区提供

第五节　产　业　发　展

一、经济规模

1992—1993 年,工业区以基本建设为主,工业产业以原有乡、镇、工业为主。1994 年 5 月,工业区列为全县经济建设一号重点工程之后,大批高层次外资项目逐步落户松江工业区。

1992—2010 年,松江工业区落户外资项目 676 个,总投资金额 94.18 亿元,注册资本 43.50 亿美元,合同外资 43.11 亿元,工业总产值 9 874 亿美元,出口创汇 1 002 亿美元;落户民营企业 350户,注册资金 421 173 万元,销售收入 506 026 万元,缴纳税金 21 410 万元。在引进外资企业中,涉及欧美、日资、港资、台资等 39 个国家和地区,其中世界 500 强企业、国际著名大企业和跨国公司 40余家。基本形成以电子信息、现代装备、精细化工、食品饮料等行业为主导的产业体系,园区集中度、土地集约度和产业集聚度明显提高,形成了较大的产业规模和经济总量。

2006—2010 年,由日本的恩梯恩(中国)投资有限公司、上海凸版有限公司,欧洲的卜内门太古漆油(上海)有限公司等 21 家知名企业总部、研发中心入驻园区,带动了园区产业结构优化。有 7家企业技术改造升级,获得了重点技术改造项目资金扶持;2 家企业获得松江区技改资金资助;有 8家企业的 23 燃油锅炉已完成天然气锅炉替代工作。

2010 年,松江工业区已发展成为一个年产值近 3 000 亿元、税收超 40 亿元、吸纳员工近 20 万人的上海市先进制造业基地之一;是上海郊区规模最大,外商投资项目技术含量高,附加值高,国际著名企业和跨国公司落户项目最多,在全国具有一定影响的工业开发区。

二、主导产业

区内产业发展分为三个阶段。1992—1994 年,松江工业区三资企业的产业结构以电子、轻工、机电、生物医药、精细化工为主;1994—1998 年,产业结构以电子信息、新型建材、精细化工、食品饮料、生物医药五大产业为主;1998—2010 年,经调整,产业结构形成电子信息产业、现代装备业、精细化工业、食品业、服装业五大主导产业。

表 7 - 7 - 15　2010 年松江工业区主导产业分类表

主导产业	分　类
电子信息	电脑、集成电路、芯片、数字通信多媒体系统、手机、电子测量仪器、新型电子元器件、传感器、卫星通信设备等
现代装备业	自动扶梯、电气产品、电气机械、金属制品、精密电机、非金属模具、油气工业设备、游艇制造、食品机械、轴承、数控机床、纺织机械、包装机械、切割机、发电机等
精细化工	中间体、催化剂、助剂、添加剂等新产品、食品添加剂、饲料添加剂、表面活性剂、无机纤维、无机粉末和高科技化学品等
食品	口香糖、啤酒、特色糖果、糕点、豆制品、饮料、旅游方便食品、高级营养食品、农产品、水产品的储存、保鲜、干燥加工新技术、新设备等
服装	服装服饰、针织、炼漂布、染色布、各类皮革、针织手套、纤维染色布、箱包、布艺装饰等

资料来源：上海松江工业园区提供

表 7 - 7 - 16　2010 年松江工业区电子信息行业重点企业、产品情况表

序号	企 业 名 称	主 要 产 品	国别和地区
1	上海东洋电装有限公司	汽车、摩托车零配件	日　本
2	上海康泰克数字设备有限公司	电脑配件、工业用控制器	日　本
3	上海柯贝特电子有限公司	电子产品	美　国
4	上海美维科技有限公司	电子元器件	中国香港
5	上海英智移视电子有限公司	电子镇流器、点火器	日　本
6	上海松江富士电气化学有限公司	变压器、线圈	日　本
7	西麦克技术(中国)有限公司	厚膜混合电路	加拿大
8	上海意力速电子有限公司	电子仪器和连接器	日　本
9	上海美能达光学仪器有限公司	照相器材	日　本
10	达丰(上海)电脑有限公司	笔记本电脑	维尔京群岛(英)
11	达功(上海)电脑科技有限公司	笔记本电脑	维尔京群岛(英)
12	达人(上海)电脑有限公司	主机板、笔记本电脑、手机	维尔京群岛(英)
13	达业(上海)电脑科技有限公司	笔记本电脑	维尔京群岛(英)
14	达利(上海)电脑科技有限公司	微型计算机、掌上电脑	维尔京群岛(英)
15	上海三星广电电子器件有限公司	真空荧光显示器	中国香港
16	上海新索音乐有限公司	光盘制作	美　国
17	上海建伍电子有限公司	液晶显示器	美　国
18	台积电(中国)有限公司	芯片	中国台湾
19	上海斐讯数据通信技术有限公司	IP 数据通信网络设备研发制造	—

资料来源：上海松江工业园区提供

表7-7-17　2010年松江工业区现代装备行业重点企业、产品情况表

序号	企 业 名 称	主 要 产 品	国别和地区
1	上海和成机械有限公司	数控瓦楞设备	韩　国
2	上海申德机械有限公司	饲料机械设备	德　国
3	上海精密轴承有限公司	微型轴承	日　本
4	上海自润轴承有限公司	精密轴承	中国台湾
5	上海大旺精密钢球有限公司	精密钢球	日　本
6	思考电机(上海)有限公司	各种精密电机、配件	日　本
7	上海摩亚食品机械有限公司	食品机械	美　国
8	上海恩梯恩精密机电有限公司	轴承	日　本
9	上海北日精机有限公司	轴承	日　本
10	上海东明安全设备有限公司	安全设备	日　本
11	松下电工电动工具(上海)有限公司	电动工具	日　本
12	上海铁美机械有限公司	纺织机械	日　本
13	上海斐讯通讯技术有限公司	通讯设备	内　资
14	瑞氏机械工程(上海)有限公司	食品机械	中国香港
15	正泰电器股份有限公司	低压电器	内　资

资料来源:上海松江工业园区提供

表7-7-18　2010年松江工业区精细化工行业重点企业、产品情况表

序号	企 业 名 称	主 要 产 品	国别和地区
1	上海三井复合塑料有限公司	塑料粒子	日　本
2	上海天马精塑有限公司	家用塑料制品	日　本
3	上海大望塑料有限公司	灌肠容器和塑料制品	日　本
4	道康宁(上海)有限公司	有机硅	美　国
5	上海依视路光学设备有限公司	树脂镜片	法　国
6	上海东洋碳素有限公司	炭刷	日　本
7	卜内门太古漆油(上海)有限公司	涂料	英　国
8	空气化工产品制气(上海)有限公司	工业气体	美　国
9	庄信万丰(上海)化工有限公司	车辆尾气净化催化剂	荷　兰
10	汉高化学技术(上海)有限公司	黏胶剂、化学品等	英　国
11	上海日亚电子化学有限公司	电子化学产品	日　本
12	上海东洋油墨制造有限公司	油墨粘着剂	日　本
13	迦园尖端化学(上海)有限公司	化学品试剂等	萨摩亚
14	上海新阳半导体材料股份有限公司	电镀液	新加坡
15	庄信万丰(上海)催化剂有限公司	催化剂	中国香港

资料来源:上海松江工业园区提供

表 7－7－19　2010年松江工业区食品饮料行业重点企业、产品情况表

序号	企业名称	主要产品	国别和地区
1	上海家乐福食品工业有限公司	布丁等食品	中国台湾
2	上海获特满饮料有限公司	饮用水	美国
3	嘉酿(上海)啤酒有限公司后改为青岛啤酒上海松江有限公司	纯生、醇厚、欢动、山水牌啤酒	内资
4	上海雀巢有限公司	美禄食品、柠檬茶	瑞士
5	杨协成(上海)有限公司	豆制品饮料	新加坡
6	百事食品(中国)有限公司	薯片	美国
7	悠哈味觉糖食品(上海)有限公司	糖果	日本
8	上海味之素食品研究开发中心有限公司	食品的研究开发	日本
9	巧克力糖果日	水产品	加拿大
10	悠诗诗咖啡(上海)有限公司	咖啡豆加工	日本
11	上海味而思食品有限公司	大豆制品	中国香港
12	上海展翔食品工业有限公司	食品	马来西亚
13	领驰食品发展(上海)有限公司	日式面条及浇头	维尔京群岛(英)

资料来源：上海松江工业园区提供

表 7－7－20　2010年松江工业区纺织服装行业重点企业、产品情况表

序号	企业名称	主要产品	国别和地区
1	上海松兴纺织品有限公司	针织、炼漂布、染色布	中国香港
2	上海松涛纺织品有限公司	纺织品	日本
3	上海雅玛都时装有限公司	服装及服饰品	日本
4	上海欧特服饰有限公司	手套、皮革制品	美国
5	上海同丰毛纺织时装有限公司	高档毛纺织品、服装	日本
6	上海博明时装有限公司	高中档服装	中国香港
7	上海台文纺织有限公司	什织布等	英国
8	上海亚纱美羽绒制品有限公司	床上用品、居家服装	日本
9	上海爱知纺织品有限公司	纺织用品生产	日本
10	上海乔佩斯时装有限公司	服装、服饰	中国香港
11	上海鑫洋服饰有限公司	各类正装、服饰	中国台湾
12	上海高荣新型装饰材料有限公司	呢绒丙纶地毯	中国香港
13	大同利美特(上海)有限公司	纺纱、染色、机织、缝制	

资料来源：上海松江工业园区提供

三、重点企业

【台积电（中国）有限公司】

位于上海市松江区文翔路 4000 号的台积电（中国）有限公司，是中国台湾的台湾积体电路制造股份有限公司在上海设立的全资子公司，投资总额 11.12 亿美元，注册资本 5.96 亿美元。台积电是全球 500 强企业，也是全球最大的专业集成电路制造服务公司，持续具有 50% 以上的市场占有率，随着扩产脚步加速，以及先进制程扩大领先幅度，主要生产 8 英寸半导体晶圆。自成立以来，公司不断积极扩充 8 英寸半导体晶圆产能，2010 年产能达 4 万片，全年创造产值 19 亿元，获得利润总额 2.8 亿元，产品主要以出口为主，2010 年出口创汇 2.68 亿美元。2006—2010 年，公司多次获得松江区安全生产先进单位称号；连续获得上海市集成电路制造业销售前 5 名称号。2010 年度，获得中国十大集成电路与分立器件制造企业称号，并荣获上海市最佳经济效益前 10 名称号。

【达丰（上海）电脑有限公司】

公司创立于 2000 年，落户在上海松江出口加工区 A 区。作为台湾广达集团的全资子公司，为世界 500 强企业。公司引入台湾广达总部先进的运营模式，主要以生产笔记本电脑为主，兼顾伺服器、手机液晶显示器、液晶电视、汽车导航仪等 IT 产品的生产。因品质卓越、技术领先，深受欧洲、美国、日本等国家市场青睐，制造技术精进，享誉业界，成为全球笔记本电脑生产研发的领导者。

【阿克苏诺贝尔集团松江企业】

集团是全球 500 强企业，总部位于荷兰，是世界领先的大型工业公司。产品涉及工业涂料、粉末涂料、船舶防护漆、包装涂料等。集团投资 4 家企业在松江工业区：阿克苏诺贝尔特种化学（上海）有限公司、阿克苏诺贝尔功能涂料（上海）有限公司、阿克苏诺贝尔漆油（上海）有限公司、上海 ICI 研发管理有限公司。集团在工业区投资 1.24 亿美元和 2 295 万欧元。

【正泰电器股份有限公司】

公司为正泰集团股份有限公司的控股子公司，为全球用户提供高性能、智能化、节能型的电器产品与技术服务，致力于成为世界一流的低压电器全面解决方案提供商。公司多项产品被评为国家、省、市级名牌产品，各类产品已广泛运用于国家电网、三峡工程、青藏铁路、中央电视台、首都国际机场等国内重点工程，并已出口到俄罗斯、日本、意大利、澳大利亚、印度、越南、刚果、尼日利亚、哥伦比亚等 30 多个国家和地区。

【庄信万丰（上海）化工有限公司】

庄信万丰（Johnson Matthey）于 1817 年建立于伦敦，是一家全球型专用化学品公司，致力于发展催化剂、贵金属和专用化学品核心技术。旗下庄信万丰（上海）化工有限公司产品覆盖轿车用尾气净化催化剂、轻型汽车及柴油车尾气净化催化剂。

【百事食品（中国）有限公司】

是美国百事集团旗下的休闲食品公司。在中国，百事食品（中国）有限公司生产并销售大家熟悉和喜爱的休闲食品,主要品牌包括:乐事天然薯片、乐事无限薯片、多力多滋、奇多粟米脆系列、桂格燕麦系列。

【青岛啤酒上海松江有限公司】

公司前身为嘉酿(上海)啤酒有限公司。2000年,青岛啤酒股份有限公司收购嘉酿(上海)啤酒有限公司,并更名为青岛啤酒上海松江有限公司。公司的主要产品有:青岛纯生啤酒、青岛醇厚啤酒、青岛欢动啤酒等。

第八章　上海市工业综合开发区

上海市工业综合开发区是在上海奉浦开发区和上海市奉浦工业区的基础上，于 2000 年被市政府批准更名的市级工业园区。20 世纪 90 年代初，奉贤经济的发展思路逐渐摆脱小农经济意识束缚，建立工业小区形成规模经济的思路逐渐清晰。1993 年 4 月，在奉贤县第十一届第一次人民代表大会通过的《政府工作报告》中提出，在经济工作部署中，要求加快县、乡（镇）工业小区的建设速度，并首次提出"在兴建奉浦大桥的同时，抓紧抓好西渡及沿江地区的综合开发"。1994 年 1 月，奉浦开发区筹备组成立。3 月，奉贤县第十一届第二次人民代表大会通过的《政府工作报告》中提出，年内"组织专门班子，落实行之有效的措施，推进沿江 17 平方公里滚动开发"，开发区建设正式拉开大幕。

第一节　工业区创建

一、奉浦开发区

1994 年 5 月 21 日，奉贤县第十一届政府第二十五次常务会议决定，成立奉贤县奉浦开发区管理委员会和奉浦经济发展实业总公司（以下简称实业总公司）。会议明确奉浦开发区管委会为奉贤县政府派出机构；实业总公司负责开发区招商引资等具体经济工作。6 月 9 日，中共奉贤县委、县政府召开联席会议，专题研究奉浦开发区全面启动问题。会议形成 9 条原则意见，主要内容有：抓住机遇，迅速推动奉贤县沿江地区的开发，奉浦开发区管委会作为县政府派出机构，在开发整体运行中应充分发挥规划、管理、协调、服务之职能，并负责实施基础设施配套、土地定价等工作。奉浦开发区实施全面开发启动，具有较大难度，中共奉贤县委、县政府各部门及有关乡镇应树立全局观念，在各方面予以全力支持和协助。

1994 年 10 月 17 日，中共中央政治局委员、中央书记处书记吴邦国到奉贤，为奉浦开发区题词"上海奉贤经济技术开发区"。

二、奉浦工业区

1995 年 1—3 月，奉贤县政府先后向市政府申报《关于把奉浦工业区列入市级工业区的请示》。1995 年 3 月，奉贤县第十一届第三次人民代表会议审议并通过《政府工作报告》，要求："按照高起点、高标准、高效益、低能耗、无污染的要求，进一步完善其总体规划，争取升级为市级工业区，与此同时，重点抓好奉浦工业区前期 2 平方公里的基础设施建设，大力招商引资，争取该区域率先进行实质性启动"。5 月 2 日，市计委回复奉贤县政府关于把奉浦工业区列为市级工业区的请示，经会同市农委、市经委、市外资委、市规划局、市房地资源局、市环保局等共同审核，认为该工业区已基本具备升格为市级工业区的条件。6 月 26 日，市计委、市规划局向市政府呈报关于拟同意将奉浦工业区列为市级工业区的报告。8 月 5 日，市政府作出《关于同意奉浦工业区列为市级工业区的批复》，明确该市级工业区名称为"上海市奉浦工业区",批复对奉浦工业区的选址、区域面积、产业构建等作出详细而明确的要求。10月28日,举行奉浦工业区成立剪彩、项目奠基仪式暨奉贤经济发展展示活动。上海市副市长沙麟为奉浦工业区成立揭牌。

三、工业综合开发区

2000年2月,市政府有关部门同意上海市奉浦工业区由奉贤县政府与上海工业投资(集团)有限公司(以下简称上海工投集团)合资开发,组建成立上海市工业综合开发区有限公司。2月28日,举行双方"股份合作"签字仪式。2000年4月5日,市政府批复同意将上海市奉浦工业区更名上海市工业综合开发区。

第二节 管 理 机 制

一、管理机构

1994年5月21日,经奉贤县政府同意,成立奉贤县奉浦开发区管理委员会。1995年8月,更名为市奉浦工业区管理委员会。2000年8月,更名为工业综合开发区管理委员会。

1994年5月21日,奉贤县第十一届第二十五次政府常务会议研究决定开发区管委会组成人员。管委会设主任、副主任。主任为朱德龙,副主任为李国才、潘志敏、康品官、袁秋松。内设机构4个。

1995年8月5日,市政府作出同意将奉浦工业区列为市级工业区的决定,并将市奉贤县奉浦开发区更名"上海市奉浦工业区"。9月4日,奉贤县政府批准管委会更名为上海市奉浦工业区管理委员会。管委会成员结构有所调整,设主任、常务副主任、副主任,不设兼职副主任。2000年2月后,不设常务副主任。至2000年7月,副主任增至4人;内设机构8个。

2000年2月,市政府有关部门同意由奉贤县政府与上海工投集团联合投资开发奉浦工业区,组建成立工业综合开发区有限公司。由此产生以工业综合开发区为前缀的一系列名称的变更。是年4—8月,市政府、奉贤县政府先后下发同意更名为《上海市工业综合开发区管理委员会的批复》。2000年9月8日,举行成立揭牌仪式。开发区管委会设主任、副主任;下设工作机构9个。至2010年末,管委会副主任增至9人,其中8人兼有党内职务,工作部门增至9个。

表7-8-1 1994—2010年上海市工业综合开发区管理委员会主任任职情况表

姓　　名	任 职 时 间
朱德龙	1994年5月—1998年2月
朱嘉骏	1998年2月—2001年8月
管其昌	2001年8月—2002年5月(主持工作)
李臻	2002年5月—2005年1月
倪耀明	2005年1月—2006年1月(兼)
唐韧	2006年2月—

资料来源:上海市工业综合开发区提供

二、开发主体

工业综合开发区有限公司成立前,承担开发区经济建设主体职能的为实业总公司。两者的区别不仅称谓不同,而且产权结构发生了变化。

1994年5月21日,实业总公司经奉贤县政府批准设立,为县属国有企业,注册资金1亿元,经济上独立核算,自负盈亏。公司领导班子成员与党(工)委、管委会交叉任职。5月13日,中共奉贤县委任命总经理为朱德龙。6月,聘副总经理4人。1995年9月,增设常务副总经理沈金龙。1998年2月,朱德龙离任,由朱嘉骏接任。10月,调入副总经理黄庆元。

2000年2月,由奉贤县政府与上海工投集团合资组建成立上海市工业综合开发区有限公司。职能和经营范围同上述公司。2月28日,双方举行"股份合作"签约仪式。协议公司注册资本1.98亿元,其中上海工投集团出资1亿元,占注册资本的50.5%,奉贤县国有资产管理办公室(以下简称奉贤县国资办)出资9800万元,占注册资本的49.5%。6月6日,该公司工商注册登记。2001年,因开发区税收属地可享受有关优惠政策的需要,经上海工投集团同意,将公司注册资本变更为2亿元,其中奉贤县国资办出资10200万元,占注册资本的51%,上海工投集团出资9800万元,占注册资本的49%。2005年5月18日,奉贤区政府办公室对开发区管委会《关于上海工业综合开发区股权变更的请示》作出答复。双方出资所占股份比例不变,但将奉贤的出资单位及其股份所占比例调整为上海市奉贤公有资产经营有限公司出资6200万元,占注册资本的31%,奉贤建设投资有限公司出资4000万元,占注册资本的20%。

1994年5月—2010年,领导班子成员更迭,历任总经理5人,均由奉贤区(县)投资方出任。2000年7月,上海市工业综合开发区有限公司成立董事会,设董事长,副董事长。董事长由上海工业投资集团出任,副董事长由总经理担任。

表7-8-2 1994—2010年上海市工业综合开发区有限公司主要领导任职情况表

总经理	任 期	董事长	任 期
朱德龙	1994年5月—1998年2月	王国雄	2000年7月—2003年5月
朱嘉骏	1998年2月—2001年8月	孙环葆	2003年5月—
管其昌	2001年9月—2002年7月	—	—
李臻	2002年7月—2010年11月	—	—
陈建庆	2010年11月—		

资料来源:上海市工业综合开发区提供

三、区域行政管理

1999年12月29日,奉贤县政府下发《关于奉浦工业区行政区域划定的通知》(以下简称《通知》),对奉浦工业区的9个行政村转入开发区区域暂作划定。《通知》明确"在奉浦工业区第一期开发区的8平方公里以内,江海镇韩村村等3个村以行政村为单位整建制转入"。2000年1月18日、20日,先后举行公谊村等3个村转入奉浦工业区的移交仪式。2001年4月—2005年4月,江海镇的树园村等 6 个村相继整建制转入开发区,隶属开发区管委会行政管辖。

2003 年 5 月,奉贤区政府发文"部分村民小组划出转入现代农业园区的通知"。5 月 30 日,举行开发区与农业园区关于划转有关交接事宜的签字仪式。开发区转入农业园区的村组有树园村 5 个组;韩村村 4 个组;公谊村 1—8 组;陈湾村 6 个组。涉及 4 个行政村共 22 个村民小组;划出土地面积 298.35 公顷;总资产 69.32 万元,除去负债 4.23 万元,实际所有者权益 65.09 万元。

2003 年下半年之后,发现已转入农业园区的 6 个村民小组存在跨越莘奉金公路问题,不便于农业园区规划。11 月 10 日,举行工业综合开发区、奉贤现代农业园区"划转协议"签字仪式,本着"地域为界、人地分离、人组分离、按章撤组"的跨线处置原则,就涉及相关村民小组的土地、人口处置问题达成协议。从农业园区划出的部分村民小组重又转入开发区,涉及土地面积 19.73 公顷。

第三节 规 划 与 建 设

一、园区规划

1994 年初,奉贤县建设局编制完成《奉贤县奉浦开发区总体规划》,拟定奉浦开发区区域范围:北起黄浦江纵深 3.2 公里,西临沪杭公路横贯 5.1 公里,规划控制面积 20 平方公里。4 月 21 日,县政府向县建设局作出批复:"原则同意奉浦开发区总体规划,第一期规划总面积 16.32 平方公里"。10 月 8 日,县政府曾发出《致市港务局的函》,要求"在奉浦开发区内兴建若干个 5 000 吨级的码头,以此加快和配合奉浦经济区建设"。此规划方案没有得到批准。根据中共上海市委、市政府有关领导的指示,在调查研究基础上,重新编制《奉贤南桥中心城总体规划的结构》和《奉浦工业区详细规划》,并上报市政府有关部门。1995 年 5 月,市规划局下发《关于奉浦工业区范围及布局结构的规划意见》的文件,原则同意县政府上报的规划方案,同时作出开发区位置整体向南推移 5 公里的决定,明确"奉浦工业区的范围为:规划总用地约 18.8 平方公里,其中工业用地约 6.97 平方公里"。1995 年 8 月,市政府在同意奉浦工业区列为市级工业区的批复中,原则确定"奉浦工业区位于萧金公路南侧 1 公里,总体规划面积为 18.8 平方公里"的选址方案。

进入 21 世纪后,原规划的区域面积与开发建设的发展形势不相适应,规划面积多次调整。2000 年 4 月 6 日,奉贤县政府批准开发区区域向南拓展 2 平方公里,总体规划面积由原来 18.8 平方公里扩大至 20.8 平方公里。

2004 年,奉贤区政府制定《奉贤区区域总体规划》,将开发区功能定位为建成以机电、电子和部分高科技产业为主导的工业综合开发。把原规划的 20.8 平方公里命名为开发区 A 区一期,作出辟建开发区 B 区和开发区 A 区二期的规划。工业综合开发区拓展为由三个跨地域的子区域组成,即开发区 A 区一期、开发区 A 区二期和开发区 B 区。

【开发区 A 区一期】

1996 年 6 月,县政府依据开发区一期规划布局分为工业区和生活区两部分。生活区布局划分为住宅区、教育区、商业区,占地面 39.42 公顷。商业区以奉浦商业街为主,占地面积 8.41 公顷。2000 年起,实际商业区由奉浦商业街向南延伸至运河北路。工业区总区域面积 6.97 平方公里。2003 年 3 月 10 日,国务院办公厅同意设立闵行出口加工区,开发区二期建设启动。开发区二期,区域以沪杭公路为界,总区域面积 10.8 平方公里。规划布局为三个板块,即以上海闵行出口加工区为中心的专业化工业园区;以中国普天工业园为主体的通讯产业园区和南桥镇江海经济园区。2004 年,在奉贤区政府颁布的《奉贤区区域总体规划》中,把原规划的开发区一期和二期归并为开发区 A 区一期,其主体区域面积 20.8 平方公里。

2010 年,开发区从实际出发,对 2008 年编制的开发区 A 区一期控制详细规划作出修改。至 2010 年末,开发区 A 区一期范围为 11.27 万平方公里。

【开发区 A 区二期】

2004 年,奉贤区政府作出开发建设开发区 A 区二期决定,区域面积 13.5 平方公里。3 月 26 日和 11 月 12 日,奉贤区政府先后召开区委 A 区二期开发建设协调会议,并形成会议纪要。2005 年 6 月,奉贤区政府制定《开发区 A 区二期总体规划》,其规划结构为"一心两轴三团三区"。"一心",即开发区 A 区二期的配套服务及管理中心;"两轴",即两条贯串整个开发区的绿化主轴;"三团",即开发区 A 区二期的区域面积划分成由奉浦、南桥、庄行三个工业组团开发建设;"三区",即从功能上考虑的用地布局,将该区域划定为配套服务管理区、机电产业区和高科技产业区。其中配套服务管理区有两部分组成,即行政办公中心和商业金融设施,规划用地面积 26.56 公顷;高科技产业区,规划用地面积 501.11 公顷,利用两条生态走廊以及现有水系,创造一个环境优美,相对安静的区域;机电产业区,规划用地面积 269.79 公顷。

【开发区 B 区】

2004 年,区政府作出开发建设开发区 B 区的决定。至 2005 年末,B 区建设没有实质性启动,2008 年正式撤销开发区 B 区。

二、开发建设

【土地开发】

1995 年起,对开发区 A 区一期土地进行详细规划、使用。开发区 A 区一期规划面积 20.80 平方公里,实际按 20.30 平方公里规划使用。

工业园区 区域规划用地总面积 8.18 平方公里,除去肖塘社区、老企业、商业房产原建筑占地面积和原道路占地面积共 2.35 平方公里后,该区工业实际可用土地面积 5.83 平方公里。

生活园区 区域包括教育区、商业区、住宅区,规划总用地面积 2.83 平方公里。至 2010 年底,生活区土地全部开发利用完成。

闵行出口加工区 区域规划用地总面积 2.77 平方公里。2003 年 11 月,一期工程建成封关,土地面积 1.76 平方公里。尚有 1.01 平方米土地未开发使用。

沿江房产开发区 区域北起航南公路,南至浦南运河,东起莘奉金公路,西至南横泾,总面积 2 平方公里。

【基础设施】

开发区基础设施建设,按照"总体规划""分期实施"和"自筹资金、滚动开发"的思路进行。起步阶段,实施市政基础设施和相关土建工程建设。

道路 1995 年 7 月 25 日,奉浦大道破土动工。该道路分三期工程修建完成。第一期工程,东自莘奉金公路,西至沪杭公路,长1913米,宽40米,10月25日竣工。第二期工程道路长1987米,宽40米,11月竣工。2004年把开发区一期和二期区域合并改称开发区A区一期,并决定开发建设开发区A区二期。2005年初,开发区A区二期道路建设工程启动,续修奉浦大道由南竹港向西延伸,至南沙港,长3600米,宽40米,下半年竣工。奉浦大道全线修建完成,全长7500米。

1996年3月18日,环城东路开工建设。南起航南公路,北接大叶公路,长4472米,宽40米,是年12月30日竣工。2000年4月,开发区区域面积向南扩展2平方公里至运河路,该道路与南桥城区的环城东路贯通。南起运河路,北至大叶公路,全长5600米,宽40米。

1997年3月1日,环城北路(原奉浦北路)开工建设。东起莘奉金公路,西至沪杭公路,全长1779米,宽40米,是年11月竣工。2003年初续修,向西延伸至南桥镇环城西路,是年9月竣工。与南桥环城西路接通后,奉浦北路改称开发区南桥环城北路,全长2770米,宽40米。

1995年7月—1997年3月,随着三条主干道路的开工建设,至2005年,出口加工区建成道路一纵四横总长度5450米,总投资3327万元。2005年,开发区A区二期道路工程建设启动,共完成建设一纵三横4条道路,总长度7140米,总投资6297万元。至2005年,原开发区一期区域内建成道路总长度31250米,总投资21428万元。

桥梁与驳岸　1995年,修筑奉浦大道时建造跨越南横泾的横泾港桥,桥长36米、宽23米,是年竣工。1996年,修建开发区南桥环城东路时建造了淀港桥、韩村港桥和陈湾港桥。2004年,开发区A区二期建设纳入规划,续修奉浦大道向西延伸,跨越南竹港、吴塘港、南沙港及红旗港。分别于2004年、2005年、2006年建造竣工竹港桥、吴塘港桥、沙港桥。至2005年,开发区共建造桥梁17座,总长度452米。

2000年6月,疏浚淀港柘中段河道400米,并在河道两岸垒筑石驳岸各400米,共投资108万元。此后,各建筑商随着房地产开发又相继在该河道两岸垒筑石驳岸,使淀港河段石驳岸延长至4600米。2003年6月,疏浚韩村港1000米,垒筑石驳岸2000米,并安装护栏杆,共投资70万元。2004年4月,疏浚流经闵行出口加工区的李家港和萧南港,长各1000米,垒筑石驳岸共4000米,总投资359.6万元。

供水与排水　1995年5月,供水工程建设启动,敷设开发区第一根直径600毫米自来水管道。1995—2005年,共敷设供水主管道20条、35433米,投入资金5239万元。至2005年底,开发区A区一期区域敷设直径300毫米至800毫米供水管道共31530米,投入资金4699万元;开发区A区二期区域敷设供水管道,长度共3900余米,投入资金540万元。

1995年起,开发区排水、排污工程随着道路建设的实施同时展开。排水、排污分流分管敷设。1996年1月,开发区排污系统工程建设启动。沿莘奉金公路西侧北起环城北路,南至南桥污水处理厂,全长6公里。污水进入总管道经多级排污泵站输入至南桥污水处理厂,经处理后南排入海。至2005年,开发区共敷设排污管道37条、25823米,共投入资金18386万元;建污水泵站3座,启用2座,投入资金1520万元。排污系统工程建设总投入资金3358.6万元。基本形成10条支管为框架的污水收集网络。

燃气　1995年始,开发区燃气工程建设启动。燃气主管道沿相关道路敷设,直径为300毫米铸铁管,与道路建设配合施工。居民小区及有关用气单位的燃气管道由邻近的主管道接入。1999年,上海城市管道煤气主输管道接入开发区。2004年1月1日,燃气由煤气转换为天然气。

电力与通信　1996年6月,开发区35千伏变电站奉浦站动工兴建。该站位于西渡镇金光村8组,占地面积1800平方米,总投资3630.30万元。电站由35千伏高压线两路送电,于1997年11

月 12 日建成送电运行。设备全部采用户内组合电器,负荷容量为 4 万千伏安。相继敷设环城东路、环城北路、航南公路、陈湾路、闵行出口加工区的奉闵路、加五路电力主干管线,总长度 25 290 米,投入资金 10 300 万元。继奉浦站后,又相继建竹港站和陈桥站,共建成 35 千伏变电站 3 座,投入资金总额 1.2 亿元;同时完成环北开关站和综星配电站建设,投入资金 1 600 万元;总投入建设资金 2.39 亿元。

1996 年 8 月始,实施开发区电信系统工程建设。是年建成程控电话机房 1 座,装机容量 8 万门。电话光缆线路采用地埋式布线。至年底,敷设通信管道 0.5 管程公里,合 3 孔公里,通信光缆线路长 4 皮长公里。20 世纪 90 年代末始,随着通信技术及市场经济发展,电信业务逐渐扩大,先后开展 ADSL 宽带网络、储值电话、IC 卡电话、201 卡电话、"小灵通"移动电话等业务。1999 年 8 月,上海市移动通信有限公司奉贤分公司成立,在开发区设微波传输天线铁塔 1 座,微波网络讯号覆盖全区。2000 年起,落户开发区企业和居民逐渐增多,为满足生产、生活需求,扩大装机容量,装置 12 万门程控电话交换机。

【房屋建设】

商品房与动迁安置房 1996 年,开发区规划第一个动迁安置房基地奉浦二村,开发区第一幢住宅楼动工。是年,第一幢安置房建设动工,于 1998 年竣工,总建筑面积 6.7 万平方米,绿化面积 22 011 平方米,绿化率 30%。1998 年,奉浦苑建设竣工,总建筑面积 82 000 平方米,绿化面积 80 640 平方米,绿化率 50%。2008 年,绿地南桥新苑竣工,总户数 3 217 户。至 2010 年,锦梓家园、玫瑰苑、聚贤煌都、绿地南桥新苑等居民小区相继建成。乐康苑、秀月花园、陈湾小区、九华苑等动迁安置居民小区相继建成。

工业用房 1995 年 9 月,实业总公司投资建造"奉浦标准厂房"。10 月 3 日,第一幢标准厂房动工兴建,1996 年 11 月 20 日竣工验收。1995 年 11 月,上海华龙企业(集团)有限公司与新加坡佳能国际私人有限公司联合投资兴建新龙洋标准厂房区,1998 年竣工。1996 年,上海航星机械(集团)有限公司为开发区企业建造厂房。1997 年,上海柘中(集团)有限公司和上海南桥变压器有限责任公司厂房建设相继动工。1999 年起,韩村、陈湾、公谊等村共建标准厂房。至 2000 年,6 家企业建成厂房,其中开发区企业建厂房 4 家。2001 年,建厂房企业 15 家,此后企业自建厂房步伐有所放缓。2000—2003 年,开发区招商一部、二部承建标准厂房。2002 建厂房企业为 6 家;2003 年 1 家;2004 年,闵行出口加工区建造标准厂房,2005 年竣工;2005 年,建厂企业共 49 家。至 2010 年,开发区共有工业用房 215 个地块。

商业用房 1996 年初,以奉浦商业街为中心的商业街区建设启动。奉浦商业街全长 1 000 米;是年,奉浦商业街东侧 1 号建筑物开始施工,随后 2 号～12 号商业用房建设相继动工。至 1999 年初,1～12 号商业用房建设竣工。1998 年初,始建奉浦商业街西侧商业用房。至 2000 年 8 月,1A～6B 号共 15 套商业用房建设竣工,8A～12C 号共 18 套商业用房于 2001 年 10 月竣工。2002 年 3 月,韩村路东段商业街动工,是年 12 月竣工。2000 年 4 月,韩村路西段商业街动工,2001 年 12 月竣工。2003 年 10 月,7 号商业用房建设竣工。2003 年 10 月 1 日,八字桥路商业用房动工,2004 年 5 月 8 日竣工。1996—2010 年,共建商业用房总面积 168 005 平方米。

社会事业用房 1997 年 3 月,实业总公司投资建造奉浦学校,9 月竣工;是年 7 月,投资建造奉浦物业管理站大楼,12 月竣工。1999 年 8 月,上海市奉贤中等专业学校校舍落成启用。1999 年,实业总公司投资建造奉浦幼儿园;2005 年,投资建奉浦幼儿园九华园分部。2004 年,实业总公司投资建造开发区社会事务受理服务中心,11月28日开工,2005年12月竣工。至2010年,相继有奉贤工业技术学校、奉贤区惠敏学校、上海商学院校舍落成。

办公用房 1996年8月15日,奉浦大厦开工建造,1997年9月竣工。1998年9月1日,大厦投入使用,管委会、实业总公司迁入办公。1999年1月,奉贤县投资管理服务中心入驻大厦,由政府22个职能部门设立服务窗口15个,实行内外资投资项目咨询、审批、办证等"一门式"服务。是年1月,县对外经济贸易委员会迁址入驻。2004年12月23日,开发区党工委、管委会和开发区有限公司及其直属部门迁出奉浦大厦,迁往闵行出口加工区大楼。

2003年4月,动工建造管委会大楼和海关大楼,10月竣工。管委会大楼为开发区党工委、管委会及总公司和出口加工区管委会及开发区有限公司、投资有限公司及其直属部门的办公场所。海关大楼内驻奉贤海关闵行出口加工区办事处和上海出入境检验检疫局驻闵行出口加工区办事处。2003年4月,动工兴建银行营业等办公用房,9月竣工,工商银行奉贤支行营业机构、物流报关等单位租赁使用。

三、生态环境

【环境管理】

1995年5月,按照市政府关于工业区邻近黄浦江上游准水源保护区,严禁安排污染性工业项目,切实保护水资源等要求,制定《工业区规划结构说明》,采取环境保护6项具体措施。其中要求招商引资严格项目选择,做好项目环保预审工作。根据市、区(县)政府给予开发区的功能定位精神,招商引资从一开始就对引进项目进行严格选择,引进科技含量高、能耗低、无污染的工业项目。

1996年5月,从开发区动工兴建第一家落户企业起,对生产过程产生"三废"的项目,要求在企业基建时实行环保设施与其同时设计、同时施工、同时运行的"三同时"制度。1997年始,开发区由信息部兼管环境保护工作,环境保护工作落实了专门人员。

至2010年,针对尚未纳入排污管网而又运作正常的企业,开发区对相关企业实行污染物排放许可证制度。

【环境治理】

1994年开发区成立后,严格执行《上海市黄浦江上游水源保护条例》。针对分布散落暂未纳入排污管网的部分企业,明令禁止污水排入黄浦江。1995—2005年,疏浚淀港、韩村港、李家港、萧南港河道4条。2010年,区环境监测站作开发区周围环境监测,抽样检测南横泾港断面和南竹港断面水环境质量,结果均符合国家标准,地表水水质在Ⅲ~Ⅵ之间。

1995年起,除道路建设外,每年有若干落户企业动工基建,对这些建筑工地,有关部门及时派员对入驻工地的建设单位和建筑企业进行联络,要求必须执行文明施工相关规定,从源头上控制扬尘,有效保持了开发区上空的空气质量。为控制烟尘,工业燃料和居民生活燃料方面坚持选用清洁型能源,基础设施建设敷设燃气管道。前期采用煤气,后改用天然气作为统一燃料。2010年11月,区环境监测站抽样勘测开发区奉浦大厦周边空气质量,测得空气质量符合国家二级标准。

从1995年起,减少噪声对环境影响。主要采取三项措施:合理规划布局,以奉浦大道为界,将工业园区与生活区分离,以减少工业噪声对居民生活的影响;适当扩大道路绿化带,既美化环境,又降低道路车辆产生的噪声;招商方面严格控制有严重噪声的项目落户开发区。至2010年,无一有严重噪声的项目落户开发区,噪声环境符合国家有关标准。

至 2010 年,区域内没有发生过环境污染事故。开发区的工业园区内已建成且投产的企业排污全部纳入管网。开发区的生活园区除运河路两侧的沿江地区污水排放尚未接入管网外,其他如商业、教育、居民小区等区域的污水排放均已纳管。

【绿化建设】

1996 年,开发区首建动迁安置房奉浦二村。该小区辟建绿化面积 2.20 万平方米,绿化率 50%。1998 年,建成市民办协和实验学校。学校绿化占地面积 1.8 万平方米,绿化率 38.6%。2001 年 9 月至 2003 年建成的上海商业职业技术学院,2004 年 9 月更名上海商学院,占地绿化面积 7 万平方米,占学校占地总面积的 32.8%。2005 年,建九华新苑。该小区内总绿化面积 1.74 万平方米,绿化率 30%。1998—2010 年,开发区区域内新建或迁建学校(含幼儿园)共 6 所,共占绿化面积 16.04 万平方米,校园绿化率 36.1%。

1996 年春起,建奉浦大道绿化带,至 2002 年,东起莘奉金公路的奉浦大道两侧绿化带建成;与此同时,奉浦大道与环城东路、与沪杭公路以及与环城西路相交的交通岛建设绿地。2004 年起,续建奉浦大道绿化带至南竹港绿化面积 1.04 万平方米。2005 年 10 月肖南路竣工。是年建成南起环城北路,绿化面积 7 700 平方米。

2000 年 11 月奠基建设四季生态园,于 2005 年建成。总占地面积 26.65 万平方米。区域范围:东临莘奉金公路,南毗邻航南公路,西至韩谊路,北至淀港。园区布局及风格由美国专业景观设计公司设计。园中水面积和绿地面积占总区域面积的 58.4%,园区景点设计成园中园,按有关国家或民族建筑特色设计的有伊斯兰园、法国园、英国园、荷兰园。其他景点有雕塑园、菊花岛、兰花岛、瀑布区以及儿童乐园。

第四节　招　商　引　资

一、招商管理

1994 年 5 月,开发区招商引资工作启动。1997 年始,开发区加强招商引资服务工作,制订服务措施,代理办理相关手续;编写、印发招商引资手册,为客商投资提供政策、办事程序等方面咨询服务。1998 年始,在全县率先对引进的外商投资项目实行"一门式"审批制度。1999 年后,国内外投资项目均由区(县)"一门式"服务窗口办理,进一步提高办事效率。2000 年起,在中共奉贤县委、县政府推动下,开发区招商引资工作出现新局面。招商人员发扬"四千",即赴"千山万水"、说"千言万语"、走千"家"万"户"、想"千方百计"精神,主动出击,创造条件大力宣传,推介开发区投资环境,吸引客商落户开发区,招商引资取得骄人成绩。

【招商机构】

1994 年 10 月成立奉贤县奉浦开发区信息部,具体负责招商工作。该信息部设副主任,其中 1 人常驻北京招商。1996 年 8 月,在市中心城区设招商办事处,实业总公司副总经理兼任上海招商办事处主任;成立奉浦招商有限公司,公司成立后没有实质性运转,2000 年初歇业。1998 年 8 月,该信息部改称招商部,内设机构有信息中心和上海办事处(客户中心)。1999 年 8 月,招商部扩容设招商一部和二部,机构、人员分工以及管理措施更趋合理、规范。12月,成立奉浦咨询有限公司,为股份合作制企业,注册资金50万元,由招商部职工集资筹成,负责注册型企业的招商引资工作。2003年11月,招商一部、二部合并为招商部,并撤销上海招商办事处。2004年11月,成立奉浦国际商贸园。该招商机构原属奉贤区政府招商办公室,2005年因机构精简转入开发区,专门从事商贸型企业的招商工作。2009年,招商部主任同时兼招商总监。

【目标管理】

2000年,开发区制订招商引资工作目标,对招商部、企业服务部、前置规划部、社会保障部等部门提出招商引资工作6条达标要求,并加以量化,以便对招商引资业绩进行全面考量。2000年起,内部实行招商任务指标和经费使用包干承包责任制度,将工作业绩与奖励挂钩,并把指标任务分解至相关部门和单位。2001年12月18日,管委会下发通知,与招商一部、招商二部签订"2002年招商引资内部承包责任协议书"。

【招商政策】

1996年,根据奉贤县政府《关于促进我县外引内联的若干政策意见》,开发区对外资企业投资实行优惠政策:凡投资兴办符合国家产业政策的外资企业,其所得税按国家规定的税率计征,但超过15%的部分全额返回;投资兴办500万美元以下的外资企业,除可享受国家规定的"两免三减半"优惠政策外,还可再享受"一年免征、一年减半(按15%减半计算)"的优惠;超过500万美元的享受市财政返回额的50%优惠;技术先进或出口创汇企业,再享受"三年减半征收"(按15%减半计算)的优惠;投资基础设施建设、发展高新技术产业项目的,还可享受更多的优惠政策。鼓励国内客商投资的优惠政策:凡城市大工业(包括工、贸、科)到开发区投资新办企业,其增值税和所得税按一定比例让利给新办企业;对于联营企业,包括已办的、新办和老企业嫁接的,其新增部分按一定比例奖励给企业。1997年1月1日,奉贤县政府下发《关于颁发〈进一步促进奉浦工业区外引内联的若干政策意见〉的通知》,对1996年开发区实行的外商投资优惠政策有所调整,取消了投资额500万美元的界限,不再享有原定超过500万美元享受市财政返回额的50%优惠条件,以及鼓励外方分得利润再作投资和产品出口享受返还所得税、免征或退还部分增值税的优惠政策。

1998年8月6日,奉贤县政府颁布《关于加快奉浦工业区开发和建设的若干政策》,对引进注册型企业实施优惠,政策规定为:县外企业注册到开发区所产生的地方税,按一定比例返回给开发区。并明确注册企业享受的优惠政策待遇均由开发区管委会负责。2000年开发区制定的招商引资优惠政策,规定注册在开发区的注册型企业,享受一定的奖励政策。

1999年起,开发区执行中共奉贤县委《关于招商引资活动中对项目中介人实施奖励的指导意见》和中共奉贤县委、县政府办公室制定的实施办法,对从县外引进投资项目有成绩的所有中介人(含国家公务员和海外人士,但副处级包括副处级以上现职领导干部和镇、局党政领导班子中直接从事招商引资工作的干部除外)实施奖励。具体奖励办法:以批租土地为奖励标的物,奖励标准为土地批租总金额折合人民币的1%~3%。不宜按批租土地金额奖励的项目,则按实际到位的外来投资额实行分档奖励。2000年,开发区管委会制定招商引资奖励措施。奖励对象为开发区员工(以部门为单位)和中介机构。奖励内容分实业型项目、注册型项目和租赁厂房三个方面。

2002年9月10日,奉贤区政府制定《关于进一步促进工业综合开发区发展的若干政策意见》,将地方税返回调整为:凡区内的市、区级企业(区财政单列结算的老集团企业除外)注册并落户到开发区,在依法纳税的基础上,以上年度税收为基数,其地方税增量部分按一定比例返回开发区。上述政策从 2003 年 1 月 1 日起执行。对注册型企业优惠政策也有所调整,规定凡落户在奉贤区外的工贸企业注册到开发区,其所产生的地方税(限增值税、营业税、企业所得税)区实得部分全部返回开发区。2004 年 3 月 19 日,奉贤区政府办公室下发《关于转发区财政局〈关于完善工业综合开发区财政扶持的办法〉的通知》,对地方税返回政策又作出调整。规定区内的区级企业(区财政单列结算的除外),以前年度已注册并落户到开发区、以后年度新注册并落户到开发区的,以注册并落户年度的上年度税收区实得部分为基数,其增量部分按一定比例返回开发区。

2002 年 9 月 10 日,奉贤区政府制定《关于促进工业综合开发区发展的若干政策意见》提出:开发区所辖范围内土地批租出让金(含六类用地批租出让金)的留部分全部返回开发区。在开发区所辖范围内使用土地缴纳土地使用指标费,按实际使用面积每公顷减免 15 万元。2004 年 3 月 19 日,奉贤区政府办公室在《关于转发区财政局〈关于完善工业综合开发区财政扶持的办法〉的通知》中,重申关于开发区所辖范围内土地批租出让金留区部分全部返回开发区,用于开发区基础设施建设的政策。

2006 年 7 月 25 日,开发区管委会制定并颁布《关于促进企业加快科技创新工作的奖励办法》,规定从 2006 年起,每年从开发区财政中提留 200 万元建立开发区"科技创新配套支助资金"。

【招商服务】

1997 年,开发区招商引资步入实质性阶段。开发区组织人力编写《招商引资业务手册》。10 月,开发区制定招商引资全程服务措施,为投资者在项目审批、土地批租、工程建设、员工招聘、工商注册、税务登记等方面提供全方位"一条龙"服务;为外贸企业代理办理海关、检验检疫、外汇管理、国际货运等进出口手续。开发区设立外商投资服务中心,提供 11 项外资服务项目,并承诺 3 000 万美元以内的外资项目一个月内完成立项审批;3 000 万美元以上外资项目 1 个月至 3 个月内完成立项报批。1998 年 1 月,编写完成《外商投资咨询手册》。10 月,编写了市级工业区招商项目《奉浦工业区分册》,内设 54 个项目,向社会和投资商发布、推荐。该分册由市经委、市外商投资委、市农委组织发布。1998 年,在奉贤县政府支持下,开发区对引进的外商投资项目实行"一门式"审批制度。凡项目投资涉及有关政府职能部门的,实行联合办公制度,集中审批。1999 年 1 月 1 日起,实行全县项目审批"一门式"服务后,开发区国内外投资项目审批均送县"一门式"服务窗口办理。"一门式"服务采取"一门受理、一口说清、并联审批、二审办理、一口收费"的服务措施,进一步提高工作效率。

2004 年 1 月,针对落户"上海闵行出口加工区"项目制定代理配套服务体系。是年 8 月,对落户开发区的项目审批业务一揽子代理办理服务流程作进一步充实完善,修订后的服务内容包括代理办理签订用地协议、企业名称预告登记、编制合同(章程、可行性研究报告)、呈报项目审批报告及领回奉贤区政府批准证书,以及代理办理企业代码、工商登记、税务海关、外汇管理、设备进口等各种手续和代理办理建设工程立项申请等,直至项目进入建设期。

二、招商活动

1995 年开发区建立网站。1995 年起,开发区有计划、有步骤地开展招商活动。通过举办和参加市、区(县)组织的投资环境推介会作为招商引资的重要手段,吸引中外客商到开发区投资开业或投资考察。1997年,在北京人民大会堂组织桥牌联谊赛。此后又在贵都大酒店多次组织举办过全市社会各界桥牌邀请赛。通过桥牌赛事活动建立友谊,推介、推销奉浦,为招商引资牵线搭桥。

1998年始,招商引资理念发生重大变化,招商活动已不局限于召开投资洽谈会、利用中介招商等传统方式,借鉴其他行业营销经验,产生了由过去的"关系对关系"向以"媒介对客户"的转变。采取"点"与"面"结合、"传统"与"现代"并举的方式方法,宣传开发区投资环境。并在实践中运用"系统"观念,全方位开展工作。是年8月,开发区招商部内设信息中心和客户中心(上海办事处),由信息中心负责整体营销。配备1名信息收集人员,负责收集其他竞争开发区和投资市场的动态信息,每星期编辑成册,提供给客户中心。客户中心负责与客户以及潜在投资商的联系、跟踪和洽谈。是年8月起,开展了"点对点"营销,即以具体的对象(潜在的客户)为目标,通过发送信函、电子邮件、传真等手段,向对方宣传介绍开发区投资环境。1998年8月—2003年10月,开发区参加了包括在上海世贸商城、上海国际展览中心、上海展览中心、上海农业展览中心等在内举办的500余个各种类型展览会。

1999年始,开发区导入网络推广(SEM)概念。通过与上海知名的搜索引擎优化商(SEO)合作,开始在谷歌、雅虎、百度、微软搜索引擎等网站上进行自然排序推广。推广成功并引进的外资项目有:美资企业上海富川哈丁塑料有限公司、日资企业爱思帝(上海)驱动系统有限公司、德资企业上海采埃孚福伦德底盘技术有限公司等。是年,与美国通用电气公司等知名公司举办外资企业足球赛活动,并在《上海日报》《中国日报》等外文媒体上载文报道,扩大奉浦知名度。2002年,开发区为配合新的营销投放,委托梅高广告统一设计开发区形象识别系统(VI)。

【投资推介会】

1996年2月6日,市外资委、奉贤县政府在广东省深圳晶都大酒店举办"奉浦工业区投资环境新闻发布会暨投资洽谈会"。世界著名公司、集团驻港澳台代表处、办事处的代表及港澳台新闻单位、上海主要新闻单位等200余人出席会议。1999年12月18日,奉贤县政府在奉浦大厦举办"99奉浦工业区投资推介会",来自美国、新西兰、澳大利亚等国家和中国香港地区的代表共200余名中外客商应邀赴会,现场与美国纽斯开公司等5家企业签订了项目的投资意向协议,投资总金额2.29亿元。2000年起,开发区先后赴美国、日本等地参加国际招商推介会,并多次参加国内组织的项目推介会。

【出境招商】

1995年11月18日,开发区发起并组织上海海外公司汉城支店与大韩民国海外投资局在汉城联合举办"奉浦工业区招商会"。韩国商贸中心株式会社、德国商会、日本三友银行株式会社有关人员及韩国一批企业家出席会议。1996年10月,管委会副主任李国才随奉贤县考察团前往日本,开展奉贤县及开发区投资环境宣传活动。1999年8月,开发区副总经理施云江随国家对外贸易经济合作部参加法国投资洽谈会。是月,开发区招商部招商总监金晓中随市外资委参加"香港'99中国投资贸易洽谈会"。2004年9月8—10日,参加奉贤区政府在日本大阪、东京举行的投资环境说明会,公司总经理李臻在会上作开发区投资环境介绍。2005年9月14日,开发区赴日本东京召开"上海光仪电日本东京推介招商会",会后,日本MIYACHI公司与开发区签署入驻上海光仪电产业基地协议。是月16日,开发区赴韩国大田市举办"光仪电产业基地推介招商会"。2007年6月,开发区物流装备公司总经理徐雪峰带队赴日参加中国物流与采购联合会和日本产业机械工业协会举办的招商推介会。2009 年 4 月 6 日,公司总经理李臻率相关人员赴日参加奉贤区 2009 年日本招商会,其间重点走访了先锋高科技(上海)有限公司等 11 家落户企业的日本总部。

【接待考察】

1995 年起,随着开发区投资环境在国内外影响逐渐扩大,国内外客商陆续到开发区考察。是年,先后有中国香港威格斯集团公司、上海汽车集团公司、印尼海天集团公司到开发区考察投资环境。2001 年 3—4 月,有 3 批中国台湾企业家考察团共 100 余人先后至开发区考察电机、电子项目投资环境。年内,另有西班牙、日本、美国、德国、希腊、法国和中国香港地区 14 家企业代表到开发区作投资考察或洽谈项目;国内客商到开发区考察和洽谈投资项目的有华经纳米超细技术应用研究所、医药集团、雷允上医药等。

三、招商成果

【外资项目】

1995 年,开发区引进外资项目 3 个,总投资额 3 140 万美元,注册资本 1 447 万美元,合同外资 2 635 万美元,实际到位资金 1 437 万美元。1995—1999 年,共引进外资项目 12 个,投资总额 11 996 万美元,合同外资 6 843 万美元,实际利用外资 4 977 万美元。2000 年,引进外资项目 11 个,其中合资项目 2 个。项目总投资额 10 273 万美元,合同外资 4 963 万美元,实际利用外资 4 875 万美元。2000 年始,招商业绩逐年增长,至 2010 年,开发区共引进外资项目 129 个,投资总额 19.6 亿美元,注册资本 11 亿美元,合同外资 9.8 亿美元,到位资金 9.2 亿美元。外资项目来自美国、日本、韩国、新加坡、德国、维尔京群岛、毛里求斯、希腊、瑞典、澳大利亚、芬兰、巴拿马、马来西亚、伊朗、法国、荷兰、土耳其等 19 个国家和中国香港、台湾地区。

【内资项目】

1995 年,开发区引进国内实业型项目 4 个,总投资金额 13 650 万元,注册资本 13 650 万元,实际到位资金 13 650 万元。2000 年后,引进落户内资项目数量、投资规模明显增加,当年引进落户内资项目 10 个。至 2010 年,共引进内资项目 108 个,投资总额 84 亿元,注册资本 30 亿元,到位资本 42 亿元。

【注册型项目】

1995 年,上海洪庙煤炭有限公司、上海鸿图置业有限公司注册在开发区。2000 年,引进注册型企业 87 家,总注册资本 62 751 万元。2005 年,引进注册型企业 48 家,总注册资本 5 920 万元。2006—2008 年,共引进注册型项目 827 个,注册资本 106 434 万元。至 2010 年,开发区共引进注册型项目 2 651 个,缴纳税金 56 753 万元。

【世界 500 强投资项目】

1999 年 9 月,德国西格里碳素集团与开发区签约,创办上海西格里碳素有限公司,计划项目投资总额 1.05 亿美元,2001 年 10 月 20 日竣工投产。2002 年 9 月 17 日,该公司与日本东海碳素株式会社合资开业,成立上海西格里东海碳素有限公司,项目投资 3 500 万美元,合同外资 1 400 万美元,实际利用外资 660 万美元。2005 年,实现销售收入 15 102 万元。

2000 年 12 月,日本先锋株式会社投资创办先锋高科技(上海)有限公司,投资方为日本先锋电子(中国)有限公司。项目投资 8 500 万美元,合同外资 4 000 万美元,实际利用外资 4 000 万美元,2005 年实现销售产值 331 024 万元。

2001 年 11 月 4 日,日本松下电工株式会社与开发区签约,创办上海松下电工电子材料有限公司。项目投资 2 450 万美元,合同外资 1 000 万美元,实际利用外资 1 000 万美元。2002 年 12 月 5 日项目竣工投产。2005 年,实现销售产值 8 430.10 万元。是年,日本富士电机系统株式会社旗下企业上海富士电机开关有限公司和上海富士变压器有限公司,注册转入开发区,两项目投资总额 3 340 万美元,合同外资总额 1 699 万美元,实际利用外资总额 1 699 万美元,2005 年实现销售产值共 6 185.40 万美元。

2003 年 12 月,美国多福集团其全资子公司依玛士集团在开发区创办依玛士(上海)标码技术有限公司,项目投资 500 万美元,合同外资 250 万美元,实际利用外资 250 万美元。2004 年 9 月 16 日竣工投产。2005 年,实现销售产值 28 644.40 万元。2004 年 9 月,奥托立夫投资创办奥托立夫(上海)气体发生器有限公司和奥托立夫(中国)电子有限公司,投资总额共 2 000 万美元,注册资本 1 010 万美元,合同外资 1 010 万美元。

2005 年 1 月,德国采埃孚集团投资创办上海采埃孚伦福德底盘技术有限公司,投资总额 2 000 万美元,注册资本 1 000 万美元,合同外资 510 万美元。2006 年,开发区世界 500 强企业 4 家、投资项目 4 个,即瑞典的奥托立夫集团企业投资创办上海奥托立夫汽车方向盘有限公司,投资总额 2 900 万美元,注册资本 1 500 万美元,合同外资 1 500 万美元。德国的采埃孚集团投资创办上海采埃孚商用车底盘技术有限公司,投资总额 732.10 万美元,注册资本、合同外资均为 582.10 万美元。法国的玛氏集团投资创办的皇誉宠物食品(上海)有限公司。美国的圣诺技(中国)电源有限公司,投资总额 1 120 万美元。

2007 年,西班牙的佛吉亚集团投资创办佛吉亚(上海)汽车部件系统有限公司,投资总额 182.32 万美元,注册资本及合同外资均为 130.23 万美元。英国英维思集团投资创办上海福克斯波罗有限公司。2008 年,2 家世界 500 强企业投资项目 2 个,三菱材料株式会社投资创办的碧梦技(上海)复合材料有限公司,投资总额 1 787.45 万美元,注册资本 979.21 万美元,合同外资 979.21 万美元。2009 年批准的由日本电装株式会社投资创办的上海电装燃油喷射有限公司,投资总额 7 190 万美元,注册资本 2 940 万美元,合同外资 999.60 万美元。

第五节　产业发展

一、经济规模

2010 年,开发区共有规模以上企业 114 家,完成工业产值 2 514 834 万元,实现销售产值 2 716 633 万元,利润总额 141 718 万元。

【增加值】

2000 年,开发区产业增加值总额 8 350 万元,其中第一、第二、第三产业增加值分别为 311 万元、4 894 万元、3 145 万元,分别占产业增加值总量的 3.7%、58.6% 和 37.7%。2005 年,产业增加值总量 10.64 亿元,第一、第二、第三产业增加值分别为 290 万元、6.98 亿元、3.64 亿元,分别占增加值总量的 0.27%、65.6%、34.2%。2010 年,产业增加值总值 35.27 亿元,第一、第二、第三产业增加值分别为 231 万元、28.89 亿元、6.38 亿元,第二产业占总量的 81.9%,第三产业占 18.1%。开发区的第二产业发展迅速,制造业成为开发区的主要产业。

【工业总产值】

2000 年,开发区工业总产值 1.31 亿元。2002 年,开发区工业总产值 18.64 亿元。2005 年,开发区工业总产值 89.96 亿元。2010 年,开发区工业总产值 251.48 亿元。2005—2010 年,开发区工业总产值共 959.92 亿元,年均增长 22.8%。

【工业销售与利润】

2000 年,开发区工业企业销售收入 1.48 亿元。2001 年起,工业企业销售收入逐年增加。2005 年,开发区工业企业销售收入 87.31 亿元。2010 年,开发区工业企业销售收入 271.66 亿元。2005—2010 年,开发区工业企业销售收入年均增长 25.5%。

2000 年,开发区工业企业利润总额 570 万元。此后,除 2003 年外,2001—2006 年,开发区工业企业利润均为负数;2007 年,开发区工业企业利润为 18 805 万元;2010 年,开发区工业企业利润为 141 718 万元。2007—2010 年,开发区工业企业利润年均增长 96.1%。

【外贸出口】

2000 年,开发区企业外贸出口额 1 430 万美元。2001 年起,以产品出口为主的开发区企业逐渐进入生产经营期。2001 年,开发区外贸出口企业 7 家,外贸出口总额 2 384 万美元,是年,先锋高科技(上海)有限公司外贸出口额 748 万美元,占开发区企业年出口额的 31.4%。此后,出口企业及出口额逐年增加。2003 年,出口企业 20 家,比上年增加 8 家,出口额 42 846 万美元。2005 年,开发区出口企业增至 42 家,出口额 47 317.86 万美元。其中,外商投资企业 37 家,出口额 46 967.14 万美元,占年开发区企业出口额的 99.3%。出口产品主要有通讯电器、输配电设备、服装等。2007 年后,随着落户出口加工区的创见资讯(上海)有限公司等企业的投产,开发区外贸出口增速明显。2010 年,开发区出口额增至 20.65 亿元。2005—2010 年,开发区外贸出口额年均增长 34.3%。

【税收收入】

2000 年,开发区企业纳税总额 3 448 万元,其中区级地方财政收入 1 138 万元。2003 年,纳税总额 2.37 亿元。2004 年,区级地方财政收入为 1.76 亿元。2005 年,开发区纳税总额增至 5.43 亿元,区级地方财政收入增至 3.18 亿元。2006 年,开发区纳税总额 6.83 亿元,因地方财政收入结算比例调整,区级地方财政收入减至 2.51 亿元。此后,随着经济建设发展,开发区企业纳税总额逐年增加,区级地方财政收入也不断加大。2010 年,开发区纳税总额增至 14.06 亿元,区级地方财政收入增至 3.80 亿元。2005—2010 年,开发区企业纳税总额 56.27 亿元,年均增长 20.9%。

【固定资产投资】

1995 年 7 月始,开发区进入基础设施建设阶段。当年 10 月,奉浦大道竣工。1997 年,落户开发区的第一家工业企业上海凯伦钢结构厂开业。此后,随着招商引资落户企业增多,推动道路、电力、供水、排污、燃气、电信等基础设施建设逐渐展开,固定资产投资日益扩大。2000年,固定资产投资2.5亿元;2005年增至10.04亿元;2010年达到15.39亿元。2000—2010年,开发区固定资产投资总额累计113.71亿元,年均投资增长19.9%。

二、主导产业

至2010年,按国民经济行业分类标准分类,开发区初步形成以通用设备、计算机、电子设备制造、输配电及控制设备制造、燃料电池制造等为特色的工业体系。

【通讯设备、计算机及其他电子设备制造业】

2000年12月,先锋高科技(上海)有限公司落户开发区,注册资本4 000万美元,到位资金4 000万美元,于2001年建成投产,完成工业产值10 188.60万元,实现销售产值7 377.70万元。2002年始,上海普天友通信息科技有限公司、上海芯哲微电子科技有限公司、创见资讯(上海)有限公司等企业相继落户并建成投产。至2010年,规模产出的通信设备、计算机及其他电子设备制造业企业共10家,完成工业产值780 663万元。

【交通运输设备制造业】

2001年9月,奥拉莫林(上海)有限公司落户开发区,注册资金100万美元,实际到位资金100万美元,2002年建成投产,完成工业产值655.2万元,实现销售产值593.2万元。至2010年,规模产出的交通运输设备制造企业共13家,均为外资企业,完成产值670 486万元。

【电气机械及器材制造业】

1997年4月,上海富士电机变压器有限公司落户开发区,注册资金713万美元,到位资金713万美元,2001年建成投产,完成工业产值4 663.30万元,实现销售产值4 663.30万元。至2010年,规模产出的电气机械及器材制造业企业共20家,完成工业产值538 925万元。

【专用设备制造业】

1999年,上海新星双螺杆机械有限公司落户开发区,注册资金100万元,到位资金100万元,2000年建成投产,完成工业产值600万元,实现销售产值600万元。2002年始,精英模具(上海)有限公司、宝马格(上海)压实机械有限公司等一批外资企业相继落户开发区。至2010年,规模产出的专用设备制造企业共14家,完成工业产值105 524万元。

【通用设备制造业】

2000年11月,雷文密封材料(上海)有限公司落户开发区,注册资本150万美元,到位资金150万美元,2002年投产,完成产值486.8万元,实现销售产值451.9万元。至2010年,规模产出的通用设备制造企业共14家,完成工业产值76 936万元。

【塑料与橡胶制品业】

1999年12月,上海宫川哈丁塑料有限公司落户开发区,注册资本420万美元,到位资金420万美元,2001年建成投产,完成工业产值363.9万元,实现销售产值120万元。2000年,落户开发区塑料橡胶类企业2家,其中上海程远塑胶厂是年随陈湾村整机制转入开发区。至2010年,规模产出的橡胶、塑料制品类企业共11家,完成工业产值83 515万元。

【非金属矿物制品业】

2002年9月,上海西格里东海碳素有限公司创办,注册资本1 400万美元,实际到位资金660万美元,为德国与日本合资企业。此后,实耐建材(上海)有限公司、斯泰克陶瓷有限公司等企业相继落户并建成投产。至2010年,规模产出的非金属矿物制品企业共5家,完成工业产值53 458万元。

【仪器仪表及文化、办公用机械制造业】

2002年9月,上海奉城新瑞自动化仪表有限公司落户开发区,注册资金200万元,到位资金200万元。2004年建成投产,完成工业产值1 380万元,实现销售产值1 207万元。是年,依玛士(上海)标码技术有限公司建成投产。至2010年,规模产出的仪器仪表及文化、办公用机械制造企业共4家,完成工业产值50 820万元。

【其他行业】

截至2010年,除上述8类行业以外的规模企业还有23家,分属10个行业。这部分企业完成工业产值154 508万元。

三、科技创新

【星火火炬计划项目】

1999年,上海航星机械(集团)有限公司的GX系统干洗机列入星火计划项目,并组织实施。2001年7月—2002年12月,上海飞洲电气股份有限公司承担火炬计划项目的产品Prisma低压固定式开关柜。2001年7月—2003年7月,上海南桥变压器有限责任公司的IGS9－H(2)型组合式变压器和上海通用风机股份有限公司的KJF型低噪声空调风机列入星火计划项目。2001年10月—2003年12月,上海航星机械(集团)有限公司的IYMK型全自动高速水性印刷模切(圆压圆)开槽机列入上海市重点火炬计划项目。2003年,上海南桥变压器有限责任公司的IGS9－H(z)型组合式变压器产品和2004年上海神力科技有限公司的质子交换模燃料电池汽车发动机中试产业化项目列入国家火炬计划项目。至2005年,列入国家火炬计划项目共2项,列入市级火炬计划项目5项。

【新产品项目】

1998年7月,上海航星机械(集团)有限公司的XGQ变频式全自动工业洗衣机和GX－10C型全自动电脑干洗机列入并完成国家级新产品试制(鉴定)计划项目。2000年,上海通用风机股份有限公司的KJF型低噪声空调风机和上海航星机械(集团)有限公司的P440全封闭干洗机列入并完成国家级重点新产品试制(鉴定)项目,技术水平分属国际先进和国内领先,各获国家资助拨款30万元。2001年,上海通用风机股份有限公司的KJF型低噪声空调风机,获"国家级新产品"奖。

2002年上海航星机械(集团)有限公司的P460型全封闭干洗机和上海天衣轮胎有限公司的轮胎喷涂防漏气涂层列入上海市重点新产品计划项目。2004年,上海通用风机股份有限公司的KHF型大流量高压力离心通风机;2005年,上海培新实业有限公司的PX－QT6－15型全自动砌块成型机,均列入市重点新产品计划项目。至2005年,开发区共列入国家级新产品试制计划项目4项,列入市级新产品试制项目4项,列入上海市重点新产品计划项目4项。

【高新技术成果转化项目】

1999年12月,奉贤县政府颁布《关于促进高新技术成果转化的若干意见》,提出以市、区(县)两级高新技术企业为高新技术成果转化的主力军。2000年,上海神力科技有限公司的质子交换模燃料电池(SCI－XX)被认定并实施市高新技术成果转化项目。2003年1月和7月,上海德惠空调设备厂的IJK型直接蒸发式空调机组和上海普天友通信息科技有限公司的无限市话模块及终端产品,分别被认定为市高新技术成果转化项目。2005年,上海宏广电气有限公司的智能型分相分级无功率补偿装置被认定为市高新技术成果转化项目。至2005年,开发区全区域企业被认定并实施的市高新技术成果转化项目共4项。

【高新技术企业】

1992年9月,市科委颁布《上海市高新技术企业(产品)认定办法》。1997年12月,中共奉贤县委、县政府制定了《关于加强我县高科技产业化发展的若干意见》,从1998年开始,县有关部门建立奉贤县高新技术企业培育认定制度。当年,开发区内的上海柘中(集团)有限公司和上海航星机械(集团)有限公司分别被认定为县级高新技术企业和市级高新技术企业。1999年,上海南桥变压器有限责任公司被认定为县级高新技术企业。2000年,开发区内获批市级高新技术企业3家。至2004年,开发区内被认定为区(县)级高新技术企业共9家。此后,除1家外,另8家企业相继转为市级高新技术企业。2005年,被认定为区级高新技术企业有3家,其中先锋高科技(上海)有限公司、上海南桥变压器有限责任公司被评为2004—2005年度奉贤区优秀科技企业。2005年,奉贤区政府首批授牌区级企业技术中心共3家,其中位于开发区内的企业有2家,即上海南桥变压器有限责任公司和上海神力科技有限公司。1998—2005年,开发区内先后被认定为区(县)级高新技术企业共12家。后相继升格为市级高新技术企业,至2005年,区级高新技术企业尚存3家。2006年始,先锋高科技(上海)有限公司等一批企业由原来的区级高新技术企业提升为市级高新技术企业,有一批企业跨入区级高新技术企业门槛。至2008年,开发区内评定为市级高新技术企业15家,区级高新技术企业10家,并涌现一批"企业技术中心"企业共7家,其中市级"企业技术中心"企业5家,区级"企业技术中心"企业2家。

表7－8－3　至2008年上海市工业综合开发区市级高新技术企业名录表

企 业 名 称	企 业 名 称
上海宏普通讯器材有限公司	上海神力科技有限公司
先锋高科技(上海)有限公司	上海通用风机股份有限公司
上海公谊兽药厂	上海瑞派机械有限公司
上海黄燕模塑工程有限公司	正英工业燃烧设备(上海)有限公司

（续表）

企 业 名 称	企 业 名 称
上海雷允上药业有限公司	上海双鸽实业有限公司
上海柘中(集团)有限公司	上海光诚邮电通信设备有限公司
天地上海采掘装备科技有限公司	上海光电医用电子仪器有限公司
上海南桥变压器有限责任公司	—

资料来源：上海市工业综合开发区提供

表 7 - 8 - 4　至 2008 年上海市工业综合开发区区级高新技术企业名录表

企 业 名 称	企 业 名 称
上海帝高燃气电气有限公司	上海长隆工业设备有限公司
上海欣昶鑫企业发展有限公司	上海康先电子科技有限公司
上海涌华通风设备有限公司	上海益侃微电子有限公司
上海海业信息科技有限公司	上海颐坤自动化控制设备有限公司
上海新飞洗涤设备有限公司精英模具(上海)有限公司	—

资料来源：上海市工业综合开发区提供

　　至 2010 年,开发区内经认定的市级高新技术企业共 15 家,占奉贤区市级高新技术企业 60 家的 25％。其中,上海航星机械(集团)有限公司、上海柘中(集团)有限公司和先锋高科技(上海)有限公司等,相继被认定为市级企业技术中心。

第九章　上海金山工业园区

　　上海金山工业园区前身为上海市金山嘴工业区。至2003年，金山嘴工业区依托金山石化城和上海化学工业区的优势，形成以石油精细化工、化学品延伸产业、新型建材等企业群体。2003年9月，金山区人民政府（以下简称金山区政府）成立金山工业区。是年，金山区政府先后成立金山工业区管理委员会、上海新金山工业投资发展有限公司（以下简称新金山发展公司）。

　　2004年，新加坡裕廊顾问公司设计《金山工业区总体规划》。4月，市规划局批准同意该规划。是年，金山工业区动迁农户523户、企业6家，完成动迁安置基地——恒信家园一期工程，第一批安置入住75户，开始有计划推进镇保和自养人员问题。

　　2005年，金山嘴工业区正式更名为上海市金山工业区。2006年，金山工业区通过ISO 9001和ISO 14001质量管理体系和环境管理体系认证，综合服务功能提升。2006—2007年，金山工业园区重点发展机械制造、生物医药、新型材料、电子信息及研发科技四大产业。

　　2009年初，金山工业园区初步形成"五大产业基地"：新能源和节能环保产业基地、生物医药产业基地、新材料产业基地、先进装备电子信息产业基地和食品加工产业基地。是年，金山工业区被国家发展和改革委员会命名"上海国家生物医药产业基地"，被商务部、科学技术部命名"国家科技兴贸创新基地"，被上海市推进高新科技产业化工作小组办公室命名"上海市高新科技产业化新材料产业基地"，并获"上海市生物医药行业诚信企业"称号。

　　2010年5月，金山区政府成立金山工业园区社区管理中心，行使工业区区域行政管理职能。10月，全国首个国家绿色创意印刷示范园区落户金山工业区，该园区规划面积245公顷，以绿色创意印刷产业为核心，重点发展绿色包装印刷、绿色特种印刷、智能标签印刷、印刷数字化、防伪和票证印刷等十大产业。至年底，金山工业区已有131家规模以上企业落户，完成工业总产值78.8亿元。是年，金山工业区被评为品牌创建优秀园区、上海市节水型园区。

第一节　工业区创建

　　金山工业园区前身为上海市金山嘴工业区（以下简称金山嘴工业区），创建于1993年。1994年12月31日，经市政府批准，金山嘴工业区被列为市级工业区，规划面积22.8平方公里。至2003年，金山嘴工业区已开发约6平方公里。由于深水港码头规划调整、上海市公共卫生中心建设，以及涉及规划建设磁悬浮、沪乍铁路、城市轻轨等重大公共设施建设用地控制，金山嘴工业区剩余的16.8平方公里规划工业用地无法实施开发建设。是年5月，金山区进行工业区布局规划调整，整合了金山嘴工业区和山阳、朱行、亭林的镇级工业区，形成44平方公里的市级工业区——金山工业区。

　　2003年9月，金山区政府正式成立金山工业区，并以市级工业区名义开展招商引资工作。2004年6月，国务院五部委联合检查组在上海检查验收上海市开发区清理整顿结果时，指出金山嘴工业区开发度较低，要求压缩规划面积。上海市上报国务院拟保留开发区中，金山区市级工业区仍为金山嘴工业区，其规划面积为19.8平方公里（在22.4平方公里的基础上核减3平方公里）。2005年

1月4日,市政府批准将金山嘴工业区更名为上海市金山工业区。

2008年,金山工业区引进上市公司5家,有福达(上海)食品有限公司、上海华峰普恩聚氨酯有限公司、利雅路热能设备(上海)有限公司等;引进世界500强企业2家,开工项目15个。2009年,金山工业区完成高新技术企业申报2家;完成上海名牌企业申报5家;完成小巨人培育企业申报1家;完成污水纳管11家;完成专利申报103个。是年,金山工业区共有9家企业申报技术改造,总投资为3.77亿元。通过技改,企业提高了工作效率、降低了能耗、提高了产值。此外,金山工业区经上海市水务局、市经济信息化委联合评审为节水型工业园区。

2010年,金山工业区明确"5+1+X"的产业格局,"5"即为生物医药产业基地、食品加工产业基地、先进机械装备和电子信息产业基地、新能源产业基地和新材料产业基地。"1"即为绿色创意印刷产业基地。"X"即为现代服务业、综合保税区和其他新兴战略产业的培育。10月,全国首家国家绿色创意印刷产业示范基地的落户金山工业区,为工业区发展提供新的机遇和挑战。

第二节　管　理　机　制

一、管理机构

2003年9月13日,金山区政府批准成立金山工业区管委会,全面负责金山工业区的开发建设、社会事务、行政管理工作,由分管工业的金山区副区长兼任管理委员会主任。金山工业区管委会驻地开乐大街158号。2010年5月,金山工业区成立金山工业区社区管理中心,集行政管理、物业服务等于一体,辖区总面积约43.37平方公里,涵盖9个行政村和3个居委会。至2010年底,金山工业区管委会内设机构有办公室、组织人事部、宣传统战部、综治信访部、土地城建部、社会事业部、工业贸易部、武装部、人大、纪委、工会、共青团、妇联、财政所、经济管理所、劳动保障管理所、城乡环境管理所、文化广播广播服务中心、农业技术推广服务中心、法律服务所、社区事务受理中心、党员服务中心共22个部门。

表7-9-1　2003—2010年上海市金山工业区管理委员会主任任职情况表

姓　名	职　务	任 职 时 间
李华桂	上海市金山工业区管理委员会主任	2003年9月—2007年5月
倪向军	上海市金山工业区管理委员会主任	2008年2月—2010年3月
沈华棣	上海市金山工业区管理委员会主任	2010年3月—

资料来源:上海金山工业园区提供

二、开发主体

2003年10月24日,金山区政府同意成立新金山发展公司,为金山工业区的运作机构,具体负责金山工业区的开发建设、招商引资和企业服务等工作。新金山发展公司为区属国有企业,初始注册资金1.38亿元。2004年2月28日,新金山发展公司揭牌仪式在朱行镇政府举行。至2010年底,新金山发展公司已增资至3.3亿元。

表 7 - 9 - 2　2003—2010 年新金山发展公司董事长任职情况表

姓　　名	职　　务	任 职 时 间
张士杰	上海新金山工业投资发展有限公司董事长	2005 年 3 月—2006 年 10 月
严　杰	上海新金山工业投资发展有限公司董事长	2006 年 10 月—2010 年 3 月
倪向军	上海新金山工业投资发展有限公司董事长	2010 年 3 月—

资料来源：上海金山工业园区提供

表 7 - 9 - 3　2003—2010 年新金山发展公司总经理任职情况表

姓　　名	职　　务	任 职 时 间
张士杰	上海新金山工业投资发展有限公司总经理	2003 年 11 月—2005 年 4 月
孙引良	上海新金山工业投资发展有限公司总经理	2005 年 4 月—2008 年 2 月
倪向军	上海新金山工业投资发展有限公司总经理	2008 年 2 月—2010 年 3 月
周永超	上海新金山工业投资发展有限公司总经理	2010 年 3 月—

资料来源：上海金山工业园区提供

三、区域行政管理

金山工业园区兼有辖区经济开发和行政管理双项职能。2003 年 9 月，金山工业区管委会成立。2005 年 3 月 28 日，经市政府批准，撤销亭林、松隐、朱行镇，建立新的亭林镇。是月，金山区政府发文，金山工业区管委会行使朱行镇区域 9 个村和 1 个居委会，共计 101 个村民小组 26 895 人行政管理职能。2006 年，金山工业区管委会辖管区域增加 1 个居民委员会。至 2009 年，金山工业区管委会辖管区域涵盖 9 个村民委员会和 3 个居民委员会。2010 年 5 月，金山工业区社区管理中心成立，负责金山工业区辖区内的社会保障、人口综合管理和经济普查等各项社会事业。至 2010 年底，金山工业区辖区内总户籍 8 700 户，人口 26 493 人，来沪常住人口 14 937 人。

第三节　规 划 与 建 设

一、园区规划

2003 年，金山区政府特委托顾问公司对管辖区域进行规划（产业定位研究、区域规划及总体规划），形成《金山工业区总体规划》，规划总面积约 58 平方公里，规划中产业定位的重点方向为：精细化工产业和生物制药产业、新型和高性能材料产业、环保和城市综合利用及机械电子产业。2004年 4 月 5 日，市规划局复函原则同意《金山工业区总体规划》。是年，金山工业区编制了《道路桥涵专业规划》《金山工业区市政专业规划》《排水管道专业规划》《电力专业规划》《上水专业规划》等 8个专业规划。

2005—2007 年，金山工业区根据《金山工业区总体规划》划分的配套和产业功能分区，分别编制机械制造区《上海金山工业区 A 区控制性详细规划》、生物医药区《上海金山工业区 B 区控制性详细规划》、产业配套区《上海金山工业区主中心控制性详细规划》和精细化工区《上海金山工业区 E 区控制性详细规划》、食品加工及新材料区《上海金山工业区G区控制性详细规划》、产业配套区《上海金山工业区次中心控制性详细规划》和综合保税区《漕河泾综合保税区（金山功能区）控制性详细规划》。

2010年，为对接"两规合一"标准化管理和管控需求，以《金山工业区总体规划》为基础，金山工业区编制《金山工业区总体规划（2010年新编版）》。明确"十二五"期间园区发展目标，即通过总量扩张、业态升级、结构优化、产城融合，实现经济发展模式的转变，最终实现将金山工业区建设"三区一基地"的发展目标，即：先进产业集聚区、科技进步先导区、体制创新示范区，建成"国家新型工业化产业示范基地"。规划区域分为四个功能分区，即主中心生产性服务区、次中心城镇生活区（朱行社区）、产业区以及区域其他地区的农业与生态保护区。其中主中心生产性服务区、次中心城镇生活区（朱行社区）和产业区组成了金山工业区集中建设区。产业区发展节能环保产业、食品研发和生物医疗器械产业、生物医药和先进装备制造产业、综合保税区、生物医药、先进装备制造和印刷产业以及化工产业，规模约为20.05平方公里。主中心生产性服务区规模约为1.34平方公里，主要提供为园区职工服务的商业、办公、文化娱乐以及居住等服务。次中心城镇生活区（朱行社区）规模约为1.59平方公里，人均城镇生活区用地约为80平方米。农业与生态保护区包括区域其他地区的大片农林用地，规模约为36.17平方公里。

二、开发建设

【动迁安置】

住房安置 2004年，金山工业区拆迁工作启动。是年，工业区组建动迁安置部，具体负责农民动迁和安置。是年，金山工业区共拆除旧房142 003平方米，安置新房面积64 960平方米，支付动迁补偿金188 612 257元。完成网格道路设施等项目，涉及运河和新街村等416户动迁，拆除民房142 003平方米，安置农户住房64 960平方米。

2005—2006年，金山工业区开发建设全面展开，道路网格内地块和主干道项目陆续动迁。两年中，完成新街、运河、保卫和合兴4个行政村的1 463家农户的动迁安置，拆除旧房面积472 217平方米，安置农民住房213 920平方米。

2007—2009年，金山工业区动迁工作由于建设放慢原因，主要以金联热电、输电线路、长楼港疏浚和危房带拆等项目进行动迁。三年共完成合兴、新街和欢兴村等254户农户的动迁安置，拆除旧房面积52 790平方米。安置农民住房28 160平方米。

2010年，新一轮建设开始，随着主中心、保税区、立新安置房基地等项目的筹建，一年内共完成胥浦、合兴、保卫和立新村等676户农户的动迁工作，拆除旧房面积190 219平方米。由于安置房建设的滞后，2010年动迁的农民在外过渡，直至立新安置基地安置房建设完成后进行安置。至年底，工业区动迁工作涉及9个村52个项目，累计动迁户数2 809户，拆除面积857 230平方米，补偿款总计1 314 239 550元，安置面积307 040平方米。

表7-9-4 2004—2010年金山工业区安置面积表

年 份	动迁户数（户）	拆除面积（平方米）	安置面积（平方米）
2004年	416	142 003	64 960
2005年	866	292 778	131 200

（续表）

年　份	动迁户数（户）	拆除面积（平方米）	安置面积（平方米）
2006 年	597	179 439	82 720
2007 年	82	20 799	13 600
2008 年	24	5 088	10 240
2009 年	148	26 903	4 320
2010 年	676	190 220	—

资料来源：上海金山工业园区提供

人员安置 2003—2010 年,金山工业区不断完善征地安置制度和管理措施。2004 年,金山工业区动迁农户 523 户、企业 6 家,落实小城镇社会保险 1 451 人、征地养老金 428 人,支付总额 2 029万元;完成动迁安置基地——恒信家园一期工程,建筑面积 3.6 万平方米,第一批安置入住 75 户;用于征地生活费、医疗费等支出 2 413 万元,有计划推进镇保和自养人员问题。2005 年,金山工业区动迁农户 959 户、企业 20 家;建成并交付安置房 16 万平方米,在建 14 万平方米,安置动迁户1 235 户。金山工业区开设各种培训班,500 多名失地农民接受再就业培训;金山工业区鼓励入驻企业招聘当地劳动力,区内的英国东冠纸业(上海)有限公司、日本金井特线工业(上海)有限公司、日本福助工业(上海)有限公司、上海大巨龙篷盖新材料有限公司、上海亚龙工业(集团)有限公司等首期用工 70% 为当地劳动力,其中有 50 多人被派往日本培训。金山工业区推进社会保障工作,结对帮困 216 户,发放各类救济金 217.96 万元。农村合作医疗基金投保率 95% 以上,基金到位率100%。2006 年,自养人员的费用(包括养老金、医药费、丧葬费)共支出 428 万元,2007 年共支出518 万元,2008 年共支出 659 万元,2009 年共支出 604 万元,2010 年共支出 671 万元。截至 2010年年底,工业区为 2 809 户人办结农转非手续,参加了镇保和参保,其中养老人员 1 049 人,吸纳劳动力人口 10 244 人,使绝大部分吸劳人员就业上岗。

表 7 - 9 - 5　2003—2010 年金山工业区安置人口情况表

年　份	动迁人数（位）	吸劳（位）	养老（位）	安置劳动力（位）
2003 年	—	611	6	611
2004 年	416	599	8	899
2005 年	866	5 874	998	4 997
2006 年	597	2	0	2
2007 年	82	1 869	15	1 869
2008 年	24	59	2	59
2009 年	148	836	13	836
2010 年	676	94	7	94

资料来源：金山工业区社区事务受理中心统计资料

【土地开发利用】

整体进程 2004 年《金山工业区总体规划》中,金山工业区四至范围为东至嘉金高速公路

(A5),西至松卫南路,南至漕廊公路,北至亭枫高速公路,总面积为58平方公里,其中工业用地规模约为41平方公里,首期开发面积22.8平方公里。是年,金山工业区已开发7平方公里。2006年,金山工业园区开发土地面积200公顷,累计1364公顷,土地开发率59.8%;批租土地面积46公顷,累计720公顷;建成企业土地面积88公顷,累计408公顷,土地建成率56.7%。至2007年底,金山工业区累计开发土地面积850公顷。2007年批租土地面积44公顷,累计397公顷;建成企业土地面积67公顷,累计265公顷。2008年,金山工业区有13块建设用地项目实现挂牌,共出让土地面积57.2公顷,上海斯瑞碳纤维公司、上海嘉宝莉涂料有限公司等的12个项目获取土地。

　　根据2009年第二次全国土地调查成果,金山工业区内总面积7095公顷,土地利用构成为:农用地面积为4783公顷,占土地总面积的67%。其中,耕地面积4150公顷,园地面积24公顷,林地面积55公顷,养殖水面面积228公顷,坑塘水面77公顷,设施农业用地面积24公顷,其他农业用地面积225公顷。建设用地面积为1857公顷,占土地总面积的26%。其中,城镇用地面积409公顷,工业仓储用地面积876公顷,农村居民点用地367公顷,交通运输用地169公顷,其他建设用地面积37公顷。未利用地面积为456公顷,占土地面积的6%。其中,河湖水面388公顷,滩涂苇地4公顷,其他未利用地63公顷。

　　2010年总规修编,经两规合一确定"十二五"期间开发面积22.8平方公里。

表7-9-6　2003—2010年金山工业区土地出让(划拨)情况表　　　　　单位:公顷

年　　份	工业用地出让情况	六类用地出让情况	市政设施用地划拨情况	小　　计
2003年	—	4.11	—	4.11
2004年	80.58	26.79	—	107.37
2005年	49.67	2.98	—	52.65
2006年	46.70	—	—	46.70
2007年	42.30	—	8.74	51.04
2008年	60.90	—	6.75	67.65
2009年	43.78	—	—	43.78
2010年	59.65	—	2.80	62.45
合　计	383.58	33.88	18.29	435.75

资料来源:金山工业区项目服务部、规划建设部统计资料

时兴经济小区　金山工业区在开发建设中形成时兴经济小区。时兴经济小区是金山工业区为发展私营经济、民营经济设立,前身是朱行镇经济小区,1997年3月建立,同时成立上海市金山区朱行经济发展有限公司(后更名为上海时兴经济发展有限公司),公司设置与招商引资相匹配的管理机制,并在上海市区设立招商办事处。2005年,朱行镇建制撤销,时兴经济小区正式成为金山工业区旗下的经济小区。

　　2007年,时兴经济小区入驻企业370家。2008年,注册企业425家,税收1.92亿元。2009年,新增企业473户,新增税收2.28亿元。至2010年,时兴经济小区注册落户企业超过2000家,年纳税额超过2亿,当年新增企业523户,实现税收2.43亿元。

上海金山高科技园区　2000年12月,上海金山高科技园区成立,是经市科委和金山区政府批

准的金山区唯一的高科技园区。是年,由金山区科委、科协和朱行镇政府共同投资创建的上海金山高科技园区发展有限公司成立。上海金山高科技园区用地2.5平方公里,建成7 000平方米标准厂房,实行企业化运作。2002年,成立高科技园区朱行第二招商部,引进上海信谊金朱药业有限公司等43家实业型企业和200多家注册型企业入驻园区。2005年,上海金山高科技园区归金山工业区管理。

【基础设施】

2003—2004年,金山工业区更名前,朱行镇市政类建设项目主要集中在道路桥梁、河道疏浚、土地复垦及新建镇区绿地项目上。在此两年时间内,修筑道路4.8公里,新开、疏浚河道3.2公里,平整土地334公顷,填筑土方23万平方米。完成朱吕、廊漕公路路面建设、污水排海主管道通海、亭卫公路两侧绿化、龙泉港疏浚整治、工业区道路建设等。2005年后,金山工业区建设体系进一步明确,生态环境进一步得到优化改良。

2005年,浇筑道路29.5公里,建桥梁6座、箱涵14座、污水提升泵站3座,建成35千伏变电站1个,架设电力管线12.4公里,通讯管线20公里,铺设上水管线17公里,开挖河道6.7公里,平整土地410公顷。初步为金山工业区的招商引资和推进发展工作打下了基础。

2006年,新建道路12.4公里,建成35千伏变电站、10千伏开关站和污水提升泵站各1座,敷设电力排管12.6公里、通信排管26公里、给水管道8.4公里、污水管道9公里、雨水管道19公里,新开挖河道4.2公里,新建绿化27.1万平方米。

2007年,新建道路4.6公里,扩建道路2.06公里;建成3座10千伏开关站;敷设雨水管道2.603公里,通信管道7.98公里,完成2.4公里10千伏高压电力线路架设;开挖河道3.48公里,平整土地50.67公顷;新建绿化18.6万平方米;更新改造路灯159盏。

2008年,新建道路6.04公里;完成了月工、南星和长楼港3座污水提升泵站,百已、百浩、金争3座10千伏开关站;完成月工路、揽工路、天工路、A5高速公路朱行出口处和亭卫公路西侧部分段面共18.6万平方米绿化。

2009年,新建道路1.8公里;建设完成220千伏合兴变电站项目及金联集中供热项目;种植道路绿化面积16.8万平方米;安装路灯122盏;拓宽整治河道6.5公里;新建雨水管道3.2公里,污水管道4.41公里。是年12月,时代大道中运河大桥竣工。

2010年,新建道路3.18公里,完成道路绿化1.5万平方米。安装路灯121盏,安装路灯路段达22公里。截至年底,工业区建成道路已达47公里,雨水管道86.6公里,污水管道49.9公里,桥梁22座,给水管道29.9公里,污水提升泵站5座,35千伏变电站2座,220千伏变电站1座,供热站1座。

【配套设施】

为解决工业区落户企业外来务工人员居住问题,金山工业区于2006年规划建设金山工业区便利中心。便利中心位于月工路888号,是由园区投资承建的大型综合性服务社区。东临金百路,南至月工路,西至金舸路,北至塔已寺河。总用地面积70 136平方米,总建筑面积69 033.77平方米,建成后可提供约5 000人居住,总体项目分二期建设。

便利中心主要分为职工公寓、商业配套两大块。总体项目分两期建设。一期职工公寓于2008年竣工,建筑面积52 638.89平方米共7幢宿舍1 258间房间。二期商业配套2012年竣工,建筑面积 16 394.88 平方米。便利中心总投资近 3 亿元,为园区各企业、员工提供幽雅的生活环境和齐全的配套服务。商业配套服务有:餐饮服务、工业区专线、医务站、计划生育站、消防站、外口办、工会服务等各职能部门服务窗口及站点。便利中心运营良好,包括华峰日轻铝业、永盛包装、东富龙等企业的员工已入住,出租率达 90% 左右。

第四节　招商引资

金山工业区自 2003 年 9 月成立至 2010 年,招商引资工作大致经历三个阶段。2003—2005 年,金山工业区初创时期,以园区规划建设为主,努力加快形象建设,不断改善投资环境,招商引资不断吸纳外商投资、内资和私营企业。2006—2007 年,金山工业区招商引资以引进企业个数多、投资额大为主。引进企业多为粗放型、低附加值、劳动力密集型低端装配及代加工企业。2008—2010 年,金山工业区经过 7 年的开发建设,产业规划更加明晰,逐步引进越来越多优质企业入驻园区。

一、招商机构

2003 年 9 月,金山工业区成立,招商引资工作由新金山发展公司负责。2005 年,金山工业区组建专业招商队伍,由专人负责招商引资工作,拓宽招商渠道,拓展合作招商和代理招商内涵。

2007 年,金山工业区加强整合招商资源、建设招商队伍、推介招商信息力度,完善招商引资各项机制。成立三个招商部门,分别为招商一部、招商二部、招商三部,成立一个驻上海办事处,位于上海市长宁区娄山关路新虹桥中心大厦。2008 年,金山工业区进一步加大招商引资力度,成立六个招商部门,在原先三个招商部门基础上,增加招商四部、招商五部、招商六部,负责招商引资工作,其中招商六部为驻宁波办事处。

2010 年,金山工业区按产业组建专业招商队伍,围绕生物医药、食品加工、绿色创意印刷、先进机械装备和电子信息、新能源和节能环保及新材料五大产业招商。新金山发展公司获"上海市生物医药行业诚信企业"称号。

二、企业服务

【服务部门】

2003 年,金山工业区成立生产服务部和经发办,负责企业服务、安全生产、环境保护、节能减排、科协等工作。2008 年成立金山工业区企业管理服务公司,注册资本 10 万元,负责企业管理服务、企业管理咨询等工作,注册地址开乐大街 158 号。

【服务活动】

2003 年,金山工业区举办各类科普培训班、讲座 8 个(次),580 多人次参加,发放科技宣传资料 5 000 多份。

2005 年,金山工业区建立工业区领导班子成员与企业挂钩制度,解决企业生产生活实际困难。会同区劳动和社会保障局职业技能培训机构,联合组织定单式培训,开设电工、电焊工初级工和电脑中级工等多个专业培训班,500 多名失地农民参加培训。

2006 年,金山工业区加强服务企业意识,开展提升金山工业区综合服务功能的 ISO 9001 和 ISO 14001 质量管理体系和环境管理体系认证并顺利通过。2007 年 5 月 25 日,金山工业区举办了"保护知识产权,做好专利申请"讲座。

2008 年,金山工业区成立企业管理服务公司,进一步建立起为企业服务的长效机制,切实帮助企业解决困难和问题;与各村(居)委会、生产企业 250 家单位签订安全生产责任书(包括消防安全),确保一方安全。

2009 年,金山工业区落实安全生产措施,全年检查单位 310 家、设备 450 台,发现隐患 53 处,整治 46 处。2010 年 4 月,金山工业区为提高市民的知识产权保护意识,迎接精彩世博,举行"4·26 知识产权日活动"。

【服务成效】

2003 年,金山工业区申报、通过国家级科技创新项目 2 个。2006 年,工业区内上海"亚龙"、"塔格"两家企业申报高新技术企业,申请办理专利产品 42 个。2008 年,金山工业区申报专利项目 41 个,淘汰高能耗、高污染企业 3 家。

2009 年,金山工业区申报高新技术企业 2 家、上海名牌企业 5 家、小巨人培育企业 1 家,申请专利 103 个。申报技术改造企业 9 家,总投资 3.77 亿元。实施节能技术改造企业 7 家,投入 2.72 亿元,节约标煤 13 861 吨。工业区被国家发展和改革委员会命名"上海国家生物医药产业基地",被商务部、科学技术部命名"国家科技兴贸创新基地",被市推进高新科技产业化工作小组办公室命名"上海市高新科技产业化新材料产业基地",上海新金山工业投资发展有限公司获"上海市生物医药行业诚信企业"称号。

2010 年 3 月 22 日,金山工业区管理委员会颁布《金山工业区关于企业科技创新的扶持办法》,旨在鼓励金山工业区企业提高品质,加大研发投入,不断提高企业的科技水平,鼓励企业走自主创新之路,使企业不断做强做大。是年,4 家单位申报金山区专利试点单位,金山工业区同时申报了第一批金山区专利试点园区,8 家企业申报上海市创新资金的扶持。上海沃迪科技有限公司获得了国家创新基金的资金扶持。是年,上海信谊金朱药业有限公司申报高新技术企业,工业区内现共有 9 家高新技术企业。

三、招商成果

截至 2003 年,金山工业区已入驻以八一集团、开乐股份为龙头的暖通空调企业,上海信谊金朱药业有限公司、上海长征富民金山制药有限公司、上海百特医疗用品有限公司等医药企业。是年,总投资 6 000 万美元的外资企业金井特线工业(上海)有限公司入驻金山工业区,主要生产纤维机器部件、金属制品加工制造,汽车轮胎中的加强材料等产品,是园区成立后第一家进驻的外商独资企业。

2004 年,金山工业区采取"在建一批,开工一批,储备一批,洽谈一批"办法,实施"自主招商、合作招商,中介招商,代理招商、委托招商、职业招商"等招商策略,先后在日本、美国、德国等地设立招商代理处,与国内知名开发区建立合作招商关系。全年引进外资项目 11 个,总投资 2.3 亿美元,合同利用外资 9 276 万美元;内资项目 12 个,总投资 15.5 亿元。上海福助工业有限公司等签约入驻。

2005 年,金山工业区联络沟通各大外资银行,中介机构与协会团体等招商合作伙伴,先后与日本横滨银行、东亚银行、瑞士银行等协会,以及塑料行业协会、上海外资委各商务小组等外资金融机构及中银香港上海办事处、上海新材团体机构建立招商合作关系。全年引进外资项目7个,总投资1.43亿美元;内资项目9个,总投资20亿元。是年,上海皓月电气有限公司等签约入驻。

2006年,金山工业区通过整合资源、完善招商队伍、加强宣传推介、完善招商引资绩效考核制度,全年共完成签约项目36个,总投资59.84亿元,其中:内资项目26个,投资总额47.2亿元;外资项目10个,总投资1.58亿美元。是年,化妆品OEM/ODM供应商上海麻沼化妆品有限公司、上海天普汽车零部件有限公司、上海金豹实业股份有限公司等签约入驻。

2007年,金山工业区全年共完成签约项目54个,总投资达112.3亿元。其中:内资项目45个,总投资98.1亿元;外资项目9个(含1个增资项目),总投资1.8亿美元,合同利用外资7 354万美元;租赁标准厂房项目19个,租赁面积5.9万平方米,总投资达6.1亿元(其中外资项目总投资达2 469万美元)。是年,迪芘油墨(上海)有限公司等签约入驻。

2008年,金山工业区提出"内外并举、主攻外资、抓大不放小"的招商理念,全年共完成签约项目40个,其中:内资项目11个,协议总投资34.3亿元;外资项目5个,协议总投资2.16亿美元;租赁标准厂房项目16个,租赁面积6.7万平方米,协议总投资1.8亿元和1 827.9万美元。引进上市公司5家,世界500强企业2家。韩国独资企业上海农心食品有限公司正式迁入,上海凯茂生物医药有限公司等签约入驻。

2009年,金山工业区招商引资突出主攻打造生物医药产业板块和主攻打造高新技术产业园,全年共完成签约项目54个,协议总投资66.2亿元和2.77亿美元,合同利用外资3 075万美元。是年,上海沃迪自动化装备股份有限公司、上海三辉麦风食品有限公司、艾蒂复合材料(上海)有限公司、上海东富龙制药设备制造有限公司等签约入驻。

2010年,金山工业区围绕"转方式、促转型、提能级",落实"招商引资增后劲,推进项目落地促发展"举措,加强技术创新,推动产业结构调整和转型升级。全年共完成签约项目46个,协议总投资70.7亿元,其中:内资项目9个,总投资53.1亿元;外资项目8个,总投资2.3亿美元,合同利用外资4 403万美元。上海立旺食品有限公司、上海阿妙食品有限公司、上海万仕诚药业有限公司、上海金山纸业有限公司等签约入驻。

表 7-9-7　2003—2010年金山工业区招商引资情况表

年　份	总签约项目		内资签约项目		外资签约项目	
	个　数	总投资额(亿元)	个　数	总投资额(亿元)	个　数	总投资额(亿美元)
2004 年	23	33.9	12	15.5	11	2.3
2005 年	16	31.44	9	20	7	1.43
2006 年	36	59.84	26	47.19	10	1.58
2007 年	54	112.3	45	98.1	9	1.77
2008 年	40	53	11	34.3	5	2.16
2009 年	54	88.36	—	66.2	—	2.77
2010 年	46	70.7	9	53.1	8	2.3

说明:统计美元与人民币汇率按1∶8计;2008年总数据包括租赁项目
资料来源:《金山年鉴》、金山工业区总结材料等资料

第五节　产　业　发　展

一、经济规模

金山工业区自 2003 年 9 月成立以来，经过 7 年的建设和发展形成生物医药、食品加工、绿色创意印刷、电子信息及机械制造、新能源新材料等五大产业。截至 2010 年底，金山工业区企业数 221 家。

金山工业区建立 7 年来，经济总量不断扩大，工业总产值由 2003 年的 12.68 亿元提高到 2010 年的 100.35 亿元；主营业务收入由 2003 年的 12.65 亿元提高到 2010 年的 80.47 亿元；出口交货值由 2003 年的 7.06 亿元提高到 2010 年的 9.39 亿元；利润总额由 2003 年的 0.88 亿元提高到 2010 年的 1.94 亿元；税金总额由 2003 年的 1.43 亿元提高到 2010 年的 6.26 亿元。

表 7 - 9 - 8　2003—2010 年金山工业区主要经济指标表（一）　　　单位：亿元

年　　份	单位数（个）	从业人员（万人）	工业总产值	主营业务收入	出口交货值
2003 年	54	0.77	12.68	12.65	7.06
2004 年	64	1.10	24.67	23.54	7.86
2005 年	219	0.89	36.08	34.84	4.35
2006 年	245	1.48	56.55	53.32	8.17
2007 年	218	1.33	75.46	74.23	10.08
2008 年	170	1.56	78.07	74.75	10.11
2009 年	191	1.38	87.61	85.71	6.34
2010 年	221	1.6	100.35	80.47	9.39

说明：2007 年、2009 年、2010 年"资产总计""流动资产平均余额""固定资产净值平均余额"，2010 年"主营业务收入"，2010 年三资企业"主营业务收入"均为规上企业数据。其余数据为工业企业主要经济数据。2003 年和 2004 年"主营业务收入"用"销售收入"代替。三资企业 2003 年"主营业务收入"用"销售收入"代替。

资料来源：《上海市金山区统计年鉴》《金山工业区 2010 年度工业年报》《2008 年开发区统计手册》《金山工业区产值数据表》

表 7 - 9 - 9　2003—2010 年金山工业区主要经济指标表（二）　　　单位：亿元

年　份	利润总额	税金总额	资产总计	流动资产平均余额	固定资产净值平均余额
2003 年	0.88	1.43	16.03	9.52	5.42
2004 年	0.87	2.08	15.57	—	4.68
2005 年	2.01	2.81	20.26	11.74	9.66
2006 年	2.6	4	31.84	14.59	12.77
2007 年	3.63	4.73	47	18.03	21.7
2008 年	3.77	5.16	—	—	—

（续表）

年　份	利润总额	税金总额	资产总计	流动资产平均余额	固定资产净值平均余额
2009 年	3.17	5.58	80.3	34.32	29.52
2010 年	1.94	6.26	106.63	52.5	38.6

说明：2007 年、2009 年、2010 年"资产总计""流动资产平均余额""固定资产净值平均余额"，2010 年"主营业务收入"，2010 年三资企业"主营业务收入"均为规上企业数据。其余数据为工业企业主要经济数据。2003 年和 2004 年"主营业务收入"用"销售收入"代替。三资企业 2003 年"主营业务收入"用"销售收入"代替。

资料来源：《上海市金山区统计年鉴》《金山工业区 2010 年度工业年报》《2008 年开发区统计手册》《金山工业区产值数据表》

表 7‑9‑10　2003—2010 年金山工业区三资企业主要经济指标表　　　　单位：亿元

年　份	工业总产值	主营业务收入	出口交货值	利润总额	税金总额
2003 年	92 275	95 028	70 560	6 388	3 149
2004 年	116 066	107 551	78 634	—	6 968
2005 年	112 946	114 376	22 821	8 934	8 204
2006 年	160 526	152 045	36 622	10 547	11 731
2007 年	232 659	237 137	81 536	15 640	13 783
2008 年	282 300	272 733	95 244	22 086	18 179
2009 年	338 908	333 820	60 647	25 267	19 276
2010 年	401 677	476 886	73 587	24 186	21 509

说明：2007 年、2009 年、2010 年"资产总计""流动资产平均余额""固定资产净值平均余额"，2010 年"主营业务收入"，2010 年三资企业"主营业务收入"均为规上企业数据。其余数据为工业企业主要经济数据。2003 年和 2004 年"主营业务收入"用"销售收入"代替。三资企业 2003 年"主营业务收入"用"销售收入"代替。

资料来源：《上海市金山区统计年鉴》《金山工业区 2010 年度工业年报》《2008 年开发区统计手册》《金山工业区产值数据表》

二、主导产业

金山工业区自 2003 年 9 月成立至 2010 年，产业发展大致经历三个阶段。

2003—2005 年，金山工业区初创时期，在原先朱行镇空调、塑胶、医药、制衣等产业基础上，重点发展电子信息、机械制造、生物制药、食品加工、精细化工等产业。

2006—2007 年，金山工业区重点发展机械制造、生物医药、新型材料、电子信息及研发科技四大产业。

2009 年初，金山工业区初步形成"五大产业基地"：新能源和节能环保产业基地、生物医药产业基地、新材料产业基地、先进装备电子信息产业基地和食品加工产业基地。通过参与 2009 年中国国际生物技术与设备博览会、第 11 届上海国际生物技术与医药研讨会、中国新能源与可再生能源装备大会、上海市 2009 生物医药产业推进会和 2009 上海生物医药产业发展高峰论坛等重要活动，加强与重点生物医药企业的对接。是年 8 月，金山工业区被授予"上海国家生物医药产业基地""国家科技兴贸创新基地"；10 月，被上海市推进高新技术产业化工作小组办公室命名为"上海市高新技术产业化新材料产业基地"。是年，上海新金山工业投资发展有限公司荣获"上海市生物医药行业诚信企业"称号。

2010年，金山工业园区明确了"5+1+X"的产业格局，"5"即为生物医药产业基地、食品加工产业基地、先进机械装备和电子信息产业基地、新能源产业基地和新材料产业基地，"1"即为绿色创意印刷产业基地，"X"即为现代服务业、综合保税区和其他新兴战略产业的培育。10月，全国首家国家绿色创意印刷产业示范基地的落户为工业区的发展提供新的机遇和挑战。

【生物医药产业】

2003年，金山工业区已有上海百特医疗用品有限公司、上海信谊金朱药业有限公司、上海长征富民金山制药有限公司等医药企业，为生物医药产业的发展奠定基础。9月，金山工业区规划形成生物医药产业基地，规划面积2.78平方公里，基地范围内规划分布有生物医药标准产业园（产业化项目转化平台）、复星医药产业园等"园中园"。园区深化与国药集团、上药集团、华润医药集团有限公司等央企的战略合作，联合复星医药等医药企业，推进与张江药谷联动发展，构建药物制剂、医疗器械制造产业集聚。

2004—2010年，金山工业区引进多家高技术含量、拥有自主品牌的重点企业，促进生物医药产业基地的发展。包括：以制药装备容器制造为主的上海东富龙制药设备制造有限公司，以中药产业化和各类中药饮片生产、销售为主的上海万仕诚药业有限公司，从事药用试剂、生化试剂、高纯试剂、环保试剂、电子试剂等专用特色试剂生产、研发、包装的上海沃凯生物技术有限公司。其中，上海东富龙制药设备制造有限公司拥有上海市高新技术成果转化证书。上海沃凯生物技术有限公司自主品牌——沪试品牌，荣获上海市名牌产品。

上海百特医疗用品有限公司　1995年成立，公司注册资本7 200万美元，是大输液专业生产型企业，主要生产全新研发的全密闭系统AVIVA百唯安的静脉输液产品。公司于1998年12月开始试生产，1999年产品投入中国市场。上海百特在金山得到了良好的成长和发展，产量从1999年的200万袋，发展到2006年近9 000万袋。2010年销售收入达9.7亿元，实现税收1.02亿元。是一家最早进入中国医疗市场的多元化经营的跨国医疗用品公司。

上海信谊金朱药业有限公司　1998年10月由原上海信谊药厂水针剂车间扩建而成，是上药信谊药厂下属子公司，注册资本907.2万元。公司是一家以液体制剂为系列的，集注射液、滴眼液、输液和口服液等六大剂型80余个产品为一体的现代化制药企业。2000年工厂进行改造，2001年5月竣工，新厂占地面积22 500平方米。2010年，公司产值为1.39亿元，税收为498.01万元。

上海凯茂生物医药有限公司　2008年11月19日，公司注册成立，注册资本1.53亿元，是上海复星医药集团下属成员企业，集研发、生产、销售生物医药于一体的高新技术企业。项目总投资1.55亿元，于2010年3月18日与金山工业区正式签约，厂区占地5.93公顷，产品以生物技术药物和抗肿瘤化药为主，公司致力于全球范围内的医药产品的研究、开发、生产及商品化。

上海长征富民金山制药有限公司　前身为上海长征制药厂和上海怡和药厂。上海怡和药厂创始于1937年，是中国第一家民族输液专业化制药企业。1998年，上海长征制药厂与上海富民制药厂合并，成立上海长征富民药业有限公司。2003年5月，华源集团收购上海长征富民药业有限公司，更名上海华源长富药业（集团）有限公司。2007年10月，由华润全资控股的华润医药集团分拆重组上海长征富民金山制药有限公司；11月，华润医药集团持有本公司96.3%股权。

【食品加工产业】

食品加工产业是园区传统支柱产业之一，有着良好的产业基础，自园区2003年成立以来，便逐步形成产业规模。2003 年 9 月,金山工业区规划食品加工产业基地,基地位于金山工业区东南部,规划面积 2 平方公里。主要涵盖休闲食品、方便食品、保健食品和食品添加剂等各类食品加工业。

2003—2010 年,金山工业园区引进一批知名食品企业。包含:福达(中国)投资有限公司控股的外商独资企业——福达(上海)食品有限公司,注册资本 1 850 万美元,以酱油及酱油原油研发、生产、包装和销售等功能于一体;上海三辉麦风食品有限公司,占地 6.67 公顷,主要生产法式面包、蛋黄派、提拉米苏、铜锣烧、薯片、干吃奶片、蒸蛋糕、三明治、肉松蛋糕、慕尼卡等数十种不同品牌、规格的绿色休闲食品;上海比瑞吉宠物用品股份有限公司,占地 3 万多平方米,从事全系列的猫粮狗粮的研发、生产、品牌销售;绝味食品股份有限公司的全资子公司——上海阿妙食品有限公司,生产以豆制品、水产加工品、蔬菜制品、肉制品(鸭副为主)等 45 个品种的产品;上海立旺食品有限公司,占地面积约 8.33 公顷,主要生产糖果、谷物棒及曲奇饼干等。其中,上海比瑞吉宠物用品股份有限公司于 2010 年推出草本处方粮,并获得《发明专利证书》。

上海融氏健康产业股份有限公司 1998 年成立,主要经营融氏纯玉米胚芽油、RONGS 特级初榨橄榄油等高端高品质新鲜食用油,是上海市高新技术企业、农业产业化上海市重点龙头企业、上海市著名商标、上海市名牌、上海放心粮油、网购首选金品。2001 年 2 月首家进入标超、超卖销售,在超市买到的第一瓶非转基因玉米油是融氏的。2002 年起成为大型企事业单位福利首选品牌;2009 年 1 月首家涉足电商渠道的国内食用油品牌;2010 年首家通过绿色食品认证玉米胚芽油品牌。

中粮融氏生物科技有限公司 2007 年公司注册成立,是中粮集团成员企业,注册资本 1.2 亿元,占地面积约 14 公顷,专业生产经营"融氏"淀粉糖等系列品牌产品,"融氏淀粉糖"是上海市名牌产品,中粮融氏是长三角地区最大的淀粉糖企业之一。2006 年斥巨资重建和扩建淀粉糖研发中心,建立了中试与实验中心、检验与分析中心、信息中心及中国淀粉糖史事记。2010 年中粮融氏淀粉糖的年生产能力已达 15 万吨,同时开始筹划建设产能 10 万吨的 F55 果葡萄糖浆生产线。总生产规模将达 25 万吨,主要生产和提供常规淀粉糖产品、果葡萄糖及糖醇类系列产品。

上海农心食品有限公司 2008 年 9 月,公司正式入驻金山工业区,是一家韩方独资的企业,公司注册资本 4 600 万美元。作为韩国农心在海外的首家工厂,于 1998 年 9 月正式生产以农心辛拉面为主要产品的方便面食品,产品销往中国大陆、中国香港、中国澳门、马来西亚等地。公司有 6 条方便面生产线、一条杯面生产及一条碗面生产线。主要生产:辛拉面、石锅拉面、上海汤面、辣白菜拉面等系列的袋面、杯面及大碗面等产品。2010 年,公司产值达 2.05 亿元,税收达 175.11 万元。

【绿色创意印刷产业】

2010 年 8 月 30 日,经原国家新闻出版总署批准,金山工业区成立上海金山国家绿色创意印刷示范园。10 月 11 日,上海金山国家绿色创意印刷示范园正式揭牌。示范园规划面积 245 公顷,是由上海市新闻出版局和金山区政府共同打造的全国首家绿色创意印刷示范园区。园区的建设坚持以科学发展观为指导,围绕"现代高新产业集聚地,上海现代制造业西南板块支撑点"的战略目标,以高端印刷、绿色印刷为发展目标,注重对接国际印刷市场,充分发挥区域基础设施和产业资源优势,通过政策引导和扶持,推动绿色印刷的产业化、集聚化、高端化、组织化发展,成为接纳国际绿色印刷和服务外包转移的重要承载地,国家绿色印刷产业的示范区。

上海福助工业有限公司 2004 年 4 月公司成立,试生产于 2005 年 7 月,由日本福助工业株式会社及伊藤忠商事株式会社共同投资。日本福助工业株式会社是日本专业的包装材料生产企业,共拥有 18 家工厂。上海福助工业有限公司采用日本薄膜生产的先进工艺流程和引进日本、德国先进的设备,拥有吹膜、塑料软包装涂覆(凹版、凸版)和精加工多条生产线。2008 年公司荣获第 6 届全国柔性印刷品"精品奖",2009 年公司荣获上海市先进技术企业和上海市优秀印刷企业荣誉。2010 年,公司产值达 1.18 亿元,税收达 287.6 万元。

上海金山纸业有限公司　2010 年公司成立,占地面积 10 公顷,总投资近 5 亿元,是一家专业从事高档瓦楞包装的生产企业,产品以瓦楞纸箱、彩箱、彩盒、礼品盒为主。公司客户主要以外资企业和国营大中型企业为主,产品广泛应用于食品、家用电器、电子仪表、医药制品、服装、计算机、汽车产业、家具、日化、奢侈品等众多领域。

【先进机械装备和电子信息产业】

2003 年 9 月,金山工业区规划建设先进机械装备和电子信息产业基地,基地位于金山工业区西南部,规划面积 12.5 平方公里。重点企业有:沃迪自动化装备、利雅路等。

上海沃迪自动化装备股份有限公司　1999 年始创,占地面积约 5.37 公顷,2009 年与金山工业区签订投资协议,2010 年第二季度开始建设研发、生产。是一家以搬运机器人及果汁成套设备等专用食品加工机械制造的企业,是一家具有独立自主知识产权的国产码垛机器人产业化厂家。

上海天普汽车零部件有限公司　2007 年创办,注册资本 1 亿元,于 2009 年 3 月正式投产,主要生产车用管路。公司是上海市的高新技术企业,拥有先进的生产设备及自动化管理系统,产品主要与全球日产、日本马自达、大众、福特、通用等国际上大型汽车厂合作,在业界享有一定的声誉。2010 年产值达 3 577 万元。

利雅路热能设备(上海)有限公司　2008 年 6 月公司成立,注册资本 400 万欧元,是意大利利雅路集团公司在中国投资的独立运营全资子公司。主要生产燃油、燃气燃烧器及其零部件,燃气壁挂炉。2009 年 11 月利雅路上海金山新建工厂落成。意大利利雅路集团成立于 1922 年,是世界燃烧器和燃气壁挂炉生产的领导者之一。在燃烧器和燃气壁挂炉的研发、生产和质量控制方面一直处于世界领先地位。早在 2000 年,利雅路集团公司在北京设立了代表处。2010 年产值达 1.33 亿元,税收达 703.8 万元。2010 年度被评为上海市外商投资双优企业,金山工业区 2010 年度财税贡献三等奖。

上海冰熊专用汽车有限公司　2009 年 11 月公司注册成立,占地约 5.8 万平方米,计划年设计生产能力为冷藏车、保温车、厢式运输车、邮政车、医疗废物运转车 3 000 辆,公司引进意大利生产技术和设备,生产国际上先进的全封闭聚氨酯板块粘结结构的冷藏、保温汽车。至 2010 年,该公司仍在建设中。

【新能源和节能环保产业】

2003 年 9 月,金山工业区规划建设新能源和节能环保产业基地,基地位于金山工业区中部,规划面积 7 平方公里。代表性企业为金井特线工业(上海)有限公司。该企业是金山工业区成立后第一家入驻的外商独资企业,占地面积 23 万平方米,2005 年 3 月开始正式生产,主要生产新型合金材料的汽车轮胎用钢帘线、高压软管用加强线和太阳能电池、半导体硅材料切割用切割线三大类产品。

【新材料产业】

2003 年 9 月,金山工业区规划建设新材料产业基地,基地位于金山工业区北部,规划面积 5.45

平方公里,主要涵盖电子信息材料、纳米材料、新型金属材料等领域。其中代表性的企业有日本福助工业等。2008年,引进法资企业迪芘油墨(上海)有限公司,公司采用法国的生产技术、工艺流程等,主要生产紫外光固化丝印用油墨(同时也生产部分溶剂型丝印油墨)。2009年10月,新材料产业基地被上海市推进高新技术产业化工作小组办公室命名为上海市高新技术产业化新材料产业基地,加速推进园区新材料产业的进一步发展。

华峰铝业股份有限公司 2008年入驻金山工业区,占地面积27万平方米,投资逾15亿元。公司注册资本7.4亿元,由华峰集团主要投资组建。主要产品包括热传输领域内各系列、各牌号及各种规格状态的铝合金板带箔材料,广泛应用于汽车及工程机械冷却系统、电站冷却装置、微通道家用商用空调等各大领域。2010年10月19日,华峰铝业股份有限公司和上海交通大学协商共建高水平研发实验室,实验室名称为"上海交大——华峰铝业联合实验室",研发高性能热传输材料。联合实验室成员包括上海交通大学的跨学科技术研发团队和华峰铝业股份有限公司的相关领导与工程技术人员。是年,公司产值达6 736万元。

上海华峰普恩聚氨酯有限公司 2008年入驻金山工业区,由中国华峰集团和德国普恩集团于2008年合资组建,注册资本1 280万欧元。公司引进全球先进的连续生产硬质聚氨酯泡沫生产线,采用德国普恩集团专有技术及配方。主要产品为硬质聚氨酯保温材料,可应用于航空航天领域、军事装备领域、工业领域及广阔的民用建筑保温、隔热领域,是国家重点支持的新材料技术。公司已成为亚洲规模最大的聚氨酯硬泡生产基地,产品代表着保温材料行业最高科技水平。2009年6月5日,公司在第四届"2008金蜜蜂企业社会责任·中国榜"获"金蜜蜂成长型企业"。2010年,公司获得"2010年度中国建设工程材料重点推荐品牌"荣誉。

艾蒂复合材料(上海)有限公司 2009年9月公司注册成立,注册资本416万美元,为美国独资企业。公司是由艾蒂工业绝缘材料(上海)有限公司和艾蒂复合材料(上海)有限公司兼并重组而来,此前艾蒂工业绝缘材料(上海)有限公司在上海有近10年的制造和销售经历。公司主要产品是聚酯/乙烯基酯型团状模塑复合材料和片状模塑复合材料,广泛用于包括汽车、电机、电器、食品服务、能源在内的领域。2010年,公司产值达2 695万元。

第十章　上海宝山工业园区

上海宝山工业园区原名为上海宝山城市工业园区(北区),成立于2003年,位于宝山区的西北部,涉及罗泾、罗店、月浦三镇用地,规划用地为21平方公里。2003年3月28日,宝山城市工业园区(北区)管理委员会建立,与罗泾镇政府合署办公。8月21日,宝山区人民政府(以下简称宝山区政府)将上海宝山城市工业园区(北区)管理委员会更名为上海宝山工业园区管理委员会。12月11日,宝山工业园区成立上海宝山工业园区投资管理有限公司。

2003年7月6日至8月22日,宝山工业园区《宝山城市工业园区(北区)开发建设实施方案》《宝山城市工业园区(北区)总体规划》《宝山城市工业园区(北区)土地利用总体规划(2003—2020)》先后通过审核,规划将宝山工业园区建设成为上海宝山精品钢延伸产业基地,形成以精品钢延伸产业、新材料产业、金属装备产业为主的"一基地三产业"的格局。

2004年1月5日,宝山区政府批复《上海宝山工业园区控制性详细规划》,确认宝山工业园区总面积为23平方公里,功能定位为精品钢工业基地,总体布局为一个服务中心和四个产业区。

2006年,经国家发展和改革委员会、市政府同意宝山区"2+4"工业园区整合为"1+1"工业园区格局,其中宝山城市工业园区、罗店工业小区、嘉定区徐行工业园区整合形成宝山工业园区,主要产业为金属制品加工、电子和精细化工。

2009年11月6日,《上海宝山工业园区控制性详细规划修编》通过审核批准,规划总用地面积调整为20.82平方公里,产业定位为先进制造业高地,同时合理发展现代服务产业。

2003—2010年,宝山工业园区共征地420.6公顷,已开发土地面积占规划土地总面积的30%;共计签约内资企业88户,外资企业52户;集聚了金属制品、专用设备制造、电器机械和器材制造、黑色金属冶炼和压延加工等13个重点产业共65个工业企业,其中10家规模以上企业,总注册资本达6.01亿元,工业销售产值21.10亿元,上缴总税收7 181.32万元。

第一节　工业区创建

2003年初,为发展宝山区工业产业,宝山区政府向上海市发展计划委员会提出申请扩展宝山城市工业园区,成立宝山城市工业园区(二期)。是年2月12日,市发展计划委员会上报"关于对宝山城市工业园区二期规划意见的报告",建议市政府同意成立"宝山城市工业园区二期规划区,名称暂定为宝山城市工业园区(北区)"。是年2月21日市政府批复同意"设立宝山城市工业园区(北区)",要求相关各方做好"各项规划与开发建设工作"。上海宝山城市工业园区(北区)位于宝山区西北部,涉及罗泾、罗店、月浦三镇用地,规划用地为21平方公里。

2003年3月25日,中共宝山区委成立上海市宝山城市工业园区(北区)开发建设领导小组,由中共宝山区委副区长任组长。4月8日,上海市宝山城市工业园区(北区)管理委员会印章发行启用。8月28日,宝山工业园区举行开工典礼,300多名各级领导和嘉宾出席了该仪式。10月21日,宝山城市工业园区(北区)管理委员会正式向市政府申请使用"上海宝山工业园区"的名称。

2004年1月8日,宝山工业园区行政中心大楼开工建设,并于年底建成。是年,宝山工业园区成立"区划与体制调整工作小组""工业园区规划与工程建设推进小组""动迁与安置工作推进小组",推进园区建设工作。

2006年,经国家发展和改革委员会、市政府同意,宝山区"2+4"工业园区整合为"1+1"工业园区格局,其中宝山城市工业园区、罗店工业小区、嘉定区徐行工业园区整合形成宝山工业园区,主要产业为金属制品加工、电子和精细化工。

2007年,宝山工业园区贯彻"工业向园区集中"要求,协调各街镇来园区投资的落地型企业。是年,罗泾镇、月浦镇、庙行镇3个镇共计9个项目落户宝山园区。2008年,宝山工业园区新增月浦镇2个在建项目。是年,宝山工业园区开展第二次全国经济普查工作,清查摸底单位数共计221户,其中77户为落地型单位,144户为注册型单位。2010年,宝山工业园区完成近20公顷土地的储备,调整产业布局,完成园区二三产业融合发展规划。

第二节　管　理　机　制

一、管理机构

2003年3月28日,宝山城市工业园区(北区)管理委员会建立。上海宝山城市工业园区(北区)管理委员会是宝山区政府的一个派出机构,主要负责宝山城市工业园区(北区)有关行政、经济、社会事务及发展规划、计划和产业政策议定与调整工作。7月10日,宝山城市工业园区(北区)颁布《中共上海宝山城市工业园区(北区)工作委员会议事决策规则(试行)》和《中共上海宝山城市工业园区(北区)管理委员会重大问题议事决策规则(试行)》等的规定,建立书记办公会、党工委、管委会主任办公会、北区罗泾镇联席会议、专题会议、党工委中心组学习、北区机关学习等制度。8月21日,宝山区政府同意将上海宝山城市工业园区(北区)管理委员会更名为上海宝山工业园区管理委员会。

9月8日,中共宝山区委正式下发文件成立上海宝山工业园区管理委员会。宝山工业园区管委会负责有关行政、经济和社会事务的归口管理;议定和调整园区发展规划、计划和产业政策;园区产业准入、项目招商、政策协调及部分经济和社会服务;对引进项目及土地使用行使审核权,对不符合产业导向及影响社会环境的项目具有否决权;园区开发资金的筹集与使用,负责园区内农民、企业的动拆迁及安置补偿;园区的开发建设,推进园区的基础设施、土地开发、使用权转让及房产经营等;组建开发总公司,根据经营业务需要设立有关专业公司;为园区内企事业单位建立社会保障、培训、就业体系,完善用工制度,为征地农民提供就业培训等服务;会同工商、环保、税务、劳动、公安、城建、房地等部门,在区内设立"一门式"服务平台,为入园企业提供全生命周期服务;落实银行、保险、邮电等部门在开发区内设立分支机构;建立并完善中介服务体系,为企业提供人才、劳务、财务、金融、标准、法律、公证等中介服务;园区纳米科技园区的开发和管理;园区与乡镇的经济及社会关系的调节,会同职能部门落实园区的政策及建设事项的协调工作;开展ISO 9000质量与ISO 14000环境体系认证,建设质量与环境双优工业园区,组织实施园区环境和形象建设;筹建出口加工,依法设立报关、报检等机构,为产品出口提供快速便捷的通道。上海宝山工业园区管委会是中共宝山区委、区政府主管宝山工业园区的派出机构,由一室四部构成:党政办公室、规划建设部、资源管理部、招商服务部、融资财务部,共计11名行政编制和9名全民事业编制。

2004年，宝山工业园区颁布《中共上海宝山工业园区管理委员会重大问题议事决策规则（修订）》《上海宝山工业园区经费使用和审批程序管理暂行规定》《上海宝山工业园区各项工程建设会议制度（试行）》等一系列管理规则。是年，宝山园区管理机构与罗泾镇政府合署办公。2005年12月14日，宝山园区内设机构调整为"一办四部一中心"，增设企业服务中心，负责园区入驻项目的企业服务工作。2006年11月，宝山园区管理机构从罗泾镇独立出来。

2008年，宝山工业园区管委会增设安全监督管理部，内设机构调整为8个，即：党政办、党群工作部、企业服务中心、规划建设部、资源管理部、融资财务部、招商部和安全监督管理部。其中安全监督管理部负责宝山园区安全监督管理、外来人口综合管理、节能减排管理等工作，推进园区循环经济建设。

表7－10－1　2003—2010年宝山工业区管理委员会主任任职情况表

姓　　名	职　　务	任　　期
孙荣乾	管委会主任	2003年3月—2005年2月
朱永泉	管委会主任	2005年2月—2006年11月
杨宝康	管委会主任	2006年11月—

资料来源：上海宝山工业园区提供

二、开发主体

2003年12月11日，宝山工业园区成立上海宝山工业园区投资管理有限公司（以下简称园区投资公司），园区投资公司位于宝山区沪太路8889号16楼，注册资本为7 000万元，其中上海宝山城乡建设投资经营有限公司出资6 000万元，上海罗泾资产经营投资有限公司出资1 000万元。园区投资公司经营范围为：提供招商引资、项目配套、企业管理、办理进出口业务等服务项目，园区内厂房开发建设及租赁、物业管理、对外投资和国内贸易。园区投资公司成立后，与宝山工业园区管委会合署办公。

2004年2月20日，宝山工业园区投资成立上海宝工园经济发展有限公司、上海宝工园人力资源有限公司和上海宝工园物业管理有限公司。其中，上海宝工园人力资源有限公司负责宝山工业园区企业用工的中介服务，上海宝工园物业管理有限公司负责宝山工业园区工业、动迁、服务等房产的物业管理与服务。

2006年5月23日，宝山工业园区经济发展有限公司正式启用。宝山工业园区经济发展有限公司位于宝山区沪太路8885号，主要经营业务为上海宝山工业园区注册型企业的招商引资及相关税收的落地与管理。

为体现"政府指导，市场运作"的园区开发建设机制，2006年9月1日，宝山区政府在宝山园区办公会拟组建上海宝山工业园资产经营管理有限公司和上海宝工园建设发展有限公司。其中上海宝工园建设发展有限公司负责宝山工业园区基础设施及配套工程的建设，工业、动迁、服务等房产的开发和经营。两家公司实际并未设立。

至2010年，园区投资公司共有宝山工业园区经济发展有限公司、宝山工业园区人力资源有限公司和宝山工业园区物业管理有限公司3家子公司。

第三节　规 划 与 建 设

一、园区规划

【总体规划】

2003 年,宝山城市工业园区(北区)开发建设时,制定了《宝山城市工业园区(北区)开发建设实施方案》《宝山城市工业园区(北区)总体规划》《宝山城市工业园区(北区)土地利用总体规划(2003—2020)》三个总体性规划。

宝山城市工业园区(北区)开发建设实施方案　2003 年 7 月,宝山工业园区组织拟订《宝山城市工业园区(北区)开发建设实施方案》,规划将宝山工业园区建设成为上海宝山精品钢延伸产业基地,形成以精品钢延伸产业、新材料产业、金属装备产业为主的"一基地三产业"的格局。2003 年 7月 16 日,该规划经中共宝山区委、区政府批复通过。

宝山城市工业园区(北区)总体规划　2003 年 8 月 13 日,市规划局审核批复了《宝山城市工业园区(北区)总体规划》,同意宝山城市工业园区(北区)建成为精品钢加工基地;确定宝山城市工业园区(北区)规划范围东至北蕴川路,西至沪太路,南至石太路,北至新川沙路,规划总用地约 21 平方公里;规划园区总体布局结构为"一心、四区",即服务中心、精品钢产业区、金属制品产业区、新材料产业区和出口加工区;规划园区形成"三纵、三横、三环"的道路网结构,三纵为沪太路、潘泾路、北蕴川路,三横为新川沙路、规划中心主干道(金石路)、石太路,三环为园区外环、园区内环和园区核心环;同意宝山城市工业园区(北区)的绿地系统和水系规划。

宝山城市工业园区(北区)土地利用总体规划(2003—2020)　2003 年 8 月 13 日,市房地资源局同意《宝山城市工业园区(北区)土地利用总体规划(2003—2020)》,批复宝山城市工业园区(北区)各类建设用地规模为 1 853.4 公顷。

【控制性详细规划】

2004 年,宝山工业园区根据总体规划制定《上海宝山工业园区控制性详细规划》。2004—2010年,随着宝山园区的发展,《上海宝山工业园区控制性详细规划》经过了两次调整和修编。

上海宝山工业园区控制性详细规划　2004 年 1 月 5 日,宝山区政府批复《上海宝山工业园区控制性详细规划》,确认上海宝山工业园区范围东至北蕴川路,西至沪太路,南至石太路,北至新川沙路,规划总用地面积 23 平方公里;宝山工业园区功能定位为以大中型企业为主、科技含量高、污染小、环境优美、社会公共设施和生活设施配套齐全的精品钢工业基地;宝山工业园区有一个服务中心和四个产业区,即精品钢产业区、新材料产业区、金属制品产业区和出口加工区;总建筑容量控制在 806.33 万平方米;公共服务为一个主服务中心和四大产业区各设一次级服务中心;规划形成"三纵、三横、三环"的道路网结构和"一核、七点、两轴、两环"的绿化系统。

上海宝山工业园区控制性详细规划(调整)　2005 年 12 月 14 日,宝山区政府批复《上海宝山工业园区控制性详细规划(调整)》,宝山工业园区功能定位调整为具有公园式环境氛围的高标准国际精品钢产业基地;整体建设用地为 15.92 平方公里,占总规划面积的 69.1%,总体布局调整为"一心、两轴、四区",新增潘泾路、金石路两大发展中轴线;公共服务调整为主服务中心和新材料产业区次级服务中心,包含园区管委会大楼、金融、服务、会展、宿舍等配套功能;绿化系统修订为"一核、六点、两轴、两环"加园区外围环形绿带。

上海宝山工业园区控制性详细规划修编　2009年，随着上海市两规合一工作的落实和园区二、三产业融合发展的要求，园区启动控规修编工作。2009年11月6日，宝山区政府批准《上海宝山工业园区控制性详细规划修编》，规划范围西至沪太路，南至石太路，东至北蕰川路，北至原规划边界—潘泾路—宝钱公路，规划总用地面积约20.82平方公里。宝山区工业园区产业定位为宝山区的先进制造业高地，体现循环经济的示范作用，同时合理发展现代服务产业。园区规划形成"一心、三片、环带串联"功能布局体系、"三纵、三横"的道路网结构和"一核、两心、两轴、多带"加园区外围环形绿带的绿化体系，绿地面积为3.9平方公里。

二、土地开发利用

【动迁政策】

宝山工业园区动拆迁集中在罗泾镇、罗店镇和月浦镇三个镇，涉及22个村。2003年7月16日，中共宝山区委、区政府批复《宝山城市工业园区（北区）开发建设实施方案请示》，批示宝山城市工业园区（北区）动迁劳动力安置方式采用征地养老和再就业培训体系。8月7日，宝山城市工业园区（北区）管委会提出《宝山城市工业园区（北区）农民动迁安置方案》，指出动迁房建设采用农民新村建房与动迁商品住宅建设相结合方式，罗泾镇、罗店镇、月浦镇农户分别向罗泾镇农民新村、罗店镇动迁基地及月浦的盛桥社区迁移，并按照市区有关规格核定补偿金。11月10日，宝山工业园区管理委员会成立宝山工业园区动拆迁领导小组，推行园区动拆迁安置工作，动拆迁领导小组下设三个工作组：动拆迁工作组、劳动力安置工作组、来访接待工作组。12月24日，上海市宝山区房屋土地管理局批复《关于落实园区农民动拆基地的请示》，要求宝山工业园区管委会与罗泾镇政府、罗店镇政府、月浦镇政府完成上报市批材料准备工作。12月29日，宝山区劳动和社会保障局办法《关于贯彻〈宝山区被征用农民集体所有土地农业人员就业和社会保障管理实施意见〉的实施细则》，将被征地人员分为征地劳动力和征地养老人员。征地劳动力通过参加镇保、促进就业专项补贴、职业技能培训方式安置，征地养老人员享受征地养老待遇或"城保"待遇。

2004—2010年，罗泾镇、罗店镇、月浦镇按照各自动迁需求安排动迁安置费用。罗泾镇安置费用分为两大块：一是可以按照优惠价分配安置房的费用，二是补偿拆迁费用。此外，还包括动迁过渡费、农户保险费和生活补偿费等。罗店镇和月浦镇动迁农户安置费包含四块：一是拆迁户购买安置房的费用，二是农户签约后一次性发放的费用及货币安置户的购房面积补贴，三是动迁过渡费，四是拆迁农户保险费和生活补偿费。

【动迁安置】

2003年，宝山城市工业园区规划的20.54平方公里范围内，共需要动迁农户5213户，其中罗店镇八个村2245户，罗泾镇十个村2153户，月浦镇四个村815户。

2004年，宝山工业园区完成动迁1256户，完成养老和劳动力安置2000多人。其中，罗泾镇动迁安置合建村、合众村、海红村、高椿树村、三桥村、宝丰村、潘桥村共计550户；罗店镇共计动迁706户，其中潘泾路和金石路项目动迁居民516户。

2005年，罗店镇实施罗宁路、罗东路动迁项目，动迁居民215户；罗泾镇动迁合建村、川沙村、三桥村共计258户。2006年，罗泾镇动迁牌楼村、合众村和潘桥村共计130户。2007年，月浦镇为富长路项目动迁居民 13 户；罗泾镇动迁合建村、合众村、三桥村共计 99 户。2008 年，罗店镇为罗北路建设项目动迁居民 425 户；月浦镇为罗北路、新泰山路、热力管道、高压走廊项目动迁居民 146 户。2009 年，宝山工业园区委托罗店镇、罗泾镇、月浦镇完成近 400 户农户动迁。2010 年，罗泾镇动迁三桥村、宝丰村共计 232 户。

表 7‑10‑2　2005—2010 年宝山工业园区动迁农民落实社保情况表

年　　份	落实社保人数(人)	金额(万元)
2005 年	1 727	19 301.49
2006 年	1 133	13 471.38
2007 年	339	4 104.84
2008 年	557	7 057.27
2009 年	485	7 220.89
2010 年	423	6 609.52
合计	4 664	57 765.40

资料来源：上海宝山工业园投资管理有限公司资源管理部提供

表 7‑10‑3　2004—2008 年罗店镇动拆迁安置基本情况表　　　　　　　　　单位：户

动迁时间	所在地	生产队	动迁户数	基　地
2004 年	和平村	民德生产队	30	园　区
		唐家生产队	30	园　区
		孙介生产队	25	园　区
		大赵生产队	62	园　区
		小张生产队	36	园　区
		北朝生产队	31	园　区
		顾家生产队	36	园　区
		徐家生产队	45	园　区
		跳板桥生产队	68	园　区
	义品村	杨家桥生产队	37	园　区
		大杨生产队	55	园　区
2004 年	解放村	北陈生产队	24	园　区
		北陈生产队	13	园　区
		金家生产队	5	园　区
		南陈生产队	19	园　区
2005 年	王家楼村	西印生产队	9	园　区
		东印生产队	20	园　区
		王家生产队	49	园　区

动迁时间	所在地	生产队	动迁户数	基　地
2005 年	民众村	塘口生产队	41	园　区
		东施生产队	17	园　区
		施家生产队	22	园　区
		钱家生产队	57	园　区
2008 年	义品村	七一生产队	27	园　区
		八一生产队	2	园　区
		王家生产队	4	园　区
		西施生产队	27	园　区
		东施生产队	20	园　区
	天平村	八房宅生产队	55	园　区
		娄里生产队	37	园　区
	四方村	杨家生产队	90	园　区
	民众村	蒋家生产队	82	园　区
		东严宅生产队	54	园　区
		西严宅生产队	27	园　区

说明：罗店镇 2009—2010 年无动迁

资料来源：上海宝山工业园投资管理有限公司资源管理部提供

表 7 - 10 - 4　2007—2008 年月浦镇动拆迁安置基本情况表　　　　　　　　　　单位：户

动 迁 时 间	动 迁 户 数	基　地
2007 年	13	园　区
2008 年	146	园　区

说明：月浦镇 2009—2010 年无动迁

资料来源：上海宝山工业园投资管理有限公司资源管理部提供

表 7 - 10 - 5　2004—2010 年罗泾镇动拆迁安置基本情况表　　　　　　　　　　单位：户

动迁时间	村	队	动迁户数	基　地
2004 年	合　建	许东 1	16	园　区
	合　众	金　家	46	园　区
	合　众	东　宅	23	园　区
	合　众	方　家	31	园　区
	合　众	庄家 1	19	园　区
	合　众	王　家	26	园　区
	海　红	袁家 1	15	园　区

（续表）

动迁时间	村	队	动迁户数	基　　地
2004 年	海　红	庙　后	66	园　区
	高椿树	徐　家	13	园　区
	高椿树	徐家、高椿树	49	园　区
	海　红	袁家2	30	园　区
	三　桥	高　家	46	园　区
	宝　丰	田　都	27	园　区
	潘　桥	朱家角	38	园　区
	潘　桥	俞家1	5	园　区
	潘　桥	牌　楼	1	园　区
	高椿树	顾　家	49	园　区
	高椿树	新　宅	47	园　区
	海　红	王　陆	2	园　区
	海　红	西　渡	1	园　区
2005 年	合　建	许东2	47	园　区
	合　建	蒋家2	37	园　区
	川　沙	张　家	48	园　区
	川　沙	赵　家	68	园　区
	三　桥	陶家桥	58	园　区
2006 年	牌　楼	三　房	50	园　区
	合　众	施　家	43	园　区
	潘　桥	俞家2	37	园　区
2007 年	合　建	许　西	45	园　区
	合　众	庄家2	32	园　区
	三　桥	陆家桥1	22	园　区
2009 年	高椿树	旺　家	34	宝祥新苑
		吴　家	65	宝虹家园
2010 年	三　桥	横　南	32	宝祥新苑、罗宁雅苑
		横　北	33	
		西花园	38	
		汪家桥	52	
	宝　丰	南　宅	20	
		七　房	57	

资料来源：上海宝山工业园投资管理有限公司资源管理部提供

【征地情况】

"十一五"期间,宝山工业园区征地390.24公顷。2008年,宝山工业园区受基本农田保护影响,可开发土地严重不足,面临引进项目无地可落的困境。至2009年底,宝山工业园区累计动迁近2 500户农户,开发土地591.80公顷,其中工业用地392.33公顷,市政用地198.87公顷。至2010年,宝山工业园区共征用土地420.6公顷,其中工程项目征地91公顷,工业企业用地约323.13公顷,房地产业用地约6.47公顷;已开发土地面积占规划土地总面积的30%,其中工业用地456.13公顷,基础设施建设用地206.07公顷。

表7-10-6　2005—2010年宝山工业园区企业征地情况表

时　　间	征地企业数量(个)	占地面积(公顷)
2005年	11	73.14
2006年	24	106.73
2007年	2	6.07
2008年	10	39.84
2009年	9	107.33
2010年	5	57.11

资料来源:上海宝山工业园投资管理有限公司资源管理部提供

三、基础设施

宝山工业园区按照"规划先行、环境先行、基础设施先行"的开发原则,至2004年12月底,已累计完成投资10.5亿元。至2010年,园区在路、水、电、气等基础设施上投资30多亿元,完成与工业发展相配套的市政基础建设,实现了基础设施建设和配套设施建设"八通一平",即道路、电力、电讯、供水、雨水、污水、供气、供热和场地平整。宝山工业园区建成三纵三横一环的主要道路及部分支路,形成完整的交通网络,基本完成上水、雨水、排污、天然气、通讯等管网建设,还建成1座220千伏电力开关站、2座35千伏变电站、6座10千伏电力开关站。

【道路桥梁】

2003年8月21日,宝山区发展计划委员会同意宝山城市工业园区(北区)建设潘泾路园区段和EW01路。潘泾路园区段南起石太路,北至新川沙路,全线长度为5.2公里,道路规划红线为44米,道路断面规划布置四快二慢形式;新建7座跨河桥梁,桥梁规划布置六快二慢。EW01路(暂定名)西起沪太路,东至北蕰川路,全长约5.2公里,道路规划红线为44米,道路断面规划布置四快二慢形式;新建6座跨河桥梁,桥梁规划布置六快二慢。

2004年1月8日,宝山区发展计划委员会批复同意宝山工业园区建设潘泾路(园区段—中段)和潘泾路(园区段—北段)两条城市1级次干道。潘泾路(园区段—中段)南起罗北河,北到兵行塘,全线长度1.85公里。潘泾路(园区段—北段)南起兵行塘,北到新川沙路,全线长度1.05公里。

2005年,宝山工业园区建成2条道路,一是山茶路(潘泾路—金石路),道路长1 437米,宽35米;二是枫叶路(潘泾路—金石路),道路长1 552米,宽35米。2006年,宝山工业园区建成10条道路,总长度13 301米。次干道2条,分别为罗宁路(罗北路—潘川路)、罗东路(罗北路—潘川路);支路8条,分别为萧云路(金石路—潘川路)、长建路(潘泾路—新川沙河)、飞跃路(潘泾路—长建路)、金筐西路(罗宁路)、天杰路(云洲路—金石路)、云洲路(潘泾路—山茶路)、地杰路(云洲路)、金勺路(富长路—合兆路)。2008年,宝山工业园区开工建设了7条支路。2009年,宝山工业园区建成6条支路,分别为金角路(罗宁路)、合兆路(金池路—金勺路)、金筐路(罗宁路)、海欢路(银石路—罗东路)、海宇路(银石路—罗东路)、银石路(海宇路—海欢路),道路总长度3 108米。

至2010年底,宝山工业园区共修筑道路19条,全长31 518米,其中潘泾路、金石路设行车道4条,非机动车道、人行道各2条,中间设绿化隔离带,两侧设30米宽绿化带,为园区主干道。日常养护管理归宝山区公路管理所,其余道路属园区支干道,养护管理归宝山工业园区。修筑公路桥梁29座,其中金石路上获泾河桥、潘泾河桥长度均超150米,分别为176.8米、259.8米。至2010年底,道路、桥梁总投入约9.08亿元。

表7-10-7 2010年宝山工业园区所属道路一览表

单位:米

道路名称	走　向	起终点	长　度	宽　度	等　级	修筑时间
金石路	东西向	北蕰川路—沪太路	6 798	44	主干道	2003年11月
潘泾路	南北向	石太路—新川沙路	4 710	45	主干道	2004年4月
山茶路	南北向	金石路—潘泾路	1 468	35	次干道	2004年6月
枫叶路	南北向	金石路—潘泾路	1 553	35	次干道	2004年6月
天杰路	南北向	云洲路—地杰路	192	16	支　路	2004年9月
云洲路	东西向	潘泾路—罗宁路	1 123	16	支　路	2004年9月
地杰路	南北向	云洲路—云洲路	264	16	支　路	2004年9月
罗东路	南北向	石太路—潘川路	3 814	35	次干道	2004年11月
罗宁路	南北向	罗北路—潘川路	3 250	35	次干道	2004年11月
长建路	南北向	金石路—潘泾路	1 600	16	支　路	2006年2月
金勺路	东西向	富长路—合兆路	2 651	16	支　路	2006年2月
飞跃路	东西向	罗东路—长建路	299	35	支　路	2006年3月
萧云路	南北向	金石路—潘川路	1 092	16	支　路	2006年4月
金角路	东西向	罗宁路以西	198	16	支　路	2008年4月
金筐路	东西向	萧云路—罗宁路	244	16	支　路	2008年4月
合兆路	南北向	金勺路—金池路	362	16	支　路	2008年4月
海欢路	东西向	银石路—罗东路	647	16	支　路	2008年8月
银石路	南北向	海宇路—海欢路	601	16	支　路	2008年8月
海宇路	东西向	银石路—罗东路	844	16	支　路	2008年12月

资料来源:上海宝山工业园区提供

至2010年,宝山工业园区所辖范围内共有24条河流,其中一级干河9条,二级支河15条,总长度为56 882米。宝山工业区共有桥梁29座。

表 7－10－8　2010 年宝山工业园区所属桥梁一览表

所在道路	桥　　名	长度(米)	宽度(米)	车行道	结　　构	建造时间
金石路	沉龙潭桥	24	44	16	空心板梁	2003 年 11 月
	大川沙河桥	30.8	44	16	空心板梁	2003 年 11 月
	荻泾河桥	116.8	44	16	空心板梁	2003 年 11 月
	南毛塘河桥	34	44	16	空心板梁	2003 年 11 月
	潘泾河桥	259.8	44	16	空心板梁	2003 年 11 月
	小川沙河桥	30.9	44	16	空心板梁	2003 年 11 月
	跃家沟桥	24.8	44	16	空心板梁	2003 年 11 月
罗东路	张家塘桥	28.4	26.6	8	空心板梁	2004 年 4 月
	南毛家塘桥	37.2	35	16	空心板梁	2004 年 4 月
	北新塘桥	30	35	16	空心板梁	2004 年 4 月
	大理港桥	30	35	16	空心板梁	2004 年 4 月
潘泾路	新川沙河桥	45	27	23	桩式板梁	2004 年 4 月
	谢家浜桥	26.8	35	30	桩式板梁	2004 年 4 月
	中心湖桥	33.8	29	24	桩式板梁	2004 年 4 月
	北新塘桥	29.8	29	24	桩式板梁	2004 年 4 月
	大理港桥	33.8	29	24	桩式板梁	2004 年 4 月
罗宁路	罗北一号河桥	35	35	16	空心板梁	2004 年 4 月
	俞家潮塘桥	35	35	16	空心板梁	2004 年 4 月
云洲路	神龙桥	25.2	12.6	7	空心板梁	2004 年 9 月
长建路	谢家浜桥	34.6	16.6	10	空心板梁	2006 年 2 月
	兵行塘桥	34.6	16.6	10	空心板梁	2006 年 2 月
金勺路	大川沙河桥	37	16.5	10	空心板梁	2006 年 2 月
	潘泾河桥	67.6	16.5	10	空心板梁	2006 年 2 月
	神龙桥	22.4	16.4	10	空心板梁	2006 年 2 月
	小川沙河桥	35	16.5	10	空心板梁	2006 年 2 月
海欢路	大川沙河桥	32.4	16.5	10	空心板梁	2006 年 3 月
萧云路	菜园浜桥	28.8	17	13	空心板梁	2006 年 4 月
海宇路	大川沙河桥	32.4	16.5	10	空心板梁	2008 年 12 月

资料来源：上海宝山工业园区提供

【供电】

2003 年 10 月 10 日,宝山区发展计划委员会批准宝山工业园区建设 1 号、2 号、3 号变电站。其中,1 号变电站在 EW01 路南侧、潘泾路西侧范围内,占地面积 4 000 平方米,土建总投资 400 万元;

2号变电站在 EW01 路北侧、潘泾路东侧范围内,占地面积 4 000 平方米,土建总投资 400 万元;3号变电站在潘泾路以东、石太路以北范围内,占地面积 3.2 万平方米,土建总投资 1 500 万元。

2003 年 11 月 26 日,宝山区发展计划委员会批准同意宝山工业园区在园区 EW01 路北侧、潘泾路东侧范围内建设 4 号 35 千伏变电站,项目占地面积 4 000 平方米,总投资 400 万元。

2004 年 5 月,宝山工业园区管委会在《上海宝山工业园区规划建设法制大纲》中规划采用 35 千伏电压等级,35 千伏变电站主变容量以 3×20 兆伏安为主,3×31.5 兆伏安为辅的高压配电网络。一是,保留原方案 S04、S06、S08、S09 四座站址,容量均为 3×20 兆伏安;二是新建 4 座 35 千伏变电站,其中在负荷密度较高的精品钢产业区、新材料产业区内各设置 1 座容量为 3×31.5 兆伏安的 35 千伏变电站,其余 2 座 35 千伏变电站的容量均为 3×20 兆伏安,加上盛桥 35 千伏变电站远期容量为 2×20 兆伏安,园区内规划共建设 9 座 35 千伏高压配电变电站。是年,占地 2 756 平方米的集贤 35 千伏变电站进入钢结构施工阶段。

2004 年 8 月 31 日,宝山工业园区选址建设罗店 220 千伏变电站。11 月 17 日,市发展改革委批准宝山工业园区罗店输变电项目。罗店变电站位于规划潘泾路以东、新顾泾以南地块,占地约 2.1 万平方米。项目总投资约 30 265 万元,其中动迁等前期费用 320 万元,变电工程为 20 066 万元,线路工程为 9 879 万元。

至 2007 年,宝山工业园区建成 1 座 220 千伏、2 座 35 千伏、3 座 10 千伏变电站和开关站。2008 年,宝山工业园区开工建设 1 座开关站。至 2010 年上半年,宝山工业园区建成 2 座 220 千伏、2 座 35 千伏变电站和 6 座 10 千伏电力开关站。

【给排水】

2003 年 10 月 30 日,市发展改革委批准宝山工业园区西干线改造工程,工程范围为西干线新村路泵站至石洞口污水处理厂沿线,工程改造规模为输送污水 40 万立方米/日,工程主要内容包括新建污水总管约 24.4 公里、改造接入管约 7.6 公里、新建泵站 3 座、改造泵站 1 座,投资估算 83 530 万元。

2004 年 5 月,宝山工业园区规划建设两条输水管线。一条利用蕰川路上(月浦水厂—五岳河)这根现状 700 的输水管,沿北蕰川路向北规划一根 700 输水管至 EW01 路,该条输水管线长约 6 870 米。另一条为月浦水厂—联水路—规划路(罗店公墓内)—罗东路—石太路—潘泾路—新川沙路,该路线总长为 10 470 米。园区近期建设管径 500 的配水管,管道总长为 22 490 米;管径 300 的配水管,管道总长为 45 480 米。在新川沙路北面,北蕰川路西侧,规划了一座 20 万吨水厂(新水厂首期建设规模按 10 万立方米/日考虑)。

表 7-10-9　至 2010 年宝山工业园区自来水排管工程投入情况表

道 路 名 称	路　　段	管型长度(米)
环钟路(DN300)	金石路—潘泾路—金石路	DN300-2870(球)DN300-200(钢)
潘泾路(DN300)	石太路—潘川路	DN300-4900(球)DN300-410(钢)
潘泾路(DN300)	潘川路—新川沙河	DN800-18 DN500-42 DN300-2300 DN300-135(钢)
潘泾路(DN800)	罗新路—新川沙河	DN800-5500

（续表）

道 路 名 称	路 段	管型长度(米)
潘泾路(DN800 临管)	罗北河段	DN800－256(钢)DN800－175(球)
天际路	山茶路—潘泾路	—
罗东路(东侧 DN300)	石太路—潘川路	DN300－4070
罗东路(西侧 DN300、DN500)	石太路—潘川路	DN300－520 DN150－230 DN500－1000
罗宁路(DN300)	石太路—潘川路	DN300－2800 DN300－340(钢)
罗宁路(西侧 DN500)	石太路—潘川路	DN500－3122
金石路(南侧 DN500)	沪太路—北蕰川路	DN500－4875 DN800－88 DN500－1000(钢)
金石路(DN300)	沪太路—北蕰川路	DN300－4985 DN150－320 DN300－450(钢)
罗北路(DN300)	潘泾路—沪太路	DN500,300－2532
罗北路(DN300)	潘泾路—北蕰川路	DN500,300－4617
长建路(DN300)	金石路—新川沙河	DN500－60 DN300－1600 DN300－160(钢)
金勺路(DN300)	罗宁路—钢经六路	DN300－1600 DN500－100(钢) DN300－100(钢)
	钢经六路—富长路	DN300－1420 DN300－70(钢)
	罗宁路—获泾	DN300－300
萧云路(DN300)	金石路—潘川路	DN300－700 DN200－300 DN150－30 DN300－50(钢)
飞跃路(DN300)	长建路—潘泾路	DN300－260 DN150－20
北蕰川路(DN300)	石太路—新川沙路	DN300－4000
海欢路(DN300)	罗东路—银石路	DN300－570
海宇路(DN300)	罗东路—银石路	DN300－840
银石路(DN300)	海欢路—海宇路	DN300－611
合兆路(DN300)	金勺路—金池路	DN300－340
金角路延伸段(DN200)	罗宁路—长虹路	DN200－400
长虹路(DN200)	宝钱公路—金筐路	DN200－1100
小　计		62 386

资料来源：上海宝山工业园区提供

【燃气】

宝山工业园区供热主要利用石洞口电厂的余热,管线起点为石洞口电厂(煤电路),终点为宇辉住宅(罗东路海欢路)。2004 年 5 月,宝山工业园区管委会提出敷设一根 DN500 蒸汽管道,沿罗北路—罗宁路集贤路—潘川路及罗北路—罗东路—钢纬二路。2007 年,宝山工业园区已正式启用工业用天然气。至 2010 年,宝山工业园区内有雪花啤酒、坤拓洗涤、宇辉住宅 3 家企业用热,热力管道于 2010 年 2 月投入使用,设计压力为 1.6 兆帕。

表 7 - 10 - 10   2010年宝山工业园区地区燃气管道统计表

道　路	项　目	路　　段	管型长度(米)	金额(万元)
金石路	排　管	北蕰川路—沪太路	DN300 - 4368（北）DN200 - 4524（南）	999.49
	调压站	站设备费	—	120.00
		北蕰川路—金石路排管	DN500 - 167 DN300 - 18 DN200 - 39	133.98
		土建费	—	12.96
		电缆预埋	—	2.04
	穿　越	潘泾河	D219X8(南)D219X8(北)	157.78
		荻泾河	D219X8 - 231（南）D219X8 - 254(北)	155.02
	桥　管	小川沙河等4座桥	DN300 - 422 DN200 - 420	157.66
		荻泾、潘泾桥	DN300 - 126 DN200 - 118	90.28
潘泾路	排　管	金石路—新川沙河	DN300 - 1840（西）	285.44
	桥　管	新川沙河定向穿越	DN300 - 279	97.54
	穿　越	谢家浜	DN300 - 83	36.98
煤电路	排　管	北蕰川路—石洞口煤气厂	DN500 - 1430	548.77
	围堰直埋	煤电路—老蕰川路	DN500 - 170	127.16
北蕰川路	排　管	煤电路—金石路	DN500 - 2090 DN300 - 15	672.73
	桥　管	北大练河—大理港	DN500 - 304	196.17
	穿　越	北蕰川路—老蕰川路	DN700 - 60 DN500 - 77	63.01
	围堰直埋	5条小河	DN500 - 262	158.02
	顶管工作井	北蕰川路	DN500	72.98
罗东路	排　管	石太路—潘川路	DN300 - 3410 DN200 - 485	397.85
	围堰直埋	石太路—潘川路	DN500 - 518	155.83
	桥　管	石太路—潘川路	DN300 - 439	181.22
罗宁路	排　管	石太路—潘川路	DN300 - 2860 DN200 - 530	323.19
	围堰直埋	石太路—潘川路	DN500 - 170	121.91
飞跃路	排　管	长建路—潘泾路	D159X6 - 237	14.63
长建路	排　管	金石路—新川沙河	DN300 - 136 DN200 - 1450 D159X6 - 22	176.72
	围堰直埋	金石路—新川沙河	DN200 - 163	57.83
金勺路	排　管	罗宁路—富长路	DN300 - 47 DN200 - 3225	272.59
	围堰直埋	小川沙河、沉龙潭、大川沙河	D219X8 - 247	65.82
	顶　管	潘泾河	D219X8 - 473	80.81

（续表）

道　路	项　目	路　段	管型长度(米)	金额(万元)
萧云路	排　管	潘川路—金石路	DN300 - 790 DN200 - 32	151.17
	围堰直埋	—	DN300	—
标准厂房	排　管	长建路—进厂区	DN200 - 23	7.14
金勺路西延伸段	排　管	罗宁路—荻泾河	DN200 - 446	45.26
海欢路	排　管	罗东路—银石路	DN300	170.65
海宇路	排　管	罗东路—银石路	DN300 - 844	183.27
银石路	排　管	海欢路—海宇路	DN300 - 640	140.63
合兆路	排　管	金勺路—金池路	DN300 - 340	79.41
金角路延伸段	排　管	罗宁路—长虹路	DN300 - 400	70.27
长虹路	排　管	宝钱公路—金筐路	DN300	—
合　计	—	—	36 308	6 784.23

资料来源：上海宝山工业园区提供

【绿化】

2003年8月21日,宝山区发展计划委员会批复宝山城市工业园区(北区)潘泾路园区段和EW01路绿化项目。2004年1月8日,宝山区发展计划委员会同意宝山工业园区建设潘泾路(园区段—中段)、潘泾路(园区段—北段)绿化工程,绿化带平均宽度20米。至2004年底,金石路(EW01路)两侧和道路中央隔离绿化以及连接沪太路口的景观绿化均已种植完毕。行政服务中心周边绿化也已同步实施。

四、配套设施

【行政服务中心大楼】

行政服务中心大楼位于金石路1688号,由华东建筑设计研究院设计,上海电力工程公司建设施工,上海华谊建设工程监理有限公司为监理单位。2004年1月15日,行政服务中心及配套辅助性生活用房3号楼动工建设。10月30日,行政服务中心大楼3号楼竣工,建设面积3 502平方米,总投资1 224.19万元。12月,行政服务中心竣工,总用地面积7 856.9平方米,建筑面积10 346平方米,总投资8 575.32万元。大楼包括地下一层在内共八层,地下一层为停车库,地上一层作展示厅,二、三层为行政办公用房,四、五层为招商引资洽谈办公用房,六层为管委会办公地,七层为多功能会议厅。

【上海罗森宝工业研发中心】

2006年5月15日,宝山区政府批复宝山工业园区建立上海罗森宝工业研发中心。上海罗森宝工业研发中心(以下简称研发中心)规划东起枫叶路,西至潘泾路,南起椿叶路,北至金石路,总用地面积约 22.32 公顷。研发中心由高层工业综合研发区、多层展示服务区和低层多功能研发区三部分,规划分两期开发,一期用地 10.76 公顷,容积率 0.98,总建筑面积为 9.8 万平方米,建筑密度25.1%;二期用地 11.56 公顷。2010 年,研发中心建成并投入招商引资,研发中心全称为印象钢谷·罗森堡研究中心,位于潘泾路 4333 号,规划总面积扩大至 40 公顷,已完成总建筑面积 11 万平方米,由 70 幢双拼别墅,5 幢小高层办公楼,2.4 万平方米商业广场和 3 300 平方米会所组成。

【配套公园】

白鹭公园　2006 年,白鹭公园开工建设并投入使用。公园位于潘泾河以西、小川沙河以东、金勺路以北、椿叶路以南,总面积 12.8 公顷,总投资 670 万元。潘泾河与小川沙河将公园包夹其中,岸畔种植芦苇和各种水生植物,中心陆地种植花卉、草坪和林木。公园实行开放式管理,园区物业公司为管理单位。2010 年上半年,白鹭公园建成投入使用。

卫斯嘉·闻道园　2001 年 6 月,卫斯嘉·闻道园(以下简称闻道园)开始建设。闻道园位于潘泾路 2888 号。2006 年 5 月,闻道园开园迎客,占地约 66.67 公顷。闻道园内有名木绿植 5.6 万棵,古建筑以徽派风格为主,百余栋徽派古民居及古桥、古牌坊。此外,还有奇石馆、大师书画工作室、长风书院、易荷池、禅茶和沉香文化休闲区等。闻道园属国家 4A 级文化旅游景区,农业部 4 星级休闲农业旅游示范园,荣获上海世博会观光农园、上海农业旅游推荐单位、科普教育基地、上海著名影视拍摄取景地、上海世博会城市特色文化展示馆、上海现代服务联合会学习考察基地等荣誉称号。

【旭辉澜悦湾小区项目】

2010 年,宝山工业园区房地产开发的首发项目旭辉澜悦湾小区开工建设。小区位于园区中心地带潘泾路以东、潘泾河以西、潘川路以南、金石路以北,计划建筑总面积 351 946 平方米,总户数3 446 户,入住人口约 1 万人,分二期建设。一期上河苑,位于潘泾路 4777 弄,占地面积约 6.65 公顷,建筑面积 137 682 平方米,容纳户数 1 297 户。二期澜悦湾,位于潘泾路 4655 弄,占地面积 9.8公顷,建筑面积 214 264 平方米,容纳户数 2 149 户。

第四节　招商引资

一、招商管理

2004 年 2 月 6 日,上海宝山工业园区经济发展有限公司注册成立,负责园区的招商引资工作,注册资本为 100 万元整,注册地址为上海市宝山区金石路 1688 号。是年 5 月,宝山工业园区管委会建立招商服务部,设立三个招商小组,第一招商小组负责欧美招商,第二招商小组负责日、韩、新、中国香港、中国台湾等亚洲国家和地区招商,第三招商小组负责国内大企业及技术先进的中小企业的招商,每个招商小组配备两人,组与组之间既有分工又有合作。招商团队提出直邮营销运作流程、网络营销运作流程、拜访营销运作流程、行业展览会运作流程、投资说明会营销运作流程、平面广告营销运作流程六个标准流程。

2004 年,宝山城市工业园区招商团队成立后,园区招商团队与专业服务公司、非盈利性机构和龙头企业配合,通过直邮、网络招商、平面广告、投资说明会、行业展览会、区内企业口碑宣传、直接约谈拜访、电视评论和一般大众媒体评论等九种沟通方式开展招商引资工作。5月,宝山工业园区确定了园区总体招商策略:以美国、日本、德国、瑞士、英国和法国为代表地区为主要招商区域,运用四类标准,即符合园区产业发展要求和条件,年销售收入至少在一亿元以上,总部或总公司雇员人数在300人以上,在除本国之外的其他国家、地区设有分公司或办事处,筛选出400余家潜在投资者作为园区启动初期的招商切入点。

2005年5月26日,宝山工业园区首次推介会在上海新锦江大酒店举行,部分欧美国家驻沪领事及投资促进机构代表、投资外商企业家参加投资推介会。宝山工业园区管委会介绍了宝山工业园区的投资环境、投资发展前景及各种投资优惠政策,宝山区政府介绍在宝山投资发展的外资、合资企业取得成功经验,并对参加推介会代表表示欢迎。是年6月16日及8月25日,宝山工业园区分别在美兰湖君华国际会议中心、上海花园饭店举办了针对内资(民营)企业和外资企业的第二次、第三次投资推介会,以吸引优秀企业落户园区,推进园区建设和发展。

2005年10月,宝山工业园区委托罗兰贝格、日本野村综合研究所编制产业发展规划,明确引导产业及标的客户。是年,宝山工业园区制定《宝山工业园区投资环境及政策介绍(2005)》和《宝山工业园区投资指南(招商宣传册第一版)》,介绍宝山工业园区投资环境、开发理念和产业定位相关情况。

2006年2月1日,宝山工业园区被列入上海市首个市级循环经济试点园区。《解放日报》第一版刊登《宝山在"工业生态链"中淘宝——首个循环经济工业园区规划评审通过》,介绍了全国最大的二次铝合金熔炼厂——新格有色金属公司废铝回收再利用流程,及宝山工业园区规划形成"园区基础设施配套产业链""机电设备制造产业链""船舶配套设备制造产业链"等7条比较成熟的"工业生态链"。是年,宝山工业园区制定《宝山工业园区招商宣传册(第二版)》介绍宝山工业园区园区概况、区位优势、投资环境和优惠政策。

2007年3月26日,宝山工业园区举行招商引资培训班。2009年,宝山工业园区制定《宝山工业园区招商宣传册(第三版)》,介绍宝山工业园区园区规划、产业导向、标准厂房、入驻企业等。

二、招商成果

2004年,宝山工业园区已签约15个,其中外资项目5个,总投资7.3亿美元,内资项目10个,总投资50亿元。已立项8个,总投资20亿元。完成利用外资总额1亿美元。

2005年,宝山工业园区成立一年多,落户项目60多个,签约29个,其中注册资本1000万美元以上的重点跟踪项目20个。是年,已开工建设海隆石油工业集团有限公司大型石油化工企业、上海钢之杰钢结构建筑系统有限公司大型金属制品加工企业等10个项目。2007年,宝山工业园区开工上海东洲企业投资管理有限公司等10个项目,累计开工超过32个项目,已有20个企业开始生产或者试生产,建成了近10万平方米标准厂房。

2008年,园区新开工建设14个项目。累计开工48个项目,总投资近80亿元。其中,有26个项目建成投产。建成15万平方米标准厂房,招租落实了8个项目,总租用面积4万平方米。至2009年,园区累计开工项目近50个,总投资82亿元。其中,新投产3个企业,新开工5户企业,在建项目20个。另有20个项目等待开工,涉及总投资19亿元,用地100公顷。是年新签约20个项目,注册资本16亿元。

2010年,宝山工业园区有宝钢包装项目等15个项目集中开工,总投资达40亿元。10月18

日,宝山工业园区举办 15 个先进制造业项目集中开工仪式。至 2010 年,宝山工业园区共签约内资企业 88 户,外资企业 52 户。

表 7‐10‐11　2005—2010 年宝山工业园区招商签约成果一览表

年　份	签约企业数(个)		签约面积(公顷)
	内　资	外　资	
2005 年	14	11	121.69
2006 年	25	18	207.85
2007 年	2	9	41
2008 年	4	4	41.03
2009 年	20	4	114.29
2010 年	23	3	114.49
合　计	88	52	640.35

资料来源:上海宝山工业园区提供

表 7‐10‐12　2005—2010 年宝山工业园区引进项目和注册内资情况表

年　份	引进项目(个)	内资注册资本(万元)	合同外资(万美元)
2005 年	14	46 900	5 065
2006 年	25	112 960	14 914
2007 年	34	13 000	12 208
2008 年	45	20 800	6 284
2009 年	20	100 000	3 800
2010 年	20	58 000	5 000

资料来源:上海宝山工业园区提供

第五节　产业发展

一、经济规模

2007 年,宝山工业园区在前期大量基础设施投资完成后,逐渐步入产出期。宝山工业园区完成工业销售产值 12 亿元,完成工业增加值 3.8 亿元,完成财政收入 4 900 万元,完成经营型固定资产投资 10 亿元,完成合同外资 1 亿元。

2008 年 1—9 月,宝山工业园区经济运行状态良好,主要指标比 2007 年同期均大幅度增长。其中,园区内企业完成工业产值 20.37 亿元,完成年计划的 101.9%;完成增加值 68 044 万元,完成年计划的 130%;完成税收 23 041 万元;完成区级财政收入 5 275 万元;新签 6 个项目,完成合同外资 6 248 万美元。2009 年 1—10 月,宝山工业园区完成工业销售产值 26.3 亿元,完成增加值 9.6 亿元,完成税收 3.0 亿元,完成财政收入 7 320 万元。

　　2010 年,宝山工业园区工业总产值达 52.48 亿元,产品销售率达 102.5%。其中,金属制品业、专用设备制造业、电气机械和器材制造业、黑色金属冶炼和压延加工业,四大产业的工业产值为 40.33 亿元,占全部工业企业产值的 76.9%。通用设备制造业,非金属矿物制造业,计算机通讯和其他电子设备制造业等 9 个行业共计 31 家企业产值为 12.15 亿元,占全部工业企业产值的 23.1%。

　　“十一五”期间,宝山工业园区完成工业销售总值为 1 338 929 万元,增加值为 473 421 万元,上缴税收为 137 560 万元,财政收入为 36 211 万元,固定资产投资为 958 386 万元,基础设施投资 80 771 万元。截至 2010 年,宝山工业园区内共有 10 家规模以上企业,总注册资本达 60 096 万元,工业销售产值 210 953.8 万元,上缴总税收 7 181.32 万元。

表 7‑10‑13　2005—2010 年宝山工业园区主要经济指标表

年份 项目	2005 年	2006 年	2007 年	2008 年	2009 年	2010 年
工业销售总值(万元)	37 375	42 941	128 267	260 083	334 068	536 195
增加值(万元)	7 004	16 526	39 765	295 494	126 150	188 482
上缴税收(万元)	3 184	11 347	18 727	31 134	36 374	36 794
财政收入(万元)	1 725	4 192	4 920	7 318	9 022	9 034
固定资产投资(万元)	199 105	206 401	114 355	132 938	152 456	153 131
内资注册资本(万元)	46 900	112 960	13 000	20 800	100 000	58 000
合同外资(万美元)	5 065	14 914	12 208	6 284	3 800	5 000
引进项目(个)	14	25	34	45	20	20
基础设施投资(万元)	45 790	22 061	458	1 962	10 000	500

资料来源:上海宝山工业园区提供

表 7‑10‑14　2007—2010 年宝山工业园区历年增加值统计表　　　　单位:万元

年　份	增 加 值	第二产业 增加值	占　比	第三产业 增加值	占　比
2007 年	39 765	26 630	67.0%	13 135	33.0%
2008 年	95 494	76 304	79.9%	19 190	20.1%
2009 年	126 150	105 102	83.3%	21 048	16.7%
2010 年	188 482	166 552	88.4%	21 930	11.6%
合　计	449 891	374 588	83.3%	75 303	16.7%

说明:2005 年、2006 年与罗泾镇一并统计
资料来源:宝山工业园区“十二五”发展规划与区统计局《宝山统计月报》

表 7‑10‑15　2005—2010 年宝山工业园区主要经济指标表　　　　单位:万元

年　份	工业销售 总值	增 加 值	上缴税收	财政收入	固定资产 投资	基础设施 投资
2005 年	37 375	7 004	3 184	1 725	199 105	45 790
2006 年	42 941	16 526	11 347	4 192	206 401	22 061

（续表）

年　份	工业销售总值	增加值	上缴税收	财政收入	固定资产投资	基础设施投资
2007 年	128 267	39 765	18 727	4 920	114 355	458
2008 年	260 083	95 494	31 134	7 318	132 938	1 962
2009 年	334 068	126 150	36 374	9 022	152 456	10 000
2010 年	536 195	188 482	36 794	9 034	153 131	500

资料来源：宝山工业园区"十二五"发展规划与区统计局《宝山统计月报》

表 7 - 10 - 16　2007—2010 年宝山工业园区第二、三产业增加值及占比表　　　　单位：万元

年　份	第二产业增加值	占　比	第三产业增加值	占　比
2007 年	26 630	67.00％	13 135	33.00％
2008 年	76 304	79.90％	19 190	20.10％
2009 年	105 102	83.30％	21 048	16.70％
2010 年	166 552	88.40％	21 930	11.60％
合　计	374 588	83.30％	75 303	16.70％

说明：2005 年、2006 年与罗泾镇一并统计
资料来源：宝山工业园区"十二五"发展规划与区统计局《宝山统计月报》

二、产业集聚

2003 年 7 月 16 日，中共宝山区委、区政府批示宝山城市工业园区(北区)建设形成以精品钢延伸产业、新材料产业、金属装备产业为主的"一基地三产业"的格局。

2005 年，宝山工业园区引进上海钢之杰钢结构建筑系统有限公司大型金属制品加工企业，海隆石油工业集团有限公司大型石油化工企业，索肯和平(上海)电气有限公司、上海松川精密电子有限公司、上海西艾爱电子有限公司等电子企业，及益美高(上海)制冷设备有限公司、新宸宜(上海)实业发展有限公司、索肯(上海)科技有限公司、上海新泰山高温工程材料有限公司、上海屹丰汽车模具制造有限公司等生产空调设备、电线电缆、模具、耐火材料的公司。

2006 年 11 月 15 日，按照国务院《各开发区四至范围由国土资源部另行公布》的要求，宝山工业园区主导产业为金属制品加工、电子、精细化工。是年，新落户的 24 家企业中，有 13 家为金属制品加工企业，占到引进企业的 54.2％。

2007 年，宝山工业园区新落户总投资 1.2 亿元的上海东洲企业投资管理有限公司和总投资 1.3 亿元上海新大余氟碳喷涂材料有限公司，发展软件开发和金属表面处理及热处理加工行业。2008 年，宝山工业区重视产业链招商，引进投资 5 亿元的中国中钢集团项目，为精品钢提供延伸加工配送服务。

2008—2009 年，宝山工业园区新落户企业共计 19 家，其中比较有代表性的有华润雪花啤酒(上海)有限公司、伯利休斯(上海)工程技术有限公司、中钢上海钢材加工有限公司等企业。

2009 年 6 月，海隆石油工业集团有限公司成立院士专家企业工作站，中国工程院院士、石油管

专家李鹤林进站指导科研工作。2010年12月11日,在北京举行的由中国科协、科学技术部、国家发展和改革委员会和国资委联合召开的2009—2010年度全国"讲理想,比贡献"活动总结表彰大会上,海隆石油工业集团有限公司院士专家企业工作站获"全国先进院士工作站"称号。

至2010年底,有金属制品、专用设备制造、电器机械和器材制造、黑色金属冶炼和压延加工等13个重点产业共65个工业企业进入试生产或正常生产阶段,其中金属制品业有13个企业,专用设备制造业有6个企业,电气机械和器材制造业有11个企业,黑色金属冶炼和压延加工业有4个企业,共34个企业,占全部企业数量的50%以上。

三、重点企业

至2010年底,宝山工业园区投产的60多个企业中,亿元以上企业共10个,分别是松川精密电子有限公司、伯利休斯(上海)工程技术有限公司、南亮压力容器技术(上海)有限公司、益美高制冷设备有限公司、海隆石油工业集团有限公司、上海西爱艾电子有限公司、中钢上海钢材加工有限公司、上海福然德部件机电有限公司、上海普瑞信钢板制造有限公司、上海实荣纸业有限公司。上述企业注册资本为69 060.23万元,其中美元为4 140万元,折合人民币27 417.98万元;欧元为1 208万元,折合人民币为10 638.25万元。职工总人数为4 319人。是年底,园区共引进高新技术企业8家,主要是上海西爱艾电子有限公司、上海超亚电气配套有限公司、上海克朗宁技术设备有限公司、上海新大余氟碳喷涂有限公司、上海海隆赛能新材料有限公司、索肯和平(上海)电器有限公司、上海钢之杰钢结构建筑有限公司、上海海隆防腐技术工程有限公司。高新技术企业数约占全部引进开工企业的13%,占地面积10.43万平方米,占全部引进企业占地不足4%;2010年工业产值达105 745万元,每公顷平均产出率为10 167.75万元,是整个园区全部工业企业每公顷平均工业产值产出率的2.5倍。

【华润雪花啤酒(上海)有限公司】

华润雪花啤酒(中国)有限公司成立于1994年,是一家生产、经营啤酒的全国性的专业啤酒公司。总部设于中国北京。2007年9月10日,华润雪花啤酒有限公司与宝山城市工业园区签订投资意向书,投资9 000万美元,在罗东路1398号建设啤酒生产厂。2008年11月,该项目开工建设。2010年1月22日,华润雪花啤酒(上海)有限公司获得国家质检总局办法的食品生产许可证,正式投产。华润雪花啤酒(上海)有限公司占地面积19万平方米,总建筑面积16万平方米,年生产能力达到40亿升。

【上海松川精密电子有限公司】

上海松川精密电子有限公司成立于1996年,是台湾松川精密电子有限公司投资建设的独资企业。公司注册资金1 200万美元,是集继电器研发、制造、可靠性试验、市场营销为一体,能提供专业技术服务的企业。公司在2006年底从庙行搬迁至宝山工业园区,工厂占地面积约3.53公顷,建筑面积2.83万平方米。2010年,公司工业产值为42 718.4万元,税收为2 206.2万元。

【中钢上海钢材加工有限公司】

中钢上海钢材加工有限公司成立于2008年,由中国中钢集团公司控股与上海华联天脉涂镀钢板有限公司合资设立。公司专业从事高端家电、汽车板加工配送及延伸服务业务,与蒂森克虏伯、本钢集团等战略合作企业一起,在中钢平台上从事高端汽车家电客户集成供应链建设。2010年,公司税收为1 596.89万元。

【益美高(上海)制冷设备有限公司】

2004年9月22日,益美高(上海)制冷设备有限公司在宝山工业园区投资建立制冷设备产品研发、生产企业,征地地块位于宝山工业园区集贤路以东,北新塘河以北及老罗北路以南交界处。益美高(上海)制冷设备有限公司于2005年5月开工建设,2006年1月19日完工并举行开业典礼。公司总投资1 000万美元,建筑面积2.2万平方米,注册资本500万美元,拥有30个以上与空调及制冷行业相关的美国以及国外的专利技术,主要产品为蒸发式冷凝器、闭式冷却塔、冷却塔、工业冷风机、循环泵组、制冷剂输送系统、热交换器、压力容器等。2010年,公司工业产值为11 826万元,税收为1 135.52万元。

【海隆石油工业集团有限公司】

海隆石油工业集团有限公司包含上海海隆石油装备有限公司和上海海隆石油钻具有限公司。上海海隆石油装备有限公司前身为北京华实海隆石油机械设备有限公司,2004年7月22日,北京华实海隆石油机械设备有限公司与新加坡ACE公司合作合作,在上海宝山工业园区投资3.5亿元,建立一个石油行业重型设备核心机组的加工制造、相关产品的技术等设备制造产品的研发、生产基地。2005年5月10日,上海海隆石油装备有限公司开工建设。是年,上海海隆石油装备有限公司成立防腐材料研发中心,并成功开发石油管TC涂料,打破美国TUBESCOPE涂料的垄断。2006年,上海海隆石油装备有限公司成立石油管材料研究所,成功开发海隆高端钻具产品。2008年,上海海隆石油装备有限公司与华东理工大学、上海大学联合共建省市级工程中心——上海石油管工程技术研究中心。2006年11月,上海海隆石油钻具有限公司成立。2010年,上海海隆石油钻具有限公司实施2.7万吨新型石油钻具生产及配套技术改造项目。

【上海钢之杰(集团)有限公司】

上海钢之杰(集团)有限公司成立于1996年,位于上海市宝山工业园区罗宁路1309号(近金石路沪太路),主要产品位金属屋墙面和楼承板等钢建筑围护系统。至2010年,上海钢之杰(集团)有限公司占地面积13.33公顷,其中生产厂房5万多平方米,累计超过3 800万平方米的建筑面积供应量,同时获得上海市高新技术企业、上海市设计创新示范企业、美国FM咨询委员会成员单位、国家"鲁班奖"、上海"金钢奖"等荣誉。

【伯利休斯(上海)工程技术有限公司】

伯利休斯(上海)工程技术有限公司项目是宝山区装备制造产业重点推进项目,占地面积2公顷,总投资额1.3亿。2008年2月25日,宝山工业园区与伯利休斯(上海)工程技术有限公司(以下简称伯利休斯)签订投资项目合作备忘录及出让协议书,出让园区内长建路以东,规划宝钱公路以北的约2公顷地块,带征地面积约为0.1公顷,同时保留邻近该地块的面积约为2万平方米的地块,以满足伯利休斯未来可能的扩建需要。是年7月,伯利休斯上海总部正式由浦东迁移至宝山工业园区。2009年7月20日,伯利休斯正式开工建设。2010年,工厂仍在建设中。

【福然德股份有限公司】

福然德股份有限公司成立于 2004 年 7 月 8 日,注册资金 2 000 万元,专注于家电、汽车用钢的加工配送服务,布局全国。公司已在上海、长春、重庆三地建立加工基地,具备全国钢材加工配送能力,是国内最大的汽车用钢加工配送企业。2010 年,公司税收为 949.71 万元。

第十一章　宝山城市工业园区

宝山城市工业园区成立于 1994 年 9 月,前身为蕰塘镇第二工业小区,一期范围属于蕰塘镇三星村和五星村,辖区内多为乡镇企业和民宅。是年 9 月,宝山城市工业区管理委员会成立。

1995 年 11 月,经市政府批准,宝山城市工业园区升格为市级工业区,并以祁连镇为主体实施园区开发建设和招商引资工作。1998 年 6 月,为加大宝山城市工业园区开发力度,中共宝山区委、宝山区政府决定宝山城市工业园区开发从以祁连镇为主改为以宝山区为主,宝山城市工业园区管理机构实行单列。是年,宝山城市工业园区成立中共宝山城市工业园区工作委员会和上海宝山城市工业园区开发股份有限公司。1998—1999 年,宝山城市工业园区成立上海丰翔经济技术发展有限公司,吸纳上海宝经科技产业公司,专门负责园区招商引资服务。1999 年,宝山城市工业园区制定《宝山城市工业园区规划》,对园区内的交通、规划结构、用地布局、市政建设作出规划。是年 2 月,祁连镇三星村、五星村行政隶属关系划归宝山城市工业园区管理。

2000 年,宝山城市工业园区完成基础设施建设,招商引资和动迁工作全面开展,2002 年,宝山城市工业园区引进外资首次突破 1 亿美元大关。2004 年,宝山城市工业园区农民动迁基地一期东块(星福家园)住宅竣工并安置动迁户入住。至 2005 年,宝山城市工业园区累计引进项目 136 个,投资密度平均每公顷达到 469.5 万美元。上海申和热磁电子有限公司、上海西德科东昌座椅技术有限公司、上海飞和实业有限公司、上海汉虹精密机械、上海乐宝日化股份有限公司、曼氏(上海)香精香料有限公司等大型企业纷纷入驻,初步形成汽车配件、机械制造和日化产品等相关产业。

2007 年 6 月,宝山城市工业园区试点土地招拍挂,上海绿地集团中标,规划建设集公寓、商办于一体产业群体。2008 年 2 月,绿地真陈路项目一期丰翔新城商品住宅正式奠基开工。2009 年 4 月,宝山城市工业园区制定《上海宝山城市工业园区控制性详细规划布局修编》。6 月,经宝山区政府批准,宝山城市园区功能定位调整为:上海市北部市级综合产业园区,发展以汽车配件、仪表电子、轻工机械等能耗低、高附加值的集约型工业产业。是年,绿地公寓项目丰翔新城竣工。2010 年,宝山城市工业园区建立丰翔新城小区。

第一节　工　业　区　创　建

20 世纪 90 年代初,根据城市建设总体规划上海市中心工厂逐步向外扩散搬迁。1994 年 1 月 21 日,蕰塘镇政府利用距离上海市中心较近的地理优势,在蕰塘镇西南部的三星村境内建立第二工业小区,规划总面积 1.57 平方公里,重点发展无污染或少污染的一、二类工业和三产项目。9 月,经宝山区政府批准,蕰塘镇第二工业小区被列为区级工业区,定名为"上海宝山城市工业园区"。宝山城市工业园区位于位于蕰藻浜以南,走马塘以北,规划中的外环线以西,槎浦河以东,总规模控制在 5 平方公里。分期开发,第一期 1.5 平方公里,第二期 1.5 平方公里,第三期 2 平方公里。宝山城市工业园区的性质为市新兴技术的研究、开发、生产、经营的综合基地,也是上海大工业的扩散基地。

1995 年 4 月 24 日,宝山区政府向市政府申请将宝山城市工业园区升级为市级工业区,园区开发方向主要是发展成为上海城市功能和产业结构调整服务的综合性开发基地。11月13日,市政府批准将宝山城市工业园区列为市级工业园区,总体规划面积4平方公里,一期面积1.5平方公里,规划范围东至规划中外环线500米绿带,南至普陀区,西至嘉定区及宝山区祁连镇五星村,北至陈太路。宝山城市工业园区的选址在祁连地区,与南侧的桃浦地区,西侧的南翔地区共同构成了上海中心区向西北方向延伸的重要地区,有助于上海市"多轴、多核"的城镇体系的形成。

1998年6月,为进一步加大园区开发建设力度,中共宝山区委、区政府决定以祁连镇为主开发,改为以宝山区为主开发,对祁连镇进行拆并,宝山城市工业园区管理机构实行单列,中共宝山城市工业园区工作委员会、宝山城市工业园区管理委员会分别作为中共宝山区委、区政府派出机构。宝山工业园区组建上海宝山城市工业园区开发有限公司,专门负责园区的招商引资和开发建设。

2010年2月11日,经宝山区政府批准,撤销三星村朱家宅村、杨树园村、许巷村、五星村浜西村、胡家池村民小组建制。8月,宝山城市工业园区建立丰翔新城小区,成立丰翔新城居民委员会。

第二节　管理机制

一、管理机构

1994年9月2日,宝山区政府正式发文设立上海市宝山城市工业园区管理委员会,负责园区的管理。由时任蕰藻浜镇党委书记的陈升平出任园区管委会主任,时任蕰藻浜镇镇长的王志明出任副主任。1995年,宝山城市工业园区管委会下设办公室、政策研究室、财务部、项目审批部、规划部、前期建设部、企业管理部、人才服务中心、外商投资服务中心等部门。1998年6月,中共宝山区委、区政府决定宝山城市工业园区管理机构实行单列,属宝山区政府派出机构,取代祁连镇政府行使园区的开发管理职能。管委会下设办公室、招商部、企划部、财务部和建设部等"四部一室"的管理机构,管理人员16人。

2004年2月,园区管委会调整部门机构设置和名称,新设置园区组织人事部。原企业服务部改为企业管理部;原农村工作办公室改为社会事业保障部;原市政部改为市政动迁部;原建设部门改称为建设管理部;原财务部改称为计划财务部;招商部名称不变。2010年,园区管委会下设部门有组织人事部、党政办公室、社会保障部(含农村工作办公室)、综合治理办公室(安全生产办公室)、信访办公室、招商部门(企业管理部)、建设部门、财务部门、动迁办公室、市政管理部门、工会(团委、统战纪检办公室)、外商投资服务中心、人才服务中心、三星村、五星村。

表 7-11-1　1994—2010 年宝山城市工业园区管理委员会主任任职情况表

姓　名	职　务	任 职 时 间
陈升平	宝山城市工业园区管理委员会主任	1994 年 9 月—1997 年 2 月
马其龙	宝山城市工业园区管理委员会主任	1997 年 2 月—1998 年 5 月
滕永福	宝山城市工业园区管理委员会主任	1998 年 5 月—2008 年 9 月
张跃进	宝山城市工业园区管理委员会主任	2008 年 9 月—2010 年

资料来源:宝山城市工业园区提供

二、开发主体

1998年7月19日,宝山区政府办公室会议讨论筹建上海宝山城市工业园区开发股份有限公司(以下简称园区开发有限公司),商讨通过宝山城市工业园区土地批租、祁连镇资产入股、周边镇筹资入股的形式筹措注册资金,形成"宝山城市工业园区持大股、祁连镇为第二股东、其他镇持小股"的公司股份结构。

是年9月,园区开发有限公司成立,位于宝山区真陈路1000号,注册资金5000万元,其中园区管委会以土地使用权作价2400万元,上海祁连集团有限公司以房屋使用权作价1600万元,其他镇货币出资1000万元。9月8日,园区开发有限公司召开第一次股东大会,通过《上海宝山城市工业园区开发有限公司章程》,同时任命崔兰竹为上海宝山城市工业园区开发有限公司董事长,任命滕永福为上海宝山城市工业园区开发有限公司总经理。9月20日,园区开发有限公司第二次股东大会,选举产生11位首届董事会董事和3位首届监事会监事。10月9日,上海宝山城市工业园区开发有限公司下属子公司包括上海宝经科技产业公司、上海丰翔经济技术发展有限公司、私营企业加工区公司。

1999年,宝山城市工业园区实施主干道拓宽扩建工程。上海宝山城市城乡投资经营有限公司筹资1.5亿元解决工程款项。2002年8月8日,该工程竣工后,上海宝山城市城乡投资经营有限公司以1.5亿元作为股本金入股园区开发有限公司。园区开发有限公司增资1.5亿元后,注册资金为2亿元。2008年12月30日,黄建明出任园区开发有限公司总经理。2009年10月26日,园区开发有限公司向上海宝山区国有资产监督管理委员会申请股东单位股权撤资,股东单位撤资后,园区开发有限公司成为国有独资企业。至2010年,园区开发有限公司下属共有独资子公司4家:上海丰翔经济技术发展有限公司、上海宝经科技产业有限公司、上海丰翔房地产开发有限公司和上海振园市政工程建设有限公司。

表7-11-2 1998—2010年宝山城市工业园区开发有限公司主要领导任职情况表

职 务	姓 名	任 职 时 间
董事长(法人代表)	崔兰竹	1998年9月8日—2000年11月23日
总经理	滕永福	1998年9月8日—2008年9月
董事长(法人代表)	毛菊弟	2001年4月24日—
总经理	黄建明	2008年12月30日—

资料来源:宝山城市工业园区提供

三、区域行政管理

【三星村】

建国初期该村除小孟家、卢家桥、尖头村三个自然村属大场区蕰溪乡,其余杨树园等13个自然村宅属江苏省嘉定县南翔区马桥乡。1954年马桥乡的东南部(即现三星、五星两村的大部分)划归上海市大场区。1956年,小孟家、卢家桥、尖头村组织星星农业高级合作社,其他各自然宅分别组织新光、三星高级合作社。

1958年,东方红人民公社建立,现三星村为东方红人民公社五大队三星队。20世纪60年代初,中共中央出台人民公社工作条例,实行三级核算,队为基础。东方红人民公社分彭浦、大场、蕰溪三个公社,三星队为蕰溪公社三星大队。1984年,撤队建村改为三星村隶属于蕰塘乡。1994年2月,三星村行政隶属由祁连镇划归宝山城市工业园区。随着园区开发,三星村村民组不断撤制,2002年撤制4个村民小组,2005年撤制3个村民小组,2006年撤制1个村民小组,2007年撤制2个村民小组,2009年撤制3个村民小组,2010年撤制1个村民小组。至2010年底,三星村辖2个村民小组,居民471户,户籍人口1 415人。辖区范围:东至新槎浦河,南至走马塘,西与嘉定区接壤,北至蕰藻浜,面积2.2平方公里。

【五星村】

五星村地处宝山区西南角,与嘉定区、普陀区接壤。1954年,由江苏省嘉定县南翔区划归上海市大场区。1956年,组织建立大孟家和西马桥两个高级农业合作社。1958年属东方红人民公社五大队,为五星队。1959年,为蕰溪人民公社五星大队。1961年,五星大队分为五星、金星两个大队,年底仍合并为五星大队。1998年,五星大队撤队建村为五星村。1999年2月,五星村划归宝山城市工业园,辖区总面积2.78平方公里。五星村由18个生产队组成,居民687户,总人口2 470人,原有耕地185.2公顷。至2010年,已动迁浜东、浜西、浜南、反扒浜、中巷、南陈、北陈、西陈、何家桥、张家宅、胡家池等11个生产队,撤销浜西村、胡家池等村民小组建制;未动迁7个生产队(李家宅、里场、王家宅、钱家宅、马一、马二、马三);已征地161.87公顷,现有耕地23.33公顷(已被宝山城市工业园区流转)。

【丰翔新城】

丰翔新城是宝山城市工业园区开发建设中形成的商品房居住小区,位于园康路以东、真诚路以西、市台路以南、城银路以北区域。2008年2月28日,由上海绿地宝山置业有限公司动工兴建。该项目建设规模119 048平方米,包括丰翔新城1号~8号居民楼、AB区商铺、CD区商铺、地下车库I区、民防地下车库II区,项目总投资15 214.05万元,于2009年12月正式建成交付使用。2010年5月,宝山城市工业园区丰翔新城支部委员会成立,并筹建宝山城市工业园区丰翔新城居民委员会。至2010年,丰翔新城共有住户971户,商铺21家,总人口1 972人。

第三节 规划与建设

一、园区规划

1994年11月,上海市城市规划设计研究院编制《宝山工业园区规划说明》,其中对宝山城市工业区规划范围、道路等作出规划。是年12月,宝山区政府批复宝山城市工业区规划范围为东连市规划的外环线,南近沪嘉高速公路,西与嘉定区南翔镇接界,北靠市级河道蕰藻浜,规划总用地面积500.58公顷。

1996年6月11日,市规划局批复宝山城市工业区规划范围为东至规划的外环线绿带,南至普陀区区界,西至嘉定区区界,北至陈太路,规划总用地面积434.8公顷。园区定位和产业选择为发展以汽车配件、仪表电子、轻工机械、纺织等城市型工业,结合旧区工业调整,接纳上海旧区工业疏解,选择以"三废少"、能耗低、物耗低的一类工业为主。另根据实际情况及规划道路系统,园区设置八个工业组团、一个生活组团和一个公共中心组团,进行分期开发。1997年6月17日,由于项目落地选址需要,市规划局在审批《上海宝山城市工业园区规划调整(局部)》方案时同意对规划内的部分道路作适当调整。

1999年7月,根据上海建设国际经济、金融、贸易中心的目标,依据新一轮上海市总体规划,宝山城市工业区制定《宝山城市工业园区规划》,明确了园区内的交通、规划结构、用地布局、市政工程的建设方向。交通方面,规划以陈太路、丰翔路、南大路及真陈路为基本骨架构建方格网状道路网。规划结构,以真陈路以西、丰翔路北侧开发街坊为公共中心,将园区分成若干个组团,形成组团式的结构模式。用地布局,公共建设用地主要分布在公共中心组团内,规划公用设施用地总计7.26公顷;公共设施用地周围三块土地作为居住用地,用地面积21.5公顷;工业用地规划在公共中心组团西南侧与东南侧,北侧为仓储用地。市政工程,详细规划了给排水、煤气、污水、电力系统,规划在丰翔路下设一根Φ500上水输水管,在陈太路及真陈路下分别敷设Φ800、Φ500输水管、Φ500中压煤气干管和污水总管,其他道路下设置Φ300上水输水管;拟建35千伏变电站3座、10万门电话局1处;在中心组团内分设消防站及环卫分所。

随着国家产业结构优化升级步伐的加快,原有规划对于宝山城市工业园区的功能定位产业导

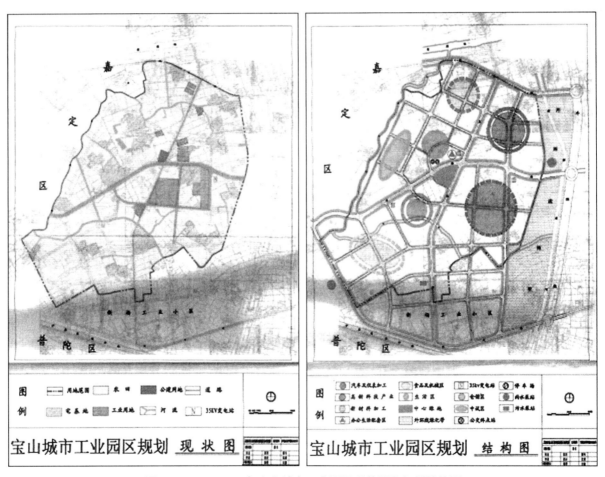

图7-11-1　1999年宝山城市工业园区现状图和规划结构图

资料来源:宝山城市工业园区,1999年《宝山城市工业园区规划》

向已不能适应园区发展的需要。为了加快宝山城市工业园区的产业布局和结构调整,加强城乡规划的政策引导,促进节约集约利用工业用地,2009年4月,受宝山城市工业园区管理委员会委托,宝山区规划设计研究院对《上海宝山城市工业园区规划》进行局部调整的规划编制工作。规划修编工作按照宝山区政府关于推动宝山城市工业园区二三产业融合发展的要求调整优化企业布局,使之与周边三产的发展相适应,最终形成《上海宝山城市工业园区控制性详细规划局部修编》(以下简称《控详修编》)。是年9月6日,宝山区政府批准通过《控详修编》,将宝山城市工业园区功能定位为上海北部市级综合产业园区上海市北部市级综合工业园区,发展以汽车配件、仪表电子、轻工机械等能耗低、高附加值的集约型工业产业为主;结合高科技研发服务、产品设计、供应物流管理、综合配套等上下游产业延伸需求,合理发展生产性服务业及相关产业。规划布局为"一心、三轴、五片区"。其中,"一心"为园区服务中心,"三轴"为真陈路产业拓展轴、丰翔路绿化景观轴和锦秋路生活配套服务轴,"五片区"为北部综合生产片区(以发展2.5产业的发展现代服务业为主)和四个基础产业片区(以集约型工业产业为主)。至2010年,宝山城市工业园区根据《控详修编》方案积极实施园区"一心、三轴、五片区"的开发和建设。

二、土地开发利用

【动迁安置】

宝山城市工业园区位于上海市的西北,宝山、普陀、闸北、嘉定四区交界的祁连(原葑塘)地区。1994年园区成立时共有34个生产队,农户1294户,村民4512人,平均每公顷土地不足8.5人,绝大部分为农田,动迁比例很小,是当时上海近郊难得的一大片适于大规模开发的宝地。是年,宝山城市工业园区动迁袁家角6户农户,共计1195.49平方米,安置在祁连二村,安置面积956.19平方米。1999年2月,祁连镇三星村、五星村行政关系划归宝山城市工业园区。园区内共有31个生产队、农户1180户、村民4400人。

2001至2002年,园区动迁民宅150多户,并完成500户动迁的先期准备工作。2003年,园区成立了动迁领导小组,加强了动迁工作的人员配备。在对1175户动迁户全面排摸基础上,完成丈量评估近500户,动迁签约300多户,搬迁村属、队属企业15家。2004年起,宝山城市工业园区在完成1.2万平方米破旧厂房拆迁的同时,重点对农民动迁户进行妥善安置。农民动迁基地一期东块(星福家园)3.23万平方米住宅单体竣工并安置了100多户动迁户入住,一期西块2.8万平方米住宅完成主体工程,动迁基地内植绿22万平方米。

2005年7月,园区一期动迁基地共安置260户动迁户搬入新居,二期动迁基地近400户动迁户的丈量、评估、签约工作也全面启动。2006年,动迁工作在困难和矛盾中艰难推进。园区在加快动迁住宅建设的同时,完成了对二期动迁基地380多户动迁户的丈量评估工作,其中180多户完成签约和过渡居住。2007年,园区动迁重点孟家宅的动迁有了初步进展。2008年,园区完成村民动迁90户,集体小企业动迁6273平方米;完成动迁基地4.5万平方米住宅建设并取得进户许可证,安排130户村民入住新居;三星村、五星村两个村新建的老年活动室和卫生室验收达标并正式启用。2009年,园区全年完成动迁90余户,并精心打造安居工程,全力推进聚丰景都动迁基地建设,116户村民乔迁新居。是年,园区还完成9个村民小组的撤制申报和4个村民小组撤制工作,农民纳入社会保障172人。

2010年,宝山城市工业园区完成征地社会保障项目5个,落实社会保障人员45人,新征地人员社会保障率达100%;完成三星村、五星村5个村民小组撤销建制申报工作;完成配套动迁房基地的认定工作及征地储备工作。

表7-11-3　1995—2010年宝山城市工业园区动迁安置明细表

时　间	所属村队	动迁户数（户）	动迁面积（平方米）	安置地点	安置面积（平方米）
"九五"时期（1996—2000年）	袁家角、前张、顾家宅、中心	45	9 325.99	祁连二村、祁连四村、锦泰苑	7 481.38
"十五"时期（2001—2005年）	葛家、前张、侯相（燕池）、板桥、顾家宅、中心、许巷、卢家桥、姚家宅、李家宅、中巷、南陈、西马桥、浜西、张家宅、何家桥、杨树园、北陈、浜东、反扒浜、西陈、大朱巷、浜西、浜南、板桥、侯巷	502	108 687.64	锦泰苑、锦龙苑、祁连欣苑、星福家园、聚丰景都	98 209.43
"十一五"时期（2006—2010年）	浜西、浜南、板桥、侯巷、姚家宅、大朱巷、李家宅、浜东、反扒浜、北陈、朱家宅、卢家桥、尖头村、胡家池、许巷、杨树园	261	57 146.93	聚丰景都、星福家园、锦泰苑	70 801.55

资料来源:宝山城市工业园区提供

【开发进度】

1996年6月,经市规划局批准宝山城市工业园区规划总用地面积为4.35平方公里。1998年6月,园区土地开发建设工作正式启动。一期规划5平方公里,可用土地约4平方公里,首期开发面积1.5平方公里。2000年,征地开发面积24公顷。2001年,园区开发工业用地33.33余公顷。2002年,园区开发工业用地40公顷。

2003—2005年,园区建设重点是项目建设、市政建设和动迁基地建设,开工项目68个,竣工项目64个,4个重大项目建设顺利,其中致达控股集团有限公司、港宝彩印(上海)有限公司、日杨电子科技(上海)有限公司三大项目一期进入设备安装,上海乐宝日化有限公司按计划进入基础施工。宝山城市工业园区一期东块星福家园单体竣工,一期西块完成基础建设。

2006年,宝山城市工业园完成土地开发面积65公顷,累计285公顷,土地开发率65.5%;批租土地面积39公顷,累计203公顷;建成企业土地面积25公顷,累计132公顷,土地建成率65.0%。至2007年底,园区累计开发土地面积285公顷,土地开发率65.5%;批租土地面积15.94公顷,累计246.92公顷,批租率86.6%;建成企业土地面积12.78公顷,累计214.25公顷,土地建成率86.8%。

2008年,宝山城市工业园区项目征地已占总规划用地(总规划面积435公顷)的80%,引进企业100多户。但随着上海产业结构的调整,城市建设的加速,以及周围高等级公路的延伸和建设,都会大大提升园区的地理区位优势。为此,宝山城市工业园区建议局部调整园区规划,扩大园区范围。将调整地块建设成集企业总部经济、高科技研发、商住生活综合配套等多功能为一体的综合产业区。

2009年,宝山城市工业园区产业布局和结构整体调整,同时扩大园区用地范围,调整后的范围东至外环线,南至普陀区界,西接嘉定区,北至蕴藻浜,总用地面积598.54公顷,比1996年规划增加了 163.75 公顷。2010 年,宝山城市工业园区推进"腾笼换鸟"计划,盘活空置厂房 158 050 平方米,出租利用 100 458 平方米,占总空置率的 62.3%。

表 7‐11‐4　2003—2010 年宝山城市工业园区土地开发情况表

年　　份	规划面积(平方公里)	累计已开发土地面积(公顷)
2003 年	4	200
2004 年	4	220
2005 年	4.46	220
2006 年	435	285
2007 年	435	285
2008 年	435	285
2009 年	207	364
2010 年	435	365

资料来源:上海市经济委员会、上海市经济和信息化委员会、上海市统计局、上海市开发区协会《上海市开发区统计手册》

【土地招拍挂】

2007 年 6 月,宝山城市工业园区试点土地招拍挂,推出真陈路地块约 14.3 公顷面积土地挂牌出让。上海绿地(集团)有限公司通过招拍挂程序取得宝山城市工业园区(祁连镇 0008 街坊 P1 宗地)地块土地使用权。项目功能定位为集商务、商业、住宅、办公等于一体的现代服务业集聚区。11 月 29 日,宝山区政府召开上海绿地(集团)有限公司宝山城市工业园区地块项目专题协调会议,认定该项目符合区域规划和产业规划要求,是推动服务经济发展的重点项目之一。2008 年 2 月 28 日,绿地真陈路项目一期丰翔新城商品住宅正式奠基开工,该项目建设规模 119 048 平方米,项目总投资 15 214.05 万元。年内,8.8 万平方米公寓楼和 6 万平方米商务楼一期开工建设,其中公寓楼一期 3 万平方米结构封顶。2009 年 5 月,丰翔新城项目竣工。2010 年,绿地项目商务楼竣工 7 万平方米,在建 11 万平方米,商铺在建 9 万平方米;丰翔新城居委会办公场所建设完成。11 月,市台路幼儿园开工建设。2010 年,继真陈路地块之后,宝山城市工业园区第二次挂牌出让工业地块 4 幅,相宜本草化妆品公司和上海钢联电子商务公司中标获得地块使用权,建设用地面积 6 公顷。

【二次开发】

2006 年下半年,受土地政策调整影响、宝山城市工业园区产业结构调整和加快发展生产性服务业的需要,宝山城市工业园区进入招商调整期,重点进行土地二次开发。2007 年,园区共有 4 家企业提高建筑容积率总计 1.45 万平方米,租赁闲置厂房 4.16 万平方米,盘活闲置低效土地 14.33 公顷,调整仓储企业 2 家。2008 年,宝山城市工业园区进一步加强企业管理,以腾笼换鸟,盘活存量资产为重点的土地二次开发继续推进,拆除违章 2.8 万平方米,清理腾出集体土地 10.67 公顷,推介出租空置厂房 2.7 万平方米,拟办企业置换、转让 4 家。2009 年,产业调整取得新突破,盘活企业资产存量,宝山城市工业园区出租空置厂房 3 万平方米。2010 年,园区盘活空置厂房 15.81 万平方米,出租利用 10.05 万平方米,占总空置率 62.3%,其中新引进项目 13 个,购置土地过渡企业 2 家,共利用 4.7 万平方米;助推企业升级扩大生产规模 5 家,共利用 5.53 万平方米。

三、基础设施

宝山城市工业园区从 1994 年 3 月开始筹备,筹备期间由上海市城市规划设计研究院组织编制园区生活和公用设施规划。园区市政基础设施一期项目为:上水:园区生产用水近期由一期东侧新槎浦西岸规划建造的 1 万吨/日的地面水厂来解决,结合园区道路的辟建敷埋上水管道接入各用户,远期拟将水厂不断扩大,以满足二期、三期工业小区的生产用水。工业小区生活用水近期由陈真路东侧丰一路南面的规划深井水厂解决,经规划道路接入各地块,远期纳入祁连山路居住区管网经丰翔路接入小区内。雨、污水:雨、污水采用分流制。雨水经管网收集后由真二路下的规划雨水总管排入走马塘,经计算若标高上不能直接排入,需在真二路西侧、走马塘北岸规划建雨水泵站一座,雨水经泵站提升后排入走马塘。煤气:丰翔路下已敷设 Φ700 毫米的中压输气管,在小区内真二路东侧需设煤气调压站一座,降压后经配气管道接至各用户。通讯:通讯由园区东面的祁连山居住区内在建的莳塘电话局解决(最终规模为 6 万门),道路下埋设通讯导管,经祁连山路、丰翔路接入园区内。邮电:用邮由祁连山居住区拟建的邮政支局解决。另外园区的供电先由祁连镇丁家桥 35 千伏变电站解决,并抓紧在工业园区内新建 4 座 35 千伏变电站,接入城市电网,以解决整个工业园区用电需要。园区供气,先采用已理设在丰翔路边的 Φ700 毫米的煤气中压气管,经调压后供应工业园区的用户。1995 年,宝山城市工业园区一期 1.5 平方公里范围内市政道路、水、电、煤气和通讯等基础设施全部配套到位陆续投入使用,为招商引资提供基础条件。

“九五”期间(1996—2000 年),1998 年,宝山城市工业园区一期开发基础设施和配套项目投入资金 1.5 亿元。铺设完成 4.5 公里 500 毫米~800 毫米口径的自来水管网;铺设完成贯穿园区东西700 毫米口径的煤气总管;35 千伏变电站和容量 10 万门电话局投入运营。1999 至 2000 年,投入基础设施和配套项目的资金超过 2 亿元,宝山城市工业园区周边已形成商贸和居住两大区域。

“十五”期间(2001—2005 年),宝山城市工业园区逐步实现“八通一平”(供水、供电、通讯、污水、雨水、煤气、宽带、通路,平整土地)。2002 年,园区基础设施投入 1 亿元。拓宽丰翔路、真陈路 2条主干路,使园区道路总长达到 10 公里,其中支路建设完成 2.8 公里;排设各种管线 4 公里;完成道路绿化 3.5 万平方米。2003 年,丰翔路、真陈路主干道拓宽延伸工程竣工通车;雨、污水管道同步铺设到位,园区的交通网络基本形成,植绿 5 万平方米。2004 年,园区新建道路 2.2 公里;铺设地下管线 3 600 米;开通光缆宽带;完成绿化 9.7 万平方米。开工建设 2 座雨水泵站,新建通讯模块局 1座。至 2004 年 10 月,园区基础设施建设基本完成,道路建设总长 25 公里,占园区区域规划总道路的 90%,雨、污水管道同步铺设到位;市政配套管线完成上水市政配水管 202 470 米、电话管道10 630 米、建成电信模块局 1 座、架空电话线路 3 000 米。2005 年,园区内电力开关站竣工,2 座雨水泵站建成,污水泵站与西区污水管网并网运行,绿化面积增加 4 万平方米。

“十一五”期间(2006—2010 年),宝山城市工业园区进行辖区内环境整治和基础设施扩容工作。2006 年,以环境整治、河道治理为突破口,园区建成农村标准公厕 17 座,建立农村环卫保洁队伍;建成白色水泥道路 3 000 米,治理走马塘、莳村塘、老蕴藻浜等河道;全面完成园区截污纳管工作,污水管网通过评估,完成 82 家企业污水纳管的监察建设并申报排水许可证;完成园区 34 家企业危险物收集排摸工作;完成烟尘控制区的创建工作,园区降尘明显下降。2007 年,园区新筑水泥道路 1 600 米,完成园区亮灯工程 5 600 米,疏通雨污水管理 14 公里。养护道路绿化 21 万平方米,新建绿地 1.4 万平方米。2008 年,园区整治王家宅河等 6 条村级河道;完成工业路雨水泵站改建扩容,山连路 35 千伏电站竣工使用,新安装道路路灯 195 盏;全年清扫道路 17 万平方米,养护绿化 23 万平方米。2009 年,园区整治 7 条村级河道并通过区级验收,绿化种植 2 万平方米;新辟公交 85 路进园区,建成宝祁路 10 千伏开关站,辟通园康路 500 米;全年综合能耗万吨标准煤实际消耗 5.7 万吨,万吨产值能耗下降率达到 12.5%。2010 年,大力开展园区环境整治工作,全年共拆除违章建筑 2 231 平方米;完成山连路、园新路绿地改造 1.95 万平方米;完成宝祁路、园光路绿化建设 2 874 平方米;完成园区自管道路所有污水管网、阴井的疏浚工作。

表 7-11-5　至 2010 年上海宝山城市工业园区道路情况表

修建年份	路　名	起　止　范　围	里程(公里)	路面宽度(米)
2001 年	园丰路	宝祁路至丰翔路	0.59	12
2002 年	园光路	真陈路至西(真陈路—浏翔公路)	0.97	12
2002 年	园泰路	园光路至丰翔路	0.86	12
2002 年	园新路	丰翔路至走马塘	0.95	12
2002 年	山连路	业绩路至园泰北路(园泰北路—工业路)	1.97	12
2002 年	振园路	丰翔路至园泰北路	0.66	12
2002 年	工业路	丰翔路至城银路	0.25	7
2003 年	宝祁路	真陈路至规划路(浏翔路—真陈路)	1.12	12
2003 年	园辉路	园泰路至规划路	0.52	12
2003 年	园康路	山连路至市台路	1.35	12
2003 年	市台路	园康路至业绩路(真陈路—业绩路)	0.79	12
2004 年	城银路	园泰北路至工业路	1.65	12
2004 年	园泰北路	城银路以西(城银路—丰翔路)	1.13	9
2004 年	浏翔路 (规划路)	宝祁路至园辉路	0.38	7
2006 年	园庆路	振园路至城银路	0.55	12
—	真陈路(区管)	锦秋路至普陀接壤	2.65	30
—	丰翔路(区管)	跨线桥至真陈路	2.50	30
—	锦秋路(区管)	城银路至普陀接壤	0.60	14—30
—	业绩路(区管)	—	1.12	23

资料来源:宝山城市工业园区提供

表 7-11-6　2010 年上海宝山城市工业园区道路绿化情况表

路　名	绿地 (万平方米)	绿化带宽度 (米)	行道树 (棵)	绿化乔木 (棵)
宝祁路	2.63	5	250	816
园光路	1.40	5	191	605
园泰路	1.28	5	126	526

（续表）

路　名	绿地（万平方米）	绿化带宽度（米）	行道树（棵）	绿化乔木（棵）
园丰路	0.88	5	88	270
山连路	2.80	5	349	1 693
园辉路	1.14	5	114	473
园新路	1.10	5	179	869
城银路	2.00	5	356	644
市台路	0.33	5	113	862
振园路	1.20	5	149	383
园康路	1.40	5	188	501
园泰北路	2.28	3	282	—
园庆路	0.79	5	122	—
浏翔路（规划路）	2.60	—	38	—
工业路	0.10	3	—	—
真陈路（区管）	—	10	—	—
丰翔路（区管）	—	10	—	—
锦秋路（区管）	—	5～10	—	—
业绩路（区管）	—	10	—	—

资料来源：宝山城市工业园区提供

表 7‑11‑7　2010 年上海宝山城市工业园区道路排水管道情况表　　　　单位：公里

路　名	雨　水	污　水
宝祁路	1.03	0.96
园光路	0.94	0.93
园泰路	0.74	0.67
园丰路	0.45	0.31
山连路	1.25	1.22
园辉路	0.47	0.32
园新路	0.11	0.08
城银路	1.58	1.55
市台路	0.71	0.66
振园路	0.53	0.51
园康路	1.37	1.51

（续表）

路　名	雨　水	污　水
园泰北路	1.50	1.50
园庆路	0.53	0.56

资料来源：宝山城市工业园区提供

第四节　招商引资

一、招商机构

【招商部】

1998 年 6 月以前，宝山城市工业园区招商工作由宝山区祁连镇政府工业公司代管，招商部和规划部两个部门合署办公。1998 年 6 月，宝山城市工业园区在宝山区牡丹江路 1625 号设立办事处，从事吸纳非公有制经济组织为主的企业到园区注册、落户等招商引资工作。1998—1999 年，宝山城市工业园区先后独立运营园区招商部，成立上海丰翔经济技术发展有限公司，吸纳上海宝经科技产业公司，三个部门共同负责园区招商引资工作。1999 年，宝山城市工业园区成立招商二部，重点引进外资企业。原招商部改为招商一部，重点吸纳内资企业。2002 年，招商一部、招商二部合并为招商部，全面负责园区招商工作。2005 年，宝山城市工业园区机构调整，招商部主要工作职责为：宣传、推介园区、建立有效的招商引资工作网络；负责拟定招商工作计划，制定招商工作方案，及时收集投资信息；组织实施多层次、全方位的招商引资工作；接待来访、介绍情况、洽谈业务、起草意向书和协议书等文本材料；协助投资者完成可行性报告、章程等文本编制和"企业营业执照"、税务登记等相关项目批准手续的办理；负责做好国家和上级招商引资政策、法规的收集、宣传、利用；负责按合同做好落户企业土地款的催收工作，配合建设部做好签协项目的开工建设工作，配合企业管理服务部做好企业日常管理工作；负责做好客户资料、谈判记录、协议书、合同文本等资料的立卷、归档工作。2004—2010 年，宝山城市工业园区招商部既负责园区的招商引资又负责入驻企业的服务工作。

【上海宝经科技产业公司】

上海宝经科技产业公司（以下简称宝经公司）成立于 1993 年 6 月，由上海市宝山区经济委员会筹建成立，公司位于宝山区友谊支路 213 室，注册资金 30 万元，员工 14 人。1996 年 12 月，宝经公司注册资金变更为 330 万元。1998 年 5 月，经宝山区政府批准成立宝经经济开发区，宝经公司地址变更为宝山区月罗路 380 号，注册资金增加至 500 万元。1999 年 1 月，宝经公司划归上海宝山城市工业园区管理。宝经公司依托上海宝山城市工业园区资源的区域优势和优惠的招商政策支持，树立"以人为本，客户至上"的招商引资理念，为到宝经经济开发区投资企业提供招商咨询、企业管理等一条龙服务，加快了宝山区企业引进的速度。2010 年，宝经公司已有注册企业 930 余家，税收总额超亿元，区级税收达 3 000 万元以上，入驻企业涉及现代制造业、现代服务业、物流业和信息技术等多个产业。

【上海丰翔经济技术发展有限公司】

上海丰翔经济技术发展有限公司(以下简称丰翔公司)是 1998 年 8 月由上海宝山城市工业园区管委会外商投资服务中心和上海闪星实业开发有限公司共同组建的,注册资金 50 万元。上海宝山城市工业园区管委会外商投资服务中心出资 40 万元,占注册资本的 80％;上海闪星实业开发有限公司出资 10 万元,占注册资本的 10％,是年 9 月丰翔公司正式开业。公司地址为宝山区水产路 509 号 308 室。丰翔公司隶属于上海宝山城市工业园区,是专门从事协助客户申办工商注册、税务登记、代理记账、提供政策咨询和相关服务的专业招商公司。2010 年,丰翔公司有注册企业 1 508 家,税收 16 623 万元,超额完成宝山区财政目标。

二、企业服务

【宝山城市工业园区商会】

宝山城市工业园区商会成立于 2005 年 4 月 27 日,共有会员企业 43 家,其中实体企业 25 家,注册型企业 18 家。商会设会长 1 名,副会长 8 名;秘书长 1 名、副秘书长 3 名。会员企业名单:上海飞和实业集团有限公司、上海人民水泵厂有限公司、上海百特机电有限公司、上海超力新型合成材料有限公司、上海杰品电器有限公司、上海峥宝磁材有限公司、上海德辉烟具有限公司、上海德宝密封件有限公司、上海蓝箭设备成套有限公司、上海新旭发机械科技有限公司、上海易家皮件有限公司、上海丹爱法企业发展有限公司、上海通程运输有限公司、上海亚泰仪表有限公司、上海悦腾混凝土制品有限公司、上海凯泰燃气设备有限公司、上海恒发幕墙工程有限公司、上海星海天冲压件有限公司、上海申倩工业气体销售有限公司、上海乐乾洗涤剂有限公司、上海翔敏金属制品有限公司、上海致达工业科技发展有限公司、上海宝丰机械制造有限公司、上海平弯安全玻璃有限公司、上海江杰建筑装潢有限公司、上海春夏实业有限公司、上海邦德教育产业投资有限公司、上海天空广告传播有限公司、上海前卫运输有限公司、上海虎益钢材有限公司、上海港丰货运代理有限公司、上海永得信会计事务所、上海深隆贸易有限公司、上海平璐工贸有限公司、上海超佳钢材贸易有限公司、上海沪博会计师事务所、上海蔼迪木业有限公司、上海正跃五金机电、上海顺裕机电技术发展有限公司、上海帆华幕墙装饰工程有限公司、上海宝欧钢材有限公司、上海东洲集装箱储运有限公司、上海华富金属材料有限公司、上海施复自动化技术有限公司。宝山城市工业园区商会在加强企业与政府部门的沟通、建立企业间的联系互信、谋求彼此和谐经营、提高企业经营能力、促进良性竞争、优化服务质量和专业水平等方面起到了良好的桥梁和纽带作用。

【联谊分会】

宝山区新的社会阶层人士联谊会城市工业园区分会(以下简称联谊分会)成立于 2010 年 8 月 18 日。该联谊分会由在园区落户和注册企业中具有一定影响、热心社会活动、有强烈的社会责任感的新的社会阶层代表人士、企业主和外企高管人员 31 人,以及园区有关领导和相关部门人员 7 人,共计 38 人组成。联谊会旨在通过各类活动,提高会员的理论素养和管理水平,增进会员之间交流,增强会员与政府部门的联系,反映会员合理建议和要求,维护其合法权益。联谊会设会长 1 名、副会长 3 名、秘书长 1 名、副秘书长 1 名,每季度集中组织一次活动。宝山城市工业园区联谊分会的成立对进一步把园区新阶层人士凝聚和团结在党和政府周围,加强党和政府与这一阶层的广泛联系与交流合作;对进一步激发和调动广大新的社会阶层代表人士的积极性、主动性和创造性,为实现园区经济、文化全面发展营造良好的环境和氛围起到了促进作用。

三、招商成果

1994年4月29日,上海钢管股份有限公司精密管分公司项目正式落户蕰塘镇工业区,占地8公顷,投资总额1.2亿元。1995年,有10个项目落户宝山城市工业园区,总投资达8.3亿元。其中较为大型的项目有中德合作总投资6 000万美元的玻璃器皿公司、宝山区与中国台港地区合作总投资3 000万元的海豹混凝土有限公司等。

"九五"期间(1996—2000年),宝山城市工业园区内农田面积较大,园区在进行基础设施建设的同时积极开展招商引资工作。1998年6月,宝山城市工业园区管理机构实行单列,当年注册企业12家,注册资金1 480万元,其中入驻园区三资企业2家,总注册资金770万美元。1999年,园区引进内外资3 000万美元,其中合同外资790万美元。引进内外资企业90家,注册企业300家,其中上海金亭汽车线束有限公司投资1.2亿元,创造了项目100天建成投产的园区纪录。2000年,园区引进内外资5 000万美元,其中合同外资1 713万美元。签约项目12个,注册企业350家。

"十五"期间(2001—2005年),宝山城市工业园区基础设施建设基本完成,招商引资工作全面展开。2001年,园区引进内外资6 000万美元,其中合同外资3 122万美元。签约项目16个,其中,大锐科技光盘项目被列为国家光盘生产基地。2002年,园区实施大开发、大建设战略,招商引资有新突破。全年共签约项目34个,引进外资首次突破1亿美元大关,引进内资8.5亿元。其中规模较大的台湾中环光盘项目及二期工程为园区在3年内建成光盘及相关产品、半导体芯片及外延产品的大型基地奠定了基础。2003年,园区进一步强化"招商引资要重质"的观念,调整招商思路,努力实施"抓大放小、抓洋放内、抓高放粗"的招商策略;有所为有所不为,严把项目筛选关,做到科技含量低的不招,投资密度低的不招,产出小成长性差的不招,粗放型有污染的不招,一般的内资企业不招;全年引进内外资1.5亿美元。2004年,园区建立项目准入、土地评审、项目退出3个机制,全年利用外资1.3亿美元,合同外资4 762万美元,分别比计划增长30%和58.7%。2005年,园区完成招商引资1.27亿美元。"十五"期末,宝山城市工业园区累计引进项目136个,其中外资项目投资密度平均每公顷达到469.5万美元,内资项目投资密度平均每公顷达到3 000万元。完成工业项目总投入28亿元,有82家企业正式建成投产,在宝山城市工业园区基本形成了新材料,电子、半导体材料、机电、光盘、汽车配件等相关产业。

"十一五"期间(2006—2010年),宝山城市工业园区招商引资重点引进高科技产业,淘汰产能落后企业,进行土地二次开发。2006年,园区引进外资项目12个,合同外资2 912万美元;落户内资项目3个,注册资金1.05亿元。2007年,园区合同外资2 731万美元,实到外资3 700万美元。2008年,园区合同外资1 726万美元,实到外资2 500万美元,储备外资项目4个,总投资逾5 000多万美元。2009年,园区引进相宜本草、普安重型柴油发动机等5个项目,总投资额达11.5亿元;合同外资1 599万美元,实到外资1 890万美元,为园区实现新一轮发展奠定了基础。2010年,园区合同外资1 688万美元;落户内资企业19个,注册资金2.05亿元。

表 7‑11‑8 1999—2010 年宝山城市工业园区引进外资情况表

年　　份	项目数(个)	总投资(万美元)	合同外资(万美元)
1999 年	4	1 916	790
2000 年	9	2 727	1 713
2001 年	3	3 170	3 122
2002 年	6	10 012	7 391
2003 年	9	5 837	2 006
2004 年	16	11 388	4 762
2005 年	18	12 652	4 356
2006 年	—	—	2 912
2007 年	—	—	2 731
2008 年	—	—	1 726
2009 年	—	—	1 599
2010 年	—	—	1 688

资料来源：1999—2005 年数据来源为《宝山外经贸统计资料(2005)》；2006—2010 年数据来源为《上海市开发区统计手册(2007—2011)》

表 7‑11‑9 2003—2010 年宝山城市工业园区招商引进内资情况表

年　　份	内资注册资金(万元)	落户内资企业数(个)
2003 年	12 126	19
2004 年	26 460	9
2005 年	8 799	4
2006 年	10 520	3
2007 年	2 370	7
2008 年	52 668	18
2009 年	8 235	14
2010 年	20 462	19

资料来源：上海市经济委员会、上海市经济和信息化委员会、上海市统计局、上海市开发区协会《上海市开发区统计手册》

第五节　产　业　发　展

一、经济规模

1996 年,宝山城市工业园区完成产值 3 500 万元,实现国民生产总值 1 275 万元,开发投入资金 3 683.4 万元。1999 年,宝山城市工业园区大开发态势逐步形成,以形象建设为抓手,以招商引资为中心,以优质服务为保障,园区进入实质性启动阶段,全年完成销售收入 2.48 亿元,上缴税金 999

万元,落户注册企业 300 家。2000 年,宝山城市工业园区完成销售产值 3.51 亿元。

2001 年,宝山城市工业园区根据"高起点规划、高标准建设、高水平管理"的开发方针,坚持以招商引资为主线、建设管理为重点,园区综合实力明显提高,全年完成销售产值 6.9 亿元,上缴税金 6 900 万元,固定资产投入 3.9 亿元。2002 年,宝山城市工业园区实施大开发、大建设战略,全年完成工业销售产值 9.8 亿元,完成国内生产总值 4 亿元,上缴税金 1.05 亿元;竣工项目 10 个,在建项目 17 个。2003 年,宝山城市工业园区经济保持稳步发展,全年完成工业总产值 12.03 亿元,工业企业上缴税金 0.31 亿元,完成固定资产投资 8.88 亿元,全部企业年末从业人员 4 483 人;新开工项目 22 个,竣工项目 20 个;新增生产型企业 9 家,累计达到 30 家。2004 年,宝山城市工业园区完成工业总产值 20.8 亿元,工业企业上缴税金 0.34 亿元,完成固定资产投资 8.96 亿元、全部企业年末从业人员 18 814 人;全年新开工项目 25 个,竣工项目(包括上年结转项目)24 个。2005 年,宝山城市工业园区完成工业总产值 30.68 亿元,工业企业上缴税金 1.31 亿元,完成固定资产投资 8.88 亿元、全部企业年末从业人员 20 791 人。

2006 年,宝山城市工业园区完成工业总产值 41.68 亿元,工业企业上缴税金 1.80 亿元,完成固定资产投资 9.02 亿元、全部企业年末从业人员 23 896 人;全年开工建设项目 18 个,竣工项目 16 个。2007 年,宝山城市工业园区完成工业总产值 49.78 亿元,工业企业上缴税金 2.26 亿元,完成固定资产投资 5.68 亿元、全部企业年末从业人员 14 901 人。2008 年,宝山城市工业园区完成工业总产值 66.2 亿元,工业企业上缴税金 3.43 亿元,完成固定资产投资 9.69 亿元、全部企业年末从业人员 25 262 人。2009 年,宝山城市工业园区完成工业总产值 80.63 亿元,工业企业上缴税金 3.22 亿元,完成固定资产投资 8.25 亿元、全部企业年末从业人员 2.5 万人。2010 年,宝山城市工业园区完成工业总产值 103.85 亿元,工业企业上缴税金 4.44 亿元,完成固定资产投资 7.18 亿元,全部企业年末从业人员 25 262 人。2010 年,宝山城市工业园区获得中共宝山区委、区政府考核优秀单位荣誉称号。

2003—2010 年 8 年间,宝山城市工业园区工业总产值从 10 亿级规模上升至 100 亿级规模;工业企业上缴税金从 3 100 万元上升至 4.44 亿元;全部企业年末从业人员从不满 5 000 人增至 2.5 万余人。经济指标和产业规模显著提升壮大,为开发区建设和宝山区经济发展作出了贡献。

表 7－11－10　2003—2010 年宝山城市工业园区主要经济指标表

年　份	工业总产值 (亿元)	工业企业上缴 税金(亿元)	完成固定资产 投资(亿元)	全部企业年末 从业人员(人)
2003 年	12.03	0.31	8.88	4 483
2004 年	20.8	0.34	8.96	18 814
2005 年	30.68	1.31	8.88	20 791
2006 年	41.68	1.80	9.02	23 896
2007 年	49.78	2.26	5.68	14 901
2008 年	66.2	3.43	9.69	25 262
2009 年	80.63	3.22	8.25	25 000
2010 年	103.85	4.44	7.18	25 262

资料来源:上海市经济委员会、上海市经济和信息化委员会、上海市统计局、上海市开发区协会《上海市开发区统计手册》

二、产业集聚

1994—1996年,宝山城市工业园区工业用地范围小、企业数量少,大型企业集中在钢管、混凝土、木材加工、玻璃制造等工业材料领域,代表性企业有上海钢管股份有限公司精密管分厂、上海东方木器厂等。1995年,宝山城市工业园区承担了上海市中心产业转移,园区建设定位为上海六大支柱产业的延伸基地、城市大工业的扩散基地、外向型经济的出口加工基地和高新技术产业的发展基地。1998年,宝山区南部各镇、长兴岛和横沙岛工业向宝山城市工业园区集中。1998—1999年,产品涉及电子、半导体、太阳能发电等领域的上海申和热磁电子有限公司、生产汽车高级线束的上海金亭汽车线束有限公司入驻宝山城市工业园区,奠定了园区汽车及相关产业、新材料产业、电子产业等行业发展的基础。

2000年,上海百特机电有限公司落户宝山城市工业园区,促进了电气机械和器材制造业的发展。2001年,宝山城市工业园区引进上海杰盛无线通讯设备有限公司和日扬电子科技(上海)有限公司,带动了电子半导体及设备制造产业、机械制造产业的发展。2002年,上海宝丰机械制造有限公司、上海蓝箭电控设备成套有限公司入驻宝山城市工业园区,推进机械制造业的发展。2003—2005年,上海飞和实业有限公司、上海汉虹精密机械有限公司、上海雄博精密仪器股份有限公司、凯泰阀门(集团)有限公司入驻园区,促进园区汽车相关产业、半导体芯片及外延产品的发展,奠定了汽车零部件和机械产业主导地位;上海乐宝日化股份有限公司、曼氏(上海)香精香料有限公司两大日化企业的入驻,促进日化产业的形成。至2005年,宝山城市工业园区初步形成汽车配件、机械制造和日化产品等相关产业。

2006年,宝山城市工业园区主动引进汽车零部件产业、机械制造产业和日化产业的相关大型企业,助推主导产业链的形成。是年,入驻宝山城市工业园区的企业还有上海霍富汽车锁具有限公司、西德科东昌汽车座椅技术有限公司、上海星海天冲压件有限公司、上海东昌汽车配件有限公司等汽车零部件企业,生产机械设备的上海翔荣机电设备有限公司和生产日化用品的上海正章洗涤用品厂有限公司。2007年,曼氏(上海)香精香料有限公司在宝山城市工业园区新建占地6 000平方米的生产基地。

2009年6月,为提升园区产业结构,引导二、三产业融合发展,经宝山区政府批准,宝山城市园区功能定位调整为上海市北部市级综合产业园区,发展以汽车配件、仪表电子、轻工机械等能耗低、高附加值的集约型工业产业为主,结合高科技研发服务,综合配套等上下游产业延伸需求,发展生产性服务业及相关产业。是年,宝山城市工业园区引进相宜本草、普安重型柴油发动机等项目,收购悦腾混凝土制品有限公司,产业结构调整迈出实质性步伐。

2010年,宝山城市工业园区基本建成北部综合产业区和南部产业分区。北部综合产业区以开发商办和住宅为主的服务产业,南部产业分区形成与城市发展相适应的先进制造和生产服务为主的产业体系,基本形成以上海金亭线束有限公司、上海西德科东昌座椅技术有限公司等为代表的汽车零配件产业,以上海申和热磁电子有限公司、上海汉虹精密机械有限公司、日扬电子科技(上海)有限公司为代表的电子半导体及新能源材料和设备制造产业,以上海飞和实业有限公司、上海百特机电有限公司、上海电力环保设备总厂有限公司为代表的精密机械和电控设备制造产业等三大支柱产业。

三、重点企业

1994年4月,上海钢管股份有限公司精密管分公司首家企业入驻宝山城市工业园区后,第一家外商独资企业上海申和热磁电子有限公司、第一家世界500强企业西德科东昌汽车座椅技术有限公司先后入驻宝山城市工业园区。至2005年,园区共有82家企业正式建成投产。至2010年底,入驻园区企业数达200多家。外商主要来自美国、德国、日本、新加坡、韩国和中国台湾、中国香港地区。

上海申和热磁电子有限公司　公司成立于1995年5月,注册资金14.58亿日元,是由日本磁性流体技术株式会社投资于上海宝山城市工业园区的全资公司,是半导体相关领域重要的研发、制造基地之一。1998年,公司入驻宝山城市工业园区山连路181号,占地面积约4.2万平方米。公司下设硅一、硅二、TE和表面处理四个事业部,产品涉及电子、半导体、太阳能发电等产业领域。1999年4月,通过ISO 9002质量体系认证;2001年,通过ISO 14000环境管理体系认证;2002年12月,公司被评为上海市外商投资先进技术企业。

上海金亭汽车线束有限公司　公司成立于1997年3月,注册资金160万美元,为中外合资企业。专业生产高级汽车线束、组合仪表,研制开发先进电器装置。1999年11月,公司入驻宝山城市工业园区,总投资1500万美元。2000年3月,公司开始量产上海大众项目;2002—2006年,公司分别量产上海通用项目、北美通用电瓶线项目和康明斯项目。2009年8月,公司与金山工业汽配、东昌投资、东昌汽配合资。2010年,公司荣获上海市商务委员会"2009年度外商投资先进技术企业"称号。

西德科东昌汽车座椅技术有限公司　公司成立于2004年6月,由德国西德科座椅技术有限公司、上海东昌企业(集团)有限公司、江苏永鼎投资有限公司共同投资组建,投资总额1.5亿元。专业制造和销售汽车座椅总成和座椅零部件,并提供相关的技术咨询和技术服务,为大众等国内外汽车制造商进行产品配套。2007年10月,公司获得上海市专利工作培育企业荣誉称号;2009年6月,获得SVW-A级供应商认定;2010年12月,公司被认定为上海市高新技术企业。

上海山特姆电气有限公司　公司前身为中日合资企业"上海山特姆制冷控制设备有限公司",成立于1994年5月。2004年底由日方收购中方股份,公司转制为日方独资企业。2006年6月,上海山特姆制冷控制设备有限公司正式更名为上海山特姆电气有限公司。2008年1月28日,公司由上海杨浦区世界路迁址至上海宝山城市工业园区的园光路138号,占地面积1万平方米。公司主业为空调、制冷控制设备及其他电气控制系统的设计和制造,是电气控制领域的专业配套服务商。

长谊特种纸(上海)有限公司　公司成立于1998年,属外商独资企业,位于宝山城市工业园区丰翔路1369号,占地面积3万平方米。2000—2010年,公司累计实现工业总产值50 241万元,累计上缴税金2 925万元。

上海汉虹精密机械有限公司　公司成立于2005年3月,是专业生产光伏系列设备、蓝宝石系列设备、非金属及轻金属加工设备、数控自动圆锯机、大型工业洗涤设备的外资企业。产品涉及新能源、新材料、新技术等领域,投资总额为3 970万美元,前身为上海申和热磁电子有限公司半导体硅片事业部。2008年,公司自主研发切方机;2009年,切方机改进型面世;2010年,公司成功研制出全自动熔融机、600公斤铸锭炉、150公斤单晶炉。是年,公司荣获市科委、市国资委"上海市创新型企业""上海城市公众满意企业"称号。

表 7‑11‑11　2010 年宝山城市工业园区税收前 15 位的企业一览表　　　　单位：万元

序　号	企 业 名 称	税 收 金 额
1	上海相宜本草化妆品股份有限公司	8 049.14
2	西德科东昌汽车座椅技术有限公司	5 451.92
3	上海绿地宝山置业有限公司	5 368.99
4	上海金亭汽车线束有限公司	5 303.03
5	上海霍富—利用汽车锁具有限公司	3 422.25
6	上海申和热磁电子有限公司	2 531.61
7	上海汉虹精密机械有限公司	2 452.98
8	曼氏(上海)香精香料有限公司	1 977.50
9	上海复星长征医学科学有限公司	1 467.07
10	上海电力环保设备总厂有限公司	1 286.92
11	上海明治橡胶制品有限公司	1 168.64
12	华德塑料制品有限公司	1 131.82
13	上海安美特铝业有限公司	1 021.90
14	上海飞和实业集团有限公司	933.15
15	上海江杰建筑装潢有限公司	863.17

资料来源：宝山城市工业园区提供

第十二章　上海市市北高新技术服务业园区

　　1992年8月,经市计委批准,由闸北区人民政府(以下简称闸北区政府)在原走马塘工业小区的基础上,规划开发"市北工业新区"。市北工业新区地处上海北端的闸北区内,东临南北高架路和地铁延伸线,西傍彭越浦河(苏州河支流),南起汶水路,北至走马塘,占地面积1.26平方公里。

　　1994年1月,闸北区政府和上海大学签署了合作开发市北工业新区的协议,在市北工业新区内建立"上海大学科技园区市北工业园"(以下简称科技园区),至1996年,科技园区从20公顷扩大为33公顷。1996年9月,市政府批准同意市北工业新区属于市级工业区。1998年,市北工业新区的科技园区被纳入上海高新技术产业开发区。

　　2006年,根据国务院关于清理整顿各类开发区、加强建设用地管理的精神,国家发展和改革委员会等有关部委对22个省(区、市)的省级以下各类开发区进行了审核。其中上海的市北工业新区经审核通过,公布为省(市)级开发区,更名为市北工业园区。

　　2007年12月,中共闸北区委、区政府决定由市北工业园区为主体,开发建设北上海现代物流园区。北上海现代物流园区是以公铁联运为特色,集物流信息、物流指挥、物流研发和物流总部为一体的物流商务园区,也是市北生产性服务业集聚区的重要组成部分之一。至此,市北工业园区由1.26平方公里扩容至3.13平方公里(其中,原市北工业园区1.26平方公里,北上海现代物流园区1.87平方公里),四至范围:东临泗塘河,西到彭越浦河,北傍走马塘河、场中路,南到汶水路。

　　2008年12月5日,经上海张江高新技术产业开发区领导小组办公室、市科委现场考核后,认定市北工业园区为上海市级高新技术产业开发区。

　　2003—2008年,市北工业园区在二期开发建设过程中,吸取国际先进开发区的发展理念,与新加坡裕廊腾飞集团合作,在国内率先提出发展2.5产业(生产性服务业)理念,建设Office Park(后工业化园区)的园区发展模式。加快产业转型,推进生产性服务业集聚,打造以服务为主导的核心竞争力。

　　2009年7月,市发展改革委批复,同意园区建设"上海国家高技术产业基地——市北高新技术服务业园区",市北工业园区正式更名为"市北高新技术服务业园区"(简称市北高新园区)。是年,市北高新园区被市经济信息化委命名为上海生产性服务业功能区。

　　2010年8月17日,市政府颁布《上海推进云计算产业发展行动方案(2010—2012年)》三年行动方案,将云计算确定为未来3年着重发展的高新技术领域,市北高新园区开始构建上海首个以云计算产业为特色的"云园区",集聚了中国电信、中国移动、中国联通三大基础通信运营商、国家电网容灾备份信息中心、腾讯华东数据中心、阿里巴巴云计算中心、面向中小互联网公司的数据中心等众多数据中心,并成为上海数据中心密度和光纤网络密度最高的地区。

　　从工业新区到高新技术服务园区,市北高新园区完成了从制造业向现代服务业的产业转型、形态转型和功能转型。被命名为首个国家高技术产业基地、首批上海市生产性服务业功能区、首个上海市云计算产业基地和国产基础软件产业基地,也是国际行业协会与组织总部(上海)集聚区。

第一节　工业区创建

一、走马塘工业小区

1958 年开始的第二个五年计划期间,中共上海市委、上海市人民委员会决定,在闸北区域内彭越浦地区,辟建以机电工业为主的彭浦工业区。

1984 年初,为加大改革力度,发展闸北工业,调整区属工业结构,中共闸北区委、区政府决定,开发走马塘工业小区(以下简称工业小区),总投资 1.44 亿元。工业小区位于共和新路、江场西路交界处,占地 127.28 公顷,北距张华浜集装箱码头 6 公里,南距内环线高架道路 5 公里,西距沪宁高速公路起点 2 公里,东距铁路北郊站 500 米,交通便捷,是离市中心最近的一块新兴工业基地。1984 年夏,由闸北区集管局牵头,上海织袜十五厂、上海针织二十四厂、上海洗衣机总厂五分厂等 6 个单位进入工业小区;1986 年,上海人民印刷二厂、上海人民制线厂落户工业小区。

二、市北工业新区

1992 年,走马塘工业小区渐露雏形,共有 35 家工厂入驻。是年,中共闸北区委、区政府结合走马塘地区地理优势,决定把走马塘工业小区扩展为市北工业新区。工业新区东临南北高架路和地铁延伸线,西傍彭越浦河(苏州河支流),南起汶水路,北至走马塘,占地面积为 1.26 平方公里。工业新区成立以后,采取工业用地批租,推出优惠政策等措施,在 1992—1995 年 3 年时间,走马塘地区建成了 28 公顷的市北工业园区,园区内企业产销额 6 亿元。1996 年 9 月,市政府批复同意市北工业新区为市级工业区。经过开发建设、招商引资,新区发生了巨大的变化。2005 年,市发展改革委将市北工业新区列为上海市 27 个工业园区之一。

三、市北工业园区

1994 年 1 月,闸北区政府和上海大学签署了合作开发市北工业新区的协议书,在新区内划出一块土地,建立"上海大学科技园区市北工业园";1996 年 3 月,科技园区的面积扩大至 0.33 平方公里,占市北工业园区总面积的 1/4。1998 年,市北工业园区与上海大学科技园合作的上海大学科技园区市北工业园被纳入上海高新技术产业开发区。

2006 年 3 月,国家发展和改革委员会在全国范围开展各类开发区清理整顿的背景下进行公告,认定上海市北工业园区为上海市市级开发区,"市北工业新区"更名为"市北工业园区"。

2007 年 12 月,中共闸北区委、区政府决定市北工业园区负责北上海现代物流园区的开发建设,市北工业园区规模由 1.26 平方公里扩容到 3.13 平方公里。项目启动后,市北工业园区全额投资组建创辉投资管理有限公司作为开发公司,开展土地收购及动拆迁、优惠政策拟定等前期准备工作。

2008 年 2 月 4 日,北上海现代物流园区(筹)管理委员会召开一届一次会议。会议宣布北上海现代物流园区(筹)管理委员会组成人员名单,并通报了园区建设推进情况。2008 年 3 月 24 日,中共闸北区委决定成立北上海现代物流园区管理委员会。北上海现代物流园区东至粤秀路,西到共和新路,南临中环线高架,北到场中路,规划面积 185 公顷,是以公铁联运为特色,集物流信息、物流指挥、物流研发和物流总部为一体的物流商务园区,也是市北生产性服务业集聚区的重要组成部分之一。物流园区的战略定位是:成为上海现代物流系统的主要节点之一;成为上海物流系统的重要物流节点之一;成为上海重要的公铁联运示范中心和城市物流配送中心。

2008 年 5 月 6 日,闸北区土地发展中心与宝山区高境镇政府签订 27.67 公顷土地收购储备合同,旨在构筑全国首个"公铁联运"平台的北上海物流商务园区建设,进入实质性全面启动阶段。

2006 年,国务院将上海高新技术产业开发区正式命名为上海张江高新技术产业开发区。随着市北工业园区、北上海现代物流园区的产业结构优化与调整,2008 年 11 月,两个园区联手进入张江高新区扩容程序,经测评市北工业园区具备了扩容的基本条件。2008 年 12 月 5 日,上海张江高新技术产业开发区领导小组办公室、市科委下文批复,参照国家科学技术部《国家高新技术产业开发区评价指标体系》,市科委会同市发展改革委、市规划和国土资源局等有关部门对市北工业园区进行了现场实地考察,经研究认定市北工业园区为上海市级高新技术产业开发区。鉴于市北工业园区中的一部分是上海张江高新技术产业开发区上海大学科技园的组成部分,同意市北工业园区整体纳入管理范围。至此,市北工业园区成为上海市级高新区。

四、市北高新技术服务业园区

2009 年 4 月,国务院颁布《关于推进上海加快发展现代服务业和先进制造业建设国际金融中心和国际航运中心的意见》,正式提出上海要打造"四个中心",市北高新园区有意识地吸引、培养一批能有效服务于"四个中心"建设的生产性服务企业,在原有的产业基础上,增加了金融租赁、汽车银行、抵押典当等新业态,并推出亚太数据港、北上海物流中心等重点项目;由市经济信息化委、市科委和市北园区共同推进建设国产基础软件测试基地,主要引进国家软件业的龙头企业,如中标软件有限公司、上海达梦数据库有限公司、金蝶软件有限公司等入驻,形成软件自主创新和测试的聚集效应。

2009 年 7 月,经市发展改革委批复,同意园区建设"上海国家高技术产业基地—市北高新技术服务业园区","市北工业园区"正式更名为"市北高新技术服务业园区"(以下简称市北高新区),也成为沪上首家"国家高技术产业基地"。北上海现代物流园区合并纳入市北高新区的范畴,由此,市北高新技术服务业园区的四至范围:北到走马塘—共和新路—场中路,西至彭越浦,南到汶水路,东到粤秀路,总面积 3.13 平方公里。9 月的统计数据显示,市北高新园区生产性服务业比重超过 60%。

2010 年 8 月 17 日,市政府颁布《上海推进云计算产业发展行动方案(2010—2012 年)》三年行动方案(云海计划),将云计算确定为未来 3 年着重发展的高新技术领域,市北高新园区开始构建上海首个以云计算产业为特色的"云园区",集聚了中国电信、中国移动、中国联通三大基础通信运营商、国家电网容灾备份信息中心、腾讯华东数据中心、阿里巴巴云计算中心、面向中小互联网公司的数据中心等众多数据中心,并成为上海数据中心密度和光纤网络密度最高的地区。同时,市北高新园区聚焦云计算关键技术与解决方案,重点支持云计算基础设施、云计算基础平台、云计算应用平台建设、产学研用合作等一批云计算重点工程,建设集研发、孵化、服务、展示等功能的"云计算园区"。

第二节　管　理　机　制

一、管理机构

1992年8月3日,为了加快市北工业新区的开发建设,经闸北区政府批准,"上海市市北工业新区管理委员会"成立,作为市北工业新区的领导机构、决策机构和管理机构。市北工业新区管委会由区府办、区计经委、外经委、建委、市政委、市科委等部门主要领导组成,并由区政府分管领导担任主任。闸北区副区长李良园任第一届管委会主任。市北工业新区管理委员会履行确定新区发展规划,制定相关开发政策,审议各类报告、标准、重大事宜等职责,及时解决新区建设发展中的问题。

依据1996年《上海市市北工业新区管委会工作暂行规定》,市北工业新区管委会下设办公室作为管理办事机构,主要功能是协调和服务。2004年7月2日,根据中共闸北区委、区政府有关会议精神和政企分开的要求,闸北区机构编制委员会撤销了上海市市北工业新区管理委员会办公室。

2009年8月20日,为使扩容后的市北高新园区能实施有效的统一开发建设、统一招商、统一管理和服务,闸北区区委决定成立上海市市北高新技术服务业园区管理委员会。原上海市市北工业园区管理委员会和北上海现代物流园区管理委员会予以撤销。2010年2月,第六届管委会第一次会议召开。

表7-12-1　1992—2010年市北高新园区管委会主要领导任职情况表

姓　　名	职　　务	任　职　时　间
李良园	第一届管委会主任	1992年8月—1993年9月
陈克瀛	第二届管委会主任	1993年9月—1996年2月
万建国	第三届管委会主任	1996年2月—2003年5月
刘春景	第四届管委会主任	2003年5月—2006年12月
孙国彪	第五届管委会主任	2006年12月—2009年8月
周　平	第六届管委会主任	2009年8月—2010年12月

资料来源：上海市市北高新技术服务业园区提供

二、开发主体

上海市北高新(集团)有限公司历经上海市市北工业新区发展公司、上海市市北工业新区投资经营有限公司、上海市市北工业园区(集团)有限公司三次更名。

【上海市市北工业新区发展公司】

1992年,建立"上海市市北工业新区发展公司"(以下简称新区发展公司),新区发展公司是在区政府领导下负责新区开发建设、协调管理的独立核算自负盈亏的经济实体,由上海市市北工业新区管理委员会领导,挂靠原闸北区计划经济委员会。

【上海市北工业新区投资经营有限公司】

1998 年 11 月 16 日,为建立符合现代企业要求的运营机构,规范国有资产投资行为,经十二届区政府第 29 次区长办公会议讨论,决定由闸北区国有资产管理委员会(以下简称闸北区国资委)出资建立"上海市北工业新区投资经营有限公司",公司实行董事会领导下的总经理负责制。公司作为市北工业新区的开发建设主体,初始注册资金 200 万元(以后逐渐增资至 3 000 万元),受闸北区国资委委托,对所经营的国有资产进行经营管理,并实现保值、增值。

1999—2002 年,公司围绕园区的发展目标逐步开始建立起适合自身发展的管理机制,资产规模上亿元;2003—2007 年,园区的管理机制不断探索完善,包括尝试多元化投资、管理制度再造、激励制度健全、员工分流改制等,公司资产规模发展到近 20 亿元。

【上海市北工业园区(集团)有限公司】

2007 年 9 月 17 日,经闸北区政府批准,同意在"上海市北工业新区投资经营有限公司"基础上改制成立"上海市北工业园区(集团)有限公司(简称集团公司)",组建"上海市北工业园区集团",公司注册资金由 1 亿元增加至 1.5 亿元。2008 年 7 月,由上海市闸北区国资委分两次增资 2 亿元,注册资本增至 3.5 亿元;2009 年 3 月,闸北区国资委增资 2 亿元,注册资本增至 5.5 亿元;2009 年 12 月,闸北区国资委增资 1.5 亿元,注册资本增至 7 亿元。

2008 年以后,按照国资管理的要求,从组织架构上建立健全了现代企业法人治理结构,分别设立董事会、监事会、经营管理机构,各负其责,解决了国资经营过程中的决策、执行、监督程序,同时按照集团公司管理的要求基本建立和完善了内部管理制度并付诸实施,公司资产规模进一步提升,投资方式更趋成熟。

【上海市北高新(集团)有限公司】

2009 年 8 月 20 日,闸北区政府批复同意,园区开发主体上海市北工业园区(集团)有限公司名称变更为上海市北高新(集团)有限公司,注册资本金从 5.5 亿元增加到 7 亿元。原承担北上海现代物流园区开发建设的上海创辉投资经营有限公司(系市北工业园区集团公司的全资子公司)与集团公司并轨运作,从而有效促成扩容后的市北高新技术产业园在总体发展决策层到具体执行层的有机统一,便于进一步有效集聚资源,推进园区的重点开发建设工作。

表 7－12－2　至 2010 年市北高新园区开发公司主要领导任职情况表

公　司	姓　名	职　务	任 职 时 间
上海市市北工业新区发展公司	丁明年	总经理	1997 年 9 月
上海市北工业新区投资经营有限公司	丁明年	董事长	1999 年 3 月
	孙国彪	总经理	1999 年 3 月
上海市北工业园区(集团)有限公司	丁明年	董事长	2007 年 10 月
	周　群	总经理	2007 年 10 月

资料来源:上海市市北高新技术服务业园区提供

三、资本运作

【上市背景】

1992—1997年,公司实际对外投资541万元,其中200万元无法回收,投资损失37%。1998年11月16日,经闸北区政府决定组建上海市北工业新区投资有限公司,规范投资管理,加大投资力度。1998—2002年,公司对外投资增加了2 456万元,与前5年相比增长了350%,投资收益279万元,投资回报率达10%。

2007年,为市北高新集团公司为加快发展步伐,提升公司品牌效应和规范管理水平,打开直接融资空间,增强可持续发展能力,闸北区政府积极扶持市北高新区拥有上市公司。区国资委聘请海通证券进入市北高新集团,进行上市辅导,并寻找借壳上市机遇。经市国资委推荐,连续3年亏损、被上海证券交易所实施退市风险警示的上市公司*ST二纺机股份公司(简称二纺机)成为标的。市北高新集团通过股权行政划转和重大资产置换的方式实现对二纺机控股权收购以及重大资产重组。二纺机实现从纺织机械领域战略退出,市北集团通过重大资产置换实现园区经营资产上市,打造资本市场运作平台。

【借壳上市】

2009年9月,停牌一个月的*ST二纺发布重组预案,控股股东太平洋机电(集团)有限公司将放弃*ST二纺这一壳资源,与闸北区企业市北高新(集团)有限公司的资产进行置换。*ST二纺的大股东太平洋机电集团将其持有的41.92%的股份无偿划转给市北高新集团,从而使市北高新集团成为*ST二纺的控股股东,将市北高新集团注入的资产装入*ST二纺,完成净壳出让。

2009年11月4日,国务院国资委批复同意太平洋机电集团将所持上海二纺机23 742.865 2万股(占总股本的41.92%)股份划转给市北集团;2010年3月24日,上海市商务委员会批复原则同意太平洋机电集团将其在上海二纺机持有的41.92%股份转让给市北集团。上海市北高新(集团)有限公司控股的市北高新股份有限公司正式成为在上交所上市的A股公司,股票简称"市北高新"和B股公司。公开上市,对园区发展具有里程碑意义,打开了直接融资、做大做强快速发展的通道。

四、企业服务

【企业服务历程】

2002年开始,市北工业新区着手按照ISO 9001国际质量认证体系的标准建立了一整套管理程序文件,将质量管理范围由单纯的产品(服务)质量控制扩大为新区的规划与开发,管理质量的控制等,同时将新区的各项辅助工作也纳入质量管理。2002年8月,通过了国家授权的中鉴认证机构颁发的GB/T 19001－ISO 9001质量体系认证证书。2004年,随着新区二期开发的不断深入,新区提出以市场、客商的需求为导向的思维,在中长期发展目标中将实体公司定位在服务性企业。2004年5月19日,新区顺利通过了ISO 9001国际质量认证的第二次复审。

2005年,园区推进体制改革,将园区的服务从管理序列中单列出来,成立了市场化运作的新市北企业管理服务有限公司,全力推进园区服务。2006年6月、7月,园区以上门咨询和专题座谈的形式,听取了11家新、老进驻园区的企业的建议;走访了漕河泾和金桥等开发区的物业管理公司;

开展了园区管理服务干部的座谈会和研讨会。明确了"打造以服务为主导的园区核心竞争力"的发展主题。2006—2007年两年间,园区相继增加了单身公寓、咖啡吧、便利店、会议中心、银行、邮政服务点等服务设施,完善了食堂、班车等综合服务功能,开通了服务热线,积极满足企业和员工需求。还与行业协会、上大科技园、风险投资基金等共同构建园区的产业解化平台和融资平台,为企业提供更直接的增值服务。园区基本形成了为企业服务、为行业服务和为产业服务的各种功能布局,从传统的"管理到门"的粗放型管理向"服务到人"的精细化服务转化。

2008年以来,园区领导明确提出"加快转变服务理念和服务方式,努力提高企业服务工作科学化水平"的发展策略,并将"服务增值战略"纳入园区"十二五"发展战略之中,从完善服务功能配套、优化特色服务平台、创新服务产品举措、整合服务资源效能、健全服务保障机制等层面进行了系统性的总结归纳和制度安排,形成了"五位一体"的园区大服务体系。

2008年,园区服务体系含7个平台(含软、硬件)包括:服务热线、网站时讯、CRM数据库、服务大厅、党员服务中心、劳动工作保障站、行业协会;专业从事企业服务的机构包括:集团公司投资服务中心、各投资服务口(公司制)、推进服务外包的专业公司——"聚能湾"、从事物业服务的专业公司——"新市北"等。园区管理人员走访部分国家级园区学习取经,学习知名国家级开发区的服务硬件,并就园区建设涉及服务机制、体制以及全新服务流程、服务规范等与兄弟园区高层领导进行探讨交流。是年上半年,园区委托有关机构进行的服务调查中,园区的投资促进、工程建设和物业服务的满意度均超过85%。

2009年,园区以设立服务总监和专职客服经理,整合园区服务资源、建立有效内部协调机制为核心内容的大服务体系基本构建形成。园区积极推进分类服务,精心做好区税超过10万元的150多家大客户群体的服务工作。园区建立了园区领导与重点企业结对制度,公司高管每人对口联系服务至少一家重点企业,帮助企业切实解决运营中遇到的困难和问题。市北高新园区构建起了"三圈同心"的服务圈层:公司高管形成的核心圈,对接重点企业;服务总监领导下的大客户服务经理制度形成的中间圈,推进分类服务;由落户企业的行政办公室主任、财务部经理、人力资源部经理等组成的"市北人俱乐部",在外圈听取企业需求,回应企业关切。根据区域的产业特点,市北园区围绕建筑、节能、电子通信、服务外包等四条产业链需求,每季度组织一次峰会活动,打造需求、服务及供给资源的互通平台,让更多企业成为合作伙伴和关联企业;同时推进政府、园区、行业协会及企业之间的商机互动,不断提升园区产业集聚水平。

2010年8月,上海市开发区协会举办的"企业服务优秀园区"评选活动中,市北高新技术服务业园区当选。

【企业服务平台】

综合服务平台　2005年7月,园区成立承担园区服务管理的上海新市北企业管理服务有限公司,公司是国家物业管理一级资质企业、中国物业管理协会理事单位,成为上海市文明单位、上海市著名商标企业、上海市名牌企业、上海市物业管理行业诚信承诺AAA级企业和AAA信用等级企业。公司的管理体系通过了ISO 9001,ISO 14001和OHSAS 18001质量/环境/职业健康安全管理体系三认证。在公司承接的物业服务项目中,市北高新技术服务业园区都市信息园、前沿产业园、总部经济园先后被评为上海市物业管理优秀项目。

2007年6月12日,上海市北工业园区综合党委成立。园区综合党委下设园区党建网站和园区党员服务中心两个工作平台。党建网为园区党员提供现代化、信息化的组织生活和学习交流平台;

党员服务中心着重为缺乏资源的非公经济基层党组织提供人性化的服务港湾和现代化的活动平台。

是年10月18日,市北工业园区服务大厅正式启用。服务大厅作为园区综合性服务窗口,是园区推进一门式服务和提供解决方案的平台,为企业提供物业服务、工程设备、投资服务、综合配套等企业运营服务,以及金融财务、人才和人力资源、信息等增值服务。同时,工商、税务、劳动保障、消防、市容等政府部门也在服务大厅提供公共服务。

2008年7月23日,市北工业园区统计站揭牌。为更好更全面的开展园区内企业的服务工作,科学制定区域整体发展规划,闸北区统计局与园区牵手,共同挂牌成立了"市北工业园区统计站"。

人才服务平台 2007年5月8日,市北园区与闸北区劳动保障部门联手,成立上海市首个园区劳动保障工作站,充分运用政府对青年就业的政策,加强就业信息的对接,为大学生职业见习、下岗职工再就业等提供平台支撑。2008年上半年,园区引进从事人事服务和管理的企业智联易才公司,为园区企业和机构提供人事服务,且与上海行健学院合作开办智联呼叫服务和客户服务培训基地,专业培训具有一定专业服务能力的科技人才。在落户园区不到一年的时间中,智联易才为园区内相关企业提供了1 500余人次的人力资源管理服务。

2009年6月25日,由闸北区政府和客户世界联合主办,市北工业园区承办的"2009中国金融行业呼叫中心浦江会"在大宁国际会议中心举行。全国首个金融呼叫中心集聚地——上海市北呼叫中心服务港正式揭牌。市北工业园区内的市北呼叫中心服务港拥有250多万平方米的商务楼宇,围绕呼叫中心的运作,打造一条上中下游产业链配套完善的产业体系,涵盖技术及设备提供、系统集成、外包运营、呼叫中心建设、运营管理咨询、呼叫中心座席培训等产业链各个环节。服务港集聚了赛科斯信息技术(上海)有限公司等10多家承接金融机构服务外包业务的呼叫中心。

2009年12月,闸北区国资委正式批复成立上海市北高新园区职业技能培训中心。培训中心为企业搭建了人才招聘平台、人才技能培养培训平台,引入政府各职能部门参与,积极整合重点大专院校、高职高专及社会培训学校的教育资源,构建高新技术服务业人才资源保障联盟体。2010年,园区引进诚通人力资源公司。

融资服务平台 2009年,园区创建了"银企通"中小企业融资平台,通过与交通银行、上房置换公司的合作,提供1亿元敞口的中小企业融资基金,进一步推进中小企业的快速发展。"市北银企通"是以市北园区企业为融资服务核心,市北园区为企业和信息源,担保公司作为桥梁,银行提供融资业务的融资担保平台。

商务服务平台 2010年4月1日,坐落于市北高新园区内的市北半岛商务会所(原名市北鸿艺会)对外试营业,这是由上海市北高新(集团)有限公司投资打造的闸北区首家国际标准的一流私人会所。集餐饮、康体、休闲、娱乐于一体,面积达1万多平方米。会所的特色在于"会员专用""会员福利及权益""国际联谊会所及酒店网络""超越会员期望"个性化服务,为园区内的企业高管提供高端便捷的商务活动场所。

园区商会 2004年11月,市北工业新区商会成立,是由闸北区工商联发起,由园区引进企业经营者构建的非赢利组织。作为园区企业服务工作的探索性平台,商会在市、区工商联的指导下,坚持为会员服务的原则,不断提高服务能力,成立之初,市北工业新区商会吸纳会员数55户。

2008年,77家产业能级高、贡献度大的企业组成了新一届商会成员,选举产生了园区第二届商会执行委员会,探索完善园区商会的管理和运作方式。成立园区科技工作者之家,并与科委签订协议,推进商会与科委在科技企业发展上提供扶持;与区人才服务中心和翰森律师事务所签订合作协议,帮助商会企业提供人力资源和法律服务。积极凸显商会组织在整个园区服务体系建设的作用和特色。

2009年,园区商会在金融危机背景下,创意设计了企业"抱团取暖"的产业联盟服务方案,每季一次。商会将企业按建筑服务业、IT产业及节能环保产业等分组,并在此基础上通过集成政府服务资源、行业服务资源、市场化资本资源、企业共生发展资源,打造了为企业结对配对的商机服务平台。2010年7月5日,"上海市市北工业园区商会"更名为"上海市市北高新技术服务业园区商会"。

行业协会 2005年底,上海市工业发展决策专家董锡健教授,根据市北工业园区的发展情况,量身订造提出"国际行业协会与组织(上海)集聚区"的概念。2006年3月26日,市北国际行业协会与组织(上海)集聚区在市北国际半岛中心创立,集聚区推介说明会引起强烈反响,新华网、第一财经日报等媒体纷纷报道。4月28日,市北国际行业协会和组织上海总部集聚区由上海总部经济促进中心命名为上海16家总部经济基地之一,主要提供法律服务、人力资源服务、计算机信息服务、财务管理服务、健康管理服务、办公用品采购等各类服务,为各行业协会提供便利的办公环境和完善的配套设施;搭建沟通与合作交流平台,支持组织活动平台进行交流以及搭建政府与协会与企业间的桥梁纽带。入驻集聚区的行业协会和组织可以享受相关优惠政策,包括无偿提供"试运营期"办公场所、对引进协会和导入项目者实施奖励、提供法律、税收的惠顾服务等,在空间、资本、交流平台上给予大力支持。

2006年7月14日,上海现代服务业联合会秘书长等到市北工业园区进行考察,听取市北工业园区的有关情况介绍并参观了市北半岛国际中心,决定在半岛国际中心设立上海现代服务业联合会秘书长联谊会市北工业园区联络处,负责组织各会员单位秘书长在半岛国际中心进行培训、联谊等活动。

市北国际行业协会和组织上海总部集聚区位于半岛国际中心6层～8层,总建筑面积3 815.10平方米,可租售总建筑面积约3 800平方米;其中6层以行业协会入驻为主,7层以服务企业及机构为主,8层为储备区域。2006年11月,上海计算机行业协会成为第一个入驻的行业协会;12月,第一个企业平台——俄罗斯商会入驻。

表 7-12-3　至 2008 年入驻市北总部集聚区的行业协会一览表　　　单位:平方米

序号	行业协会名称	室　号	入驻时间	面　积
1	上海市计算机行业协会	601、602、626	2006 年	242.80
2	俄罗斯自动化控制行业协会	623	2006 年	70.22
3	上海市通信制造业行业协会	612、613	2007 年	88.30
4	上海市现代服务业联合会	607	2007 年	33.84
5	上海市高科技产业知识产权联席会议(8+1 联盟)	611	2007 年	70.22
6	新加坡信息通讯协会上海代表处(新加坡高科之窗)	606	2007 年	43.28
7	加西玉山科技协会	609	2007 年	43.28
8	亚洲科学管理协会(英国专业人协会)	608	2007 年	33.84

(续表)

序号	行业协会名称	室 号	入驻时间	面 积
9	上海市交通电子行业协会	811、812、813	2008 年	234.10
10	上海市管理科学学会外包管理专业委员会	608	2008 年	33.84

资料来源：上海市市北高新技术服务业园区提供

【企业创新平台】

科技企业孵化器 2003 年 4 月 1 日,中国留学服务中心和上海市北工业新区投资经营有限公司正式签订了成立"中国留学服务中心上海闸北创业基地"合作协议书并挂牌。将园区原管委会大楼(江场西路 395 号)作为基地的孵化载体,通过补贴减免租金、提供政策扶持,为留学人员提供办公和创业环境等方式,打造留学生创业孵化器。截至 2005 年,园区引进的留学生企业达到 70 家,成为区域留学生创业的集聚地。

2007 年,园区引进了德国 ICSME 赞盟国际中小企业中心,合作推进园区孵化器。2008 年,园区在新建的聚能湾大厦中扩展 3 000 平方米的孵化基地;园区与上大科技园孵化器合作,创建市北科技企业创业服务中心,成为创业企业走向市场的桥梁和助推器。2009 年,以市北高新集团下属的上海聚能湾企业服务有限公司为载体,建立了科技企业孵化器;11 月 2 日,获得"上海市科技企业孵化器"资质。孵化基地超过 2 万平方米,可同时容纳 200 多家企业入驻。基地为入驻企业提供学术活动接待中心、会展中心、生活餐饮中心、商务中心、休闲健身中心等完善的优良办公环境;享受国家、地方政府、市北园区各项优惠扶持政策。孵化器逐步拥有在孵企业 90 家,其中信息技术和软件企业占到 40% 以上。

在企业孵化器的建设过程中,园区制定了《关于推进市北高技术服务业园区孵化器实施管理办法》、编制了《孵化器的服务手册》《入孵申请表》《在孵企业评审表》等文件,构建起以孵化器领导小组为决策机构,以孵化器办公室为运营管理机构、以企业部、综合服务部、外聘专家团队为支持机构的孵化器组织构架。

知识产权试点园区 2009 年,园区开始争创上海市知识产权试点园区的相关工作。至 2009 年,园区申报专利数量达 225 件,授权 69 件;其中申报发明专利 24 件,授权 4 件;申报实用新型专利 191 件,授权 159 件;申报软件著作权 10 件,登记 2 件;拥有上海市专利培育、试点企业 4 家。

2010 年 4 月 2 日,园区邀请上海市知识产权局专家领导,为园区的多家企业开展知识产权工作进行指导;5 月,园区邀请了上海市知识产权局领导为园区 30 多家企业开展"知识产权信息资源利用"培训讲座,指导企业如何正确、便捷的使用专利信息服务平台;6 月,抽调了 7 名管理者参加了由上海市知识产权局举办的"知识产权管理工作者培训",并全部通过考试,取得知识产权管理工作者资格证书;园区还积极编制知识产权的专刊,宣传园区中企业在知识产权工作上的一些好的做法,鼓励企业做好知识产权工作。

市北高新园区推进知识产权工作,在体系、机制、服务等方面开展了一系列的工作,基本建成具有市北特点的知识产权工作体系。2010 年 12 月,经上海知识产权局批准,上海市市北高新技术服务业园区被认定为第三批上海市知识产权试点园区。到 2010 年底,园区内积聚 400 多家企业,其中高新技术企业 12 家,科技型企业占总量的 60%。这些企业都保持了较快的发展速度,自主创新能力不断增强,平均复合增长率都超过了 25%,正在成为园区推进技术创新和技术成果转化的重要力量。

高新技术成果转化特区　1999 年 9 月，闸北区政府原则同意市北工业新区管理委员会《关于批转闸北区高新技术成果转化特区政策的请示》，要求除市政府规定的 18 条优惠政策外，向入驻的企业提供更优惠的政策。9 月 8 日颁布《闸北区关于促进高新技术成果转化和计算机软件开发的若干规定》，主要涵盖在办公条件的支持、资金的支持（包括建立规模为 2 000 万高新技术成果扶持资金）、人才生活上的支持，板块提供人才公寓配套，并优先解决符合条件创新人才的落户、子女就学问题。10 月，上海市高新技术成果转化服务中心和上海市市北工业新区管理委员会合作成立上海市高新技术成果转化市北工业特区。双方在高新技术成果转化的合作中将充分发挥各自的优势：高新技术成果转化服务中心主要利用信息和服务优势，新区主要利用地域和政策优势，为进驻"特区"的企业提供各方面的服务。

上大高新区技术转移中心　2009 年 8 月 7 日，闸北区区长周平和上海大学常务副校长周哲玮在大宁会议中心共同为"上大高新区技术转移中心"揭牌。在园区开辟近 1 000 平方米的展示场所和服务窗口，将技术转移的重心放到园区。服务区域科技企业，建立区域创新型科技企业与上大科研团队相携手的产学研联盟，切实推动园区企业的科技创新。

园区科学技术协会　2010 年 8 月 27 日，上海市闸北区科学技术协会发文同意成立上海市北高新技术服务业园区科学技术协会。2010 年 8 月 30 日，上海市北高新技术服务业园区科学技术协会在市北半岛商务会所举行揭牌仪式。50 余家科技企业成为首批园区科协的会员。

【企业服务活动】

产业联盟　为进一步帮助企业抵御 2008 年的金融风暴侵袭，市北园区管委会决定以产业、项目为纽带，牵头搭建产业联盟，让产业同类或互补的企业抱团取暖、互通有无、合作共赢。2009 年 3 月 19 日，落户市北工业园区的中建五局上海建筑装饰有限公司、中铁集团市北公司、美国科勒集团亚太地区总部等 66 家中外知名企业举行"你我互创商机，共筑产业联盟"签约仪式。这是上海市首个以产业为纽带组建成的中外企业合作联盟，也是市北工业园区继在沪上首创全天候"保姆式"服务企业模式后，又一领业界风气之先的创新服务模式。

指导与培训类活动　2004 年 6 月 10 日下午，上海印刷媒体园区，由园区管理企业上海电气工业园区管理有限公司请来专家，为区内 30 多家入驻企业的负责人讲授安全生产和劳动用工。

2009 年 5 月 19 日，园区投资服务中心举办了 2009 年第一期新入驻企业开业指导培训，来自园区新入驻企业的 28 名相关负责人参加了本次培训。来自市住房置业担保有限公司、区就业促进中心、区税务局等部门的专业人员分别就银企通业务流程、劳动用工最新政策以及税收最新政策等内容向参加培训的园区企业相关负责人进行了介绍和解读，一些企业还就劳动用工和税收方面遇到的一些问题进行了咨询。

2010 年 4 月 26 日，为使新入孵的高新技术企业了解税收政策，园区企业发展服务中心组织了"入孵企业税务辅导与答疑会"，邀请闸北区税务局的相关领导和工作人员就新的税务服务改革和政策进行宣讲，就并对园内新入孵的中小高新技术企业有关税收政策的具体问题作了解答。

联谊活动　2007 年，园区人才工作站将园区内企业的人力资源经理纳入，形成常设的例会，成为园区人力资源服务和交流的平台。在此基础上，2007 年 8 月 28 日，上海市北工业园区人力资源经理联谊会成立。联谊会是园区人力资源经理按照自愿原则结成的非营利性群众团体。联谊会以公益为主，建立园区人力资源服务和交流的平台，增进政府间与企业、园区与企业以及企业与企业间的互动和互助，体现"招商、安商、亲商、富商"政策。

第三节 规 划 与 建 设

一、园区规划

【规划布局和功能定位】

20 世纪 90 年代,上海城市工业布局和产业结构进行战略调整,将中心城区的工业逐步向外围转移。市北工业新区开始承接市中心的工业转移,大力发展城市型工业和高科技工业。1995 年编制的《上海市市北工业新区控制性详细规划》根据产业发展的需要,将新区分成公共服务中心区(包括:科技教育、高科技试验和科技信息等多功能活动中心;金融、经贸交易中心;商业文化娱乐中心和行政管理中心)、仓储区(布置保税仓库)和工业区。

2008 年 4 月,获批的《上海市北工业园区控制性详细规划》,规划范围为:北至走马塘,西临彭越浦,南至汶水路,东到共和新路,总用地面积 129.70 公顷,全面明确了工业园区的功能定位和空间布局。功能定位是以生产性服务业和高科技研发制造业为核心,打造成为集生产性服务、总部集聚和综合配套服务三大功能为一体、具有示范、引领和辐射效应的现代服务业集聚区。功能布局是形成"两轴、两区、一心"的整体构架。"两轴":沿万荣路形成区域的园区景观发展轴和沿江场西路形成区域的园区功能发展轴。"两区":整个园区形成两大功能片区:高科技研发制造区和现代服务业集聚区。高科技研发制造区又可分为 A、B 两大区域。高科技研发制造区以"上海市北上大科技园"为依托,重点发展以电子通信、信息传媒为代表的信息服务产业。现代服务业集聚区:大力发展广告、咨询、会展、娱乐、商业等功能,形成现代服务业集聚区,作为区域地区公共活动和综合服务节点,促进城市公共功能的整体提升。"一心":在园区中部,万荣路东侧、江场西路南侧的区域,规划形成园区公共服务中心。

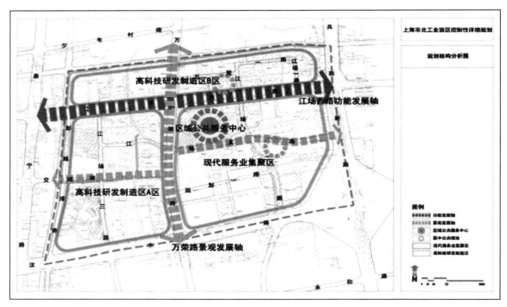

图 7 - 12 - 1 2008 年市北工业园区规划功能布局图

资料来源:上海市市北高新技术服务业园区提供

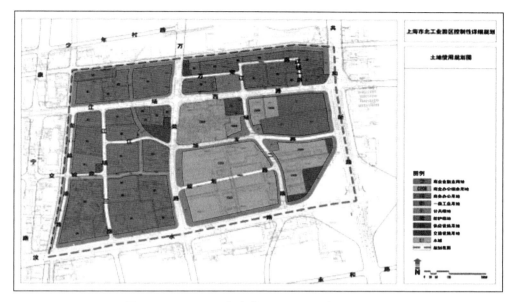

图 7‑12‑2 2008 年市北工业园区土地使用规划图

资料来源：上海市市北高新技术服务业园区提供

　　2008 年 10 月 20 日,市规划局对报送的《关于上报北上海现代物流园区控制性详细规划的请示》批复,同意所报规划。北上海现代物流园正式纳入市北园区规划范围。明确了园区的规划范围：东至余泾浦、西至共和新路、南至汶水路、北至场中路,总用地面积约为 185 公顷;规划功能布局为"一心、一带、一轴、五区、多组团"的空间结构布局,建成以公铁联运为基础,以商务办公、商贸展示、信息交易为核心的生态现代物流园区。

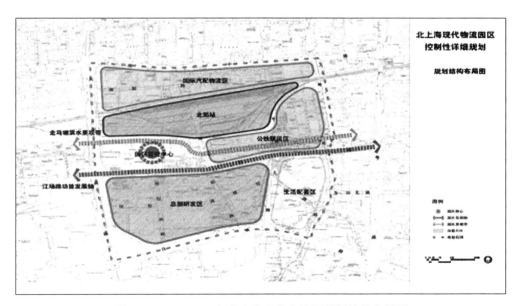

图 7‑12‑3 2008 年北上海现代物流园规划结构布局图

资料来源：上海市市北高新技术服务业园区提供

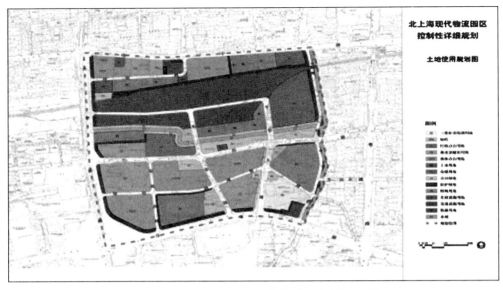

图 7 - 12 - 4 2008 年北上海现代物流园土地规划使用图

资料来源:上海市市北高新技术服务业园区提供

2009 年,园区启动了上海首个国家高技术产业基地——市北高新技术服务业园区的建设,从传统工业园区向高新技术产业和高技术服务业园区转型。2010 年 3 月 15 日,市经济信息化委同意在市北高新技术服务业园区设立上海基础软件产业基地,集聚国产基础软件企业,积极拓展国产基础软件应用领域,选择具有先行先试意义的领域开展国产基础软件应用试点。8 月 17 日,上海"云海计划"发布,市北高新园区成为上海首个云计算产业基地。基地建设包括"核心区,拓展区,功能区和配套区"四大块,总建筑面积达 36 万平方米。核心区总建筑面积约 13 万平方米,重点集聚云计算企业,打造专业性、功能性云计算平台;拓展区位于市北园区 13 号地块和北上海物流园,总建筑面积约 5 万平方米和近 41.33 公顷产业发展用地;功能区位于市北园区 7 号、上水地块,总面积近 10 万平方米,集聚了多条产业链集群;配套区总面积约 8 万平方米,主要为产业基地提供服务配套设施。随着园区规划布局的不断调整和优化,园区围绕主导产业定位建设各类产业基地,推进"园区基地化,基地项目化"。

【合作共建新业态功能区】

园区在规划建设的过程中,注重联合外部资源。1996 年,闸北区政府、市北工业新区管委会先后与上海大学、长江计算机集团、上海市高新技术成果转化服务中心合作,成立"上海大学科技园区市北工业园",1999 年建立"上海上大长江软件园""上海市高新技术成果转化市北工业特区",吸引了德律风根微电子有限公司、中国联通公司等国内外知名的高新技术企业落户新区。

2003 年 4 月 23 日,由市北工业新区投资经营有限公司和上海电气企业发展有限公司共同组建的上海电气工业园区管理有限公司签约成立,双方合作共建上海印刷媒体园。11 月 19 日,《劳动报》印务中心新厂房开工建设;2004 年 3 月,解放日报报业集团建立的新印务公司——上海解放传媒印刷有限公司入驻上海印刷媒体园。4 月 19 日,市北工业新区和上海电气集团资产经营有限公司签约,合作开发上海工业设计园。2005 年 4 月 28 日,上海首批 18 家创意产业集聚区正式挂牌,上海工业设计园成为其中之一。

二、开发建设

【土地开发】

土地储备 1992年开始,园区与闸北区彭浦乡万荣村、上海汇众汽车制造有限公司等签订协议进行5号、9号地块的征收工作,用于新建厂房,同时对新区内一些不适应现代上海城市发展战略和功能布局的老企业厂房、土地进行有计划的整体改造,为园区的可持续发展打好基础。

2006年9月29日闸北区与交运集团公司举行了签约仪式,由闸北区土地发展中心作为收购主体,市北工业新区投资经营有限公司筹措资金,以1.34亿元收购交运大件地块3.77公顷。该地块位于东临共和新路,南沿汶水路,依托中环线和南北高架的便利,是市中心到园区的"门户",有利于产业的集聚。2007年,根据市政府《关于同意嘉定工业区开发(集团)有限公司等52家开发机构为第一批工业用地前期开发主体的批复》的精神,市北园区成为首批拥有工业用地前期开发主体的工业园区之一。

2008年,北上海现代物流园区内的土地收购储备工作全面启动。根据"全面启动、确保重点、成片拆平"的原则,紧紧围绕场中路沿线土地重点开展工作,共完成签约土地30公顷,支付土地费用10.55亿元。

按照"东西联动、成片开发、产城融合"的发展理念,加速东西部土地储备工作。2009年,园区全年完成土地储备总计24.2公顷,其中北上海现代物流园区签约土地储备总面积达20.33公顷。园区土地储备累计达到50.27公顷。2010年,园区全年完成土地储备总计28.67公顷,累计完成土地储备约63.33公顷。其中北上海现代物流园区完成土地收储和市政动迁21家企业,收回国有土地25.36公顷,收储总价为157 416.21万元。

开发建设 市北工业区南面是1956—1980年建成的早期机械类工业区;江场西路北面是1980年以后新建的轻工业小区,以多层厂房为主;介于两者之间的新规划区是市北工业新区的第一期开发项目。

1993年开始,市北工业新区发展公司统一规划,进行一期开发。开发范围为东起共和新路、西至彭越浦、南至汶水路、北到走马塘区域约37公顷土地。项目开发总投资为14 400万元。其中,征地及"七通一平"投资9 200万元,建造动迁住宅4.1万平方米,投资5 200万元,1996年基本完成"七通一平",进入功能性开发,边建设边招商,先后引进三资企业12家,吸引外资超过3 000万美元。

2002年,新区一期7号地块开发建设任务全面完成,竣工总面积达14 941平方米。其中有计算机硬盘玻璃片项目近4 000平方米的厂房,欧资易都电子有限公司4 500平方米厂房,威旭半导体有限公司近4 000平方米的仓库,新区综合大楼近7 000平方米启用,机动车检测站基本建成。第一期开发项目完成联通、电信厂房以及7号地块10万平方米建筑。

是年,二期开发前期准备工作稳步推进,9-3地块完成"三通一平",开工建造4幢建筑面积近2.7万平方米的标准厂房。12月26日,市北工业新区管委会举办了新区二期开发开工典礼,二期工程占地22.13公顷,在江场三路上破土动工。从2003年起,新区斥资3 000万元对园区范围内江场西路、万荣路进行环境综合整治和道路辟通,完善了区内的交通网络建设。2004年,新区斥资2 800万元,对中扬湖河清淤疏通整治,做好园区的"水文章",提升了园区的投资环境。

2003—2007 年,新区的二期开发建设在交地矛盾突出、容积率调整等情况下,完成了总建筑面积 36 万平方米的建筑体量。为了确保园区持续经营能力和把握主导产业加快集聚的主动权,园区二期开发项目的销售面积和租赁面积之比从 8/2 调整为 45/55。

从 2005 年,园区筹划三期开发建设,对园区内 20 多公顷土地进行改造。开发范围:北面以走马塘为界,西临彭越浦,南至汶水路,东至共和新路,总建筑面积 23 万平方米,总投资 16.2 亿元。2007 年,三期开发进入实质推进阶段,以 5 号地块建设为切入口,迅速形成三期开发的核心区域。园区引入了战略合作伙伴——中铁工程总公司,成立上海中铁市北投资发展有限公司(中铁占 60%,市北占 40%),共同开发该地块。

2008—2010 年,园区持续推进 12 号地块、大件地块、5 号地块等重点项目的建设。围绕园区产业转型和生产性服务业的发展需求,园区不仅自主开发了现代工业厂房和楼宇,还与中铁、中冶等中央企业合作开发商业地块建设,并启动建设超过 177 万平方米体量的北上海现代物流商务园区。

土地产出　2010 年,园区单位土地利润、单位土地税收产出强度在上海市开发区中排名第二。在上海市参加综合评价的 71 家开发区中,占上海市开发区土地面积仅 0.4%的市北高新园区,单位土地税收产出强度超过上海市开发区平均值的 4 倍。

【基础设施】

1993 年,市北工业新区以"规划完整、布局合理、配套设施健全、生态环境优良"的建筑理念,先后建成以江场西路为主干道,辅之以江场一路、江场二路、万荣一路、万荣二路共计 4.8 公里的道路;建成雨、污水泵站及 35 千伏变压站各一座;新增绿地面积 1.35 万平方米。同时,按照以生产轻工、电子产品为主的要求,建成面积 2.3 万平方米标准厂房和配套用房。泵站、变电站、煤气调压站、集中供热工程、办公大楼等市政基础设备及配套生活服务设施工程也陆续开始建设。

截至 1998 年,市北工业新区在基本建设上投入 8 000 余万元,建成 2.3 万平方米的动迁用房、建成 35 千伏变电站;初步建成雨污水泵站、集中供热站;铺设 3 000 米的雨水管道和 3 000 米自来水管道;铺设 1 100 米电话电缆、1 200 米的电讯电缆;排放 3 600 门程控电话;建设了 1 200 米长的新区主干道及其他 6 条支路,新区道路总长 3 000 米;完成绿化种植面积 7 000 平方米。

2002 年,市北工业新区彻底改造江场西路、江场一路路口的商业网点,改变了这一商业网点脏、乱、差现象,为新区树立了较好形象。2005 年,新区完成对园区范围内江场西路、万荣路的环境综合整治和道路辟通,进一步完善新区的交通网络建设;此外,新区继续加强对中扬湖河清淤疏通整治,做好园区的"水文章",进一步提升园区的投资环境,提高了园区的发展品质。

截至 2010 年,市北高新园区实现光纤宽带网络全覆盖,"宽带布线覆盖、光缆到户"。对新建商务楼宇进行光纤敷设,对已有商务楼宇的接入端进行光纤化改造,实现"千兆进楼、T 级出口"的网络覆盖能力,满足企业用户的语音、数据、3G 通信等多样化通信需求。重点公共区域实现无线宽带覆盖,提供免费无线上网服务,并加大区域内 3G 移动网络覆盖容量和热点,实现室外 100%、室内 90%的无线宽带覆盖。此外,园区进行第四代移动通信网络的试点,打造更高速的无线宽带网络环境,推进"无线园区建设"。实现了市北高新园区特色产品"市北通"的全面使用,完善相应的光纤网络设施,开展全园范围内的电子商务,使园区企业员工享受到全面、周到、快捷的服务。

截至 2010 年年底,市北高新园区经过建设期,形成了较为完善的基础设施。供水由泰和水厂供应,江场西路、汶水路、共和新路均有供水干管、供水条件较好;电力供应由江场 35 千伏变电站供应,供电规模 6 万千伏安;燃气由吴淞煤气厂和石洞口煤气厂供应;园区采用分流制排水体制,地区污水纳入规划泰和污水处理厂。园区内各工厂企业的生产废水必须进行预处理后达到城市污水管网接受标准,接入城市污水排水系统。园区内污水通过规划万荣路下 DN600 - DN800 污水管向北输送至泰和污水厂。园区属江场雨水系统泄水范围。在万荣路东、走马塘南现有江场雨水泵站。共和新路下现有 DN1350 雨水管,江场西路下现有 DN1400 - DN1600 雨水管,汶水路下现有 DN700 - DN1050 雨水管。

【功能楼宇】

1999 年 9 月 14 日,市北科技创业大厦建成,于 11 月初基本装潢完毕,大厦共八层,装潢面积为 4 000 平方米。上海力诚科技有限公司作为第一家入驻企业正式办公。2000 年 6 月 14 日,上海市北工业新区投资经营有限公司和上海不夜城欣泰城市建设发展有限公司共同出资 500 万元组建了"上海市北工业新区科技发展有限公司"。市北科技发展公司依托市北科技创业大厦作为"上海上大长江软件园""上海市高新技术成果转化市北工业新区基地"的载体开展招商引资、物业管理、企业融资等工作。市北科技创业大厦以引进民营科技企业及中介、服务性公司为主,先后引进了中铁二局上海公司、天传互动公司等业内知名企业。

2006 年,园区市北半岛国际中心包括的市北半岛国际中心大厦和市北企创动力大厦竣工。市北半岛国际中心大厦为园区内企业及周边客户服务的综合配套楼,半岛国际中心设有健身房、咖啡吧、简餐厅、便利店等配套设施,可满足 100 人的中小型会议和活动需求。市北企创动力大厦 1～2 层设有园区党员服务中心、园区推进一门式服务和提供解决方案的平台——园区服务大厅、劳动保障工作站等多个园区服务平台。

2007 年,二期开发建设中体量最大、功能最全的总部经济园(总面积 11.6 万平方米)交付使用,首次推出了集水景、绿化、雕塑、泛光照明为一体的景观建设。建筑容积率 2.0,绿地率 25%,建筑密度 23%,泊车位 400 多辆,区域内布置有 7 米宽环形干道及 4.5 米宽内部道路,与园区内江场三路主干道相接。到 2008 年,园区合作项目祥腾财富广场的地下工程结束。并完成了都市信息园 7.2 万平方米工业厂房,前沿产业园 2 万平方米工业楼宇建设,逐步形成了以总部经济园、都市信息园、前沿产业园、创新集聚区以及市北半岛国际中心为主的"三园一区一中心"布局。

位于园区核心位置,总建筑面积约 21 万平方米的大型城市综合体——中铁中环时代广场项目于 2010 年正式开工,由 7 幢塔楼、开放的商业街区、主题广场和主题绿化公园组成。其中 7 号楼为 17 层酒店建筑,总建筑面积 26 900.4 平方米,其中酒店建筑面积约 14 404.6 平方米。中铁中环时代广场、祥腾财富广场等为代表的高品质办公楼宇,逐步成为城市发展的新地标。

【南通科技城开发】

2009 年,市北园区进入发展的第三个阶段。南通科技城项目成为市北高新园区拓展空间、延展合作范围、保证园区后续发展潜力的重要战略部署之一。选址南通港闸区可以会通区位优势、发挥经贸枢纽潜力,抢抓二、三线城市和苏沪通金色三角发展机遇。市北高新(南通)科技城区域面积约 5.2 平方公里,实际可开发面积约 280 公顷,比市北高新园区本部面积大 66%,在功能和业态方面,秉承市北园区的产业集群,突出总部经济、服务外包、研发设计、数据中心等生产性服务业,与市北园区同步推动前沿产业在科技城的集聚。

2010 年 1 月 12 日,市北高新集团与港闸区政府签订《战略合作协议》。根据协议,项目由上海市北高新(集团)有限公司出资 90%,南通国有资产投资控股有限公司现金出资 10%,共同成立上海市北高新集团(南通)有限公司,参与规划总面积约 5.24 平方公里范围内的市政基础设施和配套建设。8 月 12 日,在南通上海市北高新集团(南通)有限公司注册成立,注册资本 5 亿元。8 月 24 日,上海市北高新(南通)科技城项目签约仪式在江苏省南通市文峰饭店举行。中共闸北区委书记方惠萍与中共南通市委书记罗一民共同为上海市北高新(南通)科技城揭牌,闸北区区长周平与南通市市长丁大卫签署合作协议。

2010 年 12 月 26 日,上海市北高新(南通)科技城联合理事会一次会议在市北半岛商务会所举行。是年,科技城完成控制性详规审批,积极推进第一批集体土地征用,年底居民动迁已签约 1 291 户,完成进度 90%;企业动迁了 2 户。科技城产业定位重点关注高科技、无污染的生物、新能源新材料产业、船舶电子信息、新一代信息技术、高端制造业,功能和业态重点突出总部经济、船舶电子、服务外包、研发设计、数据中心等生产性服务业。

三、生态环境

【环境提升】

河道治理 2004 年 2 月至 12 月,园区投资 600 多万元,实施中扬湖河道生态化改造的示范工程。中扬湖的前身是一条堆满垃圾的"断头浜"。为消除徐家宅河道的黑臭现象,增强该地区防汛排涝能力,改善区域环境,委托闸北区河道管理所对总长约 2 000 米的中扬湖河道进行了生态化改造,对河道进行拓宽,清除河道内淤泥,恢复了原有的蓄水和排污功能,使河水水质达到了 3 级,成为景观河道。

2012 年 11 月,园区启动走马塘(彭越浦至俞泾浦段)河道综合整治工程,整治范围为:走马塘段西起彭越浦河口,东至俞经浦,全长约 2 807 米,其中共和新路至俞泾浦为园区段,长约 1 523 米,包括防汛墙以及河道范围防汛通道和绿化。工程总投资约为 1.7 亿元,2013 年中期竣工。

绿化景观 市北高新园区从提升园区总体品质和服务功能角度出发,统筹设计建设了集绿化、水景、花卉、雕塑和泛光照明等元素为一体的景观建设,使园区的环境质量显著提升。2008 年,上海市"园林杯"优质工程奖评选活动揭晓,市北工业园区总部经济园(13—3 地块)绿化景观工程荣获 2008 年度"上海市园林杯优质工程"奖。作为闸北区唯一入围此次评比活动的环境景观工程,总部经济园(13—3 地块)凭借优美的景观环境、一流的施工质量和合理人性化的设计布局,在 100 余家参选项目中脱颖而出,赢得了评审专家和行业协会的一致好评,并最终获得该奖项。其中,园区作为温室植物园的和园位于市北高新园区的中扬河与彭越浦河交汇处,占地 900 平方米,由上海景域园林建设发展有限公司设计建设,收集来自世界各地的 200 多种热带植物,并配置了专供游览休闲和商务洽谈区域,是市北高新园区打造生态园区的一个亮点。

【节能减排】

2008 年,园区在 3 万平方米的建筑中推进地源热泵空调项目。据统计,园区应用该技术后的楼宇年消耗电量降低了 88.7 万千瓦时,节能效果为 50%,单位面积降低能耗 11 公斤/平方米,对于控制园区楼宇综合能耗,探索运用清洁能源起到了引领作用。园区还积极推进 LED 技术应用,在楼宇泛光方面,应用了 LED 发光管取代了传统的二极管,节能效果为 40%。

2010 年,园区在张江专项资金的支持下,以推进综合类生态园区的建设,构建高效益低能耗的节能低碳园区为目标,在国家生态园建设、生态园信息化建设等方面积极规划,加大投入,将园区"十二五"的规划发展与生态园建设紧密结合,体现了园区可持续的发展思路。同时,园区还积极推进新能源汽车、地源热泵、玻璃幕墙贴膜等项目的建设,通过这些项目的建设,一方面将园区的能耗总量降下来,为区域发展创造更好的社会环境;另一方面,降低能源的支出,为园区和园区企业获得更多的经济效益。

【环境质量认证】

2003年12月1日,方圆标志认证中心上海分中心ISO 14001环境管理认证审核组通过了园区的认证工作,ISO 14001环境管理认证的通过标志着新区的管理工作再上台阶。2005年7月,市经委、市质量技术监督局、市环保局和市开发区协会公布通过ISO 9000质量管理体系和ISO 14000环境管理体系认证的16家开发区名单,并命名其为市质量环境双优园区,市北工业区新区榜上有名。2009年,园区又相继通过了质量管理体系ISO 9001认证和环境管理体系ISO 14001两个体系的双认证。

【创建国家生态工业示范园区】

2010年3月,上海市首个绿色产业联盟亮相市北高新园区;5月,科勒卫浴公司入选世博城市最佳实践区项目"沪上·生态家"。10月,金桥再生资源平台推进园区电子垃圾回收,建立市北高新园区交投点。2010年12月,市北高新园区启动由环境保护部、商务部、科学技术部三部委认定的国家生态工业示范园区创建工作。

【企业文化和社会责任】

2005—2007年,园区联合入驻企业联合捐资50万元,援建江西省万安县弹前乡乡村公路(命名为"市北路"),组织5家企业对困难职工子女开展捐资助学活动。集团公司共有200余人次参与各类捐助活动,职工参与率达到95％以上。

集团公司首次发布《上海市北高新(集团)有限公司2008—2010年度社会责任报告》。市北高新集团在2008年至2010年期间,围绕"加快科技化步伐,打造国际化园区"的发展主线,以文明创建为抓手,实践"产业调整推转型""环境打造塑形象""文化引领铸素质""回报社会作贡献"。在社会共建方面,公司制定了共建实施计划,建立了领导小组,先后与辖区的大宁路街道、彭浦镇签订《精神文明建设共建协议书》,并积极与解放军94796部队、闸北区实验小学、风华中学等本地区各企事业单位开展各具特色的共建活动,举办并邀请社区居民参加各类培训、运动会、青年交友会、摄影比赛、书画展览等活动等。在社会捐助方面,市北高新集团坚持有计划地组织、参与各类群众性互助互济,积极开展诸如"一日捐""蓝天下至爱"等有计划的社会捐资助学,设立"市北高新园区爱心基金",引导园区内企业和职工踊跃参与扶贫帮困活动。

2005—2010年期间,集团公司蝉联上海市文明单位称号。2010年5月,上海市共有46家企业被命名为"首批上海市企业文化建设示范基地",市北高新集团公司与宝钢、豫园等知名品牌一同被授予上海市首批企业文化建设示范基地光荣称号。市北集团以"铸就团队、打造精品、追求卓越"为核心理念,以"加快科技化步伐、打造国际化园区"为发展愿景,坚持把企业文化建设摆在突出位置,并不断履行应尽的社会责任。

第四节　招　商　引　资

一、招商管理

【招商定位】

1992年市北工业新区成立伊始,始终把招商引资工作作为中心工作之一。根据新区的地理条件和开发战略,逐步确立了以引进介于二、三产业之间的优质企业,"引大引强"的工作思路,打造国内2.5产业品牌园区的发展定位。

2001年,新区对招商队伍进行职业化改造,注重招商引资团队的建设。公司招聘了10多名具有一定专业经验、基本素质高、工作有冲劲的年轻人才,充实到招商队伍中培养使用。2003年,招商团队实行个人收入与业绩挂钩的考核制度,将指标量化后落实到人,责任到人,有力地推动了招商引资工作的开展。

2003年以来,"全员招商"的意识在区内潜移默化地得到了渗透和推广,新区大力扩大招商队伍,"主动出击,叩门招商",着力选取一些优质的百强企业作为招商对象,以市场化的行为逐步改变"坐商、市商"的形象。2005年以来,园区打造服务这个核心竞争力,着力构建"全方位、一站式、多维度"的大服务体系,通过整合服务资源、搭建服务平台、细化服务举措、提升服务能级、完善服务功能。2009年,实施了招商引资流程化分工管理,组建以客户信息专员、大项目谈判经理、大客户经理负责不同环节。继续实施"走出去"招商战略,"以商引商"模式。

2010年,园区进一步发挥生产性服务业功能区的优势,加大对总部经济,尤其是地区性总部企业的招商力度。上半年,园区引进了以和通汽车等为代表的地区性总部,核心代表企业集群进一步丰满。园区开展了电话营销这一新的营销模式。

【招商模式】

渠道招商　1999年,园区招商渠道拓展,与各个部门、各大企业、大学和科研单位加强联系,运用计算机通过因特网进行招商。2003年,园区先后与10家社会中介服务机构签订了合作协议书,借助其信息、客户、专业等方面的优势,为招商引资提供外力支持。2003年,新区新组建了上海印刷多媒体园,吸引《劳动报》印务中心等企业入驻,实现了新区和国有大企业的"双赢"。2004年,已有30多家中介公司与新区合作,进一步拉长新区招商链条。2006年,园区与世邦魏理仕、仲量联行等国际知名房产顾问公司共同筹划合作销售的方式,借助中介公司在房产包装、推广上的经验以及遍及全球的客户资源网络,加快推进房产租售工作,进一步优化房产租售的产业结构,有效推进符合园区产业定位的企业进驻。2006年起,园区积极引进与高新产业相关的行业协会,打造上海市北工业园区国际行业协会总部(上海)集聚区同时做好与行业协会的信息交流和信息合作工作,有效运用园区和协会的客户资源,实现信息、商机的共享,以良好的服务吸引行业重点企业的集聚,推进园区更好更快地渗透到行业中。

海外招商　2005年,园区首次尝试了海外招商推介,在新加坡举办首个海外投资信息发布会,得到了当地企业的广泛关注,新加坡《联合早报》作了"上海打造2.5产业园"的报道。期间,市北高新园区负责人专程拜访了新加坡国际企业发展局和丰达集团等7家企业,为合作奠定基础。2009年,在新加坡设立企业服务中心,不断开辟投资促进的国际化渠道。

区域性招商　2005 年,园区构建区域性招商模式,开设的驻京招商机构引进了 10 多个广告文化类企业,创造的区级税收超过 600 万元以上,这种招商模式也在深圳、山东等地推行。2009 年 9 月 3 日,上海市北高新园区在北京成立北京服务处,作为已入驻园区企业在京办理地区事务,成为园区企业与北京相关行业管理部门及行业协会进行联络的桥梁。

以商引商　2005 年以来,园区从传统的政策招商向服务招商转变,瞄准区税突破 100 万元的重点客户,鼓励和助推区内重点企业不断拓展做大,以良好的服务推动"以商引商"滚动式招商模式。2007 年,园区引进了中铁电气化局集团有限公司上海分公司。周到细致的服务,引来了同类行业的关注。"十一五"期间,园区先后引进了上海中建八局建设发展有限公司、中铁电气化局集团第一工程有限公司上海分公司、中铁四局集团电气化工程有限公司上海分公司、中铁七局集团有限公司上海分公司、中国中铁股份有限公司上海分公司、中铁一局集团有限公司上海分公司、中铁隧道集团有限公司上海分公司等中铁系企业。2010 年 12 月 30 日,中国中铁上海地区总部、中铁上海工程局有限公司挂牌成立,标志着园区引进中铁系企业进入"收获期"。2010 年以来,园区依托现有软件和信息服务业、节能环保业、现代物流业、电子通信业、服务外包业等众多优质企业资源整合,推进政府、园区、行业协会以及企业之间的商机互动,为推进产业互动,创造良好的"以商引商"的服务环境。

载体招商　2004 年,面对有限的土地资源,新区确立了"内筑精品,外拓平台"的发展战略,开展创建功能性楼宇的"载体招商",推进特色产业集聚。科技创业大厦,以引进民营科技企业及中介、服务性公司为主;上大科技园,在 12 号地块中辟出一幢工业楼宇作为公司发展载体,以高新科技成果转化和高新产业孵化为发展特征,延伸新区产业链;新区二期建设的工业楼宇,着力引进有知名度、有财税贡献的企业。同时依托与电气集团合作的上海印刷媒体园和工业设计园的产业发展空间,构建具有鲜明特色的现代服务业品牌。2005 年,新区与中国物流行业协会的战略合作启动,在园区内打造中国国际物流大厦。2006 年,园区创建了国内首个行业协会和组织上海总部,通过延伸行业协会的服务功能,推进生产性服务业的转移和发展。2007 年,园区相继打造专业服务外包平台(聚能湾企业管理有限公司)和劳动保障服务平台(上海市首个园区劳动保障工作站),突出园区投资促进工作的增值作用。

平台招商　园区以搭建专业招商引资平台为抓手,吸引产业内龙头企业的集聚。截至 2010 年,先后吸引了大公国际资信评估有限公司、数融科技有限公司、思高方达金融(上海)有限公司、上海中科软件有限公司、上海天燕投资有限公司等企业的入驻。园区腾出超过 1 万平方米的楼宇,为国产基础软件园的产业集聚创造良好的条件。

2010 年 8 月,随着上海"云海计划"发布、上海市云计算产业基地落户市北高新园区、国内首个"云计算应用孵化中心"的揭牌以及各种"云"的应运而生,1.3 万平方米的亚太数据港为战略性新兴产业的代表企业落户市北提供空间保障和载体支撑,众多国际电信运营商、互联网运营商及数据外包总部型企业等重大客户不断入驻园区。

电话招商　2010 年,园区成立电话招商营销中心。电话营销人员及时捕捉招商信息,第一时间将约访企业资料录入 CRM(客户关系管理)系统中,对招商资源"联系一批、储备一批、挖掘一批、跟踪一批、落地一批",为招商引资建立了新的渠道。截至 2010 年年底,有 2 800 余家企业被列入约访名单中,其中 200 余家企业成功受访,50 余家与园区达成合作意向,20 余家企业到园区进行实地考察洽谈。

二、招商活动

1993年7月7日,市北工业新区召开新闻发布会,吸引了42家投资单位前来洽谈投资意向,香港十大财团之一的恒基集团提出组建合资公司,共同开发建设市北工业新区的意向。8月6日,市北工业新区召开首次招商恳谈会,国内外共180家单位参加。2003年4月13日,市北工业新区在长城假日酒店,举办了2003年上海国际"茶文化"节——市北工业新区二期工程主题招商会,向与会的60多个中外客商推出了新区二期开发规划设计方案。11月6日,新区作为中心城区唯一的市级开发区参加首届中国工业房地产展示交易会。11月6日—11日举行的国际工业博览会上,新区通过视频展示,招商人员介绍新区的"亮点",吸引较多客户接洽。

市北工业新区实践"走出去引进来"的园区发展战略。2003年11月25日—12月1日,管委办主任丁明年参加了由区长丁薛祥带队的赴香港举办服务贸易合作说明会代表团;是年12月12日—14日,市北工业新区主要领导又在副区长刘春景的带领下,会同各相关部门赴深圳考察,寻求合作途径;2004年,市北工业新区借首届"温州民营资本商洽会"之机,与温州的电器骨干企业浙江电器厂签订了入驻新区的协议;2006年11月,应香港贸易发展局的邀请,市北工业新区投资经营有限公司副总经理周群带领由园区投资服务中心等有关招商人员赴香港参加为期三天的"中小企业国际市场推广日""创新科技及设计博览";2009年6月25日,市北工业园区(集团)有限公司副总经理黄之阳带领公司招商团队一行7人赴台湾,开展了为期一周的招商工作,成效显著。

三、招商成果

1993年,市北工业新区成立一年间,共与外商和港台商人洽谈"三资"项目46个,其中批准立项8个。有沪台合资龙成工程机械有限公司、中法合资派克司制衣有限公司、澳大利亚独资富来食品有限公司、沪港合资康柏斯卫生材料有限公司、沪港合资市北房产服务有限公司、中法合资法马通连接器有限公司等,总投资2 245万美元。同时确定迁入市北工业新区落户的还有上海自来水公司、上海防办地空(集团)公司及区属闸北电器五金工业公司、建材公司、西藏北路街道工业等市内企事业单位。1998年7月12日,上海不夜城股份有限公司和台湾润泰集团康润公司联合组建的大润发有限公司闸北店在共和新路江场路口开张营业,成为大润发进入中国大陆的"第一店"。在"八五""九五"期间,新区引进内外资企业180户。其中三资企业29户,引进外资6 589万美元,内资企业151户,吸收资金3.23亿元。

2001年,市北工业新区招商工作有较大突破,共引进内外资项目100多个,美资威旭半导体有限公司、欧资易都电子有限公司、德律风根微电子有限公司、中国联通公司、中国铁路通信公司、上海移动通信有限公司、上海欣丰电子有限公司、格尔软件有限公司、计算机硬磁盘玻璃盘片项目等一批公司与项目先后入驻新区,电子信息企业达到52家,构筑电子信息业高地雏形初显。

1992—2002年,市北工业新区累计引进企业453户,其中内资企业411户,外资企业42户,共吸引外资1.1亿元。经过十年建设,新区逐步构筑成一个以电子通信设备与配件制造为主的高新技术产业基地。2003—2006年,园区各主要经济指标保持了两位数以上的增长速度,特别是对区域经济的贡献更保持了平均40%以上的增速,从2003年的8 613万元,到2006年的11亿元,成为区域经济发展的重要增长极,逐步形成了以通信电子、信息传媒为主导的产业集聚态势。

表 7‑12‑4 "十五"期间市北工业新区引进内外资情况表

年　份	引进内资(万元)	引进外资(万美元)	出口创汇(万美元)
2001 年	17 500	1 506	4 028
2002 年	30 500	2 007.9	4 975
2003 年	38 000	2 500	5 500
2004 年	58 346	5 194.6	6 500
2005 年	60 000	7 200	6 700

资料来源：上海市北高新(集团)有限公司历年年度工作总结

　　"十一五"期间,园区继续加大引大、引优、引强力度。2008 年上半年,科勒(中国)投资有限公司、晶澳太阳能光伏科技有限公司、智联易才人力资源顾问有限公司等知名企业入驻园区;引进的企业还有世界五百强企业铁姆肯的分支机构、中铁系列(含中铁四局、七局等)、台资企业代表有 GPS 导航产品领导厂商宇达电通、国内领先的智慧城市服务与运营商上海研华智能科技有限公司、仲利咨询公司等。2008 年引进企业中,属于生产性服务业的企业比例接近 80%,当年引进当年纳税的企业比例达到 70%,公司在招商引资方面所取得的业绩继续在闸北区保持领先地位。

　　2009 年,园区引进的 52 家企业中,61% 为营业税企业,增值税企业仅占 39%。全年注册在园区的企业共计完成税收收入 3 200 多万元,比 2008 年增长 67.3%。

表 7‑12‑5 "十一五"期间市北工业新区引进外资情况表

年　份	吸引外资项目数(个)	合同外资金额(万美元)	外资到位金额(万美元)
2006 年	21	4 500	4 500
2007 年	27	3 080	3 080
2008 年	32	6 410	0
2009 年	26	905	0
2010 年	32	8 033	0

资料来源：上海市经济委员会、上海市经济和信息化委员会、上海市统计局、上海市开发区协会历年《上海市开发区统计手册》

表 7‑12‑6 "十一五"期间市北工业新区引进内资情况表

年　份	内资总额累计(万元)	累计落户内资企业(个)
2006 年	321 051	355
2007 年	364 051	234
2008 年	451 464	188
2009 年	567 027	152
2010 年	635 445	192

资料来源：上海市经济委员会、上海市经济和信息化委员会、上海市统计局、上海市开发区协会《上海市开发区统计手册》

四、品牌建设

【品牌推介】

园区成立初期,为提高知名度,组织和参加招商会、展销会、联谊会、第三方组织年会等活动,制作了新区控制性详细规划模型、浓缩新区面貌的展板、介绍二期厂房的单页、具有中英文对照的新宣传册等一批带有广告内容的宣传资料,采用多媒体、VCD介绍、设置展台、举办工业园区发展战略专题研讨、电视报刊媒体传播等多种形式,加大对新区的宣传力度,突出优势,树立品牌。

1999年3月,上海市北高新园区官方网站建立,展示其"城市中心、机会中心、发展中心、智慧中心"的园区定位,介绍相关的园区服务、新闻、政策、投资指南等专栏。2002年园区发行第一期上海市北高新园区报《市北高新苑》,报道园区最新动态,每月一期,成为市北园区新闻宣传的主流阵地。

市北高新区选择在客流云集的上海浦东国际机场投放大型广告。矗立在上海浦东国际机场航站楼办票大厅的八块高2米、宽6米的高亮度大型灯箱广告,于2010年4月28日起,率先上刊的六块广告和众多中外旅客见面,展示上海市北高新技术服务业园区和亚太数据港的形象。园区还聚焦重大活动、事件,广泛运用电视、报纸、网络媒体等载体着力扩大宣传报道。

2010年8月19日,集团公司举行"园区品牌战略"研讨会,就市北高新园区品牌建设中的重大问题进行研讨。研讨会上,与会人员围绕园区品牌口号、元素与内涵,进行了广泛而深入地讨论,并对在业务和管理环节中如何进一步体现园区品牌提出了真知灼见。

【合作交流】

与新加坡裕廊集团腾飞公司合作 2003年7月22日,中共闸北区委副书记、区长丁薛祥、市北工业新区管委会副主任、新区投资经营有限公司董事长丁明年等一行7人赴新加坡考察裕廊集团腾飞公司。双方有意向达成战略联盟,在国际招商、园区管理、项目开发等方面加强合作,正式签署了《合作备忘录》。是年10月20日,腾飞公司高级管理层来到市北工业新区考察。与新加坡裕廊集团的合作,对于园区提升发展理念、管理经验和开发方式都有裨益。

园区互相访问,缔结友好园区 2010年12月1日,中共闸北区委书记方惠萍率闸北区代表团赴台湾进行为期7天的考察及推介交流,市北高新集团总经理周群参加了此次考察活动。在台北考察期间,代表团走访了多家台湾企业,其中有落户园区企业研华股份有限公司和中租迪和股份有限公司。在内湖科技园区,宾主双方就两地产业园区的发展情况和发展前景进行了交流。上海市市北高新技术服务业园区管委会与台北内湖科技园区发展协会签订了《缔结友好园区协议书》,双方将本着平等互利的原则,建立由各自园区管理机构主要领导参加的定期拜访会晤机制,对园区管理及企业服务方面的有效做法和经验进行分享和探讨,并经常性地就上海、台北两地招商及相关产业政策进行交流沟通。

中国浦东干部学院现场教学点 2010年12月8日,中国浦东干部学院"市北高新园区"现场教学点揭牌仪式在园区半岛商务会所举行。园区从做好教学接待、做好案例开发、不断创新载体和形式等方面积极做好"市北高新园区"教学点的建设工作,使其成为市北未来发展的巨大引擎。

【品牌荣誉】

"十一五"期间，园区先后获得各类品牌资质和荣誉称号，得到上海各级政府的肯定，受到上海主流媒体的关注，品牌实力得到进一步提升。

表 7‑12‑7　2008—2010 年市北高新园区国家级和市级荣誉一览表

级　别		荣　誉	时　间
国家级		国家高技术产业基地	2008 年 2 月
		中国浦东干部学院现场教学点	2010 年 12 月
市　级	基地类	上海市生产性服务业功能区	2009 年 9 月
		上海市云计算产业基地	2010 年 8 月
		上海市知识产权试点园区	2010 年 12 月
		上海市国产基础软件基地	2010 年
	品质类	上海市花园单位	2005 年 10 月
		上海市质量与环境双优单位	2005 年 12 月
		上海市企业服务优秀园区	2010 年 12 月
		上海品牌园区	2010 年 12 月
	精神文明类	上海市文明单位	2007 年 5 月起
		上海市企业文化建设示范基地	2010 年 6 月
		上海市世博区县涉外综合工作优秀集体	2010 年 11 月
		上海市群众体育先进单位	2010 年 11 月

资料来源：上海市市北高新技术服务业园区提供

第五节　产　业　发　展

一、经济规模

【工业总产值】

1992—2002 年期间，在"南厂北移"的产业布局调整影响下，市北工业新区集聚了一批纺织、重工业等传统制造型企业。随着上海自来水厂、上海彭浦机械厂、人民印刷二厂、人民制线厂、唐山服装厂、协新毛纺厂、精工服装机械厂、上海织袜十五厂、上海针织二十四厂、新风塑料厂等一批工业企业的入驻，市北工业区这个上海北部的传统工业基地，产值规模发展迅速，在上海市工业中起着重要作用。随着上海步入后工业化发展阶段，市北高新园区及时调整了发展战略，产业结构从制造业向生产性服务业调整升级。一批高能耗、低附加值的企业逐渐迁离园区。

1996—2010 年，市北工业新区产值规模的年复合增长率为 26.6%。截至"十一五"末，园区制造业企业比重从"十五"末的 40.2% 下降到 9.3%。

表 7‑12‑8 "九五"到"十一五"期间市北高新园区工业总产值变化表

指　　标	园区工业总产值(万元)	工业总产值增长率(%)
1996 年	20 175	63.91
1997 年	33 068	43.17
1998 年	47 342	18.98
1999 年	56 327	20.46
2000 年	67 852	16.11
2001 年	78 780	14.27
2002 年	90 018	15.55
2003 年	104 012	25.02
2004 年	130 036	30.81
2005 年	170 106	11.82
2006 年	190 217	12.94
2007 年	214 837	−4.58
2008 年	204 994	97.81
2009 年	405 500	34.94
2010 年	547 200	20.61

资料来源:市北高新技术服务业园区在地统计站

【第三产业收入】

从 1992 年园区成立至 1996 年,短短的五年时间,现代服务业从属的第三产业营业收入达到
7 451 万元;到 2010 年,第三产业收入达 4 471 641 万元,年复合增长率达到 57.9%,是同期工业产
值增长率的 2.2 倍,产业结构调整升级取得明显实效。2010 年,市经济信息委开展开发区综合评价
工作,园区第三产业营业收入在上海市开发区中排名第三。

表 7‑12‑9 "九五"到"十一五"期间市北高新园区第三产业营业收入变化表　　　　单位:万元

时　　间	园区第三产业营业收入
1996 年	7 451
1997 年	11 810
1998 年	18 936
1999 年	23 036
2000 年	28 180
2001 年	35 000
2002 年	48 135
2003 年	60 073
2004 年	75 028

（续表）

时　间	园区第三产业营业收入
2005 年	100 218
2006 年	113 568
2007 年	145 481
2008 年	2 424 294
2009 年	2 796 539
2010 年	4 471 641

资料来源：市北高新技术服务业园区在地统计站

【税收】

园区上缴 100 万元区级税收的企业从 2003 年的 18 家增至 2005 年的 43 家；2006 年底，园区引进的年区级税收 100 万元以上的企业 56 家，其中年区级税收 500 万元以上的企业 8 家。

表 7 - 12 - 10　1997—2010 年市北高新园区税收指标完成情况表

年　份	园区上缴税收总额(亿元)	税收增长率(%)	区级税收(万元)	税收增长率(%)
1997 年	0.14	—	673.7	—
1998 年	0.22	57.14	1 195.8	77.50
1999 年	0.3	36.36	1 694.2	41.68
2000 年	0.51	70	3 111.3	83.64
2001 年	0.79	54.9	4 967.5	59.66
2002 年	1.26	59.49	7 126.6	43.46
2003 年	1.6	26.98	8 613.4	20.86
2004 年	2.47	54.38	12 440.6	44.43
2005 年	3.75	51.82	19 945.5	60.33
2006 年	4.61	22.93	16 130	−19.13
2007 年	5.73	24.30	19 413	20.35
2008 年	7.27	26.88	24 390	25.64
2009 年	17.05	134.53	31 362	28.59
2010 年	22.46	31.73	67 100	113.95

资料来源：市北高新技术服务业园区在地统计站

二、产业集聚

20 世纪 90 年代初，在"南厂北移"的产业调整过程中，新区作为上海"南厂北移"基地以及"传统制造业"备用基地，一些纺织系统企业（如唐山服装厂、协兴毛纺厂）和轻工系统企业（如工业缝纫机的零件分厂)先后进驻新区。同时,以德律风根微电子股份有限公司、上海威旭光电半导体有限公司等电子制造企业也相继进入新区,使新区成为闸北经济中工业含量和产出比重最大的区域。

20世纪90年代末,这些粗放的工业企业,明显不适合上海市区的发展定位。于是,走马塘第一次"换马",转型为都市型工业园。这一时期,园区引进了一批印刷、电子等低污染工业企业。

2003年,随着地价的攀升使一些传统产业无法承受,新区开始借鉴新加坡裕廊工业园区的成功经验,制定新的园区发展规划,在上海市率先提出发展生产性服务业(即2.5产业),坚决淘汰高污染、高能耗的落后产能,把产业结构战略性调整作为园区转型发展的主要任务。

2004年4月22日,闸北区政府副区长刘春景以及市经济学会的专家学者、相关部门的领导40多人出席了上海市北工业新区发展定位研讨会。专家们分析了市北工业新区地处中心城区、具有载体空间等综合优势,肯定了新区"以优质资源吸引优质资本"的可持续发展之路,吸引优势企业、一流人才。新区形成通讯、广告咨询、工程设计等现代服务业的集聚态势。专家、学者们普遍认同新区提出的引进工业生产性服务业这种处于二产(工业)和三产(商业、服务业)之间的2.5产业,打造集聚2.5产业的办公园区。

2004年10月,上海文汇报文汇讲坛以市北园区为考察主要对象之一,发表了《2.5产业:上海新型工业化的最佳载体》。2005年,上海资源环境蓝皮书撰文标题即《2.5产业理论探索与实践》,为推进市北工业新区建设以2.5产业(即生产性服务业)为主导的精品园区提供理论和实践依据。

2005年11月2日,在闸北区政府和市经委联合举办的市北生产性服务业集聚区现场推进会上,确定了以市北工业新区、现代交通都市产业园、多媒体谷、北郊物流中心等四大功能区为集聚主体。市北生产性服务业集聚区北至走马塘,西沿彭越浦、南达广中西路、东靠共和新路、泗塘,规划面积400公顷。该集聚区将集研发设计、传媒创意、信息服务、现代物流、总部经济集聚等功能于一体,成为上海老工业基地整体产业结构置换升级和功能转型的先导示范区。

"十一五"期间(2006—2010年),市北高新园区的IT产业从单一的高端制造的产业群向包括研发、管理在内的信息服务业为先导的IT产业链拓展。在软件领域,园区主要聚焦国产基础软件、行业应用与嵌入式软件以及信息安全软件等。2009年,市北高新园区获得上海基础软件产业基地的称号。2009年6月9日,市北工业园区被市经济信息化委、市发展改革委、规划国土资源局和环保局联合认定为首批19家重点生产性服务功能区之一。2010年,国产软件总收入达1.57亿元,总税收达785万元。2010年8月,闸北区被国家发展和改革委员会批准为"国家服务业综合改革试点区域",成为全国37个服务业试点区域之一。市北新区进一步明晰了产业定位,初步形成了"以总部经济为主导、以软件信息服务业、检验检测服务业、节能环保服务业、人力资源服务业、金融衍生服务业为特色"的产业发展新格局。

表7-12-11 "十一五"期间市北工业园区主导产业集聚度表

年　份	工业总产值(亿元)	主导产业产值(亿元)	产业集聚度(%)
2006年	23.6	20.0	84.6
2007年	26.09	29.56	88
2008年	29.76	25.12	84.41
2009年	13.66	11.63	85.14
2010年	21.58	19.52	90.44

资料来源:上海市经济委员会、上海市经济和信息化委员会、上海市统计局、上海市开发区协会《上海市开发区统计手册》

三、主导产业

【软件和信息服务业】

在信息服务领域,园区主要聚焦信息技术服务、云计算服务、信息服务外包等。约80％的软件和信息服务企业相对集中地分布在园区都市信息园、前沿产业园内。2010年,市北高新园区拥有软件和信息服务业企业392家,实现业务收入155.48亿元。

上海格尔信息技术有限公司　1998年3月成立,是中国IC卡安全领域最为专业及最有影响的厂商,拥有商用密码产品销售资质及多项软件产品认证资质。公司曾协助中国人民银行编写了金融IC卡规范,设计了电子钱包应用三级密钥系统、借记贷记应用的安全体系设计,是中国人民银行及国密局唯一认可的金融IC卡密钥承建厂商,也曾协助中国石化编写了中石化加油IC卡规范,成为中石化加油IC卡密钥产品的唯一一承建商。2008年公司被认定为软件企业,同时获得《格尔信息数据准备软件V1.0》软件产品登记证书。2010年公司软件和信息服务收入达8800万元,出口额14万美元。

上海瞬跃网络科技有限公司　1998年,上海瞬跃网络科技有限公司成立,是美国Transition Network的全资公司,专业研发和提供适用于办公环境与宽温环境、工厂地面以及变电站等环境之间的网络连接的方案,支持多种网络协议,包括以太网、快速以太网、千兆以太网、T1/E1、RS232、工业以太网、视频等,2010年度出口额190.4万美元。

赛科斯信息技术(上海)有限公司　1999年,赛科斯信息技术(上海)有限公司成立,是美国赛科斯企业有限公司在华的独资企业,是全球领先的客户关系管理解决方案和外包服务五大提供商之一,在上海和广州两地管理着超过1 000座席的大型外包呼叫中心,服务众多跨国企业和全球500强企业。2004年、2005年,赛科斯中国公司连续两年荣获中国最佳外包呼叫中心。2010年度出口额19.2万美元。

上海亿科软件技术有限公司　2001年4月,上海亿科软件技术有限公司成立,由世界最大物流企业之一的日通运株式会社全额投资成立,从事软件开发的高科技企业。2010年度出口额519.8万美元。

上海上大鼎正软件有限公司　2003年4月,　上海上大鼎正软件有限公司成立,是国家重点软件企业,2005年通过美国SEI的CMM L3以及CMMI L3评估,2005年至2010年度连续获得"国家规划布局内重点软件企业"称号。公司主营业务包括软件外包、汽车IT,智能交通领域的研发、制造及销售,信息系统工程等,具备软件外包企业管理、软件外包基地建设与管理、招商引资的能力。2010年度出口额104.6万美元。

环达电脑(上海)有限公司　2004年11月,环达电脑(上海)有限公司成立,是台湾神达集团在大陆的研发总部,是英特尔、微软、戴尔等企业的合作伙伴,主要从事电脑、移动通信、消费性电子产品的软硬件开发,其主导产品包括了GPS产品、智能手机、电子地图、家庭数位产品等,行销于全球70余个国家。2010年,环达电脑实现软件和信息服务收入7 642万元,2010年度出口额1 198.5万美元。

上海品天信息技术服务有限公司　2006年,上海品天信息技术服务有限公司设立时间。在计算机软硬件,系统集成专业域内从事技术开发、技术转让、技术咨询、技术服务,主营业务为算机软硬件的销售,第二类增值电信业务的呼叫中心服务,信息技术进出口等。2010年度出口额287.2万美元。

万通数据中心　2008年8月18日,由上海万通世纪互联信息技术有限公司打造的市北数据中心举行揭幕仪式。该公司是由上海市北工业园区(集团)有限公司和北京世纪互联宽带数据中心有限公司共同出资设立的一家数字地产开发公司。市北数据中心第一期工程 2008 年 5 月中旬动工,于 8 月 18 日正式投入使用。首期入驻的上海电信,使市北数据中心成为上海电信的重要互联网数据中心之一,能为广大客户提供一系列的优质特色服务。在一、二期项目中,园区充分利用世纪互联在数据中心建设和管理方面的雄厚实力和丰富经验,针对不同客户的差异化需求,为其提供交钥匙数据中心、定制数据中心和电力全备物业等不同产品的租售,从而提升整个市北工业园的综合服务品质与信息化程度。

此外,园区在国产基础软件领域集聚了上海中标软件有限公司、达梦软件科技有限公司、上海东方通泰软件科技有限公司等一批优质的基础软件企业;在行业应用与嵌入式软件领域抓住工业控制领域全球知名企业研华工控集团注册市北园区的契机,重点扶持该集团下属企业研华慧胜智能科技有限公司,使其成长为园区内工控和嵌入式软件产业领域的龙头企业;在专用通信领域,独树一帜的上海新干通通信设备有限公司参与享有铁路指挥管理"中枢神经"系统——综合数字通信网络(GSM‐R)应用系统的研制开发。

【云计算产业】

2010 年 8 月 17 日,"云海计划"发布暨上海市云计算产业基地揭牌仪式在市北高新园区举行。在该基地的体系结构中,主要包括以下功能模块/平台:国际云计算软件服务商(SaaS)集聚带、国际云计算平台服务提供商(PaaS)集聚区、国际云计算中心(IaaS)基地、数字医疗云计算平台、数字媒体制作发布云计算平台、网络游戏运营测试云计算平台、科研开发测试云计算平台、国产基础软件研发云计算平台、国际信息外包服务商聚集区等。

2009 年年底,以国际通讯运营商聚集区、国际离岸保税数据中心、企业数据总部、企业容灾备份中心等为基础,园区搭建了"亚太数据港"的专业平台。与云计算接轨后,亚太数据港成为云计算的基础服务平台。2010 年 5 月,市北高新园区与中国电信股份有限公司上海分公司就共同建设市北园区基础设施配套及"亚太信息港"签署了《战略框架协议》。作为"亚太数据港"重点工程之一的中国首个国际通讯运营商聚集区的主体工程——数据港大厦于 2010 年 5 月开工,汇聚国际国内网络,为广大客户提供包括私有云交换中心、企业级视频交换中心、业务连续性运营管理服务中心在内的创新性信息技术服务。

2010 年 8 月 17 日,云计算基地揭牌,一批国际、国内领先的云计算应用企业,包括腾讯公司、电子商务公司阿里巴巴、中国电信上海分公司及杭州分公司、中国知名的电子支付平台付费通以及卫生部命名的居民健康档案管理平台示范工程等企业机构和项目,作为上海数据港云计算基础设施服务平台的首批客户正式入驻上海市云计算产业基地。

上海数据港投资有限公司经过自主研发、实践及技术创新,2010 年 11 月 1 日成功推出了国内首个商用的绿色集装箱式云计算中心"云积木"(CloudBlock)。市北高新集团先行先试从"云端"随用随取的"云应用模式",并逐步扩大到园区内其他企业,共同体验"办公云"应用所带来的资源集约和成本节约。

2010 年 11 月 1 日,微软(中国)有限公司与园区管委会正式签署了《战略合作备忘录》。国内首个"云计算应用孵化中心"入驻市北园区。根据协议,微软计划对上海数据港公司自主研发的新一代绿色集装箱式云计算数据中心"云积木"进行测试和认证,并在认证完成后,在微软云计算服务 Azure Appliance 解决方案中集成采用上海数据港公司的"云积木"产品,并向全球客户推广。此外,集团公司下属的数据港投资有限公司也与上海超级计算中心、世界第二大独立软件公司"甲骨文"、全球 IT 巨头戴尔分别签约,各方将在园区建立云计算联合实验室、基于云计算技术的容灾备份中心、金融衍生品计算服务中心、绿色低碳数据中心等。

市北高新园区成为"上海市云计算产业基地"后,形成国产基础软件、信息服务外包、健康云、呼叫中心集聚区、基础通讯运营商集聚区等多条相关产业链的集聚,集聚了环达电脑(上海)有限公司、格尔软件股份有限公司、天脉聚源科技有限公司、万通世纪互联信息技术有限公司、上海亿科软件技术有限公司、赛科斯信息有限公司、研华慧胜有限公司等 400 余家企业,其中以云计算产业为主导的核心企业有 40 余家,2010 年实现主营收入 13 亿元。

【生产性服务业】
市北园区生产性服务业包括检验检测服务业、金融衍生服务业、节能环保服务业和总部经济。

检验检测服务业 2007 年 5 月,日本住友化学分析技术(上海)有限公司注册在园区,是世界 500 强日本住友化学集团的投资企业,专业从事研究开发过程中的新技术、半导体工厂制品缺陷分析;制品、食品、大气、水中微量成分的定性、定量分析以及简易测定分析技术,该公司已投资新建不受外部环境影响的洁净室,投资强度达到了 1 万美元/平方米。2009 年,全球最大的消费品市场产品质量检测机构欧陆检测技术服务(上海)有限公司在园区注册,在食品、药品、环境、消费品等诸多产品领域提供专业的分析检测认证和技术支持服务。

金融衍生服务业 2010 年 12 月,思高方达信息技术(上海)有限公司在园区注册,是世界级、业内排名第一的独立基金服务商 CITCO 集团公司在中国设立的第一家子公司,提供对冲基金行政管理服务、托管银行和基金交易服务、金融产品、公司和信托计划解决方案,客户包括国际一流对冲基金、私募股权投资基金、地产基金、机构银行、全球排名 1 000 强的公司和高净值私人客户等。

节能环保服务业 2008 年上半年,园区引进的上海晶澳太阳能光伏科技公司是美国纳斯达克上市公司晶澳太阳能公司投资的上海总部,主要从事硅材料、太阳能电池、组件的批发与进出口,并提供太阳能光伏技术及产品的研究开发、技术咨询与技术转让。2009 年,确时环保科技(上海)有限公司在园区注册成立,其核心技术为"光解净化技术"。2010 年 6 月,上海风享环保科技有限公司注册在园区,凭借纳米孔道技术和优质天然材料,经特殊工艺制成球形陶瓷颗粒净化材料,实现控湿防霉、抗菌清洁、过滤除甲醛等功效,产品应用在室内环境、医疗、生活健康等多个领域。

总部经济 2003 年完工的新区二期工程 9 - 3 地块厂房,引进了 2 家管理中心及总部型企业、3 家研发中心。2004 年 1 月 18 日,重量级跨国公司新日本空调株式会社与市北工业新区签订入驻协议。该公司斥资 7.5 亿日元成立的驻中国总部——新日本空调工程公司主要从事机电工程的总承包。

2007 年 10 月,美国科勒(Kohler)公司的区域总部型企业科勒(中国)投资有限公司入驻市北工业园区。2009 年 7 月,英国最大的零售公司、世界三大零售商之一、世界 500 强企业特易购企业管理(上海)有限公司入驻市北园区。2010 年 5 月,和通汽车投资有限公司入驻园区。2010 年 12 月 30 日,"中国中铁上海地区总部"与"中铁上海工程局有限公司"在市北高新园区正式揭牌。

截至 2010 年年底,市北高新园区集聚企业 2 600 多家,其中优势企业 1 600 余家,在园区内实地经营的企业超过 300 家。2010 年,园区(在地)生产性服务业营业收入达 156.04 亿元,约占园区经济总量 88.1%。在地重点生产性服务业 59 家,增加值达 35.4 亿元,占园区增加值的比例为 92.3%。园区 2010 年在上海市各开发区中综合发展指数排名 16,创新发展指数排名 15,投资环境指数排名 10。2006—2010 年期间,市北高新园区连续 5 年的经济增幅超过 30%,经济贡献在闸北区的区域经济中排名第一。

第十三章　上海紫竹科学园区

上海紫竹科学园区位于闵行区东南部,北至剑川路、东至虹梅南路和龙吴路、南至黄浦江、西至莘奉金高速公路,占地8.68平方公里。园区东、南两面环绕黄浦江,空运、航运、陆运运输便捷,关港码头设在区内。

继实施"聚焦张江"战略之后,2001年9月11日,市政府决定建立上海紫竹科学园区。紫竹科学园区由闵行区政府、上海交通大学、上海紫江(集团)有限公司、上海联和投资有限公司共同筹划。着重发挥上海交通大学和华东师范大学作为科技产业资源的溢出效应,是集科研、人才、资本、产业等优势、运用市场化运作方式而设立的新型高新技术产业开发区。

2002年6月25日,上海紫竹科学园区开工建设。2003年,园区被列为上海市高新技术产业开发区。2004年4月,园区开展质量管理和环境管理体系"双优"认证工作,并获得评审通过。是年,园区还获得"上海集成电路设计产业园"称号。2006年3月,园区经国家发展和改革委员会和国土资源部核准园区为省级开发区,公告面积为8.68平方公里,其中大学园区占地346公顷,研发基地占地392.18公顷,紫竹半岛占地130公顷。

2009—2010年,上海紫竹科学园区先后被国家发展和改革委员会授予"上海国家生物产业基地";被国家商务部和科学技术部授予"国家科技兴贸创新基地(生物医药)",被中共中央组织部认定为"海外高层次人才创新创业基地",被市政府授予"上海市知识产权质押融资试点园区",被上海市商务委员会授予"上海市软件出口(创新)基地",被国家广播电影电视总局授予"中国(上海)网络视听产业基地"。2010年,市经济信息化委与上海市开发区协会联合主办的"2010年上海开发区企业服务优秀园区与服务明星"评选活动中,园区荣获上海市开发区"企业服务优秀园区"称号。

上海紫竹科学园区的发展方向瞄准新一轮世界科技革命中涌现的新产业领域,成为上海科技革命大潮中超前发展的试验场。园区在数字技术方面重点突破,"点面结合"共同带动上海信息产业的发展。园区致力于打造自主创新产业集聚基地,经过十多年的发展,逐步形成了以集成电路与软件、新能源、航空、数字内容、新材料、生命科学等为主导的六大类产业。

第一节　工 业 区 创 建

上海紫竹科学园区是由中共上海市委、市政府批准成立的全市唯一一家由政府、企业和高校联合投资组建的新型科技园区。园区的开发建设以民营企业为主体、以市场运作机制为主导,是上海高科技园区体制与机制的重大创新。依托园区内的著名高等院校(上海交通大学等),形成产、学、研一体化、以研发功能为主的高新技术产业园,填补了上海高科技园区缺乏高校支撑的空白。

上海紫竹科学园区设立的目标是把园区建成集产学研为一体的高科技产业集聚的现代科技新城和高层次人才及战略性产业的培育基地,使之与张江高科技园区联手带动上海信息产业的发展和上海综合竞争力的提升。同时还要通过紫竹科学园区的建设,提升闵行城市化能级。

2001年9月11日,市政府决定建立上海紫竹科学园区,着重发挥上海交通大学和华东师范大学作为科技产业资源的溢出效应,是集科研、人才、资本、产业等优势,运用市场化运作方式而设立的新型高新技术产业开发区。紫竹科学园区由闵行区政府、上海交通大学、上海紫江(集团)有限公司、上海联和投资有限公司共同筹划。2002年6月25日,紫竹科学园区举行奠基仪式,正式开工建设。

第二节　管　理　机　制

上海紫竹科学园区采用政府、民营企业和大学共建的全新组织架构,形成在政府主导下,以民间资本为主体的市场化运作模式。

2002年3月11日,作为紫竹科学园区开发主体的上海紫竹科学园区发展有限公司注册成立,注册资本5亿元。2006年1月17日,上海紫竹高新区(集团)有限公司注册资本增资为10亿元。2008年11月21日,公司再次增加注册资本至20亿元。公司经营范围包括实业投资,创业投资,产业孵化及投资服务,土地开发,房地产开发、经营、销售,商务咨询,企业管理咨询,国内贸易,物业管理等。上海紫竹科学园区的开发和管理由上海紫竹科学园区发展有限公司负责实施。

上海紫竹科学园区发展有限公司由上海紫江(集团)有限公司持股50.3%,上海联和投资有限公司持股20%,上海市闵行资产投资经营有限公司股权比例为10%,上海吴泾经济发展有限公司股权比例为10%,上海紫江企业集团股份有限公司股权比例为4.8%,上海交大产业投资管理(集团)有限公司股权比例为2.5%,上海交通大学教育发展基金会股权比例为2.5%。公司注册地址为闵行区剑川路468号,法人代表为沈雯。

2003年12月22日,闵行区政府下发《闵行区人民政府关于成立上海紫竹科学园区管理委员会的通知》,批准成立上海紫竹科学园区管理委员会(简称管委会),管委会由闵行区政府、区外经委、吴泾镇、颛桥镇、紫江集团和园区的主要领导组成,对开发建设实现集中统一协调,其主要职能是:根据市政府批准的总体规划,负责审定园区建设的详细规划和重点地区建设风貌规划;负责市与区之间、区内各职能部门之间的综合协调;决定该区职权范围内的投资规划和政策制定;负责开发建设的组织、领导、协调、推进工作及社区管理体制与机制的规划设计等。管委会下设办公室,由上海市闵行区政府有关职能部门、上海交通大学、华东师范大学和上海紫江(集团)有限公司派出人员组成,是管委会办事机构。

2004年4月28日,上海紫竹城区管理有限公司成立,负责对高新区范围内的保修(对公共设施、市政设施的维修保养)、保洁(道路、河道的保洁)、保绿(园林树木的养护、移栽)、保安(治安保卫),及园区入驻企业的车辆服务和各类安全服务。

第三节　规　划　与　建　设

一、园区规划

2001年初,市政府发展研究中心组织市政府研究室、市计委、市经委、市科委、市建委、同济大学、上海市体制改革研究所等各方面的专家、学者,对建立上海紫竹科学园区的必要性、功能定位、形态规划、组织体制和运作机制以及相关配套政策思路和短时期工作重点等方面进行研究。2001年5月,提交《上海紫竹科学园区规划纲要》(以下简称《规划纲要》),为上海市委、市政府提供决策依据。

《规划纲要》提出建设园区的目标是：到 2020 年力争把该区域建设成基础设施配套完备、环境优美、商住功能齐全，集产、学、研为一体的高科技产业集聚的现代科技新城。同时以上海交通大学为依托，形成高层次人才培育基地；以园区为依托，形成战略性产业的培育基地。初步规划的上海紫竹科学园区是由闵行区政府、上海交通大学与上海紫江（集团）有限公司三方共同筹划，集科研、人才、资本、产业等优势，运用市场化运作方式而设立的新型科学园区。该园区以上海交通大学闵行校区为依托，向南北两翼扩展，形成研发基地、产业孵化基地两块功能区域。上海国家级高新技术产业开发区的"一区六园"（张江高科技园区、漕河泾新兴技术开发区、金桥现代科技园、上海大学科技园、中国纺织国际科技产业城和嘉定民营科技密集区）是信息革命产业的重点发展区域，而上海紫竹科学园区则是今后一轮科技革命中战略产业的培育基地。园区将在数字技术产业方面重点突破，弥补上海信息产业发展中的缺口，与张江高科技园区可以形成"点与面"的关系。

《规划纲要》指出：园区的开发建设以民营企业为主体，以市场运作机制为主导，是上海高科技园区体制与机制的重大创新。依托著名高等院校，形成产、学、研一体化，以研发功能为主的上海紫竹科学园区将填补上海高科技园区缺乏高校支撑的空白。园区开发应以"从研发起步""先易后难""成熟一块发展一块"以及"先试验、后推广"的步骤滚动进行。

《规划纲要》确定园区的功能定位涉及产业功能、服务功能、孵化功能、引资功能和辐射功能。产业功能是以数字化视听产品、第三代、第四代数字移动通讯产品为突破口，高起点发展新一代数字技术产业，力争在规划纲要提出后的近 2 年中形成一批数字技术实用化成果，确立上海在全国数字技术领域的技术领先和产业主导地位。中期目标是培育上海战略性产业基地。服务功能是为进入园区的科研人员和国内外高科技人才提供科技创新的服务。孵化功能是主要利用上海交通大学、华东师范大学和园区内科研机构的科研成果，建立完善的孵化体系和硬件设施，支撑科研成果产业化的转化。引资功能是运用政府所赋予的优惠政策，依托园区内形成的人才和科研优势，形成产业链，最大限度地降低企业运行成本。实现人才与产业集聚的放大效应。辐射功能是形成具备向传统产业的辐射功能，为提升吴泾、闵行老工业基地的产业附加值和技术能级作出贡献。另外还具有支撑区域内城市化建设、发展的功能。

《规划纲要》划定的园区用地范围为：东、南至黄浦江，西北面用地界线为新蒋家港—虹梅南路—剑川路—北横泾—东川路—莘奉路—奉浦大桥。地跨江川路街道和吴泾镇两个行政区。吴泾镇区、剑川路以北部分用地也纳入规划进行统一考虑。规划控制区总用地面积 15.2 平方公里。空间规划设定为依托闵行老城区建设，规划为大学园区、科学研发园区、科技产业区、生活配套园区、休闲景观园区等。

《规划纲要》明确了投资主体和各自职能。园区开发合作主体为闵行区政府、上海交通大学及上海紫江（集团）有限公司。上海紫江（集团）有限公司主要承担园区的开发建设和招商引资等工作；上海交通大学将学校行政机关、主要的专业教学机构、研发机构迁往闵行校区，并对教职员工、科研人员从事科研、开发、创业活动给予支持，设立创投基金，鼓励优秀人才、先进科研成果以无形资产入股等多种形式成立高新技术公司，加速实现科研成果的产业化、商业化。闵行区政府要在市政府规划、行政审批、财税政策、园区基础设施建设与管理等方面，创造优惠的政策环境与良好的工商、税务、海关、金融等服务环境，保证大市政配套到园区红线。

2001 年，园区概念规划方案由西班牙马西亚·柯迪纳克斯建筑规划与景观设计事务所设计完成，秉持"生态立园、人文建园、科技兴园"的方针。在概念方案的基础上，委托上海市城市规划设计研究院编制《上海紫竹科学园区结构规划》，园区占地 18.3 平方公里，北至剑川路，西至沪闵路，东、南至黄浦江,包括大学园区、研发基地、浦江森林半岛(今紫竹半岛)以及颛桥镇、吴泾镇的部分用地。2002年5月20日,市规划局下文批准结构规划。紫竹高新区由大学园区、研发基地和紫竹配套区三部分组成。其中大学园区以上海交通大学、华东师范大学为主,通过校企互动合作,充分发挥大学的科研和人才优势。研发基地瞄准世界科技革命中的新兴产业领域和传统产业的新型发展方向,吸引各类研发机构和高科技企业入驻;并大力促进EDA(电子设计自动化)平台、IP(知识产权)平台、设计企业孵化中心、多项目芯片加工服务中心和创业投资中心等技术支撑平台建设。紫竹配套区位于园高新区的东南角,将规划建设大型生态化国际社区。规划的紫竹科学园,依托上海交通大学、华东师范大学等著名高校,建成产、学、研一体化的新型科学园区模式,提升上海的创新能级。

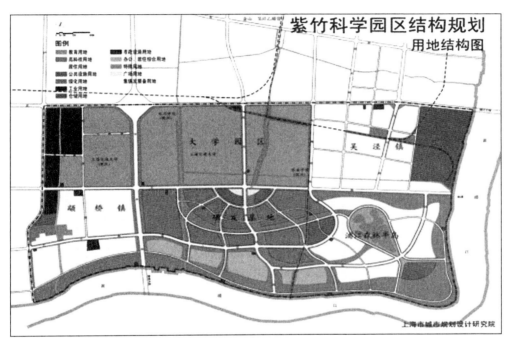

图7-13-1　2002年紫竹科学园区结构规划用地结构图

资料来源:上海紫竹高新技术产业园区提供

　　2004年,园区编制完成《上海集成电路设计产业园(紫竹)规划方案》,并获得市发展改革委和市信息委同意建设的联合批文。2006年,市规划管理部门批准《上海紫竹科学园区研发基地(一期)控制性详细规划》。

　　2007年,园区编制研发基地二期控制性详细规划,二期北起江川东路、南至黄浦江、西至沪金高速、东至紫星路,主要包括研发产业片区和滨江景观绿地,规划科研设计用地约87公顷,绿地约39公顷。地块容积率控制在1.0~1.2,保持一定的弹性。

　　2008年,市规划管理部门下发《上海紫竹科学园区研发基地(一期)控制性详细规划局部调整》的批复,同意对一期控制性详规的调整。闵行区政府下文《闵行区人民政府关于同意上海紫竹科学园区研发基地一期局部及二期控制性详细规划调整批复》,同意对研发基地一期局部及二期控制性详规调整。

　　2010年,园区对研发基地一期控制性详细规划进行优化,根据入驻企业产业发展要求和上海市土地集约节约利用的原则提高部分地块的容积率和建筑限高。

表 7-13-1　2010 年紫竹科学园区控详规划涉及调整地块调整后指标(未批租地块)情况表

地块编号	用地性质	用地面积	容积率	建筑面积(万平方米)	建筑限高(米)	建筑密度(%)	绿地率(%)	停车位(个)	备　注
1-02	C65	4.00	1.5	6.00	24	50	25	600	容积率从 0.3 调整到 1.5,建筑密度从 10% 调整到 50%,建筑高度控制为 24 米,绿地率从 70% 调整为 25%
3-05	C65	2.49	1.5	3.74	24	50	20	374	容积率从 1.0 调整到 1.5
3-06	U12	0.24	—	—	—	—	—	—	35 千伏变电站
3-07	U12	0.16	—	—	—	—	—	—	35 千伏开关站
12-02	C65	3.23	1.5	4.85	30	50	25	485	容积率从 1.2 调整到 1.5,建筑高度从 24 米调整到 30 米
12-03	C65	2.82	1.5	4.23	30	50	25	423	容积率从 1.2 调整到 1.5,建筑密度从 30% 调整到 50%
12-06	C65	0.94	2.0	1.88	30	50	25	188	容积率从 1.0 调整到 2.0,建筑密度从 30% 调整到 50%,建筑高度从 20 米调整到 30 米,绿地率从 30% 调整为 25%
15-01	C65	0.98	2.0	1.96	40	50	25	196	容积率从 0.8 调整到 2.0,建筑高度从 24 米调整到 40 米
15-02	C65	0.30	—	—	—	—	—	—	研发用地内集中绿地
15-03	C65	11.14	2.0	22.28	40	50	25	2 228	容积率从 1.4 调整到 2.0,建筑高度从 24 米调整到 40 米
15-04	U12	0.79	—	—	—	—	—	—	110 千伏变电站
15-05	G1	0.11	—	—	—	—	—	—	公共绿地
15-06	U12	0.49	—	—	—	—	—	—	乙烯管
15-07	G1	0.10	—	—	—	—	—	—	公共绿地
15-08	U12	0.05	—	—	—	—	—	—	10 千伏开关站
17-06	U12	1.02	—	—	—	—	—	—	220 千伏变电站
18-01	S22	0.52	—	—	—	—	—	—	广场
18-02	C65	2.62	2.0	5.24	50	40	30	524	用地性质从商业调整为研发,容积率从 1.5 调整到 2.0,建筑高度从 20 米调整到 50 米

（续表）

地块编号	用地性质	用地面积	容积率	建筑面积（万平方米）	建筑限高（米）	建筑密度（%）	绿地率（%）	停车位（个）	备注
18-03	C65	1.67	2.0	3.34	50	40	30	334	用地性质从商业调整为研发,容积率从1.5调整到2.0,建筑高度从20米调整到50米
18-04	C65	4.35	2.0	8.70	50	40	30	870	用地性质从商业调整为研发,容积率从1.5调整到2.0,建筑高度从20米调整到50米
18-05	C65	3.42	2.0	6.84	50	40	30	684	用地性质从商业调整为研发,容积率从1.5调整到2.0,建筑高度从20米调整到50米
18-06	C65	1.52	2.0	3.04	50	40	30	304	用地性质从商业调整为研发,容积率从1.5调整到2.0,建筑高度从20米调整到50米

资料来源：上海紫竹高新技术产业园区提供

二、开发建设

2002—2010年,园区先后投入拆迁安置补偿费16亿元,动迁居民750户,拆除建筑面积19万平方米,平整土地332公顷。

【基础设施】

交通道路　2002年,园区第一条道路环路开工建设。在2002年土地征用、平整及动拆迁工作的基础上,2003年,研发基地配套工程竣工;完成环路、紫星路、紫月路、紫日路、莲花南路、江川东路、滨江道路的道路建设,总长度达到14 871米。2004年完成广场路、东川路的道路建设,总长度3 385米。2004年1月15日,滨江样板路段建成通车。至2005年,园区已修建作为园区主要景观道路的东川路,以及莲花路、江川路、紫星路、紫月路、紫日路、环路、广场路等道路,新建道路总长度25公里,总面积59万平方米。

2005年1月,第一条公交班车线路正式开通运行。2006年6月,位于江川东路、环路南侧的紫竹公交枢纽站交付使用。是年8月,上沧线(区间)公交线路开通。2008年2月,园区内部循环巴士运行。

至2010年底,园区研发基地一期道路网全部成形。园区内的莲花南路、东川路、江川东路等3条城市次干道贯通,保证了园区内部各个功能板块之间、园区与外部各个功能节点之间的联系。交警部门对莲花路在剑川路以南段、东川路全线实施大型货运交通限制政策,为园区内入驻企业车辆、高校教师生车辆营造安全的交通环境。

给排水、市政管网 2003 年完成环路、紫星路、紫月路、紫日路、莲花南路、江川东路、滨江道路的市政管网建设工作,2004 年完成广场路、东川路的市政管网建设工作。园区在全长 18 公里的道路下,沿线铺设上水、下水、电力、电信、天然气、有线电视等市政管网,保障园区运营的基础条件。

截至 2010 年,园区形成供电能力 45 万千瓦/小时,日供水能力 11 万吨,程控电话装机容量 4万门,日供燃气能力 33 万立方米。2006 年建成天然气中高压调压站 1 座、35 千伏变电站 1 座;2007 年完成 35 千伏配电站 1 座;2008 年完成 10 千伏配电站 3 座。排水、排污埋设地下管道共计50 公里,日污水处理能力 12 万吨,日污水纳管排放量 12 万吨。

园区绿化 2003 年建成 1.1 公里滨江样板段,2004 年继续向东延伸,达到 1.5 公里长、约 200米宽的绿化带种植,完成 4 条河道绿化带的种植,总建成绿化面积 92 万平方米。2004 年,滨江样板路段通车,标志着园区黄浦江沿岸第一段生态绿化带完成基本景观格局。工程包括全长 1 550 米的滨江道路、2 座车行拱桥、4 万平方米滨江河道、8 000 多吨景石、近 15 万平方米面积的绿化地形造坡和主体树种种植等。园区推广上海乡土树种银杏、榉树、朴树、合欢树、香樟、广玉兰等。2009年,已完成约 1 万平方米的屋顶绿化建设,实现园区网络绿化向立体化绿化发展。

河道及防汛工程 2002 年起,园区将防汛和景观相结合,建成防汛两级挡墙,沿黄浦江岸线形成 4 米标高的第一道防线,根据造景需要形成地块内部蜿蜒曲折的 5.4 米标高的第二道防线,以 8米宽的滨江车行道代替常规 6 米的防汛通道。2002—2005 年,园区开挖江川河、樱桃河、广场河、滨江绿带河,总面积 27 万平方米,同时确定景观河道的常水位为 2.8 米,并分别通过淡水河水闸、樱桃河泵闸、人工湖南出口水闸、人工湖东出口水闸和蒋家港泵闸等进行调控,完善园区水系统功能,满足排水和防汛要求。2005 年,5.4 米标准的千年一遇防汛墙体系建成。2007 年,完成 1.4 公里的4 米景观挡墙。

【配套区】

紫竹配套区位于园区东南部,由紫竹半岛国际社区、紫竹酒店、紫竹小镇、紫竹基础教育园区和国际医院等组成。

紫竹半岛国际社区 作为紫竹高新区配套住宅生活区,紫竹半岛国际社区项目占地 3.24 平方公里,住宅建筑面积约 100 万平方米。社区东南两侧拥有近 7 公里长黄浦江滨景观岸线,社区环抱规划的 40 万平方米人工湖——慧湖。2008 年 12 月,一期工程开工建设,包括 6 幢高层和 6 幢多层公寓,共 888 户,建筑面积 9 万平方米,全部为高标准精装修成品住宅,配置中央空调、地暖和厨房家电等。其中,高层公寓以小户型为主,多层公寓则以 170 平方米～300 平方米的大户型为主。紫竹半岛启动建设的一期公寓区位于整个项目的西北角,总建筑面积 28 万平方米,紧邻大学园区、研发基地和东川路生活配套区,属于三区交界的核心位置。规划有高层公寓、多层复式公寓和湖滨高层公寓等产品类型,并设置紫竹半岛 1 号会所和配套服务等设施。2010 年 12 月,一期启动区首批65 平方米～102 平方米精装高层公寓正式面市。

紫竹基础教育园区 紫竹基础教育园区占地 21.3 公顷,包括华东师范大学二附中紫竹校区、华东师范大学二附中附属初中、华东师范大学附属紫竹小学、华东师范大学附属紫竹幼儿园。2010年 4 月 15 日,华东师范大学附属紫竹小学和幼儿园全面开工。

第四节 招商引资

一、企业服务

【园区平台】

2005年初,紫竹集成电路公共技术服务平台一期正式开始建设。2007年,完成紫竹集成电路公共技术服务平台二期建设工作。2008年,EDA(电子设计自动化)平台项目顺利通过二期验收和三期评审。2009年4月,园区启动"千人计划"后共引进6批人才。是年10月,园区被中组部认定为国家实施"千人计划"人才战略"海外高层次人才创新创业基地"。

2010年,上海市闵行高端人才服务中心、闵行区人才服务中心紫竹分中心和上海紫竹人力资源有限公司等3家人才服务机构相继揭牌,提供人才派遣、人事代理、招聘服务、薪酬管理、人才培训、法务服务与咨询。

【紫竹高新区商会】

2009年8月,紫竹高新区商会经闵行区民政局及社团局核准登记,商会旨在促进园区内会员单位的交流与合作,是园区国内外各类研发企业、机构和其他组织组成的社团组织。商会下设税务与财务、信息与技术、行政与后勤支持、人事与社会保障4个分会,编制双语《紫竹商会特刊》。是年,该商会为上海交通大学与华东师范大学提供320个见习、实习岗位,推动园区"产、学、研"紧密结合。

二、招商成果

2002—2010年,园区以集成电路与软件、新能源、航空、数字内容、新材料、生命科学等六大类产业作为主导产业,重点吸引区域总部、研发中心、风险投资公司及高科技研发和高端制造企业入驻。2002年5月22日,上海微创软件有限公司成为园区第一家入驻的中外合资企业。2003年10月8日,纳米技术及应用国家工程研究中心成为园区首个入驻的国家工程研究中心。

2004年1月29日,日本东丽纤维研究所(中国)有限公司签约落户,成为第一家正式入驻园区的世界500强企业。是年,园区还成功引入Intel上海研发中心、力芯半导体、花王研发中心、YAMAHA研发中心、意法半导体研发中心、东丽高分子研究所、美国联合医药、基因科技、E+H、和勤软件、中国网通上海园区等项目。全年共注册内外资项目27个,其中外资项目16个,吸引外资15亿美元,内资30亿元。

此后,园区陆续引进了英特尔(中国)有限公司、微软(中国)有限公司、可口可乐饮料(上海)有限公司、意法半导体(中国)投资有限公司、SANDISK(设计与销售闪存卡产品的美国跨国公司)、博格华纳(中国)投资有限公司、埃克森美孚(中国)有限公司、克莱斯勒亚太投资有限公司、GE(美国通用电气公司)、欧姆龙传感控制研究开发(上海)有限公司、中国商飞发动机有限公司、中国广东核电集团上海研发中心、东软集团(上海)有限公司等30多家国内外知名企业、地区总部和研发中心。至2009年底,园区吸引外资项目81个,累计合同金额11.9亿美元。

2010年,园区引进重大项目如印度印孚瑟斯科技有限公司项目、中航民用航空电子项目、国核自仪系统工程有限公司项目等8个;共引进外资项目15个,吸引注册资本5 603万美元,合同外资5 533万美元,外资到位资金4 878万美元;内资新设项目53个,吸引注册资本13.83亿元。

2010年,上海核电技术产业研发中心、东软集团华东研发中心、中国商飞客户服务中心二期工程、BCD公司新进芯项目二期工程等项目相继开工建设;微软世界级创新与技术服务基地正式启用;博格华纳中国技术中心开业;上海诚美集团生产研发中心落成;与新加坡天合光能签订投资协议书,共同实施民机航电产业化项目合作协议及共建航空电子产业公司。

至2010年底,园区内注册企业404家,其中外资企业92家,内资企业312家(以上内、外资企业数不含已注销或迁移企业)。累计吸引内资注册资本44.15亿元,合同外资14.48亿元美元,外商投资总额28.08亿美元。1 000万美元以上项目20个。其中,欧美企业占28%,日本占14%,东南亚等国家和地区占58%。

在外资企业中,投资性公司4家,地区总部5个,外资研发中心16家。外资投资类公司分别为:意法半导体(中国)投资有限公司、英特尔(中国)有限公司、博格华纳(中国)投资有限公司、克莱斯勒亚太投资有限公司。外资企业地区总部分别为:意法半导体(中国)投资有限公司、英特尔(中国)有限公司、微软(中国)有限公司上海闵行分公司、可口可乐饮料(上海)有限公司、克莱斯勒亚太投资有限公司。外资研发中心分别为:雅马哈发动机研发(上海)有限公司、英特尔亚太研发有限公司、花王(中国)研究开发中心有限公司、意法半导体研发(上海)有限公司、日清(上海)食品安全研究开发有限公司、欧姆龙传感控制研究开发(上海)有限公司、东丽纤维研究所(中国)有限公司上海分公司、电计科技研发(上海)有限公司、晟凯生物科技(上海)有限公司、美创化妆品研究开发(上海)有限公司、上海诚美化妆品研发有限公司、埃克森美孚亚太研发有限公司、博格华纳(中国)研发有限公司、上海国睿生命科技有限公司(组织工程中心)、京滨电子装置研究开发(上海)有限公司、东丽先端材料研究开发(中国)有限公司等。

此外,园区还引进中国商用发动机有限公司、中国航空无线电电子研究所、中国商飞上海飞机客户服务有限公司、中航工业民机航电基地、中国广东核电集团上海研发中心、上海太阳能工程技术研究中心、上海市清洁能源促进中心、上海电气风电设备有限公司、上海电气工程设计院等一批国家和省(市)级重大项目,这些项目承担着大飞机、ARJ21支线飞机,以及核能、太阳能、风能等新能源,洁净煤、IGCC(整体煤气化联合循环发电系统)等国家战略性产业关键技术、关键部件的研制任务。

表7-13-2 2002—2010年上海紫竹科学园区招商引资情况表

年 份	企业数(户)	投资总额(亿美元)	注册资金(亿美元)	合同外资(亿美元)	到位外资(亿美元)	合同内资(亿元)	到位内资(亿元)
2002年	4	0.09	0.05	0.03	0.03	0.52	0.52
2003年	23	1.14	0.44	0.44	0.44	1.81	1.81
2004年	25	0.68	0.44	0.42	0.42	0.76	0.76
2005年	26	11.91	4.82	4.6	4.6	0.53	0.53
2006年	80	4.79	3.59	3.41	1.1	13.06	13.06
2007年	69	1.82	1.22	0.95	1.35	4.54	4.02

（续表）

年　份	企业数 （户）	投资总额 （亿美元）	注册资金 （亿美元）	合同外资 （亿美元）	到位外资 （亿美元）	合同内资 （亿元）	到位内资 （亿元）
2008 年	62	5.3	2.98	2.84	2.02	9.77	9.53
2009 年	53	1.31	1.28	1.24	0.21	5.91	4.5
2010 年	63	1.04	0.56	0.55	0.49	7.4	6.39
合　计	405	28.08	15.38	14.48	10.66	44.3	41.12

数据来源：上海紫竹高新技术产业园区统计数据系统

表 7-13-3　至 2010 年上海紫竹科学园区世界 500 强企业一览表　　　单位：万美元

企　业	国家	主　要　产　品	投资总额	所在集团
上海微创软件股份有限公司	美国	软件研发,提供相关产品支持	1 466	微软
英特尔(中国)有限公司	美国	计算机软件、元件其他相关产业进行投资,提供相关产品技术支持	16 372	英特尔
英特尔亚太研发有限公司	美国	研究开发高科技信息和通信领域相关产品	3 000	英特尔
上海美斯恩网络通讯技术有限公司	美国	网上信息和数据库检索	2 000	微软
可口可乐饮料(上海)有限公司	美国	配制、生产饮料主剂、浓缩液	8 050	可口可乐
雅马哈发动机研发(上海)有限公司	日本	研究、开发摩托车等交通设备	1 085	雅马哈
上海雅马哈建设摩托车销售有限公司	日本	销售雅马哈产品	800	雅马哈
雅马哈发动机商贸(上海)有限公司	日本	进出口及批发雅马哈发动机的商品	740	雅马哈
可口可乐企业管理(上海)有限公司	美国	提供投资经营决策、市场营销服务,财务管理服务、技术支持、信息服务及员工培训服务	9 550	可口可乐
博格华纳(中国)投资有限公司	美国	提供售后服务、技术支持、员工培训、企业内部人事管理、咨询等服务;从事汽车零部件及配件	9 000	博格华纳
博格华纳(中国)研发有限公司	美国	从事汽车零部件及其相关产品的研究和开发、技术转让、许可、服务和咨询	3 600	博格华纳
埃克森美孚亚太研发有限公司	美国	从事聚合物及其相关产品的研究和开发;生产技术、产品应用和质量测试方法的改进;技术服务和技术咨询	9 000	埃克森美孚
克莱斯勒亚太投资有限公司	美国	从事新产品及高新技术的研究开发,转让成果,汽车零部件、配件、辅料、设备、工具和相关礼品的进出口、批发、佣金代理等	3 000	克莱斯勒

资料来源：上海紫竹高新技术产业园区统计数据系统

第五节　产　业　发　展

一、经济规模

　　园区自成立以来,各项经济指标增长迅速。2005 年,税收收入 1.71 亿元;营业收入 20.46 亿元。2010 年,总产值 108.57 亿元,利润 30.45 亿元,税收收入 23.97 亿元,全年完成固定资产投资 23.63 亿元。

表 7 - 13 - 4　2005—2010 年上海紫竹科学园区主要经济指标表

年　　份	总产值 (亿元)	总利润 (亿元)	税收收入 (亿元)	固定资产 投资(亿元)	销售总额 (亿元)	从业人员 (万人)
2005 年	0.41	0.87	1.71	18.25	20.46	0.47
2006 年	1.18	1.53	2.99	19.14	35.78	0.50
2007 年	3.33	2.16	4.23	19.55	50.62	0.56
2008 年	22.28	8.35	8.71	19.95	73.48	0.66
2009 年	96.50	16.92	16.54	24.41	172.40	1.04
2010 年	108.57	30.45	23.97	23.63	216.53	1.23

说明:从业人员数不含上海交通大学、华东师范大学
数据来源:上海紫竹高新技术产业园区统计数据系统

表 7 - 13 - 5　2007—2010 年上海紫竹科学园区分类经济指标表

指　　标	类　　别	2007 年	2008 年	2009 年	2010 年
营业收入 (亿元)	技术类	27.49	36.35	68.89	80.45
	工业类	3.32	9.71	80.34	104.92
	贸易类	19.81	27.42	23.16	31.16
利润总额 (亿元)	技术类	1.63	6.68	2.99	23.67
	工业类	0.11	0.46	12.74	5.74
	贸易类	0.42	1.21	1.19	1.04
从业人员 (万人)	技术类	0.38	0.41	0.67	0.82
	工业类	0.14	0.20	0.32	0.36
	贸易类	0.04	0.05	0.05	0.05

数据来源:上海紫竹高新技术产业园区统计数据系统

二、产业基地

【紫竹信息数码港】

　　2003 年 5 月 28 日,紫竹信息数码港土建工程启动。2004 年 6 月 26 日,紫竹数码港启用,7 幢建筑面积共计 12 万平方米的现代化楼宇为园区标志性建筑。随即 44 个企业(项目)相继落户并开工建设。至 2010 年底,园区地块项目入驻竣工企业 31 户、在建企业 5 户、待建企业 2 户,建设总占地 132 万平方米,总建设面积 114.59 万平方米。

表 7‐13‐6　至 2010 年紫竹信息数码港引进企业一览表　　　　　单位：平方米

企业(楼宇)名称	用地面积	总建筑面积	土地批租年份	开工时间	竣工时间
上海紫竹信息数码港有限公司	91 315	113 310	2004 年	2003 年 2 月	2004 年 6 月
中软国际资源信息技术(上海)有限公司	33 350	30 348.1	2004 年	2004 年 9 月	2005 年 10 月建成一期
东丽纤维研究(中国)有限公司	16 854.4	13 751.49	2004 年 2005 年	2004 年 9 月	2005 年 6 月建成一期 2007 年 12 月建成二期
上海中科侨昌作物保护科技有限公司	15 858	18 463.72	2004 年	2004 年 11 月	2005 年 6 月建成一期,三期在建
英特尔(中国)有限公司——中国区总部、英特尔亚太研发有限公司	57 454.53	56 181.9	2004 年	2004 年 11 月	2005 年 12 月建成一期 2008 年建成二期
上海恩德斯豪斯自动化设备有限公司	23 369	15 263	2004 年	2004 年 12 月	2005 年 8 月建成一期 2010 年 7 月建成二期
花王(中国)研究开发中心有限公司	5 000	4 090.6	2005 年	2005 年 6 月	2006 年 1 月
SMC(中国)有限公司上海分公司	18 140	16 277	2005 年	2005 年 6 月	2006 年 7 月
雅马哈发动机研发(上海)有限公司	16 359.6	13 782	2005 年	2005 年 8 月	2006 年 3 月
申联生物医药(上海)有限公司	21 497	26 188.4	2004 年	2005 年 10 月	2006 年 7 月建成一期
日清(上海)食品安全研究开发有限公司	3 500	2 451	2005 年	2005 年 12 月	2006 年 10 月
上海吉尔多肽有限公司	8 779.88	8 568.19	2004 年	2005 年 12 月	2006 年 10 月
上海新进芯微电子有限公司	69 805	50 912.85	2006 年	2006 年 1 月	2008 年 1 月建成一期
国家动物医学研究中心	39 422	32 854	非批租	2006 年 1 月	2008 年 4 月
上海微创软件股份有限公司	15 000	17 940	2005 年	2006 年 3 月	2007 年 2 月
意法半导体(中国)投资有限公司——中国区总部	31 323	31 323	2006 年	2006 年 7 月	2008 年 1 月
欧姆龙传感控制研究开发(上海)有限公司	20 000	14 050	2005 年	2006 年 8 月	2007 年 6 月
中国商飞上海飞机客户服务有限公司	125 952	134 997	2005 年	2006 年 8 月	2007 年 9 月建成一期,二期在建
组织工程国家工程研究中心	24 602	20 000	2005 年	2006 年 9 月	2007 年 10 月

（续表）

企业(楼宇)名称	用地面积	总建筑面积	土地批租年份	开工时间	竣工时间
晟碟半导体(上海)有限公司	60 698.2	72 343.94	2006 年	2006 年 12 月	2007 年 7 月建成一期,二期在建
日本电计科技研发(上海)有限公司	4 670	4 680	2006 年	2007 年 2 月	2007 年 10 月
纳米技术及应用国家工程研究中心	28 000	23 260.47	2006 年	2007 年 3 月	2008 年 1 月
新华自动化科技发展(上海)有限公司	36 937	46 885	2006 年	2007 年 8 月	2009 年 3 月
上海太阳能工程技术研究中心	26 700	28 732	2007 年	2007 年 9 月	2009 年 2 月
可口可乐	123 468	83 511	2006 年	2007 年 10 月	2008 年 12 月
微软中国上海科技园区	96 033	172 258	2006 年	2007 年 10 月	2009 年 5 月建成一期
博格华纳(中国)投资有限公司及研发有限公司	42 546.5	26 884	2008 年	2008 年 11 月	2010 年 1 月
京滨电子装置研究开发(上海)有限公司	7 000	7 000	2008 年	2008 年 6 月	2009 年 1 月
基因科技(上海)有限公司	15 250	18 314	2004 年	2008 年 8 月	在建
上海诚美化妆品研发有限公司	5 606	6 810	2008 年	2008 年底	2010 年 1 月
中国航空无线电电子研究所	68 825	103 350.35	2006 年	2009 年 2 月	在建
埃克森美孚亚太研发有限公司	26 672	29 217	2008 年	2009 年 3 月	2010 年 8 月
上海中广核工程科技有限公司	64 824	110 102	2008 年	2009 年中	计划 2012 年底
东软集团(上海)有限公司	56 617.3	74 812	2008 年	2009 年 12 月	计划 2012 年 4 月

　　说明:可口可乐包含可口可乐(中国)投资有限公司中国区总部、可口可乐饮料(上海)有限公司、可口可乐企业管理(上海)有限公司、可口可乐全球样品实验中心
　　数据来源:上海紫竹高新技术产业园区统计资料汇总

【中国(上海)网络视听产业基地】

　　上海作为最早开展"三网融合"试点探索的城市,交互式网络电视(IPTV)、手机电视、网络广播等为代表的网络视听产业的发展一直走在全国前列。2010 年 2 月 21 日,国家广电总局为加快推进中国网络视听产业发展,正式批准上海市文化广播局与上海紫竹科学园区共同建设"中国(上海)网络视听产业基地",该基地成为国内首个国家级网络视听产业基地。12 月 22 日,中国(上海)网络视听产业基地举行成立揭牌仪式。

　　2010 年 4 月,园区设立上海紫竹数字创意港有限公司,先期投资 2 亿元,负责基地投资建设、项目引进与服务、建成后日常运营管理等。11 月 26 日,上海紫竹数字"创意港"动工建设。紫竹数字"创意港"规划占地 14.67 公顷,总建筑面积约 40 万平方米,规划形成一条涵盖内容制作、内容传播、技术研发、产品创意、基础电信服务等功能,具有示范效应的文化创意产业链。

三、重点企业

【英特尔亚太研发有限公司】

公司是 2004 年 8 月 30 日在上海紫竹国家高新区紫星路 880 号注册成立的外商独资企业,注册资本为 1 800 万美元。英特尔亚太研发有限公司经营范围包括:在高科技信息和通信领域内(包括电子商务技术解决方案)的研究开发、中试、研发成果的转让和许可,为英特尔产品(包括母公司和关联公司)提供安装、测试、维护、咨询、技术解决方案等技术服务。英特尔亚太研发有限公司在基础软件、云计算、虚拟化、大数据、深度学习、视频等领域拥有世界级工程研发能力。在保证高生产率、各团队高效紧密协同合作的基础上,英特尔亚太研发有限公司多次、多团队荣获英特尔最高奖,并拥有多个技术研发卓越中心。立足中国,放眼世界。英特尔亚太研发有限公司继续将数据中心、客户端平台、物联网、核心和视觉计算、集成平台方案、存储、软件及服务等领域作为主要研究方向,以强大的执行力为基础,通过创新引领和构建广泛的市场和生态系统,立足中国,打造英特尔世界级的工程创新中心。

【上海电气风电集团有限公司】

公司 2006 年成立,注册资本 34 亿元。公司以"客户需求为中心",打造"全球领先的风电全生命周期服务商",以"致力于创造有未来的能源"为使命,已成为全球领先的风电全生命周期服务商。提供包括风资源评估、风资源开发、设备选型、EPC 总包、风场运维等定制化解决方案,为客户创造更大价值。公司十分重视自主研发能力,已在上海、北京、杭州、丹麦设立研发中心,汇聚国内外顶尖科技人才,致力于行业精尖技术攻坚;引入 IPD 产品开发理念,打造市场导向的产品研发体系。上海电气正以"海上第一、陆上前三"为战略目标,大力推动由装备制造商向解决方案服务商转变、本土化向国际化转变、跟随者向行业引领者转变。

【上海飞机客户服务有限公司】

2008 年 10 月 7 日,公司挂牌成立,注册资本为 11.8 亿元,由中国商用飞机有限责任公司(简称中国商飞公司)出资组建。公司作为中国商飞公司的客户服务中心,承担大型客机和新支线客机国内外客户服务的科学研究、技术研究和全寿命客户服务工作。主要从事民用飞机飞行、机务、乘务和签派等有关方面的训练;航材和设备的进出口、销售、租赁、维修以及仓储;航空运输服务的技术开发、技术咨询和工程技术服务;承接民用飞机维修零部件的加工生产业务;技术出版物的编制、交付与全寿命服务;民用飞机维修修理和改装工程;民用航空运输范围内的技术和劳务合作以及其他相关业务。公司的总体发展思路是:实现一个目标:建立国际一流航空客户服务体系,创建国际一流航空客户服务企业。开拓两个市场:建立全球客户服务网络,满足中国民机国内国外两个市场的服务需求。跨越三个阶段,实施四项支撑,建设六种能力。建立国际一流航空客户服务体系,创建国际一流航空客户服务企业。

【东软集团(上海)有限公司】

2008 年,东软集团在闵行紫竹园区建设东软新研发中心大楼。公司是东软集团在华东地区设立的全资子公司,注册资金 2 亿元。东软集团(上海)有限公司作为东软集团在华东地区的区域总部,先后在上海、杭州、南京、合肥等地设立了企业、政府、金融、教育等多个业务线的研发、营销管理与服务支持中心。在社保行业,东软集团占有 50% 以上的市场,拥有安徽金保,杭州金保等省级重点工程;在电信行业,东软集团拥有安徽联通、上海联通、江苏联通、浙江联通等客户;在金融行业,东软集团拥有上海证券交易所、浦发银行、兴业银行、安徽农业银行、华安基金等客户。此外,在电力、教育、医疗卫生等领域,东软集团均取得了市场前三名的业绩;在服务领域,东软集团提供包括 IT 咨询服务、第三方 ERP 咨询与实施、供应链优化咨询服务、业务流程外包(BPO)、IT 教育与培训、人力资源发展战略服务、财务管理与控制咨询服务等服务业务。东软集团已成为华东区域政府和企业提供服务的最为重要的供应商之一。

【可口可乐饮料(上海)有限公司】

2009 年,可口可乐全球创新与技术中心在上海紫竹科学园区成立,这是可口可乐全球第二大研发创新中心。重返中国后,可口可乐已累计在华投资超过 130 亿美元。可口可乐系统在华有共 45 家工厂,系统员工约 45 000 人,其中 99% 为本地员工。研究数据表明,可口可乐通过产业链倍乘效应在中国创造近 45 万个就业机会。

可口可乐在中国高度本土化,公司的生产原料超过 98% 都是在中国采购,真正实现了中国原料采购、中国生产、中国销售。可口可乐以先进的管理技术带动了中国饮料行业,以及原材料、包装、物流、仓储等众多相关行业的技术革新和产业发展。可口可乐的营销和品牌价值等运营理念,成为很多本土饮料企业的实操指南。可口可乐是唯一全方位赞助在中国举办的奥运会、残奥会、特奥会、世博会、大运会及青奥会的企业。

第六节　创新与创业服务

2003 年 9 月 17 日,上海紫竹科学园区发展有限公司与闵行资产投资经营公司,共同投资 7 000 万元成立上海紫竹创业投资有限公司,主要投资于注册在园区内的高新技术企业,并致力于小型企业的孵化和培养,为大学生创业提供优良的创业环境、科学的规范管理和高效的系统服务。2006 年 5 月建立“紫竹大学生/教师创业中心”,为创业者提供 2 万平方米的办公场地。2008 年 4 月成立“YBC(中国青年创业国际计划)紫竹办公室”。2008 年 6 月,上海瑞一生物医药有限公司成为在创业中心第一家毕业的企业。2009 年 10 月,园区被认定为国家实施“千人计划”人才战略“海外高层次人才创新创业基地”。11 月,上海紫竹创业投资有限公司经上海科技企业孵化器协会和上海市科创中心认定为“上海市科技企业孵化器”。2010 年,创业中心在孵企业专利受理 23 项、授权 5 项,软件著作权授权 14 项。

至 2010 年底,创业中心共有市高新技术企业 1 家,双软认证(软件产品评估和软件企业评估)企业 6 家,知识产权试点企业 6 家。在孵企业专利累计受理量 46 项、累计授权 17 项,软件著作权累计授权 41 项,累计孵化企业 55 家(其中在孵企业 30 家、清退企业 13 家、毕业期满企业 12 家),在孵企业带动就业 350 人,累计带动就业人数超过 550 人。

表 7 - 13 - 7　2007—2010 年上海紫竹科学园区企业科技情况表 单位:个

年　　份	科研项目开发数	专利申请数	专利授权数
2007 年	275	87	55
2008 年	239	112	54

（续表）

年　　份	科研项目开发数	专利申请数	专利授权数
2009 年	645	102	76
2010 年	550	169	157
合　计	1 709	470	342

说明：不含上海交通大学、华东师范大学

数据来源：上海紫竹高新技术产业园区统计数据系统

第十四章　上海南汇工业园区

1994年7月14日,南汇县政府召开专题会议,为培植县级经济发展新的增长点,决定利用县城综合配套能力较强的优势,在惠南镇西南侧兴建一个以工业为主体的综合开发区,定名为"上海浦东南沙工业园区"。11月3日,经南汇县政府批准更名为"上海南汇工业园区"属县级开发区。在园区开发建设过程中,南汇工业园区管委会与上海南汇工业园区投资发展有限公司实行"一套班子,两块牌子"运行模式,南汇工业园区管委会作为县政府的派出机构,负责南汇工业园区的行政管理;上海南汇工业园区投资发展有限公司作为该区域的开发公司,负责南汇工业园区的投资经营和开发建设。

南汇工业园区位于县城城郊,东临惠南镇,西邻宣桥镇,南联大团镇和新场镇。1994年9月,园区初始规划面积8.5平方公里,规划区域内的惠南乡汇南村、城南村、陶桥村和徐庙村成建制划归南汇工业园区管委会领导和管理。园区主导产业定位为装备制造、光电子。南汇工业园区距离市中心45公里,距离浦东国际机场8公里,距离上海洋山国际深水港22公里。沪芦高速公路及上海最大的人工河大治河贯穿园区,区内及周边高等级公路纵横交错,上海公路干道沪南公路和南六公路在区内交汇,轨道交通在园区周边设有站点,地理位置优越,水、陆、空交通便捷。

1996年,南汇工业园区的投资环境和投资政策引来众多中外投资者,美国、菲律宾等国的企业纷纷落户园区,项目总投资6 604万美元。1999年,南汇工业园区在国内经济发展放缓的形势下不断调整招商策略加大招商力度,引进注册企业308家,全年实现工业总产值3.3亿元,超过南汇全县平均增幅的19.2个百分点,新增税收2 917万元。

"十五"期间,南汇工业园区确立以发展先进制造业为主的产业发展方针。至2004年底,园区引入一批制造业企业,基本形成以二产为主,三产为辅的经济结构,初步形成汽车零部件、船舶制造业、精密电子三大主导产业体系。

2006年3月,经市政府批准南汇工业园区升格为市级工业开发区。5月31日,经国家发展和改革委员会第六批审核认定,上海南汇工业园区为省(直辖市)级开发区,并将"南汇工业园区"正式命名为"上海南汇工业园区",规划面积8.2平方公里,主要产业为装备制造、光电子。当年完成工业总产值34.41亿元,工业销售收入34.31亿元,第三产业营业收入32.49亿元。"十一五"期间,南汇工业园区主导产业开始从二产向三产转移,并且大力发展光电子等新能源产业。园区建设逐步向"产城融合"方向发展,一方面完善主导产业链、发展生产性服务业,另一方面健全园区环境配套设施。

2008年6月,经南汇区政府批准,南汇工业园区规划面积扩展为28平方公里,以大治河为界分为南区和北区,其中北区约13平方公里(104区块范围),南区约15平方公里,包括南汇工业园区二期基地与南汇区政府撤销大团工业区后划入部分。2008年起,园区主导产业转向光电子光伏产业,机械、电子信息配套业,装备制造业和生产性服务业。为此,园区引进了恩捷新材料科技、中航国际物流等一批技术资本密集的优质项目。在行业分布上,光伏产业增长较快,占到园区总量的14.2%;汽车零配件制造业占到园区总量的20.5%;船舶零部件制造业占到园区总量的9.0%。

2009年5月,浦东新区和南汇区两区合并,南汇工业园区管委会撤销,上海南汇工业园区投资发展有限公司作为区直属公司,主要职能转向投资经营和开发建设。同年,南汇工业园区成为上海市首批 19 家生产性服务业功能区之一。

2010 年 1 月,根据浦东新区"7＋1"生产力布局,南汇工业园区纳入金桥经济技术开发区板块,成为浦东发展先进制造业组团的重要组成部分。2010 年,南汇工业园区规模以上工业总产值超过 90 亿元。同年 5 月,南汇工业园区被评为上海市企业文化建设示范基地;9 月,被评为"上海市企业服务优秀园区";12 月,被认定为第三批上海市知识产权试点园区。经过 15 年的发展,南汇工业园区为上海先进制造业的发展作出了积极贡献。

第一节　管理机制

上海南汇工业园区实行园区管委会与上海南汇工业园区投资发展有限公司合二为一(两块牌子,一套班子)的管理体制。上海南汇工业园区管理委员会是代表南汇区政府对园区开发建设进行全面管理的机构。上海南汇工业园区投资发展有限公司负责工业园区的招商引资、市政建设、房地产开发、物业管理等业务。上海南汇工业园区管理委员会和上海南汇工业园区投资发展有限公司下设综合管理、招商、企业服务、规划建设、财务结算、社区管理、财源管理和拆迁安置管理等部门。

一、管理机构

上海南汇工业园区管理委员会的前身是上海浦东南沙工业园区管理委员会。1994 年 7 月 14 日,南汇县政府成立了由 7 人组成的上海浦东南沙工业园区管理委员会,为县政府的派出机构,实施对南沙工业园区的行政管理。其主要职能是根据南汇县总体发展规划,编制、实施、管理南沙工业园区的规划;审批区内各类项目;提供行政服务实施行政管理和监督。管理委员会由 1 位主任和 6 位成员组成。为有利于园区开发,同时将该区域内惠南乡的汇南村、城南村、陶桥村、徐庙村划归南沙工业园区管委会领导和管理。8 月 19 日,上海浦东南沙工业园区管理委员会正式挂牌办公,办公地址在惠南镇城南路 121 号,下设综合管理部、社区工作部、项目开发部、规划建设部、财务统计部 5 个工作部门。11 月 3 日,上海浦东南沙工业园区更名为上海南汇工业园区,上海浦东南沙工业园区管理委员会也相应更名为上海南汇工业园区管理委员会。

1995 年 3 月 23 日,为加强对南汇工业园区建设开发的领导,南汇县政府决定设立上海南汇工业园区领导小组。领导小组由组长、副组长等 16 名成员组成。4 月 2 日,南汇工业园区管委会下设综合管理部、社区工作部、项目开发部、经营管理部、规划建设部、财务统计部,并设立隶属于项目开发部的上海南汇昔阳技术经济开发办公室和园区驻沪招商办。5 月 5 日,县政府同意南汇工业园区管委会具有区内项目、规划、选址等一站式审批权。

随着南汇工业园区开发建设的推进和园区管理事务的细化,南汇工业园区管委会机构设置逐年增加。2005 年,经调整管委会设有 9 个一级内设机构:招商中心、企业服务中心、规划建设服务中心、财务结算中心、社区管理中心、党政办公室、财源管理办公室、拆迁安置办公室、大团工业区接收工作小组;设有 3 个隶属于相关部门的二级机构:园区置业管理办公室、园区信访办公室、园区法务办公室;设有 5 个子公司:富成私营经济区投资发展有限公司、南园物业管理有限公司、南沙保洁服务有限公司、南沙广告有限公司、南汇工业园区拆房有限公司。

2006 年,管委会增设了南汇工业园区突发公共事件应急管理领导小组及办公室、南汇工业园区安全生产委员会,并下设办公室、投资服务中心。2009年,管委会又增设了园区产业发展中心,同时撤销社区服务中心。同年5月,浦东新区和南汇两区合并,上海南汇工业园区管委会撤销。南汇工业园区以上海南汇工业园区投资发展有限公司运作,持续15年之久的"政企合一"的开发区运作体制宣告结束。

二、开发主体

1994年8月28日,上海南汇工业园区投资发展有限公司成立,负责南汇工业园区范围内的土地开发和投资建设。在南汇工业园区开发建设过程中,上海南汇工业园区投资发展有限公司与南汇工业园区管委会实行"一套班子,两块牌子"模式,公司与管委会的部门统一设置。上海南汇工业园区投资发展有限公司成立初期设立了综合管理部、社区工作部、项目开发部、规划建设部、财务统计部5个工作部门。2009年5月,为进一步扩大浦东综合改革影响力,促进上海国际金融中心和国际航运中心建设,经国务院批准南汇区行政区域并入浦东新区。2010年1月,根据浦东新区"7+1"生产力布局,南汇工业园区纳入金桥经济技术开发区板块。为加大招商力度,南汇工业园区抓住生产力战略布局调整的机遇,联手金桥管委会的招商团队,成立招商一中心,在部门设置中将公司招商服务中心更名为招商二中心。2010年,经调整上海南汇工业园区投资发展有限公司部门有:党政办公室、经济管理部、动迁安置办公室、招商二中心、投资服务中心、企业服务中心、规划建设服务中心、产业发展研究部。

表 7‐14‐1　1994—2010 年南汇工业园区主要领导任职情况表

管委会主任		公司董事长兼总经理	
姓　名	任　职　时　间	姓　名	任　职　时　间
毛国林	1994年7月—1996年5月	毛国林	1994年—1995年3月
倪耀明	1996年5月—2001年12月	张国平	1995年3月—2008年6月
张国平	2002年—2008年6月	奚志忠	2008年6月—
奚志忠	2008年6月—2010年2月		

资料来源:上海南汇工业园区提供

【主要股东】

上海南汇工业园区投资发展有限公司1994年8月成立时,股东为14家国有公司:上海南汇物资总公司、上海万联企业总公司、南汇纺织服装工业公司、上海惠康汽车旅游出租公司、上海中汇投资发展总公司、南汇对外贸易公司、南汇通讯实业公司、上海惠康新墙体实业公司、南汇新城建筑装潢材料经营部、上海益流实业总公司、上海南汇城乡建设开发投资总公司、上海康达房地产实业总公司、上海市南汇区房地产开发经营总公司、上海南汇建筑总公司,注册资金2950万元。

1997年7月,上海南汇工业园区投资发展有限公司进行工商变更,股东根据实际出资情况调整注册资本,减少未实际出资股东3家(南汇纺织服装工业公司、上海惠康汽车旅游出租公司、上海中汇投资发展总公司)及已转出实际出资股份股东1家(上海万联企业总公司),新增股东3家(南汇县财政局、上海南田实业公司、上海南汇液化气公司)。股东之一的上海南汇城乡建设开发投资总公司新增股本2550万元。变更后,上海南汇工业园区投资发展有限公司注册资金5000万元,实际出资1 650万元,股东13家。

2000年9月,南汇对外贸易公司100万元股权转让给上海东圣建筑工程(集团)有限公司,上海南汇自来水公司新增股本5 000万元,新增股东1家(上海南园宾馆有限公司)。变更后,公司注册资金1.2亿元,实际出资1 650万元,股东14家。

2005年10月,上海南汇工业园区投资发展有限公司股权再次进行重大调整,将未分配利润对股东按实际出资比例1∶1转赠股本1 650万元及增资。变更后,公司注册资金5.2亿元,实际出资2.33亿元,股东11家。2007年4月,上海南汇资产投资经营有限公司新增股本3亿元,上海南汇工业园区投资发展有限公司注册资金变更为8.2亿元。2008年11月,上海南汇资产投资经营有限公司新增股本1亿元,上海南汇工业园区投资发展有限公司注册资金变更为10.2亿元。2009年5月,上海南汇资产投资经营有限公司新增股本2亿元,上海南汇工业园区投资发展有限公司注册资金变更为12.2亿元。

表7-14-2　2010年南汇工业园区投资发展有限公司股东名录表

股　东　单　位	出资金额(万元)	注册资金所占比例(%)
南汇新城建筑装潢材料经营部	400	0.33
上海益流实业总公司	400	0.33
上海南汇城乡建设开发投资总公司	3 550	2.91
上海康达房地产实业总公司	400	0.33
上海市南汇房地产开发经营有限公司	100	0.08
上海南汇建筑工程有限公司	200	0.16
上海南汇自来水公司	5 100	4.18
上海东圣建筑工程(集团)有限公司	200	0.16
上海彪炳置业有限公司	100	0.08
上海南汇资产投资经营有限公司	101 350	83.08
上海远东围垦造地有限公司	10 200	8.36

资料来源:上海南汇工业园区提供

【子公司】

上海南汇工业园区投资发展有限公司成立后,控股上海南园宾馆有限公司,并开始组建子公司。1995年6月,成立上海富城私营经济区投资发展有限公司,经营范围为从事私营经济区开发建设和物业管理、建筑材料、有色黑色金属、钢材等批发销售。

1996—2005年,上海南汇工业园区投资发展有限公司先后投资参股成立16家子公司:1996年成立上海南汇排水有限公司,1997年先后成立上海养益食品工业有限公司、上海桃城度假村有限公司和上海南汇工业园区拆房有限公司,1998年先后成立上海南园物业发展有限公司和上海爱凌置业有限公司,1999年先后成立上海鸿瓯投资咨询有限公司、上海南沙保洁服务有限公司和上海东方鞍马文化乐园有限公司,2000年先后成立上海创园投资发展有限公司和上海南汇现代农业园区有限公司,2001年先后成立上海同济南汇科技产业园有限公司和上海两港投资发展有限公司,2002年成立上海南沙广告有限公司,2003年成立上海南沙投资管理有限公司,2004年成立上海南汇科技创业有限公司,2007 年成立上海两港投资管理有限公司。至 2010 年,上海南汇工业园区投资发展有限公司共设有 19 家子公司,其中控股公司 10 家,负责工业园区各方面的开发工作。

表 7 - 14 - 3   2010 年南汇工业园区投资发展有限公司主要子公司情况一览表   单位:万元

序号	名　称	主　要　业　务	成 立 时 间	注册资本
1	上海富成私营经济区投资发展有限公司	私营经济区开发建设和物业管理等	1995 年 6 月 1 日	114
2	上海南汇工业园区拆房有限公司	旧房拆除及旧料经营、建筑装潢等	1997 年 7 月 23 日	60
3	上海南园物业发展有限公司	物业管理、房地产信息咨询服务等	1998 年 1 月 23 日	64
4	上海鸿瓯投资咨询有限公司	投资项目咨询、管理、服务等	1999 年 5 月 11 日	20
5	上海南沙保洁服务有限公司	保洁服务、绿化养护、排水管道养护维修、市政养护服务等	1999 年 6 月 8 日	300
6	上海创园投资发展有限公司	房地产投资,工业厂房开发、经营,物业管理等	2000 年 10 月 20 日	1 200
7	上海两港投资发展有限公司	土地开发及建设,房地产开发经营,物业管理等	2001 年 6 月 4 日	30 000
8	上海南沙广告有限公司	各类广告的设计、制作、发布、代理等	2002 年 2 月 10 日	25.5
9	上海南沙投资管理有限公司	土地建设开发,项目投资管理及咨询等	2003 年 7 月 14 日	2 000
10	上海两港投资管理有限公司	投资管理、投资咨询、商务咨询、资产管理等	2007 年 4 月 25 日	50

资料来源:上海南汇工业园区提供

第二节　规 划 与 建 设

一、园区规划

【南沙工业园区规划】

1994 年 8 月,中共南汇县委、县政府制定的《南沙工业园区规划》,在南沙工业园区规划建设 17 条主干道和次干道,总长度 49.05 公里;建 3 座 35 千伏变电站。

【上海南汇工业园区总体结构规划】

1994 年 9 月 18 日,南汇工业园区在南汇县建设局的配合下,根据南汇县中心城区总体规划,对工业园区区域的功能定位进行布局,制定《上海南汇工业园区总体结构规划》,并报南汇县政府批准。规划拟定工业园区四至范围为:东至听潮路,西至宣桥乡利民村瞿家宅,南至惠南乡界和,北至卫星港。规划用地 9.61 平方公里,以工业用地为主,兼顾道路、共建、仓库、居住、绿化等用地。

【南汇工业园区产业发展规划】

2003 年 12 月,园区管委会委托上海上咨市场咨询有限公司制定《南汇工业园区产业发展规划》。规划将南汇工业园区总体定位为:建设成为面向现代制造业,以 IT 配套与装备配套产业为核心,以都市型工业和生产性服务业为基础,集先进制造、现代物流、教育培训、研发服务为一体的产业基地。将南汇打造成都市型工业基地、私营经济发展基地、港城物流的中转基地,与临港新城产业配套区一起构筑面向国际的现代装备工业走廊。南汇工业园区开发建设采用一次规划,分步实施的模式。园区开发建设分为两个阶段进行。

第一阶段(2004—2007 年) 重点发展劳动密集型都市型工业,功能定位于为惠南新城城市化提供就业岗位与产业支撑。充分利用现有基础,完善工业园区投资环境,加快形成产业基地。

第二阶段(2008—2010 年) 重点发展技术密集型的先进制造业与生产性服务业,功能定位于南汇 1+9 工业区的带头羊,南汇工业经济的增长点。在已有基础上主动接轨配套,错位竞争;选择不同产业,引进规模企业入驻。

【南汇区区域总体规划纲要】

2006 年,制定并批准的《南汇区区域总体规划纲要(2005—2020)》,确定南汇工业园区为全市 5 个区级工业区之一,规划用地约 2 800 公顷。同年,国家实行宏观调控。在上海市开发区清理整顿中,南汇工业园区由于符合规划要求,并已形成一定经济规模和产业集聚优势,经国家发展和改革委员会审核认定,属于保留的工业开发区,规划面积 820 公顷。市政府发文批准南汇工业园区为市级开发区,规划四至范围为:北起沪南公路,南至大治河 500 米处,西起六奉公路,东至听潮路、西乐路及园中路。

【南汇工业园区总体结构及控制性详细规划】

为将南汇工业园区建设成为功能布局合理、市政道路设施完善、资源配置合理、生态环境优美的规模化、个性化、集群化的市级生态工业园区。2008 年 6 月,根据《南汇区区域总体规划实施方案(2007—2020)》要求,上海南汇工业园区投资发展有限公司委托上海市城市规划设计研究院编制了《南汇工业园区总体结构及控制性详细规划》,经南汇区政府批复同意,规划面积为 2 800 公顷,四至范围为:西起 A2 公路,北抵卫星港,东至西乐路,南达区界和东大公路。规划南汇工业园区布局结构为"两片、一轴、三中心、十四组团",其中十四组团又细分为九个工业及物流组团、两个居住组团和三个共建组团。两片:即以大治河为界,其中大治河以北区约 1 300 公顷(104 区块范围),大部分为建成区;大治河以南区约 1 500 公顷(包括南汇工业园区二期基地与南汇区政府撤销大团工业区后划入部分),为新开发地区。一轴:即以南芦公路作为园区发展主轴,南芦公路北连宣桥镇地、南接临港新城,是工业园区内南北向的一条主要道路,也是连接南北两片区的重要发展轴线。三中心:包括一个主中心和两个次中心,均匀分布在园区各处,设置相应的配套设施,解决园区内职工需求,并成为公共活动中心。主中心区是整个工业区的标志和核心,是南汇工业园区发展的综合支撑服务中心,也是工业园区对外联系的枢纽,在中心区中设置园区管理机构、金融中心、信息交流中心、商业服务设施等。十四组团:一是工业组团,北片区四个工业组团,主要为现状或在建工业用地,以保留为主,其中包括宣桥镇现状工业用地;南片区五个工业及物流组团,规划两个高新技术工业组团、两个装备制造工业组团和一个物流组团。二是居住组团,两个居住组团分别指现状的徐庙居住组团和在建的宣桥社区居住组团,其中宣桥社区居住组团既是园区二期农民动迁基地,也是工业园区的配套居住中心。三是公建组团,北部以汇展商务休闲广场为核心,在其东侧规划新增酒店商务等,形成北部的公建中心。中部以园顺路北侧的横店商务园为重点,打造中部区域的商务中心。南部片区内的南芦公路西侧,二灶港以北的公建组团,内部包括科技研发、商务办公、酒店餐饮、会展娱乐、管理服务中心等设施,是南部片区也是整个工业园区的公共活动中心。

规划明确大治河以南部分的工业区边界,并将沪南公路以北到卫星港之间用地纳入工业区范围。为此,南汇工业园区整个区域范围包括宣桥镇、惠南镇、大团镇和新场镇的部分用地。规划建设用地2 612.55公顷,其中居住用地177.07公顷,公共设施用地136.35公顷,工业用地1 397.11公顷,仓储用地88.93公顷,绿化用地523.01公顷,市政公用设施用地18.05公顷,道路广场用地272.03公顷。

二、土地开发利用

【拆迁机构】

1997年6月,南汇工业园区管委会成立上海南汇工业园区拆房有限公司(以下简称拆房公司),负责南汇工业园区北区13平方公里的动迁安置工作,拆房公司注册资本为100万元。上海南汇工业园区投资发展有限公司占注册资本为60%,上海富成建筑装饰工程有限公司出资40%。2005年7月,上海富成建筑装饰工程有限公司撤资,不再作为股东,故由上海南汇工业园区投资发展有限公司独资,注册资本为60万元。拆迁工作需要有一定的拆迁资质,为此拆房公司以挂靠的形式开展经营,第一次挂靠在上海南汇房屋土地管理局征地事务所名下。第二次于2009年2月挂靠在上海两港房屋拆迁有限公司。

2003年2月14日,南汇工业园区管委会成立拆迁安置部,主要负责南汇工业园区规划范围内的拆迁、补偿、安置等工作,并负责拆房公司的管理运行工作。负责的拆迁基地有:雅博色彩有限公司基地拆迁38户,桃城度假村拆迁27户,沪南公路绿化景观工程拆迁45户,福照基地拆迁21户,1号地块拆迁28户。后期新开基地:海东房产、惠全通信、洋和、园中路、菲莉、横店项目等基地。

【动迁安置】

1994年8月,南汇工业园区成立以后的动拆迁工作是根据国务院《城市房屋拆迁管理条例》和市政府《上海市城市房屋拆迁管理条例》两个文件精神开展的,即"人头"加"砖头"。商品房的安置方式为三种计算方式:1. 应安置面积按成本价的1/3,在规定范围内超过的面积按成本价和市场价结算(成本价1/3为245.67元/平方米,成本价为737元/平方米,市场价为1 200元/平方米,独生子女另加2元/平方米~4元/平方米)。2. 按在册户口,按农民建房的标准实施移地安置。由南汇工业园区管委会在各村规划农民建房区域内以拆房公司开具的移地安置建房单,幢数、建筑占地面积由各村负责落实实施。3. 放弃产权安置,以房屋评估总价的50%作为回购奖励。1999年,南汇工业园区管委会制订出台《关于南汇工业园区民房拆迁的实施办法》。2001年,园区完成2.3万平方米标准厂房的建设。

　　2003年3月,南汇工业园区管委会根据动拆迁工作的市场化发展趋势,按照市政府《征用集体土地拆迁房屋的补偿安置》若干规定和南汇区政府相关文件,制定了南汇工业园区动拆迁安置补偿的《试行办法》,实施从"人头"到"砖头"拆迁方式的转换。《试行办法》规定人均安置面积为50㎡,以房地产权证、农村宅基地使用证及农民建房批准文件为计户。8月,园区二期基地的开发指挥部成立。拆迁队伍由宣桥镇政府从村级以上领导岗位上退居二线人员组成。是年,园区完成占地近5万平方米的园区四期标准厂房土建工程和城南小区7万平方米复式房建造。完成拆迁600户,拆除建筑面积12万平方米,其中一期完成拆迁350户,拆除建筑面积7万平方米;二期完成拆迁250户,拆除建筑面积5万平方米。安置总人数2581人,其中征地劳动力1565人,征地养老人员1016人。包括涉及南汇工业园区所属4个行政村安置总人数930人,其中征地劳动力571人,征地养老人员359人;涉及宣桥、大团安置总人数1651人,其中征地劳动力994人,征地养老人员657人。

　　2004年,园区完成宣桥地区拆迁农户1558户、拆迁企业41家。2005年,完成一、二期开发范围内拆迁农户668户,拆迁企业20家,拆除建筑面积15万平方米。2006年,完成宣桥社区一期农民安置房一、二街坊27万平方米的建造,供2000户入住。

　　2008年,宣桥社区安置房"欣菊苑"、"欣荷苑"和"欣秋苑"全面竣工,总面积10.96万平方米。回搬入住户涉及园区南片开发的宣桥镇张家桥、宣桥、中心、长春、陆桥等5个村的800户动迁户。随着宣桥社区第二批动迁户回搬入住,宣桥地区历年来因园区开发动迁过渡在外的农民安置入住工作基本完成。另外,城南小区六、七期安置房也全面竣工,安置动迁户234户。是年,完成拆迁116户,拆除面积20 969平方米。

　　2009年,园区完成拆迁156户,拆迁企业8家,拆除面积3.6万平方米,安置动迁居民274户,入住面积5.78万平方米。2010年,园区完成北区8.2平方公里内农民住房拆迁276户,拆迁企业1家,拆除总面积60 300平方米,安置动迁居民344户,入住总面积80 115平方米。

【开发进度】

　　1997年,南汇工业园区完成区内200公顷的"七通一平"。至2010年,在南汇工业园区2 800公顷用地范围内,已开发使用的土地总面积约1 416.4公顷,主要用于工业仓储、居住及公用配套、道路绿化、河道等其他用地。同时,在南汇区的土地利用总体规划控制和指导下南汇工业园区通过将集体土地转变为新增建设用地,既推动了招商引资工作,又加速周边城市化进程。

　　2004年,南汇工业园区清理出存量土地约133公顷,进行限时清理、调整,收回或调整土地0.79公顷。2006年,园区累计开发面积1 059公顷,土地开发率100%;批租土地面积63公顷,累计730公顷;建成企业土地面积46公顷,累计531公顷。同年,南汇工业园区用1.5亿元,收购了长运物流葡萄酒配送中心项目的土地32.67公顷,并对横店项目土地9.6公顷、广精项目存量土地3.33公顷、雅博项目存量土地2公顷办理了反征土地手续,及时解决了园区部分项目拿不到土地的困难。

　　2007年,园区累计开发土地面积733公顷,土地开发率87%。批租土地面积28.3公顷,累计397.8公顷,土地批租率54%;建成企业土地面积33公顷,累计341公顷,土地建成率86%,并为24个项目进行土地申报和办证工作。通过阶段性的闲置土地清理,共清理出相关可利用土地28.13公顷。对清理出的土地和厂房实行回购,共回收土地61.5公顷。

　　2009年,园区累计开发土地面积623公顷;当年供应面积22公顷,累计供应面积623公顷;累计建成面积542公顷,开发率76.0%,批租率100%,建成率87%。2010年新开工武山模具等项目5个,用地面积11.33公顷。

表7‑14‑4　2010年南汇工业园区土地开发利用情况一览表

用　　途	现状实施面积(公顷)	所占比重(%)
道　路	171.97	6.14
河　道	154.75	5.52
绿　化	274.35	9.79
市政、交通、殡葬等用地	12.13	0.43
工业仓储用地	661.49	23.61
居住用地	117.79	4.20
公建用地	23.93	0.85
未利用土地	1 384.86	49.44

资料来源:上海南汇工业园区提供

三、基础设施及配套设施

【基础设施】

道路　1995年,园区成立初期,上海公路干道沪南公路和南六公路在区域内交汇,距1999年建成的上海浦东国际机场8公里,新筑宽24米的公路34公里。2003年,园区内骨干性道路基本形成体系。年内完成总长6公里的道路。兴建宣黄公路(宣中路至园中路段)、园中路延伸段、宣镇东路、南园路延伸段等道路,使园区内基础设施条件有了较大的改善,初步建成园区骨干性道路互为贯通的路网格局。2004年,南区南沙一路、南沙三路、六奉公路、南叶公路等4条总里程为11.6公里的道路开工建设。2005年底,完成园通路、园迪路、听潮南路等约2.7公里的道路建设。开工建设的西乐路,至年底完成1/4工程量。南区内全面完成南沙一路、南沙三路、六奉公路、南叶路4条道路的建设。

2006年,园区基础设施不断完善,北区和南区开发范围内道路建设进一步推进。北区内区重点工程宣黄公路和西乐路园区段共计8公里道路如期完成。北区汇成路、宣中路、宣镇东路和南区汇技路、汇骏路、六奉公路,全长16.63公里道路的路灯工程全面完工。新建汇成路等道路绿化20 850平方米。2009年开工建设迎薰路、申腾路等道路路段,并对园西路、申杰路等道路路灯及交通设施进行设计安装。2010年,完成惠乐路等道路的新建工程,完成北区园中路、园西路、陶桥路、园顺路及南区申杰路、申腾路等路灯基础及亮灯工程,完成汇技路等道路修复、绿地改建和污水管网铺设工程。

河道桥梁　1995年,上海最大的人工河大治河贯穿南汇工业园区。园区内南一灶港、南二灶港、南五灶港、南六灶港、旧盐港等河流纵横交错。2004年,园区又新开挖三团港、宣六港。2003年,宽32米、长33米、中跨13米、边跨各10米、人行道宽3米的园中路南五灶港桥落成。2005年,宽35米、长52米、中跨20米、边跨各16米、人行道宽4米的申杰路南二灶港桥落成。2009年,园区完成城西路污水支管建设。2010年,完成一批污水管网建设工程。至2010年,园区建成桥梁20

座,所建桥梁汽车荷载重量均以汽-20级以上标准进行设计建造。

供电及通讯　1995年,南汇工业园区建成220千伏、110千伏变电站各1座,35千伏电站9座,建成5万门程控电话交换局1所,全区电话实现程控化。2003年,投运220千伏惠南变电站1座。2005年,完成六奉公路宣桥35千伏变电站、汇成路利民开关站的建设及投运。10月,南汇工业园区电信配套局房开工建设。2007年,完成园德路10千伏李桥开关站的投运。2008年,完成园中路35千伏横店变电站的投运。2009年,完成横店开关站等工程建设。2010年,完成徐桥、陆桥两座10千伏开关站的建设并投运,完成北区35千伏变电站申报。

给排水　1995年,完成南汇县自来水公司、陶桥泵站工程投运工作,建成日排放量为15万吨排污管道。1996年,铺设南汇工业园区至东海的5公里排污管道。2005年,完成8451米上水管埋管。2007年,完成汇技路、申杰路、南叶路污水泵站1座并投入运行。

天然气　1995年,建成贮存能力为1400立方米的液化气储备站1座。1999年,落实南汇县政府制定的天然气工程管道埋设方案。2005年,埋设南区天然气管道10.48公里。

【配套设施】

汇展商务圈　是由南汇工业园区落户企业上海汇展置业有限公司打造的休闲广场,位于沪南公路和南芦公路交界处,是集餐饮、购物、商务、休闲、创意产业为一体的国际化全方位多功能的整合项目。项目占地面积3万平方米,总建筑面积4万平方米,其中商业面积2.1万平方米,办公面积1.9万平方米,于2006年10月正式对外营业,是南汇区当时最大的综合性地产项目。商务圈从2006年起引进沈家花园、沪华海鲜大酒楼、南美水疗等多家知名餐饮休闲企业。2009年引进农村商业银行园区网点,为园区落户企业及周边居民提供了生活便利。2010年,南汇工业园区投资600多万元,引进荷特宝配餐中心,为落户企业职工提供就餐服务。配餐中心位于汇展国际商务中心5号楼一楼、三楼,可以满足600人堂吃和7000人的送餐服务需求。配餐中心采用SGS的HACCP和SGS的ISO 22000标准保障食品安全。

为方便园区企业员工上下班,1996年,南汇工业园区在园区到惠南镇配备了上下班班车;2008年,园区又增加了一条从园区到龙阳路地铁站的班车线路。同时,为方便园区企业员工和宣桥社区居民的出行,南汇工业园区还实施了"村村通公交"工程。2010年1月,园区补贴开通了"惠南1路"和"惠南8路"两条公交巴士专线。3月22日,轨道交通11号线(后更名为16号线)南段工程正式开工建设,11号线的野生动物园站到南汇工业园区总部仅5分钟车程。为进一步提升园区信息化程度,是年,南汇工业园区还与上海电信筹建园区信息化服务平台。

朕天生态工业园　位于南汇工业园区大治河以南申腾路、汇技路一侧,总占地面积6.3万平方米。朕天生态工业园项目于2008年11月正式动工兴建,项目总投资1亿元,总建筑面积近10万平方米。该项目由上海若兰投资有限公司投资,以生态型、社区化工业基地的建设为理念,集生产、研发和配套为一体。整个规划布局由四大区域组成,区域间由景观河道、绿化带隔开。生产作业区有9幢4层的厂房组成,总建筑面积64 380平方米;行政办公区域由3幢办公楼组成,分别为三层别墅的豪华型办公楼、四层综合型办公楼和六层商务办公楼各1幢;物流中转区配有现代化操作自动化系统的四层仓库1幢,总面积为7 152平方米;生活保障区有景观湖、环境绿化美化的配有职工餐厅的六层楼1幢、员工宿舍大楼等。2010年年底,朕天生态工业园区正式竣工。

第三节 招 商 引 资

一、招商管理

【招商政策】

为加速南汇工业园区的启动和招商引资需要,1994年8月5日,南汇县政府作出决定:工业区可参照本县给予康桥工业区的优惠政策和办法执行。即根据《康桥工业区优惠政策》和《康桥工业区鼓励外省投资的暂行办法》,凡批准在工业区内建办的项目,工商、税务在工业区内登记注册的,可享受浦东新区的优惠政策,并明确了鼓励外地投资项目的行业类型、投资形式、审批办法和优惠政策。8月19日,工业园区管委会成立,下设项目开发部,承担工业区招商职能,负责项目集中统一审批。

1995年,南汇工业园区为进一步加大招商力度,在原项目开发部基础上又设立了上海南汇昔阳技术经济开发办公室和园区驻沪招商办。南汇县政府还对园区招商引资给予了放权及政策上的优惠。同年,县政府同意南汇工业园区管委会实行区内项目、规划选址等一站式审批。内资项目:800万元以下,由园区管委会直接审批;3 000万元以下项目,由园区管委会代拟文,县计划委员会核稿发文。外资项目:1 000万美元以下项目,由园区管委会代拟文,南汇县外经贸委核稿,南汇县政府发文。是年,县政府再次发文《转批县财政局〈关于对南汇工业园区实行财政单列的实施办法〉》,对南汇工业园区管理委员会实行财政单列,按惠南乡的汇南、城南、陶桥、徐庙四个建制村为实施财政单列范围。南汇工业园区超收入基数增量收入中属县级财力部分,由县财政全额返还南汇工业园区。南汇县各乡、镇及经济区新办投资注册在南汇工业园区的经济实体的增量,工商税收中属留县级财力部分的50%由县财政返还南汇工业园区。

【招商活动】

1999年,南汇工业园区参加县政府组织的赴深圳、温州、福建等地招商活动,参加在上海举行的南汇招商周活动。南汇工业园区还采用了招商热线、英特尔网站、信息高速公路和设立招商代理点等方式进行招商。2003年,园区在市区、机场等户外媒体和《香港商报》等投放一定数量的招商广告,通过信息发布会、外商企业联谊会等多种形式宣传园区。园区还多次组织外出学习考察活动,参观东莞、苏州、松江等地的开发区,学习开发区先进的开发管理经验。同年10月,园区成功举办由英国、法国、德国、美国等十几个国家和地区驻沪领事官员和外资机构首席代表参加的"南汇半日行"南汇工业园区投资环境推介会。

2006年9月,园区成功举办以光电子产业为主题的投资环境推介会,活动吸引了海内外知名企业和机构、市区两级有关部门、中央和地方新闻媒体等近500人参加,迪妙移动通讯、胜创科技等10个项目在会上成功签约。2008年,园区管委会与韩国Hana city公司签订合作协议,共同招商建设"韩国高科技企业产业基地"。10月,园区联手上海市开发区协会、上海市外国投资促进中心在上海展览中心举办"互动交流、携手双赢"投资咨询机构恳谈会,邀请戴德梁行、普华永道会计师事务所等45家投资咨询机构参加。2009年,园区开展"加大招商引资工作力度,提升企业服务质量"主题活动,专业招商,定向定点招商,引进了上海卡姆丹克三期、成也软件等一批产业引领性项目。

2010年,根据浦东新区"7+1"生产力布局,南汇工业园区纳入国家级经济技术开发区金桥出口加工区板块,成为浦东发展先进制造业组团的重要组成部分。南汇工业园区抓住两区加速融合和新区生产力布局调整的良机,落实上海市推进新能源高新技术产业化目标,围绕新能源等主导产业进行招商引资。年内引进正泰太阳能、万向钱潮等一批科技含量高、附加值高的新能源产业龙头项目。3月30日,在上海金桥出口加工区管委会与浦东新区商务委联合举行的"新金桥、新联动、新里程"经济发展情况说明会上,南汇工业园区有15个项目集中签约,其中外资项目3个,内资项目12个,外资项目总投资1.09亿美元,内资项目总投资52.71亿元。

二、企业服务

【服务平台】

南汇工业园区商会　2006年3月28日,南汇工业园区商会正式批准成立。4月21日,南汇区工商联南汇工业园区商会召开第一次会员大会。大会选举产生会长1人,常务副会长1人,副会长7人,秘书长1人,副秘书长2人;吸纳园区内会员企业42家。商会通过举办会议论坛、组织考察学习等多种形式的活动,为园区企业创造相互交流学习的机会,促进园区企业商贸往来。

企业联系制度　2008年,南汇工业园区管委会建立规模以上重点企业服务专人跟踪、一包到底的制度,及时为企业排忧解难,为企业的发展壮大创造良好条件。2009年,园区出台《园区领导干部服务企业联系制度》,建立班子成员及相关中层干部与区内规模以上企业的联系,通过走访及时发现企业所面临的材料涨价、市场萎缩等共性问题,对工业区配套设施相对滞后、厂区安全有待加强等问题及时采取改进措施,进一步提升企业对园区的归属感。

"4+1"系统化企业服务　2009年,为加快培育主导产业,紧紧围绕将园区建设成为"经济充满活力,环境富有魅力,文化独具张力"的现代企业社区发展愿景,南汇工业园区进一步加强责任意识和服务意识,不断完善服务功能和拓宽服务领域,特别是在维持企业正常生产和生活秩序的同时,重点开展好系统化、精细化的"4+1"服务,即努力在政策服务、公共服务、人力资源服务及金融服务等四个领域不断探索、开拓创新,彰显服务优势,提高服务质量。同时,强化安全生产制度建设,注重提高协管人员服务意识和业务水平,加强监督巡查,强调监督整改,遏制园区各类重大事故的发生。

银企合作　2009年8月,园区举办了"南汇工业园区中小企业金融服务之旅"活动,第一阶段就为企业协调解决融资3.84亿元,初步缓解了中小企业发展所面临的资金压力。2010年5月11日,园区联手浦东新区金融服务局、《首席财务官》杂志社等举办了中小企业与金融投资机构合作交流会,会上8家金融机构与9家中小企业签订合作协议,涉及总金额6.5亿元,为园区高科技中小企业快速成长提供资金支持。依托新区政府和上海银行推出的银政合作平台,摸清园区企业的融资需求,会同浦东新区金融局、上海银行有关人员深入企业,对符合银企合作申报条件的企业纳入申报范畴。定期或不定期地开展深入企业走访活动,及时掌握企业经营状况和融资需求,解决企业扩大再生产的融资难问题。

新能源产业联盟　2010年10月12日,浦东新区新能源产业联盟成立大会在南汇工业园区举行。联盟在新区科委指导下,由上海南汇工业园区投资发展有限公司发起成立。首届联盟由浦东新区新能源企业和相关科研院所共计56家会员单位组成。上海南汇工业园区投资发展有限公司担任联盟秘书长单位。联盟的成立,旨在整合浦东新能源产业优势资源,加快新能源和高新技术的产业化发展。

【服务成效】

2007年1月,园区公安派出所成立,南汇工业园区将平安园区建设与安全生产相结合,与派出所紧密配合在园区重点企业门卫新增警务岗,并且分期分批完成落户企业安全生产管理人员、企业负责人和农民工安全生产培训等工作。2009年1月12日,公安南汇分局和园区派出所干警对南汇工业园区辖区内的镇、村、企业进行走访,并开展"所长讲防范"宣传活动。2月18日,园区举办新消防法培训班,园区防火重点单位和易燃易爆、危化单位分管领导、安全干部参加培训。2010年3月,南汇工业园区与园区210余家落户企业主要负责人签订了《安全生产责任书》,签约率达100%。并举办落户企业安全生产负责人和安全生产管理人员上岗证培训,均取得由市安全生产监督管理局颁发的安全资格证书。是年4月,南汇工业园区将安全生产工作纳入"4+1"系统化企业服务工作体系,确保实现"平安世博"目标。

由于南汇工业园区重视对企业的服务,使落户企业普遍得到良好发展。2009年,园区内上海卡姆丹克太阳能科技有限公司等企业被评为上海市高新技术企业;上海茂德企业发展有限公司、上海东龙服饰有限公司、上海新星印刷器材有限公司、祥和彩瓷制造(上海)有限公司等四家企业被评为上海园区自主品牌企业;上海曙海太阳能有限公司、上海新星印刷器材有限公司、上海茂德企业发展有限公司等多家企业的产品和技术获得了国家专利认证。2010年,上海东龙服饰有限公司、奥达科金属制品(上海)有限公司、上海瑞纽机械股份有限公司、上海汇展置业有限公司、上海艾郎风电科技有限公司、上海茂德企业发展有限公司等6家企业参加了由市经济信息化委、市开发区协会、上海市企业竞争力研究中心组织的2010年度第三届《上海市企业竞争力风云榜》的评选活动,分别获得"上海市企业竞争力100强""创新金奖""质量金奖"等荣誉称号。

2010年,园区领导通过走访企业切实帮助园区企业解决实际问题。如上海卡姆丹克太阳能科技有限公司等公司因生产扩建需要,遭遇电力供应不足的瓶颈问题,园区领导多次召开现场协调会,最终在电力部门的支持下建设一座35千伏变电站,满足了上海卡姆丹克太阳能科技有限公司及周边企业长期发展的需要。

为拓宽企业用工思路、捕捉就业信息、创造就业机会,南汇工业园区联合浦东新区人才交流中心、周边乡镇劳动保障中心及园区落户企业,定期举办人力资源招聘会,帮助企业招聘大量急需人员;《南汇工业园区报》也根据企业需求,帮助企业发布招聘信息,为园区落户企业提供急需人才和员工提升技能搭建合作平台。2010年1月6日,南汇工业园区组织茂德企业集团有限公司、罗尔斯-罗伊斯船舶制造(上海)有限公司、安特金属成形有限公司和广精机电科技有限公司等企业负责人到上海工商外国语职业学院就引进机电及数控方面人才进行交流,使企业招聘与高校就业实现顺利对接。3月24日,南汇工业园区联合浦东新区人才交流中心举办南汇工业园区落户企业人力资源招聘会,推出50家落户企业近1800个岗位。

三、招商成果

【引进外资】

1994年9月12日,南汇徐庙工贸公司与澳大利亚康通公司合资组建的上海中汇服装有限公司成为入驻南汇工业园区的第一家中外合资企业。至1995年,已有12家三资企业在南汇工业园区落户。

"九五"期间(1996—2000年),南汇工业园区围绕"工业向园区集中""南汇工业园区开发都市型工业和民营、科技产业为主"的产业布局,不断加大招商力度。1996 年,南汇工业园区以优越的投资环境和优惠的投资政策,引来众多中外投资者,其中包括美国、菲律宾等国的一批大型企业相继在园区落户。同年,南汇工业园区引进外资项目 4 个,协议总投资 6 604 万美元。1997 年,引进外资企业 1 家,引进外资项目 3 个,总投资额 1 475 万美元。1998 年,引进外资项目 3 个,总投资 245 万美元。1999 年,引进外资项目 6 个,总投资 2 910 万美元。2000 年,引进外资项目 6 个,总投资 1 436 万美元。

"十五"期间(2001—2005 年),南汇工业园区努力克服"非典"疫情造成的不利影响。2001 年,引进外资项目 10 个,总投资 1 896 万美元。2002 年,引进外资项目 9 个,总投资 5 873 万美元。2003 年,引进外资项目 23 个,合同外资 3 128 万美元。2004 年,引进外资项目 11 个,合同外资 1.59 亿美元。2005 年,引进外资项目 14 个,合同外资 2.3 亿美元,另外增资项目 4 个,增资金额 858 万美元。

"十一五"期间(2006—2010 年),南汇工业园区不断优化外商投资结构,提升外商投资质量。2006 年,引进外资项目 21 个,合同外资 3.3 亿美元。2007 年,引进外资项目 16 个,合同外资 0.7 亿美元。2008 年,南汇工业园区在招商引资方面重点发展以资本密集型和技术密集型为特征的光电子光伏产业、装备制造业及生产性服务业,合同外资 0.32 亿美元。2009 年,引进外资项目 10 个,合同外资 0.78 亿美元。2010 年,引进外资项目 7 个,合同外资 1.03 亿美元。

表 7 - 14 - 5　1995—2010 年南汇工业园区引进外资项目情况一览表

年　　份	项目数(个)	总投资(万美元)	合同外资(万美元)
1995 年	8	2 015	1 662
1996 年	4	1 885	1 804
1997 年	3	1 475	790
1998 年	3	245	181
1999 年	6	2 910	1 110
2000 年	6	1 436	1 333
2001 年	10	1 896	891
2002 年	9	5 873	5 090
2003 年	23	—	3 128
2004 年	11	—	15 900
2005 年	14	—	23 335
2006 年	21	—	33 000
2007 年	16	—	7 000
2008 年	5	—	3 151
2009 年	10	—	7 766
2010 年	7	—	10 300

资料来源:上海南汇工业园区提供

【引进内资】

1994 年,南汇工业园区创建之初,园区内的工业企业主要为国有企业、集体企业和国有集体联营企业。

"九五"期间(1996—2000 年),1999 年,南汇工业园区共引进包括东龙拉链、真顺拉链、博杰科技等内资项目 7 个,投资额 1.47 亿元。全年新引进注册企业 308 家,年内新增注册企业数占南汇县的 1/3。2000 年,引进内资项目 18 个,总投资 2.13 亿元,引进注册企业 57 家,注册资金 4 540 万元。

"十五"期间(2001—2005 年),南汇工业园区调整招商引资方向。2001 年,引进内资项目 39 个,总投资约 21 亿元,引进注册企业 360 户,注册资金 4.8 亿元。2002 年,引进内资 8.9 亿元,引进注册企业 256 户,注册资金 5 亿元。2003 年,引进内资实体性企业 22 家,引进注册企业 250 家,注册资金 3.2 亿元。2004 年,引进内资实体性企业 6 家,引进注册企业 207 家,注册资金 1.5 亿元。2005 年,引进内资实体企业 9 家,引进注册企业 175 家,注册资金 3 亿元。

"十一五"期间(2006—2010 年),随着南汇工业园区经济总量的扩大,引进内资企业数量逐渐增多。2006 年,引进内资项目 3 个,引进注册企业 125 家,注册资金 6.5 亿元。2007 年,引进内资项目 9 个,总投资 5 亿元,引进注册企业 132 家,注册资金 3.98 亿元。2008 年,园区重点围绕光电子光伏产业、装备制造产业和生产性服务业,引进一批技术资本密集的优质项目。2009 年,引进内资项目总投资 10.08 亿元,新开工建设项目 15 个,总投资 22.6 亿元,涉及新能源、先进装备制造业和生产性服务业等主导产业。2010 年,引进内资项目 13 个,总投资 28.35 亿元,引进注册企业累计 3 340 家。园区在坚持产业导向、明确产业定位的基础上,做大做强优势产业,扶持引进龙头企业,顺利完成正泰太阳能科技、万向钱潮汽车控制系统、恩捷新能源汽车电池材料、一瑞纽机械、博曼风电精密变速机、尤米柯风电复合材料等一批符合园区产业导向,并对园区新能源产业化基地产业链完善和产业集群发展具有引领和带动作用的产业龙头及重点产业项目的签约落户。同时通过均益融资租赁、博凯融资租赁等生产性服务业项目的引进,加快了园区推进生产性服务业功能区的开发进程。随着奥达科金属制品、索迪龙等项目的签约落户,为进一步推进园区先进装备制造业的产业链延伸和功能完善打下了良好基础。

第四节 产业发展

一、经济规模

"八五"至"九五"期间(1994—2000 年),南汇工业园区基础设施建设日益完善,促进了园区经济的发展,税收实现了由零到亿元的跨越。1998 年,园区完成工业总产值 2.47 亿元。1999 年,完成工业总产值 3.3 亿元,超过南汇县平均增幅 19.2 个百分点,招商引税工作也取得重大突破,全年完成税收 0.44 亿元。出口交货值 6 101 万元。2000 年,完成工业总产值 4.3 亿元,超过南汇县平均增幅 17.5 个百分点。

"十五"期间(2001—2005 年),南汇工业园区注重以产业结构调整促进经济发展,园区城市化建设的发展促进税收增长。2001 年,园区工业产值已增至 6.6 亿元,占南汇区比重的 29.6%;完成税收 0.43 亿元。2002 年,完成工业总产值 9.9 亿元,完成税收 1.25 亿元,出口交货值 1.04 亿元。2003 年,随着上海洋山国际深水港和浦东国际机场二期工程的启动,上海临港新城产业区的规划,沪芦高速公路的建设,南汇工业园区的区位优势和整体竞争力得到提升,全年完成工业产值 4.29 亿元,完成税收 0.2 亿元。2004 年,全年完成工业总产值 41.59 亿元,完成税收 0.95 亿元。2005 年,完成工业总产值 27.25 亿元,完成税收 2.4 亿元。同时,随着引进项目的不断增多和知名企业的落户,园区出口交货值快速增长,全年实现外贸出口交货值 6.6 亿元。

"十一五"期间(2006—2010 年),南汇工业园区经济进入高速发展期,园区根据"十一五"计划,在体制机制上激发招商工作主动性和积极性,不断促进项目质量提升,努力优化园区投资环境。2006 年,重大项目引进创历史纪录,全年完成工业总产值 34.41 亿元,工业销售收入 34.31 亿元,第三产业营业收入 32.49 亿元,完成税收 2.3 亿元。2007 年,完成工业总产值 45.98 亿元;完成税收 3.6 亿元。2008 年,完成工业总产值 59.1 亿元。在行业分布上,光伏产业增长较快,占到园区总量的 14.2%;汽车零配件制造业占到园区总量的 20.5%;船舶零部件制造业占到园区总量的 9.0%;精密电子及一些传统行业保持了稳定的增长速度,在整个增长形势中,外商投资企业产出占到园区总量的 88.5%。同时,随着园区产业结构进一步优化,完成税收超过 5.43 亿元。依照企业性质,实体型企业的税收增长幅度比较大,完成税收 3.52 亿元;落户企业产出已进入良性循环阶段;注册型企业税收增长 1.9%;生产性服务业税收得到稳步增长。2009—2010 年,南汇工业园区经济运行探底回升,产业结构不断优化,"南区"开发的启动进一步带动生产性服务业的发展。2009 年,完成工业总产值 82.27 亿元,完成税收 5.54 亿元。2010 年,完成工业总产值 90.83 亿元。其中新能源行业实现产值 24 亿元,比 2009 年翻番。完成税收 6.8 亿元,地方财政收入 1.89 亿元。"十一五"期间,南汇工业园区工业总产值由 2006 年的 34 亿元增加到 2010 年的 90.83 亿元,年均增长 40%。累计完成固定资产投资 140.7 亿元,为产业发展打下良好基础。同时,园区企业出口交易也得到快速发展,工业经济由内向型向外向型转变,至 2010 年,出口交货值已达到 25.74 亿元。

表 7 - 14 - 6　1999—2010 年南汇工业园区主要经济指标表

年　　份	工业总产值(万元)	增长率(%)	上缴税收(亿元)
1999 年	32 817	30.2	0.44
2000 年	43 260	31.82	0.3
2001 年	65 710	51.89	0.43
2002 年	98 774	50.31	1.25
2003 年	42 910	−56.56	0.2
2004 年	415 852	869.13	0.95
2005 年	272 498	−34.47	2.4
2006 年	344 139	26.29	2.3
2007 年	459 799	33.6	3.6
2008 年	591 000	28.53	5.43
2009 年	822 668	39.2	5.54
2010 年	908 328	10.41	6.8

资料来源:上海南汇工业园区提供

二、产业定位

南汇工业园区自1994年建立之初，整合周边的工业小区和零散工业用地，成为南汇都市型工业基地、私营经济发展基地和港城物流中转基地。

"八五"至"九五"期间（1994—2000年），南汇工业园区在引进项目结构上重点向都市型、高科技方面发展，工业产业主要有汽车配件、建材、电子、纺织服装等。引进东龙拉链、真顺拉链、凯乐电子等项目，推进富成综合经济区和共建配套区的建设。

"十五"期间（2001—2005年），2003年上半年，南汇区依托"两港"开发建设优势，结合行政区划的整合，形成南汇工业园区在内的"1+9"个工业区开发格局。重点鼓励引进市场竞争力与产业关联带动力强、附加值与技术含量高、生态环境相容性好的先进制造业。该阶段南汇工业园区重点关注国际知名企业和品牌企业，深入研究骨干项目的延伸效应，努力促进园区从企业集聚到产业集聚的转变。引进项目的质量和品牌得到明显提升，宏盛科技有限公司，上海胜拓天立实业有限公司等光、电制造业企业落户园区。

"十一五"期间（2006—2010年），2006年3月，市政府正式批准南汇工业园区为市级工业开发区，并确立光电子产业和装备制造产业两个主导产业。5月31日，国家发展改革委正式对外公告，审核认定南汇工业园区为省（直辖市）级开发区，园区的品牌战略和投资环境得到了明显提升。为更好地发展光电子产业和装备制造业，园区投入巨资进行整体拆迁和综合开发，重点引进技术密集型的光电子产业。9月，园区通过光电子产业推介会成功吸引外资3.86亿美元，吸引内资13.3亿元，使园区光电子产业迈出坚实的一步。南汇工业园区瞄准国际先进产业发展趋势及时调整招商策略，围绕"海洋南汇"建设，立足环保、节能和土地集约利用的发展思路，重点导入一批光显示、光存储、光通信等光电方面的相关企业。是年，园区产值排名前十的多为先进装备制造业企业。

2008年起，园区主导产业逐步转为光电子光伏产业，装备制造业和生产性服务业，引进了一批技术资本密集的优质项目。在光电子光伏方面，重点引进曙海太阳能科技、仪捷光电等项目；在装备制造产业方面，重点引进罗尔斯-罗伊斯船舶二期、红重机械、凯琳圣纺织机械等项目；在生产性服务业方面，重点引进中航国际物流等项目。同时，生产性服务业招商工作也正式展开，一芯科技研发中心、农商银行园区营业所等企业签约落户。

2009年，南汇工业园区抓住新能源发展的重大机遇，规划将东至大川路、西至申杰路、南至大叶公路、北至汇骏路的5.56平方公里打造成集研发、生产、应用于一体的浦东新区新能源产业化基地。12月，园区为争取实现新能源产业化基地配套研发、中试、检测及管理服务等功能，申请将已完成规划设计的"光电之星科技港——智城""光电之星科技港——玖业""成也软件研发基地"以及"美邦启立光电研发基地"四个项目纳入园区生产性服务业功能区内，在区经信委的指导帮助下通过项目申报、核查和审批等程序，并于2010年9月获市经济信息化委正式批准。为此，南汇工业园区生产性服务业功能区面积扩大为262.6公顷，比原功能区面积扩大4倍，为功能区的产业转型提供了空间上的保证。

2010年，园区规划建设中的光电之星科技港"智城"项目进入方案设计阶段，该项目定位于为新能源产业服务，这是南汇工业园区加快培育扶持新能源产业和生产性服务业的重要举措之一。结合《浦东新区太阳能光伏产业发展行动方案》，园区在南区规划5.56平方公里，用于建设"上海浦东新区新能源产业化基地"的核心区域，重点发展太阳能光伏、风能、LED光电、新能源汽车等产业。园区在浦东新区科委支持下成立"浦东新区新能源产业联盟",共有56家会员单位,围绕新能源领域的信息、技术标准、产学研、市场以及战略招商等多领域合作进行管理和协调。同时园区新能源产业向国家有关部委申报"国家高新技术产业化基地"工作也全面启动。

三、主导产业

【先进装备制造业】

汽车零部件制造业　南汇工业园区汽车零部件制造业起步较早,1997年,园区引进了第一家汽车零部件合资企业上海延锋江森座椅有限公司,公司主要生产汽车座椅、顶篷、遮阳板、顶饰系统及其零配件。随着产业的发展,逐步转变为以系统集成和模块化生产为特征,重点聚焦高效自动变速器,自动避撞等汽车安全系统,车载通讯、电子导航、智能交通等车载信息娱乐系统,汽车胎压检测微传感器及其他汽车关键零部件的制造。2003年,引进外资企业安特金属成形(上海)有限公司和上海海泰汽配有限公司,生产汽车用驱动桥总成、变速器、滤清器(三滤)、等速万向节、减震器、专用高强度紧固件及汽车零件。至2010年底,汽车行业累计实现利润总额1.72亿元。

船舶关键零部件配套产业　重点聚焦低中速柴油机、船用大型曲轴、船用电力推进装置、大型船用货物起重机、海洋平台吊机、舱室机械等船舶配套零部件制造。2003年,引进了英国罗尔斯-罗伊斯公司,成为落户园区的第一家世界500强企业。园区初步形成以罗尔斯-罗伊斯船舶制造(上海)有限公司、优利多科技有限公司、上海诚达机械有限公司等企业为主体的船舶装备机械配套产业链,为先进装备制造业的集聚营造了良好产业氛围。2006年,荷兰独资的哈德威-哈格努克船舶电子(上海)有限公司落户园区,公司每年销售额20亿欧元,所属船舶和海洋电子平台的研发生产在全球处于领先地位。至2010年底,船舶制造业累计实现利润总额5 419万元。

航空关键零部件配套产业　2008年7月,以ARJ121总装、商飞总装等大型飞机项目系统原材料全球集运为主的中航国际物流有限公司项目落户园区。南汇工业园区的先进装备制造业逐步向与大飞机总装和研发相配套延伸,重点聚焦建航空发动机、环控、材料、航空电子、复合材料内饰及结构部件、客舱设施及其他机载或地面系统、设备的研发及制造,航天制造业。"十一五"以来,园区装备制造业取得长足发展,形成具有一定规模和独特优势的产业发展格局,成为推动园区经济发展和提升综合实力的重要经济增长点。2009年,园区先进制造业实现产值42亿元,占规模以上工业经济总量的51.1%,从业人员1.4万余人。至2010年,园区已有装备制造业规模以上企业65家,其中先进制造业企业27家,总产值达到亿元及亿元以上企业13家。

【新能源产业】

南汇工业园区不仅集聚了一批新能源龙头企业,也是新能源示范应用的领先地区。在太阳能光伏硅材料提纯、硅锭制造和切片、非晶薄膜电池关键工艺设备制造、太阳能电池组件制造、风力叶片制造、新能源汽车关键零部件、生物质发电等领域集聚了一批具有自主知识产权和研发实力,在业界具有一定影响力和知名度的企业。以上海正泰太阳能科技有限公司、中科院研究所、上海卡姆丹克太阳能科技有限公司、上海曙海太阳能有限公司、上海普罗新能源有限公司、上海艾郎风电科技有限公司等企业为代表的新能源产业群已初步形成。

2005年,引进项目的规模和质量得到明显提升,泰乐玛汽车制动、开腾信号设备、奥达科金属、依必安派特电机等先进制造业项目相继落户园区,为形成园区光电子和装备配套两大支柱产业奠定了基础。2007 年 7 月，美国卡姆丹克公司和上海卡姆丹克半导体有限公司共同投资成立的上海卡姆丹克太阳能科技有限公司在园区正式投产，当年实现产值 3.5 亿元，所生产的光伏太阳能硅单晶及单晶片被认定为上海市高新技术成果转化项目。同年，园区引进上海艾郎风电科技发展有限公司，该公司具有外贸进出口权，通过与国际知名风叶设计公司德国 Aerodyn 合作，专业生产 MW 级风电叶片。2008 年 2 月，引进上海瑞纽机械股份有限公司，生产核电配套零部件。2009 年 2 月 11 日，艾郎 1.5MW40.3M 叶片项目被认定为上海市高新技术成果转化项目。10 月 30 日，卡姆丹克太阳能系统集团有限公司在香港联合交易所有限公司主板上市，成为园区光伏产业链的引领企业。是年，上海迪斯尼项目获得国家批准后，南汇工业园区率先在迪斯尼项目配套区域六灶镇开发新能源示范应用项目。项目总投资约 6 000 万元，太阳能光伏组件总安装面积 1 874 平方米，年发电约 257 955.6 千瓦时。工程年总节能量 925 808.6 千瓦时，以每度电 1 元计算，年节约 92.61 万元。新能源项目的成功应用大大提升了迪斯尼配套区域的整体形象。

2010 年 5 月 10 日，总投资 4.6 亿元的上海恩捷新材料科技股份有限公司正式落户园区。恩捷公司是业内少数具有核心研发能力的企业，主要从事国产高性能、低成本锂电子动力电池隔膜的研发、生产及销售，该项目的落户使园区新能源产业骨干企业中又增添了新成员。

随着园区新能源产业逐步发展，产业集聚效应凸显。2010 年，园区新能源企业累计产值 24 亿元，占园区经济总量的 26.7%，累计实现利润总额 3.18 亿元，销售利润率 24.0%。新能源行业利润空间明显高于其他行业。

【生产性服务业】

为增强南汇工业园区生产性服务业功能，优化南汇工业园区的投资环境，2004 年，南汇工业园区引入上海汇展置业有限公司，开发位于南芦公路和沪南公路交汇处的汇展商务广场项目。项目占地面积 3 万平方米，总建筑面积 4 万平方米，是南汇境内较大的综合性地产项目。

2006 年，园区根据产业导向，负责东区光电子产业生产基地的辟建。南汇工业园区光电子产业生产基地项目东至高压走廊带，西至园中路，南至南五灶港，北至宣黄公路。总占地面积 111 137 平方米，建筑面积 87 776 平方米，项目基建总投资 13 167 万元。基地共分 A、B、C 三个区域。A 区占地面积 21 157 平方米，建筑面积 9 567 平方米；B 区占地面积 30 672 平方米，建筑面积 15 740 平方米；C 区占地面积 59 308 平方米。

2007 年，园区完成位于光电产业生产基地 B 区工程区域的保税仓库建设，项目总占地面积 30 672 平方米，建筑面积 15 018.8 平方米，仓储面积 13 794 平方米，绿化面积 7 670 平方米，总投资近 2 000 万元。是年，园区完成南汇工业园区内引进工业仓储为主的多功能现代物流项目"九江国际物流园"建设。该项目占地 14.67 公顷，项目总投资 3 亿元。位于大治河南岸，南至园区汇技路，东至园区高压走廊。项目建设实行一次规划，分期实施，一期建设 2.5 万平方米建筑，二期建设 4.8 万平方米建筑。是年，上海理工大学附属二厂和上海理工大学附属工厂入驻南汇工业园区。为此建设的园区高校产业基地位于园区南芦公路、园德路，占地 4.67 公顷，总投资 8 000 万元。

2009 年 2 月 18 日，香港成也集团有限公司总投资 2 500 万美元，批租土地 2.53 公顷，开工兴建约 5 万平方米建筑面积微软在中国的软件外包研发基地及大型软件开发基地，成为园区引进的一家大型生产性服务业企业。6 月，南汇工业园区被认定为全市 19 家生产性服务业功能区之一，园区生产性服务业重点发展领域是以第二产业为依托，通过推进绿色能源研发设计应用和信息技术的融合发展，大力推进生产性服务业的发展。园区成为发展生产性服务业重要载体，对园区内生产制造业和生产性服务业发展产生巨大的推动力,园区逐步形成了光电子光伏产业、装备制造产业以生产性服务业为主导产业的产业优势。获批时,园区生产性服务业功能区总占地面积约 52.5 公顷,功能区西靠 A2 高速,北临 A15 高速,以"政府主导、企业运作"为发展模式,充分发挥园区已形成的产业基础和区位优势,重点发展为产业配套的研发设计、商务咨询、技术服务、金融服务以及企业总部,同时辅以休闲、会展、宾馆、餐饮以及其他配套设施,努力打造功能齐全、形态美观、生态协调、资源节约的现代服务业集聚区。是年,园区以服务中小企业二次创业的现代服务业总部科技园"上海智城"的规划设计工作也已完成。

2010 年 7 月,经批准生产性服务业功能区面积扩至 262.6 公顷。是年,因园区主导产业的调整,光电子生产基地调整为新能源光伏产业化基地。至 2010 年底,功能区内企业累计投资总额达 29.75 亿元,其中生产性服务业企业累计投资 18.68 亿元,占 62.8%;功能区内企业实现产值 22.27 亿元,其中生产性服务业企业销售收入 11.75 亿元,占 52.8%;生产性服务业企业上缴税收 0.98 亿元,占功能区企业纳税总额的 82.9%。按其行业划分,功能区内生产性服务业企业主要分布在建筑工程服务、环保服务、物流服务、信息服务、批发服务、金融服务、商务服务、科技服务和教育服务等九大行业。

四、重点企业

安特金属成形(上海)有限公司　位于宣黄公路 819 号。安特金属成形(上海)有限公司成立于 2004 年 6 月 17 日,注册资金 1 800 万美元,由 INTERPLEX HOLDINGS PTE. LTD. 公司全额投资,用地面积 4.60 公顷,拥有员工 2 000 余人。主要经营范围为设计、生产汽车用驱动桥总成、变速器、滤清器(三滤)、等速万向节等。安特工程是全球知名零部件制造厂商,总部位于新加坡,至今已有 40 多年历史,在全球 10 多个国家和地区设有分公司与研发基地,是首家在国内设厂专门生产汽车部件的新加坡公司,并拥有世界领先的冲压、冷锻、热处理、焊接、装配等高新技术,主营产品为汽车零部件及精密电子配件,客户均为全球知名汽车和电子厂商。2010 年,安特金属成形(上海)有限公司产值 8 亿元,税收 2 507 万元。

罗尔斯—罗伊斯船舶制造(上海)有限公司　位于宣中路 1 号。罗尔斯—罗伊斯船舶制造(上海)有限公司成立于 2004 年 6 月 17 日,注册资金 685 万英镑,由罗尔斯—罗伊斯亚洲有限公司全额投资,2005 年建成投产。主要经营范围为船舶机电设备、电子专用设备、测试仪器、工模具及其零部件的生产、组装、调试和维修,销售自产产品等。2007 年 9 月 6 日,与南汇工业园区签订罗尔斯-罗伊斯船舶制造(上海)有限公司第二期项目的合作意向书,在一期项目的基础上增加工业用地 3.50 公顷,增加注册资金 1 500 万美元,总投资 3 000 万美元。2010 年,公司产值 3.6 亿元,税收 1 193 万元。

上海海泰汽配有限公司　位于宣黄公路 139 号。上海海泰汽配有限公司成立于 2003 年 12 月 24 日,注册资金 5 000 万元。主要经营范围为生产汽车内外饰件、大型精密模具、新能源汽车动力系统、汽车温控系统、第三方检测、绿色环保新材料研发与制造等。公司被连续认定为上海市高新技术企业、浦东新区企业研发机构、上海市著名商标等,是上汽大众、上汽通用、上汽股份、捷豹路虎、福特、一汽大众等国内知名汽车厂商的一级(A 级)供应商。2010 年,公司产值 0.37 亿元,税收 101.39 万元。

上海瑞纽机械股份有限公司　位于园德路 105 号。上海瑞纽机械股份有限公司成立于 1991

年11月11日,注册资金6 000万元。2008年2月,搬迁至南汇工业园区。主要经营范围为民用核安全设备(不含危险设备)和光、机、电、液机械设备的设计、制造和维修安装等。公司前身为上海理工大学附属工厂与上海理工大学附属二厂,并且长期与上海理工大学进行深度产学研合作。2009年11月,公司借助核电飞速发展的形势,将产品范围从铁路行业扩展至核电行业,相关产品广泛应用于浙江秦山一期、二期、广东岭澳一期、二期、辽宁红岩河、福建福清、巴基斯坦恰希玛等众多核电站。2010年,公司产值1.1亿元,税收1 495万元。

上海茂德企业发展有限公司 位于沪南公路9408号。上海茂德企业发展有限公司成立于2001年10月22日,注册资金3 000万元。主要经营范围为自动化仪器仪表、阀门、轴承、冶金及石化设备配件及自动化仪器仪表"四技"服务等。茂德公司是专业制造联轴器、阀门、自动化仪表阀门的行业骨干企业,公司占地面积7.1万平方米,建筑面积6万多平方米。公司拥有一支40余人的包括机械工艺、投资策划及工程项目等方面的专业队伍,并汇集160余名经过培训的技艺精湛的能工巧匠,拥有先进的、独特的联轴器生产线及阀门生产线专用加工设备,随着公司生产规模不断扩大,业务范围涉及多个领域,2007年被上海市工商行政管理局批准为集团公司,并逐步向生产性服务业延伸。2010年,公司产值2.1亿元,税收385.97万元。

上海卡姆丹克太阳能科技有限公司 位于园迪路16号及园中路906号。上海卡姆丹克太阳能科技有限公司成立于2005年7月5日,注册资金1 850万美元,由COMTEC SOLAR(HONG KONG)LIMITED公司全额投资。主要经营范围为生产和开发半导体、元器件专用材料(太阳能专用材料),销售太阳能硅材料、光伏产品,提供相关技术咨询和服务;国内货物运输代理,仓储(除危险化学品),装卸服务,供应链管理,从事物流科技领域内的技术咨询、技术服务,是中国首批能够大规模生产156毫米×156毫米的单晶太阳能晶片的制造商之一。该公司在南汇工业园区购买1.33公顷土地,建造了占地1.3万平方米的厂房,并于2007年7月正式投产,当年实现产值3.5亿元。上海卡姆丹克所生产的光伏太阳能硅单晶及硅单晶片被认定为上海市高新技术成果转化项目。所生产的8英寸太阳能级硅单晶放片月产量为100万片,成为全国产量最大的太阳能科技企业。2009年10月30日,卡姆丹克太阳能系统集团有限公司在香港联合交易所主板上市,筹集资金5.25亿港元。2010年,公司产值10.28亿元,税收3 184.27万元。

上海仪捷光电科技有限公司 位于宣中路399号8幢。上海仪捷光电科技有限公司成立于2008年1月17日,注册资金250万美元,主要经营范围为设计、生产、加工微电子用玻璃基板和光电特种玻璃薄化产品等。该公司是由上海仪电控股集团公司、台湾光捷国际公司联合投资成立的,是一家结合蚀刻技术与研磨技术的公司,掌握关键的制程工艺。该公司作为液晶面板玻璃、光学玻璃的减薄业务和彩色滤光片重工业务的专业厂商,产业技术处于领先地位,填补了国内相关产业链中的空白。2010年,公司税收73.35万元。

上海艾郎风电科技发展有限公司 位于宣黄公路1989号。上海艾郎风电科技有限公司成立于2007年12月18日,注册资金1亿元。主要经营范围为风力发电设备及配套零部件、风机叶片和相关复合材料的制造、销售、维修以及相关技术的开发等。公司是一家高科技民营股份有限公司,上海生产基地占地26公顷,总建筑面积18万平方米,其中生产车间为13.5万平方米,办公楼6 500平方米,生活配套设施3.85平方米。艾郎公司具有外贸进出口权,主营陆地和海上风力发电机叶片的生产、销售和服务,通过与国际知名风叶设计公司德国Aerodyn合作,专业生产MW级风叶片,公司叶片全部符合GL认证标准。2009年该公司生产的1.5MW、40.3M的叶片项目被认定为上海市高新技术成果转化项目。2010年,公司产值6.16亿元,税收3 641.22万元。

第五节　生态环境

南汇工业园区成立初期,在注重经济发展的同时也十分重视环境保护。1999 年,完成了南汇县政府制定的污水纳管埋设方案。是年,南汇工业园区配合南汇县实施沪南路景观建设,园区累计出资 330 万元。同时另投资 300 万元,建设了沪南公路薛家宅十字路口绿化工程。

2004 年,南汇工业园区认真开展以 ISO 9001 和 ISO 14001 认证为标志的"质量与环境双优工业开发区"创建工作。成立由园区班子领导牵头的双优领导小组和工作小组,聘请专业咨询公司,成立专门办公室,通过历时九个月的辅导培训,全面完成双优认证的各项工作,在南汇区所有开发区之中率先顺利通过质量和环境两项认证。2005 至 2010 年,园区先后完成 ISO 9001 质量管理体系换版和 ISO 14001 环境管理体系的换证工作。

2006 年,南工北区新开工了两个污水干管工程,西起六宣港沿园德路、东起园中路沿五号桥、新徐河桥,汇至南芦公路规划污水管,全长约 2.1 公里,总投资约 1 000 万元。汇技路污水干管工程,由申杰路沿汇技路北侧绿化带自西向东汇至南芦公路规划污水管,管道全长约 2.5 公里,总投资约 2 000 万元。自 2006 年实施第三轮环保三年行动计划以来,园区不断完善污水收集管网,提高污水纳管率,先后完成上海峰亚耐火保温材料有限公司等三户企业的污水纳管工作;完成园西路、城西路和迎熏路等污水管网 12.3 公里;同时对 5 家重点排污企业积极开展达标治理工作。2009 年,南汇工业园区被评为南汇区第三轮环保三年行动计划先进单位,并荣获"水环境治理保护奖",其中"污水纳管率"这一考核指标得分排名南汇区第一。至 2010 年,南汇工业园区建设和修复了汇技路等园区内的绿地工程。

第十五章　上海崇明工业园区

上海崇明工业园区位于中国第三大岛的崇明岛,规划区域总面积 9.97 平方公里。1994 年 3 月,崇明县人民政府(以下简称崇明县政府)于崇明城桥镇建立崇明岛上首家县级工业园区崇明外商投资开发区,对外开展招商引资,积极发展工业产业。崇明外商投资开发区占地面积 10 平方公里,由中共崇明县委,县政府直属的崇明外商投资开发区管理委员会负责工业区招商引资和开发建设工作。6 月 14 日,首次以外商投资开发区管委会名义对外招商;7 月 1 日,设立外商投资开发区管委会直属第一家股份制公司上海沪宇事业总公司;11 月 15 日,崇明县政府联合外商投资开发区管委会、县工业委员会、建委、计划统计局、劳动人事局、财税局、工商物价局、公安局、卫生防疫站、供电所组建开发区外商投资服务中心,入驻开发区,全面支持开发区建设工作。11 月 16 日,与城桥镇施翘村经济合作社签订了土地入股协议书,征用首块土地,共计 0.93 公顷;12 月 15 日,开发区首幢标准厂房破土动工。

1995 年 5 月,经崇明县政府研究决定崇明外商投资开发区更名为崇明经济技术开发区。同年,为实施上海产业结构、生产布局调整,受浦东新区全面开发开放的辐射,推动崇明县属工业、乡镇工业跻身国内外大市场,崇明县政府向市政府报送《关于要求将上海市崇明工业园区升格为市级工业区的请示》,以原崇明经济技术开发区为主体,规划建设崇明工业园区。1996 年 2 月,经市政府批准崇明工业园区被列为市级工业园区。成为市郊唯一享受"以岛养岛、自费改革"特殊政策的市级工业园区。2006 年 3 月,第四批通过国家发展和改革委员会的审核,确定为省(直辖市)级工业开发区,并将原名称"上海市崇明工业园区"改为"上海崇明工业园区"。

崇明工业园区自批准成为市级工业园区以来,按照"突出重点,集中力量,分步实施"的原则,积极开展招商引资,大力实施基础设施建设,区内通信便捷、道路宽敞、环境优美,先后获得"全国乡镇企业示范区"和"上海市科技园区"称号。2003 年 11 月,通过 ISO 9000 国际质量管理体系和 ISO 14001 国际环境管理体系的认证,获得中国质量认证中心颁发的认证证书。

第一节　管　理　机　制

一、管理机构

1994 年 3 月,崇明县政府批准成立崇明外商投资开发区管理委员会(以下简称外商投资开发区管委会)。外商投资开发区管委会为崇明县政府派出机构,行使开发区招商引资和开发建设工作。崇明县分管工业副县长兼任管理委员会主任。外商投资开发区管委会下设发展部、财务部、贸易部、办公室和驻市区办事处。

1994 年 6 月,崇明县工业委员会与外商投资开发区管委会办理外经崇明分公司隶属单位移交手续,原外经崇明分公司转入外商投资开发区管委会总资产 419 万元、总负债 326 万元、负投资 282 万元、效益 65 万元、税金 76 万元。直属单位 5 个(其中联营企业 2 个、合资企业 3 个),参股单位 3 个,职工 350 人左右。在此基础上,经崇明县政府批准同意建立外商投资开发区管委会直属子公司崇明县对外经济发展总公司(以下简称对外经济发展总公司)。对外经济发展总公司为全民性质企业,与外商投资开发区管委会属两块牌子、一套班子。

表 7-15-1　1994—1995 年崇明外商投资开发区管理委员会主要领导任职情况表

姓　名	职　　务	任　职　时　间
胡伯坤	崇明外商投资开发区管理委员会主任	1994 年 3 月—1995 年 5 月
陈志英	崇明外商投资开发区管理委员会副主任	1994 年 3 月—1995 年 5 月
顾建新	崇明外商投资开发区管理委员会副主任	1994 年 3 月—1995 年 5 月

资料来源:上海崇明工业园区提供。

表 7-15-2　1994—2001 年崇明县对外经济发展总公司主要领导任职情况表

姓　名	职　　务	任　职　时　间
胡伯坤	崇明县对外经济发展总公司总经理	1994 年 7 月—2001 年 2 月
陈志英	崇明县对外经济发展总公司副总经理	1994 年 7 月—2001 年 2 月
顾建新	崇明县对外经济发展总公司副总经理	1994 年 7 月—2001 年 2 月
陆蕴珍	崇明县对外经济发展总公司副总经理	1994 年 7 月—2001 年 2 月

资料来源:上海崇明工业园区提供

1995 年 5 月,崇明县政府研究决定将"崇明外商投资开发区管理委员会"更名为"崇明经济技术开发区管理委员会"。管理委员会组成成员任职不变。下设发展部、财务部、贸易部、办公室和驻市区办事处,新设物业管理部。

表 7-15-3　1994—1996 年崇明经济技术开发区管理委员会主要领导任职情况表

姓　名	职　　务	任　职　时　间
胡伯坤	崇明经济技术开发区管理委员会主任	1994 年 3 月—1995 年 5 月
陈志英	崇明经济技术开发区管理委员会副主任	1994 年 3 月—1995 年 5 月
顾建新	崇明经济技术开发区管理委员会副主任	1994 年 3 月—1995 年 5 月

资料来源:上海崇明工业园区提供。

1996 年 3 月,根据市政府关于同意崇明工业园区列为市级工业区的批复,决定将"崇明经济技术开发区管理委员会"更名为"上海市崇明工业园区管理委员会"。下设发展部、规划部、财务部、政工部、办公室。

1997 年 6 月,为加强对园区内企业的管理和服务,成立崇明工业园区物业管理中心。1998 年 7 月,崇明工业园区管理委员会成立春郭房地产开发有限公司,负责辖区内动拆迁安置房的建设。

2000 年 7 月,崇明工业园区管理委员会组建崇明工业园区开发有限公司。崇明工业园区开发有限公司为崇明工业园区管理委员会全资子公司,与崇明工业园区管理委员会属两块牌子、一套班子。崇明工业园区管理委员会合并原贸易部和发展部成立招商部,新设服务一部,原物业管理部更名为服务二部。新组建的崇明工业园区开发有限公司下设发展部、规划部、财务部、政工部、办公室、物业管理中心和驻市区办事处。

2002年12月,招商部更名为招商一部,服务一部更名为招商二部,服务二部撤销。2005年1月,新设立党群事业部。3月,合并招商一部、招商二部成立园区招商中心。11月,在市区成立第二招商中心。12月,规划部更名为规划工程部,财务部更名为财务资产部。新设企业管理部,下辖物业管理中心。2009年1月,新设信访办公室。2010年1月,成立综合治理办公室,原信访办公室并入综合治理办公室。12月,原企业管理部更名为企业服务部。

表7‑15‑4　1995—2010年崇明工业园区管理委员会主任任职情况表

姓　　名	职　　务	任　职　时　间
胡伯坤	上海市崇明工业园区管理委员会主任	1995年5月—2000年6月
顾国林	上海市崇明工业园区管理委员会主任	2000年6月—2003年7月
胡伯坤	上海市崇明工业园区管理委员会主任	2003年7月—2004年1月
张建国	上海市崇明工业园区管理委员会主任	2004年1月—2005年9月
石建新	上海市崇明工业园区管理委员会主任	2005年9月—2007年12月
李振家	上海市崇明工业园区管理委员会主任	2007年12月—

资料来源:上海崇明工业园区提供

二、开发主体

1994年6月,建立隶属于外商投资开发区管理委员会的崇明县对外经济发展总公司。下设发展部、财务部、贸易部、办公室和驻市区办事处。

2000年7月,组建崇明工业园区开发有限公司,为独立核算、自收自支的国有企业。公司下设发展部、规划部、财务部、政工部、办公室、物业管理中心和驻市区办事处。公司负责园区开发建设、实业投资、招商引资及资产管理。2002年12月,县政府决定将原县建设委员会所属的崇明建设集团(公司)组建成县级总承包公司,并整体划转给崇明工业园区。2003年2月,崇明工业园区又成立崇明县对外经济技术发展有限公司。同年12月,春郭房地产开发有限公司转制为股份制民营企业。

表7‑15‑5　1994—2010年崇明工业园区开发有限公司主要领导情况表

姓　　名	职　　务	任　职　时　间
胡伯坤	上海市崇明县对外经济技术发展总公司总经理	1994年7月—2001年2月
胡伯坤	上海市崇明工业园区开发有限公司董事长	2000年7月—2004年1月
张建国	上海市崇明工业园区开发有限公司董事长	2004年1月—2005年9月
郁天龙	上海市崇明工业园区开发有限公司董事长	2005年9月—2007年2月
胡伯坤	上海市崇明工业园区开发有限公司总经理	2000年7月—2002年2月
刘益昌	上海市崇明工业园区开发有限公司总经理	2002年2月—2005年9月
陆建聪	上海市崇明工业园区开发有限公司总经理	2009年11月—

资料来源:上海崇明工业园区提供

第二节　规 划 与 建 设

一、园区规划

【崇明外商投资开发区规划】

1994年3月,实施的崇明外商投资开发区第一期开发,规划面积1.82平方公里,四至范围:西门路以西至三沙洪河,中街山路以北至利民路。

【上海市崇明工业园区规划】

1995年11月,崇明工业园区管委会会同上海崇明城乡规划所制定《上海市崇明工业园区规划》。根据规划,崇明工业园区位于崇明城桥中心城西北部,三沙洪河南横引河的两侧,南临长江,其用地范围:东至陈海公路、育麟桥路、中津桥路、西门路一线,南至长江,西至三沙洪以西1公里,北至陈海公路,整个区域总用地9.97平方公里。按照中共崇明县委、县政府"高起点规划、高标准建设、高速度推进"的总体要求,该规划对工业园区整体进行科学合理的布局,在内容上,包括3.12平方公里的工业发展备用地;涉及城桥镇及港东、港西两个乡,共有施翘、小港等10个行政村,规划人口为6.5万人;主要有机械、电器、轧钢、食品、服饰等11家企业。在土地使用安排上,包括工业区370公顷、仓储区59公顷、公共建筑区37公顷、住宅区227公顷、绿化区140公顷、道路145公顷。在空间布局上,整个工业园区自南向北依次分为出口加工区、都市型工业区和高新技术与科技孵化产业区。都市型工业区由配套加工、精密机械和生物制药3个组团组成,高新技术与科技孵化产业区由高新技术、IT产业和科研孵化产业3个组团组成。

表7-15-6　1995年崇明工业园区规划用地明细表

项　　目	面积(公顷)	占比(%)
总控制用地	996.96	—
发展用地	685.18	100
其中:1.工业用地	299.33	43.7
2.仓储用地	57.29	8.4
3.公建用地	7.50	1.0
4.生活居住用地	163.42	23.9
5.绿化用地	45.62	6.7
6.市政用地	6.60	1.0
7.道路用地	81.37	11.9
8.水域	24.05	3.5
发展备用地	311.78	—

资料来源:上海崇明工业园区提供

根据规划,工业园区区域内水陆交通便捷,其中,水路有两条县级河道南横引河和三沙洪贯穿园区,通航等级为六级;周边陆路交通主要有陈海公路、西门路、人民路、北门路、育麟桥路等与外围连成四通八达的交通网络。

在基础设施规划上,工业园区在充分利用当时的基础设施和经济技术力量的前提下,配合崇明二级市和城桥中心城的总体规划,建设相对独立的、完备的市政基础设施,以满足工业区的生产、生活需要,并考虑到分期建设,为远期发展留有余地。其中,交通:区外交通将通过环岛公路解决,过境交通将不影响工业园区本身,区内交通将由两条南北向干道组成,主干道间距约为1 000米,次干道间距约为500米。给水工程:工业园区总用水量约为10万吨/日,工业园区内的用水由南门水厂和老效河水厂供给,在西门路已铺设D500上水管,以满足工业区远期用水要求。雨水工程:工业园区内河道纵横,水位控制在2.7米~2.9米之间,结合防洪区内河道均设闸门,雨水通过5个独立的雨水系统,通过自排和强排相结合的方式排入邻近的河道。港口码头:在总体上港口码头规划应与城市规划布局相互协调,既要满足在技术上的要求,也要符合城市发展的整体利益,可利用工业区内的三沙洪河南横引河六级航道的条件,兴建100吨级的码头,在工业园区外利用长江深水岸线,建造万吨级码头。污水工程:工业园区污水系统与城桥中心城共同考虑,排入长江。近期可通过对工业污水和生活污水预处理后经管道排入长江,远期则由污水管道送入城桥污水处理厂处理后排入长江,排放方式采用深水排放。电力工程:在工业园区内,西门路南侧现有100千伏变电站一座,可满足近期内用电需要,为确保工业园区远期用电量,在工业园区内另增加四座35千伏变电站与之相配套。住宅建设:整个工业园区分设四个居住小区,其住宅建设按一般、中档、高档三个层次进行规划建设,根据发展趋势,所占比例为40%、50%、10%,规划住宅总需求218万平方米,除高级别墅区外,住宅按多层住宅标准进行建设为主,兼顾公用设施和物业管理,进行统一规划、统一建设、优惠出售、自费购买。

【崇明工业园区启动区控制性规划】

1998年,为使崇明工业园区开发建设有序推进,新编制了《崇明工业园区启动区控制性规划》。崇明工业园区启动区位于城桥镇西北部,其用地四至范围:东至西门路,南至北门路、人民路,西至三沙洪,北至利民路,整个启动区区域总用地181.55公顷。

规划布局结构:通过城市主干道及由高压走廊将启动区形成一个相对独立的空间,并通过内部道路,将启动区划分为各类用地布局较完整的街坊。工业,设在启动区的北侧,从施翘河至利民路的范围内,工业用地的布局和工业项目的选择,应充分考虑保护城市环境的要求,规划考虑启动区内安排一类工业,同时整个启动区内做到因地制宜发展,采取"统一规划、分步实施、量力而行、滚动发展"的方针,启动区的货物贮存,集中到规划仓储区内。仓储:设置在三沙洪东侧,它一方面服务整个工业园区,既方便工业园的物资储存,又可利用河道便于中转;另一方面,也可为整个城桥镇设置一定的物资储存仓库。公建:公共建筑用地设于小港河北侧,西门路西侧地块内,主要安排行政管理和经济管理等机构,为整个工业园区服务。居住:居住用地位于启动区的南部,和西门新村交界处,由四个街坊组成,居住小区内还应考虑相应的文教卫生、商业服务及公共事业等设施。市政:在启动区内考虑三块市政用地,作为消防站、110千伏变电站及35千伏变电站的位置,为启动区服务。绿地:隔离绿地根据城桥镇总体规划,沿西门路的高压走廊带形成70米宽的隔离绿地;公共绿地沿利民路和老南横引河之间形成不规则的公共绿地;厂区、居住区内按要求配置20%~30%绿化用地;整个启动区的绿化覆盖率达到30%以上。道路:结合城桥镇总体规划,启动区内道路呈方格网布置,区域内道路为三个等级,主干道如北门路、西门路、利民路、三沙洪路等,红线 35 米～40 米;次干道红线为 24 米～30 米,一般道路红线为 16 米～20 米。

表 7‑15‑7　1998 年崇明工业园区启动区规划用地平衡表

项　　目	面积(公顷)	占比(%)
工业用地	60.28	33.2
仓储用地	33.42	18.4
居住用地	33.88	18.7
公建用地	2.08	1.2
市政用地	2.96	1.6
绿化用地	18.05	9.9
道路用地	23.07	12.7
水　域	7.81	4.0
总用地	181.55	100.0

资料来源:上海崇明工业园区提供

【崇明工业园区控制性详细规划】

2003 年 5 月,新编制的《崇明工业园区控制性详细规划》确定崇明工业园区以“依托新城、面向全岛、优化功能、争创优势”为发展方针,充分利用崇明独特的地理优势,有序推进工业园区开发建设,为城乡工业产业结构调整提供发展的腹地,使之成为城市大工业的扩散基地。产业导向按照“高起点、高标准、高效益、低能耗、低污染”的原则,以出口加工为重点,发展高新技术、生物制药、电子信息等绿色产业,逐步提高高科技产品和高附加值产品比例,形成一个集科研、信息服务、都市型工业于一体的高科技、高效益、外向型的综合工业园区。一方面,发挥崇明现有的工业基础,以高科技为主导,重点发展先进的技术装备工业,高档的消费加工业。另一方面,继续发展崇明的优势产业,如高档家用电器、轻工机械、电子仪表、针织服装、新型建材、高级工艺品等产业,结合崇明农副产品优势,大力发展无公害绿色食品、海淡水产品等产、加、销一条龙服务工业。

崇明工业园区规划控制面积为 9.97 平方公里,分为三期开发,开发年限为 15 年。“九五”期间,首期启动开发约 1 平方公里,规划有商业区、工业用地和居住用地;2001—2005 年为第二期,开发面积为 2 平方公里;2006 年以后的五年将是工业园区全面建设、繁荣发展的时期,各分区规划将得以全面贯彻实施,城市化建设的步伐显著加快,为推进崇明二级市和城桥新城的建设打好基础。

2009 年,为支持城桥新城开发建设,在崇明县“二规合一”编制过程中,对工业园区规模进行了缩减,新一轮规划中,园区位于崇明新城西侧,东至西门路,北至老南横引河,南至北门路(西段至长江),西至元六港以东规划路,总规划面积维持 9.97 平方公里不变。总体规划分为三期开发建设:一期用地 2.25 平方公里,二期用地 2.70 平方公里,三期用地 5.02 平方公里。

二、土地开发利用

【土地征用】

自 1993 年,计划经济时期实行的国有土地由行政划拨,无偿、无限期使用改变为用市场经济手段,对土地实行有偿、有限期使用。2003年起,土地使用权出让实行公开招标方式。

1994年8月,为鼓励和吸引客商投资,切实加快崇明外商投资开发区建设,中共崇明县委政策研究室就崇明县外商投资开发区开发建设提出若干政策意见。

土地征用使用补偿。1985年10月5日起,根据上海市土地局、上海市农业局关于对被征用使用土地的农民实行补偿的规定,崇明县实行征用使用土地经济补偿办法,标准是每公顷常年蔬菜地2.25万元,粮棉地1.50万元。为了保障农民的根本利益,之后对补偿费标准作过多次调整。到1999年,土地补偿费按该地块征用使用前3年平均产值的3倍~6倍计算,每公顷常年蔬菜地为32.40万元(市财政投资建设的合兴乡蔬菜地每公顷37.50万元)、粮棉地为18.00万元。青苗费,每公顷常年蔬菜地2.94万元(合兴乡蔬菜地每公顷3.35万元),粮棉地1.62万元。此外,还给予地上地下附着物补偿费。

土地使用权出让。1993年,崇明县成立县土地批租办公室,改变原来的土地无偿、无限期划拨的使用制度,开始实行土地使用权有偿、有限期出让的方式。按照《上海市土地使用权出让办法》的规定,各类用地最高时限分别为居住用地70年,工业用地50年,教育、科技、文化、卫生、体育用地50年,商业、旅游、娱乐用地40年,综合或其他用地50年。

劳动力安置。崇明工业园区内因土地征用需要安置的劳动力,按照"谁用地、谁负责安置"的原则,由征地单位负责安置,县劳动部门、土地部门协调配合,涉及的被征地单位和有关部门应积极支持。吸收安置补偿费根据市政府规定执行。

至2010年,崇明工业园区一期用地已基本完成开发,二期用地正在开发建设中,三期用地为园区中远期发展备用地。

表7-15-8　1997年崇明工业园区征用土地一览表　　　　　单位:公顷

序号	用　途	占地面积	征 地 范 围	批 准 时 间
1	琪祺服装厂	0.95	西引路东　秀山路北	1997年3月6日
2	中瀛厂	1.01	西引路西　秀山路北	1997年3月7日
3	三期厂房	0.73	西引路东　秀山路南	1997年3月5日
4	四期厂房	1.24	新业锅炉以西　综合楼以南	1997年3月8日
5	西马特公司	2.4	西引路西　秀山路以南	1997年3月8日
6	中瀛二期	0.86	秀山路北　中瀛一期以西	1997年3月8日
7	永凤厂	2.62	秀山路北　三沙洪路东	1997年3月10日
8	攀枝花厂	0.63	西引路东　综合楼以南　四期厂房西	1997年3月8日
9	新业锅炉厂	1.45	秀山路南　绿化带西	1997年4月8日
10	八期厂房	1.28	中瀛以北　西引路以西	1997年4月14日
11	申美厂	1.90	秀山路北　绿化带以西	1997年4月14日
12	翔龙厂	0.70	西引路东　琪琪厂北	1997年4月14日
13	十一期厂房(绿鑫)	3.993	秀山路北　三沙洪路以西	1997年4月14日
14	仓储用房	5.41	三沙洪路以西　秀山路以南	1997年4月14日
15	配套道路	0.79	三沙洪路以西　秀山路以南	1997年4月15日

（续表）

序号	用　　途	占地面积	征　地　范　围	批　准　时　间
16	十二期厂房（米酒）	3.42	三沙洪路东　秀山路南　西马特西	1997 年 4 月 14 日
17	职工宿舍	1.70	西引路南端两侧　中街山路以南	1997 年 4 月 14 日
18	变电站	0.52	三沙洪路以东　官山路以南	1997 年 4 月 14 日
19	绿化基地	0.52	新业锅炉以南　绿化带西南	1997 年 4 月 14 日
20	绿化带	3.91	西门路西　秀山路南北二侧	1997 年 4 月 14 日
21	十三期厂房	2.52	三沙洪路东侧　小港小河南侧	1997 年 4 月 14 日

资料来源：上海崇明工业园区提供

【围垦造地】

崇明工业园区为积累土地使用指标，积极投资围垦造地。2001 年，围垦团结沙东滩涂，面积575 公顷。2002 年，围垦东风西沙。东风西沙是崇明岛西南的一个沙洲，位于三星镇南部岸线以南，由崇明县工业园区筹资围垦。是年 1 月 25 日开工，12 月底竣工。大堤堤顶高 8.5 米，顶宽 5.0米，外坡 1∶3，内坡 1∶2，总长 9 133 米。完成土方 105 万立方米，围地 386 公顷，总投资 8 224.47万元。同年，园区还向江苏省启东市有偿受让黄瓜沙土地 466.7 公顷，累计储备土地达到 1 400公顷。

表 7‑15‑9　1994—2010 年崇明工业园区参与滩涂围垦情况表

年　份	滩　涂　名　称	围垦面积（公顷）	投资总额（万元）
1996 年	北六滧西滩涂	637.37	1 734.51
1997 年	北八滧东侧滩涂	866.67	1 300.00
2001 年	团结沙东滩涂围垦工程	575.00	2 871.59
2002 年	东风西沙圈围工程	386.00	8 224.47

资料来源：上海崇明工业园区提供

三、基础设施

【道路】

1998 年 6 月，为配合园区一期开发建设和落户企业发展需要，分南北两段开工建设西引路的小港横河至北门路，并分别于同年的 8 月 20 日和 10 月 30 日竣工通车。1998 年 11 月 18 日，启动东西走向中街山路的嵊山路至岱山路建设，并于 1999 年 6 月 30 日竣工通车。2001 年，启动西引路南北延伸段建设，其中，西引路南段的南门路至北门路于 8 月竣工通车；北段西引路的利民路至小港横河于 10 月竣工通车，至 2001 年 10 月，西引路全线贯通。于 2001 年开工建设的南北走向的三沙洪路，也于 10 月底竣工通车。至 2001 年底，园区一期道路交通网基本建成。

随着园区二期开发建设的全面推进，启动官山路建设，其中官山路东段的西门路至三沙洪于2001 年 4 月开工建设，同年 11 月 17 日竣工通车；官山路西段的三沙洪至岱山路于 2002 年 3 月开工建设,同年7月10日竣工通车。2003年7月,贯穿一期二期主干道秀山路开工建设,2004年5月竣工通车。2003年7月,南北向嵊山路的老南横引河至中街山路开工建设,2005年12月竣工通车。2003年8月,二期南北向岱山路开工建设,2004年5月竣工通车。2006年3月,南北向滨洪路开工建设,2010年8月1日竣工通车。2007年6月,中街山路延伸段的滨洪路至嵊山路开工建设,同年10月竣工通车。至2010年底,崇明工业园区已基本建成中街山路、秀山路等7条区内道路,形成总长13 320米的四纵三横道路格局。

表7‐15‐10   1994—2010年崇明工业园区道路建设完成情况表   单位：米

道路名称起至地点	长　　度
中街山路西门路—三沙洪路	700
秀山路西门路—岱山路	1 750
官山路西门路—岱山路	1 330
西引路北门路—利民路	1 950
三沙洪路人民路—利民路	2 050
岱山路北门路—利民路	2 940
嵊山路嵊山路桥—利民路	2 600
合　　计	13 320

资料来源：上海崇明工业园区提供

【绿化】

根据崇明工业园区总体规划和功能布局,充分考虑点、线、面相结合的总体设想,合理安排景观绿地的穿插,开敞空间的形成,公共活动空间的组织,生态环境的平衡。建设公共绿地的总用地为45.62公顷。其中,隔离绿地：在工业园区东部结合高压走廊,设置70米宽的隔离绿地,以及在主要道路、河流两侧设置隔离绿地。集中绿地：在利民路和老南横引河之间规划设置集中绿地,提高工业园区的绿化空间,美化工业园区的环境。厂区绿地：在工业企业内按《上海市植树造林绿化条例》的要求,配置20%～30%的绿化面积。至2010年底,崇明工业园区绿化投资累计2 600万元,绿化面积17.5万平方米,绿化覆盖率达30%。

表7‐15‐11   1996—1997年崇明工业园区自行建设绿化面积情况表

绿 化 地 段	绿化面积 (平方米)	绿 化 时 间	投资总额 (万元)
高压线绿化带	24 319	1996年6月—1997年7月	330
西引路绿化隔离带	5 600	1996年3月—1996年8月	—
高压线向北延伸段	6 079	1997年8月—1997年12月	51.52
秀山路两侧绿化带	4 224		
标准厂房区内绿化	7 058	—	—
中瀛厂绿化	1 635	1997年5月—1998年4月	5.07

（续表）

绿 化 地 段	绿化面积 （平方米）	绿 化 时 间	投资总额 （万元）
申美厂绿化	2 833	1997 年 5 月—1998 年 4 月	13. 11
永凤厂绿化	2 530	1997 年 12 月 18	—
合　计	54 278	—	—

资料来源：上海崇明工业园区提供

【供电供水电信】

1997 年 3 月，与崇明电力公司就工业园区 35 千伏变电站签订共建协议；1998 年 2 月 28 日，正式启动变电站建设，总投资 48 万元，于同年 5 月 31 日竣工交付使用。同时，根据落户企业发展需要投资 1 100 万元铺设各种类型上水管 10 380 米，日供水能力达到 2 万吨；新建 8 000 门程控电话机房 1 座，以满足落户企业装机容量，保证通信畅通。

【厂房】

1994 年 11 月，园区开征位于城桥镇施翘村第一块土地 0. 93 公顷用于标准厂房建设。同年 12 月 15 日，第一幢标准厂房建设破土动工。至 2010 年底，工业园区共建标准厂房面积 52 960 平方米，其中园区建设 35 057 平方米，落户企业自建 17 119 平方米，总投资 7 749 万元。

表 7 - 15 - 12　1994—2010 年崇明工业园区启动区厂房面积表

厂 房 名 称	厂房面积 （平方米）	投 建 时 间	投资总额 （万元）	使用单位	备　注
一期厂房	8 400	1994 年 12 月—1995 年 5 月	3 904	琪祺公司	租　用
一期厂房扩建	3 200	1997 年 11 月—1998 年 8 月	—	美帆公司	租　用
二期厂房	1 836	1995 年 6 月—1996 年 6 月	324	中瀛公司	租　用
二期厂房扩建	—	—	—	中瀛公司	租　用
三期厂房	4 420	1995 年 9 月—1996 年 1 月	563	企业租用	
四期厂房	5 000	1996 年 6 月—1997 年 2 月	—	企业租用	
五期厂房	4 200	1997 年 4 月—1998 年 1 月	712	永凤公司	租　用
综合楼	2 052	1996 年 12 月—1997 年 5 月	—	—	—
攀枝花厂	2 500	1997 年 4 月—1997 年 11 月	—	—	—
攀枝花厂扩建	1 150	1997 年 12 月—1998 年 5 月	88. 6	攀枝花厂	租　用
申美不锈钢厨具	8 169	1997 年 5 月—1997 年 8 月	—	申美公司	租　用
斯迪夫医疗器械	1 300	1997 年 5 月—1997 年 8 月	—	斯迪夫	租　用
西马特实业公司	3 350	1997 年 5 月—1997 年 11 月	—	西马特厂	该厂自建
新业锅炉	4 300	1996 年 7 月	—	新业厂	该厂自建
鹰腾香料	—	1996 年 1 月	—	鹰腾厂	该厂自建

资料来源：上海崇明工业园区提供

【住宅】

2000年5月,崇明工业园区在基础设施建设的同时,工业园区所属春郭房地产开发有限公司开发的"怡祥居"居住小区破土动工,2001年7月竣工,建筑面积8.4万平方米。同年9月,该小区在上海市第二届"优秀住宅"评比中获"上海市优秀城镇住宅奖""住宅小区优秀规划设计奖""优秀房型奖"三项大奖。

第三节　招商引资

一、招商机构

1994年3月,崇明外商投资开发区成立时,开发区专门设立发展部、贸易部,负责开发区对外招商工作。1996年2月,经市政府批准崇明工业园区被列为市级工业园区后由发展部具体负责对外招商。2000年7月,崇明工业园区在机构调整和优化中合并原贸易部和发展部,成立独立的招商部和驻市区办事处负责开发区对外招商。2002年12月,招商部更名为招商一部,服务一部更名为招商二部。2005年3月,为进一步加大园区招商力度合并招商一部和招商二部,成立园区招商中心。同年11月,在市区成立第二招商中心。2007年1月,拟筹建第三招商中心。2009年1月,撤销第二招商中心,并入招商中心。招商中心下设招商一部、招商二部、招商三部、招商四部和招商服务部。

二、招商环境

崇明是中国第三大岛,位于东海海岸长江之口,岛上水土洁净、林木葱葱、物产丰富,土地面积日长夜大,岸线资源得天独厚,具有良好的建港和发展船舶修造业的条件。崇明工业园区是享受海岛特殊政策的市级工业区。凡是到工业园区投资办厂或注册经营的中外各类企业,都同时享受到市政府给予的海岛特殊优惠政策和经县政府批准的园区扶助政策。园内对企业实行优质的代理服务和科学有序的管理,企业能得到全方位的服务和较大的实惠。

三、招商成果

1994年6月14日,崇明工业园区首次参加崇明县组团赴香港进行招商活动。1995年7月11日,园区参加了县政府在上海举办的招商引资洽谈会。1994—1995年,崇明工业园区落户企业2家,新注册企业243家,实现税收2 247.69万元。

"九五"期间(1996—2000年),崇明工业园区落户企业17家,新注册企业744家,实现税收总额58 720.83万元。1997年1月,园区首次自行举办大型招商活动,园区内和岛内企业300多人参加本次活动。1998年10月16日,园区召开"98崇明招商洽谈会",200多名中外客商云集崇明参加会议。1999年6月19日,在崇明工业园区组织举办上海百名企业家及文艺界知名人士参加的大型招商联谊活动。

"十五"期间(2001—2005年),崇明工业园区落户企业17家,新注册企业1 573家,实现税收总额197 161.49万元。2002年6月19日,崇明工业园区随市农委参访团赴美国、加拿大参加工业园区项目推介活动。通过多种形式的招商活动和崇明岛得天独厚的投资环境,崇明工业园区吸引了众多投资者。在招商引资引进来的同时园区还实施"走出去"战略,园区成立至2004年的10年间,崇明工业园区通过对外经济技术合作有限公司外派劳务人员共5 000多人次,创汇近3亿元。

"十一五"期间(2006—2010年),崇明工业园区落户企业14家,新注册企业2 715家,实现税收总额50.90亿元。崇明工业园区在十多年的招商引资中实现税收总额逐年增加,2010年税收总额是园区初建时1994年的663倍,1994—2010年累计实现税收总额达76.71亿元,为园区建设和发展作出了贡献。

表7‑15‑13　1994—2010年崇明工业园区引进企业和实现税收情况表

年　　份	落户企业(户)	新注册企业(户)	实现税收(万元)
1994年	0	49	202.32
1995年	2	194	2 045.37
1996年	7	203	4 694.80
1997年	3	177	10 341.32
1998年	2	116	15 152.42
1999年	1	115	13 764.33
2000年	4	133	14 767.96
2001年	2	225	18 748.49
2002年	2	294	26 450.13
2003年	5	406	43 262.95
2004年	4	322	50 760.68
2005年	4	326	57 939.24
2006年	8	421	70 327.05
2007年	2	488	91 988.91
2008年	1	662	101 340.60
2009年	1	577	111 155.35
2010年	2	567	134 154.90

资料来源:上海崇明工业园区提供

表7‑15‑14　1994—2010年崇明工业园区主要落户企业一览表　　　　单位:万元

序　号	企　业　名　称	入　驻　时　间	注　册　资　本
1	上海美帆高级服饰有限公司	1995年4月	55
2	上海新业锅炉高科技有限公司	1995年8月	100
3	上海双腾电子电器有限公司	1996年3月	50
4	上海汇良锻造有限公司	1996年4月	100
5	上海中瀛精密机械有限公司	1996年4月	200

(续表)

序 号	企 业 名 称	入 驻 时 间	注 册 资 本
6	上海宏林金属制品有限公司	1996 年 4 月	30
7	上海云城仪表厂	1996 年 9 月	80
8	上海正泽时装制衣厂	1996 年 10 月	138
9	上海西马特实业有限公司	1996 年 11 月	300
10	上海申美厨房用具有限公司	1997 年 5 月	85
11	上海攀枝花机械厂	1997 年 10 月	250
12	上海鹰腾香料有限公司	1997 年 11 月	50
13	上海瑞孚管路系统有限公司	1998 年 5 月	100
14	上海绿鑫健康食品有限公司	1998 年 9 月	100
15	上海英捷服饰有限公司	1999 年 10 月	50
16	上海裕佳自动化机械有限公司	2000 年 1 月	50
17	上海洪宝不锈钢制品有限公司	2000 年 3 月	50
18	上海庆安药业有限公司	2000 年 4 月	2 000
19	上海宏春模具制造有限公司	2000 年 7 月	50
20	上海源创数码科技有限公司	2001 年 2 月	2 068
21	上海裕生智能节能设备有限公司	2001 年 5 月	100
22	上海星山模具制造有限公司	2002 年 11 月	830
23	上海顺富针织品有限公司	2002 年 12 月	80
24	上海洪祥珠宝玉器有限公司	2003 年 1 月	68
25	上海嘉仕久企业发展有限公司	2003 年 6 月	1 000
26	上海运良锻压机床有限公司	2003 年 6 月	500
27	盛威纺织(上海)有限公司	2003 年 6 月	400
28	上海赛滨特种电子元器件有限公司	2003 年 10 月	100
29	上海鼎麟造船有限公司	2004 年 3 月	50
30	上海重诚机械设备有限公司	2004 年 3 月	50
31	上海浩良模具制造有限公司	2004 年 4 月	200
32	上海远都机床有限公司	2004 年 5 月	200

资料来源：上海崇明工业园区提供

第四节 产业发展

一、经济规模

崇明工业园区是一个综合性的市级工业园区，其主要功能是通过引进国内外高新技术和项目，调整、更新崇明的工业结构,带动全县工业企业实现现代化管理,并为市区和中央三线国有大企业疏散提供服务,逐步成为崇明经济发展的一个重要经济增长点,在开发浦东、振兴上海、促进长江三角洲经济发展中起特殊的"岛桥"作用。崇明工业园区从一开始就按照"高起点规划、高标准建设、高速度推进"的总体要求,坚持突出重点、集中力量、分步实施的原则,积极开展招商引资,依据自身的经济条件和岸线资源等综合优势,积极提高对外开放力度,重点开拓自由贸易、中转航运、出口加工、生态农业、海岛旅游等五大功能,培育有海岛特点的产业优势。为此,园区引进能充分利用崇明岛资源优势和依托城市大工业,积极发展技术含量高、附加值大、运输量小、无污染的有规模、上档次的科技型、资源型、配套型、技改型和创汇型的项目。

经过十多年的建设与发展,至 2010 年底,崇明工业园区有各类企业 3 526 家(含注册型企业),从业人员 3 380 名。

表 7 - 15 - 15　2010 年崇明工业园区规模以上工业企业主要经济指标表

项　　目	指　标　值
单位数(个)	26
工业总产值(万元)	1 01 531.8
销售产值(万元)	99 075.6
出口交货值(万元)	5 273.2
主营业务收入(万元)	97 190
利润总额(万元)	9 486.2
税金总额(万元)	4 948.6
资产总计(万元)	113 700.1

资料来源:2011 年《上海市开发区统计手册》

二、产业集聚

20 世纪 70 年代,通用设备制造业已成为崇明的重要工业行业之一。园区从事设备制造的相关企业有上海汇良锻造有限公司、上海瀛宇工贸有限公司、上海新业锅炉高科技有限公司等。1994年起,崇明工业园区充分利用崇明独特的地理优势,为城乡工业产业结构的调整提供发展腹地,成为城市大工业的扩散基地,并利用长江的深水岸线,接受浦东新区开发开放的辐射,把园区建设成高科技、高效益、外向型的综合工业园区。纺织业是崇明的传统工业行业,也是崇明最大的工业行业,相关企业有上海瀛春毛纺织有限公司等。金属制品业是在原来简单的铁制农具,以及刀、剪等日用制品生产上逐步发展起来的,相关企业有上海兴信厨房用具有限公司、上海申美厨房用具有限公司等。交通运输设备制造业包括汽车零部件及配件制造、汽车修理、摩托车零部件及配件制造、自行车配件生产、船舶修理及拆船等,为崇明工业中发展速度最快、拥有固定资产和创造利润最多的行业,相关企业有上海嘉士久企业发展有限公司、上海嘉士久机械制造有限公司等。仪器仪表制造业是园区发展较快的工业行业,相关企业有上海自动化仪表七厂一分厂等。纺织服装、鞋、帽制造业属崇明园区的传统行业,相关企业有上海英婕服饰有限公司、上海美帆高级服饰有限公司等。园区农副食品加工、食品及饮料制造业包括粮油加工、肉类加工、蔬菜加工、面包糕点等食品以及各种饮料生产,相关企业有上海绿缘食品有限公司等。在产业发展上,园区以崇明现有的工业基础,以高科技为主导,重点发展先进的技术装备工业,高档的消费加工业,继续发展崇明的优势产业,如高档家用电器、轻工机械、电子仪表、针织服装、新型建材、高级工艺品等产业,结合崇明农副产品优势,大力发展无公害绿色食品、海淡水产品等产、加、销一条龙服务工业。

1996 年 2 月,崇明工业园区列为市级综合性工业园区后,以发展高科技、高效益的行业为主,重点发展先进的技术装备工业、高档的消费品加工业、无公害的绿色食品加工业等。

2003 年 11 月,崇明县政府批转县经委制定的《崇明县工业向园区集中暂行办法》明确:新建生产性企业应落户于工业园区(指工业布局规划中确定的南门、新河、堡镇 3 个工业开发区,庙镇、向化 2 个特色工业基地和陈家镇绿色产业园区),其他地区原则上不得安排新的生产性项目;现有园区外的生产性企业(含扩建项目)逐步向工业园区集中;生产性项目引进必须符合各工业园区的产业导向,项目的布点必须符合各工业园区的总体规划。《暂行办法》规定:乡镇参与工业园区新的生产性项目开发列入招商引资年度考核范围,新项目投产后形成的企业产值、增加值、吸纳劳动力等主要统计指标的 50% 作为引进项目乡镇的年度工作实绩,产生的地方税收中工业园区实得部分的 50% 纳入引进项目乡镇的财政分成。《暂行办法》还规定,现有园区外生产性企业向工业园区搬迁,在园区用地可予以同类行业最低的价格优惠,购买或租赁工业园区标准厂房予以 10% 价格优惠;新建厂房的资金贷款由县中小企业贷款担保基金给予专项贷款担保至新建厂房权证办理完毕为止,并由县财政给予 1 年实际借贷资金 70% 的贷款利息贴息,以自有资金投入的,由县财政给予相当于贷款利息贴息的奖励;保留原税收基数,超基数部分可从纳税之日起 2 年内,按缴纳的企业所得税、增值税地方实收部分,由县政府在海岛发展专项资金中给予扶持,之后 6 年给予 50% 扶持,农副产品加工企业、高新技术企业、再给予 2 年 50% 扶持;为降低因搬迁造成的商务成本,县级行政事业性收费采取先收后返办法,并在企业搬迁完成后的 3 个月内全额返还企业;搬迁至工业园区后产生的税收地方实得部分,全部计入原乡镇,列入县、乡镇财政分成体系。加强工业向园区集中工作的领导,县政府建立联席会议制度,由分管工业的副县长为召集人,县经委、计委、建委、规划局、房土局、环保局、财政局、政研室、招商中心、崇明国家税务局、工商崇明分局及各工业园区为联席会议成员单位,及时研究、解决工业向园区集中工作的问题和矛盾。

表 7 - 15 - 16　2010 年崇明工业园区主导产业集聚度一览表

项　　目	指　标　值
工业总产值(亿元)	10.15
主导产业产值(亿元)	8.62
产业集聚度(%)	84.87

说明:以上数据按规模以上工业企业计算

资料来源:2011 年《上海市开发区统计手册》

三、重点企业

【上海新业锅炉高科技有限公司】

公司于 1995 年崇明工业园区注册成立,注册资金为 1 000 万元。是年,公司购置秀山路 1 号土地 1.5 万平方米,建造厂房 1.2 万平方米,主要生产锅炉和压力容器。1998 年,公司被评为崇明县第一家"上海市文明单位"。是年起,公司蝉联"上海市文明单位"。1999 年,公司增加投资 5 000 万元,在西门路 689 号新增购置土地 5 万多平方米,新建厂房近 3 万平方米,吸收工人和技术人员 200 多人,并获得国家颁发的锅炉和压力容器额最高级别证书。1998—2001 年,公司董事长朱永昌连续四年被评为崇明县经济建设功臣。公司自主研发、制造并投入使用中国市场第一台 100 吨燃气锅炉。2010 年,公司实现销售额近亿元,上缴税金 500 万元以上。

【上海金厦建筑安装工程有限公司】

公司成立于 1995 年 1 月,地址为杨浦区仁德路 101 弄 11 号,注册资金 2 200 万元,集建筑、装饰、市政、钢结构、机电设备安装工程于一体,具有房屋建筑工程施工总承包二级、市政公用工程施工总承包三级、建筑装修装饰工程专业承包二级、钢结构工程专业承包二级、机电设备安装工程专业承包二级资质。2000 年,公司取得 ISO 9002 质量管理体系认证证书。公司有工程技术管理人员 200 多人,其中具有中、高级专业技术职称的 46 人,拥有资质等级的项目经理 26 人。公司坚持发扬"团结奋进,务实高效"的企业精神,恪守"诚信为本,质量第一"的经营宗旨,经过多年施工实践,积累较为丰富的企业管理及现场施工经验,取得较好经济效益和社会信誉,先后被评为上海市"重合同、守信用企业"、上海市农口系统"文明单位"。公司承建的主要工程项目有上海智慧广场、永惠大厦、五洲国际大厦商办楼等高层建筑,上海长征塑料编织厂厂房、虹欣实业公司通用厂房、南银电器设备厂厂房等工业建筑,三林镇住宅小区、金汇花园住宅小区、文化花园住宅小区等住宅工程,金汇实验学校新校区、文化花园九年一贯制学校等教学楼,柳林大厦、温莎堡海霸王餐饮娱乐城、北市大酒店等高级装饰工程以及新欣实业公司新地花园、文化花园明珠苑地下停车库等安装工程。获得上海市建筑工程"白玉兰"奖、上海市优质工程奖、上海市"浦江杯"优质建设工程奖等各类奖项数十项。

【上海崇明建设(集团)有限公司】

公司成立于 1996 年 3 月,前身为崇明县建设安装工程总公司。地址在崇明县城桥镇西门路 588 号。公司注册资金 1.05 亿元,是一家以国有资产授权经营,以资产联结为纽带,集房屋建筑、装修装饰、市政工程、钢结构工程为一体,具有房屋建筑施工总承包一级和建筑装修装饰工程专业承包一级资质的建筑企业。公司拥有成员企业 8 家。2000 年,通过 ISO 9001:2000 质量管理体系认证。公司有各类工程技术管理人员 360 多人,其中具有高、中级技术职称的 93 人,一级和二级资质的建造师 50 人。上海崇明建设(集团)有限公司秉承"求真、务实、开拓、进取"的企业精神,坚持"和谐为本,追求卓越"的经营理念,取得显著业绩和良好声誉,相继获得上海市"重合同,守信用企业""上海市文明单位""上海市优质施工企业"等荣誉称号。公司进入上海市建筑企业综合实力三十强行列,产值在崇明县建筑企业中排名第一。承建的主要工程项目有上海汇龙新城、上海春江花悦园、崇明金月湾小区、上海崇明工业园区办公楼、上海第二福利院扩建工程、上海崇明堡镇中学、上海东方广场宾馆、昆山温莎堡娱乐中心等,累计建筑施工面积 500 多万平方米,先后获上海市建筑工程"白玉兰"奖、上海市优质工程奖、上海市"浦江杯"优质建设工程奖和"东方杯""明珠杯""琼花杯""普陀杯"等各类奖项 60 多项。

【上海鹏欣建筑安装工程有限公司】

公司是由上海鹏欣房地产开发有限公司、上海崇明城乡建设开发公司于 1996 年 4 月按现代企业制度要求组建的新型企业。地址:上海天钥桥路 811 号。公司注册资金 5 000 万元,以建筑施工为主业,具有房屋建筑工程施工总承包一级资质。公司下属经营单位有第一分公司、第二分公司、第三分公司、装饰分公司、安装分公司、基础分公司、市政分公司,还有园林建设公司、设备租赁公司、家庭装潢公司等子公司。1999 年,通过 ISO 9002 质量管理体系认证。公司共有各类工程技术人员 350 多人,其中具有中、高级技术职称的近 200 人。拥有高层建筑施工需要的塔式起重机、钻孔灌注桩钻机、施工电梯、井字架、混凝土搅拌机等各类大型施工机械设备。公司成立以来,坚持"质量优、速度快、服务好"的宗旨,业绩显著。1997 年,被市建委评为"一九九六年度在沪施工企业业绩考评优胜单位"。之后,又先后获得全国"重合同、守信用企业""上海市文明单位""上海市优质施工企业"等荣誉称号。1999—2002 年,鹏欣建筑公司连续 4 年在"崇明县建筑企业施工产值二十强"中位居第一。承建的主要工程项目有上海创世纪花园、上海鹏欣绿苑一期、上海虹口现代公寓、上海盛大花园、上海东安大厦、上海临江花园大厦等。先后获得上海市建筑工程"白玉兰"奖、上海市优质工程奖、上海市"浦江杯"优质建设工程奖等各类奖项近 100 项。

【上海扬子江建设(集团)有限公司】

公司成立于 1996 年 9 月,时名上海扬子江建筑安装有限公司,2002 年 9 月改为现名。其前身为 1992 年 1 月由江苏省南通市第二建筑安装工程公司第四分公司和江苏省扬子江建筑工程总公司联合组建的江苏省扬子江建筑工程公司第一公司。公司地址:上海天目西路 218 号。公司注册资金 1 亿元。业务范围涵盖房屋建筑、装修装饰、市政建设、桩基工程、设备安装以及房地产开发等多个领域。拥有国家房屋建筑工程施工总承包一级,市政公用工程施工总承包三级,地基与基础工程、机电设备安装和建筑装修装饰专业承包二级资质,并具有国家第一批承建境外工程和境内国际招标工程资质。2001 年,取得 ISO 9001 和 ISO 9002 质量管理体系认证证书。2002 年,被评为AAA 级资信企业。2003 年,被上海现代统计发展中心评为上海市建筑业综合实力五十强企业。2004 年,被上海国际经济技术合作协会评为上海市跨国经营二十强企业。承建的主要工程项目有广东东莞常平广场、上海嘉里商务中心、青岛市政府办公楼、上海国际电子有限公司国峰大厦、上海国际公寓、上海名仕苑、上海商贸大厦、上海现代广场、上海同济南汇科技产业园教育研发基地等,共获各类建筑工程奖项 100 余项。其中青岛市政府办公楼和上海国际公寓先后获中国建筑业协会颁发的国家最高建筑荣誉"鲁班奖"。

【上海瑞孚管路系统有限公司】

公司成立于 1998 年,注册资本 1 600 万元,是集科研、生产、销售和工程服务于一体的国内首家专业研制和生产沟槽式管接头及配件的高新技术企业。公司总部位于上海逸仙路 270 号,同时在崇明工业园区设有占地面积 2.2 万平方米的生产基地。2009 年,上海瑞孚管路系统有限公司注册的"RECOMB"牌产品荣获"上海名牌"证书;2010 年 1 月,公司注册的"瑞孚""RECOMB"获得了"上海市著名商标"证书。是年,公司获"上海市高新技术企业"称号。2010 年,上海瑞孚管路系统有限公司销售产值为 6 550 万元。

【上海绿鑫健康食品有限公司】

公司成立于 1998 年 9 月 30 日,是由智利方氏集团独家投资的外商企业,占地面积 5.33 公顷,总投资为 5 000 万元,是专业从事以果蔬产品为原料,研制开发生产纯天然保健食品系列的农产品加工出口型企业。公司拥有国际先进水平的加工设备与工艺流程,以及现代化的标准厂房和高素质的员工队伍,公司将发展良好的软硬件优势,充分利用崇明丰实的农业资源和得天独厚的生态环境,研制开发适应绿色健康消费潮流的保健食品、饮料和新型的中成药三大系列为主的产品,成为国内专业从事绿色保健食品研制开发生产的龙头企业。

【上海嘉仕久机械制造有限公司】

公司成立于 2000 年 6 月,隶属于上海津桥经济小区,注册资本 680 元。2003 年 6 月,上海嘉仕久机械制造有限公司响应崇明县政府"工业向园区集中"的号召,在崇明工业园区官山路建造厂房,成立上海嘉仕久企业发展有限公司,注册资本 1 000 万元,专业从事汽车转向节生产,公司占地面积 23 950 多平方米,建筑面积 13 417 多平方米。2007 年 2 月,上海嘉仕久机械制造有限公司成立上海嘉仕久精密锻造有限公司,从事汽车零部件所需精密锻件生产。是年 9 月,上海嘉仕久精密锻造有限公司获得美国 AQAISO/TS 16949:2002 质量管理体系认证证书。2009 年 11 月,上海嘉仕久机械制造有限公司开工建设崇明工业园区秀山路厂区。2010 年,上海嘉仕久机械制造有限公司年销售收入突破 3 亿元,总资产 3 亿元,员工 660 人,年产量 114 万件。

【上海运良企业发展有限公司】

公司成立于 2009 年,注册地址为崇明工业园区秀山路 28 号,注册资本 3 000 万元,是一家为汽车、工程机械、海洋石油开采、电梯等各类机械行业提供锻件产品的高新技术企业,拥有从 300 吨到 4 000 吨的各类锻造生产线 18 条,并已形成年产模锻件 4 万吨的生产能力,主要为一汽大众、上海大众、上海汽车、通用汽车、奇瑞汽车配套生产汽车零部件。截至 2010 年底,有员工 150 人,年销售收入 17 857 万元,销售利润 1 076 万元,全年缴纳税金 120 万元。

第八篇

重点产业基地

1992 年 10 月，中国共产党第十四次全国代表大会提出把上海建成"一个龙头、三个中心"（以上海浦东开发开放为龙头，进一步开放长江沿岸城市，尽快把上海建成国际经济、金融、贸易中心之一，带动长江三角洲和整个长江流域地区经济的新飞跃）的战略决策。1992 年 12 月，中国共产党上海市第六次代表大会将深水港建设列为上海新一轮城市基础设施建设十大工程之首。

　　2001 年 5 月，国务院批准《上海市城市总体规划（1999—2020）》，将上海战略定位逐步发展为"四个中心"，即国际经济、金融、贸易、航运中心，确立了上海航运中心的重要战略地位。2001 年，国务院召开总理办公会议，确定洋山开发工程。国家计划委员会正式批准在洋山建立上海国际航运中心。2002 年，洋山深水港工程开工建设。上海市人民政府（以下简称市政府）提出，依托洋山深水港，建立临港综合经济开发区，重点发展现代装备工业，迎接国际制造业的产业转移。2003 年，上海临港综合经济开发区开始规划建设。2004 年 1 月，市政府原则同意《上海市临港新城总体规划（2003—2020）》，规划四大城市片区：中心区、主产区、综合区、重装备产业区和物流园区，全面推进先进装备制造业和现代物流业集聚。2010 年，临港产业区完成固定资产投资 661 亿元，其中基础设施投资 213 亿元，产业项目投资 197 亿元。工业总产值保持 55％的年均增幅，税收收入保持30％以上的年均增幅。新能源装备、大型船舶关键件、海洋工程装备、汽车整车及零部件、大型工程机械制造等五大装备产业已形成一定规模；现代航运物流、保税展示与贸易、服务贸易与服务外包等现代服务业框架基本形成，产业区对外影响力日趋增强，"临港制造"品牌效应开始显现。

　　2005 年 11 月，市政府常务会议审议通过《崇明、长兴、横沙三岛联动发展规划纲要》，根据《规划纲要》，"三岛联动"充分发挥崇明三岛区位优势，逐步实现区域大联动、产业大联动，将有利于拓展上海对周边城市乃至全国的服务功能，增强上海的整体辐射功能，为上海 21 世纪可持续发展拓展一个崭新的空间。规划纲要明确"长兴岛将成为现代船舶业制造基地"。是年，市政府与中国船舶工业集团有限公司决定江南造船厂整体搬迁长兴岛，中国船舶工业集团有限公司江南长兴造船基地（以下简称中船江南长兴造船基地）一期工程启动开工建设。2007 年 7 月，上海长兴海洋装备产业园区正式成立。至 2008 年，根据国家海洋装备产业发展战略和上海市重点产业发展规划布局，中海工业有限公司、上海振华重工（集团）股份有限公司、中国船舶工业（集团）公司等大型中央企业先后在长兴岛南岸建立产业基地。

　　2009 年，上海市响应国家号召，积极开展国家新型工业化产业示范基地创建工作，上海临港产业区和上海长兴岛海洋装备产业基地成为第一批国家级新型工业化产业示范基地。

第一章　上海临港产业区

洋山深水港和临港新城的开发,肇始于芦潮港——这个地处上海最东南角的一个小渔港。1984年,南汇县向市政府递交《关于建议在芦潮港建设港口的报告》,决定在芦潮港近海建设一个港口(客货两用码头)。1985年,南汇县成立芦潮港开发区。南汇县人民政府(以下简称南汇县政府)批准了《芦潮港总体规划》,决定建设码头等港口设施、开通近海航线。1987年,芦潮港至宁波的航线开通。是年,上海第一座伸向海洋的500吨级客货运码头竣工。自此,芦潮港成为上海市发展海洋产业的重要焦点。1988年,中国共产党上海市委员会(以下简称中共上海市委)领导不断到芦潮港考察,并乘船出海考察大、小洋山。1989年,芦潮港镇建立。

1992年12月,在中共上海市第六次代表大会上,中共上海市委将深水港建设列为上海新一轮城市基础建设十大工程之首。1996年1月,国务院决定建设上海国际航运中心,要求对新建港址进行比选论证。1999年3月,在北京召开的"上海国际航运中心深水港港址论证报告"汇报会上,正式提出了大、小洋山深水港选址方案。

2001年2月,国务院召开总理办公会议,确定洋山开发工程。3月,国家计划委员会正式批准在洋山建立上海国际航运中心。2002年3月,国务院通过上海国际航运中心洋山深水港区一期工程建设可行性研究报告与开工报告。洋山深水港工程由深水港区、芦潮港海港新城以及连接港区和港城的长约30公里跨海大桥三部分组成。

2002年4月1日,上海市深水港工程建设指挥部成立,指挥部下设港区、大桥、海港新城三个分指挥部。2002年夏,为了更好地抓住历史机遇、进一步发挥浦东开发开放和建设国际航运中心的集聚辐射效应,市政府有关部门提出在南汇与空港、海港相邻地区规划一处具有一定规模的产业园区,暂名为"滨江综合产业园区"。上海市城市规划管理局(以下简称市规划局)和上海市发展和改革委员会(以下简称市发展改革委)一起着手组织了前期的规划选址论证和战略策划研究,并提出了初步布局设想。2003年3月,在《上海临港综合经济开发区规划选址与布局建议》(送审稿)中,第一次明确提出了与当时的芦潮港海港新城形成整体发展的设想,由此,临港新城的发展规模和空间范围初步形成。

2004年1月,市政府正式批准实施《上海临港新城总体规划》。规划确定了依托集装箱国际深水枢纽港、国际航空枢纽港,将临港新城建设成为社会、经济、文化和生态环境高度协调、功能完善、充满活力的综合型滨海新城和具有辅城地位的战略重点发展区域,使其成为以现代装备制造业为核心的重要产业基地之一。

从2004年启动开始,临港全面推进先进装备制造业和现代物流业集聚。至2010年,临港已成为全国最大、成套最全的新能源装备制造基地,是全国乃至世界规模最大、能力最完整的核电装备制造基地。临港产业区的新能源装备、大型船舶关键件、海洋工程装备、汽车整车及零部件、大型工程机械制造等五大装备产业已形成规模;现代航运物流、保税展示与贸易、服务贸易与服务外包等现代服务业框架基本形成,产业区对外影响力日趋增强,"临港制造"品牌效应开始显现。

到"十一五"末(2010年),产业区完成固定资产投资661亿元,其中基础设施投资213亿元,产业项目投资197亿元,社会事业投资251亿元。工业总产值保持了55%的年均增幅,税收收入保持

30%以上的年均增幅。

第一节 基 地 创 建

一、创建背景

1992 年 10 月,中国共产党第十四次全国代表大会提出,以上海浦东开发开放为龙头,进一步开放长江沿岸城市,尽快把上海建成国际经济、金融、贸易中心之一,带动长江三角洲和整个长江流域地区经济的新飞跃。12 月,中国共产党上海市第六次代表大会上,将上海的城市定位从生产型城市转变为多功能中心城市,上海开始新一轮转型,开展"三、二、一"产业结构和产业布局的调整。

1995 年底,中共上海市委、市政府把建设国际航运中心列为上海跨世纪战略目标,写入《上海国民经济和社会发展"九五"计划与 2010 年远景目标纲要》。2000 年,洋山深水港区被正式列入《上海市城市总体规划》。2001 年 5 月,国务院批复原则同意《上海市城市总体规划(1999—2020)》,明确提出要把上海建设成为经济繁荣、社会文明、环境优美的国际大都市,国际经济、金融、贸易、航运中心之一。

2002 年 3 月,国务院通过上海国际航运中心洋山深水港区一期工程建设可行性研究报告与开工报告。洋山深水港工程由深水港区、芦潮港海港新城以及连接港区和港城的长约 30 公里跨海大桥三部分组成。6 月 24 日,上海洋山深水港建设全面启动。

2002 年夏,市政府有关部门提出在南汇与空港、海港相邻地区规划一处具有一定规模的产业园区,暂名为滨江综合产业园区。市规划局和市发展改革委一起组织了前期的规划论证和战略研究,提出初步布局设想。中共上海市委、市政府根据"港为城用,城以港兴"的战略思想,提出规划建设"上海临港新城"。10 月,上海市经济委员会(以下简称市经委)主任办公会议指出,国家有关部门和上海市设想依托正在建设的深水港,建立临港综合经济开发区,充分发挥比邻深水港的区位优势,重点发展现代装备工业,迎接国际制造业的产业转移。根据市领导的要求,市经委要协同有关委办积极做好设立临港综合经济开发区的前期调研。下一步,要继续深化形成的初步设想:一是要体现时代性,在产业定位上,适应国际产业转移和中国装备工业发展的要求,体现国际化,敢于进行体制创新,以适应国际跨国公司战略转移的要求;二是规划的产业链要长,产业门类的划分要进一步优化;三是在深化现有方案的同时,配合其他委办做好整个规划和方案论证工作。市经委综合规划室在 10 月提交的《中国现代装备制造业基地:上海临港综合经济开发区产业定位研究》中,提出临港综合经济开发区的产业定位是以迎接国际产业转移为契机,以提升国家装备业核心竞争能力为目的,形成集先进制造、成套总装、研发创新、职业教育、出口加工和现代物流于一体的中国规模最大、水平最高的综合性装备制造业基地,使开发区的定位、目标成为国家战略的体现。

2003 年 2 月,上海市第十二届人民代表大会上的《上海市政府工作报告》中提出,建设临港综合经济开发区是上海新一轮优化产业布局的重要举措,要按照起点高、规模大、模式新的要求推进建设,成为高新技术产业、现代装备制造业和出口加工的新型产业基地。3 月,在《上海临港综合经济开发区规划选址与布局建议》(送审稿)中,第一次明确提出临港经济开发区与当时的芦潮港海港新城整体发展的设想,临港新城的发展规模和空间范围初步形成。4—7 月,市规划局组织上海市城市规划设计研究院开展上海市临港开发区规划设计条件研究,对城市发展规模、城市性质、总体布局结构、产业定位、重大道路市政设施条件等进行了反复论证,为总体规划的不断深化奠定了良好的基础。10月，上海市城市规划设计研究院启动编制《临港新城总体规划》。

二、基地成立

2003年5月，中共上海市委决定成立上海临港综合经济开发区管理委员会党组，成立中共上海临港综合经济开发区开发公司委员会。市政府同意成立上海临港综合经济开发区管理委员会，为市政府派出机构，任命副市长杨雄兼任上海临港综合经济开发区管理委员会主任，任命张惠民为上海临港综合经济开发区管理委员会常务副主任。6月，市政府成立上海临港综合经济开发区建设领导小组，市长韩正担任组长，副市长周禹鹏、杨雄、唐登杰任副组长。10月，中共上海市委、市政府同意将上海临港综合经济开发区建设领导小组更名为上海临港新城建设领导小组，上海临港综合经济开发区管理委员会更名为上海临港新城管理委员会，上海临港综合经济开发区开发公司更名为上海临港经济发展（集团）有限公司。11月30日，上海临港新城管理委员会和上海临港经济发展（集团）有限公司挂牌成立。中共上海市委副书记、市长韩正出席了挂牌仪式，宣布临港新城（一期工程）开工。

第二节　管　理　机　制

临港新城的开发建设，以市政府颁布的《上海临港新城管理办法》为纲领性文件，明确临港新城的管理体制和职责分工、规划布局、产业发展导向和鼓励政策。

一、管理办法

2003年12月28日，市政府公布《上海临港新城管理办法》（以下简称《管理办法》），以规范临港新城的管理，促进临港新城的建设和发展。《管理办法》明确，上海临港新城由主城区、产业区和洋山深水港后方配套区等组成，东起南汇滨海，西至郊区环线（远东大道）及至南汇区与奉贤区界，北以大治河为界。设立上海临港新城管理委员会，管委会是市政府的派出机构。临港新城应当建成以现代装备制造业为核心，以高附加值先进制造业、高新技术产业为基础，集先进制造、现代物流、研发服务、出口加工、教育培训等功能为一体的现代化综合型海滨城区。南汇区人民政府（以下简称南汇区政府）具体负责临港新城的财政、税务、工商、公安、劳动保障、文化、教育、卫生、市容环卫、民政、司法行政、计划生育及农村和社区等公共事务管理。

2008年7月3日，市政府公布《关于修改〈上海市临港新城管理办法〉的决定》。此次修改将临港物流园区奉贤分区划入临港新城，扩大了临港新城的区域范围。临港新城由中心区（主城区）、主产业区、综合区、重装备产业区、物流园区和临港物流园区奉贤分区等组成。中心区（主城区）、主产业区、综合区、重装备产业区、物流园区北至大治河，西至A30高速公路—南汇区界，东、南至规划海岸线围合区域；临港物流园区奉贤分区北至浦东铁路四团站（平安站）预控制用地，西至三团港接规划两港大道接中港，东至奉贤南汇区界，南至杭州湾。对临港新城的发展方向做了一些调整，提出临港新城应当建成以现代装备制造业和现代服务业为核心，以高附加值先进制造业、高新技术产业为基础，集先进制造、现代物流、海洋科技、研发服务、出口加工、教育培训等功能为一体的现代化综合型海滨城区。决定新设立临港新城专项发展资金，用于支持临港新城内的开发、建设和发展；

在公共事务管理方面,除南汇区政府外,奉贤区人民政府(以下简称奉贤区政府)也要具体负责临港新城所辖区域的财政、税务等公共事务协调管理;增加了管委会接受市外资主管部门、发展改革部门、规划管理部门、建设管理部门、市政工程管理部门、绿化管理部门、水务管理部门、民防管理部门等有关行政管理部门的委托,在临港新城内实施的行政许可事项。

2010年6月1日,市政府公布《上海市临港产业区管理办法》。根据该办法,临港产业区北至大治河,西至G1501高速公路—奉贤浦东新区界—浦东铁路四团站(平安站)预控制用地—三团港接规划两港大道接中港,东、南至规划海岸线围合区域接北护城河至人民塘接S2高速公路至顺翔路,接规划E1路河至杭州湾,规划总面积为247平方公里。设立上海临港产业区管理委员会,管委会作为市政府的派出机构,负责临港产业区有关行政事务的归口管理,并行原临港新城管委会的职责。浦东新区人民政府(以下简称浦东新区政府)、奉贤区政府负责临港产业区所辖区域的财政、税务、工商、公安、文化、教育、卫生、绿化市容、民政、司法行政、人力资源社会保障、人口和计划生育以及农村、社区等公共事务的协调和管理。

二、管理机构

【上海临港新城建设领导小组】

2003年6月,市政府建立上海临港综合经济开发区建设领导小组,组长由市长韩正担任,副组长为周禹鹏、杨雄、唐登杰,成员有:万大宁、毛佳梁、方惠萍、刘红薇、江上舟、李良园、李逸平、杨杰明、张惠民、陈策、范希平、俞国生、袁以星、钱仲裘、徐祖信、程九龙、鲁培军、蔡育天、熊建平、潘龙清。2003年10月23日,中共上海市委、市政府同意将上海临港综合经济开发区建设领导小组更名为上海临港新城建设领导小组。

【上海临港新城管理委员会】

2003年5月,中共上海市委决定成立上海临港综合经济开发区管理委员会党组。市政府同意成立上海临港综合经济开发区管理委员会,为市政府派出机构。10月,中共上海市委、市政府同意将上海临港综合经济开发区管理委员会更名为上海临港新城管理委员会。12月28日,根据市政府公布《上海临港新城管理办法》,进一步明确上海临港新城管理委员会是市政府的派出机构,委托行使的职责有:制订、修改、实施临港新城发展规划、计划、产业政策和行政管理的具体规定,负责临港新城内投资项目、土地使用的审批;负责临港新城内基础设施和建设工程的行政管理,负责临港新城内高新技术企业、软件企业、集成电路企业和高新技术成果转化项目的认定,协调上海海关、上海出入境检验检疫局、人民银行上海分行、国家外汇管理局上海市分局等行政管理部门对临港新城内企业的日常行政管理等职责。南汇区政府具体负责临港新城的财政、税务、工商、公安、劳动保障、文化、教育、卫生、市容环卫、民政、司法行政、计划生育及农村和社区等公共事务管理。

2004年5月22日,市政府办公厅下发《关于印发上海临港新城管理委员会职能配置、内设机构和人员编制规定的通知》,上海临港新城管理委员会设六个职能处(室),即办公室、政策法规处、综合计划处、规划土地处、建设管理处、城镇协调处。2005年5月30日,上海市机构编制委员会下发《关于同意调整上海临港新城管理委员会部分内设机构的通知》,同意管委会内设机构调整,撤销政策法规处,建立经济贸易处。

表 8-1-1　2003 年临港综合经济开发区管理委员会主要领导任职情况表

职　　务	姓　　名	任　职　时　间
主　任	杨雄(兼)	2003 年 6 月—2003 年 10 月
常务副主任	张惠民	2003 年 6 月—2003 年 10 月
副主任	刘家平	2003 年 6 月—2003 年 10 月
副主任	郭奕侃	2003 年 6 月—2003 年 10 月

资料来源：上海临港产业区提供

表 8-1-2　2003—2010 年临港新城管理委员会主要领导任职情况表

职　　务	姓　　名	任　职　时　间
主　任	杨雄(兼)	2003 年 10 月—2010 年 2 月
第一副主任	沈　骏	2005 年 2 月—2010 年 2 月
常务副主任	张惠民	2003 年 10 月—2004 年 12 月
副主任	郭奕侃	2003 年 10 月—2010 年 2 月
副主任	刘家平	2003 年 10 月—2010 年 2 月
副主任	金　鑫	2003 年 11 月—2005 年 11 月
副主任	万大宁	2003 年 12 月—2004 年 8 月
副主任	鲍铁鸣	2003 年 12 月—2009 年 7 月
副主任	曹龙金	2004 年 4 月—2006 年 8 月
副主任	朱铁民	2005 年 2 月—2006 年 12 月
副主任	张建晨	2005 年 10 月—2009 年 5 月
副主任	倬盛进	2006 年 3 月—2010 年 2 月
副主任	朱明福	2007 年 9 月—2008 年 10 月
副主任	时光辉	2009 年 2 月—2010 年 2 月

资料来源：上海临港产业区提供

【临港产业区管理委员会】

2010 年 2 月 9 日,中共上海市委、市政府同意上海临港新城管理委员会更名为上海临港产业区管理委员会,为市政府派出机构;市政府副秘书长肖贵玉兼任上海临港产业区管理委员会党组书记、副主任;上海临港产业区管理委员会主要负责临港新城产业区和洋山深水港后方配套区的行政管理、协调服务等工作,根据促进产业发展的要求加强与国家有关监管机构的协调联络。上海临港新城主城区的管理工作改由浦东新区政府实行属地管理。

2010 年 6 月 1 日,市政府公布《上海市临港产业区管理办法》,根据该办法,设立上海临港产业区管理委员会,管委会作为市政府的派出机构,负责临港产业区有关行政事务的归口管理,并行原临港新城管委会的职责。浦东新区政府、奉贤区政府负责临港产业区所辖区域的财政、税务、工商、公安、文化、教育、卫生、绿化市容、民政、司法行政、人力资源社会保障、人口和计划生育以及农村、社区等公共事务的协调和管理。

表 8-1-3　2010 年临港产业区管理委员会主要领导任职情况表

职　务	姓　名	任　职　时　间
常务副主任	肖贵玉	2010 年 2 月—
副主任	郭奕侃	2010 年 2 月—2010 年 7 月
副主任	佴盛进	2010 年 2 月—2010 年 12 月
副主任	唐海龙	2010 年 2 月—
副主任	顾晓鸣	2010 年 2 月—

资料来源：上海临港产业区提供

【浦东临港新城管理委员会(筹)】

2010 年 1 月 8 日,上海市将临港新城主城区划归浦东新区管理,由浦东新区负责开发建设,浦东新区决定成立"区级区管"的上海市浦东临港新城管理委员会(筹),为浦东新区政府派出机构。浦东临港新城北至护城河,西接人民塘,南连芦潮引河,东及部分东南濒临东海,区域总面积 67.76 平方公里。1 月 19 日,浦东临港新城管委会(筹)确立领导班子,姜梁任主任。

根据浦东新区政府《关于印发浦东新区开发区管理委员会管理事权的意见的通知》和《上海市浦东临港新城管理委员会管理范围、主要职责和工作处室设置、主要职责的通知》,浦东临港新城管理委员会(筹)的主要职责为:制订、修改、实施临港新城发展规划、计划、产业政策和行政管理的具体规定;推进临港新城开发建设,统筹协调区域内重大项目及基础设施建设事项;接受有关行政管理部门的委托,负责临港新城内的相关行政审批工作;负责区域内企业研发机构、高新技术企业、技术先进型服务企业的认定,以及高新技术成果转化认定等;指导区域功能开发,促进投资环境和公共服务的完善,吸引投资,推动产业发展等。浦东临港新城管理委员会(筹)内设办公室、计划财务处、经济发展处、规划土地建设环境管理处、综合管理处。根据新区总体安排,设立负责行政审批工作的行政服务中心。

三、开发主体

由于临港产业区发展起点低、开发面积大、发展任务重,为了加快开发建设步伐,采取了由市、区联手多家主体共同开发的模式。

【上海临港经济发展(集团)有限公司】

2003 年 6 月 7 日上午,副市长杨雄主持召开关于临港综合经济开发区筹建工作专题会议,会议决定由市政府副秘书长张惠民牵头组建临港综合经济开发区管委会,刘家平牵头组建临港综合经济开发区开发公司,要求于 2003 年上半年完成临港综合经济开发区管委会及其开发公司的组建工作。

2003 年 8 月 13 日,市长韩正召开关于上海临港新城建设工作的专题会议上,决定由上海临港经济发展（集团）有限公司作为临港新城的投资主体，具体负责组织实施临港产业区的发展建设、基础设施投入、配套发展和区内大市政建设等。

2003年9月5日，刘家平在上海锦江小礼堂主持召开出资人大会暨第一次股东会议，各股东签署了《上海临港经济发展（集团）有限公司出资人协议书》；审议并通过了《上海临港经济发展（集团）有限公司章程》和《股东会决议》，正式组建上海临港经济发展（集团）有限公司（以下简称临港集团）。

2003年9月19日，经上海市工商行政管理局登记核准，正式设立上海临港经济发展（集团）公司，注册资金63.72亿元。公司注册地址在上海市金陵东路2号13楼、29楼。2005年12月临港集团注册地址变更为上海市南苏州路381号502-K室；2007年12月，临港集团注册地址、办公地址变更为上海市南汇区新元南路555号。临港集团是经中共上海市委、市政府批准设立、承担临港产业区开发建设任务的大型国有多元投资企业。主业为"园区投资、开发与经营"和"园区相关配套服务"。临港集团主要负责临港产业区247平方公里范围内的土地开发、基础建设、招商引资、产业发展和功能配套等工作。

2003年10月23日，中共上海市委在《关于上海临港综合经济开发区管理机构更名的批复》中，同意将上海临港综合经济开发区开发公司更名为上海临港经济发展（集团）公司。11月10日，临港集团首次全体员工大会在上海市漕河泾兴园宾馆召开，刘家平董事长主持会议，临港集团21名员工全部出席会议。

2003年11月30日，上海临港新城（一期工程）开工典礼暨上海临港新城管理委员会、上海临港经济发展（集团）有限公司揭牌仪式在南汇区芦潮港两港大道举行。中共上海市委副书记、市长韩正出席上海临港新城管理委员会、上海临港经济发展（集团）有限公司揭牌仪式。副市长杨雄主持揭牌仪式。在揭牌仪式上，临港集团与中国船舶工业集团公司、上海市信息投资股份有限公司、上海电气（集团）总公司、上海汽车工业（集团）总公司等单位签订了《战略合作意向书》。

2003年12月23日，上海临港经济发展（集团）有限公司与上海市信息投资股份有限公司签订《出资人协议书》，合资组建上海临港建设发展有限公司。公司注册资金1亿元，由临港集团出资90％，上海市信息投资股份有限公司出资10％。公司从事临港产业区的开发、建设、经营和管理工作。

2003年12月25日，中共上海市委发文批复，明确临港集团组织和行政关系由挂靠中共上海市建设和管理工作委员会、上海市建设和管理委员会调整为直属中共上海市委、上海市人民政府（以下简称市政府），其机关党的工作归口中共上海市市级机关工作委员会。同日，中共上海市委组织部同意刘家平任上海临港经济发展（集团）有限公司总裁，沈烽任临港集团副总裁。

2004年8月24日，按照市政府专题会议精神，上海工业（集团）总公司以上海市漕河泾新兴技术开发区发展总公司89.6％股权作价，为二、三期出资注入上海临港经济发展（集团）有限公司。临港集团与上海工业投资（集团）有限公司签订《出资人协议书》，对上海市漕河泾新兴技术开发区发展总公司改制重组。

2009年7月31日，上海临港经济发展（集团）有限公司调整为上海市国有资产监督管理委员会（以下简称市国资委）的监管企业。2010年，公司形成完善的行政组织框架。

至2010年，临港集团拥有全资或控股子公司42家（其中二级公司10家、三级及以下级次公司32家）。临港集团根据上海"四个中心"和现代化国际大都市建设目标，以上海临港产业区开发建设为根本任务，致力于把上海临港产业区打造成为世界一流、全国领先的国家级自主创新型装备

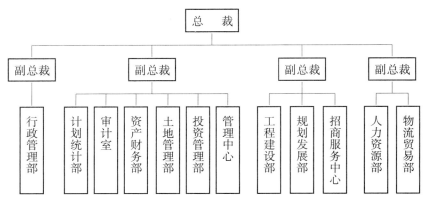

图 8-1-1　2010 年临港集团行政组织框架图

资料来源：上海临港产业区提供

产业发展基地，取得令人瞩目的成就。以中船集团、中集集团、中国商用飞机公司、中航工业集团、上海电气集团、上汽集团、卡特彼勒物流(上海)有限公司、西门子风力发电叶片(上海)有限公司、沃尔沃、伯尔克(上海)底盘技术有限公司、卡哥特科工业(中国)有限公司、上海瓦锡兰齐耀柴油机有限公司等一批国家和地方大型龙头企业为核心，临港产业区已基本形成国家新能源装备、船舶关键件、海洋工程、汽车整车及零部件、大型物流及工程机械、民用航空设备及关键零部件六大产业制造基地，全力打造以民用航空动力园区、绿色节能园区、再制造产业园区为代表的战略性新兴产业园区。

临港集团作为专业的产业综合服务商，以产业推动为己任，确立"临港制造，树中国装备品牌"的企业使命，先后荣获"2008 上海企业 500 强(第 83 名)""2009 上海企业 100 强(第 83 名)""2010 上海企业 100 强(第 46 名)""全国机械工业先进集体"。2010 年，上海临港产业区获得国家工信部"国家新型工业化产业示范基地"(装备产业、航空产业)两块授牌，被认定为"上海市品牌园区"。

表 8-1-4　2003—2010 年临港集团主要领导任职情况表

职　务	姓　名	任　职　时　间
董事长	刘家平	2003 年 6 月—
总　裁	刘家平	2003 年 6 月—2015 年 7 月
副总裁	沈　烽	2003 年 12 月—2010 年 12 月
副总裁	朱伟强	2006 年 8 月—
副总裁	邵正平	2006 年 10 月—
副总裁	徐　斌	2010 年 12 月—

资料来源：上海临港产业区提供

【上海港城开发(集团)有限公司】

2002 年 4 月，上海海港新城投资开发有限公司成立，注册资本为 13 亿元。2004 年 1 月，上海海港新城投资开发有限公司正式更名为上海港城开发(集团)有限公司(以下简称港城集团)。作为临港主城区的开发、建设和运营商，港城集团按照新城总体规划，进行基础设施、市政配套、环境建设、城市功能、产业功能的开发与运营，主城区城市综合功能逐步形成。

港城集团以现代都市服务业与智造产业融合发展为主线,重点引进并培育软件信息、旅游会展、商贸金融、影视文化及房地产等产业,推动主城区"生产、生活、生态"一体协调发展。致力于将主城区建成为独立功能、独自运转、独具特色,体现上海最新城市建设水平,拥有上海最宜人居住环境的现代化滨海新城。

【上海闵联临港联合发展有限公司】

2004 年 3 月,上海闵联临港联合发展有限公司(以下简称闵联临港公司)成立,是由上海闵行联合发展有限公司和临港集团共同投资成立的国有综合型投资开发公司,公司注册资本 6 亿元,从事上海闵行经济技术开发区临港分区的开发、建设、经营和管理。

作为上海最早的国家级开发区,上海闵行经济技术开发区积极投身临港开发,参股临港集团,并组建闵联临港公司,向国务院申请扩区临港。2006 年 2 月,经国务院批准,商务部、国土资源部和建设部联合发文,正式批准国家级闵行开发区扩区临港新城,扩区面积 13.3 平方公里,是原闵行开发区建设面积的近 4 倍,在国务院以提高吸收外资质量为主,以发展现代制造业为主,以优化出口结构为主,致力于发展高新技术产业,致力于发展高附加值服务业,促进国家级经济技术开发区向多功能综合性产业区转变的发展方针指引下,闵行开发区临港园区拉开了新一轮开发建设的序幕,从而使临港产业区起步阶段即拥有国家级的产业发展和促进平台。闵联临港公司承担国家级闵行开发区临港园区开发建设和经营管理的职责。

国家级闵行开发区临港园区是临港新城产业发展以及上海打造国家级现代装备制造业基地的重要组成部分。园区以现代装备制造业为核心,以高附加值先进制造业、高新技术产业为基础,形成具有显著产业特色和竞争优势的新型工业园区。已有 ABB、YKK、苏尔寿、艾港风电等众多国内外知名企业入驻。

【上海临港新城投资建设有限公司】

2004 年 2 月,上海临港新城投资建设有限公司成立,注册资本为 2 亿元,是隶属于上海临港地区开发建设管理委员会的政府性投资开发公司。公司内设四部一室,下属六家全资子公司,三家参股公司。主要职能:承担临港新城区域内市政公用设施、基础设施的投资、融资和建设管理任务,城市功能开发建设,同时还涉足城市供排水、港口开发、轨道交通、商务咨询、海洋产业、房地产开发、物业管理等领域。公司致力于推进临港新城的开发建设,创建良好的投资环境,并提供相关服务,以实现企业及临港新城的可持续发展。

公司完成的主要项目:一是两港大道工程,该大道为临港地区首条重要的城市主干道,连通浦东国际机场和洋山深水港,其中北延伸段工程,被评为 2008 年上海市市政工程金奖;二是临港城投大厦、临港金融大厦,该金融大厦为临港地区地标性建筑商务楼;三是宜浩佳园,为上海市首个 50万平米大型配套商品房,该小区的太阳能项目获得"国家可再生能源建筑应用示范项目"。

【上海临港海洋高新技术产业发展有限公司】

2007 年 11 月,上海临港海洋高新技术产业发展有限公司(以下简称临港海洋高新公司)成立,注册资本金 3 亿元,主要负责规划面积 3.2 平方公里的海洋高新技术产业化基地的开发建设,经营业务主要涉及高科技产业服务、高科技产业投资、高科技房地产三个方向。

基地以国家海洋科技产业发展战略和上海市海洋经济发展规划为指导,以海洋科技研发孵化和科技成果转化为核心,以海洋资源的开发与利用技术、海洋工程设备研发技术、海洋综合信息服务为产业主导,充分依托地处临港新城、洋山国际航运中心以及重装备产业区的发展优势,打造成国内"海洋高新科技集聚区、海洋科技创新区、海洋科技人才培养区",最终建设成特色鲜明、布局合理、环境优美、可持续发展、具有国际影响力的海洋高新技术产业化园区。

第三节 基地规划

一、总体规划

2003年初,中共上海市委、市政府明确临港产业区的定位和规划选址。7月,由市规划局组织开展《临港新城概念规划国际方案征集》工作,邀请法国、德国、意大利、荷兰、中国香港等国家或地区的5家设计公司参加。9月,由上海市城市规划设计院完成了概念规划的深化工作。2003年10—11月,由上海市城市规划设计院和德国GMP公司组成联合工作小组,共同完成了总体规划讨论稿。同时,上海市建设和管理委员会各相关部门也开展了专项设计工作。

2004年1月20日,市政府下发《关于原则同意临港新城总体规划的批复》。批复指出:临港新城是上海国际航运中心的重要组成部分,要按照《上海市城市总体规划》的要求,依托集装箱国际深水枢纽港、国际航空枢纽港,将临港新城建设成为社会、经济、文化和生态环境高度协调、功能完善、充满活力的综合型滨海新城和具有辅城地位的战略重点发展区域,使其成为以现代装备制造业为核心的重要产业基地之一。

临港新城规划面积约296.6平方公里,范围为北至大治河,西至A30高速公路—南汇区界,东、

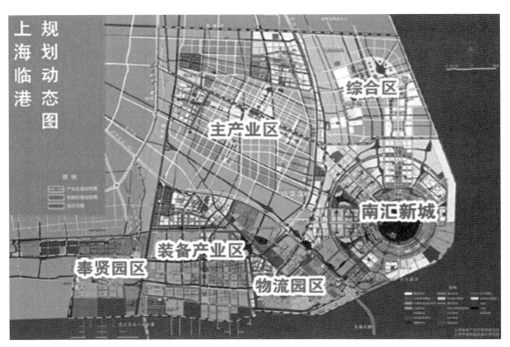

图 8-1-2　2010年临港新城功能规划图

资料来源:上海临港产业区提供

南至规划海岸线围合的区域。其中,规划城市建设用地约 164.8 平方公里。临港新城规划分为四大城市片区。临港新城要在满足上海国际航运中心洋山港区的重要配套功能的前提下,由主产业区、综合区、重装备产业区和物流园区共同形成上海现代装备制造业基地的功能,物流园区要结合海关关检建设,保留建设自由贸易区、出口加工区的可能。

在临港新城的生态绿化规划中,约 20 平方公里的临港新城森林,作为"中央生态核";沿泐马河和大治河布局的森林通廊,作为新城的保护壳;滨江沿海形成滨海森林通廊,作为森林景观带;新城主城区和综合区海岸线外侧的滩涂,宜作为湿地资源,切实加以保护。

临港新城近期建设的范围主要涉及约 40 平方公里的用地,包括中心区(主城区)约 15 平方公里、滴水湖 5.6 平方公里,重装备园区、综合区和物流园区共约 15 平方公里,万祥、泥城、书院、芦潮港四个城市社区的近期动迁安置用地以及市政、道路建设用地。

二、控制性详细规划

2003 年底,书院镇政府委托上海市城市规划设计研究院编制《临港新城书院社区总体规划与控制性详细规划》。该区域规划范围为北至大治河,南至白玉兰大道,西至 Y6 路,东至两港大道,总用地面积约 10.9 平方公里。规划范围由社区集中建设区和生态协调区两部分组成,用地面积分别为 861.3 公顷和 226.2 公顷。集中建设区中,规划储备用地 49.8 公顷。书院社区是主产业区重要的生活服务配套基地,以居住、商业服务、社会服务、休闲旅游、都市工业以及研发等功能为主。集中建设区中,城市建设用地 749.9 公顷,规划居住人口 8.0 万人,住宅建筑面积不大于 304 万平方米,商业、办公建筑面积不大于 78 万平方米,工业建筑面积不大于 111 万平方米。规划形成"二区、三轴、三环、七心、十二组团"的总体结构。集中建设区由内、外城区组成,内城区以研发产业、社区中心和混合功能组团为主,外城区由居住、工业、储备用地组团构成;生态协调区是社区周边重要的生态隔离和水土保养地区,协调区内严格按规划控制各类建设活动。2006 年 8 月,该规划由市规划局发文获批。

2004 年,市政府原则同意市规划局组织编制的《上海市临港新城总体规划》,并要求上海港城(集团)开发有限公司抓紧编制近期建设区域的详细规划,结合重点地区、滴水湖工程及滨湖环境景观,深化城市设计,以利近期建设项目的实施。

2004 年 1 月,上海港城(集团)开发有限公司委托上海市城市规划设计院编制《临港新城中心区一期控制性详细规划》。临港新城中心区一期控详规划范围由 X6 路—C3 路—B3 路—C1 路—B1 路—A2 路—上海海事大学北边界—C4 路围合的地域,规划用地面积约 22 平方公里,规划居住人口约 14.5 万人。B1 路定位为文化休闲发展轴,B2 路定位为行政办公发展轴,B3 路定位为商业发展轴;C1 路与 C2 路之间为商贸居住综合区,C2 路与 C3 路之间为城市公园和公共设施区,C3 路与 C4 路之间为"城市岛"居住小区,在 C4 路西南、B1 路北为上海海事大学。一期建设区以居住、商务、商业、文化娱乐、旅游休闲和教育科研为主体功能。2004 年 12 月,该规划由市规划局发文获批。

2004 年 2 月,芦潮港镇政府委托上海市城市规划设计研究院编制《临港新城芦潮港社区总体规划与控制性详细规划》。该区域规划范围为北至两港大道、南至 D2、西至芦潮港、东至 E1 路,总用地面积约 332.6 公顷。规划范围由社区集中建设区和生态协调区两部分组成,用地面积分别为 264.3 公顷和 68.3 公顷。芦潮港社区是重装备产业区和物流园区重要的生活服务配套基地,以居住、旅游、教育功能为主。规划居民人口 3 万～3.5 万人,住宅建筑面积不大于 133.7 万平方米,商业办公建筑面积不大于 24.6 万平方米。规划形成"两轴、三环、多组团"的总体结构。集中建设区主要由核心组团、滨河景观组团和四个居住团构成;生态协调区是社区重要的结构性绿地和生态隔离区,协调区内严格按规划控制各类建设活动。2005 年 12 月,该规划由市规划局发文获批。

2004 年 2 月,万祥镇政府委托上海市城市规划设计研究院编制《临港新城万祥社区上海市临港地区开发建设工作纪实》第二章《战略规划 017 总体规划与控制性详细规划》。该区域规划范围为X8 路、Y9 路、白玉兰大道、Y8 路、X2 路和大芦线河道所围合的区域,总用地面积约 8.0 平方公里。规划范围由社区集中建设区、生态协调区、临港公园及南京政治学院上海分院万祥校区特定区三部分组成,用地面积分别为 488.4 公顷、129.1 公顷、185.3 公顷。其中,集中建设区由生活区和都市产业园组成。万祥社区是临港新城主产业区生活服务配套的重要补充,将建设成为环境优美、配套设施齐全、以居住功能为主的生态型城市社区。集中建设区中,城市建设用地约 441 公顷,规划发展备用地约 22.4 公顷;临港公园及南政万祥校区特定区中,城市建设用地约 162 公顷。社区规划居住人口约 4.5 万人,住宅建筑面积不大于 173.5 万平方米。2006 年 10 月,该规划由市规划局发文获批。

2004 年 6 月,临港集团委托上海市城市规划设计院编制《临港新城重装备产业区一期控制性详细规划》。该区域总用地面积约 14.2 平方公里,为北至 D4 路—两港大道,西至 Y5 路,南至规划驳岸线,东至南芦路围合的区域,已经成陆的约 12.8 平方公里。该区域以上海国际航运中心的重要组成部分为发展定位,以现代装备制造业为主要产业导向,注重产业用地建设与生态环境建设的同步推进,建设成为一流的现代化环保型产业基地;注重与周边地区的协调发展。2005 年 1 月,该规划由市政府发文获批。

2005 年 5 月,临港集团委托上海市城市规划设计院编制《临港新城重装备产业区二期控制性详细规划》。该区域规划范围为北至泥城路(N3 路),南至规划驳岸线,西至渤马河、D2 路、南汇区界,东至 E5 路,规划总用地面积约 21.8 平方公里。规划范围由集中建设区(DG03 单元)和生态协调区(DH01、DH02 和 DH03 单元)两部分组成,用地面积分别为 18.2 平方公里和 3.6 平方公里。集中建设区以工业、港口功能为主;生态协调区以结构绿地为主,是产业区与社区之间重要的生态隔离带和高压线等市政管线通廊。2006 年 4 月,该规划由市政府发文获批。

2005 年 8 月,泥城镇政府委托上海市城市规划设计研究院编制《临港新城泥城社区总体规划与控制性详细规划》。该区域规划范围为北至沪芦高速公路、东至规划 E5 路、南至规划 N3 路、西至渤马河,总用地面积约 9.6 平方公里。规划范围由社区集中建设区和生态协调区两部分组成,用地面积分别为约 7.1 平方公里和约 2.5 平方公里。泥城社区是重装备产业区和物流园区生活服务配套的重要补充,将建设成为环境优美、配套设施齐全、以居住功能为主的生态环境良好的城市社区。其集中建设区中,城市建设用地约 664 公顷,规划居住人口约 10 万人,住宅建筑面积不大于 352 万平方米,商业、办公建筑面积不大于 78 万平方米,都市产业园内工业建筑面积不大于 71 万平方米。围绕社区功能轴设立社区中心综合组团,并形成两个核心;在综合组团南北两侧分别设置六个居住组团,都市产业园布置在社区西北部。生态协调区是社区周边重要的生态隔离区,协调区内应严格按规划控制各类建设活动。2006 年 10 月,该规划由市规划局发文获批。

2007 年 11 月,临港海洋高新技术产业发展有限公司委托上海城市规划设计院编制《上海临港海洋高新技术产业化基地特定区规划及一期控制性详细规划》,临港海洋产业基地特定区规划范围为北至海港大道(B1),东至 HY-1 路,南至杭州湾,西至芦潮引河,总用地面积约 321.5 公顷,由集中建设区和生态协调区两部分组成,用地面积分别为 261.5 公顷和 60.0 公顷。其中,一期建设区范围包括海港大道、HY－1路、HY－4路、HY－11路围合的北部区域，HY－11路、HY－3路、HY－12路和HY－7路围合的南部区域，以及1♯35千伏变电站、雨水泵站等市政设施用地，总用地面积约79.9公顷。规划建成海洋高新技术与人才高度集聚、特色鲜明、布局合理、配套齐全、环境优美、可持续发展的具有国际影响力的海洋高新技术产业化基地。基地主导产业功能为海洋科技孵化功能、海洋装备研发功能和海洋信息服务功能。规划城市建设用地约240.4公顷，预计提供3万～5万个就业岗位。规划围绕基地中部的公共服务中心，形成功能和环境两条主轴，划分为信息服务区、科技研发区、中试孵化区及生态协调区四个功能片区。2008年5月，该规划由市规划局发文获批。

2008年10月，上海临港奉贤经济发展有限公司委托上海市城市规划设计研究院编制《临港奉贤园区二期04FX－0002单元控制性详细规划》，该区域规划面积为6.7平方公里，规划范围为：北至四平公(F4)路—新四平公路—正旭(F8)路—正博(F9)路，西至三团港—中港，北至G1路—平霄(G2)路—友谊路—万水(D2)路，南至两港大道(G4)—堤顶公(G13)路。该区域是以洋山深水港为龙头，以临港新城为依托，综合现代装备制造业、战略新兴产业、仓储物流、国际贸易、港口及配套服务等功能的现代化综合性产业园区。以生产服务、社区生活功能为主导，与五四社区联动、创新创业人才集聚的产业配套区。

2008年11月，上海临港奉贤经济发展有限公司委托上海市城市规划设计院编制《临港物流园区奉贤分区一期控制性详细规划》。该区域规划范围为北至浦东铁路及其附属建设控制用地；东至东海二桥(东线方案)道路方案中心线—两港大道—F13路；南至杭州湾；西至新四平公路—友谊河—F8路—D2路—F9路及其南延伸线，面积约10.3平方公里。2009年6月，该规划由市政府发文获批。

临港主城区还根据开发建设需要编制了不同地块的控制性详细规划；临港重装备产业区根据开发建设需要编制了不同单元的控制性详细规划；临港物流园区编制了《临港国际物流园区控制性详细规划》(2005年编制)、《临港仓储转运物流园区控制性详细规划》(2006年编制)、《洋山保税港区(陆域)控制性详细规划》(2006年编制)以及不同单元的控制性详细规划；为了做好东海农场危旧房改造，还编制了《临港产业区东海农场危旧房改造地块控制性详细规划》。

三、分区规划

2005年，临港集团委托上海城市规划设计院编制《临港重装备产业区和物流园区分区规划》，该区域规划范围北至沪芦高速公路，西至A30高速公路、南汇区界，东至沪芦高速公路、D2路、芦潮引河，南至规划海岸线，主要包括重装备产业区、物流园区、芦潮港和泥城社区，规划用地约81.7平方公里，规划总人口13.3万～13.8万人，其中城镇人口约13.0万～13.5万人。该区域不仅是临港新城的重要组成部分，也是上海国际航运中心和现代装备制造业基地的重要组成部门，洋山保税港区的陆域部门是现代化重装备产业和物流产业的集聚区。重点发展重装备制造、港口辅助、中转枢纽、海关监管查验、仓储物流、出口加工、企业研发，以及配套的居住、服务、生态绿地功能。2006年2月，该规划由市规划局发文获批。

2006年10月，市规划局委托上海城市规划设计院编制《临港新城书院都市现代农业先行区规划》，该区域规划范围为北至大治河，南至书院镇行政边界(规划花柏路以南)，西至两港大道，东至人民塘(随塘河)，总规划面积462.6公顷。规划以白玉兰大道为界，分为北区和南区两片，北区规划面积 99.4 公顷,南区规划面积 363.2 公顷。近期建设成为以农业合作社为依托的特色农产品的生产和经营示范区;远期建设成为以城市需求为导向、以高新技术为基础、生态和谐的都市现代农业展示区;远期建设成为临港新城城郊和谐统一体的一部分,成为新城生态景观、休闲度假体系的重要组成部分。2007 年 9 月,该规划由市规划局发文获批。

2007 年 2 月,临港新城管理委员会委托上海市城市规划设计院编制《上海临港海洋高新技术产业化基地特定区规划及一期控制性详细规划》。该区域北至海港大道(B1),东至 HY-1 路,南至杭州湾,西至芦潮引河,总面积 321.5 公顷,由集中建设区和生态协调区两部分组成,用地面积分别为 261.5 公顷和 60.0 公顷。该区域的功能定位为规划建成海洋高新技术与人才高度集聚、特色鲜明、布局合理、配套齐全、环境优美、可持续发展的具有国际影响力的海洋高新技术产业化基地。基地主导产业功能为海洋科技孵化功能、海洋装备研发功能和海洋信息服务功能。规划城市建设用地约 240.4 公顷,预计提供 3 万~5 万个就业岗位。规划围绕基地中部的公共服务中心,形成功能和环境两条主轴,划分为信息服务区、科技研发区、中试孵化区及生态协调区四个功能片区。2008 年 5 月,该规划由市规划局发文获批。

2008 年 1 月,市规划局和临港新城管理委员会委托上海市城市规划设计院编制《临港新城中心区分区规划》。中心区由北护城河、人民塘、芦潮引河和世纪塘围合而成,规划用地约 67.76 平方公里。至 2020 年,临港中心区规划总人口约 45 万人,其中大学及产业园区规划居住人口约 40 万人,人口约 5 万人其他区域。临港中心区是临港新城的重要组成部分,是临港新城综合服务设施集聚地,集中体现临港都市魅力和活力、兼具一定产业功能的中等规模滨海城区,规划成为长三角地区重要的旅游目的地城市的核心地区。关于临港中心区的区域功能定位,建议今后结合大浦东相关规划予以进一步明确。中心区由 C1、C2、C3、C4 四条规划环状道路划分为 5 个城市建设区,即滴水湖及其滨湖区和一环带(即城市中心区)、二环带、三环带和四环带。其中,二环带为城市公园带,三环带为居住功能带和行政办公聚集环,四环带为居住功能补充带和大学、产业园区聚集带。2009 年 7 月,该规划由市政府发文获批。

在控详规划编制后,临港管委会根据临港开发建设具体情况需要,对所编制的规划作出适当调整、修订和深化,并报市政府或上海市规划和国土资源管理局(以下简称市规土局)批准。如临港新城中心区一期建设区一环区控制性详细规划(调整),临港新城中心区一期建设区控制性详细规划 DSH—H1—1—12 地块局部调整,南汇新城 NHC10202 单元 20 街坊控制性详细规划实施深化,临港新城万祥社区控制性详细规划修编等。

第四节　开　发　建　设

2002 年为配合洋山深水港工程开工,启动临港开发建设。2003—2006 年,临港在土地储备、征收、房屋拆迁等方面出台了一系列管理条例、法规及实施意见。临港产业区和主城区主要开展城市功能形态方面的建设,包括开挖滴水湖、铺设各类道路、桥梁、建设水系工程、市政配套工程、综合交通工程、景观工程等,改善了临港地区的投资硬件环境。2006—2010 年,随着申港街道办事处的成立,以及上海海事大学、上海海洋大学、上海电机学院、上海中学东校、上海第六人民医院东院、中国(上海)航海博物馆等一大批教育、医疗、旅游机构的迁入和建设,临港的社会事业和文明建设取得了显著成绩。临港成功举办了海洋论坛、环滴水湖健康跑等一系列影响较大的科技、文化、体育和旅游活动,投资软环境也随之优化。

一、土地开发利用

【土地储备机制】

从 2003 年起,市政府就通过制定管理办法,赋予临港新城管理委员会储备土地并进行开发和管理的有关职责。根据临港不同时期的开发需要,这一职责也通过管理办法发生变化。

2003 年 12 月 28 日,市政府颁布的《上海市临港新城管理办法》第七条(土地出让及管理)规定,管委会应当根据临港新城总体规划和控制性详细规划,提出土地储备方案,并按照国家和上海市有关规定进行报批。南汇区政府通过与管委会联合组建的土地储备机构储备土地,并委托临港集团、港城集团进行前期成片开发和管理。临港新城内企业、机构需要使用土地的,应当与临港集团、港城集团签订土地使用权转让合同,并向管委会办理有关手续。南汇区政府负责动迁管理。2004 年 1 月 7 日,上海临港新城管理委员会与南汇区政府下发《关于成立上海临港新城土地储备中心的通知》,决定成立上海临港新城土地储备中心。该中心主要职能是:受临港新城管理委员会委托对该区 296.7 平方公里范围内的土地资源实行统一规划、统一征用、统一开发、统一转让、统一管理,并为临港新城企业提供人力资源发展、职业培训、社会保障等服务。

2008 年 7 月 3 日,市政府修改《上海市临港新城管理办法》,将第七条"土地开发及房屋拆迁管理"修改为"管委会应当根据临港新城总体规划和控制性详细规划,提出土地储备方案,并按照国家和上海市有关规定报批"。南汇区政府、奉贤区政府与管委会联合组建土地储备机构储备土地,并由其委托的单位组织前期开发和管理。前期开发工程的实施单位,应当通过公开招标方式确定。南汇区政府、奉贤区政府按照国家和上海市有关房屋拆迁的规定,负责拆迁管理工作。

2010 年 6 月 1 日,市政府公布《上海市临港产业区管理办法》,其中第七条"土地储备和前期开发管理"规定:管委会应当根据临港产业区规划提出土地储备方案,并按照国家和上海市有关规定报批。浦东新区政府、奉贤区政府与管委会联合组建土地储备机构储备土地,并由其委托的单位组织前期开发和管理。前期开发工程的实施单位,应当通过公开招标方式确定。浦东新区政府、奉贤区政府按照国家和上海市有关规定,负责房屋拆迁管理工作。

【土地征收】

2004 年 1 月 17 日,上海临港新城土地储备中心成立,主要职责是受临港管理委员会委托,对区域内 296.7 平方公里范围内的土地资源实行统一规划、统一征用、统一发放、统一转让、统一管理,并为临港新城企业提供人力资源发展、职业培训、社会保障等服务。3 月,临港新城管理委员会和南汇区政府颁布《上海市临港新城征用农民集体所有土地农业人口就业和社会保障实施意见》和《上海市临港新城拆迁房屋补偿安置实施意见》,就被征地农民落实社会保障和房屋拆迁后补偿安置等作出具体规定。7 月,上海临港新城建设用地事务所成立。10 月,临港新城管委会成立国有土地收回工作组。按照"易收先收,急用先收,逐步收回"的原则,从 86 家涉地权利人手中逐步收回土地。经过协商与谈判,至 2010 年,累计收回国有土地 7 251.56 公顷,涉及资金 83.88 亿元。

在收回国有土地的同时,农民集体所有土地的收储工作同步展开,保证了重装备产业区、国际物流园区、综合开发区、临港四镇分城区以及铁路集装箱中心站、两港大道、大芦线航道整治一期、轨交 16 号线结合临港大道等临港地区重大市政配套项目的用地需求。

在征地项目实施中,征地事务部门根据土地管理部门《拟征地告知通知书》,召开项目启动会,布置被征地单位对拟征收土地、青苗、财物和拟拆迁房屋补偿进行调查登记。在此基础上,根据项目的《房屋土地权属调查报告书》(土地勘测定界)、立项和规划批文,拟定《拟征地告知书》,并张贴公示。同时,组织相关单位对拟征收土地、青苗、财物以及拟拆迁房屋进行调查核实。征地批文下达后,征地事务部门拟定《征收土地方案公告》并张贴,同时对被征收土地、青苗、财物及拆迁房屋最终确认,拟定《征地补偿安置方案》并上报。经上级土地管理部门批复后,拟定《征地补偿安置方案公告》,并与各相关镇、用地单位协商签订《征地费包干协议》和《征地补偿安置协议》,落实补偿资金,督促相关镇设立征地补偿费专户,实行专户管理。

临港地区的征地补偿标准按照上海市有关文件执行。历届管委会从实际情况出发,对青苗补偿部分增加了"临港补贴"。征地补偿包括土地、青苗和财物补偿三部分。具体补偿标准每隔几年略有变化,总体呈递增态势。

2005年前,财物补偿费,按照市政府相关部门文件精神给予补偿。2005年、2007年二次调整了购物补偿标准。2006年8月1日前,青苗费补偿标准,按照市府相关部门文件精神,粮棉地每公顷补偿1.95万元,蔬菜地每公顷补偿3.24万元,另发补贴每公顷1.2万元。2006年8月1日起,按照市政府相关部门文件精神,粮棉地每公顷补偿23 550元、蔬菜地每公顷4.35万元。另管委会补贴粮棉地每公顷7 950元,蔬菜地每公顷900元。

2008年9月1日前,按照市政府有关文件,其耕地和非耕地分别每公顷补偿21.6万元和10.8万元,园地中的耕地和非耕地每公顷补偿分别为36万元和18万元。2008年9月1日起,实行片区综合地价。按照市政府相关部门的文件精神,临港地区片区综合地价为每公顷30.24万元;2009年9月1日后,调整为每公顷37.8万元。

【房屋拆迁】

2004年3月3日,临港新城管理委员会与南汇区政府联合颁布《上海市临港新城拆迁房屋补偿安置实施意见》(以下简称《实施意见》)。拆迁项目由南汇区规土部门负责审批,管委会规土部门和征地事务部门负责业务管理和协调,各相关镇负责拆迁安置工作具体实施。房屋拆迁补偿资金实行按实结算、专款专用。

《实施意见》明确对被拆迁房屋给予经济补偿的标准,包括给予被拆迁人搬家补助费、拆迁奖励费和临时安置补助费等。对因拆迁而造成企业停产、停业的给予适当经济补偿。被拆迁房屋建筑面积认定,要以合法有效的房地产权证、农村宅基地使用证或建房批准文件为准。临时建筑未超过批准时限,以缴纳的建筑占地面积实际使用费,按建安重置价结合成新给予补偿;超过批准期限,没有缴费的,不予补偿。

【住房及人员安置】

根据《上海市临港新城拆迁房屋补偿安置实施意见》,规定了被拆迁人购置动迁安置房,以户为单位结合人口结构状况。动迁户实际购房面积超出核定上限5平方米以内,按购置动迁房限定基价结算;实际购房面积超过核定上限5平方米以上者,按市场价结算。并规定有效面积购买后剩余平方不做回购处理。

2004年3月,临港新城管理委员会和南汇区政府联合颁布《上海临港新城征用农民集体所有土地农业人口就业和社会保障实施意见》,对于农民集体所有土地被征用后的三类人员,即征地劳动力、征地养老人员和征地特殊人员落实社会保障作出规定。上述人员土地被征用而尚未办理"农转非"手续之前,由征地单位按当年上海市城镇居民月最低生活保障线标准,按月向征地劳动力发放生活费;征地养老人员按征地养老标准发放生活费。

2005年8月,临港新城管理委员会颁布《上海临港新城关于征地农业人员补偿安置及土地补偿等有关事项的补充规定》。临港产业区通过对征地劳动力、征地养老人员和征地特殊人员办理"农转非"和落实相应社会保障,以土地换镇保,解决了被征地农民的后顾之忧,维护了他们的合法权益。临港地区芦潮港、泥城、书院、万祥四镇累计69 248名符合条件的人员办理了"农转非"和落实了相应的社会保障。此外,组织离地农民进行技能培训、完善用工就业信息网络和开展用工洽谈会等多种形式,扩大就业渠道。累计新增就业岗52 008个,培训11 630人次,使劳动年龄段的离地农民实现基本就业。

至2010年,临港有402万平方米的农民安置房建成分配,安置失地农民64 015人,21 313户,安置率达到98.7%,万祥、书院、芦潮港、泥城四镇均已实现现房安置。

【土地利用】

2005年5月20日,临港新城管理委员会与中油同盛石油有限公司签订土地出让合同,出让面积为4 011.4平方米,用于建设23号加油站,土地出让金为289.5万元,土地出让价达到2 404.5万元/公顷。这是临港新城管委会出让的第一块商业用地。6月20日,临港新城管委会与上海汇芦房地产经营开发有限公司签订土地出让合同,出让土地222 532.2平方米,用于建设芦潮港动迁房一期,土地出让金为160.223 1万元,土地出让价达到330万元/公顷。这是临港新城管委会出让的第一块住宅用地。9月10日,临港新城管委会与上海临港普洛斯国际物流发展有限公司签订土地出让合同,出让土地218 790.7平方米,用于建设普洛斯一期,土地出让金为962.679 1万元,土地出让价达到353.55万元/公顷。这是临港新城管理委员会出让的第一块工业用地。

2005年11月15日,为贯彻市政府《上海市土地使用权出让招标拍卖试行办法》精神,规范推进上海临港新城土地使用权出让招标拍卖工作,临港新城管理委员会决定成立"上海临港新城土地使用权出让招标拍卖办公室",该办公室设在临港新城管理委员会规划土地处,负责编制该行政区域内土地招标、拍卖计划,确定招标拍卖地块,组织协调招标、拍卖的有关事项。

2008年7月,市政府《关于修改"上海市临港新城管理办法"的决定》提出,临港新城管委会接受市有关行政管理部门的委托,在临港新城内实施除征收农民集体所有土地、农用地转为建设用地、建设项目占用未利用地外,土地管理部门委托的国有土地使用权的划拨、出让等建设项目供地的预审,这一职能通过临港新城土地储备中心实施。

根据临港新城土地使用权出让招标拍卖挂牌办公室统计,2005年5月—2010年12月,临港共计出让土地307幅,面积约2 136.28万平方米,合计收缴出让金约132.58亿元。其中经营性项目87幅,面积约708.68万平方米,小计出让金约109.16亿元。产业类项目156幅,面积约1 426.40万平方米,小计出让金约23.42亿元。

二、基础设施及配套设施

【基础设施】

2003—2010年,临港管委会和各开发主体把握发展机遇,高起点编制了产业区总体规划、规划片区控制性详细规划以及主要市政基础设施综合规划,高标准实施了市政道路、供排水、电力、燃气、水利、绿化和交通等开发区域的市政基础设施建设，总投资超过220亿元。管委会有效整合了市、区有关部门的资源，通过各个层面的协调推进机制，帮助各开发主体突破了动迁、土地、审批和配套等方面的难点问题，为临港产业区各项基础设施建设任务的完成提供了有力保障。

2003—2010年，已完成临港区域市政基础设施情况：新建市政道路162公里。其中城市快速路31公里，城市主干路25公里，城市次干路26公里，城市支路80公里。重装备产业区"四纵四横"骨干道路网络和物流园区、芦潮港分城区道路网络基本形成，泥城、书院、万祥分城区和奉贤园区已开发区域道路网络基本满足开发需求。芦潮港铁路中心站及20公里浦东铁路、芦潮港车客渡码头、上海电气集团和中船三井2个企业自备码头等一批重点交通设施建成投入使用。先后开通了龙港快线、三港专线、机场八线、芦潮港至上海南站通勤列车等对外公共交通线路和芦潮港一路、泥城五路等内部交通线路。公共交通基本覆盖产业区已开发区域。大芦线航道整治一期项目、轨道交通21号线临港段等一批重点项目已开工建设。临港区域供水由惠南水厂提供。区域内的临港大道北、两港大道西建有水库泵站一座，沿A30、白玉兰大道、两港大道敷设有上水输水管。区域的燃气供应由两港大道北、黄沙港西侧的3号高-中压调压站提供服务，该站规划能力为10万标准立方米/小时，而实际使用量仅为4000标准立方米/小时～5000标准立方米/小时。区内结合道路的建设敷设燃气中压管道，以满足用户的需求。且两港大道下敷设的2.5兆帕高压管道，可为不同压力机制的用户提供服务。产业区内建有临港、海洋220千伏变电站2座，110千伏变电站4座，35千伏变电站3座。临港产业区实行雨污水分流制排水体制。临港污水处理厂和沿两港大道的污水骨干系统的建设为临港产业区的开发创造了条件。新建污水处理厂1座，污水泵站12座，雨水泵站11座。与市政道路同步建设供水管网、雨水管网、污水管网、燃气管网、电力排管和信息排管各约162公里；各类配套条件基本满足产业区项目建设需求。新建芦潮港西侧大堤约7.8公里，新建和整治河道58公里，新建和改造水闸2座，区域防汛排涝能力进一步增强。编制了《临港新城绿化建设导则》，为临港产业区盐碱化土地上的绿化建设提供了指导和依据。新建绿地250公顷，芦潮港、泥城、万祥和书院分城区新建了分城区公园，显著改善了产业区生产、生活环境。

【配套设施】

2003—2010年，先后由南汇区政府、奉贤区政府，浦东新区政府等负责临港新城、临港产业区所辖区域的财政、税务、工商、公安、文化、教育、卫生、社区等公共事务的协调和管理。

2006—2010年，随着申港街道办事处的成立，以及上海海事大学、上海海洋大学、上海电机学院、上海中学东校、上海第六人民医院东院、中国航海博物馆等一大批教育、医疗、旅游机构的迁入和建设，临港主城区的配套设施逐步发展并不断完善。

在《临港新城总体规划》中，临港新城以及临港产业区、浦东临港新城的社会事业服务设施主要布局在临港新城主城区。2006年11月30日，申港街道办事处成立，临港新城主城区范围内社会事业的主要管理部门为申港街道办事处。申港街道是南汇区政府的派出机关，管辖范围区域面积22平方公里；后来根据临港新城开发建设需要管辖范围覆盖到主城区74.1平方公里，主要负责临港新城主城区的城市社会管理和提供公共服务，确保社区建设、社会事业规划的正常进行以及管理、服务的有序介入。

教育 创建于1953年的上海电机制造学校。2004年9月，经市政府批准，升格为全日制普通本科高校。学校拥有临港、闵行两大主校区。2009年1月22日，上海电机学院临港校区举行奠基仪式。临港新校区占地61.6公顷。学校以工学为主，设有本科专业27个，有全日制硕、本、专科在校生 12 400 余人,成人教育本专科生 3 000 余人。学校先后与国(境)内外 50 所大学建立了合作关系,有 20 余个国家的留学生在学校学习、交流。学校由市教委与上海电气集团共建共管,以"技术立校,应用为本"为办学方略,通过产学研合作,打造技术应用型师资队伍,致力于培养高等技术应用型人才。

2004 年 11 月 13 日,上海海事大学临港新城新校区开工建设。2008 年,市政府与交通运输部签订协议,共建上海海事大学。是年,学校主体搬迁至海港,占地 133.33 公顷,建筑面积 60 万平方米。有 2 万余名全日制学生,有教授 150 人,具有博士学位的教师比例约 58%。学校以上海国际航运研究中心等行业高端智库为平台,不断推进与地方政府、大型企业和高等院校的产学研合作,为行业发展和国家战略服务。自 2010 年起开设"国际班",邀请美国、韩国、波兰、俄罗斯、德国等国航海院校学生来校学习"航海技术""航运管理"等专业。

2006 年 1 月 12 日,上海水产大学新校区在临港新城举行奠基仪式。2008 年更名为上海海洋大学,占地 110 公顷,规划建设面积 58.6 万平方米。有 12 个学院(部),本专科生 1.3 万余人、研究生 3 000 余人;教职工 1 200 余人,具有高级专业技术职务 500 余人。学校与美国、日本、俄罗斯、澳大利亚、韩国等国家和中国台湾、中国香港地区的大学以及多个国际组织有着密切的交流和合作,并与境外多所大学互派留学生,长期参与中美海洋生物资源合作计划,与联合国粮农组织、亚洲水产学会、国际水生生物资源管理中心等建立了长期友好合作关系。

至 2010 年,临港主城区聚集了从幼儿园到大学的各类教育资源。区域内有上海海事大学、上海海洋大学、上海电机学院 3 所大学,临港科技学校为中等职业学校 1 所,高中 1 所,公立小学及初级中学共 2 所,幼儿园 2 所。

医疗　2008 年 3 月 18 日,申港街道临港家园社区卫生服务站试运行,10 月 16 日正式揭牌。总占地面积 288 平方米,为先期入驻临港新城主城区的社区居民和建筑工人提供预防、妇幼保健、健康教育、计划生育技术服务、医疗、康复等六位一体的社区卫生服务。卫生服务站设置全科诊疗科,开设内、外、儿科常见病及外科小创伤清创缝合和慢性病诊疗咨询等诊疗项目,为病人提供常见病、多发病的初级诊疗和诊断明确慢性病等的治疗和康复。

2009 年 9 月 26 日,上海市第六人民医院东院开工建设。位于南汇新城,是一所集医、教、研于一体的三级甲等综合性医院。占地面积 10 公顷,总建筑面积 72 059 平方米,医院设计 600 张床位,建成后规模为 3 000 人次日均门诊量。

文化体育　2006 年 5 月 14 日,"青春颂　港城情"——上海大学生慰问临港新城建设者专场文艺演出暨上海市大学生社团文化节开幕式在临港新城滴水湖畔举行。2007—2010 年,申港街道办事处和南汇新城镇连续 4 年组织诗歌朗诵比赛,培育社区居民热爱诗歌、热爱朗诵的兴趣,形成临港居民人人诵诗的浓厚氛围。2007 年主题是"聚滴水湖畔、抒海洋文化",2008 年主题是"心系申港发展、寄语港城未来",2009 年是"精彩世博、魅力申港",2010 年是"世博情·申港心·廉政风"。申港街道办事处组织多次文艺演出。2008 年 9 月 26 日,"我们的家园"2008 南汇主题宣传服务月活动在申港社区举行。2009 年 9 月 29 日,街道联合上海海洋大学举办"为祖国喝彩"文艺活动。2010 年 7 月 14 日,街道"激情浦东·欢乐世博"主题宣传服务活动首场式在轨交 11 号线工地项目部开展。

开展体育活动和各类比赛。从 2006 年开始,临港连续多年举办环滴水湖健康跑活动。2006 年 12 月 16 日,来自临港新城管委会、临港集团等单位和南汇区的 38 支队伍 2 000 多人参加上海临港新城环湖健康跑活动。2007 年 9 月 30 日,世界夏季特殊奥林匹克运动会南汇区火炬跑活动在滴水湖举行。11月10日,上海临港新城环湖健康跑在滴水湖举行。此外,还在滴水湖举行过摩托艇赛、风筝比赛、自行车赛、龙舟赛、篮球赛等活动。

旅游 2006年1月20日,上海中国航海博物馆奠基,2010年7月5日全面建成开放。上海中国航海博物馆是中国首个经国务院批准设立的国家级航海博物馆,由交通运输部和市政府共建。博物馆位于临港主城区占地面积24 830平方米。博物馆建筑面积46,434平方米,馆内已有2万多件实物馆藏、5万份海图、2万册相关文件。馆内以航海为主题,博物为基础,分设航海历史、船舶、航海与港口、海事与海上安全、海员、军事航海六大展馆。

2006年3月26日正式对外开放的南汇嘴观海公园,位于临港主城区东南面。总占地面积为18 200平方米,工程总投资约3 000多万元。司南主雕雕塑体现的是中国古代四大发明之一的指南针与航海事业发展的关系,10座纪念浮雕反映的是港城建设者的精神风貌。

上海鲜花港,位于临港综合区东海农场,规划面积10平方公里,核心区规模面积1平方公里,主要由四部分构成,即自控温室生产区、花卉新品种展示区、教育研发推广区、配套服务区。展示园每年举办三次主题花卉展示。

三、生态环境

临港作为上海的低碳示范区,以拥有海、湖、河三大自然水系景观和超高绿化率被誉为公园里的城市。主城区拥有60%的深林覆盖率,5.56平方公里的城市景观人工湖——滴水湖。临港东滩湿地长40.3公里,总面积122.5平方公里。原始生态资源与现代化的新城建设为国内外投资者、创业者和观光旅游客提供了理想的工作和生活空间。

临港开发建设之初,就把低碳发展目标与保护自身生态优势相结合,提出了低碳发展的全新理念,并将其融入城市规划和产业发展。开挖滴水湖和周边链河、拓宽大芦线航道、建设滨海森林公园、保护沿海生态湿地和人民塘水杉林;制定临港地区绿地建设导则,规范绿化建设,绿化覆盖率超过30%;建成2 500平方米楼宇太阳能光伏发电系统、1.3万平方米工业厂房屋顶兆瓦级光伏电站、全国第一座海上风电场、50万平方米配套商品房太阳能集中供热系统,努力走出一条具有临港特色的低碳发展道路。临港新城于2009年与虹桥商务区、崇明生态区一起,被确立为上海三大低碳经济实践区。

滴水湖工程从2002年6月年土方工程开始,至2007年9月,滴水湖南岛北岛及中心岛护岸工程等主要建设内容总体完成。滴水湖呈正圆形,直径约2.66公里,建设面积约555.7公顷,总开挖土方量约1 337万立方米,蓄水量约1 620万立方米,最深约6.2米。湖中还有三个总面积为0.48平方公里的小岛,湖水源自大治河,水质为V类地表水。滴水湖水利配套工程包括春涟河、夏涟河、秋涟河三条链状河道以及赤风港、橙和港、黄日港、绿丽港、青祥港、蓝云港、紫飞港七条射状河道,还有滴水湖出海闸、芦潮引河出海闸、黄日港节制闸、绿丽港节制闸,形成了防汛挡潮、引排自如的水利体系。滴水湖建成后改变了浦东地区没有湖泊的历史,为第九批国家水利风景区。

2007年,为保护东滩地区的野生动物资源,南汇区政府对外发布公告,将南汇东滩划定为野生动物禁猎区,这是上海市第一个野生动物禁猎区。

2009年,临港管委会开展能源利用和发展课题研究。结合企业项目需求,临港进行专题课题研究与应用的滚动计划,形成若干重要示范性成果。

配合上海电气集团实施临港装备基地综合楼太阳能发电项目和太阳能光伏发电并网发电示范

项目。主要是在上海电气综合楼上安装 1 260 块太阳能电池板,装机容量为 200 千瓦,每年为该楼提供 20 万千瓦时电量;在上海电气临港 3 万平方米大跨度厂房屋面安装太阳能电池板,装机容量为 1 080 千瓦,年发电量 100 多万千瓦时,可以向城市电网供电,是中国首个全部采用国产设备的兆瓦级太阳能光伏并网发电站。配合上海电气集团进行兆瓦级风力发电设备产业化,建设示范风电场和测试平台,对风机在满负荷进行整机测试,提高机组抗低温、抗盐雾腐蚀能力,进行 1.25 兆瓦、2 兆瓦风机批量生产,2010 年上半年完成 3.6 兆瓦级海上风机产业化。

开展大型住宅小区太阳能集中集热系统示范项目。通过在临港新城 48.7 万平方米住宅小区全面应用集中集热,重点进行太阳能热水系统以及空气源热泵热水系统的应用研究,系统解决与建筑一体化结合应用过程中的设计、选型、施工、运行、维护等关键问题,在理论研究和工程实践的基础上进行系统集成与产品研发。

配合实施中国首座大型海上风电场建设。东海海上风电场由 34 台国内最大单机容量的风电机组组成,总装机容量 10.2 万千瓦,设计年发电利用小时数 2 600 小时,年上网电量 2.67 亿千瓦时,于 2010 年上半年完成全部安装、调试,投入运营。2010 年 8 月 31 日,东海大桥 10 万千瓦海上风电示范项目风电场顺利完成 240 小时预验收考核,该项目是中国第一个国家海上风电示范项目。

深入研究临港新城分布式可再生能源发电系统并网的最佳容量和接入位置、风光互补发电系统以及集成电网系统,解决并网所存在的孤岛问题。该项目研制完成可再生能源综合发电实验系统,参加 2008 年上海国际工业博览会时受到广泛好评。

开展供排水系统节能关键技术示范应用研究,建立城市供水和污水处理综合信息系统 EIP。结合临港供排水系统,研发供排水系统智能测控设备样机,使该测控设备具有自动调节供排水系统优化运行和有效处理供水管道爆管事故的能力。配合开发城市供水和污水处理综合信息系统 EIP,集成工程建设、生产监视、地理信息档案、设备和设施动态监管、行政办公、营运服务和对外展示功能,获得了市国资委科技进步二等奖。

进行基于 CFD 分析的中国航海博物馆壳体优化节能设计研究。通过帆体负荷特点分析,建立合理的模型,对帆体在不同气流组织条件下的温度与风速场分布情况进行 CFD 数值模拟分析,得出合理的空调气流的有效组织形式,提出帆体排烟的合理形式。其中,临港大型居住小区——宜浩佳园的太阳能技术项目经住房和城乡建设部、财政部批准,成为"2008 年可再生能源建筑应用示范项目"。

第五节　招 商 引 资

一、招商管理

【招商机构】

临港新城管理委员会成立时,设立了招商中心,负责来访企业的接待、招商政策宣传、项目跟踪服务。由于"一门式"服务及中介服务体系均未建立,招商中心与南汇区工商局协商,采取过渡性措施开辟企业设立登记的"绿色通道",特事特办。外资项目审批由南汇区对外经济贸易委员会代理。

2005 年 5 月 30 日,上海市机构编制委员会批复同意调整上海临港新城管理委员会部分内设机构,撤销政策法规处,设立经济贸易处。经济贸易处成立后,负责临港新城 296.6 平方公里招商引资工作的策划、组织、指导和协调工作。9 月 23 日,经上海市外国投资工作委员会授权,管委会向上海汇和伊纳克赛船舶装潢有限责任公司发出第一张外资企业设立的批准证书。

临港产业区管理委员会时期,管委会的经济贸易处承担临港产业区 247 平方公里招商引资工作的策划、组织、指导和协调工作职能。浦东临港新城管理委员会(筹)时期,管委会的经济发展处负责指导、协调、考核区域内 67.76 平方公里的招商引资工作和重大招商项目的跟踪、协调与服务,外商投资企业的设立与变更审批和管理。

2004 年 6 月至 2005 年 8 月,临港集团分别与泥城镇、万祥镇、芦潮港镇、书院镇合作成立上海临港泥城经济发展有限公司、上海临港万祥经济发展有限公司、上海临港芦潮港经济发展有限公司、上海临港书院经济发展有限公司,这四家公司分别负责临港泥城分城区、临港万祥分城区、临港芦潮港分城区和临港书院分城区的开发、建设、经营和管理,对分城区招商引资。

至 2010 年,临港集团、闵联临港公司、港城集团、临港海洋高新公司等四大开发主体都设有招商部门,负责开展对外招商推介、宣传活动,收集、跟踪国内外各类投资项目信息,与国内外投资者进行项目接洽和项目考察,做好投资项目的引进、跟踪、落实,并为入驻项目提供后续服务。临港集团主要负责对重装备产业区、物流园区和奉贤园区招商引资;闵联临港公司主要负责对重装备产业区内 13.3 平方公里范围内的闵行开发区临港园区招商引资;港城集团主要负责对临港主城区招商引资;临港海洋高新公司主要负责对临港主城区内 3.2 平方公里海洋高新技术产业化基地招商引资。

【项目会审制度】

2005 年 8 月 19 日,临港新城管委会项目会审制度启动运作。会审制度要求每周五各处室集中召开项目审批协调工作会议。同时,管委会明确了社会性投资项目和六类经营性项目的申办流程,将主审环节分别压缩到 50 天和 60 天。

【业务培训】

2007 年 7 月 5 日,管委会组织临港各招商主体进行招商工作业务培训,并对临港新城项目审批申报相关流程和申请享受高新技术优惠政策流程进行讨论,帮助各招商客服人员尽快熟悉了解产业项目审批申报流程和申请享受高新技术优惠政策流程,提高绩效,切实保障并不断推进项目尽早落地。2008 年 9 月 23 日,管委会举办了临港新城企业投资项目核准、备案和建设审批改革培训会,管委会计划、规土、建管、经贸等部门分别对上海市企业投资项目核准、备案办法及审批流程指南进行了解读,并就临港新城企业投资项目立项、规划、土地、建设等手续办理进行了培训。

二、招商活动

从 2004 年起,临港管委会举办了多种类型的招商活动,宣传临港的投资环境、招商政策和发展机遇等吸引国内外投资者,取得显著效果。

【招商推介会】

2004 年 4 月 27 日,第一次在四季酒店举办临港产业区投资说明会。说明会由上海市对外经济贸易委员会(以下简称市外经贸委)、临港新城管委会主办,临港集团、卡特彼勒物流(上海)有限公司、德勤咨询公司协办。上海市副市长、临港新城管委会主任杨雄出席并讲话,临港新城管委会副主任、临港集团董事长刘家平作推介主题发言。

2006年3月17—24日,临港新城管委会副主任、临港集团董事长刘家平率团访问新加坡丰树公司总部、新加坡贸工部国际企业发展局、新加坡港务集团等,3月21日,在新加坡东方酒店与新加坡国际企业发展局、丰树公司联合举办临港产业区招商推介会。5月31日和12月13日,临港集团先后与日本商工会议所、野村综研(上海)咨询有限公司、上海日本商工俱乐部共同合作,两次举办临港产业区对日资企业说明会,包括日立、住友重机等120家日本企业的180余名负责人参会。是年,临港先后举办了"海洋新城,魅力临港——2006年上海临港新城投资环境说明会"、"2006年临港产业区对日资企业招商说明会"。

2007年9月13—14日,港城集团与基强联行投资管理(中国)有限公司共同主办的"临港新城环滴水湖一环综合地块项目招商推介会"在四季酒店举行。活动吸引了新宏基地产、中信泰富(中国)、和记黄埔地产、迪拜Limitness、香港置地集团、日本大和房屋工业株式会社、万科房地产有限公司、复地集团及富力地产等近50家业界精英企业。2008年,召开以"新城市、新产业、新机遇"为主题的"上海南汇·临港新城2008投资环境说明会"。

2009年1月8日,临港物流奉贤园区发展有限公司在万豪酒店举行"工业地产及中介机构招商说明会",邀请了上海工业地产业界的主要地产中介商及地产基金如仲量联行、戴德梁行、高力国际、盖世理、野村综研、三井物产等近40家单位的70多人参与。9月9日,举办芬兰专题招商推介会议。芬兰驻上海商务领事傅澜珂和33位芬兰企业家出席了推介活动。经外国驻沪使领馆介绍,到临港考察投资机会的客商也络绎不绝。是年,临港新城管委会共接待外国机构和企业来访17批次,包括世界自然基金会、荷兰大使馆、丹麦领事馆、马来西亚中华工商联合会、英国励展博览集团、法国ESSEC商学院等。2010年,举办"上海临港新城——世界健康之都"媒体见面会。

【商会协会活动】

临港管委会重视通过与市政府合作交流办、市政府台办以及各类商会、行业协会等牵线搭桥,寻找优质客商,推动投资合作。

2007年5月30日,市政府台办组织市台商协会40余家投资商参观临港新城万祥分城区活动。7月6日,临港新城管委会接待奥地利施蒂尔马克州工业联合会主席、施蒂尔马克州商会主席、奥地利驻沪总领事馆商务处代表等6位官员参观考察临港新城。8月24日,临港高科技发展有限公司与上海市模具行业协会共同主办,温州上海商会协办以"携手临港,共谋发展"为主题的临港国际光仪电科技园与各行业协会座谈会,上海中小企业国际合作协会、上海港口行业协会、上海市计算机行业协会、上海电子元器件行业协会、上海电器行业协会、上海仪器仪表行业协会、上海电机行业协会、上海市汽车行业协会、上海市汽车配件流通行业协会、上海市新材料协会等光仪电类、装备制造类、港口机械类、汽车制造类的31家行业协会和嘉宾企业的领导参加。10月31日,上海市外商投资协会与临港集团共同举办"上海市外商投资协会第五届三次常务理事会暨百家外企高管看临港"活动,艾默生、贝尔阿尔卡特、东芝、柯达、巴斯夫、夏普、西门子、华虹NEC等近100家企业的高层管理人员参加。

2008年7月26日,法国布雷斯特伊华兹科技园协会会长、布列塔尼大区副主席马克·拉贝、负责欧洲事务及国际合作的法比妮娅·瓦利女士专程考察临港,就临港海洋高新技术产业化基地合作事宜与临港新城管委会副主任郭奕侃沟通。8月7日,临港新城经济贸易处拜访上海美国商会政府关系部专员何亭以及德国工商大会上海代表处投资部的朱剑,希望借助商会这个平台扩大临港新城在美国和德国企业界的知名度。

2009 年 3 月 10 日,英中贸易协会(CBBC)上海办事处的中国商务顾问 Michale Mccourt 及其助理专程到临港新城,为部分入驻企业详细解说英国贸易投资总署(UKTI)实施的全球贸易伙伴计划内容、适用对象、申请方式等,上汽集团、上海电气集团等 10 余家企业负责人参加。经济贸易处希望以此全球贸易伙伴计划为契机,为临港地区的企业寻求与国外相关技术企业或机构进行合作的机会。英中贸易协会表示非常乐意向英国企业介绍临港新城,在促进中英企业间合作交流方面与临港不断合作。

【展会活动】

临港管委会通过组织开发主体参加国内外有重要影响力的投资贸易洽谈会、工业博览会等,吸引相关企业洽谈合作。

2006 年 9 月 8—11 日,临港第一次参加在厦门举行的"第十届中国国际投资贸易洽谈会",临港新城管委会派出由经济贸易处牵头、临港集团和港城集团共同组成的团队作为上海代表团前往参展,来自香港、日本、韩国、中东等国内外投资者不断前来咨询,对投资临港表现出极大兴趣。

2007 年 9 月 8—11 日,临港新城管委会和临港集团、港城集团及闵联集团有关人员作为上海代表团成员,赴厦门参加"第十一届中国国际投资贸易洽谈会",与参会各省市的政府机构和企业进行了交流与沟通,并专程拜访了瑞典、芬兰、西班牙、南非等国的展台,向各国的参会者介绍宣传临港新城。

2009 年 6 月 12—15 日,临港新城管委会经济贸易处带领西门子风力发电叶片(上海)有限公司和上海电气风电设备有限公司参加在甘肃兰州举行的"第十五届中国兰州投资贸易洽谈会",宣传推介产品,寻求商业合作机会。11 月 3—7 日,临港集团参加在上海新国际博览中心举办的"2009 中国国际工业博览会",在工业自动化展区设立展台,展示临港产业区发展规划和开发成果。

三、企业服务

2006 年 1 月 1 日,临港集团与野村综研(上海)咨询有限公司就对日本企业进行招商事项签订"咨询服务委托合同书"。是年 1 月,上海临港网站正式开通。网站专门设立"投资招商"和"服务大厅"两个专栏,"投资招商"专栏下设投资环境、投资导向、招商资讯、合作交流四个子栏目,"服务大厅"专栏下设审批服务、招商服务、企业服务、人才服务、创新创业等栏目。网站在提高临港知名度、方便客商了解临港、宣传推广招商政策信息、服务区域内企业办事等方面发挥了重要作用。

从 2007 年开始,临港新城管委会经济贸易处与外国驻沪使领馆的商务部门建立合作关系,通过外国驻沪使领馆的商务部门,宣传推介临港开发建设情况、招商政策和产业导向等信息,创造投资机会,拓宽外国企业投资临港的信息渠道,创造合作机会。是年 3 月,临港新城管委会经济贸易处向 32 家外国驻沪领事馆或领事馆商务处发送电子邮件、传真,介绍临港新城开发建设最新情况,建立或加强业务联系。9—12 月,经济贸易处先后拜访意大利驻上海总领事馆商务处、加拿大驻上海领事馆办公室商务专员、西班牙驻上海总领事馆商务处、澳大利亚驻上海总使馆商务处、奥地利驻沪总领事馆商务处、芬兰领馆商务处、泰国驻上海总领馆商务处、英国驻上海总领事馆商务处、法国驻上海总领事馆商务处、新加坡驻上海总领事馆商务处、马来西亚驻上海总领事馆商务处、韩国驻上海总领事馆商务领事、捷克驻上海总领事馆副领事、保加利亚驻上海总领事馆总领事等。

2007年5月16日,上海临港新城金融俱乐部在临港豪生国际酒店举行成立大会。金融俱乐部由管委会倡导成立,是结合临港新城开发实际,创新政、银、企合作模式的积极探索模式。俱乐部全体会员推举临港管委会副主任郭奕侃担任俱乐部主席。10月24日,管委会副主任、临港新城金融俱乐部主席郭奕侃主持召开了临港新城金融俱乐部第二次会议。各开发主体介绍了2007—2008两年临港新城建设项目与资金需求。金融机构分析了金融形势,并为开发主体项目融资提出了意见和建议。此后,金融俱乐部多次召开会议,增进了政、银、企各方的交流与合作,坚定了金融企业继续支持临港新城开发建设的信心。

2009年3月17日,由临港集团招商服务中心和新经济园公司共同举办的首届"临港产业区招商项目信息发布会"在波特曼丽嘉酒店举行,仲量联行、高力国际、世邦魏理仕、第一太平洋戴维斯、德国工商总会、英中贸易协会、日本贸易振兴会、上海模具协会等近20家渠道机构的近40位嘉宾应邀参加。8月19日,由临港集团招商服务中心等主办,益策(中国)学习管理机构协办的"企业人力资源法务实践"培训举行,包括上海沪临重工有限公司、上海船用曲轴有限公司、伯尔克(上海)有限公司、高锵石油机械设备有限公司、申特机械制造有限公司等20家企业人力资源负责人参加。10月13日,由临港新城管理委员会、临港招商服务中心共同举办的《外省市人才落户政策解读》培训在临港集团举行,邀请浦东新区仲裁委员会劳动仲裁员、人力资源专家刘新苗解读。包括上海汽车有限公司、上海沪临重工有限公司、中船三井有限公司、维尔泰克(上海)压缩空气系统技术有限公司、上海田中机械有限公司、上海振中工程机械有限公司、东和恩泰热能技术(上海)有限公司等20余家企业参与。12月15日,"临港产业区渠道信息沟通会"在临港豪生国际酒店举行,野村综研、戴德梁行、高力国际、日本贸易振兴机构(JETRO)、三井住友、三菱东京UFJ银行、高纬环球、莱坊国际、shinoken、德中工商、瑞穗实业银行、法利咨询等国内外知名中介机构的近40位嘉宾应邀参加。

对于重点项目,招商部门专门成立项目服务小组,解决实际困难,做好服务工作。三一重工临港奉贤园区项目从2009年8月18日签约之后,临港新城管委会联合上海市经济和信息化委员会(以下简称市经济信息化委)、奉贤区经委、临港集团奉贤公司等部门,多次召开协调会,合力推进项目落地开工。12月18日,三一重机临港产业园顺利开工。对入驻企业,招商部门通过定期走访,帮助企业解决发展过程中需要解决的问题。在元旦、春节等重点节日和酷暑高温时期,通过上门走访慰问、恳谈会等活动增进了解。对于获得重大荣誉的企业,通过上门走访授予荣誉,加强沟通。

四、招商成果

2004年11月17日,临港集团和芬兰的卡尔玛公司正式签约,第一个外资项目落户临港。此后,临港引进的项目数量、水平和规模不断增长,有来自美国、日本、德国、芬兰、新加坡等20多个国家和中国香港、中国台湾、大陆等地区的投资。2009年,临港产业区规模以上企业177家,总产值23.34亿元。2010年规模以上企业172家,总产值达到33.13亿元。

2005—2010年,临港产业区累计引进外资企业89个,总投资达16.54亿美元。卡特彼勒物流(上海)有限公司、卡哥特科工业(中国)有限公司、上海瓦锡兰齐耀柴油机有限公司、伦茨(上海)传动系统有限公司、科尼港口机械(上海)有限公司、叶水福临港物流有限公司、上海吉田拉链有限公司、上海苏尔寿机械制造有限公司、西门子风力发电等企业纷纷入驻。

2005—2010 年,临港新城工业总产值分别为 386 027 万元、488 029 万元、898 370 万元、1 406 889 万元、2 496 063 万元、3 511 077 万元;税收分别为 75 411 万元、92 139 万元、117 755 万元、164 558 万元、237 774 万元、295 262 万元。招商引进的内外资总投资额呈增长趋势,但内资和外资的发展趋势不同。从固定资产投资的不同产业来看,临港产业区的第二产业保持了不断增长的趋势,第三产业投资则有所波动。招商引资给临港新城带来的税收逐年增加。

单位:万元

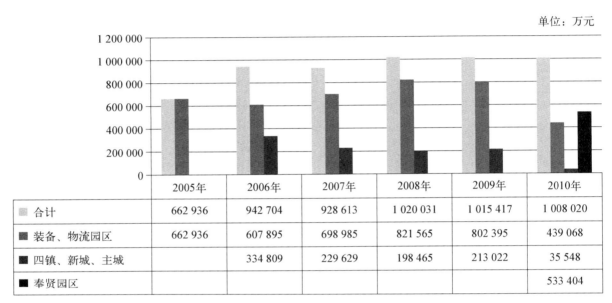

	2005年	2006年	2007年	2008年	2009年	2010年
合计	662 936	942 704	928 613	1 020 031	1 015 417	1 008 020
装备、物流园区	662 936	607 895	698 985	821 565	802 395	439 068
四镇、新城、主城		334 809	229 629	198 465	213 022	35 548
奉贤园区						533 404

图 8‐1‐3 2005—2010 年招商引资产业项目总投资图(按区域分)

资料来源:管委会经济贸易办(处)历年的信息资料

单位:万元

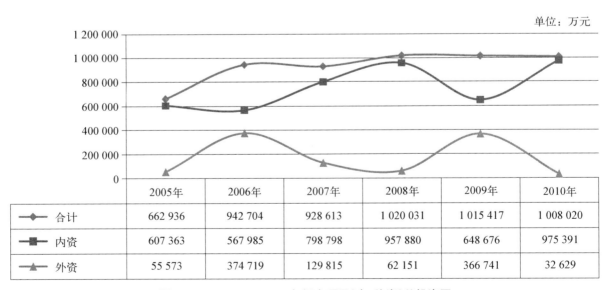

	2005年	2006年	2007年	2008年	2009年	2010年
合计	662 936	942 704	928 613	1 020 031	1 015 417	1 008 020
内资	607 363	567 985	798 798	957 880	648 676	975 391
外资	55 573	374 719	129 815	62 151	366 741	32 629

图 8‐1‐4 2005—2010 年招商项目(内、外资)总投资图

资料来源:管委会经济贸易办(处)历年的信息资料

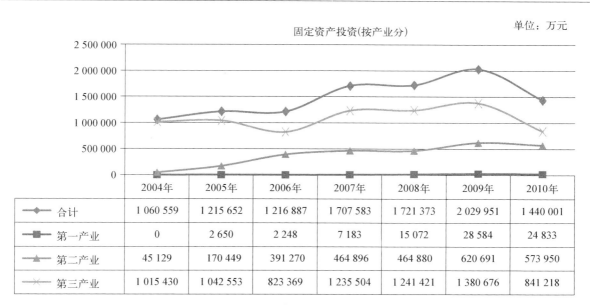

固定资产投资(按产业分)　　　　　　　　　　单位：万元

	2004年	2005年	2006年	2007年	2008年	2009年	2010年
合计	1 060 559	1 215 652	1 216 887	1 707 583	1 721 373	2 029 951	1 440 001
第一产业	0	2 650	2 248	7 183	15 072	28 584	24 833
第二产业	45 129	170 449	391 270	464 896	464 880	620 691	573 950
第三产业	1 015 430	1 042 553	823 369	1 235 504	1 241 421	1 380 676	841 218

图 8 - 1 - 5　2005—2010 年固定资产投资图(按产业分)

资料来源：管委会经济贸易办(处)历年的信息资料

第六节　产　业　发　展

临港产业区注重战略性新兴产业的集聚和发展。2007 年 10 月 18 日,伦茨(上海)传动系统有限公司在临港举行开业典礼;2009 年 8 月 26 日,上海普罗新能源有限公司与临港集团签订关于普罗新能源在临港产业区投资 2.32 亿元,建设多晶硅装备制造基地的投资意向书;维尔泰尔(上海)压缩空气系统技术有限公司与临港集团签订投资意向书,该项目是维尔泰尔(上海)压缩空气装备制造的二期项目,开山集团拟投资 1.85 万元建设年产 5 000 台螺杆式空压机及 7 500 台螺杆膨胀机装备制造项目。2010 年 7 月 29 日,临港集团和映瑞光电公司举行 LED 光电项目签约仪式,双方将共同打造国家级 LED 产业化示范基地。

临港产业区不断推进先进装备制造业和现代物流业集聚。至 2010 年,临港产业区完成固定资产投资 661 亿元,其中基础设施投资 213 亿元,产业项目投资 197 亿元。工业总产值保持了 55% 的年均增幅,税收收入保持 30% 以上的年均增幅。新能源装备、大型船舶关键件、海洋工程装备、汽车整车及零部件、大型工程机械制造等五大装备产业已形成一定规模;现代航运物流、保税展示与贸易、服务贸易与服务外包等现代服务业框架基本形成,产业区对外影响力日趋增强,"临港制造"品牌效应开始显现。

临港产业区发展的成果受到各方的肯定。党和国家领导人先后视察临港,对临港产业发展成绩给予充分肯定。2010 年 1 月,临港产业区获得国家工业和信息化部"国家新型工业化产业示范基地"(装备产业、航空产业)两项授牌,被认定为"上海品牌园区"。

一、主导产业

【新能源装备产业】
临港产业区的新能源装备产业重点引进核电、风电、燃气发电等电站设备以及大型输变电设备制造企业,其中在核电领域覆盖核岛、核电堆内构件和控制机构、核电主泵、核电环岛设备、汽轮机和发电机组等完整产业链。以上海电气集团、西门子集团、阿尔斯通集团、ABB集团等知名企业为代表的临港电气装备基地已具规模。临港已成为全国规模最大、成套最全的新能源装备制造基地,是全国乃至世界规模最大、能力最完整的核电装备制造基地,具备制造全球最大风电机舱、最长风电叶片的能力。

2005年7月9日,上海电气临港重型装备制造基础一期工程开工典礼在临港产业区重装备制造基地举行。项目一期包括电气集团的重型装备制造基地和大型船用曲轴项目,投资32亿元。12月22日,临港集团与上海电气集团签订《深化战略合作协议》,并签订了上海电气集团临港重型机械、船用曲轴、低速磁悬浮交通试验线等三个项目的前期土地开发及配套协议。

2006年3月29日,临港集团与上海电气集团股份有限公司签订了《关于进一步推进上海电气临港一机床核电项目基地的协议书》。2007年8月1日,上海电气集团在临港重装备基地举行"共赢共辉煌"庆典活动,庆贺上海电气电站设备有限公司成立、上海电气电站临港工厂投产。9月9日,上海电气临港重装备基地码头工程竣工验收。11月17日,上海电气集团投资的特高压输变电设备制造基地在临港产业区正式开工建设。12月18日,上海电气集团风电设备临港制造基地一期暨上海电气风电临港试验风场,在临港产业区开工建设,并同时举行了2兆瓦风力发电机组下线仪式。

2008年7月18日,上海电气临港核电制造基地二期工程开工建设。7月27日,上海电气临港重装备基地生产的首个核电站主设备——秦山核电站二期扩建工程3号机组60万千瓦蒸汽发生器,正式下线发运秦山核电站二期扩建工程。2009年5月22日,西门子风电及新能源产业项目开工奠基仪式在临港产业区举行。

2010年7月1日,由上海电气风电设备有限公司独立研制、风轮直径116米的海上风机"巨无霸"——3.6兆瓦大型海上风机,在上海临港重装备产业区成功下线。这是中国自主研发的技术最先进、容量最大的风力发电机组。8月29日,国内首台自主设计和制造的第二代改进型核电100万千瓦级蒸汽发生器在上海电气临港基地制造成功。这是上海电气在临港核电产业基地完整制造完工的第1台100万千瓦级蒸汽发生器。11月30日,西门子风力发电叶片(上海)有限公司落成典礼在临港产业区举行,作为西门子在中国成立的第一家风机叶片制造厂,该项目总投资额为4900万欧元,占地面积17.7万平方米,投产初期将主要生产2.3兆瓦及3.6兆瓦的海上风机叶片。

【汽车整车及零部件产业】

临港汽车制造产业重点引进汽车整车设计与制造、发动机制造与维修、汽车零部件制造等相关企业。

2007年9月13日,上汽集团总公司旗下的上海幸福摩托车配件经销公司正式签约落户临港,成为首家专营上海汽车自主品牌"荣威"发动机零部件配送的企业。9月20日,上汽集团配套企业——联众汽车配件(上海)有限公司落户临港。11月20日,上汽集团荣威发动机零部件分拨配送集成商申冈汽配件公司落户临港。至此,幸福摩托、联众汽配件、申冈汽配件这三家上汽集团荣威发动机的零部件分拨配送集成商全部入驻临港,为形成荣威整车零部件分拨基地奠定坚实的基础。

2007年,上海汽车集团股份有限公司乘用车公司在临港基地成立,主要承担上汽集团自主品牌产品的研发、制造和销售。公司拥有荣威、MG名爵两大品牌,上海、南京和英国三个技术研发中心,以及上海临港、南京浦口和英国长桥三个制造基地。是年底,公司入驻临港两港大道2999号,上海汽车集团股份有限公司乘用车公司临港基地是上汽自主品牌工艺完整、产品系列齐全、传统技术和新能源技术全覆盖的最大制造基地。

2008年5月19日,市发展改革委核准上海汽车临港产业基地自主品牌新产品技术改造项目。上海汽车股份有限公司在上汽临港产业基地工程项目(一期)的基础上进行局部调整和改扩建,开发自主品牌新产品乘用车以及发动机产品,将形成整车15万辆/年和发动机32万台/年的生产规模。9月19日,上汽集团自主品牌荣威550轿车在临港基地下线。

2009年,上汽名爵部分产品在该基地共线生产,临港基地与仪征基地、南京基地一起成为上汽自主品牌国内三大生产基地,并与上海汽车技术安亭基地、南京分院和海外研发中心一起,形成上汽完整自主品牌系列。是年,上汽荣威荣获"2009年度上海市自主创新产品"证书。

2010年,上海汽车临港基地全年生产汽车约84 142辆,全年产值为93.4亿元。至2010年,完全自主知识产权的上汽荣威550、名爵6、名爵3及KV4/KV6系列发动机实现量产。

【船舶关键件制造产业】

临港船用关键件产业主要集聚在发动机、曲轴等船舶动力核心零部件与关键件研制。临港的船用关键件产业基地是全国规模最大、配套最完善的船用柴油机基地,具备制造全球最大、最先进大功率柴油机的能力。基地诞生了世界最大的缸径980毫米低速大功率柴油机以及与之匹配的980船用曲轴,并具备了制造缸径1 080毫米柴油机的能力;批量制造世界最先进、全国首制的低能耗、低排放、高效率的10S90ME-C9.2型电控智能柴油机。

2005年7月28日,中国船舶工业集团公司临港船用柴油机生产基地在临港重装备产业区开工建设。2006年6月29日,上海瓦锡兰齐耀柴油机有限公司举行开业典礼。2007年1月25日,临港集团与上海外高桥造船有限公司签订《海洋工程及大型船舶配套基地项目投资意向书》,总投资32亿元。7月10日,中船三井柴油机临港产业区制造基地正式启动,上海中船三井造船柴油机有限公司7K90MC-C6型柴油机总装试生产。2008年10月17日,上海中船三井造船柴油机有限公司向德国船东——REEDEREI HAMBURGERLLOYD公司提交建造的CMD-MAN8K98MC柴油机,这标志着中船临港项目一期工程的建设和生产纲领就此顺利达成。中船三井公司的产品功率突破了100万马力,公司具备了生产世界最大缸径柴油机的能力。11月5日,中船临港船用大功率柴油机生产基地码头竣工。11月26日,沪东中华造船集团联合沪东重机公司投资的沪临重工基地一期在临港产业区举行了建成投产仪式。12月5日,上海船舶工艺研究所投资的上海中船临港船舶装备有限公司临港项目一期在临港产业区正式开工建设。2010年11月2日,上海沪临重工有限公司举行"沪东重机上海沪临重工有限公司二期工程开工典礼"。

【海洋工程装备制造产业】

海洋工程装备产业是为海洋资源开发及国防建设提供技术装备的现代综合性产业。临港的海洋工程基地汇聚了外高桥船厂、天合石油集团股份有限公司、上海中曼石油装备有限公司等一批从事海洋工程、钻井研制、深井钻采工具和油田专用设备研制的大型企业。基地具备年产2座自升式钻井平台、2座半潜式钻井平台、50多个船用上层模块的能力。其中半潜式平台是双井架、全智能钻井,最大作业水深为3 000米,属于国际第6代海上深水钻井平台,代表着世界先进水平。基地已开工建造世界高端的JU2000E型自升式钻井平台,该平台最大钻井作业深度为9 150米。

2008年4月28日,中船上海临港海洋工程基地——上海外高桥造船海洋工程有限公司举行开工典礼。2010年8月3日,天合石油集团股份有限公司与临港奉贤经济发展有限公司签署了《地块开发建设预约协议》,天合石油装备项目落户临港奉贤园区。11月1日,上海闵联临港联合发展有限公司与上海中曼石油装备有限公司签订石油装备制造项目用地意向书,项目建成后,将使上海中曼逐步实现产业化运作,成为国内石油钻采设备制造行业的生力军。

【大型工程机械制造产业】

工程机械产业是装备工业的重要组成部分。临港工程机械产业基地位于临港奉贤园区。2009年8月18日,三一集团临港奉贤园区项目签约仪式在上海虹桥迎宾馆举行;12月18日,三一集团临港产业基地项目在临港产业区奉贤园区举行开工典礼。

基地汇集了上海三一重机股份有限公司、三一重型机器有限公司(原上海三一精机有限公司)、科尼港机临港生产基地、卡哥特科工业(中国)有限公司等一批工程机械企业。三一重工自主研制的200吨级、履带式、全液压SY2000挖掘机填补了国内工程机械行业的空白,代表世界一流技术水平;最大起吊能力为1 180吨的SCC118000履带式起重机是亚洲第一。临港已成为全国最大最先进的挖掘机制造基地之一,全国最先进的精密机床制造基地之一。

【物流产业】

作为国家第一个保税港区、第一个国际航运发展综合试验区,洋山保税港区集保税区、保税物流园区和出口加工区功能于一体,享受"境内进区退税、境外进区保税、区内交易免税"的政策,体现了低成本、高效率的商品集疏运功能和物流增值服务功能。临港物流园区依托洋山保税港区,大力推进保税物流和非保税物流的联动发展。由于临港物流园区运输网络便捷、配套设施完备、服务优质高效,马士基物流公司、叶水福临港物流有限公司、中外运—敦豪国际航空快件有限公司、卡特彼勒物流(上海)有限公司、中远集运公司、中海洋山国际集装箱储运有限公司等知名物流企业都已入驻。

2005年7月18日,临港集团和卡特彼勒物流服务中国有限公司签订《关于设立和经营卡特彼勒物流(上海)有限公司合作经营合同(扩资)》,拟投资1 250万美元建设"卡特彼勒北亚配件中心"物流仓储设施并经营国际物流业务、第三方物流业务及增值物流服务。2006年7月11日,上海临港国际物流发展有限公司与新加坡叶水福集团签署洋山保税港区暨危险品仓储区项目的正式协议。7月12日,上海临港国际物流发展有限公司与马士基物流公司签署了有关自营物流园区项目的正式协议。7月13日,上海临港国际物流发展有限公司与中海集团物流有限公司在万豪酒店举行了有关自营物流园区项目的签约仪式。2007年10月27日,中远集团旗下中远集运公司在临港物流园区正式开工建设综合国际物流基地。2008年5月22日,中国海运集团总公司旗下上海中海洋山国际集装箱储运有限公司物流仓储项目在临港物流园区正式开工建设。

2010年4月16日,日陆物流(上海)有限公司开业仪式在临港物流园区举行。9月3日,日本邮船集装箱储运物流项目开工仪式在临港物流园区举行。10月15日,德国邮政敦豪集团(Deutsche Post DHL)敦豪全球货运物流(DHL Global Forwarding)公司和临港集团临港保税港经济发展公司签署战略合作协议。10月19日,叶水福集团举行叶水福上海洋山港物流园开业典礼,兼备自由贸易区、出口加工区、保税物流园区三合一协同效益的叶水福物流园正式运营。11月15日,中海洋山国际集装箱储运有限公司举行开业典礼。

二、重点项目

【上海电气临港重装备基地】

制造基地规划面积 10 平方公里,从 2005 年开始开发建设,至 2010 年,建成及正在建设中的实体厂房面积达到 2.5 平方公里,主要包括重装备、机床、特高压输变电、风电、核电、曲轴、低速磁悬浮项目等。上海电气临港基地具有特大、重型、超限装备制造能力,凭借集团强大的配套力量,紧紧依靠上海的科研、设计、制造综合优势,成为上海装备制造业可持续发展的增长点和产业基地,奠定了在大规模现代装备制造领域的国内外引领地位。

2005 年 7 月 9 日,重装备一期项目于开工,总投资 32.62 亿元,总建筑面积 120 838 平方米。包括综合楼、联合厂房和重件码头三部分。联合厂房共划分为 6 个区域。整个宽度 200 多米,长为362.5 米。1 区～4 区主要是核岛部分,4 区厂房最高点 43 米,内有 2 台 700 吨的行车,同时起重能力可以达到 1 400 吨。5 区～6 区是常规岛部分,以电站集团为主。2007 年 8 月 1 日,上海电气电站设备有限公司临港工厂正式投产,9 月 30 日完成首个 100 万千瓦发电机定子的铁心压装加工。达产后,形成年产 2.5 套 1 000 兆瓦级半速汽轮发电机组的能力。重件码头,码头引桥长 500 米,宽14 米,码头长 180 米,宽 20 米,水深 9 米左右。配有两台 700 吨级的龙门式起重机,最大起重能力达到 1 400 吨。起重机下是一个 5 000 吨级的吊装船泊位,另外配有一个万吨级的滚装船泊位。

2006 年起,上海电气集团大力推进核电工程建设,在临港建设集约化核电设备制造基地,形成了国内最为完整的压水堆核电站主设备制造能力。2008 年底,临港核电制造基地一期工程投入使用后,上海电气已形成承制 1 000 兆瓦压水堆的核岛主设备、1 700 兆瓦常规岛半速汽轮发电机机组的能力,并建立起比较完善的核质保体系。2009 年 7 月 18 日,核电二期工程共三个项目同时开工,分别是:核电核岛主设备扩能、100 万千瓦级核电堆内构件和控制棒驱动机构扩能技术改造项目、核电泵阀制造基地建设项目。核电核岛主设备扩能(二期)年产 1 000 兆瓦级核岛主设备 4～6 套,项目总投资 3.02 亿元。100 万千瓦级核电堆内构件和控制棒驱动机构扩能技术改造项目(二期)年产 5.5 套商用核电机组堆内构件及控制棒驱动机构,建成后一机床公司总生产能力可达到 10 套/年,项目总投资 3.7 亿元。核电泵阀制造基地建设 2013 年为达纲年,达纲时核 Ⅱ、Ⅲ 级泵 32 台/年的生产能力,项目总投资 2.5 亿元。

上海第一机床厂是国内唯一的核电堆内构件和控制棒驱动机构生产厂。2006 年 5 月 31 日,第一机床核电堆内构件及驱动机构项目开工,总投资 3.65 亿元,建筑面积 42 204 平方米。达到年产4.5 套 100 万千瓦级核反应堆堆内构件和驱动机构生产能力。

2007 年 11 月 28 日,特高压输变电项目开工,占地 19 万平方米,总投资 7 亿元。项目集成了国内外先进的设计制造技术,配置国内领先的工艺装备、研发,制造特高压、超高压交流/直流输配电设备,代表了输配电行业最高水平的特高压输配电技术水平。

2009 年 7 月 1 日,承担风电设备制造的上海电气风电设备有限公司投产,厂房占地 1 万平方米,主要用于生产 2 兆瓦风机,生产能力达 600 台左右,同时基地内建设有海上风机装配基地,建筑面积达 4 万平方米。该公司独立研制、风轮直径 116 米的 3.6 兆瓦大型海上风机,2010 年 7 月 1 日在临港产业区成功下线,这是中国自主研发的技术最先进、容量最大的风力发电机组。标志着中国掌握了大容量风电机组设计核心技术,填补了国内海上风机独立研制的空白,体现了上海电气已具备国内领先的整机、关键部件的设计能力,可以完全独立地研发海上风力发电机组。

低速磁悬浮项目总投资为 3.1 亿元,占地面积约 23 万平方米。整个试验段长为 1.9 公里,时速达到 120 公里,轨道安装好,已有 3 节车厢进入试验阶段。至 2010 年,试验速度为 100 公里/时。由于低速磁悬浮的建造成本仅为地铁、轻轨的一半,如果试运行成功的话,它将部分取代现用的地铁、轻轨等,成为新的城市交通工具。项目达纲后,年产低速磁浮车辆 60 辆,年产悬浮架 300 个。

【ABB 集团临港项目】

ABB 集团位列全球 500 强企业,集团总部位于瑞士苏黎世,业务遍布全球 100 多个国家,拥有 11.7 万名员工。在全球高压电动机和调速变频器领域,ABB 是主要供应商和领导者之一。2005 年,ABB 高压电机有限公司成立,是 ABB 在中国高压电机、风力发电机和大型同步电机的主要生产基地。公司两个工厂分别位于上海闵行经济开发区闵行园区和临港园区。2008 年 4 月 14 日,ABB 高压电机有限公司在上海闵行经济技术开发区临港园区举行新厂房奠基仪式。2009 年初 ABB 高压电机临港工厂正式投产,主要生产大型电动机和发电机。公司产品适用各种行业,面向整个中国以及全球市场。2010 年 3 月,ABB 上海工程有限公司临港新工厂项目奠基。

【上海船用曲轴有限公司曲轴二期项目】

2005 年 7 月 9 日开工,公司总投资 6.9 亿元,建筑面积 26 163 平方米。大型船用曲轴是中国自主创新的一个项目。上海电气集团在原有一期的 40 根曲轴生产能力的基础上,又在临港基地实施了曲轴二期项目。设计生产能级每年 160 根。这是国内第一家生产大型船用曲轴的企业,也使中国成为世界上第五个生产大型船用曲轴的国家。项目已进入生产制造阶段。出产中国第一根 8K90MC－C 船用大功率低速柴油机曲轴,该曲轴全长 16 米,重约 200 吨,填补了国内空白。这一高能级曲轴的试制成功,标志着上海电气在中国率先具备了大缸径船用曲轴的制造能力。

【科尼港机临港生产基地】

科尼起重机集团是全球领先的起重机制造商和起重机维修服务提供商。总部坐落于芬兰赫文卡市,自 1910 年创建至今。2006 年 10 月科尼港机临港生产基地开工并于 2007 年 3 月竣工试投产。是年,科尼港机临港生产基地成立,主要从事空箱堆高机、正面吊等港口产品的生产及装配,为港口及其他工业领域的用户提供全方位的销售支持和完善的配件供应。未来将增加 RTG 生产、装配线,项目集经营管理、制造、销售、服务等功能于一体,主要目标市场是港口和集装箱码头,为港口及其他工业领域的用户提供全方位的销售支持和完善的配件供应。

2008 年 9 月,基地增加实际投资到 210 万美元,一期实际投资总额为 2 500 万元。基地经营情况良好,2008 年产值约 1.6 亿元。2009 年 9 月 10 日,科尼港口机械(上海)有限公司叉车项目二期举行开工典礼。二期计划总投资 3 000 万元。项目扩建后的年产值将达 2.5 亿元,将建设成为港口起重机械的精品项目。项目投产后,科尼公司将有望成为该行业中国市场的三大供应商之一。

三、重点企业

【卡特彼勒物流(上海)有限公司】

2005 年 1 月,卡特彼勒物流(上海)有限公司投资成立,位于临港产业区同顺大道 500 号,是美国卡特彼勒集团的子公司。公司占地面积 8.4 万平方米,其中保税及非保税仓储面积达到 4.5 万平方米。2006年2月,卡特彼勒物流(上海)有限公司现代化备品备件服务平台正式投入运营,主要从事卡特彼勒售后服务配件的采购、检验测试、包装及保护处理,仓储、销售及进出口服务。卡特彼勒物流(上海)有限公司不仅为卡特彼勒的代理商提供零配件供应和全天候的服务,而且向卡特彼勒其他区域的配件中心供应零件,是卡特彼勒全球零件配送服务网络的重要节点。

【卡哥特科工业(中国)有限公司】

2005年1月7日,卡哥特科工业(中国)有限公司工厂成立,公司由芬兰卡尔玛集团在沪独资控股,位于临港产业区。2006年投产,主要生产组装工业用起重机和码头设备,包括集装箱正面吊、空箱堆高机、牵引车、龙门吊等。

【上海瓦锡兰齐耀柴油机有限公司】

2005年8月,上海瓦锡兰齐耀柴油机有限公司成立,位于临港产业区江山路2988号,注册资金1 175万欧元,是中国船舶重工集团公司第七一一研究所与芬兰瓦锡兰(WÄRTSILÄ)技术有限公司合资组建的企业。2006年6月29日,上海瓦锡兰齐耀柴油机有限公司工厂开业典礼在临港新城重装备产业区举行,2006年下半年正式投产运营,一期占地面积约3万平方米。公司制造生产瓦锡兰Auxpac系列船用发电机组,功率范围为520千瓦～2 850千瓦,是性能优良、运行可靠而且运行成本低具有卓越经济性的产品。瓦锡兰Auxpac系列船用发电机组适用于普通货轮、集装箱船、成品油轮、大型油轮、滚装船和多用途船等各种类型和吨位的船舶。

【上海中船三井造船柴油机有限公司】

2006年9月,公司在临港产业区新元南路6号成立,占地近40万平方米,是由中国船舶工业集团公司、沪东重机有限公司以及日本三井造船株式会社共同投资成立的船用大功率低速柴油机生产企业(中日合资有限责任公司)。公司总投资28亿元,注册资本7.06亿元,分两期建设。2005年7月28日,一期工程开工建设,投资14亿元。2008年11月,一期工程顺利通过中国船舶工业集团公司组织的竣工验收。

公司按照现代化、大型化、专业化总装厂模式进行布局和组织生产,主要承担机座、机架、气缸体和运动件等关键零部件的加工,并承担预装、总装、试车等任务,主营业务包括船用低速柴油机、发电用低速柴油机及设备、配件的设计、制造、销售及维修;机电设备的设计、制造、销售及维修;相关的技术服务与咨询;自营进出口业务;在港区内从事货物装卸、驳运、仓储经营;起重机械设备的现场维修及保养等技术服务。

2007年7月10日公司开始试生产;9月16日成功交付首台柴油机(7K90MC－C6)。2008年10月17日,公司累计产量突破100万马力,2009年公司全年完工柴油机139万马力,产量跃居中国第二位,同时也成为当年国内MAN系列低速柴油机产销量最高的企业。2010年12月,公司低速柴油机累计产量突破400万马力。

至2010年,公司成功研制了8个机型,其中,2008年7月24日,成功交付的8K98MC柴油机为中国首台、世界最大缸径的柴油机,使中国可以制造MAN全系列低速柴油机;2009年3月16日提交的6S90MC－C也为国内首制机。公司紧跟船用主机市场发展趋势,加快研发环保、高效、智能型主机的进程。其中8K80ME－C9、7RT－FLEX82T研制成功后使公司成功进入MAN系列和WÄRTSILÄ系列电喷柴油机领域。

公司获得了"低速柴油机机架导板接刀加工方法"等7项专利;"8K98MC船用柴油机"和"6S90MC－C船用柴油机"通过了上海市高新技术成果转化项目认定;2008年12月,公司顺利通过了上海市高新技术企业认定。公司6S90MC－C船用柴油机高新技术成果转化项目获得"上海市2010年度高新技术成果转化项目百佳"称号;获得"2009年度上海市外商投资双优企业"、"2010年度上海市外商投资双优企业"荣誉称号,并作为上海市外商投资先进企业被通报表彰。

【上海外高桥造船海洋工程有限公司】

2007年10月15日,上海外高桥造船海洋工程有限公司注册成立,是上海外高桥造船有限公司的全资子公司,位于临港产业区沧海路1001号。上海外高桥造船有限公司为了实现上海市和中国船舶工业集团大力发展海洋工程的战略,增强上海地区海洋工程领域的竞争能力,在临港重装备产业区建设中国领先、世界一流的大型海洋工程及高技术船舶工程配套项目,用于开发生产半潜式钻井平台、自升式钻井平台、FPSO船体及上部模块、海洋工程特殊模块、上层建筑等。外高桥造船海洋工程有限公司总用地面积103.53公顷,总建筑面积为28.05万平方米。按照"一次规划,总体协调,完整配套,分步实施,滚动发展"的建设方针实施。

2008年4月28日,外高桥造船海洋工程有限公司建设。2010年4月28日投入试生产。第一阶段建设完成加工车间、浮体结构工场、涂装工场、运出码头等主要生产设施,以及35千伏总降压站、空压站等公用及配套设施,涂装辅助楼、配套辅助楼和平台结构辅助楼等行政管理设施。基地主要生产设备有:钢板预处理流水线、数控等离子切割机、肋骨冷弯机、型钢切割流水线、600吨门式起重机、300吨门式起重机等。公司主要产品包括船舶分段、上层建筑、海工产品及特种小船。

【上海振中机械制造有限公司】

2007年11月,由浙江振中工程机械有限公司投资成立。浙江振中工程机械有限公司是全国唯一一家生产振动锤打桩机出口日本等发达国家的企业。上海振中公司重点生产具有完全自主知识产权的最新产品:YZPJ无级调频调矩液压振动锤系列、DZP免共振变频电驱振动锤、DZPJ无级调频矩电驱振动桩系列、NV潜孔锤凿岩钻机系列、中空式多功能钻孔机系列及先进实用的双速恒功率三轴连续墙钻孔机系列和多功能电液履带桩架系列。2010年,公司生产8台套NV系列潜孔凿岩钻机、10台套DZPJ调频调矩电驱振动锤、YZPJ调频调矩液压振动锤、12台套履带式桩架及其他产品。全年销售额有望达到8 000万,实现净利润1 000万。

【上海沪临重工有限公司】

2008年11月26日公司开始营业,占地面积42.6万平方米。公司位于临港产业区新元南路55号,从事钢结构件设计、制造、船舶及柴油机钢结构件、铸铁件、铸钢件和工程机械产品的设计、制造、销售以及相关的技术服务。公司有两大股东,分别为沪东重机有限公司、沪东中华造船(集团)有限公司,注册资本11.28亿元。

【西门子风力发电叶片(上海)有限公司】

2009年1月21日,西门子风力发电叶片(上海)有限公司成立,位于临港产业区妙香路1333号,是外国法人独资企业。该公司隶属于西门子集团。西门子集团是全球领先的电气装备制造企业,特别是在可再生能源装备领域具有很强的核心竞争能力。

2009 年 5 月 22 日,西门子风电及新能源产业项目开工奠基仪式在临港产业区举行。西门子风电项目首期总投资额约为 1 亿欧元,用地面积 18 万平方米。其中风电叶片项目已在临港注册成立了西门子风力发电叶片(上海)有限公司,总投资额为 6 400 万欧元,注册资本为 2 500 万欧元,负责生产、安装风力发电设备配套的叶片、机械件、电气件和液压件及其配套零部件。西门子公司还将在临港注册成立西门子风力发电机舱(上海)有限公司,一期投资 1 200 万欧元,注册资本为 500 万欧元,该项目将与叶片项目同地块同时运营,风电机舱制造项目二期将增资 3 500 万欧元。11 月 30 日,西门子风力发电叶片(上海)有限公司落成典礼在临港产业区举行。

【中外运普菲斯冷链物流有限公司】

2009 年 5 月 4 日,中外运普菲斯冷链物流有限公司成立,是年动土开工建设。公司位于临港产业区捷兴路 211 号,占地逾五万平方米,由中国外运股份有限公司、美国普菲斯、台湾阳明海运集团、大连亿达实业有限公司共同注资建立,是临港物流园区内唯一一家专业从事第三方冷链物流的合资公司。

中外运普菲斯冷库设计库容 4 万吨,采用基于美国第三代冷库技术的单体层架式结构,建成亚洲最大单体冷库,同时拥有亚洲最大,中国第一的全自动货架系统。冷库分为三个库区,装卸货道口 37 个,可容纳 30 余辆集装箱货车同时装卸。中外运普菲斯冷库依托洋山深水港,是上海市出入境检验检疫局指定肉类水产备案冷库。冷库内存放有肉类、水产、果汁原料、薯类、乳制品等多种来自世界各地的产品,是洋山口岸进境食品的第一个集散中心。同时,中外运普菲斯自有冷链运输车辆 80 余辆,不同车型承担全国干线及江浙沪短驳、上海市区餐饮配送等冷链运输服务。公司致力于建设成为国内优秀的第三方冷库运营、冷链运输供应商。先后被中国物流与采购联合会授予“全国冷链物流百强企业”、“全国物流质量万里行优秀会员单位”等荣誉称号。

【上海三一重机股份有限公司】

2009 年 10 月 20 日,上海三一重机股份有限公司成立,注册资本为 8 亿元,位于临港产业区两港大道 318 号 A 座。公司是三一重工旗下集挖掘机械研发、生产、销售为一体的专业制造公司,主要产品为 SY205、SY215、SY235、SY335、SY365 等 20T～40T 系列中型挖掘机。三一临港产业园总规划面积 330 万平方米,已建设用地面积约 95.87 万平方米,年产 4 万台、产值 300 亿元,具备世界最先进的建设机械生产线,是全球最大的流水线挖掘机生产制造基地。

【三一重型机器有限公司】

2009 年 10 月,三一重型机器有限公司(原上海三一精机有限公司)注册成立,位于临港产业区奉贤园区新杨公路 831 号,由三一集团投资,注册资本 8 318 万元,计划总投资 26 亿元,占地约 66.67 公顷,致力于高端精密机床的研发、制造、销售与服务。为用户提供量身定制的成套加工解决方案与服务,包括工业整体解决方案、生产线集成、数字化工厂方案、物流设备供应及交钥匙工程。2010 年 10 月,公司首台套产品 SYGG01 成功下线。

第二章　上海长兴岛海洋
装备产业基地

　　长兴岛位于上海市东北部、崇明县东南部。长兴岛东西长 32 公里,南北最宽处 6.1 公里,总面积约 160.6 平方公里,其中陆域面积约 93.3 平方公里。

　　2005 年 5 月 18 日,国务院批复同意将宝山区长兴乡、横沙乡划入崇明县管辖。7 月 10 日,"三岛联动"行政区划调整正式交接。11 月 13 日,市政府常务会议审议通过《崇明、长兴、横沙三岛联动发展规划纲要》,明确"坚持功能联动、规划联动、城市布局联动、人口布局联动","长兴岛将成为现代船舶业制造基地"。2008 年 6 月,中国最大的造船基地——中船长兴造船基地一期工程竣工。至 2008 年,中国船舶工业集团有限公司、中海工业有限公司、上海振重工(集团)股份有限公司等国家重点企业相继入驻长兴岛建立生产基地。

　　2008 年 4 月 30 日,中共上海市委、市政府决定成立市级层面的上海市长兴岛开发建设管理委员会(以下简称市长兴岛管委会)、上海市长兴岛开发建设管理委员会办公室(以下简称市长兴岛开发办)。9 月 30 日,市政府颁布《上海市长兴岛开发建设管理办法》,明确各管理机构职责,提出促进长兴岛开发建设的工作机制。是年,市长兴岛管委会、市长兴岛开发办发挥管理协调和运作载体的作用,按照"审批不出岛"的要求,倾力协调市、县各职能部门工作,形成协同高效的审批管理机制;统筹市政配套、城镇化建设和工业园区开发等工作,通过企业化运作、市场化机制,实施岛域土地储备、项目开发及投融资运作。12 月 30 日,市长兴岛开发办启动"一门式"审批管理工作。上海启动长兴岛开发建设后,作为国家战略、上海重点和三岛联动的关键,长兴岛跃升为崇明三岛联动中率先发展的地区。

　　2009 年 2 月 27 日,市政府批准《上海市长兴岛岛域总体规划》,确定长兴岛开发建设的目标任务、功能定位和发展格局。市长兴岛管委会、市长兴岛开发办以此为依据组织编制各项控制性详细规划,编制岛域市政设施建设及绿化、环卫等 9 项专项规划,形成较为完善的规划体系,推进长兴岛高起点、高标准的有序建设。是年,8 项基础设施项目及横沙国家一级渔港码头工程全面开工。

　　至 2010 年,长兴岛土地储备中心成立,形成基础设施建设投融资、土地出让平衡、基础建设投入的运作框架。长兴岛开发建设管理机构会同崇明县、长兴乡开展土地开发、动迁安置工作;总投资 80 多亿元的基础配套设施建设全面展开,完成毛竹圩 80 公顷滩涂圈围达标工程,提前开通长兴岛临时交通枢纽,按时建成江南大道二、三期工程,上海横沙国家一级渔港(下简称横沙渔港)主体工程初步建成,启动江南大道北侧林带的建设。长兴岛各产业基地规模化和专业化的竞争优势逐渐显现,推进了上海船舶工业的跨越式发展,是年,长兴岛实现工业总产值约 430 亿元。2010 年,长兴岛被国家工业和信息化部列为第一批国家新型工业化产业示范基地名单,荣获"船舶和海洋工程装备·上海长兴岛"称号。

第一节　基　地　创　建

　　2005 年 5 月 18 日,国务院批复上海市关于调整宝山区和崇明县行政区划的请示,同意将宝山区长兴乡、横沙乡划入崇明县管辖。7月5日,市委常委会审议通过《"三岛联动"行政区划调整有关问题协调处理意见》。7月10日,中共上海市委、市政府举行"三岛联动"行政区划调整交接仪式,隶属宝山区的长兴乡、横沙乡正式整建制划归崇明县管理。

11月13日,市政府常务会议审议通过《崇明、长兴、横沙三岛联动发展规划纲要》(以下简称《规划纲要》)。根据《规划纲要》,"三岛联动"充分发挥崇明三岛区位优势,逐步实现区域大联动、产业大联动,将有利于拓展上海对周边城市乃至全国的服务功能,增强上海的整体辐射功能,为上海21世纪可持续发展拓展一个崭新的空间。《规划纲要》明确"长兴岛将成为现代船舶业制造基地"。

是年,市政府与中国船舶工业集团有限公司决定江南造船厂整体搬迁长兴岛,中船江南长兴造船基地一期工程启动开工建设。

2006年起,市政府先后安排洪浩、熊建平两位副秘书长加强对长兴岛开发工作的统筹,重点推进基础设施建设。6月13日,中共中央总书记、国家主席、中央军委主席胡锦涛来到长兴岛视察建设中的中船江南长兴造船基地,要求上海市"为大企业做好配套服务工作,建设好海洋装备岛"。

2007年4月12日,中共上海市委书记习近平调研崇明地区时,强调"要用科学思维、战略眼光,充分认识崇明三岛建设的重要意义"。是月,上海长兴海洋装备产业园区(以下简称长兴产业园区)正式成立。8月16日,中共上海市委副书记、市长韩正调研崇明生态岛建设,要求全力推进长兴岛海洋装备基地建设。至2008年,根据国家海洋装备产业发展战略和上海市重点产业发展规划布局,中海工业有限公司、上海振华重工(集团)股份有限公司、中国船舶工业(集团)公司等大型中央企业先后在长兴岛南岸建立产业基地。

2008年4月30日,中共上海市委、市政府决定成立市长兴岛管委会和市长兴岛开发办;5月17日,市政府决定成立上海长兴岛开发建设有限公司(以下简称长兴岛开发公司)。5月29日,市政府为市长兴岛管委会和市长兴岛开发办、长兴岛开发公司举行成立揭牌仪式。韩正出席仪式并为三家管理机构揭牌,长兴岛开发建设进入新的发展阶段。

第二节　管理机制

一、管理办法

2008年,按照中共上海市委、市政府关于建立高效权威管委会和"审批不出岛"的要求,由市政府法制办牵头,组织多次讨论,广泛征求意见,开展《上海市长兴岛开发建设管理办法》(以下简称《管理办法》)的起草工作。市长兴岛开发办组织专项调研,走访临港新城、金山化工区、松江工业园区、大连长兴岛、苏州高新区和苏州工业园区等地,开拓思路,既学习各开发区管理经验,又突出自身特点,形成《管理办法》的主要内容。是年,在很短的时间内完成《管理办法》的起草、论证和制订。9月23日,《管理办法》由市政府予以颁布。

《管理办法》提出长兴岛开发建设贯彻重点产业、基础设施、城镇建设、社会配套和生态保护协调发展的原则,以建成世界先进的海洋装备岛、上海的生态水源岛和独具特色的景观旅游岛为目标。

《管理办法》对市长兴岛管委会、市长兴岛开发办的职责作了明确规定,对长兴岛开发建设中的资金使用和管理、生态水源保护、规划编制、土地储备和前期开发、建设工程管理等作出具体规范。要求崇明县人民政府(以下简称崇明县政府)应当协助市长兴岛开发办做好长兴岛开发建设的相关工作,并负责长兴岛内的公共事务管理。市政府有关部门按照各自职责,配合做好长兴岛开发建设的相关工作。

《管理办法》明确市长兴岛开发办接受市政府外资、企业投资项目核准、规划管理、土地管理、建设管理、市政工程管理、绿化管理、林业管理、水务管理、房屋管理、民防管理等11个职能部门的委托,在长兴岛实施行政许可和备案管理工作。市长兴岛开发办可以组织教育、卫生等市政府有关部门定期在长兴岛内办理学校、医院以及其他社会配套等建设项目的行政许可事项。并会同崇明县政府设立统一的行政许可申请受理服务窗口,按照"一门受理,分别办理"的原则,对市长兴岛开发办和崇明县政府及其部门受理及办理的行政许可事项。

《管理办法》指出,市长兴岛开发办负责组织建设单位和市有关行政管理部门依法对长兴岛建设工程项目进行竣工验收。建设工程项目竣工验收后,由崇明县政府及其部门和市政府有关部门按照各自职责,负责相关的行政管理。

《管理办法》提出建立促进长兴岛开发建设的三项工作机制:重要情况沟通协商机制。由市长兴岛开发办牵头,崇明县政府、市政府有关部门及相关企业和单位共同参加,定期对长兴岛开发建设过程中的重要情况进行沟通与协商,明确需要解决的问题和各方的责任。重要审批催办督办机制。崇明县政府和市政府有关部门办理开发建设的重要行政审批事项,由市长兴岛开发办负责催办督办。重大事项通报机制。对于影响长兴岛开发建设的重大事项,市长兴岛开发办可以在相应范围内进行通报。

2010年5月,市长兴岛开发办总结几年来组织实施开发建设的实践经验,明确开发管理、投资分配和协同合作的三项运作机制:"一体两翼"的运作机制。以规范管用、效率为先为基本原则,充分发挥长兴岛管委会及市长兴岛开发办、长兴岛开发公司"一体两翼"的作用。市长兴岛开发办作为市长兴岛管委会的日常办事机构和规划编制、行政审批管理主体,统一组织各项规划的编制管理,履行市政府各职能部门委托,规范审批流程,确保"审批不出岛"。长兴岛开发公司作为基础设施建设的实施主体,主要承担开发建设任务。市长兴岛管委会通过建立定期召开联合办公会制度,完善市长兴岛开发办与长兴岛开发公司的协调互动,确保长兴岛各项工作快速有效推进;投资平衡的运作机制。市政府明确的投资机制是长兴岛开发建设强有力的支撑。市长兴岛开发办与地方政府设定合理的分配机制,明确长兴岛所产生的税收全部归地方政府;长兴岛所产生的土地出让金(扣除上缴中央部分)由市长兴岛开发办全部用于开发建设,实现"以收定支"。建立长兴土地储备中心,规范实施长兴岛的土地收储和前期开发工作;协同高效的运作机制。市长兴岛开发办与市相关职能部门及区域各相关方面建立经常性工作联系。长兴岛基础设施由市长兴岛开发办、长兴岛开发公司负责建设,建成后主要由崇明县负责管理。加强与驻岛重点产业的沟通合作,开通"一门式"受理审批窗口,落实每周三审批会商制度,形成便捷快速的审批通道。

二、管理机构

【上海市长兴岛开发建设管理委员会】

2008年4月14日,韩正主持召开市政府第6次常务会议,研究建立上海市长兴岛开发建设管理机构,明确由分管副市长牵头负责机构建立工作。4月30日,经中共上海市委、市政府批准,上海市长兴岛开发建设管理委员会正式建立。市长兴岛管委会成员单位包括市政府办公厅、市发展改革委、市经济信息化委、市商务委、市财政局、市规划局、市环保局、市住房保障局、市建委、市农委、市水务局、市工商管理局和崇明县等相关负责人。市长兴岛管委会在中共上海市委、市政府领导下，负责统筹研究长兴岛开发建设重要事项和重大问题，协调组织、实施长兴岛的开发建设。中共上海市委、市政府《关于上海市长兴岛开发建设管理委员会组成人员的通知》明确，长兴岛管委会成员职务如有变动，由其接任领导自然替补。

2008年5月至2010年5月，市长兴岛管委会先后召开三次全体会议，提出"重点产业、基础设施、城镇建设、社会配套、生态保护（以下简称'五位一体'）"的发展目标和创建世界先进的海洋装备岛、上海的生态水源岛、独具特色的景观旅游岛（下简称创建"三岛"）的战略定位；研究讨论《上海市长兴岛岛域总体规划（2008—2020年）》和相关专业规划的编制工作；总结前阶段工作，对下阶段工作进行了部署。韩正出席各次会议。

表8-2-1　2008—2010年上海市长兴岛开发建设管理委员会主要领导情况表

姓　　名	职　　务	时　　间
肖贵玉	上海市长兴岛开发建设管理委员会常务副主任	2008年4月—
姜亚新	上海市长兴岛开发建设管理委员会专职副主任	2008年4月—

资料来源：上海长兴岛海洋装备产业基地提供

【上海市长兴岛开发建设管理委员会办公室】

2008年4月30日，上海市长兴岛开发建设管理委员会办公室成立。市长兴岛开发办是上海市长兴岛开发建设管理委员会日常办事机构，也是市政府派出机构。5月，市长兴岛开发办、长兴岛开发公司市区联络点设在浦东新区浦东南路500号31楼；位于长兴岛的办公区域设在潘圆公路1999弄9号逸清楼。9月23日，市政府颁布的《上海市长兴岛开发建设管理办法》明确，市长兴岛开发办承担市长兴岛管委会的日常工作；主要行使组织实施长兴岛开发建设的发展战略、发展规划和计划，拟订长兴岛内土地利用总体规划和土地储备计划、方案，接受委托负责长兴岛内投资和开发建设等项目的审批，统筹协调长兴岛开发建设资金的使用管理；协调对长兴岛开发建设的行政管理工作等职责。10月14日，根据上海市机构编制委员会（以下简称市编委）关于核定市长兴岛开发办内设机构和人员编制的批复意见，市长兴岛开发办内设综合协调处（干部人事处）、投资管理处、规划土地处、建设管理处4个机构；行政编制35名，含正副处级领导职数12名。

2009年6月，市长兴岛开发办、长兴岛开发公司市区联络点搬迁至普陀区宜昌路100号2号楼。2010年4月19日，根据市编委意见，市长兴岛开发办建立上海市长兴岛土地储备中心（以下简称长兴岛土地储备中心）。长兴岛土地储备中心为事业单位，人员编制核定为5名。

表8-2-2　2008—2010年市长兴岛开发办主要领导任职情况表

姓　　名	职　　务	时　　间
姜亚新	上海市长兴岛开发建设管理委员会开发办公室主任	2008年4月—
赵　奇	上海市长兴岛开发建设管理委员会开发办公室常务副主任	2008年4月—
五　一	上海市长兴岛开发建设管理委员会开发办公室副主任	2009年5月—

资料来源：上海长兴岛海洋装备产业基地提供

【上海长兴岛开发建设有限公司】

2008 年 4—5 月,市政府第 6 次常务会议提议、市政府专题会议决定成立上海长兴岛开发建设有限公司,明确市长兴岛开发办对长兴岛开发公司班子进行指导和管理,市长兴岛开发办主任兼任长兴岛开发公司总经理、法人代表。5 月,市委组织部同意姜亚新兼任长兴岛开发公司总经理;长兴岛开发公司注册成立,先期注册资金 10 亿元由上海城投公司出资。长兴岛开发公司作为运作实体,统一负责岛域的市政基础设施、凤凰新市镇的建设,配套工业园区的开发等工作。长兴岛开发公司内设综合办公室、资金财务部、规划工程部、资产管理部和渔港发展部;下辖全资子公司——上海前卫实业总公司。

上海前卫实业总公司位于长兴岛中部,以柑橘销售和特色旅游为支柱型产业,柑橘果品分获上海市科技博览会金奖、第二届中国农业博览会金奖、国家绿色食品标志。1966 年 6 月,金带沙农场、三高农场等 7 个国营农场合并组建上海市前卫农场,隶属于上海市农场管理局(以下简称市农场局)。1988 年 7 月起,上海市前卫农场先后更名为上海前卫实业公司、上海农工商集团前卫总公司。1999 年 1 月,整建制划转宝山区。2006 年 1 月,上海农工商集团前卫总公司划归上海城投公司,并更名为上海前卫实业总公司。2009 年 9 月 2 日,为落实中共上海市委、市政府关于加快长兴岛开发建设的决策部署,上海城投公司与长兴岛开发公司及上海前卫实业总公司就前卫实业总公司整体划转事宜签署备忘录,明确上海前卫实业总公司及其所属企业党政隶属关系由上海城投公司整建制划转长兴岛开发公司。

2009 年 12 月 26 日,长兴岛开发公司同时启动了总投资 80 多亿的"9+2"基础配套设施建设项目(即潘圆公路、南环路、丰福路、合作路、镇西区配套商品房基地道路、横沙国家一级渔港、江南大道三期、凤凰交通枢纽一期、江南大道北侧林带等 9 个项目,镇西区配套商品房、圆沙社区配套商品房等 2 个动迁安置基地),为长兴岛创建国家新型工业化产业示范基地夯实了基础。

2010 年 6 月,上海前卫实业总公司更名为上海前卫实业有限公司(以下简称前卫公司)。前卫公司下设行政办、党群部、财务部、劳资部、资产部、项目开发部、上海橘园 7 个管理部门和 6 家子公司,6 家投资参股企业。经营范围涉及综合资产、旅游、酒店、绿化园艺、柑橘产销等产业。8 月 17 日,市长兴岛开发办党组调整前卫公司领导班子,明确胡卫明兼前卫公司董事长,前卫公司党委工作暂由副书记王凯村主持,前卫公司行政工作暂由副总经理陈斌主持。是年,前卫公司拥有土地约 845 公顷;完成经营收入 5 481.91 万元,实现净利润 150.46 万元。其中柑橘收入 2 104 万元。

第三节　基　地　规　划

一、总体规划

2008 年 6 月 12 日,市长兴岛管委会召开长兴岛总体规划编制工作专题会议,决定组建规划编撰专家委员会;委托市城市规划设计研究院,汲取《崇明三岛总体规划》《长兴岛凤凰新市镇总体规划》等成果,尽快编制完成《上海市长兴岛岛域总体规划(2008—2020)》(以下简称《长兴岛总体规划》)。11 月 25 日,市长兴岛管委会第二次全体会议专题听取长兴岛总体规划编制情况的汇报。会议指出,《长兴岛总体规划》是指导长兴岛发展和建设的法定性文件和实施城市建设规划管理的基本依据,在长兴岛进行的各项建设活动,编制的各类详细规划、乡村规划、专项规划,均应执行该规划,以形成较为完善的规划体系。

2009年2月27日,市政府批准实施《长兴岛总体规划》。规划期限为2008至2020年,近期至2012年。对于城镇布局结构、生态环境保护、资源和能源利用、重大基础设施布局等重大规划内容远景规划至2030年。规划重点为:深化世界先进海洋装备产业的发展内容和要求,明确配套产业基地发展方向,明确相关的土地、岸线等资源利用规划;加强生态环境保护,确保青草沙水源地的环境安全,处理好保护与发展的关系;明确城镇发展规模,优化城乡空间布局,塑造独具特色的现代化海岛城镇风貌。

《长兴岛总体规划》规划工业用地约24.6平方公里,其中,配套产业基地约10平方公里。规划可利用岸线约35.2公里,其中生产岸线约21.5公里。明确长兴岛工业发展紧紧围绕中船、中海、振华等大型核心企业,做大、做强造船修船、海洋工程设备和港口机械制造产业,依托上海科技研发和综合配套方面优势,积极引导发展技术含量高、附加值高、资源利用率高、环境品质高,与船舶制造、海洋工程密切相关的配套产业。并明确配套产业基地企业准入标准。

《长兴岛总体规划》明确长兴岛总用地约160.6平方公里,其中青草沙水库面积约67平方公里,城镇建设用地约55.6平方公里。按照"五位一体"目标任务和"三岛"功能定位,规划形成"一核、一轴、三片区"的功能布局结构。"一核"即规划凤凰小镇中心区作为长兴岛公共服务设施完善、景观环境良好的城镇公共活动功能核心区,将东、西两个镇区联为整体。"一轴"即潘圆公路,既是东西向贯穿全岛的交通干道,又是南部城镇和产业区与北部生态区的主要分隔界面,起到功能发展轴和生态景观轴的双重作用。潘圆公路也是联系横沙岛的区域性重要通道。"三片区"即长兴岛岛域总体上分为三大片区,南部为产业基地,中部为城镇区,北部为生态区。产业基地包括中船、中海、振华三大企业基地和配套产业基地;城镇区包括凤凰镇区和圆沙社区;生态区包括青草沙水库保护区和外围生态缓冲区。明确至2020年,规划形成"一个新市镇、三个居住社区、四个中心村"三级居住体系。一个新市镇为凤凰新市镇(包括镇东区和镇西区),是长兴岛经济、文化和社会服务中心,将建设成为现代化海岛城镇;三个居住社区为圆沙居住社区、配套产业基地生活区和振华港机基地生活区;四个中心村为创建村、长征村、光荣村和大兴村。凤凰新市镇镇区规划用地面积约8平方公里,其中居住用地比重占60%左右,人均居住面积约40平方米。圆沙居住社区规划用地面积约2平方公里,其中居住用地比重占60%左右,人均居住面积约40平方米。振华港机基地生活区规划用地面积约50公顷,配套产业基地生活区规划用地面积约40公顷,人均宿舍面积约10平方米。中心村建设用地约69公顷,人均用地面积约100平方米。

《长兴岛总体规划》要求长兴岛应结合生态环境保护和景观旅游发展,积极发展生态农业,适度发展生态旅游业。强调加强生态环境保护,开发建设严格执行青草沙水库及其保护区的生态环境保护规定;严格执行禁建区、限建区和适建区的生态环境保护要求。规划重点建设马家港地区、前卫地区、横沙渔港地区3处城镇公共活动中心,建设橘园生态公园、横沙渔港、创建港生态农庄等生态旅游设施。规划形成"三横多纵、环网相连"的岛域道路系统格局,预留轨道交通19号线及其支线,保留马家港、横沙小港的客运码头功能。规划建设"一横、一环、十五纵、三湖"的水系,岛域水面率不低于10%。规划扩建长兴水厂,长兴岛污水处理厂;建设长江口支撑电厂等。

二、控制性详细规划

【城镇控详规划】

根据功能布局结构和控制性详细规划编制要求,将长兴岛规划城镇建设用地划分为3个控制性详细规划编制单元、5个产业和生态特定单元。其中3个控制性详细规划编制单元包括CX01单元——凤凰镇西区、CX02单元——凤凰镇东区、CX03单元——圆沙居住社区。

《长兴岛配套商品房动迁基地控制性详细规划》 2008年12月4日,市政府批准《长兴岛配套商品房动迁基地控制性详细规划》(以下简称《动迁基地控详规划》)。为适应长兴岛建设的展开和人口的导入,规划凤凰新市镇镇西片区、圆沙社区居住区等动迁基地建设。镇西片区规划范围北至长兴江南大道,南至南环路,东至经十一路,西至经五路,规划面积约96.98公顷。按照"两心两带五组团"的功能结构,合理布局居住用地和各项公共设施用地。圆沙社区基地范围东至规划园北东路,南至规划园南公路、西至园中路,北至规划园北路园中路交叉口,规划总面积约80公顷。按照"一轴一带两片"的布局结构,结合园中路形成商业服务发展轴,结合规划水系形成滨河休闲服务景观带,将社区划分为两个居住片区。《动迁基地控详规划》分别对各居住区的功能结构布局以及公共服务设施、绿化用地等作了具体规划。

《潘圆公路控制性详细规划》 2009年4月24日,市政府批准《潘圆公路控制性详细规划》。潘圆公路为长兴岛岛域东西干线,规划道路红线控制基准宽度为50米。市政府批复同意潘圆公路及沿线相关地区的城市设计引导要求和公路沿线相关市政基础设施的规划设计。明确道路工程设计加强与相邻道路红线、水系蓝线以及防护绿地绿线的衔接,处理好交叉口渠道、桥梁标高及道路设计参数等方面的关系,与相关绿化、水系等工程统筹安排,同步实施。同意沿线相关市政基础设施规划。要求结合规划深化和实施,进一步明确长横通道及相关市政设施的规划控制要求,与长兴岛域总体规划和横沙岛域总体规划相衔接。

《长兴岛圆沙社区及横沙渔港综合功能区控制性详细规划》 2010年3月16日,市政府批准《长兴岛圆沙社区及横沙渔港综合功能区控制性详细规划》。规划中的功能区位于长兴岛东部,东至长江、西至跃进港、南至潘园公路,北至园北路、合作路,用地面积约3.58平方公里。规划建成"三心、四轴、一带"的布局结构,形成圆沙居住片区、综合服务区、渔港旅游服务区、渔港码头区、发展备用地五个不同功能的片区。规划城市建设用地约322.3公顷,居住用地约132.8公顷,其中住宅组团用地约123.6公顷,社区公共服务设施用地约1.7公顷,基础教育设施用地约7.5公顷。公共设施用地约59.5公顷,工业仓储用地约2.5公顷,港口用地约11.7公顷、市政公用设施用地约0.8公顷、绿地约63.2公顷,道路广场用地约50.3公顷等。港口用地容积率控制在0.6～1.2,建筑密度50%,绿地率控制在20%以上,一般地块建筑高度控制在24米以下。

【产业控详规划】

《中船集团长兴造船基地详细规划》 2004年11月18日,市规划局批准《中船集团长兴造船基地详细规划》。基地规划南至水域规划驳岸线,北退水域规划驳岸线约1500米,西为新开港下游1公里处,东至长兴—横沙小港,占地总面积约为1209公顷;基地总岗位人口约为2万人。实际使用岸线约8公里,基地建设根据进度分两期进行。

《中船长兴岛造船基地二期控制性详细规划》 2008年5月5日,市规划局批准《中船长兴岛造船基地二期控制性详细规划》。基地规划范围为长兴岛南岸、凤丰东路以南、跃进港以东、长兴—横沙小港以西,用地面积约643.2公顷,使用深水岸线约4200米,基地总岗位人口约为1.42万人。

《中海长兴岛修船基地控制性详细规划》 2008年5月30日,市规划局批准《中海长兴岛修船基地控制性详细规划》,规划范围北至南环路、南至长江、东至中船长兴岛造船基地、西至长兴岛第

二电厂,用地面积约 260 公顷,基地岗位人口约
8 070 人。规划范围内以长江隧道工程的防护绿
地为界分为东、西两片生产区,沿江布置修船和
海洋工程前期区;后方布置生产区、仓储区和生
活管理区。中海长兴岛修船基地规划涉及深水
岸线 3 163 米,其中包含长江隧道(含电力隧
道)、轨道交通 19 号线、原水管、天然气干管、现
状部队光缆等市政设施通道宽度共 415 米。

**《长兴岛海洋装备产业基地控制性详细规
划》** 2009 年 10 月 21 日,市政府批复同意《长
兴岛海洋装备产业基地控制性详细规划》。产业
基地规划范围东至兴港路,西临规划兴冠路,南
到江南大道,北至潘圆公路,基地规划用地面积
约 7.13 平方公里,东侧沿横沙小港预留工业备
用地约 2.36 平方公里。

《上海港口机械制造基地控制性详细规划》
2009 年 11 月 25 日,市政府批准《上海港口机械制
造基地控制性详细规划》,规划范围东至规划路、凤
滨路、经二路,南至长江、西至基地边界,北至潘圆
公路,总用地面积约 4.5 平方公里,规划岸线长度
约 4 650 米。规划工业用地面积约 281 公顷,仓储
用地面积约 31 公顷,管理配套用地面积约 11 公顷,
生活配套用地面积约 36 公顷,绿地约 28 公顷。

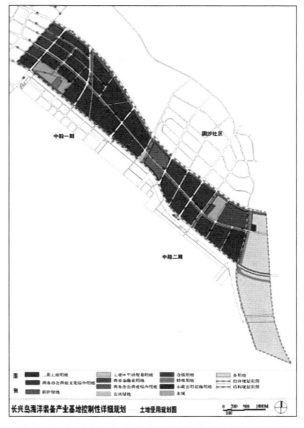

图 8-2-1　2009 年长兴岛海洋装备产业基地控制性
详细规划示意图

资料来源:上海长兴岛海洋装备产业基地提供

三、专项规划

2009 年至 2010 年,市长兴岛开发办、长兴岛开发公司就长兴岛岛域的基础设施建设、环境保护
和整治制定了一系列专项规划。

表 8-2-3　2009—2010 年长兴岛基础设施建设、环境整治专项规划一览表

时　　间	批准机关	规 划 名 称	规 划 内 容
2009 年 2 月 27 日	市政府	长兴岛道路交通规划	岛域公路规划总长 63 公里,规划以 A14 高速与潘圆公路为骨架,形成公路网络。轨交 19 号线入岛,总长约 15.3 公里,长兴岛设置轨道交通车站 5 座
2009 年 3 月 31 日	市政府	长兴岛风电场专项控制性详细规划	规划长兴岛风电场建设,补充长兴电网能源,获取社会和环保效益
2009 年 8 月 12 日	市水务局	长兴岛供水系统专业规划(2009—2020 年)	规划到 2020 年长兴岛域最高日需水量为 23 万立方米/日,满足长兴岛开发用水需求

(续表)

时　间	批准机关	规划名称	规划内容
2009 年 11 月 24 日	市政府	团结 220 千伏变电站专项规划	变电站位于长兴岛中西部,潘圆公路以南、规划路以东,占地约 1.25 公顷
2009 年 12 月 4 日	市水务局	长兴岛水利专项规划	以最大的风、雨袭击为设计标准,规划岛域的水系、(泵)闸布局,及河(湖)水面控制指标、泵站总装机容量
2009 年 12 月 4 日	市水务局	长兴岛雨水规划	暴雨重现期一般地区采用 P＝1 年,振华港机、中海基地、中船基地等地区 P＝3～5 年。地面综合径流系数按控规用地性质选取,分地块计算
2009 年 12 月 4 日	市水务局	长兴岛污水处理系统专项规划	2020 年平均污水量 18 万立方米/日,处理率 95％以上;振华港机、凤凰镇、中海、中船基地、配套工业区、圆沙社区六片区污水经收集,通过干管纳入污水处理厂。扩建污水处理厂,同步处理污泥。中心村污水收集纳入潘圆公路污水干管
2010 年 3 月 22 日	市绿化和市容管理局	长兴岛环境卫生专业系统规划	立足三岛整体处理处置固体废弃物,岛域生活垃圾 100％无害化处置,生活垃圾密闭运输率 100％,镇区道路保洁、骨干河道保洁覆盖率达 100％,公厕布局、数量达国家标准
2010 年 4 月 9 日	市政府	长兴岛青草沙水库周边水系调整工程专项规划	规划建设北环河及相关设施,调整青草沙水库周边水系
2010 年 5 月 14 日	市政府	长兴水厂扩建工程选址及原水管线调整工程专项规划	水厂扩建、原水管线调整
2010 年 9 月 21 日	市城乡建设交通委	长兴岛燃气专业系统规划	2010—2012 年按照液化天然气(LNG)为气源,建设 LNG 气化站,分区管网供气方案。远期按照《上海市天然气主干网规划》采用过江管道天然气为长兴岛气源的主体
2010 年 10 月 18 日	市水务局	长兴岛水系整治工程工程规划	规划水系、泵闸布局优化调整,维持"一横、一环、十五纵"的水系布局;提出"十二座水闸、十座泵站"的工程布局和 130 m³/s 的泵站总装机容量

资料来源:上海长兴岛海洋装备产业基地提供

第四节　开发建设

一、土地收储

2008 年 12 月 8 日,市长兴岛开发办、长兴岛开发公司召开办公会议,拟定长兴岛动迁资金管理方案情况的汇报。2009 年 4 月 28 日,市政府同意上海长兴海洋装备产业基地开发有限公司为基地工业用地前期开发主体,明确了配套产业基地的开发区域是经市政府批准、《长兴岛岛域总体规划》确定的其他工业用地。7月27日,市长兴岛开发办、长兴岛开发公司初步划定建设潘圆公路、南环路、镇西区配套商品房项目等动迁范围,涉及长兴乡7个行政村2 000余户居民。8月3日,确定动迁补偿的认定方式、费用组成和补偿标准;明确由市长兴岛开发办、长兴岛开发公司、长兴乡人民政府等相关人员组成长兴岛动拆迁联合工作组,推进已划定范围的动拆迁工作。8月5日,市长兴岛开发办、长兴岛开发公司与崇明县、长兴乡政府举行基础设施建设与动迁安置房基地动迁签约仪式,长兴岛开发建设动拆迁工作拉开序幕。是年10月26日,长兴乡、长兴岛开发公司和上海金宇房屋拆迁有限公司印发《告居民书》。明确拆迁安置的相关事宜。

2010年4月19日,经市编委批复,市长兴岛开发办建立长兴土地储备中心。7月5日,市长兴岛开发办党组决定,五一兼任土地储备中心主任。是年,市长兴岛开发办、长兴岛开发公司协同完成振华重工完成4—6期项目地块动迁;推进黄浦江中远、闵南船厂迁建项目落地;为江南技校申请600万元专项资金,推动江南职工医院的迁建。

2008—2010年,市长兴岛开发办组织收储土地74.08公顷,出让土地56.92公顷,妥善解决1 300余户动迁居民的诉求;长兴产业园区动迁户数约1 200户,完成腾地360.23公顷;收储土地381.98公顷,出让土地127.56公顷。

二、动迁安置

2008年12月4日,市政府批复《长兴岛配套商品房动迁基地控制性详细规划》,明确在镇西片区:北至长兴江南大道,南至南环路,东至经十一路,西至经五路的范围内规划建设配套商品房动迁基地,面积约96.98公顷。是年12月起,市长兴岛开发办开始动迁安置房的土地收储、完善计划、制定招投标方案等前期工作。

镇西区动迁安置房是市长兴岛开发办、长兴岛开发公司成立以来启动的第一批动迁安置房项目,建筑面积加上长兴乡在建的动迁安置房超过100万平方米,习惯称为“镇西区(凤凰小镇)100万平方米动迁安置房”项目。项目主要满足长兴岛基础设施建设、城镇开发和产业发展的动迁安置,同时也是上海经济适用房的重要组成部分。作为上海市规模最大的动迁房安置基地,市长兴岛开发办、长兴岛开发公司提出“以开发商品房的理念”高规格严要求实施项目工程建设,构建具有海岛风格特色的大型住宅社区,创建和谐社会。2009年12月26日,市长兴岛开发办、长兴岛开发公司启动镇西区76万平方米动迁安置房建设。

2010年8月30日,市长兴岛开发办批复长兴岛配套商品房基地(镇西区)2号、3号地块的初步设计。是年底,长兴产业园区职工宿舍竣工验收,居住区建筑总面积15万平方米,总投资5.5亿元,可以解决1.2万名职工的住宿。

三、基础设施

【建设概况】

2008年5月,长兴岛管委会成立后,市长兴岛开发办、长兴岛开发公司按照崇明三岛区域联动发展战略,针对长兴岛基础配套相对滞后的突出矛盾,推进岛域市政基础设施建设。年底,长兴江南大道延长工程(二期)开工建设。2009年,组织编制道路交通、水系、电力、供水、排水、燃气、电信、绿化、环卫等9类专项规划。是年,启动潘圆公路、江南大道等道路和凤凰交通枢纽,江南大道北侧林带、横沙渔港建设等配套设施项目建设,推进镇西区、圆沙社区2个动迁安置基地建设,以逐步扭转长兴岛"配套跟不上需求"的被动局面,为创建新型工业化产业示范基地夯实基础;基础设施建设总投资80多亿元。2009年10月,上海长江隧桥通车,结束了长兴岛与市区和往返崇明舟船渡江的历史。

至2009年,长兴产业园区内兴奔路等4条道路完成修建,总长3.51公里;兴坤路、兴能路2条道路正在施工,总长1.15公里;有11条道路正办理前期手续。3条河道启动整治,其中总长820米的前卫河基本完成整治工作,横二河完成30%的工程量;总长800米的金带沙河完成水系调整方案编制。同心变电站建设项目开工建设,用地面积0.4公顷,总投资4400万元。

2010年,组织制定长兴水厂扩建及管线调整、液化天然气气化站和分区管网建设、岛域水系整治、青草沙水库周边水系调整和岛域环卫建设等专项规划。用地7.13公顷的跃进港景观绿化带建设项目,正进行项目规划方案招标和评审工作。启动占地31公顷、全长10公里的绿化带及上海横沙国家一级渔港的建设。

至年底,已初步完成横沙渔港1座固定码头、3个浮码头为主的主体工程建设任务;毛竹圩80公顷滩涂圈围达标工程基本完工,开通长兴岛临时交通枢纽,完成公共货运码头建设并实现试运行。潘圆公路、南环路、合作路、配套商品房市政道路等的排水、桥梁与道路工程均完成1/2建设任务。长兴江南大道三期工程、江南大道北侧林带部分节段已呈现基本形态。会同崇明县、长兴镇政府,协调、解决长兴公共货运码头(危险品码头)建设启动有关问题。长兴产业园区正在推进生产性服务业功能区建设项目、中央商务区项目。

【工程选介】

江南大道延长工程(二、三期) 延长工程二期为方便中外嘉宾在世博期间考察江南造船提供保障。道路全长1920米,沿线新建西镇港桥1座,总投资16253.70万元。2008年12月,江南大道延长工程(二期)开工,2009年12月竣工。2010年3月11日,市长兴岛开发办批复江南大道延长工程(三期)初步设计。延长工程三期为中船长兴二期配套的重要道路,全长656.63米,沿途新建和字圩河桥1座,项目总投资6175.47万元。是年4月,工程开工建设。

潘圆公路改建工程 潘圆公路,既是长兴岛东西向贯穿全岛的交通干道,又产业区与生态区的分隔界面,起到功能发展轴和生态景观轴的作用;还是联系横沙岛的重要通道。潘圆公路改建工程总长21.85公里,由四个标段组成。工程一标西起西部海堤,东至潘石港,全长约6.1公里,新建石沙河桥、创建港桥各1座。工程二标西起潘石港,东至凤凰公路,全长约5.7公里;道路沿线建潘石港桥、庙港桥、马家港桥等5座桥梁。工程三标西起凤凰公路,东至规划八路,全长约4.35公里。在与长江隧桥工程相交节点,建枢纽型立交1座;道路沿线建团结河桥、新开港桥各1座。工程四标西起规划八路,东至合作路,全长约5.7公里,沿线建金沙河桥、前卫河桥、缦鲡港桥等5座桥梁。

2009年8月10日,市长兴岛开发办、长兴岛开发公司对潘圆公路改建工程进行评估。12月,工程提前开工。2010年8月9日,市长兴岛开发办、长兴岛开发公司专题讨论潘圆公路改建工程涉及的前卫电器厂动迁工作。

镇西区道路一、二标 工程是为镇西区100万平方米动迁安置房配套的城镇道路,也是凤凰小镇市政配套的重要干支路。镇西区一标(丰福路)北起潘圆公路,南至南环路,总长1656.76米;沿线建2座桥梁,污水泵站1座。总投资21257.23万元。2010年2月21日,市长兴岛开发办批准工程初步设计,4月启动开工。镇西区二标,涉及新建纬一路等6条道路,总长为5 212.36米;沿线建9座桥梁,总投资41 095.61万元。

合作路　合作路是长兴岛东部区域贯通南北的主要道路,工程北起景观大道,南至长兴岛江南大道,线位为一条直线,工程总长约2 445.18米;沿线新建3座桥梁;工程总投资21 965.53万元。2010年2月21日,市长兴岛开发办批准初步设计,3月开工建设。

南环路　南环路是服务于中海长兴基地及长兴产业园区的重要道路,工程西起凤凰路,东至兴甘路,总长约4 110米;沿线新建1座桥梁,总投资56 129.14万元。2010年2月21日,市长兴岛开发办批准工程初步设计;5月开工建设。

横沙渔港　位于长兴岛东侧,是长江口附近渔场作业渔船的避风港和避风锚地。2003年,农业部批准横沙渔港建设,明确为国家一级渔港。这个上海唯一的国家一级渔港,由于责任主体不明确和土地回购等原因一直未能启动。

2008年11月12日,上海市副市长胡延照召开的专题会议,明确横沙渔港建设由市农委牵头组织,市发展改革委审批、协调,市长兴岛开发办为责任主体,协同推进渔港建设。会议建设"上海横沙一级渔港综合性功能区",具备渔民避险、渔船补给、渔产品适度加工、水产品交易、特色餐饮和景观旅游等基础性功能;要体现"功能科学、景观优美、特色显著、大众喜爱"规划理念,实现商业、餐饮、文娱与河流、绿地、居住等城市生活空间的有机组合,打造成上海富有吸引力的旅游目的地;横沙渔港核心功能区用地面积约15公顷。11月17日,市长兴岛开发办、长兴岛开发公司成立横沙渔港建设工作小组。

2009年4月21日,市长兴岛开发办、长兴岛开发公司召开的横沙渔港国际招标评审会,选定德国ECS公司的方案为优胜方案。8月18日—12月7日,市长兴岛开发办、长兴岛开发公司举行多次联合会议,研究关于渔港建设土地围垦、整体回购和储备工作。12月10日,国家农业部批复渔港建设项目初步设计。

2010年1月20日,市长兴岛开发办、长兴岛开发公司举行横沙渔港码头开工仪式,正式启动渔港综合功能区开发工程。横沙渔港码头工程将建3座500吨级的浮码头、1座3 000吨级固定码头;9个近海渔船泊位、2个远洋渔船泊位;设计年卸港量为12万吨,投资金额约7 000万元。是年,除800米岸线的横沙渔港码头开工建设外,还启动渔港陆域配套设施建设,完成核心功能区的土地出让、项目深化设计和审批审核等工作;集渔港交易、加工、展示、综合服务及相关商业布局的13.33公顷核心功能区正筹备开工。

四、配套设施

【长兴临时交通枢纽】

长兴临时交通枢纽用地面积约3 600平方米,建筑面积450平方米,投资约230万元,是长兴岛集候车、车辆维修、出租车泊位以及行政办公区域等功能于一体的临时公共交通中心。交通枢纽设置3条始发线路,分别为陈凤线(陈家镇至凤凰镇)、申崇四线(长兴岛至上海科技馆)、申崇五线(长兴岛至宝山区泰和路吴淞公交客运站)。

2009年12月26日,为承接世博辐射效应、服务驻岛企业,改善上海长江隧桥通车后驻岛单位和长兴、横沙两岛居民出行条件,市长兴岛开发办、长兴岛开发公司启动长兴临时交通枢纽建设。2010年4月26日,市长兴岛开发办、长兴岛开发公司与崇明县政府举行交接仪式,长兴临时交通枢纽正式启用。

【江南技校】

江南技校新校区建设总用地面积为 40 721 平方米,总建筑面积为 23 038 平方米。2008 年 12 月 4 日,市长兴岛开发办召开江南技校项目推进协调会,听取崇明县规划院关于江南技校的选址介绍。经过讨论从 5 个候选方案中选取方案一,认为该方案选址(圆沙社区规划圆西路西侧,潘圆公路北侧,用地面积 4 公顷)符合长兴岛总体规划和相关控规,有利于江南技校发展。

2009 年 1 月 12 日,市教委下发《2009 年上海市职业教育工作要点》的通知,支持江南技校整体搬迁至长兴岛,并将江南技学校整体搬迁建设列为 2009 年市教委重点工作之一。11 月 2 日,市长兴岛开发办、长兴岛开发公司同意江南技校迁建征用土地的补偿。12 月 8 日,江南技校新校区启动开工。是月,市长兴岛开发办核准江南技校迁建工程,明确项目位置建于圆沙社区、主要建设内容及附属设施,明确项目法人为江南造船。2010 年底,江南技校新校区尚在建设中。

【江南职工医院】

2005 年,为支持上海世博会,江南造船集团同意将江南职工医院整体搬迁至长兴岛,在圆沙社区内择址新建。江南造船集团与崇明县签订协议,确定动迁时间及相关要求。2008 年 12 月 4 日,市长兴岛开发办召开专题会议,听取江南造船集团关于江南医院项目实施进展情况介绍,明确江南职工医院将按标准建设成为一家拥有 400 张床位的二级医院。项目实行"一次规划、分期建设";一期建设 200 张床位的医疗服务设施,主要包括急诊医技楼、病房楼和配套服务设施。

五、生态环境

【青草沙水源地】

青草沙是长江河口的一个冲积沙洲。因地理位置处于长江口江心部位,不受陆域排污的干扰,水体水质为一类至二类,水量丰富、水质优良,成为上海市水源地和城市供水的战略储备地。青草沙水源地总面积约 67 平方公里。工程通过建设标高 8.5 米、总长 43 公里的大堤,圈围 60 平方公里的水面,建设难度堪比三峡水库。最大有效库容达 5.53 亿立方米,设计有效库容为 4.35 亿立方米。供水范围为杨浦、虹口等上海 10 个行政区全部区域及宝山、普陀等 5 个行政区部分地区,受益人口超过 1 100 万人,规模占全市原水供应总规模的 50% 以上。

2006 年 9 月 1 日,在中国工程院倡议下,市政府决定启动青草沙水源地建设,以改变上海自来水源 80% 取自黄浦江(三至五类水质)的格局。2007 年 6 月正式开工建设。2009 年 1 月 2 日,青草沙水库大堤合拢,第一条输水管线贯通。6 月 8 日,市长兴岛开发办召开青草沙水库工程规划专题协调会,会议明确:长兴水厂规划生产能力为 23 万立方米/日;由青草沙水库输出的两根 1.2 米管径的原水管选线在北环河南侧、凤西路西侧,相邻并行设置。是年,青草沙水源地主体工程基本建成。

2010 年 2 月 4 日,原水过江管输水隧道全线贯通。4 月,市政府批准《长兴岛青草沙水库周边水系调整工程专项规划》,市规划国土资源局会同市长兴岛管委会,依规严格控制规划范围内的各类建设活动,落实专项规划要求,确保水系调整工程的实施。12 月 1 日,金海支线通水,拉开青草沙水源地通水切换序幕。是月 30 日,陆域输水管线严桥支线通水运行,杨树浦水厂、南市水厂和浦东陆家嘴水厂、居家桥水厂通水切换相继调试成功。

【江南大道北侧林带】

长兴江南大道北侧林带由西向东分为 A、B、C、D 四个区域,总用地面积约 315 254.3 平方米,总长约 10.9 公里,红线宽 35 米。投资概算为 38 051.18 万元,资金自筹。工程主要建设内容包括绿化、园路、硬质广场、健身设施以及水面开挖、园林小品、绿化灌溉、景观照明等。林带与就近 6 条道路配套绿化相互照应,将进一步改善全岛道路沿线景观环境。

2008 年 6 月,中船江南长兴基地入驻长兴岛,基地南侧具有临江生态优势,北侧却缺少规模性绿化廊道。为提升基地周边环保品位,市长兴岛开发办启动建设江南大道北侧林带规划。2009 年 11 月 2 日、9 日,市长兴岛开发办、长兴岛开发公司专题研究林带规划及选址工作;是月 19 日,批准林带建设工程项目可行性研究报告。12 月 26 日,市长兴岛开发办、长兴岛开发公司启动江南大道北侧林带建设。2010 年 11 月 18 日,市长兴岛开发办补发初步设计批复。至 2010 年,北侧林带尚在建设中。

【柑橘种植】

1968 年起,在中国农科院柑橘研究所、上海气象科学研究所的指导帮助下,前卫农场开始试种柑橘果品,到 2003 年种植发展到 666.67 余公顷,柑橘总产量达到 24 430 吨(其中出口 5 593.5 吨),成为企业支柱型产业和特色旅游项目。上海郊区种植柑橘面积 6 666.67 公顷以上,其中 80% 在崇明三岛。前卫公司作为崇明三岛的种橘大户,种植基地规模 533.33 余公顷,柑橘主要品种包括被评为国内优质水果的新津、尾张、宫川和黄皮桔、满头红、甜橙等,深受广大消费者青睐。柑橘林区在长兴岛也是一道特色生态景观。自 1991 年起,柑橘果品分获上海市科技博览会金奖、第二届中国农业博览会金奖、国家绿色食品标志等奖项。

2008 年 10 月,前卫公司会同市级科研部门,通过改良、引进,形成新的柑橘品种,建成有机食品生产基地。2010 年,前卫公司柑橘总产量 4 500 万斤,其中出口 664 万斤。前卫公司下设柑橘分公司经营管理,经组织优化整合,2010 年有 7 个独立经营的柑橘分公司,职工总数 158 人。

第五节　产　业　发　展

一、经济规模

2008 年 6 月,中船长兴造船基地一期工程竣工,江南造船(集团)有限责任公司(以下简称江南造船集团)等骨干船企从黄浦江边搬迁至长兴岛;新建的江南长兴造船有限责任公司、江南长兴重工有限责任公司相继投产,长兴岛产业基地年修造船总吨位快速增长,规模化和专业化优势显现。10 月,中船长兴造船基地船企承接订单 149 条船,达 1 651.88 万载重吨,合同金额 783.86 亿元。是年,江南造船集团完成工业总产值 30.6 亿元,实现销售收入 30.7 亿元;完工交船 13 艘/47.9 万载重吨。江南长兴造船有限责任公司承接 4 艘/70.8 万载重吨,合同金额 3.94 亿美元;手持订单共 34 艘/729.4 万载重吨、合同总金额 29.48 亿美元。江南长兴重工开工为德国 RHL&BCH 公司建造 5 100 箱集装箱船首制船"费利希塔斯"号,这是该公司投产后建造的第一艘出口船。是年,长兴岛工业产值 370 亿元,中海长兴修造船基地销售收入 9.36 亿元。

2009 年,沪东中华阀门厂、沪船助剂厂、中船长欣线缆等 5 个项目在长兴岛开工建设。上海长江隧桥建设发展有限公司、上海崇启通道建设发展有限公司等 21 家企业注册,注册资金总计 67.8 亿元。中船长兴造船基地造船开工、上船台(坞)、下水、交船均达到民船生产纲领预期目标。江南造船集团完工造船 13 艘/49.5 万载重吨,实现工业总产值 50.3 亿元,销售收入 44 亿元。是年,振华重工营业收入达到 275.64 亿元。

2010 年 1 月 19 日,长兴岛被国家工业和信息化部列为第一批国家新型工业化产业示范基地名单,荣获"船舶和海洋工程装备·上海长兴岛"称号,是全国唯一一个以船舶和海洋工程装备为特色的示范基地。2 月 2 日,市长兴岛开发办应邀出席国家工业和信息化部在北京举行的国家新型工业化产业示范基地创建工作会议和首批示范基地授牌仪式。

至 2010 年,长兴产业基地有 10 家入驻企业开工建设,其中 4 家企业竣工投产,其固定资产投资总额约为 5.4 亿元。是年,中船长兴造船基地的江南造船集团完工造船 11 艘/71.7 万载重吨;江南长兴造船形成好望角型散货船系列、阿芙拉型成品原油船系列、30 万吨级超大型油船系列等生产线,交船 13 艘/290.1 万载重吨;江南长兴重工交船 14 艘/9.1 万载重吨。振华重工研制开发的两艘 3 000 吨铺管船分别交付卢森堡、新加坡用户,中国自主设计制造的铺管船走出了国门。中海长兴基地修船 276 艘,完成工业总产值 6.57 亿元,实现销售收入 6.81 亿元。至"十一五"期末,长兴岛产业基地实现工业总产值约 430 亿元。同时,岛上还规划 7.13 平方公里的配套产业园区,引进科技含量高、附加值高、资源利用率高、环境品质高的相关配套产业。

二、产业基地

【中国船舶工业集团有限公司江南长兴造船基地】

位于长兴岛东南端,西面离上游新开港 1 公里;东至横沙水道;南临长江,江面宽度 6.5 公里,与外高桥造船隔江相望;北侧为驳岸线向北 1.5 公里。

21 世纪初,江南造船在长兴岛确定搬迁区域。2003 年 7 月 24 日,市政府、中船集团举行上海地区船厂布局调整的合作备忘录签字仪式,明确在长兴岛规划、建设国内规模最大、装备最先进的现代化造船基地。中船集团江南长兴造船基地(以下简称中船长兴造船基地)是国家"十一五"重大建设项目,也是上海船舶工业发展的重大决策。是年,中船集团成立中船长兴造船基地一期工程领导小组、工程建设指挥部,制定搬迁计划。11 月 18 日,开始基地围堰吹填。2004 年,上海中船长兴造船基地围堰吹填工程通过竣工验收。围堰吹填工程,吹填陆域面积近 180 万平方米,吹填土石量 650 多万立方米。

2005 年,因上海举办世博会和船舶工业发展的需要,市政府与中船集团决定将中船所属江南造船(集团)有限责任公司从黄浦江畔的高雄路 2 号,整体搬迁长兴岛造船基地。6 月 3 日,中国最大的造船基地——中船长兴造船基地一期工程正式开工。江南造船进入边建设新基地、边生产经营、边搬迁老厂的阶段。基地一期工程由民品造船区、军品造船区、生活区及生产基地项目组成,用地约 518 万平方米,使用岸线 3.8 公里,固定资产投资约 140 亿元。生产基地包括 3 条生产线和 1 家船舶配套企业,即上海江南长兴造船有限责任公司、上海江南长兴重工有限责任公司、江南造船(集团)有限责任公司及中船江南重工股份有限公司。3 条生产线均由水工设施、船体工程、舾装工程、涂装工程、信息化工程、动力工程、行政管理及生活设施和总涂室外工程等组成;由中船九院负责设计施工总承包。11 月 26 日,中船集团与长江航运(集团)总公司签订建造 2+2 艘超大型油船合同,这是建设中的中船江南长兴造船基地接获的第一批订单。

2006—2010年,吴邦国、李长春、俞正声、贾庆林、回良玉、张德江、习近平、刘延东等党和国家领导人先后视察建设中的中船长兴造船基地。

2007年7月23日,江南长兴重工与中远散货运输有限公司签订5艘1.5万吨散货船建造合同。10月18日,基地3条生产线全部建成投产。12月18日,由江南造船建造的挪威斯坦纳森公司1.64万吨成品油/化学品船在长兴基地签字交船,该船作为首制船舶,标志着江南长兴造船基地生产线流程已全面打通。

2008年6月3日,中船长兴造船基地一期工程举办基地工程竣工庆典。江南造船原址在建的11艘船(除"远望6"号外)和相应船配物资全部转移上岛,搬迁上岛设备6 689套。长兴造船基地按照现代总装造船模式进行生产流程布置。2009年1月1日,中船江南重工在长兴基地形成船用液罐制造和船舶轴舵系加工两大制造生产中心,为中船江南重工成为国内最具影响力的大型钢结构企业和专业化船配产品基地打下基础。2008—2010年,中船长兴造船基地累计完工交船84艘188万载重吨。

至2010年,中船长兴造船基地占地面积约580万平方米,岸线长约3 800米;4家企业建筑面积约为118万平方米,固定资产投资约160亿元,拥有3所国家级企业技术中心;主要建设内容包括4座大坞、17座舾装码头。2010年,"中船长兴造船基地一期工程环保整体项目"获中船集团优秀工程设计奖等奖。

【中海长兴修造船基地】

中海长兴修造船基地毗邻上海港的外高桥集装箱码头、滚装船专用码头群和张华浜码头群,可容超级油轮就地调头转向,是长江主航道第一家修造船基地。

21世纪初,中国海运(集团)总公司(以下简称中海集团)为支持上海国际航运中心和邮船母港建设,配合推进黄浦江两岸综合开发,调整上海地区修船业的布局,满足企业规模化发展,决定在长兴岛投资建设修船基地。2003年,市政府与中海集团签订《合作备忘录》,在长兴岛提供岸线和腹地建设修船基地。

2004年,中海集团按照《中海长兴岛修船基地控制性详细规划》,对长兴岛基地进行规划和建设。基地规划用地约260万平方米,其中一期工程项目49万平方米,主要新、扩建修船项目与一期海洋工程项目。2005年1月15日,中海长兴修造船基地启动圈围工程,圈围岸线2 400米,标高6.8米,圈围面积约37万平方米,项目投资1.2亿元。2006年10月10日,中海工业有限公司自行改建的20万级"中海九华山"浮船坞落户中海长兴基地;11月,中海工业有限公司自行建造的2艘全回转拖船"中海拖1""中海拖2"下水。2007年1月,码头工程及后平台开工;码头工程建设F型双线码头和3艘浮船坞的位置,共13个泊位,泊位长度4 777米。8月8日,上海船院设计的30万吨级"中海峨眉山"浮船坞在中海长兴修造船基地开工建造。2008年10月,中海长兴修造船基地圈围工程通过竣工验收。11月29日,"中海峨眉山"浮船坞竣工投产。2009年9月,中海长兴修造船基地水域部分工程基本竣工,达到"3坞13泊位"配置。是年,中海长兴修造船基地已能维修包括超大型油船、大型矿砂船和9 600箱集装箱船等各类船舶,能同时承接2艘好望角型散货船的货油舱防腐涂装工作。先后为美国、德国、土耳其、希腊、新加坡等著名船东提供修船产品和服务。

至2010年,中海长兴修造船基地占地约60万平方米,岸线长3 163米;13个修船泊位中,有6个30万吨泊位,7个10万吨泊位,泊位总长度为4 055米,配套15吨~60吨起重门机21台。拥有 8 万吨级"中海普陀山"浮船坞、20 万吨级"中海九华山"浮船坞和 30 万吨级"中海峨眉山"浮船坞各一座,4 000 匹全回转拖轮 4 艘,21 米～35 米高空作业车 49 台,200 吨和 600 吨浮吊各 1 艘,具备年修船 120 艘,改装船舶 8 艘,海洋工程 2 艘的能力。具有 4 200 多米的 F 型码头,可同时靠泊 VLCC 等各类船舶近 30 艘,拥有大型的配套车间和加工场地。

【振华重工长兴基地】

基地位于崇明县长兴凤滨路。2003 年,振华重工长兴基地基本建成。这是上海振华重工(集团)股份有限公司(以下简称振华重工)最大的出口产品生产基地。基地主营以钢结构为主的重型设备的制造、安装和整机运输,如大型盾构,大型船厂龙门式起重机、钻井平台、导管架、工程船、大型浮吊、海上风电塔等。

2006 年,振华重工长兴基地建成亚洲最大的 4 000 吨全回转起重船"华天龙",填补了中国装备制造业巨型设备的空白。2007 年,建造世界首个高效智能型立体装卸集装箱码头示范区。2008 年,世界单机起重量最大的 7 500 吨全回转自航起重船"蓝鲸"在基地建成。2009 年,振华重工长兴基地为中国海洋石油工程公司成功建造 1 200 吨海洋石油铺管船,这是中国首艘自主设计与制造的铺管船。

到 2010 年,振华重工长兴基地占地面积 305 万平方米,建筑面积 118 万平方米,拥有 4.65 公里岸线。主要设施包括卸货码头、发运码头、重件码头和修理码头 7 座,2 390 米长,其中 500 米长的重件码头可承重 5 400 吨,最大可在 60 米范围内承重 2 万吨;6 艘起重能力 600 吨～4 000 吨的大型浮吊,1 万多平方米的重型车间,地面荷载达 2 000 吨,并配有 400 吨重型行车 8 台,26 艘 6 万吨～10 万吨级的整机运输船(其中两艘为半潜式自航船)。振华重工长兴基地利用这些设施和邻水的优势,可将各种重型装备整机跨海越洋运往世界各地。振华重工长兴基地还配有各种高能力的加工设备,如 120 毫米厚卷板机、1 800 吨折弯机、自动埋弧焊机、重型钢板轧平机、水下等离子数控切割机、铣边机、数控钻床等,具备年产 280 台岸桥和 47 万吨钢结构的能力。2010 年,基地被认定为国家海上起重铺管核心装备工程技术研究中心。

【上海长兴海洋装备产业园区】

2007 年 4 月,长兴产业园区成立。园区坐落在长兴岛东南地区,与南岸的船舶、海洋工程装备及港口机械总装基地相邻,西接凤凰镇东区,北邻圆沙社区。园区由崇明资产经营公司、长兴资产经营公司、江南造船集团、前卫公司共同出资组建,注册资金 12.5 亿元,规划面积 7.13 平方公里。园区分为船舶及海洋工程配套区(约 2.02 平方公里)、生产性服务业功能区(约 1.37 平方公里)、高新技术产业集聚区(约 2.01 平方公里)、综合配套区(约 1.72 平方公里)四大功能区域。以高新技术船舶及海洋工程装备配套产业为中心,逐步与其他先进制造业、生产性服务业、高新技术产业联动发展。

2008—2010 年,长兴产业园区竣工道路 6 条,总长 6.4 公里;在建道路 3 条,总长 2.5 公里;整治河道 2 条,总长度 913 米。2010 年 4 月,总投资 4 400 万元的同心变电站竣工供电。5 月,公共货运码头(危险品码头)试运行。9 月,园区内中央商务区开工建设。商务区用地面积 84 535 平方米,建筑面积 238 604.6 平方米,总投资 12.8 亿元。至 2010 年,16 家企业落户园区,其中 14 家船舶配套企业;正式投产项目 3 个,试生产项目 1 个,在建项目 4 个。

三、重点企业

【江南造船（集团）有限责任公司】

江南造船（集团）有限责任公司位于长兴岛长兴江南大道 988 号。前身为江南造船厂，创建于 1865 年（清朝同治四年）。1996 年，改制为江南造船（集团）有限责任公司。公司先后隶属于六机部、中船总公司和中船集团。

1980—1995 年，江南造船集团共造船 137 艘，累计 254.3 万载重吨，是 1949—1979 年造船吨位的 3.1 倍。2000 年，完成造船工业总产值 22.17 亿元，在全国同行排名第一。1992—2001 年，列入中国 500 强工业企业。2002 年，完成造船工业总产值 27.33 亿元，实现销售收入 36.8 亿元，2006 年，江南造船集团建造的"东风"号万吨级远洋货船、"向阳红 10"号远洋综合调查船、"哈尔滨"号导弹驱逐舰、"远望 3"号航天测控船获"中国十大名船"称号。

2008 年 6 月 3 日，江南造船厂建厂 143 周年胜利之际，江南造船集团搬迁至中船江南长兴造船基地。江南造船集团是国家特大型骨干企业和国家重点军工企业，首批 40 家国家级技术中心单位之一，全国首批 6 家技术创新重点单位和 16 家国家外智力引进试点企业之一，主营业务为民用及军用船舶制造。

2008 年，江南造船集团实现销售收入 41.8 亿元，利润 2.3 亿元。2009 年，实现工业总产值 51.3 亿元；造船 15 艘，共计 54.5 万载重吨；承接船舶订单 91 万载重吨，合同金额 62 亿元。2010 年，江南造船集团交船 10 艘，完成造船 71.7 万载重吨，实现工业总产值 55 亿元。承接 7.6 万吨散货船 6 艘，合同金额 236 亿元。至 2010 年，江南造船集团占地面积约 183.4 万平方米，建筑面积 46.8 万平方米，拥有岸线 1 364 米。拥有职工 2 001 人，其中专业技术人员占 47.2%；下设 26 个部门，10 个控股子公司；累计获省部级以上科学技术进步奖 200 多项，其中国家级奖 32 项。

【上海江南长兴造船有限责任公司】

公司地址崇明县长兴江南大道 988 号，位于长兴岛东南端，临近新开港。2006 年 12 月 7 日，上海江南长兴造船有限责任公司（以下简称江南长兴造船公司）成立，由中船集团和上海宝钢集团有限公司投资组建。注册资本 23.09 亿元，其中中船集团占总股本的 65%，上海宝钢集团有限公司占 35%。2007 年 12 月 19 日，中船集团将拥有的 65% 股权转让给外高桥造船，江南长兴造船公司为上海外高桥造船有限公司控股子公司。公司主营业务为民用船舶制造。

2007 年 5 月 18 日，江南长兴造船公司开工投产，首制船 29.7 万吨超大型油船开工点火。2008 年 10 月 10 日，江南长兴造船公司交付的首制船 29.7 万吨超大型油船"长江之珠"号，是上海开埠后建造的最大吨位原油船，为中国第一艘拥有自主知识产权的超大型油船。是年，江南长兴造船公司工业总产值 55 亿元，交船 6 艘 110 万载重吨，实现销售收入 52.6 亿元，利润 4.1 亿元。

2009 年 1 月，江南长兴造船公司获得英国劳氏质量认证（上海）有限公司颁发的 ISO 9001 质量管理体系、ISO 14001 环境管理体系、OHSAS 18001 职业健康安全管理体系证书。8 月，获得上述质量技术监督局颁发的特种设备安装改造维修许可证（起重机械）。是年，江南长兴造船公司实现工业总产值 55 亿元，造船 10 艘/182.7 万载重吨，产品销售收入 57.5 亿元，利润总额 3.23 亿元。

2010 年，江南长兴造船公司全年工业总产值 70 亿元，造船完工 11 艘/266.7 万吨，新船承接 20 艘/462.4 万吨，累计造船完工 27 艘/567 万载重吨。销售指标 75 亿元，实现销售收入 185 亿元，利润总额超过 10 亿元。

至 2010 年,江南长兴造船公司占地 170.8 万平方米,建筑面积 34.1 万平方米,拥有岸线 1 322 米。拥有职工 1 930 人,其中专业技术人员 558 人;下设 8 个生产部门和 15 个管理部门。

【上海江南长兴重工有限责任公司】

公司地址崇明县长兴岛长兴江南大道 1888 号,主要生产区域位于长兴岛东南端。2006 年 11 月 30 日,中船集团成立上海江南长兴重工有限责任公司(以下简称江南长兴重工)。12 月 8 日,完成注册登记,主营民用船舶制造业务。

2007 年 2 月,中船集团向江南长兴重工增资 2 000 万元,增资后注册资金 3 000 万元。是年,中船集团与上海宝钢集团有限公司签约,共同出资组建江南长兴重工。注册资金为 242 487.69 万元,中船集团占 65%,上海宝钢集团有限公司占 35%。10 月 18 日,江南长兴重工开工造船。是年,公司签约 7 艘 5 100 箱集装箱船,5 艘 8 530 箱集装箱船,38 艘 11.5 万吨散货船;实现营业收入 1.13 亿元,其中主营业务收入 1.11 亿元。

2008 年 3 月,江南长兴重工为德国 RHL&BCH 公司建造 5 100 箱集装箱船首制船"费利希塔斯"号,这是公司投产后建造的首艘出口船。是年底,实现营业收入 20.02 亿元,其中主营业务收入 18.26 亿元。2009 年 6 月 30 日,公司建造的大坞 6 船起浮、3 船同时出坞,这在国内造船业尚属首次。9 月,江南长兴重工为中远集装箱运输有限责任公司建造的 5 100 箱集装箱船首制船"天宝河"号正式交船。是年底,交付 3 艘 5 100 箱集装箱/11.4 万载重吨;实现营业收入 34.34 亿元,其中主营业务收入 31.24 亿元。2010 年,江南长兴重工交船 14 艘/99.1 万载重吨;完成工业总产值 69.8 亿元,实现营业收入 60.81 亿元,其中主营业务收入 58.2 亿元。

至 2010 年,江南长兴重工累计承接 7 型集装箱船 70 艘 691.35 万载重吨;共计完工船舶 17 艘/118.15 万载重吨,其中:5 100 箱集装箱 15 艘、11.5 万吨散货船 2 艘。江南长兴重工有职工 1 231 人,其中专业技术人员 461 人;下设 13 个管理部门和 7 个生产部门。江南长兴重工占地约 147 万平方米,建筑面积 30.3 万平方米,拥有岸线 1 385 米。

【中船江南重工股份有限公司】

公司总部在鲁班路 600 号江南造船大厦,制造基地位于长兴岛长兴江南大道 988 号长兴二十路。公司前身为江南重工股份有限公司,1997 年 5 月 28 日成立,注册资本 36 244.67 万元,隶属于中船集团。2007 年 9 月 28 日,公司更名为中船江南重工股份有限公司(以下简称中船江南重工)。中船江南重工具有建设部颁发的钢结构专业承包一级资质,主要业务为大型钢结构、成套装备制造。

2006 年,中船江南重工将压力容器、机械制造两大主力车间搬迁至长兴岛制造基地。2007 年,中船江南重工实现承接订单和销售收入双 10 亿、利润总额过亿目标。2008 年,中船江南重工完成搬迁工作,整个建设总投资约 5 亿元,生产能力比原来扩大 2 倍以上。是年,公司船舶配套业务已占整体产品的近 50%,成套设备超过 30%。2010 年,中船江南重工成功交付上船公司 2 500 吨单臂架起重机船(浮吊),首次将起重产品拓展到海域;公司完成投钢量 10.76 万吨,实现销售收入 13.75 亿元。"十一五"期间,中船江南重工先后承接大型龙门吊 22 台,形成 260 吨~900 吨完整的产品系列,成为国内承建大型龙门吊最多的企业;还承接近 70 台起重机、地铁盾构等成套设备项目;形成 5 000 立方米到 2.3 万立方米整个系列的船用液罐产品,并转化为陆用产品。

至 2010 年,公司有职工 876 人,其中专业技术人员占 32.2%。下设 15 个职能部门、3 个生产车间、1 个建造中心,拥有上海江南船用电气设备厂(全资控股子公司)、江南德瑞斯(南通)船用设备制造有限公司(合资控股子公司)。公司占地约 15.5 万平方米,建筑面积 6.8 万平方米,拥有岸线 100 米。

【中海工业(上海长兴)有限公司】

公司地址崇明县长兴岛新港村新开港 666 号,地处长兴岛——中海长兴修船基地。公司前身为上海粤海长兴船务工程有限公司。1996 年 11 月,由上海宝山区长兴商业公司、东海船舶修造厂、江苏省江都造船厂、粤海船务工程投资公司出资组建。2004 年 9 月 21 日,4 家出资方将全部股权转让给中国海运(集团)总公司、中国海运(香港)控股有限公司、中海工业有限公司,公司更名为中海长兴国际船务工程有限公司,注册资金为 2.47 亿元。2006 年 3 月,中国海运(集团)总公司为公司增资 2 亿元,由中海工业有限公司直接管理。2007 年 3 月,公司成为国内第一家获得挪威船级社认证的修船企业。2009 年 6 月,为发展中海长兴修船基地,中海工业有限公司及中国海运(香港)控股有限公司分别增资 26 475 万元和 8 825 万元。9 月 17 日,经工商变更注册登记为中海工业(上海长兴)有限公司(以下简称中海长兴),注册资金为 8 亿元。

2004—2010 年,中海长兴累计完成工业总产值 31.77 亿元,销售收入 30.89 亿元,修船 1 003 艘;其中 2008 年销售收入 9.36 亿元,是 2004 年的 8.4 倍;完成工业总产值 10.66 亿元,是 2004 年的 8.8 倍。2009 年,实现工业总产值 5.62 亿元,为上年度的 52.7%;其中外轮 4.27 亿元,占总量的 76.0%。完成销售收入 6.08 亿元,为上年度的 64.8%;改造船舶 5 艘,修理船舶 178 艘,其中坞修 140 艘。2010 年,中海长兴实现工业总产值 6.57 亿元,其中外轮 4.79 亿元,占总量的 73%;完成销售收入 6.81 亿元;修理船舶 276 艘。是年底,中海长兴有职工 464 人,下设 19 个部门,其中 5 个生产车间。

【上海振华重工(集团)股份有限公司长兴分公司】

上海振华重工(集团)股份有限公司 1992 年成立,是国内最大的机械制造商和重型装备制造业企业,港机生产销售占世界 78% 的市场份额;是国家首批创新型企业和上海市高新技术企业。2001 年 11 月,上海振华重工(集团)股份有限公司成立长兴分公司(以下简称振华长兴公司),原名上海振华港机重工有限公司;2003 年,振华长兴公司在长兴岛建立振华重工(集团)股份有限公司最大的出口产品生产基地,主营以钢结构为主的重型设备的制造、安装和整机运输,承担集团公司 70% 左右的钢结构生产任务。

从 2005 年起,振华长兴公司将海上重型装备产品、钢构钢桥作为重点市场,进军海洋重型装备和钢构钢桥领域。2006 年,研制成功亚洲最大的 4 000 吨全回转浮吊。2008 年,振华长兴公司研制成功世界单机最大的 7 500 吨全回转浮吊。完成钢结构产量约 28 万吨,超出上年 4 万多吨;总装产品 262 台,比 2007 年增长 55 台机;发运产品 274 台,比 2007 年增长 56 台。公司开辟海工新市场,中海油 1 200 吨铺管船 51 个分段全部发运;完成 3 500 方吸泥船项目及部分结构件的制作;实现销售收入约 192 亿元。至 2009 年 11 月底,振华长兴公司完成钢结构产量 466 577 万吨,完成总装 247 台/套(包括桥吊 226 台、挖泥船 4 艘、卸船机 2 台、铺管船 4 艘、浮吊 2 艘、钢板吊 4 台、龙门吊 5 台),发运 279 台/套。

2010 年,振华长兴公司完成常规项目 97 台,发运 138 台,计划 2011 年总装的项目已开工 13 台机。非常规项目：船舶浮吊类主要完成韩国三星 8 000 吨浮吊、西班牙 4 400 吨铺管船，1.5 万吨半潜驳、3 000 吨铺管船 2 艘，另 2 艘在造；华西 4 500 吨浮吊在造；完成 350 吨～1 600 吨龙门吊 5 台，在造熔盛 450T/900T4 台。桥、塔、矿钢构类完成发运捷克电厂 1 航次，新喀厂房 9 船次。发运钢桥 6 船次、钢塔 3 船次、模块 3 船次，以及完成挪威钢桥的结构制作。至 2010 年，振华长兴公司有员工人数 2.8 人，其中技术工程管理人员约 1 500 人。

第九篇

区级重点
工业园区

1986 年 10 月,上海市出台《上海市城市总体规划》,城市结构由中心城-卫星城-郊县小城镇组成,形成以中心城为主体、市郊城镇相对独立,中心城与市郊城镇有机结合的群体组合城市。1987年,上海市人民政府(以下简称市政府)提出:"市郊根据《上海市城市总体规划》,结合制订县城综合发展规划和实施城镇、村镇规划,以乡为单位或几个乡联合,建设相对集中的工业加工区。"此后,上海郊区开展一乡一点工业小区布局,乡办工业不跨乡,村办工业不跨村。

20 世纪 90 年代起,各区政府一方面在原有工业基础上整合兴办区级工业园区,另一方面依托国家级和市级工业园区兴建部分配套工业园区。此类工业园区皆由区镇集体经济组织运营,收益归集体所有。至 2003 年,全市区级及区以下工业区达 136 个,规划面积 155 平方公里,占工业区总规划面积 17.2%。

2003—2006 年,上海市按照国家统一部署,对开发区进行清理和归并。清理整顿后全市保留41 家公告开发区,其中各区重点园区或几家归并为一家市级工业区,如华新绿色工业园区、徐泾绿色工业园区和上海闵北工业区三家合并成立上海西郊经济开发区;其他的或被调整和撤销,不纳入开发区。2008 年,市政府颁布《关于进一步加强土地集约利用,合理核定郊区工业用地规划指标的意见》,上海市规划和国土资源管理局组织开展全市工业用地布局比对和规划认定工作,确定了以工业园区、产业基地为亮点、城镇工业地块所组成的规划工业区块 104 个。

至 2010 年,上海市各区成立的重点工业园区共计 29 家,其中浦东新区 4 家、嘉定区 3 家、青浦区 3 家、松江区 3 家、奉贤区 2 家、宝山区 4 家、金山区 4 家、闵行区 2 家、中心城区 2 家、崇明县2 家。

第一章　浦 东 新 区

第一节　上海浦东合庆工业园区

一、园区创建

【工业园区建立】

1992 年 12 月,合庆乡人民政府经川沙县人民政府批准,以"一乡一点"为起点,在合庆乡胜利村和红星村,开始建设工业小区。1993 年 9 月,工业小区正式命名为上海浦东合庆工业小区。1995年 12 月 1 日,合庆撤乡建镇,更名为合庆镇,合庆工业小区更名为合庆镇工业小区,为区级工业开发区。2002 年 6 月 29 日,合庆工业园区改名为合庆经济发展园区。2004 年 11 月,张江功能区管理委员会正式挂牌,合庆经济发展园区随合庆镇划入张江功能区管辖范围。2005 年 6 月 8 日,张江集团公司与合庆镇政府所属企业上海浦东合庆工业发展公司筹备组建上海张江东区高科技产业联合开发有限公司(以下简称东联发公司),共同开发区浦东新区合庆经济园区。8 月 11日,浦东新区和张江功能区决定在浦东新区合庆经济园区内建设张江现代医疗器械园。9 月 29日,张江现代医疗器械园开园,12 个项目举行签约仪式。2006 年 12 月 5 日,上海张江东区高科技园区现代医疗器械产业孵化基地经上海张江高科技园区领导小组办公室认定,成为首批上海张江高科技园区孵化器之一。2008 年 7 月,张江东区规划在医疗器械园区的南面,建设上海张江光电子产业园。至 2010 年,张江医疗器械园区已集聚 8 家研究开发中心,138 家国内外医疗器械骨干企业。

【规划面积】

1992 年 12 月,合庆乡工业小区成立,规划总面积为 120.27 公顷。1993 年 9 月,上海浦东合庆工业小区规划土地面积扩大为 130 公顷。

2001 年 8 月,合庆镇编制《合庆镇工业小区控制性详细规划》,规划范围扩大为:东至远东大道、南到龙东大道、西临浦东运河、北靠张家浜,规划总用地约 451.56 公顷,其中工业小区用地约394.19 公顷,公共绿地约占 12.8%。2005 年 5 月 11 日,浦东合庆经济园建设张江现代医疗器械园规划面积 1.1 平方公里,选址范围东靠东川路、南至龙东大道、西依汇庆路、北至张家浜,以及浦庆路 5 号地块。

2007 年 12 月 4 日,合庆经济发展园区制定《浦东合庆工业园区(A 区)控制性详细规划调整》,将合庆经济发展园区分为 A、B、C 三块区域。A 区和 B 区位于川南奉公路以西,是合庆经济发展园区建设区域,包含合庆工业园、上海张江现代医疗器械园和龙东大道南侧的光电子产业园区。C 区作为合庆经济园区储备土地,尚未开发。2008 年 7 月,张江东区规划建设上海张江光电子产业园,四至范围为东至汇庆路,西至浦东运河,南至高科东路,北至合庆港,并以庆荣路为界,分为北片一期和南片的二期。其中一期规划面积为 165.53 公顷,二期规划面积为 173.58 公顷。

二、管理机构

【合庆经济发展园区管委会】

2002年8月1日,合庆经济发展园区设立合庆经济发展园区管委会(以下简称管委会),管委会由合庆镇党委书记、合庆镇镇长任主任。管委会在镇党委、镇政府领导下,代表党委和政府全面履行园区开发的领导和协调职责。管委会下设办公室,办公室主要任务是:处理管委会的日常事务,协调园区同政府部门的有关事宜。

【上海浦东合庆工业发展公司】

1992年10月26日,川沙县计划委员会发文建办上海浦东合庆工业发展公司。1993年9月,上海浦东合庆工业发展公司注册成立,负责合庆工业小区1.2平方公里的成片开发、综合经营及协调管理,注册地址为浦东新区合庆镇,注册资金为1000万元。

1995年2月,合庆乡党委、政府决定成立合庆乡实业总公司,撤销合庆乡工业公司,上海浦东合庆工业发展公司从属合庆乡实业公司直接领导。上海浦东合庆工业发展公司注册资金为5700万元,注册地址变更为上海浦东龙东大道900号。7月,上海浦东合庆工业发展公司办公地点迁移到合庆工业园区内,即龙东大道6111号新大楼。

【上海张江东区高科技联合发展有限公司】

2005年12月21日,由上海张江(集团)有限公司、上海张江高科技园区开发股份有限公司、上海张江微电子港有限公司和上海浦东合庆工业发展公司共同出资组建东联发公司,注册资金为6122万元。2006年3月28日,上海张江高科技园区开发股份有限公司和上海张江微电子港有限公司退出东联发公司股权。2007年6月,市政府认定东联发公司为上海市第一批工业园区土地开发的主体单位之一,作为"张江高科技产业东区开发、建设主体""主要承担张江高科技产业东区的产业拓展和产业发展、招商引资和张江东区产业园区的开发建设"。2009年9月24日,东联发公司注册资本增加至3.2万元。

【上海合庆工业投资管理有限公司】

2008年4月1日,上海合庆工业投资管理有限公司(以下简称合庆投资公司)是由上海合新投资发展有限公司出资成立的全资公司,负责开发管理合庆工业园区。2009年,合庆投资公司机构调整为项目服务部、资产管理部、综合管理部、行政人事部、财务部。2010年,合庆投资公司管理范围为浦东合庆工业园区A区。

三、开发建设

【土地开发】

1992年6月,合庆工业小区建设启动,小区范围内共有农田35.84公顷,水域12.68公顷,乡村道路6.62公顷。1993年,合庆乡工业小区由合庆工业发展公司组织实施开发,一期开发面积为0.9平方公里。至8月,合庆工业小区为建设工业项目及生活配套设施先后共征用地面积48.09公顷,其中为工业配套生活设施用地面积为12.76公顷,工业项目用地面积35.33公顷。

1995年,合庆工业小区平整土地详细面积共计53.91公顷。是年1月17日,浦东新区综合规划土地局批准合庆乡工业小区用地面积1.3平方公里,用地范围东迄庆达路,南至龙东路,西达浦东运河,北到胜利路。

2001年9月10日,浦东合庆发展公司取得上海市浦东新区合庆红星90宗地块土地使用权,建筑面积1 836.15平方米。是年,合庆工业小区工业项目用地面积为128.52公顷,大部分集中在规划顾江路以西地块,少量企业分布在东部庆丰村工业点。其中大部分为一类工业,占地72.96公顷;二类工业占地面积55.56公顷。除此在胜利路北侧、龙东大道北侧及川南奉公路两侧有一些小型的村办企业。

2004年,合庆经济发展园区已实施开发面积2.6平方公里,引进各类企业85个,投资总额36.57亿元。至2005年2月,上海浦东合庆经济发展园区规划4.52平方公里范围,已完成一期0.9平方公里和二期2.6平方公里的土地开发,具备项目建设和项目投产运行的基本条件。2005年,合庆经济发展园区收回上海浦庆投资有限公司项目用地的30号地块的土地使用权,筹备建设上海张江现代医疗器械园区。

2006年,张江高科技产业东区现代医疗器械产业园区进行一期开发。2007年1月,浦东新区人民政府(以下简称浦东新区政府)批准了《张江现代医疗器械控制性详细规划的调整》,用地范围调整为1.38平方公里。2007年8月,医疗器械园区二期开发项目获浦东新区发展和改革委立项批复,规划医疗器械园区二期工业项目用地面积为24.99公顷。2008年5月,东联发公司在医疗器械园1号地块建设"人才公寓"。2008年6月,张江高科技产业东区进一步收购浦庆资源,完成3 000余平方米物业回购。9月,医疗器械园一期开发基本完成,园区初显产业集聚、联动发展态势。2009年4月,浦东新区政府批准张江医疗器械园二期土地前期开发工程项目供地面积349 683.6平方米,由东联发实施征地、养老吸劳、动迁、土地平整和市政建设。

【基础设施】

合庆工业区是在"一乡一点"的基础上扩建成立,原有基础设施初具规模。至1992年,合庆乡工业小区基本完成经一路、经二、胜利和纬一、纬二主要道路建设合污水管道、下水管道的铺设,完成纬一路、经三路电力电缆铺设,已开通一期200对程控线路。

1993—2001年,合庆工业小区建造合庆35千伏变电站,设计建设占地约1 200平方米的工业区污水泵站,规划并建设好庆达路至东胜路西段的永达路道路、雨水、污水管道工程,总长度200余米,从而使园区首期开发规划的道路、管网全面完成。至2001年,合庆工业区区内企业用电总装机容量为2.5万千伏安,最大日用水量为1 200吨,日最大排污量为1 080吨。是年,一期开发面积0.9平方公里范围内完成了规划要求的道路、电力、上下水、排污、通讯、绿化等市政配套设施建设,基本完成动拆迁,具备了项目建设和项目投产运行的基本条件。

2003年,园区经过努力通过了ISO 14001环境管理体系认证,园区的管理上了新的台阶。园区在1.2平方公里范围内完成了动拆迁和基础的市政设施建设,为招商引资搭建了新平台。2004年,根据浦东新区政府要求,合庆经济发展园区开始实施园区已开发区域内通讯、广播、电视、电力线的入地工程。至2005年2月,合庆经济园区二期2.6平方公里范围内,完成道路、电力、上下水、排污、通讯和绿化等市政基础配套建设。

2007年,张江高科技产业东区完成上海天马TFT-LCD项目配套的子项目——合庆港、小湾浜二河道的整治工程;医疗器械园区建成超过 10 万平方米的基础物业。2008 年,医疗器械园区 2 号地块商务配套中心工程前期工作基本结束,5 月 30 日举行了奠基仪式;园区餐饮中心建设完成,东联发办公大楼改造装修;1 号地块人才公寓的装修改造启动。2009 年 3 月 1 日—2009 年 9 月 30 日,上海合新投资发展有限公司建设一个综合性菜场——胜利菜场,在菜场北端建一占地 1 300 平方米的停车场。

四、招商引资与产业发展

【招商引资】

1992 年,合庆工业小区借助浦东开发的投资机遇,招商报批项目 17 个,征用土地 48 公顷。1993 年,合庆工业小区重点抓住项目梳理和布局工作,实质性落实项目 5 个,总投资折合人民币 4.02 亿元,总注册资本折合人民币 2.27 亿元,其中引进资金折合人民币 2.02 亿元。1994 年,通过国内外共同宣传,合庆工业小区引进项目 6 个,总投资 4.72 亿元,注册资金 3.35 亿元,引进资金 2.87 亿元。1995 年,合庆镇工业小区新开工项目 4 个,竣工项目 4 个,待建项目 1 个,申报项目 3 个。至 1995 年 12 月,合庆镇工业小区累计进区项目 12 个,签约土地 45.47 公顷,占总工业用地面积的 63%;累计开工项目 8 个,开工面积 31.07 公顷,占签约面积的 68%;进区项目累计投资 10.9 亿元,注册资金 5.76 亿元。

1996 年,合庆镇工业小区洽谈项目 10 个,签约项目 6 个,总投资 1.8 亿元,注册资金 1.3 亿元,项目建成投产新增产值 4 亿元。为争取合庆镇工业小区长期开发经济回报,6 个签约项目中,合庆工业发展公司入股 3 项,占总投资的 50%。此外,合庆镇工业小区与韩国东南工业团地管理公团签订了开发韩国工业园区的意向书。至 1999 年,共有 25 个项目落户合庆工业小区,总投资为 16 亿元。

2001 年,合庆工业区已引进项目 27 个,其中已投产 19 个,正在建设的 8 个,项目总投资达 21.6 亿元,注册资本金 14 亿元。2002 年,合庆经济发展园区招商引投资总额为 2.70 亿元,招商项目用地为 33.20 公顷。2003 年合庆经济发展园区招商引资工作取得重大突破,当年入驻项目 12 个、其中新进投资项目 10 个、工业企业向园区集中项目 2 个,总投资 6.66 亿元。2004 年,园区以提升招商质量为核心,引进项目 10 个,投资额为 7.03 亿元,注册资本金为 5.88 亿元。2005 年,合庆经济发展园区引进外商投资项目 5 个,合同引进金额 1 584 万美元;引进内资项目 9 个,引进内资注册资金 1.3 亿元。至 2005 年底,合庆经济发展园区进区企业投资额超过 45 亿元。2006 年,合庆工业园区已完成园区 3 平方公里建设开发的任务,吸纳 70 多家各类经济性质的国外企业落户,职工总人数超过 7 000 人。

表 9-1-1 2003—2010 年合庆工业园区招商引资情况表

年 份	引进外资项目数(个)	引进外资项目投资金额(万美元)	合同外资金额(万美元)	落户内资企业数(个)	落户内资企业协议投资金额(万元)	落户内资企业注册资本(万元)
2003 年	3	—	2 037	5	—	1 580
2004 年	9	—	5 821	6	—	5 048
2005 年	5	—	1 584	9	—	13 070

（续表）

年　份	引进外资项目数（个）	引进外资项目投资金额（万美元）	合同外资金额（万美元）	落户内资企业数(个)	落户内资企业协议投资金额(万元)	落户内资企业注册资本（万元）
2006 年	9	—	3 786	9	—	1 950
2007 年	7	1 144	1 144	23	28 650	12 350
2008 年	4	18 214	18 214	9	63 902	39 922
2009 年	15	2 547	2 547	48	24 384	24 384
2010 年	9	3 416	3 416	37	108 523	84 665

资料来源：上海浦东合庆工业园区提供

【产业发展】

1992 年，合庆工业小区成立时，已有企业以乡办企业为主，主要为服装厂、包装材料厂、塑料厂、印刷厂等生活用品相关产业。1995 年，合庆工业公司开始实施"老企业挖潜改造、焕发活力"措施。

2001 年，浦东合庆经济园区逐步形成汽车和汽车零部件制造，电气、电器和通信、通信设备和配件制造，新材料制造，机械设备、工装模具制造和数码产品制造为主导产业的产业链、产品链。2004 年，合庆经济发展园区招商引资确定了三大重点：以制造业企业为重点，以为金桥出口加工区、张江高科技园区等国家级开发区配套项目为重点，以向园区集中的镇村工业企业为重点。通过清理整顿"新发建材"等产出较低企业，引进汽车产业相关企业，逐步形成汽车和汽车零部件制造，电气、电器和通信设备及配件制造，新型材料机械设备、工装模具制造为主导的产业群。

2006 年，随着东联发的建立和张江品牌效应的显现，东联发储备了一批具有发展潜质的医疗器械中小项目。是年，合庆工业园区初步形成汽车制造及配套、电子电讯及通讯器械、机械设备、新型材料、现代物流等五大产业。

至 2010 年，张江高科技产业东区汇聚了库柏(中国)投资有限公司、李尔(中国)投资有限公司、上海天马微电子有限公司等一批高新技术企业和集团总部。在此基础上，形成"汽车零部件""电力、电子、电气及通信器材""新型材料、新型设备""现代物流""医疗器械""光电子"等六大产业板块。

【重点企业】

库柏(中国)投资有限公司　2003 年，库伯工业在上海成立了库柏(中国)投资有限公司。2005 年，库柏(中国)投资有限公司迁入位于合庆工业园区的新亚洲总部。库柏(中国)投资有限公司在北京、广州、成都和东莞等处均设有办事机构，并在上海、东莞、西安、宁波及河南平顶山等地拥有多家工厂。2007 年，库伯公司获"合庆工业园区最佳明星企业"。至 2010 年公司完成三产营业收入达 1.20 亿元，上缴税收总额 2 642.49 万元。

上海利丰雅高印刷有限公司　上海利丰雅高印刷有限公司是上海世博集团和凸版利丰雅高(香港)有限公司合资成立的中外合作公司，2006 年 5 月入驻合庆工业园区。总占地面积 13 060 平方米，员工人数近 400 人，拥有 CTP 印前处理及制版系统 2 台，海德堡 M600 商业轮转机 2 台，平张胶印机 5 台,胶装机及骑马钉机各 2 台及其配套辅助设备。主要业务包括书刊和商业品印刷。2008 年,上海利丰雅高印刷有限公司在"亚洲印刷大奖"中荣获银奖。至 2010 年,公司完成工业总产值达 1.60 亿元,上缴税收总额 611.41 万元。

上海龙阳精密复合铜管有限公司 上海龙阳精密复合铜管有限公司成立于 2001 年 3 月,位于上海市浦东新区合庆工业园区庆达路 488 号。公司由河南新乡无氧铜材总厂、日本中央物产株式会社、上海浦东美灵塑料制品厂和上海浦东合庆工业发展公司共同投资兴建。公司依托中国科学院精密铜管工程研究中心的技术支持,主要制造高效内螺纹铜管,高清洁度空调与制冷用铜管。至 2013 年,公司完成投资 3.25 亿元,工业总产值达 17.43 亿元,总收入 21.98 亿元,上缴税收总额 2 858.86 万元。

欧普照明股份有限公司 欧普照明股份有限公司创立于 1996 年 8 月,是一家上市公司。主要从事照明光源、灯具、控制类产品的研发、生产、销售和服务,业务覆盖亚太、中东、南非等 70 多个国家和地区。2008 年入驻合庆工业园区,注册于上海市浦东新区龙东大道 6111 号。经过长期稳定的发展,欧普照明拥有节能灯、吸顶灯、支架、电工电器等产品。至 2010 年,公司营业收入 21.41 亿元,利润 2.52 亿元,税收 8 177 万元。

五、经济规模

1993 年,合庆工业小区乡级企业完成工业产值 3.15 亿元,实现利润 3 652.23 万元,第三产业实现销售(经营额)4 495.93 万元,产品出口拨交额完成 1.39 亿元。1998 年,合庆工业区克服东南亚经济危机影响,完成工业总产值 1.27 亿元。1999 年工业总产值超过 4 亿元,园区成为合庆地区新的经济增长点。

2001 年,合庆经济发展园区工业总产值为 10.13 亿元,税收收入为 3 375.4 万元,创造利润 3 887.9 万元。2002 年,合庆经济发展园区工业总产值为 13.3 亿元,入库税金为 3 375 万元。2003 年,合庆经济发展园区工业总产值为 16.08 亿元。2004 年,园区实现工业总产值 24 亿元,入库税金 6 500 万元,实现利润 1.05 亿元。2005 年,合庆经济发展园区工业总产值为 35.47 亿元,服务性收入 3.15 亿元,两项合计为 38.62 亿元;入库税金 1.13 亿元。2007 年,张江高科技产业东区实现工业总产值 57.33 亿元,服务性收入 6.04 亿元,两项合计为 63.37 亿元。2009 年,张江高科技园区实现工业总产值 70.12 亿元,三产营业收入为 12.30 亿元,入库税收 3.13 亿元。

表 9 - 1 - 2　2003—2010 年浦东合庆工业园区经济效益统计表　　　　单位:万元

年　　份	工业总产值	上缴税金总额	工业企业主营业务收入	工业销售收入	工业企业利润总额	工业企业上缴税金总额
2003 年	239 024	7 687	—	220 105	10 298	—
2004 年	322 282	6 719	—	260 935	10 264	—
2005 年	475 625	13 916	—	469 249	36 755	11 814
2006 年	600 671	19 390	—	671 648	27 535	16 033
2007 年	710 073	18 404	732 350	—	53 923	12 040
2008 年	83 683	31 090	840 106	—	39 946	12 671

（续表）

年　份	工业总产值	上缴税金总额	工业企业主营业务收入	工业销售收入	工业企业利润总额	工业企业上缴税金总额
2009 年	1 044 842	38 283	1 140 493	—	42 992	32 223
2010 年	1 281 861	51 133	1 477 500	—	111 577	35 712

资料来源：上海浦东合庆工业园区提供

第二节　上海浦东川沙经济园区

上海浦东川沙经济园区位于上海浦东川沙镇南、迎宾大道南侧，规划开发面积 4.96 平方公里，分为南、北两个区域。距离上海市中心 24 公里、浦东国际机场 9 公里。2001 年，浦东新区川沙镇人民政府（以下简称川沙镇政府）委托其直属企业——上海浦东川沙工业园区有限公司全面负责川沙经济园区的开发建设、招商引资和运营管理。

一、园区创建

2000 年 5 月，市政府批准撤销了原川沙镇、六团镇、黄楼镇，建立新的川沙镇。新建立的川沙镇政府，规划在原三个镇分散的工业小区基础上，筹建上海浦东川沙镇工业园区。2001 年 10 月 12 日，浦东新区政府批复同意《川沙镇工业小区控制性详细规划》。川沙镇工业小区规划面积 2.97 平方公里，其中工业用地 267.22 公顷，公共绿地用地面积 29.46 公顷，公共绿地面积占园区总面积 11%。2005 年 12 月 31 日，川沙镇与机场镇行政区划实施"撤二建一"，川沙镇与机场镇合并建立川沙新镇。

2006 年 4 月，机场镇所属产业园、物流园划入，组建成立新的川沙园区。新的川沙园区由北区（原川沙园区）、南区（原机场镇产业园区）和东区（原机场镇物流园区）三部分组成，总面积增至 6.92 平方公里。北区东至川六公路、南至八灶港、西至妙境路（规划延伸线）、北至迎宾大道，规划面积 2.97 平方公里；南区东至远东大道、南至镇南路、西至川南奉公路、北至施湾港，规划面积 1.88 平方公里；东区东至浦东国际机场围场河以西 60 米，南至施湾港，西至远东大道，北至界河，规划面积 2.07 平方公里。其中北区和南区属于上海市级开发区的上海浦东空港工业园区组成板块，东区属于上海市浦东空港物流产业带板块。2010 年，川沙园区因其浦东空港工业园区属性而纳入浦东"7＋1"生产力板块中的上海金桥出口加工区板块。

2011 年 12 月 31 日，川沙新镇、祝桥镇、六灶镇行政区划实施"撤三建二"，撤销原川沙新镇、祝桥镇和六灶镇，建立新的川沙新镇和新的祝桥镇，川沙园区范围随之相应调整。2012 年 3 月，六灶镇所属上海南汇鹿园工业区 1.99 平方公里划入川沙园区，同时川沙园区所属的南区产业园区、东区物流园区两大板块共 3.95 平方公里，析出划入祝桥镇。由此，川沙园区规划面积调整至 4.96 平方公里。新的川沙园区又分为北区和鹿园两大部分，两区相距 5.3 公里。其中北区仍为原川沙园区的北区，面积 2.97 平方公里；鹿园工业区，面积 1.99 平方公里。

二、管理机构

川沙园区采用政府授权、企业运作的开发管理模式。2001 年，经川沙镇政府授权，上海浦东川沙工业园区有限公司在川沙园区内承担土地开发、基础设施建设、招商引资、项目建设推进和企业服务等职能。5月,上海浦东川沙工业园区有限公司登记注册成立,注册资本 1 000 万元。9月,公司增资为 2 000 万元,上海浦东川沙投资经营管理中心出资 75%,上海浦东川沙经济开发有限公司出资 25%。办公地址为川沙路 4121 号,2002 年 9 月,迁至川沙路 6999 号。公司实行总经理负责制,设立招商登记部、征地建设部、吸劳安置部、物业管理部、综合财务部。开发管理面积 2.97 平方公里。2005 年起,公司通过 ISO 9001 质量管理体系和 ISO 14001 环境管理体系,逐步健全完善经营管理制度,先后获得"上海市文明单位""上海市企业服务优秀园区""浦东首批认定公共服务机构"等称号。

三、开发建设

【土地开发】

2002 年,园区土地批租项目 13 个,签约批租土地 82.16 公顷;标准厂房项目 12 个,签约使用标准厂房面积 1.73 万平方米。2003 年,北区(原川沙园区)开始动拆迁,涉及陈行、八灶、牌楼、杜坊、虹桥 5 个村,动迁项目涉及三高石油、正祥机械、中原油田、天定投资等 12 个项目。

2006 年,园区累计开发土地面积(包括北区、南区与东区)384 公顷,累计批租土地面积 243 公顷,累计建成企业土地面积 80 公顷,其中北区累计开发土地面积 196 公顷,批租土地面积 156 公顷;建成企业土地面积 55 公顷。至 2007 年,共完成动迁居民 326 户。动迁居民安置在新德西路 1287 弄、新德路 A2－12 地块、新城区 103 地块、新德西路 207 弄、新德西路 511 弄、万馨家园、六团龙馨华庭等居住区。鹿园工业区动迁居民 130 户,共涉及区内道路、美特斯邦威、金怡房产、都市型园区等项目,涉及果园村、其成村、连民村、新华村等。安置房源为爱家华城 01－02 地块、01－03 地块、05－06 地块。至 2010 年,园区累计已开发土地面积 263 公顷。

【基础设施】

2001 年末,北接迎宾大道、南连六陈公路,贯通川沙园区北区的川沙路延伸段开工建设。川沙路延伸段为园区南北轴线主干道,总投资 4 900 万元,全长 2.8 公里,红线宽 40 米,两边各 8 米宽绿化带。2002 年 3 月,川沙国际精工园标准厂房和川大路、川宏路、川图路工程动工建设,川沙园区进入实质的土地开发建设阶段。2003 年 4 月,投资 5 365 万元,启动建设区内配套道路,先后建成东西向的川大路、川宏路、川图路和南北向的川发路、川达路、川庆路等 6 条道路,川沙园区北区道路网络基本形成。此后,川图路、川宏路又向西延伸修筑。2004 年,川沙国际精工园 A 区标准厂房建成。2005 年,在精工园开设餐厅,面向园区企业营业。2010 年末,川沙园区北区的道路、供电、供水、排水、排污、供气、电信等基础设施建设基本完成,鹿园工业区先后建成鹿吉路、鹿达路、鹿顺路、鹿溪路、鹿滨路、鹿弘路,形成区内两横四纵道路交通网络。

【区域建设】

2001 年 8 月 17 日,上海南汇鹿园工业园区(以下简称鹿园)揭牌成立,时为镇级工业园区,2003 年升格为南汇区区级工业园区。鹿园设立鹿园工业区管理委员会,并由上海南汇鹿园工业区建设有限公司具体负责开发建设、招商引资。

鹿园位于六灶集镇南,初期开发区域为果园村第三、第四、第五村民小组区域,规划面积1平方公里。2003年,调整规划面积,规划范围东至南六公路,西傍六奉公路,南至焙灶港,北靠北界河,面积增加至199.45公顷。规划分为三大板块:东南部为仓储用区、中西部为工业区、北部为行政生活区,沿焙灶港为公共绿地,其中工业用地121.80公顷、公建用地10.86公顷、道路广场用地30.61公顷、园林绿化用地29.93公顷、市政用地1.63公顷、仓储用地4.63公顷。规划定位为以一类工业为主的综合园区,落户项目选择基本无干扰和无污染的一类工业项目。

2005年,在国家宏观经济调控下,鹿园调整为鹿园都市型工业园,列入上海市104个开发区块之中。2008年,鹿园进区企业380个,工业总产值26.64亿元,工业销售产值26.13亿元。

至2010年,鹿园土地开发面积达121.9公顷,建成标准厂房7万多平方米,经营收入约30亿元。道路、供水、供电、供气、电信等基础设施建设基本完成。先后建成东西向长2 200米的鹿吉路、长1 200米的鹿达路,南北向的鹿顺路、鹿溪路、鹿滨路、鹿弘路,形成两横四纵的区内道路网络。

2012年,鹿园划入浦东川沙经济园区管理,累计有来中国大陆、香港、台湾和日本、英国、南非、加拿大的约120个项目落户鹿园,工业总产值21.19亿元,销售收入41.09亿元,税收2.34亿元。重点企业有上海隆澄印染机械有限公司、上海沪汇日用化学品有限公司、上海奔达机电有限公司、上海中洋电工器材有限公司、上海中马电磁线有限公司、普力信包装材料(上海)有限公司、伊维氏传动(上海)有限公司、上海拜龙科技有限公司、上海美特斯邦威服饰股份有限公司、上海圣利斯服饰有限公司、上海汇之星汽车维修服务有限公司、上海恒宇继电器有限公司、上海海迪鞋业有限公司、上海杰易森股份有限公司等。

四、招商引资与产业发展

【招商引资】

2001年初,川沙园区设立专门的招商办事机构——川沙镇招商办公室,后更名为川沙镇招商中心,并与上海浦东川沙工业园区有限公司实行一套班子、两块牌子的运作管理模式。2002年6月,川沙镇招商办公室和园区公司拆分为两个独立机构,分署办公。

2001年开始,园区加大招商引资宣传力度,开展了一系列的招商活动。是年3月,在浦东陆家嘴金茂大厦举行浦东新区川沙镇招商引资信息发布会。此后召开川沙镇招商联络员会议,建立覆盖各村的招商网络;开通招商网站;制作多媒体宣传片《川沙人民热忱欢迎八方来客》,介绍川沙人文历史和园区投资环境;在浦东新区招商中心设立川沙工业园区招商联络窗口。2002年,招商进区项目23个,投资总额10.8亿元。是年1月28日,上海敏泰液压有限公司与上海浦东川沙工业园区开发公司签订2公顷土地开发协议,成为园区成立后引进的第一个制造业实体项目。2003年,园区引进项目25个,总投资额16亿元。2004年,上海浦东川沙经济园区进区企业89家,川沙国际精工园部分厂房开始对外招商。

2006年,园区(包括北区、南区与东区)累计引进外资项目37个,合同外资1.01亿美元,实到外资5 500万美元;累计注册内资项目136个,注册资本12.75亿元。其中北区累计引进外资项目27个;合同外资3 300万美元,实到外资2 500万美元;累计落户内资项目66个,注册资本6.41亿元。至2010年末,园区内经营企业总数478户。

表 9-1-3　2004—2010 年浦东川沙经济园区吸引外资情况表

年 份	吸引外资项目数(个)		合同外资金额(万美元)		外资到位金额(万美元)	
	本 年	累 计	本 年	累 计	本 年	累 计
2004 年	4	18	578	1 950	—	451
2005 年	5	23	1 168	3 118	2 000	2 451
2006 年	4	27	154	3 272	41	2 492
2007 年	4	27	154	3 272	41	2 492
2008 年	6	33	1 236	4 508	1 236	3 728
2009 年	1	34	30	4 538	30	3 758
2010 年	6	40	15 894	20 432	16 556	20 314

资料来源：上海市经济委员会、上海市经济和信息化委员会、上海市统计局、上海市开发区协会《上海市开发区统计手册》

表 9-1-4　2004—2010 年浦东川沙经济园区落户内资情况表

年 份	落户内资企业数(个)		内资注册资金(万元)	
	本 年	累 计	本 年	累 计
2004 年	—	64	—	63 851
2005 年	2	66	200	64 051
2006 年	0	66	0	64 051
2007 年	0	66	0	64 051
2008 年	16	82	29 437	93 488
2009 年	4	86	9 687	103 175
2010 年	36	122	59 750	162 925

资料来源：上海市经济委员会、上海市经济和信息化委员会、上海市统计局、上海市开发区协会《上海市开发区统计手册》

【产业发展】

2001 年,园区规划的产业发展目标为临空产业配套区,重点发展仓储业、临空产业,积极发展都市型工业。至 2004 年,园区产业形成一定规模。

2006 年,园区北区以先进制造和文化创意为主导产业;南区以空港配套和物流配套制造为主导产业;东区以空港物流为主导产业。至 2010 年,园区逐步形成一个中心,即围绕加快经济发展为中心;两个板块,即北区经济园区板块成为上海市 41 个市级开发区之一、鹿园板块成为上海市 104 个工业区块之一;三个产业架构,即以上海正祥机械部件有限公司、上海中洋电工机械有限公司、上海奔达机电有限公司等企业为代表的先进制造业,以上海金伯利钻石有限公司、上海美特斯邦威服饰股份有限公司、上海汇之星汽车维修服务有限公司等企业为代表的生产性服务业,以上海三一科技有限公司、上海开能环保设备股份有限公司、上海康耐特光学有限公司、上海华龙测试仪器股份有限公司、上海敏泰液压股份有限公司等企业为代表的科技创新型企业群。

【重点项目及企业】

国际精工园　2002 年 3 月 1 日,由上海浦东川沙经济园区有限公司投资建设与管理的以标准厂房为主的工业商务园区标准厂房 A 区（一期）工程动工。精工园位于川沙路 6999 号。总投资 4.98 亿元，占地面积 15.55 万平方米。9 月，沈阳锦兴航空器材有限公司与川沙经济园区有限公司签订 15 号厂房租赁协议，成为入驻精工园的第一家企业。2003 年 1 月，精工园标准厂房 A 区（二期）工程开工建设。2005 年 12 月 28 日，精工园标准厂房 B 区工程动工。2008 年 4 月 15 日，精工园标准厂房 C 区工程动工。2010 年，精工园全面建成。建成后的精工园由 A、B、C 三区组成，共计建筑面积 14.64 万平方米，其中 A 区 B 区各建有 18 幢厂房，C 区共建 5 幢厂房。园内规划建设了大型停车场，面向入驻企业开放的职工食堂，以及便利店等配套设施。2010 年，简朴森食品有限公司签约入驻，精工园厂房签约入驻率达 100%。

上海康耐特光学股份有限公司　1996 年 12 月，留美学者费铮翔博士和上海浦东城镇科技经济开发总公司联合投资 85 万美元成立上海康耐特光学有限公司。公司位于川大路 555 号。2003 年，公司出资 2960 万元，受让川沙园区土地 3.32 公顷，建设生产经营用房。是年，公司被认定为"上海高新技术企业"。2008 年，"康耐特"商标被评为"上海市著名商标"。是年 4 月 29 日，公司改制为中美合资的上海康耐特光学股份有限公司，注册资本 4500 万元，主营业务为树脂镜片的研发、生产和销售。2009 年上半年，公司树脂镜片出口数量和出口金额在国内所有树脂镜片生产企业中排名第一和第三。2010 年 3 月，公司在深圳证券交易所创业板上市。

上海开能环保设备股份有限公司　2001 年 2 月 27 日，公司在张江高科技工业园区成立。2002 年 11 月，公司在川大路 518 号动工建设新厂区。2004 年 10 月，公司从张江高科技工业园区搬迁至川大路新厂区。公司总投资额 4 亿元，新厂区占地面积 4.76 万平方米，建筑面积 3.81 万平方米。2007 年底，公司建设竣工并通过验收。公司主营业务：全屋净水机、全屋软水机、商用净化饮水机、多路控制阀、复合材料、压力容器等人居水处理产品的研发、制造、销售与服务。自 2001 年成立并生产第一台净水机开始，公司当年实现销售收入 91 万元，实现利润 9.9 万元。从 2002 年起，公司产品中央净水机、智能饮用水净化装置、复合材料压力容器、自动多路控制阀、双子星净水机相继列入上海市高新技术成果转化项目。2003 年，公司被认定为"上海市高新技术企业"，公司销售收入 1618 万元。2004 年 12 月，公司被认定为"浦东新区企业技术研发机构"。2007 年，被认定为"上海市小巨人培育企业"。2009 年 1 月，公司被评为"上海市著名商标"。2008 年 3 月，公司通过股份制改制。2009 年，公司销售收入达 1.25 亿元。2011 年 11 月 2 日，公司在深圳证券交易所创业板上市，总股本 1.1 亿元。

上海敏泰液压股份有限公司　是集技术、研发、生产制造为一体的科技型企业，注册资本 500 万元。主要生产经营高效真空净油装置、大中小型液压泵站、液压试验台（器）和各种过滤装置、管路、油箱及液压系统清洗装置、加注装置等产品，应用于风力发电、航天、航空、冶金、石油、汽车及工程机械制造等领域。2002 年 11 月，公司租借川沙国际精工园 5 号厂房，进行小规模研制生产。2003 年受让川大路 699 号，土地 1.76 万平方米建设公司厂区。2004 年初，一期厂房 4313 平方米竣工。2008 年年中，二期厂房 1.18 万平方米竣工。是年，公司获"上海市科技进步三等奖"。2007 年和 2010 年，公司注册资本经过两次增资后，增加至 5300 万元。2010 年，经营收入 1.8 亿元，上缴税金 1300 万元。是年，公司被认定为"上海市小巨人培育企业"。

上海华龙测试仪器股份有限公司　1993 年成立，注册资本 1700 万元。2003 年迁入川宏路 389 号，是国家批准授权的中华人民共和国进出口企业。公司专注于数字化、自动化、智能化试验机的研制与生产，是国内品种最全的试验机制造商、高端试验机产品的研发基地。2000 年，公司被认定为"上海市高新技术企业"。2004—2006 年，被评为"上海市劳动模范集体"。2008 年，被认定为"国家高新技术企业"。2010年,被认定为"浦东新区小巨人企业"。

上海金伯利钻石有限公司(金伯利钻石产业园) 1995年,"金伯利钻石"成立,是中国较早从事钻石首饰推广、加工与零售的专业机构。公司注册资本2 000万元,注册地址川展路558号。2007年5月批租园区土地1.87公顷,建设金伯利钻石产业园,2008年10月9日竣工,成为上海首个由品牌自行筹建的钻石产业园。产业园总投资1.10亿元,建筑面积2.05万平方米,包括生产、管理以及相关配套服务区,配备原坯进口分拣、切磨加工、钻饰设计、配金生产镶嵌、供应零售市场等各个环节设施,年设计加工能力15万克拉。

上海汇之星汽车维修服务有限公司 2004年成立,由中国汽车贸易有限公司投资1 197.5万美元。公司占地面积1 400平方米,建筑面积2.9万平方米,注册地址鹿达路2号,经营地址南六公路1233号。公司是集奔驰汽车展示、零件供应、维修供应、维修保养、信息反馈为一体的标准特许服务中心。

五、经济规模

2004—2005年,川沙园区从业人员数由3 557人上升至4 526人。"十一五"期间(2006—2010年),川沙园区累计工业总产值296.49亿元,累计销售收入713.29亿元,累计税金总额17.79亿元,累计利润总额24.31亿元。2010年,川沙园区工业总产值比2004年增加了12.4倍,税金总额比2004年增加了40.7倍。2010年末,园区吸纳就业2.05万人。2012年,川沙园区实现销售收入208.79亿元,上缴税金6.73亿元;实现工业总产值91.38亿元,其中规模以上工业总产值68.99亿元。

表9 - 1 - 5 2004—2010年浦东川沙经济园区主要经济指标表

年 份	工业总产值 (亿元)	销售收入 (亿元)	税金总额 (亿元)	利润总额 (亿元)	从业人员数 (人)
2004年	6.25	8.13	0.14	0.16	3 551
2005年	25.10	54.61	0.99	1.78	4 526
2006年	33.26	87.50	1.84	3.29	12 077
2007年	49.25	119.95	2.21	5.13	16 389
2008年	61.50	156.71	3.14	3.80	17 616
2009年	68.79	159.82	4.76	5.93	19 911
2010年	83.69	189.31	5.84	6.16	20 455

说明:园区统计企业主要由工业、商业、服务、建筑、房产企业构成
资料来源:上海浦东川沙经济园区提供

第三节 上海祝桥空港工业区

上海祝桥空港工业区位于浦东新区祝桥镇东北部,区域总面积8平方公里。规划范围东至浦东铁路规划控制线,南至盐朝公路,西傍川南奉公路,北接闻居路(以界河港为界)。园区距东海海岸线8.6公里,离人民广场30公里。G1501、S32高速及规划中的轻轨动车穿越园区,南北的川南

奉公路贯通海港、空港的二港大道。区域西侧14.2公里处有迪士尼乐园、上海野生动物园、珠宝商城,南侧7.5公里处为上海五角世贸商城。

一、园区创建

【创建背景】

1996年8月,上海浦东国际机场第一期建设工程拉开序幕,给祝桥镇经济发展创造机遇。该工程征用祝桥镇413公顷土地,需安置5个村4 200余人的农业劳动力。由于浦东机场建设周期长,祝桥镇无新办企业,征地劳动力安置存在困难。为抓住浦东机场建设机遇,解决失地农民的就业问题,加快祝桥经济发展,浦东机场建设空港出口加工区,开拓航空食品加工、礼品制造、航空配件制造和维修、电子电器产品、仓储物流等行业。

【工业园区建立】

1998年,浦东新区祝桥镇人民政府(以下简称祝桥镇政府)向南汇县人民政府(以下简称南汇县政府)提交《关于加快开发上海空港出口加工区的请示》。12月1日,南汇县政府县长办公会议同意祝桥镇创办上海空港出口加工区。12月9日,南汇县政府办公室正式批复成立上海空港出口加工区。

2001年7月,祝桥镇设立上海祝桥空港工业区。2003年9月4日,经南汇区人民政府(以下简称南汇区政府)批准,上海祝桥空港工业区升级为区级工业区。2004年,祝桥空港工业区作为南汇区"1+9"工业园区之一,被南汇区精神文明建设委员会(以下简称南汇区文明委)选定为"创建文明园区试点单位"。

2006年1月10日,祝桥空港工业区一期创建文明园区进入验收阶段,南汇区文明委肯定了文明园区创建工作。是年,祝桥空港工业区二期创建工作开始,创建范围向南拓展1平方公里。2007年1月26日,南汇区文明委组成创建文明检查验收组,对工业区二期文明创建工作进行了验收。

【规划面积】

2000年3月17日,经南汇县政府批复,上海空港出口加工区规划范围为:东至远东大道,西至川南奉公路,南至金亭路,北至闻居路,总用地面积约227.5公顷。2002年9月17日,南汇区政府批复同意调整祝桥空港工业区结构规划,规划范围东至远东大道(今G1501),西靠川南奉公路,南倚沈祝公路(今S32高速),北傍闻居路南浦东新区界河。规划用地面积427.5公顷。2003年9月,祝桥空港工业区面积调整为800公顷。

2006年9月,经国家发展和改革委员会(以下简称国家发展改革委)公告,确认祝桥空港工业区作为上海浦东空港工业园组成部分,规划面积为213公顷。2007年,南汇区政府《关于同意祝桥物流园区结构规划及一期控制性详细规划的批复》中,规划范围北起祝钦路和浦东机场边界,南抵A15,东至浦东机场边界和两港大道,西达A30,总用地面积395公顷。其中一期控制性详细规划范围北起祝钦路,南抵A15,东至南北大道,西达A30,总用地面积约为168公顷。2008年,南汇区政府《关于同意祝桥空港工业区控制性详细规划批复》中,规划范围东起远东大道,南至盐朝公路,西抵川南奉公路,北达北界河,总用地面积约为510.93公顷。"两规合一"后,祝桥空港工业区规划面积调整为735公顷。2009年7月3日,国务院批复同意设立上海浦东机场综合保税区,其中有约

240 公顷在祝桥空港工业区规划范围内,涉及保税物流园区 55 公顷,综合物流区 185 公顷。另外,浦东空港物流园区规划范围内 246 公顷综合物流储备地块(即机场噪音区)也列入祝桥空港工业区工作范畴。

二、管理机构

【园区管理委员会】

2001 年 10 月,祝桥镇政府成立上海祝桥空港工业区管理委员会,替代祝桥镇政府领导和管理空港工业区的开发建设。祝桥空港工业区开发建设的领导和管理机构,实行集体领导、授权分工负责制。2007 年 7 月 20 日,撤销上海祝桥空港工业区管理委员会,成立南汇临空经济功能区管理委员会,成员单位由南汇区 14 个委、办、局及三镇(祝桥镇、老港镇、六灶镇)、上海临港投资开发有限公司(以下简称临港投资公司)组成。2009 年 4 月 24 日,南汇区并入浦东新区,南汇临空经济功能区管理委员会随着"二区合并"而撤销。

【开发公司】

1998 年 12 月,南汇县政府同意成立上海空港出口加工区之后,祝桥镇拟与上海市经济委员会(以下简称市经委)下属上海工业投资开发公司合作开发,但由于条件限制,合作未能成功。1999 年 12 月 21 日,上海临港经济开发实业有限公司(以下简称临港实业公司)经南汇区工商管理局批准设立,作为上海空港出口加工区的开发主体。临港实业公司注册资本 500 万元,祝桥镇经济联合社出资 300 万元,康桥(集团)有限公司出资 200 万元。

2001 年 10 月,祝桥镇经济联合社和临港实业公司共同出资成立临港投资公司,公司注册资本 3 000 万元,出资比例为 9∶1。临港投资公司与前期成立的临港实业公司合署办公,实行"两块牌子、一套班子",经济独立核算,在工业区的规划范围内承担开发建设的功能,如资金融通、招商引资、基础设施建设等。2003 年 7 月 18 日,为支持市政府在南汇临港地区设立市级开发区,临港实业公司名称变更为上海临港实业发展有限公司。2004 年 7 月 21 日,祝桥镇党委为贯彻落实中纪委、中组部关于公务员不得兼任公司职务的精神,宣布临港投资公司、上海临港实业发展有限公司法人代表由黄火章担任。

2007 年 5 月 31 日,市政府批准临港投资公司等 52 家开发机构为第一批工业用地前期开发主体。2007 年 7 月 30 日,南汇临空经济功能区成立。临港投资公司升格为区直属公司,接受区、镇政府委托,在祝桥空港工业区区域内开展招商引资,代为办理土地开发、转让等有关手续,并按规定做好征地劳动力安置等项工作。2010 年 5 月,随着浦东新区和南汇区"二区合并",临港投资公司作出机构设置、工作职责及人员调整,设立董事会为决策机构,替代已撤销的祝桥空港工业区管委会的职能;公司为执行机构。是年,临港投资公司被浦东新区政府命名为"2009—2010 年度区级文明单位"。

三、开发建设

【土地开发】

开发模式 祝桥空港工业区开发初期,采用土地一级开发模式,即:签订土地批租协议→协议款＋银行融资→投入土地前期开发→土地出让→企业税金形成财力结算收入返回款→土地收支平衡→滚动开发。2007年起,工业用地开始采用"招拍挂"新开发模式。工业区土地开发模式调整为"自有资金＋银行融资→动拆迁＋市政配套→设置出让条件→公开挂牌竞标→土地出让→出让金结算→企业税金形成的财力结算返回款→土地收支平衡→滚动开发"。

土地出让　2007—2010年,园区累计出让土地50公顷,协议出让11.8公顷,招拍挂38.2公顷。至2010年,园区协议累计出让土地195公顷,已开发土地196公顷,已供应国有建设面积195公顷,已建成城镇建设用地面积191公顷,已建成工业用地(产业用地)面积163公顷。完成土地前期开发投资金额累计13.01亿元;竣工厂房面积累计176万平方米。土地开发率92.0%,土地供应率99.5%,土地建成率83.6%。单位土地产值51.91亿元/平方公里,单位土地税收1.92亿元/平方公里,工业投资强度28.9亿元/平方公里,土地开发强度9.3亿元/平方公里。

动拆迁　2001年8月起,祝桥空港工业区开始实施动拆迁工作。至2010年,共动迁农户517户,中小企业52户,拆除居住房面积108 450平方米,非居住房面积15 792平方米,涉及动迁人数2 076人。

人员安置　2003年11月,祝桥空港工业区安置明星、祝东、华星三个村20个生产组农业劳动力2 331人,总费用为1.37亿元,其中工业区支付20%计2 737余万元,其余由祝桥镇财政支付。2004年11月,安置金星、红星二个村22个生产组农业劳动力2 142人,费用为1.18亿元,由祝桥镇财政支付。2006年8月,安置亭中村6组农业劳动力68人,工业区支付费用425.54万元。2006年9月,安置亭中、凌路、红星三个村14个生产组农业劳动力1 121人,工业区支付费用6 952.2万元。2009年3月,安置亭中1组、2组,凌路10组等农业劳动力521人,工业区支付费用4 689万元。至2010年,工业区征地劳动力安置6 183人,安置费用为3.75亿元。

【区域建设】

2004—2010年,祝桥空港工业区对以下两个区域(三个地块)开展前期开发建设工作。

空港保税物流园区祝桥区域　2004年12月,园区完成该区域地块征用储备的立项报批,项目选址等工作。2005年11月,园区筹措资金5 977万元,安置969个农业劳动力进入镇保,同时撤销祝东村第1～5组、军民村第12组生产组。2006年4月,经南汇区政府批准,工业区向南汇区财政借款1亿元,作为项目的启动资金。6月,工业区基本完成该项目的动拆迁工作,共计动迁居民289户,动迁人数1 554人,拆迁农房8.4万平方米和中小企业40余家。2009年7月24日,浦东新区政府正式确定浦东机场综合保税区浦东新区区域的开发主体为浦东现代产业开发有限公司。2010年2月11日,浦东现代产业开发有限公司与祝桥镇政府签订《浦东机场综合保税区祝桥区域前期地面一平包干协议》,将属祝桥镇区域约59.83公顷地块地面一平包干给临港投资公司,费用总额为5.16亿元。至此,该区域的前期开发工作基本结束。

空港物流园区祝桥区域　该区域分为综合物流区和机场噪音区两个地块。其中综合物流区185公顷,涉及祝桥镇金星、亭中、薛洪3个村37个生产组,动迁居民产权户374户及少量中小企业,拆迁民房约9万平方米。2007年3月—2009年3月,工业区共计出资7 489.46万元,安置金星村1、3、4组和亭中村1、2组及凌路村10组农业劳动力进入镇保,同时撤销相应生产组。机场噪音区246公顷,靠近机场跑道南端,被环保部门测定为机场以外85分贝以上的噪音区域。2005年10月,市、区二级土地储备中心与祝桥镇政府签订了祝桥镇浦东机场南侧规划地块收购储备补偿协议。12月,祝桥镇把该区域及安置基地的农业劳动力进入镇保安置,同时撤销原薛南第1～14组,海岸第6、7组,明星第15～17组(安置基地)生产组。2006年3月,上海市发展和改革委员会提出解决该区域噪音问题方案,在先行落实当地农民镇保问题的基础上,实施一次性动迁安置。2009

年 1 月,祝桥镇政府对改区域实施协议搬迁,共计动迁居民 609 户,拆除民房 18.4 万平方米及中小企业厂房 5 万平方米左右,需安置配套商品房 17.8 万平方米。6 月底,动迁工作基本结束。

【基础设施】

园区开发时,为改善企业投资环境,方便群众生活,对基础设施进行建设。至 2010 年,工业区已有道路 11 条,全长 13.5 公里。南北向道路 5 条,以金闻路为主干道;东西向道路 6 条,以祝潘公路、金亭公路、卫亭路为主干道。河道 9 条,其中南北向 4 条,东西向 5 条,全长 11.7 公里。已建设桥梁 8 座。规划总用电负荷为 1.38 万千瓦,电源为 2 座 35 千瓦变电站。已建 1 座 35 千伏变电站 2 座 10 千伏开关站。区内供水由南汇自来水公司惠南水厂承担,从 G1501 道路下给水主管接入,经金亭公路给水泵站进入工业区。工业区污水管网已随着道路建设初步形成,所有入驻企业将污水通过集中化处理后向主干道排放,然后进入金顺路、金亭公路口的污水提升泵站,经金顺路污水总管连接 G1501 道路污水排放总管,最终排入白龙港污水处理厂。雨水排放采用自然流水方式,地块雨水先行收集,通过次干管排入道路主干管,最终就近排入保留河道。工业区规划总用气量为日供气 2.57 万/立方米,采用东海石油天然气,管道天然气由 G1501 道路下燃气高压主管接入,经金亭公路高中压调压站进入工业区。工业区公共绿化面积约为 124.2 万平方米,占规划建设用地面积的 20% 左右。

四、招商引资与产业发展

【招商引资】

2001 年 10 月,工业区专设招商服务部,设经理 1 人。2004 年 8 月,设立招商一部、招商二部。2007 年 8 月 15 日,祝桥镇党委决定:祝桥镇原有招商机构整合为区招商服务中心空港分中心,同临港投资公司合署办公,下设招商一、二、三、四部。

引进外资项目 2000—2010 年,工业区引进外资项目累计 65 个,投资金额累计万美元 7.41 亿美元,合同外资金额累计 5.83 亿美元,其中工业项目合同外资金额累计 5.39 亿美元,外资实际到位金额累计 2.64 亿美元。

表 9 - 1 - 6　2003—2010 年祝桥空港工业区吸引外资情况表

年　　份	吸引外资项目数（个）	合同外资金额（万美元）	外资到位金额（万美元）
2003 年	12	2 726	1 681
2004 年	7	9 817	1 065
2005 年	2	4 983	1 950
2006 年	8	9 244	5 116
2007 年	15	3 669	2 501
2008 年	5	3 517	2 614
2009 年	7	4 586	2 896
2010 年	6	8 607	5 985

资料来源:上海市经济委员会、上海市经济和信息化委员会、上海市统计局、上海市开发区协会《上海市开发区统计手册》

引进内资项目 2000—2010 年,落户内资企业累计 122 个,落户内资企业协议投资金额累计 28 亿元,落户内资企业注册资本累计 10.52 亿元。

表 9-1-7 2003—2010 年祝桥空港工业区落户内资情况表

年 份	落户内资企业数(个)		内资注册资金(万元)	内资到位金额(万元)
	本 年	累 计		
2003 年	12	27	84 021	84 021
2004 年	13	40	3 358	3 358
2005 年	43	83	3 042	3 042
2006 年	11	94	6 600	—
2007 年	1	95	300	—
2008 年	10	105	10 844	—
2009 年	6	111	2 463	—
2010 年	11	122	5 780	—

资料来源:上海市经济委员会、上海市经济和信息化委员会、上海市统计局、上海市开发区协会《上海市开发区统计手册》

【产业发展】

经过开发建设,至 2010 年,工业区通过招商引资基本形成以航空配件制造和维修、航空物流、新能源装备、工程装备制造为主的产业发展格局。

【重点企业】

上海森松化工成套装备有限公司 2006 年 12 月开始建造厂房,公司投资总额 5 000 万美元,注册资金 4 000 万美元,是日本森松工业株式会社在中国最大的子公司。公司主要从事新能源技术设备和成套模块的研发、设计和制造,特别是太阳能多晶硅新技术研发。2008—2010 年,三年累计产值 29.24 亿元,税收 1.34 亿元。2010 年,实现产值 7.2 亿元,税收 3 515 万元,从业人员 632 人。

上海重矿连铸技术工程有限公司 公司 2006 年 12 月建造厂房。是一家集连铸技术研发、设计、成套和服务的专业性科技型企业。2008 年,公司在工业区再次置地 2.2 公顷,与卢森堡一家公司合资组建专业生产高炉炉顶装置的合资企业——上海保尔沃特冶金设备制造有限公司,总投资 6 000 万元,注册资金 2 000 万元。2010 年,实现产值 2.16 亿元,税收 2 256 万元。

上海欧利生东邦涂料有限公司 公司于 2002 年起租用工业区标准厂房,2008 年 10 月租地建造厂房。公司投资 1 000 万美元,注册资金 602 万美元,是上海高新技术企业、上海外商投资人均高利税先进企业,主要从事特殊高性能、高机能涂料的研发、生产及销售。产品用于家电、办公器具、光学、通讯仪器、汽车内外装饰零件等。从 2004 年起至 2010 年累计产值 16.98 亿元,税收 2.06 亿元。2010 年,实现产值 1.43 亿元,税收 1 622 万元。

赫比(上海)精密冲压模具制品有限公司 公司于 2006 年底租用厂房。总投资 1 750 万美元,注册资本 750 万美元。主要从事设计、制造金属精密模具及模具冲压件的设计和生产,产品广泛应用于电子、电信、家用电器、计算机等行业。2007—2010 年,累计产值 17.17 亿元,税收入库 9 241 万元。2010 年,实现产值 6.04 亿元,税收 5 420 万元。

上海波音航空改装维修工程有限公司(注册型企业)　公司由波音(中国)投资有限公司、上海机场(集团)股份有限公司等四家公司,于 2006 年 8 月共同出资组建的大型合资企业。公司投资总额为 1.04 亿美元,注册资本 8 500 万美元,企业地址位于浦东国际机场第三跑道旁,主要经营飞机改装、飞机维修、航空器材的销售和维修及提供相关的工程技术服务,获得中国民用航空维修许可证(CAAC)和美国联邦航空局维修许可证(FAA)。2008—2010 年,累计税收 2 468 万元。

UPS 上海浦东国际机场航空转运中心(注册型企业)　联合包裹物流(上海)有限公司(UPS)投资 2 600 万美元,于 2007 年成立上海浦东国际机场航空转运中心,提供高效快捷的货物进出口操作、国际中转等服务。UPS 转运中心位于浦东国际机场西货运区,紧邻第三跑道。中心占地面积 9.6 万平方米,员工 1 000 余人,实行 24 小时运转,分拣能力达每小时 1.7 万件。2009—2010 年,累计税收 1 375 万元。

五、经济规模

2003—2010 年,祝桥空港工业区工业总产值增长了 14.0 倍;工业企业利润增长了 16.8 倍;全部企业上缴税金增长了 34.1 倍。"十一五"期间(2006—2010 年),园区完成工业总产值累计 218.46 亿元,工业销售收入累计 214.97 亿元,工业企业利润累计 23 亿元,全部企业上缴税金总额累计 12.97 亿元。2010 年,完成工业总产值 60.31 亿元,企业税收 4.09 亿元,其中落户企业 3.12 亿元,注册企业 0.97 亿元,期末从业人数 11 511 人。

表 9-1-8　2003—2010 年祝桥空港工业区主要经济指标表　　　　单位:万元

年　份	工业总产值	工业销售收入	工业企业利润	全部企业上缴税金总额
2003 年	40 178	39 370	3 214	1 167
2004 年	162 864	159 607	12 768	4 513
2005 年	202 041	200 021	16 002	9 102
2006 年	258 781	253 606	20 288	10 780
2007 年	375 023	367 522	38 589	19 321
2008 年	506 078	495 956	50 255	26 945
2009 年	441 572	441 572	63 540	31 746
2010 年	603 135	591 072	57 325	40 919

说明:自 2007 年起工业销售收入数据为工业企业主营业务收入数据

资料来源:上海市经济委员会、上海市经济和信息化委员会、上海市统计局、上海市开发区协会《上海市开发区统计手册》

第四节　老港化工工业区

老港化工工业区位于浦东老港镇东北部,地处两大国际港中间。距洋山深水港 12 公里,距浦东国际机场 8 公里,距中国商飞总装基地 2 公里,与临港产业园隔河相望。数条高速和城市快速干线越境而过,水、陆、空交通网络便捷。

一、园区创建

1995年4月，根据市政府和南汇县新一轮发展总体规划，浦东新区老港乡人民政府向南汇县政府提出《关于建立老港化工工业区的请示》。5月2日，南汇县政府下达《南汇县人民政府关于同意建立县级老港化工工业区的批复》，同意在老港乡境内的5平方公里区域内建立县级老港化工工业区，重点发展医药、印染化工等行业。1995年，初步启动建设老港化工工业区。至2002年5月，由于起步艰难，开发工作基本处于停顿状态。

2002年6月，老港化工工业区委托南汇区建设局和上海城市规划设计院进行具体设计和编制老港化工工业区总体发展规划，并报南汇区政府批准。2003年7月8日，老港镇人民政府（以下简称老港镇政府）向南汇区政府提出《关于调整老港化工区规划的请示》；7月18日，老港镇政府向南汇区政府提交了《关于重新确认老港工业区的请示》；7月28日，南汇区政府下达《关于同意调整老港化工区结构规划的批复》，确定了工业区功能布局和规划范围，总用地373公顷。南部为公建用地，中部为发展备用地，北部为工业用地，东侧沿随塘河为公共绿地。7月31日，南汇区政府下发《关于确认老港工业区为区级工业区的批复》，规划面积约4平方公里，主导产业为船舶配件、汽车零部件、半导体元器件等，适用区级工业区的相关政策。

表9-1-9　2003年老港化工工业区用地规划表

项　目	数量（公顷）	比例（%）
总用地	373	100
工业用地	162.56	43.6
公建用地	29.17	7.7
市政用地	0.83	0.2
绿化用地	43.8	11.7
交通用地	74.82	20.1
发展备用地	61.82	16.7

资料来源：老港工业园区提供

2006年9月，老港化工工业区经国家发展改革委批准为上海市41家市级工业区之一——上海浦东空港工业区的重要板块之一。规划用地1.2平方公里，区域四至范围东至随塘河，南至灶路港，西至白龙港，北至水晶宫港。2008年，制定了《上海浦东空港工业区老港工业区控制性详细规划》。2010年1月，老港化工工业区划入金桥出口加工区实施联动发展，积极承接金桥开发区的梯度转移。

二、管理机构

2002年5月10日，老港镇党委、镇政府作出决定，启动开发老港工业区，建立上海南汇老港化工工业区经济发展有限公司。为加强工业区建设管理，老港镇党委、镇政府联合发文，设立老港工业区经济发展有限公司董事会。2004年5月，成立老港工业区管理委员会。管委会是老港镇党委、镇政府设立的领导机构,代表老港镇政府对工业区的开发建设进行全面管理,内设机构有办公室、企业服务部、招商部、财务部、群工部等。董事会、管委会成员由镇党政班子领导兼任。管委会在运行过程中,各部门实行部室长负责制,负责落实完成各项具体工作任务。在集体决策机制方面,主要有联席办公会议、经理办公例会、主任扩大会议、专题协调会议等。

三、开发建设

【土地开发】

土地开发初期,工业用地尚未执行储备、竞拍、出让程序。2007年1月,工业用地开始采用土地储备-招拍挂-出让的土地新开发模式。

2002年6月—2003年底,老港化工工业区启动开发建设总面积94.93公顷。其中,原有企业16户,用地13.4公顷;道路用地20公顷,落户投产企业6户,用地20.53公顷,在建企业11户,用地41公顷。按实际用地产出计算,平均959.5万元/公顷。至2004年4月,在老港化工工业区规划面积内需拆迁农户约1000户,总动迁人数3000人中,已拆迁105户,动迁人数299人,拆迁农房面积17 857平方米,拆迁补偿金额1 974.4万元。2005年,老港化工工业区投产企业11家,用地36.4公顷。其中外资项目2个,用地12.53公顷。在建项目13个,用地53.87公顷。签约立项办理相关手续项目17个,用地63.2公顷。

2007年,老港化工工业区在建项目6个,用地面积49.07公顷,已完工面积26.6公顷;等待土地指标有9家,需用地面积37公顷;待批项目11个,需用地面积49.2公顷。2009年11月,拆迁农房28户,安置人数176人,安置面积6 870平方米,拆迁总面积7 993.7平方米,补偿资金总额2 221.8万元。2009年后,动拆迁工作由老港镇经济发展公司具体实施。至2010年,老港化工工业区累计已开发土地面积170公顷,已建成工业用地面积83公顷,已建成产业用地面积89公顷。

【基础设施】

自2002年6月开始,管委会进行道路、桥梁交通建设,供水、供电、雨污水排放、天然气、通讯、土地平整、征用土地动拆迁、河道综合整治、人行道绿化带等基础设施建设。2002年6月—2003年底,老港化工工业区基础设施累计投入1.06亿元,按实际开发面积,平均投入109.8万元/公顷,规划控制基础项目设施、市政配套投入75万元/公顷。

道路 2002年6月后,工业区所在区域南边有老沪南公路、东边有军港公路,区域内仅有一条靠西侧白龙港边的4米宽水泥路,有几条南北向和东西向道路都是钢渣路,路面高低不平。2003—2005年,老港化工工业区投入5 367万元建设道路等设施。2003—2010年,工业区投入6 500多万元先后建成同发路、同创路、良欣路、拱极东路延伸路段等12条,全长19.91公里。工业区内道路系统基本形成网络,主干道和多数支路建设完成,部分支路根据开发需要,逐段修建。

桥梁 2002年8月动工,老港化工工业区周边有中港河、白龙港、随塘河等一级河流环围,规划要求必须架设多座桥梁。2003年6月,建成中港大桥,总投资320万元;大桥建成后,使同发路连接沪南公路延伸段。2004年,建成连接同发路的水晶宫大桥。2005年,建成连接拱极路的白龙港大桥。

供水 老港化工工业区的供水由南汇水厂通过老港泵站供给,日供水能力5万吨。在主干路同发路下铺设长度约3 000米给水管,在同创路等其他10多条支路下铺设给水管2万多米。2003

年,投资 300 万元,完成同发路南段、拱极路段自来水总管铺设。2004 年,投资 400 万元,铺设不同口径管道 6.5 公里,工业区供水基本形成网络。

排水　老港化工工业区采用雨污水分流的排水体制。2004 年,投资 950 万元,在同发路下铺设污水干管,其余路段铺设污水支管,污水管总长 11.1 公里。

供电　老港化工工业区内用电由老港镇 35 千伏变电站提供,在同发路下设有 10 千伏电力线;在拱极路和同发路东南侧建有 1 座 35 千伏变电站。2004 年,工业区投资 1 500 万元,架设从义泓到同福厂的 35 千伏高压线路,建成 35 千伏开关站 1 座。按电网规划,保留原有的 10 千伏开关站。

电信　2003 年,老港化工工业区投资 380 万元,铺设全长 7.5 公里的通讯电缆,总装机容量 3 000 门电话通信系统设施。2004 年,投资 500 万元,建成 5 000 门自动交换机房 1 座,7.5 公里通讯电缆投入使用。

燃气　老港化工工业区气源采用天然气,管网与东海平湖天然气管网连通。2003 年,投资 600 万元,天然气管道接进园区。2004 年,投资 700 万元,铺设天然气总管,从南汇区输配站经南北现代农业园区至工业区,铺设管道 6 公里,并完成 3.2 公里天然气外接管网工程。

绿化　老港化工工业区的绿化主要分布于主干道路两侧,以及区内河道两侧宽 10 米～20 米的绿化带。规划综合平衡地块附属绿地与防护绿地的指标,使园区内整体绿地率达到 20% 以上。2005 年,投入 308.8 万元,建设人行道绿化带;对水晶宫港两侧、同发路以东 1.25 公里区域内构筑人行道 2 600 平方米,铺设彩色道板,并种上绿化 7 500 平方米。

河道整治　2003 年,老港化工工业区投资 500 万元,完成水晶宫港首期 1 公里长的疏浚及护坡石驳岸。2004 年,投资 400 万元,对水晶宫港进行第二期疏浚护岸,对上建港疏浚拓宽,形成一道靓丽的风景线。

四、招商引资与产业发展

【招商方式】

从 2002 年开始,老港化工工业区董事会采取多种有效措施,全方位开展招商引资工作。一是成立招商引资领导小组,小组设组长、副组长、小组成员,加强对招商引资的领导,制定招商引资目标,通过多种途径,牵线搭桥与客商洽谈,灵活运用招商引资优惠政策,并主动延伸服务范围;二是成立招商中心专职从事招商引资的各项工作;三是建立招商队伍,配备人员在市区和惠南镇等设立窗口,积极开展招商工作。

2003 年 11 月,老港镇政府招商引资中心同上海名欧置业发展有限公司签订《委托招商协议书》,设立南汇区老港镇招商引资中心分中心。分中心由上海名欧置业发展有限公司配备人员、自负盈亏,从事在委托招商协议书范围内的招商活动。至 2003 年,老港化工工业区先后设立 3 个招商中心、4 个合作招商部和 2 个委托招商点。在市区设立多个招商点,通过广告等媒体向外推介区位优势、优惠政策和投资环境等。

【招商成果】

至 2002 年,老港化工工业区共有落户企业 10 户,合同批租土地 30 公顷,合同吸引外资 3 100 万美元,内资 1.8 亿元。2003 年,老港化工工业区建设启动后第一家落户企业——上海同福矽晶有限公司入驻园区。是年,工业区引进落户企业 20 户,批租土地 101 公顷,合同总投资 7.58 亿元和

2 750万美元;签意向落户企业10户,拟批租土地53.7公顷,总投资2.93亿元和260万美元。至年底,工业区累计落户工业项目22个。2004年,老港化工工业区正式签约落户项目7个,协议总投资5.11亿元和640万美元;新开工项目6个,总投资1.74亿元;规划认可的项目18个,报批总投资5.76亿元。工业区累计有45个项目,协议总投资16亿元。2005年,老港化工工业区正式签约落户企业6户,注册资本6 638万元,总投资7.04亿元。是年,新开工项目13个,总投资2.36亿元。

2007年,工业区在建项目6个,总投资13.15亿元。2008年,工业区"4+7+1+1"项目有序推进。其中,4个新建项目,总投资3.19亿元;7个建成投产企业;1个重点项目;1个储备项目。成功引进康桥有色金属公司、创丰特殊树脂公司两家企业。其中,康桥有色金属公司占地1.33公顷,投资1亿元;创丰特殊树脂公司占地1.33公顷,投资9 000万元。2009年,工业区建设项目7个,总投资4.8亿元。8月20日,7个项目举行集中开工仪式。是年,引进2家落户企业,工业区规模以上企业40家,比2008年增加8家。

2010年,工业区新上、扩建工业项目16个,总投资10亿元。招商部与钱德拉集团高铁铜导线项目、上海龙海铝业煤电铝一体化研发基地项目、水晶宫钢管厂项目等签订意向协议,项目用地11.73公顷,内外资投资总额分别为6.2亿元和5 500万美元;与凯尔汽车、洪嘉医药等项目签署意向协议,内外资投资总额分别达7.8亿元和2 500万美元。

表 9 - 1 - 10　2002—2010 年老港工业区招商引税情况表

年　　份	招商户数(户)	注册资金(万元)	注册外资(美元)	实缴税金(万元)
2002 年	154	13 082	530	604
2003 年	239	36 231	1 190	2 214
2004 年	367	30 826	34	3 569
2005 年	236	36 267	1 320	7 936
2006 年	142	21 246	400	8 173
2007 年	120	10 978	215	11 021
2008 年	123	21 900	50	14 145
2009 年	151	12 977	999	17 165
2010 年	163	20 960	310	19 046
合　计	2 349	370 954	6 606	208 000

资料来源:老港工业园区《老港工业园区志》

【产业发展】

工业区成立初期,园区东南角方向主要为精细化工产业、西南角方向为船用配套产业、东北部为大飞机配套产业、西北部为两港配套新型市级产业集聚区。

2004年6月2日,老港镇政府向南汇区政府提交《关于报批老港工业区产业发展规划请示》。6月11日,南汇区政府下发《关于老港工业区产业发展规划的批复》。工业区产业发展规划总体功能定位是建成上海临港工业的配套产业基地。工业区主导产业以精细化工业为重点,传统产业以造纸业为重点,新兴产业以汽车、电子业为重点;产业发展战略,加快产业集聚,打造优势产业,构造多产业协调发展的产业生态系统;同时推进加快建立以产权关系为主导的开发区管理体制。是年,工业区产业逐步形成了电子电缆、汽车配件、表面处理及涂装产品的三足鼎立格局,还有造纸和精细化工等产业。

2005年后,工业区产业与IT产业配套和现代装备制造业配套,并积极引进具有海洋产业特色的高新科技项目落户。2008年后,在缺乏资金、缺乏土地指标的情况下,充分利用存量土地和闲置厂房,加大招商力度,引进一些占用资源少、经济效益高、能耗低的优质企业。至2010年,园区主要产业为精细化工、电子电缆、船用配套、机械制造等。

【重点企业】

上海元邦化工制造有限公司　2004年,公司开始建设,2008年投入生产,年生产能力10余万吨。公司位于老港化工工业区同发路188号,总占地面积17.33公顷,注册资金6500万元,总投资3.5亿元。是上海元邦集团旗下一家集树脂研发、生产销售于一体,并从事化工品贸易、经营等业务的化工企业。2010年,公司实现产值6.15亿元,税收681万元,利润1524万元。

上海老港申菱电子电缆有限公司　公司创建于1989年10月,主要生产电梯电器部件和电线电缆。公司操纵箱、层楼指示器被列为1996年市级星火计划项目,电梯控制电缆被列为市级火炬计划项目。2007年,操纵箱、显示器、电缆系列产品被推荐为中国著名品牌。2009年,成功开发了超薄型操纵箱、显示器,触摸式液晶显示屏及电梯用光纤电缆等新品。至2010年,公司拥有近20项产品专利证书,并3次获"上海市高新技术企业"称号。

上海中菱电子有限公司　公司创立于2004年,注册资金300万元,是一家专注于电梯电器部件研发、制造和销售为一体的规模型电梯配套企业。2010年,公司拥有13项实用新型国家专利,获得软件著作权6项。

上海绝缘材料厂有限公司　2005年,公司为配合陆家嘴金融区建设,整体搬迁至老港化工工业区同强路188号。厂区占地面积1.62万平方米,建筑面积1.02万平方米。公司主要生产油漆树脂粘合剂、浸渍纤维制品、柔软复合材料、层压制品类(板、管、筒、棒及成型件)、云母带制品等产品。2008年12月,公司获航天工业集团颁发的奖状奖牌,表彰企业为"神州七号"提供合格的配套材料。2010年,公司实现产值6535万元,税收412万元,利润59万元。

上海新禹固废处理有限公司　公司创立于2002年2月,注册资金500万元,坐落在老港化工工业区拱极东路418号,占地面积1.96万平方米,建筑面积4250平方米。公司原名为上海深浦固废处理有限公司,2003年3月更名为上海新禹固废处理有限公司。2010年,公司实现产值1200万元,税收87万元,利润180万元。

五、经济规模

"十一五"期间(2006—2010年),老港化工工业区累计完成工业总产值106.41亿元,工业销售收入104.36亿元,工业企业利润6.84亿元,全部企业上缴税金总额7.20亿元。2003—2010年,工业总产值增长了8.2倍,工业企业利润增长了8.6倍,全部企业上缴税金增长了8.5倍。2010年,工业区完成工业总产值29.08亿元,其中三大主导产业(IT、船用配套、精细化工),1—11月完成工业总产值23亿元。

表 9‑1‑11　2003—2010 年老港工业园区主要经济指标表　　　　单位：万元

年　　份	工业总产值	工业销售收入	工业企业利润	全部企业上缴税金总额
2003 年	31 670	31 531	1 519	2 011
2004 年	69 771	70 080	1 790	2 157
2005 年	107 835	107 381	1 657	7 936
2006 年	146 922	137 353	6 530	10 637
2007 年	176 661	186 951	13 872	11 021
2008 年	217 625	209 079	17 540	14 145
2009 年	232 106	223 420	15 904	17 165
2010 年	290 759	286 785	14 513	19 046

说明：自 2007 年起工业销售收入数据为工业企业主营业务收入数据

资料来源：上海市经济委员会、上海市经济和信息化委员会、上海市统计局、上海市开发区协会《上海市开发区统计手册》

第二章 嘉定区

第一节 上海国际汽车城零部件配套工业园区

上海国际汽车城零部件配套工业园区位于上海西北部的嘉定区安亭镇,东至嘉松北路、500千伏高压走廊,南至京沪高速铁路控制线、蕴藻浜,西至上海大众汽车试车场、小漳浦河,北至嘉安公路、上海郊区A30环线路,区域面积8平方公里。1998年,安亭镇以汽车产业为依托,投资建立上海大众工业园区。2001年,经市政府批准,上海大众工业园区更名为上海国际汽车城零部件配套工业园区,并成为上海国际汽车城的组成部分和建设主体之一。园区是以汽车零部件产业为主的工业园区,汽车零部件及汽车行业相关企业约占区域生产企业总数的65%,2007年8月,经科学技术部(以下简称科技部)认定为"国家火炬计划上海安亭汽车零部件产业基地"。

一、园区创建

【工业园区建立】

1998年5月,安亭镇在沪宁铁路以北的林家村和塘庄村区域内开始建办大众工业园区,占地面积120公顷。随后开展了建办园区的结构规划等一系列准备工作,并将工业园区纳入安亭镇总体规划。1999年7月,嘉定区人民政府(以下简称嘉定区政府)批复同意建办上海大众工业园区,并作为汽车工业相配套的区级工业园区。

2001年2月,市政府决定在上海西部建设以安亭为基地的综合性汽车产业基地——上海国际汽车城。9月,市政府根据上海国际汽车城总体规划,同意上海大众工业园区更名为上海国际汽车城零部件配套工业园区,并作为市级工业园区分区,享受市级工业园区和上海国际汽车城相关配套政策。上海国际汽车城零部件配套工业园区作为上海国际汽车城制造区板块中的零部件配套区,成为其组成部分之一,主要吸收与汽车工业配套的相关企业入驻,占地8平方公里。

【规划面积】

2000年9月,《上海大众工业园区规划》经嘉定区政府批复同意。规划范围东至吴塘,南至规划的京沪高速铁路规划控制线和汪家泾,西至漳浦河,北至大众试车场,规划总用地面积为183.3公顷;道路采用十字形道路结构,形成园区中心、工业区、绿化区等几个功能分区,在临近宝安公路和于塘路的两大地块安排配套公建;宝安公路和于塘路为园区对外交通道路,园区路、园大路和园工路为园区主干道;绿地系统采用沿路、沿(高压)线、沿河和集中绿地相结合的形式,结合宝安公路和于塘路设置街头绿地。

2001年6月,嘉定区政府批复同意《上海国际汽车城零部件配套工业园区控制性详细规划》。规划范围东至嘉松公路和500千伏高压走廊,南至规划京沪高速铁路控制线,西至小漳浦,北至规划郊区环线,规划总面积972.2公顷。其中建设用地762.2公顷,发展备用地50.8公顷,水域57公顷,结构绿地102.2公顷。建设用地中公建用地14.3公顷,占1.9%;工业用地407.8公顷,占

53.5%;仓储用地 96 公顷,占 12.6%;绿地 111 公顷,占 14.6%;市政用地 37.5 公顷,占 4.9%;道路用地 58 公顷,占 7.6%,对外交通用地 37.6 公顷,占 4.9%。

二、管理机构

【上海国际汽车城零部件配套工业园区有限公司】

1998 年 9 月 18 日,上海大众工业园区实业发展有限公司经工商登记成立,作为上海大众工业园区的开发管理机构,设有总经理室、办公室、财务部、规划部和招商部 5 个部门。2001 年,上海大众工业园区经市政府批准更名为上海国际汽车城零部件配套工业园区,与此相适应,在上海大众工业园区实业发展有限公司的基础上组建上海国际汽车城零部件配套工业园区有限公司,是年 10 月 25 日经工商登记成立,承担上海国际汽车城零部件配套工业园区的开发建设运营管理。上海国际汽车城零部件配套工业园区有限公司成立之初设有总经办、办公室、财务部、规划部和招商部 5 个部门。2002 年 2 月,新设立市政管理服务部,司职园区道路、绿化管理职能。2005 年 4 月,对内设部门进行调整,将招商部和规划部合并成立企业服务一部和企业服务二部。至 2010 年,上海国际汽车城零部件配套工业园区有限公司共设有总经办、办公室、招商部、企业服务部、市政工程部和财务部 6 个部门。

【上海国际汽车城零部件配套工业园区有限公司党总支】

2005 年 10 月,上海国际汽车城零部件配套工业园区有限公司党支部成立。2006 年 9 月,经安亭镇党委同意,上海国际汽车城零部件配套工业园区有限公司党支部建制调整为上海国际汽车城零部件配套工业园区有限公司党总支。至 2010 年,园区党总支下属共有 7 个党支部,分别为:上海新安电磁阀有限公司党支部、上海国际汽车城零部件配套工业园区流动党员党支部、福耀集团(上海)汽车玻璃有限公司党支部、上海科禄格通风设备有限公司联合党支部、上海大洋汽车空调配件有限公司党支部、上海元征机械设备有限责任公司党支部和弗兰科希管件系统(上海)有限公司党支部。

【上海国际汽车城零部件配套工业园区工会联合会】

2006 年 3 月,上海国际汽车城零部件配套工业园区工会委员会成立。2009 年 11 月,上海国际汽车城零部件配套工业园区工会联合会成立。

三、开发建设

【土地开发】

上海国际汽车城零部件配套工业园区有限公司作为园区土地前期开发主体,依照国家土地管理的法律和行政法规,按园区规划对土地进行综合性开发、平整场地、建设给排水、供电、通信、燃气、道路等市政公用设施,形成工业用地和其他建设用地的条件。园区内土地采用划拨方式和出让并行的方式获得土地使用权,用于基础设施建设和项目用地。1999 年开发土地 38.44 公顷,2000 年开发土地 15.42 公顷;至 2000 年,共开发土地 74.82 公顷;至 2003 年,完成了园区区域 8 平方公里的土地开发和基础设施功能建设,土地开发率 100%。

表 9-2-1　1998—2007 年上海国际汽车城零部件配套工业园区批用土地情况表　　　　单位：公顷

年　　份	批用土地面积	备　　　　注
1998 年	19.81	涉及道路、办公楼、以及延锋、弘安、洋杰等项目用地
1999 年	10.27	涉及道路以及众台、顾浦等项目用地
2000 年	32.48	涉及道路以及众源、星南华、楹裕等项目用地
2001 年	33.85	涉及道路以及爱思、众大、新艺、新安、靖安等项目用
2003 年	181	其中批租土地 49.2 公顷，征用土地 56.27 公顷，使用土地 75.53 公顷
2004 年	50.77	—
2006 年	累计 365	
2007 年	累计 435	

资料来源：上海国际汽车城零部件配套工业园区提供

　　根据相关规定，园区自 2008 年起全面实施招拍挂方式出让土地，2008 年出让土地 32.94 万平方米，2009 年出让土地 8.04 万平方米，2010 年未有土地出让。至 2010 年，已供应建设用地 686.4 公顷（其中批租土地 252.66 公顷），已建成建设用地面积 635.78 公顷，建成率 92.6%。

【基础设施】

　　1999 年，大众工业园区基础设施建设初具规模，区域内五条道路、七座桥梁、污水泵站等基础设施工程先后竣工，新建道路总长 3 417 米，绿化工程为 3.82 万平方米。2000 年，园区四条道路、二座桥梁先后竣工，新建道路 1 850 米；1.2 平方公里区域的道路网格基本形成，道路总长 5 263 米，公共绿化面积 6.38 万平方米。2001 年，随着园区区域面积由 1.2 平方公里扩大至 8 平方公里，园区二期基础设施建设启动。年内开工的园区基础设施道路工程全线贯通，建筑道路 7 条，总长 15.9 公里，其中桥梁 14 座，板涵 5 座。至 2002 年，园区区域内道路总长 23.5 公里，公共绿化面积 32.5 万平方米。2005 年 10 月 18 日，天然气管道工程开工，于 2006 年年初投入运行。是年，1 座 110 千伏变电站和 1 座 220 千伏变电站在园区开工建设，分别于 2006 年年底、2007 年启用。

　　至 2010 年，园区基础设施情况：1. 道路：区域内共有 21 条道路，总长 28.4 公里；2. 绿化：公共景观绿化面积 36.57 万平方米，林带面积 28.78 公顷，行道树 5 934 棵；3. 电力：区域内有 220 千伏变电站 1 座，110 千伏变电站 1 座，另有两侧 35 千伏变电站（新泾站和方泰站）和 110 千伏变电站（安亭站）提供电源；4. 供水：由嘉定自来水有限公司供水，通过给水干管、给水支管形成环网供水；5. 排水：经沿道路铺设的排水管道排入河道；6. 污水处理：污水经由支管、干管、总管和污水泵站组成的收集系统进入安亭污水处理厂；7. 燃气：国家西气东输工程设上海门站南临园区，区内铺设天然气管道；8. 通讯：10 万门通讯容量，可为企业提供 FTTB、ADSL、ISDN 三种通讯上网方式及可视电话业务。

【环保生态】

　　根据有关规定，上海国际汽车城零部件配套工业园区有限公司委托同济大学编制《上海国际汽车城零部件配套工业园区区域环境影响报告书》，于 2006 年 9 月 21 日提交上海市环境保护局（以下简称市环保局)。2006年11月17日,市环保局出具了审批意见。根据审批意见,园区的环境保护目标为:区域环境空气质量达到《环境空气质量标准》(GB 3095-1996)二级标准,地表水环境达到《地表水环境质量标准》(GB 3838-2002)Ⅳ类标准,声环境质量分别为《城市区域环境噪声标准》(GB 3096-93)3~4类标准。上海国际汽车城零部件配套工业园区属于Ⅳ级水环境功能区,工业区内共有区级、镇级和村级河道17条,全长27.35公里,除部分河道具有航运功能以外,其他河道均为景观功能。

四、招商引资与产业发展

【招商引资】

园区成立后,通过拓展渠道、加强宣传、完善政策、提升服务等举措开展招商引资,逐渐形成规模。1998年,先后有150多家国内外企业到园区考察,有17家企业签约,合同引资总额超过3亿元。1999年10月,在上海大众工业园区举行安亭汽车城招商引资信息发布会上,有170多家中外企业近300位客商参加招商活动,当场签约9项,投资额为2.2亿元。是年底,共有18个项目签约,引资总额超过5亿元。2000年7月,上海安亭汽车城大型招商会在温州举行,有150多家当地企业前往咨询洽谈。是年年底,入驻园内的企业达30户,引资额达6亿元,引进的项目有上海天合汽车安全系统有限公司、耐驰(上海)机械仪器有限公司、上海华特汽车配件有限公司、星南华轴承(上海)有限公司、上海洋杰汽车配件有限公司、上海新安电磁阀有限公司等。

2001年,园区引进项目23个,合同引资折合6 224万美元。2002年,全年签约项目26个,合同引资15.68亿元,其中外资5 500万美元。投资超过1亿元的项目有:福耀集团(上海)汽车玻璃有限公司,项目总投资约4 500万美元;上汽集团在园区规划土地93.33公顷,下属为汽车配套的上海爱知锻造有限公司、上海捷众冲压件有限公司等企业陆续进驻园区。2003年6月28日,园区举办五周年庆典暨招商大会,22个合同外资在1 000万美元以上、合同内资在1亿元以上的大项目当场签约并正式落户园区,投资总额达70.5亿元,其中外资3.2亿美元,内资44.1亿元。年内引进的重点项目有上海宝钢阿赛洛激光拼焊有限公司、德尔福派克电气系统有限公司、天合汽车零部件(上海)有限公司、梅田特殊钢模具(上海)有限公司、浩汉工业产品设计(上海)有限公司等。2004年引进外资项目18个、内资项目17个,重点项目有上海三立汇众汽车零部件有限公司、上海新纺联汽车内饰有限公司、上海汇众汽车制造有限公司轿车底盘厂等。2005年引进外资项目5个、内资项目4个,重点项目有斯凯孚(上海)汽车技术有限公司等。至2005年,园区引进各类企业160家,累计合同引资152.2亿元,其中内资企业101家,其中总投资在1亿元以上的有12家;外资企业59家,其中总投资在1 000万美元以上的有28家。

2006年引进外资项目17个,累计73个;合同外资0.34亿美元,累计3.53亿美元;实到外资0.87亿美元,累计2.87亿美元。落户内资项目16个,累计111个;注册资金7.79亿元,累计20.53亿元。2007年引进外资项目18个,累计91个,合同外资0.68亿美元,累计4.21亿美元;外资到位1.01亿美元,累计3.89亿美元。落户内资企业注册资金3.23亿元,累计23.76亿元。2008年6月26日,上海国际汽车城零部件配套工业园区10周年庆典活动在汽车城会展中心举行。至2010年,园区共有落户企业231家,其中已投产(已营业)企业201家。

表 9-2-2　2004—2010 年上海国际汽车城零部件配套工业园区招商引资情况表

年　份	引进外资 项目数(个)	合同外资 金额(万美元)	外资实际到位 金额(万美元)	落户内资企 业数(家)	落户内资企业 实收资本(万元)
2004 年	18	33 019	35 000	17	77 872
2005 年	5	2 826	1 456	4	—
2006 年	17	3 444	8 683	16	77 930
2007 年	18	6 757	10 119	12	32 344
2008 年	7	8 528	11 446	9	25 370
2009 年	12	3 006	2 677	29	36 576
2010 年	9	8 816	5 101	9	29 290

　　资料来源：上海市经济委员会、上海市经济和信息化委员会、上海市统计局、上海市开发区协会《上海市开发区统计手册》；上海国际汽车城零部件配套工业园区提供数据

【产业发展】

　　园区主要产业为汽车零部件产业,集聚了一批较大规模的汽车零部件研发制造企业,产品涵盖汽车发动机、车身、底盘系统、电子电器等各类汽车零部件,配套服务于上海大众、上海通用等整车制造企业,逐渐形成了以汽车零部件产业为特色的产业集群特征。2007 年 8 月,经科技部火炬高技术产业开发中心认定为"国家火炬计划上海安亭汽车零部件产业基地"。至 2010 年,园区经认定的高新技术企业有 21 家、市级企业技术中心 7 家、区级企业技术中心 8 家。

【重点企业】

　　德尔福派克电气系统有限公司　2003 年入驻园区。公司由美国德尔福投资设立,成立于 1995 年,是中国最大的乘用车线束供应商和第二大车用连接器系统供应商,2001 年公司技术中心经认定为"市级企业技术中心",2010 年认定为高新技术企业。2010 年产值 61 亿元,税收 3 亿元。

　　上海延锋江森安亭座椅总成有限公司　由延锋伟世通汽车饰件系统有限公司和美国江森自控国际有限公司合资设立,于 2003 年 9 月在国际汽车城零部件配套工业园区成立,主要为上海大众供应座椅总成。2010 年产值 33 亿元,税收 4 197 万元。

　　天合汽车零部件(上海)有限公司　由美国 TRW 汽车集团投资设立,于 2002 年 10 月在国际汽车城零部件配套工业园区成立,主要供应汽车主动安全系统部件,2010 年认定为高新技术企业。2010 年产值 20.7 亿元,税收 9 898 万元。

　　上海博泽汽车部件有限公司　由德国博泽和上海实业交通共同投资组建,成立于 1999 年,2008 年入驻园区,主要生产汽车配套门板系统(含摇窗机)、座椅骨架和冷却风扇;2008 年认定为高新技术企业;2009 年经认定为"上海市第 15 批企业技术中心"。2010 年产值 13.8 亿元,税收 1.15 亿元。

　　上海天合汽车安全系统有限公司　由华域汽车与美国 TRW Automotive 公司合资建立,成立于 1997 年 7 月,2000 年入驻园区,主营产品为汽车安全带和安全气囊;2008 年认定为高新技术企业;2010 年认定为"上海市科技小巨人企业""上海市第十六批企业技术中心"。2010 年产值 12.9 亿元,税收 6 162 万元。

　　上海天纳克排气系统有限公司　由上海拖拉机内燃机有限公司和美国天纳克工业公司合资组

建,成立于 1999 年,2006 年入驻园区,主要从事汽车排气系统的开发、生产和销售;2008 年认定为高新技术企业;2009 年认定为"上海市第十五批企业技术中心"。2010 年产值 12.3 亿元,税收 6 665 万元。

佛吉亚(上海)汽车部件系统有限公司　为法国佛吉亚集团的全资子公司,于 2005 年 5 月在国际汽车城零部件配套工业园区成立,主要生产汽车座椅骨架,产品有电动和手动、前后排座椅骨架。2010 年产值 12 亿元,税收 5 900 万元。

福耀集团(上海)汽车玻璃有限公司　隶属于福耀玻璃工业集团股份有限公司,于 2002 年 4 月在国际汽车城零部件配套工业园区成立,主营业务为平板玻璃深加工、平板玻璃深加工设备制造、销售自产产品;2006 年经认定为上海市企业技术中心;2009 年认定为高新技术企业。2010 年产值 12 亿元,税收 2 635 万元。

上海宝钢阿赛洛激光拼焊有限公司　由宝钢国际、上海大众联合发展有限公司、阿赛洛激光拼焊有限公司共同投资组建,于 2003 年在国际汽车城零部件配套工业园区成立,专门为汽车制造企业生产激光拼焊板,同时提供开卷落料服务。2010 年产值 5.6 亿元,税收 2 305 万元。

卡斯马汽车系统(上海)有限公司　隶属于麦格纳集团,于 2005 年在上海国际汽车城成立,2008 年入驻园区,主要产品有车身关键零部件如热压成型结构件,底盘系统如前后桥、副车架、控制臂、拉杆等。2010 年产值 4.6 亿元,税收 2 553 万元。

五、经济规模

自园区成立后,随着落户投产企业逐步增多,园区经济规模逐步扩大,自 2003 年起,园区经济快速发展。2004 年,园区实现工业总产值 36.61 亿元,工业企业主营业务收入 36.61 亿元,上缴税金总额 7 125 万元。2005 年,园区实现工业总产值 80.96 亿元,利润 6.7 亿元,出口交货值 15.50 亿元,比 2003 年增长 60.5%;税收 4.0 亿元。2006 年,完成工业总产值 124.30 亿元;工业销售收入 121.81 亿元;第三产业营业收入 15.74 亿元;上缴税金 5.64 亿元;进出口总额 5.00 亿美元,其中出口额 5.00 亿美元。2007 年,完成工业总产值 215.94 亿元;工业企业主营业务收入 212.7 亿元;工业企业利润总额 20.74 亿元;第三产业营业收入 27.03 亿元;上缴税金 9.33 亿元;进出口总额 7.19 亿美元,其中出口额 7.19 亿美元。2008 年,完成工业产值 251 亿元,其中汽车零部件企业完成产值 192.2 亿元,占园区工业总产值的 76.6%;外贸出口 43 亿元。随着园区的发展,汽车零部件企业产值快速增长,占园区工业产值的比重也逐年提高。2009 年,完成工业产值 288.59 亿元;二、三产业营业总收入 335.73 亿元,上缴税金 13.54 亿元。2010 年,园区实现工业总产值 426.57 亿元,其中汽车零部件企业完成产值 345.3 亿元,占园区工业总产值的 80.9%;二、三产业营业总收入 483.67 亿元,上缴税金总额 19.63 亿元,56 家企业产值(营业收入)超过 1 亿元。

2004—2010 年,园区累计实现工业总产值 1 424.30 亿元,营业总收入 1 558.35 亿元,工业企业主营业务收入 1 398.61 亿元,上缴税金总额 65.65 亿元,其中工业企业上缴税金总额 57.90 亿元。

表 9-2-3　2004—2010 年上海国际汽车城零部件配套工业园区主要经济指标表　　单位:万元

年　份	工业总产值	营业总收入	工业销售收入	第三产业营业收入	工业企业上缴税金总额	上缴税金总额	第三产业上缴税金总额
2004 年	366 077	—	366 077	—	—	7 125	—
2005 年	809 632	824 861	788 743	36 118	9 152	40 000	1 228

年　份	工业 总产值	营业 总收入	工业销售 收入	第三产业 营业收入	工业企业上缴 税金总额	上缴税金 总额	第三产业上缴 税金总额
2006 年	1 243 013	1 375 595	1 218 153	157 442	52 679	56 436	3 757
2007 年	2 159 397	2 397 339	2 127 006	270 333	87 130	93 274	6 144
2008 年	2 513 195	2 791 660	2 430 260	361 400	119 083	127 949	8 866
2009 年	2 885 906	3 357 295	2 854 161	503 134	126 347	135 439	9 092
2010 年	4 265 716	4 836 707	4 201 730	634 977	184 622	196 288	11 666

说明：自 2007 年起工业销售收入数据为工业企业主营业务收入数据

资料来源：上海市经济委员会、上海市经济和信息化委员会、上海市统计局、上海市开发区协会《上海市开发区统计手册》；上海国际汽车城零部件配套工业园区提供数据

第二节　外冈工业园区

外冈工业园区于 20 世纪 80 年代中后期经外冈乡人民政府（以下简称外冈乡政府）设立，2003 年被市政府列入嘉定试点园区北翼范围。东至外冈镇与娄塘镇行政边界，西至吴铁河，北至娄塘河，南至纬三路（崇明越江公路辅道）—崇明越江公路，总用地面积 4.92 平方公里。主要发展电子零部件和汽车配套部件等产业。

一、园区创建

【工业园区建立】

20 世纪 80 年代中后期，外冈乡政府以 204 国道拓宽为契机，选择位于 204 国道上的外冈镇北首至葛隆镇南北走向段，东至盐铁塘，西至吴铁河，依托 204 国道向东西两边辐射，形成一个约 1.5 平方公里的工业园区。20 世纪 90 年代初有上海金美塑料制品有限公司、上海天信粘扣带有限公司、上海成丰电器有限公司、上海新树金属制品有限公司、上海皇都毛毯印染有限公司等一批外资项目在 204 国道沿线落地，西园区雏形初现。

2003 年，根据《上海市人民政府关于松江、青浦、嘉定试点园区范围规划方案的批复》，确定外冈工业区列入嘉定试点园区北翼范围。其功能定位为建设成一个拥有高附加值，高科技含量，高增长潜力的产业基础，管理科学和结构完善，环境洁净且具有示范效应的工业园区，着力开发电子零部件和汽车配套部件。园区距离轨道交通 6 公里，距离高速公路 1.5 公里，距离机场 28 公里，火车站 16 公里。

【规划面积】

2002 年，根据《上海市嘉定区人民政府关于原则同意嘉定区外冈工业区控制性详细规划的批复》，确定外冈工业区的四至范围为：东至外冈镇与娄塘镇行政边界，西至吴铁河，北至娄塘河，南至纬三路（崇明越江公路辅道）—崇明越江公路，总用地面积 4.92 平方公里。整个园区以盐铁河为界，分东西两区，东区 2.74 平方公里（含备用区 0.50 平方公里），西区 2.18 平方公里。工业园区建

设用地面积为 3.58 平方公里。

二、管理机构

2002 年 1 月,上海外冈土地投资开发有限公司成立(2002 年 1 月—2009 年 2 月),作为外冈工业园区的开发平台,注册资本 3 000 万元。公司主要经营范围:镇级工业园区开发、实业投资、资产管理、资产经营等。

2008 年,为适应经济社会发展需要,构筑更健全的建设、融资平台,促进企业之间的相互合作,组建上海外冈城市建设投资有限公司。经营范围:城镇(工业园区)规划、开发、建设,实业投资,资产管理,资产经营,绿化工程等。

三、开发建设

【西园区(1998—2010 年)】

1998 年,为降低开发成本,采用见缝插针、避开农民住宅的方式进行开发。因此,工业西园区起初分为若干个不连片的小区,后逐步形成工业一至五区。1999 年,首期开发征用土地 43.33 公顷,建造标准厂房 3.9 万平方米,树大型广告牌 3 块;铺筑水泥路天信大道(后命名为恒乐路)、新业大道(后命名为恒冠路);水、电、路、通信等设施逐步完善;当年引进项目 18 个,协议引进外资 600 余万美元,内资 2 500 万元。西园区一至三区建设初具规模。2000 年,工业二区、三区逐步形成规模,一批三资企业和内资企业投资落户。年内,规划启动占地 18 公顷的工业四区、五区建设,并落实开发单位。

2001 年,投入 30 万元,建设园区的绿化、路灯,调整供电电网等基础设施。开发原蔬菜园艺场地块为工业一区。2002 年,投资 150 万元,构筑一区主干道,输电线路接入工业一区;投资 350 万元,构筑连接工业一区、二区的主干道冈身路 700 余米。至 2004 年,西区开发了五个工业小区,开发用地 73.33 公顷,共投入开发资金 2 500 余万元,西区具有一定的集聚效应并初具规模。

【东园区(2002—2010 年)】

2002 年,外冈工业东园区全面开发建设。工业东园区西起盐铁河、东至镇界、北起娄塘河、南至规划道路(纬三路),规划开发面积 200 公顷。一期建设投资 4 500 万元,安置动迁农户 54 户。2003 年,工业东园区投入 460 万元,安装路灯 204 盏;投入 201 万元,种植绿化 6 300 平方米。启动工业东园区向南延伸开发,动迁农户 15 户,对 70 户动迁农户住宅进行评估。2004 年,投资 6 900 万元,动迁农户 171 户,平整土地 33 万平方米,修筑道路 3.9 公里,新建桥梁 6 座;清理土地,对工业项目原使用土地改为征用土地;整治污染严重、有安全隐患的化工企业,关停 10 家、转产 2 家。是年,园区新建纬二路、纬三路二条规划路(后分别更名为汇富路、汇旺路)以及将原建成的汇德、汇贤、汇宝路延伸至纬三路(汇旺路)相接,新建成道路全长 3.9 公里。

至 2006 年,基础建设投入资金 1.653 亿元,建设纵横道路 7 条,计 194 776 平方米;建设桥梁 8 座;架空线路 10 公里;通信线路 10 公里;动迁民居 253 户,计 51 300 平方米;种植绿化 16 万平方米;建设 35 千伏变电站 1 座;敷设污水管道 10.5 公里。2010 年,外冈工业区共有实际土地面积为 429 公顷,其中:东园区为 186 公顷,建设用地面积为 158.07 公顷,道路、河流等非建设用地面积为 27.93 公顷;西园区为 243 公顷,建设用地面积为 162.93 公顷,道路、河流等非建设用地面积为

80.07 公顷。整个园区已使用建设用地面积为 244.47 公顷,剩余用地面积为 76.53 公顷,其中东园区剩余 44.27 公顷,西园区剩余 32.26 公顷。

四、招商引资与产业发展

【招商引资】

1991 年,外冈镇成立对外经济协作办公室负责招商工作,1999 年 8 月撤销并成立对外经济招商办公室,并在 2008 年 7 月新设经济发展办公室(挂农业发展办公室牌子);2009 年 2 月机构改革后,撤销对外经济招商办公室,保留经济发展办公室,设主任 1 人,常务副主任 1 人,副主任 1 人,办事人员多人。各镇级公司、各村也都设有招商部门或专职人员,负责招商引资工作。招商机构面对国内外环境的新变化及国家实行宏观调控政策,充分利用工业园区经济发展平台、上海国际汽车城后花园和四通八达交通枢纽的地理位置,采用以外引外、以商引商、媒体招商、网络招商、专业招商、境外招商、组团招商、强化服务等方式,加大对有特色、上规模、高质量项目的引进。上海劲嘉建材科技有限公司、信泰光电科技(上海)有限公司、上海达昌装饰材料有限公司等一批优势企业落户外冈,并迅速发展。

2010 年,外冈工业园区企业 248 家,产出的企业 238 家,规模以上企业有 124 家,在规划区域内的工业企业有 110 家,区域外的企业有 14 家,其中长泾村 2 家、甘柏村 6 家、北龚村 2 家、马门村 2 家、泉泾村 2 家;规模以下工业企业 124 家,在规划区域内的工业企业有 121 家,区域外的有 3 家,其中北龚村、泉泾村、冈峰村各 1 家。

表 9 - 2 - 4　2003—2010 年外冈工业园区吸引外资情况表

年　份	吸引外资项目数(个)		合同外资金额(万美元)		外资到位金额(万美元)	
	本　年	累　计	本　年	累　计	本　年	累　计
2003 年	5	50	1 250	150 000	1 000	140 000
2004 年	25	75	11 400	161 400	1 600	141 600
2005 年	10	85	8 000	169 400	4 000	145 600
2006 年	6	91	699	170 099	745	146 345
2007 年	6	97	1 271	10 122	1 596	7 010
2008 年	1	98	170	171 540	1 178	149 119
2009 年	1	56	300	14 343	1 110	13 120
2010 年	3	59	2 120	16 463	870	13 990

资料来源:上海市经济委员会、上海市经济和信息化委员会、上海市统计局、上海市开发区协会《上海市开发区统计手册》;外冈工业园区提供数据

表 9 - 2 - 5　2003—2010 年外冈工业园区落户内资情况表

年　份	落户内资企业数(个)		内资注册资金(万元)		内资到位金额(万元)	
	本　年	累　计	本　年	累　计	本　年	累　计
2003 年	7	40	4 000	30 000	3 800	28 000
2004 年	120	160	70 000	100 000	40 000	68 000

（续表）

年　份	落户内资企业数(个)		内资注册资金(万元)		内资到位金额(万元)	
	本　年	累　计	本　年	累　计	本　年	累　计
2005 年	10	170	18 000	118 000	20 000	20 000
2006 年	9	179	10 000	128 000	—	—
2007 年	26	61	3 352	131 352	—	—
2008 年	28	233	16 420	147 772	—	—
2009 年	16	156	17 307	74 463	—	—
2010 年	18	174	52 025	126 488	—	—

资料来源：上海市经济委员会、上海市经济和信息化委员会、上海市统计局、上海市开发区协会《上海市开发区统计手册》；外冈工业园区提供数据

【产业发展】

外冈工业园区成立后，至 2010 年，逐渐形成了以上海坦达轨道车辆座椅系统有限公司、上海国靖机械设备有限公司为代表的制造业，以上海达昌装饰材料有限公司、上海劲嘉建材科技有限公司为代表的新材料产业，以仕驰汽车配套部件(上海)有限公司、上海敏孚汽车饰件有限公司为代表的汽车零部件产业。

【重点企业】

上海坦达轨道车辆座椅系统有限公司　公司于 2004 年 12 月成立，总部位于外冈镇朱戴路 1950 号，2004 年 12 月 16 日入驻园区，占地面积 1.34 公顷，注册资本 1 亿元，员工约 180 人，是一家专业生产时速 200 公里至 300 公里高速列车座椅的龙头企业。主要产品有高速列车座椅、客室座椅、动车组座椅。动车与高铁座椅市场占有率 80％以上。2010 年，实现工业产值 4.3 亿元，主营业务达 2.7 亿元，利润 1.5 亿元，税金 4 956 万元。

上海达昌装饰材料有限公司　公司于 2001 年 6 月成立，2001 年 6 月 11 日入驻园区，系萨摩亚商三得利公司投资设立的外商独资企业，公司坐落于外冈镇恒翔路 50 号，占地面积 2 万平方米，注册资本 550 万美元，拥有 8 条进口印刷机生产线，员工约 110 人，为专业塑胶地砖表图案印刷企业，在技术、质量和研发方面引领行业发展方向。2010 年，实现工业产值 1.7 亿元，主营业务收入 1.29 亿元，利润 2 927 万元，税金 1 097 万元。

仕驰汽车配套部件(上海)有限公司　公司于 2004 年 8 月成立，公司坐落于外冈镇汇宝路 599 号，2004 年 8 月 26 日入驻园区，注册资本 105 万美元，是美国商业汽车集团(CGV)在中国的全资子公司。商业汽车集团是为商业车辆提供完整驾驶室解决方案的优质供应商，总部位于俄亥俄州的新奥尔巴尼。主要产品包括工程和建筑机械、农用机械及卡客车的减震座椅和商用领域的线束，主要服务于中国大陆、日本、韩国和其他亚太地区的客户。2010 年，实现工业产值 2.84 亿元，主营业务收入 2.63 亿元，利润 3 323 万元，税收 516 万元，出口交货值 1.13 亿元。

上海敏孚汽车饰件有限公司　公司成立于 1998 年 6 月，2009 年 2 月 1 日入驻园区，公司坐落于外冈工业二区恒乐路 18 号，注册资本 300 万美元，员工约 200 多名，是一家专业研发和生产汽车饰件的中外合资企业。主要产品有汽车密封件、装饰条、冲压件、玻璃包边、玻璃导轨及汽车门框等

汽车零部件。2010年,实现工业产业1.94亿元,主营业务收入1.85亿元,利润1 098万元,税金686万元。

上海龙钰电梯配件有限公司　公司成立于2005年3月,2006年11月8日入驻园区,公司坐落于外冈镇西冈身路168号,注册资本2 000万元,占地面积约2.8万平方米,员工约190人,系专业生产电梯部件的机械制造企业,为电梯跨国集团提供各类电梯、自动扶梯和自动人行道零部件。2010年,实现工业生产总值1.21亿元,主营业务收入9 795万元,利润779万元,税金504万元。

上海劲嘉建材科技有限公司　公司于2003年6月成立,2003年6月3日入驻园区,位于外冈镇朱戴路2000号第3、第4幢,注册资本2 800万美元,员工527人,为新兴的专业塑料地砖制造企业,拥有自主知识产权产品近40多种,申请国家专利47件,国外专利8件,其中国内发明专利授权11件、国内实用新型专利授权19件、国外发明专利授权2件。独立完成自粘地砖项目的技术开发、产品测试、产品生产及销售。2010年,实现工业产值4亿元,主营业务收入3.15亿元,利润1 320万元,税收1 611万元,出口交货值2.8亿元。

上海贝通化工科技有限公司　公司于1998年12月成立,2004年4月1日入驻园区,位于外冈镇汇宝路655号,注册资本816.3万元,员工60人,专业从事纺织数码喷墨墨水和功能性染料的研发、生产与销售,主要产品涵盖了分散、无盐等多种功能性染料。2010年,实现工业产值4 125万元,主营业务收入4 358万元,利润713万元,税金451万元,出口交货值1 130万元。

上海国靖机械设备有限公司　公司是一家香港独资企业,2005年5月20日入驻园区,位于外冈镇朱戴路1888号,注册资本2 000万元,员工131人。主要生产SEC船用产品锚绞机(重型机电液压设备)、集装箱船用绑扎件(船用安全受力紧固件)和钢板焊接船锚,产品100%出口。公司取得美国、法国、德国船级工厂认可,锚绞机、绑扎件和钢板焊接锚产品取得美国、法国、德国、英国、日本、韩国、中国等船级社的产品认可。2010年,实现工业产值2.47亿元,主营业务收入2.15亿元,利润2 991万元,税金903万元,出口交货值1.91亿元。

五、经济规模

2010年,外冈工业园区企业注册的实收资本总数为30.66亿元,其中国家资本1.27亿元、集体资本0.07亿元、法人资本2.47亿元、个人资本12.94亿元、外商资本10.51亿元、港澳台资本3.4亿元,分别占总数的4.1%、0.23%、8.1%、42.2%、34.3%、11.1%;个人资本和外商资本占总数的76.5%。工业企业完成工业总产值76.77亿元,实现工业销售收入75.23亿元,工业企业利润4.77亿元,全部企业上缴税金总额2.35亿元,能源消耗6.5万吨标准煤,水4.77万吨。

表9-2-6　2010年外冈工业园区税收和利润同时超1 000万元的企业一览表　　　单位:万元

企　业　名　称	全年缴纳税金	利　润　总　额
上海坦达轨道车辆座椅系统有限公司	4 955.86	14 985.2
安通林汽车配件制造(上海)有限公司	1 292.4	1 890.3
上海达昌装饰材料有限公司	1 097.32	2 926.8
上海新树金属制品有限公司	1 039.58	2 778.2

资料来源:外冈工业园区提供数据

表 9 - 2 - 7　2010 年外冈工业园区利润总额超 1 000 万元的企业一览表　　单位：万元

企 业 名 称	利 润 总 额
上海国靖机械设备有限公司	2 990.9
上海川邻精密配件有限公司	1 590.1
上海敏孚汽车饰件有限公司	1 098.1

资料来源：外冈工业园区提供数据

2003—2010 年,园区工业总产值累计 349.88 亿元,工业销售收入累计 325.45 亿元,工业企业利润累计 15.03 亿元,全部企业上缴税金总额累计 9.64 亿元。

表 9 - 2 - 8　2003—2010 年外冈工业园区经济效益情况表　　单位：万元

年　　份	工业总产值	工业销售收入	工业企业利润	全部企业上缴税金总额
2003 年	—	—		1 300
2004 年	150 000	143 000	5 600	11 000
2005 年	200 000	190 000	10 000	8 000
2006 年	215 000	215 000	10 000	6 400
2007 年	700 000	580 000	45 000	8 000
2008 年	814 445	735 552	1 147	15 640
2009 年	651 637	638 604	30 782	22 569
2010 年	767 691	752 337	47 744	23 476

说明：自 2007 年起工业销售收入数据为工业企业主营业务收入数据

资料来源：上海市经济委员会、上海市经济和信息化委员会、上海市统计局、上海市开发区协会《上海市开发区统计手册》；外冈工业园区提供数据

第三节　徐行工业园区

上海徐行工业园区于 2002 年经嘉定区政府批准建立,2006 年市政府同意将徐行工业园区整合入上海宝山工业园区。园区东至原曹王镇,西至澄浏公路,北至徐行镇与华亭镇行政边界,南至曹胜路,2005 年规划面积为 206.99 公顷。工业园区主要以制造类工业为主导产业,包括金属制造、设备制造、电子制造等。

一、园区创建

2002 年 3 月,嘉定区政府批准建立徐行镇工业园区。2002 年,徐行工业园区规划面积 490.32公顷。规划四至范围：东至原曹王镇,西至澄浏公路,北至徐行镇与华亭镇行政边界,南至曹胜路。2005 年,调整园区规划,调整后规划面积 206.99 公顷。2006 年 8 月 7 日,按照国务院"布局集中、用地集约、产业集聚"清理整顿开发区的要求,市政府批复同意设立上海宝山工业园区等 14 个开发区,由宝山城市工业园区、罗店工业小区、嘉定区徐行工业园区整合为上海宝山工业园区。

二、管理机构

2002 年 1 月 7 日,徐行镇人民政府批准成立镇级开发公司上海徐行工业发展有限公司,公司投资总额为 3 000 万元,注册资本为 3 000 万元,流动资金 2 000 万元,流动资金由镇政府共筹,公司总经理、副总经理经镇政府任命。

三、开发建设

【土地开发】

2002 年,工业园区开发土地面积 4.02 公顷;2003 年,工业园区开发土地面积 13.92 公顷;2004 年,开发土地面积 88.95 公顷;2005 年,开发土地面积 10.66 公顷;2006 年,开发土地面积 43.66 公顷;2007 年,开发土地面积 1.41 公顷;2008 年,开发土地面积 4.24 公顷;2009 年,开发土地面积 3.59 公顷;2010 年,开发土地面积 8.13 公顷。2002—2010 年,工业园区累计开发土地面积近 175 公顷。

【基础设施】

2002 年 3 月,徐行工业园区开始基础设施建设。至 2004 年,工业园区基础设施投资近 3.60 亿元。其中,2003 年,基础设施投资 2.30 亿元;2004 年,基础设施投资 1.30 亿元,园区内道路、绿化、水电配套设施建设全部完成。2004 年,工业园区建成 35 千伏徐潘变电站 1 座。

四、招商引资与产业发展

【招商引资】

2003 年,工业园区吸引外资项目 10 个,内资项目 15 个,总投资额 3.90 亿元,其中工业投资 1.60 亿元。2004 年,园区引进了上海杰弗朗机械设备有限公司,系香港联置实业有限公司投资,投资总额为 420 万美元,注册资金 210 万美元;园区引进了春冶钢铁有限公司,总投资达 2 亿元。2005 年,园区吸引外资项目 5 个,内资项目 3 个。

2006 年,上海华荣集团有限公司落户工业区,公司注册资金 2 亿元。园区引进了美卓造纸机械技术(上海)有限公司,系芬兰美卓公司投资,公司投资总额 3.63 亿元,注册资本 1.45 亿元;园区引进了上海连翰欣电子科技有限公司,注册资本为 1 000 万美元。2008 年,园区吸引外资项目 1 个,内资项目 7 个。2009 年,园区引进了芳兰美卓公司的地区总部,注册资本 3 000 万美元,实现了园区在总部经济引进上零的突破。2002—2010 年,工业园区出让工业用地面积 120 公顷;累计固定资产投资总额 24.47 亿元,吸引合同外资总额 2.07 亿美元,内资注册资金 9.93 亿元。

表 9 - 2 - 9　2003—2010 年徐行工业园区吸引外资情况表

年　　份	吸引外资项目数(个)		合同外资金额(万美元)		外资到位金额(万美元)	
	本　年	累　计	本　年	累　计	本　年	累　计
2003 年	10	10	—	—	2 662	2 662
2004 年	—	3	—	490	—	350

（续表）

年 份	吸引外资项目数(个)		合同外资金额(万美元)		外资到位金额(万美元)	
	本 年	累 计	本 年	累 计	本 年	累 计
2005 年	5	8	2 370	2 860	1 646	1 996
2006 年	7	17	3 663	7 523	2 992	5 488
2007 年	4	23	2 860	15 820	1 998	9 768
2008 年	1	24	72	15 892	2 240	12 008
2009 年	2	26	3 525	19 417	750	12 758
2010 年	1	27	1 276	20 693	2 718	15 476

资料来源：上海市经济委员会、上海市经济和信息化委员会、上海市统计局、上海市开发区协会《上海市开发区统计手册》；徐行工业园区提供数据

表 9‐2‐10 　2003—2010 年徐行工业园区落户内资情况表

年 份	落户内资企业数(个)		内资注册资金(万元)		内资到位金额(万元)	
	本 年	累 计	本 年	累 计	本 年	累 计
2003 年	15	15	35 100	35 100	23 800	23 800
2004 年	—	15	16 380	51 480	7 200	31 000
2005 年	3	18	18 020	69 500	—	—
2006 年	5	23	12 000	81 500	—	—
2007 年	8	32	13 880	95 380	—	—
2008 年	7	39	6 360	101 740	—	—
2009 年	3	42	6 000	99 240	—	—
2010 年	1	43	50	99 290	—	—

资料来源：上海市经济委员会、上海市经济和信息化委员会、上海市统计局、上海市开发区协会《上海市开发区统计手册》；徐行工业园区提供数据

【产业发展】

至 2010 年，工业园区主要以制造类工业为主导产业，包括金属制造、设备制造、电子制造。代表性企业有华荣科技股份有限公司、上海杰弗朗机械设备有限公司、美卓造纸机械技术(上海)有限公司、春冶钢铁有限公司、上海卓凯电子科技有限公司、普锐涂料(上海)有限公司、上海连翰欣电子科技有限公司、上海优亚电子科技有限公司等。

【重点企业】

上海华荣集团有限公司　是一家从事防爆电气、照明灯具和船用电器研发、制造、生产、销售、服务为主的工业企业，2006 年 11 月落户徐行工业园区，注册资金 2 亿元，拥有现代化厂房 10 万多平方米。公司所辖四大事业部，拥有 500 多家国内销售中心和经销商、30 多家国外销售分支机构，为客户提供售前、售中、售后服务。2010 年，公司实现产值 9.54 亿元，利润 4 354 万元，企业综合实力名列"上海市民营企业 100 强""嘉定区工业销售收入百强企业"。2010 年 12 月 15 日，公司更名

为华荣科技股份有限公司。

美卓造纸机械技术（上海）有限公司　2006 年，芬兰美卓集团收购上海晨鸣造纸机械有限公司 100％股权，注册成立美卓造纸机械技术（上海）有限公司。是年 12 月 8 日，公司开业并入驻徐行工业园区。公司占地面积 15 公顷，建筑面积 4.3 万平方米，投资总额 3.63 亿元，注册资本 1.45 亿元，员工 650 人。主要生产各种纸浆机械、造纸机械成套设备及相关零件的技术开发、转让、咨询和服务等。产品主要分布于中国国内、美国、欧洲、东南亚等地区，为全球客户提供了 1 500 多台纸机及板纸机，为 800 多条制浆线提供了设备。2010 年，实现产值 2.75 亿元，列入嘉定区工业销售收入百强企业。

上海杰弗朗机械设备有限公司　成立于 2004 年 12 月，系香港联置实业有限公司投资，投资总额为 420 万美元，注册资金 210 万美元。2005 年 2 月，公司入驻徐行工业园区，占地面积 3.7 公顷，主要生产销售移动式破碎机及其相关的砂石清洗机、喂料机、振动筛、胶带运输机和电器装置等矿山机械设备，并提供产品有关的技术服务。2010 年，公司实现产值 2.70 亿元，利润 5 465 万元。

春冶钢铁有限公司　成立于 2003 年 10 月 27 日，是一家专业从事宽中板、低合金板生产、加工与销售的民营企业。2004 年 11 月，公司入驻徐行工业园区，占地面积 8.59 公顷，厂房面积 3.36 万平方米，总投资达 2 亿元。公司拥有从宝钢搬迁的 2 350 宽中板生产线，具有国内较先进的轧制水平，可生产普钢、低合金、船板多个品种，并有多种规格的热轧宽中板，年产量达 50 万吨以上。

上海卓凯电子科技有限公司　2003 年 12 月，公司入驻徐行工业园区。公司注册资本 1 800 万美元，成立于 2001 年 12 月 30 日，用地面积 5.44 万平方米，建筑面积 2.34 万平方米。公司生产、加工、销售为电脑主机、手机等产品配套的多层电路板、LED 晶粒灯等产品。

五、经济规模

2003—2010 年，园区工业总产值累计 256.64 亿元，工业销售收入累计 249.50 亿元，工业企业利润累计 18 亿元，全部企业上缴税金总额累计 11.70 亿元。

表 9-2-11　2004—2010 年徐行工业园区经济效益情况表　　　　　　　　单位：万元

年　　份	工业总产值	工业企业利润	工业销售收入	全部企业上缴税金总额
2004 年	1 048	82	1 003	—
2005 年	22 939	812	11 053	1 141
2006 年	230 579	21 000	205 000	11 000
2007 年	528 384	39 485	507 856	26 906
2008 年	724 611	56 533	698 214	25 185
2009 年	500 725	25 363	511 725	19 400
2010 年	558 160	36 719	560 120	33 408

说明：自 2007 年起工业销售收入数据为工业企业主营业务收入数据

资料来源：上海市经济委员会、上海市经济和信息化委员会、上海市统计局、上海市开发区协会《上海市开发区统计手册》；徐行工业园区提供数据

第三章　青　浦　区

第一节　华新绿色工业园区

华新绿色工业园区位于华新镇境内,东邻闵行区,北依嘉定区,有沪宁高速、嘉金高速越境而过。园区依托交通优势和上海汽车城辐射效应,形成摩托车整车及汽车、摩托车零配件产业集群,发展以物流为主的生产性服务业。

一、园区创建

【工业园区建立】

华新绿色工业园区隶属于华新镇,前身为华昌工业园区。1992年8月18日,青浦县华新乡成立华昌工业园区,占地面积37.54公顷。2001年5月,青浦区人民政府(以下简称青浦区政府)根据工业集中集聚开发的要求,按照"一镇一区"的原则,在华新镇批准成立华新绿色工业园区。9月18日,华新绿色工业园区成立华新镇开发区管理委员会、华新镇城镇开发有限公司和华新镇工业园区开发有限公司。2006年8月7日,开发区清理整顿后,市政府按照《清理整顿开发区的审核原则和标准》,整合华新绿色工业园区、徐泾绿色工业园区和上海闵北工业区,批准成立上海西郊经济开发区,重点发展电子、摩托车及汽车零部件、机械产业。2009年,华新绿色工业园区经上海市经济和信息化委员会(以下简称市经济信息化委)核准,列入上海市104个市级产业区块之一。是年6月,华新绿色工业园区授牌成立生产性服务业功能区。

【规划面积】

2001年,青浦区政府批准华新绿色工业园区总规划面积为622公顷。2002年,青浦区房屋土地管理局批准华新绿色工业园区土地利用规划面积530公顷,规划范围:南至华南二号横河,东至新通坡塘,西至华西河,北至苏州河、沪宁高速。2004年1月16日,青浦区政府研究决定核减华新绿色工业园区规划面积,总规划面积由622公顷核减至530公顷。5月20日,青浦区政府再次发文提出将华新绿色工业园区的规划面积530公顷核减至380公顷,园区规划范围调整为东至通坡塘、南至华卫路、西至华西二号河、北至华北四号河及沪宁高速、嘉松中路交叉口地块。

二、管理机构

1992年,华昌工业园区成立,前期开发工作由华新工业公司承担。1994年5月26日,华新工业公司建制撤销,成立上海华民经济发展有限公司,负责商贸、实体型私营企业落户工业园区;成立上海华新经济发展实业总公司,负责外资企业落户工业园区;成立上海华昌投资咨询有限公司,负责实地型企业落户工业园区。2002年1月21日,上海华新经济发展实业有限公司和上海华民经济城开发公司共同出资组建上海华新工业园区经济发展有限公司,注册资本900万元,同时设立行政服务站,负责华新工业园区的项目开发、园区建设、投资服务等工作。2003 年 4 月 2 日,上海华新城乡建设总公司投资上海华新工业园区经济发展有限公司 2 100 万元。

2006 年 10 月 18 日,上海华新建设(集团)有限公司将上海华新工业园区经济发展有限公司 70%的股权(共计 2 100 万元)转让给上海华新经济发展实业有限公司。转让后,上海华新工业园区出资主体为上海华新经济发展实业有限公司、上海华民经济发展公司。2007 年 4 月,华新工业园区经济发展有限公司增资 2 000 万元,增资后上海华新经济发展实业有限公司资金量为 3 600 万元,占全部出资比例的 72%,上海华民经济城开发公司资金量为 1 400 万元,占全部出资比例的 28%。是年,华新工业园区经济发展有限公司增加园区管理部门,负责园区的土地款收缴、基础设施配套、节能降耗、环境绿化工作。

三、开发建设

【土地开发】

2001 年,青浦区政府批准华新绿色工业园区首期规划面积 149 公顷,首期开发方位为华西河以东,沪宁高速以南,新通坡塘以西,华南四号河以北。2004 年,华新绿色工业园区累计完成开发面积 4.55 平方公里,比 2003 年拓展了 0.32 平方公里,增长 7.6%。2005—2009 年,华新绿色工业园区累计完成 257 公顷的土地开发。2009 年 11 月,青浦政府审批了《华新镇人民政府关于报审〈青浦区华新镇工业园区控制性详细规划〉的请示》,将华新绿色工业园区分为南北两片,总用地面积为 457.17 公顷。规划形成"一心、三轴、三片"功能布局结构,"一心":指嘉松公路与华腾路交叉口的华新镇工业园区行政服务管理中心;"三轴":指横向的华腾路,纵向的新协路和嘉松公路交通发展轴;"三片":指北部工业片区、中部工业片区和南部的生产性服务业功能区。2009 年,市经济信息化委同意将青浦华新生产性服务业功能区列为上海市重点推进的生产性服务业功能区。华新生产性服务业功能区位于华新绿色工业园区两侧,规划面积 51.8 公顷,规划范围东至嘉松路(六田)、南至苏虹高速、西至新协路、北至华南二号河。2009—2010 年,华新生产性服务业功能区进行大规模的基础设施建设。2010 年,华新绿色工业园区 380 公顷的公告园区中,剩余未开发土地面积 81 公顷。

【基础设施】

2001—2003 年,华新绿色工业园区投入的基础设施建设费用累计达 3 亿元。2004 年,华新绿色工业园区道路总长为 12.1 公里,污水处理能力设计 4.5 万吨/日,一期处理能力 2.5 万吨/日,有 35 家企业通过了 ISO 9000 和 ISO 14000 管理体系认证。是年 12 月,国家西电东送"三沪"工程(三峡至上海)从浙江嘉善至青浦华新段开始动工,全长 50 公里。2005 年 1 月 12 日,"三沪"工程青浦段占地面积 11.73 公顷的 500 千伏直流输变电力工程华新换流站开工,至 2006 年 9 月该项目完工,正式送电。2006 年 12 月 8 日,华新镇污水处理系统工程开工,该工程由上海城投环境投资有限公司与香港绿衍国际环保投资有限公司共同投资建立,污水处理厂设计处理规模为 5.1 万吨/日,服务面积 47.6 平方公里,项目总投资为 7 500 万元。一期建成规模为 1.7 万吨/日,投资 4 221 万元。该工程于 2007 年 10 月顺利完工并投入运行。2008 年,华新绿色工业园区内"四通一平"基本完成。有 35 千伏变电站 2 座,污水处理厂 1 座,日处理污水量 1.7 万立方米,通信机房 1 座,固定通信量 5.2 万对号线。2009 年,华新绿色工业园区污水纳管率达 100%,建设绿化隔离带约 2.17

万平方米,完成总量的50%。2010年,华新绿色工业园区完成新朋实业电信动迁,完成3.8公告园区内绿化,园区90%企业签订节能降耗量控制承诺书。

表9-3-1 2003—2010年华新绿色工业园区基础设施建设投资金额表 单位:万元

年　份	基础设施投资金额	
	本　年	累　计
2003年	12 000	30 000
2004年	18 000	48 000
2005年	6 000	54 000
2006年	1 250	55 250
2007年	6 300	61 550
2008年	11 449	72 999
2009年	22 970	97 320
2010年	46 321	143 641

资料来源:上海市经济委员会、上海市经济和信息化委员会、上海市统计局、上海市开发区协会《上海市开发区统计手册》

四、招商引资与产业发展

【招商引资】

至2000年,华新绿色工业园区前身华昌工业园区,有集体工业企业5家,三资企业18家,私营企业741家,私营企业的注册资金总额为6.99亿元。2003年,为提高土地的投入、产出比例,华新绿色工业园区调整项目准入标准,外资落户每公顷不少于300万美元,内资落户每公顷不少于3 000万元,园区内的企业每年每公顷上缴的税金不少于150万元。2004年,华新绿色工业园区完成新增注册资本4 963.4万美元,合同外资4 376.7万美元,总投资8 420万美元,其中:新办企业17家,总投资5 472万美元;老企业增资12家,总投资2 948万美元。2005—2010年,华新绿色工业园区累计落户外资企业61家,共引进合同外资2.16亿美元。2010年,华新绿色工业园区落户企业1 043家,占落户企业总数的48.6%,引进企业的投资额为13.81亿元,占总投资额度的26.2%。是年年底,华新绿色工业园区累计落户内资企业1 841家,注册资本总计达26.33亿元。

表9-3-2 2003—2010年华新绿色工业园区吸引外商投资额度一览表

年　份	落户企业数量(个)	合同外资(亿美元)
2003年	10	0.20
2004年	17	0.32
2005年	15	0.20
2006年	7	0.35
2007年	5	0.40
2008年	21	0.72

（续表）

年　　份	落户企业数量（个）	合同外资（亿美元）
2009 年	5	0.24
2010 年	8	0.26

资料来源：上海市经济委员会、上海市经济和信息化委员会、上海市统计局、上海市开发区协会《上海市开发区统计手册》

表 9 - 3 - 3　2003—2010 年华新绿色工业园区吸引内资情况表

年　　份	落户企业数量（个）	注册资本（亿元）
2003 年	30	0.09
2004 年	186	8.54
2005 年	27	1.79
2006 年	29	1.00
2007 年	39	0.25
2008 年	186	1.37
2009 年	525	9.85
2010 年	1 035	12.07

资料来源：上海市经济委员会、上海市经济和信息化委员会、上海市统计局、上海市开发区协会《上海市开发区统计手册》

【主导产业】

2001 年，华新绿色工业园区成立时，形成电子、摩托车和汽车零部件制造为主的产业。2003 年，按照青浦区政府"一城五片"的产业功能定位，华新镇形成了汽车、摩托车为主的产业发展格局。2006—2008 年，根据青浦区经济委员会的要求，华新绿色工业园区成立了调整产业机构、淘汰劣势企业领导小组，淘汰了一批铸造、锻造、热处理、电镀厂等产值能耗高、土地利用率低、环境破坏严重和落后的企业。

至 2008 年，华新园区落户企业共有 1 200 家，主要涉及行业摩托车、汽车配件、机械加工、文体用品。是年 11 月，华新绿色工业园区规划发展生产性服务业，引进物流、仓储、总部经济等优质项目落户园区。2010 年，华新绿色工业园区形成了以摩托车和汽车配件、电子、箱包和现代物流的为主的产业集群，积极发展以摩托车和汽车配件为核心产业的先进制造业基地，提高服务业所占比重。华新生产性服务业功能区北面主要以仓储物流、信息物流业发展为主，南面以企业总部经济发展为主。

【重点企业】

上海华新合金有限公司　上海华新合金有限公司创建于 1979 年，位于华新镇嘉松中路 1855 号，占地 10 万平方米，主要产品为空调压缩机曲轴/汽缸、高速彩色印刷机辊筒、高铬抗磨铸件等高技术产品。2000 年，公司通过 ISO 9000 质量体系认证；2006 年，发明专利"空调压缩机球墨铸铁铸态曲轴"获"上海市发明专利二等奖"；2007 年，科研项目"高铬抗磨铸铁叶片"被评为"上海市火炬计划项目"；2008 年，获得"上海市最具活力科技企业成长型提名奖"等称号；2006—2008 年，连续 3

年被评为"上海市高新技术企业";2009年,被认定为"上海市科技小巨人培育企业"。

新大洲本田摩托车　新大洲本田摩托有限公司成立于2001年10月,由新大洲控股股份有限公司、本田技研工业株式会社和本田技研工业(中国)投资有限公司合资成立,注册资金1.3亿美元,位于青浦区生产基地,占地19.2万平方米。2002年10月,新大洲本田摩托车与华新绿色工业园区签订合同,正式入驻园区。公司主营摩托车产品的开发、生产、销售和服务。2010年4月,新大洲本田摩托有限公司获中华全国总工会授予"模范职工之家"称誉,市政府授予其上海分公司发动机装配车间"上海市模范集体"称号;是年,新大洲本田摩托有限公司被评为"2010年度上海市外商投资双优企业"。

上海新朋实业股份有限公司　公司前身为成立于1997年的上海新朋实业有限公司,2007年10月改制为股份有限公司,主营业务为机电产品金属零部件设计和制造。2008年新增用地面积6.67公顷,项目总投资3.6亿元。2009年12月30日新朋股份股票在深圳证券交易所挂牌上市。公司上市后与上海大众合作,引进国际先进的8100T舒勒冲压线、法格开卷落料线等生产设备,发展汽车零部件业务和计算机网络集成柜产业化工程项目,项目占地10万公顷,总投资7.2亿元。2010年,开始项目前期建设。

五、经济规模

2000年,华新绿色工业园区前身华昌工业园区,入驻企业实现销售10.11亿元,上缴税金0.38亿元。至2004年,华新绿色工业园区产品销售收入47.93亿元,占全镇的73%;出口拨交值1.14亿美元,占全镇的38%;利润总额2.43亿元,占全镇的51%。2007年,华新绿色工业园区引进上海新大洲本田摩托车有限公司、上海新朋实业有限公司、上海萨克斯动力总成有限公司等一些规模较大、质量较好的企业,实现园内企业总投资28.8亿元、利润3.82亿元,解决劳动力6 500个。2009年,华新工业园区纳税在1 000万元以上的实地型企业有16家,其中规模较大的有橡果国际上缴税收1.33亿元,新大洲本田上缴税收1.8亿元,新朋实业股份上缴税收5 375万元,萨克斯动力3 713万元。至"十一五"期末(2010年),华新绿色工业园区的工业生产总值占全镇工业生产总值的71%。

表 9 - 3 - 4 　2003—2010年华新绿色工业园区工业总产值和税收情况表　　　　单位:亿元

年　　份	工业总产值	上缴税收
2003 年	45	0.84
2004 年	51.86	3.49
2005 年	24.88	1.62
2006 年	65.85	3.76
2007 年	166.53	10.48
2008 年	195.29	14.82
2009 年	196.13	12.8
2010 年	177.48	11.24

资料来源:上海市经济委员会、上海市经济和信息化委员会、上海市统计局、上海市开发区协会《上海市开发区统计手册》

第二节　徐泾绿色工业园区

徐泾绿色工业园区位于上海市西郊,邻靠国家一级公路318国道,北有北青公路,东临沪杭铁路,西依徐凤公路,规划面积633公顷,主要产业为电子工业、化妆品、医药、机械制造和仓储物流。

一、园区创建

【工业园区建立】

1992年8月,青浦县创建上海西郊经济技术开发区。1993年12月26日,经青浦县人民政府(以下简称青浦县政府)批准,上海西郊经济技术开发区升格为青浦县级工业区。1994年9月8日,中共中央政治局常委吴邦国视察徐泾镇并为园区题词"上海西郊经济技术开发区"。1998年10月6日,国家主席江泽民在中共中央政治局委员、中共上海市委书记黄菊陪同下,视察上海西郊经济技术开发区。2001年,根据青浦区政府建设绿色工业园区的要求,上海西郊经济技术开发区更名为徐泾绿色工业园区。是年,工业园区被农业农村部命名为"全国乡镇企业示范区"。2006年,开发区清理整顿,徐泾绿色工业园区成为青浦区保留的五个开发区之一,与华新绿色工业园区、上海闵北工业区整合为上海市级工业园区——上海西郊经济开发区,主要发展电子、摩托车及汽车零部件、机械产业。

【规划面积】

2001年,徐泾绿色工业园区规划面积733公顷;四至范围:东至诸光路,南至蟠龙轧铝厂南侧、徐泾大道,西至华新镇交界处,北至北青公路。2006年,国务院清理整顿开发区公告,工业园区规划面积调整为633公顷;四至范围东至诸光路,南至徐泾港、徐泾中路,西至明珠路、嘉金高速公路,北至北青公路。

二、管理机构

【工业园区管理委员会】

1994年6月30日,上海西郊经济技术开发区设立开发区管理委员会(以下简称管委会),决定园区重大事宜。2005年3月25日,徐泾镇人民政府和中共青浦区徐泾镇委员会决定成立徐泾镇工业园区管理委员会。管委会下设办公室,负责徐泾绿色工业园区开发建设管理。2006年10月30日,徐泾镇工业园区管理委员会办公室办公地点设在徐泾绿色工业园区。

【上海西郊经济技术开发总公司】

1992年9月28日,青浦县政府批准成立县级乡管"上海西郊经济技术开发总公司",公司投资总额为8880万元,注册资本为5000万元,其中固定资产5000万元,流动资金3880万元,资金由县、乡政府共筹,公司总经理、副总经理经乡政府任命。1994年8月28日,上海西郊工业开发区管委会办公会议确认总公司机构为"四部一室三公司",即规划设计部、管理协调部、财务统计部、劳动人事部、办公室、投资服务公司、经营贸易公司、工程建设公司。

三、开发建设

【土地开发】

1992年8月,上海西郊经济技术工业区土地开发工作启动,规划面积27平方公里,规划范围东至向阳河,西至方黄路,南至318国道,北至北青路,首期开发3平方公里,其中规划工业建设用地206.2公顷,公建居住用地28公顷,扩建道路用地39公顷,区内24米至32米的主干道将工业区划分成若干小区,供不同行业选择。1993年,《上海西郊经济开发区建筑规划说明》对园区"轻纺工业开发小区、生活小区、工业开发用地和发展用地"三类用地进行规划。1996年,《上海西郊经济技术开发区规划说明》对开发区的现状、规划布局、用地布局、市政公用设施等进行规划。1997年,开发区内三横二竖道路和水、电、通信等配套设施全部竣工,首期3平方公里完成开发。

1998年,上海西郊经济技术开发总公司建造两幢4000平方米动迁房,对动迁失业人员进行安置。随着招商项目的增加,2002年8月20日,中共青浦区委、区政府就徐泾绿色工业园区工业用地问题作出决议:一是将工业园区展望期地块提前至当年启动;二是在工业园区西侧扩大工业用地。至2002年,徐泾绿色工业园区完成二期4.1平方公里的开发建设。

2002年12月12日,徐泾绿色工业园区第三期10平方公里开发全面启动。2003年12月10日,为减轻土地资源压力,徐泾绿色工业园区管理委员会向青浦区政府申请提高建筑密度,增加容积率。2004年5月24日,徐泾镇成立工业项目评审和清理领导小组,对入驻园区工业项目进行评审和清理整顿。2007年,由于受到虹桥交通枢纽建造的影响,徐泾绿色工业园区许多项目无法申报落地,开发区工作重点转向房地产权证办结和土地储备工作。2008年,开发区土地储备2.53公顷。2010年,开发区储备土地面积约4.33公顷。

【基础设施】

至1993年12月,工业区建成3.5千伏蟠龙输变电站1座,容量6千伏安;上海西郊水厂1座,日供水量六万吨;S1240程控机房1座,容量一万门;液化气供应站1座;园区内道路总长9400米,路面宽为24米～32米,建造桥梁2座。1995年4月9日,工业园区完成蟠龙港、南塘桥等5座桥梁建设。1995年底,60万立方米煤气储备站建成。1997年,工业区5条主干道、9条支干道公告命名,总长29.73公里。至此,工业区基础设施投资总额为1.58亿元,其中道路、桥梁建设5631万元,上下水道管网6605万元,邮电通讯1785万元,其他动迁、青苗、绿化等费用1876万元,工业区形成供电、供水、通讯、道路、上下排水网络等较为完善的配套设施。2004年,工业园区新建厂房3.9万平方米;总投资1400多万元,进行道路平整、绿化工程、下水道及供电、通信线路建设。至2006年,工业区基础设施建设投资近13亿元。区内主要道路架构实现网格化,建成水泥路面约26公里,主干道与国家一级公路318国道相连接;建造主要桥梁15座;开发区内供水与上海南市自来水公司并网;日处理2.5万吨的污水处理厂、储气总量为60万立方米的煤气储备站全部投入使用;开发区内绿化总面积8万多平方米;35千伏变电站2座,容量10万千伏安。区内实现电话自动化、传输光缆化,并为区内企业提供IDD计算机联网专线和图像传输业务。2008年,轨道交通2号线徐泾东站开工建设,2010年3月16日试运营。

四、招商引资与产业发展

【招商引资】

1993年,工业区与8家企业签订合作协议,总投资1000万美元和1.1亿元。1994年,工业区已建成投产项目32个,在建项目3个,共吸纳外资3.5亿美元。

"九五"期间(1996—2000年),工业园区利用地域优势,引进一批重点项目和企业。1996年,引进"三资"企业9家,总投资达5400万元。1997年,开发区引进项目35个,共引进项目资金2.98亿美元,项目平均投资超过870万美元。"九五"期末(2000年),徐泾绿色工业园区有美国金朋(上海)有限公司、德国妮维雅(上海)有限公司、新加坡佳通集团、日本尤妮佳有限公司、黑田电气(上海)有限公司、新加坡的上海泰丰箱包有限公司、中国香港的郑明明化妆品有限公司、中国台湾的上海展华电子有限公司、中国上海的家化集团等20多个国家和地区的40多家企业落户,总投资达30多亿元。

"十五"期间(2001—2005年),工业园区招商引资项目进一步增加,企业增资效果明显。2002年,在开发区成立10周年庆典会上,尤妮佳(中国)有限公司、上海建荣精密机械有限公司、宏渡服装辅料(上海)有限公司和嘉登置业有限公司等投资项目签约,新加坡佳通集团、美国金朋(上海)有限公司连续三年增资,开发区80家外资企业中,已增资企业20家,占总开工企业的25%,增资额5亿美元。2003年,上海精元机械有限公司等7家企业增资,总协议增资9100万美元。2004年,上海五洋药业健康产品有限公司、上海扬洋体育用品有限公司、黑田电器(上海)有限公司、上海精元机械公司、上海宏利彩印有限公司、上海东王子包装有限公司6家单位增资,共增资1.02亿美元。至2005年,有20多个国家和地区237家企业落户工业园区,累计吸引外资6.36亿美元,内资近8亿元。2001—2005年,上海西郊经济技术开发总公司年吸引外资额度均在5000万美元以上。

"十一五"期间(2006—2010年),受西虹桥商务区开发辐射影响,工业园区吸引内外资能力进一步提升。2007年,引进外资项目10个,企业增资6个,吸引外商投资1.44亿美元,合同利用外资6750万美元,注册资金7150万美元,外资到位资金5000万美元。2008年,受经济危机影响,工业区引进外资项目有所下降。2010年,开发区新增外资项目7个,增资企业7家。2010年,西虹桥商务区开发,其中约16.5平方公里涉及徐泾镇,带动了徐泾绿色工业园区的产业结构升级和第三产业发展。

表9-3-5　2003—2010年徐泾绿色工业园区吸引外资情况表

年　份	吸引外资项目数(个)		合同外资金额(万美元)		外资到位金额(万美元)	
	本　年	累　计	本　年	累　计	本　年	累　计
2003年	10	44	2 300	102 063	13 000	73 000
2004年	3	47	834	102 897	518	73 518
2005年	11	58	9 465	64 413	5 058	40 774
2006年	10	68	6 295	70 708	8 198	48 972
2007年	10	78	8 623	79 330	8 175	57 146
2008年	6	84	3 263	82 594	2 887	60 034

（续表）

年　份	吸引外资项目数(个)		合同外资金额(万美元)		外资到位金额(万美元)	
	本　年	累　计	本　年	累　计	本　年	累　计
2009 年	14	98	10 541	93 135	5 053	65 087
2010 年	7	105	27 356	120 491	2 836	67 923

资料来源：徐泾绿色工业园区提供

表 9-3-6　2003—2010 年徐泾绿色工业园区落户内资情况表

年　份	落户内资企业数(个)		内资注册资金(万元)		内资到位金额(万元)	
	本　年	累　计	本　年	累　计	本　年	累　计
2003 年	12	56	1 900	9 100	1 900	9 100
2004 年	14	70	7 910	17 010	7 910	17 010
2005 年	4	74	2 500	19 510	2 500	182 500
2006 年	2	76	600	20 110	—	—
2007 年	0	76	10 916	31 026	—	—
2008 年	16	92	6 593	37 619	—	—
2009 年	0	92	0	37 619	—	—
2010 年	0	92	0	37 619	—	—

资料来源：徐泾绿色工业园区提供

【产业发展】

至 2010 年，工业园区形成电子工业、化妆品、医药、机械制造、仓储物流五大主导产业。

【重点企业】

青浦现代电子(上海)有限公司　1994 年 5 月 6 日，韩国现代电子产业株式会社入驻工业区，公司总投资 1.72 亿美元，注册资本 8 510 万美元，生产和销售以半导体元器件为主的电子产品及提供相关技术服务。1998 年，公司通过 QS 9000 和 ISO 14001 认证，出口额 8 650 万美元，获上海市出口二等奖。1999 年 10 月 27 日，公司更名为金朋(上海)有限公司。2000 年出口创汇 3.03 亿美元，外商投资企业出口额位居上海市第五位，列青浦区第一位。2003 年入围上海工业 500 强。至 2005 年，金朋(上海)有限公司总投资额达 2.23 亿美元。

上海尤妮佳有限公司　1995 年 12 月，由日本尤妮佳株式会社与国内知名企业上海家化(集团)有限公司、日本伊藤忠商事株式会社及伊藤忠(中国)集团有限公司四方合资成立。2003 年评为"上海市工业 500 强企业"。2009 年 1 月，与尤妮佳生活用品(中国)有限公司、尤妮佳生活用品服务(上海)有限公司合并为尤妮佳生活用品(中国)有限公司。公司主营产品为女性生理用品系列和婴儿纸尿裤系列。公司拥有"苏菲""妈咪宝贝"两大主力品牌。2010 年，宠物护理事业部在中国起步，为宠物提供相关产品。

精元机械股份有限公司　1996 年 5 月入驻上海西郊经济技术开发区，由新加坡 SEYEN

ENGINEERING PTE LTD. 设立独资经营,投资总额 980 万美元,注册资本 980 万美元,主要生产汽车模具、制动器总成、变速器及汽车、摩托车铝合金轮鼓。1999 年,公司通过 ISO 9001 质量体系认证。2003 年,精元机械自主研发第一台小角度裁断机、金属鼓成型机研发成功。科技成果推动公司发展,至 2007 年,公司产值达 4 亿元。

德邦物流公司 1996 年 9 月创建,主营国内公路零担运输业务和空运代理,是国家 AAAA 级物流企业。至 2010 年 9 月,在全国 30 个省、市、自治区开设 1 000 多家营业网点,拥有运输车辆 1 900 余台、员工 1.9 万多人,货台面积近 41 万平方米,日吞吐货量超过 1.3 万吨,服务网络遍及国内 550 多个城市和地区,覆盖全国 90% 的经济中心和人口。

上海佳吉快运有限公司 公司于 1993 年创立,注册资金 1 亿元,总部在青浦区徐泾镇,是一家主要从事公路零担货物运输,兼营快递和航空代理服务的民营企业。2004 年至 2009 年被评为"中国物流百强企业与中国民营物流十强企业",2006 年被评为"上海市名牌企业",2007 年获得"全国物流 AAAA 级企业"资质、"道路货物运输一级企业"资质。佳吉快运商标 2007 年被评为"上海市著名商标"。2010 年,佳吉快运投资的新安中转中心(成都)、东北中转中心(沈阳)相继竣工;佳吉快运先后与阿里巴巴和淘宝网合作。

五、经济规模

2005 年,在工业园区形成生产能力的内外资企业达 80%,园区进出口总额 13.49 亿美元,其中外贸出口创汇 5.91 亿美元,解决社会就业岗位约 1.7 万多人。2006 年,已落户工业项目 222 个,其中外商投资企业 180 家,项目总投资达 20 亿美元,解决就业岗位约 5 万多个。2007 年,工业区实现外资企业总产值 107 亿元左右,比 2006 年增长 8%,解决就业岗位约 3 万多个。

表 9-3-7 2003—2010 年徐泾绿色工业园区经济效益情况表 单位:万元

年 份	工业总产值	工业企业利润	工业销售收入	上缴税金总额
2003 年	260 000	11 000	252 200	5 000
2004 年	331 297	3 026	88 341	—
2005 年	450 172	12 540	453 250	31 428
2006 年	—	45 815	993 894	46 902
2007 年	1 136 139	58 030	—	54 579
2008 年	1 224 795	39 600	—	62 086
2009 年	1 303 215	35 376	—	50 610
2010 年	1 124 583	−21 640	—	34 259

资料来源:徐泾绿色工业园区提供

第三节 练塘绿色工业园区

练塘工业园区位于青浦区,东起蒸庄路,西至新朱枫公路,南起老松蒸公路南 150 米,北至东塘港,区域面积 391 公顷。2001 年由青浦区政府批准设立。2006 年整合到上海松江工业园区,并经国家发展改革委审核,市政府批准同意成为全市41个公告保留园区之一。至2010年,园区主要产业有电子信息、生物医药高科技、精密机械制造、包装材料、服装生产、家具制造等。

一、园区创建

【工业园区建立】

2001年5月9日,青浦区政府批准设立练塘工业园区。2004年1月16日,在国家实施宏观调控的大背景下,青浦区政府对练塘工业园区的规划面积进行核减。2006年8月9日,市政府将练塘工业园区整合进上海松江工业园区,是年,经国家发展改革委审核,市政府批准同意,练塘工业园区成为全市41个公告保留园区之一。2009年11月9日,青浦区政府发文调整了练塘工业园区的规划范围。

【规划面积】

2001年,练塘工业园区规划面积为700公顷,四至范围:东至青松港,南至松蒸公路,西至新朱枫公路,北至东塘港。2004年,根据青浦区政府要求,练塘工业园区的规划面积核减为220公顷,四至范围:东至蒸夏路以东约260米、南至松蒸公路、西至新朱枫公路、北至沩甸路以北约220米。2009年,经青浦区政府批复同意,为优化产业结构和辅助城市发展,练塘工业园区的规划范围扩至391公顷,四至范围东起蒸庄路,西至新朱枫公路,南起老松蒸公路南150米,北至东塘港。

二、管理机构

上海新练塘经济发展有限公司创建于2001年,在"三镇合一"后成立,主要负责对练塘工业园区的开发建设、管理服务等。公司注册资本5000万元,公司机构分为"一室四部",即:办公室、财务部、招商部、工程部、服务部。

三、开发建设

2001年5月,练塘工业园区开始建设。至2010年,园区累计投入建设资金4.5亿元。至2010年,练塘工业园区各类基础设施初步到位,道路、污水管道、水、电、通讯、有线电视、绿化等配套达到"七通一平",修筑完成棋盘式道路,道路宽度分别为40米、24米,主干道与沪青平、沪杭、同三高速公路、申嘉湖高速及318、320国道相通,形成"三纵四横"的道路网格;市政雨水、污水总管铺设到位,至所有落户企业建筑规划红线,确保连续降水暴雨排水的畅通;园区开通了IDD、DDD、IDSN及ADSL的数据通信,为落户企业数据通信提供强有力保障;园区内土地自然平整,达到绝对标高吴淞零上3米。园区供水、供电、污水处理、消防等公共设施由青浦区或练塘镇相关单位配套到位,基础设施基本完善。

四、招商引资与产业发展

【招商引资】

2001年,有14家企业与练塘工业园区签订了相关协议或意向,总占地面积25.67公顷,吸引外资 530 万美元,内资 8 500 万元,其中上海来欣制鞋工业有限公司、上海才才航空设备有限公司及上海博锦自动化设备有限公司三家企业破土动工。至 2003 年,练塘工业园区共吸纳实体型企业 92 家,其中 18 家落户在一、二期标准厂房内,另有 74 家企业与园区签订了土地投资协议,共计批租土地面积 225 公顷,累计合同吸引内资 2.2 亿元,合同吸引外资 1 480 万美元。2004 年,练塘工业园区新引进内资项目 22 个,合同吸引内资 3 724 亿元,引进外资项目 3 个,合同吸引外资 1 610 万美元。至 2004 年,园区共引进内资项目 105 个,合同吸引内资累计 2.57 亿元,吸引外资项目 7 个,合同吸引外资 3 090 万美元。至 2005 年,练塘工业园区累计签约户数 126 户,协议批租土地总面积 272 公顷;引进外资企业 9 户,投资总额 6 000 万美元;引进内资企业 117 户。初步形成电子信息、有色金属、精密机械、包装材料、服装生产、家具制造等六大主导产业。

至 2006 年,练塘工业园区共计签约户数 132 家,其中批租土地企业 81 家,共计批租土地面积 257.33 公顷,购置标准厂房企业 44 家。落户企业中,外资企业 11 家,吸引外资总额 6 400 万美元,内资企业 121 家,单位土地平均投资强度达 130 万元。至 2010 年,园区累计吸引外资项目 10 个,吸引合同外资 5 800 万美元;落户内资企业 126 家,内资注册资金 3.49 亿元。

表 9 - 3 - 8　2003—2010 年练塘工业园区吸引外资情况表

年　份	吸引外资项目数(个)		合同外资金额(万美元)		外资到位金额(万美元)	
	本　年	累　计	本　年	累　计	本　年	累　计
2003 年	2	4	700	1 480	80	280
2004 年	3	7	1 610	3 090	220	500
2005 年	——	9	——	6 000	——	3 000
2006 年	2	11	400	6 400	400	3 400
2007 年	0	10	0	5 800	0	3 400
2008 年	0	10	0	5 800	0	3 400
2009 年	0	10	0	5 800	0	3 400
2010 年	0	10	0	5 800	0	3 400

资料来源:上海市经济委员会、上海市经济和信息化委员会、上海市统计局、上海市开发区协会《上海市开发区统计手册》;练塘工业园区提供数据

表 9 - 3 - 9　2003—2010 年练塘工业园区落户内资情况表

年　份	落户内资企业数(个)		内资注册资金(万元)		内资到位金额(万元)	
	本　年	累　计	本　年	累　计	本　年	累　计
2003 年	48	88	12 000	22 000	6 000	11 000
2004 年	22	105	3 724	25 724	4 000	15 000
2005 年	12	117	3 000	29 198	26 000	482 645
2006 年	4	121	700	29 898	——	——
2007 年	1	117	300	30 198	——	——
2008 年	0	117	0	30 198	——	——

（续表）

年　份	落户内资企业数(个)		内资注册资金(万元)		内资到位金额(万元)	
	本　年	累　计	本　年	累　计	本　年	累　计
2009 年	0	117	0	30 198	—	—
2010 年	9	126	4 750	34 948	—	—

资料来源：上海市经济委员会、上海市经济和信息化委员会、上海市统计局、上海市开发区协会《上海市开发区统计手册》；练塘工业园区提供数据

【产业发展】

至 2010 年,园区主要产业有电子信息、生物医药高科技、精密机械制造、包装材料、服装生产、家具制造等。重点企业有上海金和生物技术有限公司、上海创始实业(集团)有限公司、上海阿卡得电子有限公司等。

五、经济规模

2010 年,园区完成工业总产值 61.20 亿元,完成工业销售收入 61.20 亿元,工业企业利润 4.42 亿元,全部企业上缴税收总额 1.63 亿元。2003—2010 年,园区工业总产值累计 273.68 亿元,工业销售收入累计 270.03 亿元,工业企业利润累计 15.31 亿元,全部企业上缴税金总额累计 14.71 亿元。

表 9 - 3 - 10　2003—2010 年练塘工业园区经济效益情况表　　　　　单位：万元

年　　份	工业总产值	工业销售收入	工业企业利润	全部企业上缴税金总额
2003 年	52 317	50 747	3 763	1 694
2004 年	132 976	121 753	5 229	1 567
2005 年	128 484	128 484	1 995	3 952
2006 年	183 200	183 200	1 000	5 600
2007 年	495 600	495 600	6 200	15 870
2008 年	521 000	521 000	6 500	10 900
2009 年	542 000	542 000	6 500	11 400
2010 年	612 000	612 000	44 150	16 250

说明：自 2007 年起工业销售收入数据为工业企业主营业务收入数据

资料来源：上海市经济委员会、上海市经济和信息化委员会、上海市统计局、上海市开发区协会《上海市开发区统计手册》；练塘工业园区提供数据

第四章　松　江　区

第一节　松江工业区石湖荡分区

松江工业区石湖荡分区地处上海松江西南部,规划面积3.5平方公里,G60(沪昆高速)与其擦肩而过,G1501(同三高速)、S32(申嘉湖高速)纵横贯穿于分区;北倚沪杭铁路,南临黄浦江3 000吨货运码头。主要产业为汽车零部件、机械五金、纺织服装、建材及家具制造、包装印刷等,在此基础上加快发展电子信息、新能源和新材料、现代装备、智慧物流等。

一、园区创建

2002年3月,松江区人民政府(以下简称松江区政府)同意建立上海松江工业区石湖荡分区。松江工业区石湖荡分区为区级工业区,规划面积为3.5平方公里,其中一期规划面积0.99平方公里。区域范围:东至长石路,南至黄浦江,西至油墩港,北至闵塔路。

2003年3月,松江区政府同意建设松江工业区石湖荡分区二期。规划面积为3.5平方公里,区域范围:东至新金路(暂定名),南至闵塔路,西至张庄路(暂定名),北至沪杭铁路。

2004年5月,受国家宏观调控影响,松江工业区石湖荡分区(二期)暂停,整合保留松江工业区石湖荡分区,松江工业区石湖荡分区成为松江区保留的5个开发区之一,规划面积为175公顷,区域范围东至长石路,南至唐明路,西至油墩港,北至塔闵公路。

二、管理机构

【松江工业区石湖荡分区管理委员会】

2002年3月29日,石湖荡镇人民政府(以下简称石湖荡镇政府)和石湖荡镇党委决定成立松江工业区石湖荡分区管理委员会。管委会下设办公室,负责工业园区开发建设管理。

【上海石湖荡经济发展有限公司】

1995年10月,石湖荡镇成立上海古松经济开发有限公司。2000年3月,李塔汇镇成立李塔经济发展有限公司,2001年"撤二建一"后,以上海李塔经济发展有限公司为开发主体,上海古松经济技术开发有限公司共同参与招商。2002年10月,上海李塔经济发展有限公司和上海古松经济技术开发有限公司合并为上海石湖荡经济发展有限公司,注册资本1 000万元,资金由政府、公司共筹,公司总经理、副总经理经石湖荡镇政府任命。公司机构为"四部一室",即:招商部、企业服务部、建设管理部、财务部、办公室。

三、开发建设

2002 年,《开发区规划说明》对开发区的现状、规划布局、用地布局、市政公用设施等进行规划。园区首期开发 1.75 平方公里,其中规划工业建设用地 151.08 公顷,不可建设土地面积用地 23.92 公顷。区内主干道将工业区划分成若干小区,供不同行业选择。2001—2003 年,开发区内三横三纵道路和水、电、通信等配套设施全部竣工,基础设施达到"七通一平",首期 1.75 平方公里完成开发。至 2002 年,工业园区完成二期 20 公顷的开发建设。至 2010 年,工业区建成 3.5 千伏变电所 1 座,1 千伏变电站 2 座;日供水量 2 万吨;软交易程控机房 1 座,容量 1 万门;园区内道路总长 11 公里,路面宽为 8 米～40 米,建造桥梁 6 座。2010 年底,工业区 3 条主干道、4 条支干道公告命名,总长 11 公里。至此,工业区基础设施投资总额为 1.56 亿元,进行道路平整、绿化工程、下水道及供电、通信线路建设,主干道与同三国道相连接。

四、招商引资与产业发展

【招商引资】

"十五"期间(2001—2005 年),工业园区利用地域优势,引进一批重点项目和企业。2003—2004 年,工业区与 88 家企业签订合作协议,总投资 5 669.1 万美元和 2.52 亿元。

"十一五"期间(2006—2010 年),招商引资项目进一步增加,工业园区吸引内外资能力进一步提升。至 2006 年,一期工业区共有民营企业 141 家,注册资金 3.75 亿元,外资企业 42 家,外资到位资金 8 327.1 万美元。2007 年,引进外资项目 5 个,合同外资金额 116 万美元,外资到位资金 1 357 万美元。2008 年,受经济危机影响,工业区引进外资项目有所下降,引进外资项目 5 个,合同外资金额 504 万美元,外资到位资金 788 万美元。2009 年引进外资项目 2 个,合同外资金额 2 125 万美元,外资到位资金 622 万美元。2010 年,引进外资项目 7 个,合同外资金额 2 824 万美元,外资到位资金 631 万美元。至 2010 年,园区累计引进外资项目 61 个,吸引合同外资金额 1.47 亿美元;落户内资企业 775 家,吸引内资注册资金 16.68 亿元。

表 9 - 4 - 1　2003—2010 年松江工业区石湖荡分区吸引外资情况表

年　份	吸引外资项目数(个)		合同外资金额(万美元)		外资到位金额(万美元)	
	本　年	累　计	本　年	累　计	本　年	累　计
2003 年	1	18	—	5 669	—	2 981
2004 年	—	22	—	5 669	—	2 981
2005 年	12	34	3 094	8 763	3 935	6 916
2006 年	8	42	366	9 129	1 411	8 327
2007 年	5	47	116	9 245	1 357	9 685
2008 年	5	52	504	9 750	788	10 473
2009 年	2	54	2 125	11 875	622	11 094
2010 年	7	61	2 824	14 699	631	11 725

资料来源:上海市经济委员会、上海市经济和信息化委员会、上海市统计局、上海市开发区协会《上海市开发区统计手册》;松江工业区石湖荡分区提供数据

表 9 - 4 - 2　2003—2010 年松江工业区石湖荡分区落户内资情况表

年　　份	落户内资企业数(个)		内资注册资金(万元)		内资到位金额(万元)	
	本　年	累　计	本　年	累　计	本　年	累　计
2003 年	5	66	—	25 194	—	22 594
2004 年	—	66	—	25 194	—	22 594
2005 年	162	228	20 016	45 210	12 456	42 056
2006 年	75	303	18 350	63 560	—	—
2007 年	103	406	26 024	89 583	—	—
2008 年	113	519	29 546	119 130	—	—
2009 年	123	642	25 612	144 742	—	—
2010 年	133	775	22 021	166 762	—	—

资料来源：上海市经济委员会、上海市经济和信息化委员会、上海市统计局、上海市开发区协会《上海市开发区统计手册》；松江工业区石湖荡分区提供数据

【产业发展】

至 2010 年，工业园区形成汽车零部件、机械制造、纺织服装、仓储物流、包装印刷五大主导产业。在此基础上加快发展电子信息、新能源和新材料、现代装备、智慧物流先导产业。

【重点企业】

上海超硅半导体有限公司　公司成立于 2008 年 7 月，拥有国内最大的 8 英寸硅片抛光生产线和蓝宝石材料生产线；公司产品包括半导体硅材料、LED 用蓝宝石材料、太阳能电池用硅材料、复合半导体材料、MEMS 等特定使用材料以及相关技术咨询与服务。公司拥有国际化的技术团队，潜心于先进设备技术、晶体生长技术、晶片制造技术、尖端材料研究等领域，并专注于相关产品的研发、品质控制、市场销售以及生产管理等。公司拥有多项发明专利，并以每年超过 50 项发明专利的速度不断更新公司的技术，获得"国家高新技术企业"称号。

上海鹰峰电子科技股份有限公司　公司成立于 2003 年 9 月，是一家集研发、制造、销售、服务于一体的电力电子无源器件行业的高新技术企业。主要产品包括电抗器、电阻器、叠层母线、电容器、水冷散热器、制动单元、电力滤波器等，产品广泛应用于工业传动、新能源、智能电网、交通等领域。

上海安凯希斯汽配有限公司　公司为日本独资企业，公司成立于 2003 年 6 月，注册资金为 2 亿日元。以生产遮阳板及相关汽车零配件为主，在生产上注重质量管理，深受众多汽车厂商的欢迎，公司业务逐年增加。至 2010 年，公司产值达 4 亿元。

五、经济规模

2006 年，园区已落户工业项目 303 个，其中外商投资企业 42 家，项目总投资达 9 129 万美元，解决就业岗位约 4 500 多个。2007 年，工业区实现工业总产值 24.45 亿元；2008 年，工业区实现工业总产值 29.10 亿元；2009 年，工业区实现工业总产值 26.86 亿元；2010 年末，园区工业总产值 36.78 亿元，解决社会就业岗位约 6 800 多人。2003—2010 年，园区工业总产值累计 149.74 亿元，

工业销售收入累计 146.44 亿元,工业企业利润累计 6.81 亿元,全部企业上缴税金总额累计 5.94 亿元。

表 9-4-3　2004—2010 年松江工业区石湖荡分区经济效益情况表　　　　　　单位:万元

年　　份	工业总产值	工业销售收入	工业企业利润	全部企业上缴税金总额
2004 年	65 294	71 479	3 554	240
2005 年	144 826	147 934	8 569	3 107
2006 年	115 238	113 061	3 712	3 934
2007 年	244 556	242 633	9 309	12 260
2008 年	291 048	292 919	18 030	14 873
2009 年	268 610	230 900	5 189	8 745
2010 年	367 865	365 517	19 709	16 195

说明:自 2007 年起工业销售收入数据为工业企业主营业务收入数据

资料来源:上海市经济委员会、上海市经济和信息化委员会、上海市统计局、上海市开发区协会《上海市开发区统计手册》;松江工业区石湖荡分区提供数据

第二节　上海松江高科技园区

上海松江高科技园区(九亭)位于上海中心城西侧,紧靠沈海和沪渝两条高速公路,距离轨道交通 9 号线九亭镇站 2 公里,并配置公共交通设施。园区南侧的沪松公路是园区对外联系的交通要道。

一、园区创建

2000 年 7 月 6 日,松江区政府批准建立上海松江高科技园区(九亭)。2001 年 8 月,上海松江高科技园区(九亭)被上海市科学技术委员会(以下简称市科委)认定为市级科技园区。园区被评为"2003—2004 年度上海市文明单位"。2004 年 4 月,园区经过整合调整成为松江区整合保留的开发区。2009 年 3 月,上海松江高科技园区(九亭)与上海久富经济开发区实行"两块牌子一套班子"管理办法。上海松江高科技园区(九亭)规划总用地面积 370 公顷,2004 年经整合调整后的用地面积为 207 公顷。

二、管理机构

2000 年 7 月,成立上海松江高科技园区管理委员会。10 月,成立上海九亭高科技发展有限公司,注册资金 5 000 万元,负责园区的招商与开发。

三、开发建设

【土地开发】

2000 年园区开发建设 2.39 公顷,2001 年 12.03 公顷,2002 年 35.08 公顷,2003 年 15.97 公

顷,2004 年 39.96 公顷,2005 年 12.14 公顷,2006 年 17.63 公顷。2006 年完成开发建设面积 196.47 公顷,占规划开发建设面积 75.6%。

【基础设施】

2001 年,园区投资建设道路、桥梁、水电、通信等基础设施以及标准厂房。2003 年,修筑道路累计 42.15 万平方米,建造桥梁累计 10 座。

至 2006 年,园区基础设施累计投资 1.35 亿元,达到"七通一平"标准。园区建成道路 15 公里,道路宽 16 米～50 米范围,形成主路"一纵二横",一纵主干道九泾路,道路宽 50 米;二横指道路宽 24 米的涞坊路和涞寅路。支路寅青路道路宽 16 米,寅西路道路宽 16 米,沧泾路道路宽 16 米,坊东路道路宽 16 米。建成桥梁 7 座,九泾路引泾浜桥 1 座,九泾路向阳河箱涵桥 1 座,涞寅路向阳河桥 1 座,涞坊路向阳河桥 1 座,寅青路桥 1 座,沧泾路桥 1 座,新寅路向阳河桥 1 座。建成开关站 10 千伏 1 座。园区各条道路都铺有雨水管道及污水管道,九泾路主干道铺有 300 毫米自来水管道,其他道路铺有 200 毫米自来水管道。九泾路上铺设了 300 毫米煤气管道。

四、招商引资与产业发展

【招商引资】

2001 年,园区引进企业 102 户,其中私营企业 69 户。引进投资 10.50 亿元,其中私营企业投资 6.69 亿元。

2003 年,落户企业累计 129 户,其中科技型企业为 74 户,民营科技型企业 32 户。科技型企业营业或销售收入 13.42 亿元,纳税 1 820 万元,占园区总量分别为 42.9% 和 52.6%。

2006 年,落户科技型企业累计 155 户,其中民营科技型企业 92 户。企业投资累计 19.51 亿元,从业人员 1.21 万人。营业或销售收入 66.36 亿元,税收额 2.38 亿元。

2010 年,按有证工业用地出让项目落户企业 111 户,其中民营企业 51 户,营业或销售收入 44.75 亿元,税收 1.21 亿元。2010 年上海松江高科技园区营业或销售收入在 500 万元以上的民营企业有 45 家,其中上海新雅食品有限公司 3.28 亿元、上海仪表厂有限责任公司 2.81 亿元、上海依视路光学有限公司 2.72 亿元位居前三。

表 9-4-4　2003—2010 年松江高科技园(九亭)工业园区吸引外资情况表

年　份	吸引外资项目数(个)		合同外资金额(万美元)		外资到位金额(万美元)	
	本　年	累　计	本　年	累　计	本　年	累　计
2003 年	1	65	1 500	33 680	1 500	11 508
2004 年	13	78	6 945	40 625	1 331	12 839
2005 年	12	90	7 111	47 736	4 077	16 916
2006 年	10	100	4 815	52 551	2 016	18 932
2007 年	10	110	6 552	59 102	3 502	22 433
2008 年	4	114	13 064	72 167	4 325	26 759
2009 年	0	114	0	72 167	0	26 759
2010 年	2	116	770	72 937	1 629	28 387

资料来源:松江高科技园(九亭)工业园区提供

表 9 - 4 - 5   2003—2010 年松江高科技园(九亭)工业园区落户内资情况表

年 份	落户内资企业数(个)		内资注册资金(万元)		内资到位金额(万元)		落户内资企业协议投资金额(万元)	
	本 年	累 计	本 年	累 计	本 年	累 计	本 年	累 计
2003 年	2	40	250	55 500	250	55 500	—	—
2004 年	10	50	5 500	61 000	5 500	61 000	—	—
2005 年	0	50	—	61 000	—	23 660		
2006 年	0	50	0	61 000	—			
2007 年	0	50	0	61 000	—		0	23 660
2008 年	0	50	0	61 000	—		0	23 660
2009 年	0	50	0	61 000	—		0	23 660
2010 年	0	50	0	61 000	—		0	23 660

资料来源:松江高科技园(九亭)工业园区提供

【产业发展】

园区以高新技术产业化改造升级传统产业,推进信息化与工业化深度融合,以电子信息产业、汽车产业为支柱产业,支持生物医药产业,大力发展新能源、节能环保产业,加强重大技术,装备和产品的开发。至 2010 年,基本形成了汽车配件制造、电子产品、电梯配件制造、服装、食品、五金、家用制品等为主的主导产业。重点企业有采埃孚(中国)投资有限公司、上海现代摩比斯汽车零部件有限公司、阿黛凯检测技术(上海)有限公司。

【重点企业】

采埃孚(中国)投资有限公司   是德国采埃孚集团(ZF 集团)于 2003 年在中国上海设立的独资公司,2008 年迁址上海松江高科技园区,正式成为亚太地区总部和全球八大工程技术中心之一。公司占地 3.2 公顷,办公楼、实验楼及配套设备面积 5.4 万平方米,投资额 3.3 亿美元,注册资本 1.3 亿美元。采埃孚公司是汽车传动和底盘系统及零配件领域内的投资研发管理企业,负责在中国的投资业务,代表德国总部行使管理职能外,向采埃孚在中国的工厂提供市场、业务开发、人力资源、财务、信息技术、供应链管理方面的服务和信息,同时也为采埃孚在亚太地区的一些业务领域提供服务和信息。

上海现代摩比斯汽车零部件有限公司   设立于 2001 年 10 月,由韩国现代摩比斯株式会社投资建设,公司占地 8.13 公顷,建筑面积 4.10 万平方米,投资额 6 800 万美元,注册资本 3 200 万美元。公司主要生产安全气囊,2003 年投资创建面积 3 500 平方米的技术中心,为北京现代、东风悦达、起亚、摩比斯合作公司的本地化配件提供质检服务。

阿黛凯检测技术(上海)有限公司   于 2007 年 3 月由法国 ATEQ S. A 集团投资设立的外商投资企业,落户九亭镇九里亭工业园区,注册资金 20 万美元,占地 0.2 公顷,厂房面积 2 000 平方米。公司主要经营:设计、生产和加工用于气体压力、气体密封、气体流量的各种测量仪器及相关的成套设备。

韦乐海茨(上海)医药设备科技有限公司　是由德国 Willach Pharmacy Solutions 公司与上海康驰生物科技有限公司在中国组建成立。占地 0.33 公顷,厂房面积 4 000 平方米,注册资金 61 亿欧元。公司旨在引进德国先进的医药自动化物流设备及生产技术,结合上海康驰成熟的药品零售人机交互系统,研发生产更适合中国国情的高端自动化药房设备。

五、经济规模

2004 年,园区完成工业总产值 21.5 亿元,工业企业利润 1.17 亿元,上缴税金总额 1 980 万元。2005 年,完成工业总产值 37.6 亿元,工业企业利润 2.76 亿元,上缴税金总额 9 742 万元。

2010 年,完成工业总产值 56.86 亿元,工业企业利润 4.22 亿元,上缴税金总额 11.48 亿元。"十一五"期间(2006—2010 年),累计完成工业总产值 276.3 亿元,实现工业企业利润 15.4 亿元,上缴税金总额 44.8 亿元。

表 9 - 4 - 6　2003—2010 年松江高科技园(九亭)工业园区经济效益情况表

年　份	工业总产值(万元)	工业企业利润(万元)	工业销售收入(万元)	上缴税金总额(万元)
2004 年	214 906	11 650	206 480	1 980
2005 年	375 639	27 608	341 169	9 742
2006 年	523 647	25 191	459 390	57 391
2007 年	584 729	31 181	471 910	79 779
2008 年	592 082	21 024	544 213	83 367
2009 年	494 113	34 254	378 089	112 859
2010 年	568 596	42 155	554 621	114 844

来源:松江高科技园(九亭)工业园区提供

第三节　松江工业区洞泾分区

上海市松江工业区洞泾分区(以下简称洞泾分区)位于松江区东北部的洞泾镇内,东连新桥,西傍余山国家级度假区,南邻中山街道,北接泗泾。园区主导产业为电子信息、电线电缆、汽车配件、现代物流以及纺织业等。

一、园区创建

【工业园区建立】

洞泾分区前身为百颗星私营经济区,1994 年,由松江县人民政府规划,坐落在洞泾集镇镇南。1999 年 4 月 16 日,松江区政府同意建立洞泾分区(工业一区),纳入松江工业区。洞泾分区(工业一区)属上海市级开发区,是松江产业园区的重要组成部分。2001 年 2 月 5 日,松江区政府同意开发洞泾分区二期区域(工业二区)。

【规划面积】

1999 年 4 月 16 日,松江区政府划定洞泾分区(一区)位置与面积:东至规划路、西到沪松公路、北至砖莘路、南到蔡家浜路。总面积 166.67 公顷,其中工业用地 83.8 公顷,占比 50.2%;仓储用地 20.92 公顷,占比 12.6%;公建用地 3.33 公顷,占比 2%;道路市政绿化用地 39.23 公顷,占比 23.5%;其他用地 19.39 公顷,占比 11.6%。

2001 年 2 月 5 日,松江区政府同意开发洞泾分区(二区),四至界限为:东至洞泾港、西至三联河、南至砖新河、北至沈砖公路。规划用地面积 185.13 公顷,其中工业用地 104.2 公顷,占比 56.3%;仓储用地 21.08 公顷,占比 11.38%;公建用地 6.4 公顷,占比 3.5%;道路市政绿化用地 44.79 公顷,占比 24.2%;其他用地 8.66 公顷,占比 4.7%。

2005 年,洞泾镇人民政府规划扩建洞泾分区(二区延伸部分),延伸部分坐落于洞泾分区(二区)北部,规划面积 135.41 公顷。

二、管理机构

【松江工业区洞泾分区管理委员会】

1999 年 5 月 7 日,松江区政府同意建立松江工业区洞泾分区管理委员会,主要负责园区整体规划实施、招商引资、基础设施建设等方面的领导、协调与管理,由分管工业的副镇长任管理委员会主任,洞泾镇工业发展有限公司总经理任副主任,成员由土地所、用电管理站、自来水厂、污水厂等单位负责人组成。

【洞泾镇工业发展有限公司】

洞泾镇工业发展有限公司,前身是砖桥公社工业公司,1993 年 9 月更名为洞泾镇工业发展有限公司,主要负责全镇招商引资、工业园区的创建和管理工作。1994 年 10 月,上海百颗星私营经济开发有限公司成立。2010 年 10 月,洞泾镇工业发展有限公司合并至上海百颗星私营经济开发有限公司,全面负责洞泾分区的招商、管理、服务工作。

三、开发建设

1995 年,上海百颗星私营经济区开始启动基础设施建设。7 月,洞泾镇工业发展有限公司投入 220 多万元资金,其中 60 万元用于道路建设,新筑东西向主干道茂盛路,西接沪松公路,南北向支路 2 条,道路面积 1 500 平方米;建成 35 千伏变电站 1 座。是年,上海百颗星私营经济区投入 60 万元埋设自来水、污水等地下管道。2000 年末,洞泾分区可供用电量 1 000 千伏安。2001 年,洞泾分区二期建设,投入 2 700 万元,修筑道路 7.2 公里,铺设自来水管 7.2 公里,架设高压线路 4.5 公里,同时在沈砖公路北侧新建 1 座 220 千伏变电站。道路建设包括开筑南北主干道洞业路,拓宽东西向洞薛路,并新辟东西向洞库路、洞舟路,在洞业路东侧新辟洞凯路,北端连接洞库路,形成了两纵三横的道路网络。是年,在工业一区和工业二区内,由沪松公路引入管道(天然气)煤气,并各建 1 座调压站,同时工业区路灯、绿化、通信等设施建设齐头并进。2002 年,建造标准化厂房 1.5 万平方米,满足企业生产用房需要。至 2010 年,洞泾分区"七通一平"基础设施完成,基础设施累计投资 1.5 亿元。

四、招商引资与产业发展

【招商引资】

1992 年,洞泾分区吸收外资 1 090 万美元,三资企业共有 13 家,总投资 2 134 万美元。1993 年,新增工业项目投入 1.42 亿元和 2 072 万美元,协议吸收外资 1 456 万美元,吸引内资项目 31 个,新批三资企业 13 家。1995 年 5 月,以海欣集团公司为落脚点,吸引港商及外资企业投资洞泾分区。1996 年,全年工业项目新增投资 2 亿元。

2003 年,松江区政府颁布《关于加快发展私营经济若干规定》。上海百颗星私营经济开发有限公司在上海设立办事处,加大招商引资力度。

2005—2006 年,世界 500 强企业、瑞典宜家家居上海物流分拨中心等 8 家企业落户洞泾分区。至 2006 年,累计引进外资项目 45 个,吸引合同外资金额 1.66 亿美元;累计引进内资项目 108 个,内资注册金额 3.17 亿元。

2007 年,工业园区吸引外资项目 3 个,内资项目 8 个;当年园区共有外商投资企业 86 家,实体型民营企业 231 家,商贸型 1 300 余家。

至 2010 年,洞泾分区累计吸引外资项目 77 个,吸引内资 209 个,共引进 286 家国内外企业,吸引了美国、韩国、意大利、英国、澳大利亚、德国、瑞典等国家和中国台湾、中国香港等地区的投资商来园区投资置业,涉及电子、轻机械、医药机械、生物医药、食品、物流等行业。

表 9 - 4 - 7 2003—2010 年洞泾工业园区吸引外资情况表

年 份	吸引外资项目数(个)		合同外资金额(万美元)		外资到位金额(万美元)	
	本 年	累 计	本 年	累 计	本 年	累 计
2003 年	4	33	1 210	17 910	600	6 201
2004 年	7	27	3 555	12 850	2 002	5 550
2005 年	10	37	2 700	15 550	2 300	7 850
2006 年	8	45	1 084	16 634	790	8 640
2007 年	3	48	400	17 034	400	9 040
2008 年	5	53	268	17 302	150	9 190
2009 年	4	57	207	17 509	4 296	13 486
2010 年	10	77	2 651	23 461	250	13 736

资料来源:洞泾工业园区提供

表 9 - 4 - 8 2003—2010 年洞泾工业园区落户内资情况表

年 份	落户内资企业数(个)		内资注册资金(万元)		内资到位金额(万元)	
	本 年	累 计	本 年	累 计	本 年	累 计
2003 年	5	74	320	35 510	320	42 995
2004 年	22	66	6 350	22 850	40 250	65 000
2005 年	10	76	5 300	28 150	10 000	85 490

（续表）

年 份	落户内资企业数(个)		内资注册资金(万元)		内资到位金额(万元)	
	本 年	累 计	本 年	累 计	本 年	累 计
2006 年	32	108	3 500	31 650	—	—
2007 年	8	116	6 050	37 700	—	—
2008 年	19	135	2 000	39 700	—	—
2009 年	18	153	2 000	41 700	—	—
2010 年	17	209	14 090	61 292	—	—

资料来源：洞泾工业园区提供

【产业发展】

至 2010 年,洞泾分区基本形成了以电子信息、电线电缆、汽车配件、现代物流以及纺织业为主的五大主导产业。重点企业有宜家采购(上海)有限公司、上海保隆汽车科技股份有限公司、上海海欣集团股份有限公司、上海熊猫电线有限公司等。

【重点企业】

宜家采购(上海)有限公司 公司位于洞泾工业二区延伸部分。2001 年 6 月成立,占地 26.7 公顷,为外商独资企业,注册资金 3 242 万美元,总投资 8 200 万美元,主营商品批发、商品进出口以及包括存货管理、整批等业务。瑞典宜家家居为全球最大家居用品零售商,洞泾宜家采购具有约 20 万立方米仓储能力,物流配送中心采用高货架的仓储方式和先进的自动仓储管理系统,2005 年底正式启用。洞泾宜家采购公司成为宜家家居亚太地区货物存储配送总部,2008 年缴税 1.08 亿元。

上海保隆汽车科技股份有限公司 公司位于洞泾工业二区。1997 年 5 月成立,注册资金 6 257 万元,总投资 1 903 万元,固定资产 8 273 万元,是一家集汽车配件研发、生产、销售于一体的外向型民营企业。公司最早涉足气门嘴项目,是米其林战略合作伙伴,福特汽车公司供应商。2001 年,公司投产的不锈钢排气管年产销量 500 万只,跻身全球前三位,是通用汽车公司最大供应商。轮胎气压(电子)检测系统是公司第三大项目,在上海和安徽设有三个生产基地,先后投资成立 7 家海外公司。2005 年并购了具有百年历史的美国 DILL 公司。2006 年 11 月,保隆公司被认定为高新技术企业、上海市品牌企业;2007 年 3 月被评为"松江区重点骨干企业",8 月被评为"全国乡镇实施走出去战略先进企业",12 月被评为"上海市民营科技 100 强企业"。保隆公司的 TOPSEAL 品牌(轮胎气门嘴)是上海市对外经济贸易委员会(以下简称市外经贸委)认定的上海市重点培育出口品牌和上海市名牌,并被评为"2007 年度上海市高新技术成果转化项目自主创新十强"。2007 年实现销售收入 6.1 亿元,创汇 6 000 万美元,利润 2 763 万元,纳税 2 076 万元。至 2008 年 10 月,公司共申请专利 46 项,获授权 33 项,其中国际专利 3 项。

上海海欣集团股份有限公司 公司位于洞泾镇长兴路沪松公路口。1986 年 9 月,经市外经贸委批准,成立中外合资上海海欣有限公司。初始注册资本 300 万美元,经 1990 年和 1992 年两次增资,注册资本达 1 010 万美元。公司厂区占地 2.44 万平方米,厂房建筑面积 1.88 万平方米。1993 年 9 月 23 日改组为股份有限公司,股票在上海证券交易所上市。1995 年 12 月更名为上海海欣集团股份有限公司。至 2000 年,基本形成以长毛绒面料为核心,纺纱、面料、毛毯、玩具、服装的纺织产业链。2001 年通过 ISO 9002 质量认证。2002 年公司收购具有 70 年历史的美国 GLENOIT 公司纺织分部,得到 46 个可永久使用的品牌商标,成为世界上投资规模最大的毛绒生产联合企业,各类毛绒面料的年生产能力达 4 000 万米。2001 年,公司对长江证券公司投资 2.31 亿元,占其注册资本 10%。2001 年开始公司陆续投资设立西安海欣制药、赣南海欣药业、苏中海欣制药三家医药生产企业;参股江苏苏中制药有限公司和上海延安万象药业股份有限公司,并控股上海生物技术工业园医药销售有限公司,形成集研发、生产和销售三位一体的医药产业。2003 年,公司与长江证券、武汉钢铁发起设立长信基金管理公司,注册资本 9 000 万元,公司占比 34.3%。2007 年 12 月,长江证券借壳上市。

上海熊猫电线有限公司　公司始创于 1947 年,以生产"熊猫"牌电线而闻名的上海熊猫线缆股份有限公司是生产各种塑料绝缘电线电缆的专业企业,是中国电气装备用电线电缆行业中历史最老、影响最大的专业工厂之一。公司位于松江洞泾镇张泾路 505 号,具有现代化规模新厂房总面积近 10 万平方米,绿化面积达 2 万余平方米。公司注册资金为 1.08 亿元。公司的"熊猫"牌电线,相继于 1992 年、1996 年、2003 年、2006 年被认定为"上海市著名商标"。1996 年,企业质量体系 ISO 9002:1994,获得华信技术检验有限公司认证;1999 年,获得荷兰 KMEA 公司 QS 9000 认证;2002 年,ISO 9001:2000 获得华信技术检验有限公司认证,ISO/TS 16949 获得德国 DQS 公司认证;2005 年 12 月,获得 ISO 14001:2004 环境管理体系认证。企业的部分主导产品,获得美国 UL、加拿大 CSA、德国 VDE 等国际权威机构认证。2006 年 1 月,"熊猫"电线全面推行符合欧盟 ROHS 指令的环保新产品,成为国内生产环保型电线的先行者。企业生产的"熊猫"牌电线电缆,远销世界几十个国家和地区,致力于为国家重点工程、支柱产业的配套服务,成为上海信息高速公路、浦东国际机场、上海国际会议中心等重点工程指定配套和国内外大企业的合作伙伴。

五、经济规模

2004—2005 年,洞泾分区完成工业总产值 11 亿元,工业企业利润 3 700 万元。"十一五"期间 (2006—2010 年),完成工业总产值 99.82 亿元,实现工业企业利润 6.5 亿元,上缴税金总额达 5.9 亿元。2010 年,完成工业总产值 52.43 亿元,比 2009 年工业总产值 12.36 亿元增长 40 多亿元,增长了 324%。

表 9 - 4 - 9　2003—2010 年洞泾工业园区经济效益情况表　　　　　　单位:万元

年　　份	工业总产值	工业企业利润	工业销售收入	上缴税金总额
2004 年	40 000	1 200	40 000	—
2005 年	70 000	2 500	70 000	2 400
2006 年	75 000	3 000	75 000	2 500
2007 年	125 000	5 100	—	5 400
2008 年	150 300	2 350	—	4 730
2009 年	123 600	4 000	—	6 000
2010 年	524 299	50 580	—	41 190

资料来源:洞泾工业园区提供

第五章 奉 贤 区

第一节 上海奉贤现代农业园区

上海奉贤现代农业园区(今上海奉贤经济开发区生物科技园)地处奉贤中部,西靠莘奉金(A4)高速公路,与上海工业综合开发区和闵行出口加工区毗邻而居,交通条件便捷,地面高度在4.2米~4.5米之间,地势较高。地处中纬度地带,属亚热带季风气候,四季分明,降水量丰沛,土壤以中壤土为主,PH平均值为6.45,是奉贤区土质较好的地区。

一、园区创建

【工业园区建立】

2000年8月,上海奉贤现代农业园区经上海市现代农业园区建设工作领导小组批准成立,并被列为上海市首批启动的4个市级农业园区之一。2004年10月,上海奉贤现代农业园区被农业农村部命名为"全国农产品加工业示范基地"。2006年,被国家发展改革委列为"上海国家生物产业基地"。2009年,被商务部及科技部列为"国家科技兴贸创新基地(生物医药)",是年6月,被市政府列为"上海南郊生产性服务业功能区",成为上海重点推进的首批19个生产性服务业功能区之一。

【规划面积】

2000年,奉贤现代农业园区在首次规划基础上进行第二次规划,即沿大叶公路两侧向西延伸至莘奉公路,北至宏伟河、庵港,南以联合港、南行港为界;在莘奉公路东侧区域,北起西闸公路,南枕浦南运河,东以白庙港、柘沥港为界,沿路沿线呈"T"字型条状分布;涉及金汇、齐贤、西渡、江海、奉浦四镇一区,18个行政村。规划面积1 314.8公顷,其中耕田面积1 040.67公顷。整个农业园区分为4个功能区域:温室工程区、出口蔬菜区、生态园艺区、良种繁育生产区。2000年8月9日,上海市现代农业园区建设工作领导小组发文批准实施《上海市奉贤现代农业园区建设规划》。

2001年11月,在二次规划的基础上,再次调整和制定园区规划,范围扩大至北起大叶公路,南达浦南运河,东至金汇港,西以莘奉金高速公路为界,与上海综合工业开发区、南桥新城相毗邻。地形整齐,呈长方形块状,东西间平均宽度3 210米,南北间长5 760米。涉及金汇、齐贤、西渡、江海、光明、奉浦五镇一区,18个行政村。园区总面积约1 849公顷,其中耕田面积1 238公顷、河流面积308公顷、企业用地1.6公顷。

二、管理机构

【奉贤现代农业园区管理委员会】

2000年3月,成立奉贤现代农业园区建设工作领导小组;2002年2月,奉贤撤县设区后,中共奉贤区委、奉贤区人民政府(以下简称奉贤区政府)根据农业园区开发建设的需要,成立奉贤现代农业园区管理委员会。管委会负责地区行政管理。

【上海奉贤农业发展有限公司】

2000 年 8 月,成立上海奉贤农业发展有限公司,注册资本 1.1 亿元。公司参与农业园区建设,经营范围包括农业投资、开发、经营,生物医药领域内(除食品、药品、血液制品)等。

【上海现代农业园区开发有限公司】

2002 年 6 月 25 日,公司在奉贤区市场监管局登记成立,注册资本 1.2 亿元。公司经营范围包括从事生物科技、农业科技领域内的技术开发、技术咨询、技术转让、技术服务,投资信息咨询(除经纪),建筑装饰装修建设工程设计施工一体化,市政公用建设工程施工,园林绿化工程施工,水利水电建设工程施工,物业管理,实业投资,房地产开发、经营,机械设备的批发、零售。

三、开发建设

【土地开发】

1999—2002 年,龙潭、三长、齐贤、丁家、屠家、陈家各村共整治土地 399.8 公顷,总投资 299.85 万元,通过改善农业基础设施和生态环境,促进良田建设和园区种植业结构调整。2010 年,累计完成开发土地面积 202 公顷,累计国有建设用地面积 202 公顷,累计建成城镇建设用地面积 151 公顷。

【基础设施】

园区自 1996 年 10 月创建开始至 2003 年完成基础设施建设,共投入资金 4.73 亿元,具体分布情况:道路:建成的道路总长 21.3 公里,总投资 8 600 万元;供电:供电管网系统全部采用地下埋设方式,投入 1 700 万元埋设电缆管 2.5 公里,投入 800 万元在高丰路、望园路口建造开关站 1 所,投资 1 800 万元在各条道路安装造型别致的路灯;水网:自来水管道及连接工程共投入资金 952.58 万元,沿金海路等主干道埋设 600 毫米钢筋混凝土污水管道 6.5 公里,北端向东与金汇污水管相接,南端向西接通南北排污总管,并埋设 PVC 塑料管 380 米。投资 350 万元在金海路高丰路口建造污水泵站 1 座,占地 2 000 平方米,功率 80 千瓦,每天可排水 3 万吨。煤气,煤气管道全程 8 公里,从南桥新城连接到园区内,总投资 625 万元。通讯:宽带网入园区,架设通信线路长达 8.2 公里,投资 500 万元。广场:建成位于大叶公路金海路口的主题广场,占地面积 19 209.6 平方米,总投资达 380 万元。周围绿化面积 4 969 平方米。至 2010 年,园区内形成了金海路、奉浦大道、西园中路、南航路、高丰路等交通干道组成"三纵三横"的道路网络。

四、招商引资与产业发展

【招商引资】

2001 年 12 月,园区管委会刚成立即建立了招商部,负责园区的招商工作。2003 年 12 月,撤销原招商部,建立实业企业服务部及商贸企业服务部,分工负责实业型企业和注册型企业的招商工作。

2002年,招商引进实业型企业12家,到位资金1.8亿元,其中外资347.21万美元,批租土地21公顷,引进的12家公司为上海高榕生鲜品加工配送有限公司、上海青长蔬菜有限公司、上海丰科生物科技股份有限公司、上海平川水产养殖科普中心、上海大山农业发展有限公司、上海嘉生生物制品有限公司、上海汉德食品有限公司、上海青长果蔬汁有限公司、上海格瑞特置业发展有限公司、上海润豪陶业有限公司、上海海光休斯奥石化实业有限公司、上海欧美亚置业有限公司。2003年,共引进实业型企业15家,到位内资3.89亿元,批租土地356.76公顷。引进的15家公司是上海光明食品有限公司、上海紫天投资发展有限公司、上海金笋轻工商贸城有限公司、上海硕林置业发展有限公司、上海博豪农业科技产业发展有限公司、上海鸿强置业有限公司(华博集团)、上海奉贤树园加油站有限公司、上海静湖森林庄园有限公司、上海弘飞置业有限公司、上海晨冠乳业有限公司、上海顺利肉类食品有限公司、上海本庄生物科技有限公司、上海奉浦现代农业科技有限公司、上海美素生物美容品有限公司、上海奇泓生物科技有限公司。2004年,引进实业型企业13户,注册型企业160户;到位内资4.4亿元,完成年初区下达指标的110%;合同外资127.3万美元,完成区指标的4.2%;到位外资409.71万美元。2005年,交纳税收商贸型企业共有430户。引进实业型项目12个,其中外资项目9个,到位内资资金4.48亿元,合同外资6381万美元,到位外资1526万美元。

2006年,新增商贸型企业298家,与8个实业型企业签订协议,实现到位内资4.24亿元,合同外资632万美元,到位外资2636万美元。2007年,内资到位资金3.15亿元,吸引合同外资3154万美元,实际到位资金2161万美元,外贸出口3943万元,技术改造4080万元。2008年,外贸出口5516万美元,工业固定资产投入3亿元,吸引外资项目4个,引进合同外资1580万美元,外资到位3045万美元。当年落户内资企业71个,其中包括上海莱士血液制品股份有限公司,引进内资注册资金4670万元。2009年,外贸出口3474.8万美元,工业固定资产投入5亿元,当年引进外资项目3个,引进合同外资2638万美元,外资实际到位金额1877万美元。当年引进内资项目32个,内资注册资金1600万元。

2010年,外贸出口5500万美元,当年引进外资项目3个,至2010年累计吸引外资项目数12个;当年引进合同外资3579万美元,累计吸引合同外资金额11583万美元,当年外资到位1917万美元,累计外资到位11637万美元。当年落户内资企业1个,累计落户内资企业316个,其中包括上海生物制品研究所生物疫苗奉贤项目,当年内资注册资金1000万元,累计内资注册资金10.05亿元。

表9-5-1　2006—2010年奉贤现代农业园区吸引外资情况表

年　份	吸引外资项目数(个)		合同外资金额(万美元)		外资到位金额(万美元)	
	本　年	累　计	本　年	累　计	本　年	累　计
2006年	—	—	632	632	2 636	2 636
2007年	2	2	3 154	3 786	2 161	4 797
2008年	4	6	1 580	5 366	3 045	7 843
2009年	3	9	2 638	8 004	1 877	9 720
2010年	3	12	3 579	11 583	1 917	11 637

资料来源:奉贤现代农业园区提供

表9－5－2　2006—2010年奉贤现代农业园区落户内资情况表

年　　份	落户内资企业数(个)		内资注册资金(万元)	
	本　　年	累　　计	本　　年	累　　计
2006 年	—	—	0	80 000
2007 年	212	212	13 200	93 200
2008 年	71	283	4 670	97 870
2009 年	32	315	1 600	99 470
2010 年	1	316	1 000	100 470

资料来源：奉贤现代农业园区提供

【产业发展】

至2010年，园区形成了三个功能区。一是农业综合加工贸易区，是农业龙头企业的孵化区，组织、带动广大农民发展订单农业，形成出口蔬菜及食用菌、水产、珍禽、林果等若干产业链，使农民在订单农业中得到实惠，是致富农民的带头区。二是农业高新技术示范区，是农业高新技术的示范和推广区，是展示都市农业形象，培育农产品品牌，提升农产品质量的区域。三是恢复自然生态区，是生态农业的先行区，6平方公里的生态片林建设，把农业与城市规划融汇一体，是城市造绿制氧的一叶"绿肺"，也是让市民舒展身心、回归自然的特色风光区。形成农产品加工、生物医药为主导产业，形成了乳制品加工、蔬菜食用菌加工、水产品加工、肉类制品加工、生物科技五大产业链。

【重点企业】

上海青长蔬菜有限公司　由奉贤农业发展有限公司与加拿大HYDRONOV共同投资设立，于2000年1月落户奉贤现代农业园区，总投资350万美元，注册资金280万美元，占地面积2万平方米。2003年年产量540吨生菜，年产值170万元。上海青长蔬菜有限公司引进的"深池浮板种植技术"，生产手段是在温室里用浮板在营养液水池中种植蔬菜，用电脑控制温度、氧气、光照指数、水温、营养成分等生态指标，不使用任何农药，用封闭的温室控制病虫害，创造一个最有利于蔬菜生长的生态环境，从而使蔬菜高密度、高速度生长，一年四季天天可以收获。公司注册了"水培"牌，产品主要销往香港市场，部分销往市内各大型超市、酒店。

上海汉德食品有限公司　由日本国际资源开发有限公司和杭州汉德食品有限公司共同投资组建，于2002年7月落户奉贤现代农业园区，是一家主要从事水产品及农副产品收购、加工销售的企业。公司注册资金210万美元，占地面积2.21公顷。公司按照欧盟(EEC)指令和美国药品管理局(FDA)要求建造厂区，建立水产品深加工基地，引进中、日、德先进的虾类制品深加工设备，并进行二次创新。2003年年产值6 500万元，利税220万元。2005年加工各类虾制品共计1.3万吨，出口创汇5 000万美元，辐射带动全国五个省市10 666.67公顷虾塘，带动农户6 750多户。2004年，公司开始与上海华东理工大学生物工程学院以及上海水产大学食品学院合作进行产品的研究开发。2006年，和华东理工大学合作组建上海汉夏生物技术研究所，利用公司生产过程中的下脚料(废弃物)开发生物医药产品(甲壳素及其衍生物、硫酸软骨素、过氧化氢酶)，成为公司第三期工程的主打产品。公司注册了"东海渔场""食源农场"两大品牌，"东海渔场"主要产品有生、熟单冻虾仁、南美白虾、竹节虾、鳕鱼、黄鱼等。"食源农场"主要产品有冷冻牛肉、羊肉等。公司产品主要销往日本、韩国,部分通过大型超市走向四川、湖北、北京、江苏等地。

上海丰科生物科技有限公司 由哈尔滨汇丰实业发展有限公司、上海市农业科学院和上海申跃农牧服务有限公司投资组建,于2001年12月落户奉贤现代农业园区。公司注册资金1800万元,占地面积1.73公顷。公司生产"丰科"牌蟹味菇和杏鲍菇。产品主要销往上海、北京、沈阳、西安、广东等地,少量出口西欧、美国和东南亚国家。

上海高榕食品有限公司 由上海高榕食品有限公司与上海奉贤农业发展有限公司共同投资成立,公司于2003年8月落户奉贤现代农业园区,公司是从事保鲜蔬菜及食用菌的种植、加工、销售一体化企业。公司注册资金2000万元,占地面积2.33公顷,2003年年产值5000万元,利税200万元。公司主要生产"高榕"牌西兰花、荷兰豆、甜豆、香菇等。产品主要销往日本和东南亚国家,部分销往全国各大超市。

上海光明食品销售有限公司 由光明乳业和梅林正广和两家上市公司共同投资组建,于2003年12月落户奉贤现代农业园区,注册资金200万元,占地面积4.47公顷。公司主要生产"光明"牌冷冻饮料,产品销往全国各大市场。

上海大山农业发展有限公司 是一家集科、农、工、贸为一体的民营企业,于2002年4月落户奉贤现代农业园区,公司注册资金5500万元,占地面积7.67公顷,2003年年产值1.2亿元,利税500万元。公司主要生产"大山牌""大山合牌""神龙牌"香菇、木耳等各类食用菌,以及白果、茶叶、菊花等各类土特产品,产品销往世界60多个国家和地区以及全国各地。

上海铭源数康生物芯片有限公司 是香港铭源医疗发展有限公司在国内投资兴建的技术先进的较大型生物芯片生产基地,于2005年2月24日在上海市工商局登记成立,注册资本2980万美元,项目设计生产能力为年产800万人份生物芯片,占地总面积达9公顷。公司经营范围包括生物芯片及其配套制造设备、生物医学工程技术产品及配套诊断试剂与设备(体外诊断试剂)的生产与研发等。公司致力于临床诊断用蛋白芯片研究与开发,有肿瘤标志物检测产品、结核诊断产品、自身抗体检测产品等系列产品。

五、经济规模

2002年,园区实现税收443.65万元。2003年,实现税收3700多万元。2004年,实现税收8819万元,完成区指标的154%。2005年,全年实现工业总产值10.47亿元,比2004年增长232%,工业企业利润4524万元;实现税收1.9亿元,较2004年增长115%。

2006—2010年,奉贤现代农业园区累计实现工业总产值100.43亿元,工业企业利润9.97亿元,工业销售收入96.88亿元,上缴税金总额14.39亿元。其中,2010年,园区工业总产值26.45亿元,其中规模企业产值21亿元,工业固定资产投入7亿元;全部企业上缴税金总额5.38亿元,其中地方税收2.12亿元。

表9-5-3 2006—2010年奉贤现代农业园区经济效益情况表

年　份	工业总产值 (万元)	工业企业利润 (万元)	工业销售收入 (万元)	上缴税金总额 (万元)
2006年	155 021	5 155	147 381	19 600
2007年	183 509	12 762	164 748	21 824

（续表）

年　份	工业总产值 （万元）	工业企业利润 （万元）	工业销售收入 （万元）	上缴税金总额 （万元）
2008 年	194 190	19 852	183 056	19 199
2009 年	207 054	26 846	198 156	29 498
2010 年	264 538	35 118	275 483	53 805

资料来源：奉贤现代农业园区提供

第二节　上海奉城工业园区

上海奉城工业园区坐落于奉贤区青村镇。青村镇是全国首批农林特产乡镇之一，该地区处于上海市的地壳隆起部，是上海地标最高的地方，平均标高达 4 米～4.5 米，高于上海平均标高 1 米以上。园区交通便捷，周边有南奉公路、新奉公路、外环线等公路。

一、园区创建

奉城工业园区于 1999 年 10 月 21 日建立，2002 年开始建设。2006 年，经国家发展改革委审核批准列为上海市 41 家（省）级工业开发区之一，首期开发面积为 8 平方公里。2008 年，根据《关于进一步加强土地集约利用，合理核定郊区工业用地规划指标的意见》，正式确认园区"两规合一"规划面积，被调整为上海市 104 个工业地块之一。

2009 年，制定南北园区控制性详细规划；是年 11 月 6 日，经奉贤区政府批准同意，规定奉城工业区四至范围：东至新奉公路、南至 A30 高速公路、西至航塘公路、北至岳和东路，规划面积为 981.19 公顷。

二、管理机构

上海奉城工业园区管理委员会于 1999 年成立，开发区管辖权属奉贤区青村镇人民政府。1999 年 10 月成立上海奉城经济园区有限公司，全面负责园区的招商引资和开发建设。

三、开发建设

【土地开发】
至 2005 年，园区累计批租土地面积 597 公顷，累计完成固定资产投资 21.98 亿元。是年，园区批租土地面积 35 公顷。

至 2010 年，园区累计完成开发土地面积 699 公顷，其中已建成产业用地面积 298 公顷。施工服务面积 10 万平方公里，累计竣工完成房屋面积 95 万平方公里。是年，园区开发土地面积 5 公顷。

【基础设施】
2007 年 4 月，园区完成"七通一平"建设，即通路、通电、通水、通气、电讯、雨、污通道和土地平整。至 2010 年,园区累计基础设施建设总投资为 40 亿元。水电方面,建成 2 座 35 千伏高压变电站,奉贤第二水厂正式投入运营,小时供水量可达 3 000 吨,市郊最大的污水处理厂纳管使用;区内 1 万门程控电话、ISDN、ADSL、FTTB＋LAN 网络专线等通信设施可直通世界各地。建成的医疗服务设施有奉贤区中心医院、奉贤区中医院、奉城医院等。设有南梅线、莘南线、松奉线、南嘉线、南大线等四十多条公交线路联通园区内外。

四、招商引资与产业发展

【招商引资】

2005 年,奉城工业区主要的引进项目包括：上海俊臣金属材料制品有限公司、上海明东汽车配件制造有限公司、上海泰昌健身器材有限公司、宁海奇精机械有限公司、上海诺诚公司等 10 多个项目。当年共引进外资项目 20 个,累计 69 个;引进合同外资金额 3 717 万美元,累计引进合同外资金额 1.14 亿美元。引进内资企业 15 个,累计 334 个;吸引内资注册资金 3 600 万元,累计 2.11 亿元。

2010 年 6 月,浙江银轮股份有限公司项目落户奉城工业区,建设热交换器研发、销售、制造基地,项目占地 13.87 公顷,总投资 7 亿元。是年,上海晨光文具有限公司也落户奉城工业区,占地 14.87 公顷,产品是各类文具。2010 年,有 10 个落户奉城工业区已建项目。

表 9－5－4　2010 年奉城工业区已建项目情况一览表

序号	公 司 名 称	用地面积（公顷）	主 要 产 品
1	上海施威重工成套有限公司	4.96	超大轧辊修复及核电设备
2	上海哥迪机电有限公司	0.73	机电设备
3	上海山美重型矿山机械有限公司	3.00	矿山机械
4	上海维益埃电器成套有限公司	3.33	电器成套设备
5	爱文思控制系统工程(上海)有限公司	1.45	工业自动化
6	上海银轮热交换系统有限公司	13.87	热交换系统
7	上海施威焊接新材料有限公司	1.68	特种管状药芯焊丝
8	上海丞乾实业有限公司	0.33	综合大楼
9	上海碾旋机械自动化有限公司	4.67	汽车零部件
10	上海晨光文具有限公司	14.87	各类文具

资料来源：上海奉城经济园区网址 www.21mip.com

至 2010 年,园区累计吸引外资项目 144 个,外资到位金额 1.6 亿多美元;累计吸引内资项目 411 个,吸引内资注册资金 6 亿多元。

表 9－5－5　2003—2010 年奉城工业区吸引外资情况表

年 份	吸引外资项目数(个)		合同外资金额(万美元)		外资到位金额(万美元)	
	本 年	累 计	本 年	累 计	本 年	累 计
2003 年	10	45	991	3 465	1 763	5 683
2004 年	4	49	—	—	2 243	7 926

（续表）

年　份	吸引外资项目数(个)		合同外资金额(万美元)		外资到位金额(万美元)	
	本　年	累　计	本　年	累　计	本　年	累　计
2005 年	20	69	3 100	8 670	1 587	9 513
2006 年	22	91	3 717	11 387	916	10 429
2007 年	24	115	3 270	14 657	1 837	12 266
2008 年	11	126	3 318	17 975	1 617	13 883
2009 年	6	132	1 167	19 142	1 144	15 027
2010 年	12	144	1 965	21 106	1 230	16 256

资料来源：奉城工业区提供

表 9－5－6　2003—2010 年奉城工业区落户内资情况表

年　份	落户内资企业数(个)		内资注册资金(万元)		内资到位金额(万元)	
	本　年	累　计	本　年	累　计	本　年	累　计
2003 年	36	275	3 888	12 688	65 132	412 630
2004 年	44	319	4 835	17 523	181 114	593 744
2005 年	15	334	3 600	21 123	20 000	153 810
2006 年	31	365	6 730	27 853	—	—
2007 年	10	375	4 981	32 834	—	—
2008 年	2	377	1 000	33 834	—	—
2009 年	4	381	3 500	37 334	—	—
2010 年	30	411	23 400	60 734	—	—

资料来源：奉城工业区提供

【产业发展】

2005 年，奉城工业区制定了园区的引进产业导向，围绕物流装配、输配电相关产品、汽车部件及其零配件、电子元器件、半导体器件、电子信息及机电一体化设备、生物工程及制药、精细化工、新型家用电器、机械制造业、仓储式销售及物流中心、新型包装材料等产业进行招商。2005 年底入驻企业有 400 家左右，包括上海轴承有限公司、上海康派尔轴承有限公司、上海百信轴承有限公司、上海台安电梯有限公司、上海德圣米高电梯有限公司、上海宇喆机械制造有限公司、上海正消防火门窗有限公司、上海星盾医疗器械有限公司、上海正龙电气有限公司、上海俊臣金属材料制品有限公司、上海明东汽车配件制造有限公司和上海泰昌健身器材有限公司等。

至 2010 年，有上海贤达罗兰压力容器制造有限公司、人本集团上海轴承有限公司、上海福源智业投资集团有限公司、上海富士电梯有限公司、上海德圣米高电梯有限公司、上海丽达商标制造有限公司、上海晨光文具股份有限公司、上海施威重工成套有限公司、上海金汇通用航空股份有限公司等知名企业入驻，形成了上海箱包产业城、上海玫瑰园电器、上海旅游休闲用品产业城及南上海钢铁市场"三城一场"的规模效应，形成了先进制造业、智能电网、汽车配件等主导产业。重点企业有：上海林内有限公司、上海申驰实业有限公司、人本集团上海轴承有限公司、上海奥斯玛电梯有限公司、上海尚宏汽车天窗有限公司。

五、经济规模

2003—2005 年,奉城工业区完成工业总产值 209.5 亿元,工业销售收入 195.78 亿元,实现工业企业利润 13.58 亿元。"十一五"期间(2006—2010 年),完成工业总产值 484.65 亿元,实现工业企业利润 24.71 亿元,上缴税金总额 26.11 亿元。

表 9-5-7　2003—2010 年奉城工业区经济效益情况表　　　　单位：万元

年　份	工业总产值	工业企业利润	工业销售收入	上缴税金总额
2003 年	200 000	19 200	192 000	—
2004 年	1 152 021	77 387	1 036 819	21 194
2005 年	743 969	39 200	729 090	29 780
2006 年	755 053	43 490	724 851	39 237
2007 年	878 234	47 805	796 758	45 010
2008 年	989 755	53 447	890 710	46 800
2009 年	1 456 231	58 636	1 310 608	56 719
2010 年	767 209	43 731	728 848	73 335

资料来源：奉城工业区提供

第六章 宝 山 区

第一节 杨 行 工 业 区

杨行工业区位于宝山区中部,紧邻上海绕城高速 G1501 及地铁 1 号线富锦路站,东至蕰川路、南至富锦路、北与月浦镇相临、西与罗店镇交界,规划面积 3.21 平方公里。

一、园区创建

1998 年,宝山区杨行镇人民政府(以下简称杨行镇政府)按照可持续发展和长远发展目标的要求,积极鼓励、推行工业向园区集中,农民居住向城镇集中,科学种田向规模型集中的方略。经过科学论证,决定筹建杨行工业园区,并向宝山区人民政府(以下简称宝山区政府)提出申请。1999 年 3 月 30 日,经宝山区政府批准,成立杨行工业园区,规划面积 2.16 平方公里。4 月 8 日,杨行工业园区开发办公室正式挂牌成立。2000 年,由于规模较小,杨行镇政府向宝山区政府提出规划调整方案。2001 年 4 月 3 日,宝山区政府重新批复,同意杨行工业经济发展区规划调整,调整后规划用地面积约 3.21 平方公里。2010 年,市经济信息化委关于《上海产业和信息化发展报告——开发区》中,杨行工业区公告面积为 3.21 平方公里。

二、管理机构

2004 年 1 月 18 日,上海杨行工业园区管理委员会和上海杨行企业发展有限公司成立,管委会隶属杨行镇政府;公司由镇所属 13 个行政村共同出资组建而成,注册资金 5 000 万元,办公地点为共祥路 168 号工业园区办公楼,公司负责工业园区的开发与投资、招商引资及园区内一般业务管理。公司下设招商部、市政建设配套部、企业管理部、办公室、财务部。招商部负责招商引资,为企业办理工商、税务等各项事宜。市政建设配套部为企业土地建设、环保审批及配套设施服务。企业管理部管理园区内企业安全生产、消防、电力设施、河道、雨污水排放问题。办公室负责上海杨行企业发展有限公司内部各项事宜。财务部负责公司财务事宜及园区内企业税收事宜。2010 年,公司职员共有 18 人。

三、开发建设

【土地开发】

园区土地涉及包括桂家木村、苏家村两村全境和北宗村 5 个村民小组,共计 21 个村民小组,村民户数 868 户,人口 2 973 人,其中苏家村 1 357 人,桂家木 1 025 人,北宗 591 人。2003 年,园区完成开发土地面积 38 公顷,已批租土地面积 20 公顷,累计 48 公顷,已建成投产企业土地面积 60 公顷,累计 80 公顷。2004 年,园区已批租土地面积 30.66 公顷,累计 78.66 公顷,已建成投产企业土地面积 25 公顷,累计 105 公顷。2006 年,园区已批租土地面积 19 公顷,累计 156 公顷。2007 年,杨行工业园区单位土地产出 25 亿元/平方公里。2008 年,园区已开发土地面积 22 公顷,累计已开发土地面积 279 公顷,单位土地产出 25.83 亿元/平方公里。2009 年,单位土地产出 19.62 亿元/平方公里。至 2009 年,园区已累计完成动迁村民 861 户,解决失地农民的镇保人员 2 030 人,完成动迁户占总动迁户的 85%,镇保人员占总镇保人员的 89%。至 2010 年,杨行工业园区累计开发面积 216 公顷,累计供应面积 209 公顷,累计建成面积 168 公顷。在工业园区规划面积 321 公顷中,可用工业用地面积(包括市政道路、绿化、河流等)292.67 公顷,高压走廊 28.33 公顷。已用土地 187.07 公顷,其中道路建设 23.33 公顷。在引进项目中,共投入内资 15.3 亿元,外资 0.62 亿美元,已建成厂房 394 703 平方米。

【基础设施】

1999 年至 2010 年,上海杨行企业发展有限公司共投入资金 4.8 亿元,杨行镇政府出资 0.36 亿元。其中用于市政配套建设 1.8 亿元,动拆迁、养吸劳 3.36 亿元。

2003 年,园区基础设施投资金额 1 200 万元,竣工房屋面积 5 万平方米,施工房屋面积 3 万平方米。2004 年,园区基础设施投资金额 1 236 万元,竣工房屋面积 31.48 万平方米。2005 年,园区为基础设施建设投入 1 000 万元,累计投入 1.3 亿元,竣工房屋面积 5 万平方米。2006 年,园区基础设施投资金额 4 210 万元,累计 1.72 亿元,竣工房屋面积 4 万平方米,施工房屋面积 12 万平方米。2007 年,园区竣工房屋面积 6 万平方米,累计竣工房屋面积 81.4 万平方米。2008 年,园区基础设施投资金额 700 万元,竣工房屋面积 8 万平方米。2009 年,园区基础设施投资金额 600 万元,园区向杨行镇政府提出以宝山区镇建公路的方式将道路移交宝山区公路署接管,经宝山区公路署认可后,园区道路于 2009 年下半年进行分批整修及移交。至 2010 年,园区共向宝山区公路署移交 6 条道路,分别是共悦路、杨南路、共祥路、锦乐路、锦宏路、锦伟路,园区基础设施投资金额 5 260 万元,累计 2.38 亿元。

至 2010 年,园区内的市政配套设施齐全。道路形成"四横五纵",即富锦路、共祥路、杨南路、共悦路、蕰川路、锦乐路、锦宏路、锦富路、锦伟路。电力供应充足,建有 35 千伏变电站 1 座和 10 千伏电力开关站 1 座。供水系统完备,接入上水公司供水管道。通信设施先进,引进容纳装机 6 000 门电话和具备宽带网络设施现代化通信设施 1 座。

四、招商引资与产业发展

【招商引资】

2003 年,园区完成固定资产投资 3.74 亿元,累计 8.81 亿元。吸引外资项目 1 个,累计 5 个;合同外资金额 4 000 万美元,累计 6 240 万美元。落户内资企业 22 个,累计 47 个;内资注册资金 8 400 万元,累计 1.90 亿元。2005 年,园区吸引外资项目 5 个,落户内资企业 21 个。2006 年,园区吸引外资项目 1 个,合同外资金额 1 687 万美元。"十一五"期间(2006—2010 年),园区累计落户企业 113 个,累计内资注册资金 2.65 亿元。

表 9 - 6 - 1 2004—2010 年杨行工业园区落户内资情况表

年　份	落户内资企业数(个)	内资注册资金(万元)	内资到位金额(万元)
2004 年	21	7 038	7 038
2005 年	21	27 026	27 026

（续表）

年 份	落户内资企业数（个）	内资注册资金（万元）	内资到位金额（万元）
2006 年	10	3 000	3 000
2007 年	20	2 000	2 000
2008 年	12	5 500	5 500
2009 年	27	7 500	7 500
2010 年	44	8 530	8 530

资料来源：杨行工业园区提供

【产业发展】

园区以工业产品制作、钢材深加工为主导产业。根据上海市领导的批示精神，提出依靠宝钢、以一业特强的经济发展战略定位，打造成为以工业制造和冶金加工延伸为主的工业产品加工区。至 2010 年，经过招商引资及开发建设，形成了钢铁制造、机械、电子电器、纸业加工、新型建材、冶金延伸深加工、轻工产品等七大产业。

【重点企业】

1995 年 12 月 28 日，上海标五高强度紧固件有限公司在园区成立。公司位于宝山区杨南路 188 号，生产各种高强度紧固件，五金零件制造、加工，从事各类标准紧固件的进出口业务。至 2010 年，公司发展状况良好。

五、经济规模

"十一五"期间（2006—2010 年），园区累计完成工业总产值 191.11 亿元，工业销售收入 191.67 亿元，工业企业利润 10.41 亿元。

表 9 - 6 - 2　2003—2010 年杨行工业园区主要经济指标表　　单位：万元

年 份	工业总产值	工业销售收入	工业企业利润	全部企业上缴税金总额
2003 年	135 000	133 000	5 970	2 375
2004 年	183 960	208 096	13 000	5 370
2005 年	217 148	228 793	10 718	11 000
2006 年	303 396	304 041	21 891	17 419
2007 年	393 737	384 161	28 470	24 000
2008 年	460 123	451 404	18 315	29 894
2009 年	352 120	354 137	17 466	23 636
2010 年	401 676	422 989	17 924	25 423

说明：自 2007 年起工业销售收入数据为工业企业主营业务收入数据

资料来源：上海市经济委员会、上海市经济和信息化委员会、上海市统计局、上海市开发区协会《上海市开发区统计手册》

第二节 月浦工业园区

一、园区创建

上海月浦工业园区位于宝山区北部,紧邻全国最大的现代化钢铁企业宝山钢铁集团。1999年,按照工业向园区集中的要求,中共宝山区委、宝山区政府提出:工业发展要提高集中度,北部宝山、杨行、月浦、盛桥、罗泾、罗店、罗南、刘行、顾村9个镇的工业发展要进入各自的工业小区,在政策上给予支持,逐步形成各自的特色。是年,北部9个镇经区批准正式成立9个工业园区,从而形成了"1+9"工业园区布局。各园区投入资金进行基础设施建设。1999年3月,经宝山区政府批准,月浦工业小区成立。四至范围:东至蕰川路、西至富长路、南至杨行工业区、北至马路河,规划面积150公顷。

二、管理机构

2002年3月,月浦镇工业园区管理委员会成立,主要负责工业园区的投资、开发、建设及招商服务。5月,上海月浦工业园区发展有限公司成立,下设办公室、财务部、工程部、项目部、项目前期部及招商部。2004年5月18日,公司从月罗路233号搬迁至蕰川路3999号新办公楼。6月,项目前期部更名为综合服务部。2005年,招商部更名为企业管理部,制定《关于规范园区落户企业管理的实施意见》,为入驻企业提供优质服务和规范管理。2007年,综合服务部并入企业管理部。2004年7月,园区通过ISO 9001:2000国际质量管理体系认证。2007年,通过ISO 14000环境管理体系认证。

三、开发建设

【动迁安置】

1999年8月,结合月浦镇整体经济功能定位,宝山区城市规划设计研究所与月浦镇人民政府共同编制了《月浦镇工业小区规划》。规划包括指导思想、设计原则、工业区性质和规模。2000年,宝山区政府批准《关于宝山月浦工业开发区规划》。2003年,园区完成4个基地动迁,动迁农宅377户、企业7户。2004年,园区开展新丰五、六、七队农宅动迁工作,完成2003年动迁农户安置。2006年,完成上海亘博商贸有限公司、上海宝钢不锈钢贸易有限公司等12个项目的征地,安置劳动力326人。2007年,完成13个征地项目,安置征地劳动力243人,落实新增就业309人。2008年,完成6个征地及镇保项目,新增就业260人次。2009—2010年,完成宝钢基地动迁工作,保证上海高强钢加工配送有限公司项目如期开工。

【土地开发利用】

2006年,园区开发土地面积2公顷,累计112公顷,土地开发率74.7%;批租土地面积2公顷,累计112公顷;建成投产企业土地面积2公顷,累计105公顷,土地建成投产率93.8%。至2007年,园区累计开发土地面积125公顷,土地开发率83%;累计批租土地面积111.68公顷,批租率

89％；累计建成企业土地面积104.93公顷，土地建成率94％。2008年，新增美钻石油钻采系统（上海）有限公司厂房3 000平方米，上海麟骅工贸有限公司厂房7 000平方米，上海华冶钢材加工有限公司厂房5 000平方米。2009年，落地型工业企业完成总税收1.93亿元，每公顷土地税收产出277.5万元，其中地方税收5 608万元，每公顷土地地方税收产出80.4万元。至2010年，园区累计开发土地面积142.5公顷，土地开发率95％。

【基础设施】

道路桥梁 2003年，总投资840万元，建造道路1 745米。2004年，新辟锦宏路。2006年，完成春和路、园和路道路改造。2007年，园区投入2 000多万元辟筑道路1 400米，完成上海宝钢不锈钢贸易有限公司配套春和路、月丰路延伸拓宽工程。2009年，实施月春路（月罗路至园和路段）改造。2010年，完成月春路改造、春和路拓宽延伸，及申月项目桥梁建设。

管网 2003年，投资988万元，完成4 000米上水铺设。2004年，开通陆里塘涵洞，建造污水泵站。2006年，完成污水管网、提升泵站及临时纳入西干线管网建设。2007年，建成上水管网6 000米，完成上海宝钢不锈钢贸易有限公司、上海亘博商贸有限公司项目配套供水。是年，铺设污水管网1 400米，全面建成覆盖园区的排污系统和园区企业内污水纳管分流工程，实现园和路泵站规范运营。2009年，进行宝钢基地内35千伏变电站土地平整工作。2010年，园区铺设天然气管道及蒸汽管道。

生态绿化 2004年，整治春和路，新建绿化。2005年，园区主要开展道路两侧绿化。2006年，进一步改善区域绿化。2007年，春和路（舒久段）、锦宏路、园和路（宝钢不锈钢段）、月丰路中央地带绿化工程和泵站景观绿化工程竣工；完成环保三年行动计划。2008年，整治宝钢基地内刘功浜河道及绿化。2010年，完成上海舒芸实业有限公司项目苗圃搬迁。

四、招商引资与产业发展

【招商引资】

2003年，园区新增企业15户，总投资2.96亿元，其中实体企业11户，注册企业4户；在建企业11户，总投资2.50亿元。投资较大的企业有：上海宝世威石油钢管制造有限公司，总投资1.5亿元；上海凡清环境工程设备有限公司，总投资1 000万元；上海宝浦隆废弃资源综合利用有限公司，总投资1 000万元；上海美钻设备成套有限公司，总投资350万美元；浦城堆场新彩钢材结构有限公司，总投资1 500万元；上海澳瑞家具有限公司，总投资1 000万元。2004年，园区一批重点项目先后得到落实：宝钢钢材交易中心项目基本框架形成，上海十三冶金属制品有限公司项目签约，上海君威钢绳索具有限公司、上海麟骅工贸有限公司等企业相继开工。2005年，园区引进注册企业10户，其中较大的项目有宝钢国际不锈钢项目、腾杰电梯导轨项目及碧辟液化石油气项目等。2006年，上海银亮储运有限公司、上海君威钢绳索具有限公司、上海泉江印铁有限公司、上海汇增精密钢管有限公司等项目竣工投产；上海海泰钢管（集团）有限公司二期、上海西普瀚芯电子科技有限公司、上海聚缘电力工程服务有限公司、上海宝钢不锈钢贸易有限公司一期开工建设。2007年，园区引进外资项目累计10个，合同外资累计0.65亿美元，外资到位累计0.65亿美元。引进落户内资企业7个，累计55个，落户内资企业注册资金0.51亿元，累计5.12亿元。2008年，园区设立宝杨路招商办事处，引进注册资金9.9亿元的华能上海石洞口发电有限责任公司，完成上海民亿实业有限公司、中国十七冶上海分公司、上海邮政通用技术设备公司、上海泰普科贸有限公司、上海越洲钢管有限公司、上海宝盛实业公司 6 家企业土地挂牌;完成上海腾杰电梯导轨有限公司一期、上海越洲钢管有限公司、上海泰普科贸有限公司、中国十七冶上海分公司、上海宝山神工生活废物处置有限公司 5 个新开工项目;完成上海华冶钢材加工有限公司、上海海泰不锈钢制品有限公司、上海新华丰金属制品有限公司 3 家新投产企业。2009 年,园区新增大柏树和场中路两个招商办事处。2010 年,园区成立天目西路招商办事处,完成注册落户企业 86 户。

表 9-6-3　2003—2010 年月浦工业园区吸引外资情况表

年　份	吸引外资项目数(个)		合同外资金额(万美元)		外资到位金额(万美元)	
	本　年	累　计	本　年	累　计	本　年	累　计
2003 年	3	7	1 425	6 210.33	1 425	6 210.33
2004 年	1	8	1 425	6 355.33	1 425	6 355.33
2005 年	2	10	101	6 456.33	101	6 456.33
2006 年	0	10	0	6 456.33	0	6 456.33
2007 年	0	10	25	6 481.33	25	6 481.33
2008 年	0	10	0	6 481.33	0	6 481.33
2009 年	2	12	526	7 007.33	1 109	7 590.33
2010 年	0	12	0	7 007.33	0	7 590.33

资料来源:2003—2010 年产业园区综合情况表

表 9-6-4　2003—2010 年月浦工业园区落户内资情况表

年　份	落户内资企业数(个)		内资注册资金(万元)		内资到位金额(万元)	
	本　年	累　计	本　年	累　计	本　年	累　计
2003 年	7	42	1 200	39 800	1 200	39 800
2004 年	2	44	5 500	45 300	5 500	45 300
2005 年	4	48	800	46 100	800	46 100
2006 年	0	48	0	46 100	0	46 100
2007 年	7	55	5 100	51 200	5 100	51 200
2008 年	16	71	15 680	66 880	15 680	66 880
2009 年	52	123	5 000	71 880	5 000	71 880
2010 年	86	209	20 800	92 680	20 800	92 680

资料来源:2003—2010 年产业园区综合情况表

【产业发展】

至 2010 年,园区逐渐形成与石油相关的制造业、新材料、精品钢、汽车零部件、智能装备及现代物流等主导产业。

【重点企业】

美钻石油钻采系统(集团)公司　美钻石油钻采系统(集团)公司成立于 2003 年 7 月 2 日,注册资本 1 300 万美元,是一家专业从事陆地与海洋高端石油天然气钻采设备的研发设计、生产制造和工程技术服务的企业。2003 年,入驻宝山月浦开发区建立美钻研发制造基地,国内首次研发成功单筒双井项目。2004 年,通过特种钻井技术装备 API 资质认证,成为国内唯一具有欠平衡全系列高端技术的研发制造中心。2005 年,获得 HSE 国际资质认证。2006 年,完成北京城市储气库建设系统装备及工程技术项目,在中国上海建成 PR-2 实验中心,填补了国家该项领域的空白。2008 年,通过美国西南研究院、英国摩尔实验中心的 PR2 性能测试,获得国际水平认证证书。2009 年,进入国际著名石油公司壳牌、道达尔全球供应链体系。2010 年,研发出中国第一套水下连接系统装备等,并成功下水。

上海图博可特石油管道涂层有限公司　上海图博可特石油管道涂层有限公司成立于 2002 年 3 月,占地 3.33 公顷,注册资金 2 600 万元,总投资 4 500 万元,是海隆石油工业集团与马来西亚 UMW 公司合资兴建,专业从事石油专用管材内防腐涂层加工的中外合资企业。公司的经营范围包括钻杆、油管、套管和输送管道的内涂层加工、耐磨带加工及相关产品生产。主要服务于国内外各大油田、石油公司、石油服务商、石油管材生产供应商以及城市管网建设。公司通过了 ISO 9001、ISO 14001、OHSAS 18001 体系认证,建立了健康安全环境(HSE)体系,并取得了国际技术权威机构 Fearnley Procter 集团的 NS-1M 认证。2005 年,荣获"上海市高新技术企业"、"外商投资先进技术企业"称号。2010 年,被评为"上海市专利工作培育企业"、"年度宝山区节能先进单位"。是年,公司走出 2009 年金融危机困扰,产量首次突破 130 万米,实现收入 8 762 万元,净利润 2 663 万元,创税 1 186 多万元。

上海宝世威石油钢管制造有限公司　上海宝世威石油钢管制造有限公司由中国石油旗下宝鸡石油钢管有限责任公司携手马来西亚 UMW 公司共同出资组建,注册资本 1.58 亿元,其中宝鸡钢管控股 51％,UMW 公司持股 49％。2003 年,公司入驻园区,是一家专业的钢管制造企业。是年 7 月,公司开始建设。2004 年 5 月,公司顺利建成投产。2005 年 10 月,焊管二期工程按计划完成设备安装并成功调试生产。2006—2007 年,共计生产印度管线 17 万吨,创国内螺旋焊管生产线单机组产量最高纪录。2008 年全年生产钢管 17.47 万吨,首次突破设计产能。2009 年,公司获全国"安康杯"竞赛优胜单位、"宝山区文明单位"等多个荣誉称号。是年,公司中标中海油广东天然气管网项目,产品正式进入中海油市场。至 2010 年,公司下设 11 个部门,员工总数达 518 人。公司共生产钢管总量近 80 万吨,3 100 余公里,销售收入 45 亿元,实现利润 2.67 亿元,上缴税收 4 025 万元,参与了西气东输一线、西气东输二线、中哈管线、中俄管线、印度管线等多条国内外重大管线项目的建设。

上海万事红燃气技术发展有限公司　上海万事红燃气技术发展有限公司成立于 2006 年 8 月,主要经营和开发天然气管网、压缩天然气(CNG)、液化天然气(LNG)汽车加气站、瓶组气化站、移动式压力罐车等。2006 年,上海万事红燃气技术发展有限公司入驻宝山区月浦工业园区。2009 年 7 月,公司通过了 ISO 9001-2008 质量管理体系认证。2010 年,公司实现产值 4 562 万元,利润 296 万元,上缴税收 142 万元。

五、经济规模

"十一五"期间(2006—2010 年),月浦工业小区累计工业总产值 195.31 亿元,累计工业销售产值 203.33 亿元,累计地方税收 3.09 亿元,累计销售收入 622.78 亿元,累计利润 11.14 亿元。2010

年,园区工业总产值较 2003 年增长了 1.7 倍,工业销售产值较 2003 年增长了 2.7 倍,税金总额较 2003 年增长了 3.0 倍。

表 9-6-5　2003—2010 年月浦工业小区主要经济指标表　　　　金额:亿元

年　份	工业总产值	税金总额	地　方　税	销售收入	利　润
2003 年	16.75	0.53	0.16	13.56	1.05
2004 年	21.65	0.56	0.20	28.02	0.85
2005 年	39.05	1.02	0.45	50.84	1.50
2006 年	32.1	1.61	0.45	58.80	2.09
2007 年	32.45	1.93	0.58	92.90	2.18
2008 年	41.68	2.41	0.69	141.55	2.31
2009 年	44.34	2.35	0.71	127.33	1.90
2010 年	44.74	2.10	0.66	202.20	2.66

资料来源:2003—2010 年月浦工业园区历年报表、2003—2010 年产业园区历年综合情况表

第三节　顾村工业园区

顾村工业园区位于宝山区顾村镇东北部,东与杨行镇接壤、南靠宝安公路、西临潘泾路、北到湄浦河,规划面积 3.63 平方公里。通过外环线、郊环线、沪太路主干道和轨道交通 1、7 号线,园区到上海主要港口、机场的时间均在 1 小时以内。

一、园区创建

【工业园区建立】

20 世纪 80 年代末至 90 年代初,越来越多企业落户顾村。1994 年,经宝山区政府批复同意成立顾村工业小区。顾村工业小区开发采取分期实施、滚动开发的循环模式。1999 年初,顾村工业小区更名为顾村工业园区。2004 年 11 月,园区被市经委列入首批"市郊都市型工业园区示范基地"。2006 年,在宝山区工业园区(北区)新征开发 40 公顷工业用地,设立宝山工业园区顾村工业园。是年 8 月,顾村工业园区经市政府批准,整合升级为上海月杨工业园区顾村工业园,成为市级产业园区之一。

【规划面积】

1994 年,宝山区政府批复成立顾村工业小区,规划面积 88 公顷,四至范围:东与杨行镇交界、南靠宝安公路、西至规划的罗泰路、北倚白荡河。1999 年初,园区的规划面积调整为 114 公顷,四至范围:东与杨行镇相邻、南至宝安公路、西靠潘泾河、北延伸到湄星路。2000 年 1 月,经宝山区政府同意,园区面积扩至 2.11 平方公里,向北延伸至友谊西路延伸段。至 2004 年,园区先后经宝山区政府 4 次批复同意,4 次扩展规划范围,总规划用地扩至 3.63 平方公里。

2000 年后,顾村镇在园区开发方面提出了"统一规划、统一管理、逐步实施"的思路,并按照"工

业企业向园区集中"、"布局集中、用地集约、产业集聚"的总体要求,加强多元化投入、降低风险,进一步促进园区建设。为尽早实现中共宝山区委、宝山区政府提出"1+5"工业园区(一个市级工业园区"城市工业园区",顾村、杨行、月浦、罗店、罗泾五个镇级工业园区)新蓝图,宝山区城市规划设计研究所与顾村镇人民政府(以下简称顾村镇政府)共同修编顾村工业园区规划。规划用地面积从2000年初的211.07公顷扩至2003年的362.67公顷。其中:工业及仓储用地268.13公顷,绿化用地37.33公顷,道路用地26.8公顷,河道用地19.93公顷,特殊用地10.47公顷。

二、管理机构

顾村工业园区成立之初,园区管理机构为上海市宝山区顾村工业公司(以下简称顾村工业公司)。2004年1月,顾村工业公司园区管理服务中心的办公场所,从顾太路380号搬迁至宝安公路898号。搬迁后,顾村工业公司设立资产管理部、办公室、企业管理部、投资开发部、招商部五个部门,有针对性地管理园区。2007年2月,作为园区管理中心的顾村工业公司通过了ISO 14001、ISO 9001质量和环境体系认证。2008年6月,顾村工业园区管理委员会成立,管委会下设办公室,办公室与顾村工业公司合署办公,对园区进行统一管理。成员单位有顾村工业公司、顾村经济发展公司、刘行经济发展公司、上海机器人产业园、相关村委会等。

三、开发建设

【土地开发】

顾村工业小区成立后,为了改变园区内居民与企业混杂局面,合理利用园区内土地,顾村镇政府出台"工业园区内停止批建居民用房"的政策,并制定了分期动迁园区内居民住宅的计划。园区土地涉及长浜村全境及谭杨村、星星村的部分土地,园区范围涉及动迁户767户,其中动迁农民总户数735户。园区内共有自然宅24个,占地57.13公顷,通过动迁,可用地实际面积为64公顷。2003年5月,顾村镇成立顾村工业园区腾地动迁领导小组,顾村工业公司配合镇动迁办做好相关事宜,领导小组向动迁居民下发动迁房征询表,尽量听取村民关于动迁房面积大小、房型设计的意见;安排工作人员与园区内企业接洽,为企业招聘和征地人员应聘之间架起桥梁;按照政策对征地人员做好养老金的缴纳;与达到退休年龄人员签订养老协议。2003年完成动迁365户。是年,园区建设"新顾村大家园"安置基地。2004年完成动迁370户。至2004年,整个园区大规模动迁基本结束。2005年,园区的动迁户有623户顺利入住"新顾村大家园"。

从2006年开始,为了提高园区内工业用地的利用率,坚持节约集约原则,顾村工业公司对园区所属企业制定"单位土地面积投入和产出"的考核机制。顾村镇政府发文,确定单位面积的产值、税收基本要求,从制度框架上提高产业效能门槛,引入优胜劣汰的机制。结合宝山区关于土地二次开发要求及土地投资差异化考核标准,公司积极助推企业扩产、增能,通过闲置土地及厂房的盘活、土地回收利用、淘汰低效弱势企业腾笼换鸟等措施提高企业土地产出率。至2010年,园区累计已开发土地面积287公顷,已建成工业用地面积238公顷。

【基础设施】

1995年3月,顾村工业公司筹集资金360万元,开工修筑园区主干道富联路道路工程并铺设上下水道、架设电话线和部分高压线。道路建设采取"一次规划、分步实施"的办法。1995年8月,该路段1 228米竣工。

从2000年开始,顾村工业公司投资了3 000万元逐步完成园区"四纵四横"道路网络:纵向富联路、富长路、富胜路、富新路,横向富联一路、富联二路、富联三路、友谊西路。其中富联路为纵向主干道,规划红线24米;友谊西路延伸线为横向主干道,规划红线32米,其他道路为一般道路,红线为16米~30米不等。道路同时配套建设园区内上水、电力、通讯、雨污水管线及绿化等工程,其中上水管线工程投入4 700万元,给水总管通过富联路接入泰和、大场水厂,上水管线接入各企业内,管径为300毫米~500毫米,供水量在原有4 800吨/日的基础上,提高至3万吨/日以上,管线总长超过20公里,确保了园区企业的生产和生活用水;建成1座35千伏变电站和2座10千伏配套配电站,共计投入1亿元资金;投入300万元完善园区内宽带、通信设施的升级;投入3 800万元增大排污管线,并规划在宝安公路北侧,靠富长路增设污水泵站;投入2 000多万元,实施天然气引入工程;还组建了绿化养护、道路保洁和日常维修的专业队伍,形成常态化管理模式,提升园区美好环境。至2010年,园区的基础设施投资超过2.1亿元。

四、招商引资与产业发展

【招商引资】

20世纪90年代初,顾村工业小区以引进"三资"企业为主。1995年,顾村镇政府出台"顾村镇人民政府关于外商投资的优惠政策"十二条。1999年开始,进行全方位的招商引资,顾村镇党委、镇政府强调"重中之重、持之以恒、择优分类、竭诚服务"的十六字招商引资方针。并提出从"粗放招商"转变为"集约招商",从"政策招商"转变成"环境招商",从"招商引资"转变为"选商引资"的战略思维,坚持"安商、亲商、富商"的理念,遵循"真诚、主动、周到、规范"的服务方针。在引进项目过程中实行"四看":一看投资实力强不强,二看科技含量高不高,三看产出率大不大,四看是否遵循持续发展原则。同时,对项目进行合理选址,以充分提高土地利用率,使园区布局不断趋于合理化。

园区通过梳理、调整、盘活等手段选优去劣,贯彻内资、外资、私营、民营一起上的原则,不断做大做强经济规模。2000年12月,中日合资的上海尤希路化学工业有限公司被引进园区,注册资本880万美元,后发展成为园区内一座花园式现代化企业,并被市科委认定为"上海市高新技术企业"、"上海市专利工作试点企业",拥有国家授权的发明专利13项。

2001年6月,上海新格有色金属有限公司落户园区。12月,民营企业上海盛顺服装有限公司新厂房在园区落成,该公司是2000年全国500强民营企业。2002年6月,园区与上海航空发动机制造股份有限公司签订扩建厂区合资项目合同,拟在园区辟地8.93公顷,逐步形成航空工业产业基地。至2004年,园区引进企业105家,其中外商投资企业18家,国有、集体企业36家,私营企业51家。引进外资1.24亿美元,内资15亿元,内资注册资金为1.42亿元,内资到位金额为2 330万元。2005年,落户内资企业4家,已投产企业44家,年销售产值37.51亿元,上缴税金5 521万元,内资注册资金为4 800万元,内资到位金额为1.23亿元。

2007年1月,落户内资企业5家,内资注册资金为5 591万元,专业制造轨道交通车辆设备的上海法维莱交通车辆设备有限公司迁入园区。2008年2月,作为智能化高端制造、高附加值的上海发那科机器人有限公司落户顾村工业园区并举行签约仪式。至2010年,通过关停并转和产业结构优化,入驻园区的企业达123户。是年12月,上海发那科机器人顾村新工厂项目落成,为传统工业园区的转型升级打开了巨大的发展空间,为园区导入机器人产业启动了良好开端,使园区的招商引资跨入转型升级的新阶段。

表 9 - 6 - 6　2004—2010 年顾村工业园区吸引外资情况表

年　份	吸引外资项目数(个)		合同外资金额(万美元)		外资到位金额(万美元)	
	本　年	累　计	本　年	累　计	本　年	累　计
2004 年	10	27	1 016	5 757	618	3 446
2005 年	1	28	120	5 877	120	3 566
2006 年	8	36	2 636	8 513	904	4 470
2007 年	4	40	342	8 855	756	5 226
2008 年	4	44	2 157	11 012	671	5 897
2009 年	3	47	87	11 099	856	6 753
2010 年	4	51	1 026	12 125	880	7 633

资料来源:上海市经济委员会、上海市经济和信息化委员会、上海市统计局、上海市开发区协会《上海市开发区统计手册》

【产业发展】

2002—2003 年,由于当时的外环线工程,顾村镇党委决定将优质村级企业动迁至园区。园区腾出部分土地让村级优质企业入驻园区,其中有:上海汇众活塞环厂、上海盛顺服装有限公司、上海杰尔曼尼家具制造有限公司、上海宏图包装材料有限公司、上海斯加科机械有限公司、上海兆星工贸有限公司、上海宝陆汽配型钢厂、上海骊晨汽车饰件有限公司。

20 世纪 90 年代后期至 21 世纪初期,园区产业布局重新调整,逐步走上"产品型、科技型、外向型、规模型"的发展之路。2001 年起,龙头企业有:上海新格有色金属有限公司、上海航空发动机制造股份有限公司、上海航空特种车辆有限公司、上海航发机械有限公司、空气化工产品(上海)有限公司。至 2010 年,工业园区初步形成了以机械制造、汽车零部件、有色金属冶炼、精密电子、服装加工等为主的园区产业链。

【重点企业】

至 2010 年,入驻工业园区的重点企业有:上海航发机械有限公司、上海航空发动机制造股份有限公司、上海隆成集团有限公司、上海尤希路化学工业有限公司、空气化工产品(上海)有限公司、上海新格有色金属有限公司、上海东方(泵业)集团有限公司、上海神龙(集团)有限公司、上海航空特种车辆有限公司、上海大陆汽车配件有限公司、上海电气电力电子有限公司、罗浩斯(上海)实业有限公司、水谷精密零件制造(上海)有限公司、旭东压铸(上海)有限公司、上海发那科机器人有限公司等。

上海航发机械有限公司　公司于 2000 年 1 月成立,位于富联路 686 号,是园区第一家国有企业,注册资本 2 265.8 万元,用地 3.57 公顷,固定资产 5 336 万元,职工 135 人。主要产品有碟片式分离机、内啮合齿轮泵、通用机械医疗器械等。2003 年,公司被市科委认定为"上海市高新技术企业"。是年,公司产值 2 878 万元,上缴税收 142 万元。2010 年产值 7 144 万元,上缴税收 445 万元。该公司带动引进了上海航空发动机制造股份有限公司和上海航空特种车辆有限公司的落户,形成了上海航空集团顾村基地,成为园区的支柱产业。

上海东方泵业（集团）有限公司　公司创立于 20 世纪 80 年代，为民营企业，原位于沪太路 555 号，随着企业拓展市场的速度加快，原厂房不再适应发展需求。2006 年底，企业选址园区富联路 1588 号，新厂房用地 8 公顷，建筑面积 66 665 平方米。公司是以泵业生产为主，集科研、制造、营销、服务为一体的企业集团，涉及电气和自动化、电机、阀门、热交换机、空压机、减速机、压力容器、环保设备、节能技术等相关领域。2007 年 10 月，企业竣工正式投产，拥有 16 家子公司，员工 1 000 多人，注册资金 2 亿元。2010 年，销售产值 11.01 亿元，税收 4 158 万元。公司先后被评为"全国守合同重信用企业""上海市名牌企业""上海市民营科技企业 100 强""中国机械企业 500 强"等。

上海新格有色金属有限公司　1993 年 1 月，经市外经贸委颁发批准证书，公司投资总额 500 万美元。1994 年 6 月试生产，10 月正式生产。原址位于泰和西路 2727 号，新址选于园区富联三路 9 号，占地 36 公顷，建筑面积 12 万平方米，投资总额 2 700 万美元，注册资本 2 700 万美元。公司于 2001 年 6 月开工，2004 年 12 月竣工投产，员工 1 200 人，系中美合作企业，中方为顾村工业公司，以 7.53 公顷土地作价投入；外方为美国新格有色金属制品有限公司，以设备、现金投入。2010 年，公司销售产值 21.64 亿元，上缴税收 209 万元。

五、经济规模

"十一五"期间（2006—2010 年），顾村工业园区累计工业销售产值 323.86 亿元，累计工业销售收入 315.16 亿元，累计工业企业利润 15.33 亿元。2010 年，园区工业总产值较 2003 年增长 3.6 倍，工业销售收入较 2003 年增长 2.9 倍，工业企业利润较 2003 年增长 8.1 倍，税金总额较 2003 年增长 4.7 倍。

表 9 - 6 - 7　2003—2010 年顾村工业园区主要经济指标表　　　　　　单位：万元

年　　份	工业总产值	工业销售收入	工业企业利润	全部企业上缴税金总额
2003 年	177 968	208 211	5 368	4 930
2004 年	288 534	315 213	9 853	4 709
2005 年	323 912	309 561	13 011	12 487
2006 年	621 688	608 275	27 557	16 690
2007 年	477 926	462 647	19 854	19 667
2008 年	647 605	619 037	27 857	24 623
2009 年	674 503	645 293	29 037	22 369
2010 年	816 865	816 372	48 982	28 314

说明：自 2007 年起工业销售收入数据为工业企业主营业务收入数据

资料来源：上海市经济委员会、上海市经济和信息化委员会、上海市统计局、上海市开发区协会《上海市开发区统计手册》

第四节　罗店工业园区

罗店工业园区位于上海北翼，东起潘泾河路、西至规划抚远路、南至月罗路、北至石太路，总规划用地面积为 233 公顷,主要产业为钢铁制品深加工、医药、汽车零配件、电子电器及其他产业。

一、园区创建

1999 年,宝山区政府发文《宝山区人民政府关于确认罗店工业小区的批复》,批准设立罗店工业小区。1999 年,宝山区政府批复通过园区控制性详细规划,规划面积 167.8 公顷。2001 年,市政府确定罗店镇为"一城九镇"(一城九镇,是上海为努力构筑特大型国际经济中心城市的城镇体系在"十五"期间提出的发展思路。即松江新城,及朱家角、安亭、高桥、浦江等 9 个中心镇)之一后,批复通过《罗店镇产业片区控制性详细调整规划》,把罗店工业园区面积调整扩大。2009 年下半年,罗店工业小区东扩编区域通过了上海市经济信息化委员会的产业区块认定,规划面积约 233 公顷。

二、管理机构

【上海宝山罗店工业园区管理委员会】

2007 年 12 月 29 日,罗店镇党委同意成立上海宝山罗店工业园区管理委员会。管委会下设办公室、财务科、开发科、产业服务科、综合科。2007 年 12 月,园区通过 ISO 14001 环境质量管理体系认证,全面建立工业园区环境质量管理体系。

【罗店工业公司】

1984 年,罗店工业公司成立,主要承担罗店镇集体工业企业管理服务。1999 年园区设立后,罗店工业园区由罗店工业公司管理开发建设。

三、开发建设

【动迁安置】

2004 年 11 月,园区召开关于宝山工业园区罗店园民房动迁安置基地企业动迁的分析会议,对园区金星北路进行动迁,总动迁安置费、土地补偿、生活费补助共计 2 669.40 万元。民房动迁安置基地区域内所涉企业、集体资产数为 20 户,占地 18.67 公顷;民房动迁安置基地区域附近企业 13 户,占地 23.33 公顷。至 2004 年,罗店经济发展公司采取使用方式建设用地项目共 20 个,共使用集体土地 20.96 公顷,均按照每年 3 万元/公顷的标准支付青苗费,对农民进行补偿。在进行农用地转性时,均进行一次性补偿;园区内采取征用方式的建设用地项目 5 个,用地面积 27.33 公顷,对需安置劳力按照镇保标准每人每月 468 元发放生活补贴,相关征地包干手续后,所有征地农民都实行"养吸老",进入镇保。

【土地开发利用】

2007 年,罗店工业小区开发土地面积累计 167 公顷,土地开发率达 100%;批租土地面积累计 116.4 公顷,批租率达 69%;建成企业土地面积累计 113.3 公顷,土地建成率达 100%。园区范围调整后,至 2010 年,罗店工业小区土地已开发面积 120 公顷,占园区可开发利用面积的 66.4%,其中国有建设用地 99.1 公顷,集体土地主要是园区苗圃路两侧早期乡镇工业点 20.9 公顷;园区已建设道路面积 18.9 公顷;市政配套及交通设施面积 0.58 公顷;水系及绿地面积 40.7 公顷。至 2010 年 12 月,园区剩余可开发利用面积约 52.8 公顷。

【基础设施】

道路、桥。2001 年,总投资 657 万元,完成道路辟筑 1 213 米。2001 年,新辟罗春路。2002 年,完成罗新东路,修缮抚远路、祁北路、市一东路。至 2010 年,园区路网总长 11.43 公里,总面积约 18.91 万平方米,园区内部路网基本按照 2006 版控规实施,道路断面合理,路况较好。石太路、月罗公路、潘泾路为罗店镇总体规划中的城镇主干道,石太路红线宽度 9 米,月罗公路红线为 40 米,潘泾路红线宽度拓宽为 45 米;园区西侧抚远路红线为 30 米,园区内部罗春路红线宽 16 米,罗新路红线宽 24 米,祁北路红线宽 24 米,市一东路红线宽 30 米,苗圃路红线宽 9 米。形成主、次、支三级道路体系:主干道为石太路、月罗公路、潘泾路;次干道为抚远路和罗新路;支路为罗春路、祁北路、苗圃路、罗盛路、市一东路、石春路、东园路。石太路与潘泾路交叉口南侧有加油站一处。

管网、河道。园区内水源为市北自来水厂,沿抚远路南端、市东一路、潘泾路北段铺设有城市供水主干管,其他各级道路均铺设供水支管,基本可以满足园区供水需求。园区污水管网收集后进入石洞口污水处理厂,在石太路和月罗公路上有污水干管作为园区的污水出路。园区沿潘泾路已建污水干管,以练祁河为界分别向南、北汇入石太路和月罗公路污水干管。2010 年前建成总体排污管道,所有污水进入统一的污水处理厂进行处理,排污量达 1 890 吨/日。

园区内有 2 座 35 千伏变电站。石太变电站位于石太路和潘泾路路口西南角,罗店变电站位于抚远路和苗圃路东南路口,均为室内型变电站。规划区内有 2 座 10 千伏开闭所,1 座开闭所紧邻石太 35 千伏变电站建造,1 座位于祁北路东南侧。园区内用电设施基本能满足园区用电需求。园区道路两侧绿化带内遍布 35 千伏高压架空电缆。园区燃气气源为位于月罗公路上的石洞口煤气厂。

罗店工业小区内部水系资源丰富,共有水域面积 7.79 公顷,占总面积的 3.4%。罗店工业小区有河道 4 条(段):罗新河、白塘河、练祁河以及小练祁河,总长 4 098 米。

四、招商引资与产业发展

【招商引资】

2003 年,园区引进内资项目 3 个,内资注册资金 3 125 万元,内资到位金额 3 125 万元。2004 年,园区引进上海宝冶建设有限公司、百世钢构、上海宝印金属彩涂有限公司等 8 个内资项目,投资额分别为 6.4 亿元、1.5 亿元、1.5 亿元。

2005 年,园区引进外资项目 4 个,合同利用外资 1 716 万美元。其中:上海科宝汽车传动件有限公司投资总额 2 032 万美元,项目基建工程进展顺利;上海贝依明电气有限公司投资总额 1 000 万美元,基建工程也进展顺利。引进内资项目 4 个,内资注册资金为 3 200 万元。新引进的内资项目主要有:上海新晖酿造有限公司、上海天图印务有限公司、上海湫光蜡业礼品有限公司等。

2006 年,园区分别与上海复星朝晖药业有限公司、上海中集宝伟工业有限公司、上海一诺金属防护材料有限公司就用地改征达成协议。上海宝冶建设有限公司重大项目建设进展顺利,一期年初投产后,逐步进入正轨,产出每月稳定增长,二期项目年底完工。其他已投产的上海宝印金属彩涂有限公司、上海科宝汽车传动件有限公司等新项目生产经营状况良好。

2007年,园区引进外资项目2个,合同外资483万美元。至2007年,园区累计引进外资项目10个,吸引合同外资4 996万美元,落户内资企业累计32家,内资企业注册资金累计1.58亿元,固定资产投资总额4.12亿元。

2008年,园区引进内资项目54个,主要是上海宝钢集团热冲压项目,总投资2.3亿元,注册资本1.1亿元;上海宝钢集团液压成形项目,总投资2.2亿元,注册资本1.1亿元;上海宝冶建设有限公司,总投资2亿元;上海中镖实业有限公司二期,总投资0.6亿元;上海韩宝贸易有限公司,总投资1.9亿元。

2009年,园区引进上海济闽实业有限公司,总投资1.5亿元,用地3.33公顷,进行结构性金属制品制造;香港恒顺公司冷鲜肉项目,总投资9 000万元,用地2公顷。通过加大招商引资力度,有投资意向、正在积极洽谈中的项目有3个,包括:上海延中企业发展有限公司,占地3.33公顷;美国纳米集团(控股)公司,占地1.33公顷;上海立天医疗器械有限公司,占地1.33公顷。通过二次招商,引进了三家企业。原上海韩宝贸易有限公司一期、二期和原上海永星轴承制造有限公司项目在建工程进行转让。

2010年,园区吸引合同外资977万美元;完成经营性固定资产投资4亿元,吸引内资2 700万元。至2010年,园区累计引进外资项目10个,吸引合同外资1.12亿美元;累计落户内资企业88个,吸引内资6.89亿元。

表9-6-8　2003—2010年罗店工业园区吸引外资情况表

年　份	吸引外资项目数(个)		合同外资金额(万美元)		外资到位金额(万美元)	
	本　年	累　计	本　年	累　计	本　年	累　计
2003年	0	3	680	3 630	680	3 630
2004年	0	3	——	2 677	——	2 677
2005年	4	7	1 716	4 393	1 688	4 365
2006年	1	8	120	4 513	120	4 485
2007年	2	10	483	4 996	60	4 545
2008年	0	10	2 602	7 599	1 745	6 290
2009年	0	10	2 600	10 199	748	7 038
2010年	0	10	977	11 176	0	7 038

资料来源:上海市经济委员会、上海市经济和信息化委员会、上海市统计局、上海市开发区协会《上海市开发区统计手册》;罗店工业园区提供数据

表9-6-9　2003—2010年罗店工业小区落户内资情况表

年　份	落户内资企业数(个)		内资注册资金(万元)		内资到位金额(万元)	
	本　年	累　计	本　年	累　计	本　年	累　计
2003年	3	19	3 125	7 500	3 125	7 500
2004年	8	27	——	7 500	400	7 900
2005年	4	31	3 200	10 700	57 000	95 000
2006年	1	32	5 088	15 788	——	

(续表)

年 份	落户内资企业数(个)		内资注册资金(万元)		内资到位金额(万元)	
	本 年	累 计	本 年	累 计	本 年	累 计
2007 年	0	32	0	15 788	—	—
2008 年	54	86	40 362	56 150	—	—
2009 年	0	86	10 090	66 240	—	—
2010 年	2	88	2 700	68 940	—	—

资料来源:上海市经济委员会、上海市经济和信息化委员会、上海市统计局、上海市开发区协会《上海市开发区统计手册》;罗店工业园区提供数据

【产业发展】

园区产业按北、中、南三片区布局,北片区以钢铁制品深加工产业为主体,中片区综合布置医药企业、汽车零配件、电子电器及其他产业,南片区以保留钢铁工业及其他产业为主体。

【重点企业】

上海中集宝伟工业有限公司　前身是上海宝伟工业有限公司,由上海宝钢集团、台湾伟联企业集团和罗店工业公司三方合资创办,主营业务为集装箱生产。公司创建于 1993 年 4 月,于 1994 年 12 月正式投产,位于宝山区罗店镇。公司投资总额 2 950 万美元,注册资本 1 500 万美元。2002 年 11 月,公司股权重组,中国国际海运集装箱(集团)股份有限公司(以下简称中集集团)重资入股,组建上海中集宝伟工业有限公司,投资总额增至 2 999 万美元。中集宝伟作为中集集团在华东地区的主要生产基地之一,职工 1 000 余人。中集集团是 A/H 股上市公司,下辖集装箱、车辆、能源化工、海工、空港等九大业务板块,有集装箱、半挂车、登机桥等多个全球冠军产品,海内外子公司超 300 家,员工超 6 万人,年产值 600 亿元。

上海景峰制药有限公司　成立于 1994 年 6 月,原为上海佰加壹医药有限公司,是一家致力于医药产品的研发、制造与销售的民营科技企业,是国家高新技术企业。公司注册资本 1.71 亿元,注册地为宝山区罗新路 50 号,上海生产基地占地 7.8 公顷,建有符合现代化 GMP 条件的厂房。公司是以创新药为核心、首仿药为主流、简单仿制药为补充的专业药品制造企业。产品类别为心脑血管类及其他,以国内市场为主。

上海朝晖药业有限公司　前身是第二军医大学朝晖制药厂,始建于 1958 年。1998 年底,根据中央军委统一部署,朝晖制药厂由宝山区政府接管。1999 年 2 月,上海复星实业股份有限公司参与企业改制,组建成立了上海复星朝晖药业有限公司,注册资金 1 000 万元。新厂位于宝山区罗店镇工业园区内,一期技改项目于 2001 年 4 月动工,2002 年 10 月完工。新厂用地约 6.67 公顷,建筑物占地面积 1.10 万平方米,总建筑面积 2.05 万平方米。2002 年 12 月 19 日,公司搬迁至新生产基地开始生产。公司设有固体制剂车间、针剂车间、软膏车间和原料药车间。年生产能力为片剂 4.8 亿片、胶囊 2 500 万粒、注射剂 5 000 万支、软膏 3 000 万支(瓶)、原料药(盐酸利多卡因)30 吨。

西门子制造工程中心有限公司　是西门子(中国)有限公司工业业务领域客户服务集团与上海宝钢集团,于 1995 年 2 月共同投资的一家中外合资企业,其中西门子拥有 51% 的股份,上海宝钢集团拥有 49% 的股份。2008 年 6 月公司,由于产能扩充正式搬迁落户于罗店工业园区,并在北京、广

州、济南设有代表处。公司的业务范围涵盖各种类型的低压开关设备、马达智能控制中心、交/直流传动系统、自动化控制系统、全集成可移动式电气室的设计、制造、测试和现场服务,主营领域覆盖石油和天然气、海洋工程、化工、造纸、食品饮料、基础设施、数据中心、风能、工业定牌生产和轨道交通。

五、经济规模

2010 年,罗店工业园区完成工业销售产值 55.13 亿元,比 2009 年增长 69.9%;完成增加值13.22 亿元,较 2009 年增长 6%,完成全年目标 15.83 亿元的 83.5%;完成区级财力 1.227 亿元,比2009 年减少 14.6%,完成全年目标 1.514 亿元的 81%。至 2010 年,园区工业总产值累计 273.68亿元,工业销售收入累计 270.03 亿元,工业企业利润累计 15.31 亿元,全部企业上缴税金总额累计14.71 亿元。

表 9 - 6 - 10 2003—2010 年罗店工业园区经济效益情况表　　　　　　单位:万元

年　　份	工业总产值	工业销售收入	工业企业利润	全部企业上缴税金总额
2003 年	85 255	82 167	896	1 235
2004 年	379 178	368 702	29 267	1 178
2005 年	395 773	376 463	22 299	4 824
2006 年	246 546	246 775	21 566	4 401
2007 年	471 951	472 643	16 665	67 590
2008 年	339 000	339 000	13 095	22 735
2009 年	383 962	383 962	19 198	22 408
2010 年	435 111	430 593	30 141	22 737

说明:自 2007 年起工业销售收入数据为工业企业主营业务收入数据

资料来源:上海市经济委员会、上海市经济和信息化委员会、上海市统计局、上海市开发区协会《上海市开发区统计手册》;罗店工业园区提供数据

第七章 金山区

第一节 上海枫泾工业园区

枫泾工业区位于上海西南部,毗邻浙江省,交通便捷。中南部有 G60、S36 高速公路连接浙东和南方沿海城市,中部有沪杭铁路和沪杭高铁,设有枫泾火车站和金山北站,北部有 S32 高速公路连接浙北、苏南和安徽地区。

一、园区创建

【工业园区建立】

1998 年 7 月 10 日,金山区枫泾镇人民政府(以下简称枫泾镇政府)批准成立枫泾工业区;1999年 5 月 25 日,金山区兴塔镇人民政府(以下简称兴塔镇政府)批准成立兴塔工业区。2005 年 3 月,经金山区人民政府(以下简称金山区政府)批准,原枫泾镇和兴塔镇"撤二建一",原枫泾工业区和兴塔工业区合并成立新的上海枫泾工业区,同时成立新的上海枫泾工业区管理委员会。2006 年 8 月9 日,枫泾工业区经市政府批准为市级工业区。2007 年,中共上海市委书记习近平到枫泾工业区视察上海华普汽车有限公司和上海金枫酿酒有限公司。2009 年 9 月 8 日,枫泾工业区被科技部火炬高技术产业开发中心认定为"国家火炬计划上海枫泾新能源特色产业基地"。

【规划面积】

2005 年,枫泾工业区规划面积 15.8 平方公里,四至范围:东至斜塘港、南至大芒港、西至亭枫公路、北至七仙泾。园区分为 A、B 两个特色产业区,A 区特色产业以纺织服装及纺织服装机械、通用机械及不锈钢制品为主导;B 区特色产业以汽车及零部件、黄酒酿造为主导。A 区规划面积 6.16平方公里,B 区规划面积 9.64 平方公里。2006 年 11 月 15 日,国土资源部核准面积为 9.2 平方公里,其中:原枫泾工业区核准面积 4.7 平方公里,四至范围:东至环东二路、南至枫展路、西至亭枫公路、北至沪杭高速公路;原兴塔工业区核准面积 4.5 平方公里,四至范围:东至斜塘港、南至大茫港、西至庄官塘、北至亭枫公路。

二、管理机构

【上海枫泾工业区管理委员会】

1998 年 7 月 10 日,经枫泾镇政府批准,成立上海枫泾工业区管理委员会,办公地点在枫泾镇朱枫公路 281 号。1999 年 5 月 25 日,经兴塔镇政府批准,成立上海兴塔工业区管理委员会,办公地点在兴塔镇新金山路 316 号。2005 年 3 月,原枫泾镇和兴塔镇"撤二建一"后,成立新的上海枫泾工业区管理委员会,办公地点在枫泾镇亭枫公路 6728 号。

【上海枫泾工业投资发展有限公司】

1998 年 11 月 17 日,经枫泾镇政府批准,由上海枫泾镇经济管理事务中心筹资,成立上海枫泾工业投资发展有限公司,注册资本为 5 000 万元,办公地点在枫泾镇朱枫公路 281 号。1999 年 5 月 25 日,经兴塔镇政府批准,由兴塔镇经济管理事务中心筹资,成立上海兴塔企业发展有限公司,注册资本为 500 万元,办公地点在兴塔镇新金山路 316 号。2005 年 3 月,原枫泾镇和兴塔镇"撤二建一"后,上海兴塔企业发展有限公司并入上海枫泾工业投资发展有限公司,注册资本 8 000 万元,公司办公地点设在枫泾镇亭枫公路 6728 号。

三、开发建设

【土地开发】

至 2010 年,园区完成开发土地面积 978.37 公顷,其中已供应工业用地面积 694.51 公顷,交通运输用地面积 112.01 公顷,公园和绿地用地面积 143.53 公顷,公共设施和农居小区用地面积 28.32 公顷,不可建设土地面积 58.12 公顷。

【基础设施】

2010 年,园区完成"七通一平"基础设施建设。道路建设完成 18 条,总长 35.16 公里,面积 81.53 万平方米;绿化面积 112.01 万平方米;河道 14 条,总长 21.5 公里,面积 42.12 万平方米;供水水厂 2 座,日供水能力 4.5 万吨,可提供全天候卫生标准用水;通讯、宽带、有线电视全部贯通;35 千伏变电站 4 座,10 千伏开关站 4 座,天然气供气站 1 座;污水处理净化厂 2 座,日处理能力 4 万吨;污水泵站 2 个,污水纳管率达 100%;工业区天然气管道建设也基本完成。

四、招商引资与产业发展

【招商引资】

1998—2000 年,枫泾工业区累计吸引内外资项目 31 个,计划总投资 25.59 亿元,其中外资 1 299.05 万美元,完成工业性投入 2.93 亿元。

2001 年,枫泾工业区新签约内外资项目 28 个,计划总投资 8.8 亿元,其中外资 127.5 万美元,完成工业性投入 5.38 亿元。2002 年,新签约内外资项目 45 个,计划总投资 7.3 亿元,其中外资 2 064.5 万美元,完成工业性投入 7.02 亿元。2003 年,新签约内外资项目 51 个,计划总投资 30.52 亿元,其中合同外资 3 909.73 万美元,完成工业性投入 12.91 亿元,外资到位金额 3 255.5 万美元。2004 年,新签约内外资项目 24 个,计划总投资 25.63 亿元,其中合同外资 3 102.07 万美元,完成工业性投入 20.23 亿元,外资到位金额 2 337 万美元。2005 年,新签约内外资项目 46 个,计划总投资 26.82 亿元,其中合同外资 3 024.1 万美元,完成工业性投入 18.80 亿元,外资到位金额 2 921.14 万美元。2006 年,枫泾工业区新签约内外资项目 32 个,计划总投资 34.96 亿元,其中合同外资 7 473 万美元,完成工业性投入 18.65 亿元,外资到位金额 2 496 万美元。2007 年,新签约内外资项目 40 个,计划总投资 40.51 亿元,其中合同外资 6 777.98 万美元,完成工业性投入 18.55 亿元,外资到位金额 2 705.85 万美元。2008,新签约内外资项目 32 个,计划总投资 22.82 亿元,其中合同外资 1 333.35 万美元,完成工业性投入 13.52 亿元,外资到位金额 4 811.29 万美元。2009 年,新签约内外资项目 37 个,计划总投资 28.46 亿元,其中合同外资 1 574.5 万美元,完成工业性投入 8.46 亿元,外资到位金额 1 574.5 万美元。2010,新签约内外资项目 37 个,计划总投资亿 58.42 亿元,其中合同外资 5 628.72 万美元,完成工业性投入 10.35 亿元,外资到位金额 2 991.09 万美元。

至 2010 年,枫泾工业区累计招商签约内外资项目 403 个,其中外资项目 52 个,累计实现合同外资 4.38 亿美元,累计实现内资到位资金 165.71 亿元,累计完成工业性投入 149.8 亿元,累计外资到位金额 2.96 亿美元。

表 9‒7‒1　1998—2010 年枫泾工业区吸引外资情况表

年 份	吸引外资项目数(个)		合同外资金额(万美元)		外资到位金额(万美元)	
	本 年	累 计	本 年	累 计	本 年	累 计
1998 年前	4	4	3 975.8	3 975.8	3 964.61	3 964.61
1999 年	2	6	612	4 587.8	539.5	4 504.11
2000 年	1	7	1 942.3	6 530.1	110	4 614.11
2001 年	3	10	1 320	7 850.1	127.5	4 741.61
2002 年	6	16	2 797	10 647.1	1 765.1	6 506.71
2003 年	4	20	3 909.73	14 556.83	3 255.5	9 762.21
2004 年	5	25	3 102.07	17 658.9	2 337	12 099.21
2005 年	8	33	3 024.1	20 683	2 921.14	15 020.35
2006 年	4	37	7 473	28 156	2 496	17 516.35
2007 年	6	43	6 777.98	34 933.98	2 705.85	20 222.2
2008 年	3	46	1 333.35	36 267.33	4 811.29	25 033.49
2009 年	3	49	1 574.5	37 841.83	1 574.5	26 607.99
2010 年	3	52	5 928.43	43 770.26	2 991.09	29 599.08

说明：2005 年起,包括兴塔工业区数据
资料来源：上海枫泾工业园区提供

表 9‒7‒2　1998—2010 年枫泾工业区落户内资情况表

年 份	落户内资企业数(个)		内资注册资本(万元)		内资到位金额(万元)	
	本 年	累 计	本 年	累 计	本 年	累 计
1998 年前	8	8	12 811.8	12 811.8	69 448	69 448
1999 年	7	15	5 850	18 661.8	44 526	113 974
2000 年	9	24	4 930	23 591.8	29 395	143 369
2001 年	25	49	15 467	39 058.8	79 212	222 575
2002 年	39	88	62 504	101 562.8	181 127	403 702
2003 年	47	135	55 476.8	157 039.6	244 182	647 884
2004 年	19	154	27 819	184 858.6	147 447	795 331
2005 年	38	192	18 628.8	203 487.4	163 669	959 000

（续表）

年　份	落户内资企业数(个)		内资注册资本(万元)		内资到位金额(万元)	
	本　年	累　计	本　年	累　计	本　年	累　计
2006 年	28	220	22 838	226 325.4	171 632	1 130 632
2007 年	34	254	17 848	244 173.4	175 886	1 306 518
2008 年	29	283	12 900	257 073.4	125 721	1 432 239
2009 年	34	317	41 030	298 103.4	109 035	1 541 274
2010 年	34	351	30 418	328 521.4	115 842	1 657 116

说明：2005 年起，包括兴塔工业区数据
资料来源：上海枫泾工业园区提供

【产业发展】

至 2010 年，工业区形成汽车制造及汽车零部件、黄酒食品、通用及专业设备、纺织服装及服饰、电气机械和器材、生物医药六大主导产业。重点企业有上海石库门酿酒有限公司、上海华普汽车有限公司、上海汉钟精机股份有限公司、上海金塔医用器材有限公司、上海西文服饰有限公司、上海德福伦化纤有限公司、上海金标实业有限公司、上海金熊造纸毛毯有限公司、上海农好饲料股份有限公司。1998—2010 年，9 家重点企业累计实现产值 351.58 亿元，累计实现税收 17.62 亿元。

【重点企业】

上海石库门酿酒有限公司　上海石库门酿酒有限公司前身为原上海枫泾酒厂，创建于 1939 年，注册资本 2 亿元，为全国大型黄酒生产企业之一，也是上海地区最大的黄酒生产企业，于 1993 年兼并上海淀山湖酒厂组建上海金枫酿酒有限公司。2000 年，整体资产进入上市公司（原上海市第一食品股份有限公司，今为上海金枫酒业股份有限公司），2002 年起相继建立了 ISO 9001 质量管理体系、HACCP 食品安全管理体系、ISO 14001 环境管理体系、OHSAS 18001 职业健康安全管理体系，成为黄酒行业中首家 4 个管理体系全覆盖的企业。2009 年，上海枫泾酒厂正式更名为上海石库门酿酒有限公司。公司拥有"石库门""和酒""金枫""金色年华""侬好""淀山湖"六大品牌，拥有上海市级企业技术中心、上海市黄酒工程技术研究中心、全国技能大师工作室、上海院士专家工作站、上海市技能大师工作室，拥有多名国家级黄酒评委、国家级黄酒品酒师、黄酒酿造高级技师。1998—2010 年，公司累计实现产值 55.14 亿元，税收镇财政实得财力 2.32 亿元，累计投资 3.80 亿元。

上海华普汽车有限公司　注册资本 2.4 亿元，始建于 2000 年 9 月，是浙江吉利控股集团在上海投资建设的汽车整车生产基地。2003 年 3 月获得国家整车生产资质，具备整车研发、生产及销售的资格。2002—2010 年，公司累计生产汽车 36.11 万辆，实现产值 233.92 亿元，累计上缴税费 14.25 亿元，累计投资 17.48 亿元。

上海汉钟精机股份有限公司　注册资本 5.35 亿元，1998 年在枫泾工业区投资建设中国上海生产基地。2007 年 8 月 17 日，公司在深圳证券交易所 A 股上市，成为上海市第一家台商投资上市企业。公司是集螺杆式压缩机的研发、生产、销售、服务为一体的制造企业，产品系列有 R 系列（螺杆式制冷压缩机）、L 系列（螺杆式冷冻压缩机）、A 系列（螺杆空气压缩机）、P 系列（螺杆式无油真空泵）、RT 系列（离心式制冷压缩机）、S 系列（涡旋压缩机）。产品广泛运用于石油、化工和动力等

领域,是主要的机电通用设备之一,如磁悬浮变频离心式制冷压缩机、LT 双级高温热泵压缩机、RC2‑G 高温热泵压缩机、无油涡旋空气压缩机、低环温空气源热泵机组等新产品。公司建有 AS/RS 自动化仓储系统、LGV 与 RGV 自动供料系统、FMS 自动加工生产一线、二线、三线、涂装机器人、AGV 自动引导车、3D 打印机等先进智能设备。1998—2010 年,公司实现产值 30.13 亿元,累计上缴税费 2.08 亿元,累计投资 2.39 亿元。

上海金塔医用器材有限公司　注册资本 4 020 万元,成立于 1988 年,是专业从事一次性使用无菌医疗器械的研发、生产、销售、服务的高新技术企业。公司秉承"科技让护理更安全"的理念,不断开拓发展。至 2010 年,公司拥有安全输注器械类、安全防针刺类、麻醉器械耗材类等 3 条主要产品线的 30 多款自主研发生产产品,拥有多项授权专利,是上海市专利试点企业。从客户需求到产品研发再到临床应用,安全型的医疗护理产品是公司研发产品的核心目标。公司先后通过了 ISO 9001,ISO 13485 国际质量体系认证以及 CE 和 FDA 等多项产品质量认证。公司产品销售网络遍及全国,远销海外。1998—2010 年,公司实现产值 3.26 亿元,累计投资 1.01 亿元。

上海西文服饰有限公司　2006 年落户枫泾,简称 SML 集团,注册资本 6 200 万元。上海公司是香港 SML 旗下的研发、生产、销售基地,生产各种吊牌、印唛、织唛、彩卡等服装辅料和包装产品,是高新技术企业。公司先后取得了 ISO 9001 质量体系认证、ISO 14001 环境体系认证、SA 8000 社会责任管理体系认证、FSC‑COC 产销监管链认证,及 OEKEO‑TEX 国际纺织品环保认证。2006—2010 年,公司实现产值 4.78 亿元,累计上缴税费 0.48 亿元,累计投资 1.66 亿元。至 2010 年,公司拥有授权实用新型专利 25 件、发明专利 1 件、软件著作 15 件,成为金山区百强企业。

上海德福伦化纤有限公司　公司创建于 2003 年,2005 年落户枫泾工业区,注册资本 7 000 万元。是由上海纺织(集团)有限公司结合上海第十化学纤维厂搬迁、投资改造发展而成的一家国有企业,是上海纺织(集团)有限公司的直管单位。公司先后通过了 ISO 9001 质量管理体系和 ISO 14001 环境管理体系认证。2005—2010 年,公司实现产值 9.53 亿元,累计上缴税费 0.19 亿元,累计投资 1.50 亿元。至 2010 年,公司先后承担了 20 余项省部级科技攻关项目,认定上海市高新技术成果转化项目 13 个;与上海市纺织科学研究院、东华大学、上海工程技术大学等高校、科研院所建立长期、紧密的战略合作。拥有多项自主知识产权,申请专利 45 项,其中授权 27 项(发明专利 11 项,实用新型 16 项);拥有 11 项注册商标,"恒大牌""Different""德福伦"品牌在行内具有较高知名度;获"上海名牌""上海市著名商标"荣誉称号;参与制定竹炭涤纶短纤维国家标准,作为第一起草单位制定 6 项行业标准。

上海金标实业有限公司　2009 年落户枫泾,注册资本 1 亿元,总部设在枫泾工业区,是集设计、制作、运输、安装和维护为一体的综合性招牌展示专业公司,占地面积 6.67 公顷。公司拥有中国标识制造一级企业、装饰装修施工与设计二级资质企业资质,拥有独立进出口贸易权,通过了标识标牌及展示道具 ISO 9001、14001、18000 认证,建筑装饰装修设计与施工 ISO 9001、14001、18000、GB/T 50430 认证、UL 认证、德国焊接技术认证,是国际标识协会会员,拥有多项授权专利。

上海金熊造纸毛毯有限公司　2004 年落户兴塔工业区,注册资本 3 559 万元,是一家专业研发生产造纸毛毯企业,是国内行业内中高档造纸毛毯发明的领军企业,中高档产品国内市场占有率 60% 以上。公司是高新技术企业,建立了国内第一家造纸毛毯失效实验室和研究所,设有国际化品质标准第四代技术造纸毛毯核心生产基地,拥有多项授权专利。其研发产品"多轴向多层叠网造纸毛毯"被评为"中国产业用纺织品行业十大创新产品/技术",基网多轴叠制造技术的研发获得"中国纺织工业科学技术进步二等奖""中国纺织工业联合会产品开发贡献奖"。产品远销东南亚、南美等地,主要竞争对手为国外先进产品,税收贡献大,每公顷平均税收在金山区名列前茅。2004—2010年,公司实现产值1.12亿元,累计投资1.31亿元。

上海农好饲料股份有限公司　注册资本2 360万元,是一家专业从事研发、生产、销售与养殖为一体的农业产业化企业。公司创办了企业技术中心,实行"产学研"联合战略,2008年与上海海洋大学合作设立特种水产研究基地。通过自主与联合创新,获得多项授权发明专利,列入上海市高新技术成果转化项目;其中,"非常规日粮蛋鸭配合饲料"获"金山区科学技术三等奖""上海市高新技术成果转化百佳项目";"大黄鱼饲料"突破了在大黄鱼人工饲喂过程中不能完全采用混合饲料饲喂的技术瓶颈,解决了大黄鱼养殖成本高的问题,饲料的性价比高,养殖环境友好。2004—2010年,公司实现产值11.95亿元,累计投资0.71亿元。

五、经济规模

1998—2000年,枫泾工业区共完成工业总产值30.39亿元,实现工业企业利润1.37亿元,上缴税金总额2.54亿元。"十五"期间(2001—2005年),枫泾工业区完成工业总产值294.65亿元,实现工业企业利润14.46亿元,上缴税金总额22.15亿元。"十一五"期间(2006—2010年),枫泾工业区共完成工业总产值904.17亿元,实现工业企业利润51.03亿元,上缴税金总额53.25亿元。

表9 - 7 - 3　1998—2010年枫泾工业区经济效益情况表　　　　单位:亿元

年　　份	工业总产值	工业企业利润	工业销售收入	上缴税金总额
1998年	8.16	0.35	8.16	0.48
1999年	9.63	0.46	9.63	0.65
2000年	12.6	0.56	12.6	1.44
2001年	16.96	0.81	16.96	1.96
2002年	30.71	1.62	30.71	2.61
2003年	52.61	2.42	52.61	4.1
2004年	78.56	3.49	78.56	5.92
2005年	115.81	6.12	115.81	7.56
2006年	150.35	7.85	150.35	8.58
2007年	170.23	9.12	166.86	9.98
2008年	182.78	10.21	182.78	10.34
2009年	174.06	10.39	174.06	10.79
2010年	226.75	13.46	226.75	13.56

说明:2005年起,包括兴塔工业区数据
资料来源:上海枫泾工业园区提供

第二节　上海朱泾工业园区

上海朱泾工业园区地处上海中心城区、杭州市及宁波市的三角中心位置,320国道、亭枫高速

(S36)、新卫高速(S19)、同三国道(G1501)和沪杭客运高铁贯通境内,公路网络四通八达,距上海市中心 50 公里,距虹桥枢纽站 40 公里,距浦东国际机场 70 公里,距洋山深水港 80 公里,距杭州湾跨海大桥 40 公里。主要产业包括针织服装、机械、电子、家具、旅游箱包、新材料生产基地等。

一、园区创建

【工业园区建立】

2002 年,金山区政府批准成立上海朱泾工业园区,属保留工业区,总规划面积为 1.86 平方公里。自 2004 年起,金山区调整区域结构体系,并对各镇工业开发区进行归并,撤销新农镇并入朱泾镇,其镇属工业区纳入朱泾工业区管理范围内。2006 年 8 月 9 日,市政府同意将朱泾工业园区列为市级工业园区。2009 年 10 月,园区被命名为上海市高新技术产业化新材料产业基地。

【规划面积】

2006 年,朱泾工业园区规划面积 5.77 平方公里。由于历史成因以及同三高速(G1501)的存在,朱泾镇工业区自然分割为两大块,一块是原朱泾镇辖区内的朱泾工业区,总面积为 1.86 平方公里,该地块东至同三高速绿化带,西至朱南泾河,南至新旺路,北至北环路。第二块是原新农镇辖区内的新农工业区,总面积为 3.91 平方公里,东至张泾河,西至同三高速绿化带,南至亭枫高速公路绿化带,北至北旺路。两规合一后,园区规划面积 7.68 平方公里。

二、管理机构

【朱泾镇工业园区管理委员会】

2006 年 3 月 18 日,朱泾镇人民政府(以下简称朱泾镇政府)决定成立朱泾镇工业园区管理委员会,负责管理园区的日常事务。

【上海金珠企业发展有限公司】

1999 年 12 月 22 日,金山区政府批准成立上海金珠企业发展有限公司,注册资本为 5 000 万元,由上海市金山区朱泾镇集体资产经营联社、上海金珠企业管理咨询服务中心出资。公司总经理由朱泾镇政府任命。

三、开发建设

【土地开发】

原朱泾镇、原新农镇各自规划有独立工业区,且地理位置较为接近。为了更好地发挥区域优势,根据 2003 年《金山区城镇体系结构和产业布局规划》,2005 年 4 月,朱泾镇、新农镇的原规划工业区合并形成金山朱泾工业区。金山区初步形成"2+1+3"工业布局。金山朱泾工业区为"3"中之一,其产业定位由区域规划统筹划定为"轻工加工业,重点发展轻工机械、医药器材、新型建筑装潢材料、不锈钢制品等"。朱泾工业区自 2002 年成立,因此已有企业入驻并生产。至 2010 年,工业园区已开发 4.80 平方公里,建成工业用地面积 116 公顷,建成产业用地面积 138 公顷。

【基础设施】

至 2010 年,园区道路建成 17 条,形成"田"字形道路网络格局,总长度 20 公里。拥有 4 座 35 千伏变电站,日供电能力达 70 万千瓦,4 条 10 千伏供电线贯穿园区。园区内日供水量可达 40 万吨～50 万吨,日处理 3 万吨的污水处理厂与工业园区配套。电信、电视、天然气均达到园区全覆盖。

四、招商引资与产业发展

【招商引资】

至 2003 年,朱泾镇域内主要企业有 72 家,职工总人数为 5 840 人,主要企业年产值为 9.05 亿元。这些企业以服装和建材加工为主。其中 24 家企业分布在朱泾镇镇区,以成衣加工业为主,企业职工人数 3 026 人,产值 4.55 亿元。朱泾工业区内企业有 53 家,其中已建成投产的为 17 家,共有员工 2 814 人,产值为 9.22 亿元。

至 2010 年,工业园区已开发土地 4.80 平方公里,主要围绕"新材料基地""台资园"两个平台来加大招商引资力度。新材料基地涉及各类不锈钢制品、新型材料及镁、铝、钛、锡合金材料等。台资园主要涉及电子机械产品、信息通信设备、企业总部"2.5 产业"等。台湾知名的上海宝路建设有限公司、鸿泰集团投资的上海摩根国际企业总部基地也落户于台资园内。新材料产业基地已供地准备开工 6.67 公顷(上海凯科管业有限公司项目)。通过市、区评审同意准入项目 4 个,需要用地 26.53 公顷,正在编制可行性研究报告、企业名称核准等 3 只,需要用地 14 公顷。不锈钢产业类已供项目 10 个,落实土地 51.2 公顷。其中有 4 家企业投产,分别为上海业展实业发展有限公司、上海天宝不锈钢有限公司、上海丰业不锈钢有限公司、上海鸿基南博不锈钢有限公司;有 2 家企业竣工,分别为上海伍昌钢管有限公司、上海竟一实业有限公司;有 2 家企业在建;正在招拍挂的有 2 家企业,分别为金中汇项目、上海欣邦管道科技有限公司,有 4 家企业通过产业准入进入土地储备,其余完成了编制可行性研究报告准备上会预审。

表 9 - 7 - 4　2006—2010 年上海朱泾工业园区吸引外资情况表

年　　份	吸引外资项目数(个)		合同外资金额(万美元)		外资到位金额(万美元)	
	本　年	累　计	本　年	累　计	本　年	累　计
2006 年	0	6	0	2 750	0	2 300
2007 年	4	10	2 377	5 127	3 176	5 476
2008 年	1	10	60	5 188	320	5 797
2009 年	2	12	359	4 797	569	6 365
2010 年	1	13	1 000	5 797	400	6 765

资料来源:上海市经济委员会、上海市经济和信息化委员会、上海市统计局、上海市开发区协会《上海市开发区统计手册》;上海朱泾工业园区提供数据

表 9 - 7 - 5　2006—2010 年上海朱泾工业园区落户内资情况表

年　　份	落户内资企业数(个)		内资注册资金(万元)	
	本　年	累　计	本　年	累　计
2006 年	5	37	5 400	23 150
2007 年	5	42	5 300	28 450

（续表）

年 份	落户内资企业数(个)		内资注册资金(万元)	
	本 年	累 计	本 年	累 计
2008 年	4	46	3 100	31 550
2009 年	1	48	800	32 750
2010 年	1	49	2 500	35 250

资料来源：上海市经济委员会、上海市经济和信息化委员会、上海市统计局、上海市开发区协会《上海市开发区统计手册》；上海朱泾工业园区提供数据

【产业发展】

至 2010 年,园区形成不锈钢制品、机械电子轻工产品、新型材料、信息、物流等产业群。

【重点企业】

上海富山精密机械科技有限公司(原上海英锐缝纫机制造有限公司),是国内最大的工业缝纫机制造企业之一,主要生产机电一体化和电脑类工业缝纫机。公司成立于 2004 年 3 月,2005 年入驻园区,占地总面积 9.2 公顷,注册资金 7 000 万元,拥有现代化标准厂房 5 万多平方米,员工 600 余人。有生产流水线 12 条,大型 CNC 加工中心 13 台,年产各类工业缝纫机 10 万余台。2006 年,富山品牌被评为"中国缝纫机行业自主创新十大影响力品牌"。2007 年底通过 ISO 9001：2000 质量管理体系认证。2008 年,公司通过欧盟 CE 认证;是年被评为"上海名牌"。2009 年,公司通过"上海市高新技术企业"认定。2010 年,公司销售额超过 2 亿元,创利税 1 100 万元。

五、经济规模

2006—2010 年,朱泾工业园区累计实现工业产值 116.56 亿元,工业销售收入 123.24 亿元,工业企业利润 4.52 亿元,全部企业上缴税金总额 6.31 亿元。

表 9-7-6　2006—2010 年上海朱泾工业园区经济效益情况表　　　　单位：万元

年 份	工业总产值	工业销售收入	工业企业利润	全部企业上缴税金总额
2006 年	153 364	141 095	5 841	6 342
2007 年	185 435	165 038	6 932	7 457
2008 年	192 114	179 545	7 123	17 715
2009 年	209 400	324 539	8 300	15 786
2010 年	425 302	422 226	16 982	15 786

说明：自 2007 年起工业销售收入数据为工业企业主营业务收入数据

资料来源：上海市经济委员会、上海市经济和信息化委员会、上海市统计局、上海市开发区协会《上海市开发区统计手册》；上海朱泾工业园区提供数据

第三节 金山第二工业区

上海金山第二工业区(以下简称二工区)位于上海石化股份公司以北、金山卫镇西部。二工区地处沪、杭、甬及舟山群岛经济发达的城市群中心地带,是上海西南的门户,江、浙、沪经济交流的重要区域。

一、园区创建

【工业园区建立】

2002年1月,二工业区正式成立。2006年8月,经市政府同意将二工业区与其他工业区整合成上海金山工业园区的精细化工区。

【规划面积】

2004年初,国土资源部核定二工区面积为3.01平方公里。根据园区2004年编制的《金山第二工业区控制性详细规划》,四至范围:东起新卫高速公路—卫六路,西至浙江省界——冬隆路,南至沪杭公路,北至1公里生态隔离带,规划总面积为10.78平方公里,其中规划建设用地9.80平方公里,集中配套的居住生活用地安排在金山新城的居住用地内。整个规划布局形成"一心两轴四带四区":"一心"是行政办公与生态公园结合形成办公花园,"两轴"是金山大道发展轴、金石公路—卫八路发展轴,"四带"指沪杭公路防护带、黄姑塘防护带、金山大道景观带、莘奉金高速公路防护带,"四区"指三类工业片区、二类工业片区(金山大道以南)、二类工业区(金山大道以北至莘奉金高速公路)和一类工业片区(奉金高速公路以北)。

2006年,根据国土资源部公告,二工区面积接近6平方公里,四至范围:东至新卫高速公路—卫六路,南至黄菇塘,西至浙江省,北至莘奉金A4高速公路延伸段。2010年,上海市环境科学研究院对二工区规划的环境评价得出,二工区与周边发展规划总体是协调的。二工区东侧规划至少宽约1100米的营销仓储中心、商贸服务区和仓储物流中心可作为二工区与金山卫镇的过渡隔离带;二工区北侧为A4高速公路,隔高速公路现状及规划均为农业用地;二工区南侧为上海石化;西侧为浙江省平湖市独山港镇,设置一定宽度的绿化隔离带,尽可能减少对浙江省居民区的影响。

二、管理机构

2001年,金山区政府批准成立金山第二工业区管委会。是年,金山第二工业区管委会委托上海金山卫工业区企业发展有限公司负责二工区的招商引资、项目开发等工作。2005年,金山第二工业区管委会授权上海金山第二工业区投资有限公司负责二工区的土地开发工作。

三、开发建设

【土地开发】

2007年,园区已开发面积为3.32平方公里。至2010年,园区规划工业用地面积5.18平方公里。二工区的产业用地分为三类工业用地和二类工业用地。三类工业污染程度较大,布置在黄姑塘以南,规划面积1.35平方公里,占工业用地面积26.1%;二类工业污染程度次之,布置在莘奉金高速以南,黄姑塘以北,规划面积3.83平方公里,占建设用地面积73.9%。

【基础设施】

至2010年,园区在基础设施建设方面累计投入8亿元。二工区达到规划"七通一平"的要求,配套基础设施条件包括:上下水、污水处理、蒸汽供应、电力供应、道路、仓储物流、工业气体、码头和物料管网等。其中,园区内上水管道累计敷设47.84公里;供水:取自上海石化水厂,供水能力84万立方米/日,上海石油化工公司最大用水量44万立方米/日,余量可充分保证二工区用水;污水处理:自建污水集中处理装置,设计处理能力为5万立方米/日,一期实施2.5万立方米/日的污水处理能力,于2009年中期投入试运行;固体废物处理:工业区内有上海绿邹环保工程有限公司和上海敦煌化工厂处置固体废物,上海绿邹环保工程有限公司主要处置医药废物、农药废物、有机溶剂废物、废矿物油等,处理能力达4.88万吨/年,可为上海市和二工区产生相关危险废物的企业提供处置服务。上海敦煌化工厂主要处置含铜废物,经营规模为7400吨/年。供电:工业区规划最高用电负荷235兆瓦,园区内有220千伏变电站1座,110千伏的变电站4座。蒸汽:园区热力站(一期)投入使用,蒸汽供应能力为150吨/小时。物料管网能以管道输送方式配套供应来自上海石化业用环氧乙烷MTBE、乙烯、氢气、氮气等物料,至2010年各类物料管网累计敷设34.75公里。

四、招商引资与产业发展

【招商引资】

2006年,二工区共引进内资项目15个,总投资23.5亿元;外资项目10个,总投资7266.9万美元,新开工项目14个,计划总投资12.98亿元。2007年,二工区共引进内资项目17个,总投资25.13亿元;外资项目4个,总投资2660万美元。

2008年,二工区共引进内资项目15个,总投资19.57亿元;外资项目3个,总投资1519.2万美元,为大飞机配套的碳纤维项目上海斯瑞碳纤维公司、涂料行业龙头企业上海嘉宝莉涂料有限公司落户园区。至2008年12月,二工区内共有企业98家,投资总额74.97亿元。其中已投产48家企业,项目投资额为31.39亿元,占地面积142.22公顷,投资5000万元以上企业23家;在建的25家企业项目投资额为21.13亿元,占地面积86.01公顷,投资5000万元以上企业9家;待建的25家企业投资额为22.45亿元,占地面积63.8公顷,投资5000万元以上企业19家。从行业来看,98家企业中化工企业有81家,占总企业数的83%。化工企业中精细化工企业有70家,占化工企业中的86%。

2009年,二工区共引进内资项目14个,内资注册资金1亿元;外资项目2个,合同外资金额915万美元,外资到位金额150万美元;引进注册型企业9个,注册资本3390万元,上海奥威日化有限公司、上海雪垠化工有限公司、上海巴德士化工新材料有限公司等项目投资均在1亿元以上;上海久琛精细化工有限公司、上海驰登实业有限公司等4个项目实现"腾笼换鸟"。

2010年吸引外资项目数5个,累计吸引外资项目数50个,当年合同外资金额4566万美元,累计合同外资金额1.76亿美元;当年落户内资企业11个,累计落户内资企业167个,当年内资注册资金1.136亿元,累计11.68亿元。

表 9-7-7　2003—2010 年金山第二工业区吸引外资情况表

年　份	吸引外资项目数(个)		合同外资金额(万美元)		外资到位金额(万美元)	
	本　年	累　计	本　年	累　计	本　年	累　计
2003 年	6	14	382	1 224	383	775
2004 年	7	21	1 980	3 204	559	1 334
2005 年	5	25	4 147	22 483	2 657	4 861
2006 年	10	36	3 959	9 820	3 563	5 765
2007 年	4	40	1 118	10 937	5 004	10 769
2008 年	3	43	1 147	12 085	0	10 769
2009 年	2	45	915	13 000	150	10 919
2010 年	5	50	4 566	17 566	1 735	12 654

资料来源：金山第二工业区提供

表 9-7-8　2003—2010 年金山第二工业区落户内资情况表

年　份	落户内资企业数(个)		内资注册资金(万元)		内资到位金额(万元)	
	本　年	累　计	本　年	累　计	本　年	累　计
2003 年	85	125	21 250	32 500	38 105	54 828
2004 年	21	146	21 100	53 600	83 391	138 219
2005 年	11	94	17 000	64 600	20 325	448 407
2006 年	15	110	0	70 600	—	—
2007 年	17	127	5 340	75 940	—	—
2008 年	15	142	19 500	95 440	—	—
2009 年	14	156	10 000	105 440	—	—
2010 年	11	167	11 360	116 800	—	—

资料来源：金山第二工业区提供

【产业发展】

至 2010 年,园区形成了以精细化工产业为核心,建成以发展石油化工中下游产业、精细化工及化工新材料为主要内容的新型化工园区。重点企业有上海市化学工业研究院、上海华谊集团、德国朗盛集团、上海金海雅宝精细化学有限公司、上海台界化工有限公司、米高化工(上海)有限公司等。

五、经济规模

2003—2005 年,二工区累计实现工业总产值 90.9 亿元,累计工业企业利润 3.29 亿元,上缴税金总额累计达 6.29 亿元。"十一五"期间(2006—2010 年),累计实现工业产值 125.55 亿元,累计工业企业利润为 14.9 亿元,上缴税金总额累计 5 亿元。2010 年,当年工业总产值为 45.19 亿元,工业企业利润 3.14 亿元,工业销售收入 45.03 亿元,上缴税金总额 1.67 亿元。

表 9 - 7 - 9　2003—2010 年金山第二工业区经济效益情况表　　　　单位：万元

年　份	工业总产值	工业企业利润	工业销售收入	上缴税金总额
2003 年	356 000	13 500	269 000	22 800
2004 年	292 227	10 456	270 864	20 850
2005 年	260 790	8 939	256 432	19 213
2006 年	120 739	3 727	111 795	4 194
2007 年	200 140	7 438	187 013	6 123
2008 年	233 296	100 000	233 296	11 173
2009 年	249 424	6 500	249 424	12 075
2010 年	451 885	31 411	450 317	16 700

资料来源：金山第二工业区提供

第四节　张堰工业园区

张堰工业园区位于金山区张堰镇的西部,拥有便利的交通体系,西侧紧靠新卫高速公路(S19)出入口,南约 5 公里靠沈海高速(G15)金山新城出入口,东约 10 公里靠沈海高速(G15)金山工业区出入口,50 分钟可抵上海浦东国际机场,40 分钟可抵上海虹桥机场;还有通航能力达 500 吨的张泾河,北接黄浦江,南抵金山新城,是水上运输的"黄金要道"。

一、园区创建

张堰工业园区创建于 2002 年底,是上海市级工业区,具有独立工业用地开发主体资格。2003年被市科委认定为上海市级科技园区,2006 年被科技部认定为"国家火炬计划上海张堰新材料深加工产业基地",2009 年列为上海市高新技术产业化新材料产业基地。张堰工业园区规划面积 6 平方公里,公告范围 3.34 平方公里,四至范围：东至振飞路、南至金张支路、西至胜利河、北至金张公路。

二、管理机构

【上海张堰工业园区管理委员会】

2006 年,张堰工业园区设立上海张堰工业园区管理委员会,由镇党委书记担任管委会主任,镇党委副书记、镇长担任管委会常务副主任,分管镇长担任管委会副主任,管委会主要负责园区开发建设管理。

【上海张堰工业园区发展有限公司】

公司成立于 2001 年 12 月 12 日,由上海新材料发展有限公司投资设立,注册资金 5 000 万元,实收资本 5 000 万元。公司主要经营工业区开发、建设,招商服务,实业投资,物业管理,自有房屋租赁等业务。

三、开发建设

【土地开发】

至 2005 年,园区累计完成开发土地面积约 164 公顷。"十一五"期间(2006—2010 年),张堰工业园区完成开发土地面积 92 公顷。2010 年,园区供应国有建设用地面积 15 公顷。至 2010 年,累计完成开发土地面积 256 公顷,供应国有建设用地面积 227 公顷,已建成城镇建设用地面积 186 公顷,已建成工业用地面积 147 公顷,已建成产业用地面积 152 公顷。

【基础设施】

2002 年,园区开始建设基础设施。2003—2007 年,建成 9 条道路及 1 条河。2003 年,新建 6 条道路:振帆路,长约 384 米;振凯路,长约 1 867 米;汇科路,长约 1 748 米;振康路,长约 1 712 米;振堰路,长约 1 428 米;汇工路,长约 579 米。2005 年新建茸卫路,长约 1 660 米。2007 年新建 2 条道路:八二路,长约 662 米;汇达路,长约 1 920 米;新开挖 1 条中心河,长约 1 360 米。

至 2010 年,张堰工业园区累计完成固定资产投资 62.4 亿元,基础设施投资 2.32 亿元。当年供电能力达到主网 220 千伏和 110 千伏,配网 35 千伏变电站和 10 千伏开关站;供水能力日供水可达 30 万吨;日污水处理及排放能力 20 万吨。

表 9 - 7 - 10　2006—2010 年张堰工业园区完成固定资产投资和基础设施投资情况表

年　份	完成固定资产投资(万元)		基础设施投资金额(万元)	
	本　年	累　计	本　年	累　计
2006 年	93 694	294 515	2 500	8 500
2007 年	121 745	439 745	4 700	15 400
2008 年	59 551	499 296	3 000	18 400
2009 年	55 880	555 176	1 200	19 600
2010 年	68 804	623 980	3 600	23 200

资料来源:张堰工业园区提供

四、招商引资与产业发展

【招商引资】

至 2005 年,张堰工业园区共引进项目 46 个。2006 年,引进上海华钢不锈钢有限公司、上海金国企业发展有限公司等 13 个内外资项目;2007 年,引进上海西门子线路保护系统有限公司、上海银隆容器制造有限公司等 14 个内外资项目;2008 年,引进上海奥图环卫设备有限公司、上海潼天铜业材料有限公司等 8 个内外资项目;2009 年,引进上海秦皇山渔业有限公司、上海申工电线电缆有限公司等 9 个内外资项目;2010 年,引进上海海韬机械有限公司、上海帅翼驰铝合金新材料有限公司等 22 个内外资项目。至 2010 年,累计吸引外资项目 37 个,吸引合同外资金额 2.25 亿美元,外资到位金额 1.90 亿美元;吸引落户内资企业数 81 个,内资注册资金 9.07 亿元。

表 9－7－11　2006—2010 年张堰工业园区吸引外资情况表

年　份	吸引外资项目数(个)		合同外资金额(万美元)		外资到位金额(万美元)	
	本　年	累　计	本　年	累　计	本　年	累　计
2006 年	1	12	3 219	16 094	2 401	12 000
2007 年	5	19	2 619	18 713	3 319	15 319
2008 年	5	24	2 114	20 828	1 000	16 320
2009 年	1	25	0	20 828	1 100	17 420
2010 年	12	37	1 628	22 456	1 628	19 048

资料来源：张堰工业园区提供

表 9－7－12　2006—2010 年张堰工业园区落户内资情况表

年　份	落户内资企业数(个)		内资注册资金(万元)	
	本　年	累　计	本　年	累　计
2006 年	12	47	8 600	56 400
2007 年	9	50	19 450	61 626
2008 年	3	53	15 000	76 626
2009 年	8	61	4 200	80 826
2010 年	20	81	9 850	90 676

资料来源：张堰工业园区提供

【产业发展】

园区创建后,招商引资聚焦新材料产业,借助 2009、2010 年联合中国材料学会连续两年举办的新材料产业论坛、海峡两岸新材料产业论坛,园区扩大对国内外知名新材料产业的项目招商。至 2010 年,初步形成了以新型纤维材料、新型金属材料、新型节能环保材料、先进装备制造业为主导的特色产业。

其中,新型纤维材料发展重点为生物质纤维、差别化纤维、功能性纤维面料,产业相关企业有上海嘉乐股份有限公司、上海鹤山针织服装有限公司、上海伊贝纳纺织品有限公司等,产业发展路径多为原有的传统劳动密集型产业转型升级而来。新型金属材料发展重点为高性能铜材及铜合金复合材料、铝合金带材及合金产品。产业相关企业有上海起帆电缆股份有限公司、上海鑫益瑞杰有色合金有限公司、上海帅翼驰铝合金新材料有限公司等,产业发展路径多为龙头企业集聚、辐射带动大批相关企业发展,同时也通过培育孵化形成一批高新技术企业。新型节能环保材料发展重点为轻质节能墙体及新型装修装饰材料。产业相关企业有上海玻机智能幕墙有限公司、上海鸿栋幕墙装饰有限公司、上海阿尔斯通热能设备有限公司等,产业发展路径多为腾笼换鸟、积极承接上海产业转移,从原有的"招商引资"向"招商引质"转变。先进装备制造业发展重点为民用电器、成套设备、汽车零配件。产业相关企业有中航工业上海航空电器有限公司、上海普丽盛包装股份有限公司、西门子线路保护系统有限公司等,产业发展路径多为高新技术产业化而来。

【重点企业】

上海伊贝纳纺织品有限公司　1994 年注册成立，注册资金 663.8 万美元，是一家德国独资的专业纺织企业，注册地址为金山区张堰镇汇科路 208 号，投资方为德国伊贝纳纺织集团。主要从事国家鼓励的用于消防、军队、石化、冶金等行业特种功能性防护面料、高档汽车内饰品开发生产，同时生产具有德国风情的民用家纺产品拉绒提花棉毯及高品质蒸呢布。公司于 1999 年通过英国摩迪公司的 ISO 9001：2000 质量体系认证。2007 年，被市科委认定为"上海市高新技术企业"。2005—2010 年连续荣获"上海市外商投资先进技术企业"称号。

上海鑫益瑞杰有色合金有限公司　公司始建于 1992 年 8 月，2001 年取得了英国摩迪公司的 ISO 9000 质量体系证书，2007 年迁移至张堰工业园区内，主要为以铝锭、铝中间合金等为原料经熔炉熔炼和铸造生产铝合金铸棒，再由铝挤压机挤制成不同规格的圆棒、扁排、方棒、异形材以及管材。2010 年 7 月，公司通过了 ISO 140001 环境管理体系、ISO 180001 职业健康安全管理体系认证。公司拥有德国进口直读光谱材料分析仪、测氢仪、金相分析仪、棒材探伤仪、硬度机、拉力试验机（可检验抗拉、屈服来满足各项高要求测试），检测设备齐全。

上海奥图环卫设备股份有限公司　公司注册资金为 3 000 万元，是中国最大的环卫专用垃圾桶生产基地之一。2004 年通过 ISO 9001 国际质量管理体系认证，2006 年通过 ISO 14001 国际环境质量管理体系认证，2007 年通过 ISO 18000 职业安全卫生管理认证。2004 年公司厂房扩容，扩大至 6 800 平方米并增设加工涂装车间，仓库面积增加至 2 300 平方米，专做五吨环卫垃圾压缩箱、垃圾桶、果壳箱、三轮收集车、环卫专用手推车、信报箱、出售和出租用的流动厕所等产品。公司是上海市专利工作培育企业，2007 年被评为"中国十大创新企业"，与意大利米兰理工大学、中国上海交通大学、中国同济大学等国内外知名高等学府成立了联合研发部。

上海普丽盛包装股份有限公司　是内外合资组建的高新技术企业。公司成立于 2007 年 6 月，注册资金 7 500 万元。公司核心产品为全自动无菌砖式灌装机，是世界上少数几家具有无菌整线技术的企业。产品远销印度、伊朗、沙特、新西兰等十几个国家。

上海嘉乐股份有限公司　成立于 1993 年 2 月，注册资金 9 315 万元，占地面积 21 万平方米，厂房面积 16 万平方米，在安徽宣城和印度尼西亚分别建立了生产基地，具有从面料研发、织造、染整、印（绣）花到制衣的全套生产能力，产品主要销往欧美和日本市场。公司先后获得"上海市文明单位""上海市高新技术企业""上海市科技小巨人企业""全国'双优'外商投资企业""中国纺织行业和谐企业"等荣誉称号。

五、经济规模

2002 年，张堰工业园区实现工业总产值 16 亿元。2006 年，实现工业总产值 46.2 亿元，工业企业利润为 1.17 亿元，上缴税金总额为 0.78 亿元。2010 年，园区实现工业总产值 82 亿元。工业企业利润 1.64 亿元，上缴税金总额 1.88 亿元。

"十一五"期间（2006—2010 年），张堰工业园区各项经济指标都保持着较为稳定的增长势头，累计实现工业总产值 327.8 亿元，工业企业利润 8.72 亿元，上缴税金总额 6.8 亿元。2002—2010 年，张堰工业园区累积实现工业性投入 60 亿元。

表 9-7-13　2006—2010 年张堰工业园区经济效益情况表　　　　　　单位：万元

年　　份	工业总产值	工业企业利润	工业企业主营业务收入	上缴税金总额
2006 年	462 227	11 725	—	7 817
2007 年	657 502	18 860	569 991	12 040
2008 年	738 313	21 292	675 523	14 154
2009 年	599 542	18 874	585 540	15 305
2010 年	820 374	16 399	888 689	18 852

资料来源：张堰工业园区提供

表 9-7-14　2006—2010 年张堰工业园区代表性企业工业总产值情况表　　　单位：万元

企　　业	2006 年	2007 年	2008 年	2009 年	2010 年
上海嘉乐股份有限公司	51 928	61 354	72 132	77 774	109 333
上海伊贝纳纺织品有限公司	3 973	3 150	3 185	2 369	4 320
上海普丽盛包装股份有限公司	—	—	4 540	5 029	9 210
上海鑫益瑞杰有色合金有限公司	—	—	17 434	11 882	21 551
上海奥图环卫设备股份有限公司	—	—	—	3 295	6 116

资料来源：上海市金山区张堰镇财政所,上海市金山区张堰镇经济管理中心

表 9-7-15　2006—2010 年张堰工业园区代表性企业上缴税金总额情况表　　单位：万元

企　　业	2006 年	2007 年	2008 年	2009 年	2010 年
上海嘉乐股份有限公司	3 470	3 681	4 172	4 298	3 760
上海伊贝纳纺织品有限公司	5	136	427	99	285
上海普丽盛包装股份有限公司	—	3	38	306	603
上海鑫益瑞杰有色合金有限公司	—	9	115	114	116
上海奥图环卫设备股份有限公司	15	20	58	77	290

资料来源：上海市金山区张堰镇财政所,上海市金山区张堰镇经济管理中心

第八章 闵 行 区

第一节 上海向阳工业园区

上海向阳工业园区坐落于闵行区中部、莘庄工业区以南,交通方便,距上海虹桥国际机场10公里、浦东国际机场35公里;南临黄浦江轮渡和奉浦大桥。上海向阳工业园区是以私营、民营、集体、国有、三资等多种经济成分并存的综合性工业开发园区。

一、园区创建

2000年5月,上海向阳工业园区经闵行区人民政府(以下简称闵行区政府)批准建立;8月,经

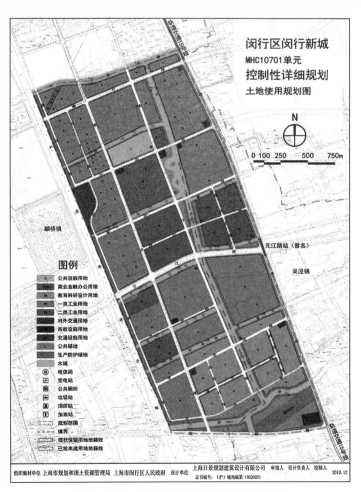

图 9 - 8 - 1 2010 年向阳工业园区规划图

资料来源:2010 年 12 月由上海日景规划建筑设计有限公司绘制

上海市农业委员会(以下简称市农委)批准;2006 年,经国家发展改革委确认为市级工业开发区,纳入莘庄工业区板块,对外名称调整为上海向阳工业园区(莘庄工业区南区),具有独立的土地储备开发权。区域位置在颛桥镇东侧,吴泾镇西侧,规划的大鑫都居住区以东,规划的颛桥大市场以南,长青工业区以北。

2010 年,园区四至范围:东至莲花南路;南至放鹤路;西至 S4;北至六磊塘,总规划面积 519.75 公顷,其中归属颛桥镇管辖土地面积 368.22 公顷,归属吴泾镇管辖土面积 151.53 公顷。园区内颛桥镇所属建设用地面积为 233.73 公顷,其他均为配套、道路、绿化、河道用地。

二、管理机构

上海向阳工业园区未设立园区管委会,由颛桥镇政府直接管辖。2007 年 3 月 9 日,颛桥镇成立上海向阳工业园建设发展有限公司,由上海颛桥工业发展有限公司和上海向明建设发展有限公司共同出资设立,主要负责上海向阳工业园范围内的土地一级开发、土地收储、招商引资、项目落地、配套建设等园区总体建设工作。

三、开发建设

【土地开发】

2004 年,园区完成土地开发 60 公顷;2006 年完成 106 公顷;2007 年完成 35 公顷;2008 年完成 82 公顷;2009 年完成 8 公顷;2010 年土地开发面积未增加。至 2010 年,园区累计已供应国有建设用地面积 203 公顷,已建成城镇建设用地面积 188 公顷,已建成工业用地面积 136 公顷。

【基础设施】

1998 年,建设园区主干道路颛兴东路、都会路,路面宽 24 米。2004 年,建设次干道路向阳路。2005 年建设元江路,东西向横贯整个园区,路面宽为 32 米。至 2010 年,园区范围内共建设道路总长达 10 公里,相关配套道路建设投资约 2 亿元。

四、招商引资与产业发展

【招商引资】

园区的前期招商项目以村级项目为主,2003 年,由向阳村、颛桥村成立村级公司上海颛友装饰材料有限公司和上海繁盛实业有限公司,该项目占地面积 3.45 公顷,建筑面积 5 万多平方米。2004 年,引进台资公司上海全方位数码科技有限公司和上海启泰绿色科技有限公司项目,分别占地 1.87 公顷和 3.47 公顷。2005 年,引进上海仪秀电器仪表有限公司、上海道高仪表有限公司、上海亿卡清洁器具有限公司项目,总占地面积 2 公顷,总投资额 1 200 万元。

2006 年,先后引进民营企业上海新月工具有限公司、上海鼎阜机械制造有限公司项目。总占地面积 6 公顷,总投资 4 717 万元。

2007 年,引进上海和茂企业发展有限公司、上海荣盛生物药业有限公司(以下简称荣盛生物)、上海财富天地经济发展有限公司(以下简称财富天地)、上海合丰电器有限公司、上海好朋友彩印包装有限公司项目。其中,荣盛生物投资近1亿元,占地3.13公顷;财富天地总建筑面积约22万平方米,包括3幢商务楼、88栋商务独栋办公和生活配套,由研发中心、服务中心、商务会所、企业总部等功能区构成。

2008年,引进上海工德建材有限公司、上海交荣冷链物流有限公司、上海钻宝电器仪表有限公司、上海亿力电器有限公司、西马克工程(中国)有限公司项目。其中西马克工程(中国)有限公司投资4635万美元,后增资至8185万美元。

2009年,引进上海绿捷实业发展有限公司、曼特利(上海)休闲用品有限公司、上海喜讯通信材料有限公司、太阳机械股份有限公司、贺加欣机电(上海)有限公司项目,总占地面积18.73公顷,总投资额分别为1.3亿元和1800万美元。

2010年,荣盛生物开发二期,用于疫苗研发和生产。是年,引进上海绿捷实业发展有限公司二期、上海丰艺建筑装潢有限公司、上海翼达文具用品有限公司、上海东富龙科技股份有限公司项目(以下简称东富龙),总占地面积9.51公顷。其中东富龙投资6.2亿元,并对外投资17个子公司。上海喜讯通信材料有限公司转型做园区运营,至2010年,该公司转型之后引进12家中外公司。

至2010年,整个向阳工业区累计吸引外资项目82个,合同外资金额为2.61亿美元,累计外资到位金额1.70亿美元;累计落户内资企业57家,累计内资注册资金3.17亿元,累计内资企业协议投资金额5.23亿元。

表9-8-1　2004—2010年向阳工业园区吸引外资情况表

年　份	吸引外资项目数(个)		合同外资金额(万美元)		外资到位金额(万美元)	
	本　年	累　计	本　年	累　计	本　年	累　计
2004年	15	15	5 556	5 556	2 598	2 598
2005年	2	17	3 020	11 596	14	2 626
2006年	26	43	6 649	15 225	4 659	7 272
2007年	4	47	667	15 892	667	7 938
2008年	2	49	3 800	19 692	0	7 939
2009年	30	79	4 511	24 203	6 858	14 797
2010年	3	82	1 882	26 085	2 205	17 002

资料来源:上海向阳工业园区提供

表9-8-2　2004—2010年向阳工业园区落户内资情况表

年　份	落户内资企业数(个)		内资注册资金(万元)		落户内资企业协议投资金额(万元)	
	本　年	累　计	本　年	累　计	本　年	累　计
2004年	28	28	9 115	9 115	—	—
2005年	1	29	200	9 315	—	—
2006年	17	46	7 208	16 523	—	—
2007年	7	53	10 200	26 723	15 000	45 320
2008年	2	55	500	27 223	500	45 820

(续表)

年　份	落户内资企业数(个)		内资注册资金(万元)		落户内资企业协议投资金额(万元)	
	本　年	累　计	本　年	累　计	本　年	累　计
2009 年	1	56	4 000	31 223	6 000	51 820
2010 年	1	57	500	31 723	500	52 320

资料来源:上海向阳工业园区提供

【产业发展】

2006 年,园区获"上海国家生物产业基地"称号。至 2010 年,园区基本形成了装备制造、医疗装备、生物医药、检验检测、汽车服务等为主的主导产业。重点企业有上海东富龙科技股份有限公司、太阳机械股份有限公司、上海亿力电器有限公司、上海荣盛生物药业有限公司、西马克工程(中国)有限公司等。

五、经济规模

2004—2005 年,向阳工业园区累计完成工业总产值 9.46 亿元,实现工业企业利润 3 172 万元,上缴税金总额 1 510 万元。2010 年,园区完成工业总产值 33.06 亿元,实现工业企业利润 3.47 亿元,累计上缴税金总额 1.01 亿元。2006—2010 年,园区累计完成工业总产值 99.95 亿元,实现工业企业利润 7.96 亿元,上缴税金总额 4.21 亿元。

表 9 - 8 - 3　2004—2010 年向阳工业园区经济效益情况表　　　　　单位:万元

年　份	工业总产值	工业企业利润	工业销售收入	工业企业主营业务收入	上缴税金总额
2004 年	41 594	2 452	41 594	—	679
2005 年	52 956	720	52 959	—	831
2006 年	226 115	11 970	224 392	—	8 415
2007 年	80 863	5 903	—	81 024	5 863
2008 年	112 996	6 723	—	106 412	5 609
2009 年	248 922	20 293	—	245 755	12 134
2010 年	330 629	34 674	—	382 993	10 104

资料来源:上海向阳工业园区提供

第二节　闵北工业区

上海闵北工业区东至繁兴路,南至北青公路,西至金辉路,北至纪鹤路,规划面积 6.65 平方公里,2001 年经闵行区政府同意建立。2006 年,闵北工业区闵北工业区与徐泾绿色工业园区、华新绿色工业园区整合为上海市级工业园区——上海西郊经济开发区，主要发展电子、汽车零部件、机电、机械加工与销售产业。

一、园区创建

2001 年 5 月，闵行区政府同意建立上海闵北工业区，闵北工业区规划面积 7.68 平方公里，由虹桥镇、七宝镇、华漕镇下属公司共同出资建设。2001—2003 年，虹桥镇与七宝镇相继撤资。2003 年 10 月，根据华漕镇人民政府（以下简称华漕镇政府）对华漕镇北区开发要求，闵行区政府同意继续开发闵北工业区，规划面积 6.65 平方公里，四至范围：东至繁兴路、南至北青公路、西至金辉路、北至纪鹤路。2006 年，市政府对开发区清理整顿后，闵北工业区与徐泾绿色工业园区、华新绿色工业园区整合为上海市级工业园区——上海西郊经济开发区，主要发展电子、汽车零部件、机电、机械加工与销售产业。2007 年 5 月，市政府同意闵北工业区作为全市 52 家（闵行区 4 家）工业用地前期开发主体机构之一。

二、管理机构

2001 年 5 月，闵行区政府同意由上海虹桥资产投资经营有限公司（虹桥镇）、上海七宝资产经营有限公司（七宝镇）与上海闵北经济发展有限公司（华漕镇）共同集资 1.01 亿元投资成立上海闵北科技联合发展有限公司，共同开发管理闵北工业区。2001—2003 年，公司运营期间，虹桥镇与七宝镇相继撤资，上海闵北科技联合发展有限公司解散。2003 年 10 月，根据华漕镇政府对华漕镇北区发开要求，经闵行区政府同意由上海华漕资产投资经营有限公司与上海航华综合开发投资有限公司共同投资成立上海闵北工业投资发展有限公司，继续开发闵北工业区。公司注册资金 5 000 万元，实缴资金 5 000 万元，其中上海华漕资产投资经营有限公司认缴出资 4 500 万元、上海航华综合开发投资有限公司认缴出资 500 万元。公司位于闵行区华翔路 1298 号，受虹桥交通枢纽建设影响华翔路进行拓宽，公司于 2009 年 4 月搬至纪翟路 1199 弄 9 号楼，员工 30 人。

三、开发建设

【土地开发】
2001—2008 年，园区协助完成纪展路两侧宅基地动迁及土地转性，共计开发土地 221.49 公顷。

表 9－8－4　2001—2008 年闵北工业区土地开发情况表

年　份	开发土地面积（公顷）	涉　及　项　目
2001 年	38.92	汉阳光电（上海）有限公司、胖龙园艺设备（上海）有限公司、上海尼可尼泵业有限公司
2002 年	7.67	昆中机械（上海）有限公司、明欣
2003 年	49.93	上海致衡实业发展有限公司、上海樽轩实业有限公司、上海鸣志电器有限公司、上海佳尼特公司、上海绿彬实业有限公司、上海热浪饮料有限公司、明盛

（续表）

年　份	开发土地面积(公顷)	涉　及　项　目
2004 年	11.33	上海美琳实业发展有限公司、上海英孚特电子有限公司、上海华皓通信工程有限公司、上海韩国学校、上海三腾纺织品有限公司、上海方耐实业发展有限公司、吴宇、上海瀚豪置业发展有限公司
2005 年	29.61	上海成信建业置业有限公司、逄奥特、上海加藤汽车配件有限公司、上海伟太电子有限公司、上海荣炜实业有限公司、上海远东食品有限公司、上海宝柏塑胶有限公司、上海申逢实业有限公司、上海新加坡学校、上海台商子女学校、上海国利汽车真皮饰件有限公司、上海汇隆工业网毯有限公司、纳瓦、上海吉盛投资有限公司
2006 年	53.39	上海美道投资有限公司、上海国兴实业有限公司、上海大自然投资发展有限公司、意露(上海)冷藏物流有限公司、上海闵叠华实业发展有限公司、上海商樱实业有限公司、三明、上海工投闵北投资管理有限公司、上海恒翔橡塑制品有限公司
2007 年	5.33	上海万华实业发展有限公司、上海皇宇科技发展有限公司
2008 年	19.87	上海统鑫服饰有限公司、义福、上海棣熔房产开发有限公司、上海松芝置业有限公司

资料来源：闵北工业区提供

【基础设施】

2003 年 10 月，闵北工业区开始基础设施建设，至 2010 年，闵北工业区投入约 10 亿元用于基础设施建设。至 2008 年，工业区完成鸣嘉路、纪展路、纪宏路、宏浦路、金辉路、纪丰路等 6 条主干道路施工建设并公告命名，道路总长 11.35 公里。路灯、绿化设施齐备，完成拟出让地块土地平整，完成通电、通路、通水、通排洪、通排水、通电讯、通煤，为土地出让做好前期准备。

四、招商引资与产业发展

【招商引资】

2001 年，园区引进汉阳光电(上海)有限公司，合同外资 5 680 万美元，批租土地 13.33 公顷。2002 年，引进昆中机械(上海)有限公司，批租土地 6.67 公顷。2003 年，引进上海致衡实业发展有限公司、上海樽轩实业有限公司、上海鸣志电器有限公司等，累计合同外资 3 850 万美元。

2004—2007 年，全镇开展大招商，共计 182 家企业，入驻闵北工业区，其中注册型企业 160 家。2004 年，新引进上海英孚特电子技术有限公司，注册资金 2 000 万元，后成为闵北工业区首家科技小巨人企业；是年，引入闵北工业区首家外籍女子学校上海韩国学校。2005 年，引入重点企业上海远东食品有限公司、上海宝柏塑胶有限公司等，累计合同外资 4 280 万美元；此外，引入上海新加坡学校与上海台湾子女学校两所外资学校。2006 年，9 家中外企业共批租土地 53.39 公顷，主要有上海美道投资管理有限公司、上海国兴实业有限公司、上海大自然投资发展有限公司等。2007 年，园区引入上海万华实业发展有限公司及上海皇宇科技发展有限公司，注册资金 2.1 亿元，供应土地5.33 公顷。

2008 年，园区先后引入上海统鑫服饰有限公司、上海棣熔房产开发有限公司与上海松芝置业有限公司,吸引外资1 700万美元,批租土地开发19.87公顷。2009—2010年,虹桥商务区整体规划在无土地批租情况下引进外资企业9家,吸引外资1 000万美元,代表企业有上海科博仓储有限公司等。2001—2010年,园区累计吸引外资项目33个,吸引合同外资2.52亿美元;引进内资项目262个,内资注册资金3.13亿元。

表 9 - 8 - 5　2001—2010年闵北工业区吸引内外资情况表

年　份	吸引外资 项目数(个)	合同外资金额 (万美元)	落户内资 项目数(个)	内资注册资金 (万元)
2001年	3	5 680	3	700
2002年	2	849	4	900
2003年	3	3 850	5	2 200
2004年	2	2 000	26	3 550
2005年	4	4 280	45	6 400
2006年	4	2 200	56	8 800
2007年	4	3 600	50	3 200
2008年	2	1 700	34	2 200
2009年	4	600	21	1 800
2010年	5	400	18	1 500

资料来源:上海市经济委员会、上海市经济和信息化委员会、上海市统计局、上海市开发区协会《上海市开发区统计手册》;闵北工业区提供数据

【产业发展】

至2010年,闵北工业区主要形成电子、汽车零部件、机电、机械加工与销售等主导产业。重点企业有中镁科技(上海)有限公司、长春佛吉亚旭阳汽车座椅有限公司、明昆金属工具(上海)有限公司、上海五友汽车零部件有限公司、北越电研(上海)有限公司、上海宝柏塑胶有限公司、上海远东食品有限公司、上海伊裘高级妇人服饰有限公司、武迪(上海)实业有限公司、上海鸣志电器有限公司等。

五、经济规模

上海闵北工业投资发展有限公司于2003年10月注册,通过前期动迁、土地出让、项目引进、开工建设、竣工招商等周期,经济数据以2004年后逐渐产出为主。2004—2010年,园区累计实现工业总产值268.07亿元,工业企业利润7.59亿元,上缴税金总额11.11亿元。

表 9 - 8 - 6　2004—2010年闵北工业区经济效益情况表　　　　　　　　单位:万元

年　份	工业总产值	工业销售收入	工业企业利润	全部企业上缴 税金总额
2004年	302 036	302 036	7 134	15 305
2005年	315 028	320 284	16 204	13 788

（续表）

年　份	工业总产值	工业销售收入	工业企业利润	全部企业上缴税金总额
2006 年	232 301	252 517	17 973	25 120
2007 年	415 530	415 623	2 427	9 000
2008 年	434 251	438 447	4 651	11 276
2009 年	433 400	417 288	3 600	15 976
2010 年	548 126	548 126	23 903	20 625

说明：自 2007 年起工业销售收入数据为工业企业主营业务收入数据

资料来源：上海市经济委员会、上海市经济和信息化委员会、上海市统计局、上海市开发区协会《上海市开发区统计手册》；闵北工业区提供数据

第九章 中心城区

第一节 上海新杨工业园区

新杨工业园区于 1995 年由普陀区人民政府(以下简称普陀区政府)批准设立,东至红柳路、南至真陈路、西至宝山区界、北至宝山区界。2006 年,被市政府列为市级工业园区,主要发展印刷包装、光电子、金属制品产业。

一、园区创建

【工业园区建立】

1995 年 9 月 11 日,普陀区政府批准设立上海市新杨工业园区,为区级工业园区,前身是桃浦新杨村。2006 年,经国家发展改革委审核认定,上海市新杨工业园区基本符合国务院批准的《清理整顿开发区的审核原则和标准》,市政府同意将新杨工业园区列为市级工业园区,主要发展印刷包装、光电子、金属制品产业。

【规划面积】

1995 年,上海市新杨工业园区规划面积 187.57 公顷,其中可开发规划用地 93.55 公顷。规划四至范围:沪嘉高速公路北、走马塘河南、新槎浦河西、真陈路两侧。2002 年,因外环林带调整,工业园区可开发规划用地调整为 92.36 公顷。规划四至范围:东至红柳路,南至真陈路,西至宝山区界,北至宝山区界。

二、管理机构

【上海市新杨工业园区管理委员会】

1995 年 9 月 11 日,普陀区政府批准同意组建上海市新杨工业园区管理委员会,负责园区开发建设管理和行政管理。管委会下设 12 个部门,包括行政办、居民办、规土办、民政办、企管办、市政配套部、财务部、信访调解办、治保委联防队、安居工程领导小组动迁办、商会、招待所等,办公地点设在普陀区南大路 2888 号。

【上海新杨工业园区经济发展(集团)有限公司】

1997 年 5 月 28 日,桃浦镇人民政府(以下简称桃浦镇政府)出资 7 200 万元,上海新杨实业总公司出资 2 800 万元,成立上海新杨工业园区经济发展(集团)有限公司,注册资金 1 亿元。公司经营实业投资、房地产开发经营、建筑装潢材料、国内贸易、仓储、服务业等。下设分公司为上海市新杨仓储有限公司、上海市普陀区民营经济发展中心、上海新杨实业有限公司。

三、开发建设

1997年，新杨工业园区开始基础设施建设。至2005年，上海市新杨工业园区共投入3000多万元用于市政配套建设。至2010年，园区累计开发土地面积84公顷，已建成工业用地面积59公顷，累计完成固定资产投资额4191万元，基础设施投资额达6963万元。

四、招商引资与产业发展

【招商引资】

1999—2002年，园区共吸引注册企业1155家，其中年纳税近1000万元的企业有4家，年纳税超100万元的企业有10家，引进落户企业36家，工业园区内标准厂房总面积达7.1万平方米。

2004年，园区引进企业76家，引资总额1.56亿元。1.5万平方米的上海宝翔不锈钢市场正式开业；上海佳讯物流有限公司于年初全面竣工；1.05万平方米的上海风驰企业发展有限公司新厂房完成基础工程建设。

2005年，园区完成招商项目85个，引进风驰光电公司、新鸿不锈钢中心（上海）有限公司、上海人民印刷二厂有限公司、上海昆嵛不锈钢有限公司、中国矿产有限责任公司上海分公司等具有一定规模、税源较好的企业。

2006年，园区引进项目（已取得营业执照）114个，引资总额2.07亿元。主要有海艺国际工程有限公司、上海爱恒饰品有限公司、上海塔恩包装材料有限公司、日鸿不锈钢（上海）有限公司4个规模较大、质量较高的项目。

2007年，园区新招项目40个，引资总额1.83亿元，引进了星瀚汽车维修服务有限公司（港资）、忠嗣金属制作（上海）有限公司（日资）、柏迪（上海）电子有限公司（美资）等3个外资项目；与春光村合作引进上海斯瑞聚合体科技有限公司，并签订合作协议。斯瑞公司的引进盘活了产业基地3.5万平方米的厂房资源，同时促进了园区的规划调整及资源整合，在一定程度上加快了园区产业结构调整步伐。

2008年，园区新招项目140个，引资总额2.2亿元，完成全年目标。其中，100万元以上的项目20个，引资总额达1.6亿元。同时，园区抓紧"以商引商"，上海金叶包装材料有限公司的母体企业纺印厂启动了厂房扩建工程，有效提高上海金叶包装材料有限公司的生产能力；上海绿新包装材料科技股份有限公司引进风险投资，新增资本9000万元，进一步扩大了企业经营规模。上海斯瑞聚合体科技有限公司的1.5万平方米新建厂房及附属用房如期竣工；上海新奇生涂装材料有限公司8000平方米厂房竣工，并完成项目引进；上海星瀚奔驰4S项目正在进行内部装潢，2009年上半年正式开业。

2009年，园区新招项目120个，引资额2.55亿元，完成了全年目标。同时，项目质量有所提高，新引进的永徽房产中介公司，当年出税200多万元。上海华东电脑有限公司、申雄贸易有限公司等项目也有较好创税前景。此外，上海众国宝泓汽车销售服务有限公司众国华晨宝马4S店和上海祥羚光电科技发展有限公司LED两个优质项目已签订合作协议。

2010年，园区新招项目132个，引资总额3.19亿元，完成全年目标。至2010年，园区累计吸引合同外资金额2917万美元，吸引内资16.14亿元。

表 9 - 9 - 1　2003—2010 年新杨工业园区吸引外资情况表

年　份	吸引外资项目数(个)		合同外资金额(万美元)		外资到位金额(万美元)	
	本　年	累　计	本　年	累　计	本　年	累　计
2003 年	2	7	100	1 000	100	1 000
2004 年	0	7	0	1 000	0	1 000
2005 年	0	7	0	1 000	0	1 000
2006 年	0	7	0	1 000	0	1 000
2007 年	0	12	0	1 778	0	1 180
2008 年	3	12	247	2 897	0	1 000
2009 年	0	12	0	2 897	0	1 000
2010 年	1	13	20	2 917	0	1 000

资料来源：上海市经济委员会、上海市经济和信息化委员会、上海市统计局、上海市开发区协会《上海市开发区统计手册》；上海市新杨工业园区提供数据

表 9 - 9 - 2　2003—2010 年新杨工业园区落户内资情况表

年　份	落户内资企业数(个)		内资注册资金(万元)		内资到位金额(万元)	
	本　年	累　计	本　年	累　计	本　年	累　计
2003 年	157	850	18 586	127 500	18 586	127 500
2004 年	62	912	14 706	142 206	14 706	142 206
2005 年	2	914	200	142 406	200	142 406
2006 年	2	916	1 050	143 456	—	—
2007 年	2	918	1 050	144 506	—	—
2008 年	3	921	350	144 856	—	—
2009 年	4	925	2 200	147 056	—	—
2010 年	6	931	14 372	161 428	—	—

资料来源：上海市经济委员会、上海市经济和信息化委员会、上海市统计局、上海市开发区协会《上海市开发区统计手册》；上海市新杨工业园区提供数据

【产业发展】

至 2005 年，上海市新杨工业园区形成了以包装产业、科技产业、钢铁产业、房产建筑业、加工制造业为主的产业格局。至 2010 年，因园区转型发展，在原有业态形式上引进汽车销售服务公司。重点企业有上海金叶包装材料有限公司、上海绿新包装材料科技股份有限公司、上海风驰企业发展有限公司、上海新奇生电器有限公司、上海宝翔企业发展有限公司、上海智富建设工程有限公司、上海星瀚汽车维修服务有限公司、上海众国宝泓汽车销售服务有限公司等。

五、经济规模

2003—2010 年，新杨工业园区实现工业总产值累计 130.51 亿元，工业销售收入 127.21 亿元，工业企业利润 15.58 亿元，全部企业上缴税金总额 13.53 亿元。

表 9-9-3　2003—2010 年新杨工业园区经济效益情况表　　单位：万元

年　　份	工业总产值	工业销售收入	工业企业利润	全部企业上缴税金总额
2003 年	117 846	133 338	13 565	14 000
2004 年	133 834	130 658	17 607	22 840
2005 年	146 747	145 548	20 103	17 803
2006 年	160 175	162 341	21 430	14 090
2007 年	171 220	171 220	11 939	6 606
2008 年	174 200	174 931	23 446	19 400
2009 年	174 949	176 099	23 679	19 452
2010 年	226 089	177 999	24 079	21 105

说明：自 2007 年起工业销售收入数据为工业企业主营业务收入数据

资料来源：上海市经济委员会、上海市经济和信息化委员会、上海市统计局、上海市开发区协会《上海市开发区统计手册》；上海市新杨工业园区提供数据

第二节　上海未来岛高新技术产业园区

上海未来岛高新技术产业园区位于普陀区桃浦镇，前身是未来岛科技苑，于 2000 年 3 月开始开发建设，2001 年被市政府批准为市级工业开发园区。园区东至沪杭铁路、南至沪杭铁路、西至嘉定区界、北至沪宁铁路，规划面积 97.04 公顷。主导产业有电器生产和研究产业、先进制造业、现代物流信息产业、LED 新型光源系统产业等。

一、园区创建

【工业园区建立】

2000 年 3 月，普陀区桃浦镇真建村进行开发建设，向普陀区政府提出开发未来岛科技苑的请示。7 月 26 日，普陀区政府批准桃浦镇开发未来岛科技苑。2001 年 2 月，园区建设正式启动。11 月，园区被市政府批准为市级工业开发园区。2006 年 7 月 6 日，在国家发展改革委公告第七批通过清理整顿审核公告的省级开发区名单中，未来岛园区更名为上海未来岛高新技术产业园区。2008 年 7 月 14 日，上海未来岛物流科技园区管理委员会(同上海未来岛物流科技苑管理委员会)向桃浦镇政府提出统一使用名称的报告。7 月 29 日，桃浦镇政府同意统一使用"上海未来岛高新技术产业园区"名称，于 8 月 1 日起正式实施。

【规划面积】

2006 年 10 月 12 日，据国土资源部公告，未来岛园区四至范围为东至沪杭铁路，南至沪杭铁路，西至嘉定区界，北至沪宁铁路，规划面积 97.04 公顷。

二、管理机构

【上海未来岛高新技术产业园区管理委员会】

2001年7月23日,普陀区桃浦镇党委成立上海未来岛物流科技苑管理委员会和中共上海未来岛物流科技苑管理委员会。2008年7月29日,桃浦镇政府同意统一使用"上海未来岛高新技术产业园区"名称,于8月1日起正式实施。上海未来岛物流科技苑管理委员会更名为上海未来岛高新技术产业园区管理委员会。

【上海未来岛投资置业有限公司】

2000年11月9日,桃浦镇政府同意真建实业有限公司、上海申环投资有限公司等联合组建上海未来岛投资置业有限公司。公司注册资金8 000万元,负责园区投资、开发、建设和管理,设立党政办、招商办、企业服务中心、财务部、工程部、劳动力资源部等六个部门,辖上海申环投资有限公司、上海桃浦房地产开发公司、上海方正置业有限公司等公司和真建花苑居委会(筹)。

三、开发建设

1999年,未来岛园区启动基础设施建设。至2010年,未来岛园区用地面积70.87公顷,建筑面积66.8万平方米,园区投入1.4亿元用于市政设施建设。

园区供水由泰和水厂提供。至2010年,环西二大道设有输水管,祁连山路设有输水管和2根配水管,桃浦路设有输配水管,金昌路、真江北路、定边路、绥德路设有配水管,供水条件较好;在环西二大道铺设高压燃气管,祁连山南路铺设现状中压燃气管,桃浦路、靖边路铺设现状中压燃气管,绥德路铺设现状中压燃气管;由绥德110千伏变电站供电,该站主变容量为12万千伏,在绥德路、祁连山路下均有电力排管,定边路下有电力排管,桃浦路(定边路以东)有电力电缆,在环西二大道东有220千伏电力走廊;由桃浦通信机房提供固定电话通信号线。该通信机房规模为3.2万门,已装3万门。祁连山路、环西二大道、金昌路、桃浦路(祁连山路以东)均设有通信导管;园区分属于规划真光、真江东、真江西三个排水系统,环西二大道、绥德路、定边路、祁连山路、桃浦路、靖边路、金昌路已敷设雨水管。在祁连山路东、金昌路南有祁连山路地道雨水泵站;在绥德路、祁连山路、靖边路、定边路设有污水管,生活垃圾进江桥垃圾焚烧厂。

四、招商引资与产业发展

【招商引资】

2000年12月,美国APW电子通信设备有限公司与未来岛园区签订项目入驻桃浦镇相关确认书,艾佩达电子通信设备(上海)有限公司入驻未来岛园区。

2001年2月,由上海华盛投资有限公司投资开发的"华盛苑"项目在未来岛园区正式开工。9月,科尼起重机国际公司与未来岛园区签订了合作协议,科尼起重机设备(上海)有限公司开工建设。11月,施耐德电气(中国)有限公司上海分公司签订入驻协议,并于12月开工建设。

2002年1月,台湾企业波力食品工业(上海)有限公司与未来岛园区签订土地使用权合同。8

月,上海大众佐川急便物流有限公司和未来岛园区正式签订合作意向书,于12月开工建设。

2003年1月,上海市医药股份有限公司与未来岛园区进行上海医药物流中心项目签约。6月,上海融特工贸有限公司与园区签订合作协议,主要从事增值税发票、护照及其他有价证券的印刷。

2004年9月,上海利丰物流有限公司与未来岛园区签订仓库租赁合同,并于12月正式开工。

2005年4月,未来岛园区工业厂房四期——上海印钞厂保密有价证券生产基地正式奠基,主要生产护照、税票、银行票据、有价证券等。6月,嘉柏国际集团办公楼在园区正式落成。2005年,园区完成以下高科技企业项目:上海同大方舟软件信息技术有限公司、上海嘉成轨道交通安全保障系统有限公司、上海拓灵信息技术有限公司、上海海鹤信息科技有限公司、上海星琦电子科技有限公司、上海流通网络科技有限公司、上海伍陆信息技术有限公司、上海海鼎无线射频系统有限公司、上海睿赢信息科技有限公司。

2006年5月,上海盈富投资有限公司(以下简称甲方)与上海弘耘置业股份有限公司(以下简称乙方)、上海意景房产开发有限公司(以下简称丙方)签订建华小区合作开发协议书,甲方与乙、丙方在公建配套两个菜场、金鼎路商业一条街税收落地、建筑税等方面达成一致意见,为园区提供配套居民生活设施。9月,复旦-理朗LED研发中心落户未来岛。2006年全年,园区完成以下高科技企业项目:上海延华智能科技有限公司、上海先达条码技术有限公司、上海昂泰科技园管理有限公司。是年,园区共引进项目64个。

2007年,园区共引进项目30个。其中包括上海新世纪文峰美发美容有限公司等税源潜力大、发展前景好的企业。

2008年,园区共引进项目56个。主要有达科电子(上海)有限公司、新加坡盛企集团和贵州航天技术研究院等重大项目。

2009年,园区共引进项目32个。主要有中国森林控股有限公司总部,该公司是森林产业中集科研、策划、营销等为一体的总部企业。

2010年,园区共引进项目60个,其中当年产税的企业27家。上海航天科工电器研究院有限公司、施耐德电气(中国)有限公司上海分公司、上海新世纪文峰美发美容有限公司、上海沪郊医药有限公司、上海盛源科技园、上海耀光中环国际广场、达科电子(上海)有限公司等项目有序进行。

至2010年,未来岛高新技术产业园区累计吸引外资项目59个,吸引合同外资8775万美元;落户内资企业291家,吸引内资注册资金8.23亿元。

表9-9-4　2003—2010年未来岛高新技术产业园区吸引外资情况表

年　份	吸引外资项目数(个)		合同外资金额(万美元)		外资到位金额(万美元)	
	本　年	累　计	本　年	累　计	本　年	累　计
2003年	—	9	—	4 218	—	4 218
2004年	6	15	145	4 363	105	4 323
2005年	—	15	—	4 363		4 323
2006年	24	39	306	4 669	0	4 323
2007年	4	43	260	4 929	260	4 583
2008年	5	48	498	5 427	0	4 583

（续表）

年　份	吸引外资项目数（个）		合同外资金额（万美元）		外资到位金额（万美元）	
	本　年	累　计	本　年	累　计	本　年	累　计
2009 年	2	50	28	5 455	28	4 611
2010 年	9	59	3 320	8 775	3 320	7 931

资料来源：上海市经济委员会、上海市经济和信息化委员会、上海市统计局、上海市开发区协会《上海市开发区统计手册》；未来岛高新技术产业园区提供数据

表 9 - 9 - 5　2003—2010 年未来岛高新技术产业园区落户内资情况表

年　份	落户内资企业数（个）		内资注册资金（万元）		内资到位金额（万元）	
	本　年	累　计	本　年	累　计	本　年	累　计
2003 年	—	20	—	18 602	—	18 602
2004 年	26	46	8 575	27 177	8 575	27 177
2005 年	47	93	9 300	36 477	3 800	30 977
2006 年	40	133	5 660	42 137	—	—
2007 年	26	159	1 766	43 903	—	—
2008 年	51	210	9 673	53 576	—	—
2009 年	30	240	15 995	69 571	—	—
2010 年	51	291	12 749	82 319	—	—

资料来源：上海市经济委员会、上海市经济和信息化委员会、上海市统计局、上海市开发区协会《上海市开发区统计手册》；未来岛高新技术产业园区提供数据

【产业发展】

至 2010 年，园区形成电器生产和研究产业、先进制造业、现代物流信息产业、LED 新型光源系统产业四大主导产业。重点企业有施耐德电气（中国）有限公司上海分公司、上海施耐德工业控制有公司、上海航天科工电器研究院有限公司、科尼起重机设备（上海）有限公司、达科电子（上海）有限公司。

五、经济规模

2000—2010 年，上海未来岛高新技术产业园区合计完成工业总产值 188.49 亿元，工业销售收入 236.58 亿元，工业企业利润 16.07 亿元，上缴税金总额 30.24 亿元。

表 9 - 9 - 6　2000—2010 年未来岛高新技术产业园区经济效益情况表

年　份	工业总产值（万元）	工业销售收入（万元）	工业企业利润（万元）	全部企业上缴税金总额（万元）	税收超 100 万元企业（家）
2000 年	54 700	—	4 792.50	3 189.68	—
2001 年	64 500	—	5 600.78	3 067.45	

（续表）

年 份	工业总产值（万元）	工业销售收入(万元)	工业企业利润(万元)	全部企业上缴税金总额(万元)	税收超 100 万元企业(家)
2002 年	70 300	—	6 238.79	4 716.38	—
2003 年	209 692	522 099	12 965	11 854	15
2004 年	119 127	698 009	3 591	20 522	13
2005 年	108 247	127 045	11 587	51 196	15
2006 年	156 172	171 896	11 088	39 834	—
2007 年	221 146	22 411	15 141	36 811	—
2008 年	342 945	267 272	22 579	38 677	—
2009 年	243 817	262 729	31 546	39 072	—
2010 年	294 302	294 302	35 527	53 424	—

说明：自 2007 年起工业销售收入数据为工业企业主营业务收入数据

资料来源：上海市经济委员会、上海市经济和信息化委员会、上海市统计局、上海市开发区协会《上海市开发区统计手册》；未来岛高新技术产业园区提供数据

第十章 崇 明 县

第一节 上海富盛工业园区

上海富盛工业园区位于上海市崇明县中部南沿,东部与新河镇毗邻,南部临浩瀚长江,西部与崇明新城(东平河)接壤,北部以团城公路(由陈海公路调整为团城公路)为界,总规划面积由 11.79平方公里调整为 5.91 平方公里,主要产业有光电子、港口机械、船舶制造配套逐步转化为船舶制造配套制造、现代通信技术工程、生物科技工程以及金融服务、文化体育、健康医疗等。

一、园区创建

【开发园区建立】

1994 年 6 月 8 日,上海市崇明县新河镇创建上海富盛私营经济开发区。1998 年 9 月 22 日,崇明县人民政府(以下简称崇明县政府)向市农委申报;1998 年 10 月 14 日,市农委正式批准建立上海富盛经济小区,"上海富盛经济开发区"名称正式启用;2001 年 12 月 29 日,上海市崇明县机构编制委员会发文进一步规范崇明县县级园区的机构设置,上海富盛经济开发区管理委员会归属崇明县政府直接领导,下设上海富盛经济开发区管理委员会办公室,建立上海富盛经济开发区开发有限公司;2006 年,经国家发展改革委审核认定,上海富盛工业园区基本符合国务院批准的《清理整顿开发区的审核原则和标准》,市政府批复同意上海富盛工业园区升级为市级经济开发区,主要发展光电子、港口机械、船舶制造配套产业。

【规划面积】

2003 年,上海富盛工业园区规划总用地 11.79 平方公里;四至范围:东至新申公路,南濒长江,西至东平河与城桥镇接壤,北至陈海公路(一级公路)。2006 年国务院清理整顿开发区公告发出后,2010 年,开发区规划面积调整为 5.91 平方公里;四至范围:东至新申公路规划道路中心线,西至海桥港规划河口中心线,南至长江一线大堤堤顶内边线,北至团城公路规划道路中心线。

二、管理机构

上海富盛工业园区管理委员会和上海富盛经济开发区开发有限公司是"一套班子,两块牌子",成立子公司一家。

【上海富盛经济开发区管理委员会】

1999 年 5 月 14 日,新河镇人民政府(以下简称新河镇政府)第二次发文批复建立上海富盛经济开发区管理委员会。1996 年 4 月 10 日,经新河镇政府批准,成立上海富盛经济开发区管理委员会,决定园区重大事宜。2001 年 12 月 29 日,经崇明县政府批准,上海富盛经济开发区管理委员会归属崇明县政府管辖。

【上海富盛经济开发区开发有限公司】

1993年9月20日—2001年9月25日,上海富盛实业总公司具体从事开发区经营活动。1996年4月10日,经新河镇政府批准,开发区经营由隶属上海富盛私营经济开发区的上海富盛实业总公司实施。1999年7月23日,上海富都房地产开发有限公司成立,2001年10月16日更名为上海富盛经济开发区开发有限公司。该公司为管委会下属的国有控股有限公司,独立核算,经营范围为开发区的开发、建设和管理,房地产开发与经营等;层级为一级,注册资金1亿元,崇明县国有资产监督管理委员会出资比例90%。新河资产经营有限公司出资比例10%。该公司机构为"七部一室",即规划建设部、崇明招商部、沪办招商部、党群事业部、企业管理部、财务部、综合服务部和办公室。

【上海富盛经济开发区物业管理有限公司】

2004年9月9日公司成立,注册资金50万元,为国有控股有限公司,层级为三级,上海富安置业有限公司出资比例100%。

三、开发建设

【土地开发】

2003年7月,富盛开发区房地产分公司投资1亿元、建筑面积5.71万平方米的"富源花苑"安置房工程奠基开工,于2004年10月竣工。通过上海市住宅局入住许可验收后,是年10月成立物业公司,开始办理动迁回搬入住手续。2004年,富盛开发区启动实体企业发展规划,为满足小型企业入驻发展需求,投资建造了3万平方米标准厂房。2006年,富盛开发区投资建造了6.92万平方米新河镇商品房一期、二期,对动迁失业人员进行安置。随着开发区工作团队的增员和队伍的壮大,2008年投资建造了新的富盛开发区办公大楼,并于当年从原开发区大楼搬迁到新办公室大楼。

【基础设施】

2002年,富盛开发区利用原由崇明建设投资发展有限公司建造的新河集装箱码头,投入900万元完成陆域配套工程,包括1195平方米拆装集装箱库房、526平方米海关和商检办公楼、1.1万平方米堆场、龙门吊轨道、57平方米道口房及通关基础设施建设。2004年10月16日,富盛开发区所属的国际货运码头正式启用,码头拥有3公里长、常年水深为负12米的深水岸线和1座1000吨级码头,区位优势良好,水陆物流运输便捷,产业经济功能辐射全岛。

至2010年,富盛工业园区基础设施建设达成"七通一平"。园区内道路采用棋盘式网络道路规划系统,道路宽度分别为50米、32米、24米;煤气、天然气基础设施完备;排水网络接口至所有落户企业,确保连续降水暴雨排水通畅;共规划建造3座35千伏变电站,1座35千伏变电站已建成投运,确保落户企业的用电需求;园区内规划建造1座日处理能力为6万吨的污水处理厂,一期5000吨污水处理厂已建成;在供水方面,由新河镇自来水厂满足园区内日供水需求;园区土地保持自然平整,为厂房建设打造了有利的条件。

表 9 - 10 - 1　至 2010 年富盛开发区建成道路情况表

表 9 - 10 - 1　至 2010 年富盛开发区建成道路情况表　　　　　　　　单位：米

道　路　名　称	起　止　地　点	长　　度
新梅路	团城公路—崇明大道	1 064
新薇路	团城公路—崇明大道	1 151
新萱路	团城公路—崇明大道	1 107
新河公路	新申公路—新梅路	1 063
合　　计		4 385

资料来源：上海富盛经济开发区提供

　　道路：至 2010 年，富盛开发区建成 4 条区内道路，总长度 4.39 公里。绿地：开发区规划区域内绿化包括公共绿地和防护绿地，总面积为 29.03 公顷。河道：开发区内拥有海桥港、老南横引河、唐家湾河和岸转河，新开挖井亭河和兴教河，水域面积达 12.66 公顷，占规划总用地的 5.4%。给排水：至 2010 年，新河镇污水处理厂正在建设中，规划区域主要道路完成雨水管道敷设。供电：至 2010 年在新河公路南侧、新梅路东侧，建造 35 千伏变电站 1 座，装机容量为 2×20 兆伏安，最终为 3×31.5 兆伏安，上级电源来自 110 千伏竖河站。通信：至 2010 年沿规划区域内新梅路、新萱路、新薇路、新河路等建成路段下已敷设通信导管。标准厂房：至 2010 年，富盛经济开发区已建成 4.26 万平方米标准厂房，商务办公楼建筑面积 1 849 平方米。供水：规划区前由新河水厂供水。新河水厂为县级水厂，位于规划区外围、南横引河南侧、新申公路西侧，水源为南横引河，供水能力为 1 万立方米/日。沿新申公路、新河路、新梅路、新萱路、新薇路已敷设供水管向开发区供水。燃气：规划区域内不设置管道燃气，根据企业使用需要，采用罐装液化气方式，由企业自行解决。环境保护：园区大气、水、声环境质量分别达到《大气环境质量标准》(GB 3095 - 82)、《地表水环境质量标准》(GB 3838 - 2002)和《声环境质量标准》(GB 3096 - 2008)中规定的各类功能区域标准。

四、招商引资与产业发展

【招商引资】

　　1994 年，富盛开发区针对私营企业开展招商，至 2010 年累计引进注册企业 2 413 户。1995 年，富盛开发区与上海崇明新河机动车检测公司签订入驻协议，至 2010 年累计引入实体企业 39 家。

表 9 - 10 - 2　1994—2010 年上海富盛经济开发区招商引资和税收贡献情况表

年　　份	注册户数(户)		税收贡献(万元)	
	本　　年	累　　计	本　　年	累　　计
1994 年	100	100	93	93
1995 年	145	245	254	347
1996 年	132	377	1 212	1 559
1997 年	123	500	3 269	4 828
1998 年	97	597	4 182	9 010

(续表)

年　份	注册户数(户)		税收贡献(万元)	
	本　年	累　计	本　年	累　计
1999 年	87	684	4 751	13 761
2000 年	96	780	7 163	20 924
2001 年	98	878	9 120	30 044
2002 年	115	993	12 380	42 424
2003 年	152	1 145	17 721	60 145
2004 年	172	1 317	26 365	86 510
2005 年	158	1 475	35 257	121 767
2006 年	192	1 667	37 055	158 822
2007 年	219	1 886	44 173	202 995
2008 年	185	2 071	51 215	254 210
2009 年	160	2 231	47 439	301 649
2010 年	182	2 413	56 726	358 375

资料来源：上海市经济委员会、上海市经济和信息化委员会、上海市统计局、上海市开发区协会《上海市开发区统计手册》；上海富盛经济开发区提供数据

表 9‑10‑3　1995—2010 年上海富盛经济开发区园区落户内资情况表

年　份	落户内资企业数(个)		内资注册资金(万元)	
	本　年	累　计	本　年	累　计
1995 年	1	1	100	100
1996 年	1	2	50	150
1997 年	0	2	0	150
1998 年	1	3	20	170
1999 年	2	5	80	250
2000 年	1	6	800	1 050
2001 年	2	8	350	1 400
2002 年	4	12	3 700	5 100
2003 年	9	21	5 983	11 083
2004 年	4	25	4 250	15 333
2005 年	4	29	18 500	33 833
2006 年	2	31	568	34 401
2007 年	2	33	110	34 511

（续表）

年　　份	落户内资企业数(个)		内资注册资金(万元)	
	本　　年	累　　计	本　　年	累　　计
2008 年	1	34	50	34 561
2009 年	3	37	750	35 311
2010 年	2	39	180	35 491

资料来源：上海市经济委员会、上海市经济和信息化委员会、上海市统计局、上海市开发区协会《上海市开发区统计手册》；上海富盛经济开发区提供数据

1994—2002 年，富盛开发区以吸引私营企业注册为重要方向，以每年近 1 亿元的幅度增长；2002—2006 年，除继续吸引私营企业注册，开始吸引国有企业注册，园区实体入驻企业数量以每年近 2 亿元的幅度增长；2006—2010 年，企业注册全面加速，以每年近 5 亿元的幅度增长。

【产业发展】

至 2010 年，富盛工业园区形成船舶制造配套制造、现代通信技术工程、生物科技工程以及金融服务、文化体育、健康医疗等主导产业。

【重点企业】

上海隆达建设工程有限公司　2002 年 5 月 15 日，上海隆达建设工程有限公司入驻富盛开发区，公司总投资 3 000 万元，注册资本 3 000 万元，生产和销售针对建筑业为主的产品并提供相关技术服务。2009 年获"上海长江隧桥建设单位"荣誉称号。至 2010 年，公司共有员工 226 人，公司总产值达 1 580 万元。

上海阿勒法船舶设备有限公司　2005 年 3 月 18 日，上海阿勒法船舶设备有限公司入驻富盛开发区，公司总投资 4 000 万元，注册资本 4 000 万元，公司主要生产各类船舶配套零部件，产品主要有船用环保设备、船用钢质家俱、船舶管系附件及各种船用舾装件为主的产品并提供相关技术服务。公司于 2008 年通过了 GB/T 9001 - 2008、GJB 9001B - 2009 质量管理体系认证。2010 年，公司共有员工 130 人，年产值达 9 291 万元。

上海环奇输配电(电控)设备有限公司　2008 年，上海环奇输配电(电控)设备有限公司注册落户富盛开发区，公司总投资 1 亿元，注册资本 1 亿元，占地面积 2 万平方米，建筑面积 1.5 万平方米，主要生产和销售以高、低压盛大开关设备为主的产品并提供相关技术服务。2010 年 11 月通过 ISO 9001 质量认证体系、ISO 14001 环境管理体系、OHSAS 18001 健康安全管理体系的认证，年产值 2 000 余万元，固定资产 1 亿元。

五、经济规模

2003—2010 年，园区工业总产值累计 22.96 亿元，工业销售收入 22.05 亿元，工业企业利润 9 539 万元，全部企业上缴税金总额 14.37 亿元。2010 年，39 家实体企业吸纳就业近 2 000 人，总产值为 1.39 亿元。

表 9‐10‐4　2003—2010 年上海富盛经济开发区经济效益情况表　　　　单位：万元

年　份	工业总产值	工业销售收入	工业企业利润	全部企业上缴税金总额
2003 年	24 834	24 110	1 635	17 721
2004 年	41 879	40 562	1 842	26 360
2005 年	47 023	45 655	2 047	70 839
2006 年	71 303	66 905	3 134	27 923
2007 年	9 253	8 786	125	215
2008 年	10 121	11 861	−124	159
2009 年	11 215	9 706	248	207
2010 年	13 930	12 877	632	281

说明：自 2007 年起工业销售收入数据为工业企业主营业务收入数据

资料来源：上海市经济和信息化委员会、上海市统计局、上海市开发区协会《上海市开发区统计手册》；上海富盛经济开发区提供数据

第二节　上海长兴海洋装备基地配套园区

一、园区创建

上海长兴海洋装备基地配套园区坐落在长兴岛东南地区，与南岸的船舶、海洋工程装备及港口机械总装基地相邻，西接凤凰镇东区，北邻圆沙社区。2007 年 4 月 26 日，上海长兴海洋装备产业基地开发有限公司正式成立，标志着上海长兴海洋装备基地配套园区正式建立。2010 年 12 月，园区被上海市开发区协会等部门联合授予"上海品牌园区"称号。

二、园区规划

2006 年 10 月 30 日，崇明县政府原则同意《长兴海洋装备产业基地配套东区控制性详细规划》（以下简称《配套东区详规》）。《配套东区详规》明确，长兴海洋装备产业基地配套东区是《长兴岛凤凰新市镇总体规划（2005—2020 年）》确定的为长兴岛乃至上海港口机械、海洋装备、船舶制造等核心制造业提供配套产品和高效能服务的重点区域之一；确定长兴海洋装备产业基地配套东区规划面积为 566.78 公顷，四至范围：东至跃进港、西至新开港、南至凤丰东路、北至潘圆公路；原则同意"一心、一轴、六区"的空间布局结构，其中"一心"指行政管理中心，"一轴"指由横向次干道构成的交通轴，"六区"指配套服务区、一类工业 A 区、一类工业 B 区、二类工业区、科技研发孵化区和仓储物流区等 6 个功能区；原则同意配套东区的"三横多纵"道路交通规划，其中"三横"指潘圆公路、次一路和凤丰东路，"多纵"指四条纵向主干路和六条纵向次干路；原则同意配套东区的绿地水系规划，水系由支一路南侧、次一路南侧的 2 条横向河道和次三路西侧、卫闸河、主四路东侧的 3 条纵向河道构成，绿地系统由次五路与卫闸河形成的三角形中心绿地和沿路、沿河、沿高压走廊的防护绿地

构成;原则同意配套东区的建筑控制。工业用地容积率控制在 0.8～1.2 之间,公共设施用地容积率控制在 2.0 以下,职工宿舍区容积率控制在 1.2 以下。

2007 年 9 月 30 日,崇明县政府原则同意局部调整《长兴海洋装备产业基地配套东区控制性详细规划》,并原则同意《长兴海洋装备产业基地配套西区控制性详细规划》。确定长兴海洋装备产业基地规划为东区和西区,其中东区规划面积调整为 598.98 公顷,东至跃进港、西至新开港、南至凤丰东路、北至潘圆公路。西区规划面积 271.97 公顷,东至凤凰路、西至庙港河、南至凤滨路、北至新潘圆公路。

2009 年 10 月,《长兴岛海洋装备产业基地控制性详细规划》获批复,确定了四至范围、功能布局和土地使用规划、各项规划控制要求、绿地和水系统规划、道路交通规划、市政基础设施规划等;控制性详细规划将规划面积调整为 713 公顷,东至兴港路、西至规划兴冠路、南至江南大道、北至潘圆公路。规划分为仓储物流区、综合配套区、生产性服务业功能区、生活配套区、船舶及海洋工程配套区五大功能区域。

三、管理机构

2007 年 3 月 29 日,上海长兴海洋装备产业基地开发有限公司举办第一次股东大会。4 月 26 日,上海长兴海洋装备产业基地开发有限公司正式成立,注册资金 2 亿元,由崇明资产经营公司、长兴资产经营公司、江南造船(集团)有限责任公司、上海前卫实业总公司共同出资组成。公司设有办公室、财务部、开发建设部、招商服务部等"三部一室"。

2009 年 4 月 25 日,公司注册资本金增资至 5 亿元,公司机构调整为办公室、财务部、前期开发部、工程建设部、招商服务部等"四部一室"。同时成立子公司上海长兴海湾置业有限公司、上海长兴海洋装备人才服务有限公司,为驻岛大企业或配套企业提供公共服务平台。

2010 年 1 月 18 日,公司注册资金增资至 10 亿元。增资后,上海崇明资产经营有限公司持股比例为 73%,上海长兴资产经营投资有限公司持股比例为 15%,江南造船(集团)有限责任公司持股比例为 6%,上海前卫实业有限公司持股比例为 6%。11 月 23 日,"中共上海长兴海洋装备产业基地工作委员会"获批并揭牌。

四、开发建设

至 2010 年,园区基础设施投资近 17 亿元。园区收储土地 233.33 公顷,完成拆迁 143 户,实现腾地 100 公顷。园区内道路已建成 6.6 公里,在建 1.2 公里,路面宽度为 18 米～35 米,建造桥梁 4 座。新开挖疏浚河道 921 米,完成 2 条河道绿化,总绿化面积达 2.13 公顷。初步形成供电、供水、通讯、道路、上下排水、网络等较为完善的配套设施。同时,园区建成 3.5 千伏同心变电站 1 座,总投资 4 400 万元;建成公共货运码头 1 座,码头长 140 米,宽 18 米,码头前沿设置 1 个 1 000 吨级杂货船泊位,码头后沿设置 1 个 60 米车渡船泊位,用于岛上动力能源物资的运输;启动建设公共租赁房一期项目,占地 2 公顷,由四幢多层构成,共 484 间;启动跃进港景观绿化工程建设,项目占地面积约 7 公顷,其中景观绿化工程 4.53 公顷;拓宽整治跃进港,建设绿化养护配套用房、附属实施等。中央商务区完成地块摘牌工作。

五、招商引资与产业发展

园区自 2007 年成立后,以引进落户型企业为主。根据《上海长兴海洋装备产业配套基地产业导向》要求,配套产业园区根据节约、集约利用工业用地的原则,积极引进船舶配套企业。

至 2008 年,上海长兴海洋装备产业基地开发有限公司共有 21 家意向落户企业通过崇明县工业向园区集中联席会议评审,标志着配套产业园区通过努力,招商工作取得了实质性进展,21 个项目投资总额达 45 亿元,用地需求近 200 公顷。

至 2009 年,园区引进注册企业 21 家,注册资金总计 68 亿元。主要注册企业有:上海长江隧桥建设发展有限公司、上海崇启通道建设发展有限公司、上海长横建设发展有限公司、上海兆亿隧桥养护管理有限公司等。园区引进的落户企业中,正在建设的有 5 家,分别是沪东中华阀门厂、沪东中华管子件厂、长兴金属处理公共平台、沪东助剂厂和中船长欣线缆公司。12 月 16 日,园区内上海常鑫船舶设备有限公司、上海兴中船用设备制造有限公司、上海润嫁农业科技有限公司、上海方舟实业有限公司、上海联海实业有限公司等 5 家企业集中开工。

至 2010 年,园区工业总产值 8 212 万元,销售收入 1.30 亿元,税收 2 973 万元。在招商引税方面,累计引进内资注册企业 26 家,内资注册资金 71 亿元,尚未有外资引进。部分企业处于建设过程中,尚未投产。在引进落户企业中,有 4 家企业建成投产或试运行,分别为:沪船助剂厂、中船长欣线缆公司、长兴金属表面处理公共平台(一期)、沪东中华阀门厂;另外 6 家在建设中。新引进落户企业 6 家:上海博弘船舶电器有限公司项目、上海超诚电子科技发展有限公司、沪东中华造船(集团)有限公司机械分厂、上海宝钢长兴工业气体有限公司、沪东中华造船(集团)有限公司油嘴油泵分厂、上海界虹包装彩印有限公司。

园区以海洋装备产业的高端配套为主导方向,同时积极引进其他先进制造业、科技研发、总部经济等产业。基地落户的重点企业有:中船长欣线缆公司、上海长江隧桥建设发展有限公司、沪东中华造船(集团)有限公司油嘴油泵厂、上海超诚电子科技发展有限公司等。其中,中船长欣线缆公司成立于 2008 年 7 月 28 日,经营范围是电线电缆、电磁线及附件、电器、电工器材、机械产品、船用配套设备、针织服装、化工原料及产品(除危险品)的销售,电线电缆切割及相关技术咨询服务,货物及技术的进出口业务。2010 年,公司产值 4 411 万元,实现税收 267.63 万元,从业人员 39 人。

第十篇

人　物

人物篇分设 3 个部分,分别为人物传略、人物简介、人物表。人物传略主要收录在上海各开发区工作及担任过党政领导职务,且在上海开发区体系中有较大影响的已故人物,排列顺序以卒年为序,计 3 人。人物简介主要收录在上海各开发区担任重要职务的领导,且对开发区建设做出突出贡献的人物,排列顺序以生年为序,计 4 人。人物表主要收录在上海各开发区中全国以及上海市"五一"劳动奖章、上海市劳动模范获得者,共计 22 人。

第一章　人物传略

齐敏生（1927.9—2002.9）　福建闽侯人。1942年6月加入中国共产党，1943年3月受地下党委派至杭州伪政治保卫学校开展革命工作。1950年毕业于上海交通大学财务管理系，大学学历。1950年7月参加工作，1952年1月进入上海华东建筑设计院，历任财务科负责人、办公室副主任、设计室党支部书记、党委宣传部副部长。期间参加上海同济大学业余土木建筑学院工民建专业学习，于1961年毕业。1980年3月起，任上海市规划局办公室副主任、勘测设计处处长。1982年加入上海城市经济协会，担任第二、三、四届理事；1984年加入华东勘测设计管理研究会，任顾问、常务理事；1986年加入上海房产协会，任理事。1984年8月，受命创建上海漕河泾微电子工业区，任上海市工业区开发总公司主要领导、上海市漕河泾

新兴技术开发区发展总公司总经理、党委副书记，先后参与漕河泾开发区、桃浦工业区的规划、开发与建设。1989年，创办中国第一家高新区中外合资开发企业——上海新兴技术开发区联合发展有限公司，担任董事长兼总经理。在引进外资的同时，十分重视对国内民营科研机构和企业的扶植，推行的"孵化器"策略，让不少民营高科技企业在漕河泾开发区生根发芽成长。1993年8月离休。2002年9月逝世。

鲁又鸣（1934.12—2016.2）　上海人。1959年9月参加工作，1959年2月加入中国共产党，大学学历，教授级高工。1959年9月至1962年10月作为留苏预备研究生先后在山西太原重型机器厂、一机部五局工程机械研究所工作。1962年10月至1984年1月在上海建筑机械厂工作期间，先后担任工程师副主任、主任、总工程师、技术副厂长等职务。1984年1月担任上海冶金矿山机械公司副经理兼总工程师，同年4月担任上海市经济委员会副秘书长兼规划室主任，参与上海市工业区战略布局和相关规划编制的组织工作。1985年3月，受中共上海市委、市政府委派，担任上海闵行联合发展有限公司党委书记、董事长兼总经理等职务，参加闵行开发区的开发建设工作。期间，首创的"一门式"服务方式成为全国通行的服务模式。

1992年，在邓小平南巡期间视察闵行开发区时，亲自汇报开发区发展和建设情况。1993年闵行开发区作为首批发起者，支持成立中国开发区协会，被选为协会第一届副会长。曾被上海市人民政府授予1991年度和1993年度"上海市劳动模范"称号。1999年8月退休。2016年2月逝世。

阮延华（1946.5—2017.11）　浙江省鄞县人。1951年9月至1968年7月，在上海茂名南路第一小学、上海红星中学和上海纺织工业专科学校求学。1968年9月参加工作，1980年6月加入中国共产党。曾任上海针织工业公司副经理。1982年参与闵行开发区的创建工作。1985年3月至1990年5月，任上海闵行联合发展有限公司党组副书记、副总经理。期间，组织编写《上海闵联经济技术开发区投资指南》。1990年5月至1992年12月，任全国第一个保税区——外高桥保税区开发公司总经理；1992年12月至1998年5月，任浦东新区工作党委委员、管委会副主任、外高桥保税区

联合发展公司总经理;1998 年 5 月至 2000 年 6 月,任浦东新区工作党委委员、管委会副主任、外高桥保税区管委会常务副主任,并在 1998 年 5 月提为正局级。期间,亲自组织编订了全国保税区工作第一部管理条例。曾获 1995 年浦东新区先进工作者称号。2000 年 6 月至 2001 年 9 月任上海化学工业区发展有限公司党委书记、总经理;2001 年 9 月开始任上海化学工业区管理委员会党组书记、主任,上海化学工业区发展有限公司党委书记、总经理。期间,创造性地提出和实践"产品项目、公用辅助、物流传输、环境保护、管理服务"五个一体化理念。曾任上海市人大代表、中国开发区协会副会长和协会原保税区分会会长、上海市工业开发区协会会长。2017 年 11 月逝世。

第二章　人　物　简　介

吴承璘　1940 年 9 月生，浙江吴兴人。1964 年 7 月上海水产学院加工系毕业，大学学历，高级工程师，1983 年 9 月加入中国共产党。曾任上海梅林罐头厂副厂长、上海市轻工业局副局长、轻工业部群星工业公司总经理、群星集团副总裁，兼任中英合资和路雪北京有限公司首任董事长。1993 年 5 月任上海市张江高科技园区开发公司党委书记，总经理。1993 年 6 月任上海市浦东新区党工委委员，浦东新区管委会副主任。1995 年 9 月任上海市外国投资工作委员会常务副主任兼上海市对外经济贸易委员会副主任。1996 年 7 月任市对外经济贸易委员会党委副书记、市对外经济贸易委员会副主任、市外国投资工作委员会常务副主任、上海市外国投资促进中心首任主任、上海跨国采购中心有限公司首任董事长。曾当选为中

国共产党上海市第七次代表大会代表、上海市第十一届人民代表大会代表、第九届上海市政协委员、常委。被聘为上海市钻石交易联合管理办公室主任、上海市外商投资企业协会第四届会长、中国国际贸易促进会上海市分会会长、中国国际经济贸易仲裁委员会副主任、上海市会展行业协会党委书记，上海市会展行业协会第一、第二、第三届会长。曾获上海市职工体育先进个人、全国工业普查国家级先进工作者、上海市"心系职工好领导"称号。

朱晓明　1947 年 10 月生，浙江海盐人，中共党员。1968 年 8 月参加工作，研究生学历、工学博士、教授级高级工程师、博士生导师、教授、享受国务院特殊津贴专家。历任上海市学联副主席（第九届，上海市纺织工业局副局长）。1990 年 7 月起任浦东金桥出口加工区开发公司第一任总经理、党委书记，期间亲自编写完成《金桥出口加工区开发与规划的战略》。1993 年 1 月起，任浦东新区管委会副主任，金桥出口加工区开发公司总经理、党委书记。1995 年 9 月起，任市政府副秘书长、市外经贸工作党委副书记、市外经贸委（市外资委）主任。1998 年 8 月起，任市政府副秘书长、市外经贸工作党委书记、市外经贸委（市外资委）主任。2003 年 2 月起，任市人大常委会副主任、上海交通大学经济与管理学院名誉院长。2006 年 6 月起，兼任中欧国际工商学院院长。2008 年 1 月起，任市政协上海市第十一届委员会副主席、党组副书记。

张耀伦　1952 年 10 月生，江苏无锡人，大专学历，高级经济师。1968 年参加工作，1973—1975 年任建设银行上海市分行办事员。1975 年起任上海市财政局团委书记、副局长、二分局局长。1992 年 12 月起任上海市浦东新区管委会副主任，上海市浦东新区财税局局长。2000 年 4 月起任浦东新区人民政府副区长，浦东新区区委副书记。2003 年 7 月起任浦东新区区委副书记，市外高桥保税区管委会主任。2007 年 9 月起任上海化工区管委会主任，上海化工区发展有限公司党委书记、总经理。2008 年 4 月起，任第

二届上海市开发区协会会长。

刘家平 1957 年 7 月生,江苏泰兴人,中共党员,硕士、研究生学历。1977 年参加工作,先后在上海起重电器厂、上海市工业党委、上海市政府办公厅任职。1986 年 11 月至 1993 年 5 月,任市工业工作党委主任科员、干部处副处长等。1993 年 5 月至 1999 年 1 月,任市政府办公厅副处、正处级秘书等。1999 年 1 月至 2003 年 6 月,任上海市漕河泾新兴技术开发区发展总公司党委副书记、总经理等。2003 年 6 月起,担任上海临港经济发展(集团)有限公司党委书记、董事长、总裁,上海市漕河泾新兴技术开发区发展总公司总经理,兼任上海临港新城管理委员会副主任、上海洋山保税港区管理委员会副主任,上海临港产业区管理委员会党组成员。

第三章 人 物 表

表 10 - 3 - 1 上海市各开发区先进个人情况表

先进个人姓名	获荣誉类型	获荣誉时间
"五一"劳动奖章		
杨传才	全国"五一"劳动奖章	1997 年
陈银祥	上海市"五一"劳动奖章	2005 年 12 月
袁国华	上海市"五一"劳动奖章	2009 年 5 月
上海市劳动模范		
乐竞辉	上海市劳动模范	1991—1993 年度
鲁又鸣	上海市劳动模范	1991 年
	上海市劳动模范	1993 年
韩宝庆	上海市劳动模范	1995 年、1997 年
杨传才	上海市劳动模范	1996 年
孙家祥	上海市劳动模范	1998 年
李晋昭	上海市劳动模范	2000 年
朱文铮	上海市劳动模范	2000 年
沈丽娟	上海市劳动模范	2003 年
陈青洲	上海市劳动模范	2001—2003 年度
	上海市劳动模范	2004—2006 年度
于海平	上海市劳动模范	2004—2006 年度
庄炼方	上海市劳动模范	2006 年
吴建明	上海市劳动模范	2006 年
顾佩弟	上海市劳动模范	2007 年 4 月
王宝华	上海市劳动模范	2007—2009 年度
张卫农	上海市劳动模范	2007—2009 年度
祝爱萍	上海市劳动模范	2007—2009 年度
朱剑华	上海市劳动模范	2010 年 5 月

专记

一、虹桥经济技术开发区率先试行"土地有偿转让"

20世纪80年代初,土地批租是全国土地使用权制度改革的一项重大举措,经过上海市政府研究决定,虹桥经济技术开发区作为土地批租首个试点,不仅在上海首次实现土地使用权有偿转让,同时也引起了全国的高度关注。土地使用权有偿转让政策的出台,完全体现了国家要加快推进改革开放,同时要解决城市基础设施建设面临资金缺乏的巨大难题。

在此背景下,中共中央提出要把城市土地利用起来。当时的国务院副总理田纪云转告中共上海市委书记芮杏文,要求上海率先进行试点。1986年6月11日,市委常委首次听取市房屋管理局、市土地管理局汇报,就土地试点问题进行讨论。

1986年9月,市政府以曾庆红为顾问,夏克强为团长,率市规划局、市土地管理局、市计划委员会、社科院等部门相关人员,以房地产考察团名义赴香港考察。考察回沪后即起草《上海市土地使用权有偿转让办法》(以下简称《办法》),并经新华社香港分社在香港征集各方意见。当时上海还特别聘请包括香港仲联量行梁振英在内的测量师、律师、建筑师、企业家等7名香港顾问,帮助具体策划、研究办法、翻译标书等。《办法》前后经过八次大的修改,大胆地同国际接轨,并编制了规范的中英文国际标书。成稿前,市有关部门领导坐镇深圳,把香港各方面代表人士逐一请来听取意见。

1987年4月,国务院第一次提出了土地使用权有偿转让的政策,并要求当时的国家土地管理局、国务院特区办、国务院法制局共同研究方案。是年9月,国家土地管理局召开"土地有偿使用制度改革试点座谈会"。会上,参会城市交流了在土地使用权改革方面的做法和经验,一致认为,土地既然是生产资料,就应该是商品,虽然所有权不能自由买卖,但使用权可以有偿转让,有转让、有市场,就应该有价格。会议决定在上海、深圳、广州和天津经济技术开发区率先进行试点。

1987年10月,在召开的中国共产党第十三次全国代表大会上,进一步明确了社会主义市场体系的问题,强调提出了"社会主义的市场体系,不仅包括消费品和生产资料等商品市场,而且应当包括资金、劳务、技术、信息和房地产等生产要素市场。"

1987年11月29日,上海市颁布该《办法》及其配套的六个"实施细则"。六个细则包括《上海市土地使用权有偿转让房地产登记实施细则》《上海市土地使用权有偿转让公证实施细则》《上海市土地使用权有偿转让委托律师代理的若干规定》《上海市土地使用权有偿转让房产经营管理实施细则》《上海市抵押人民币贷款管理暂行规定》《上海市抵押外汇贷款管理暂行规定》。

1987年12月22日,为加快推进土地使用制度改革,探索尝试土地使用权转让这一前所未有的工作,市领导十分重视。经过1年认真细致的研究,市政府召开了记者招待会,市政府副秘书长夏克强宣布《办法》从1988年1月1日起施行。同时指出"试行土地使用权有偿转让,是土地使用制度的一项重大改革,是上海市加快和深化改革的重要步骤"。这一政策的实施,使国家建设用地由原来的无偿划拨变成有偿使用,由过去的"无偿、无年限、无流通"变成"有偿、有年限、有流通",并且可进入市场进行交易。土地使用制度改革是重大的土地管理机制上的改变,搞土地批租的试点就是把土地资源变成资产有价出让。夏克强还宣布了第一块试点地块位置确定在虹桥经济技术开发区内,按规划可以建造宾馆、办公楼、住宅、公寓、商业或综合楼,面积约10 000平方米,也可以在规划允许下再分块。

1988年1月2日,上海市土地批租办公室就编写好的虹桥经济技术开发区第25、26号基地的土地使用权有偿转让试点工作方案,向上海市土地批租领导小组进行汇报。是年3月9日,市政府新闻处在虹桥经济技术开发区举行记者招待会,会议宣布于3月22日对26号地块进行国际招标。而且根据《办法》,该地块较以往的中外合资、中外合作、外资等"三资"项目享有更优惠的政策:一是期限长,土地使用权出让期达50年,期满后,还可申请续期;二是受让人可将受让的土地使用权在上海各家银行进行抵押;三是土地使用权可以转让;四是项目允许出售、出租、转租。市土地管理局、市土地批租办公室、市房屋管理局等主要领导、虹桥经济技术开发区联合发展有限公司领导班子成员,以及新华社上海分社、解放日报、文汇报、新民晚报、中国新闻社、新闻报、经济日报、工人日报、劳动报、光明日报、中国城市导报、香港经济导报、上海电视一台和二台的30多位记者出席招待会。

1988年3月22日,市政府在上海展览中心召开上海市土地使用权有偿出让发标会,各外国驻沪领馆、外商驻沪机构、兄弟省市驻沪办事处、市政府各委办、各区政府的代表、客商、中外新闻记者近四百人出席会议。市政府副秘书长夏克强主持会议,副市长倪天增在会上作重要讲话。市土地管理局局长蒋如高就虹桥经济技术开发区26号地块出让的位置、面积、年限、规划用途、招标文件索取单位、招标文件的内容等作具体说明。会上,市土地管理局发出《上海虹桥经济技术开发区第26号基地招标文件》200多份,招标文件包括:招标通知书、出让和使用条件、投标书、中标证明通知书、土地使用权有偿出让合同。《招标通知书》所明确的出让地块的基本情况为:编号,26号地块;面积,1.29公顷;规划用途,办公楼或旅馆或办公、旅馆综合楼;土地使用金,1元人民币/每年每平方米。《招标通知书》还规定,投标文件及投标保证票,都必须密封后自1988年6月20日起至30日北京夏令时间中午12时止的时间内投入,并在市土地管理局和香港上海实业置业公司设置两个专用标箱。开标时间定为1988年7月2日上午10时。外商对虹桥经济技术开发区怀有浓厚的兴趣,纷纷购买中英文版《上海虹桥经济技术开发区投资指南》等文件资料。会后,招标文件向国内外公开发布,还在海外报纸和专业刊物上登载《招标公告》,并通过香港四个机构帮助散发。至投标前,先后发出标书1 100多份,其中通过香港在海外发放近700份。

1988年4月12日,第七届全国人大第一次会议根据中央建议,通过《中华人民共和国宪法修正案》(以下简称宪法修正案),这为全国实行土地使用权有偿出让确立了宪法依据,并进一步明确了国家依法实行国有土地有偿使用制度。根据《宪法修正案》《中华人民共和国土地管理法》的重大改变,国有土地和集体所有土地的使用权可以依法转让。土地使用权的转让具体办法及国有土地有偿使用的具体办法,由国务院另行规定。宪法的制定为虹桥经济技术开发区率先进行土地批租提供了合法依据。土地批租试点成为当时的一件重大的新鲜事,国内外十分关注,也引起民众的疑虑。主要问题集中在土地批租和解放前"租界"的区别。通过广泛的社会宣传,民众对土地批租逐渐了解和熟悉。

至1988年6月30日,两地标箱共收到来自美国、日本、中国香港、上海等国家和地区的六份标书,上海标箱的三份标书是:中国银行上海信托咨询公司,美国太平洋星际公司和日本孙氏企业有限公司。香港标箱的三份标书是:香港瑞安中国投资公司,香港上海实业置业公司和香港恒基兆业地产有限公司等。为搞好这次开标、评标和决标工作,上海市成立了以市政府副秘书长、市土地使用制度改革领导小组副组长夏克强为主任的评标委员会,另由20位专家组成资格、经济评审组和规划方案评审组,评审组的工作由上海市公证处监督。经过7月2—6日的开标、评标、决标工作,最后由日本孙氏企业有限公司以总价 2 805 万美金(2 170 美元/平方米)中标,并获得 1.29 公顷的 50 年土地使用权年限,6 月 30 日汇率支付美金,建造 29 层的双塔建筑——太阳广场大厦。期间,外商对中标土地使用权能否向中国境内银行进行抵押贷款产生疑虑。为解决此问题,市政府决定由中国人民银行上海分行起草抵押贷款办法,仅一周时间,人民币抵押办法就经批准出台,打消了外商的疑虑,助推了虹桥经济技术开发区土地招投标成功有偿出让。

1988 年 7 月 8 日,上海市召开虹桥经济技术开发区 26 号地块决标新闻发布会,参加人数超出预计一倍以上。美国驻沪副领事、日本驻沪总领事,联邦德国、苏联和其他一些国家驻沪重要官员以及在沪海外新闻机构都派员出席。8 月 8 日,虹桥经济技术开发区 26 号地块有偿出让的国际招投标项目正式签约,这是新中国历史上第一次对国有土地使用权实行批租,也是上海乃至全国土地使用制度改革试点取得成功的重要标志,具有里程碑意义。

随着虹桥经济技术开发区第一块土地批租试点成功,上海市土地使用开始纳入有偿制的轨道。在加强土地一级市场的统一管理的同时,积极扩大试点,进一步健全配套法规和制度,加强人才培养和信息系统的组织和汇集,采用符合国际惯例的各种方式、手段来进行土地批租。

1988 年 11 月初,市政府发布虹桥经济技术开发区第二块土地出让公告。随后组团赴香港进行市场组织、政策宣传及标底编研工作,与香港上海实业公司落实投标、开标的具体技术及法律问题。土地批租为虹桥经济技术开发区的前期开发建设提供巨大保障。

10 年后,从虹桥经济技术开发区率先试行土地批租开始,上海累计批租土地 1 533 幅,有10 000 多公顷土地进入土地一级市场,开创了一种利用外资和外地资金,加快城市基础设施建设和旧区改造的新模式。

二、漕河泾新兴技术开发区搭建科技创业服务平台

伴随漕河泾新兴技术开发区（以下简称"漕河泾开发区"）一起成长的开发区科技创新中心，经历了风风雨雨的初创时期，勇于探索、砥砺践行，不断总结经验和教训，积累了丰富的孵化管理经验，造就了一支服务于"双创"工作的优秀团队，为开发区输送了一批又一批优质的科技企业，培育了一批又一批科技企业走向国际国内市场，为开发区营造了"育苗造林"的良好生态环境，为上海输送了战略性新兴产业的"种子"和"新苗"，也为上海乃至全国的科技创新孵化培育机制提供了成功的范例。

20 世纪 80 年代，漕河泾开发区总公司意识到，中国高科技企业要在未来全球竞争中抢占制高点，依靠过去的技术引进模式难以实现，需要拥有企业自身的核心技术。因此必须把科技创新创业摆在开发区发展的核心位置，培育拥有自有知识产权的科技企业。

1988 年，漕河泾开发区总公司设立技术发展部，专门从事科技创新创业工作，促进科技成果产业化。1989 年，漕河泾开发区建立起"科技创业村"，把农舍以低廉的租金提供给下海的科技人员（租金：0.3 元/日·平方米），让他们尽快地把成果产业化。有 12 所高等院校的创业者在"科技创业村"创业，是创业中心的雏形。科技创业村提供的"孵化"条件主要是可以享受校办产业和漕河泾开发区双重优惠政策，不仅免除所得税等多种税项，且有利于聘请技术人员，解决了学校用人用工的困难。

1990 年 11 月，市科委颁布《上海市漕河泾新兴技术开发区新兴技术企业认定办法》和《上海市漕河泾新兴技术开发区新兴技术企业认定审批管理程序》。漕河泾开发区全面开展新兴技术企业认定工作。

1991 年 2 月，市科委火炬办召开漕河泾开发区新兴技术企业认定工作动员大会，开发区内 60 多家企事业单位出席。6 月 12 日，市科委成立漕河泾开发区新兴技术企业认定工作组。工作组由市科委、市外资委、市计委、市经委、市财政局、市税务局、开发区总公司等单位组成。7 月 18 日，漕河泾开发区总公司投资 50 万元与上海高校科技服务中心、上海市科技创业中心联合组建高创科技发展总公司，以支持高校系统科研成果产业化。

1992 年，科技创业村拥有 1 680 平方米创业空间，是上海高校高新技术成果产业化的缩影，共有 33 个项目、164 项系列产品。科技创业村内 405～406 室是上海交通大学研发机器人，604 室是上海医科大学研发红细胞变形仪，704 室是上海铁道学院研发列车驾驶模拟器、电子锁件等。上海科技大学研发的产品有镇痛、减肥效能的经络导频仪，精度极高的光栅数显长度测量仪。

1993 年，漕河泾开发区相继建成 6 800 平方米科技创业基地，建成铺面总长达 1.6 公里，建筑面积为 2.2 万平方米的科技商业街和 2 800 平方米的科技孵化楼，旨在通过各种方式，促进新型科工贸一体化的企业快速发展和壮大，加快高新技术成果商品化、产业化和国际化的进程。

至 1994 年底，科技创业基地吸引了一大批国内外学有成就的技术人员和留学生前来兴办民营科技企业。开发区内各类科技创业企业达 200 多家，其中留学生办企业十几家。其中有 130 多个科技型企业进入商业街设立市场"窗口"，形成了以市场为导向、技工贸一体化的科技创业发展格局。

1995 年,有 3 家企业被市科委认定为高新技术企业。

至 1996 年,实施了 35 个高新技术产品的"孵化",形成以"企业化运作"为标志的第二代孵化器。高创科技发展总公司引进上海交通大学、复旦大学等十七所高等院校近 40 个科技项目。这些企业分别从事光电技术、计算机技术、新材料、医疗保健、生物工程技术、工业自动化技术等。1996 年 6 月,由漕河泾开发区与上海市人事局共建的上海留学人员漕河泾创业园区成立,是上海第一批留学人员创业园区,被中组部认定为"国家海外高层次人才创新创业基地",被亚洲企业孵化器协会(AABI)授予"亚洲最佳企业孵化器"称号。创业园拥有 3.7 万平方米创业基地,其管理机构为不久后成立的漕河泾开发区科技创业中心(以下简称"漕河泾创业中心")。

1996 年 10 月,经市政府批准,漕河泾开发区成立漕河泾创业中心。漕河泾创业中心成为培育创新创业、推动科技成果转化的公共服务平台。主要负责孵化基地的运营和管理工作;开展创新创业培训、国际合作交流、科技成果与投资资金结合相关的各项对接活动;科技型中小企业融资平台的日常管理工作等。

1997 年,总投资 1 亿元,建造了专门的孵化大楼——创业中心大厦,为当时国内最大的孵化器,孵化面积为 1.6 万平方米,为入驻企业提供各种服务,培育、促进企业成长。漕河泾创业中心经国家科委和联合国 UPDP 认定为首批国际企业孵化器单位。

1997 年,有 40 多家企业进入"科技创业村"。其中上海高智科技开发公司由 46 位青年科技人员组成,以 30 万元注册资金在创业村起家,他们依托卫星高速通信技术,承担了上海证券交易所卫星通信系统工程,仅两年多时间,自有资产增加数十倍,年销售额达到近亿元。

1998 年,漕河泾创业中心被国家科委认定为"国家级高新技术创业服务中心",被市科委认定为"上海市高新技术成果转化孵化基地""上海市高新技术企业"。10 月,受国家科委委托,成功举办中国首届"企业孵化器管理人员国际培训班",来自 10 个国家的孵化器经理参加培训。是年,投资 1 000 万元,设立科技创业资金,加大对中小型科技企业的扶持力度,先后有 5 家企业达到孵化器的毕业标准,顺利毕业。

1999 年 4 月,世界 500 强之一的 Rockwell 自动化上海研究中心落户漕河泾创业中心。至 1999 年底,漕河泾创业中心孵化面积已达 2 万平方米,在孵企业 68 家。其中从事信息、新材料和生物医药等高技术及其产品的研究、开发和中试的回国留学生创办企业 14 家。漕河泾创业中心的从业人员达 1 100 人,其中博士 30 人,硕士 115 人。至年底,已孵化毕业的企业 9 家,区内科技企业年技工贸总收入达 13 亿元。

2000 年 1 月 29 日,联合国副秘书长金永健访问漕河泾创业中心。2 月 24 日,全国人大科教文委员会主任、原国家科委常务副主任李绪鄂视察漕河泾创业中心及在孵企业。6 月 30 日,国家科技部部长朱丽兰在上海市副市长蒋以任等陪同下,考察漕河泾创业中心和部分孵化企业。

2000 年 8 月 10 日,漕河泾创业中心与创投公司共建 2 000 万的创业孵化基金。优良的孵化环境结出了硕果,美国留学生创办的新涛科技股份有限公司,其集成电路设计能力在短短三年时间内达到世界水平,成为首个将中国集成电路产品出口发达国家的企业,引起硅谷巨子 IDT 公司的并购欲望,最终以高出起家资本 42 倍的高价出售,该并购案被列入 2001 年中国十大并购案之一。

至 2000 年底,漕河泾创业中心成为全国首家获得 ISO 9002 国际质量体系标准认证的孵化器。开发区孵化器面积达到 2.2 万平方米,孵化企业 200 家,毕业 130 家。孵化基地内企业的研发投入占其销售收入的近 30%。

2001 年,宜山路 900 号科技大楼孵化基地建立。漕河泾创业中心获国家高新区先进孵化机构称号。2002年,孵化企业技工贸总收入达3.2亿元。2004年,亚洲孵化器协会会长 Hong King 考察创业中心。

2002年5月,创立于美国加州硅谷的光桥科技(中国)有限公司入驻漕河泾开发区。在短短的几年里开发出了 Metro Wave 品牌的"下一代多业务光传送平台"全系列城域光网络产品。7月29日,漕河泾创业中心与开发区新经济园签署"推进科技企业孵化——产业化建设合作"协议。协议主要内容是漕河泾创业中心将孵化毕业的企业引荐给新经济园,并继续跟踪服务;新经济园给予入驻企业以土地、厂房租售等多方面的优惠和深层次服务。10月18日,又有10家科技企业达到企业孵化器有关科技型企业的毕业标准,顺利毕业,科技创业中心为这批企业举办了隆重的毕业典礼。这些企业有:上海康巴赛特高压容器制造有限公司、上海拓能医疗器械有限公司、上海新立工业微生物科技有限公司、上海卓扬科技公司、上海仁康科技有限公司、上海康宁硅胶制品公司、上海沪科科技有限公司、上海新诺智能技术有限公司、上海南瑞实业有限公司、上海国润通信技术有限公司等。

2002年以后,漕河泾创业中心扩建拥有三个孵化基地,孵化面积29 000平方米,构建了中介服务、风险投资、专家咨询、政策服务、技术服务、信息服务等六大平台,服务推动孵化器内企业的成长,形成以"系统化、规范化、国际化"为标志的第四代孵化器。

2003年10月,在国家科技部举行的"火炬计划"15周年总结表彰大会上,漕河泾创业中心获得"国家先进高新技术创业服务中心"称号。

至2003年,漕河泾创业中心在孵企业的注册资本累计总额达1.6亿元,孵化企业100家。其中年内新引进企业34家,总孵化项目已达到158项。在孵企业总收入累计达6.3亿元,上缴税金2 413多万元,研究开发投入5 000万元。列入各类国家及上海市成果转化项目和基金计划的项目共计19项,已取得和正在申请的专利76项。服务输出、管理输出成为创业中心孵化工作的亮点。

2004年5月23日,漕河泾创业中心获"上海最具活力科技创业园"殊荣。漕河泾创业中心被认定为"优秀A类孵化器"。是年,市科委组织开展对高新技术创业服务中心考评工作,漕河泾创业中心在历次考评中均得到高分,获最高级。

2005年3月,由漕河泾创业中心、上海大学科技园等3家单位合作组建的上海创业创新人才培训中心成立。5月,漕河泾创业中心获"上海最具活力科技创业园"殊荣。6月,漕河泾创业中心成为上海首批上海大学生就业实习与科技创业指导服务基地。7月,漕河泾创业中心被上海科技企业孵化行业协会认定为"A类孵化器"。9月15日,开发区"促进科技成果转化示范基地"揭牌启动。12月,漕河泾创业中心制定"促进科技成果转化示范基地"的三年工作计划、工作条例、服务内容、企业(项目)入驻标准以及项目转化标准等。是年,漕河泾开发区还与上海大学、澳大利亚皇家理工大学等合作成立上海市创新创业培训中心,这是全国第一家专业从事创新创业人才培训机构。漕河泾科技创业投资公司投资的分众传媒在美国纳斯达克市场挂牌交易,成为上海第一家在纳斯达克上市的孵化企业。

至2005年底,漕河泾创业中心孵化基地内企业,总注册资金为2.3亿元,其中民营企业占64%。在孵企业100家,员工1 092多人。按企业产业类型划分,信息通信63家,生物医药16家,新材料5家,机电一体化11家,体现了开发区产业集群特征。按企业性质划分,留学生创业企业17家,民营科技企业73家,外资企业9家,外商研发机构1家;其中,在孵企业实施各类技术创新项目122项,体现了以创新创业为主的功能定位。漕河泾创业中心不仅成为开发区自主创新的基地,促进漕河泾开发区产业功能由生产制造功能向研发服务功能的延伸,开始形成较为完整的产业功能链,成为上海技术研发、自主创新的源头之一。

2006年4月7日,在上海科技企业孵化协会一届二次会员大会上,漕河泾开发区科技创业中心以综合考评排名第一的成绩,获得优秀(A级)"孵化器"称号。10月10日,浦江"创新创业园"首期2.4万平方米在漕河泾开发区浦江高科技园破土动工。"双创园"软硬件目标达到国际一流水平,定位于建设以"专业孵化器集群"为标志的第五代孵化器。"双创园"第一期建筑面积17万平方米,其中核心孵化面积2.4万平方米左右。是年,漕河泾创业中心通过促进科技成果转化示范基地的运作,为企业提供八个固定载体和五大系统(信息、推介、咨询、合作、培训)的服务。

至2006年底,开发区内创业中心孵化基地总出租面积为21 127.17平方米,出租率为94.9%,新引进企业33家,累计孵化科技企业112家。其中电子信息类63家,生物医药类16家,光机电类17家,新材料类5家,咨询类9家,环境工程类2家。

2007年,漕河泾创业中心作为开发区创新创业服务的对外窗口,成为全国孵化器行业中第一家通过国际质量体系认证的机构。是年,漕河泾创业中心获得上海"优秀孵化器"称号,并作为中国唯一代表参与了亚洲孵化器评选。是年,又有6家科技企业孵化器达标顺利毕业。其中巨人网络、文思创新两家企业先后在海外成功上市。是年,帮助150家高新技术企业通过了复审,辅导22家企业成功认定为"市高新技术企业"。是年,在整合"促进科技成果转化示范基地"各方资源的基础上,漕河泾开发区进一步建立起集展示、交流、推介、评估、招标、融资、代理、培训、交易等"九位一体"的成果转化专业服务平台——知识产品(上海)集散中心。

2008年,发挥知识产品集散中心作用。通过召开项目代理人座谈会、项目推介会、融资洽谈会、用户推广等形式,组织各类推介活动10余场,推介项目100余项,帮助解决技术需求和难题攻关项目4项。征集科技成果项目近150项,其中成功推介项目7个。邀请全市各类科技、金融、经济、管理、法律等50多家中介服务机构入驻集散中心。为完善"促进科技成果转化示范基地"及"知识产品集散中心"建设,漕河泾开发区成立集散中心管理办公室,全年接待2 000多人来访参观,向兄弟省市及开发区推介项目数达1 000多个。

2008年,漕河泾创业中心被国家科技部批准成为全国首批享受"四免"(免征地产税、土地使用税、营业税,享受减免企业所得税)政策的国家级孵化器。是年,共有123家企业参加并通过2008年度高新技术企业认定。漕河泾创业中心累计孵化培育752家科技创业企业,摸索出一套以基础服务、技术服务、管理服务、市场服务、投融资服务、培训服务为核心的创新孵化服务体系。为方便企业开展研发活动,减少运作成本,实现资源共享,围绕园区产业特点及中小企业需求,整合了区内外相关资源,搭建了生物医药、纳米材料、软件评测、计量测试等公共技术平台。同时新筛选确定一批具有发展前景的重点企业进行跟踪孵化,建立企业联络辅导员制度,委派人员到孵化企业担任高层管理职务,帮助企业发展,探索出一条"创新孵化平台"建设的新路子。

2008年10月9日,漕河泾开发区获批上海市首批知识产权试点园区之后,专利申请数量增长显著。

2009年4月22日,漕河泾开发区与徐汇区政府共同打造的"大学生创业创新园"开园。大学生创业创新园建筑面积约8 000平方米,由漕河泾创业中心进行管理。该园采用房租补贴、优选孵化等方式,重点引进大学生、留学生企业,同时扶持科技创新项目的研发以及其他具有市场潜力和竞争力的有特色、有创意的项目,为其提供低成本乃至零成本的创业场地及软硬件设施。青年创业导师团,提供3个~6个月的创业指导服务,同时还积极引进政府和非政府服务机构入驻,打通大学生创办企业的绿色通道。

是年4月,漕河泾开发区开始建设上海漕河泾新兴技术开发区科技创业苗圃,并被市科委认定为"科技创业苗圃的试点单位"。是年4月,"大学生创业创新园"荣获团中央授予的"大学生创业就业见习基地"称号。是年底,大学生创业创新园入驻率达到100％,吸引77家大学的学生企业项目及配套服务机构入驻,提供就业岗位255个。

2009年5月22日,漕河泾开发区浦江双创园(以下简称"双创园")经上海科技企业孵化协会考评,被认定为市级企业孵化器。双创园集技术创新、企业孵化和风险投资为一体,定位为新能源环保的专业孵化器,主要为创业阶段和成长阶段的高科技企业提供孵化服务。是年,已入驻企业40家,其中新能源、环保、新材料企业约占60％,出租率达到88％。

2010年9月1日,上海科技企业孵化协会和上海市科技创业中心联合发布《关于实施上海科技企业加速器试点的通知》,确定漕河泾创业中心作为首批上海科技企业加速器试点单位。由此,加速器工作在漕河泾开发区开始全面推广和深入推进,形成具有漕河泾开发区特色的"联络员＋辅导员＋专家团"的加速器服务模式,并在实践中不断完善服务体系,如主动走访企业、实施服务响应、执行服务评估制度等。漕河泾创业中心利用徐汇区对加速器的支持政策,结合自身特点,不断规范和健全加速器工作体系,为孵化器毕业企业加速发展提供良好的环境,使其产业化的通道更加通畅,更凸显了助推高成长性科技企业的服务宗旨。

2009年10月22日,漕河泾创业中心企业加速器作为上海首个加速器在漕河泾开发区隆重举行揭牌仪式。双创园承担着高成长企业的各项科技服务工作,高成长性企业可通过"加速器",在投融资、财务咨询、管理咨询和上市等方面得到更专业化、市场化和知识化的服务,实现加速成长。结合浦江高科技园的产业规划和发展方向,积极搭建科技企业加速器服务链,强化服务功能,丰富服务手段,营造适合高成长性科技企业发展的外部环境。双创园已拥有普适导航、博仕德机电、御能动力科技等高成长企业26家,年销售额超过10亿元,销售和利润增长率均超过30％,有加速空间4.5万平方米。太阳能光伏、生物医药和生产性服务业三大主导产业在加速器内已初具规模。

2009年,以就业、见习、实习"三位一体",结合孵化器、留学生园建设,打造产、学、研合作交流平台。建筑面积约8000平方米,由漕河泾创业中心进行管理,采用房租补贴、优选孵化方式,重点引进大学生、留学生企业,同时扶持科技创新项目的研发,以及具有市场潜力和核心竞争力的有特色、有创意的项目,为其提供低成本乃至零成本的创业场地及软硬件设施。下设大学生创业办公区、大学生创业公共服务区和创业配套服务区三大功能区域,打造产学研合作交流平台的创业创新基地。至是年4月,开园的大学生创业入驻率超过100％,吸引77家大学的学生企业项目及配套服务机构入驻,提供就业岗位255个。由区内7家孵化器、科技园组成的"孵化联盟"总孵化面积约27万平方米,在孵企业401家。是年,"漕河泾新兴技术开发区科技型中小企业融资平台"正式成立。

2010年,漕河泾创业中心首次提供管理和融资顾问服务的对象是新能源汽车研发企业廉廉机电,帮助企业进行战略规划、制定商业计划、协助企业解决发展中的各种瓶颈问题。是年,大学生创业创新园获得国家科技部"大学生科技创业见习基地"称号,同时成为中国青年创业国际计划(YBC)上海办公室服务点。经过培育,涌现出新涛科技、龙林通信、拓能医疗等一批优秀的留学生企业,产业涉及电子信息、生物医药、新材料、新能源等国家重点发展产业,成为开发区经济发展的生力军和新亮点。

2010年,漕河泾开发区形成了由创业中心、聚科生物园、浦原科技园、普天邮通科技园、浦江双创园、浦江智谷和863软件园等7家孵化器构成的孵化器网络平台。共有在孵企业391家,孵化面积达41.59万平方米。其中,漕河泾创业中心孵化基地共有在孵企业107家,毕业企业10家,累计毕业企业达108家。孵化企业销售收入为101.13亿元,税收5.35亿元,从业人数为8135人。

至 2010 年底,加速器拥有企业 20 家,占加速器物理空间 4 万平方米,年销售额超过 6 亿元,销售和利润增长率均超过 30%。电子信息、环保新能源、生物医药三大主导产业在加速器内初具规模。

至 2010 年底,漕河泾开发区科技创业苗圃累计引进项目 50 个,其中 39 个项目成功转变为企业,并成功进入孵化阶段,项目主要涵盖电子信息、生物医药、环保节能、新材料领域,转化率为 78%,其中有 2 个项目获得市科委的科技苗圃专项资金。根据科技创业苗圃的实践探索,形成《科技创业苗圃的建设及发展模式》一文,对创业苗圃的经验进行总结。

至 2010 年底,漕河泾开发区被认定为市高新技术企业 238 家,占上海市高新技术企业数 7.64%。经认定的高新技术企业占开发区企业数的 15.76%,实现销售收入 1 425 亿元,利润 55.1 亿元和税金 28.98 亿元,分别占开发区销售收入的 65.13%,利润的 54.66% 和税金的 43.67%。高新技术企业累计授权专利数 2 542 项,占开发区总量的 61.68%。

至 2010 年底,大学生创业创新园累计培育 60 家大学生企业,企业存活率达 72%,7 家成功毕业成为孵化企业,累计毕业企业 14 家。企业累计申请专利、软件著作权等知识产权 20 项,充分体现了大学生企业的创新意识和研发精神。

至 2010 年底,以科技创业中心为代表的漕河泾开发区孵化联盟共有 7 家成员单位,累计孵化企业 1 004 家,其中在孵企业 391 家,孵化面积达 41.59 万平方米,累计优秀毕业企业 153 家,毕业率为 87.18%。其中,漕河泾创业中心孵化基地共有在孵企业和项目 186 个,优秀毕业企业 10 家,累计优秀毕业企业达 108 家,孵化企业销售收入为 101.13 亿元,税收 5.35 亿元,从业人数为 8 135 人。至 2010 年底,漕河泾开发区创业基地入驻企业共 188 家,累计孵化企业 467 家,三年存活率达 92.59%,涌现出上海淘米网络科技有限公司、上海微松工业自动化有限公司、上海丰普软件有限公司等明星企业。

至 2010 年底,漕河泾开发区引来风险基金超过 12 亿元,充分验证了漕河泾创业中心走国际化管理之路,探索风险投资扶持高科技企业发展取得可喜的成果。同时,漕河泾创业中心通过投资入股、联合经营等多种形式,先后创办了 20 多家高科技公司,重点发展现代通讯、生物医药、光机电一体化等技术,并在支持科技小企业向规模化发展方面做了大量的尝试,积累了丰富的孵化经验。

至 2010 年底,漕河泾开发区内企业专利申请量为 1 324 件,其中发明专利 585 件、实用新型 614 件、外观设计 125 件。从专利申请产业分布来看,其中以电子信息、现代服务业、环保新能源类为主,分别占整个园区申请量 50.69%、15.03% 和 11.25%。是年,发明专利授权量为 222 件。开发区拥有知识产权企业 794 家,知识产权重点企业 58 家,其中知识产权示范企业 8 家,专利示范、试点、培育企业 27 家。累计登记软件著作权 2 242 件,拥有集成电路布图设计专有权 317 项,注册商标 3 253 个。累计申请专利 6 080 件,其中发明专利 2 849 件、实用新型 2 413 件、外观设计 818 件。累计发明专利授权 890 件,占发明专利申请的 31.24%。开发区内企业的专利授权量也处于逐年稳步上升的态势,2010 年已达到 30% 以上,这表明开发区内企业的发明专利含金量很高。

澜起科技(上海)有限公司　2004 年 6 月成立,公司主要股东由一批留学美国的留学生组成,主要从事用于数字电视的高度集成电路芯片开发、设计、生产。澜起科技在成立伊始就得到漕河泾创业中心的帮助,在很短时间内完成注册成立。在发展过程中,漕河泾创业中心更是在人力资源、贷款融资、项目申报、知识产权申报和保护等方面给予了全方位服务。该公司董事长杨崇和曾在漕河泾创业中心成功创办新涛科技(上海)有限公司,并以 8 500 万美元被美国硅谷著名的 IDT 公司并购,在集成电路领域具有较高声誉。澜起科技的杰出表现,吸引了数家业界资深的投资公司。2006

年 6 月,澜起科技获得由英特尔技术基金(Intel Capital)和永威投资公司(AsiaVest)的 1 000 万美元投资。经过几年的发展,公司资产已达 5 000 多万美元。

在漕河泾创业中心的努力下,一批批中小微科技型企业达到快速发展。

上海康巴赛特高压容器制造有限公司 1999 年 5 月成立,注册资本仅 800 万元,主要从事高强度、高模量先进复合材料高压容器的研究、开发、生产和销售。公司在发展过程中曾遇到极大困难,经营难以为继。2000 年 12 月,漕河泾创业中心通过股权转让成为其股东,对其团队组建、规范管理、开拓市场、落实政策、担保贷款、咨询坊训、生产许可、投资融资等方面提供全过程、全方位的孵化服务,帮助该公司发展。2001 年 1 月,该公司取得高压容器试生产许可证,同时被一家上市企业溢价并购。

光桥科技(中国)有限公司 2000 年成立,是一家专门从事光纤通信产品研发的科技创业型企业。公司创业团队由 10 多位海归人员组成,这批志同道合的年轻人凭借自身的技术背景和对行业前景的深刻认识,在美国加州硅谷创立光桥科技公司。2002 年 5 月,公司入驻漕河泾开发区,瞄准国际最先进的光纤通信技术产品研发。依靠专业的技术实力、敏锐的市场眼光、世界先进的企业管理经验,在短短两三年中,推出以 MetroWave 为品牌的"下一代多业务光传送平台"全系列城域光网络产品,所有的知识产权和核心技术都为"光桥"自主拥有。2003 年,光桥科技产品和技术服务获得市场和客户的认可,产品开始进入国内外市场。公司发展得到漕河泾开发区的大力支持,开发区和创业中心在风险投资、贷款融资、项目申报等方面为该公司提供帮助。2006 年,光桥公司以其良好的发展被全球光网通讯巨头西门子公司青睐,西门子公司以接近 1 亿美元价格并购了光桥。

上海新立工业微生物科技有限公司 2000 年 4 月成立,同时进驻漕河泾创业中心接受孵化,是漕河泾创业中心重点跟踪孵化企业。公司参与国家"十五"攻关项目竞标时,与多所著名大学和研究所同台角逐,最终夺魁并获得国家 200 万元的项目研发基金。当年又吸引了 1 600 万元风险投资用于公司另一项目的生产。该公司创办人钱志良原为上海工业微生物研究所党委书记,由于体制原因,上海工业微生物研究所许多科研成果被束之高阁,无法实现产业化。作为党委书记的钱志良带头下海,带领一批科技人员走上了艰苦创业的道路。创业初期,公司资金缺乏,创业中心为其联系银行;公司需要人才,创业中心为其联系人才市场;公司需要申报项目,创业中心协助其申报。经过数年经营发展,该公司已成为上海市高新技术企业,多个项目被认定为上海市高新技术成果转化项目,在黑龙江、甘肃、浙江、重庆、广东、四川、宁夏等地形成技术产业化基地,拉动项目投资逾十亿元。公司还与美国、俄罗斯、伊朗等国家进行了项目合作。2004 年,公司承担了上海市科教兴市重大产业化科技攻关项目"可降解材料-聚乳酸"的任务,这表明漕河泾孵化器培育的企业已具备技术研发、成果转化及承担市级和国家级重大项目的能力。

上海拓能医疗器械有限公司 2000 年 4 月成立,注册资本 100 万美元,主要开发 ARTP 立体定向适形放射治疗系统,用于肿瘤病人放疗,成功避免了传统放疗中病人肿瘤细胞周围的正常细胞受到损害的现象。公司初创阶段曾遇资金短缺,漕河泾创业中心给予关注和支持,经过详细的项目可行性分析,利用创业孵化资金对其进行了风险投资。经过两年多拼搏,该公司产品已打入全国 70 多家医院。2001 年底,国内最大的民营企业东方希望集团有限公司出资 2 000 多万元,作为股东加盟拓能公司,使该公司的发展前景更加广阔。

上海高智科技发展公司 以 30 万元在开发区科技创业村内创业起家,以专有的自主知识版权卫星高速通信技术为依托,从承担上海证券交易所的卫星通信系统开发起步,仅运行一年半时间,公司资产增长达数十倍。1993—1995 年,公司销售额均超过 1 亿元,并在区内建立了卫星通信地面站。公司的发展被专家称为漕河泾开发区科技型企业的"创业模式"。

三、金桥出口加工区建设国家
生态工业示范园区

金桥出口加工区(以下简称"金桥开发区")建设国家生态工业示范园区在全国大力发展循环经济,建设生态文明和资源节约型社会的背景下,积极开展了生态工业区建设工作。同时围绕汽车及零部件制造、电子信息、生物医药及食品、现代家电四大主导产业,不断优化提升先进制造业,开发区在建设之初高度重视生态环境保护,按照开发建设与环境保护同步规划、同步推进的原则,从自身需求出发,不断探索促进区域经济和环境协调的可持续发展之路。

1992年,制定《金桥出口加工区环境保护规划》。在环境保护规划中明确"在开发地块中进行环境功能区域划分,达到生产环境和生活环境互不干扰、互不影响"的目标;率先在工业区规划中提出产业引导政策,严格把好环境保护关,控制污染项目进区;对开发区实施雨水、污水分流措施,防止污水进入内河;规划建设集中供热系统,控制和减少大气环境污染;实施高标准的绿化规划,改善区内绿色生态环境。

1994年,金桥开发区建立集中供热系统,建成三座热源厂,铺设25公里输热管线,供热能力每小时达305吨。集中供热用户从最初的十几家,扩大至115家,覆盖开发区内规模以上主要企业,供汽量达65万吨/年。集中供热使金桥开发区热能总利用效率大大提高,较独立锅炉供热提高30%以上。

1999年,金桥开发区开始推进"ISO14000国家示范区"建设,环保规划、产业导向规划全部纳入ISO14000体系管理,以项目引进源头控制为重点,采取与企业联合共建的方式,推进实施开发区"环境公约",形成适应产业发展和环境建设为特点的生态管理模式。在ISO14000国家示范园区基础上,按照政府引导、开发公司推动、企业为主体的实施原则,金桥开发区与区内重点企业共同努力,全面实施了企业清洁生产、节能减排、水资源循环利用和园区整体生态化改造,基本形成从源头减量、资源化利用和无害化处理等集成化的开发区产业生态发展模式,逐步建立循环经济发展体系。

进入21世纪,金桥开发区注重环境保护理念贯穿于开发建设和招商运营全流程管理,始终坚持循环经济促进园区产业共生。随着园区电子信息产业和家电产业的发展,电子废弃物处理和资源再生利用的需求不断增加。

2000年4月,按照循环经济和资源再利用的理念,由上海金桥(集团)有限公司投资筹建,集工业废弃物收集、运输、贮存、处理、处置和再循环利用于一体的综合性专业环保企业——上海新金桥工业废弃物管理有限公司成立。是年8月,金桥出口加工区被国家环保总局批准ISO 14000国家示范区。

至2001年,上海贝尔阿尔卡特通过自建污水处理站、达标中水回收用于绿化灌溉和景观用水、采用二次生化处理污水全自动喷淋技术、回收集中供热冷凝水、中央空调冷却水自动监测排放等措施,使用水量逐年下降,新鲜用水量从2003年的近50万吨减少到2007年的约31.8万吨。如上海通用汽车公司采用集中收集装置将油漆车间增湿段溢流水送至喷房循环水系统再利用,每年节约用水28万吨。上海索广映像公司在国内首次将臭氧仪AOP(Advanced oxidation process,高级氧化法)应用于冷却水净化,使冷却水的补水和排水大大减少,平均用水量减少了80%。上海申美饮料公司自建回用水项目,每天可节水1 000吨。华虹NEC不断优化生产工艺,提高单位产品的水利用率,2002—2004年,万元产值耗水量递减率分别为34.77%、10.22%、38.46%,纯水回收率达到60%。

2004年2月,通过环境管理体系审核中心ISO 14001国际环境管理体系认证,在上海废弃物管理行业中,新金桥工业废弃物管理有限公司是首家通过环境管理体系的认证企业,也是上海市首家通过ISO 9000质量管理体系、ISO 14000环境管理体系、OHSAS 18000职业安全健康管理体系的环保企业。通过新金桥工业废弃物公司收集处置服务的功能延伸,为区内重点企业环境责任连接提供后端处理保障,打通了全产业生态链。如新金桥工业废弃物管理公司为上海惠普提供硒鼓回收和硒鼓拆解循环利用服务,为上海惠普、华虹NEC电子线路板回收提供了电子线路板资源循环利用服务。

2004年初,新金桥工业废弃物管理公司正式启动电子废弃物综合处置项目,通过与高校科研机构联合开发设计,自主研发了电子器件拆解流水线及废旧硒鼓拆解流水线,引进了CRT全自动拆解流水线,为园区企业提供收集和处理处置服务,已具备收集系统和处理处置系统。

2004年,金桥功能区域管委会联合上海市高等院校和科研机构,进行金桥出口加工区循环经济现状调查研究,同时开始金桥功能区循环经济示范工程前期研究等课题。

2005年,浦东新区政府提出八项任务,其中"进一步转变经济增长方式,促进资源的高效循环利用,促进经济社会可持续发展"作为八项任务之一。同时印发《发展循环经济建设的工作意见》,提出"以金桥出口加工区为重点,大力推进工业园区循环经济试点工作,扶持循环经济试点项目的研究和开发,力争完成1项~2项技术含量高的循环经济产品开发利用实施方案"。在上海市环境保护新三年行动计划中,明确金桥开发区为上海市工业区发展循环经济的重点。是年,金桥开发区启动生态园区建设,对开发区进行生态化改造,在不同产业、企业之间构建产业生态共生网络。新金桥工业废弃物管理公司作为电子处理技术国标的参编单位,参与了国家环保部组织有关规范全国电子废弃物的收集、运输、处理方面的《废电子电器产品处理技术规范》编制工作。

2005年,上海通用汽车公司在汽车行业建立首个"绿色供应链"示范项目。上海贝尔阿尔卡特在绿色采购方面取得了良好成效,90%以上的主要供应商通过ISO14001环境管理体系认证。在VOC减排方面,上海通用汽车公司在国内率先采用具有世界先进水平的水溶性油漆工艺替代溶剂性油漆。华虹NEC积极进行挥发性有机溶剂原材料的源头替代。

2006年,在上海浦东新区环境保护局与北丹麦-欧盟办公室共同承担的欧盟框架计划中,金桥开发区的循环经济发展作为重点内容,引进国外智力资源献计献策。同时,金桥功能区管委会积极联系技术专家为园区内多家企业节能、降耗、减污等问题提供环境风险解决方案,受到企业的欢迎和积极配合。是年6月,成立了上海市第一个"生态俱乐部",第一批参加的企业有12家,这些企业主要是区内的世界500强投资企业,行业涉及汽车、电子信息、家用电器、生物医药等产业。同时积极发挥"生态俱乐部"平台作用,加强企业间资源综合利用交流合作,沟通与共享资源利用信息,探索生态工业园的创建模式。"生态俱乐部"成立以来,定期组织俱乐部企业负责人或分管环境负责人与国内外专家座谈交流、介绍,推广环境管理、资源节约、污染物减排、废物交换等方面好的经验和做法,开展了5次主题活动,主要围绕循环冷却水的循环和利用、生态园指标的完善和落实、欧洲循环经济做法和经验等。通过这些活动,有效促进了企业间节能降耗信息、技术的沟通和交流,为后续废物实质性交换利用创造了有利条件。

至 2006 年，物质减量与循环指标方面，工业综合能耗达 498 850 吨标准煤，用水总量达 3 186.2 万立方米，新鲜水耗达 1 281.7 万立方米，重复用水量达 1 904.5 万立方米。根据园区企业污染物申报登记表，2006 年的废水排放量达 485.5 万吨，工业固体废物产生量达 47 759.8 吨，工业固体废物综合利用量达 46 401.2 吨。单位工业增加值综合能耗达 0.14 吨标准煤/万元，单位工业增加值新鲜水耗达 3.56 立方米/万元，单位工业增加值废水排放量达 1.36 立方米/万元，单位工业增加值固体废物产生量达 0.014 吨/万元。工业固体废弃物综合利用率达 97.1%；工业用水重复利用率达 59.8%；园区污水统一纳管排放，纳管率 100%。2006 年，污染控制指标方面，COD 的排放总量达 473.2 吨，SO_2 排放总量达 835.64 吨，单位工业增加值的 COD 排放量达 0.12 kg/万元，单位工业增加值 SO_2 排放量达 0.22 kg/万元。企业产生的危险废物由上海市具有资质的企业收集处理，处理处置率 100%。园区生活污水纳管后进入白龙港污水处理厂处理。生活垃圾由浦东新区固体废物管理署统一收集，进行无害化处理，处理率 100%。

2006 年，园区管理指标方面，信息平台目建设项目启动，园区环境影响评价报告书编制完成一期。经园区管委会组织调查，公众对环境的满意度为 91%，对生态工业的认知率为 94%。是年，指导性指标方面，第三产业占 GDP 的比重为 3.6%，单位土地 GDP 产出达 21.7 亿元/km²，园区规模性生产企业共 263 家，实施清洁生产审计的企业有 3 家，通过 ISO 14000 环境管理体系认证的企业数量为 72 家，认证比例达 27.4%；园区 6 家间接循环冷却水量最大的企业，循环冷却水总量达 61.22 万立方米/天，平均间接循环冷却水重复利用率达 99.24%，园区各企业 VOC 的排放总量达 224.75 吨/年。

2006 年，金桥开发区重点产业生态环境建设成效方面，一是汽车制造生态产业链。开发区内共有汽车企业 20 多家，汇聚了通用、汇众、联合汽车电子等知名企业，主要以零部件制造和商务车整车装配为主。是年，产业链平均产值能耗达 0.031 吨标煤/万元，为上海市平均水平的一半左右。产业链平均产值水耗达 0.154 立方米/万元，远低于上海市平均水平。通用汽车等重点企业的单位产品能耗和水耗指标具全国前列，但与国际先进水平相比，水资源利用和污染物排放指标还有一定差距。二是电子信息设备生态产业链，电子信息整机及配套件制造业是金桥开发区最大的产业链。

2006 年，平均单位产值水耗达 1.81 吨/万元，单位产值综合能耗达 0.05 吨标煤/万元，产业链中企业的能源、资源平均利用水平低于上海市同行业平均水平。重点企业的能源、资源平均利用和污染物排放离国际先进水平还有相当差距，产品的有毒有害物质未引起足够的认识。三是现代家电生态产业链。园区内共有现代家电及其配套件生产的企业 17 家，集聚了夏普、日立、松下等离子等一些国际知名企业。

2006 年，产业链平均单位产值水耗和能耗分别为 1.38 吨水/万元和 0.077 吨标煤/万元，各企业产值水耗和能耗普遍低于上海市平均值，在行业中处于领先水平。四是现代产业环境服务链，开发区内有 1 家从事工业废弃物收集、储存、清运、处置及现场管理服务的企业，以该企业和浦东新区其他相关企业为基础，通过规范园区固体废弃物的收集、处理，形成健全工业固体废物收集、处理处置和资源化体系，并通过拓展园区环境服务功能和范围，构建金桥开发区现代产业环境服务链。根据废物的性质、特点实行分类收集，建立电子废弃物、工业包装物、废矿物油、工业污泥、重金属等收集网络，完善工业固体废物的收运体系，实行分类运输和储存，在工业固体废弃物产业生态循环中心集中处理，实现园外产业补链。

2007 年，金桥开发区制定《生态工业园区建设规划（2006—2020 年）》。在规划中明确总体思路：以"四三三"工程为抓手，优化产业结构，提升先进制造业能级，大力发展现代产业服务业；提高资源能源利用效率,减少污染物排放,完善园区管理,培育环境理念。通过15～20年的时间,建设成为一个以先进制造业为主导,生产性服务业充分发达,产业集聚效应明显,产业生态效应凸显,具有环境文化内涵的先进制造业和生产性服务业基地,实现环境、经济、社会全面协调发展。其"四三三"为:

构建四条生态产业链:通过产业结构优化、腾笼换鸟、产业链补链等措施,构建以通用汽车公司为核心的包括汽车研发、制造、测试等内容的汽车制造生态产业链;构建以华虹NEC、京瓷电子、贝尔阿尔卡特为核心的电子信息及整机配套生态产业链;整合夏普、日立、西门子等企业,形成现代家电制造业生态产业链;逐步完善金桥出口加工区现代产业环境服务产业链。

推进三个循环经济示范工程:全力推进美亚金桥能源有限公司产业共生与资源节约示范工程,打造金桥功能区域生态产业共生体系;分批推进通用、华虹、京瓷、贝尔阿尔卡特、申美饮料等企业循环冷却水处理系统改造、中水再生补水、潜能利用、系统节能改造示范工程,实现水资源的循环使用和能源的梯级利用;逐步推进通用汽车、国际油漆、华虹NEC等企业的VOC减排工程,改善区域环境空气质量。

完善三个平台建设:一是信息平台建设,构建园区与企业、企业与企业之间的信息交换平台,以信息化促进园区环境管理水平提高,以信息化促进企业之间废物交换、产业共生和废弃物的资源化利用,以信息化带动企业环境文化发展。二是环境文化建设,以污染物总量控制为目标,在金桥出口开发区开展SO_2、COD减排工作,培育区域环境容量文化;以金桥出口开发区9平方公里鲜花和垂直绿化建设为契机,培育公众自然生态文化;以碧云新天地等社区、平和国际学校生活垃圾源头减量与收集体系规范化建设为抓手,培育绿色社区文化;以金桥出口加工区企业生态俱乐部为起点,培育企业环境责任文化。三是体制机制建设,抓住浦东新区综合试验配套改革的重大机遇,建立适应于园区生态化建设的体制,通过机制创新逐步建立和完善园区的政策导向及生态工业园区建设的保障措施。

2007年,金桥开发区已有83家企业通过ISO 14000环境管理体系认证;20多家企业开展了清洁生产审计;上海通用汽车公司被评为"国家环境友好企业"。是年,收集处理固体废弃物达13 400吨,危险废弃物达5 500吨,电子废弃物达447吨。

2008年5月,金桥开发区国家生态工业示范区创建规划通过国家环保、商务、科技三部委联合评审,金桥国家生态工业园区建设进入新的发展阶段。是年,金桥开发区又成立了全国第一家真正意义上的再生资源服务平台——上海浦东再生资源公共服务平台,并投资建设了处理能力达8万吨/年的工业废弃物综合处理中心,把开发区循环经济服务范围进一步延伸至整个浦东新区,为浦东新区提供了再生资源收集、交易、处置、管理的"一条龙"服务。

金桥开发区始终坚持通过节能减排,不断提高环境质量水平,针对园区内的产业特征,积极发挥核心企业的带头作用,通过集中供热、水资源节约和循环利用、清洁生产、绿色供应链管理、VOC减排,不断提高开发区整体节能减排和生态建设水平。在非水资源缺水地区,建立以用水大户为平台的企业间水资源梯级利用平台,探索许可中水供水方式。研究水资源梯级利用的"上海市节水办-金桥开发区-相关企业"政策设计,包括供需对接、基础设施建设、运营监管,探索水价和排污费机制,探索建立中水利用的工程方案和推广机制。

积极推行绿色供应链,上海通用汽车、上海贝尔阿尔卡特、上海惠普、上海夏普等产业龙头企业建立了绿色供应链管理体系,帮助、引导供应商采取更环保的措施,提高环保能力,减少能源、原材料消耗。积极引进节能环保服务业企业华测、赛默飞世尔、新金桥环保等40多家环境服务业企业。

金桥开发区在经济发展取得健康发展的同时,创新园区循环经济模式,搭建再生资源平台,筹建全国首个电子电器废物回收信息化与处置标准化工程技术中心;与金融机构合作,推出环保金融账户,运用物联网技术,推行智能化回收箱升级等。加强生态园区建设管理,建立了园区生态信息和环境监测系统、数字用水综合监管系统、环境综合监管系统,园区生态环境质量得到不断提高,重点产业能耗、水耗不断降低,走出了一条"经济快速发展、能耗持续降低、生态环境优良"的开发区可持续发展之路,努力从"工业文明"向"生态文明"迈进,并取得了以下成效:

始终坚持高标准推进环境保护。坚持以环境保护规划作为园区总体规划的重要组成部分,并按照更高要求,创新探索保护思路,不断完善管理模式,加快提高园区环境保护和生态建设水平,从最初着眼基础设施、项目引进等被动性环境保护,转变为通过环境公约、生态俱乐部、构建生态产业链等主动性环境保护,并逐步与产业发展有机融为一体,开发区经济与环境协调发展能力得到不断增强。

建立园区、企业、社会共同参与机制。在园区环境保护和生态建设上,金桥开发区以开放的理念,通过建立生态俱乐部、企业负责人沙龙等公共参与机制,从"园区、产业、企业、社会、文化"五个层面,全力推进生态工业示范园区深化建设,不断提高企业和社会公众共同参与度,避免生态园区建设成为开发区管理者的"独角戏",实现创建工作的广泛性和全覆盖,确保生态园区建设扎实推进。

发挥生态园区建设示范带头作用。金桥开发区以循环经济、节能减排、水资源循环利用作为生态园区建设的工作重点,突出重点企业、重点环节、重点领域、重点措施等"四个重点",坚持引进企业自身发展需求和园区生态建设相结合,围绕确定的阶段性目标,积极发挥重点企业示范带动作用,逐步形成园区产业生态发展模式,实现产业链的生态化改造,提升园区整体生态建设水平。

四、张江高科技园区推进实施
"聚焦张江"战略

张江高科技园区(以下简称张江园区)经历了19年的探索与实践。自1999年中国共产党上海市委员会(以下简称中共上海市委)、上海市人民政府(以下简称市政府)"聚焦张江"战略实施以来,张江园区在探索具有中国特色新型工业化道路和国家自主创新示范基地的建设中,取得了令人瞩目的成就,高新技术产业实现了跨越式发展,重大科技成果相继诞生,张江园区已成为全国高新技术产业发展的一面旗帜。

1999年8月26日,上海市市长徐匡迪在北京召开的全国技术创新大会上宣布,上海将集中力量把张江园区建设成申城技术创新示范基地,成为名副其实的国家生物医药产业和国家软件产业的创业基地。这一加快张江园区建设的决定,是上海面向21世纪浦东开发的重大举措,标志着"聚集张江"战略的启动。

2000年1月17日,上海市张江高科技园区领导小组成立,同时举行第一次会议,会上市政府下发《上海市促进张江高科技园区发展的若干规定》(以下简称"张江19条"),全面启动实施"聚焦张江"战略,同时也成为"政策特区"。

2001年,市政府再次下发《上海市促进张江高科园区发展的若干规定》(修正)。是年7月5日,市政府颁布《上海市促进张江高科技园区发展的若干规定》实施细则,"聚焦张江"的政策力度增强。

2007年3月26日,市政府第137次常务会议通过《上海市人民政府关于修改〈上海市促进张江高科技园区发展的若干规定〉的决定》。3月29日,市政府下发《上海市促进张江高科技园区发展的若干规定》(以下简称"张江新19条")。明确:张江高科技园区领导小组下设张江园区办公室,由上海市主要领导担任,是张江园区开发、建设的领导机构,负责张江园区的规划编制、政策制定和组织协调工作。由市、区两级政府和各职能部门充分委托或授权,建立重心下移、集中受理、高效便捷的行政审批和管理服务平台,做到"张江事张江办"。园区办公室主要职责包括:受上海市和浦东新区有关行政管理部门、机构的委托或者授权,负责园区内规划、投资项目、基本建设项目审批;负责园区内高新技术企业、软件企业、集成电路企业、高新技术成果转化项目的认定;协调其他行政管理部门对园区内企业的日常行政管理、年检和落实优惠政策,为园区内企业提供各种必要的服务。

张江园区积极探索和完善高效的行政审批管理制度。

2001年,市政府下发《上海市促进张江高科技园区发展的若干规定》(修正),其中第三条规定:设立企业的直接登记时限从5个工作日缩短为3个工作日,推行"告知与承诺制",涉及并联审批事项,须在5个工作日内办结。对科技型企业不再限定具体经营范围。在提高基建审批时效方面,张江高科技园区办公室获得充分授权,对审批程序进行整合,原先重复审批、分头审批的事项视情况予以取消或合并。一般项目在40个工作日内办结。科技企业、高新技术成果转让等认定,原先涉及16个部门,改为全部由张江高科技园区办公室一家受理。

2003年12月24日,浦东新区人民政府(以下简称浦东新区政府)印发《关于张江高科技园区实施行政审批和政府服务"零收费"的意见》,明确从2004年1月1日起,在张江园区实行行政审批和政府服务"零收费"试点,张江园区成为全国范围内第一个规范实行上述两个门类"零收费"政策的地区。经过对收费项目进行全面清理和甄别,第一批共确定 61 个行政审批和政府服务项目列入"零收费"改革试点范围,其中区级收费 26 项,市级以上收费 35 项,涉及规划、建设、工商等 13 个职能部门,包括工商部门收取的开业登记费、计划发展局收取的建筑工程执照费等诸多费用。成立了由浦东新区领导亲自挂帅,新区审改办、计划局、发改委、监察委、财政局、技监局、建交委、环保局、张江园区办及税务分局、工商分局、公安分局、质监分局等 13 个有关部门全部参与组成的"零收费"改革联席会制度,负责协调解决"零收费"改革推进中遇到的问题。还在张江园区设立了"零收费"管理办公室,由园区办、计划局、财政局、公安局、技监局、建设局、环保局等七个部门抽调人员组成。至 2005 年,共免收费用 1 504 万元,免交费用的企业累计 3 万余户。

2007 年 3 月,市政府下发"张江新 19 条",明确设立张江高科技园区管理委员会(以下简称张江园区管委会)作为市政府及浦东新区政府的派出机构,扩大园区自身的审批、认定权利,为园区的发展排除制度障碍,同时张江高科技园区办公室停止其职能。张江园区管委会根据市和浦东新区有关行政管理部门、机构的委托或者授权,负责园区内投资项目、基本建设项目的审批;负责园区内高新技术企业、软件企业、集成电路企业、高新技术成果转化项目的认定;协调其他行政管理部门对园区内企业的日常行政管理、年检和落实优惠政策;为园区内企业提供各种必要的服务。

2008 年 10 月 10 日,3 700 平方米的张江行政服务中心启动试运行。作为浦东新一轮行政审批制度改革"窗口",张江行政服务中心整合了原有"张江一表制"审批系统、张江园区"零收费"系统和张江功能区域地理信息系统,与各职能部门审批系统和浦东新区、张江功能区、张江高科技园区政务网站实现了有效链接和整合,统一建成了"行政审批电子网络"平台,做到网上办理、实时监控,全部审批环节都在行政服务中心内完成。张江审批职能从原来仅受理变更两三项外资项目,扩大到外资的审批、科技类认定、规划、基建项目以及劳动人事等 87 项职能。科技认定、财政扶持等市、区职能部门在张江园区设置的审批服务窗口全部搬迁至此,真正做到"张江事张江办",有 39 项行政审批事项"一口"受理。

张江园区以科学发展观为统领,全面落实科教兴市主战略,着力以制度创新促进自主创新,以企业发展带动产业发展,以人才高地建设推进创新高地建设,以环境优势增强竞争优势,探索政府资金逐步有偿使用的方式,率先建成以企业为主体、以产业为依托、以市场为导向、园区自主创新的政策体系。

2000 年 1 月,市政府下发"张江 19 条",重点支持列入《国家高新技术产品目录》的产业、生物医药产业、信息产业和上海市政府规定的其他产业,上海市高新技术成果转化服务中心认定的企业可以享受相关优惠政策。建立张江园区发展专项基金等财力保障机制,推出鼓励企业设立研发中心、人才引进和激励等政策。

2000 年初,国务院下发《关于鼓励软件产业和集成电路产业发展的若干政策》,张江园区抓住全球集成电路产业向中国大陆转移的机遇,利用集成电路大型制造企业在业界的知名度和影响力,吸引产业链上下游企业集聚,努力建设国家电子信息产业基地、上海国家微电子产业基地核心区、国家级集成电路产业园。

2004 年,浦东新区印发《浦东新区扶持文化发展的若干意见》,张江园区配套出台《浦东新区张江文化科技创意产业发展基金管理办法(试行)》。

2006 年 9 月,张江功能区域管委会印发《"十一五"期间张江高科技园区财政扶持经济发展的暂行办法》,主要从"'十五'财政政策的衔接、提升企业自主创新能力、促进产业能级升级、推动现代服务业、鼓励风险投资及其他产业"等方面,优化资源配置、完善产业配套,促进支柱产业、自主创新的进一步发展。11月,张江高科技园区领导小组办公室印发《张江高科技园区科学专项实施办法》。

2007年7月,张江园区管委会印发《上海市张江高科技园区"十一五"期间扶持软件产业发展的实施办法》,从提升产业能级、鼓励自主创新、聚焦软件外包、强化人才政策、加强产业基地建设和加强公共服务建设六个方面,提出扶持办法。

2008年7月24日,国家质检总局同意在张江园区先行试点"生物医药企业入境特殊生物材料检验检疫改革",主要原则是"缩短审批、简化程序、减免材料、分批核销、一次审批、多次使用"。为加快张江园区内用于研发的生物材料出入境通关,浦东出入境检验检疫局和张江园区领导小组联合制订了《张江园区生物医药试点企业入境特殊生物材料检验检疫操作试行规定》,选择了上海新药安全评价中心、阿斯利康、上海生物芯片、睿智化学、科文斯、葛兰素史克、白鹭医药、查士睿华、和记黄埔医药等10家作为第一批企业,开展了入境特殊生物材料检验检疫行政审批和监管改革试点,审批时间从20天缩短为7天,进而推广。

2008年10月10日,张江园区联合上海海关等机构提出"以设计公司为龙头的集成电路产业链保税监管新模式"。国家税务局同意张江园区集成电路设计企业"自行设计、具有自主知识品牌、委托加工后出口的产品,视同自产产品,享受增值税免抵退"。至2008年,张江园区有18家集成电路设计企业申报当月退税,享受免抵退政策,试点企业全年出口销售额约2.5亿元,退税约7 500万元。集成电路产业链监管模式作为浦东综合配套改革试点的工作内容之一取得了"设计和纯测试环节改为增值税"阶段性突破。

2008年,市政府印发《上海市人民政府关于对浦东新区进一步下放事权和加大政策支持力度的意见》,明确规定,"张江核心区规划上标注的科教研发用地,执行工业用地的土地出让金标准;严格设置产业、用途等前置条件,实施公开交易。"这一土地管理的创新试点,为2.5产业用地问题的彻底解决迈出了重要的一步,明显降低研发企业的商务成本,促进研发机构进一步向张江集聚。

2008年11月12日,张江园区管委会发布《关于推进园区孵化器建设实施办法》。

2009年6月22日,"张江高科技园区生物医药研发外包(CRO)企业便捷通关试点"正式启动,张江CRO企业通关新模式试点工作正式开始。桑迪亚、辉源、方达等3家符合条件的CRO企业成为首批试点企业。"提前报关、货到放行""归类审价备案制""担保放行""24小时预约通关"等一系列针对生物医药CRO企业的海关便捷通关措施在张江园区率先实施,加速了张江CRO企业的通关速度,提升了张江CRO企业业务承接能力和竞争力。2010年,进口生物材料检验检疫改革试点工作推广至浦东新区,又有10家企业获得批准,其中张江入选9家。

2010年4月16日,"张江生物医药产业便捷通关扩大试点"启动,在前期3家生物医药研发外包试点企业基础上,增加了葛兰素史克(上海)医药研发有限公司等11家生物医药企业。扩大试点工作在继续实行便捷措施的基础上,对表现优异的生物医药试点企业采用"张江生物医药产业海关监管试点证书"管理,并将试点范围扩大到张江生物医药领域的所有产业类型,为张江生物医药企业发展提供更有力的支持。

张江园区围绕产业发展需求,不断完善人才引进机制,初步建立了"高学历、高职称、高层次、高素质"的产业人才高地,形成了一系列人才引进配套政策。

2000年1月,市政府下发的"张江19条"进一步明确:简化园区内企业因公出国、出境的审批手续。对与技术创新及科技成果转化和产业化等重大项目相关的出国、出境人员,实行"一次审批、多次有效"的政策,有关部门应当优先办理。

2001年,市政府下发《上海市促进张江高科技园区发展的若干规定》(修正),鼓励国内外专业人才到园区内企业从事科研项目开发和成果转化工作。

2003年1月,张江园区博士后科研工作站管理委员会印发《上海市张江高科技园区博士后科研工作站暂行管理办法》,该办法主要是为了保证张江博士后科研工作顺利、规范、有序开展,加强流动站与张江园区企业的合作。9月19日,张江园区博士后科研站与中芯、宏力、威宇、奇码分站揭牌暨博士后招生签约仪式举行,这是国家人事部批准的上海市第一个设立在高科技园区内服务于科技企业的博士后工作站。至2009年,张江园区有国家人类基因组南方研究中心、中科院上海药物研究所、上海中医药大学、上海生物芯片有限公司、上海杰隆生物工程有限公司、上海复旦张江生物医药股份有限公司、上海通微分析技术有限公司、上海宏力半导体有限公司、中芯国际集成电路制造(上海)有限公司、威宇测试封装有限公司、上海奇码数字信息有限公司、普元软件技术(上海)有限公司、上海中信国健生物技术研究院、上海新生源生物医药有限公司、微创医疗器械(上海)有限公司、上海市计量测试技术研究园、张江集团公司等17个博士后科研工作站或分站。至2010年,张江园区共有18个博士后科研工作站、分站。

2006年1月,为贯彻中央和上海市实施中长期科学和技术发展规划纲要,落实中共浦东新区委员会、浦东新区政府《关于加快推进自主创新的决定》,张江园区印发《关于进一步推进张江高科技园区自主创新的实施意见》,明确提出要构筑创新人才高地。一是实施"人才安居"工程。规划和建设一批人才公寓,满足张江园区人才创业初期的住房需求,对符合条件的、新引进的中高端人才给予一定的租房补贴。二是实行学术休假津贴资助制度,每年选择一批符合条件的高端人才享受专家学术休假津贴资助,资助额每人次3万元。三是每年安排1 000万元的人才培训专项资金,重点加强上海张江创新学院建设,以战略联盟方式整合张江高端教育资源,支持国家级服务外包人才培训基地发展。鼓励留学生到张江园区创业。四是凡符合条件的留学人员企业,经审核批准,可一次性获得10万元专项资金资助,专项用于购买设备、仪器和技术研发。

2006年6月26日,张江园区印发《张江区域人才公寓租赁管理暂行办法》,规定张江园区补贴符合条件并入驻人员每人每月200元。该办法规定缓解了张江园区人才居住难问题。7月,张江园区人才公寓租赁服务中心成立。

2007年4月6日,为进一步完善园区创新创业人才激励机制,张江园区印发《上海市张江高科技园区研究生联合培养基地资助及奖励办法(试行)》《上海市张江高科技园区研究生联合培养基地暂行管理办法》。7月16日,张江园区印发《上海市张江高科技园区激励自主创新人才发展的暂行办法及实施细则》,规定年收入20万元以上者,工资薪金和劳务所得形成功能区域地方财力部分给予100％补贴,且"十一五"期间每人补贴总额不超过100万元。对上述人员个人所得中来源于其所在企业的股权、期权和知识产权成果所得形成功能区域,地方财力部分给予50％补贴,且"十一五"期间每人补贴总额不超过100万元。

2008年12月28日,张江园区被中共中央组织部认定为国家首批20家"海外高层次人才创新创业基地"之一。

2009年,张江园区针对园区企业急需的高科技人才,有侧重地支持高科技人才"居住证转户籍"。

至2009年,张江园区有3批共12人获中组部认可,作为创业型人才入选国家"千人计划"。2010年,张江园区有9人入选国家"千人计划"。

2001—2010年,张江高科技园区从业人员和高学历人才数量逐年增加,年均增长率分别为32.97％和38.86％。2010年,张江高科技园区从业人员达17.35万人,其中研究生以上学历3.14

万人，分别是 2001 年的 13.0 倍和 43.6 倍。

在"聚焦张江"战略推动下，在政府、开发主体、社会机构等多个主体共同推动下，依托浦东综合配套改革，张江园区基本形成了满足各种类型企业发展需求的创新创业孵化、投融资、贸易等服务平台体系。

1993 年，张江园区孵化器的雏形——张江高新技术生产力促进中心注册成立。

1995 年 1 月 10 日，张江园区第一个科技孵化基地建成，建筑面积达 1.2 万平方米，由张江高新技术创业服务中心负责管理运营。

1997 年，张江开发公司和浦东新区经贸局合资成立浦东创业投资公司，成为上海最早从事风险投资的公司之一。

至 1999 年，园区建成多种类型的科技孵化器，包括由张江公司主导建立的张江科技创新基地、由上海市教委兴办的高校（浦东）重点实验室和国家信息产业部与上海共建的浦东软件园、由院校系统建立的中科大研究开发中心等。

2000 年 1 月，市政府发布的"张江 19 条"中第十五条明确提出："鼓励国内外机构在张江高科技园区内设立创业投资机构。"此后，一批风险投资机构先后进入张江园区。至 2000 年，张江园区引进了 38 家风险投资公司和咨询机构，其中内资 15 家，吸引资金 5.5 亿元；私营 16 家，吸引资金 2.72 亿元；外资投资咨询公司 7 家，注册资金 677.2 亿美元。

2000 年 5 月，国家互联网创业中心在张江园区成立，这是上海第一家专业技术孵化机构，主要为 IT、IC 及数据挖掘产业领域中小初创型企业提供物业、投融资、市场对接等孵化服务。是年，863 信息安全中心成立，主要为信息安全产业领域企业提供物业、投资及政策服务；中科大科研中心成立，主要为 IT、IC 产业领域的中科大海归企业提供物业、培训及技术转让等孵化服务。

2002 年，张江园区海外创新园成立，主要为 IC、生物医药产业领域的海外留学人员提供创业服务。是年，"橡子园"成立，主要为通讯、半导体、软件产业领域企业提供物业、人事及财税代理、投资管理服务。

2003 年，第一轮张江专项资金建立。资金主要来源于张江园区内市、区两级企业实际缴纳的地方财政收入，以及园区用地部分税费收入，主要用于园区开发（含市政配套及环境）建设、科研及产业项目补贴资助、扶持经济发展以及园区行政经费等支出。

2003 年，中科计算机所成立，主要为浦东通讯相关产业及中科院技术成果转化等提供物业、技术转让服务。

2004 年，张江文化创意公司成立，主要为游戏、动漫、影视后期等产业领域企业提供物业、共享技术设施等孵化服务。是年，法玛勤医药科技公司成立，主要为生物医药开展 CRO 系列化专业服务。

2005 年 11 月 15 日，国家发展和改革委员会下发《创业投资企业管理暂行办法》，第二十二条规定国家与地方政府可以设立创业投资引导基金，通过参股和提供融资担保等方式扶持创业投资企业的设立于发展。

2005 年，张江东区联合发展公司成立，主要为医疗器械、光电子提供物业、工商及财税代理等基础服务和孵化服务。

2006 年 10 月 22 日，浦东新区创业风险投资引导基金成立，主要投向张江园区内的科技型中小型创新创业企业。2008 年 4 月，基金规模由首期的 10 亿元扩大至 20 亿元。2009 年，为帮助科技型中小企业度过国际金融危机，浦东新区再为基金注入 6.5 亿元。

2006年,浦东新区科学技术委员会印发《浦东新区科技发展基金知识产权质押融资专项资金操作细则(试行)》,并从2006年起连续3年安排资金共6 000万元,专项用于以张江园区为主的中小型企业的质押融资担保。是年,浦东知识产权中心按照知识产权质押融资模式,协助上海工商银行张江支行为张江园区中药制药工程有限公司,以专利质押等条件贷款200万元,实现"上海专利质押第一单"。

2007年,园区孵化器从"低端物业服务型"向"高端专业增值服务型"转型,逐步实现了综合孵化、专业孵化和多元孵化,形成了由政府和企业共同搭建和运作的多元化、多功能的孵化协作网络和增值服务平台。

2008年,根据《上海张江高新技术产业开发区专项发展资金使用和管理试行办法》有关规定,第二轮张江专项资金启动,由市财政每年安排10亿元作为园区专项资金,浦东新区政府以不低于1∶1的比例安排配套资金,并明确资金用主要用于公共服务和市级以上研发中心建设、二次创业补贴、孵化器专项、环境保护和市政建设、科技创新交流及重大活动及中共上海市委、市政府要求支持科技创新的其他项目等六大方面,使用上实行备案核准制。

2008年6月25日,针对张江园区中小企业融资难问题,张江集团联合上海市住房置业担保有限公司、交通银行上海分行推出"张江企业易贷通"平台,以集聚合作平台资金池为基础,形成超短期资金融通和融资担保两种功能模式,分别由上海市住房置业担保有限公司发放委托贷款,解决平台成员单次2个月以内的超短期融资需求和解决张江园区企业因缺乏足额固定资产而导致的银行贷款难问题。至2009年,"张江企业易贷通"平台成员达150家,授信或放贷31家,授信或放贷额1.1亿元。

2008年8月20日,张江园区ICE个人本外币兑换正式成为国家外汇管理局批准的上海唯一一试点单位。兑换点在规定的年度总额内办理境内个人结售汇业务和境外个人结汇业务,并可为境外个人办理每人每日累计不超过等值500美元(境内关外网点限额为1 000美元)的人民币兑出外币现钞的业务。张江兑换点有4个营业窗口,提供全球15种以上货币兑换。2008年,张江兑换点外汇交易单数达56万单,交易量达12亿元。

2008年8月29日,张江孵化器管理中心开业,标志园区企业成长全线孵化模式的正式运行。

至2008年,根据园区孵化器考核指标体系,张江创业服务中心认定17家专业孵化器,分别为上海浙大网新德维创业投资有限公司、国家火炬互联网创业中心、上海英科创业投资管理有限公司、上海中科大研发中心有限责任公司、上海张江药谷公共服务平台有限公司、太科膺诺(上海)商务咨询有限公司、上海张江生物医药科技有限公司、上海张江文化科技创意产业发展有限公司、上海浦东软件园股份有限公司、橡子园创业投资管理(上海)有限公司、上海张江火炬创业园有限公司、上海中科计算技术研究所、上海八六三信息安全产业基地有限公司、上海孙桥农业科技股份有限公司、上海射频识别产业基地发展有限公司、上海张江数字多媒体产业发展有限公司、上海张江东区高科技联合发展有限公司。

2008年10月,浦东新区科学技术委员会印发《浦东新区科技发展基金知识产权质押融资专项资金操作细则》,第二条规定:"十一五"期间,浦东新区科技发展基金每年安排2 000万元设立专项资金,资助运行良好的有短期融资需求的浦东新区科技型中小企业。

2008年10月,由上海张江(集团)有限公司、张江高科技园区开发股份有限公司等10家股东共同投资1亿元设立的张江小额贷款股份有限公司,成为上海首批获批的两家小额贷款公司之一。张江小额贷款股份有限公司通过与政府平台、金融机构、信托机构、商业担保公司合作,开发二次抵押、股权质押、张江助力贷、张江出口贷、补贴资金贴现、银行过桥贷款、个人信用贷款等多种贴近中小企业需求的创新产品,以剩余价值抵押、组合保证、动产质押、应收款质押、账户监管、实际控制人无限连带责任担保等方式,在控制贷款风险的前提下,完成贷款审批与发放,缓解企业发展资金压力。

2008年11月,上海张江中小企业信用担保中心在上海张江高新技术创业服务中心挂牌成立。中心由浦东新区财政提供1.2亿元专项担保基金,实行"政府资金投入、法人化结构管理、市场化手段运作"模式,满足中小企业融资与担保需求,帮助中小企业在激烈市场竞争中发展壮大。

2003—2008年,张江园区投融资机构数量由54家增加至127家,园区创业企业获国家、上海市、浦东新区等各级基金资助的累计项目数分别达143项、226项、350项,累计金额分别达9 063万元、3 557万元、5 560万元。

2009年3月31日,由政府出资的张江生物医药产业化促进基金在张江药谷成立,这是上海首个生物医药产业基金。主要扶持园区内的生物药、化学药、中医药等产业领域中已获得新药批文的新药项目。

2009年10月,张江小额贷款公司为智若愚公司发放浦东新区首笔基于图书版权的知识产权质押贷款。是年,张江小额贷款公司发放贷款125笔,共计2.91亿元。

2009年,张江集团公司期启动双"25计划",以张江科技投资有限公司和张江高科技园区开发股份有限公司子公司张江浩成创业投资有限公司为两大投资平台,构建"双核驱动"型的母基金框架。张江科技投资有限公司主要投资早期功能性和战略性项目,重点关注园区生物医药和集成蒂安路产业。张江浩成创业投资有限公司主要投资中后期、产业化、价值型项目。二者合理分工,相互衔接。2010年,张江科投和张江浩成累计投资微创医疗、锐迪科微电子等24个高科技产业项目,投资总额达15亿元。

2009年,张江园区形成了张江-麻省技术中心、德国中心和芬华创新中心三个跨国合作孵化平台。至2009年,张江孵化器管理中心新建的"孵化器服务平台"整合了80多家服务机构,对入孵项目开展"方案制定+回访+跟踪服务",对项目毕业实行年度评估,建立淘汰机制,形成专业孵化、自由孵化、高端孵化等多层次孵化体系,累计为616家企业提供了服务。

2010年8月,浦东海关与张江园区管理部门签订平台合作备忘录,"海关·张江贸易便利化互动平台"在张江园区启动。浦东海关针对华力微电子有限公司面临的工期紧、任务重等情况,为企业量身定制个性化监管服务模式,对其进出口商品的审价、归类、减免税审批提供"一站式"服务,指派海关专人负责与企业的联系、协调与沟通,解决企业后顾之忧。

至2010年,张江园区经认定的孵化器达21家,形成了立成苗圃、孵化器、加速器三位一体的全程孵化服务链,实现了项目筛选、评估、入住、孵化、创业导师制等一整套标准制度和流程,实现了从与德国、芬兰、美国分别合作建立国际孵化器到"张江海外投资和服务"。首批签约的15家美国企业接受孵化的国际化发展,形成了"多元主体、多种模式、多级加速"的集群化发展态势,孵化产业涉及软件开发、生物医药、信息安全、文化创意和新能源等领域。

至2010年,张江园区形成了由政府引导基金、园区投资基金、风险投资基金等构成的专业化投融资服务体系。政府引导基金主要有浦东新区创业风险投资引导基金、张江集团25亿元母基金、张江生物医药产业化促进基金和华人文化产业基金等;园区投资基金主要有张江科投、张江高科、浩成创投、汉世纪、磐石葆霖基金、上海金融投资基金、华人文化产业投资基金和东方惠金等;社会风险投资主要有红杉资本、美林、德丰杰龙脉、橡子园创业投资、上海时代创业、上海威星投资、曼都创业投资、扬子江投资、浙大网新德维创业投资和汉高（中国）投资等。对于研发初期的创业企业，张江主要提供初创期的房租补贴、技术平台使用补贴、研发费用补贴及各级各类资金扶持；对于起步期的中小企业，张江建立专项贷款担保资金、小额贷款公司、张江易贷通平台等，并积极探索与知识产权质押相结合，有效突破此类企业起步发展的资金"瓶颈"；对于成长期的企业，张江设立创业投资广场引导国外、民间和政府相关风险投资基金向张江汇聚，并建立专项风险按投资引导资金。此外，张江以政府引导资金为杠杆，通过契约式投资联盟和联合募集风险投资基金等方式，实现资本的撬动和放大。

2010年，张江小额贷款公司发放贷款3.6亿元，有效支持了睿励、易迪欧、盛美等战略性项目产业化。年内完成增资2.3亿元，成为上海市规模最大的小额贷款公司。至2010年，张江小额贷款公司累计发放贷款6.57亿元，解决了140家中小企业短期流动资金需求。

五、上海陆家嘴金融贸易区推动以金融贸易为核心的现代服务业

陆家嘴金融贸易区是中国唯一以"金融贸易"命名的国家级开发区,其产业功能的有效开发对上海建设国际金融中心起到重要的推动作用,在上海的整体功能布局上,体现了陆家嘴金融贸易区独特的开发特点,主要表现为国际化的服务功能,通过国际及国内的银行、证券、基金、保险、财务公司等金融机构的集聚,形成了庞大的能够辐射亚太的金融市场。经过 20 年的发展历程,陆家嘴金融贸易区克服了艰难险阻,特别是面对 1997 年亚洲金融危机和 2008 年全球金融危机,经济社会始终保持健康的发展势头。

(一)金融服务和环境

自 1990 年成立至 2010 年,作为陆家嘴金融贸易区主导产业之一的金融业,一直在不断改革、不断创新、不断探索、不断集聚中快速发展。

1. 金融市场初具规模

2009 年,陆家嘴金融贸易区金融业 GDP 为 622.42 亿元,占全上海市 34.5%,2010 年占到 35.6%。截至 2010 年底,陆家嘴金融贸易区金融机构数量达 592 家,金融业增加值 687.77 亿元,占浦东新区生产总值的 14.61%,《上海浦东金融核心功能区发展"十一五"规划》确定的主要目标全面完成。

信贷市场:2005 年,陆家嘴金融贸易区中外资金融机构本外币存款余额 3 078.52 亿元,贷款余额 3 045.18 亿元。2010 年,存贷款保持较快增长,存款余额达 9 802.76 亿元,占全上海市 18.78%,贷款余额达 8 258.82 亿元,占全上海市 24.15%,中外资金融机构形成良性竞争局面。

保险市场:2005 年,陆家嘴金融贸易区全年保险保费收入 172.73 亿元,其中人身保费收入 128.43 亿元。之后,陆家嘴金融贸易区保险市场规模逐年递增。2010 年,保险保费收入已达 419.80 亿元,其中人身保费收入 306.36 亿元。

证券市场:2005 年,上海证券交易所全年成交额 4.97 万亿元,其中股票成交额 1.92 万亿元。2007 年,受市场影响,全年股票成交额高达 30.54 万亿元。债券市场一直稳步增长。2010 年,证券市场全年成交额达 39.84 亿元,其中国债成交额 6.72 万亿元。

期货市场:1999 年,期货市场成交额仅有 0.49 万亿元,2005 年成交额 6.54 万亿元,2010 年达到高峰,全年期货市场成交额 123.48 亿元,其中金融期货成交额 41.07 万亿元。

钻石交易市场:从 2001 年开始,钻石交易市场一直保持平稳增长。2005 年,全年钻石成交额 4.1 亿美元,2010 年增长率最快,全年钻石成交额已达 28.86 亿美元。

2. 金融体系日趋完善

2006 年 9 月 8 日,中国金融期货交易所在陆家嘴正式挂牌成立后,标志着陆家嘴基本形成了包括货币、股票、债券、商品期货、金融期货、产权市场等现代金融要素市场在内、比较完善的多元化金融市场体系。其中证券市场是全国主板市场,期货市场成交额在全国三大期货交易所中名列第一,股权投资、第三方支付和融资租赁等新兴市场发展迅猛,金融机构集聚效应基本形成,国际金融中心功能进一步完善。

3. 金融机构集聚加速

2005 年,陆家嘴金融贸易区中外资金融机构 348 家,外资银行 52 家,外资保险公司 18 家。至 2010 年,外资银行数已达 73 家。在证监会对券商及基金公司的制度改革背景下,陆家嘴金融贸易区进一步吸引基金子公司、券商直投基金进驻。陆家嘴金融贸易区金融机构集聚规模效应凸显,已形成包括银行、证券、保险、基金、信托等在内的中外资金融机构共同发展的格局。同时,一批新型金融和服务机构如基金管理、货币经纪、第三方支付、咨询评估、金融信息、金融中介服务等公司纷纷落户,进一步丰富了陆家嘴金融贸易区金融机构的种类。陆家嘴金融中心的国际化程度不断提高。

4. 金融人才高地渐成

陆家嘴金融贸易区大力推进金融人才战略,金融人才发展环境有所改善,金融人才集聚逐渐增强,金融从业人员层次不断提高。

据第二次经济普查统计,陆家嘴中心区法人单位从业人员约 15.22 万人,本科及以上学历占到了近半壁江山。其中,研究生以上学历为 1.36 万人,占 8.9%;本科学历为 6.02 万人,占 39.55%。

另外,具有高级专业职称约 2 600 人,意味着每 100 名从业人员中,有 2 名高级专业人员,均具有较系统的专业理论知识,较丰富的实践经验和相当的创新和管理能力。但是,陆家嘴金融贸易区金融人才国际化水平还相对滞后,高级国际金融经营管理复合型人才仍比较缺乏。

5. 金融环境相对完善

金融监管体系:形成了人民银行、证监会、保监会、银监会及上海市金融服务办公室四家监管机构与上海市政府共同监管区域性金融市场的格局,监管体系相对完善,金融发展环境不断优化。

金融信用建设:上海是全国金融信用建设最早和最完善的城市之一,信贷征信和个人联合征信系统建设均走在全国前列,正日益发挥其防范金融风险,稳定运行资产质量,培育社会诚信观念等积极作用,并已成为当地良好金融生态环境的重要组成部分。

金融法制环境:2007 年 12 月,全国第一个金融审判庭——上海金融仲裁院落户浦东。作为专门解决金融商事争议的特色机构,受理在金融交易、金融服务等活动中发生的商事纠纷。同时,上海金融仲裁院致力于逐步建立符合国际惯例的金融仲裁体系,化解各类金融争议,防范金融风险,进一步优化上海的金融生态环境,提高上海国际金融中心竞争力,推进上海国际金融中心建设进程。

6. 金融服务不断改进

金融服务业:第三方支付发展十分迅速,2008 年交易量达 13 万亿元。自央行颁发首批支付许可证以来,浦东新区第三方支付企业共 20 家,约占上海市总量的 38%,其中一半以上位于陆家嘴金融贸易区,具有集聚程度高,业务类型全,细分市场优势明显等特点。

建立金融教育基地——中欧金融研究院:中欧陆家嘴国际金融研究院由中欧国际工商学院与上海陆家嘴(集团)有限公司于 2007 年 10 月共同发起创办。研究院定位为开放、国际化的学术交流平台,依托上海作为金融市场中心的有利条件,积极探索金融法制环境的改善方法,致力于为金融企业、金融监管部门、立法机构提供一流的研究、咨询和培训服务,成为建设上海国际金融中心和推动中国金融体系现代化的思想库和智囊团,成为中国与欧盟学术机构的交流平台。

人才公寓:主要为陆家嘴金融城白领设计,旨在解决购房前的过渡性居住需求。聚焦陆家嘴,加快建设金融中心,需要通过更加完善的陆家嘴金融配套服务功能加以贯彻落实。2009 年,陆家嘴金融城人才公寓项目开工建设,以浦东新区东绣路、东建路以及锦和路围合而成。项目总占地面积40 600平方米,由6栋11层～14层公寓楼组成,总建筑面积超过7万平方米,可提供出租式公寓2 386套,并配备267个地下车位及近万平方米的社区配套。

(二)贸易与商业

浦西外滩记录了20世纪30年代上海的繁荣,与之隔江相望的陆家嘴金融贸易区则记录了1990年浦东开发开放后的辉煌。自成立至2010年,陆家嘴金融贸易区的空间形态发生了翻天覆地的变化,贸易和商业功能也快速崛起。自2005年,陆家嘴金融贸易区,特别是陆家嘴中心区内,城市面貌和商业空间出现了一些新的变化,这主要包括商业配套设施的增补,连接商业设施与城市公共空间的二层连廊的加设,城市综合体的出现,以及一些细微尺度上的公共活动空间的修复等等。这诸多变化展现出一个城市建设的趋势,在经过基于国家与地方政府"特殊关注"而促发的"空间跃迁"阶段后,陆家嘴金融贸易区空间形态的演进路径越发受到对"宜居性"关注的影响,成为新阶段空间营造和商业开发的一个重点内容。

1. 自然演进(1990年以前)

受制于交通条件和历史因素,在浦东开发以前,上海的建设重点均在浦西。20世纪90年代以前,相对于浦西的城市繁华,一江之隔的浦东地区发展迟缓得多。一面是外滩宏伟的"万国建筑博览会"与"十里洋场",一面是一望无际的农田、仓库、厂房、船坞,浦江两岸形成鲜明的对比。在这期间,陆家嘴地区的商业,几乎仅仅就是居民聚居区旁一些零星的杂货店铺。

2. 蓝图初绘(1984—1993年)

开发浦东的设想,在1984年上海市关于这一地区的发展战略中就已被提及。1985年2月,国务院在对《上海经济发展战略汇报提纲》的批复中,首次肯定上海开发浦东的战略设想,在随后1986年国务院批复的《上海城市总体规划》中,对开发浦东有了更为正式、明确的提议。同年,陆家嘴地区的发展蓝图首次出台。到1991年,《陆家嘴中心地区调整方案》获得市政府批准,成为指导陆家嘴中心区具体城市建设的首个法定规划文件。

1992年对于陆家嘴中心区的空间发展具有标志性意义。4—11月,举行陆家嘴中心区规划方案的国际征询活动,来自英、法、日、意、中5国的设计公司参与这次方案征集,开创了新中国成立后首次引入国际力量开展城市设计的先河,提高了陆家嘴金融贸易区的国际知名度,从而获得世界的关注。

国际征集过后,又经过数轮方案深化。1993年12月,《上海陆家嘴中心区规划设计方案》正式公布并获批。与1991年确定的规划相比,优化方案在开发强度、空间结构、功能布局、道路系统和地块划分等各方面均有较大的变化,陆家嘴的建设总体蓝图再一次重新绘制。这份规划文件,成为陆家嘴中心区全面开发建设的总纲领和基本依据,这一区域日后的商业布局意向,在此蓝图中被初步勾勒出来。

3. 结构赋予(1993—1999年)

1993年之前,除了首期启动的部分区块外,陆家嘴中心区原有工厂企业和居住地段的拆迁并未全面展开。自1993年开始,土地整理的进度明显加快;至1999年,除了陆家嘴中心区南侧的X5和N地块以外,绝大部分场地拆迁、土地整理和路网结构均已完成。

这一时期的商业,呈零星分布状态,未经统一规划布局。其中重要的一幢,是在1995年12月开业的上海第一八佰伴(隶属于新世纪商厦),当时作为中国第一家中外合资零售企业,是陆家嘴金融贸易区内,第一幢集购物、餐饮、娱乐、休闲为一体的综合性百货商厦,填补了陆家嘴地区大型商业设施的空白。1997年,时代华润中心开业,成为这一地区的第二座商业零售建筑。这两座商场的开业,为日后这一区域形成以八佰伴为核心的新上海商业城商圈埋下伏笔。

4. 要素填充(2000—2006年)

伴随空间结构的形成,要素填充逐步接入到空间的生产进程中来。到1996年,陆家嘴中心区东部的4个金融街坊已经基本完成,"核心三塔"(金茂大厦、环球金融中心、上海中心)中的金茂大厦也已初具形象,滨江区段的绿地环境基本形成。此外,港务大厦、海关大厦、东方明珠落成。之后的四年间,受亚洲金融危机的影响,要素填充进程有所减慢。

2001年之后,随着经济形势的逐渐恢复,要素填充的建设进程再次加速。陆家嘴中心区南部片区的汤臣一品、盛大金磐、鹏利海景公寓等高档公寓相继建成。同时,中心绿地西侧地块也快速发展,2002年,花旗银行大厦(X1-7地块)、汇亚大厦(B2-2地块)、上海银行大厦(B2-4地块)开工。2003年,香格里拉酒店二期工程(X1-4地块)开工。2004年,黄金置地大厦开工(B2-5地块)、合生国际大厦(X1-5地块)、中古新天哈瓦那大酒店(B4-3地块)开工。2005年,陆家嘴金融中心大厦(现更名为星展银行大厦,B4-2地块)、发展大厦(B3-5地块)、平安金融大厦(B1-1/B1-4地块)、中融碧海蓝天大厦(B3-6地块)开工。2006年,招商银行大厦(B3-2地块)、东亚金融大厦(X3-1地块)等开工。到2006年左右,随着这些建筑的相继落成,陆家嘴中心区的整体轮廓线日趋丰富和完整,陆家嘴可供批租的地块也已所剩无几,陆家嘴中心区大规模开发进程进入收尾阶段。

这一时期的商业建筑,除了以上提及的办公楼宇(裙房),还有一幢是于2002年10月开业的正大广场。这一建筑不仅是作为陆家嘴中心区重要的商业设施,同时也成为都市旅游路线上的一个站点,凭借地段优势和层次多变的室外式内部空间设计,正大广场成为参观东方明珠、上海海洋水族馆、观光隧道游线上的特色一环。

此外,在上海第一八佰伴周围,建造起了新大陆广场(2005年)、新梅联合广场(2005年),形成了以八佰伴为核心的新上海商业城商圈,这也是浦东第一个重要商圈。

5. 补缀修复(2007年后)

自1990年算起,经过十多年的建设,陆家嘴金融贸易区,特别是陆家嘴中心区取得了巨大的成绩。随着金融贸易区的日渐发展成熟,城市实际建成环境也表现出一些不尽如人意的地方,比如商业配套设施的缺乏,过大的空间尺度,孤立的商业建筑单体,高端的单一产品定位。

其中有一些问题是先前在城市规划设计阶段就已被预见的,只是相对于宏大构架和形象的塑造,资本的吸纳与产出,速度和效率而言,这些问题暂时被置于次要地位。随着生活与工作人员的迁入,陆家嘴金融贸易区的空间布局与城市活动的博弈和互为调适渐次展开,商业设施布局及其与城市公共空间关系的调整成为必然。2006年,陆家嘴中心区的重新规划被提上日程,"补缀与修复"成为这一阶段陆家嘴金融贸易区商业布局调整的主要特征。

2010年,陆家嘴金融贸易区商业格局初步形成,完成了"十一五"商业规划明确的中心商业圈、特色商业圈、地区商业中心、居住区商业4个层次的总量布局。(1)国金中心等地标性商业建设成果初现;(2)特色商业街建设居全市前列,形成了滨江休闲街、九六广场等上海特色商业街;(3)地区商业中心项目建设逐步启动,建成塘桥巴黎春天等重点项目;(4)居住区必备业态网络体系初步形成,已有联洋等国家和市级社区商业示范区。

新上海商业城:原名为"张杨路商业金融文化中心",规划范围为浦东南路以东、张杨路以北、商城路以南、崂山东路以西,规划用地面积为13.8公顷。新上海商业城规划由18栋楼宇组成,建筑面积约为80万平方米。其中商场面积为26万平方米,餐饮面积为5万平方米,娱乐面积为5万平方米,办公面积为 28 万平方米,宾馆面积为 3 万平方米,地下车库面积为 13 万平方米。经过 2005—2008 年的改造,新上海商业城展现出新的活力。第一八佰伴、华润时代广场和上海湾成为 雄踞浦东南路和张杨路黄金十字路口的三大商厦,加上新梅双塔、中融国际商城、恒瑞商厦、三鑫世界、华诚食品城和太平洋数码广场等商业建筑的加盟,新上海商业城的商业中心集群轮廓清晰瞩目。新上海商业城内的三条步行街、两个绿树成荫的小广场,串联起各大商厦,在此闲逛的人流,可 以在购物之外悠然地漫步、小憩,新的改造使购物的体验更加生活化。

第一八佰伴:在新上海商业城中,一直备受瞩目的是百货行业内的龙头企业——第一八佰伴。上海第一八佰伴有限公司是经国务院批准成立的国内第一家中外合资大型商业零售企业,1992 年 9 月 28 日成立之初,由上海市第一百货商店、日本八佰伴流通集团和中国香港八佰伴国际联合投资 设立,中方占注册资本的 45%,外方占 55%。从 1999 年日方宣告破产,中方奋勇自救至 2010 年,第一八佰伴凭借其先进的经营理念,诚信的经营态度,出众的经营手段,使公司扭亏为盈,业绩跨越 式增长。2007 年实现年销售 29.69 亿元,利润 3.28 亿元。2007 年 12 月 31 日 8 点至 2008 年 1 月 1 日凌晨 2 点,共计 18 小时实现创纪录的 2.059 5 亿元的销售,号称中国的单店销售冠军。伴随着 浦东改革开放成长起来的第一八佰伴,至 2010 年已建设近 20 年,通过不懈努力,其经营业绩、管理 水平和社会形象都得到飞速提升,取得众多令人自豪的荣誉。

正大广场:由泰国正大集团旗下的上海帝泰发展有限公司投资兴建的大型国际化都会购物中 心,坐落在被称为"东方华尔街"的陆家嘴中心区黄金地段,总建筑面积接近 25 万平方米,地上 10 层,地下 3 层,是正大集团在中国最大的投资项目之一,也是正大集团地产产业与商业正大广场品 牌在中国的第一次结合尝试。在设计上,正大广场融入了全新的"四季"理念(不同的楼层采用不同 季节的象征色)及贯穿二楼到五楼的"黄金大道",提供集购物,餐饮,休闲和娱乐于一体的现代化服 务和设施。2005 年的 10 月,正大广场在重新调整之后,以"家庭娱乐消费中心"的定位重新亮相,并 根据新的经营定位进行招商调整。2010 年,正大广场销售额达 21.7 亿元。

上海国金中心商场:位于陆家嘴金融贸易区内,总面积超过 11 万平方米,拥有国际顶级品牌 店及享誉世界的顶级餐厅,是包括甲级写字楼、酒店、公寓及商场的综合大楼。2007 年 6 月 25 日,上海国际金融中心破土动工。2009 年,一期 8 万平方米写字楼及商场落成。商场在商户组合策略 上,紧贴国内消费者需求;在餐饮、娱乐及生活方面皆引进新模式,让顾客享受多姿多彩的购物 体验。

上海浦东嘉里城:是浦东新国际博览中心区域的崭新地标,也是该区域内规模最大的综合性 发展项目,总建筑面积达 33 万平方米。嘉里城投资方包括嘉里建设有限公司、香格里拉(亚洲)有 限公司、新加坡长春产业有限公司和上海陆家嘴金融贸易区开发股份有限公司。该项目由香格里 拉酒店公司管理的 30 层五星级酒店、43 层写字楼、28 层的公寓式酒店、4.5 万平方米商场和通往上 海新国际博览中心的入口大厅组成,于 2010 年第四季度竣工并陆续开幕。

附 录

一、文 献 辑 录

1. 中共中央、国务院关于批转沿海部分城市座谈会纪要的通知

（中发〔1984〕13 号）

中共中央和国务院同意《沿海部分城市座谈会纪要》。现转发给你们，请认真研究、贯彻执行。

邓小平同志二月二十四日关于对外开放和特区工作的重要谈话，以及沿海部分城市座谈会就此提出的贯彻落实的意见，是发挥沿海大中港口城市的优势，开创利用外资，引进先进技术的新局面，加速社会主义现代化建设的一个重要步骤；是关系到争取时间，较快地克服经济、技术和管理落后的状况，实现党的"十二大"确定的奋斗目标的一项大政策。

我国在新的历史时期实行对外开放政策，有一个逐步发展的过程。沿海港口城市由于其地理位置、经济基础、经营管理和技术水平等条件较好，势必要先行一步。这些沿海城市在利用国外资金、技术和市场时，应当首先抓好老企业的技术改造，上一批投资少、周转快、收益好的中小型项目。这样做可以更多更快地积蓄力量，既在财力、物力、人才方面支援全国，又在内外交流过程中总结经验向内地推广。沿海港口城市的情况各不相同，为了充分发挥各自的优势，开放的形式应多种多样，开发的步骤将有前有后，引进项目的重点要各有侧重。各自都要不断总结经验，扎扎实实地向前发展。

必须指出，进一步开放沿海港口城市和办好经济特区，不能指望中央拿很多钱，主要是给政策，一是给前来投资和提供先进技术的外商以优惠待遇，税收低一些，内销市场让一些，使其有利可图；二是扩大沿海港口城市的自主权，让他们有充分的活力去开展对外经济活动。这样做，实际上是对我们现行经济管理体制，进行若干重要的改革。中央和国务院各有关部门，各有关省、自治区、直辖市，都要按照邓小平同志的谈话和这次会议《纪要》的精神，制订一系列具体规定，加强领导班子配备和干部队伍的建设，加强指导检查，保证中央这项重要政策的贯彻落实。

为了认真执行邓小平同志的重要意见，贯彻落实《纪要》，中央和国务院决定，委托谷牧同志监督、检查执行情况，并协调、仲裁执行中可能出现的矛盾。为此，国务院特区办公室的力量也要加强。

沿海部分城市座谈会纪要

（1984 年 4 月 30 日）

根据中央书记处和国务院的决定，沿海部分城市座谈会于三月二十六日至四月六日在北京召开。会议学习了邓小平同志在二月二十四日谈话中关于对外开放和特区工作的重要意见，着重讨论了如何加快步伐，更好地利用外资、引进先进技术的问题。

到会的有：天津、上海、大连、烟台、青岛、宁波、温州和北海八市，深圳、珠海、汕头、厦门四个特区和海南行政区，辽宁、山东、浙江、福建、广东省和广西自治区的负责同志，中共中央、全国人大常委会、国务院有关部门和总参的负责同志。胡耀邦等中央和国务院的领导同志出席了会议。四月六日，邓小平和李先念等同志会见了全体到会同志。最后，国务院领导同志讲了话。

会议纪要如下：

加快利用外资、引进先进技术的步伐

邓小平同志指出："我们建立特区,实行开放政策,有个指导思想要明确,就是不是收,而是放。"邓小平同志提出："特区要搞特区货币"；"要把整个厦门岛搞成特区"；"除现在的特区之外,可以考虑再开放几个点,增加几个港口城市,这些地方不叫特区,但可以实行特区的某些政策。"

到会同志一致认为,邓小平同志的重要谈话,对于统一全党思想,坚持实行对外开放政策,有着十分重要的指导意义；对于利用外资、引进先进技术,是个重要决策。坚决地贯彻好这些重要意见,必将加速社会主义现代化建设,促进振兴中华的大业。

党的十一届三中全会确定对外实行开放,对内搞活经济,是我国在新的历史时期发展经济的重大战略决策。当代世界范围内的贸易往来、资金融通和技术转移的规模日益扩大,新的技术革命正在世界范围内兴起。绝大多数国家(地区)都把自身经济的发展同对外经济技术交往活动的扩展密切联系起来。我国的社会主义现代化建设也必须在坚持独立自主、自力更生的基础上,按照平等互利的原则,积极开展对外经济合作和技术交流。要利用两种资源(国内资源和国外资源),打开两个市场(国内市场和国际市场),学会两套本领(组织国内建设和发展对外经济关系)。这在近期间,是解决我们资金不足和技术落后的一条重要途径；到我们实现了工农业年总产值翻两番之后,仍然是促使经济持续高涨的一项重要措施。

一九七九年以来,在积极利用外资、引进先进技术、扩大进出口贸易及开展其他对外经济活动方面,中央采取了包括建立经济特区,在广东、福建实行特殊政策、灵活措施在内的一系列重要步骤,获得了明显的成绩,对国民经济的调整和发展起了积极的作用,在国际上产生了良好的影响。但是,总的看来利用外资还不够,引进技术的步子还不大,在关键项目和先进技术上没有较大的突破。不适应加快四化建设的需要,对迎接世界新的技术革命的挑战不利。实践向我们提出的课题,正如邓小平同志指出的,不是收,而是要继续放。要在总结经验的基础上,从四化建设全局出发,进一步解放思想,克服"左"的思想影响和闭关自守、自给自足的经济观点,加快利用外资、引进先进技术的步伐。

进一步开放沿海港口城市

沿海大中港口城市,交通方便,工业基础好,技术水平和管理水平比较高,科教文化事业比较发达,既有对外开展经济贸易的经验,又有对内进行经济技术协作的网络,是我国经济比较发达的地区。通过放宽某些政策,改革现行的某些管理制度,增强这些城市及其企业开展对外经济活动的活力,把积极利用国外资源(包括资金、物资、技术、知识、人才)扩展国际市场,同市内工业结构改组、企业技术改造、管理体制改革紧密结合起来,必将大大加速经济的发展,使整个地区、企业和人民群众更快地富起来。这些港口城市和四个经济特区,在沿海从北到南联成我国对外开放的前沿地带,又必将在发展科学技术,推广管理经验,繁荣国内市场,扩大对外贸易,传递经济信息,培养输送人才等方面,支援和带动各自的腹地,有力地促进全国的经济建设。

会议建议：进一步开放天津、上海、大连、秦皇岛、烟台、青岛、连云港、南通、宁波、温州、福州、广州、湛江和北海十四个沿海港口城市,在扩大城市权限和给予外商投资者若干优惠方面,实行以下政策和措施：

(一)放宽利用外资建设项目的审批权限。

生产性项目：利用外资进行老企业技术改造和建设新厂,凡属建设和生产条件不需要国家综合平衡,产品不要国家包销,出口不涉及配额,又能自己偿还的,天津、上海两市对每个项目总投资的审批权限放宽到三千万美元以下；大连市放宽到一千万美元以下；其他进一步开放的沿海港口城市的审批权限放宽到五百万美元以下。

非生产性项目：凡属主要靠利用外资、自筹和进口器材建设、不需要国家综合平衡的，不论其投资额多少，均由各市自行审批。

凡按照上述规定权限，由这几个城市自行审批的利用外交项目，与其有关的设备进口、组团出国考察、对外洽谈成交等，均自行审批办理，但应按规定上报备案。

各市要把有关部门组织起来，由一个口子统抓利用外资项目的协调和审批，简化手续，提高效率。

（二）增加外汇使用额度和外汇贷款。

外汇使用额度，在今后几年内天津定为每年二亿美元，上海为三亿美元；大连增至一亿美元，其他几个市也要增加一定额度；有的还要适当增加些中国银行外汇贷款。由各市按照国家有关规定，用以引进先进技术，进口必需的关键设备、仪器仪表。使用中国银行的外汇资金及国际信托投资公司的外汇资金，其政策待遇与利用外资"一视同仁"。中国银行要改进服务、扩大业务，并应联合外资银行组成投资财团，支持沿海港口城市的经济建设。

（三）积极支持利用外资、引进先进技术改造老企业。

抓紧老企业的技术改造，上一批对"四化"建设有重要作用的中小型项目，是这几个港口城市近期内利用外资、引进先进技术的重点。特别是那些利用现有基础，引进一些新工艺、新技术，更新若干关键设备，就可以增加生产能力，提高产品质量，得到明显经济效益的项目，更应优先安排。这样做，用钱少、见效快、偿还有保证，外商的积极性也高。对这类项目，从以下几方面给以扶植：

引进专利和专门技术（软件），统一按银行公布的外汇牌价结汇；

进口国内一时不能生产或不能保证供应的关键设备、仪器仪表和技术改造必需的其他器材，不论外汇来源，一九九〇年以前免征关税和进口工商统一税；

因技术改造新增的利润，先还账后缴利，利改税的企业先还账再缴企业所得税；

对主要是提高产品质量而生产能力不增加或增加不多的项目，经济效益虽好但缺乏创汇能力的项目，社会经济效益好而企业收益不明显的项目，各市可以在保证完成财政、外汇上缴任务的前提下，在该行业或地方财政收入中统筹还账；

对技术改造期间要影响原有生产能力和经济收益的项目，各市在不影响全市上缴任务的前提下，可以相应调整该企业的生产计划和利税上缴任务。

（四）对中外合资、合作经营企业及外商独资企业，给以若干优惠待遇。

要选择那些确实能够引进先进技术，推动全行业技术改造，产品能开拓外销市场和替代进口，以及投资较大的开发项目，积极兴办中外合资、合作经营企业，允许外商开办独资企业。这类生产企业，凡属技术密集、知识密集型的项目，或者外商投资在三千万美元以上、回收投资时间长的项目，报经财政部批准，企业所得税也可以减按 15% 的税率征收。土地使用费或土地税的收取标准，由各市在国家规定的幅度内灵活掌握。但是，中外合资、合作经营企业的中方税后利润，仍应按规定上缴中央财政和地方财政。

中外合资、合作经营企业、外商独资企业，作为投资进口的生产和管理设备、建筑器材；为生产出口产品而进口的原材料、元器件、零部件、包装物料等；进口自用的交通工具、办公用品；投资的外商和国外技职人员进口安家物品和自用的交通工具（限合理数量），均免征关税和进口工商统一税。这类企业的产品出口（不含国家限制出口产品），免征出口关税和工业环节的工商统一税。但是，用免税进口的原材料生产的产品,内销时应照章补税。

《中外合资经营企业法》及其《实施条例》,应得到切实、全面的执行,保障中外合资企业行使法定的自主权,示信于外。建议制定公布中外合作经营企业法、外国企业投资法,同有关国家谈判签订双边投资保护协定和避免双重征税的协议。

（五）逐步兴办经济技术开发区。

这几个城市,有些可以划定一个有明确地域界限的区域,兴办新的经济技术开发区。

经济技术开发区要大力引进我国急需的先进技术,集中地举办中外合资、合作、外商独资企业和中外合作的科研机构,发展合作生产、合作研究设计,开发新技术,研制高档产品,增加出口收汇,向内地提供新型材料和关键零部件,传播新工艺、新技术和科学的管理经验。有的经济技术开发区,还要发展为国际转口贸易的基地。

经济技术开发区内,利用外资项目的审批权限可以进一步放宽,大体上比照经济特区的规定执行。

经济技术开发区内,中外合资、合作及外商独资的生产性企业,其企业所得税减按15%的税率征收(中方税后利润仍按规定上缴);对外商所得合法利润汇出时免征汇出税。区本身和区内企业自用的建筑材料、生产设备、原材料、零配件、元器件、交通工具、办公用品的进口和产品的出口、内销,也执行经济特区的优惠政策和管理办法(包括内销产品要补税)。经济技术开发区本身的进出口贸易,可以在国家统一政策指导下自主经营,也可以委托外贸公司代理,但应自负盈亏。

国家对经济技术开发区实行必要的监管措施,经济技术开发区要在规划和建设中提供必要的监管条件。

（六）大力发展进料加工出口。

沿海港口城市要充分发挥自己的优势,选择有生产能力、有可靠原料来源、有长期稳定的外销市场、算总账对国家有利的商品,大力发展进料加工再出口。还可以同外商合营或合作生产,利用他们的资金和销售渠道,引进我们需要的先进技术。在有条件的地区,要推行青岛纺织品联合进出口公司的办法:生产一条龙、工贸结合、进出结合、用外汇按国际价格结算、自负盈亏;按照《国务院办公厅转发关于青岛纺织品联合进出口公司经营试点中几个问题的请示的通知》(国办发12号文件)规定,免征所有环节的工商统一税(增值税),有盈利的企业征收企业所得税。

（七）调整几个城市的开放类别。

为适应进一步开放的需要,这十四个城市现仍属于乙类以下开放城市的,原则上都应逐步调整为甲类。考虑到这些城市多属重点设防地区,在具体实施上则必须处理好对外开放发展经济同确保军事设施安合保密的关系。关于国外人员出入境的管理,国内人员因公出国的审批及办理护照、签证手续等问题,在具备条件后,报经外交部和国务院港澳办批准,可以陆续实行经济特区的办法,简化手续,给以方便。

（八）加强基础设施建设。

这十四个城市及其要兴办的经济技术开发区,都要加强基础设施建设,为吸引外商投资提供必要的物质条件。国家已在建设计划中安排的港口、邮电、铁路、航空、供电、供水等项目,要抓紧工作,加快进度,并根据可能情况再增加些必要的建设项目。各市要挖掘内部潜力和采取内联的办法筹措资金,加强这方面的建设。还要积极筹措和利用外资,包括经过批准对外发行专项债券,建设码头、旅游宾馆、国外人员生活区等有创汇能力的项目,自借自还。此外,由国家提供些低息长期贷款。经济技术开发区(指批准划定的范围内)新增加的财政收入,从批准兴办时起五年内免除上缴、上借任务。建设经济技术开发区基础设施所需进口的机器、设备和其他基建物资,不分外汇来源,一九九〇年前一律免征关税和进口工商统一税。

(九)加强对利用外交的计划指导。

我们是以计划经济为主的国家,在扩大这十四个城市利用外资权限的同时,要求加强国家计划的宏观指导。各级计划部门制订"七五"计划和今后中长期规划,应把利用外资进行技术改造和新建项目,作为一个重要方面加以安排,并搞好综合平衡。利用外资项目的年度投资安排,可作为指导性指标,在各市固定资产投资总规模中单列,执行中可按实际情况进高调整。安排利用外资和引进技术的总体计划、具体项目和洽谈签约,要加强咨询调查,要征求各行业主管部门的意见,以利于同全国计划和行业规划相衔接;要互通信息,不断总结经验,避免不必要的重复引进和失误。国务院各主管部门要以积极支持的态度。加强行业规划指导、检查协调、情况通报和统计、审计工作。

(十)在改革方面应当走在前头。

这十四个港口城市的进一步开放,应当同内部的改革相结合,在经济管理体制改革方面走在前头。可以参照特区的某些成功经验,逐步推行基建工程招标和承包责任制、劳动用工合同制、干部招聘制、浮动工资制、各种管理责任制等。还可开办贸易中心,采取企业招标的方式采购设备、器材等物资,把流通领域搞活,并按国家有关规定,把银行体制改革搞好。

以上十四个城市进一步开放的模式,不搞"一刀切",可以根据实际情况多样化。大连是东北三省的主要港口城市,从充分发挥东北老工业基地的作用出发,也考虑到我们利用日本资金和技术的需要,以及通过"大陆桥"对苏联、欧洲发展转口贸易的需要,大连市在某些具体政策上可以更开放些。

上列各市,要按照邓小平同志的意见和这次会议讨论的若干政策措施,提出各自进步开放的具体方案,报请中央和国务院审批。要通过进一步开放,把经济迅速搞上去,以便在财力、物力、人力、技术等方面,积极支援全国,为"四化"建设贡献越来越大的力量。

把经济特区办得更快些更好些

经济特区的发展和经验,在国内外都引起了注意,实践证明我们建立经济特区的政策是正确的。同时也要看到,我们的特区还处于开创阶段,必须不断总结经验,发扬成绩,克服缺点,扎实工作,勇于前进,把特区办得更快更好些。

当前,必须下很大的力量加强先进技术的引进,特别要致力于引进技术密集、知识密集型的项目,抓紧时机,把先进的工艺技术和先进的管理经验拿进来,经过消化创新向内地转移。特区的工农业,要尽可能采用先进科技成果,加强专业分工和协作,尽快搞出一批适销对路、有竞争力的"拳头"商品,进入国际市场。特区的商业、旅游服务业,要瞄准国际行进经营管理水平,使之越办越兴旺。

各特区都要按照"特事特办、新事新办、立场不变、方法全新"的原则,推广蛇口工业区的管理经验,跳出国内现行的不适应生产发展的老框框,改革特区的管理体制和管理机构。要下功夫努力掌握信息技术,逐步建立信息系统,使特区的工作能够对国际市场的频繁变化作出灵敏反应,获得最佳的经济效益。要求国务院有关部门和广东、福建省,对特区的改革给以积极的支持和帮助。

发行特区货币,允许外资自由出入特区,是吸引外商和华侨更多地前来投资,引进先进技术的重要措施。由中国人民银行等单位组成的特区货币研究小组,正在拟订发行货币,并考虑接受几个我驻港澳银行、侨资银行、外资银行到特区开业的具体方案。这个方案报请中央和国务院审批后,先在深圳实施。深圳要针对届时外商、外资、外货更多地进来可能出现的新情况、新问题、认真抓好特区管理线(二线)的建设和验收使用,在市场、物价、金融、外汇的管理上,在人员、货物的出入监管上,作好周密的准备。我们的经济特区,一定要办得既有高度的物质文明,又有高度的社会主义精神文明,真正成为"技术的窗口、管理的窗口、知识的窗口、对外政策的窗口"。

[……]

疏通利用外资企业产品的内销渠道

会议认为,利用中外合资、合作、外商独资企业的产品,必须以外销为目标,这不但是为了平衡本企业的外汇收支,更重要的是只有这样,才能在国际市场的竞争中不断提高产品的水平。同时也要看到,外商来我国投资,重要的一条就是我们十亿人口的市场对他们很有吸引力。如果不区别不同情况,一概要求出口,利用外资、引进技术的局面就难以打开。中央领导同志一再指出,这个问题要解决,要让出部分国内市场换取我们需要的先进技术,凡属外商确定提供了先进工艺、技术、设备的产品,要让出部分国内市场,允许一定比例内销;国内紧缺需要大量进口的产品,要允许内销以替代进口,用沿海生产的"洋货"替代进口的洋货;有些产品虽然国内市场也有,但其质量品种好,也应批准适当内销一点,以激励国内同类产品的进步。我们一定要保护我国的工业,促其不断发展,但是,对某些落后的工艺技术和质次价高的产品,一味强调保护,就达不到发展的目的。建议:由国家计委牵头,会同国家经委、商业部和经贸部、根据中央领导同志多次谈话的精神,对利用外资企业(包括特区的这类企业)的产品内销问题,抓紧制定一套合理的办法,为更好地利用外资创造条件。

加强领导,培训干部抓好社会主义精神文明建设

实行对外开放,同国际资本打交道,存在着严重的斗争,有个能否在互利条件下为我所用的问题。关键在于我们的干部必须是明白人,而不是糊涂人。必须有一大批党性强、政策水平高、有事业心、通晓业务、精明强干的领导干部,必须有一大批精通国际经济、贸易、金融、法律和科学技术的专业人才。这些干部又必须像中央领导同志要求的那样,有特别高的觉悟、特别严格的纪律、特别好的风气、特别高的工作效率。我们本来就人才缺乏,经验不足,又不善于发现人才和使用人才,现行一些制度,也不利于人尽其才。因此要从各方面选拔、调配这样的干部,要舍得下本钱培养各种人才,特别要加强领导班子的配备。国务院委托深圳特区举办学习班,由进一步开放的港口城市派一批人前去学习,深圳也可借此机会集思广益,改进工作,这样的学习班,天津、上海也要办。

沿海几个港口城市的进一步开放,经济特区对外往来的日益频繁,必然会有外来腐朽思想的侵袭和各种违法犯罪活动的发生。我们一定要坚持执行对外开放政策,又要对此保持清醒的头脑。要坚持"四项基本原则",深入进行思想政治教育,抓好党风党纪和政纪,抵制形形色色的资本主义腐朽思想和生活方式的侵蚀,大力建设社会主义精神文明。要加强社会主义法制和公检法队伍的建设,正确调处和审理涉外经济案件。要切实加强边防和查私工作,有力地打击各种犯罪活动。要从各方面保证党的对外开放政策的正确贯彻执行。

这次会议还议论了对侨胞投资实行优惠待遇的问题。大家认为,调动海外广大侨胞为祖国"四化"建设贡献力量的积极性,要有一整套的政策和措施。侨胞投资,无论是在沿海或内地、特区或非特区,都应当享受比一般外商更优惠的待遇。各项侨务政策都要认真落实,特别是在三、五年内要分批把侨房政策落实好。国务院侨务办公室根据中央的指示,正在会同有关部门和有关地区拟定办法,希望早日报请中央国务院审批下达。但是,有关侨胞回国投资的宣传报道应十分慎重,以免引起侨居国的疑虑。

到会同志一致表示,对邓小平同志关于对外开放和特区工作的重要谈话,必须坚决贯彻好,决不能发生大的工作失误。要按照陈云同志给中国计划学会《祝贺信》中讲的:"解放思想,实事求是,

继续探索，扎实工作"，把很大的干劲同切实的章法结合起来，为开创利用外资、引进先进技术的新局面，争取时间，较快地克服经济、技术和管理落后善，实现党的"十二大"提出的战略目标而奋斗。

2. 中华人民共和国国务院关于经济特区和沿海十四个港口城市减征、免征企业所得税和工商统一税的暂行规定

（国发〔1984〕161号）

为了有利于深圳、珠海、厦门、汕头四个经济特区和大连、秦皇岛、天津、烟台、青岛、连云港、南通、上海、宁波、温州、福州、广州、湛江、北海等沿海十四个港口城市扩大对外经济合作和技术交流、吸收外资、引进先进技术、加速社会主义现代化建设，特对外国和港澳等地区的公司、企业以及个人（以下统称客商），在上述特区和城市投资兴办中外合资经营企业、中外合作经营企业、客商独立经营企业，给予减征、免征企业所得税和工商统一税的优惠。

一、经济特区

（一）在经济特区（以下简称特区）内开办的中外合资经营、中外合作经营、客商独立经营企业（以下统称特区企业），从事生产、经营所得和其他所得，减按15％的税率征收企业所得税。其中：

1. 从事工业、交通运输业、农业、林业、牧业等生产性行业，经营期在十年以上的，经企业申请，特区税务机关批准，从开始获利的年度起，第一年和第二年免征所得税，第三年至第五年减半征收所得税。

2. 从事服务性行业，客商投资超过五百万美元，经营期在十年以上的，经企业申请，特区税务机关批准，从开始获利的年度起，第一年免征所得税，第二年和第三年减半征收所得税。

（二）对特区企业征收的地方所得税，需要给予减征、免征优惠的，由特区人民政府决定。

（三）特区中外合资经营企业的客商将从企业分得的利润汇出境外，免征所得税。

（四）客商在中国境内没有设立机构而有来源于特区的股息、利息、租金、特许权使用费和其他所得，除依法免征所得税的以外，都减按10％的税率征收所得税。其中提供资金、设备的条件优惠，或者转让的技术先进，需要给予更多减征、免征优惠的，由特区人民政府决定。

（五）特区企业进口的货物，应当征收工商统一税的，在特区管理线建成以前，属于生产必需的机器设备、原材料、零配件、交通工具和其他生产资料，免征工商统一税；属于国家限制进口的交通工具、耐用消费品，照章征收工商统一税；进口各种矿物油、烟、酒和其他各种生活用品，按照税法规定的税率减半征收工商统一税。在特区管理线建成以后，进口各种矿物油、烟、酒，仍然按照税法规定的工商统一税税率减半征收；其余的进口货物，都免征工商统一税。客商个人携带进口自用的烟、酒、行李物品、安家用品，在合理数量内免征工商统一税。

（六）特区企业生产的出口产品，除国家限制出口或者另有规定的少数产品以外，都免征工商统一税。

（七）特区企业生产的产品，在本特区内销售的，各种矿物油、烟、酒等按照税法规定的税率减半征收工商统一税；特区人民政府也可以自行确定对少数产品照征或者减征工商统一税；其他产品都不再征收工商统一税。

（八）特区企业将减征、免征工商统一税的进口货物或者在特区生产的产品运往内地，应当在进入内地时，依照税法规定补征工商统一税；客商个人从特区进入内地携带自用的行李物品，在合理数量内免征工商统一税。

（九）特区企业从事商业、交通运输业、服务性业务取得的收入，应当按照税法规定的税率征收工商统一税；从事银行、保险业取得的收入，按照3%的税率征收工商统一税。上述企业在开办初期需要给予定期减征、免征工商统一税照顾的，由特区人民政府决定。

（十）在广东省海南行政区内开办的中外合资经营、中外合作经营、客商独立经营企业，其企业所得税和工商统一税的减征、免征，比照特区的有关规定办理。

二、沿海十四个港口城市的经济技术开发区

（一）在经济技术开发区（以下简称开发区）内开办中外合资经营、中外合作经营、客商独立经营的生产性企业（以下统称开发区企业），从事生产、经营所得和其他所得，减按15%的税率征收企业所得税。其中，经营期在十年以上的，经企业申请，市税务机关批准，从开始获利的年度起，第一年和第二年免征所得税，第三年至第五年减半征收所得税。

（二）对开发区企业征收的地方所得税，需要给予减征、免征优惠的，由开发区所在地的市人民政府决定。

（三）开发区中外合资经营企业的客商将从企业分得的利润汇出境外，免征所得税。

（四）客商在中国境内没有设立机构而有来源于开发区的股息、利息、租金、特许权使用费和其他所得，除依法免征所得税的以外，都减按10%的税率征收所得税。其中提供资金、设备的条件优惠，或者转让的技术先进，需要给予更多减征、免征优惠的，由开发区所属的市人民政府决定。

（五）开发区企业进口自用的建筑材料、生产设备、原材料、零配件、元器件、交通工具、办公用品，免征工商统一税。开发区企业用进口的免税原材料、零配件、元器件加工的产品转为内销的，对其所用的进口料、件，照章补征工商统一税。

（六）开发区企业生产的出口产品，除国家限制出口的产品以外，免征工商统一税；内销产品，照章征税。

（七）在开发区企业中工作或者在开发区内居住的客商人员，携带进口自用的安家物品和交通工具，凭市开发区管理委员会的证明文件，在合理数量内免征工商统一税。

三、沿海十四个港口城市的老市区和汕头、珠海、厦门市市区

（一）在沿海十四个港口城市的老市区和汕头、珠海、厦门市市区（以下统称老市区）内开办中外合资经营、中外合作经营、客商独立经营的生产性企业（以下统称老市区企业），凡属技术密集、知识密集型的项目，或者客商投资额在3 000万美元以上、回收投资时间长的项目，或者属于能源、交通、港口建设的项目，经财政部批准，减按15%的税率征收企业所得税。

对于不具备前款减征条件，但是属于下列行业的老市区企业，经财政部批准，可以按照税法规定的企业所得税税率打八折计算征税：

1. 机械制造、电子工业；

2. 冶金、化学、建材工业；

3. 轻工、纺织、包装工业；

4. 医疗器械、制药工业；

5. 农业、林业、牧业、养殖业以及这些行业的加工工业；

6. 建筑业。

对老市区企业减征、免征企业所得税，应当按照上述优惠税率，根据中外合资经营企业所得税法、外国企业所得税法规定的期限和范围执行。

（二）对老市区企业征收的地方所得税，需要给予减征、免征优惠的，由市人民政府决定。

（三）客商在中国境内没有设立机构而有来源于老市区的股息、利息、租金、特许权使用费和其他所得，除依法免征所得税的以外，都减按 10％ 的税率征收所得税。其中提供资金、设备的条件优惠，或者转让的技术先进，需要给予更多减征、免征优惠的，由市人民政府决定。

（四）老市区企业作为投资进口、追加投资进口的本企业生产用设备、营业用设备、建筑用材料，以及企业自用的交通工具和办公用品，免征工商统一税。

（五）老市区企业生产的出口产品，除国家限制出口的产品以外，免征工商统一税；内销产品，照章征税。

（六）老市区企业进口的原材料、零配件、元器件、包装物料等，用于生产出口产品部分，免征工商统一税；用于生产内销产品部分，照章征税。

（七）在老市区企业中工作或者居住的客商人员，携带进口自用的安家物品和交通工具，凭市人民政府主管部门的证明文件，在合理数量内免征工商统一税。

四、施行日期

本规定有关所得税的减征、免征，自 1984 年度起施行；有关工商统一税的减征、免征，自 1984 年 12 月 1 日起施行。

国务院

一九八四年十一月十五日

3. 国务院关于上海市建立闵行和虹桥两个经济技术开发区的批复

（国函〔1986〕108 号）

上海市人民政府，国务院各有关部门：

上海市人民政府一九八六年五月三十日《关于成立闵行和虹桥两个经济技术开发区的报告》收悉。现批复如下：

一、同意上海市建立闵行和虹桥两个经济技术开发区。闵行经济技术开发区位于上海市闵行区西部，东起沙港，西至昆阳路，北沿剑川路，南至江川路，规划用地二点一三平方公里。虹桥经济技术开发区位于上海市西郊，东起中山西路，西至古北路，北临仙霞路，南至虹桥路，规划用地零点六五二平方公里。

二、闵行和虹桥经济技术开发区执行沿海开放城市经济技术开发区的各项政策规定。

三、闵行和虹桥经济技术开发区的建设和发展，要纳入上海市经济技术发展的总体规划，建设资金由上海市自筹，借用外资由上海市自还。

国务院

一九八六年八月二十九日

4. 中华人民共和国海关对经济技术开发区进出境货物的管理规定

（海关总署(88)署货字第 455 号）

第一条　为了促进经济技术开发区的建设和发展，加强海关管理，根据《中华人民共和国海关法》和国家对经济技术开发区的有关法规,特制定本规定。

第二条 本规定适用于经国家批准的沿海港口城市兴办的经济技术开发区(以下简称开发区)。

第三条 开发区内从事进出口业务的外贸企业、生产企业,应持国家主管部门的批准文件和工商行政管理部门颁发的营业执照,向所在地海关办理注册登记手续。

第四条 开发区进出口货物应当由收、发货人或其代理人填写进、出口货物报关单向海关如实申报,并按照国家有关规定交验许可证件和其他有关单证。上述货物如从开发区以外的口岸进出境,应按海关对转关运输货物监管办法办理。

第五条 开发区内享受进出口货物优惠待遇的企业,应建立专门账册,定期向海关书面报告进口物资的使用、销售、库存以及出口等有关情况,由海关进行核查,海关有权随时进入企业检查货物情况和调阅有关账册。

海关认为确有必要时,可以在有关企业中派驻海关人员进行监管,办理海关手续,有关企业应当免费提供办公场所和必要的方便条件。

第六条 开发区内企业和机构,经国家规定的主管部门批准,进口供本开发区内使用的货物,其关税、进口调节税和工商统一税(产品税或增值税),按以下规定办理:

(一)建设开发区基础设施所需进口的机器、设备和其他基建物资,予以免税;

(二)区内企业进口自用的建筑材料、生产和管理设备、生产用燃料,合理数量的生产用车辆、交通工具、办公用品及上述机器设备、车辆所需进口的维修零配件,予以免税;

(三)开发区内的行政机关、事业单位等机构进口自用合理数量的建筑材料、交通工具、办公用品、管理设备,比照本条第(二)项的规定办理;

(四)区内企业进口专为生产出口产品所实际耗用的原材料、零配件、元器件、包装物料,旅游饮食业营业用的餐料,利用外资养殖出口产品所需进口的饲料,予以免税;

(五)开发区进口本条第(一)(二)(三)(四)项规定范围以外的其他货物,照章征税。

第七条 含有免税进口料件的制成品,经批准从内地运往开发区销售、使用的,按第六条的规定分别免征或补征税款。

第八条 开发区内企业出口开发区生产的产品,免征出口关税。

使用内地料件或半成品,在开发区内加工出口应征出口关税的产品,凡经实质性加工,增值20%以上的,可视为开发区产品,海关凭有关主管部门的证明文件,免征出口关税。

开发区企业代理或收购区外产品出口,应按国家有关规定办理;出口应征出口税的产品,照章征收出口关税。

第九条 开发区进口的减免税货物只限在区内使用,未经批准,并办结海关手续,不得移作他用,不得擅自转让、销售、租赁区外。

第十条 开发区内单位更新下来的原免税进口的机器、设备、公用物品运往内地,以及在开发区内承包工程的内地单位施工结束后,将上述物资运往内地,均应向海关交验有关主管部门的批准文件,经海关审核认可,酌情予以补税验放。

第十一条 开发区内经营进料加工业务的企业,其进出口有关物资分别按照《中华人民共和国海关对外商投资企业履行产品出口合同所需进口料件管理办法》和《中华人民共和国海关对进料加工进出口货物的管理办法》办理。

开发区内企业使用免税进口料件生产、装配的制成品,经有关主管部门批准内销时,有关企业应向海关补办进口手续,海关对其所含进口料件补征税款;在开发区内销售、使用的,按本规定第六条规定的原则免征或补征税款,对需补征税款的制成品,如货物所有人或其代理人对所含进口料件的品名、数量、价值申报不清的,海关按制成品的税率补征税款。

第十二条　开发区内企业如需将进口的料件运往开发区外加工,应凭开发区主管部门的批准文件和与内地加工企业签订的加工合同向海关登记,由海关核发《登记手册》。加工后的成品,应按合同规定期限运回开发区,并在合同执行完毕后的 1 个月内,持《登记手册》向海关办理核销手续。

第十三条　开发区以外的进口货物临时运往开发区使用时,应向海关申报,有关货物退回内地时,经海关查验确系原货的,可准予退回;未向海关申报的,有关货物退运内地时,按开发区进口货物运往内地的规定办理。

第十四条　凡违反本规定或海关其他规定的,由海关按《中华人民共和国海关法》和其他有关法规的规定进行处理。

第十五条　本规定自 1988 年 5 月 15 日起施行。

5. 上海市经济技术开发区条例

(1988 年 11 月 10 日　上海市第九届人民代表大会常务委员会第四次会议通过)

第一章　总　　则

第一条　为了进一步扩大对外开放,发展对外经济技术合作和贸易,加快上海市经济技术开发区建设,根据中华人民共和国有关法律、法规,结合本市实际情况,制定本条例。

第二条　凡经中华人民共和国国务院批准、在上海市设立的经济技术开发区(以下简称开发区),均适用本条例。

第三条　开发区应按照上海市经济发展战略和城市总体规划的要求,以吸收外资发展新兴技术和新兴产业,举办先进技术企业和产品出口企业为主。根据需要也可兴建国际贸易、国际金融、外事活动场所和举办旅游、提供寓所等服务性项目。

第四条　本市有关部门和单位应为开发区投资者提供良好的生产、经营条件,不断完善供水、供电、供煤气、排水、通信、道路、仓储运输、生活服务等基础设施和服务设施。

第五条　开发区内投资者的投资、财产、收益和其他合法权利,受中华人民共和国法律保护。

开发区内的企业、单位和个人,必须遵守中华人民共和国法律、法规,不得损害社会公共利益。

第二章　组 织 管 理

第六条　上海市人民政府主管外国投资工作的部门是开发区的管理机构,对开发区行使以下职权:

(一)组织制订和修改开发区发展规划,经市人民政府批准后组织实施;

(二)制订和发布开发区的具体管理规定;

(三)按照规定的权限,审批开发区内的投资项目;

(四)检查、督促、协调开发区各项基础设施的建设和水、电、气、通信等公用设施的供应;

(五)检查、监督、协调市有关部门和其他单位设在开发区的分支机构的工作;

（六）协调解决开发区内各项目在建设和经营过程中的问题；

（七）市人民政府授予的其他职权。

第七条 除本条例第六条授予开发区管理机构行使的各项职权以外，开发区内原由市或区人民政府各主管部门分管的基础设施、土地房产、环境保护和公安、交通、消防、文化、教育、卫生、绿化、计划生育等工作，仍由各主管部门负责管理。

第八条 开发区公司按照市人民政府批准的发展规划，负责本开发区内的基础设施建设、土地房产经营，协助投资者兴办企业，并帮助联系水、电、气、通信等公用设施的供应工作。

第三章 投 资 与 经 营

第九条 鼓励外国的公司、企业和其他经济组织或者个人在开发区内投资，举办外商投资企业或者采取我国法律允许的其他形式进行投资、经营。

国内企业、其他经济组织等也可在开发区内举办独立经营的企业或者联合经营的企业。

第十条 在开发区内进行投资，投资者应按照国家和本市的规定办理申请和审批手续。

第十一条 外商投资企业在开发区内使用土地，应按照国家和本市土地使用管理的规定办理。

第十二条 外商投资企业应在中国人民银行批准的金融机构开立账户。如需在国外或港澳地区的金融机构开立账户的，应事先经国家外汇管理部门批准。

第十三条 外商投资企业必须在上海市境内设置完整的会计账簿，进行独立核算，按照规定报送会计报表，并接受财政税务部门的监督。

第十四条 开发区内的企业应在注册登记部门核准的经营范围内经营。

第十五条 开发区内的外商投资企业有权在批准的合同范围内，自行制定生产经营计划；筹措、运用资金；采购生产资料和销售产品。

第十六条 开发区内的外商投资企业可根据生产经营需要，自行确定其机构设置、人员编制、工资标准、工资形式和奖励、津贴制度。

外商投资企业招聘人员，按照国家和本市有关外商投资企业劳动人事管理的规定办理。

第十七条 开发区内的外商投资企业应按照国家和本市有关环境保护和劳动保护的规定，采取切实有效措施，防止环境污染，保证职工在安全、卫生的条件下工作。

第十八条 开发区内的外商投资企业的职工依法建立基层工会组织，开展工会活动，维护职工的合法权益。

第十九条 开发区内的企业停业解散，应向原审批部门申报理由，按规定办理手续。

第四章 优 惠 待 遇

第二十条 开发区内的外商投资企业，除享受国家和本市规定的有关优惠待遇外，还可以享受本条例规定的优惠待遇。

经批准在开发区内设立的国内企业，除减免税优惠必须由国家批准外，可以享受本条例规定的优惠待遇。

第二十一条 开发区内的生产性外商投资企业，在 1995 年底前免征地方所得税。

第二十二条 外商投资企业在开发区内自建的房屋或者购置的新建房屋，自建成或购置的月份起，免征房产税五年。

第二十三条　开发区内的外商投资企业,按规定纳税有困难的,经企业申请、税务部门批准,可减征或免征工商统一税。

第二十四条　开发区内的外商投资企业在生产和流通过程中需要借贷的短期周转资金,经开户银行或者其他金融机构审核同意后,应确保贷放;其他信贷资金,优先贷放。

第二十五条　外商在开发区内可以按照统一规划,投资开发场地,从事基础设施项目的开发和房产经营。

从事开发区基础设施建设的外商投资企业,可享受开发区内生产性企业的优惠待遇。

第二十六条　开发区内可以建立保税仓库,为开发区内外的企业提供服务。经国家主管部门批准,还可以建立转口型保税仓库和保税加工区。

第五章　附　　则

第二十七条　本条例同样适用于华侨和香港、澳门、台湾同胞的公司、企业、其他经济组织或者个人在开发区投资举办的企业。

第二十八条　开发区对外国领事机构及有关国际组织提供用地用房,另按中华人民共和国外交部和上海市人民政府外事办公室的有关规定办理。

第二十九条　本条例所指的开发区公司,是指经上海市人民政府批准的、从事开发区的开发建设和经营管理的经济实体。

第三十条　本条例自 1989 年 1 月 1 日起施行。

6. 上海市漕河泾新兴技术开发区暂行条例

（1990 年 4 月 8 日　上海市第九届人民代表大会常务委员会第 17 次会议通过）

第一章　总　　则

第一条　为加快上海市漕河泾新兴技术开发区的建设,发展高技术、新技术及高技术、新技术产业(以下统称新兴技术及新兴技术产业),促进对外经济技术合作,推动传统工业的改造,根据国家有关法律、法规和《上海市发展新兴技术和新兴工业暂行条例》、《上海市经济技术开发区条例》,制定本条例。

第二条　经国务院批准,设立上海市漕河泾新兴技术开发区(以下简称开发区),规划面积为五平方公里。

第三条　开发区是新兴技术的研究、开发、中试、生产、经营、培训的综合性基地,其主要任务是:

(一) 引进国外及国内新兴技术和资金,兴办新兴技术企业;

(二) 将国内及国外新兴技术成果转化为工业化产品并推广应用;

(三) 促使新兴技术企业运用开发区的条件不断研究、开发、更新技术和产品,在技术进步的基础上扩大再生产;

(四) 跟踪国际新兴技术发展进程;

(五) 培训中、高级专门人才。

第四条　本条例所称的新兴技术及其产品的范围包括:

（一）微电子与信息技术及其产品；

（二）光纤与现代电子通信技术及其产品；

（三）激光技术及其产品；

（四）光、机、电一体化技术及其产品；

（五）生物工程技术及其产品；

（六）新材料技术及其产品；

（七）新能源技术、节能新技术及其产品；

（八）航天技术及其产品；

（九）其他新兴技术及其产品。

第五条　本条例所称的新兴技术企业是指开发区内从事本条例第四条规定范围内一种或多种新兴技术及其产品的研究、开发、中试、生产和进行相关的经营、服务业务（单纯的商业经营除外），并具备下列条件者：

（一）实行独立核算、自主经营、自负盈亏的经济实体，或者企业事业单位在开发区内投资建立的独立核算的分厂或生产车间；

（二）企业的负责人是具有企业管理或者科技管理经验和中级以上职称的本企业的专职人员；

（三）具有一定数量的与其从事的专业技术相称的中专以上一学历的科技人员（包括相当于同等学历的科技人员）和技术工人。

第二章　管理体制

第六条　上海市人民政府全面领导开发区的建设和发展。市人民政府各部门应本着高效、负责的原则，在开发区内行使各自职权。

第七条　上海市人民政府主管外国投资工作的部门是开发区的管理机构，其职权按《上海市经济技术开发区条例》第六条的规定行使。

第八条　上海市科学技术委员会（以下简称市科委）对开发区行使下列职权：

（一）会同上海市计划委员会（以下简称市计委）制定开发区新兴技术发展规划；

（二）组织确定并定期发布新兴技术及其产品目录；

（三）组织制订新兴技术企业具体认定办法和组织新兴技术企业和新兴技术新产品的认定、考核工作；

（四）扶持区内新兴技术研究和新兴技术企业发展。

第九条　上海市经济委员会会同市计委对开发区行使下列职权：

（一）根据开发区新兴技术发展规划，组织制定新兴技术产业发展规划；

（二）组织调整开发区内现有工业企业产品结构和编制新兴技术产品发展计划；

（三）确定开发区年度固定资产投资规模。

第十条　上海市城市规划建筑管理局对开发区行使下列职权：

（一）组织编制、审查开发区建设详细规划，报市人民政府批准后，监督规划的实施；

（二）核发建设用地规划许可证；

（三）审核建设项目建筑设计方案；

（四）核发建设工程规划许可证件。

开发区建设详细规划批准后，按照规划安排的建设项目，不再办理选址审批手续。

第十一条　上海市财政局、上海市税务局对开发区行使下列职权:

(一)根据市科委的新兴技术企业和新兴技术产品批准书,核准其享受税收优惠待遇;

(二)对区内企业和个人进行税收管理和财务监督;

(三)监督开发基金的使用。

第十二条　上海市环境保护局对开发区行使下列职权:

(一)组织、协调、监督、检查开发区的环境保护工作;

(二)审查进区项目的环境影响报告书(表)及其防治方案,监督检查治理设施;

(三)确定开发区及其环境保护带的环境质量标准和污染物排放标准。

第十三条　上海海关、上海进出口商品检验局及其他有关部门应当在开发区内设立工作机构。

第十四条　徐汇区人民政府负责开发区内的公安、消防、文化、教育、卫生、环境卫生、计划生育、绿化、商业网点管理和工商行政管理等区政工作。

徐汇区人民政府应在开发区设置街道办事处,并可根据需要设立有关机构的派出机构。

第三章　开发区内的企业事业单位

第十五条　上海市漕河泾新兴技术开发区发展总公司(以区总公司)根据本条例和经批准的开发区发展规划区的基础设施建设、资金筹集和运用、土地开发权转让、房产经营、举办企业、技术及产品贸易和工作。

开发区总公司是实行独立核算、自负盈亏、为开发区发展和区内企业事业单位服务的企业,享受新兴技术企业的优惠待遇。

第十六条　开发区总公司可根据经营业务需要在开发区内建立有关专业公司。

第十七条　开发区内可以举办从事新兴技术研究、开发、中试、生产、应用、服务或与其配套的各类企业事业单位,包括中外合资经营企业,中外合作经营企业,外资企业和全民所有制、集体所有制企业事业单位,私营企业,以及个体的研究、开发、制作、经营户。

第十八条　鼓励在开发区内投资兴建符合本条例以及列入本市新兴技术工业发展规划的项目。

鼓励在开发区内投资举办旨在推广应用新兴技术及其产品项目的设计、开发、中试、制造服务的企业事业单位,新兴技术创新发明中心,以及与发展新兴技术工业相关的加工装配出口、进口替代企业。

第十九条　本市有关部门和单位应为开发区提供并不断完善供电、供水、排水、供气、通信、道路养护、仓储、运输、生活服务等设施。银行、保险、邮电等部门应在开发区内设立分支机构。

第四章　环　境　保　护

第二十条　开发区内一切单位必须遵守国家和本市环境保护的法律、法规,并根据开发区的环境质量和污染物排放等标准,控制污染,处理和处置固体废弃物及有毒物质。

开发区内的一切项目必须是无污染或少污染的项目,并且必须实行防治环境污染的配套设施与主体工程同时设计、同时施工、同时投入使用的原则。

开发区内的企业事业单位,应当使用清洁能源。

第二十一条　为确保开发区环境质量,设立开发区环境保护带。

环境保护带内各单位负有不影响开发区环境质量的义务。

第二十二条　开发区执行环境影响评价制度。开发区及其环境保护带内的企业事业单位的工程建设及科研、生产,应事先进行环境影响的预测和评价。

第五章　开发区资金

第二十三条　设立"上海市漕河泾新兴技术开发区开发基金"(以下简称开发基金)。开发基金的来源是:

(一)开发区的财政收入以一九八八年为基数(不包括超承包返回企业数、中央级财政收入及部分区县收入),一九八九年起五年内全部新增加部分;

(二)财政拨款和财政借款;

(三)其他资金。

第二十四条　开发基金主要用于:

(一)建设开发区的基础设施、生活服务设施,改善投资环境。

(二)培训新兴技术企业的经营管理和科技创业人才及聘请国内及国外专家。

(三)根据开发基金财力情况,适当支持以下项目:

1. 新兴技术成果产业化项目;

2. 应用新兴技术及其产品改造传统工业的项目;

3. 兴办新兴技术创新发明中心;

4. 扶持新兴技术科研项目;

5. 其它对开发区发展的有益用途。

第二十五条　开发基金年度使用计划由开发区总公司根据市人民政府批准的投资规模,编制年度用款计划,经财政部门审核后按计划拨款。

开发基金在市财政局专户储存、专款专用,并单独进行会计核算和结报。

第二十六条　开发区内的企业事业单位可以获得以下资金

(一)本市安排的开发区内建设项目的专项资金。

(二)本市发展新兴技术、新兴工业的专项资金。

(三)自筹的国内和国外资金。

第六章　优惠和扶持

第二十七条　凡符合本条例第五条规定的新兴技术企业。

实行下列减征或免征税收的优惠:

(一)减按百分之十五税率征收所得税。

(二)经市人民政府批准,可免购国家重点建设债券。

(三)以自筹资金新建技术开发的生产、经营性用房,自一九九零年起五年内免征建筑税。

第二十八条　开发区内列入本市发展新兴技术和新兴工业项目计划表的单位和新产品,可享受《上海市发展新兴技术和新兴工业暂行条例》所规定的优惠待遇。

第二十九条　开发区内新兴技术企业的生产、经营性基本建设项目,按照统一规划安排建设,优先安排施工。

第三十条　开发区内新兴技术企业进出口业务的海关监管事项按下列规定办理：

（一）开发区内的新兴技术企业生产出口产品所需的进口原材料和零部件，免领进口许可证，海关凭合同和市人民政府指定部门的批准文件验放；属于国家限制进出口或者实行进出口许可证管理的产品，需按国家有关规定办理进出口批件或进出口许可证。

（二）经海关批准，在开发区内设立保税仓库和保税工厂，海关对进口的原材料和零部件进行监管，按实际加工出口数量，免征进口关税和进口环节工商统一税或产品税（或增值税）；保税货物转为内销，必须经原审批部门批准和海关许可，并照章办理进口纳税手续。

（三）新兴技术企业进口仪器和设备，凭审批部门的批准文件，由海关按有关规定办理。

（四）新兴技术企业，出口其生产的产品，免征出口关税。

第三十一条　新兴技术企业出口所创外汇，三年内金额留给企业；从第四年起，地方和创汇企业二八分成。地方外汇分成部分留给开发区，由开发区总公司按照国家有关规定使用。

第三十二条　所有减免的税款和分成外汇，由企业专项用于新兴、技术开发和生产的发展。

第三十三条　银行对开发区内的新兴技术企业优先予以贷款支持。对外向型的新兴技术企业，优先提供外汇贷款。

全民所有制、集体所有制新兴技术企业所用贷款，经财政税务部门批准，可以税前还贷。

开发区内可设立创业投资公司支持新兴技术创新发明项目的投入生产。

第三十四条　开发区内企业根据国内及国外人士提供新兴技术后的创利状况，可按照批准的合同规定让其分享利润。

第七章　人　才　管　理

第三十五条　开发区内的新兴技术企业事业单位在人事、劳动工资、收益分配、人才培训等方面根据国家和本市的有关规定享有自主权。

第三十六条　允许新兴技术企业按规定招聘技校毕业生、中专毕业生、大学毕业生、留学生和国外专家。

开发区内企业可按规定聘用在原单位辞职的科技人员和管理人员，其就聘后的工龄与原工龄连续计算。

第三十七条　经市人事等部门批准，外地优秀科技人员可以到开发区工作，并报进本市户口；经市人口控制部门批准，可以减免缴纳城市建设费。

第三十八条　开发区内建立培训基地，有计划地培训发展新兴技术产业所需要的中、高级的研究、开发、中试、生产、经营和管理人才以及技术工人。

第三十九条　开发区内的企业事业单位根据工作需要和本人实际能力，择优选择干部，并可按国家有关规定有选择地聘用离、退休科技人员和管理人员。

第八章　附　　则

第四十条　开发区内设立的外商投资企业，除适用本条例外，同时适用《上海市经济技术开发区条例》。

第四十一条　国家对新兴技术开发区实行新的规定时，按该规定办理。

第四十二条　本条例具体执行中的事项由上海市人民政府主管外国投资工作的部门解释。

第四十三条　本条例自一九九〇年五月一日起施行。

7. 国务院关于同意上海改在佘山建立国家旅游度假区的批复

(国函〔1995〕60号)

上海市人民政府:

你市《关于改在佘山风景区建立国家旅游度假区的请示》收悉,现批复如下:

一、同意上海不再设立横沙岛国家旅游度假区,易地在佘山建设国家旅游度假区。

二、上海佘山国家旅游度假区位于上海市松江县的佘山,以东西走向的沈砖公路为主轴线,东以方松公路为界,西至规划中的5120国道,南以旗天公路(洞泾旗天村至天马山)为界,北达泗陈公路及佘山镇的罗村山和天马镇的三界址村、九曲村南界。主轴线两侧包括九座小山,即小昆山、北干山、横山、天马山、钟贾山、辰山、西佘山、东佘山、凤凰山。

三、上海佘山国家旅游度假区的建设项目必须符合《国务院关于严格控制高档房地产开发项目的通知》(国发〔1995〕13号)的规定。

国务院
一九九五年六月十三日

8. 上海外高桥保税区条例

(1996年12月19日 上海市第十届人民代表大会常务委员会第三十二次会议通过)

第一章 总 则

第一条 为了扩大对外开放,发展国际贸易,促进经济繁荣,根据国家有关法律、法规,借鉴国际自由贸易区通行规则,结合本市实际情况,制定本条例。

第二条 经国务院批准设立的上海外高桥保税区(以下简称保税区,对外译称自由贸易区),位于上海市浦东新区的外高桥地区,是设有隔离设施的实行特殊管理的经济贸易区域。

货物可以在保税区与境外之间自由出入,免征关税和进口环节税,免验许可证件,免于常规的海关监管手续,国家禁止进出口和特殊规定的货物除外。

第三条 保税区主要发展进出口贸易、转口贸易、加工贸易、货物储存、货物运输、商品展示、商品交易以及金融等业务。

第四条 保税区由上海市人民政府(以下简称市人民政府)领导,海关实施海关业务监管。

第五条 保税区内的企业、机构、个人及其相关的经济活动,必须遵守本条例。

第六条 保税区内投资者的合法权益受法律保护。

第二章 管理与服务机构

第七条 上海外高桥保税区管理委员会(以下简称管委会)是市人民政府的派出机构,统一管理保税区的行政事务,实行独立核算的财政收支管理。

管委会主任由市人民政府任命。

第八条 管委会行使以下职责:

(一)负责法律、法规和本条例在保税区的实施,制定和发布保税区的具体管理规定;

（二）制订保税区的发展规划和产业政策，经市人民政府批准后组织实施；

（三）负责保税区的计划、规划、国有资产、投资、对外经济贸易、财政、地方税务、统计、工商行政、公安、劳动人事、外事、运输、基础设施、土地房产、环境保护、环境卫生、公用事业等方面的管理工作；

（四）协调保税区内海关、国家税务、金融、商品检验等部门的工作；

（五）市人民政府授予的其他职权。

前款第（三）项行政管理工作中涉及核发证照的，由市有关主管部门委托管委会的相关行政管理部门办理。

第九条　保税区海关对保税区实施特殊的监管方式：对保税区与境外之间进出的货物、物品以及保税区内流转的货物实行备案、稽核制度；对保税区与国内非保税区（以下简称非保税区）之间进出的货物、运输工具、物品实施常规的监督管理。

第十条　外高桥港区与保税区实行一体化管理，由港口管理机构负责港口管理。

第十一条　受管委会委托的保税区开发公司，应当承担保税区内的市政建设和管理，为保税区企业、机构提供服务。

第十二条　保税区可以依法设立报关、检验、劳务、公证、律师等机构，为保税区企业、机构提供服务。

第三章　企业设立

第十三条　投资者依照法律、法规和本条例，可以申请在保税区设立企业。

禁止在保税区内设立污染环境、危害国家安全或者损害社会公共利益的项目。

第十四条　投资者在保税区设立外商投资企业，应当向管委会提出申请。管委会应当在收到齐全、合法的申请文件（以下简称申请文件）之日起二十日内，会同有关部门作出是否批准的决定，在作出批准决定之日起三日内，由管委会的工商行政管理部门发给营业执照。

投资者在保税区设立其他企业，应当向管委会的工商行政管理部门提出申请。管委会的工商行政管理部门应当会同有关部门，在收到申请文件之日起十五日内作出是否核准登记的决定。对核准登记的，发给营业执照。

管委会的工商行政管理部门对审核权限以外的申请，应当报管委会审批。管委会对审批权限以外的申请，应当在收到申请文件之日起十日内转报市主管部门审批。

企业应当在领取营业执照后三十日内办理海关、税务、外汇管理、商品检验等登记手续。

投资者应当按期出资，并履行验资手续。

第十五条　保税区企业应当按照核定的经营范围，依法经营。

企业应当健全统计、财务、会计制度，并建立货物的专门账簿，依法定期向管委会、海关等有关部门报送有关报表。

企业在建设、生产、运营中应当符合环境保护的规定，并依法向管委会办理有关手续。

第四章　经营规则

第十六条　保税区企业可以自由从事保税区与境外之间的贸易，免配额，免许可证，国家另有规定的除外。

保税区企业可以自由从事保税区内贸易。

保税区企业依照国家有关规定,可以从事保税区与非保税区、保税区与国内其他保税区之间的贸易。

保税区企业经国家对外经贸主管部门批准的,可以代理非保税区企业的进出口贸易。

第十七条 国内外企业(包括保税区企业)可以在保税区内举办国际商品展示活动。

保税区企业可以设立商品交易市场,自由参加保税区内进出口商品展销会,从事商品展示、批发等业务;可以自由参加非保税区的进出口商品展销会、博览会。

经批准,保税区企业可以在非保税区开展保税商品展示活动。

第十八条 鼓励国内外企业在保税区内储存货物。货物储存期限不受限制。

企业可以在保税区内对货物进行分级、包装、挑选、分装、刷贴标志等商业性加工。

第十九条 保税区企业生产的产品应当以销往境外为主。

原材料来自境外、产品销往境外的加工项目在区内不受限制,国家产业政策禁止的除外。

经批准,保税区企业可以将境外运入的料件委托非保税区企业加工,也可以接受非保税区企业的委托,开展加工业务。

第二十条 鼓励保税区企业开展国际货物转运、分拨业务。

经批准,保税区企业可以从事通过保税区进出的集装箱运输、货运代理、船舶代理以及保税运输等业务。

第二十一条 保税区内可以开展其他国际服务贸易。

第五章 出 入 管 理

第二十二条 货物、物品从境外直接运入保税区,或者从保税区直接运往境外,应当向保税区海关备案。影响安全、卫生、环境保护的货物,应当接受法定检验。

货物、物品从保税区运往非保税区视同进口,由非保税区运入保税区视同出口,并办理进出口手续。

从非保税区运入供保税区内使用的机器、设备、零部件、原材料、运输工具、建筑材料及办公用品等,由保税区海关登记放行。

第二十三条 机动车出入保税区,凭管委会的公安部门签发的通行证件在指定的卡口出入,并接受卡口检查站的检查。承运保税货物的货车还应当符合海关规定的监管条件。

第二十四条 国际航行船舶停靠或者驶离外高桥港区码头,应当事先向港口管理机构提出申请,并接受口岸检查。

第二十五条 人员出入保税区,凭管委会的公安部门准予使用的有效证件,在指定的卡口进出。

第二十六条 未经管委会批准的人员不得在保税区内居住。

第六章 金 融 管 理

第二十七条 经国家金融主管部门批准,允许指定外币在保税区内使用。

第二十八条 保税区企业可以按照规定开立外汇现汇账户。

贸易项目下进出保税区的货物,应当以外币计价结算;区内行政管理机构的各项规费,应当以人民币计价结算;其余费用可以用外币计价结算,也可以用人民币计价结算。

第二十九条 货物在保税区与非保税区之间进出,由非保税区企业办理出口收汇和进口付汇核销手续。

　　货物在保税区与境外之间进出,保税区企业不办理外汇核销手续,但须办理国际收支统计申报。

　　第三十条　经国家金融主管部门或者其授权机构批准,国内外金融机构可以在保税区内设立经营性分支机构,经营有关金融业务。

　　第三十一条　经国家金融主管部门或者其授权机构批准,保税区外资银行可以经营人民币业务,保税区内的中外资金融机构可以经营离岸金融、境外融资、对外担保和其他特许业务。

第七章　建设与房地产管理

　　第三十二条　保税区企业、机构需要使用土地,应当与保税区开发公司签订土地使用转让合同,并向管委会办理土地使用手续。

　　第三十三条　保税区企业、机构需要建设工程,应当依照法律、法规规定,向管委会的规划管理部门申请建设工程规划许可证。管委会的规划管理部门应当在收到申请文件之日起二十五日内作出是否同意的决定。经审核同意的,发给建设工程规划许可证。

　　保税区内建设工程管理,依照有关法律、法规办理。

　　第三十四条　保税区企业、机构应当在建设工程竣工验收合格后三十日内向管委会的房地产管理部门依法申请登记。管委会的房地产管理部门应当在收到申请文件之日起十日内发给房地产权证书。

　　第三十五条　保税区企业、机构依法取得的房地产可以转让、租赁、抵押,但应当向管委会的房地产管理部门办理登记手续,并依法纳税。

　　第三十六条　保税区内的建筑物自交付使用之日起三十日内,业主应当成立物业管理机构,报管委会的房地产管理部门批准后,依法进行物业管理,或者委托其他具备一定资质的物业管理公司进行物业管理。

第八章　税　收　规　定

　　第三十七条　从境外运入保税区的下列货物、物品,除国家另有规定外,免征关税和进口环节税:

　　(一)进口货物;

　　(二)转口货物;

　　(三)保税区内储存货物;

　　(四)保税区内企业生产所需原材料、零部件、包装物件;

　　(五)保税区内建设项目所需机器、设备和基建物资;

　　(六)保税区内企业、机构自用的机器、设备和合理数量的办公用品、燃料、维修零配件。

　　第三十八条　从保税区运往境外的货物,免征关税,国家另有规定的除外。

　　经保税区出口的货物,依照国家有关出口退税的规定予以退税。

　　第三十九条　从保税区运往非保税区的货物,除国家另有规定外,参照国家货物进口的规定,征收关税和进口环节税。

　　第四十条　保税区企业生产供区内销售或者运往境外的产品,免征生产环节税。对销往非保税区的产品征收产品的生产环节税,按照产品所含境外料、件的比例征收关税、进口环节税。

第四十一条　保税区生产性企业按百分之十五税率计征企业所得税。经营期在十年以上的，从开始获利的年度起，第一年和第二年免征企业所得税，第三年至第五年减半征收企业所得税。

第四十二条　保税区贸易、仓储等非生产性企业，按百分之十五税率计征企业所得税。经营期在十年以上的，从开始获利的年度起，第一年免征企业所得税，第二年至第三年减半征收企业所得税。

第四十三条　除第三十七条至第四十二条规定外，其他经营活动依照国家和本市对浦东新区的税收规定执行。

第九章　劳 动 管 理

第四十四条　保税区企业可以根据生产经营需要，自行确定机构设置、人员编制，依法确定职工招聘条件、工资标准和分配形式。

企业应当实行劳动合同制。

第四十五条　保税区企业应当依照国家和本市有关规定，做好劳动安全卫生工作；对职工实行社会保险，保障职工的合法权益。

第十章　法 律 责 任

第四十六条　保税区企业、机构、个人违反本条例规定，应当予以行政处罚的，由管委会的有关行政管理部门或者海关等部门按照各自职责依法处罚。

第四十七条　管委会和其他机关工作人员玩忽职守、滥用职权、徇私舞弊的，由其所在单位或者上级机关给予行政处分；构成犯罪的，依法追究刑事责任。

第四十八条　当事人对管委会的有关行政管理部门或者海关等部门的具体行政行为不服的，可以依照《行政复议条例》或者《中华人民共和国行政诉讼法》的规定，申请行政复议或者提起行政诉讼。

第十一章　附 则

第四十九条　香港、澳门、台湾地区的投资者和在国外定居的中国公民在保税区设立企业以及保税区与香港、澳门、台湾地区之间的经济贸易活动，参照本条例执行。

第五十条　本条例的具体应用问题由市人民政府负责解释。

第五十一条　本条例自 1997 年 1 月 1 日起施行。

9. 国务院办公厅关于进行设立出口加工区试点的复函

(国办函〔2000〕37 号)

海关总署：

你署《关于设立出口加工区及进行试点的请示》(署税〔2000〕84 号)和补充说明收悉。经国务院领导批准，现函复如下：

一、根据国务院批准的设立出口加工区的基本原则，同意选择下述地区作为第一批出口加工区的试点：辽宁大连出口加工区、天津出口加工区、北京天竺出口加工区、山东烟台出口加工区、山东威海出口加工区、江苏昆山出口加工区、江苏苏州工业园区出口加工区、上海松江出口加工区、浙江杭州出口加工区、福建厦门杏林出口加工区、广东深圳出口加工区、广东广州出口加工区、湖北武汉出口加工区、四川成都出口加工区、吉林珲春出口加工区。

二、设立出口加工区不得搞新的重复建设。每个出口加工区的面积要严格控制在 2～3 平方公里内。今后随着经济发展的需要，如要扩展面积，需按程序报批。

三、要按照优化存量，控制增量，规范管理，提高水平的方针，先把新增加的加工贸易企业引入出口加工区，逐步实现对加工贸易企业的集中规范管理。

四、请你署通知有关地方人民政府认真组织建立出口加工区的隔离设施和管理机构。待条件具备后，由你署会同有关部门进行验收。

五、你署要会同有关部门，组织做好出口加工区的试点工作，并按照有关法律法规进行监管，促进加工贸易的健康发展，为扩大外贸出口作出贡献。

国务院办公厅
二〇〇〇年四月二十七日

10. 国务院办公厅关于增设出口加工区的复函

（国办函〔2003〕19 号）

海关总署：

你署《关于增设出口加工区的请示》（署加发〔2003〕51 号）收悉。经国务院批准，现函复如下：

一、同意增设以下出口加工区：上海青浦出口加工区、漕河泾出口加工区、闵行出口加工区，江苏南京出口加工区、镇江出口加工区、连云港出口加工区、苏州高新区出口加工区，山东济南出口加工区、青岛出口加工区，辽宁沈阳出口加工区、浙江嘉兴出口加工区、广西北海出口加工区和新疆乌鲁木齐出口加工区。

二、上述出口加工区的建设，要严格按照《国务院办公厅关于进行设立出口加工区试点的复函》（国办函〔2000〕37 号）的有关规定执行。请你署通知有关地方人民政府认真做好筹建工作，待条件具备后，由你署会同有关部门验收。

三、你署要会同有关部门，对已设立出口加工区的发展状况进行评估，及时总结经验，促进出口加工区健康有序地发展，并切实认真做好出口加工区的监管、服务等工作，规范加工贸易管理，不断提高工作水平。

国务院办公厅
二〇〇三年三月十日

11. 国务院办公厅转发商务部等部门关于促进国家级经济技术开发区进一步提高发展水平若干意见的通知

（国办发〔2005〕15 号）

各省、自治区、直辖市人民政府，国务院各部委、各直属机构：

商务部、国土资源部、建设部《关于促进国家级经济技术开发区进一步提高发展水平的若干意见》已经国务院同意，现转发给你们，请认真贯彻执行。

国务院办公厅
二〇〇五年三月二十一日

关于促进国家级经济技术开发区进一步提高发展水平的若干意见

商务部　国土资源部　建设部

建立国家级经济技术开发区,是党中央、国务院作出的重要决策,是改革开放和社会主义现代化建设的一大创举,是中国特色社会主义建设的成功实践和重要组成部分。经过20多年的艰苦创业,国家级经济技术开发区已发展成为我国土地集约程度较高、现代制造业集中、产业集聚效应突出的外向型工业区,充分发挥了窗口、示范、辐射和带动作用。同时,也存在着总体发展不平衡、片面追求园区规模和引资数量等问题。为促进国家级经济技术开发区进一步提高发展水平,提出如下意见:

一、国家级经济技术开发区进一步发展的指导思想和目标

(一)国家级经济技术开发区进一步发展的指导思想:以邓小平理论和"三个代表"重要思想为指导,全面落实科学发展观,坚持"以提高吸收外资质量为主,以发展现代制造业为主,以优化出口结构为主,致力于发展高新技术产业,致力于发展高附加值服务业,促进国家级经济技术开发区向多功能综合性产业区转变"的发展方针,以外资带动内资,增强自主创新能力,充分发挥辐射带动作用,推动形成若干新的经济增长点,为全面建设小康社会作出新的贡献。

(二)今后一个时期国家级经济技术开发区的发展目标:努力建设成为促进国内发展和扩大对外开放的结合体;成为跨国公司转移高科技高附加值加工制造环节、研发中心及其服务外包业务的重要承接基地;成为高新技术产业、现代服务业和高素质人才的聚集区;成为促进经济结构调整和区域经济协调发展的重要支撑点;成为推进所在地区城市化和新型工业化进程的重要力量;成为体制改革、科技创新、发展循环经济的排头兵。

(三)当前国家级经济技术开发区要着力把握好以下几点:一要牢固树立和落实科学发展观,努力实现体制、机制和经济增长方式的转变,不断提高发展水平。加快实现从单纯发展制造业为主向发展现代制造业和承接国际服务外包转变,从注重规模效益向注重质量效益转变,从偏重技术引进向注重消化吸收创新转变,从依靠政策优惠向依靠体制优势和综合投资环境优势转变。二要自觉服从国家经济大局和宏观调控,更加注重结构调整和优化升级,更加注重引进高新技术和开发创新,更加注重开发项目的质量和效益,更加珍惜和合理开发利用土地。三要始终坚持体制创新,增强自主发展能力。要区别于城市的行政区,不断完善集中精简、灵活高效、亲商务实的管理体制和运行机制,优化综合投资环境,努力为区内各类市场主体提供公平竞争环境和良好服务。

二、促进国家级经济技术开发区提高发展水平的工作重点

(一)抓紧研究制定《国家级经济技术开发区管理条例》,为其持续发展提供法律保障。各省、自治区、直辖市可依法制定适用于本行政区域内国家级经济技术开发区的地方性法规和地方政府规章。

(二)坚持和完善精简高效的管理体制。国家级经济技术开发区的管理机构一般是所在地市级以上人民政府的派出机构,除其中具有企业性质的外,根据授权行使同级人民政府行政审批、经济协调与管理等职能。国家级经济技术开发区原则上不与所在行政区合并管理或取消管委会建制。

(三)严格依据土地利用总体规划和城市总体规划进行开发建设。国家级经济技术开发区的发展要纳入土地利用总体规划和城市总体规划并实行统一管理。符合条件、确有必要扩大规划面积或调整区位的,应当按照《国家级经济技术开发区扩建审批原则和审批程序》的规定报批;建设用地必须以现代制造业、高新技术产业和承接服务外包业为主,不得擅自改变土地用途,不得用于大规模的商业零售,不得用于房地产开发;严格执行占用耕地补偿制度,切实做好被征地农民的安置工作。

(四)坚持十分珍惜和合理利用土地、切实保护耕地的基本国策,集约、高效开发利用土地。要加强对国家级经济技术开发区经济增长、土地利用等方面的考核,建立土地利用和规划实施的考核制度。严格执行土地利用年度计划,按照法律规定的程序审批和供应土地;涉及农用地转用和土地征收,依法需报国务院批准的,国家级经济技术开发区可按城市分批次用地形式单独组织报批,经所在地县级以上地方人民政府逐级审核同意后,报国务院审批;在土地利用总体规划范围内,不改变土地使用用途且符合国家产业政策的建设项目用地,有关部门应依法、及时办理相关手续。

(五)继续对国家级经济技术开发区给予金融政策支持。鼓励国家政策性银行、商业银行对符合条件的国家级经济技术开发区区内基础设施项目及公用事业项目给予信贷支持,支持符合条件的区内企业通过资本市场扩大直接融资等。

(六)大力支持中西部地区国家级经济技术开发区发展。继续实行对中西部地区国家级经济技术开发区基础设施建设项目的贷款贴息政策,适当增加贷款贴息规模,对东北地区等老工业基地国家级经济技术开发区给予同等的贴息政策;中西部外贸发展专项基金、政府间、国际组织的援助资金,可用于支持中西部和东北地区等老工业基地国家级经济技术开发区发展。

(七)推动国家级经济技术开发区在新一轮国际产业转移中大力吸引跨国公司投资。鼓励跨国公司在国家级经济技术开发区设立研发中心、财务中心、技术服务中心、培训中心、采购中心、物流中心、运营中心和配套基地。鼓励通过设立创业服务机构、留学生创业园等,吸引高素质人才进区投资创业。抓紧研究鼓励国家级经济技术开发区承接高附加值服务业和服务外包业务等方面的政策措施,完善鼓励创新保障体系。

(八)促进现代物流业发展和加工贸易优化升级。鼓励符合条件的国家级经济技术开发区申请设立出口加工区、保税物流中心、出口监管仓库和保税仓库;支持条件成熟的国家级经济技术开发区开展与出口加工区、保税区和保税物流园区联动试点,实现优势互补。

(九)完善国家级经济技术开发区投资环境综合评价体系。要增加高新技术产业集聚程度、环境保护等指标的考核内容,推动开展区域环境管理标准化的认证工作,有效控制高消耗、有污染、低水平的项目。

三、加强对国家级经济技术开发区的组织领导

(一)各省、自治区、直辖市人民政府和国务院有关部门要充分认识继续办好国家级经济技术开发区的重要性,切实采取有效措施,进一步支持国家级经济技术开发区在新形势下创新体制和机制,为其健康发展创造良好的制度环境和政策环境。

(二)商务部会同国土资源部、建设部等部门加强对国家级经济技术开发区工作的宏观指导,帮助解决国家级经济技术开发区发展中面临的实际困难和问题,积极支持国家级经济技术开发区走新型工业化道路,加快向多功能综合性产业区发展。

(三)国家级经济技术开发区要根据本意见制订和实施具体落实方案,通过自身努力,加快实现发展目标,更好地发挥在改革开放中的窗口、示范、辐射和带动作用,努力在世界同类产业区中保持竞争优势。

12. 国务院办公厅关于增设上海嘉定等出口加工区的复函

(国办函〔2005〕53 号)

海关总署:

你署《关于增设出口加工区的请示》(署加发〔2005〕204 号)收悉。经国务院批准,现函复如下:

一、同意增设以下出口加工区:上海嘉定出口加工区,广东南沙出口加工区、惠州出口加工区,云南昆明出口加工区,江苏常州出口加工区、吴中出口加工区、吴江出口加工区、扬州出口加工区、常熟出口加工区,四川绵阳出口加工区,辽宁沈阳(张士)出口加工区,江西九江出口加工区,河北廊坊出口加工区,湖南郴州出口加工区,浙江慈溪出口加工区,福建福州出口加工区、福清出口加工区、泉州出口加工区。

二、上述出口加工区的建设,要严格按照《国务院办公厅关于进行设立出口加工区试点的复函》(国办函〔2000〕37号)的有关规定执行。每个出口加工区要严格按照批准的四至范围(见附件)进行规划建设。请你署通知有关地方人民政府认真做好筹建工作,待条件具备后,由你署会同有关部门验收。

鉴于江苏吴中、吴江、扬州、常熟和江西九江、河北廊坊、湖南郴州、浙江慈溪、福建泉州等9个出口加工区所在的省级开发区尚未通过全国开发区清理整顿,请你署通知有关地方人民政府在相应的省级开发区通过审核验收并确认出口加工区在开发区内后,再报送出口加工区的具体建设方案,由你署会同发展改革委审核批准后开工建设。

三、你署要会同有关部门,对已设立的出口加工区的发展状况进行评估,及时总结经验,抓紧完善出口加工区的准入退出机制,制订具体操作办法,促进出口加工区健康有序地发展。同时,要研究采取措施将出口加工区所在地符合条件的加工贸易新增项目逐步引入出口加工区内,实现对加工贸易的集中规范管理,坚决防止新的重复建设,不断提高工作水平。

附件:18个出口加工区规划面积及四至范围

国务院办公厅

二○○五年六月三日

13. 国务院关于设立洋山保税港区的批复

(国函〔2005〕54号)

上海市、浙江省人民政府,海关总署:

你们关于建立洋山保税港区的有关请示收悉。现批复如下:

一、同意设立洋山保税港区。洋山保税港区由规划中的小洋山港口区域、东海大桥和与之相连接的陆上特定区域组成。其中,小洋山港口区域面积2.14平方公里,四至范围是:东至港区经一路,南至港区纬一路,西至港区二期西边界,北至港区二期北边界和港区纬五路;陆地区域位于上海市南汇区芦潮港,面积6平方公里,四至范围是:东至芦潮引河——A2公路——经十二路,南至大堤防护绿带,西至E1路,北至D2路。

二、同意洋山保税港区充分发挥区位优势和政策优势,发展国际中转、配送、采购、转口贸易和出口加工等业务,拓展相关功能。

三、洋山保税港区享受保税区、出口加工区相关的税收和外汇管理政策。主要税收政策为:国外货物入港区保税;货物出港区进入国内销售按货物进口的有关规定办理报关手续,并按货物实际状态征税;国内货物入港区视同出口,实行退税;港区内企业之间的货物交易不征增值税和消费税。

四、洋山保税港区实行封闭管理,港区和陆地区域参照出口加工区的标准建设隔离监管设施,东海大桥必须与陆地区域相连,货物和车辆通过东海大桥要有必要的监管设施和监管措施,并采取有效措施保证社会车辆通过东海大桥。上海市和浙江省人民政府要严格按照土地利用总体规划确定具体位置,严格控制规划用地面积,依法履行用地报批手续,并拟定洋山保税港区建设实施方案。实施方案经海关总署会同有关部门审核同意后,由上海市人民政府组织隔离监管设施的建设,浙江省人民政府积极配合;待条件具备后,由海关总署会同有关部门按照出口加工区的建设标准联合验收。

五、上海市、浙江省人民政府要加强协作配合,按照国家有关规定和两省市政府合作协议,妥善处理好洋山保税港区建设中的各种矛盾和问题,以及涉及财政、税收等地方经济利益分享问题。

六、海关总署要会同有关部门切实做好洋山保税港区的监管和服务工作,促进洋山保税港区健康发展,为加快推进上海国际航运中心建设、促进现代物流业发展作出贡献。

国务院

二○○五年六月二十二日

14. 中华人民共和国国家发展和改革委员会
中华人民共和国国土资源部
中华人民共和国建设部
公告
（2007 年第 18 号）

自 2003 年 7 月《国务院办公厅关于暂停审批各类开发区的紧急通知》(国办发明电[2003]30号)发布以来,国务院有关部门根据清理整顿开发区的有关法规和政策性文件,对全国各类开发区进行了清理整顿和设立审核。按照“布局集中、用地集约、产业集聚”的总体要求,对符合条件和标准的开发区予以公告并确定了四至范围。通过清理整顿和设立审核,核减了全国开发区数量,压缩了规划面积,突出了产业特色,优化了布局。各类开发区在项目准入、单位土地面积投资强度、容积率及生态环境保护等方面的标准明显提高,清理整顿和设立审核工作取得初步成效,为开发区下一步规范发展营造了良好环境。

经国务院同意,国家发展改革委、国土资源部、建设部已将通过国家审核公告的开发区整理成《中国开发区审核公告目录》(2006 年版),现予公告。

各地要认真贯彻落实科学发展观和国务院有关政策性文件,巩固清理整顿和设立审核的成果,已审核公告的开发区要科学制定发展规划,突出产业特色,集约使用土地,完善基础设施,优化投资环境,提高引资质量和水平,真正把开发区办成发展现代制造业的集中区、吸引外资的集聚区、体制改革的先导区和循环经济的示范区。

各地区、各部门要严格按照国办发明电[2003]30 号文件及相关规定,在国务院关于规范和促进开发区发展的政策性文件出台前,继续停止审批新设立和扩建各类省级开发区,暂缓制定和发布关于开发区的地方性政策或管理性文件,严禁擅自调整四至范围,未通过规划审核、未经公告的开发区,不准以开发区名义对外招商引资。今后,一旦发现违规审批设立各类开发区,或继续以已撤销开发区名义对外招商、发布有关信息等行为,情节恶劣、后果严重的,要依法依纪从严处理。欢迎社会各界根据公告目录予以监督。

附:《中国开发区审核公告目录》(2006 年版)

国家发展改革委

国土资源部

建设部

二○○七年三月二十七日

中国开发区审核公告目录

(2006年版)

计数	类别	目录代码	序号	开发区名称	原名称	批准机关	批准时间	核准面积(公顷)	主导产业	公告文号
一、国务院批准设立的开发区(共222家)										
(一)经济技术开发区(共49家)										
上海市(3家)										
1	国家级经济技术开发区	G311011	11	闵行经济技术开发区	闵行经济技术开发区	国务院	1986.01	308	机电、医药、食品饮料	国土资源部公告2004年第17号
2	国家级经济技术开发区	G311012	12	虹桥经济技术开发区	虹桥经济技术开发区	国务院	1986.08	65.2	信息咨询、商业服务、会展服务、外贸	国土资源部公告2004年第17号
3	国家级经济技术开发区	G311013	13	漕河泾新兴技术开发区	漕河泾新兴技术开发区	国务院	1988.06	1 330	信息技术、新材料、生物医药	国土资源部公告2004年第17号
(二)高新技术产业开发区(共53家)										
上海市(1家)										
4	国家级高新技术产业开发区	G312014	63	上海高新技术产业开发区	上海高新技术产业开发区	国务院	1991.03	4 211.7	电子与信息、生物及医药、光机电一体化	国家发改委公告2005年第56号
(三)保税区(共15家)										
上海市(1家)										
5	国家级保税区	G313003	105	上海外高桥保税区	上海外高桥保税区	国务院	1990.06	1 103	自由贸易、出口加工、物流仓储及保税商品展示交易	国土资源部公告2004年第18号
(四)出口加工区(共58家)										
上海市(7家)										
6	国家级出口加工区	G314010	127	上海漕河泾出口加工区工区	上海漕河泾出口加工区工区	国务院	1992.08	300	微电子、光电子、软件、新材料	国土资源部公告2004年第18号
7	国家级出口加工区	G314011	128	上海松江出口加工区及B区	上海松江出口加工区及B区	国务院	2000.04、2002.12	596	新型材料、精细化工、生物医药、轻工机械、食品	国土资源部公告2004年第18号

（续表一）

计数	类　别	序号	目录代码	开发区名称	原名称	批准机关	批准时间	核准面积（公顷）	主导产业	公告文号
8	国家级出口加工区	129	G314012	金桥出口加工区	金桥出口加工区	国务院	2001.09	2 738	电子信息、光机电、精密机械、精细化工	国土资源部公告2004年第17号
9	国家级出口加工区	130	G314013	上海金桥出口加工区（南区）	上海金桥出口加工区（南区）	国务院	2001.09	280	电子信息、光机电、精密机械、精细化工	国土资源部公告2004年第18号
10	国家级出口加工区	131	G314014	上海青浦出口加工区	上海青浦出口加工区	国务院	2003.03	300	汽车及汽车零部件、电子信息、新型材料、装备工业	国土资源部公告2004年第18号
11	国家级出口加工区	132	G314015	上海闵行出口加工区	上海闵行出口加工区	国务院	2003.03	300	机械、电子信息、光机电、精密机械	国土资源部公告2004年第18号
12	国家级出口加工区	133	G314016	上海嘉定出口加工区	上海嘉定出口加工区	国务院	2005.06	300	在建	国家发改委公告2006年第3号

（六）其他类型开发区（共33家）

上海市（3家）

计数	类　别	序号	目录代码	开发区名称	原名称	批准机关	批准时间	核准面积（公顷）	主导产业	公告文号
13	国家级其他类型开发区	191	G316002	上海佘山国家旅游度假区	上海佘山国家旅游度假区	国务院	1995.06	6 408	市郊娱乐、休闲、教育型旅游	国家发改委公告2005年第56号
14	国家级其他类型开发区	203	G316014	洋山保税港区	洋山保税港区	国务院	2005.07	814	物流、仓储	国家发改委公告2006年第79号
15	国家级其他类型开发区	222	G316033	上海陆家嘴金融贸易区	上海陆家嘴金融贸易区	国务院	1990.06	3 178	金融、保险、证券	国家发改委公告2005年第56号

二、省（自治区、直辖市）人民政府批准设立的开发区（共1 346家）

上海市（共26家）

计数	类　别	序号	目录代码	开发区名称	原名称	批准机关	批准时间	核准面积（公顷）	主导产业	公告文号
16	省级开发区	254	S317001	上海市市北工业园区	上海市市北工业新区	市政府	1996.09	129.7	电子、通信	国家发改委公告2006年第16号
17	省级开发区	255	S318002	上海未来岛高新技术产业园区	上海未来岛物流科技园区	市政府	2001.11	97.04	电子、机械	国家发改委公告2006年第41号

（续表二）

计数	类别	序号	目录代码	开发区名称	原名称	批准机关	批准时间	核准面积（公顷）	主导产业	公告文号
18	省级开发区	256	S317003	上海新杨工业园区	上海新杨工业园区	市政府	2006.03	92.36	印刷包装、光电子、金属制品	国家发改委公告2006年第37号
19	省级开发区	257	S317004	上海宝山工业园区	宝山城市工业园区 罗店工业小区 嘉定区徐行工业园区	市政府	2006.08	2 908.79	金属制品加工、电子、精细化工	国家发改委公告2006年第66号
20	省级开发区	258	S317005	上海月杨工业园区	月浦工业小区 宝山杨行工业经济发展区 顾村工业园区	市政府	2006.08	855	机械、汽车零部件、精品钢延伸加工	国家发改委公告2006年第66号
21	省级开发区	259	S317006	上海崇明工业园区	上海市崇明工业园区	市政府	1996.02	997	机械、电子、服装	国家发改委公告2006年第16号
22	省级开发区	260	S317007	上海富盛工业园区	上海富盛经济开发区	市政府	2006.08	40	光电子、港口机械、船舶制造配套	国家发改委公告2006年第66号
23	省级开发区	261	S317008	上海浦东合庆工业园区	合庆镇工业小区	市政府	2006.03	451.56	光电子、汽车及零部件、医疗器械	国家发改委公告2006年第37号
24	省级开发区	262	S317009	上海浦东空港工业园区	机场镇临空产业园区 川沙镇工业小区 上海祝桥空港工业区	市政府	2006.08	800.65	电子、机械、航空产品	国家发改委公告2006年第66号
25	省级开发区	263	S317010	上海星火工业园区	老港化工工业区 上海星火开发区	市政府	1984.1	720	精细化工、化纤、建材	国家发改委公告2006年第16号

（续表三）

计数	类别	序号	目录代码	开发区名称	原名称	批准机关	批准时间	核准面积（公顷）	主导产业	公告文号
26	省级开发区	264	S317011	上海嘉定工业园区	嘉定试点园区 嘉定区外冈工业园区 嘉定区南翔高科技园区	市政府	2006.08	5 954.5	汽车零部件、精密机械、电子	国家发改委公告2006年第66号
27	省级开发区	265	S319012	上海嘉定汽车产业园区	嘉定黄渡工业园区 上海国际汽车城零部件配套工业园区	市政府	2006.08	2 263.52	汽车零部件、机械、电子	国家发改委公告2006年第66号
28	省级开发区	266	S317013	上海莘庄工业园区	上海市莘庄工业区 上海向阳工业园区	市政府	2006.08	1 640.66	通信设备、机械、化工	国家发改委公告2006年第66号
29	省级开发区	267	S318014	上海紫竹高新技术产业园区	上海紫竹科学园区	市政府	2001.09	868.18	电子、新材料、生物制药	国家发改委公告2006年第16号
30	省级开发区	268	S317015	上海青浦工业园区	青浦试点园区	市政府	2003.04	5 327	精密机械、电子信息、印刷	国家发改委公告2006年第66号
31	省级开发区	269	S317016	上海西郊工业园区	华新绿色工业园区 徐泾绿色工业园区 上海闵北工业区	市政府	2006.08	1 672.75	电子、摩托车及汽车零部件、机械	国家发改委公告2006年第66号
32	省级开发区	270	S317017	上海松江工业园区	松江试点园区 松江工业区石湖荡分区 练塘绿色工业园区	市政府	2006.08	5 777	电子、机械、新材料	国家发改委公告2006年第66号

（续表四）

计数	类别	序号	目录代码	开发区名称	原名称	批准机关	批准时间	核准面积（公顷）	主导产业	公告文号
33	省级开发区	271	S317018	上海松江经济开发区	上海泗泾高新技术开发区	市政府	2006.08	408.2	电子信息、机械、新型建材	国家发改委公告2006年第66号
					上海松江高科技园					
					松江工业区泗泾分区					
34	省级开发区	272	S317019	上海浦东康桥工业园区	南汇康桥工业区	市政府	1994.08	2 688	电子信息、汽车零部件、医疗器械	国家发改委公告2006年第16号
35	省级开发区	273	S317020	上海南汇工业园区	南汇工业园区	市政府	2006.03	820	光电子、机械	国家发改委公告2006年第37号
36	省级开发区	274	S317021	上海奉贤经济开发区	上海市工业综合开发区	市政府	2006.08	1 822.82	光仪电、汽车零部件、农产品添加工	国家发改委公告2006年第66号
					奉贤现代农业园区					
37	省级开发区	275	S317022	上海奉城工业园区	奉城镇工业小区	市政府	2006.03	161.83	机械、电子、金属制品	国家发改委公告2006年第37号
38	省级开发区	276	S317023	上海金山工业园区	上海市金山工业区	市政府	2006.08	2 581	精细化工、计算机及其它电子设备、机械	国家发改委公告2006年第66号
					金山第二工业区					
					张堰工业区					
39	省级开发区	277	S317024	上海枫泾工业园区	枫泾镇工业园区	市政府	2006.08	920	汽车摩托车及配件、纺织服装、机械	国家发改委公告2006年第66号
					兴塔镇工业园区					
40	省级开发区	278	S317025	上海朱泾工业园区	朱泾镇工业园区	市政府	2006.08	247.33	机械、金属制品加工、服装	国家发改委公告2006年第66号
41	省级开发区	279	S319026	上海化学工业园区	上海化学工业园区	市政府	1999.01	2 940	石油化工	国家发改委公告2006年第16号

15. 国务院关于同意设立上海浦东机场综合保税区的批复

（国函〔2009〕77 号）

上海市人民政府、海关总署：

你们关于设立上海浦东机场综合保税区的请示收悉。现批复如下：

一、同意设立上海浦东机场综合保税区，规划面积 3.59 平方公里。四至范围为：东至机场三跑道停机坪，南至横 10 路，西至 A30 公路东辅道，北至横 0 路。（具体以界址点坐标控制，详见附件）

二、上海浦东机场综合保税区的功能和有关税收、外汇政策按照《国务院关于设立洋山保税港区的批复》（国函〔2005〕54 号）的有关规定执行。

三、上海浦东机场综合保税区实行封闭管理。上海市人民政府要严格实施土地利用总体规划和城市总体规划，按照规定程序履行具体用地报批手续，拟定综合保税区的开发实施方案，在节约集约利用土地资源的前提下进行建设。要按照海关提速监管区域有关规定执行组织综合保税区隔离监管设施的建设，待条件具备后，由海关总署会同有关部门进行验收。

四、海关总署要会同有关部门，切实做好上海浦东机场综合保税区的监管、服务工作，促进其健康有序发展，为实施上海国际航运中心战略和深化浦东开发开放作出贡献。

附件：上海浦东机场综合保税区界址点坐标表（略）

国务院

二〇〇九年七月三日

二、重要文件名录

表 12 - 1　1983—2010 年国务院及国家各部委下发的和开发区相关文件

序号	日　期	名　称
1	1983.09.20	国务院发布中华人民共和国中外合资经营企业法实施条例
2	1985.02.08	国务院批转关于上海经济发展战略汇报提纲的通知
3	1986.08.29	国务院关于上海市建立闵行和虹桥两个经济技术开发区的批复
4	1986.10.11	国务院关于鼓励外商投资的规定
5	1986.10.13	国务院关于上海市城市总体规划方案的批复
6	1991.06.30	中华人民共和国外商投资企业和外国企业所得税法细则
7	1995.06.13	国务院关于同意上海改在佘山建立国家旅游度假区的批复
8	1995.12.26	国务院关于改革和调整进口税收政策的通知
9	1997.12.29	国务院关于调整进口设备税收政策的通知
10	1998.02.17	国家土地管理局发布国有企业改革中划拨土地使用权管理暂行规定
11	1999.03.30	国务院办公厅转发科学技术部等部门《关于促进科技成果转化若干规定》的通知
12	1999.07.01	国务院关于上海市土地利用总体规划(1997—2010 年)的批复
13	2000.04.27	国务院办公厅关于进行设立出口加工区试点的复函
14	2000.06.24	国务院发布鼓励软件产业和集成电路产业发展的若干政策
15	2001.04.30	国务院关于加强国有土地资产管理的通知
16	2001.05.29	国土资源部办公厅关于印发《企业改制土地资产处置审批意见(试行)》和《土估价报告备案办法(试行)》的通知
17	2002.03.04	国务院办公厅关于《外商投资产业指导目录》的复函
18	2002.04.23	国土资源部发布土地开发整理规划管理若干意见
19	2003.03.10	国务院办公厅关于增设出口加工区的复函
20	2003.12.31	国家环保总局关于印发《国家生态工业示范园区申报、命名和管理规定(试行)》等文件的通知
21	2005.06.03	国务院办公厅关于增设上海嘉定等出口加工区的复函
22	2005.06.22	国务院关于设立洋山保税港区的批复
23	2005.12.02	国务院关于发布实施《促进产业结构调整暂行规定》的决定
24	2006.03.12	国务院关于加快推进产能过剩行业结构调整的通知
25	2006.08.31	国务院关于加强土地调控有关问题的通知
26	2006.11.07	财政部、国土资源部、中国人民银行关于调整新增建设用地土地有偿使用费政策等问题的通知

序号	日　期	名　　　称
27	2007.03.19	国务院关于加快发展服务业的若干意见
28	2007.09.08	国土资源部关于加大闲置土地处置力度的通知
29	2007.10.31	国家发展和改革委员会发布外商投资产业指导目录（2007 年修订）
30	2008.01.03	国务院关于促进节约集约用地的通知
31	2008.03.13	国务院办公厅关于加快发展服务业若干政策措施的实施意见
32	2009.03.10	国务院关于印发物流业调整和振兴规划的通知
33	2009.04.14	国务院关于推进上海加快发展现代服务业和先进制造业建设国际金融中心和国际航运中心的意见
34	2009.07.03	国务院关于同意设立上海浦东机场综合保税区的批复
35	2009.08.07	工业和信息化部办公厅关于做好 2009 年度创建国家新型工业化产业示范基地工作的通知
36	2010.01.18	工业和信息化部关于公布第一批"国家新型工业化产业示范基地"名单的通知
37	2010.04.26	工业和信息化部办公厅关于组织开展 2010 年度"国家新型工业化产业示范基地"创建工作的通知
38	2010.07.03	国务院关于上海市土地利用总体规划的批复
39	2010.10.28	工业和信息化部关于公布第二批"国家新型工业化产业示范基地"名单的通知

表 12‑2　1987—2008 年上海市人大审议通过的法律法规

序号	日　期	名　　　称
1	1987.08.14	上海市发展新兴技术和新兴工业暂行条例
2	1988.11.10	上海市经济技术开发区条例
3	1990.04.08	上海市漕河泾新兴技术开发区暂行条例
4	1996.08.23	上海市外商投资企业审批条例
5	1996.12.19	上海外高桥保税区条例
6	2002.01.25	上海市鼓励引进技术的吸收与创新规定
7	2008.11.26	上海市促进电子商务发展规定

表 12‑3　1985—2010 年上海市政府下发的和开发区相关文件

序号	日　期	名　　　称
1	1985.01.17	市政府批转市经委、市科委关于漕河泾微电子工业区开发规划和有关政策的几点意见通知
2	1987.03.23	上海市闵行、虹桥经济技术开发区外商投资优惠规定
3	1988.10.12	上海市土地使用权有偿转让房地产登记实施细则
4	1998.10.14	关于原则批准上海化学工业区发展有限公司建设上海化学工业区一期工程划拨使用国有土地的通知

（续表一）

序号	日　　期	名　　　称
5	1999.05.31	上海市国有土地租赁暂行办法
6	2000.10.12	关于印发修订后的《上海市促进高新技术成果转化的若干规定》的通知
7	2000.12.01	关于本市鼓励软件产业和集成电路产业发展的若干政策规定
8	2001.04.05	关于成立上海国际汽车城建设领导小组的通知
9	2001.07.05	上海市促进张江高科技园区发展的若干规定
10	2001.07.26	市政府批转市房地资源局等四部门制订的《上海市土地使用权出让招标拍卖试行办法》的通知
11	2001.09.27	关于同意上海大众工业园区更名为上海国际汽车城零部件配套工业园区的批复
12	2001.10.08	上海市城市房屋拆迁管理实施细则
13	2002.01.18	上海市化学工业区管理办法
14	2002.10.21	上海试点园区改善投资环境的实施意见
15	2002.10.21	关于进一步改善上海投资环境的若干意见
16	2003.03.12	关于同意关于鼓励本市村民宅基地让出给农村集体经济组织实施细则(试行)的通知
17	2003.10.18	关于印发《上海市被征用农民集体所有土地农业人员就业和社会保障管理办法》的通知
18	2003.12.04	上海市城市总体规划(1999年—2020年)中、近期建设行动计划的通知
19	2003.12.04	关于进一步加强城市规划管理、实施《上海市城市总体规划(1999年—2020年)》的纲要
20	2003.12.28	上海市临港新城管理办法
21	2004.04.10	上海市征用集体所有土地拆迁房屋补偿安置若干规定
22	2004.06.08	关于公布被撤销的91个开发区名单的通知
23	2004.09.24	上海市出口加工区管理办法
24	2004.10.25	上海市土地储备办法实施细则
25	2004.11.17	关于切实推进"三个集中"加快上海郊区发展的规划纲要
26	2004.12.22	上海市促进高新技术成果转化的若干规定
27	2005.09.08	上海市人民政府办公厅转发市规划局关于进一步加强本市规划管理若干意见的通知
28	2006.05.09	印发关于进一步加强本市节能工作若干意见的通知
29	2006.08.09	关于同意设立上海宝山工业园区等十四个开发区的批复
30	2006.08	上海市人民政府贯彻国务院关于加强土地调控有关问题通知的通知
31	2006.10.24	洋山保税港区管理办法
32	2006.12.29	关于加快本市产业结构调整盘活存量资源的若干意见
33	2007.04.27	关于印发《上海市现代物流业发展"十一五"规划》的通知
34	2007.08.08	关于印发《上海市土地资源节约集约利用"十一五"规划》的通知

（续表二）

序号	日　　　期	名　　　称
35	2008.02.28	市政府印发《上海市土地交易市场管理办法》的通知
36	2008.08.07	上海市产业结构调整专项扶持暂行办法
37	2008.08.23	上海市人民政府办公厅转发市财政局等五部门关于推进经济发展方式转变和产业结构调整若干政策意见的通知
38	2008.09.23	上海市长兴岛开发建设管理办法
39	2008.09	上海产业发展重点支持目录（2008）
40	2009.04.27	关于同意上海长兴海洋装备产业基地有限公司为工业用地前期开发主体的批复
41	2009.05.08	上海市人民政府贯彻国务院关于推进上海加快发展现代服务业和先进制造业建设国际金融中心和国际航运中心意见的实施意见
42	2009.05.16	关于加快推进上海高新技术产业化的实施意见
43	2009.07.30	关于印发本市贯彻《物流业调整和振兴规划》实施方案的通知
44	2009.09.03	上海市人民政府批转市经济信息化委关于推进信息化与工业化融合促进产业能级提升实施意见的通知
45	2009.12.07	关于促进上海新能源产业发展的若干规定
46	2010.01.11	市政府办公厅转发市农委、市规划国土资源局《关于本市实行城乡建设用地增减挂钩政策推进农民宅基地置换试点工作的若干意见》的通知
47	2010.01.27	市政府办公厅转发市规划国土资源局、市农委《关于开展农村集体建设用地流转试点工作若干意见》的通知
48	2010.04.03	上海市人民政府贯彻国务院关于促进中小企业发展若干意见的实施意见
49	2010.05.28	上海浦东机场综合保税区管理办法
50	2010.06.01	上海市临港产业区管理办法

表 12 - 4　1990—2010 年上海市各委办局下发的和开发区相关文件

序号	日　　　期	名　　　称
1	1990.11.28	上海市科学技术委员会关于颁布《上海市漕河泾新兴技术开发区新兴技术企业认定办法》的通知
2	1998.02.20	上海市外经贸委关于本市进一步扩大企业对外投资加快拓展国外市场的若干意见
3	2000.01.07	上海市外国投资工作委员会、上海市计划委员会、上海市经济委员会关于进一步简化外商投资项目及企业设立的审批手续的意见
4	2001.02.07	上海市科学技术委员会、上海市经济委员会、上海市财政局、上海市地方税务局发布上海市高新技术企业认定办法
5	2001.10.28	上海市外国投资工作委员会、上海市工商行政管理局发布上海市张江高科技园区外商投资企业审批登记实施办法
6	2003.08.22	上海市外国投资工作委员会、上海市建设和管理委员会关于本市外商投资项目审批和服务的若干意见
7	2008.08.08	上海市科学技术委员会、上海市财政局、上海市国家税务局、上海市地方税务局关于印发《上海市高新技术企业认定管理实施办法》的通知

（续表一）

序号	日 期	名 称
8	2008.10.21	上海市经济委员会、上海市发展和改革委员会、上海市城市规划管理局、上海市房屋土地资源管理局关于推进本市生产性服务业功能区建设的指导意见
9	2008.10.31	上海市商务委员会发布上海市服务外包专业园区认定和管理暂行办法
10	2008.11.10	上海市商务委员会发布上海市服务外包重点企业认定管理暂行办法
11	2008.11.13	上海市经济信息化委关于梳理核销开发区开发情况的函
12	2009.04.07	上海市经济信息化委、市发展改革委、市规划国土资源局关于拟请市政府授予上海长兴海洋装备产业基地有限公司工业用地前期开发主体资格的请示
13	2009.05.20	上海市经济信息化委关于开展开发区产业发展规划编制工作的通知
14	2009.05.22	上海市经济信息化委、市财政局关于印发《上海市总集成总承包工程专项引导资金管理办法》的通知
15	2009.05.27	上海市经济信息化委关于印发《上海推进新能源高新技术产业化行动方案(2009—2012年)》的通知
16	2009.08.04	上海市科学技术委员会发布上海市生物医药产业发展行动计划(2009—2012年)
17	2009.08.05	上海市经济信息化委关于组织开展"国家新型工业化产业示范基地"创建和申报工作的通知
18	2009.09.08	上海市经济信息化委关于印发《上海推进民用航空制造业高新技术产业化行动方案(2009—2012年)》的通知
19	2009.09.10	上海市经济信息化委关于印发《上海推进先进重大装备高新技术产业化行动方案(2009—2012年)》的通知
20	2009.09.10	上海市经济信息化委关于印发《上海推进海洋工程装备高新技术产业化行动方案(2009—2012年)》的通知
21	2009.09.10	上海市经济信息化委关于印发《上海推进电子信息制造业高新技术产业化行动方案(2009—2012年)》的通知
22	2009.09.10	上海市经济信息化委关于印发《上海推进软件和信息服务业高新技术产业化行动方案(2009—2012年)》的通知
23	2009.09.15	上海市经济信息化委关于印发《上海推进新材料高新技术产业化行动方案(2009—2012年)》的通知
24	2009.09.25	上海市经济信息化委关于开展本市开发区综合评价工作的通知
25	2010.03.10	上海市经济信息化委关于开展争创"国家新型工业化产业示范基地"活动的通知
26	2010.03.19	上海市经济信息化委关于发布《上海市振兴工业软件专项行动方案(2010—2012年)》的通知
27	2010.04.01	上海市经济信息化委关于支持临港产业区建设"国家新型工业化产业示范基地"和加快发展装备制造业的若干意见
28	2010.04.19	上海市经济信息化委关于印发《上海推进物联网产业发展行动方案(2010—2012年)》的通知
29	2010.04.19	上海市经济信息化委关于进一步推进本市生产性服务业功能区建设的意见
30	2010.06.22	上海市经济信息化委关于开展中小企业应用电子商务平台试点工作的通知

（续表二）

序号	日　期	名　　称
31	2010.06.26	上海市经济信息化委关于上海国际汽车城等四个产业集聚区申请创建"国家新型工业化产业示范基地"的请示
32	2010.07.21	上海市经济信息化委关于印发《上海推进云计算产业发展行动方案（2010—2012年）》的通知
33	2010.08.27	上海市经济信息化委关于同意浦东新区建设上海市推进信息化与工业化融合实践区的复函
34	2010.08.31	上海市经济信息化委关于本市高新技术产业化推进情况的报告（送审稿）的函
35	2010.09.02	上海市经济信息化委关于同意上海南汇工业园区生产性服务业功能区扩大园区面积的批复
36	2010.12.31	上海市经济信息化委关于商请支持解决中国医药集团上海医药工业研究院奉贤基地项目用地指标的函

索　引

（王彦祥、张若舒、武昕阳　编制）

编　后　记

　　根据上海市人民政府办公厅《上海市志第二轮新编地方志书编纂规划》《关于上海市志(1978—2010)》编纂实施方案的要求,2014年,上海市经济和信息化委员会(以下简称市经济信息化委)成立《上海市志·开发区分志(1978—2010)》(以下简称《开发区分志》)编纂委员会、《开发区分志》编纂工作组,下设编纂办公室。同时委托上海市开发区协会设立《开发区分志》编纂办公室,承担《开发区分志》具体编修任务。近五年来,在市经济信息化委的领导下,在市方志办的指导下,编纂人员坚持辩证唯物主义和历史唯物主义的史志观,坚持实事求是、述而不论的原则,历经定立篇目、制定实施方案、收集资料、制作资料卡片和资料长篇、篆写初稿、内部审议、分篆总篆、园区确认、专家评议和审定等阶段。志稿于2019年6月28日,提交给上海市地方志办公室。

　　一、定立《开发区分志》篇目

　　2014年,《开发区分志》编纂办公室根据上海市开发区发展历史,拟定《开发区分志》篇目提纲,征询市方志办、市经济信息化委相关处室及专家意见,后经反复修改,形成《开发区分志》篇目初稿。前四篇记录上海市开发区整体发展历程,后六篇记录上海市公告开发区各个园区发展沿革,形成"总—分"模式的整体格局。2014年4月起,《开发区分志》编纂办公室通过上门指导、编写《开发区分志》编纂办公室工作简报、组织专项培训和园区修志工作交流会、学习优秀园区志稿篇目等活动形式,推进65家园区细化修志纲目,形成了整体规范、特色突出的园区志篇目。2019年1—6月,开发区修志办历经几次修改完善《开发区分志》篇目,一是对原定的综合篇(共五篇)篇目作了合理调整,改为四篇结构;二是对整体篇目进行了四级目录的规范化调整,设立体现园区特色的节目,做到整体统一、特色突出,为开展编纂工作奠定基础。

　　二、制定实施方案

　　2015年2月,《开发区分志》编纂办公室制定了《开发区分志编纂实施方案》和《开发区分志修志工作手册》,进一步细化修志工作任务,明确《开发区分志》的指导思想、基本任务、组织架构、工作要求,以及四年编纂工作的具体目标和时间进度。在编纂规定上,提出了:国家级开发区以体现特色为重点(5万字左右),市级工业园区以统一要素为关键(1万～3万字不等),区级工业区以模板形式为标准,统一编纂格式等规范要求。

　　三、收集资料

　　根据各园区需要及地方志编纂的原则和要求,《开发区分志》编纂办公室组织了10期以资料收集、卡片制作、资料长编编纂为内容的专题培训,组织了2次全部开发区参加的专题交流活动,及9次各区开发区工作座谈会,交流各开发区修志工作的做法和体会。各开发区把收集资料的工作分解到相关部门、落实到个人,参与提供开发区历史资料的工作人员达150人以上,确保了编纂工作的顺利进行。

2015 年 1 月起,《开发区分志》编纂办公室集中收集前四篇历史资料。编写人员查阅历年《上海市开发区发展报告》《上海市开发区统计手册》《上海统计年鉴》《上海经济年鉴》《新民报》《解放报》《文汇报》《浦东开发开放志》《佘山旅游年鉴》,摘录相关资料并进行电子化;至上海市档案馆、上海市图书馆、市经济信息化委档案室、以及各开发区档案室查阅上海市开发区相关文书档案,形成电子资料;查找上海市各委办局、各开发区管委会和开发公司的官方网站,摘录所需内容。同时,编纂工作组通过各种渠道,收集全市和外省市有关编纂《开发区分志》的信息和资料,加快拓展修志工作思路。

四、制作资料卡片和长编

为帮助参编开发区修志人员掌握修志工作业务,规范《开发区分志》资料卡片、资料长编的制作编写工作,确保资料收集、资料整理的科学性、统一性,根据上海二轮修志编写规定和行为规范,结合《开发区分志》编纂工作实绩,2015 年 1 月 25 日,编纂工作组印发《开发区分志资料卡片、资料长编编辑若干要求》,提供了各种资料来源卡片的制作模板,供各参编开发区参照学习。同时通过各种活动,讲解篇目设计、资料收集、卡片编纂的甄别、挑选、组合和串联等业务知识,尽量形成以目或子目为单位的长编,为下阶段纂写初稿打下基础。

在查阅和收集 1978—2010 年的档案、年鉴、报刊、旧志、网络和有关书籍等历史资料的基础上,《开发区分志》编纂办公室整理出 500 多万字的资料卡片,编纂了综合资料长篇。

五、纂写初稿

自 2015 年起,《开发区分志》正式进入初稿纂写阶段。2018 年 8 月 19 日至 2019 年 6 月 28 日,《开发区分志》正式完成初稿,主要包括概述、大事记、综合篇、各类开发区篇。初稿共十篇,约 163 万字。其中综合篇 32 万字,各类开发区约 122 万字,其他篇章约 9 万字,共分为上下两册。在此过程中,临港产业基地和老港工业区规划在完成开发区分志章节的基础上,组织人员独立修志。

六、分纂和总纂阶段

为使《开发区分志》能够客观、全面的反映上海市开发区筹建、成立、发展、转型的历史轨迹,《开发区分志》编纂办公室分别于 2018 年 12 月 19 日、2019 年 4 月 26 日、2019 年 8 月 13 日组织召开了 3 次内部评审会,并邀请市方志办、市经济信息化委和开发区有关领导参加。2019 年 11 月 6 日和 2020 年 4 月 23 日,由市方志办分别组织《开发区分志》专家评议会和审定会,在此基础上最终形成了约 168 万字的上下两册志稿。

《开发区分志》是全国首部记录开发区发展历程的专业志书,反映了 1978—2010 年上海改革开放 30 年筚路蓝缕开发区创业历程,回顾开发区发展历史,挖掘开发区的价值,为谋划开发区未来发展服务,从而起到"存史、资治、教化"的作用。

在编纂和出版过程中,《开发区分志》得到市方志办、市经济信息化委等政府部门,以及上海市各开发区的新老领导、相关人员的大力支持,大家集思广益、群策群力、协同配合。在此,一并致以衷心的感谢!

上海市开发区自 1984 年起,涉及各开发区类型及级别有所区别,开发区创建定位和主导产业各不相同,开发区经历和实践各具特色,由于编纂人员水平有限,难免存在疏漏和不足之处,敬请读者多加指教。

图书在版编目(CIP)数据

上海市志.开发区分志：1978—2010/上海市地方
志编纂委员会编. —上海：上海古籍出版社,2020.12
ISBN 978 - 7 - 5325 - 9849 - 6

Ⅰ.①上… Ⅱ.①上… Ⅲ.①上海-地方志②经济开
发区-概况-上海-1978—2010 Ⅳ.①K295.1
②F127.513

中国版本图书馆 CIP 数据核字(2020)第 263401 号

上海市志·开发区分志(1978—2010)(全二册)

上海市地方志编纂委员会 编

出版发行 上海古籍出版社
　　　　　　(200020 上海瑞金二路 272 号)
印　刷 上海中华商务联合印刷有限公司
开　本 889×1194 1/16
印　张 91.75
插　页 41
字　数 2,405,000
版　次 2020 年 12 月第 1 版
印　次 2020 年 12 月第 1 次印刷
ISBN 978-7-5325-9849-6/K · 2945
定　价 560.00 元